2017 上海信息化年鉴

《上海信息化年鉴》编纂委员会◎编

SHANGHAI INFORMATIZATION

上海人民出版社

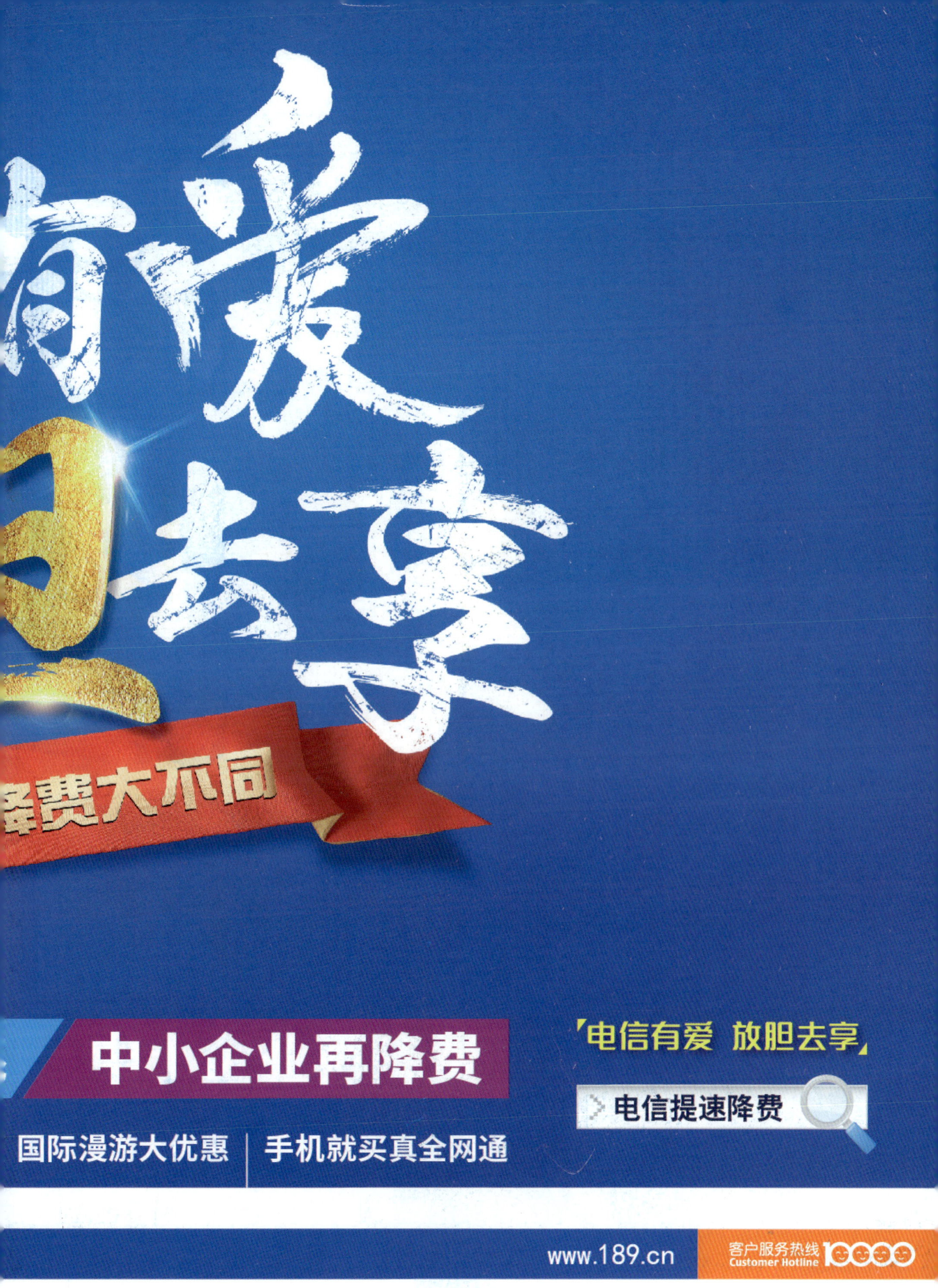
爱
去享
费大不同
中小企业再降费
国际漫游大优惠
手机就买真全网通
电信有爱 放胆去享
电信提速降费
www.189.cn
客户服务热线
Customer Hotline
10000

钜宝盆简介

Company Introduction

钜宝盆（www.jpjbp.com）作为上海翼勋金融旗下的第三方平台，服务于中国高成长性人群，旨在提供更安全、更透明、更稳健的互联网金融信息服务，致力打造成一个全方位、个性化的互联网金融信息服务平台。

钜宝盆从创立初始就获得了来自各领域的专业支持。钜宝盆80%的创始团队成员来自银行及金融系统，核心团队由业界一流的金融服务、风险管理及电子商务专业人士组成。钜宝盆拥有独立的风险管控体系、银行级的风险控制能力、专业尽责的律师团队，是一家银行级正规军创建的互联网金融创新型公司。

2015.05 上海翼勋金融信息服务有限公司正式成立

2015.07 v2.0版升级上线

2015.09 平台累计投资额超过10亿元

2015.10 平台累计投资额超过20亿元

2015.11 平台启用电子合同交易签章

2016.2 平台累计投资额超过50亿元

《2017 上海信息化年鉴》编纂委员会

《2017 上海信息化年鉴》编辑部

主　　编：张晓莺

副 主 编：邵　娟

编　　辑：李　燕　李丹文　蔡晶静　殷晓磊
　　　　　魏百慧　王　婷

承办单位：上海市经济和信息化发展研究中心

2016 年 11 月 1 日至 5 日，第十八届中国国际工业博览会在上海举办。

2016 年 12 月 13 日，上海市智慧城市建设成果评选活动颁奖仪式暨 2016 上海市智慧城市发展水平指数发布会举行。

2016 年 7 月 8 日，上海“智慧城市进万家”系列宣传活动启动仪式暨浦东站活动在世博源广场举行。

2016 年 12 月 3 日，上海智慧城市定向赛在杨浦区开赛。

2016 年 3 月 9 日至 11 日，2016 上海国际智能产业展举办。

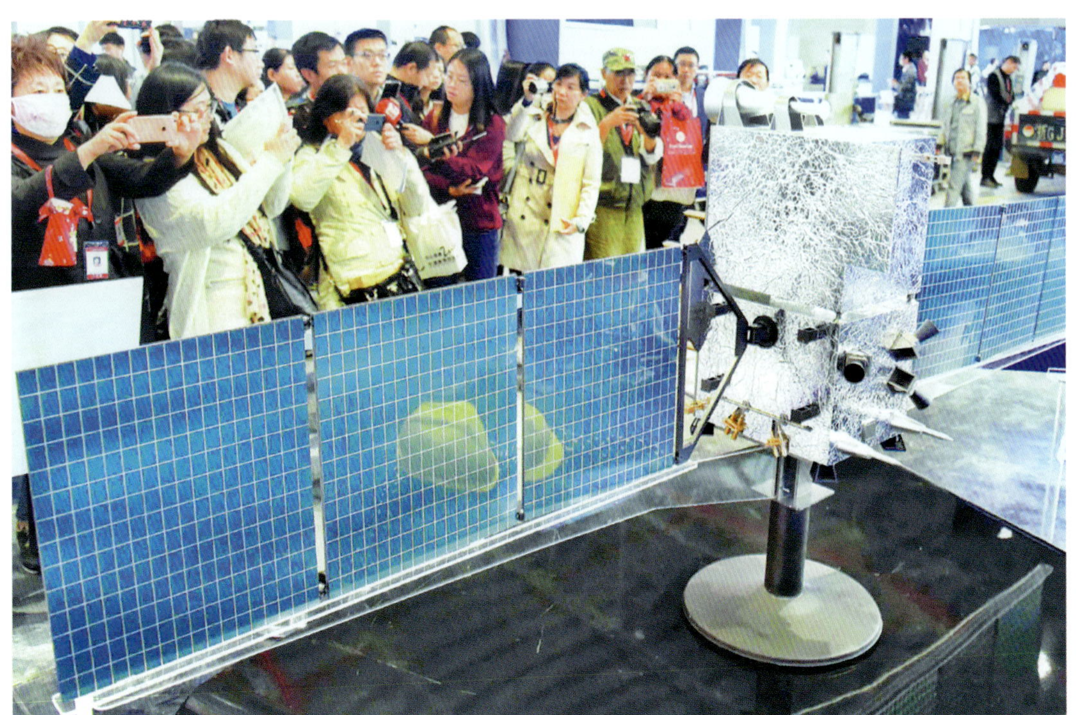

2016 年 11 月 1 日，新一代北斗导航卫星亮相第十八届中国国际工业博览会中科院展台。

2016 年 9 月 25 日，2016 无线电创新发展高峰论坛在上海举办。

在 2016 年国际滑联上海超级杯短道速滑及花样滑冰队列滑大奖赛期间，中国电信上海公司启动 C 级通信保障。

2016 年 5 月 18 日，“浦东 e 家园”APP 正式上线，在浦东新区张江镇、塘桥街道和陆家嘴街道开展试点运行。

2016 年 6 月 14 日，第三届“创青春”中国青年创新创业大赛在上海启动。

2016年7月26日，由上海交通大学举办的2016年“英特尔杯”大学生电子设计竞赛嵌入式系统专题邀请赛开赛。

2016年12月3日，“海纳百川·凝心聚力”长三角创客嘉年华在上海举办。

2016 年 4 月 8 日，以“互联网 + 教育”为主题的第十三届上海教育博览会开幕，一系列全新的“互联网 + 信息化教学系统”亮相。

在 2016 上海书展暨“书香中国”上海周展览中，VR 体验聚集大量人气。

2016 年，上海布局“智慧微菜场”新业态。图为在静安区一商务楼前设置的自动售菜机，方便了附近“上班族”买菜的需求。

2016 年，“互联网 + 医疗”在上海全面铺开，多家医院试水虚拟现实技术直播手术过程。

目　录

Contents

特　载

要　论

总　述

第一编　信息基础设施

综　述

第一章　宽带城市

第二章　无线城市

第三章　专业规划与公共设施

第二编　信息产业

综　述

第一章　电子信息制造业

第二章 信息服务业

第三编　政务领域信息化

综　述

第一章　电子政务支撑系统

第二章　机关信息化

第四编 公共服务信息化

综 述

第一章 智慧交通

第二章 智慧健康

第三章 智慧教育

第四章 智慧生活

第五章 智慧文化

第六章 智慧旅游

第七章 邮政信息化

第五编 经济领域信息化

综 述

第一章 智慧商务

第二章　制造业信息化

第三章　农业信息化

第四章　金融信息化

第五章　智慧航运

第六编 城市管理信息化

综 述

第一章 城市综合管理信息化

第二章 食品安全管理信息化

第三章 环境保护信息化

第四章 城市运行信息化

第七编 信息安全

综 述

第一章 信息安全管理

第二章　信息安全服务

第三章　信息安全技术研发及产业化

第八编　信息化环境

综　述

第一章　信息化政策法规

第二章　信息化人才工作

第三章 长宁区信息化建设

第四章 普陀区信息化建设

第五章 虹口区信息化建设

第六章　杨浦区信息化建设

第七章　黄浦区信息化建设

第八章　静安区信息化建设

第十二章　松江区信息化建设

第十三章　金山区信息化建设

第十四章　奉贤区信息化建设

第十五章 青浦区信息化建设

第十六章 崇明区信息化建设

第十编 社会信用体系

综 述

第一章 信用制度建设

第二章 信用信息基础建设与信用服务行业发展

第三章 社会诚信氛围营造

附 录

索 引

特载

Shanghai Informatization

依托互联网　走可持续发展新路

——在第28次上海市市长国际企业家咨询会议上的讲话

20世纪90年代以来,上海一直高度重视信息化和互联网建设,从先行建设信息港,到实施信息化领先发展战略,再到全面建设智慧城市,网络信息技术已经渗透到经济社会的各个方面,成为人们生产生活中不可或缺的重要组成部分。

上海信息化整体水平和互联网应用水平保持国内领先,部分指标达到发达国家先进水平。总体上看,上海已基本形成以数字化、网络化、智能化为主要特征的智慧城市框架,为上海提升国际竞争力和城市软实力提供了强大支撑,也为城市可持续发展奠定了重要基础。

首先,上海拥有广泛先进的互联网基础设施,网速在全国城市中保持前列,3G(3rd-Generation,第三代移动通信技术)/4G(4rd-Generation,第四代移动通信技术)网络基本实现全市域覆盖,无线局域网基本覆盖全市主要公共场所。

其次,上海拥有一大批高成长性的互联网企业和产业。2015年信息产业总规模达到1.2万亿元,信息服务业增加值占全市生产总值比重达到7%,成为第三产业中增长最快的行业。电子商务交易额达到1.65万亿元,是国内电子商务最具活力的城市之一。

另外,上海拥有一大批智能高效的互联网应用平台。已经初步形成智能交通、智能水网、智能电网、数字城管等智能应用体系,建成开通上海发布、电子书包、电子账单等公共服务平台,政府数据服务网数据开放覆盖广泛,公共信用信息服务平台查询服务功能日趋完善。

此外,上海拥有安全可靠的网络管理体系。基本形成基础网络、重要网站和信息系统的安全管理体系。同时,在国内率先组建区域网络与信息安全应急管理机构,网络安全指标排名全国前列。

互联网日益成为推进创新驱动发展、经济转型升级的先导力量。在互联网时代,实现城市发展愿景,根本离不开互联网。上海要到2020年基本建成国际经济、金融、贸易、航运中心,必须以互联网为基础支撑。要到2030年基本形成科技创新中心城市的核心功能,必须进一步向互联网要更大动力。上海正在编制新一轮城市总体规划,提出到2040年成为卓越的全球城市,这必须要更加深入、更加广泛地融入互联网、根植互联网、深耕互联网，走出一条依托互联网、促进城市可持续发展的新路。

第一，依托互联网，推动经济转型升级。“互联网+”是上海经济转型升级的重大契机。必须牢固树立创新、开放和包容的互联网思维，推进互联网技术与各行各业深度融合，着力培育经济增长新动能，开拓转型升级新通道。

要大力促进科技创新，激发“大众创业、万众创新”新活力。要以互联网技术创新为突破口，加快构建基于互联网的最广泛的协同创新平台，推动科技资源的开放共享，努力突破一批重大科学难题和前沿科技瓶颈，加速科技应用和创新成果产业化。要以资源整合创新、人才集聚创新为抓手，鼓励发展众创、众包、众扶、众筹等模式，为全社会创新创业活动创造更开放、更宽松的环境。

要打造“互联网＋产业”新模式，加快发展“四新”经济。要以智能化为主攻方向，着力培育智能网联汽车、工业机器人、数控机床、可穿戴设备等新兴产业，全面提升制造业智能化水平，形成一批拥有技术主导权、全产业链运作、跻身世界前列的新兴产业集群。要运用互联网技术提升服务业发展水平，促进互联网金融健康发展，支持大宗商品电子商务交易等平台建设，大力推广线上线下融合服务，切实发挥互联网对服务业发展的新引擎作用。

要运用互联网技术的渗透性和带动性，积极改造提升传统产业。传统产业仍是上海经济结构的重要组成部分，要广泛运用大数据、云计算、物联网等新技术、新模式改造传统产业，推动企业研发设计、生产制造、供应链等环节与互联网紧密结合，提高产品制造、生产组织和市场服务方式的智能化水平。

第二，依托互联网，推进城市治理现代化。上海是一座人口超过 2 400 万的超大型城市，城市治理的要求高、难度大。必须依托互联网推进城市治理制度创新、模式创新，提高治理的精细化水平。

要深化城市网格化管理，努力使城市更干净、更有序、更安全。依托信息化手段，上海已经建立起全市一张网的城市管理格局，把城市划分为一个个网格，按照网格配置管理力量，利用数字化管理平台，建立问题“发现—处置—反馈”的闭环管理体系。下一步，将继续用好互联网技术，鼓励市民参与城市管理，进一步提高发现问题、解决问题的能力。

要发展智慧交通，努力构筑畅达便捷的综合交通体系。要着眼于使交通运行更顺畅，加强对道路车辆、交通枢纽客流等数据的监测，扩大智能交通诱导系统、智能交通信号系统等新技术的应用，提升交通管理的智能化水平。要着眼于使市民出行更便捷，整合实时路况、停车动态、公交动态、航班和铁路动态等信息，为市民提供路线规划、智能停车、网上购票等一体化出行服务。

要发展电子政务，提高企业和市民办事、创业的便利化水平。要围绕实现“一号申请、一口受理、一网通办”的目标，深化政务协同应用，加快建设全市统一的网上政务大厅，推动政府服务模式向分布式、扁平化发展。到 2020 年，实现行政审批事项全部上网，公共数据开放在国内领先。

要打造信息化、智能化的城市安全防范体系，努力保障城市安全运行。对上海这样一座超大型城市而言，没有安全，一切都无从谈起。要加快推进水、电、燃气等城市“生命线”的智能监测和可视化管理，健全食品安全信息追溯系统，加强社会治安大数据应用，全面提升公共安全突发事件监测、预警和应急处置能力。

第三，依托互联网，创新公共服务。发展的根本目的是增进民生福祉。要建设更加智慧便捷、公平普惠的公共服务体系，让市民享有更好的生活品质。

要努力打造“没有围墙的学校”。建立个人终身学习账户制度，建设智慧学习云平台，集聚优质的数字化教育资源，推广慕课、微课程、翻转课堂等网络教育新模式，推动形成“人人皆学、处处能学、时时可学”的学习型社会。

要积极构建基于互联网的健康服务新模式。完善以居民电子健康档案、电子病历、电子处方为核心的基础数据库，发展远程医疗、智慧医疗，推动互联网与预防、治疗、康复、健康促进等服务深度融合，不断提升健康服务的质量和效率。

要大力普及智慧养老服务。加快建设全市统一的综合为老服务信息化平台，推广远程健康监护、居家安防、定位援助等养老服务新模式，推动居家养老、社区养老、机构养老融合发展，更好地满足老年人个性化、多样化的养老服务需求。

要加快建设触手可及的数字文化服务网络。打造文化上海云、数字博物馆群、“书香上海”等公共服务平台，汇聚各类文化信息，在线提供阅读、视听、讲座、培训、展览等公共文化服务，让市民们随时随地都能享受丰富多彩的文化生活。

第四，依托互联网，建设生态宜居城市。上海地域狭小、资源匮乏、环境容量极其有限，必须牢固树立“绿水青山就是金山银山”的理念，更多地运用信息化手段推动绿色发展、循环发展、低碳发展。

要运用信息技术助推资源节约集约利用。要搭建全市统一的空间基础信息平台，实现各类基础信息、各类规划要素全覆盖，依托平台加强管理，落实最严格的土地管理制度，严格控制建设用地规模，优化用地结构，提高土地利用效率。要着眼于应对全球气候变化，加大节能力度，大力发展分布式能源网络，更多地使用光伏、风电等清洁能源，在城市建设中推广 BIM(Building Information Modeling，建筑信息模型)技术，努力减少碳排放。

要提升环境治理的信息化水平。要坚持生态优先，滚动实施环保三年行动计划，加强大气污染防控和水环境治理，强化能源、产业、交通、建设等重点领域污染治理。要运用互联网技术，完善污染物排放在线监测网络，实时监控污染排放，及时发现违法行为，加大环保执法力度。

要实现以上这些目标任务，必须夯实互联网发展基础。按照统一规划、集约建设、资源共享、规范管理的原则，大力建设新一代信息基础设施，积极推进网络提速降费，使上海成为全国带宽最宽、网速最快、网络服务最具竞争力的地区之一。必须优化互联网发展环境。坚持依法治网、共享共治，健全政府引领，企业、社会组织、技术社群和市民共同参与、相互协作的互联网治理机制，完善网络安全综合保障体系，有效遏制和严厉打击互联网领域知识产权侵权等违法犯罪行为，让网络空间新家园变得更加美丽、更加干净、更加安全。

（上海市原市长　杨　雄）

大力发展大数据产业　助力上海科创中心建设

——在“四新”主题沙龙“迎接大数据时代”上的讲话

现状分析

上海大数据产业具有良好的发展基础。一是数据资源丰富。上海拥有世界最大的医联数据共享系统、4 800万张交通卡和每天30GB交通流量数据、亚洲第二的证券交易额，以及世界第一的货物和集装箱吞吐量等。二是研究实力雄厚。上海交通大学、复旦大学、华东师范大学、同济大学、华东理工大学、上海财经大学等10余所高校已开展大数据基础理论和应用研究，建立了一批面向产业的联合实验室和技术研发中心。三是产业附加值高。上海大数据企业主要集中在资源整合、技术开发、应用服务等大数据专业知识服务价值链环节，产业附加值高、辐射带动能力强，涌现出星环信息科技(上海)有限公司、上海星红桉数据科技有限公司、欧冶云商股份有限公司等一批在专业领域具有一定影响力的大数据企业。

上海市级政府部门已累计编制资源目录数1.5万条、数据项达21万个，已基本实现资源目录体系建设。上海市政府数据服务网开放内容涵盖经济建设、社会发展、信用服务等12个重点领域，累计开放数据资源近900项。上海开放数据创新应用大赛(SODA)聚焦“交通出行”、“城市安全”等热点主题，面向全社会征集优秀产品和解决方案，得到各方积极关注和广泛参与，已有参赛获奖作品获千万元级投资，取得了较好的社会效果。在产业生态方面已认定静安市北高新园区为上海市大数据产业基地、杨浦创智天地园区为上海市大数据创新基地，协调基地所在区出台大数据配套扶持政策，支持园区设立大数据产业基金。上海市经济和信息化委员会、上海市科学技术委员会联合组建上海大数据联盟，聚集企业400余家，围绕金融、医疗等优势产业举办行业活动20余场，形成了“魔方”大数据系列活动品牌，开展了医疗数据知识图谱、数据互联互通等标准化研究。

虽然上海大数据产业的基础不错，但也存在一些瓶颈。比如，公共数据资源主要集中在政府部门、公用事业单位和国有企业，数据开放程度不够，政务数据资源的内部共享、市场数据资源的外部流通存在制度性瓶颈。同时，虽然外界认为大数据应用和产业发展潜力巨大，但在商贸、医疗、交通、能源等行业普遍缺乏应用。

发展建议

一是打造大科学装置和设施。近期,国家发改委和科技部已正式批准上海建设张江综合性国家科学中心,积极探索建立国家科学中心运行管理新机制,成立由国家有关部委、上海市政府,以及高校、科研院所和企业等组成的上海张江综合性国家科学中心理事会,由国务院副总理刘延东担任理事长,探索实施科研组织新体制,研究设立全国性科学基金会,募集社会资金用于科学研究和技术开发活动。同时建设一支富有创新精神、勇于承担风险的创新型人才队伍,充分发挥市场在人才资源配置中的决定性作用,建立健全集聚人才、培养人才的体制机制,创造人尽其才、才尽其用的政策环境。

二是打造基础创新中心。上海的大学虽然规模较小,但在全球具有一定影响力。政府应打造公共服务平台,用于扶持重大技术创新,向社会开放,向创业者开放,降低企业成本,简化手续,提供免费测试、咨询等服务。同时建设关键共性技术研发平台,聚焦国家和上海市经济社会发展重大需求,在信息技术、生命科学、高端装备等领域先行布局一批开放式创新平台,通过政府支持、市场化运作,攻克关键共性技术,支撑战略性新兴产业实现跨越式发展。另外,打造科技成果转化和产业化平台,加强在技术交易事前、事中和事后各阶段的服务。建立科技成果转化、技术产权交易、知识产权运用和保护协同的制度,确立企业、高校、科研机构在技术市场中的主体地位,强化市场在创新要素配置中的决定性作用。

三是大众创业万众创新。首先,降低初创成本。政府应更关注草根创业者,向有品牌、有团队、有信誉的初创团队提供扶持。其次,鼓励创业投资基金和天使投资人群发展。对上海市包括创业投资基金和天使投资人在内的各类创业投资主体,要以不同方式给予有针对性的支持和引导,有效激发各类创业投资主体对处于种子期、初创期企业的投入。最后要创建良好的生态环境,包括制定人才培养政策、组织创新比赛,积极发挥区县作用等。

保障措施

一是加强政务数据资源共享和开放。推进政务数据资源共享和开放是一项战略性、基础性、持续性工作,各部门要高度重视政务数据资源开放和共享工作,解放思想、齐心协力,以需求为导向、以技术为支撑、以制度为保障,切实推进政务数据资源共享和开放工作稳定持续开展,促进政府职能转变,提升政府公共服务和社会治理能力,继续保持在全国的领先地位。

二是加强电子政务云建设。上海市将建成市、区两级电子政务云平台,实现市政府各部门基础设施共建共用、信息系统整体部署、数据资源汇聚共享、业务应用有效协同、政务大数据开发利用。这对政府提出了更高的要求,该项工作需要政府、业界、企业、社会共同参与治理,还需要依靠信息技术手段支持,加强重要业务系统与政务新媒体安全保障,确保网络、系统、数据安全,确保国家秘密安全。同时,政府还需制定相关政策支持,加强对企业经营、资质等的信息管理,逐步实现精细化监管和分类管理。

上海市政府已原则同意《上海市电子政务云建设工作方案》,市、区两级政府都要高度重视电子政务工作，切实将其作为加强政府自身建设、提升政府现代治理能力、提高为民服务水平的重要抓手。

三是建立创新人才发展制度。探索校企联合培养模式，提升高校人才培养对产业实际需求的支撑水平；进一步完善引进人才的配套政策如住房补贴、子女教育等。

四是减少政府对企业创新创业的干预。对应由市场做主的事项，政府做到少管、不管，最大限度地取消企业资质类、项目类等审批审查事项，消除行政审批中部门互为前置的认可程序和条件。完善事中、事后监管，以“管”促“放”，深化商事制度、“多规合一”等改革，进一步完善配套监管措施，探索建立符合创新规律的政府管理制度，根据新兴产业特点，完善企业行业归类规则和经营范围的管理方式。

五是加强创新支持。建立有利于激发市场创新投入动力的制度环境，发挥金融财税政策对科技创新投入的放大作用，形成创业投资基金和天使投资人群集聚活跃、科技金融支撑有力、企业投入动力得到充分激发的创新投融资体系。

（上海市常务副市长　周　波）

积极推进智慧城市建设　做好信息安全保障工作

——在2016年5月18日上海智慧城市建设工作会上的讲话

上海按照国家关于建设新型智慧城市的总体要求，围绕上海市推进智慧城市建设行动计划(2014—2016)明确的50个重点专项，着力推动各项任务落实。围绕满足百姓民生需求、企业发展诉求和政府改革要求，基本形成了各部门各司其职、各区积极推进的智慧城市建设格局。

上海市智慧城市建设和网络安全保障总体情况

上海智慧城市建设围绕信息技术与社会经济各领域的应用渗透这一主线，着力增强信息基础设施、信息技术产业、信息安全保障等支撑能力，全面完成"十二五"规划的各项任务，连续多年在国家权威机构发布的信息化综合发展水平排名中名列全国第一。

民生服务信息化应用全覆盖，惠民效果进一步显现。基本建成以道路交通综合信息服务(智行者)、公交信息服务(上海公交)、公共停车信息服务(上海停车)等为主干的交通信息化应用框架，950多条公交线路、200多个中心城区停车场状态信息可在线实时查询。基本建立以3 000余万份动态电子健康档案为基础、市区两级卫生综合管理平台为支撑的卫生信息化应用框架。"一网两平台三中心"的教育信息化顶层设计架构初步形成，教育信息资源共享、电子书包、网上教学等教育信息化应用逐步推广。同时，推动为老综合信息服务、"文化上海云"、景点舒适度和人流信息发布、一站式就业自助经办、大气感知系统等一批重点项目建设，市民感受度不断提升。

城市管理与政务信息化向纵深发展，城市运行效率明显提升。城市网格化管理模式向郊区、地下空间及水务、绿化、民防等专业领域渗透拓展。水环境实时监控预警、重点污染源监管等信息系统投入运行。食品安全追溯、房屋信息管理数据库、渣土监管系统、城管综合执法信息系统等一批重点领域项目进展顺利。政务信息资源开放共享实现突破，截至2015年年底，政府数据资源服务平台汇聚和发布数据资源目录1.03万条、数据项13.38万个，政府数据服务网累计开放数据集逾500项。网上政务大厅、法人

“一证通”、12345 市民热线等协同化应用效果显著,政务外网市级骨干网已接入 1 300 多家市级单位,接入终端超过 17 000 台。

信息化与工业化融合创新不断加深,推动智能制造新模式发展。对接“中国制造 2025”,以科创中心建设为契机,全面推动上海向智能制造转型发展,48 家在沪骨干企业列入工信部“两化融合”管理体系贯标试点,推动建立 CIO(Chief Information Officer,首席信息官)制度。电子商务交易额超过 1.64 万亿元,临空经济园区、中环商贸区正式获批为国家电子商务示范基地。支撑上海自贸试验区建设,上海电子口岸“单一窗口”功能覆盖 17 个贸易监管部门,全面启动亚太示范电子口岸建设。信息产业总规模达到 1.2 万亿元,增加值占生产总值比重超过 10%,物联网、云计算等新兴产业规模和应用能力不断提升。

信息基础设施能级不断提升,服务能力显著增强。宽带城市和无线城市建设取得显著成效,光纤到户覆盖约 910 万户,家庭光纤宽带普及率达 54%,完成 720 万户有线电视用户 NGB(Next Generation Broadcasting Network,下一代广播电视网)网络改造,高清电视和高清 IPTV (Interactive Personality TV,交互式网络电视)用户数达到 327 万户。3G/4G 网络基本实现全市域覆盖,用户普及率超过 98%, 900 余处公共场所开通 i-Shanghai 公益无线接入服务。同时,信息基础设施集约化水平不断增强,基础设施第三方维护机制逐步健全。

网络安全实现总体可控,保障能力持续提升。加大多部门联合执法力度,共同做好“抗战胜利七十周年纪念活动”等重要活动和重大节日的信息安全保障工作。强化基础制度建设,对 107 个公共信息系统实施安全测评,联合多部门开展网络与信息安全专项检查,对全市重点网站开展实时监测预警和应急处置,完成中央网信办下达的党政机关云服务网络安全审查试点。持续开展打击治理伪基站、黑电台、移动互联网恶意程序等专项行动,举办上海市第五届信息安全活动周,建设市场监督管理统一身份认证公共服务平台。促进信息安全服务外包管理和支撑能力提升,推进移动安全、互联网金融等领域技术研发和科技攻关。

在总结成绩的同时,也认真梳理了智慧城市建设和应用推进中的“瓶颈”和“短板”,亟需在“十三五”开局之年加以重视。一是信息化基础设施服务和应用水平与市民需求的对接依然存在距离,市民的感受度有待进一步提高。二是通过“互联网+”带动产业转型升级和供给侧改革的效果还不明显,企业在信息经济环境下的创新活力有待进一步激发。三是各部门形成的“信息孤岛”和“信息断头路”现象依然存在,通过信息资源共享、开放带动业务协同的任务依然艰巨。四是由信息化带来的泛在互联和跨界融合趋势明显,政府推动智慧城市建设的政策设计和网络信息安全面临挑战。

2016 年智慧城市建设和信息安全保障重点工作

围绕梳理出来的瓶颈问题,2016 年智慧城市和信息安全保障工作按照市委网络安全和信息化工作会议的总体要求,着力发挥智慧城市促进经济社会持续健康发展,推动经济结构优化升级和发展方式转变的作用,主动适应新技术、新应用带来的信息安全新挑战,确保城市信息安全态势总体可控。具体推动以下六方面工作。

（一）推动面向市民生活的综合信息化应用服务，不断提升智慧城市的感受度和获得感

以整合面向市民的各类信息化服务，搭建“市民云”综合应用门户入口为重点，着力推动“衣食住行文教旅”相关政府和市场化服务在移动终端的归集。同时，继续推动行业信息化应用，重点推进智慧停车建设，完成智慧出行一站式 APP 应用建设；推进医联影像云平台建设，拓展医联智能移动云健康服务平台建设和应用，打造一批智慧医院；打通上海大规模智慧学习平台线上线下和学段，为市民建立终身学习档案；建设面向全体市民的为老服务网络门户，提供政策咨询、办事导航、投诉建议等服务；完成文化上海云主平台建设，基本实现全市 16 个区“文化上海云”子平台覆盖；建设上海科创中心上海人才服务子系统，实现一体化办理和服务。同时，继续大力推进智慧社区、村庄、商圈、新城等建设，打造一批特色鲜明、示范标杆性的“新地标”，形成市民身边的智慧生活圈。

（二）进一步推进互联网与产业经济深度融合，形成智慧经济发展新模式、新业态

围绕传统产业转型升级和“四新”经济发展，从产品、企业、产业、基地园区四个维度切入，着力推动智能制造和工业互联网发展，形成对供给侧改革的有力支撑。推动智能制造应用层、装备层、网络层和平台层“四位一体”发展，加快建设一批“智能制造”示范基地，编制发布《上海市工业互联网创新发展应用三年行动计划(2017—2019 年)》，争取国家工业互联网示范城市在上海落地。同时，加快新模式、新业态发展，推动网络购物创新发展，鼓励生活服务、医疗健康领域电子商务创新发展。培育适应实体企业互联网化发展需要的各类专业服务平台，开展汽车电商基地建设。提升快递业信息化水平和快件末端投递智能化水平。做好互联网金融相关板块落户上海的协调、推进、服务工作，加强行业监测监管和分析能力。

（三）加快信息化在城市运行管理各领域的渗透应用，提升城市管理精细化和社会治理科学化水平

全面推动街镇网格化综合管理中心建设，完成 208 个街镇和 12 个市级开发区的网格化综合管理信息系统建设，加强网格化管理与 12345、12319、110 的联勤联动和无缝衔接。推进基于 BIM(Building Information Modeling，建筑信息模型)技术的联审平台建设，发挥 BIM 联盟作用，深入推进 BIM 应用。推动食品安全监管和信息服务系统数据整合，推进食品安全公众查询系统、第三方企业追溯平台等系统建设。推动长三角区域空气质量预测预报系统建设。扩大道路照明灯杆综合利用试点，推进公共基础设施智能化建设。加强水务海洋业务协同，完成“数字海洋”上海示范区建设。实施公安视频图像信息化工程，着力构建覆盖全时空、智能化的科技防控网络。

（四）推进电子政务云平台建设和政务信息资源共享开放，促进政府职能转变和行政效能提升

形成上海市电子政务云平台总体建设方案，启动云平台建设，选择上海市经济和信息化委员会、上海市公安局、上海市妇女联合会等单位的 10～20 个业务系统开展试点。推进政务数据资源目录编制，各市

级部门100%完成信息化系统编目任务,实时、动态数据资源开放所占比例力争达到50%。继续深化政务服务渠道整合,推进市、区两级政府各部门审批事项100%接入网上政务大厅,推动社区事务受理服务中心一口式事务受理信息系统在全市部署,完善法人一证通认证公共服务平台。提高政务外网保障能力,满足各类应用的接入需求和云计算、大数据、下一代互联网等新技术要求。完成市公务网、骨干网升级改造项目,建设政务内网市级网络中心。

(五) 提升信息基础设施建设和服务水平,努力成为全国带宽最宽、网速最快、资费最低的地区之一

继续开展宽带大提速,争取到2016年年底把全市家庭光纤宽带普及率提高到60%,农村光纤覆盖率提高到60%,开展千兆接入规模试点。推进CDN(Content Delivery Network,内容分发网络)下沉试点,加快宽带资源本地化。加强国际通信枢纽能力建设,进一步提升互联网出口带宽。加快推进街道站、小微基站部署,加强4G网络深度覆盖。2016年i-Shanghai新增覆盖600处公共场所。同时,探索建设临港地区骨干物联专网,推进规模技术试验和探索市场运营模式。围绕绿色化和高端化,优化IDC(Internet Data Center,互联网数据中心)布局。推进电信领域大数据资源开发利用和探索服务新模式,试点推动频谱经济发展,利用700MHz频谱开展NGB-W(Next Generation Biology Workbench,下一代地面无线广播电视网络)建设。此外,加强基础环境建设,继续做好全市宽带网络下载速率、网络覆盖等指标用户感知测试,起草上海市贯彻落实国家"提速降费"战略的实施意见。

(六) 增强信息安全保障支撑能力,为智慧城市发展构筑坚实的安全"防火墙"

强化重要信息系统监管,开展2016年度公共信息系统安全测评和重点领域网络安全检查行动;加强重要工控系统安全管理,开展工控系统信息安全风险评估,推进电力等重点行业工控系统安全加固试点;完成市级信息安全专项应急预案执行情况评估,完善重点行业事件监测、预警通报和事件处置机制;加强电子政务云计算服务安全管理。强化技术支撑能力。推动测评认证、应急管理、大数据应用安全等信息安全重点平台建设;培育和发展网络信息安全服务"四新"经济,探索建立信息安全服务机构信用评价机制。强化教育培训。推进信息安全高技能人才实训基地建设;开展重点行业信息安全管理和运维人员信息安全业务和技能培训;优化信息安全服务保障队伍;举办第三届国家网络安全宣传周暨第六届上海市信息安全活动周,提升全民信息安全意识。

2016年是"十三五"开局之年,在各部门的支持配合下,上海市经济和信息化委员会将继续发挥好智慧城市建设领导小组办公室的职能,抓好"十三五"规划的宣贯和任务分解,并继续按年度明确重点工作计划,确保上海智慧城市建设有序推进、信息安全保障能力不断提升,为上海"十三五"创新和转型发展奠定基础。

(上海市经济和信息化委员会主任 陈鸣波)

加快健全社会信用体系　着力构建“诚信上海”

——在2016年5月26日上海市社会信用体系建设联席会议上的报告

上海市社会信用体系建设情况

上海市社会信用体系建设围绕全市中心工作，紧抓上海自贸试验区制度创新契机，按照“三、五、三、三”(即“三统一”工作导向、“五位一体”工作思路和基于“三清单”、覆盖“三阶段”的全过程信用管理模式)信用建设工作架构和推进思路，在联席会议各成员单位的共同推进下，上海市信用建设工作取得新进展，主要体现在六个方面：

信用法制建设扎实推进

一是出台《上海市公共信用信息归集和使用管理办法》，规范、引导公共信用信息归集应用。二是配合市人大开展信用地方立法调研，信用立法列入上海市重点立法预备项目。三是公共信用信息数据清单、行为清单和应用清单地方标准通过专家评审，信用标准化建设加快推进。四是组织编制《上海市社会信用体系建设“十三五”规划》(征求意见稿)，对标国家工作要求和上海发展需求，梳理“十三五”上海信用建设发展形势、发展理念和目标任务。

市信用平台归集服务功能不断完善

按照“一个平台、系统对接、信息共享、应用拓展”的总体架构：一是持续深化数据归集，截至2015年年底，市信用平台已归集行政、司法、公用事业及社会组织等99家单位产生的资质类、登记类、执行类、监管类、违约类等公共信用信息3 444项，其中首批89项重点数据(如社保缴纳、税务处罚、司法判决等信息)全部归集。市级层面中市质监局、市食药监局、市水务局等政府部门向平台提供法人信息事项排名靠前，市文化执法总队、市交通委、市司法局等政府部门向平台提供自然人信息事项排名靠前。二是围绕服务便捷和管理安全，推动上海诚信网、市信用平台APP、市民信箱、电子银行、法人一证通等渠道实现信用报告在线查询功能，远郊区县依托行政事务服务中心设立服务窗口，初步构建起线上＋线下的综合查询渠道。“上海诚信网”日点击量从2014年的2 400次增至2015年的逾万次,一定程度上反映了全社会对信用建设工作关注度的不断提升。

政府、市场信用应用齐头并进

一是政府部门示范应用,以应用清单编制落实为抓手,推动政府部门在市场监管、综合执法、拆违治理、评奖评优、资金管理、产业结构调整以及公务员招录等方面加强信用信息查询应用。74家政府部门和区政府开通了688个平台查询账户,实际应用事项达214项。如上海市食品药品监督管理局、上海市环境保护局、上海市安全生产监督管理局结合企业信用信息,全面建立信用分类监管机制;上海市公安局将较严重交通违法行为信息纳入市信用平台,探索建立关联用信机制;上海市商务委员会建设商务诚信公众服务平台,建立商务领域征信、评信和用信机制;上海市工商局大力推进经营异常名录管理,加强失信主体信用约束;上海市司法局对1 000多家法律服务机构和2万多名法律从业人员开展信用核查,推进法律服务行业信用建设;上海市科学技术委员会深入推进高新技术企业认定过程中的信用管理;上海市税务局、中国银行业监督管理委员会上海监管局建立“银税互动”合作机制,对纳税诚信小微企业提供便利金融服务等。同时,区部门开展的信用应用事项占到了整个政府应用事项的一半,信用应用逐步向基层延伸。

二是拓展市场应用,加强市信用平台面向银行信贷、小微企业融资、碳排放交易、会展行业、人才市场、金融机构等的社会化查询服务,如在新能源车购买环节首推购车主体信用核查,通过对信用应用场景不断推广,影响和引导更多社会主体关注、珍视自身信用记录。市信用平台开通了客户端、专窗服务等方式,便捷信用服务机构等用户规模化信用信息查询。

区县社会信用体系建设协同推进

2015年,市征信办印发《复制推广自贸试验区经验推进区县社会信用体系建设行动方案》,加强区县信用建设工作指导。围绕数据归集应用,上海市16个区县均编制了应用清单和数据清单,确认向市信用平台报送信用信息1 751项,信用应用296项,14个区县已建立信用子平台;按照试点突破、示范推广、全面覆盖的推进原则,区政府着力推进本区域特色信用应用,如浦东新区依托区信用子平台加强市场监管、创新诚信社区建设;金山区深化危化品信用监管;长宁区探索社会综合治理领域信用建设;崇明县着力推进生态环境和三农领域信用建设等。在政府采购、资金支持、公务员录用、政府贷款担保,以及服务科技企业发展等方面,各区县积极探索信用服务产品应用,试点结合第三方征信服务探索信用监管新机制建立。同时,多数区县开展了区“十三五”信用建设规划编制工作。

信用服务行业发展取得长足进步

近年来,结合大数据和“互联网+”发展战略,全市信用服务行业呈现创新发展态势,“互联网+征信”模式发展迅速,新兴信用服务市场快速增长。上海市信用服务机构100余家,年营业收入超15亿元,业务范围覆盖企业征信、个人征信、信用评级、企业信用管理等,基本涵盖了从信用信息收集、整理、加工、发布到信用管理、后续服务的整个产业链。业内机构共出具企业信用报告约 430 万份，涉及应收账款管理金额 46 亿元、主体评级对象贷款余额 4.1 万亿元、债券市场融资规模 7 600 亿元。同时，支持市信用服务行业协会进一步发挥作用，加强行业自律和规范，成立信用培训、新金融信用管理专业委员会，开展信用服务机构综合评价和产品服务质量评估。

诚信宣传和区域合作深入推进

一是圆满完成 2015 年市政府实事项目——“为全市法人和市民在线免费提供一次信用查询报告”，上海市市民累计查询 531 万人，法人累计查询 106 万家。

二是结合“2015 上海诚信活动周”，首次发布十大典型信用案例，全市开展形式多样的诚信创建活动，全方位、立体式展示信用建设成果。市文明办、轨道和公安总队、申通地铁集团等联合开展了地铁逃票行为专项整治，并通过立法形式确定将逃票行为纳入征信系统，用信用管理手段遏制自然人不文明、不道德行为。

三是联合苏、浙、皖三省信用管理部门推进区域信用信息共享交换，探索旅游等重点领域联动奖惩机制建设。

上述工作成绩的取得，离不开各成员单位、社会主体的共同参与推进。当前，国家层面关于信用建设工作的部署推进力度不断加强，部际联席会议对地方信用建设工作的指导和要求更加明确和具体，上海市社会信用体系建设向纵深发展仍面临一些短板和突出问题：如信用制度建设层级需要提高，平台数据归集质量和可用性有待提升，信用应用广度、深度有待拓展深化，信用服务业供给端创新、服务能力还需提升等。

2016 年上海市社会信用体系建设重点

2016 年，结合补短板，上海市社会信用体系建设将进一步“突出问题导向，彰显信用效益”，逐步从以平台、数据、制度为核心的基础能力建设阶段转向信用应用挖掘、信用价值释放的深入推进阶段。一方面，全市层面上坚持“三、五、三、三”的统一推进思路，另一方面，着力构建“重点领域联合、重点区域联动”的信用建设工作格局。主要推进以下五方面工作：

以规章立法为重要支撑，进一步强化信用法制建设

一是全力配合、参与好人大地方信用立法工作，按照 3、6、9 工作节点，2016 年年内形成法规草案正式稿。

二是围绕规章落实，制定配套实施细则，发布“三清单”地方标准，加快推进全过程信用标准化建设等。

三是在食品药品、安全生产、劳动保障、税收及工商管理等重点领域，建立完善严重失信名单制度和联合惩戒机制。

四是以市政府名义印发《上海市社会信用体系建设“十三五”规划》。

提升数据归集质量，增强开放服务能力

一是启动上海市信用平台二期建设，夯实硬软件基础，推进第二批重点信用信息归集，将交通违章、无证行医、“五违”（违法用地、违法建筑、违法经营、违法排污和违法居住）及消防领域失信主体信息纳入市信用平台，2016 年年底前各区完成信用子平台建设。

二是发布《上海市公共信用信息平台服务系列指南》，推动公共信用数据资源向符合条件的机构提供便利化查询服务，支持社会主体开发利用。

三是全面落实好国家“双公示”工作要求，做好全市行政许可、行政处罚等信息 7 个工作日内上网公开，全市统一归集、集中公示和向“信用中国网”推送，全面提升信用信息数据标准化质量和公开共享力度。

强化应用导向，不断拓展深化应用领域

一是制定《深化自贸试验区信用建设工作方案》，发挥“双自联动”优势，深化“信用张江”建设，成立全国高新科技产业园区信用联盟，助推上海自贸试验区和科创中心建设。

二是围绕“放、管、服”，在行政审批、市场监管、商事服务、社会治理等重点领域，推进信用大数据应用和全过程信用管理建设试点，逐步构建以信用为核心的新型市场监管机制。

三是积极服务实体经济发展，以重点场景应用为抓手，面向信贷市场、资本市场、人才市场、四众平台建设等重点领域，深化信用应用。鼓励社会主体对信用良好的主体给予更多机会、便利和优惠，普遍提升守信价值获得感。

四是鼓励试点示范，支持浦东新区、嘉定区积极创建国家信用建设示范城区，支持各区结合行政管理职能下放、社区网格化管理以及自身产业发展定位等，加快各区特色信用建设。

加强信用信息融合共享，充分发挥信用大数据作用

一是深化重点区域信息共享，推进商务诚信公众服务平台建设，实现商务领域公共信用信息与市场信用信息交互共享；深化“银税互动”工作机制，强化纳税信用等涉税信息的共享应用，服务中小企业融资。

二是探索信用数据交易，推动信用信息跨行业、跨领域有序流动，筹建信用大数据联合实验室。

三是充分发挥好信用服务市场中介作用，支持信用服务机构结合大数据、新技术，开发满足市场各类需求的信用产品，引导信用服务机构直接参与重点行业信用建设和信用监管，培育一批信用服务骨干企业。

同时，2016 年围绕城市管理，结合交通整治、“五违四必”区域环境整治、“消防隐患排查”等专项治理活动，充分发挥信用管理机制作用，营造诚信氛围，激励社会主体守法诚信，倡导信用文明风尚。

（上海市经济和信息化委员会副主任　邵志清）

总述

2016年上海市国民经济和社会信息化工作综述

2016年是《上海市推进智慧城市建设2014—2016行动计划》的收官之年，同时也是《上海市推进智慧城市建设"十三五"规划》的开局之年。在市委、市政府领导下，上海相关部门和社会各界共同努力，进一步深化民生服务、经济发展、政务创新和社会治理等领域信息化应用，推动智慧城市新地标建设，持续强化下一代信息基础设施、新一代信息技术产业、网络安全保障三大支撑体系建设。

上海市智慧城市建设促进中心编制的《2016上海市智慧城市发展水平评估报告》显示，2016上海智慧城市发展水平指数为97.65。其中，网络就绪度指数为92.9，智慧应用指数为105.7，发展环境指数为88.43，总体水平继续保持国内领先地位，智慧城市框架体系持续完善，为"十三五"时期建成以泛在化、融合化、智敏化为特征的智慧城市打下坚实基础。

下一代信息基础设施体系持续完善，智慧城市服务能级全面提升

信息网络设施综合服务能力迈上新台阶。截至2016年年底，全市光纤到户覆盖总量达941万户，实际使用用户数达515.74万户，家庭宽带平均接入带宽达58M，固定带宽用户平均可用下载速率达14.03 Mbps，实现了300个小区千兆光纤带宽覆盖；NGB(Next Generation Broadcasting Network，下一代广播电视网)覆盖总量达744万户，数字电视用户数达682万户，IPTV(Interactive Personality TV，交互式网络电视)用户数达230万户；城市公共区域WLAN(Wireless Local Area Networks，无线局域网)覆盖接入点(AP)超20万个，i-Shanghai用户总量达1 194万，3G/4G用户总数达到2 390.09万户，普及率超过98%；移动电话基站达到9.8万个。

公共信息基础设施和功能性服务设施建设全面升级。累计开工建设管道10 433沟公里，中心城区集约化信息管道平均覆盖率达到90%以上；光缆建设达到5 336皮长公里(约63万芯公里)；国际海光缆总容量超过14 Tbps，互联网国际出口带宽突破1.1 Tbps，省际出口带宽达8.6 Tbps；全市IDC(Internet Data Center，互联网数据中心)机架数达到6万个；上海超级计算机中心"魔方2"系统可用率达99.9%以上。

信息基础设施建设规划不断完善。组织完成了《宝山顾村大型居住社区拓展基地通信专业规划修编》、《浦东新区4G基站建设三年(2016—2018)滚动计划》。完成《重点台站保护专项规划》与金山、闵行和崇明的基站站址布局规划编制,实现区域基站子规划与《基站布局专项规划》的有效衔接。

智慧生活应用建设全面深化,民生服务水平显著提升

智慧健康应用进一步深化。建成市、区、社区卫生中心"三位一体"的综合管理平台,65家试点社区卫生服务中心开展平台对接。上海健康信息网覆盖全市16个区600余家公立医疗卫生机构的居民电子健康档案平台,实现诊疗信息查询、预约挂号、专家咨询等一站式医疗服务。上海健康云上线运行,注册用户达115.6万人。完成医联影像云平台项目医联大数据影像协同平台与医联影像协同服务云平台建设,医院信息化水平全面提升。建成综合为老服务门户平台,为政府部门、养老机构、市民等提供统一的综合为老信息服务。全市80%市级政府网站及区级网站完成无障碍改造,推出"无障碍数字图书馆"等多项无障碍成果。

教育教学与公共文化智慧应用体系逐步完善。上海教育网全面覆盖,约2 000公里的教育专用光缆网络运行稳定。教育资源中心整合27 000个资源、697门课程,实现优质教育资源共建共享与互联互通。上海大规模智慧学习平台(上海微校)上线试运行,为市民提供个性化在线学习服务。文化上海云整合全市16个区及下级街道乡镇共400多家文化场馆和社区文化中心信息,注册用户达106万人。上海图书馆微信服务号使用量全年累计达228.8万次,微阅读累计点击量21.1万人次,网络文学原创作品成果丰富,数字内容产品和服务稳步发展。

智慧旅游综合服务水平不断提升。全年"962020"旅游热线呼入电话约5.3万通,接通率100%,完成全市188家社区旅游公共服务点的布点。旅游景点人流量监控系统已实现景区实时人流量和舒适度指数及时掌控。旅游电子合同平台累计签订合同50.8万份,涉及游客158.4万名,收集游客反馈信息9 207条。建立旅游气象服务中心,实现对距中心城市位置较远的17个A级景区气象预测服务。"上海天气"微信平台累计发布871篇图文消息,收获450余万次总阅读量,完成"社区气象安全一点通"升级改版并实现全市300多个社区全覆盖。

智慧交通服务与管理体系稳步深化。全市公交站亭1 600余块LCD(Liquid Crystal Display,液晶显示器)55寸显示屏、1 700余块太阳能电子站牌、近100根自带电池电子站杆实现车辆实时到达信息发布,交通信息二维码服务覆盖全市4 600多个站点,"上海公交"APP实现1 074条公交线路、14 000辆公交车的实时到站信息发布,日访问量超200万次。建成上海公共停车信息平台,全面接入全市经营性公共停车场(库)和道路停车场信息。建成上海市网络预约出租汽车监管信息平台,网络约车、共享单车等共享服务模式趋势明显。

公共服务信息化应用更加多元化、人性化。市民云平台用户超过606万,实现与近30家机构数据互联,为市民提供公共事业账单、三金、信用报告、月度及年度税单、菜价、新闻、天气空气等近60余项民生

信息服务。付费通 EBPP(Electronic Bill Presentment & Payment,电子账单处理及支付系统)平台注册用户数突破 650 万,为上海 1/3 家庭提供了账单服务,并在全国 40 余个城市上线水电煤网上缴费,平台年交易额约 100 亿元。智能快递柜等终端广泛应用于市民日常生活服务。

智慧经济应用体系趋于完善,支撑产业转型创新发展

深化制造业与互联网融合发展,促进传统制造业转型升级。完成一批智能制造重大项目试点示范,4 个项目入选工信部 2016 年智能制造试点示范项目名单。建立都市电网电能绿色管理平台、虹桥商务区低碳能效综合管理平台、大气有害物质传感器监控试点等一批节能减排项目,有效提升绿色智能制造水平。上海振华重工(集团)股份有限公司、上海电气集团股份有限公司、上海赛科石油化工有限责任公司等大型骨干企业利用信息化手段,持续加强海洋装备数字化车间、能源资产优化管理、生产能耗监控等建设。上海市中小企业服务互动平台集聚上线的服务机构 360 家,累计服务档案 34 703 条,面向中小微企业的信息化服务水平提升。推荐 15 家市重点企业成为工信部贯标试点企业,10 家试点企业通过"两化融合"贯标评定。

金融业信息化不断深化,互联网金融整体健康规范发展。2016 年互联网金融经营收入达 496 亿元,同比增长 28.5%,其中第三方支付收入达到 300 亿元,提供 ApplePay 快捷支付服务和 HCE 云闪付服务的银行数量分别达到 14 家和 20 家,移动金融应用安全芯片数字认证银行增加至 6 家。扎实开展互联网金融风险专项整治行动,探索建立健全上海市 P2P 行业监管机制,启动市金融业态检测分析平台,建成上海市金融信息产业促进服务平台,保障互联网金融业态稳定健康发展。

商贸流通信息化水平继续领先,推动经济创新发展。2016 年全市实现电子商务交易额超 2 万亿元,同比增长 21.9%,其中 B2B 交易额超 1.4 万亿元,同比增长 17.3%,网络购物交易额 5 603.7 亿元,同比增长 35.4%。上海市电子商务"双推"工程遴选服务平台 12 家,扶持推动"双推"平台企业新签约中小企业客户共计 1 817 家,其中包括上海市中小企业 1 538 家。评选出携程网、1 药网、洋码头、飞牛网等 55 家市级电子商务示范企业,嘉定电子商务产业园被评为"国家优秀电子商务示范基地(20 强)"。上海国际贸易单一窗口 2.0 版累计货物申报用户 5 000 个,服务企业超过 17 万家,货物申报超过 1 000 万份。

农业信息化体系逐步完善,智慧农业效果明显。上海为农综合信息服务平台覆盖全市 1 391 个涉农行政村,基本建立市、区、镇、村四级信息服务支撑体系。"12316"三农服务热线全年咨询服务量达 4 855 人次,下乡进社区活动共 263 场次。持续推进农业大数据试点,积极开展农业大数据资源目录、大数据统一标准体系、上海农业综合信息管理平台等建设。蔬菜园艺场、稻米生产基地等场所深化农业物联网应用。

智慧治理建设体系不断深化,推进城市治理精细化发展

城市精细化综合治理能力增强。建成城市管理综合信息共享交换平台,基本实现委办局间跨行业、

跨平台基础数据共享调用；网格化管理系统全面覆盖全市16个区，划分万米网格4万多个、责任网格1 829个、部件总数达1 202余万个，持续强化社会治理“大联动、大联勤、微治理”能力。开展绿化市容综合监管信息系统完善工程，实现全行业30多个业务子系统数据交换共享；建立绿化市容地理信息共享平台，进一步提升城市治理协同执法能力。启动长三角区域空气质量预测预报系统建设，建立一系列污染源管理系统，环境质量监测网络布局与综合治理体系持续完善。智能电网、智慧照明、智慧水网等建设持续深化。

城市运行安全管理应用持续推进。公安网虚拟化平台完成61个业务系统部署，自建及联网复接监控探头达10多万个，杨浦、宝山等区持续推进重点区域客流分析预警平台建设，城市公共安全信息化应用持续深化。完成“上海市食品安全监管和信息服务平台”整体项目与“上海市食品安全信息追溯平台”深化，实现食品安全领域10多个业务系统近200万条数据的跨部门共享与9大类20项重点食品及食用农产品全程感知溯源。建成安全生产事故隐患排查治理信息系统，形成涵盖安监部门、各级监管单位、企业的安全生产事故隐患排查治理体系。

城市土地房屋管理不断完善。全市共有62个项目经评审成为BIM(Building Information Modeling，建筑信息模型)技术应用试点项目，其中政府投资工程49个，社会投资工程13个，2016年新增260个BIM技术应用项目，持续推进基于BIM模型的一站式并联审批平台建设。编制完成《不动产登记数据库标准》，稳步推进不动产登记信息平台建设，“上海物业”APP实现全市1 500个住宅小区覆盖应用。

智慧政务体系趋于优化，推动完善政府管理与公共服务职能

电子政务环境支撑体系不断优化。政务外网市级骨干网接入1 400多家市级单位，接入终端超过17 500台，2016年基于市政务外网共开展160多项业务应用。区二级政务外网总接入7 400多家单位，终端超过113 000台。完成公务网、骨干网6大子系统升级改造和市级网络中心建设工作，持续深化人口、法人、空间地理三大基础库建设与管理，为全市电子政务应用建设提供可靠的基础数据支撑。

电子政务应用建设稳步推进。开展市电子政务云建设顶层设计，出台《本市电子政务云建设工作方案》，稳步推进上海电子政务云建设。完成市级事中事后综合监管平台框架搭建与部分功能模块，建成16个区级子平台，初步构成综合监管与专业监管相结合的事中事后监管体系，为全市147.88万法人单位发放185.52万张有效“一证通”数字证书。46家市级部门累计编制资源目录数1.6万多条、数据项达23万个，初步建立起上海市政务数据资源目录体系；累计向社会开放涵盖12个重点领域的1 100项数据资源。

电子政务公共服务渠道继续完善。完成“中国上海”门户网站改版，全年首页访问量达到3 427万页次，页面访问量达到4.7亿页次。网上政务大厅实现审批事项100%接入，及260余个市级服务事项、3 000余个区级服务事项接入。完成社区事务受理信息系统二期优化升级，实现9个条线18个系统180多项受理事项的统一受理界面及数据接口开发。“12345”市民服务热线接听市民电话272万个，同比增长36.27%，共转送工单120万件，工单办结率99.5%。“上海发布”政务微博发布信息9 000余条，粉丝增

至 1 172 万，微信用户突破 260 万，日均阅读量超过 80 万次，“市政大厅”功能页面总访问量达 3.9 亿次，15 项便民查询服务日均访问量达 35 万次，影响力位列省级政务微信首位。

公共信用信息服务平台建设深入推进。上海市公共信用信息服务平台汇集可查询数据约 3.13 亿条，法人数据约 1 064 万条，自然人数据约 3.04 亿条，累计提供查询 2 224 万次。举办“2016 上海十大信用典型案例评选”活动，稳步推进长三角区域“三个一”工程建设，深化社会信用体系区域合作。

智慧城市新地标建设稳步推进，区域带动示范效应显著增强

智慧社区建设持续深化。截至 2016 年年底，全市共完成 50 个智慧社区示范。以瑞金街道、新静安社区、泗泾镇等为代表的示范区域，积极推进社区基础数据共享、社区综合平台、城市共治平台等在社区管理领域的应用，有效促进社区管理智能化建设。社区服务领域，基于智能回收箱的智慧社区服务平台投入运营，完成在 15 个社区 59 个终端点的试点推广；完成付费通便民服务点与便民支付在示范社区的应用推广，实现近 4 000 个小区物业费查询缴纳；特色的智慧养老公共服务平台在示范社区得到广泛应用，为社区老年人提供现代化的社区服务。

智慧村庄试点建设稳步推进。全市共完成 14 家智慧村庄试点建设，已实现全市所有郊区覆盖试点村庄。金山八字村成为上海首个通过智慧村庄项目验收的单位，金山区廊下中华村、青浦区金泽镇蔡浜村与赵巷镇中步村、奉贤区青村镇解放村等示范村庄，着重从旅游服务、村庄自治、乡村公共服务、公共安全等领域深入推进智慧村庄试点建设。

智慧商圈整体服务水平明显提升。新增豫园商城、大华虎城、赵巷商业商务区、金山嘴老街、上海环球港 5 家智慧商圈单位，共建成 12 家智慧商圈试点示范。免费无线网络基本实现试点商圈全覆盖，导购导航、移动支付、O2O(Online To Offline，线上到线下)、基于大数据技术的精准营销广泛应用于各类智慧商圈。智慧商圈环境建设持续优化，开展一系列智慧商圈宣传推广活动，成立智慧商圈创新联盟，同时开展了智慧商圈发展水平试评估。

智慧园区建设带动智慧产业新发展。完成第三批智慧园区试点单位推荐和评审，共建成 30 家智慧园区试点示范。上海迪士尼园区、华鑫园区、上海化工区等示范园区持续推进园区信息基础设施扩容升级，强化园区能效监测、业务流程优化、园区应急处置等精细化管理，深入推进园区企业服务、生活服务等基于互联网的“一站式”公共服务建设。编制《上海市智慧园区建设指南》，并完成一系列智慧园区规划建设，引导智慧园区健康可持续发展。

智慧新城“标杆”效应逐步显现。对金山、嘉定两区的智慧新城进行顶层设计，围绕智慧交通、智慧医疗、智慧教育、智慧政务、智慧社区等重点领域持续推进金山新城、嘉定新城建设。金山新城城镇与农村地区已实现光网全覆盖，基本完成 25 个智慧新城试点项目。嘉定新城建设以嘉定新城核心区为中心，推进 5 大类、16 个重点专项、33 个具体项目建设，力争将嘉定新城打造成为“智慧城市国家级示范区”。积极开展虹桥商务区申报智慧新城准备工作。

新一代信息技术产业转型升级，产业竞争力显著增强

电子信息制造业结构调整成效显著。2016年全市电子信息制造业实现工业总产值6 045亿元，实现利润212亿元，同比增长11.1%。新一代信息技术制造业实现工业总产值超2 141亿元，同比增长3.7%；集成电路产业规模首次超千亿元，达到1 053亿元，同比增长10.8%。集成电路产业链呈现均衡化发展良好态势，其中，IC设计业规模达365.24亿元，同比增长20.3%，芯片制造业规模达261.99亿元，同比增长21.4%，封装测试业规模达312.81亿元，同比下降5.8%，设备材料业规模达112.56亿元，同比增长14.2%；重点电子组装加工企业继续为全市工业稳增长发挥支撑作用；中芯国际新建产线项目、华力二期项目以及和辉二期项目顺利开工建设；上海集成电路产业基金正式注册运营，首期基金规模280亿元；全市物联网产业规模已达千亿元，相关企业超千家，部分关键环节已具备国际产业竞争力。

软件和信息服务业经济运行呈现稳中趋缓态势。2016年，上海市软件和信息服务业实现营业收入6 904.35亿元，同比增长14.1%，实现增加值1 963.79亿元，增长11.9%，占第三产业比重达到10.1%，占全市生产总值7.1%。其中，软件产业实现营业收入4 074.16亿元，同比增长14.2%，实现利润总额623.35亿元，同比增长17.1%，软件从业人员达到50.2万人，经营收入超亿元企业444家，超10亿元企业58家；互联网信息服务业实现营业收入1 720.33亿元，同比增长20.7%；电信传输服务业实现营业收入710.85亿元，较上年略有增长。全市具有一定规模的信息服务产业基地逾50个，规划用地面积47平方公里，建筑面积1 270万平方米，其中，经认定的市级信息服务产业基地有41个，全市信息服务业基地聚集全市70%以上的软件和信息服务企业以及60%以上的经营收入，信息服务基地单位土地产出水平达到130亿元/平方公里。

信息安全态势总体可控，网络安全保障体系持续完善

信息安全管理能力全面提升。安全等级保护范围基本涵盖城市运行安全、国计民生的重要领域，2016年上海市新增备案信息系统2 135个，其中三级以上信息系统542个，积极推进网络与信息安全应急基础平台建设，加强基础网络安全监管与保障；完成本市1.4 GHz频段网络建设的环境清理和干扰排查，强化无线电安全管理；通过互联网安全网站服务平台完成公安备案7 600家，备案完成率97%；开展20多个净化互联网环境专项行动，市公安全年共检查互联网网站7 000余家次，清理违法信息6万余条，关闭网站栏目700余个，处罚网站320余家次，停机整顿网站11家次；全年累计对本市12个DCS(分布式控制系统Distributed Control System，简称DCS)、SCADA(数据采集与监视控制系统Supervisory Control And Data Acquisition，简称SCADA)系统开展安全等级测评；对31家重要工业控制系统运行使用单位的409套工控系统开展专项调查，发现、通报并整改涉及上海市工业控制系统的安全漏洞26处。

信息安全服务保障体系稳定可靠。2016年整体网络与信息安全态势良好，未发生大规模或高危害的网络与信息安全事件；完成市公务网骨干网6大子系统升级改造，完成市级网络中心建设。2016年参加

信息安全月报工作的单位 206 家，共有 39 家单位发生信息安全事件，全年重点单位黑客攻击约 7 万例，计算机病毒 5.1 万台次，自身原因造成的信息系统瘫痪 3 起，收到反动及黄色内容邮件 6 053 封；开展"上海市党政机关、事业单位和国有企业互联网网站安全专项整治行动"；完成全市 977 个信息系统安全测评；建成个人网上身份统一认证平台，累计发放数字证书 300 万张。信息安全产业年经营收入达到 46.77 亿元，涌现出一批优秀的信息安全骨干企业。顺利开展第三届国家网络安全宣传周（上海地区）暨第六届上海市信息安全活动周，成功举办 2016 信息安全技能竞赛（ISG），开展面向广大市民的一系列网络安全宣传教育活动，提高全社会网络安全意识。

信息化综合环境不断优化，促进智慧城市健康发展

数据资源开发利用进入新阶段。持续推进政务数据资源目录编制，截至 2016 年年底，各市级部门完成 100%信息化系统编目任务，推进多部门业务数据资源开放；成功举办以"城市安全"为主题的第二届上海开放数据创新应用大赛（SODA）；完善大数据发展制度机制建设，发布《上海市大数据发展实施意见》，《上海市产业创新工程（大数据）实施方案》形成初稿；成立大数据专家委员会，推动上海数据交易中心、上海大数据发展联盟、大数据产业投资基金、上海市大数据产业基地和上海市大数据创新基地等建设，创建国家大数据综合试验区，重点支持大数据示范应用项目 47 个。

智慧城市发展环境不断优化。积极推进信息化行政审批改革优化，2016 年，上海市经济和信息化委员会（以下简称"市经济信息化委"）保留行政审批事项 20 项；完成《上海市社会信用条例（草案）》相关立法工作，完成《上海市信息化发展专项资金管理办法》、《上海市信息化建设和应用专项支持实施细则》、《上海市社会信用体系建设专项资金管理办法》等规范性文件的制定和报备，起草并发布《上海市政务数据资源共享管理办法》、《上海市大数据发展实施意见》等政策文件；建立市经济信息化委行政处罚案件信息主动公开制度；制定《2016 年上海市经济和信息化系统法治宣传教育工作要点》；组织相关信息安全行业知识赛、中国信息安全技能竞赛、CSO 首席安全官评选等活动，培育和提高重点行业信息化水平。

上海产业发展和信息化建设 2016 年工作总结和 2017 年工作要点(摘要)

2016 年工作情况

2016 年,上海市经济和信息化委员会认真贯彻市委、市政府决策部署,深入落实《中国制造 2025》,注重加强供给侧结构性改革,聚焦重大政策落实,聚焦重点项目推进,聚焦服务各类企业,聚焦产业提质增效,持续推进创新驱动发展、经济转型升级,切实做好“十三五”开局工作,着力稳增长、调结构、促转型、抓创新、惠民生,取得了一定成效。

推动供给侧结构性改革,确保工业经济稳定运行。发布《关于推进供给侧结构性改革 促进工业稳增长调结构促转型的实施意见》,制定智能制造、软件首版次、新材料首批次、技改项目审批流程优化等若干配套政策。设立集成电路产业基金,中芯国际、和辉光电二期、华力微电子二期等重大项目开工,ARJ21 支线飞机投入商业运营,首艘国产大型豪华邮轮获得意向订单,首款互联网汽车荣威 RX5 上市,2016 年共推广新能源汽车 4.5 万辆。全市规模以上工业总产值 31 082.7 亿元,增长 0.8%,扭转了上年下降的态势;全年规模以上工业增加值增长 1.1%;工业固定资产投资 979.6 亿元,增长 2.3%; 2016 年 1~11 月全市规模以上工业企业实现利润总额 2 633.9 亿元,增长 8.8%;加强能源保障,规模以上工业增加值能耗预计下降 2.8%。

落实《中国制造 2025》,实现制造业高端化发展。发布《上海市制造业转型升级“十三五”规划》和《“中国制造 2025”上海行动纲要》。建设制造业创新中心,新增国家级企业技术中心 5 家、市级企业技术中心 62 家,启动紫竹创新创业走廊和 G60 科创走廊建设。深化研究并编制发布工业强基工程目录和行动方案,重点布局新能源与智能网联汽车等八个领域。智能制造关键装备取得首台突破,9 个项目入选工信部智能制造综合标准化与新模式应用支持项目名单,国家机器人检测与评定中心发布国内首批机器人认证证书。完成产业结构调整项目 1 176 项,启动 8 个重点区域调整,完成前期推动的 11 个区域调整;开展节能技改、清洁生产、合同能源管理工作,全年节能环保产业总产出超 1 000 亿元。推动园区转型升级,全市

"国家新型工业化产业示范基地"17 家。技改投资占工业固定资产投资比重 60%。

聚焦科创中心建设，形成产业创新发展新动能。积极融入科创中心建设新任务，"深入推进产业技术创新"工作列入市委《2016 年上海市推进科技创新中心建设重点工作安排》。首批推进智能网联汽车等三个产业创新专项，智能网联汽车产业发展水平全国领先，国内首个"国家智能网联汽车（上海）试点示范区"封闭测试区运营。依托"2＋X＋16"服务体系，化解"四新"企业发展中的共性问题 12 项，启动"四新"服务券 1.0 兑换，"科技创新板"挂牌企业 102 家。培育"互联网+"产业新模式，发布《上海市推进"互联网+"行动实施意见》和《关于促进本市互联网教育发展的指导意见》，软件和信息服务业经营收入超 6 900 亿元，同比增长 14.1%。发展服务型制造，发布《关于本市贯彻〈国务院办公厅关于发挥品牌引领作用推动供需结构升级的意见〉的实施办法》，加强品牌培育试点示范工作；实施《上海市文化创意产业发展三年行动计划（2016—2018 年）》，成立上海时尚之都促进中心，文化创意产业增加值占全市生产总值比重达 12.3%。

贯彻网络强国战略，深入开展智慧城市建设。发布《上海市推进智慧城市建设"十三五"规划》。推进 i-Shanghai 优化升级、光纤到户、基站建设，完成内容分发网络节点下沉试验，平均下载速度提升 30%，亚太直达海底光缆投入使用；建成上海港区 TD-LTE（分时长期演进 Time Division Long Term Evolution，简称 TD-LTE）专网，完成 1.8 GHz 频段规划，建成上海市移动通信频段频谱地图。提升智慧城市感受度，基本建成交通信息化应用框架，启动市民云项目升级改造，推进水电煤"三表集抄"试点应用；智慧城市"新地标"建设全面深化。深化两化融合，制定《关于本市加快制造业与互联网融合创新发展的实施意见》，广泛开展两化融合管理体系贯标宣传推广；成功举办 2016 国际工业互联网大会，工业互联网创新中心落户临港地区，创建国家级工业互联网示范城市。发布《上海市大数据发展实施意见》，成立上海数据交易中心、大数据联盟和大数据产业基地，上海成为"大数据国家综合试验区"；基本建成上海市政务数据资源目录体系；完成上海市电子政务云方案设计，实现法人库数据在区落地共享。切实保障信息安全，初步完成大数据应用安全研究中心建设，实施电力、智能制造等重点行业工控安全加固示范工程，保障 G20 峰会、世界互联网大会的信息安全。

完善社会信用体系建设，服务企业和依法行政力度加大。发布《上海市社会信用体系建设"十三五"规划》，开展全国首部信用综合性地方性法规立法工作；会同苏、浙、皖，联合创建全国首个社会信用体系建设区域合作示范区，浦东、嘉定建设国家社会信用体系示范城区；深化上海自贸试验区改革、商贸流通等 11 个重点领域信用应用；"诚信上海"APP 上线。服务企业水平进一步提升，成功举办第十八届中国国际工业博览会、信息消费博览会，首次举办先进制造业投资推介会；做好世博园区招商引资，中国商飞、中铝集团部分业务入驻；组织"专精特新"企业与国企对接，建成中小微企业运行数据库。依法行政能力进一步加强，完成委证照分离改革试点年度工作，在行政检查中推行"双随机、一公开"制度；建立委内专项资金统筹管理、业务工作相互协同的工作机制；建设产业和信息化人才高地，加强直属单位管理，做好行业协会商会脱钩试点工作。

夯实国防科工基础，促进军民融合产业发展。上海市军民融合产业基地挂牌。"军转民"、"民参军"产业化成效突出。

2017 年重点工作

指导思想

全面贯彻党的十八大和十八届三中、四中、五中、六中全会以及中央经济工作会议精神，按照十届市委十四次全会部署，统筹推进“五位一体”总体布局和协调推进“四个全面”战略布局，坚持稳中求进工作总基调，贯彻落实新发展理念，适应把握经济发展新常态，深化落实供给侧结构性改革要求，深入实施“十三五”规划，促进实体经济提质增效。

坚持创新驱动发展、经济转型升级，注重充分发挥产业创新作为科创中心建设立足点的作用，加快创新突破驱动产业转型升级；坚持全面实施《“中国制造 2025”上海行动纲要》，注重充分发挥制造业作为实体经济发展主战场作用，加快结构优化增强产业发展动力；坚持智慧城市作为构建卓越城市的基础支撑，注重充分发挥智慧城市便民惠民作用，加快深化应用拓展网络经济空间；坚持市场配置资源的主体地位，注重政府更好地服务于市场环境完善，加快提升效能构建高效务实政府，为 2020 年全面建成“四个中心”、形成科创中心基本框架而全力以赴。

主要目标

实现规模以上工业增加值与 2016 年持平，规模以上单位工业增加值能耗预计下降 1%～2%。光纤入户率达 62%，固定宽带用户平均可用下载速率超过 16 Mbps。

重点任务

强创新，加快落实新增长点创造培育

聚焦科创中心和上海自贸试验区建设，全面落实《中国制造 2025》，细化创新工程方案，培育“四新”经济发展，加快发展战略性新兴产业。

稳增长，加速推进产业结构优化提升

注重供给端发力，以重大项目落地机制为抓手，深化产业结构调整提升，加大企业技术改造力度，努力保持工业经济平稳增长和运行安全。

促融合，持续激发跨界效应叠加倍增

聚焦智能制造主攻方向，集成应用工业软件、工业互联网、工业控制系统安全等要素，提高研发设计、标准制定、功能服务、总包总成能力，加速信息化与工业化、制造业与服务业的深度融合，促进新动能发展壮大。

拓感知，不断完善智慧城市共享格局

发挥智慧城市对科创中心建设的支撑作用，深化全社会的信息感知和智能应用，打造以泛在化、融合化、智敏化为新特征的智慧城市。

优服务，充分发挥市场主体支撑作用

完善全社会联动的信用体系、产业投融资体系、企业服务体系和国际国内合作交流体系，增强行业发展的动力和活力,促进实体经济振兴发展。

提效能,持续推动依法行政职能转变

切实依法行政,进一步解放思想、更新观念,着力突破体制机制和政策障碍,持续开展政府效能建设和作风建设。

保安全,稳步推进国防科工建设和军民融合产业发展

承接国家战略,提升军工项目保障能力,确保安全准点,稳步推进国防科工建设和军民融合产业发展。

Shanghai Informatization

第一编
信息基础设施

综　述

2016 年是“十三五”开局之年，也是上海市第二轮智慧城市建设的收官之年，上海市信息基础设施建设围绕研究探索下一代信息基础设施的内涵、外延及其推进的新机制和新策略，以提升信息基础设施能级、优化公用移动通信网络覆盖、推动信息基础设施转型发展为抓手，抓落实、抓推进、补短板。在工信部和国家宽带发展联盟发布的相关信息化发展评估报告、宽带速率报告中，上海的信息基础设施能力处于全国领先地位。

持续推进宽带城市和无线城市建设，深入提升城市信息基础设施能级。上海市光纤到户覆盖总量达 941 万户，家庭光纤用户数达 515 万户，家庭宽带平均接入带宽达 58M，固定宽带用户平均可用下载速率达 14.03 Mbps。开展千兆接入规模试点，促进大带宽应用，覆盖规模突破万级。NGB (Next Generation Broadcasting Network，下一代广播电视网)覆盖 744 万户家庭。全市 3G 和 4G 用户总数达到 2 383 万户。开展 i-Shanghai 服务优化升级，公共场所服务场点累计开通 1 400 余处，丰富服务资源，充分匹配用户需求。上海市国际和省际出口能力持续提升，互联网国际出口带宽达 1.2T，省际出口带宽达 8.6T。各类 IDC (Internet Data Center，互联网数据中心)机架数总量达 6 万个。IPTV(Interactive Personality TV，交互式网络电视)用户数达 230 万户，数字电视用户数达 562 万户。

开展网络资源综合利用，推动设施转型发展。试点开展 NG-W(Next Generation Biology Workbench，下一代宽带无线)网络部署，利用 700M 频谱资源，打造具有文化属性的公共服务平台。完成杨浦区 NG-W 综合示范区一期网络建设，建设并开通 37 个室外基站和 22 处室内分布系统，测试覆盖率达到 91%以上。探索布局物联专网设施，建成杨浦技术试验网(10 个基站)，开展 LoRa、NB-IoT、Zeta 等技术验证，组建运营团队，开展应用试点。推进电信领域大数据开发利用与创新应用平台建设，通过中国电信股份有限公司上海分公司(以下简称“上海电信”)开放的超过 35T 的通用网络历史数据，举办“理想杯”大学生大数据创新应用与建模大赛，比赛内容涉及人流监控预警、商业规划与应用、商业模式挖掘、垂直领域数据挖掘等。协调推进上海超算中心转型发展，紧密结合全市科创中心建设，研究提出建立上海高性能计算体系服务国家科学中心建设的总体方案。

深入合作、强化监管，保障网络设施有序发展。推动上海市政府与运营企业集团公司签署合作协议，先后协调市政府与中国联合网络通信集团有限公司（以下简称“中国联通”）、中国移动通信集团公司（以下简称“中国移动”）、中国电信集团公司（以下简称“中国电信”）签署共同推进“互联网+”战略合作框架协议。“十三五”期间，三大运营商将在上海累计投入 670 亿元，着力构建新一代网络与信息基础设施。开展固网宽带和移动通信网络检测评估，为带动区域和行业对通信网络建设的积极性，委托第三方专业机构对上海全市及 16 个区的固定宽带下载速率、网络视频下载速率、网页首屏打开速率等开展测试。2016 年还首次针对移动通信网络用户使用感知开展测试评估，首期对三甲医院、公园绿地、交通枢纽等 7 个行业开展测评。

（顾　丹）

第一章　宽带城市

概　述

实施“提速降费”,城市宽带网络服务水平持续提升。推进上海市第八次宽带大提速,光纤到户覆盖全市941万户家庭,进一步提高光纤到户实装率,全市家庭光纤入户率达到60%,家庭宽带平均接入带宽达58M,固定宽带用户平均可用下载速率达14.03 Mbps。开展千兆接入规模试点,促进大带宽应用,在2015年小区千兆接入试点的基础上,进一步扩大覆盖范围,覆盖规模突破万级。CDN(Content Delivery Network,开展内容分发网络)下沉试点,主要分发全市用户访问量前100的热门网站和资源,把更多宽带资源引入上海。从测试结果看,全市用户下载速率提升明显,平均提升30%~40%。优化互联网数据中心(IDC)布局,聚焦金融、互联网等领域实现绿色生产、高端服务,全市IDC机架数达到6万个。推动国际通信枢纽建设,亚太直达海底光缆开通投入使用,首期开通容量为3T。国际和省际出口能力持续提升,上海市互联网国际出口带宽达1.2T,省际出口带宽达8.6T。

(顾　丹)

【电信业基础设施建设】 2016年,上海电信业全年完成固定资产投资144亿元,同比增长8%。其中4G依然是主要投资方向。年内移动电话基站达到9.8万个,移动电话基站物理站址2.3万个,移动电话基站市内分布系统4.2万个,WLAN AP(Access Point,公共运营接入点)数14万个,全市平均每万人站址数为8.7个,平均每平方公里土地站址为3.3个,已实现移动通信广覆盖目标,但深度覆盖还需随着市政建设规划的不断完善而深入。IDC机架数超过5万,国际互联网出口带宽1.1T,省际互联网出口带宽8.6T。

【制定规划和规定】 2016年11月,上海市通信管理局与上海市规划和国土资源管理局联合下发《关于加强本市通信基础设施规划工作的通知》

(沪规土资总〔2016〕949 号),明确了通信基础设施专项规划的编制和纳入城市总体规划的流程,同时强调上海市各级城乡规划主管部门依据控制性详细规划要求,将通信基础设施纳入土地出让规划条件。

为保护通信基础设施的建设权和保有权,上海市通信管理局牵头编写了《上海市通信基础设施建设和保护规定》,并联合上海市政府法制办公室将其纳入 2016 年上海市政府预备立法项目。同时,上海市通信管理局与上海市住房和城乡建设管理委员会积极推进城市路灯综合杆改造,通过协调路灯建设规划和基站建设规划、将通信杆站建设标准融合进路灯综合杆建设规范和标准图集、完善路灯综合杆综合维护规范等方式,让全市 60 万盏路灯向通信基站尤其是小微站建设开放。

【固定宽带业务发展】 2016 年,上海固定互联网宽带接入用户 635.7 万户(加上非基础企业用户约为 804 万户),同比增长 15.4%,其中 FTTH/FTTO(Fiber TO The Office,光纤到办公室)用户为 499.7 万户,同比增长 9.9%,占比达到 78.6%;速率在 20M 以上的用户为 532.4 万户,同比增长 40.9%,占比达到 83.8%。固定宽带发展全国领先的地位受到冲击,FTTH/FTTO 用户占比全国排序从第 1 位下降到第 12 位,20M 以上用户占比全国排序从第 2 位下降到第 6 位。

(胡永龙)

一、数据通信网

【基础数据专线网】 上海基础数据专线网是一种以 ATM(Asynchronous Transfer Mode,异步传输模式)交换为核心,以多种业务接入设备为接入层的数据传输网,可提供点对点、一点对多点的业务,便于金融证券公司、科研教育系统、政府部门租用数据专线组建自己的专用网;提供帧中继业务;提供语音、G3 传真、图像等通信。上海电信建成的上海最大数据网络基本覆盖全市。

【IP 网络】 上海电信的 IP 承载网是世界上最大的 IP 承载网网络之一,承载着庞大的 NGN(Next Generation Network,下一代网络)语音、宽带接入、IPTV 等业务,具备网络拥塞控制、流量控制和质量控制能力,具备 ADSL、光纤、FTT+LAN 和 PON 等丰富的综合接入手段。

(王　勇)

【国际通信网】 截至 2016 年年底,上海光缆线路长度达 53.3 万公里;在上海登陆的国际海底光缆总容量超过 14Tps。2016 年 12 月,亚太直达海底光缆系统在上海正式开通,进一步巩固了上海在亚太地区的通信枢纽地位。与此同时,经中美海缆管理委员会一致同意,中美海底光缆系统(China—US)正式退网。

亚太直达海底光缆系统是由中国电信、中国

联通联合12家合作伙伴共同投资建设的东南亚海底光缆。APG系统全长约10 900公里,网络呈鱼骨状,主干段有6对光纤,共连接11个登陆站。系统采用先进的单波100 G/s的波分复用传输技术,可提供54T容量。亚太直达海底光缆系统提供通达三大洲的100 G/s高速通道,包括上海至北美,上海至中东、北非、南欧以及上海至东南亚境内可多路由选择的高速信道。至2016年,上海国际海光缆基本情况如表1-1所示。

表1-1　2016年上海国际海底光缆基本情况表

管理方	光缆名称	光缆方向	登陆容量(bps)
中国电信	亚欧光缆三号(SWM3)	连接北非、南亚、澳大利亚、中东、西欧	27.5G
	亚太直达(APG)	北美、中东、北非、南欧、东南亚	5T
	亚太光缆二号(APCN2)	连接日本、韩国、中国香港、中国台湾、马来西亚、新加坡	6 020G
	跨太平洋(TPE)	连接美国大陆、分支与韩国连接	2 560G
中国联通	环球光缆(FLAG FEA)	连接北非、南亚、中东、西欧	20G
	C2C光缆	连接中国、韩国、日本、新加坡、菲律宾、马来西亚	880G
	亚太直达(APG)	北美、中东、北非、南欧、东南亚	100G

(胡永龙)

【互联网络交换平台】 2016年,上海互联网络交换平台(以下简称“交换平台”)主要为上海电信、上海联通、上海移动、东方有线、上海科技网、上海长城宽带等15家接入成员单位提供网间高速交换服务,继续发挥上海各ISP间数据交换通信枢纽作用。2016年,交换平台在接入成员层面继续保持良好的稳定性,同时也随着部分接入成员的变动,为自身发展注入新动力。

2016年上半年,由于接入成员单位不断进行业务调整,交换平台日均流量下降到10TB。下半年,交换平台流量增幅较大,其中有3个月日均流量超过30TB。交换平台日均流量稳定在20TB以上(图1-1)。

交换平台是上海本地各互联网络运营商依赖实现本地网间交换的唯一网络公共服务平台。2016年交换平台流量排前8名的分别是东方有线、上海联通、长城宽带、上海科技网、上海电信、上海铁通、上海教科网和上海移动。这8家单位十多年来一直交替占据着交换平台流量排位的前8名,是交换平台始终保持稳定的重要原因之一(表1-2)。

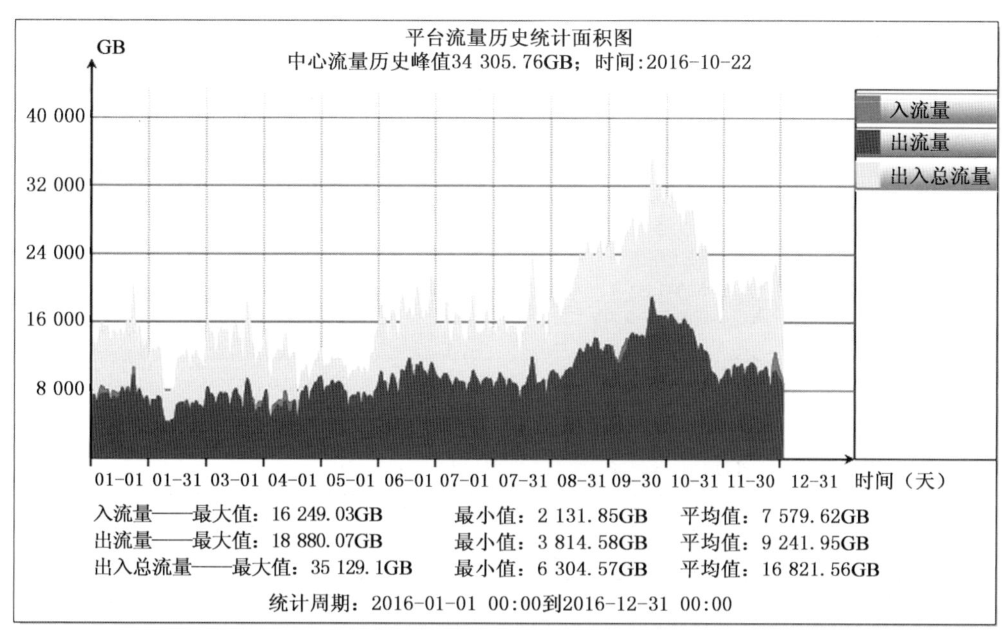

图 1-1　2016 年交换平台日流量趋势图

表 1-2　2016 年交换平台 ISP 流量排名表

（表中←表示不变，↑表示上升，↓表示下降）

接入成员单位	2016 年	2015 年	排名变化
东方有线	第 1 名	第 1 名	←
上海联通	第 2 名	第 2 名	←
长城宽带	第 3 名	第 4 名	↑
上海科技网	第 4 名	第 7 名	↑
上海电信	第 5 名	第 8 名	↑
上海铁通	第 6 名	第 3 名	↓
上海教科网	第 7 名	第 6 名	↓
上海移动	第 8 名	第 5 名	↓

交换平台是我国第一个地区性的宽带网络公共服务平台，交换平台的流量是我国互联网的一个缩影，具有较强的代表性。统计显示，2016 年交换平台流量中的应用协议主要包括迅雷、HTTP（Hyper Text Transfer Protocol，超文本传输协议）、KAD（Kademlia，一种通过分散式杂凑实现的协议）网络、UDP（User Datagram Protocol，用户数据报协议）数据、比特洪流 UDP 数据、QQ-SZ、QQDownload1、比特洪流对等协议、电骡 UDP 数据等，其中迅雷和 HTTP 两类应用协议流量占交换平台总交换流量的 61%（图 1-2）。

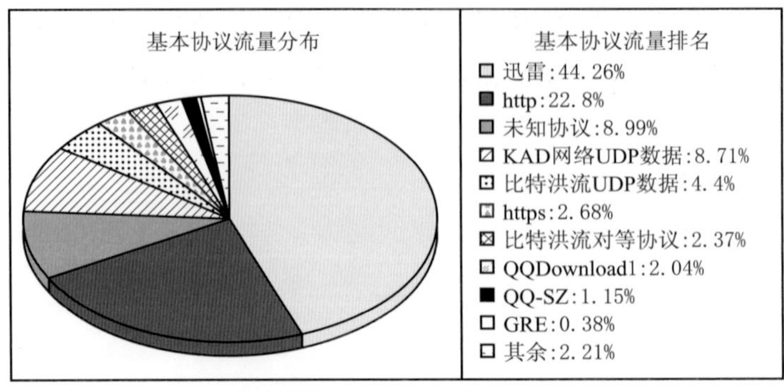

图 1-2　2016 年交换平台协议流量分布排名图

（吴恩平）

二、有线电视网

根据上海市委、市政府正式批准的上海市中心城区有线电视数字化整体转换方案和部、局、市《中国下一代广播电视网建设示范合作协议》要求，2010 年东方有线网络有限公司(以下简称“东方有线”)在上海市有线电视整体转换领导小组及办公室的统一领导下，在上海市文化广播影视管理局(以下简称“市文广局”)的直接指导下，基本完成市中心城区整体转换。2011 年起，从中心城区扩展至全市范围开展大规模整体转换及 NGB 网络建设。同年 4 月，东方有线按照市委、市政府的要求和部署，完成郊县网络整合工作，实现上海一城一网。截至 2016 年 12 月，上海全市有线电视用户总数为 730 万户，同步完成数字化整体转换用户 694 万户，基本完成上海全市的数字化整体转换任务。

【下一代广播电视网(NGB)】　自 2012 年起，东方有线在 NGB 示范网建设的基础上，在全市开展大规模 NGB 网络建设。截至 2016 年 12 月，全市 NGB 网络完成覆盖 662 万户，达到全市有线电视用户总数的 90.7%。NGB 网络的建成，实现了 T 级骨干、千兆进楼，用户端实现百兆接入，极大释放了网络资源，有效提升了网络承载能力和传输质量，NGB 网络本质是 DVB(Digital Video Broadcasting，数字视频广播)广播电视网和 IP 全光网的叠加，成为继上海电信后第二张全覆盖的城市光网，也是上海最为重要的城市网络基础设施之一，为智慧城市的建设提供有力的基础保障。

东方有线构建的上海数字电视服务平台，全面提供广播电视业务和数字电视互动业务，快速推进家庭文化娱乐平台、家庭金融服务平台、互动教育、游戏平台、智能家庭等各类增值服务，在NGB区域大力推广以“高清和实时交互”为主要特征的各类应用服务，各类互动电视新业务、新应用快速发展。截至2016年12月，东方有线高清用户规模超过了306万户，宽带用户规模超过96万户。通过整体转换和NGB建设，上海有线电视网络基本实现了更新换代，网络承载能力得到了大幅提升。

（应捷文）

第二章　无线城市

概　述

推动移动通信网络优化升级，进一步改善用户使用感知。全面启动上海4G网络优化工作，组织各区精准补盲、深入排摸，梳理出全市643处4G网络弱覆盖区域清单。依据上海市基站布局规划，推进各区编制区域公用移动通信基站建设三年滚动计划，浦东、杨浦、闵行等9个区已完成编制。开展小微基站试点建设，优先利用路灯杆等市政设施，在新天地、陆家嘴等区域开展公用移动通信网络优化试点建设。推动i-Shanghai服务优化升级，公共场所服务场点累计开通1 400余处，商业场所累计开通3 000余处。移动互联网用户2 662.3万户，同比增长3.6%，其中无线上网卡用户78.9万户，同比下降36.3%；手机上网用户2 269.1万户，同比增长4.7%；IPTV用户232.1万户，同比增长30.8%，增速回升。

（顾　丹）

一、公共无线局域网

深入推进全市公共场所无线局域网(i-Shanghai)优化升级。i-Shanghai场点总计超过1 400处。此外，除计划15类公共场所外的商业场所，已总计开通3 000余处。2016年全年，i-Shanghai新增用户355万，总量达1 194万。手机客户端(APP)使用人次突破5 860万，网页版使用人次突破9 127万，用户使用总流量突破769万G。通过与东方购物、百事通、百度音乐、阿基米德等内容提供商合作，丰富服务资源，打造i-Shanghai新门户，并结合大数据分析与智能推荐引擎，充分匹配用户需求，门户2.0正式上线。积极推进与各区公益WLAN的互联互通，实现与浦东新区公益WLAN(i-Pudong)的对接，长宁、虹口、青浦等区的公益WLAN纳入i-Shanghai平台统一运行。

（顾　丹）

二、无线电管理

【概述】 2016年是“十三五”开局之年，按照党的十八大和十八届三中、四中、五中、六中全会精神和习近平总书记系列重要讲话精神，围绕工信部无线电管理局及上海市经济和信息化委员会(以下简称“市经济信息化委”)的工作要求，上海市无线电管理各项工作有序推进，年度工作任务顺利完成，已走过了实现“三个三”目标任务的第一个两年，初步搭建了框架，基本完成了夯基垒台、立柱架梁阶段的工作。2017年，对照“十三五”规划，将更加强化管理、夯实基础，着力提升体系化监管和精细化管理水平，创新创优、提质提效，更好地发挥无线电管理对服务社会经济发展的支撑、保障、促进作用。

【着重围绕大局聚焦核心职能】 2016年，上海市无线电管理局(以下简称“市无管局”)的常规工作稳步推进。在做好常规工作的同时，坚持以围绕中心、服务大局、聚焦核心职能为基本职责，找准工作切入点和着力点，做到因势而谋、应势而动、顺势而为。

支持“科创中心”建设，开辟绿色通道，优先处理，简化行政审批流程，率先批复5G试验高频段临时用频；支持“四个中心”建设，完成1.8 GHz频段规划及技术要求的编制工作，支持上海港建设的国内第一个港口TD-LTE(Time Division Long Term Evolution，分时长期演进)专用宽带网络，提高了港口运行效率和水平，对国际航运中心建设起到了重要支撑作用。

保障无线电安全，打击“黑广播”专项行动成效显著；确保杭州G20峰会、央视春晚上海分会场等重点区域电磁环境安全以及无线电系统正常使用，相关保障人员获得工信部表彰；完成F1中国大奖赛等重要国际性体育赛事的无线电安全保障任务；做好各类考试无线电安全保障工作，完成研究生入学、普通高等学校招生、注册会计师、司法、公务员招录等各类考试保障12次，出动35车次、160余人次考试保障人员，覆盖全市重要考点。

【强化顶层设计创新管理方式】 2016年，市无管局立足于现实，着眼于长远，既切合实际，又敢于突破，以创新驱动无线电管理科学运转，努力打好“创新创优”组合拳：聚焦核心职能，建立了上海频谱地图系统基础数据库，形成上海频谱地图；基本完成《上海市重点无线电台站布局和保护专项规划》，拟定《无线电台站分类分级管理规范》；完成基站站址布局专项规划评估，开展区县规划编制，进一步推动公用移动通信基站精细化管理；积极探索新型青少年无线电科普教育模式，完成国家级科普基地挂牌，首批14所无线电特色教育学校揭牌启用。

在加强顶层设计方面，通过全员参与、广泛调研、凝集共识、找准目标定位，对接国家和上海市相关规划，编制发布《上海市无线电管理“十三五”规划》，强调前瞻性，突出操作性，为“十三五”期间工作顺利开展奠定基础。

【优化技术设施布局】 技术设施建设和监测水平升级,是无线电管理工作能否高效全面开展的基础和必备条件,决定了无线电管理的水平和质量。为此,市无管局配合上海迪士尼旅游度假区等运营情况,建成迪士尼、临港、长兴岛等监测站,做到区域补强;建设完善浦东机场、崇明机场网格化监测网络;建设横沙岛、小洋山监测站,填补了水上监测空白,基本建成大小结合、固移融合、网格化增强的监测体系,提高了技术设施的有效性,提升了系统性监测的能级;完成 LTE 终端测试系统验收,大力推进了无线电检测监测训练器材和设备展示升级(科普基地二期)、无源器件功率容限测试系统、卫星导航终端测试系统(Global Positioning System,简称 GPS)和移动检测车等项目建设。

【营造良好舆论氛围】 上海的宣传工作始终围绕重点工作展开,除了“规定动作”,还积极谋划“自选动作”,注重宣传实效。从结果看,对重点任务、重要节点的各项宣传均形成了较好的社会效应和反响,提升了社会对无线电管理工作的认识和理解。例如:实施“黑广播”专项打击行动深度宣传,在央视直播间栏目中,报道了时长 8 分 30 秒的上海打击治理“黑广播”专项行动阶段性成果的新闻。此外,市无管局还重视新媒体,拓展公众普及面,微博粉丝逾 12 万人,“申城无线”微信公众号关注人数逾千人。

【完善相关体制机制】 在规范完善体制机制方面,2016 年,市无管局重点推进了以下几方面工作:推进行政审批制度改革,编制完成行政权力清单、责任清单,发布行政抽查事项目录;推动在国内率先实行的物业服务行业公用频率对讲机告知承诺常态化;深化军地协作,继续构建完善统一领导、顺畅高效的军地频谱联合管控指挥体系;拓展重点行业协作,建立和完善高效的组织管理,把协作范围拓宽到日常建设和管理、宣传、执法监督等领域;继续深化完善各区管理机制,组织开展各区无线电管理专题业务培训和监测演练,累计在 12 个区实现了无线电管理试点。

(张建明)

第三章　专业规划与公共设施

概　述

以《上海市信息基础设施布局专项规划(2010—2020)》、《上海市公用移动通信基站站址布局专项规划(2010—2020)》为指导,组织完成《宝山顾村大型居住社区拓展基地通信专业规划》修编,以及《浦东新区4G基站建设三年(2016—2018)滚动计划》。上海公共信息基础设施综合服务能力进一步提升。新建住宅通信配套设施第三方专业维护小区已达到1 140个,总维护面积8 223万平方米,覆盖用户103万户,实装49.38万户,确保了用户对电信业务经营者的自由选择权。

(顾　丹)

一、信息基础设施专业规划

【《宝山顾村大型居住社区拓展基地通信专业规划》修编】　专业规划修编范围为沪太路—瑞丽江路—菊泉路—鄱阳湖路—陆翔路—宝安公路—S7公路—G1501公路的围合区域,规划面积约8.5平方公里。规划期限至2020年。

专项规划范围是外高桥保税区、外高桥保税物流园区、浦东机场综合保税区、洋山保税港区陆域四个区域,面积总计21.47平方公里。规划期限为2015至2020年。

根据该规划,区域范围内将新建通信接入机房6处。保留现状市政道路基础通信管线136.7孔公里,配套新建或加排相应的基础通信管线878.7孔公里。保留或改建现状室外宏基站19处,新建室外宏基站20处,移动通信网络建设优先采用新技术新形态方式设置室外分布系统和室内分布系统。

【浦东新区 4G 基站建设三年(2016—2018)滚动计划】 浦东新区公用移动通信基站建设依照“遵循规划、集约建设、资源共享、规范管理”的原则开展。滚动计划中 1 311 处站址按《上海市公用移动通信基站站址布局专项规划(2010—2020)》要求设置，另有 666 处站址采用新技术新形态方式，充分利用市政设施设置室外分布系统。

(顾　丹)

二、信息通信管线

2016 年是上海市信息管线有限公司(以下简称“信息管线”)“十三五”战略发展规划的开局之年，也是为“十三五”战略目标顺利布局奠定基础的关键之年。2016 年，信息管线坚决守住发展底线，抓住信息化发展与电子商务、互联网金融、云计算大数据服务、物联网孵化等新业态深度融合的机遇，顺应市场新常态，补好短板，创新转型，为实现公司“十三五”持续健康发展奠定扎实基础。

信息管线在保证完成市级重要活动运营维护工作的同时，继续投入力量参与上海迪士尼国际旅游度假区周边配套、世博园央企总部、临港海洋装备区及产业区、紫竹园区等重点区域工程，完成了如长江西路隧道、虹梅南路隧道等重大市政工程配套集约化光缆工程的建设，将信息基础设施建设与信息化应用推进更好地结合，为上海信息通信基础设施建设作出新贡献。

【管线楼宇建设】 2016 年，信息管线共开工新建管道 458 沟公里。其中，上海中心城区和新浦东为 263 沟公里，约占 57%；郊区为 195 沟公里，约占 43%。截至 2016 年年底，累计开工建设管道 10 433沟公里以上，中心城区集约化信息管道平均覆盖率达到 90%以上。

截至 2016 年年底，信息管线累计接入商务楼宇、移动基站、企事业单位、居住小区等 6 360 栋(处)；光缆建设达到 5 336 皮长公里(约 63 万芯公里)，建设调度机房 13 个、DC 数据机房 1 个、光纤交接箱 740 个。

【搬迁工程】 2016 年，信息管线承接了东西通道、北横通道、嘉闵高架、三门路和田林路下立交以及多条轨道交通等搬迁项目，按时、保质保量地完成了重大工程搬迁工作，无安全事故发生。

(应捷文)

三、功能性设施

上海超级计算中心

【概述】 根据上海高性能计算体系的总体布局：计算科学研究、重点领域计算应用、高性能计算平台“三驾马车”驱动的模式，上海超算中心（以下简称“超算中心”）作为承载基础科学和工业创新的重要工具——超级计算机的载体，在市经济信息化委的指导下，抓住当前重大机遇，服务国家科学中心优先战略和公共服务平台能力提升战略，在云计算、大数据、高性能计算业务架构方面取得新经验，在市场化运营方面取得新成绩，在经营体制机制方面也逐步建立多元化渠道。

【推出 PaaS 云服务】 超算中心对外计算能力保持在 10 000 核（400TFlops）；“魔方 2”系统运行稳定，用户数达到 224 户，可用率达到 99.9%以上。全年（自 2015 年 12 月至 2016 年 12 月）224 名用户提交作业约 65 万个，使用机时约 6 733 万核小时；“蜂鸟”通过 Xfinity 为工程用户提供服务，全年有 188 名用户提交约 9.5 万个作业，使用机时约 435 万核小时，新增用户 71 户，用户数累计 613 户；探索超算中心 PaaS 云服务平台建设。成功部署了中国浦东干部学院网络学院和中共中央组织部网络学院两个应用。该平台正式上线以来，共实现在线培训人数近 3 万。

【承担多个市级项目及横向合作项目】 超算中心对接国家科技部“十三五”发展规划，积极申报国家项目并承担多个市级项目及横向合作项目。新申报国家重点研发项目 4 项，市级项目 3 个。其中，《E 级高性能计算机原型系统研制》对超算中心未来参与研制、部署和应用 E 级机系统具有至关重要的作用。

【进行大量调研和技术追踪】 结合超算中心的业务需求和技术发展趋势，组织和参与了技术研讨与交流活动，形成了一批技术调研报告。包括《美国超算中心评价体系探讨》、《虚拟化平台应用测试》、《基于大数据的数据仓库技术》、《科研大数据来临——科创中心建设带来的机遇与挑战》、《IDC 欧洲高性能计算研究报告（2015）》等，为各级领导的决策提供了依据。

【打造大数据产业发展生态圈】 上海大数据联盟（以下简称“联盟”）于 2016 年 4 月 1 日正式成立。作为联盟的秘书长单位，超算中心为联盟发展提供了重要支撑，积极围绕联盟工作，打造大数据产业发展生态圈。同时，借助联盟的公益平台，极大地促进了超算中心作为大数据第三方公共服务平台的生态营造。联盟围绕“传播、智库、资本”三项功能开展工作，组织各类活动，营造上海大数据产业氛围。

【通过分中心模式拓展业务范围】 通过摸索，以与其他单位合作建立分中心的模式，有效推进超算中心在各方面的发展。超算中心与上海市北高新(集团)有限公司(以下简称“市北高新”)签订战略合作协议,成立上海超算市北分中心,在市北高新园区共同打造上海超算中心大数据产业孵化基地,探索一条生态营造+资本对接+园区经营的发展路径。超算中心与上海市浦东新区宣桥镇政府签订战略合作协议,成立上海超算宣桥分中心,在宣桥镇建设高性能计算、云计算、大数据技术与应用科普教育培训基地、创客空间,推动区域的产业升级。与浙江省水利河口研究院签订战略合作协议,成立上海超算浙江水利海洋分中心,该分中心集合了上海超算中心、浙江水利河口研究院、上海超算科技有限公司三方在企业信息化、高性能计算软、硬件、人力资源方面的优势,打造面向浙江省的水利海洋综合模拟分析和数据管理平台。

(戴松筠)

Shanghai Informatization

第二编 信息产业

综　述

电子信息产业作为上海的支柱性产业，在上海经济发展中扮演着重要角色。近年来，上海电子信息产业逐步形成了完整的产业链、先进的技术储备、良好的产业公共服务平台和国际合作经验，令上海在新一代信息技术和制造技术的融合发展领域具备了得天独厚的优势。2016 年是“十三五”开局之年，上海信息产业顶住经济下行压力，效益和结构整体向好。其中电子信息制造业运行平稳，产业结构更加完善，发展基础进一步夯实，全年实现工业总产值 6 045 亿元，同比下降 2.2%，降幅比预期收窄。软件和信息服务业营收突破 6 900 亿元大关，同比增长 14.1%，其中软件产业的效益水平稳步提升，互联网信息服务业保持了高速增长，软件和信息服务业占全市生产总值的比重达到 7.1%，成为带动上海经济发展的支柱产业。

第一章　电子信息制造业

概　述

【概况】　2016年,围绕落实《中国制造2025》、深化供给侧结构性改革、推进具有全球影响力的科创中心建设,稳增长促转型,上海电子信息制造业整体运行平稳,转型升级成效显著,创新能力明显提升,产业体系不断完善。

【产业结构调整成效显现】　2016年,上海市电子信息制造业实现工业总产值6 045亿元,同比下降2.2%,降幅比预期收窄。产业结构调整成效显现:一是新一代信息技术制造业实现增长。全年新一代信息技术制造业实现工业总产值达到2 141亿元,同比增长3.7%,增速高出电子信息制造业近6个百分点。二是集成电路产业保持增长。全年集成电路产业规模首次超过千亿元,达到1 053亿元。集成电路制造业完成工业总产值420亿元,同比增长16.4%,晶圆片产量同比增长15.8%。产业链呈现均衡发展的良好态势,产业链各环节的比例日趋优化,设计、制造双引擎带动效应愈发明显。三是产业盈利状况良好。全年电子信息制造业销售收入6 430亿元,实现利润212亿元,同比增长11.1%,其中集成电路利润46亿元,实现翻番。四是电子组装加工业规模保持稳定。鼓励支持电子组装加工业企业提质增效,在沪生产高端产品。重点电子组装加工企业产值占全部制造业工业总产值的比重稳定在45%,为全市工业稳增长发挥了支撑作用。重点企业昌硕科技(上海)有限公司受苹果手机发布的周期性影响,第四季度较前三季度的月平均产值实现成倍增长。

【产业化重大项目开工】　推进3个重大战略性项目和1个重大产业基金项目建设,实现2016年年初既定目标。一是中芯国际新建生产线项目如期开工。该项目是国务院和上海市委、市政府高度关注的重大工程。经过全力推动协调,攻克道路红线规划调整、建筑限高、容积率与绿化率调整等18个瓶颈问题,历经180天,于2016年10月13日正式开工,项目开工审批时间打破了上海市重大项目开工审批的时间纪录。二是华力二期项目2016年实现开工建设。华力12英寸生产线项目是2016年上海市重大工程，且已纳入《国家集成电路产业发展推进纲要》和《“十三五”集成电路产业重大生产力布局规划》重点任务范围。该项目克服规划变更、动拆迁、土地招拍挂等环节众多的困难，打破常规，大幅缩短了开工建设时间。2016年11月9日，华力二期项目正式启动，项目主体单位上海华力集成电路制造有限公司正式揭牌。三是和辉二期项目顺利开工建设。上海市有关部门与金山区全力推进项目开工相关工作，于2016年9月28日土地摘牌，11月28日施工招投标完成合同备案，12月9日举行项目开工仪式。四是上海集成电路产业基金正式注册运营。按照市政府第100次常务会议通过的上海市集成电路产业基金组建方案，全力推动基金注册运营。2016年4月21日，8家发起单位正式签署了基金组建合作备忘录，首期基金规模280亿元，2016年实现对外首笔投资。

此外，集成电路领域军民融合项目取得突破性进展；上海新昇半导体科技有限公司(以下简称“上海新昇”)300纳米硅片研发线全面落成；国内首个国家级“智能网联汽车(上海)试点示范区”封闭测试区正式投入运营；上海汽车集团股份有限公司(以下简称“上汽”)首款互联网汽车荣威RX5上市；上海晨兴希姆通电子科技有限公司(以下简称“晨兴希姆通”)智能制造工厂纳入国家级智能制造示范试点；由中国移动通信集团上海有限公司(以下简称“上海移动”)牵头，华为技术有限公司(以下简称“华为”)、中兴通讯股份有限公司(以下简称“中兴”)等国内龙头企业支撑的首个基于5G技术(5rd-Generation，第五代移动通信技术)的窄带物联网示范网络项目正式立项建设；上海天马微电子有限公司(以下简称“上海天马”)5.5代AM-OLED(Active Matrix/Organic Light Emitting Diode，主动矩阵有机发光二极体面板)扩产项目正式启动，完成第一批设备移机和招标。

【产业发展基础进一步夯实】 电子信息制造业是新一轮产业变革最活跃的领域，2016年结合国际国内产业发展最新趋势，全面完善“十三五”期间产业发展思路，夯实顶层设计。对上海集成电路、新型显示、物联网、下一代网络、车联网与汽车电子等重点领域“十三五”期间发展脉络进一步梳理完善，对智能硬件、传感器、卫星导航等新兴领域的发展基础进行全面评估，对量子计算、脑机融合、自动驾驶等前瞻性重大技术的产业化前景进行前瞻性展望，提出了6项未来5年要布局的重大工程和重点项目。全面梳理上海电子核心基础元器件(零部件)发展思路，形成工作方案。按照“四个聚焦”、“四个坚持”的基本原则，着重对电子计算设备、信息通信设备、新能源与智能网联汽车、人工智能与机器人四大领域进行产业链分析，围绕产业需求提出了上海未来3～5年推进核心基础元器件的3大类、17项重点任务。

【细分领域取得突破性发展】 在集成电路领域，把握战略机遇，深化政策落地。在《国家集成电路产业发展推进纲要》和国家集成电路产业投资基金的双重助推下，集成电路产业迎来重要机遇期。一是加快推动集成电路产业政策修订，协同上海市发展和改革委员会(以下简称“市发改委”)积极开展 26 号文政策修订工作。二是积极落实产业优惠政策,2016 年有 47 家单位 2 527 人获得设计人员专项奖励 5 328.8 万元,4 家单位获得首轮流片奖励 1 122 万元。三是研发成果加快推广应用,上海兆芯集成电路有限公司(以下简称“兆芯”)的 CPU(Central Processing Unit,中央处理器)芯片及主板芯片组荣获 2016 年上海国际工业博览会金奖;基于兆芯 CPU 芯片的国产整机进入上海市政府采购清单。四是神威太湖之光超级计算机名列最新一期全球超级计算机 TOP500 榜首,所用的申威 CPU 为上海设计,获得全球高性能计算应用最高奖“戈登贝尔奖”。

在物联网领域,聚焦核心技术推进产业化突破。一是智能传感器关键技术和高端产品实现产业化突破。光纤传感器占领国内高压电线温度监测和地铁消防监测领域 50%市场份额,并出口欧美地区;视觉传感器与新松机器人自动化股份有限公司(以下简称“新松机器人”)合作,开发出高精度、大范围机器视觉反馈系统,获得工博会金奖;汽车发动机排气温度传感器、涡轮增压器转速传感器等通过戴姆勒、博世、德尔福等用户单位认证。二是加强行业协同,培育产业新增长点。整合上海相关用户、系统集成、通信设备、模块、芯片等产业链厂商参与窄带物联网发展,物联网智能抄表获得澳大利亚水表千万台量级订单。三是持续推进应用示范。建成国内运营规模最大、数据最精细、有效性最强的楼宇能效监测平台,监测建筑面积 2 069 万平方米,年节电 5 000 万度;地铁综合监控系统获得 250 公里地铁订单,市场占有率国内领先;初步建成业内领先的半导体封装智能工厂,使生产线工人减少 75%,物料配送效率提升 20%、配送出错率降低 8%。四是营造物联网产业发展氛围。指导开展以物联网和智能硬件为主题的创新创业大赛,召开第三届国际健康物联网峰会、第二届国际传感器技术与应用展览会、上海国际智能家居展、窄带物联网高峰论坛等活动,加强产业链对接。

在新型显示领域,加强开放合作引导产业链集聚发展。一是上海和辉光电有限公司(以下简称“和辉光电”)产能持续保持满产状态,达到月产 100 万片终端显示器,小米手机的红米系列旗舰款 AM-OLED 手机屏由和辉光电独家供应,华为、中兴等知名终端厂商成为和辉光电客户;上海天马 5.5 代 AM-OLED 蒸镀封装线 2016 年上半年实现批量生产,成为中兴手机供应商之一。二是围绕 AM-OLED 龙头企业培育产业创新链。组织召开 2016 年中国 OLED(Organic Light-Emitting Diode,有机发光二极管)峰会、第四届 OLED 产业峰会;组织多场智能终端、汽车电子、可穿戴等终端企业与面板企业对接会;推动奥来德、宇瑞、中颖、上微、凯世通等上海市材料、装备企业与和辉光电、上海天马等面板企业加强合作,形成配套。三是聚焦新技术、新业态,引导产业发展新方向。鼓励新型显示企业、高校、研究所提前研究布局柔性显示、印刷法等新技术、新工艺,以及量子点显示、Micro LED 等下一代显示技术。推动 LED 企业高端化、差异化发展,鼓励低成本大尺寸 GaN(氮化镓)衬底产品及 HVPE(Hydride Vapor Phase Epitaxy,氢化物气相外延)设备等相关技术研发;关注 LED 紫外光、植物照明等新应用发展。

在汽车电子领域,聚焦无人驾驶、车联网推动融合创新。一是道路智慧停车示范建设。在浦东新区陆家嘴等代表性区域对停车设施进行智能化、互联网化改造，实现停车位动态数据实时联网发送，集成多种支付方式，试验预约停车与错峰停车等模式，有效提升市民出行体验和停车场使用效率。二是智能网联汽车示范基地建设，获得国家工业强基专项重点支持。示范区形成超过50个涵盖安全、效率、信息服务和通信能力的测试场景，为整车零部件企业提供测试服务；组织相关单位完成29个标准化测试规范和管理流程建设。三是配合全市交通大整治工作，联合上海市交通委员会、上海市公安局交通警察总队，积极推进汽车电子标识的示范应用和标准规范。在西藏南路车站通信试点、延安路的83辆中运量公交车取得率先突破。

在下一代网络领域，把握产业与技术变革方向，面向未来谋划布局。围绕上海通信产业形成新的增量，积极谋划布局，提升产业发展后劲。一是将5G的研发与产业化推进作为重中之重。面向高带宽、低时延、高可靠性、大连接的应用场景，全力推进5G技术产业化应用，巩固并提升上海在国内下一代网络领域第一梯队的作用。支持上海联通、上海移动、华为推动NB-IoT(Narrow Band Internet of Things，基于蜂窝的窄带物联网)商用试验网建设；推进超密集组网等LTE-A(Long Term Evolution-Advanced，长期演进技术升级版)技术攻关和产业化；积极布局毫米波通信等5G关键技术，推动SDN(Software Defined Network，软件定义网络)/NFV(Network Function Virtualization，网络功能虚拟化)/云技术与无线网络的结合；积极支持5G终端基带芯片、射频芯片、测试设备的研发及产业化，积极承担国家战略。二是支持推进MEC(Mobile Edge Computing，移动边缘计算)、NB-IoT、LoRa(Long Range，超长距低功耗数据传输)等技术标准的制定及相关业务应用。支持MEC技术在F1国际赛车大赛、乌镇互联网大会无人驾驶实验场的示范试点。三是推动可见光通信、量子通信技术的突破及产业化应用。推动可见光通信技术在核电、深海通信、煤矿等领域示范推广。

（王　雷）

一、集成电路产业

概况

在国内外集成电路市场引导及政策和资本的双轮带动下，2016年上海集成电路产业规模达到1 052.6亿元，同比增长10.8%。其中，IC设计业规模达到365.24亿元，同比增长20.3%；芯片制造业为261.99亿元，同比增长21.4%；封装测试业为312.81亿元，同比增长－5.8%；设备材料业为112.56亿元，同比增长14.2%。上海仍然是中国大陆集成电路产业最集中、产业链最完整、综合技术水平最高的产业基地。2016年上海集成电路产业及各行业销售收入、增长率见表2-1。

表 2-1　2016 年上海集成电路产业及各行业销售收入、增长率

行业\年份	2016 年营业收入(亿元)	2015 年营业收入(亿元)	2016/2015 同比增长率(%)
IC 设计业	365.24	303.5	20.34
芯片制造业	261.99	215.8	21.4
封装测试业	312.81	332.19	−5.83
设备材料业	112.56	98.6	14.15
集成电路产业合计	1 052.6	950.15	10.78

数据来源：上海集成电路行业统计网(SICS)

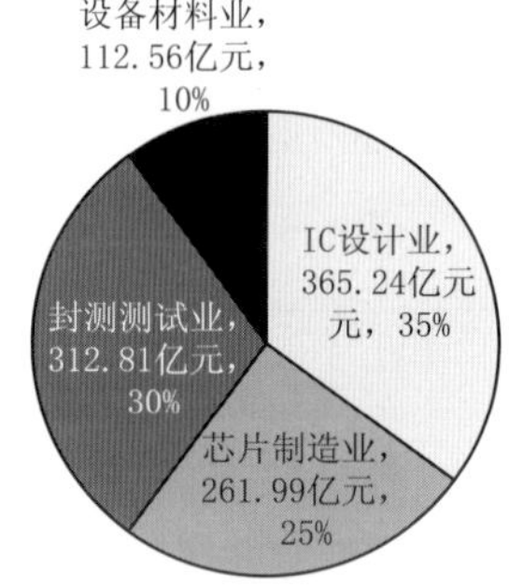

图 2-1　2016 年上海集成电路产业链结构

截至 2016 年年底，上海集成电路产业累计总投资额为 262.78 亿美元，其中 2016 年新增投资额为 88 391.617万美元；累计总注册资金额为 128.49 万美元，其中 2016 年新增注册资金额为 139 668 万美元。

截至 2016 年年底，上海从事研究开发、制造生产、推广应用、配套服务和专业教育培训的企事业单位共 474 家，比 2015 年减少 7 家。同期，上海集成电路产业的从业人员总数达 130 882 人，比 2015 年减少 5 502 人。在从业人员中，管理人员 6 776 人，专业技术人员 57 174 人，生产和其他人员 66 932 人，各占从业人员总数的 5.2%、43.7%和 51.1%。

技术创新是推动集成电路产业发展的不竭动力。2016 年上海集成电路产业的技术创新体现在：一是继续沿着摩尔定律(More Moore)推进，最先进的主流技术已经从 40 纳米推进到 22 纳米；二是继续扩展泛摩尔定律(More than Moore)的内容，推陈出新。

2016 年上海集成电路设计和晶圆制造的 40 纳米技术愈加成熟，并被广泛采用。中芯国际集成电路制造有限公司(以下简称“中芯国际”)是中国大陆唯一能够为客户提供 28 纳米制程服务的纯晶圆代工厂，并持续开发更先进的 14 纳米工艺制程。上海华力微电子有限公司(以下简称“华力微电子”)在 40 纳米制程成熟的基础上，成功开发了 28 纳米工艺。展讯通信(上海)有限公司(以下简称“展讯通信”)成功推出了 14 纳米 8 核 64 位 LTE 智能手机芯片平台。

多种先进封装技术如 Bumping(凸点焊球技术)、WLP(Wafer Level Packaging，晶圆级封装)、Flip Chip(倒装焊球术)、CSP(Chip Scale Package，芯片级封装)和 3D/2.5D(3 维/2.5 维堆叠式封装)等，都已实现规模化生产。

IC 设计业

【概况】　2016 年上海集成电路设计业(以下简称“IC 设计业”)销售收入为 365.24 亿元，比上年的 303.5 亿元增长 20.34%。其中，出口金额 20.93 亿美元(折合人民币 136 亿元)，比上年的21.08亿美元(折合人民币 137 亿元)减少 0.7%。

【企业状况】 2016 年,上海拥有 IC 设计企业 215 家。营业收入超亿元的设计企业 49 家,其中营业收入超 10 亿元的有 8 家。2016 年 IC 设计企业销售规模前 10 位的排名如表 2-2。

表 2-2 2016 年上海 IC 设计企业销售规模前 10 位排序表

2016 排序	2015 排序	企业名称	2016 年营业收入(万元)	2015 年营业收入(万元)	2016/2015 增长率(%)	占 IC 设计业份额(%)
1	1	展讯通信(上海)有限公司	1 017 942	909 453	11.9	31.0
2	—	华大半导体有限公司	270 179	262 094	3.1	8.2
3	2	格科微电子(上海)有限公司	188 798	179 187	5.4	5.8
4	4	上海复旦微电子集团股份有限公司	113 501	102 000	11.3	3.5
5	5	高通企业管理(上海)有限公司	103 133	92 442	11.6	3.1
6	7	超威半导体(上海)有限公司	84 293	68 908	22.3	2.6
7	3	联芯科技有限公司	80 513	145 726	−44.8	2.5
8	8	昂宝电子(上海)有限公司	67 000	62 400	7.4	2.0
9	10	上海韦尔半导体股份有限公司	63 155	46 138	36.9	1.9
10	—	上海晶丰明源半体有限公司	58 287	36 301	60.6	1.8
合计			2 046 801	1 904 649	7.5	62.4

数据来源:本报告根据 SICS 数据整理

【技术水平及产品】 上海集成电路设计业的主流设计技术为 90 纳米~65 纳米~40 纳米,先进技术已进入 16/14 纳米领域,10 纳米的设计技术正在研发之中。数模混合电路芯片的设计技术普遍采用 0.18 微米~0.13 微米嵌入式存储器(eEEPROM/eFLASH)或嵌入式处理器、SoC(System on Chip,系统级芯片)技术。模拟电路芯片普遍采用 0.35 微米~0.13 微米 BCD(Binary-Coded Decimal,二—十进制代码)技术。这些芯片设计技术在国内均处于领先地位。

上海设计企业较多,集成电路产品分布跨度大、涉及种类多,大致可分成 15 个大类,包括:移动智能终端、无线通信及互联网、智能卡、电源管理、显示驱动、电能计量及电力线载波通信、音视频多媒体、数字电视及机顶盒、微控制器、存储器配套芯片、信息安全及安全防护、I/O 接口及保护电路等各类芯片,此外,MEMS(Micro-Electro-Mechanical Systems,传感器)、汽车电子和高端通用芯片 64 位 CPU 和 1 000 万门的 FPGA(Field-Programmable Gate Array,现场可编程门阵列芯片)是近年研发生产的新兴领域产品。

芯片制造业

【概况】 2016 年上海芯片制造业实现销售收入 261.99 亿元,比 2015 年增长 21.4%。

上海是中国大陆芯片制造企业最为集中、工艺技术相对最为先进的产业基地。上海集成电路企业努力提升芯片制程技术、扩大高阶制程产能,从而满足日益旺盛的产业需求。2016 年上海芯片制造业有三个重大进展。

一是中芯国际计划在现有地块投资102.4亿美元，建设两条月产能3.5万片的12英寸集成电路生产线。2016年10月13日，上海新12英寸集成电路生产线开工。

二是上海华力总投资59亿美元的12英寸先进工艺生产线于2016年12月30日正式开工。该项目从28纳米工艺起步，建设一条月产能4万片的12英寸集成电路生产线。

三是上海华虹宏力半导体制造有限公司(以下简称"上海华虹宏力")经过合并运营，建成了国内产能规模最大、工艺类型最丰富的特色工艺制造平台。2016年9月，上海华虹宏力三厂8英寸芯片厂增资扩产项目正式竣工。

截至2016年年底，上海芯片制造企业拥有12英寸生产线2条、8英寸生产线8条、6英寸生产线3条、5英寸生产线1条。各生产线的分布、工艺技术水平及计划产能见表2-3。

表2-3　2016年上海芯片制造业晶圆生产线分布、工艺技术水平及计划产能

<table>
<tr><th>企　业</th><th>生产线</th><th>晶圆尺寸（英寸）</th><th>工艺技术水平</th><th>计划产能（万片/月）</th></tr>
<tr><td rowspan="8">中芯国际集成电路制造(上海)有限公司</td><td></td><td>12</td><td>28纳米</td><td>3.5，建设中</td></tr>
<tr><td></td><td>12</td><td>28纳米～14纳米</td><td>3.5，建设中</td></tr>
<tr><td>Fab8</td><td>12</td><td>65纳米～40纳米～28纳米</td><td>1.5</td></tr>
<tr><td>Fab1</td><td rowspan="2">8</td><td rowspan="2">0.35微米～0.11微米</td><td rowspan="2">12.0</td></tr>
<tr><td>Fab2</td></tr>
<tr><td>Fab8B</td><td>8</td><td>CMOS-MEMS芯片</td><td>5.0</td></tr>
<tr><td>Fab3B</td><td>8</td><td>0.13纳米～90纳米铜互连</td><td>3.0</td></tr>
<tr><td>Fab9</td><td>8</td><td>CMOS图像传感器芯载彩色滤膜制作</td><td>1.0</td></tr>
<tr><td rowspan="2">上海华力微电子有限公司</td><td></td><td>12</td><td>28纳米</td><td>4.0，建设中</td></tr>
<tr><td></td><td>12</td><td>65纳米～55纳米～40纳米</td><td>3.5</td></tr>
<tr><td>台积电(中国)有限公司</td><td></td><td>8</td><td>0.35微米～0.13微米</td><td>13.0</td></tr>
<tr><td rowspan="3">上海华虹宏力半导体制造有限公司</td><td>Fab1</td><td>8</td><td>0.35微米～0.11微米</td><td>6.0</td></tr>
<tr><td>Fab2</td><td>8</td><td>0.35微米～0.11微米</td><td>4.0</td></tr>
<tr><td>Fab3</td><td>8</td><td>0.35微米～0.09微米</td><td>5.0</td></tr>
<tr><td rowspan="3">上海先进半导体制造有限公司</td><td>Fab1</td><td>8</td><td>0.50微米～0.25微米数模混合</td><td>1.5</td></tr>
<tr><td>Fab2</td><td>6</td><td>1.0微米～0.5微米BCD及IGBT</td><td>6.0</td></tr>
<tr><td>Fab3</td><td>5</td><td>3.0微米～1.0微米模拟</td><td>3.0</td></tr>
<tr><td>上海新进半导体制造有限公司</td><td></td><td>6</td><td>3.0微米～0.5微米数模混合</td><td>6.0</td></tr>
<tr><td>上海新进芯电子有限公司</td><td></td><td>6</td><td>0.6微米～0.35微米数模混合</td><td>2.0</td></tr>
</table>

资料来源：根据SICS数据整理

【企业状况】 2016年上海8家芯片制造企业的营业收入、出口金额、利润总额及其增长率见表2-4。除了台积电(中国)有限公司,其余芯片制造企业均有不同程度的成长。营业收入方面,中芯国际和上海华力表现突出,涨幅50%左右;利润总额方面,中芯国际增长率达344.8%,上海新进半导体制造有限公司增长率达210.5%。

表2-4 2016年上海8家芯片制造企业营业收入、出口金额、利润总额及其增长率

序号	企业名称	营业收入		出口金额		利润总额	
		营业收入(亿元)	增长率(%)	出口金额(亿美元)	增长率(%)	利润总额(亿元)	增长率(%)
1	中芯国际集成电路制造(上海)有限公司	106.36	43.8	10.35	35.1	14.9	344.8
2	上海华虹宏力半导体制造有限公司	47.62	11.52	3.80	24.2	10.14	29.2
3	台积电(中国)有限公司	39.61	−9.20	5.57	−22.5	12.71	−22.7
4	上海华力微电子有限公司	30.29	50.59	4.58	44.9	—	—
5	上海新进半导体制造有限公司	11.13	12.71	1.45	17.9	1.77	210.5
6	上海先进半导体制造有限公司	7.96	7.43	0.85	−4.5	0.32	−5.9
7	上海新进芯电子有限公司	—	—	—	—	—	—
8	凸版中芯彩晶电子(上海)有限公司	1.44	6.53	0	—	0.11	−60.7

数据来源:SICS

【技术水平】 中芯国际是世界领先的集成电路晶圆代工企业,也是中国大陆规模最大、技术最先进的集成电路晶圆代工企业。中芯国际向全球客户提供0.35微米到28纳米晶圆代工与技术服务,包括逻辑芯片、混合信号/射频收发芯片、耐高压芯片、系统芯片、闪存芯片、EEPROM芯片、图像传感器芯片及LCoS(Liquid Crystal on Silicon,液晶附硅)微型显示器芯片、电源管理、微型机电系统等。

上海华力微电子的工艺技术以55纳米为起点,主要包括55纳米低功耗工艺、40纳米低功耗工艺、28纳米低功耗工艺、55纳米高压工艺、55纳米嵌入式工艺和特殊应用工艺等,广泛用于移动通信设备、手机、数字电视、机顶盒、汽车电子、智能家电及各类智能芯片的代工。

上海华虹宏力按照超摩尔定律发展规律,致力于发展扩展集成电路芯片功能为主要方向的多种特色工艺技术,已发展成中国大陆特色工艺种类较完善、产能规模最大的特色工艺晶圆生产基地。

上海华虹宏力同时具备适用于高端32位MCU(Single Chip Microcomputer,单片微型计算机)的嵌入式闪存(eFlash)/嵌入式电可擦可编程只读存储器(eEEPROM)工艺平台,以及适用于入门级8位MCU的CE OTP(One-Time Programming,一次性可编程)/MTP(Multiple-Time Programming,模块化终端处理机)工艺平台,其中适合8位MCU的0.18微米3.3V与5V的低成本高效OTP与MTP工艺平台,采用业界具有竞争力的光罩层数,是市场上极具价格优势的MCU解决方案。同时,不断创新与扩展 MCU 代工组合,推出一套专为物联网打造的 0.11 微米超低漏电 eFlash 及 eEEPROM 的全新工艺平台解决方案,已实现量产并深受国际客户青睐。

封装测试业

【概况】 根据上海集成电路行业统计网(SICS)对上海 30 家主要封测企业的跟踪统计,2016 年上海集成电路封测业销售规模为 312.81 亿元,同比减少 5.8%,占上海集成电路产业链的比重为29.7%,占中国大陆集成电路封测业的份额为 20%。2016 年上海集成电路封测业的出口金额为 22.89 亿美元,同比减少 40%,全行业实现利润总额 12.19 亿元,同比减少 11.5%。

【企业状况】 与中国大陆半导体封装测试业进入黄金发展期不同,近年来上海集成电路封装测试企业有所流失,如江苏长电科技股份有限公司(以下简称"长电科技")全面收购新加坡 STATS ChipPAC 全部股权,星科金朋(上海)有限公司(以下简称"星科金朋")上海厂外迁江苏省江阴市;上海纪元微科电子有限公司(以下简称"纪元微科")被天水华天科技股份有限公司(以下简称"华天科技")全面收购;优特半导体(上海)有限公司(以下简称"优特半导体")因上海成本一再提升而选择关厂等。

上海集成电路封装测试企业以外资控股为主。从事集成电路封装测试的外资企业主要有:日月光封装测试(上海)有限公司、安靠封装测试(上海)有限公司、宏茂微电子(上海)有限公司、捷敏电子(上海)有限公司和葵和精密电子(上海)有限公司等。从事集成电路封装的中外合资企业主要有:上海松下半导体有限公司、上海纪元微科电子有限公司、上海芯哲微电子科技有限公司等。近年来,这些企业积极引进世界先进的封装形式和测试技术,推动企业从传统封装形式向先进封装形式快速转型,为上海集成电路封装测试业进入新一轮发展奠定了技术基础。2016 年上海封测企业销售规模前 10 位排序见表 2-5。

表 2-5　2016 年上海封测企业销售规模前 10 位排序表

序号	单位名称	2016 年销售收入(万元)	2015 年销售收入(万元)	2016/2015 增长率(%)
1	环旭电子股份有限公司	847 531.3	938 627.4	−9.7
2	安靠封装测试(上海)有限公司	347 519	294 577.8	18.0
3	上海凯虹科技有限公司	304 423.6	301 033.0	1.1
4	晟碟半导体(上海)有限公司	284 500	276 500.0	3.45
5	上海松下半导体有限公司	189 493.4	200 963.2	−5.7
6	星科金朋(上海)有限公司	183 538.3	226 145.8	−18.8
7	日月光封装测试(上海)有限公司	168 797.1	162 169.2	4.1
8	上海金雅拓智能卡技术有限公司(上海雅斯拓智能卡技术有限公司)	156 088.9	193 140.8	−19.2
9	纮华电子科技(上海)有限公司	117 451.8	113 872.5	3.1
10	上海凯虹电子有限公司	71 915	78 795.7	−8.7
	合　计	2 661 758.4	2 785 825.4	−4.5

数据来源:根据 SICS 数据整理

【技术水平】 封装技术形式及水平有 BGA(Ball Grid Array,球形列阵结构)、PGA(Pin-Grid Array,针栅阵列封装)、PBGA(Plasric Ball Grid Array,塑料球栅阵列封装)、FC(Flip Chip,倒装焊封装)、CSP(Chip Scale Package,芯片级尺寸封装)、WLP(Wafer-Level Package,晶圆级封装)、MCP(Multi-Chip-Package,多芯片封装)、MCM(Multi-Chip Module,多芯片组装)等,甚至更先进的 3D/2.5D 叠层式封装也实现了小批量试产。国内长电科技、南通富士通微电子股份有限公司(以下简称"通富微电")、华天科技三大重点内资企业,技术水平与国外先进封装厂商基本同步,处于国内第一梯队。传统的插入式封装如 DIP(Dual Inline-pin Package,双列直插式封装)、SIP(Single In Line Package,单列直插式封装),以及传统的表面贴装式封装如 SOP(Small Out-Line Package,小型封装)、SSOP(Shrink Small-Outline Package,超小型封装)、TSOP(Thin Small Outline Package,薄型小型封装)等也已大部分向世界先进封装形式转型。但 QFP(Quad Flat Package,四边引脚扁平封装)和 QFN(Quad Flat No-leadPackage,四边无引脚扁平封装)两种传统封装形式仍有一定规模的量产。

设备材料业

【概况】 根据上海集成电路行业统计网(SICS)对上海 36 家主要半导体设备材料企业的跟踪统计,2016 年上海半导体设备材料制造业的销售规模为 112.56 亿元,同比增长 14.2%。半导体设备和材料是集成电路产业发展最重要的基础,2016 年是上海半导体设备材料制造业从研发走向市场、从国内走向国外的重要转折年。近年来,由国家科技重大专项 02 专项,及由国家和上海市政府各主管部门支持的高端装备和关键配套材料研发项目连连突破,通过验收,并进入国内甚至国外部分集成电路大生产线实际应用。市场和创新成为造就上海半导体设备材料制造业的两大主要动力,也是培育上海新型半导体设备材料企业不断成长壮大的源泉。

【企业状况】 截至 2016 年年底,上海共有半导体设备材料制造企业 36 家。其中,规模较大的本土(内资或内资控股)半导体设备制造企业共 10 家,世界著名半导体设备厂商在上海设立的分公司(或分支机构)也为 10 家。规模较大的本土(内资或内资控股)半导体材料制造企业共 7 家,世界著名半导体材料(或辅料)厂商在上海设立的分公司(或分支机构)主要有 8 家。2016 年上海主要本土半导体设备制造企业的产品结构、营业收入及增长率见表 2-6。

【技术水平及行业布局】 2016 年上海集成电路硅材料生产形成比较完善的新布局。上海硅材料生产企业共有 5 家,即上海新傲科技有限公司(以下简称"上海新傲")、上海新昇半导体科技有限公司、上海申和热磁电子有限公司、上海晶盟硅材料有限公司和上海合晶硅有限公司。除此之外,上海还拥有数家制作和加工太阳能电池用硅材料的企业。

在上海新昇半导体科技有限公司成立以前,上海主要生产 4 英寸~6 英寸硅切、磨、抛光和外延片。上海新傲科技有限公司生产 6 英寸~8 英寸 SOI(Silicon-On-Insulator,绝缘衬底上的硅)晶片和 8 英寸硅外延片。2014 年 6 月,上海新昇半导体科技有限公司成立。2015 年 7 月,国家科技

表 2-6　2016 年上海主要本土半导体设备制造企业产品结构、营业收入及增长率

序号	企业名称	主要设备产品	2016 年营业收入（亿元）	2015 年营业收入（亿元）	2016/2015 增长率（%）
1	中微半导体设备（上海）有限公司	等离子体介质刻蚀机、硅通孔（TSV）刻蚀机、MOCVD 等	6.30	5.53	13.9
2	上海微电子装备有限公司	IC 前道光刻机、先进封装光刻机、LED 光刻机、平板显示光刻机、晶圆对准、键合设备、激光退火路等	3.12	3.48	−10.3
3	盛美半导体设备（上海）有限公司	单晶圆兆声波清洗机、先进封装涂胶、显影机、硅通孔（TSV）清洗机、铜互连抛光机等	1.65	1.41	17.0
4	睿励科学仪器（上海）有限公司	薄膜和关键尺寸光学测量设备、光学缺陷检测设备等	0.17	0.41	−59.0
5	上海凯世通半导体有限公司	新一代 FinFET 3D 离子注入机、光伏离子注入机、新型平板显示用离子注入机等	2.5	0.58	331.0
6	理想能源设备（上海）有限公司	太阳能电池用 PECVD、OLED 沉积设备等	—	0.157	—
7	上海微松工业自动化有限公司	12 英寸晶圆植球机、8/12 英寸晶圆检测补球机、8/12 英寸晶圆拾放设备	0.20	0.106	88.7
8	上海技美电子科技有限公司	晶圆临时键合设备、封装用贴膜/撕膜机、多用途自动机械手	0.50	0.47	6.4
9	上海陛通半导体能源科技有限公司	CVD、介质刻蚀等前道工艺设备翻新和改造	—	—	—
10	上海卡贝尼精密陶瓷有限公司	高端装备用陶瓷结构件等设计、制造和加工	0.20	0.05	300.0

重大专项 02 专项“40 纳米～28 纳米集成电路制造用 300 毫米硅片”项目在上海新昇正式启动，对上海发展硅材料产业起到重要推动作用。2015 年 11 月 11 日，上海成立上海硅产业投资有限公司，借助国家“大基金”和上海市“小基金”对产业发展的引领作用，通过投资、收购、创新发展和国际合作发挥上海硅材料产业的综合优势。这些重大举措进一步激发了上海原有硅材料生产企业上马先进硅材料的积极性，形成了比较完善的硅材料产业研发、生产的新布局，巩固了上海在全国硅材料研发、生产领域的领先地位。表 2-7 展示了上海市 5 家硅材料企业的产品布局。

表 2-7 上海市 5 家硅材料企业产品布局

序号	企 业	4英寸～6英寸硅片	8英寸硅片	12英寸硅片	SOI晶片
1	上海新傲科技有限公司		8英寸硅外延片，2018年上马12英寸硅外延片		6英寸～8英寸SOI晶片，2019年上马12英寸FD-SOI
2	上海新昇半导体科技有限公司			2017年量产12英寸硅抛光片和外延片，2018年为月产15万片，2020年为30万片	
3	上海申和热磁电子有限公司	4英寸～6英寸硅切磨抛光片	2016年上马8英寸硅抛光片，2017年一季度量产	2018年上马12英寸硅抛光片	
4	上海晶盟硅材料有限公司	4英寸～6英寸硅外延片	8英寸硅外延片，投资7亿元，在郑州建立8英寸硅抛光片生产基地		
5	上海合晶硅有限公司	4英寸～6英寸硅切、磨及抛光片			

资料来源：上海市集成电路行业协会设备材料企业调研组

上海申和热磁电子有限公司的日本母公司Ferrotech着眼于上海集成电路产业和近年硅材料行业的蓬勃发展形势，于2015年把8英寸硅抛光片生产技术转移至上海申和热磁电子有限公司。为了应对上海地区电力成本较高的问题，该公司将8英寸硅单晶棒拉制和整形工艺置于宁夏完成，切片、倒角、磨片及关键抛光工艺在上海进行。2016年第四季度已完成全线设备试车，计划2017年第一季度开始量产，2017年上半年实现每月5万片量产，下半年达到每月10万片。

2016年以来，上海新昇半导体科技有限公司加紧12英寸硅抛光片和外延片生产线的建设步伐。上半年完成了项目厂房建设，第三季度完成了生产线设备安装，第四季度进入设备试运营。2016年10月31日，第一根12英寸硅单晶棒出炉，晶棒总长度为1.9米，总投料量为300千克。

2016年，上海新傲科技有限公司在上海硅产业投资有限公司支持下进入新一轮发展高潮，主要表现在：继续提升8英寸RF-SOI（Radio Frequency-Silicon On Insulator，射频绝缘衬底上的硅）晶片的技术水平，扩大产能，形成世界级的SOI技术优势和产能优势。利用SOI芯片技术的低功耗、高速度、抗辐照、高可靠特点，发展其在智能手机前端频道开关芯片和汽车电子智能功率模块芯片制作领域的应用。

2016年，全球FD-SOI技术快速兴起，法国

Soitec的FD-SOI晶片制造技术已经成熟,IBM、STM、三星等著名厂商纷纷推出性能比同样特征尺寸3D FinFET(Fin Field-Effect Transistor,鳍式场效应晶体管)更为优越的FD-SOI芯片,格罗方德的FD-SOI晶圆代工制程进入量产阶段。为适应FD-SOI技术发展的需要,上海新傲计划利用现有厂房及上海硅产业投资有限公司投资法国Soitec、成为法国Soitec并列第一大股东的有利条件,在"十三五"期间建成国内第一条12英寸FD-SOI晶片生产线,配合国内发展12英寸FD-SOI技术的市场需求。

上海合晶硅材料有限公司和上海晶盟硅材料有限公司增资7亿元,兴建郑州8英寸硅晶圆生产厂。受中国大陆集成电路产业持续快速发展和上海硅晶圆片生产强劲推进的激励,上海合晶硅材料有限公司和上海晶盟硅材料有限公司的母公司,即中国台湾地区合晶硅材料集团公司发起并参与旗下的上海合晶硅现金增资案,募集7亿元在河南省郑州市航空港实验区兴建8英寸硅晶圆生产厂,以加速拓展在大陆的硅材料市场。

(陈爱琳)

二、通信和网络设备制造业

概况

2016年,上海市通信设备制造业整体发展呈小幅下滑趋势,但相较上半年有回稳趋势,行业整体调结构、转型升级特征显著。上海市通信设备制造业1～12月发展情况见表2-8。

表2-8 上海市通信设备制造业1～12月发展情况 (单位:亿元)

通信设备制造业	工业总产值		销售收入		利润总额	
	1～12月	同比	1～12月	同比	1～12月	同比
	1 675.4	−5.2%	1 732.4	−10.1%	31.5	−21.6%

数据来源:上海市统计局

传统通信网络设备厂商基本跟随运营商的网络建设步伐,同时从企业级网络入手,增加行业应用机遇,全年上海市手机方案设计商的表现较为亮眼。随着手机市场竞争进入了后半场,多数中小品牌已经被淘汰或者已失去了做大做强的机会,品牌厂商开始进入稳定期。同样在ODM(Original Design Manufacturer,原始设计制造商)市场,订单也越来越集中在少数有实力的ODM厂商手中,ODM厂商的排名逐渐趋于稳固。

第五代移动通信技术(5G)

我国于2016年1月率先启动5G技术研发试验,并于9月顺利完成5G技术研发试验第一阶段测试。参与第一阶段测试的厂商共7家,包括华为、中兴、大唐电信、爱立信、诺基亚和上海贝尔、英特尔、三星。

我国5G技术研发试验于2016年1月全面启动，分为关键技术验证、技术方案验证、系统方案验证三个阶段推进实施。第一阶段为5G无线和网络关键技术的性能和功能测试，具体包括：大规模天线、新型多址、新型多载波、高频段通信等7个无线关键技术，以及网络切片、移动边缘计算等4个网络关键技术。

为支撑形成具有竞争力的全球统一5G国际标准，同步推进5G概念样机设备开发，培育5G产业链，我国在2016年9月～2017年9月开展5G研发技术试验第二阶段系统验证测试，第二阶段测试工作基于统一的设备规范和测试规范，面向5G典型场景开展测试。

对于传统通信行业而言，5G不仅是技术方式的革命，还带来应用场景、用户体验和商业模式重塑，这些改变带来的挑战，需要运营商、技术提供商、垂直行业的合作伙伴共同探讨解决。

2016年，上海市部分企业率先投入5G核心技术研发工作，上海无线通信研究中心、上海贝尔股份有限公司、华为技术有限公司上海研究所、上海中兴通讯技术股份有限公司、芯原微电子(上海)有限公司等机构，围绕毫米波、NB-IoT、LoRa等技术，不同程度地开展技术研发、参与各类标准制定工作。在2016年F1(FIA Formula 1 World Championship，世界一级方程式锦标赛)上海站赛事上，上海移动与诺基亚携手部署了面向未来的超密集异构网络(Hetnet)，在提供全面网络通讯保障的同时引入多项5G前沿技术，例如首次利用移动边缘计算技术和边缘视频分发技术实现赛场多视角直播，为用户带来前所未有的体验。

上海贝尔股份有限公司

【概况】 上海贝尔股份有限公司(以下简称“上海贝尔”)成立于1984年，是中国通信领域、高新技术领域成立的第一家中外合资企业，也是国务院国有资产监督管理委员会直接监管的106家中央企业中唯一一家中外合资企业。上海贝尔积极履行国家使命，快速建成现代化国家通信网，为突破中国经济发展瓶颈做出了积极贡献，也为带动中国通信制造业群体崛起打下了基础。上海贝尔的成长历程是中国企业对外合作的成功典范、中国信息通信业实现跨越式发展的成功实践，也是中国改革开放大发展的成功缩影。上海贝尔拥有员工10 000余名，90%具有大学本科以上学历，其中研发工程师近5 400名。上海贝尔大力提升国际化发展水平，销售服务网络遍及海外50多个国家和地区，海外收入占比超过50%，拥有海外员工1 200余名，成功实现了对外合作中的自主创新。

【主要产品】 上海贝尔能为电信运营商、企业和行业客户提供端到端的信息通信解决方案和高质量的服务，产品覆盖超宽带有线和无线接入、IP路由和光传输网络、网络核心及应用、云计算、物联网、大数据等诸多领域。作为中国三大电信运营商的长期战略合作伙伴，上海贝尔在上述产品领域始终保持市场领先地位，同时为能源、交通、公共设施等领域的专用通信和行业信息化提供支持。

【公司荣誉】 上海贝尔是国家“创新型企业”、上海市首批知识产权示范企业，国家中长期科技重大专项的主要承担单位之一，多次获国家和上海市科技发明奖项。

上海贝尔拥有贝尔实验室中国研究中心和数个重要的全球研发中心,可全面进入阿尔卡特朗讯全球技术库,开发服务于中国和阿尔卡特朗讯全球客户的独创技术,并在多项新技术开发中居于主导地位。2016 年,上海贝尔已发展成为中国信息通信领域面向全球发展的高新技术产业基地,是集全球重要研发中心、采购和产业化物流中心、信息服务中心及员工客户培训中心为一体的企业。

(林文琦)

晨讯科技集团

【概况】 晨讯科技集团(以下简称"晨讯科技")是国内领先的移动通讯和物联网企业,2005 年 6 月在中国香港联交所主板上市,连续多年位居手机设计行业第一位(以销售额、股市市值计)。晨讯科技立足于大力发展优质手机 ODM 业务,同时加速发展行业应用终端、物联网系统整体解决方案及系统运营等新业务。集团研发总部位于上海,拥有员工 3 000 余人,在北京、沈阳等地亦建有研发中心。

【主要产品】 晨讯科技掌握了手机研发和移动通讯领域的核心技术,拥有 3G 到 4G LTE 多平台设计经验。同时拥有数十条先进生产线,具备手机前道主板 SMT(Surface Mount Technology,表面贴装技术)、后道组装能力及关键部件配套能力。根据 ABI Research 调查报告,晨讯科技的物联网无线通讯模块产品市场份额为中国第一、全球第二,客户遍布全球 130 多个国家和地区。为进一步发展物联网终端及后台软件应用系统等新业务,晨讯科技加速发展智能自动售卖机,开拓居家养老服务平台、物联网智慧小区、车联网等。晨讯科技大力发展机器人智能制造业务,积极搭建晨讯智能制造产业联盟,致力于成为全球无线通讯及物联网领域提供整体解决方案与服务的世界级企业。

【公司荣誉】 2016 年 8 月 29 日,上海晨兴希姆通电子科技有限公司获得上海市企业联合会评选的"2016 上海制造业企业 100 强"及"2016 上海民营制造业企业 50 强"。10 月,在上海市软件行业服务协会主办的第八届上海软件创新论坛暨"上海软件四名——名企、名品、名人、名园"颁奖活动中,希姆通信息技术(上海)有限公司被评为"2016 年度上海市明星软件企业—创新型"。11 月 8 日,在 2016 上海高新技术成果转化百佳年会暨成果转化工作联络站推进会上,上海晨兴希姆通电子科技有限公司"基于 LTE 的多模三防智能手持移动终端 XP7700"项目,被评为"2015 年度上海市高新技术成果转化项目百佳"。

(李　强)

上海大唐移动通信设备有限公司

【概况】 上海大唐移动通信设备有限公司(以下简称"上海大唐移动")成立于 1998 年,位于上海市漕河泾高新技术开发区,是大唐移动通信设备有限公司的子公司,也是国家大型高科技央企大唐电信科技产业集团的核心企业。上海大唐移动秉承"以先进的技术、优良的服务为客户创造价值"宗旨,以市场需求为导向,用创新专业的高品质服务和智能高效的工具为国内外客户提供服务解决方案,业务方向包括主设备原厂服务、通信集成与服务、软件产品与应用等。

2016 年,大唐电信科技产业集团提出"十三五"发展战略,即"新双转型"和"+互联网"。上海大唐移动要从"同心圆式的双转型"迈向"椭圆式的双转型",其有两个中心:一是以移动通信主设备为圆心的相关性转型,二是以互联网模式为圆心的突破性转型,可称之为"新双转型"。"+互联网"是指传统设备公司拥抱互联网,将传统公司的设备融入互联网思维、元素和理念,激发出新活力,以硬件设备为平台,加上互联网思维,营造出新生态。与之配套,上海大唐移动从人才、激励、管理、机制等方面进行创新机制设计,冲破了固有思维模式。

【主要产品】 截至 2016 年 12 月 31 日,上海大唐累积拥有有效授权专利 151 件、申请中专利 91 件(包括 5 件国外专利申请)。2016 年新增申请专利和授权专利分别为 35 件和 16 件。同时上海大唐非常注重专利申请质量,拥有专利中超过 97%为发明专利。

软件著作权和软件产品登记方面:截至 2016 年年底,上海大唐移动累计完成软件著作权登记 54 件、软件产品登记 52 件。

商标方面:为促进上海大唐软件产品和技术服务品牌化、市场化,截至 2016 年 12 月 31 日,上海大唐共提交商标注册申请 21 件,产品类注册商标为3 件,分别为:"EXPT"(第 9 类)、"酷测"(第 9 类)和"cooltest"(第 9 类);服务类商标 17 件,分别为:"EXPT"(第 38 类、第 42 类)、"酷测"(第 38 类、第 42 类)、"cooltest"(第 38 类)、"学唐"(第 41 类、第 42 类)、"唐"(第 41 类、第 42 类)、"学唐(学唐在手,天下我有)"(第 41 类、第 42 类)、"SPAN"(第 38 类、第 41 类、第 42 类)和"DCNE"(第 41 类)。其中,"SPAN"(第 38 类、41 类、42 类)、"EXPT"(第 38 类、第 42 类)和"DCNE"(第 41 类)已注册成功。

【公司荣誉】 上海大唐移动自主开发的软件产品获得了多项重点奖项,2016 年 TD-LTE 获国家科技进步特等奖。2016 年 4 月,上海大唐移动获得中国质量认证中心核发的信息技术服务管理体系认证证书。11 月,获得上海市建委核发的电子工程施工总承包三级资质、通信工程施工总承包三级资质。

(冯璟艳)

上海博达数据通信有限公司

【概况】 上海博达数据通信有限公司(以下简称"博达公司")成立于 1994 年,注册资金 1 亿元,位于上海浦东新区张江高科技园区,是业界领先的网络数据通信设备提供商和整体网络解决方案供应商。博达公司拥有完整的自主知识产权,产品广泛使用于运营商、政府、金融、军队、教育等诸多领域,部分产品打入亚洲、美洲、欧洲等多个海外市场的重点城市。

博达公司在金山工业区新建 3.5 万平方米开发和生产相结合的试制中心和规模化生产基地,利用金山区优越的投资环境及其在长江三角洲的产业辐射力等综合优势,积极展开"十三五"战略布局,在下一代互联网产业发展中奠定市场地位。

博达公司加大渠道建设力度,不断开拓渠道创新实践,根据市场需求变化及时调整渠道政策及产品推广方式，提升博达品牌的影响力。

【重大项目】 博达公司承担了上海市经济和信息化委员会软件和集成电路产业发展专项“大规模智能AC/AP设备的研发及产业化”项目，基于“互联网+”的发展，与广告、银行、零售、通讯等传统行业有机结合，构建了集AC(Access Controller，接入控制器)/AP(Wireless Access Point，无线接入点)设备与云平台于一体的大规模智能无线解决方案，并实现了产业化。通过项目实施，创造了一批具有自主知识产权的高技术产品，实现了无线网络的安全自主可控，在拓展企业增值空间同时带动了上下游产业共同发展。

【主要产品】 博达公司主营网络数据通信设备的研发、生产、销售和服务，产品拥有独立自主的知识产权，能够满足用户高、中、低及SOHO级的各层次应用。2016年，博达公司在传统路由器、交换机产品基础上，加大了基于博达网络操作系统平台的无源光网络产品、工业级网络产品、无线产品的研发投入。

博达网络操作系统平台(BDROS)。BDROS是博达公司自主知识产权的完整体现，已应用于全线数据通信产品中，并根据市场需求及技术发展需要不断拓展。

博达无源光网络产品(PON)。PON系列产品是博达公司面向融合性多业务网络推出的新一代智能型光网络设备，涵盖EPON(Ethernet Passive Optical Network，以太网无源光网络)和GPON(Gigabit-Capable Passive Optical Network，吉比特无源光网络)。该系列产品具备优越的接入性能、强大的业务承载能力、精细化的业务控制能力、丰富的OAM(Operation Administration and Maintenance，操作管理维护)功能及完善的互连互通能力，是主流运营商青睐的光网络产品。博达公司的PON产品被广泛应用于运营商、广电、电力、能源、交通等重要行业客户，并服务于海外多个运营商。

博达工业网络产品。博达公司针对工业领域对网络产品的高标准要求，推出了全套工业网络产品解决方案。工业产品通过了国家电网A类认证且达到IP40以上的防护等级，关键产品指标及元器件选型优于国际知名品牌，是国内工业产品领先品牌。其产品能够在恶劣的工业环境下稳定工作，大量应用于我国地铁轨道交通、电力、铁路、风电、道路监控等各类工业领域。

博达无线产品。博达公司顺应无线网络发展趋势，针对市场上大量的商业WiFi需求，研发设计了全套无线接入产品，包括无线AP、云业务平台、无线接入网关、车载网关、远距离覆盖等，能够提供基于云平台的、完整的商业无线解决方案。

【公司荣誉】 博达公司是上海市高新技术企业、上海市企业技术中心、上海市软件企业、上海市创新型企业，是国家火炬计划软件产业基地骨干企业，荣获“高新技术成果转化百佳”称号，并多次获得上海市明星软件企业(经营型、创新型)荣誉，取得发明专利40项、软件著作权62项、软件产品登记13项。

(张　毅)

上海汇珏网络通信设备有限公司

【概况】 上海汇珏网络通信设备有限公司(简称“汇

珏网络")成立于 2002 年,注册资金为 10 008 万元,位于上海市奉贤区青村镇金钱公路 3368 号,通过为国内外运营商、ICT 设备商、网络集成商提供智能通信全系列解决方案,打造"汇珏网络"高新技术品牌。汇珏网络以"专精特新"的发展方式、独特的市场眼光,抓住"光进铜退"、"FTTH(Fiber To The Home,光纤到户)"建设机遇,通过与韩国 SKT 电讯、STI 公司商业合作,引进美国高通、德国 OPTICOM 的 LTE 技术,加强与上海交通大学、华中科技大学、上海应用技术学院等国内知名高校的产学研合作,深耕技术研发,在三大运营商 ODN(Optical Distribution Network,光配线网络)招标中连续 4 年进入前 10 名,销售额连续 3 年翻番,2016 年实现 6 亿元突破。

【主要产品】 2016 年,汇珏网络继续加强光通信系列产品、无线通信系列产品、数据中心系列产品三个方向的研发力度,推动智能化制造,实现产品智能化升级改造。汇珏网络坚持"免跳纤、便放装"的开发理念,不断研发具有数字预失真技术、环境温湿度智能监测控制、多频段等功能的、用于 FTTH 的智能 IODN(Intelligent Optical Distribution Network,智能光配线网络)全套产品,可满足不同用户需求,实现节能环保;根据环境及地理位置,研发造型简洁大方、低成本、更具隐蔽性的水罐型美化天线,实现了信号的大范围覆盖,建设设备稳定、运行安全,大幅减少基层维护人员和代维人员的上站工作量,降低运维成本,提高运维效率;数据中心系列产品针对客户不同要求、通信设施/设备特点,使用新一代物联网技术对用户进行分权分域管理,实现集中管理、远程授权、记录可控等功能,同时可附加资源管理等增值服务,满足新时期下通信设施/设备智能化、精细化管理的需求。

【重大项目】 汇珏网络在项目建设期引入了 ERP(Enterprise Resource Planning,企业资源计划)系统,建立了以市场管理、集成产品开发、集成供应链和客户关系管理为主的主干流程,辅以财务、人力资源等变革项目,应用集团信息化平台提升专业化管理水平,实现了公司业务流程变革。项目建设了支撑相关运作的完整 IT 架构,基本实现了便捷式移动办公。新 ERP 系统全面实施电子化管理,基本覆盖了公司关键生产销售管理领域,提升了汇珏网络的管理运营能力,支持了未来业务拓展。

在管理建设方面,汇珏网络新厂房动土建设,建立了工业信息一体化系统,通过 ISO 一体化管理体系,在全公司范围内执行卓越绩效管理体系、扩大品牌运营力度、加强公益活动频度和强度。

(丁　玮)

三、数字音视频产业

概况

2016 年是我国"十三五"规划的开局之年,作为信息家电核心产业的数字音视频产业快速发展。随着新媒体不断出现,信息家电的产业覆盖同步更新，除了基础的彩电、摄录一体机、智能家居等子产业外，又纳入了VR(Virtual Reality，虚拟现实)、大屏LED显示、可穿戴设备、机器人等新兴子产业。这些新兴子产业为信息家电行业的发展注入了新的生命力。

作为信息家电行业的基础子产业，2016年彩电产业继续保持良好发展势头，4K超高清、智能电视继续呈领跑态势，应用OLED、量子点、HDR(High-Dynamic Range，高动态光照渲染)等新兴显示技术的电视产品性能优势凸显，成为行业发展的主流。

2016年，中国彩电零售规模为5 089万台，同比增长7.8%；零售额规模为1 560亿元，同比下降1.8%。中国品牌的市场占比开始攀升，在全球的市场份额占比达到30%，超过韩国品牌，首次跃居世界第1位。中国彩电市场占据全球1/4份额，并持续增长。

2016年，中国VR产业迎来开门红，VR头显出货量约为30万台，中国成为世界第二大VR市场，约占全球市场份额的15%，市场规模达到56.6亿元。

2016年，中国可穿戴设备市场出货量为3 876万台，同比增长57.1%，占全球总出货量的43.8%，是美国市场的1.6倍，成为仅次于智能手机的第二大移动智能终端设备。

上海东方明珠新媒体股份有限公司

【首款支持TVOS系统的智能机顶盒】 2016年，上海东方明珠新媒体股份有限公司(以下简称“东方明珠新媒体”)旗下百视通专注硬件机顶盒产品的开发，借助终端创新和技术创新，从用户视角出发，将不同“小红”终端互联互通、融汇多屏、跨屏连通，通过语音控制中心进行全程语音操控，去除遥控器和设备按键，创造全新终端体验，为智慧家庭娱乐提供更多便捷性和可能性。百视通成功开发了海思方案的OTT(Over-The-Top，通过互联网向用户提供各种应用服务)终端和兆芯方案的DVB(Digital Video Broadcasting，数字视频广播)+OTT终端，弥补了市场上没有支持TVOS系统OTT终端的空白，为广电终端智能化开启了新篇章。11月21日，在第二届“世界电视日”中国电视大会上，百视通正式宣布支持TVOS系统的两款智能机顶盒开发成功。

【BesTV APP和eUHD APP软件产品】 东方明珠新媒体旗下的百视通一直走在视频传播改革创新前沿，是中国IPTV(Interactive Personality TV，交互式网络电视)业务模式的开拓者与创立者。2016年，百视通发力创新，在软件应用开发上投入很大精力，拟定了日活跃用户数达到1 000万和进入中国移动视频客户端排名前10位的发展目标，推出了可提供高清视频音频直播与点播服务的影视类旗舰应用产品BesTV APP。BesTV APP可提供包括电影、电视剧、综艺、动漫、纪实、体育、音乐、娱乐等资源在内的内容服务，并拥有购物、财经、新闻、支付、互动等应用入口。同时，在移动端率先建立VR专区，重点布局VR综艺、VR游戏、VR影视等垂直领域。此外，百视通携手中国电信集团公司新疆公司推出了名为eUHD的超清手机视频产品。作为一款手机视频“跨界”APP，除了提供直播、点播、时移、回看等基本手机视频业务之外，eUHD APP还能与IPTV电视屏进行互动投屏和视频通话切换。

东方有线网络有限公司

【用户规模再创新高】 2016 年，东方有线网络有限公司(以下简称“东方有线”)面对媒体融合竞争形势，积极实施创新转型战略，持续压缩运营成本，提升管理效率，通过大力推进智能终端的规模化部署，积极抢占家庭互联网入口，有效应对了来自各方的挑战。2016 年业务收入和盈利水平保持稳定，较好地完成了各项经营任务。截至 2016 年 12 月，上海市 NGB 网络建设规模再创新高。全市有线电视用户超过 730 万户，NGB 网络完成覆盖 662 万户，同步完成数字化整体转换用户超过 694 万户，基本实现了 NGB 网络全覆盖及上海市数字化整体转换任务。通过整体转换和 NGB 建设，上海有线电视网络基本实现了更新换代，网络承载能力得到大幅提升。此外，东方有线用户规模进一步扩大，截至 2016 年年底，高清用户规模超过了 306 万户，宽带用户规模超过 96 万户。

【产业链建设与服务质量提升】 2016 年，东方有线重视产业链建设与对外服务质量的提升。借助涵盖产业链上下游的广电智能终端联盟这一有行业影响力的交流平台，积极推进各项工作。包括：促进上海科创中心建设；推动广电智能终端技术标准的研究和制定；形成逐步统一基础技术标准、集中采购降本减负的共识，从而扩大东方有线及产业链上游企业在行业中的影响力。在提升对外服务水平上，东方有线着重稳定呼叫中心员工队伍，注重外部单位投诉信息沟通，加强服务质量问题监督，全面提升服务质量水平，进一步提升了用户总体服务满意度。在维修服务上采取多项措施，包括：开辟线上线下相结合的故障维修体系，拓宽故障受理渠道，降低维修成本和客户等待时间；开辟电话、微信、网上营业厅等多种途径的故障申报、上门维护预约服务；通过后台信息平台和部门协调，及时向运营维护部传达维修服务需求，实行故障申报及时受理，提升了维修效率。

东方明珠广播电视研究发展有限公司

【前瞻性技术探究】 上海东方明珠广播电视研究发展有限公司(以下简称“东方明珠”)承接的“面向 NGB-W 和 IMT 混合组网的兼容性关键技术研究及验证”项目子课题经过参与人员一年半的努力，于 2016 年 11 月通过市科委验收。该项目为广电运营商在 700 MHz 红利频段的开发利用提供具有决定性意义的前瞻性技术示范，可大大减少基站建设并降低电力、空间、人力等资源消耗，对电磁环境改善及进一步推动绿色节能环保的智慧城市建设起到良好促进作用。项目研发过程中完成了新一代无线广播电视网示范系统的建设，并与宽带移动通信网形成 IMT(Intelligent Multi-functional Terminal，智能多功能终端)干扰电磁兼容示范系统，对通过示范平台系统研究 NGB-W (Next Generation Biology Workbench，下一代地面无线广播电视网络)与 IMT 系统间无线电磁兼容性限值、性能判据和系统质量性能评估方法有着重要指导意义。项目研发过程中同时完成了混合组网系统业务应用智能转发终端设备的开发，该智能转发终端的构建具备新型媒体信息服务所需的各种基本要素，能提供全覆盖的高质量无线广播电视服务，支撑新型广播电视业务从有线向无线领域平移，并能够实现与其他宽带通信系统体系的融合与协同。最重要的是能够支撑未来不断涌现的各种“广播＋互联网”新业态，为广电和通信行业的未来发展提供创新模式。

【专利开发】 东方明珠长期注重实用技术的研发,对具有自主知识产权的专利,特别是发明专利的技术研发格外重视,几乎每年都有技术项目获得或申请专利。2016年7月,“基于传输流的双路数字电视信号无缝切换方法及系统”获得发明专利授权。该发明专利提供一种基于传输流的双路数字电视信号无缝切换方法及系统,包括:获得相同编码方式和相同节目内容的两路传输流数据;将两路传输流数据分别拆解成以预设数目的字节为单元的多个TS(Transport Stream,传输流)包,每个TS包包括至少一个PES(Packetized Elementary Stream,打包原始流)包;根据PES包的编码端标示的PID(Packet Identifier,标志码传输包)值,读取每个PES包中的DTS(Digital Theatre System,数字影院系统)帧信息,将DTS帧信息作为码流切换的相对参考时间标签;将两路传输流数据以时间标签为基准对齐后缓存;分别抓取每路传输流数据中的TS包进行连续计数错的统计,将错误较少的一路传输流数据作为主路输出,另一路相同时间的传输流数据则舍弃或备用。该发明作为一种基于传输流基本层的码流切换技术,实现了客观意义上的无缝切换,有效规避了信道和调制方式差异带来的接收时延误差。

数字电视国家工程研究中心

【未来媒体网络科创中心建设】 为贯彻执行国务院2016年4月12日批准印发的《上海系统推进全面创新改革试验加快建设具有全球影响力的科技创新中心方案》,数字电视国家工程研究中心(以下简称“工程中心”)根据“发展数字电视国家工程研究中心,建成面向全球的数字电视标准制定和共性技术研发的未来媒体网络协同创新中心,探索整机制造商收取合理费用、促进技术标准持续开发升级的市场化运作模式”的要求,制定了以主动型和国际化的技术创新及专利运营为核心的总体战略方案,启动了我国第一代数字电视标准专利池许可运营,成功地向国内外企业实施授权许可,获取合同收益超过千万元。2016年实际计量及缴付的专利许可收费达到合同金额的60%以上,实现了本土数字电视及消费电子领域自主知识产权专利许可运营的重要突破,成功打通了“自主科技创新、标准推广、必要专利入池、专利许可运营”的技术专利创新链。工程中心还积极参与全球新一代数字电视及媒体网络标准竞争,并把包括信令码字、星座映射、比特交织、帧结构中的Bootstrap时域结构在内的多个技术模块,初步导入美国新一代数字电视技术标准。

上海高清数字科技产业有限公司

【多类电视芯片满足多领域市场需求】 上海高清数字科技产业有限公司(以下简称“上海高清”)作为国家级的高新技术企业和集成电路设计企业,长期关注并致力于为中国广电行业提供最优质的数字电视芯片及系统解决方案。在芯片开发种类上不断创新,以适应多领域使用的需求。为了贯彻中央“利用直播卫星对广大农村地区开展广播电视服务”的重要决策,上海高清心怀惠民工程、民心工程,精心把关芯片质量,获得了市场的广泛认可。2016年,上海高清具有自主知识产权的高级安全卫星解码芯片HD3601累计出货量超过2 000万片,市场占有率超过50%,被广泛应用于国家“户户通”工程的机顶盒中,继续保持在“直播星”市场的领先地位。为了更好地支持我国地面数字电视事业发展,为客户提供更高性价比的芯片产品，上海高清不断投入研发资金，开发出性能更优、成本更低的解调解码一体化 SoC 芯片 HD3712。该芯片已完成数十家机顶盒客户的设计导入，在地面数字电视市场蓄势待发。在巩固传统数字电视领域领先地位的同时，上海高清积极布局挺进物联网领域，研发出最新的低功耗蓝牙射频基带一体化 SoC 芯片，并已进行流片。该芯片有望促使公司积极向物联网这个更广阔的市场进军。

上海文广互动电视有限公司

【内容生产】 2016 年，上海文广互动电视有限公司(以下简称“文广互动”)制定了“以市场为先导，将节目、技术、市场作为全面推进 DVB＋OTT 的三驾马车”的生产经营战略，在基于 DVB＋OTT 的具体运营规划中，把内容生产摆在首位，采取内容产品“自主创新开发、外部引入和现有产品改造相结合”的策略，着力精耕细分特色内容，尤其是精彩的互动节目。在与东方明珠新媒体旗下百视通的生产协同上，进一步打通了 OTT 内容和日常拆条内容的推送，提升了内容生产、转码环节的效率。2016 年完成了 23 个驻地的统一编排运营、高效运维，使中央统一宣传得以在驻地及时发布体现、优质内容第一时间及时下发，从而为推动用户关注互动内容，吸引早日加盟体验队伍创造了条件。

【技术创新】 2016 年，文广互动一如既往对新技术予以跟踪与开发，通过开发建设与有线网络运营商相匹配的技术管理系统，进一步做好服务与保障。一年中先后完成 DVB＋OTT 技术方案制定，OTT CMS(Content Management System，内容管理系统)、APK(Android Package，安装包)和 BOSS 开发，完成了可复制的有线网 DVB＋OTT 系统产品，产品符合有线网技术标准，支持多元化业务运营，能充分共享百视通内容资源。截至 2016 年 10 月，文广互动完成业务上线或系统部署的驻地有上海、重庆、长沙及江苏、安徽、湖南等地区；增值业务产品开发方面，先后完成强档好莱坞、院线首映小包 APK 开发并投入运营；首个有线网虚拟频道 NBA(National Basketball Association，美国男子职业篮球联赛)业务完成开发并上线。

【市场开拓】 2016 年，文广互动通过多种经营方式展开市场开拓，大大提升了业务量。首先，市场运营上继续与东方有线、歌华有线、江苏有线、长沙长安、安徽省网等各地有线运营商合作，探索 SP (Service Provider，服务提供商)及平台层面的不同合作模式，进行持续的、线上线下相结合的推广营销，截至 2016 年 10 月，DVB＋OTT 业务已在上海、重庆、河南、陕西、江苏等地开展，用户达 193 万。其次，市场运营与节目部门还尝试了一系列 O2O 活动形式创新，如广场舞大赛、“彩虹岛”妈咪茶会、新东方名师下线等，联动线上线下，提升关注度及影响力，提升粘着度，实现销售转化，覆盖了全国 20 多个驻地。另外，随着标清转高清工作顺利进行，截至 2016 年 10 月，文广互动高清频道已落地全国 29 个省、市、自治区，有效用户突破千万户。视频点播的互动合作平台达 38 个，用户达 900 万户，全面实现 CP(Content Provider，内容提供商)到 SP 的转变及中央产品化。

上海索广电子有限公司

【改变生产经营策略】 上海索广电子有限公司

(以下简称“索广电子”)是一家专业生产摄像产品的知名企业。为了更好地适应市场变化,2016 年索广电子调整生产经营策略,以满足客户全方位要求。在逐步由大批量生产模式向少批量生产模式转换过程中,为了顺利推进转型、坚持品质第一、做世界一流的生产型企业,索广电子提出以“创进”为公司 2016 年度经营口号。索广电子通过技术力集结,显著提高了企业核心竞争力,具体表现在:能通过更快速度、更低成本、更巧妙方式实施拟定计划;能通过现场的可视化强化无浪费经营体制的构筑;改变自我完结型的思考方式,积极推进集团合作。这些措施为 2016 年成功导入生产优质小型轻量化的 4K 摄像机,以及导入使用配合 SMT 设备用于获取鲜明彩色图像,检查焊接基板零件和锡膏印刷品质等 RV-2 检查机奠定了基础。

【自制生产配套设备】 为了提高生产效率,索广电子 2016 年重视研发配套专用生产设备。鉴于广泛应用于 PC 摄像机、移动通信设备、数码相机、摄像机等的 CMOS(Complementary Metal Oxide Semiconductor,互补金属氧化物半导体)图像传感器的组装和确认是一个相当复杂和精密的过程,对产品最终图像质量起到至关重要的作用,所以生产中势必需要精密易用的工装设备予以辅助,以确保产品应有质量。6 轴 CMOS 组装自动调芯机就是辅助生产的定位设备,能自动把 CMOS 芯片精确安装在电路基板上。由于国内没有厂家能够制造这类高精度设备,所以企业长期依赖海外购入和后期维护,存在成本高、维修时间长等问题。索广电子组建技术团队,以技术开发中心为主导,利用 6 个月时间自行开发图像处理软件及多个创新设计结构,摸索攻克多项技术难题,最终按时完成了能量产使用的 6 轴 CMOS 组装自动调芯机。该生产辅助设备的开发不仅减少了企业设备投资和运营成本,而且标志着索广电子的组装技术在同行业中处于领先地位。

上海索广映像有限公司

【发挥自身优势取得良好业绩】 2016 年,上海索广映像有限公司(以下简称“索广映像”)以“真价”为口号,立足市场,发挥自身优势,提高自身价值,强化技术力、生产力和协作力,逐步完善成果连动机制,并重视生产安全和产品品质。索广映像实现了 Panel 机种自行设计和 MD Monitor 机种量产,同时成立了 Panel 解析中心,取得了 ISO13485 认证,通过了上海市重点技术改造项目“曲面 LED 液晶显示和多制式数字电视终端产品产业化项目”验收。2016 年实现销售 224.7 万台,其中液晶彩色电视机及模组 173.3 万台,专业机及光机组件 50.4 万台;总销售收入 77.6 亿元。

【技改项目】 自 2014 年 9 月承接上海市重点技术改造项目“曲面 LED 液晶显示和多制式数字电视终端产品产业化项目”以来,索广映像取得了不错的成绩。截至 2016 年 10 月,项目实施期间新建多制式电视终端模组生产线 1 条;新建曲面 LED 液晶和多制式数字电视终端产品组装生产线 4 条;改造多条数字电视终端模组一贯化生产线。由于项目产品技术指标达到国外同类领先产品的技术标准,产品出口竞争力得到提升。同时,项目不仅推进了 LCD 液晶显示中、下游产业的发展,也缩短了国内相关领域电子部件生产技术水平与国际先进水平间的差距。该项目的实施,令企业通过技术改造实现了制造技术的提升，从而满足了智能化超高清液晶电视、曲面 LED 显示终端产品的制造要求；通过技术改造扩大了智能化、超高清液晶多制式数字电视终端产品制造能力；通过购置先进设备并与国内工程配套，自行开发、扩大生产的控制系统形成了国际先进产品的加工模式和能力；通过技术引进、自主技术研发创新，有效降低了投资成本、产品制造成本，价格更亲民。通过项目实施，索广映像成为上海具有国际先进水平的显示产品及关键部件产品产业化基地，并为公司的可持续发展与更高层次的技术进步奠定了扎实基础。

【标准执行和品质分析】 2016 年，索广映像坚持对产品品质高标准、严要求，通过导入与执行新标准、成立 Panel 解析中心来确保生产品质。为了生产内销医疗监护仪产品的需要，导入了"ISO13485 医疗器械质量管理体系"，借助新成立的管理体系推进部对标准进行宣贯、对内审员展开培训，在公司各部门配合下，索广映像 2016 年 10 月获得上述标准认证证书。Panel 解析中心的成立，针对的是解决来自生产工程或全球市场出现的屏板品质问题。

作为索广映像 2016 财年的重要项目，屏板品质的重要性备受公司上下重视。通过发挥得天独厚的地理优势，结合日积月累的解析技术，及时解决了出现在屏板上的品质问题。具体采取的措施是设定 KPI(Key Performance Indicator，关键业绩指标)，在承诺降低不良率的同时，通过更进一步地提高解析技术能力，引领屏板供应商提升品质，为确保 BRAVIA 产品品质提供有力保障。

上海国茂数字技术有限公司

【AVS2 超高清标准颁布】 上海国茂数字技术有限公司(以下简称"上海国茂")在 AVS(Audio Video coding Standard，信息技术先进音视频编码)编码器的研发与产业引领方面为国家作出了卓越贡献。上海国茂是 AVS 研发和产业化的领军企业，从 2002 年起全程参加 AVS/AVS+标准制定，并全程参与了 AVS2 标准研发工作，提交了几十项提案，申请了"一种视频编码码流的统计复用系统及方法"、"一种视频编码的帧内预测方法及系统"等 12 项发明专利。2016 年申请了"一种全景视频等密度采样方法及装置"和"一种非矩形视频编码方法及装置"两项发明专利。在 AVS2 标准研发和核心编码器开发过程中投入了大量人力物力，并与北京大学、上海大学、上海交通大学等单位开展技术合作。AVS2 超高清编码实现的技术难度高、运算量巨大，但由于上海国茂深度参与标准研究，对标准的理解比较深刻，并在广泛评估和试验基础上，采用了高效自主编码算法和实现技术，最终基本实现了 AVS2 超高清编码功能。2016 年 5 月 17 日，我国颁布了第二代数字视频编码标准 AVS2 作为广播电视行业标准，编码效率领先于最新国际标准 HEVC(H.265)。AVS2 标准的颁布，标志着我国视频技术和产业正式进入"超高清"和"超高效"的"双超"时代。

【公司领头人屡获殊荣】 上海国茂在 AVS 的研发与产业推进中为国家作出了重要贡献。2016 年，上海国茂创始人、董事长王国中博士以"国家万人计划"中国各领域优秀人才代表身份受党中央、国务院邀请参加北戴河专家休假活动，是此次活动中唯一来自上海的专家。6 月，王国中又以

"国家首批科技创新领军人才"个人代表身份受邀参加国家"十二五"科技创新成就展人才展。

上海广播电视台、上海文化广播影视集团有限公司

【概况】 上海广播电视台、上海文化广播影视集团有限公司(以下简称"SMG")是中国产业门类最多、产业规模最大的省级新型主流媒体及综合文化产业集团,由原上海文化广播影视集团和上海广播电视台、上海东方传媒集团有限公司整合而成,业务涵盖媒体运营及网络传输、内容制作及版权、互联网新媒体、现场演艺、文化旅游及地产、文化投资、电子商务等领域。

【SMG信息化平台】 SMG根据集团战略管控要求,持之以恒地在"切实提高信息化管理水平、实现精细化管理、优化资源配置"方面下功夫,推动各项业务持续健康向前发展。SMG信息化建设项目按照统一平台、集约部署,统一领导、强化管理,解决痛点、注重体验,不断完善、持续投入的原则稳步推进。该项目总体设计思路为:核心应用采用SMG统一平台,重点构建OA一体化平台和职能管理一体化平台;在应用平台基础上构建了为用户打造一站式办公体验的SMG统一工作门户,实现各应用整合。统一门户作为SMG员工访问SMG信息化应用的一站式窗口和企业文化宣传窗口。集团统一工作门户包括PC门户和移动办公门户,SMG员工可在不同终端设备上获取相关应用和信息。2016年实现了集团职能部门、事业部和一级子公司共计39家单位全覆盖,实现了集团公文高效流转与信息快速发布,实现了快捷、方便、安全的移动办公,满足了领导随时随地审批公文的要求。

【广播全媒体融合生产平台】 @Radio广播全媒体融合生产平台是SMG为解决面向广播全媒体渠道的融合生产问题,深度分析用户需求所打造的轻量灵活、移动办公、多媒体支持的综合技术系统平台。该平台不仅带来了良好的社会效益,也为广播发展带来强大生机,实现了可持续发展的经济效益。平台抓住了融合媒体生产的三个关键要素:移动生产、全媒体和云。通过移动互联网和云技术,实现了满足用户随时随地采集、随时随地办公、随时随地审核的移动生产需求目标。另外,紧随广播电视诉求改变,把传统广播的单向投送转变为双向互动、全渠道摄取、全媒体发布的"N进N出"平台。在前瞻理念上,@Radio广播全媒体融合生产平台做到了中国第一、世界领先,并预留出未来10年满足广播多媒体发展的足够空间,具有良好的发展前景,潜力巨大。因在技术创新和项目建设上有所建树,@Radio平台和分支系统自2013年起先后荣获多项殊荣,2016年荣获"2016中国广播创新融合十佳案例"。

【无带化送播】 无带化送播是SMG重点战略项目之一,是全台性的节目送播业务技术变革,它契合SMG战略转型计划,是实现全台数字化、网络化、无带化制播一体化流程的重要一环。播出节目文件从制播、技审、送播到归档的全流程信息化管理,大大提高了送播全过程的工作效率,显著降低了节目载体及审片专用设备花费的成本。促进无带化送播工作顺利有序推进的《电视节目无带化送播管理规定》从2016年9月起,历经15次修订,于10月下旬正式下发。经过长期调研、设计和系统建设,无带化送播系统群于2016年年中全面建成。系统群内部及播出系统的互联互通实现了文件的全流程自动化传递。同时,对 SMG 台内各楼宇、下属各制作公司全面铺网,实现千兆到端,并能确保安全可控,从而为用户属地化实现无带化送播扫平了基础障碍。截至 2016 年年底,实现了东方卫视、广电、上海电视台 10 个频道、51 个栏目的无带化送播,覆盖用户数百万。其中艺术人文和星尚的所有常规录播栏目、宣传片、广告已全面实现无带化。新娱乐频道 86%的常规录播栏目及宣传片、广告实现无带化。炫动卡通、哈哈少儿新增节目全面实现无带化。

上海仪电数字技术股份有限公司

【概况】 上海仪电数字技术股份有限公司(以下简称“仪电数字”)总部位于上海漕河泾新兴技术开发区内,隶属于国有大型企业集团上海仪电(集团)有限公司。公司成立于 1993 年,注册资本 6 600万元,是一家集广播电视、互联网、物联网产业于一体的多元化企业。仪电数字作为上海市三网融合的重要设备及解决方案供应商,多年来一直面向企业级用户,提供各类定制化硬件产品及软件设计、开发等服务。

【基于 NGB 网络的智能家庭网关】 在上海 NGB 网络承载能力大幅提升、物联网技术发展、超高清技术日趋普及、市场迫切需要一款新型智能产品来承载各类新业务的背景下,仪电数字获得张江国家自主创新示范区专项课题项目“基于 NGB 网络的智能家庭网关”。2016 年,研发人员克服了技术储备、经验积累不足,解决了账号频繁掉线等一系列问题,所有课题考核指标全部完成。作为国内首款面向 NGB 网络的家庭智能网关,产品紧密围绕以智慧家庭为核心的信息消费模式,创新性地集成了众多新技术、新服务,支持国产 TVOS 操作系统,兼容高清、超高清电视直播、回看和 OTT 视频,极大丰富了用户的收视娱乐体验。另外,通过集成 ZigBee、Bluetooth 4.0、WiFi(2.4G/5G)等模块,可以对家庭范围内的互联设备进行统一管理,实现本地媒体的分发和管理、家庭物联网的管控、家庭网络的互联管理。通过物联网、移动互联网在家庭范围内应用推广,最终实现市民生活品质的提升。这款荣获“上海市科学技术一等奖”的智能家庭网关作为仪电集团智慧城市代表产品,参加了 2016 年中国国际工业博览会。

【基于下一代广播电视网的智慧社区解决方案】 在 2016 年中国国际工业博览会上,仪电数字首次展示了最新自主研发的基于下一代广播电视网的智慧社区解决方案,方案包括智能硬件产品、智慧社区云服务系统及若干应用服务。仪电数字智慧社区解决方案以下一代广播电视网智能电视终端为入口,首次在电视机上实现社区、家庭生活的智能化应用。智慧社区包含六大板块,涵盖“政务信息”、“居家养老”、“安防节能”、“教育课堂”、“便民服务”、“电视购物”的民生相关应用服务,还融合了更多第三方数据资源,延伸上海网格化管理触角。

相舆科技(上海)有限公司

【概况】 相舆科技(上海)有限公司(以下简称“相舆科技”)成立于 2013 年,是创新技术驱动型应用科技研发公司。公司始终坚持原创,立足中国智造、消费升级,历经 3 年不懈努力,于 2016 年成功开发了 XPOWER 创新智能电力系统、XPOOWERed 智能家居整体解决方案、智慧楼宇等一系列人居空间产业升级的核心技术,为上下游产业升级、节能减排提供了关键性突破口,并获得了社会、市场各方面高度认可,实现了飞跃式发展。

【创新技术】 相舆科技独创的 XPOWER 室内电力通信接入技术,在全球民用室内电气领域颠覆性地提出以一种类二维结构代替传统三维结构,以独特的模块化设计、集约化生产代替传统基于人工、费时费力污染耗能的隐蔽工程,彻底摒弃了过去在墙上开槽打洞埋设插座、使用拖线板排插的做法,使室内电气接入简洁、方便、灵活、安全。为了满足未来智能家居、智慧楼宇应用,各种智能功能模块均可移动、可组合、可扩展,突破性地实现了智能空间的无点位设计,成为同时实现建筑室内电力与信息无缝链接的移动接入平台级方案。2016 年,XPOWER 创新系统基于相舆科技的多相二维结构密闭槽式电气系统,正式发布了轻便、可移动式大荷载接入的模块化整体方案和面向室内综合布线工程的无点位设计方案。基于 XPOWER 技术路线,包括智能网关、智能安防、环境优化、智能声光场景设计、楼宇节能管理在内的新一代集成产品系统,也于 2016 年正式发布。

【市场突破】 2016 年,相舆科技投入巨资在产业上下游积极拓展应用,得到了绿地、朗诗、协信、旭辉、万达、万科、世贸、金地、阳光城等一线精装修开发商、大型商业空间和 Costa、罗森等一线连锁商业的认可使用;与震旦、办公联、优客工场、裸心社等一线办公空间及红星美凯龙、金螳螂、海尔整装等一线建筑室内装修装饰集团企业达成业务合作;在首都机场、上海迪士尼指挥中心、杭州 G20 峰会等重大工程项目中得到应用。2016 年,相舆科技拥有了上千个应用案例,经销商遍布全国,并进军海外。相舆科技 XPOWER 创新技术得到了资本市场的高度关注,2016 年前后,公司分别引入东方证券股份有限公司、中国风险投资有限公司、协信控股集团等资本巨头战略入股,并向智能家居、智慧楼宇行业全方位加速布局。相舆科技 XPOWER 创新技术得到了政府、媒体的重视与支持。2016 年,相舆科技获得上海市最具潜力 50 强、深圳市创业创新一等奖、CES(International Consumer Electronics Show,国际消费类电子产品展览会)全球创新大会奖、中国好设计奖、智能硬件供应链大会智能家居先锋奖等一系列重量级奖项。作为自主创新排头兵,相舆科技积极抓住中国产业升级、消费升级机遇,把创新产品带入千家万户,并面向全球输出专利技术,占领国际知识产权制高点。

上海乐蜗信息科技有限公司

【概况】 上海乐蜗信息科技有限公司(以下简称“微鲸 VR”)成立于 2014 年,专注于 VR 虚拟现实技术研发,致力于为用户提供虚拟现实内容平台、专业虚拟现实头戴显示设备、全景拍摄设备及全景视频直播/录播一体化解决方案。

【优质内容打造 VR 生态】 2016 年,微鲸 VR 用心打造 VR 生态,全面挺进 VR 软硬件研发与制造。首先,成功开发了重量级产品微鲸 VR 一体机,这款使用 2K OLED 屏幕和高通 820 平台的 VR 一体机在技术上取得了突破。其次,成功推出了 VR 视频内容平台微鲸 VR APP 应用,兼容 Android、iOS、Web 及 HTC、小米 VR、华为 VR

等各种专业 VR 设备和平台。第三，开发制作了大量 VR 原创内容，如家喻户晓的独家发行综艺节目“中国新歌声”；制作发行了顶级综艺 VR 版本“盖世英雄”、“蒙面唱将”、“我的新衣”、“我们的挑战”等。第四，微鲸 VR 在 VR 体育直播、演唱会直播上重点发力。在体育运动项目上开创了“科技＋体育”VR 直播先河，让观众享受 VR 虚拟现实带来的身临其境体验，先后推出了 VR 足球直播（中国之队，中超的 VR 直播）、VR 拳击直播（昆仑决）和 VR 冰上运动直播（冰上盛典）。随着 VR 技术不断推进，除了央视春晚，各大电视台也开始融入 VR 潮流技术。在 VR 晚会直播试水中，微鲸 VR 成功进行江苏卫视春晚直播。2016 年 12 月 25 日，微鲸 VR 用最顶尖的 VR 技术直播王菲演唱会，吸引 8.9 万人付费观看，创造了 VR 界首个直播付费案例，为探索 VR 商业模式打下了良好基础。

【VR 视频核心技术与系统】 VR 视频是 VR 的核心内容形式之一，但 VR 视频的码率和分辨率要求是传统视频的数倍，因此对网络带宽、延时及终端实时渲染都提出了新的要求。微鲸 VR2016 年攻克了 VR 视频在上述技术参数上的新要求，独创完成了“棱锥投影”算法。该专利算法能在不损失效果的情况下，将视频带宽需求降为原来的 40%，同时使用户体验的流畅度得到明显提高。作为全球领先的专业级 VR 解决方案提供者，微鲸 VR 还为大型体育赛事打造了一套多达 10 个机位的大型 4K VR 直播系统，涉及的 VR 摄像机、视频拼接算法、压缩算法、CDN 服务器、播放器等全部自主研发。为追求更大发展，微鲸 VR 投资了全球领先的 VR 摄像机及内容公司 JauntVR 和 VR 直播技术公司 NextVR，通过合作共同打造 VR 核心技术。

（解　放）

四、光电子产业

【概况】 光电子产业是以光电子技术为核心的高新技术产业，是世界工业的战略性产业之一。作为 21 世纪全球最具活力的行业，光电子产业涵盖了光通信、光电显示、LED 照明、激光红外等诸多领域。上海在三网融合、智慧城市、绿色照明入户等重大项目推动下，产业继续保持快速发展趋势。光通信、半导体照明和平面显示成为现代城市生活的重要构成部分。

随着全球节能环保技术浪潮日益高涨，国内外科技界、企业界、政府部门对迅速发展的光电子技术、产业予以高度重视。以氮化镓（GaN）宽禁带半导体为主导的光电子技术和产业成为 21 世纪高科技竞争的焦点，其主要应用领域包括光通信、半导体照明、半导体激光器与激光显示、半导体功率电子等。

【光通信】 作为智慧城市建设先行者，2016 年上海光纤到户完成改造 3 500 万户，基本完成了全市光网覆盖，92%以上宽带用户实现了光纤到户。

上海从四个方面着手推进智慧城市建设。一

是建设国际化、具有国际水平的通信基础设施；二是在基础设施上形成各种产品，满足市民需求和城市功能、社会发展需要；三是借打造智慧城市的机会，推进新一代通信技术、产业体系发展；四是形成区域网络，并进一步保证其安全性。

在建设上海智慧城市和新一代移动互联网需求带动下，光通信产业重入高速发展轨道。《通信业“十三五”规划》指出，五年内信息基础设施投资总额达到 5 万亿元，在宽带建设、三网融合、IPv6(Internet Protocol Version 6，第六版互联网协议)升级方面起基础作用的光通信行业，成为这一政策的最大受益者。

应对经济转型、产业结构调整，智慧城市正成为上海城市建设和社会发展的必由之路。基于多年的城市信息化建设基础，上海在国内取得了多个“率先”，如率先开展大规模的光纤到户建设和改造、率先推进公共场所无线局域网覆盖、率先开展信息基础设施的集约化建设、率先开展信息基础设施专业规划编制、率先开展三网融合试点。

智慧城市建设是光通信产业的重大机遇，城市光网建设不仅能够提供市场空间，更能够通过这波建设浪潮升级光通信产业，在全球经济危机下逆势而上，核心技术与核心元器件是上海市光通信产业的突破机会。

【LED 照明】 上海半导体照明产业规模保持高速增长。2016 年上海 LED 应用领域销售额突破 400 亿元，与上年基本持平。中国已成为全球 LED 封装和应用产品重要的生产和出口基地。LED 照明从政府投资推动的公共照明进入民用照明领域，从产业扶持转向市场化经营，市场规模继续扩大。民营企业成为产业主力军，产值超过 10 亿元的企业数量不断增加。全球 LED 照明产业已进入平稳增长期，上海逐步成为规模最大、发展最快的市场。LED 产业发展在多个层面出现了明显变化，总体呈现出智能性、创新性、多元性的发展趋势。LED 照明产业的发展给上海带来了新的机遇与挑战：智能化、多元化、高端化的技术趋势对上海的创新能力提出新要求，成为上海建设科技创新中心的重要方向；市场通用化普及、产业垂直整合趋势对上海 LED 照明产业带来了严峻考验，做强做大成为唯一发展出路。

【新型显示】 中国已经成为全球平板显示产业的重要一极，TFT-LCD(Thin Film Transistor-Liquid Crystal Display，薄膜晶体管液晶显示器)产业加入国际竞争。2016 年国内电视面板累计自给率达到 40%，国内 LED 背光的 TV-LCD 已达到 90%以上。在激光显示方面，上海三鑫科技发展有限公司、上海垒得激光科技发展科技有限公司联合上海仪电集团推出了具有自主知识产权的激光电影放映系统，取得了较好的市场成果。

【上海三鑫科技有限公司】 上海三鑫科技发展有限公司(以下简称“上海三鑫”)是一家专注于激光显示领域的高科技企业，拥有国际化的管理和研发团队，具备强大的激光微显示引擎及终端消费产品研发、设计、生产能力。公司产品以“激光多媒体显示终端”为核心定位，产品线覆盖独立型微型投影机、嵌入式微型投影显示模块(主要应用于手机、数码相机、游戏机等手持式电子产品)、嵌入式小型投影显示模块(主要应用于数字机顶盒、DVD 播放器等多媒体设备)。

上海三鑫在激光微显示领域的科研能力、产

业化成熟度全球领先，推出的首款微型激光投影机 Laseno 系列世界瞩目。美国、日本等发达国家都把新一代光源技术列为国家级重点科技攻关项目，Laseno 系列产品是基于激光微显示研发平台研制的新一代微显示终端，具有节能、低碳、环保、小巧、便携等特点，拥有自主知识产权，为建立激光微显示行业标准奠定了良好的基础，填补了国内激光微投显示领域的技术空白。产品基本解决了光学引擎散热问题、激光对人眼带来的安全问题，显著抑止了显示图像中的相干噪声，经上海市质量检测技术研究院认证、国家光学仪器产品监督和检验中心测试，其输出光通量为 20～50 流明，达到了 IEC60825 标准的 1 级安全标准。经上海市浦东新区科技信息中心检索及专家讨论，该微型激光显示仪的分辨率、最高亮级、单位功耗效率及视觉安全等技术指标达到国际先进水平。

【理想能源设备(上海)有限公司】 理想能源设备(上海)有限公司(以下简称“理想能源”)于 2010 年 9 月正式启动 MOCVD(Metal-organic Chemical Vapor Deposition，基于金属有机化合物化学气相沉淀的气相外延生长技术)项目。在国家和地方相关部门的产业引导和政策支持下，理想能源 MOCVD 设备从无到有，继而在国内率先发送两台设备至客户端验证，并最终于一家客户处投入试量产，取得了长足进步。理想能源围绕 MOCVD 设备累计申请了 28 项发明专利，其中 3 项已获授权，并获得了 2 件软件著作权授权。

【中微半导体设备(上海)有限公司】 中微半导体设备(上海)有限公司(以下简称“中微半导体”)致力于芯片制造和微观加工高端关键设备的研发和生产，三大产品包括介质刻蚀设备(芯片制造三大最关键设备之一)、TSV 设备(用于三维芯片制造和先进封装)和 MOCVD 设备(发光二极管制造关键设备)。

【上海三思科技发展公司】 上海三思科技发展公司(以下简称“上海三思”)在 LED 显示屏行业具有一定市场占有率，与国际先进技术水平差距不大。经过十几年发展，上海三思成为中国新型显示产业的代表企业，被授予“中国显示屏产业十大著名品牌”、“年度中国电子用户满意产品”等荣誉。在“国家重点新产品”评选活动中，上海三思自主研发的室外全彩色显示屏榜上有名。

【上海亚明照明有限公司】 上海亚明照明有限公司(以下简称“上海亚明”)创建于 1923 年，是中国第一家民族照明企业，也是中国第一只灯泡的制造者。上海亚明以发展绿色照明产业为己任，借鉴国际先进管理理念，结合传统文化思想，形成了完整的现代企业管理模式；在 ISO9000 和 14000 体系的基础上，上海亚明把达到国家质量奖要求的《卓越绩效评价准则》作为质量管理的战略目标；上海亚明通过 SAP 系统应用，实现了企业资源管理的升级换代；持续的科技投入，不断扩充的企业知识产权库，使上海亚明的综合竞争力达到了新的历史水平。

(唐庆艺)

【上海现代先进超精密制造中心有限公司】 上海现代先进超精密制造中心有限公司(以下简称“上海超精密”)是上海市信息投资股份有限公司投资

控股的高科技企业,资产规模超亿元。上海超精密致力于包括非球面和自由曲面在内的各类超精密光学器件加工、检测、整合和产品开发,是中国乃至亚太地区最大的超精密光学器件制造及检测基地之一。

上海超精密业务范围不仅面向航空、航天、光刻、生命科学等尖端领域,同时为光刻机、机载红外探测系统、航天载荷、光学仪器、光电子设备、微机电系统提供各类光学器件的超精密加工、检测和集成。

2016 年,上海超精密承接了国家重要卫星零部件加工任务:一是上海微小卫星工程中心的镜筒座,主要用于高分辨率微纳卫星,该卫星是面向综合应用的遥感卫星。二是北京空间机电研究所(508 所)的中央棱镜和零度棱镜,主要用于天绘 3 号卫星,该卫星主要用于科学研究、国土资源普查、地图测绘等诸多领域的科学试验任务。三是中科院上海硅酸盐研究所的 2.8 米碳化硅分块镜,主要用于高分专项卫星,拼接式碳化硅反射镜是大型太空望远镜、预警卫星、探测卫星、侦察卫星、气象卫星、高能激光武器、激光雷达系统和高分辨率空间相机的重要组成部分。上海超精密负责攻关完成的大口径碳化硅拼接镜坯,突破了大口径碳化硅反射镜制作瓶颈,具有举足轻重的战略意义。

经过不断努力,上海超精密在原有光学自由面检测专业技术服务平台建设基础上,不断提升光学检测公共服务技术能力和软硬件条件,拓展光学检测服务对象范围和规模,并应用自主开发的多种超精密光学检测工艺方法,从光学平面、球面、柱面、锥面检测技术服务出发,开展特殊光学面型及复杂光学系统检测公共服务。上海超精密致力于建设一个开放的服务性检测平台,通过资源集聚和整合,在运营机制保障下,针对企业发展面临的检测技术瓶颈、检测技术水平限制加工发展等问题,开展检测技术的研究探索,提供资源共享服务,推动企业发展。

(应捷文)

五、物联网产业

【概况】 2016 年是物联网产业发展具有里程碑意义的一年。随着芯片、传感器等硬件价格不断下降,通信网络、云计算、智能处理技术不断革新进步,物联网迎来快速发展期,被视作下一个万亿级通信业务。2016 年全球物联网市场规模达到 700 亿美元,同比增长 21%。

【瑞章科技有限公司】 瑞章科技有限公司(以下简称“瑞章科技”)是一家专注于提供物联网行业解决方案及服务的跨国高科技公司,拥有超高频 RFID(Radio Frequency Identification,射频识别技术)芯片、标签、机具、中间件、云平台、大数据和行业系统集成的全系列核心技术,能完整提供端到端的、基于自身技术平台的解决方案服务,拥有 100 多项核心国际专利与专有技术,并参与制订超高频 RFID 国际和国家行业标准。2016 年瑞章科技实现销售额 3.05 亿元，囊括了“物联之星”RFID 国际品牌奖、“中国 RFID 领先企业奖”、“50 家最有希望的物联网解决方案公司”等多项大奖，“智慧物联林业系统”获得了“中国物联网优秀应用示范项目奖”。

【上海宝信软件股份有限公司】 上海宝信软件股份有限公司(以下简称“宝信软件”)是宝钢股份控股、宝武集团控股的软件企业，2001 年 4 月于上海证券交易所上市。宝信软件秉承“IT 服务，提升信息价值”的经营理念，凭借 30 多年的经验和技术积累，全面提供具有自主知识产权的企业信息化解决方案、自动化系统集成及运行维护服务。产品与服务业绩遍及钢铁、有色金属、装备制造、医药、化工、采掘、智能交通、金融、水利水务等多个行业。宝信软件累计申请专利、软件著作权、技术秘密认定数百项，承担了国家发展和改革委员会(以下简称“国家发改委”)高新技术产业化示范项目、国家科技部 863 项目、国家工信部电子基金项目等多项重大技术和产品项目。

2016 年，由宝信软件自主研发的 XBRL(eXtensible Business Reporting Language，可扩展商业报告语言)报告系统(V1.0)，一次性通过国家 XBRL 软件符合性测试工作，荣获 XBRL 软件产品认证证书。宝之云 IDC(Internet Data Center，互联网数据中心)(一期)顺利通过 Uptime M&O 认证，成为全球第 101 家、国内第 3 家通过该认证的数据中心，是国内首家完全自主、独立实施并一次通过该认证的数据中心。宝之云 IDC(一期)也是国内认证通过单体机房建筑内机柜数最多的数据中心，承载了 4 000 多个标准机柜的运营服务。

【上海仪电物联技术股份有限公司】 上海仪电物联技术股份有限公司(以下简称“仪电物联”)致力于成为智慧城市整体解决方案提供商和运营商。仪电物联聚焦以物联网、云计算为特征的新一代信息技术产业，形成了以信息技术产业为核心，商务不动产业和非银行金融服务业为支撑的新型产业构架。面向政府、企业、居民等智慧城市服务对象，仪电物联聚集智慧建筑、智慧交通、平安城市、智慧溯源、智慧政务、智慧水务、智慧教育、智慧医疗等行业领域，提供从智慧城市顶层设计与规划、集成实施与运维到融资保障的全面服务。

2016 年，仪电物联“基于物联网技术的智慧能效管理系统”——青浦工业园区智慧用能综合服务平台通过用能增值服务，帮助企业实现节能减排目标，降低万元产值能耗，同时在整个服务周期内提供完整的系统运维解决方案，让客户从平台使用到用能分析都安枕无忧，进一步打造绿色、智慧园区。综合减少碳排放 5 341 吨/年，实现收益 624.96 万元。

【上海宏力达信息技术股份有限公司】 上海宏力达信息技术股份有限公司(以下简称“宏力达”)是一家专门从事 IT 产品研发、生产及高端服务的科技类公司，业务涵盖电力、环保、医疗、交通、教育、政府等行业。宏力达业务主要集中在智能电网、信息技术及能源管理领域，公司提供专业的智能电网产品软硬件研发、生产、系统集成实施及运维、项目咨询等服务，业务范围覆盖全国。

宏力达拥有“区级企业技术中心”，获得了“高新技术企业”、“科技小巨人企业”、“双软企业”、“守合同重信用单位”等荣誉称号；具有信息系统集成及服务二级资质、CMMI CMMI(Capability

Maturity Model Integration，软件能力成熟度集成模型）三级资质、测绘丙级资质、电子与智能化工程专业承包二级资质；荣获第三届中国创新创业大赛“优秀企业”和“新能源及节能环保行业企业组第二名”。宏力达还获得多项技术发明专利和实用新型专利，公司主导产品及核心技术在国内处于领先地位。

其LoRa通信在电力应用项目，能够对可能存在的故障隐患提出预警，减少故障发生几率；能够快速确定故障区域范围并判断故障类型，且安装简便。其直接效益是节省大量通讯流量费，以1 000个台区为例，如全部采用LoRa无线通讯技术，每年可节省通讯流量费、人工维护费、节点模块成本费、采集器成本费等总计620万元左右。

【华为技术有限公司】 华为技术有限公司（以下简称“华为”）是生产、销售通信设备的民营通信科技公司，产品主要涉及通信网络中的交换网络、传输网络、无线及有线固定接入网络、数据通信网络及无线终端产品，为世界各地通信运营商及专业网络拥有者提供硬件设备、软件、服务和解决方案。

NB-IoT的一个重要应用方向是垂直行业的物联通讯服务，产业创新需要与各垂直行业合作伙伴精诚合作，为此华为在全球范围内与合作伙伴共同成立了8个开放实验室作为创新平台，在智能停车、远程抄表等领域取得了卓有成效的实质进展。2016年，华为和中国联通在上海迪士尼园区通过NB-IoT部署了丰富的物联网业务，在900 MHz频点频段部署了10个室外站点，覆盖整个园区，6月全部站点开通。通过NB-IoT网络在园区内提供智能停车、智能水表服务，并陆续拓展到环境监控、人流管理等。

【上海庆科信息技术有限公司】 上海庆科信息技术有限公司（以下简称“上海庆科”）是国内领先的物联网解决方案供应商、国家级高新技术企业、上海市“小巨人”计划培育企业。2016年3月，上海庆科的嵌入式无线WiFi模组EMW3081获“中国家电艾普兰核芯奖”。上海庆科的核心产品是物联网操作系统MiCO，并提供基于MiCO系统的嵌入式无线模块、移动应用开发以及云端服务等，为客户提供全方位的智能硬件集成开发服务。

基于微控制器的MiCO物联网操作系统具有低功耗、高安全、跨平台、云服务的特点，已大量应用于智能家电、照明、安防、健康等领域，在全球范围内服务海尔、海信、格兰仕、奥克斯、A. O. 史密斯、苏泊尔、科沃斯等500多家企业。应用于智能硬件（主要是智能家居）的产品型号超过300个，销量超过800万套。

（王　鸷）

第二章　信息服务业

概　述

2016年，上海信息服务业按照“技术创新、结构优化、跨界引领、自主可控”原则，以建设全球跨界创新中心、启动“中国制造2025”、发展“互联网+”为契机，主动适应经济发展新常态，聚焦“稳增长”，巩固产业增长优势。上海软件和信息服务业全年经济运行呈稳中趋缓态势，实现了“十三五”良好开局。软件和信息服务业实现营业收入6 904.35亿元，比上年同期增长14.1%。

一、软件和信息服务业

【概况】 2016年，上海软件和信息服务业实现增加值1 963.79亿元，同比增长11.9%，占第三产业比重达到10.1%，占全市生产总值的比重达到7.1%。其中，软件产业4 074.16亿元，比上年同期增长14.2%；互联网信息服务业1 720.33亿元，比上年同期增长20.7%；电信传输服务业710.85亿元，与上年基本持平。截至2016年年底，规模以上信息服务业企业近5 500家，从业人员达到68.2万人，其中2016年经营收入超亿元企业554家，超100亿元企业6家。

【软件产业效益水平稳步提升】 2016年上海市软件产业规模稳步扩大，实现营业收入4 074.16亿元，比上年同期增长14.2%，发展步入稳定期。实现利润总额623.35亿元，比上年同期增长17.1%，增速高出收入2.9个百分点，行业利润率为15.3%，较上年略有提高。2016年上海软件出口额达到36.86亿美元，比上年同期增长3.76%。出口的主要方式仍是信息技术外包。截至2016年年底，软件从业人员达到50.2万人。经营收入超亿元的软件企业444家，其中经营收入超10亿元企业58家。中国银联等7家企业入围2016年(第15届)中国软件业务收入百强企业,详见表2-9。

表2-9 2016年上海入选中国软件业务收入百强企业名单

序号	排名	企业名称
1	8	中国银联
2	16	华东电脑
3	31	宝信软件
4	34	华讯网络
5	46	贝尔软件
6	61	卡斯柯
7	72	万达信息

【互联网信息服务业保持高速增长】 2016年,上海互联网信息服务业实现营业收入1 720.33亿元,比上年同期增长20.7%。

网络游戏中VR游戏成为游戏创业创新的重点领域,不少VR游戏团队诞生,大的游戏企业也开始布局VR游戏研发。2016年经营收入近510亿元,比上年同期增长15%左右,占全国1/4市场份额。上海有16家上市游戏企业,占全国上市游戏企业总数的10.1%,仅次于北京和广东。新三版挂牌游戏企业25家,占全国21.7%,仅次于北京。

互联网金融区块链技术助推金融业数字化转型,消费金融为互联网金融带来了新增长点。2016年互联网金融经营收入496亿元,比上年同期增长28.8%。其中第三方支付收入350亿元;重点跟踪的17家网络信贷企业交易额200.35亿元,经营收入17.68亿元。

网络视听加速向移动端转移,催生了短视频、视频直播等业务。各大视频网站通过不断创新内容、改善表现方式、差异化网剧抢占用户市场。2016年上海网络视听经营收入超过210亿元,较上年同期增长23.6%。

【电信传输服务业进入饱和期】 2016年,上海电信传输服务业实现营业收入710.85亿元,较上年略有增长,发展进入饱和期。截至2016年年底,上海电话用户数达到3 887.7万户,其中固定电话用户较上年年末减少65.7万户,移动电话用户数较上年年末减少103.8万户。

【产业结构优化】 随着软件产业服务化趋势加深,互联网向其他领域不断渗透。同时,在云计算、大数据等技术的推动下,上海市软件和互联网信息服务业占信息服务业收入的比重不断提升,从"十二五"开局时的73.5%上升到83.9%。在结构优化的同时,上海市软件和信息服务业企业的效益、发展质量和收入规模协同发展,盈利水平和带动性持续提升。2016年上海软件产业实现利润总额623.35亿元,行业利润率达到15.3%,较2015年提高0.2个百分点,盈利能力高于全国平均水平。同时,信息服务业企业运用资本的能力不断提高,很多大企业开始涉足投资领域,并产生投资收益。国家"一带一路"政策的实施带动上海市软件出口形势好转。2016年,上海软件出口额达到36.86亿美元,同比增长4.77%,由2015年的负增长转为正增长。出口国家也从原先的美国、日本为主向多元化发展。

【创新活力增强】 上海软件和信息服务业企业积极开展技术创新,取得了丰硕的成果,产业竞争力进一步提升。研发投入持续增长，2016 年上海软件企业研发投入占营业收入的比重达到 10.1%，远高于全国。参与研发人员占总从业人数的 40% 左右。上海浪潮云计算服务有限公司、上海晶赞科技发展有限公司入选 2016 年中国大数据企业 50 强；上海大唐移动通信设备有限公司获国家科技进步奖特等奖；卡斯柯信号有限公司和上海中信信息发展股份有限公司获得国家科技进步奖；万达信息股份有限公司成功入围首届中国信息化和软件服务综合竞争力百强企业；星环信息科技（上海）有限公司发布了一系列新产品组件，进一步降低了大数据技术从概念到落地的复杂度；上海中标软件有限公司首批入驻微软 Azure 镜像市场，中标麒麟 Linux 产品是国内唯一能够在微软 Azure 公有云上运行的国产操作系统产品。

【技术引领发展】 信息技术与国民经济社会各行业深度融合，不断催生新商业模式甚至新兴业态。上海软件和信息服务业在工业软件、人工智能、移动互联网、云计算等领域形成了一定特色优势。工业软件围绕上海市支柱产业和优势产业，大力发展钢铁、轨道交通、装备制造行业工业软件、行业解决方案和嵌入式软件，支撑传统产业突破核心和关键技术，提高产业技术水平。如宝信软件通过改变传统软件产品开发模式和架构，着力对已有产品进行调整升级，使其适应于工业互联网的运行环境，构建基于网络化、信息共享的智能化供应链全局协同价值链；上汽互联网汽车融合了新一代的云科技；欧冶云商股份有限公司打造了钢铁行业全产业链的生态型服务平台。

【园区辐射效应】 上海具有一定规模的信息服务产业基地逾 50 个，规划用地面积 47 平方公里，建筑面积 1 270 万平方米。其中经认定的市级信息服务产业基地有 41 个，聚焦大数据、云计算、软件开发、移动互联网、动漫视听、电子商务、互联网金融等信息服务产业，已成为上海市“大众创业、万众创新”的主基地。在空间分布上，上海市信息服务产业基地大都紧临轨道交通网络和城市交通主干道，靠近大学教育机构，呈现网状分布格局，并随着轨道交通和高速路网的发展，向郊区新城进行外围扩散。

【投融资活跃】 从细分领域来看，垂直领域的“独角兽”企业纷纷崛起。如生鲜领域的“天天果园”深耕供应链，通过和 67 个国家和国内 27 个省的生鲜基地建立战略合作体系，采取原产地直购模式，确保全程冷链配送，2016 年获得 1 亿元 D+轮融资；医药领域的“1 药网”积极布局线上医药一体化，通过“易诊”APP 为用户提供健康管理、用药安全等在线问诊咨询服务；宠物领域的“波奇网”与国内 2 000 多家宠物店合作，努力推进“社区＋电商＋020”共同发展，2016 年获得 1.02 亿美元 C 轮融资。

（杨立哲）

上海浦东软件园股份有限公司

【一站式园区 O2O 平台】 在新一代信息技术和经济形态深刻影响传统行业的背景下，2016 年 8 月 18 日，上海浦东软件园股份有限公司（以下简称“浦软”）发布浦软“互联网+服务”战略，宣布以互联网技术和平台为载体，转变园区服务方式，将单一服务转变为社区信息资源的连接分享，让园区企业间成为彼此服务对象，共同打造智慧新社区。作为浦软"互联网＋服务"战略实施的重要载体，集科技企业服务、团队创业服务、员工生活服务、配套商业服务于一体的一站式园区O2O平台"汇智e站"同步上线。通过该平台，用户可在线使用园区各类服务、实时查询办理状态和时间节点，使园区服务流程更透明、获取更便捷、覆盖范围更广泛。此外，借助"汇智e站"的开放式平台架构，浦软还与沪江教育、河马动画、天天果园、七牛云、大汉三通等园区"互联网+"明星企业达成战略合作，携手构建浦软服务生态圈。截至2016年年底，平台提供园区在线服务40余种，接入第三方商家70余家，注册用户近7 000人，累计服务次数近2 000次，汇智卡在线充值金额超过7万元，电子钱包消费额超过45万元，平台效应初显。

【物联网助力园区运营智慧化升级】 2016年，上海浦东软件园在"十二五"智慧园区建设成果的基础上，通过引入物联网、大数据、GIS(Geographic Information System，地理信息系统)技术，建设浦软全景协同中心，持续深化园区运营的智慧化程度。全景协同中心底层采用物联网技术，完成对园区9大类、近16 000个点位的智能化系统和设备接入，实现对园区内人、车、物状态的全面感知；在展示形式上，协同中心采用GIS地图和园区3D模型，将园区入住率、能耗使用状态、资产分布、设备状态、园区活动等信息以空间分布的形式呈现出来，让园区各级领导、管理人员、企业用户能够在同一界面上了解各方面动态；在功能层面，全景协同中心建有设备监控、现场管理、能耗管理、应急指挥等模块，建设安全、高效、可视化的运营监控指挥平台，强化对招商营销、客户服务、设备管理、应急事件处理等业务的全局指挥协同能力，实现跨系统、跨业务条线、跨园区的业务协同，提高园区运营管理的智慧化程度。全景协同中心还引入"共享"理念，将园区监控、门禁、能耗、停车场、活动现场等数据开放给园区企业、从业者和来访人员，帮助企业加强安全管理和绿色节能，帮助从业者和来访人员了解园区内可用服务资源的分布情况，做到园区与企业、从业者、社会公众之间的连接分享。

（高　英）

二、网络内容服务业

【行业发展】 2016年，上海市1 413家增值电信企业实现营收2 153.42亿元，同比增长85.8%。实现电信业务收入1 040.53亿元，同比增长52.9%。其中信息服务业收入958.2亿元，同比增长47.52%。

根据工业和信息化部ICP/IP/域名信息备案管理系统最新统计数据显示，截至2016年年底，上海市共有272 074个网站主办者开办的393 797个网站，较上年实际增加16 610个网站。其中，29.07%的主体将网站服务器放置在上海，70.93%的主体将网站服务器放在外省；网站主办者中，83.67%为单位主办者，16.33%

为个人主办者。在上海各区县中，开办网站最多的是浦东新区，共开办网站 45 815 个，网站数超过 10 000 的还有闵行区、嘉定区、徐汇区、松江区、普陀区、奉贤区、宝山区、金山区、杨浦区和长宁区，开办网站最少的是南汇区，网站数量为 982 个。

【行业许可】 2016 年，上海市通信管理局共计发放 198 家互联网信息服务许可证，还发放了在线数据处理与交易处理许可证 21 家，互联网接入服务许可证 18 家，呼叫中心许可证 3 家，移动网信息服务许可证 2 家。

截至 2016 年年底，共有 1 433 家企业获得了上海市通信管理局颁发的 1 567 项增值电信业务经营许可证，其中信息服务业务数量占所有业务许可数量的 72.43%，互联网信息服务业务数量占比 66.43%。此外，在线数据处理与交易处理许可证 21 家，互联网接入服务许可证 18 家，呼叫中心许可证 3 家，移动网信息服务许可证 2 家。

2016 年，上海增值电信业务收入继续保持较高增长姿态。截至 11 月，上海增值电信企业总收入 2 074.42 亿元，增值电信业务收入 1 119.34 亿元，较 2015 年同比增长 92.72%。其中，信息服务收入 1 053.13 亿元，同比增长 117.31%；呼叫中心收入 5.34 亿元，互联网接入服务收入 17.78 亿元。

（胡永龙）

【《2016 年度中国游戏产业年度报告》发布】 2016 年 12 月 15 日，由国家新闻出版广电总局主管、中国音像与数字出版协会主办的 2016 年度中国游戏产业年会在海南省召开。时任国家新闻出版广电总局副局长孙寿山现场发布《2016 年度中国游戏产业年度报告》。报告显示，2016 年中国游戏实际收入 1 655.7 亿元，同比增长 17.7%，其中移动游戏收入 819.2 亿元，同比增长 59.2%，占比达 49.5%，成为份额最大、增速最快的细分市场；端游收入 582.5 亿元，同比下降 4.8%。2016 年，中国电子竞技游戏收入 504.6 亿元，占比 30.5%，已经成为游戏产业重要的一部分。中国上市游戏企业 158 家，其中上海上市游戏企业占 10.1%。国家新闻出版广电总局批准出版的国产游戏约 3 800 款，上海出版游戏数量约占 31.0%，位列全国第一；批准出版的进口游戏约 260 款，其中家庭游戏机游戏占比最大，约占 46.0%。中国游戏直播用户数量快速增长，规模已突破 1 亿人。

【2016 年度中国游戏十强揭晓】 在 2016 年度中国游戏产业年会上，来自上海的盛大游戏有限公司、上海巨人网络科技有限公司、游族网络股份有限公司、三七互娱（上海）科技有限公司、上海游久游戏股份有限公司获评“2016 年度中国十大品牌游戏企业”，占据半壁江山。盛大游戏有限公司首席执行官获得“2016 年度中国游戏产业十大影响力人物”称号，多家企业的产品获得“2016 年度十大最受欢迎客户端网络游戏”、“2016 年度十大最受欢迎网页游戏”等多项奖项，上海市新闻出版局荣获“2016 年度中国游戏产业支持奖”。

（王一行）

三、电信传输服务业

【行业发展】 2016 年完成电信业务总量 1 101.7 亿元,同比增长 41.2%,增速显著提高。电信业务收入 569.3 亿元,同比增长 7.1%。

基础电信企业业务收入中,固定通信业务收入 253.3 亿元,同比增长 12.0%,占电信业务收入的 44.5%。其中固定数据及互联网业务收入102.2 亿元,占固定通信业务收入的 40.4%;固定增值业务收入 49.7 亿元,占固定通信业务收入的 19.6%;固定本地电话业务收入和长途电话业务收入分别为 27.5 亿元和 11.8 亿元,占固定通信业务收入的比例分别为 10.9%和 4.7%。固定数据及互联网业务依然是固定通信业务发展的中坚力量。

移动通信业务收入 316.0 亿元,同比增长 3.4%,占电信业务收入的比例为 55.5%。移动通信业务收入中,移动数据及互联网业务收入 134.3 亿元,占移动通信业务收入的比例为 42.5%;移动增值业务收入 51.7 亿元,占移动通信业务收入的比例为 16.4%;移动本地电话业务收入 53.4 亿元,占移动通信业务收入的比例为 16.9%;移动长途电信业务收入和移动漫游通话费收入分别为 22.6 亿元和 15.5 亿元,占移动通信业务收入的比例分别为 7.1%和 4.9%。移动数据及互联网业务依然保持高速发展。

截至 2016 年年底,上海市固定电话用户为 731.6 万户,同比下降 8.2%,固定电话用户普及率为 30.3 部/百人;移动电话用户 3 156.1 万户,同比下降 3.2%,移动电话用户普及率为 130.7 部/百人。其中 3G 用户 512.5 万户,同比下降 54.9%;4G 用户 1 877.6 万户,同比增长 52.7%,占比达 59.5%。3G 用户大幅度减少,加速向 4G 迁移。

2016 年固定电话本地通话时长和长途电话通话时长分别为 134 亿分钟和 38 亿分钟,同比分别下降 13%和 4%。移动电话通话时长 1 176 亿分钟,同比下降 5%。

【行业监管】 2016 年,上海市通信管理局把建立"防范打击电信网络诈骗平台"(以下简称"331 工程")列为全年重点工作。该平台于 2016 年 6 月建成并上线试运行,至 2016 年年底,已累计精准阻截境内外诈骗电话近 700 万个,月均 100 多万个。向上海市反电信网络诈骗中心精准提供受骗高危号码 1 324 个,准确率达 100%。

电话用户实名登记工作推进顺利,经工信部检测,截至 2016 年年底,全市 4 190 多万电话用户的实名登记率达到 99.99%;全市"一号通"、"400"电话、"商务总机"的实名率达 100%;存量用户核查率、语音专线主叫鉴权率均达 100%。

上海市 2016 年关停语音专线号码 138 659 个、"400"号码 3 822 个、"一号通"号码 16 611 个、商务总机号码 15 615 个;累计处置非法诈骗链接 123.53 万次,关闭整顿骚扰电话中继线 386 条、号码 103 365 个;配合有关部门关闭各类违规网站 948 家;建立违法 APP 黑名单,累计下架违规 APP 应用 429 个;非经营性网站备案率保持在 99.99%

以上，备案主体准确率第三季度抽测达到93.22%。

（胡永龙）

【IPTV平台】 IPTV是以电信宽带网络为传输通道，以电视机为终端，集互联网、多媒体、通讯等多种技术于一体，向家庭用户提供多种交互式服务的业务。自IPTV正式商用以来，业务量稳步增长，并逐步提供互联网电视、智能电视等新业务。

（王 勇）

中国电信股份有限公司上海分公司

【打造“互联网+”标杆城市】 2016年10月20日，上海市人民政府与中国电信集团签署“互联网+”战略合作协议。“十三五”期间，双方将围绕提升基础网络能级、推动重点产业创新、促进社会民生、打造高效服务政府等方面展开合作，致力于将上海打造成亚太领先的“互联网+”标杆城市。时任上海市市长杨雄、中国电信集团董事长杨杰出席签约仪式，并为中国电信制造行业信息化应用（上海）基地揭牌，时任上海市副市长周波与中国电信集团总经理杨小伟签署协议。根据协议，中国电信集团将加快推进上海的通信信息网络和平台重构，全面提升在上海地区的移动、宽带、互联网国际出口、物联网、云计算、大数据在内的信息基础设施能力。双方全面推进信息技术的“互联网+”应用融合，推动现代信息通信技术与金融贸易、先进制造、现代服务等重点产业深度融合。共同开展全市各级政府机构的信息系统云化改造和集中运营，开展基于大数据的政府精准决策，帮助政府为市民提供更好的社会保障、医疗健康、教育学习等公共服务；双方利用800M数字集群政务公网，推进社区网格综合治理；使用智能视频分析技术，打造智能化平安城市监控平台；双方共同创建国家级创新中心，重点研究物联网、智慧家庭等关键技术，助力上海科创中心建设。中国电信制造行业信息化应用（上海）基地依托上海先进制造业高地示范效应及中国电信基础设施优势，为不同企业之间、跨域企业、产业链上下游搭建协作平台，提升制造企业在设计、生产、仓储、物流、营销、客服等各环节的运营效率，帮助制造企业提升竞争能级。

【加快千兆宽带规模化发展】 2016年10月21日，中国电信股份有限公司上海分公司（以下简称“上海电信”）举行千兆宽带规模化发展启动仪式。上海电信竭尽全力推进千兆宽带覆盖，3年内实现上海公司宽带产品百兆起步、千兆主流，力争在全球各大都市中率先实现“万兆入小区、千兆进家庭”，为实现到2020年上海信息基础设施的综合服务能级赶超欧美主流城市奠定扎实基础。千兆宽带开始规模化商用，是上海电信宽带产品的飞跃，也是上海信息化建设的重要里程碑。为了加快千兆宽带规模化发展，上海电信于2016年4月启动了10G EPON规模化建设，为数百个小区提供10G EPON接入能力，让用户用上千兆宽带。截至2016年年底，上海电信已建设覆盖全市的光纤接入网络，家庭光网用户占比达到94%，百兆用户（含50M）超过250万户，光网用户平均带宽超过50M。

【助力上海社会信息化建设】 上海电信响应上海

建设具有全球影响力的科创中心，推出了创新型网络供给模式LSN(区域云)，并在中国电信智慧双创上海漕河泾科创中心科技创新示范基地完成建设。LSN网络能够面向创业创新者、双创基地等提供按需扩展、即开即用、通信及IT应用一体化服务，将专业电信服务及应用延伸到用户桌面。

在“互联网+政务”领域：上海电信在浦东、宝山、崇明、嘉定、杨浦、黄浦、松江、奉贤等区参与建设各级政务云，助力上海市各级政府的信息化系统云化改造和集中，降低成本和能耗，支撑服务型政府建设；助力整合电子政务应用，推进基于智慧社区平台的网格、综合治理服务。

在“互联网+民生”领域：以同济医院影像云、松江区卫生和计划生育委员会区域影像云为代表，把医疗影像归档云化，帮助相关机构提高管理效率和信息化水平，使优质医疗资源通过远程会诊形式覆盖更广的区域。同时，配合上海市社区卫生综合改革项目，创新性地将居民健康卡写入国产芯片，建立起家庭医生与居民患者的沟通桥梁，在方便家庭医生随访工作的同时，提升患者社区卫生服务感知。以新华传媒定制云、高中慕课平台为代表，以云录播、电子书包等产品为切入点，为学校提供高速光网、教育云、内容资源、应用集成、信息安全等综合智能信息服务，有助于促进教育教学与信息技术的深度融合和创新发展，加快教育现代化进程，全面助力优质教育资源均衡发展。

【完成杭州G20峰会应急通信保障】 2016年9月4～5日，G20(20国集团)峰会在杭州举行。上海电信全面落实推进杭州G20峰会现场视讯传送、国际海光缆维护警戒和突发事件应对等各项应急保障工作，累计出动各类应急通信车辆16辆、光端机视讯传送设备185路，工程技术人员数十名，为境内外媒体传送视讯业务11 390分钟，为湖畔居、印象西湖、浙江省人民大会堂、西子国宾馆、洲际酒店、西湖国宾馆等会议场馆的光端机保障点传输视讯业务15 720分钟。

【上海IPTV迎来十周年】 2016年8月30日，上海举办IPTV十周年庆典，上海电信与东方明珠旗下百视通共同创造了“上海模式”，被不断复制推广到全国。跨过十年，双方再次启程，通过“智慧家庭”生态圈向沪上家庭推出集视听、家居、安防、健康等丰富功能于一体的智能应用服务。上海电信与百视通签署了《关于新媒体业务战略框架协议》，在新媒体领域展开更深入、更广泛的合作。2006年9月1日，上海电信IPTV在全市正式商用；2009年，上海IPTV用户突破100万户，并于次年率先实现城市光网全覆盖；2015年，上海电信推出了4K高清IPTV业务。2016年，上海电信推出“百千万计划”，通过百家营业厅体验区展示，配备千人属地化专业服务队伍，向十万户家庭提供了“智能组网”服务。

【上海互联网大数据工程中心落户】 2016年1月28日，上海互联网大数据工程技术研究中心技术委员会(以下简称“大数据工程中心”)在上海电信下属的上海理想信息产业(集团)有限公司成立，并召开首次技术委员会工作会议。上海互联网大数据工程技术研究中心作为市科委项目，以上海理想信息产业(集团)有限公司研发中心和大数据业务部为核心执行部门，联合复旦大学等校企申报，于2015年8月25日正式立项。大数据工程中心依托企业、科研院所、高校等科技创新科研实体，完成了工程化研发、突破行业关键技术、加快科技成果转移和扩散等产业发展目标。

【上海热线成立 20 周年】 2016 年 9 月 22 日，上海热线成立 20 周年。1996 年 9 月 22 日，作为全国第一家城域网，上海热线正式开通，标志着作为上海信息港主体工程的上海公共信息网正式建成。上海热线成立之初建有“一网五库”，“一网”即城域公共信息网，“五库”是新闻信息库、黄页信息库、旅游信息库、经济信息库及国外信息库。截至 2016 年，上海热线的日均访问总量超过 500 万次，累计注册用户超过 300 万户，各类信息频道超过 100 个。为顺应移动互联网发展趋势，上海热线还搭建了新的微信端与客户端平台。

（王　勇）

中国移动通信集团上海有限公司

【持续巩固 4G 领先优势】 2016 年，中国移动通信集团上海有限公司(以下简称“上海移动”)积极落实网络强国战略、“互联网+”行动计划、科技创新中心及智慧城市建设要求，深化转型、创新突破，4G 领先优势持续巩固。上海移动全面推进 4G 连续覆盖，全力打造 4G 精品网络，2016 年新建 4G 基站近万个，4G 基站总数超过 2.5 万个，4G 综合覆盖率达到 98%，持续保持同城领先。着力提升 4G 网络质量，网络接通率提升 14 个百分点，掉话率下降 1 个百分点，4G 网络质量达到商用成熟期标准。不断优化 VoLTE(Voice over LTE，基于 IMS 的语音业务)质量，荣获集团 VoLTE 百日会战集体一等奖、突出贡献奖。上海移动全力加快 4G 市场拓展，大力推动存量 2G/3G 高流量客户向 4G 迁移，4G 用户突破 1 300 万户，4G 用户渗透率达到 58%，同比提升 18 个百分点。VoLTE 实现规模化发展，VoLTE 用户不断增加。全力提升 4G 客户感知，4G 客户 NPS(Net Promoter Score，净推荐值)同比提升 4 个百分点，4G 客户万投比同比下降 10 个百分点，流量费用争议类升级投诉下降 56 个百分点。

【全面助力智慧城市建设】 2016 年，中国移动通信集团与上海市人民政府签署共同推进“互联网+”战略合作框架协议，上海移动分别与 12 个区政府签订共同推进“互联网+”战略合作框架协议，全面助力上海信息化建设，共同深化上海智慧城市建设与发展。在城市管理方面，积极参与市级及各区电子政务云平台、政府数据共享交换与开放平台建设，同时推动在城市规划、交通管理、客流实时监管等领域形成试点示范，成功中标浦东新区政务云项目。在产业升级方面，支持上海制造企业推进“互联网＋智能制造”、支持“互联网＋金融”、“互联网＋商务”，提升城市现代服务业能级，分别与张江高科、上海仪电等多家企业集团签署信息化建设合作协议。在文化创意方面，依托咪咕视频助力沪上文化娱乐领域创新，建设以上海为中心的互联网视频产业生态圈。在民生服务方面，力争 2020 年上海移动互联网用户数达到 2 000万，打造本地生活一体化在线服务平台。在创新创业方面，建设运营商能力开放平台，规模化实现“云＋大数据＋能力开放”行业应用，助力“双创”。在网络安全方面，加强与国家网络安全保障体系和城市安全与应急管理体系的对接，助力净化网络环境。

【大力拓展家庭市场】 2016年,上海移动推出200M宽带产品与家庭固话业务,全面推进家庭信息化市场拓展。加快提升家庭宽带客户规模,通过完善产品体系、渠道全面承载、激励政策倾斜、提升运营能力等举措,2016年家庭宽带用户同比增长52%。加快布局家庭信息化产品,分别推出"魔百和"、家庭固话等融合业务,丰富特色内容应用,提升网络边际效益,"魔百和"用户活跃度达到70%。加快推进家庭宽带能力建设,2016年完成900个小区宽带建设,新建小区全部支持百兆宽带,推出200M宽带产品,积极打造全方位智慧家庭生活生态系统,百兆宽带资费同比下降47%。

(骆远远)

中国联合网络通信有限公司上海市分公司

【稳健发展】 2016年,中国联合网络通信有限公司上海市分公司(以下简称"上海联通")全面落实中央提出的"四个全面"战略布局,准确把握集团公司战略目标,以上海联通"十三五"发展战略为引领,坚持强化党建、聚焦重点、创新转型、凝聚合力,为全面实现发展目标打牢基、起好步、发好力,保持在集团中的领先地位,持续稳健发展。

2016年,上海联通经营业绩基本达到预期。全年累计实现主营业务收入91.39亿元,重点业务稳中有升。发布"智慧沃商"服务品牌,开展了贯穿全年的行业生态圈拓展;持续推进创新型业务拓展,与迪士尼中国总代理申迪集团签署了全球首个4.5G NB-IoT网络战略合作协议,积极推进物联网应用平台建设,成功中标上海市扬尘噪声监测环保执法平台;发布智慧园区白皮书,参建全国首个智能网联汽车试点示范园区,携手万科打造新一代智慧园区;中国联通参股的上海数据交易中心正式成立,举办上海联通"沃+"开放数据应用大赛,启动大数据实验室建设,新签大数据合作方45家。

网络能力和质量持续提升。深度覆盖问题明显改善;全面完成光纤改造任务,完成全部疑难用户的迁移和全部设备的退网下电;加快新技术应用,在全国率先部署NB-IoT商用网络,积极抢占窄带物联网的先发优势,建成国内首个NFV化的VoLTE网络;重大项目建设快速推进,完成迪士尼项目通信配套建设,启动浦江核心机房和数据基地建设、建成金桥三期和周浦二期IDC机房,首个大规模系统集成项目——青浦平安城市项目全面启动;全网运行质量明显提升,4G网络质量、宽带网络质量、访问TOP100网站平均时延、平均下载速率、热门网站平均下载速率均优于集团平均和工信部通报上海运营商平均水平。

企业管理扎实有效。以"客户体验"为核心,打造大服务管理工单化运营,初步实现了基于自然人的场景化服务应用;传统业务人工话务量下降,新媒体渠道总服务量大幅增长,热线话后满意率达到历史最优。

【大数据产品和应用创新】 2016年3月25日,上海联通举行了主题为"数聚联通未来"的大数据产品发布会,发布了新推出的五大类对外合作大数据产品:数字轨迹产品、数据超市产品、智能征信产品、营销开关产品、精准获客产品。这五大类产品可广泛应用于广告、金融、保险、理财、交通、零售等多个领域,为行业客户提供了更简洁、高效、实时的行业应用解决方案。上海联通着力打造行业领先的自有大数据能力,通过整合各个信息系统用户数据，构建洞察用户行为、判断用户偏好的能力，对内实现了基于大数据能力的精细化运营。另一方面，基于自有大数据能力与社会各行业进行创新合作。在新的智能管道时代，上海联通以运营商独有的用户行为深度分析为基础，进行深层次数据加工，为政府和其他行业提供数据应用解决方案。

在外部应用上，上海联通重点聚焦四个领域：商业变现、社会传播、智慧城市和学术研究。在商业变现上，大数据已经成为上海联通的“第四波”收入。2014年至2016年，上海联通大数据业务收入每年跨一个新台阶。在社会传播方面，上海联通利用大数据技术与上海主流媒体展开多种形式的合作，实现精准传播，为增加企业软实力提供了有益帮助。上海联通还积极介入与大数据相关的交通管理、社会诚信、学术研究、智慧城市等领域，充分展现企业社会责任。

上海联通认为大数据是以“轻资产”介入智慧城市建设的快速有效方式，通过盘活数据，可以在智慧城市中获得重要效果。截至2016年，上海联通已开展了黄浦区公安分局和徐汇区旅游局的实时人流监控、上海市统计局浦东常驻人口监测、复旦大学城市研究等多个项目。

2016年，上海联通在大数据创新方面进行了积极尝试。作为网络服务的接入者和网络内容的承载者，运营商通过收集存储用户海量信息，熟悉了解用户网络行为和用户关注内容。结合第三方大数据分析和数据挖掘能力，从海量数据中淘沙成金。

2016年3～7月，上海联通率先进行开放数据应用大赛尝试，邀请社会大众进行应用创新。上海联通与创投机构合作、为初创企业提供联合孵化服务，并建立了开放数据实验室，邀请有数据分析、挖掘能力的软件服务提供商、高校及创业公司，通过大数据实验室对联通数据资源进行产品及应用创新。

【物联网部署支撑智慧城市建设】 中国联通集团把握物联网优势，将其作为六大创新战略之一，在多个城市启动NB-IoT规模试点。2015年6月，中国联通在上海建成全球首个基于pre NB-IoT的智能停车外场试点，促进了相关标准发展。2016年6月，上海联通顺利完成迪士尼乐园全部通信配套建设工程，网络侧同步具备了“4G+”网络能力，领先其他运营商实现了3载波聚合的4G网络(峰值速率达375 Mbps)，同步实现了窄带物联网示范网，以此为迪士尼园区的智能停车开展业务测试和商务模式探索。

在2016年工博会上，上海联通以多种方式展示了“工业物联网”、“农业物联网”、“消防物联网”、“车联网”、“物联网智慧生活”等依托联通物联网平台的应用范例。通过构建各类真实应用场景，将自身物联网行业应用成果向广大参观者进行展示，其中包括基于NB-IoT技术的智能停车系统、燃气表和水表的智能抄表等。

新一代窄带物联网技术NB-IoT以创纪录的速度完成了标准化，进入商用阶段。上海联通于2016年年底在沪建成全球最大规模的NB-IoT试商用网络，覆盖外环线以内大部分中心城区，计划于2017年年中实现全市覆盖，承载更多物联网应用连接。

上海联通重视产业链合作，积极培育NB-IoT产业生态圈，通过与设备商、模组商、终端商、平台商深入合作，推动NB-IoT技术在智慧停车、智能抄表、消防物联网等领域应用推广，有力支撑上海打造万物互联的智慧城市、培育基于物联网的“四新”经济。

【多方战略合作】 2016年，上海联通与多方展开战略合作，提供创新服务。2月2日，上海联通与上海电信在上海电信总部举行了战略合作框架协议签约仪式。2月5日，上海联通与上海电信实现了承载网的VPN(Virtual Private Network，虚拟专用网络)互通。2月26日，顺利完成了两个共享试点宏站的开通入网工作。3月25日，发布了对外合作五类大数据产品，与太平人寿、海通证券、银联智惠签署合作协议，合作内容包括大数据征信、基于大数据分析的交叉销售机会挖掘及精准营销、基于用户画像的客户体验管理及共同开发基于用户数字移动轨迹和消费标签的栅格化地图产品等。4月1日，在上海数据交易中心成立仪式上，上海联通副总经理沈可代表中国联通与上海数据交易中心签署战略合作协议，并当选为上海市大数据专家委员会委员。5月4日，上海市人民政府与中国联通在签署《推进“互联网+”战略合作框架协议》。6月16日，上海联通与黄浦区科委签署“共同推进智慧城区建设”战略合作框架协议。6月28日，中国联通与诺基亚、上海贝尔公司在上海签订“技术愿景2025合作意向书”。6月29～30日，在2016中国(上海)国际物联网大会上，上海联通与上海物联网有限公司签署战略协议，携手共建4.5G NB-IoT开放实验基地，打造无线“物联网中心”样板工程，推动4.5G技术在企业客户领域应用，实现企业与园区共同成长。6月30日，上海联通正式发布“智慧沃商”集团客户服务品牌，同时联合万科同步启动“麻绳办公”APP，并与万科、华为等100家生态服务商代表签署百家生态服务商战略联盟协议。9月，上海联通与上海电信正式签署大数据合作协议，在“资源共建共享，客户服务提质”战略背景下，结合上海经济区位特点，共同培育、开拓运营商大数据对外合作市场。

(叶一纬)

四、大数据产业

【完善机制建设，优化发展环境】 2016年，上海发布了《上海市大数据发展实施意见》，《上海市产业创新工程(大数据)实施方案》形成初稿。成立了大数据专家委员会。探索建立由市经济信息化委、市发展改革委、市政府办公厅、市网信办、市科委、市商务委牵头，其他相关部门参与的大数据综合推进机制。组织举办“四新”经济主题沙龙(大数据专场)、智慧城市大讲坛、《上海市大数据发展实施意见》政策解读会、静安国际大数据论坛、2016中国(上海)大数据产业峰会等大型会议活动。

【创建国家大数据综合试验区】 2016年，《上海国家大数据综合试验区建设方案》获得了有关部委的联合批复。市经济和信息化委受中共中央网络安全和信息化领导小组办公室委托，协调上海数据交易中心、华东政法大学等单位开展数据流通基础性制度设计研究，并提交了《关于规范数据要素流通、促进大数据发展的若干建议》的报告。推荐上海数据交易中心、复旦大数据试验场、万达城市公共服务等项目申报国家发改委大数据重大建设项目。推荐携程旅游、蚂蚁金服、浪潮集团、东方财富、万达信息、星环科技、天玑科技等申报工信部大数据优秀产品、服务和应用解决方案。

【构建“五位一体”产业生态】 上海数据交易中心于2016年4月正式成立，认定静安市北高新园区、杨浦创智天地园区为上海市大数据产业基地、上海市大数据创新基地，协调基地所在区县出台大数据配套扶持政策，支持园区设立大数据产业基金。市经济信息化委、市科委联合组建上海大数据联盟，聚集企业近500家，围绕金融、医疗等上海市优势产业举办行业活动40余场，形成了“魔方”大数据系列活动品牌，开展医疗数据知识图谱、数据互联互通等标准化研究。支持上海交通大学、复旦大学、同济大学、华东理工大学等高校建设大数据研究中心。

【引进大数据重点企业项目】 实现携程实时化大数据平台、万达信息城市公共服务聚合和综合运营平台、上海数据交易中心在线数据应用服务与交易结算平台等一批大数据重大投资项目在上海市落地。支持上海市大数据产业基地(静安市北高新)、上海市大数据创新基地(杨浦创智天地)引进上海数据交易中心、市北高新—英特尔联合众创空间、同程旅游大数据(静安)及Splunk、博康智能、亚信数据、小站教育(杨浦)等大数据企业。

(张　诚)

上海数据交易中心

【概况】 上海数据交易中心贯彻落实国务院《促进大数据发展行动纲要》、《中共上海市委、上海市人民政府关于加快建设具有全球影响力的科技创新中心的意见》、《上海市大数据发展实施意见》等工作部署，支撑上海具有全球影响力的科技创新中心和国家大数据(上海)综合试验区建设，汇聚多方资源、密切产业链协同、促进科技成果转化，积极推动大数据产业发展和应用创新。

【初步建成“规则＋技术”数据交易平台】 按照上海市政府“风险可控、技术引领、规模领先”的总体要求，上海数据交易中心制定了《个人数据保护原则》、《流通数据处理准则》、《数据流通禁止清单》、《数据互联规则》、《交易要素・标准体系》等较为完整的数据交易流通规则，自主研发了软件定义安全模型、虚拟可变标识、二次加密配送等平台交易技术。2016年10月，上海数据交易中心在线交易系统正式对外提供服务，并于12月进行了迭代升级；上线营销应用、征信应用2个应用、30个数据单品，发展中国电信、中国联通、中国电子、建设银行、东方航空、上海信投、申能集团、仪电集团、晶赞科技、万得信息、万达信息、上海资信、复星集团、欧冶数据、游族网络等交易会员20家，日均交易量3 000万条，初步建成了“规则＋技术”数据交易平台。

【加快筹建大数据流通与交易技术国家工程实验室】 加快筹建大数据流通与交易技术国家工程实验室。在与复旦大学、合肥工业大学、中国互联网络信息中心、中国信息通信研究院、中国联通集团等共建单位多次讨论基础上，初步形成了大数据流通与交易技术国家工程实验室“面向公共服务，建设样本数据、通用算法基础支撑平台；面向共性技术，建设一批工程技术研究中心；围绕行业需求，建设一批应用创新和推广中心”的总体建设思路。即围绕样本数据、通用算法及其支撑服务系统，建设大数据共享计算中心；围绕标准法规、质量安全、分布式处理等共性技术，联合高校、科研机构等建设大数据法规标准研究中心、大数据治理与数据资产运营研究中心、大数据处理与质量管理研究中心、政企数据共享交换研究中心、跨云数据融合与分布式计算研究中心、大数据交易技术研究中心、大数据创新应用研究中心、大数据安全与隐私保护研究中心和大数据流通合规评估研究中心；围绕金融、传媒、能源、先进制造、医疗、教育等垂直行业，联合企业、高校科研机构等，逐步建设一批面向行业应用的金融大数据、医疗大数据、新型智慧城市大数据、公共治理大数据、工业大数据等应用创新中心。

为支撑大数据流通与交易技术国家工程实验室建设，上海数据交易中心与有关高校科研机构合作，完成了华东理工大学—上海数据交易中心大数据联合创新实验室、天津大学—上海数据交易中心大数据联合创新实验室、哈尔滨工业大学—上海数据交易中心大数据联合创新实验室、西安交通大学管理学院—上海数据交易中心大数据联合创新实验室、浙江大学互联网金融研究院—上海数据交易中心大数据联合创新实验室、上海财经大学(大数据统计科学中心)—上海数据交易中心大数据联合创新实验室等联合实验室协议，并进一步落实复旦大学、上海交通大学、华东师范大学、北京邮电大学等高校共建协议签署。牵头组织了全国大数据标准化工作组数据交易专业小组工作，承担了数据交易服务、数据交易安全等 6 个国家标准的编制任务。

【上海大数据流通与应用创新功能型平台筹建】 围绕《中共上海市委、上海市人民政府关于加快建设具有全球影响力的科技创新中心的意见》，稳步推进上海大数据流通与应用创新功能型平台筹建。上海大数据流通与应用创新功能型平台针对大数据发展“数据资源不统筹、需求信息不对称、知识体系不同构、独立研发不互动”等问题，围绕“产业技术研发、成果转移转化、重点行业应用、创新创业服务”等环节，以实现创新主体“新技术、新产品、新服务”的市场价值为目标，构建“样本数据＋通用算法＋联合实验室＋产业基地＋金融资本”协同创新体系，打造大数据综合性、资源整合型公共服务平台，实现协同创新、技术突破、应用推进、创业孵化、金融支持、国际交流等核心功能，形成一批面向应用的大数据产品和服务、建设一支产学研用结合的人才队伍、孵化一批产业集聚的大数据创新企业，支撑上海市大数据产业和“数字经济”发展，逐步形成立足上海、辐射长三角的“专业化、特色化、市场化、网络化”大数据创新创业服务体系。

拟参与单位包括上海数据交易中心、上海交通大学、复旦大学、华东理工大学、上海电信、上海联通、上海移动、市北高新集团、同济大学、华东师范大学、建设银行、上海银行、民生银行、中国银联、东方财富、万得信息、上汽通用、申能集团、宝信软件、万达信息、上海申康医院发展中心、携程集团、东方航空、上港集团、公安部第三研究所等。

【国家大数据(上海)综合试验区建设】 作为上海大数据发展“五位一体”功能性机构，上海数据交易中心积极支撑国家大数据(上海)综合试验区和国家大数据中心建设，开展了基于大数据的上海市“双创”企业调研、上海市政府数据资源分布研究等应用和课题研究，积极支撑国家大数据中心专家基地、新一代互联网技术应用示范和推广、新一代云雾联动国家骨干节点、跨云计算、网络空间治理等方面的工作。

(应捷文)

第三编 政务领域信息化

Shanghai Informatization

综　述

2016年，是“十三五”的开局之年，是上海继续深化改革开放、推进创新转型的重要一年，上海市各部门进一步加强部门业务系统信息化建设，不断健全体制机制，推动部门合作和部门联动，全面提高办事服务水平，推进网上政务大厅建设，在框架构建、内容完善、功能创新方面取得新突破。

第一章　电子政务支撑系统

概　述

2016年，在上海市委、市政府的统一安排下，全市电子政务工作紧紧围绕中心工作，牢固树立"互联网+政务服务"理念，以网上政务大厅、事中事后综合监管平台、电子政务云建设为抓手，不断加强制度创新、强化基础支撑、深化政务应用，在转变政府职能、提高服务水平、提升现代治理能力等方面发挥了积极作用。

一、电子政务一体化

【开展电子政务云建设前期准备工作】 为实现全市信息化基础设施的共建共用、业务应用的有效协同和数据资源的汇集共享，上海市积极推进电子政务云建设工作，明确通过政府采购服务的方式，构建"云网合一、云数联动"的市、区两级云平台，为政府部门和有关单位提供集约、安全、可靠的基础设施、中间平台、通用应用等云服务。

2016年10月，上海市人民政府办公厅印发《上海市电子政务云建设工作方案》(沪府办发〔2016〕47号)，要求充分运用云计算、大数据等先进理念和技术，按照"集约高效、共享开放、安全可靠、按需服务"的原则，以"云网合一、云数联动"为构架，建成市、区两级电子政务云平台，实现市政府各部门基础设施共建共用、信息系统整体部署、数据资源汇聚共享、业务应用有效协同，开展政务大数据开发利用，为政府管理和公共服务提供有力支持，提高为民服务水平，提升政府现代治理能力。

市政府公众信息网管理中心作为市电子政务云建管主体，负责开展具体建设工作。按照文件精神和市政府办公厅领导要求，市政府公众信息网管理中心积极开展电子政务云平台建设模式研究，汇总电子政务云平台建设具体需求，为落实工作任务，做好各项准备。按照工作计划，研究制定了电子政务云政府采购项目需求，2016 年年底，完成了《上海市电子政务云平台技术需求》，并启动项目招投标工作。

【开展政府办公协同平台建设】 为有效提升政府系统办公效率和跨部门协同能力，畅通市、区政府各部门的数据共享交换渠道，打破信息“孤岛”，开展市政府系统办公协同平台建设研究，形成了平台架构设计方案，进一步优化固化工作流程和制度安排。平台建设以“问题导向、需求导向、统筹谋划、分步实施”为原则，与上海市电子政务云建设工作有机结合，并在实践中不断拓展业务范围，放大协同效应。

【各领域信息化应用持续推进】

增强经济发展管理水平。根据市场运行规律，建立公平开放透明的市场规则，运用信息化手段，创新市场监管和服务模式，为经济发展提供优良的环境支撑。依托网上政务大厅，完成上海市公共资源交易服务平台建设，与政府采购、工程建设项目招标投标、土地使用权和矿业权出让、国有产权交易等公共资源交易系统互联互通。搭建上海市商务诚信公众服务平台，建立公共信用信息与市场信用信息交互共享机制，逐步形成涵盖政府部门、市场化平台和第三方专业机构的信用信息，覆盖线上线下企业的综合性信用评价体系。优化提升网上办税服务功能，推出新版网上办税服务厅，新增办事渠道、拓宽宣传途径、全面推进“网上办理＋就近取票”工作。发布上海国际贸易“单一窗口”3.0 版，形成 9 大功能板块，对接 23 个部门，服务 15 万家企业。

增强城市建设和管理水平。精细化城市建设和管理相关应用，提高应用效能，推进相关工作不断提升。通过升级完善城市管理网格化系统，推动网格化向 213 个街镇覆盖，并在 5 106 个村居工作站开展布点。进行公交线路营运计划信息化建设，实现智能集群调度并开展常态化管理，转变传统运力调配方式，提高了线路运营效率。深化重点污染源主要污染物排放许可证监管与信息发布管理系统建设和业务应用，构建以排污许可证为核心的污染源监管平台，完成对 320 家大气污染物重点排放企业发证和监管工作。基本建成上海市水资源管理系统，为实行最严格水资源管理制度提供技术支撑。扎实推进“数字海洋”上海示范区建设，进一步加强了与涉海单位的信息共享和业务联动。

增强社会民生服务水平。以保障市民和改善民生为关注点，深挖各领域信息惠民潜力，力求解决百姓最迫切的需求。为配合上海老年综合津贴制度实施，建设开发老年综合津贴管理信息系统，实现老年综合津贴计算、统计、汇总及发放管理功能，有力保障了全市老年综合津贴发放工作依法平稳有序开展。利用信息化手段，建立健全非法行医举报线索管理机制，开发打击非法行医情况智能评估和辅助决策等智能化分析研判及决策工具，并建设全市打击非法行医综合数据库。通过第三方技术机构，对网络餐饮服务提供者和第三方平台食品安全信用档案进行跟踪，并开展政府信息对接共享，为网络餐饮服务食品安全管理体系建立提供支撑。

【电子政务规范有序发展】

优化完善制度保障。2016年，在上海市网上政务大厅建设与推进工作领导小组的体制框架下，设立事中事后综合监管平台、电子政务云及政府办公协同平台等工作组，由市领导任组长，为推进电子政务重大项目建设提供组织保障。印发《上海市政务数据资源共享管理办法》（沪府发〔2016〕14号），深入推进上海市政务数据资源共享开放，提高政务数据资源的利用效率，发挥电子政务系统最大效能，促进政府管理的科学化、民主化和高效化，进一步完善上海市公共服务。

规划电子政务“十三五”发展方向。印发《上海市政府电子政务“十三五”发展规划》（沪府发〔2016〕77号），以五大发展理念为指引，更加注重理念创新、统筹协调、共享开放、绿色安全，努力构建“统筹集约、共享协同、开放创新、安全可控”的电子政务发展新格局，着力解决信息碎片化、应用条块化、服务割裂化等问题。

加强重点工作顶层设计。印发《上海市事中事后综合监管平台建设工作方案》（沪府办发〔2016〕29号），制定《区级事中事后综合监管子平台建设规范》、《上海市事中事后综合监管平台运行管理办法》，为全市事中事后综合监管平台建设和应用提供制度规范保障。印发《本市电子政务云建设工作方案》（沪府办发〔2016〕47号），制定《上海市电子政务云平台技术需求》，为上海市电子政务云建设工作夯实基础。

【科学开展项目审核和预算管理】 各有关部门和单位协同配合，按照全市电子政务项目“统筹规划、规范标准、集约精简、协同共享、安全高效、公开透明”的建设原则，通过实地调研、专家讨论、联合会审等方式，规范电子政务项目从立项到验收各环节的管理，进一步提高项目管理的科学性。

【加快事中事后综合监管平台建设】 上海市落实“证照分离”改革，建立事中事后监管体系，积极开展事中事后综合监管平台建设。截至2016年年底，市级平台完成框架搭建，实现了双告知、双随机、日常监管、联合惩戒等主要功能；16个区级子平台建设完成，部分区已开展试运行。市、区两级平台通过开展业务应用，归集并产生了一定数量的业务数据，应用效果初步显现。

（汪毛晖）

典型系统

【概况】 为了响应国家“互联网＋政务服务”总体要求，坚持从全心全意为办事人服务出发，切实提高政务服务的质量与实效，万达信息股份有限公司承建了众多智慧政务重大工程项目，积极探索实践“互联网＋政务服务”发展新方向和新模式，用实际行动支持和引领智慧政务的建设发展。

【推进跨部门网上协同审批】 结合市政府各部门信息化现状，通过集约化建设方式，采用统一平台上承载企业设立、建设工程等多个重点协同应用。截至2016年年底，通过平台新设内资企业超过56万家，平均办理时限比原来缩短50%以上，通过平台协同审批的建设项目用地超过5 000个，审批效率大幅提升。

【打造网上政务大厅】 将国家“互联网＋政务服务”总体要求和上海市实际情况相结合，实现了政府所有对外审批服务事项100%规范上网，从整体上规范和提升了政府网上服务能级，从根本上打破了部门之间的信息孤岛，为跨部门跨层级的信息共享和互联互通奠定了坚实基础。截至2016年年底，接入市区网上政务大厅的审批服务事项超过1万项，接入数据量超过200万条。

【构建网上网下一体化政务服务体系】 针对公众实际办事过程中的难点、堵点和痛点，运用新技术予以简化和优化，推出网上网下一体化的政务服务体系，有效提升了政府对外服务能级，促进了内部信息资源共享，实现了政务服务全过程监督。该体系已经成功在徐汇、黄浦、杨浦、静安、嘉定、浦东、普陀多个区落地。其中，徐汇区行政服务中心作为最具代表性的项目，已经成为国内“互联网十政务服务”的新标杆项目。

【模式创新打造“无忧办事”平台】 采用“互联网+”手段无缝整合政务服务系统和物流、支付、客服和专业机构等社会资源，成为办事人需求、政府服务以及社会服务之间的连接器，将传统政府难以做到和做好的事情，通过政府购买运营服务方式打包提供给社会公众，做到“足不出户，全程网办”。截至2016年年底，已经开通了多项整合服务，其中“营业执照三/五合一换证”服务已经在徐汇、崇明、普陀等区落地；平台服务用户超过3 000人次，并已在云南省文山州等区域落地开通。

(陈天琛)

二、重点领域数据公开

【全面推进财政信息公开】 预算信息公开步伐明显加快，除涉密信息外，经同级人大批准的政府预算报告、报表以及相关说明全部公开。政府预算在实现预算、执行、调整、决算全程公开的基础上，进一步涵盖公共财政预算、政府性基金预算、国有资本经营预算、社会保险基金预算“四本预算”，市本级公共财政收支决算首次实现全部支出细化公开到功能分类“项级”科目。稳步实施部门预决算公开，除涉密部门外，包括党委部门、政府部门、人大政协、民主党派、司法机关、人民团体等在内的市级预算部门，均在“中国上海”门户网站集中汇总公开了部门预算、决算信息和“三公”经费信息。其中，部门预决算按支出功能分类细化公开到“项”级科目、按经济分类细化到“类”级科目，专项转移支付按项目按地区细化公开，“三公”经费细化公开了公务用车购置数和保有量、因公出国(境)团组数和人数、国内公务接待批次和人数等具体信息。公开范围同步延伸到区、乡镇。55项财政专项资金在市、区、乡镇联动公开，继续公开国有土地使用权出让收入、新增机动车额度拍卖收入等重要非税收入的使用情况信息。深化财政预算执行和其他财政收支审计信息公开，市和区均公开年度重点审计项目计划和审计工作报告、审计整改报告。

【进一步推进行政权力信息公开】 在全面公开市

级政府工作部门权力和责任清单的基础上，2016年区、乡镇街道全面公开了权力和责任清单，并通过政府门户网站集中展示，建立健全清单动态调整公开机制。行政审批事项和行政审批评估评审事项取消、调整等信息做到及时公开。积极推进《上海市行政处罚案件信息主动公开办法》（沪府令第36号）的贯彻落实，继续推行行政处罚裁量基准制度，加强执法公示，提高行政处罚透明度和公信力。

【加强重点领域信息公开】 着重推动了中国（上海）自由贸易试验区（以下简称“上海自贸试验区”）、具有全球影响力的科技创新中心建设、“四个中心”建设等国家任务和上海中心工作的信息公开工作。围绕规范事中事后监管，依法公开随机抽查事项清单，及时公布抽查情况和查处结果。全面推进了在工商、食药监、安监、质监、文化执法等市场监管领域的信息公开。在环保、房地产市场、旧区改造、保障房分配退出、教育、创业就业等民生重点领域全面推进信息公开，增强了民众对政务公开工作的获得感和认同感。

【强化政策解读】 制发《上海市行政机关政策文件解读实施办法》（沪府办发〔2016〕9号），明确了政策文件解读的范围、内容、形式、渠道、工作流程、保障措施等，实现了政策解读与政策制定工作同步组织、同步审签、同步部署。各市级部门和区政府也陆续制定政策文件解读的工作方案，积极推行政策解读“三同步”工作，全市政策解读的规范化水平进一步提升。市政府领导和市政府部门主要领导带头通过各种形式发布解读政策，并通过新媒体等新渠道及时发布传播政策解读信息。

【全面实施公文公开属性源头认定和发布机制】 上海市在全国率先探索建立公文公开属性源头认定机制，将公开要求落实到公文办理程序中，对公文的公开属性和发布意见进行前置审查，以“公开为常态、不公开为例外”原则，拟确定为依申请公开或不予公开的需充分说明理由，确保应公开尽公开。

【提升政务公开标准化制度化水平】 全面贯彻落实中共中央办公厅、国务院办公厅《关于全面推进政务公开工作的意见》，整合上海市政务公开资源，理顺工作机制，明确市政府办公厅为上海市政务公开主管部门。进一步加强顶层设计，完善制度建设，推进上海市政务公开工作。选取公开基础较好、公众关注度较高的单位开展政府信息主动公开标准化试点。目前，试点项目标准体系已初步完成。积极推行重大决策预公开，扩大公众参与，对社会关注度高的决策事项，除依法应当保密的之外，在决策前主动向社会公开相关信息，采取多种方式征求各方意见，并及时反馈意见采纳情况。

【进一步完善依申请公开政府信息办理流程改革】 遏制权力滥用，提高行政机关办理效率。重点对优化征地拆迁类政府信息公开申请处理流程开展调研，初步形成《上海市人民政府办公厅关于规范政府信息依申请公开工作的意见》（初稿），并完成征求相关部门及区意见工作。

（汪毛晖）

【推动政府公共数据开放】 印发2016年度政

务数据资源共享和开放工作计划，上海市政府数据资源目录管理系统共汇聚和发布了市级预算部门数据资源目录数 1.5 万条、数据项 21 万个，政府数据服务网累计开放数据集近 1 000 项，涵盖了经济建设、资源环境、教育科技、道路交通等 12 个重点领域；举办第二届 SODA 大赛，不断提升公共数据开放的社会知晓度和认同度。

（张　诚）

三、优化政务服务渠道

【完成网上政务大厅建设阶段性工作目标】 2016 年，在网上政务大厅建设与推进工作领导小组第二、第三次全体会议的部署和推动下，落实国家“互联网＋政务服务”工作要求，全力打造网上政务大厅“单一窗口”，配合、指导各区、市政府各部门网上政务大厅建设，取得了积极成效。

建立健全网上政务大厅标准规范。牵头研究制定了《上海市网上政务大厅接入技术规范》（上海市地方标准）、《网上政务大厅单部门事项上网建设规范》、《区级网上政务大厅建设指导意见》、《网上政务大厅运行维护管理规范》、《网上政务大厅统一用户中心对接技术标准》、《网上政务大厅统一预约技术标准》等相关标准和规范，进一步强化网上政务大厅日常管理和工作保障机制。

拓展网上政务大厅服务内涵。一是实现市、区两级审批事项 100％接入网上政务大厅。市级层面，确定接入市级网上政务大厅的 41 个部门总计 794 项市级部门审批事项，已 100％完成接入任务。区级层面，各区确定接入网上政务大厅的审批事项近 6 500 项，也实现了 100％接入。网上政务大厅实施接入的涵盖区级的审批事项共计 332 项，已全面实现了市、区两级对接。二是推动服务事项接入网上政务大厅。共有 31 个市级部门 240 个服务事项接入网上政务大厅，各区确定的近 3 000个服务事项，也已接入网上政务大厅。三是深化网上办理深度，优化办事服务体验。市级网上政务大厅已有 100 余个事项实现网上预约预审，90 余个事项实现统一网上受理，100 余个事项实现全程网上办理。实现与各区网上政务大厅、部分市级部门的统一用户认证整合对接，推动公众网上办事“一次认证、多点互联”。四是推动网上大厅与其他平台的融合发展。做好与上海市公共资源交易平台、财政科技投入信息管理平台等综合性平台汇接整合工作。

加强政务数据资源管理。一是对接上海市法人库、实有人口库、空间地理信息库等基础政务数据库。加快数据应用在各级政府部门中全面共享和深化拓展。二是推进市政府部门与区网上政务大厅数据共享。通过市、区两级网上政务大厅数据交换平台，已实现市级部门事项区级落地 140 余万件。三是开展网上政务大厅数据质量管理工作。对所有区和市级部门接入事项开展数据质量检查，通过市、区两级数据对账，进一步加强网上政务大厅数据资源管理。

加快推进线上线下一体化联动。加强顶层设计，对接各区行政服务中心受理系统和社区事务受理中心服务系统，研究开发全市统一的网上政务大厅预约平台，按照统一标准接入市级部门受理窗口、区行政服务中心和社区事务受理中心的可预约事项，实时展现实体大厅现场办事人数情况和网上预约功能，形成市、区、街镇三级一体化的线上线下联动预约服务模式。

上海市网上政务大厅作为省级网上政务服务平台，入选“2016中国‘互联网+政务’优秀实践案例50强”。在清华大学发布的《2016年中国互联网+政务服务调查评估报告》中，上海在省级政务服务方面被评为领先级。

【网上政务服务“单一窗口”基本建成】

一是全面实现市、区两级审批事项100%接入网上政务大厅。全力推进审批事项上网工作，市政府各部门和16个区政府单部门审批事项全部以数据对接方式接入网上政务大厅。截至2016年年底，794项市级部门审批事项已100%接入市政府网上政务大厅。自2015年11月市政府网上政务大厅开通运行以来，访问量已突破786万人次，累计网上办理事项近445万件。各区政府在完成市政府统一建设要求外，积极打造富有区域特色的网上政务大厅，并实现16个区共6 500项区级审批事项100%接入网上政务大厅。

二是进一步推动服务事项上网。深化网上办事服务内涵，推动服务事项网上汇集，促进公共服务制度化、标准化、规范化建设。2016年，已有16个区、31个市级委办局和1个管委会按照标准完成服务事项梳理工作，共有240余个市级服务事项、3 000余个区级服务事项接入网上政务大厅。

三是进一步优化网上办事服务体验。在数据对接的基础上，研究确定了“网上预约预审、统一网上受理、全程网上办理”的三级办理标准。目前，上海市住房和城乡建设管理委员会(以下简称“市住建委”)、上海市交通委员会(以下简称“市交通委”)、上海市环境保护局(以下简称“市环保局”)、上海市水务局(以下简称“市水务局”)、上海市文化广播影视管理局(以下简称“市文广影视局”)、上海市卫生和计划生育委员会(以下简称“市卫生计生委”)、上海市地方税务局(以下简称“市地税局”)、上海市质量技术监督局(以下简称“市质量技监局”)、上海市统计局(以下简称“市统计局”)、上海市绿化和市容管理局(以下简称“市绿化市容管理局”)等部门102个市级审批事项，以及浦东、黄浦、静安、徐汇、普陀、虹口、杨浦、宝山、闵行、嘉定、金山、青浦、奉贤、崇明等区400余个区级审批事项实现“全程网上办理”，“零上门”办事事项数量显著增加。

四是积极推进线上线下一体化联动。实现网上政务服务向基层延伸，推进网上政务大厅与区行政服务中心、街镇社区事务受理服务中心的三级业务联动。推动社区事务受理服务中心的130项服务事项接入网上政务大厅，统筹线上线下服务资源，统一数据标准，提供网上预约、微信服务、二维码扫描等，配置智能排队叫号、辅助填表、自助查询机等设备，实现了市、区、街道(乡镇)业务数据的汇集、交互和共享，逐步推动线上线下办事服务的无缝衔接和一体化发展。

【服务渠道建设不断深化】

一是继续强化政府门户网站群建设。深入贯彻落实国务院办公厅有关普查要求，落实全市政府网站常态化管理。"中国上海"根据国务院办公厅部署，扎实开展栏目内容建设工作，不断加大信息公开、回应关切、政策解读等方面力度，围绕政府重点工作，开展网上民意征集。2016 年，"中国上海"首页访问量达到 3 427 万页次，页面访问量达到 4.7 亿页次，在 2016 年度省级政务网站绩效评估中位居第一。

二是持续扩大新媒体影响力。微博、微信等新媒体平台在连接政府和社会公众，畅通信息发布，树立政府公信力方面发挥了重要作用。2016 年，"上海发布"的影响力继续提升，政务微博发布各类信息近 9 000 条，粉丝增至 1 172 万，继续保持全国省区市政务微博首位。微信用户突破 260 万，日均阅读量超过 80 万次，微信"市政大厅"功能页面总访问量已达 3.9 亿次，15 项便民查询服务日均访问量达 35 万次，影响力位列省级政务微信第一。

三是稳步提高"12345"市民热线工作水平和办理成效。2016 年，"12345"市民服务热线受理机制不断完善，办理流程持续优化，共接听市民电话 270 万个，同比增长 37%。其中，当场解答咨询 122 万个，解决市民求助、投诉事项 109 万件，网站和手机 APP 受理 11.5 万件，共转送工单 120 万件，工单按时办结率为 99.5%，电话回访市民综合满意率达 93%。2016 年，在第三方机构对全国"12345"热线服务质量监测中，上海位列第一。

（汪毛晖）

上海政府网站建设

【概况】 2016 年，是"十三五"的开局之年，是上海继续深化改革开放、推进创新转型的重要一年，上海市各级政府网站全面贯彻落实国务院办公厅和市委、市政府工作要求，坚持创新、协调、绿色、开放、共享的发展理念，进一步创新思维、理念、机制、方法，着力补齐短板，不断健全体制机制，继续加强政府网站核心内容和功能应用建设，切实提高办事服务水平，有效提升安全运营管理能力，推进网站持续健康发展上新台阶。

"中国上海"门户网站

【概况】 上海市政府门户网站管理中心（以下简称"门户网站"）围绕市委、市政府重点工作，不断完善网站核心内容建设，努力提升网站服务能级，继续加强全市政府网站统筹管理，全面推进政府网站创新发展，确保上海市政府网站系统有序、高效运转，在政府网站普查、政府信息公开、网上政务大厅、政民互动交流等各项工作中取得了新的进展和成效。

2016 年度，"中国上海"门户网站（以下简称"中国上海"）在中国信息化研究与促进网联合太昊国际互联网评级、国衡智慧联盟、中国日报网、中国高新技术产业导报社等权威机构开展的 2015 年中国优秀政务平台推荐及综合影响力评估活动中，获得"2015 年度中国最具影响力政务网站"和"2015 年度中国政务网站领先奖（全国第一名）"荣誉称号，"白玉兰助手"获得"2015 年度服务创新型政务平台"荣誉称号；在由清华大学国家治理研究院等单位组织召开的 2016 年清华大学国家治理研究院年会暨政务服务与国家治理现代化论坛上公布的"中国政府网站绩效评估结果"中，获得"优秀网站"称号；获得上海市网络与信息安全应急管理事务中心授予的"2016 年上海市重点网站运行安全优秀工作单位"称号。

【信息公开与要闻发布】 根据中共中央办公厅、国务院办公厅印发的《关于全面推进政务公开工作的意见》以及市政府办公厅发布的《2016 年本市政府信息公开工作要点》,“中国上海”作为政府信息公开的第一平台,继续落实政府信息的网上公开工作,大力推动财政资金、政策解读、政府文件等重点领域的信息公开。优化“政策解读”栏目设置,不断加强政策文件和解读发布工作,做到政策文件和解读材料同步发布、关联发布;提升财政预决算公开力度,公开范围由原先的部门(本级)扩大至部门下属单位,数量由 90 余家增加到近千家;做好行政规范性文件集中公开,开设“行政规范性文件”专栏,行政规范性文件的上网发布工作步入正轨。

“中国上海”全年集中发布的市政府文件、市政府新闻发布会、各部门公开信息(文件、通知等)2 239 条,其中市政府文件 248 个,市政府常务会议 22 次,市政府新闻发布会 31 期,政府公报 24 期,市政府法规(草案)征求意见稿 12 个,市政府各部门文件等 1 743 条。“政府信息公开”栏目全年页面总访问量 5 598.35 万页(次)。

“要闻动态”栏目(含上海要闻、国务院信息、部门信息、区县动态、行业信息、视频与图片、消息速递)发布信息 210 144 条,日均 576 条(以日历日计),其中选用市政府部门、区报送信息 93 801 条,占发布总量 89.66%;图片新闻 1 448 幅,日均 3.9 幅。“要闻动态”全年页面总访问量0.97亿页(次),位居网站主要栏目访问量首位。

【网上政务大厅与便民服务】 实现政府网站和网上政务大厅前台融合、服务整合,打造网上政务“单一窗口”。“中国上海”“网上政务大厅”汇聚各类审批、服务、监管事项,通过标准化数据共享,实现业务协同、系统对接、数据融合,逐步实现办理事项的一口受理、一次申请、一码查询、一站反馈。“网上政务大厅”页面访问总量突破 600.74 万页(次)。

2016 年,“公众服务”栏目页面总访问量 2 828.44万页(次)。其中,“便民提示”(含当日提醒、政策新规、道路交通、消费警示、食品安全等)发布信息 5 455 条,页面访问总量 2 768.79 万页(次);查询类信息(含实用信息查询、生活地图查询、服务热线查询、公共设施查询)316 条,页面访问总量 59.65 万页(次)。

【领导信箱与政民互动】 “市委领导信箱”、“市长之窗”全面升级。门户网站配合市政府信访办公室全面升级完善“市委领导信箱”、“市长之窗”系统功能和栏目布局。统一登录入口,增加办理统计列表、回复选登列表、满意度评价和用户中心等多项新功能。改版后的“市委领导信箱”和“市长之窗”累计收到市民各类来信 56 000 余封,按市民意愿公开答复 17 000 余封。

区领导信箱全新改版。按照国家信访局要求,上海市区网上领导信箱及所属部门、街道、乡(镇)网上领导信箱全部纳入全市信访平台进行统一管理,门户网站配合市信访办对区网上领导信箱专栏进行全新改版,与“市委领导信箱”、“市长之窗”实现页面布局、功能模板统一,通过数据信息实时交换共享完成信件接收处理情况同步更新。

2016 年开展《上海市网络预约出租汽车经营服务管理若干规定(草案)》、《上海市气象灾害防御办法》、《上海市建筑垃圾处理管理规定》等 12

项规章草案民意征询;2016 年市政府实事项目评议、2017 年市政府实事项目继续在网上向公众征集意见建议;联合各部门、区网站开展网上征询(征集、公示、评议)461 次;举办在线访谈 12 期,累计最高峰同时在线人数 12.75 万人次;发布区政府、市政府部门"在线访谈预告"135 次。新推出的"白玉兰助手"整合上海市政府网站群服务资源和"12345"市民服务热线知识库数据 84.38 余万条,以智能交互的方式为公众提供更准确、更有针对性的在线咨询。政民互动栏目(市委领导信箱、市长之窗、互动平台、在线访谈、征询平台)全年页面总访问 3 257.28 万页(次)。

【实现全市政府网站常态化管理】 深入贯彻落实《国务院办公厅关于加强政府网站信息内容建设的意见》(国办发〔2014〕57 号)、《国务院办公厅关于开展第一次全国政府网站普查的通知》(国办发〔2015〕15 号)、《国务院办公厅关于 2016 年第二次全国政府网站抽查情况的通报》(国办函〔2016〕68 号)要求,进一步加强对上海市政府网站信息内容建设的指导和管理检查工作,扎实推进上海市政府网站持续健康发展。

一是建立常态化工作机制。按照属地管理、主管主办的要求,全面建立政府网站普查工作长效机制,明确各级政府办公室是本级政府网站建设管理的第一责任主体。由各区政府办公室负责组织落实本地区政府网站的检查整改工作;市政府各部门办公室负责组织落实本部门所属网站的检查整改工作;市政府办公厅负责"中国上海"检查整改工作,并统筹协调推进上海市各级政府网站的检查整改工作持续有效开展。

二是完善政府网站季度检查机制。门户网站不断加强对上海市重点政府网站的日常监测,建立季度抽查检查机制。确保每季度对各区政府门户网站和市政府各部门网站开展全面检查;严格按照国务院办公厅要求,做好其他网站抽查工作,确保每季度抽查比例不低于 10%,对检查不合格网站责令整改,并加强复核。

三是落实普查整改重点。指导上海市各级政府网站严格按照普查指标,定期对本单位网站及所属网站开展工作自查和技术扫描,防止政府网站"不及时、不准确、不回应、不实用"等问题回潮,切实提高政府网站信息发布、互动交流、便民服务水平。

四是全面加强监督考核。门户网站将国务院办公厅的季度抽查结果、对各区政府门户网站和市政府各部门网站季度检查结果,全部纳入上海市政府网站测评考核。

全市全年政府网站普查抽查工作已全面完成,同时组织做好对不合格网站整改工作的监督指导,上海市政府网站可用性、信息更新、服务实用和互动回应等情况均有所改善。在国办第三季度政府网站抽查中,上海市政府网站抽查合格率和复查合格率均为 100%。

【开展"中国上海"建设工作】 一是做好"中国上海"首页调整工作。按照《国务院办公厅关于 2016 年第二次全国政府网站抽查情况的通报》(国办函〔2016〕68 号)要求,"中国上海"首页面进行调整优化,在显著位置开设"国务院信息"专栏,采用定时抓取、实时比对的方式,实现对中国政府网发布的信息对全局工作有指导意义、需要社会广泛知晓的政策信息及时转载发布;添加中国政府网"我为政府网站找错"监督举报平台入口链接,加强工作协同、信息联动。

二是参与“政府网站服务创新发展研究”课题撰写工作。按照国务院办公厅政府信息与政务公开办公室有关要求，门户网站负责“政府网站服务创新发展研究”课题中有关“提高服务能力的关键要素分析”、“行政职权类办事服务的创新发展”、“提高权威性的关键要素分析”、“公共决策类服务内容的创新发展”、“热线资源类服务内容的创新发展”等章节的撰写工作。组建专题调研组，深入开展研究工作，在严格对照第一次全国政府网站普查要求，认真梳理国内外政府网站在创新服务模式方面的先进经验，系统调研上海市和兄弟省市提升网上政务服务能级的有效做法的基础上，按时完成了相关章节的撰写工作。

【推动全市政府网站协同联动】 一是做好“国务院客户端上线”宣传推广工作。组织全市各区政府网站、市政府各部门网站积极配合中国政府网工作，按时按规做好国务院客户端上线的新闻宣传推广工作和中国政府网“2016两会时间”专题信息转载工作。

二是做好国务院信息转载和“我为政府网站找错”平台链接工作。按照国办统一部署，中心下发工作通知，组织全市各区政府网站及所属街道、乡(镇)政府网站全面完成首页转载国务院信息工作和中国政府网“我为政府网站”监督举报平台链接工作，并作为工作要求纳入季度政府网站检查指标。

三是做好“我为政府网站找错”平台意见建议处理工作。按照“我为政府网站找错”平台工作要求，做好全市各级政府网站相关意见建议的转办、督办工作，要求各级政府网站严格按照工作时限，做好意见建议的答复工作。截至2016年年底，全市共收到建议意见56条，其中有效意见23条，正在处理2条，在规定时间内办结率为100%。

【做好安全保障和功能创新工作】 一是创新保障措施，提升信息安全等级。信息安全、系统安全是网站工作的生命线。针对“中国上海”的技术架构和平台特点部署完善安全保障措施，采取了主动预防、定期检测和应急响应相结合的方式进行安全防范，全面保障“中国上海”的信息安全、系统安全。全面细致做好春节、国庆、两会、杭州G20峰会等特殊时间节点安全防范预案，确保技术保障人员24小时值守，实时响应，圆满完成重要时间节点的网络与信息安全保障工作。

二是整合移动服务，完善“中国上海”微门户功能。“中国上海”微门户主动整合全市政府网站移动服务，在移动互联网上提供政府部门的办事服务内容，满足公众随时随地随身使用政务服务、获取政府资源的需求。“中国上海”微门户提供苹果和安卓版本，在APP Store、应用宝、百度手机助手、华为应用市场等9大应用平台提供下载，接入民政、交通、税务、气象等15大类32项服务业务和领导信箱、“12345”市民服务热线等互动功能。

三是加强前置检查，提升信息内容准确性。完成开发基于“中国上海”内容管理系统的错别字检测功能，实现信息内容双重检测的长效检查纠错机制。在信息内容进行全面错别字扫描的基础上，增加信息发布前的错别字检测环节，采用与CMS(Content Management System，内容管理系统)联动扫描模式，将拟发布的信息提交错别字服务器扫描审核，从而大大降低了错别字出现概率。采取多种方法完善字库功能、提升字库容量，对报送信息经常出现错别字的区、部门进行提醒，提升信息内容的权威性、准确性。

四是完善功能开发，对网站测评系统进行升级改造。2016 年 5 月起，对网站测评系统进行全面升级改造，提升性能，完善功能，以符合网站测评工作发展的需求。升级后的测评系统实现同类事项的合并、系统列表的精简、使用体验的提升。系统增加了公式配置、结果导出和短信发送功能，以自动计算替代人工计算，实现了测评系统的规范化管理、高效化运行，有效提升测评工作的效能。

【网站建设数据】 2016 年，“中国上海”首页总访问量 3 330.30 万次（日均 9.12 万次），页面总访问量 4.76 亿次（日均 130.51 万次）。自开通以来，累计首页总访问量 3.28 亿次，页面总访问量 56.60 亿次。

英文版发布新闻 3 605 条，图片 472 篇，“市长之窗”新增信息 20 条；公务信箱开户数 13 413 个，企业信箱用户数 1 631 个；电子邮件订阅服务用户数 15 206 个。微信公众号累计关注人数 19 515 人，微门户 APP 下载次数 76 328 次。

区级政府网站与市政府部门网站

【概况】 2016 年上海市各区政府网站和市政府部门网站（以下简称“政府子网站”）继续巩固全国政府网站普查工作成果，紧紧围绕政府重点工作开展建设，做好核心内容和功能建设，加强办事服务资源整合；推进本级政府网站及所属部门和街道乡镇网站建设集约化管理；完善安全管理和制度规范建设，全面实现政府网站首页无障碍改造；探索政府网站微门户和移动应用服务。全市政府网站建设总体水平稳步发展。

2016 年全市 66 个政府子网站全年首页总访问量约 7.88 亿次（日均 217.61 万次），页面总访问量 100.65 亿次（日均 2 701.52 万次），首页访问量与页面访问量比值约 1∶12.77。

【政府信息公开】 全市政府子网站主动公开的各类政府信息（文件、通知、公告）21.3 万余条，其中区政府网站 107 447 条，市政府部门网站 105 673 条；通过政府子网站受理的政府依申请公开信息 15 160 件（次），其中区政府网站 9 303 件，市政府部门网站 5 857 件。

浦东新区突出和上海自贸试验区改革相关的新区行政权力和行政责任清单上网公开；突出和信用浦东建设相关的行政处罚和行政审批结果等公示上网；突出与热点、人民群众密切关注的政策解读、热点回应等；突出政府自身建设的政府法治和财政预决算信息的上网公开。崇明区推进行政许可和行政处罚信息“双公示”；加强政策解读等栏目建设和内容保障，并与微博、微信平台加强联系；推进“两张清单”公开，完成区级部门的行政权力和行政责任清单专栏公开；调整网站信息公开板块，将关注量大的栏目排在突出位置。

上海市科学技术委员会（以下简称“市科委”）重新梳理“政策解读”并进行分类，分设“部门解读”、“专家解读”和“媒体解读”不同的标签；将公开目录中一级类目“政民互动”调整为“回应关切”，包括“热点回应”和“新闻发布”两个二级类目。市地税局全面清理全市税务系统规范性文件；严格落实政策解读“三同步”制度；推进权力清单制度，建立税务行政权责事项动态管理机制；推进行政处罚案件公开，在网站上线运行“行政处罚案件信息公开”查询栏目。

【办事服务】 按照网上政务大厅建设与推进工作的总体部署，做好政府网站和网上政务大厅的前台融合、服务整合，打造网上政务“单一窗口”，政务服务质量显著提高，群众办事体验持续优化。全市41个部门总计794项市级部门审批事项、16个区近6 500项审批事项全部接入网上政务大厅，其中100余项市级部门办事事项实现“全程网上办理”。

在网上政务大厅建设中，徐汇区以电子商务为模板，探索电子政务新模式，同步开通网站、微信、APP等“微服务”渠道，与徐汇区行政服务中心实体大厅互动，与区政府门户网站对接，为市民提供便利、集成、精准的政务服务。嘉定区实现审批事项100%上网；完成行政服务中心线下改造，实现网上预约功能。

上海市经济和信息化委员会(以下简称“市经济信息化委”)通过数据对接方式将审批事项统一接入上海市网上政务大厅，逐步建成全市统一的网上政务“单一窗口”，对外实现审批事项的“一口办理、一码查询、一站反馈、亲民提醒、公众监督”，对内实现数据的实时交换和信息共享。上海市公安局(以下简称“市公安局”)完善“一站式”窗口服务模式，协调和督促相关业务单位实行窗口服务“网上预约”和“绿色通道”，圆满完成“网上政务大厅”建设工作。

【政民互动】 区网站接受网上咨询月平均约5 686人次；接受网上投诉月平均近692人次；网上公示评议、征集“政府工作规划(草案)、决议、意见”和政府工作调查、民意测评意见565余项，共有137余万人次参与；部门网站开展“在线访谈”节目86期。

黄浦区优化部门领导在线访谈工作机制，发挥资源整合的集聚效率，加强网站与报、台、新媒体(微博、微信)的联动，全方位开展报道，提升网站影响力和传播面。奉贤区“区长网上办公”系统建立了问答知识库和网民管理库，增加对承诺事项的电子监察跟踪、各部门对问答知识库的管理和利用、各部门对上次活动相关事项办理结果的反馈等功能。

上海市人力资源和社会保障局(以下简称“市人社局”)对网上评议平台进行了升级改造，优化信件分发转办流程，提高回复效率，基本做到了局系统全覆盖。上海市农业委员会(以下简称“市农委”)完善网站“12316”服务热线服务功能，利用热线广大的农业专家资源，提供网上咨询服务。

【外文版建设】 上海市区政府网站英文版针对外籍人士设立，能够凸显各区服务特色，信息内容比较丰富，功能应用全面有效，语言使用总体规范，在为外籍人士服务的同时提升了政府对外形象，加强了各领域国际交流合作。

2016年，区政府网站英文版发布热点专题17个，部门网站英文版发布热点专题53个。英文版更新频率为：1个区政府网站和17个部门网站每日更新；10个区政府网站和16个部门网站提供办事指南服务；14个区政府网站和15个部门网站提供咨询、投诉等互动渠道。

嘉定区政府网站英文版风格清新简洁、内容丰富翔实、翻译准确地道；稿件涵盖广泛，重点内容突出；发布资讯及时，紧随政府动态。崇明区政府网站英文版2016年开设女子国际公路自行车赛、生态岛国际论坛英文专题，与中文网站同步发布有关信息。

上海市教育委员会(以下简称“市教委”)“留学上海”多语种网站是全国首个为来华留学生提供除英文以外信息与服务的城市官方新媒体平台，包括西班牙语、法语、阿拉伯语和俄语4个语种。市政府外事办公室网站英文版新闻坚持原创和同步推进的原则，保证英文版新闻的及时性和丰富性。同时英文版网页开设有“Q&A”与“INQUIRIES & FEED BACK”等栏目，方便为外国友人有针对性地解决问题及互动。

（杨　蕾）

“12345”市民服务热线

【运行基本情况】　2016 年，市民服务热线通过电话、手机客户端、网站、传真、网上政务大厅以及区网格化平台等渠道共受理市民诉求 3 011 484 件，与 2015 年相比增加 883 827 件，同比增长41.54%。其中，电话受理诉求 2 874 801 件，占95.46%；手机客户端受理诉求 92 422 件，占3.07%；网站受理诉求 29 580 件，占 0.98%；传真、网上政务大厅、区网格化平台及其他渠道共受理诉求 14 681 件，占 0.49%。

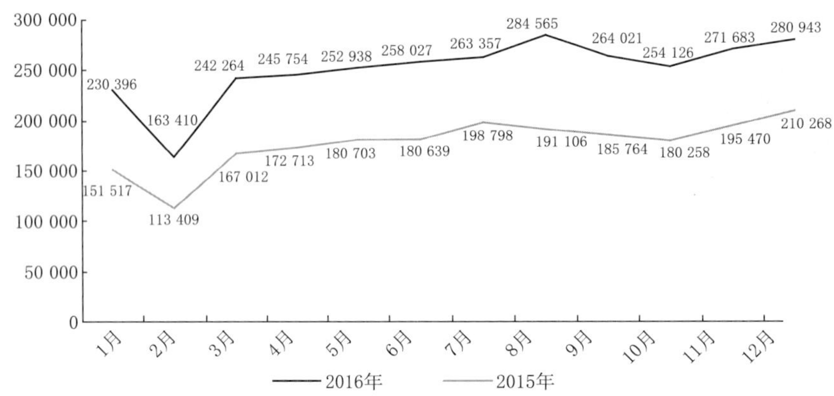

图 3-1　2015 年与 2016 年受理市民诉求情况

从市民诉求类型看，咨询类 1 319 788 件，占 43.83%，同比增长 28.45%；投诉举报类 980 754 件，占 32.57%，同比增长 70.87%；求助类 532 694 件，占 17.69%，同比增长 54.61%；意见建议类 53 618 件，占 1.78%，同比增长 29.73%；其他类 124 630 件，占 4.14%，同比下降 11.18%。

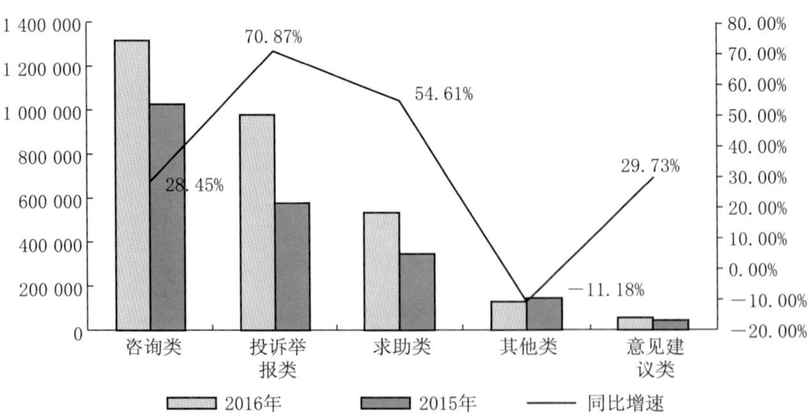

图 3-2　2016 年市民诉求类型数量变化情况

【诉求分类情况】 从市民诉求涉及的领域看，公安政法类 911 820 件，占 30.28%，同比增长 48.71%；建设交通类 908 505 件，占 30.17%，同比增长 54.03%；社会管理类 425 993 件，占 14.15%，同比增长 35.62%；公用事业类、科教文卫类、经济综合类、安全监管类、社会团体类和其他类共 765 166 件，占 25.40%。

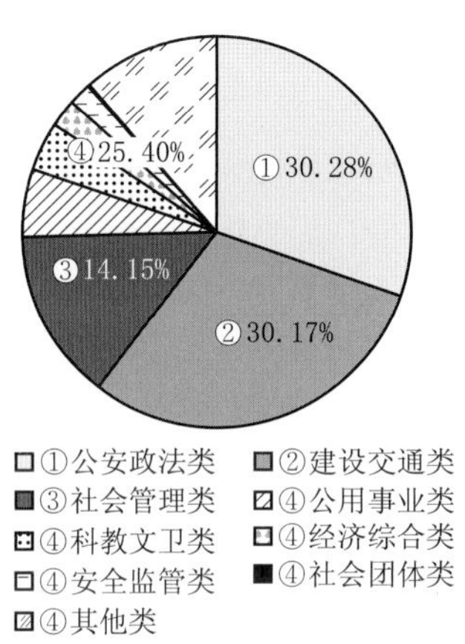

图 3-3 2016 年市民诉求一级分类占比

从诉求领域增幅看，安全监管类诉求同比上年有所减少。公用事业类、建设交通类及公安政法类增幅居前，主要原因为：一是春节前后受寒潮影响，与供水保障相关的公用事业诉求激增；二是 2016 年全市开展交通大安全整治行动，有关交通管理方面诉求增幅较大。

【诉求内容】 从市民诉求内容上看，治安交通、住房保障、工商消费、人力保障、城乡建设、交通港口、绿化市容、机关事务管理、环境保护、供水等方面诉求量居前。

从市民诉求涉及的具体问题上看，交通违章、违法建筑、驾驶员审验、过户上牌、维修添置、身份证管理、机关事务信息、售后服务、无证设摊、限流限行、居住证、噪音污染、纠纷协调、机关事务工作、服务规范等方面诉求量居前。

从涉及的具体问题增幅看，各类问题诉求量均有不同程度的增加。其中，身份证管理、机关事务工作、机关事务信息、交通违章及限流限行方面诉求量增幅较大。

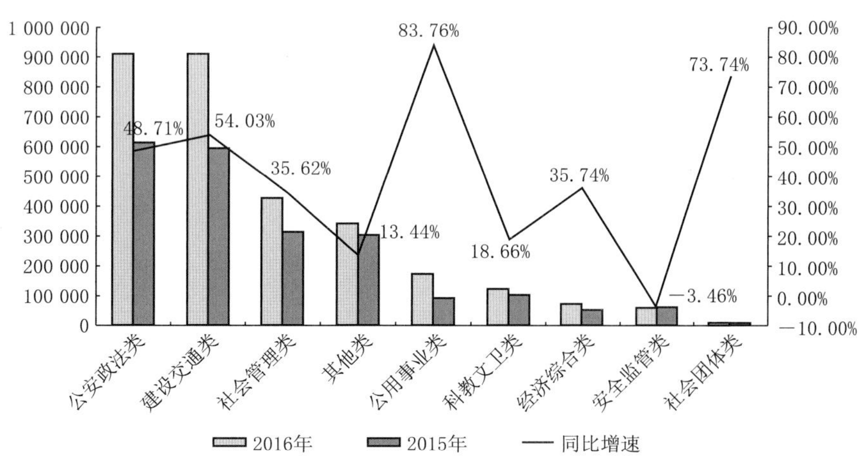

图 3-4 2016 年市民诉求领域占比变化

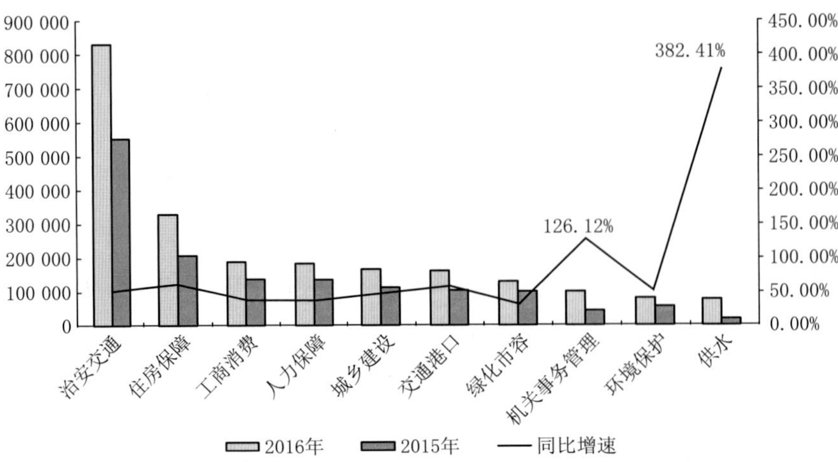

图 3-5　2016 年市民诉求主要内容

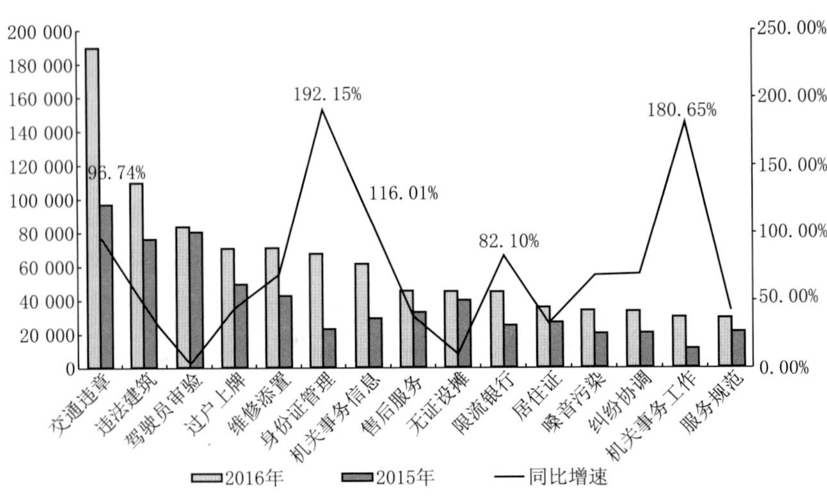

图 3-6　2016 年市民诉求最多的具体问题

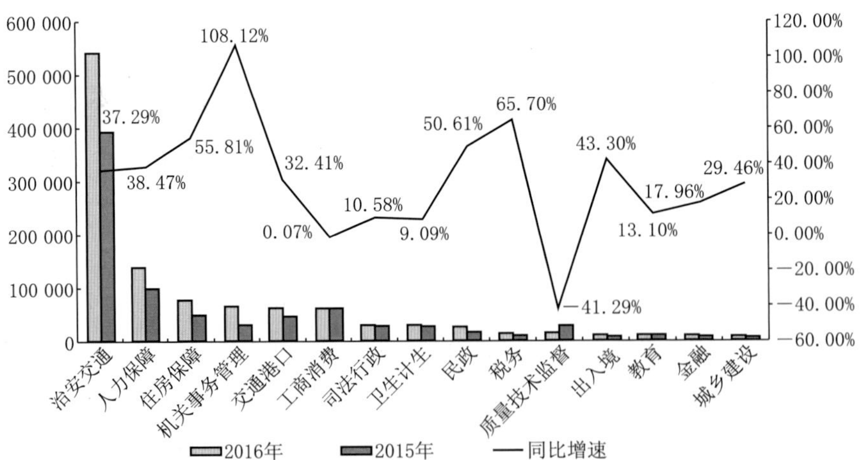

图 3-7　咨询类市民来电主要领域

【市民咨询事项】 市民咨询量居前的主要涉及治安交通、人力保障、住房保障、机关事务管理、交通港口、工商消费、司法行政、卫生计生、民政、税务、质量技术监督、出入境、教育、金融、城乡建设等方面。

具体事项主要为交通违章、驾驶员审验、过户上牌、身份证管理、机关事务信息、限流限行、居住证、车辆年检、车牌拍卖、售后服务、法律援助、户籍政策咨询、住房公积金、商品维修网点、医保政策咨询等方面。

从咨询量增幅变化情况看,市民关注度较高的主要有机关事务信息、身份证管理、车牌拍卖等。其中市民咨询交通违章主要是咨询违章处罚标准、机动车交通违章情况、如何网上查询违章记录以及如何举报交通违章行为等;驾驶员审验主要是咨询补办和换发驾驶证手续、考证转证标准以及流程等;机关事务信息主要是咨询机关、企事业单位对外服务号码等信息;身份证管理主要咨询外省市户籍务工人员身份证遗失后,在沪补办以及办理地点、时间、手续等相关内容。

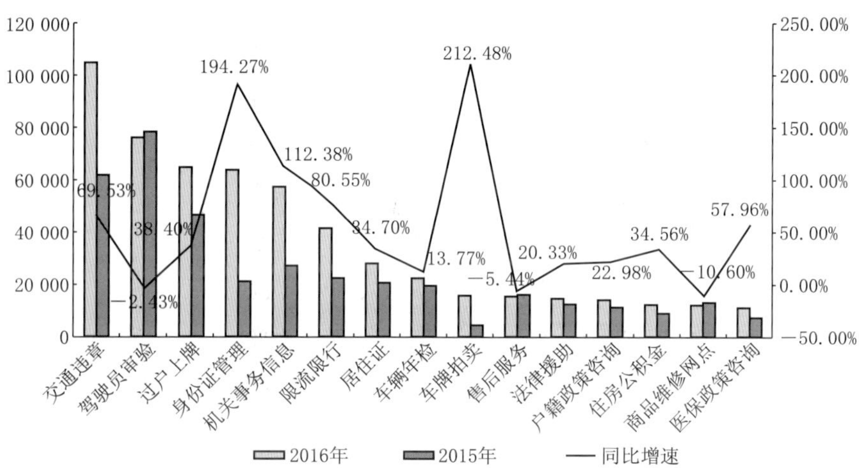

图 3-8 咨询类市民来电主要问题

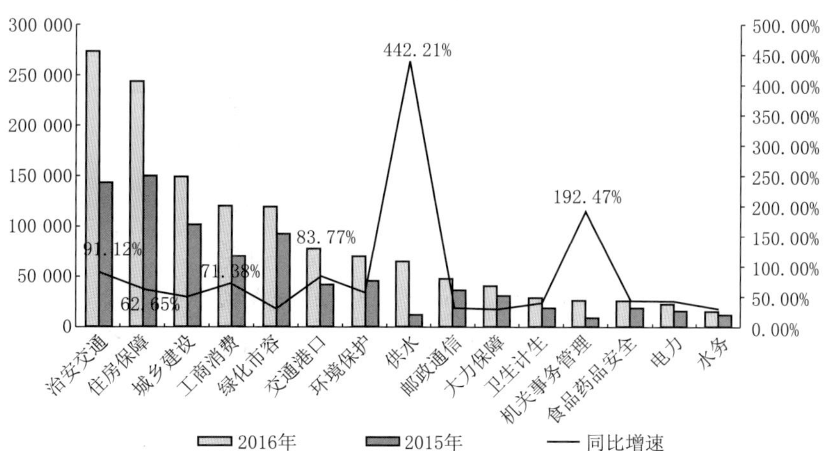

图 3-9 2016 年市民求助和投诉量最多的领域

【市民求助、投诉举报事项】 市民求助和投诉举报内容主要涉及治安交通、住房保障、城乡建设、工商消费、绿化市容、交通港口、环境保护、供水、邮政通信、人力保障、卫生计生、机关事务管理、食品药品安全、电力、水务等方面。

具体问题涉及违法建筑、交通违章、维修添置、无证设摊、噪音污染、纠纷协调、售后服务、停水水小、物业安保、服务规范、机关事务工作、垃圾清理、黄赌毒、食品安全、环境垃圾等方面。

从求助和投诉举报量的增幅变化情况看，受寒潮影响导致公用物业如水表维修、水管维修及停水等诉求量增幅居前，交通违章、机关事务工作、垃圾清理等诉求量增幅上升较快。

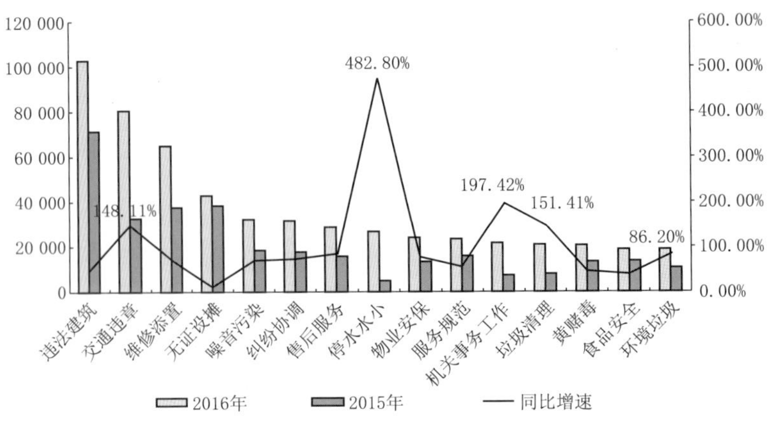

图 3-10　2016 年市民求助和投诉量多的问题

【意见建议事项】 市民对政府提出的意见建议主要集中在交通设施、地铁建设、线路设置、交通违章、排堵保畅、公共停车场、服务规范、机关事务工作、限流限行、影视节目、道路改建、治安维护、路状路况、维修添置、车牌拍卖等方面。从市民意见建议变化趋势看，随着交通压力不断增大，市民对公共停车场地的合理规划以及改善地铁、道路通勤状况非常关注。

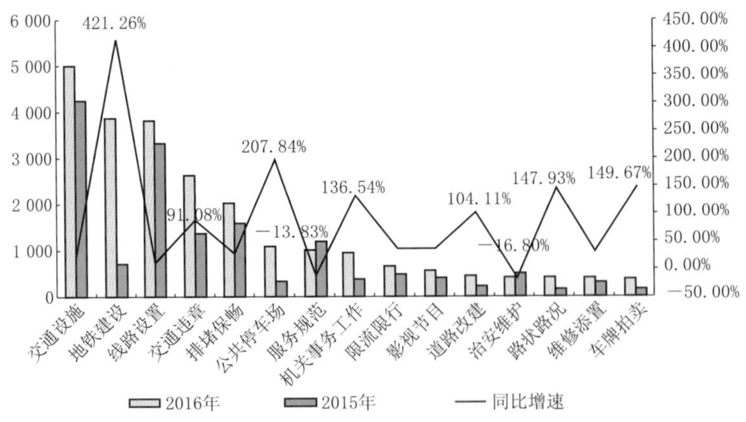

图 3-11　2016 年市民意见建议量多的问题

较有代表性的意见及建议有：

进一步优化配置交通资源。市民反映市郊很多新城如嘉定新城、马陆镇、南翔镇等区域，随着人口导入迅速增加，轨道交通已越发拥挤，建议配套增设开往市中心方向的公共交通线路。同时，完善大型居住社区内部最后一公里公交接续，方便市民出行。

建立交通卡实名机制。交通卡已成为市民出行的重要工具，有市民建议在市民自愿的情况下，推行交通卡实名制登记，方便市民管理卡内余额以及丢卡补办。

对新农村建设予以科学规范。有市民来电反映，崇明正在进行新农村建设，改建过程中大部分村级道路主干道都非常宽敞，但少数连接村住户的支线道路仍缺乏合理规范，有些甚至连救护车都无法驶入，建议有关部门制定农村道路改造工程标准，并予以监督。

提升残障人士无障碍服务。有市民来电反映，上海市规定残疾车每年都要回车辆登记所在地年检，对残疾人来说长途奔波非常不便，建议管理部门考虑残疾车使用群体特殊情况，开辟就近年检绿色通道方便残障人士。

新增 HIV(Human Immunodeficiency Virus，人类免疫缺陷病毒)病患配药网点。有市民反映，目前上海市只有复旦大学附属公共卫生临床中心提供为 HIV 病人配药服务，服务网点太少给病患带来不便，建议在每个区都能设置相关服务点。

加强反家庭暴力法宣传。有市民来电建议，《反家庭暴力法》已正式实施，希望社区、居委会肩负起职责，让居民及时知晓法律，更好地保护自己。同时，建议教育部门结合典型案例，在学校内广泛宣传，帮助学生更好地保护自己。

【事项实际解决情况】 从市民诉求办理效果上看，群租现象、房屋结构破坏、物业安保、业委会、居改非、违法建筑、物业管理不善等方面问题实际解决率较低。

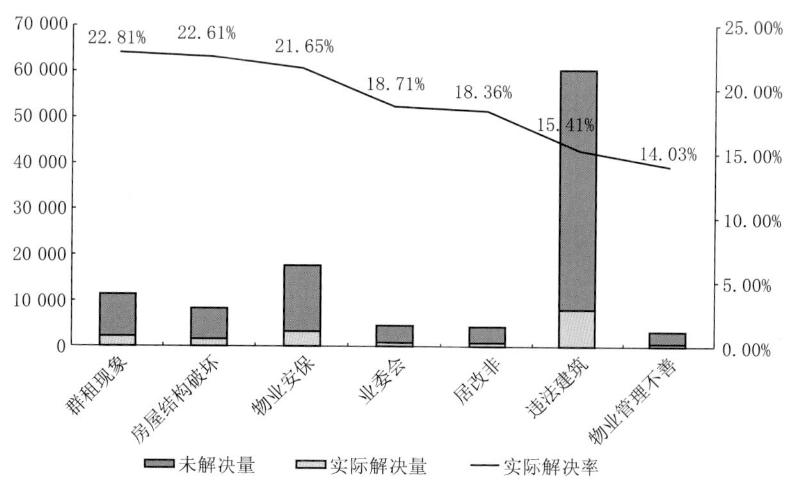

图 3-12　2016 年市民诉求实际解决率较低的问题

水表维修、房产交易税、车牌拍卖、偷税漏税、医保政策咨询、医保报销、缴费信息、账单抄表、养老保险、过户上牌等方面问题实际解决率较高。

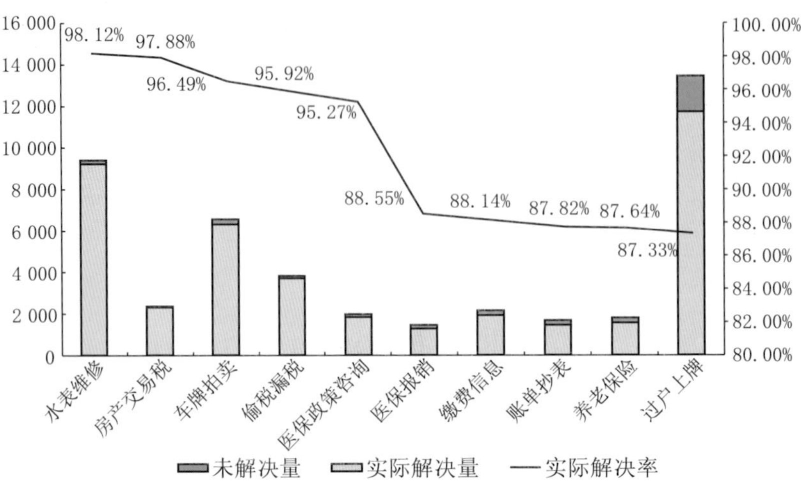

图 3-13 2016 年市民诉求实际解决率较高的问题

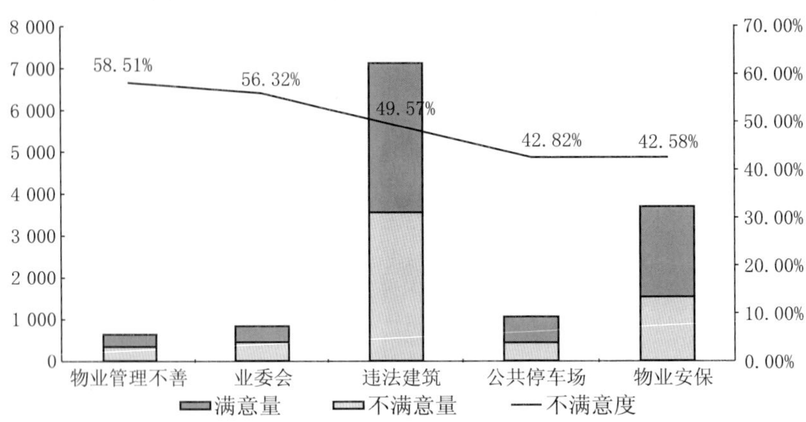

图 3-14 2016 年市民满意度较低的问题

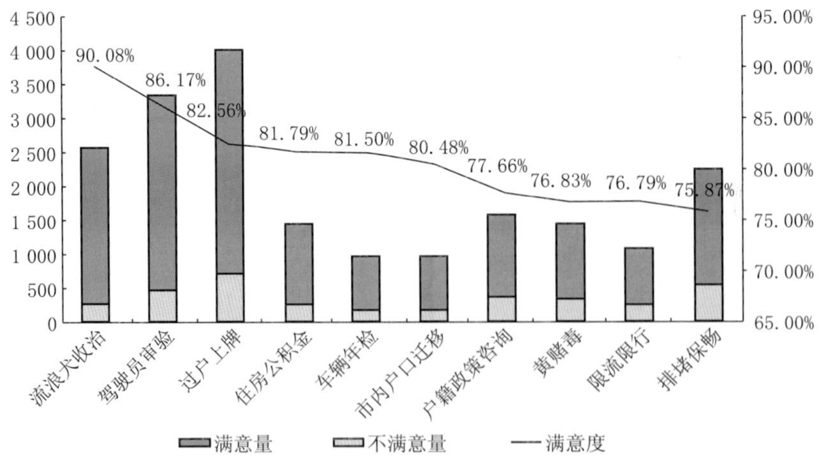

图 3-15 2016 年市民满意度较高的问题

【市民满意度分析】 从市民满意情况看,物业管理不善、业委会、违法建筑、公共停车场、物业安保等方面问题市民满意度较低。

流浪犬收治、驾驶员审验、过户上牌、住房公积金、车辆年检、市内户口迁移、户籍政策咨询、黄赌毒、限流限行、排堵保畅等方面市民满意度较高。

(银　峰)

四、电子政务网络服务

【政务外网提高保障能力】 2016 年,上海市继续夯实市政务外网网络基础,提高政务外网保障能力。根据市政府各部门业务应用需求,补充业务条线基层单位或分支机构接入政务外网,拓展网络覆盖范围,提升网络服务能力。2016 年新增接入了包括上海市城市管理行政执法局、上海市城乡建设和交通发展研究院、上海市食品药品监督管理局认证评审中心、上海市干部保健局定点医院等 82 家单位。目前政务外网市级骨干网已接入到市委、市政府、市人大、市政协、市高级法院、市检察院等单位,并延伸接入到包括各市级委办局、管委会及其直属单位等在内的 1 400 多家市级单位,接入终端超过 17 500 台;汇接 16 个区政务外网,涵盖区内各委办局、乡镇及街道办事处,并延伸到居委会、村委会和社区中心等基层组织,目前区二级政务外网总接入单位 7 400 多家,电脑终端超过 113 000 台。

基于政务外网网络平台,配合业务应用牵头单位,指导用户实施网络对接和条线业务开展,2016 年新增 13 个业务应用。截至 2016 年年底基于市政务外网共开展了 160 多项业务应用,分别为 72 个市级业务、62 个条线业务和 34 个上联国家部委办业务,其中有 37 家业务部门采用市政务外网 DNS(Domain Name System,域名系统)开展应用。

着重加强了市政务外网的规范管理和运行保障工作,在将市政府各部门业务信息系统按重要程度和网络需求情况进行分类的基础上,细化了网络链路运行保障方案和响应措施,加强了市、区两级政务外网网络监控和保障,优化故障处理联动机制,提高网络服务质量和保障能力。2016 年,加强和落实了杭州 G20 峰会、世界互联网大会、全国“两会”、上海“两会”、迪士尼开幕活动、春节、国庆等重大活动和节假日期间的网络重点保障;落实上海市政务外网与国家政务外网网络路由保障工作。

【深化三大基础数据库建设和管理】 上海市实有人口信息库汇聚了全市 2 400 多万常住人口信息,法人数据库涵盖 200 余万户法人单位,空间数据库积累了覆盖全市 6 340 平方公里地表、地上和地下的各类空间基础信息。三大基础数据库数据质量正在逐步提升,为上海市电子政务应用建设提供可靠的基础数据支撑。

【加强信息化基础设施建设】 截至 2016 年年底,

电子政务外网已覆盖 1 400 多家市级单位，接入终端超过 17 000 台，区级政务外网总接入单位 7 400多家，终端超过 113 000 台。在覆盖范围不断扩大的同时，政务外网网络承载和应用支撑能力也显著增强。灾备中心全面开展数据容灾二期建设和应用级容灾建设，为 28 家新增单位提供数据容灾服务，办理介质容灾业务的单位增至 32 家。

（汪毛晖）

第二章　机关信息化

概　述

作为"十三五"的开局之年,2016 年上海市各部门相继推出各自领域的"十三五"规划,力求进一步发展信息化建设。重点业务及机关信息化系统各司其职,发挥信息化工作的创新支撑作用,不断提高政府经济管理、社会管理和公共服务的效率和水平。

一、上海市人民代表大会常务委员会

【概况】 2016 年,上海市人民代表大会常务委员会(以下简称"市人大常委会")办公厅围绕常委会年度重点工作开展信息化建设,按照《上海市人大常委会机关信息化建设三年规划》要求,完成了上海市区、乡镇人大代表换届选举云平台建设工作,对常委会会议厅电子会议系统进行了升级改造。上海人大公众网和"上海人大"微信公众号发挥新媒体的"深、广、快"优势,结合人大各项履职工作开展专题和深度报道,做好信息公开,推动人大工作进一步密切联系人民群众。

【上海市区、乡镇人大代表换届选举工作云平台建设】 上海市区、乡镇人大代表换届选举工作是全市人民政治生活中的一件大事,是发展社会主义民主政治、建设社会主义政治文明的一次重要实践,对于巩固国家政权基础、构建社会主义和谐社会、加强党的执政能力建设,具有十分重要的意义。

随着上海经济建设不断发展,人户分离、人企分离、企业注册地和生产(经营)地分离的情况日益增多,势必要求按照新形式、新情况开展选民登记工作。根据中国互联网络信息中心提供的《第

39 次中国互联网络发展状况统计报告》，截至 2016 年 12 月，上海市互联网使用人数为 1 791 万人，其中使用手机上网人数约占总数的 80.7%。因此，依托互联网辅助实现选民登记信息采集可以极大提升选民登记工作的效率，降低“漏登”、“错登”概率。

上海市区、乡镇人大代表换届选举工作云平台(以下简称“选举工作云平台”)，作为选民登记工作的重要组成部分，按照选举法的相关规定，正确展现依法进行选民登记工作的客观规律，必须坚持“一个原则、三个为主”。“一个原则”即选民登记属地化原则，“三个为主”是有工作单位的上海市人员，以在单位进行选民登记为主；退休和无工作单位的上海市人员，以在现居住地进行选民登记为主；注册地与生产经营地分离的企业，其职工以在生产经营地进行选民登记为主。考虑到选民登记工作是一项严肃的政治任务，平台必须具备高度安全性和保密性。

平台建设基本目标。本着推进上海市选民工作信息化管理进程，进一步提高选民登记工作水平和效率的目的，建立、完善一套全市统一的，具有选民登记、选民信息入库、选民资格网上转移、信息统计分析、选民榜及选民证打印等功能的云管理平台。平台通过市、区、乡镇(街道)三级网络运行，以信息化手段贯穿选民登记工作的全过程，实现数据资料逐级上报、分级查询和统计分析等功能；能实现选民登记工作相关职能部门间信息和资源共享、协同工作；能为全市选民登记工作的科学决策提供快速、准确的参考信息；能为广大选民及时、便捷地提供选民登记信息服务；能提高上海市选民登记工作的管理水平和工作效率，节省经费开支；能促进上海市选民登记工作的制度化、规范化和科学化。

平台总体结构和技术特点。选举工作云平台面对的用户、网络、数据资源比较复杂，平台构架设计也相应比较灵活，总体分为交互层、应用系统层、应用支撑层和资源层，而标准规范和安全管理是贯穿整个平台的两个体系。平台总体业务可按照时间关系简单划分为 9 个流程：第一，筛选出符合选举资格的选民信息的数据准备流程；第二，对选区进行审核、编号及管理的选区划分流程；第三，选区内单位接到选举工作机构的通知后，使用平台进行选民登记的单位登记流程；第四，单位登记结束后，开始面向社区进入登记站登记流程；第五，前面的工作基本完成之后，进入个人网上登记流程；第六，选民划分选区、信息审核流程；第七，选区通过平台进入选民分组流程；第八，张榜公布选民名单流程；第九，选民名单补正、公布流程。平台采用 J2EE 技术框架，具有跨平台、可移植、易实施等优势，也较好地解决了外围设备的嵌入问题。

选举工作云平台的数据安全机制分为数据备份恢复和数据访问控制两方面。数据备份系统采用第三方的专用备份软件来实现，以每日增量备份与定期全部备份相结合的方式将数据备份至专用磁带库中，一旦出现问题可随时恢复数据。整个平台采用容灾设计措施，设计有全盘恢复、个别文件恢复和重定向恢复三种方式。选举工作云平台使用传统的账号式管理和选举工作区域管理相结合的方式来进行数据访问控制。对于选举委员会、选举工作组等相关管理人员，其需要实现的管理性工作，如选区管理、选民信息分派等，使用账号方式登录平台进行操作。对于各选区内的选民登记、审查工作，则不以账号登录，而直接将选区内的每个单位作为权限个体直接绑定权限，也就是以选举工作区域管理为基础的权限管理。

选举工作云平台一端和互联网相连，网络环境复杂，通过采用不同网络端按需部署数据的方式从源头上确保数据安全。病毒防护方面采用操作系统群集和网络系统病毒防范策略，同时辅之以单机防病毒软件，确保文件、应用程序、群件服务器等不受病毒侵害。本着节约、安全、高效的原则，选举工作云平台搭建在上海市政务外网上，利用政务外网的云计算服务器，通过拓展网络带宽、优化算法等方式提升平台的运行速度，提高平台资源的利用率，降低网卡、光纤卡、内置硬盘等硬件资源的需求量。

平台建设、使用情况和意义。选举工作云平台能在较短时间内完成建设依托于有一个架构合理、运行高效的组织机构。市人大常委会建立了一套完整的组织机构，明确了责任与权利。组织机构分为三层：第一层为平台建设指导层，负责全局的安排和对重要事件的指挥；第二层为平台建设实施办公室，负责需求分析、整体规划、系统分割、任务分配，从整体上把握整个平台建设；第三层为平台建设实施组，由各个子系统的负责人和各自实施小组组成。选举工作云平台建设完成后，为了确保其顺利上线运行，市人大常委会牵头组织了全方位、各层次的平台应用培训，派专人对各区选举委员会有关人员进行了统一培训。全市各区、乡镇选举办也先后举办各类有针对性的业务培训活动。通过培训，使选举工作人员熟悉了平台的使用方法和操作流程，统一思想、提高业务水平，为依法有序地开展选民登记工作提供了保障。

选举工作云平台为广大选民提供了多种登记方式，对于选民个人而言，可以采取以下五种方式进行登记：第一，上网登记，具备条件的选民可以在互联网上进行登记；第二，上站登记，选民可以主动到选民登记站进行登记；第三，上机（POS机）登记，条件具备的选区，选民可以利用二代身份证、社保卡直接刷卡登记；第四，上线登记，选民可以打电话到选民登记站，由选举工作人员为其登记；第五，上门登记，对于行动不便的选民，可由选举工作人员主动上门为其登记；第六，手机APP登记，选民可以通过智能手机下载、安装专用的选民登记APP，运用身份证拍照识别技术实现登记。

选举工作云平台开通后，有效解决了人工登记时无法解决的重复登记和错误登记等问题，共纠正重复登记71.64万人次，发现错误登记78.02万人次。平台为选民提供了多种登记方式，提升了选民自主登记意识，让选民的登记观念从原来的被动登记转变为主动登记。据统计，上海市2016年区、乡镇两级人大换届选举的登记率和参选率分别为95.87%和96.22%。

选举工作云平台应当前人大工作信息化的迫切要求而建，运用信息技术的精准和效能优势来贯彻人大工作中的民主、法制原则。实践证明，使用选举工作云平台能够提升选民登记工作的决策和管理水平，降低选民登记工作成本，提升市人大工作信息化形象。

【常委会会议厅电子会议系统升级改造】 市人大常委会会议厅在2004年进行过一次整体布局变更，电子会议系统的部分子系统也做了相应调整，但底层的会议控制部分还是沿用1995年会议厅建成时的软、硬件环境。由于整套系统使用已经逾20年，且表决子系统采用传统的“手拉手”式串联结构,在使用中经常会出现随机故障,为了提升市人大常委会会议厅电子会议系统水平,杜绝各类设备故障,确保会议顺利召开,市人大常委会办公厅对市人大常委会会议厅进行了升级改造。

电子会务子系统:子系统具备人员管理、座席管理、会议管理、报到管理、大屏联动、发言管理、信号控制、设备管理和报表统计功能。在会议厅前排委员席和后排列席共配备 159 套电子会务终端,具备发言、会务显示和电子席卡功能,每个终端的主体显示屏为 8 英寸电容多点触控屏。

大屏幕显示子系统:替换原有老化的大屏幕背投设备,在原位置安装 1.9 毫米点距的室内黑灯全彩 LED 显示屏,显示尺寸 2 660×1 985 毫米,提升会议现场的显示效果。

摄像子系统:替换原有 VGA(Video Graphics Array,视频图形阵列)规格的摄像设备,在会场内配备 5 台高清摄像机,支持 1080P 规格输出,搭载高速云台,具备手动遥控键盘。子系统采用 HD-SDI(High Definition-Serial Digital Interface,高清数字分量串行接口)信号格式送入机房,其中 4 台直连矩阵,另 1 台通过格式转换器将信号格式转换为 DVI(Digital Visual Interface,数字视频接口)后进入矩阵。

信号处理子系统:子系统支持 HDCP(High-bandwidth Digital Content Protection,高带宽数字内容保护技术)标准,原生支持 1080P 及 HDTV(High Definition Television,高清晰度电视)分辨率,可接入集中控制系统,向下兼容现有的模拟信号。采用跳线架加高清数字混合矩阵的方式进行信号传输、分配和处理。信号源包括会场桌面信息接口、会场高清摄像机及机房信号等,终端包括会场显示设备、机房监视设备和其他信号源等。整个会场均匀预留 20 路 HDMI(High Definition Multimedia Interface,高清晰度多媒体接口)信息接口,采用网络传输方式进入矩阵,会场5 台高清摄像机主要采用 HD-SDI 信号格式进入矩阵,机房计算机等信号源采用 DVI 格式进入矩阵。核心矩阵为一台广播级模块式数字混合矩阵,可配置 16 进 16 出的通道路数。

升级改造后的市人大常委会会议厅电子会议系统采用模块化设计,集成度更高,整个系统更加适应市人大常委会会议的要求,会务软件更加贴近常委会会议流程并能兼顾日常其他会议工作需要,系统经过多次常委会会议实际使用,稳定性、可控性和易用性良好。

【上海人大公众网建设】 2016 年,上海人大公众网贯彻落实市人大常委会领导要求,还原重点、完善功能、丰富内容,撰写了一批反映急救医疗、控制吸烟、道路交通、住宅物业管理等人大年度重点工作全过程的原创深度报道,制作了上海市区、乡镇人大换届选举工作官方主页,推出了“上海人大网上博物馆”、“重要立法回顾”、“人大一周工作回顾”等一批全新栏目,首次在公众网上对市人大常委会会议进行视频直播,推进代表议案、建议和各委员会工作的信息公开。品牌视频访谈节目“代表连线”,围绕人大重要立法监督工作和民生热点,视频采访人大代表,实现人大工作宣传需求和民生关注诉求的有机统一,取得了较好的社会反响。“代表连线”有关急救医疗立法的报道作品,获得“2016 年度中国人大新闻奖”三等奖。

上海人大公众网全年共发布稿件 2.3 万余篇,图片新闻 1 万余条,各类图片 2.2 万余张,视频新闻近 80 件,网页浏览量同比增长 120%。

【“上海人大”微信公众号建设】 2016年，“上海人大”微信公众号充分发挥平台的新闻属性、互动属性和服务属性，紧密结合人大各项履职工作，制作发布了近800篇具有新媒体特色的微信推送文章，开设法规草案征求意见、问卷调查、人大微信矩阵等互动功能，做好控制吸烟、道路交通、信用立法、代表换届选举等年度重点工作的动态报道和信息公开，推动市人大工作进一步密切联系人民群众。7月，市人大财政经济委员会办公室和“上海人大”微信公众号共同策划，围绕信用立法关键问题推出“信用家族”辩论赛共4期，嵌入的问卷调查超千人参与，为立法“预转正”营造良好舆论氛围。8月，市人大法制工作委员会、“上海人大”微信公众号和“上海发布”微信公众号三方联合，就控烟条例关键条款征集民意，浏览量合计达6万多次，26 000余人参与投票，为条例修订提供了重要民意支撑。11月，在全国人大新闻宣传干部培训班上，“上海人大”微信公众号被全国人大常委会办公厅新闻局指定做大会交流发言。“上海人大”微信公众号开通一年多以来，社会传播效应日益彰显，关注人数近8 000名。

（宋　兵）

二、上海市经济和信息化委员会

【完成各阶段政务大厅工作】 上海市经济和信息化委员会(以下简称“市经济信息化委”)不断进行网上政务大厅建设，至2016年年底，已实现100%对外审批及服务事项的“一口办理、一码查询、一站反馈、亲民提醒、公众监督”，对内数据实时交互和信息共享；成为第一批次网上受理办事事项的委办级单位；依托网上政务大厅统一身份认证体系的建设标准，通过部门自建办事大厅用户中心，对接市级网上政务大厅用户中心，实现法人一证通用户和自然人用户的“单点登录、全网通办”办事要求；通过加强管理部门网上办事大厅数据资源，提升数据质量合格率，确保对接质量保持在80%～100%之间；完善办理深度，达到办理过程统一查询、结果统一反馈要求，并按照办事深度由浅入深，实现网上统一申报、在线预审的办事服务；搭建办事大厅后台审批系统，以流程化业务标准实现办事节点的流转、监督、反馈、办结等功能，并每5分钟与市级平台进行业务数据交互；实现二维码、条形码、电子告知单、业务短信、邮件通知等人性化办件服务。

【推进在线政务审批事项办理】 经上海市行政审批制度改革工作领导小组办公室核准的市经济信息化委行政审批事项共有18项，除3项涉密事项外，其他15项均可上线办理。其中，2项办事流程通过其独立的业务系统单独完成审批流程，其余事项均通过市经济信息化委门户网站办事大厅实现在线申报、预约受理、在线查询、结果反馈等全流程办事服务。同时，系统的业务数据可以交互进政务外网办事审批系统，业务节点状态数据可以实时反馈至市级政务大厅。自大厅建设上线至2016年年底，市经济信息化委已受理988件在线办事请求。

【提升办事大厅政务服务能力】 在现有政务服务基础上，市经济信息化委推进网上办事大厅事项办理的预约服务，逐步实现事项全流程网上办理；通过与业务处室商讨，提高了实现“零上门”或“一次上门”政务服务事项的可能性；建设高效的用户行为分析体系及个性化智能服务推送功能，深入了解用户的偏好习惯和关注重点，从而提升市经济信息化委网上政务大厅的综合服务能力；扩展移动端办事服务功能建设，丰富政务大厅办事服务业务维度；深度融合第三方业务系统，完善平台评价体系，对外对接公共信用信息服务平台，对内对接业务工作绩效考核系统，从而形成健康稳定的政府服务平台。

【推进政务效能建设】 2016年市经济信息化委以“便捷性、易用性、协同性、统一性、精简性、开放性、可靠性、安全性”为原则，以“高移动性、高统一性、高可监控性”为发展方向，以移动信息化的思路提升行政审批办事服务效率，将办事类业务与移动政务协同平台对接。通过调用移动政务平台事务流程审批功能，真正实现实时受理办事事项，大幅提升市经济信息化委业务部门的办事效率，缩短企业、个人的事项请求办事周期，从而树立市经济信息化委服务型政府机关的良好形象。

【执行市级部署推进工作】 按照“集约高效、共享开放、安全可靠、按需服务”的原则，市经济信息化委响应市电子政务云建设要求，应用云计算技术改造委内现有电子政务信息系统，逐步实现政务信息系统的整体部署和共建共用，推动各部门应用系统迁移上云。计划至“十三五”期末，基本完成列入上云范围的相关信息化项目迁移工作，实现市经济信息化委信息资源的整合共享和协同办公目标。

【智慧城市评估工作与服务平台项目】 2016年完成并投入使用的上海智慧城市评估工作与服务平台项目，充分参考国内外有关社会经济与信息化知名评估模型、体系、方法以及相关的评估结果，重点参考国内“中国信息化发展水平评估”等具有代表性的评估成果，以确保评估的客观性与科学性。项目平台框架引入了评估模型的建立方式，采用可视化的地图方案呈现纵向时间轴、横向区县等地域的比较数据，充分展现了上海整体智慧城市建设水平。此外，智慧城市建设的其他数据也可以接入平台，以保证平台数据的充分性和翔实性。

上海智慧城市评估工作与服务平台建立了统一的时空档案，采用智慧城市发展指标指数的应用图表和GIS(Geographic Information System，地理信息系统)地图展示，直观展示城市智慧应用渗透、各指标或区县对比、历史指标等情况，为决策提供数据支持。平台还可进一步推动开展智慧城市相关基础设施建设服务，为政府及管理单位履行经济结构调节、社会管理和公共服务职能提供支撑。

平台对基础能力、普及水平、用户感知等二级指标指数的评价形成加权评分，并结合区域电子地图进行展示，可以直观形象地反映上海市各行政区域或重点监控区域的各类智慧应用水平，从而为持续提高智慧城市应用渗透水平提供保障，为政府决策提供事实依据。

【市经济信息化系统纪检工作管理平台】 为切实加强纪检监察工作，市经济信息化委于2016年开发并投入使用了市经济信息化系统纪检工作管理平台。该平台旨在建设一套支撑全市经济信息化系统纪检工作的综合性管理系统，可以较为全面地掌握经济信息化系统中各级干部领导的廉政档案情况，为干部廉政判断分析提供依据；为经济信息化系统日常纪检工作信息的流转、汇聚、分析、上报提供支持。

平台包括干部廉政档案、纪检相关工作、统计分析三大模块。实现了经济信息化系统中机关、事业、国企及其他单位中处级、副处级以及重点培养储备干部的廉政情况管理，涉及干部的基础情况、信访、案件、经济责任审计、巡视巡察、奖惩考核、出国(境)、收入申报、礼品上交9类事务的情况跟踪。该平台与市经济信息化委相关业务系统的数据对接，结合业务部门的上报情况，为纪检组对干部情况全面掌握和分析提供充分的依据。

(经信委)

三、上海市商务委员会

【商务数据服务】 2012年上半年起，作为数据开放工作全市首批9家试点单位之一，上海市商务委员会(以下简称“市商务委”)推动完成了一批关注度高、影响面大的商务重点领域政府数据向社会开放。目前，市商务委已开放政府数据43项、地图应用3项、接口4项，其中2016年新增开放数据16项，主要围绕商务工作重心，扩面落点深耕民生，已覆盖展览展会、食品安全、出国劳务、环保回收等民生领域；紧密围绕全市工作重心，创新方式深化联动，如在涉外经济领域，已开放“外商投资情况”、“货物贸易进出口情况”、“跨境人民币结算试点”、“对外承包工程情况”；商贸流通领域，已开放“社零总额”基本数据和“二手车鉴定评估机构”、“典当、拍卖企业情况”等行业热点。经统计，开放的数据资源总下载量超20万次、页面日均访问数达500余次。部分数据已开始为搜索引擎、咨询服务和贸易数据服务等机构提供支持。

【市商务委网上政务大厅建设】 执行国务院办公厅、市政府关于单部门审批事项上网建设要求，分阶段落实，最终实现各部门通过数据对接方式将审批事项统一接入上海市网上政务大厅，研究出台网上预约、窗口优先办理等措施，培育网上办事服务理念和习惯，逐步建成全市统一的网上政务“单一窗口”，对外实现审批事项的“一口办理、一码查询、一站反馈、亲民提醒、公众监督”，对内实现数据的实时交换和信息共享。力争用3年时间，协助建成全市统一的网上政务“单一窗口”，推动信息资源整合共享和数据开放利用，拓展行政审批、办事服务、事中事后监管等多种功能，提升行政管理和为民服务水平。

【上海市商业保理行业协同监管信息平台】 建立商业保理行业协同监管信息平台，对商业保理企业的设立、联合征询、专用存款账户信息进行管理，实现商业保理企业的贸易真实性和资金流向的全面管理、有效防范风险，预警不规范操作，进一步提高了对商业保理企业事中、事后协同监管水平。通过与上海市法人信息共享与应用平台数据对接，实现与工商、公安、税务等部门的信息共享和执法联动。与金融部门、中国银行业监督管理委员会上海监管局、人民银行上海总部建立数据接口，定期进行合规考核、风险监测，并联合第三方专业机构评估，进行企业统计分析，向社会公众提供商业保理企业查询、信用公示、风险监测等信息服务。

（杨　珞）

四、上海市科学技术委员会

【"上海科技"网上政务大厅】 2016 年，上海市科学技术委员会(以下简称"市科委")积极推进网上政务大厅建设。根据《上海市网上政务大厅建设与推进工作方案》要求，实现审批事项全部、全程、规范、高效上网的目标，实现了审批事项 100%接入市网上政务大厅。此外，行政审批管理子系统实现了与市网上政务大厅、市政府数据资源开放平台、市行政审批标准化管理系统等相关市级系统的互通互联。2016 年分步完成了该新系统的建设开发任务并正式上线使用，全部 11 个行政审批事项自 6 月上线至年底，正式提交数量累计达到 8 800 多件，受理数量达到 7 900 多件，办结数量达到 7 300 多件，专家评审近 17 600 人次。此外，将"上海科技资源大数据查询服务"作为市科委的行政服务事项接入市政府网上政务大厅。

【"上海科技"网站】 持续提升"上海科技"网站服务能力建设，一方面扎实落实日常内容维护、安全管理等工作，另一方面持续深入研究和优化网站栏目及内容，提升网站服务创新工作能力。聚焦科技创新服务新要求，深化服务内容，新增媒体聚焦、创新服务机构以及科技创新中心政策、热点回应、数据资源共享等栏目；聚焦信息服务发展新趋势，拓展"上海科技"微信公众号建设，增设了"办事查询"、"科技服务"、"服务渠道"、"聚科技"等功能和资源化的栏目内容，提升微终端移动服务能力。网站全年页面访问点击量累计 1.2 亿多次。2016 年，网站在全市政府网站测评中继续获得"上海市优秀政府网站"称号，在上海市第七届优秀网站评选中荣获"优秀网站"称号，"政策解读"栏目在由《电子政务》杂志社和电子政务理事会发起的全国范围评选中获"2016 政府网站信息公开类精品栏目"奖。

【市科委 OA 系统】 市科委打造 OA 系统生态链，链接行政办公各环节。2016 年，OA 系统中新增三大模块，包括：与市科委各下属单位及各区科委直接相通的信息交互模块，为市科委行政管理提供图表式量化与效率分析与研究的效能分析模块,以及对电子档案进行专业化档案管理的档案管理模块。其中,信息交互模块和效能分析模块于2016年年底建设完成。通过三大新增模块的建设与使用,市科委OA系统形成了政务信息从入到出、从管到用的全生态链。至此,市科委非密办件、抄件、信访件、提案意见、信息公开、公差与休假、个人报销实现了100%网上流转办理;市科委内会议纪要、情况专报、各类简报、规章制度、工作表格全部100%网上传阅下载;车辆信息、办公用品、固定资产、个人财务信息、一周安排全部网上查阅。在发文网上流转办理方面,沪科发文中共有391件通过OA系统完成,发文电子化率达到74%。此外,2016年新增的公差与请假、个人报销、共享文档库、党建、信息公开、二维码密件管理、二维码档案管理等模块在使用中也取得了良好的效果。

【"8008205114"上海科技服务热线】 "8008205114"上海科技服务热线于2016年1月1日开通,该热线整合了上海科技公共服务的71门电话,可受理97类科委行政事项,做到了"一号对外,集中接听",一门式综合受理科技政策、项目申报、行政审批、科技创新等事项的咨询、建议和投诉,为社会公众提供高效便捷的服务。热线实现了与专线单位座席的三方通话功能,做到线上通话、线下工单全过程记录。热线还与市民热线"12345"进行了对接,进一步畅通了市民对科技公共服务的诉求。同时,上海科技服务热线的咨询数据作为一个重要的数据来源,也汇入了科技资源大数据中心,成为分析用户关心的热门政策、热门服务和热门资源的重要依据,并与其他数据勾连,产生更大的价值。截至2016年年底,科技热线呼入来电总数54 763个,一线座席接听39 932个,应答率72.92%,一次性解决率86.17%,用户满意度99.12%;二线成员单位处理工单5 436件,占总处理量的13.83%,办结率99.98%,工单回访满意度98.93%。

(陈天琛)

五、上海市公安局

【推进基础信息化建设】 2016年,上海市公安局完成《上海市公安局科技与信息化"十三五"发展规划》编制工作。基本完成了新一代警务PDA(Personal Digital Assistant,掌上电脑)换发工作,全年共配发1.6万余部,开发上线人员核查、交通整治等APP应用42个,促进了新一代移动警务应用的繁荣发展。在全市道路交通违法行为整治行动中,积极推进交通违法监控智能识别装置试点工作,通过对高清探头采集的交通违法视频数据进行智能识别和分析,形成了"智能装置采集+人工甄别处理"的交通违法查处新模式。

【促进信息资源共享和深化应用】 推进公安深化改革工作,强化共享机制建设,出台《上海市公安局信息共享规定》，先后发布 2 期《上海市公安局信息共享目录》，共享公安内部信息 78 类、外部信息 12 类。坚持数据总量与数据质量两手抓，持续推进社会信息获取。依托上海公安计算资源虚拟化系统抓资源整合，集中部署信息系统 61 个，大幅促进了信息系统的集约化建设和信息资源利用率的提升。

【推进大数据应用创新和互联网警务建设】 制定下发《上海公安大数据基础环境建设及应用指导意见》和《上海公安大数据基础环境技术白皮书》，规划布局上海公安大数据应用基础环境建设。根据公安部关于推进“互联网＋公安政务服务”的实施意见，制定《上海公安互联网警务域建设应用指导意见》和《上海公安互联网警务域白皮书(2016版)》，推动互联网警务域建设逐步迈入实质性实施阶段。人流密集场所安全风险监测系统更加完善，布点范围涵盖了外滩、豫园、火车站等重要场所，对带动全局大数据应用起到了良好的示范作用。

(方黎珺)

六、上海市人民检察院

【概况】 2016 年，上海市人民检察院(以下简称“市院”)信息技术部门根据最高人民检察院(以下简称“高检院”)和市院党组的部署和要求，以科技强检实施和电子检务工程建设为契机，不断提高信息化对检察工作的服务意识，不断推动信息化与检察工作的深度融合，不断增强信息化对检察工作的辅助能力，顺利完成全年检察信息化各项工作。

【持续推进上海电子检务工程】 向上海市发展和改革委员会(以下简称“市发改委”)正式提交可行性研究报告暨初设计报告，并根据专家评审意见进一步补充材料、完善方案，推进市发改委审批进程。10 月，上海电子检务工程项目获市发改委立项通过。

【助力检察改革】 搭建市院机关助检员遴选入额业绩测评网上平台，汇总测评结果。完成检察官遴选入额报名系统建设，并投入运行。根据检察官考核初步办法，形成全市检察官绩效评分上报系统建设方案。

【助力检务公开】 继“两微一端”开通后，对平台功能进行丰富和升级。一是整合上海检察级三级院官网、微信、微博、APP、头条等相关信息，搭建“沪检网阵”；二是结合百度地图 API(Application Programming Interface，应用程序编程接口)完善“检察地图”，实现各院地址定位与导航；三是整合“律师服务平台”、“网上信访”、“案件信息查询”、“法律文书公开”、“职务犯罪举报”、“行贿档案查询”、“检察投诉信箱”、“法律咨询”、“开放活动预约”和“查询处理结果”10 个功能模块，进一步拓宽向社会提供检察服务的互动渠道。2016 年 9 月

12日,上海检察微平台正式上线试运行。12月,“上海12309检察服务平台”获评“2016年度互联网+法治建设十大典型案例”。

【探索优化司法资源共享】 积极推进“公、检、法”案件移送网上信息同步共享试点,与公安、法院协调建立案件移送网上信息同步共享的新机制,配套升级改进当前的技术共享模式。2016年9月1日起组织杨浦、宝山、奉贤3家区级单位先行试点运行。

【加强侦监工作信息化建设】 完成工作台账、备案审查、数据分析、队伍管理、业务指导、文件管理、工作协同等8项功能模块,并在二分院、黄浦、普陀等3家单位先行试点。持续收集系统使用的问题,以及关于流程设计、权限配置等方面的意见建议,并根据业务部门要求,对侦查监督综合业务平台开展优化升级。2016年12月6日,该平台在全市推行使用。

【推进落实职务犯罪侦查信息库建设】 以全国检察机关职务犯罪侦查与预防信息平台建设方案为基础,研讨拟定上海需求的融入建设和本地系统设计的定位路径,完成整合框架设计草案,通过技术引进和开发,形成了职务犯罪数据利用、网上办公新平台、综合管理功能原型和电子数据云平台4个方面的阶段性成果。

【推进新版金融检察案例库系统建设】 按照金融检察部门梳理的新版金融案例库所需增加的统计指标、数据字段等,明确系统建设需求、形成技术方案并启动开发工作。完成案例查询和标签管理等主体功能的开发,并开展试运行工作。

【推进刑事审判参考案例库建设】 完成《刑事司法指南》、《刑事审判参考》系列书籍的电子化和入库工作,并完成案例库单机版的开发。已为侦监、公诉业务竞赛参赛选手安装单机版并进行操作指导,并进一步丰富案例库内容。

【推动上海检察机关统一运维中心上线】 为解决日常各类设备或系统问题多头受理、问题跟踪反馈不够透明高效、运维人员服务质量评价依据不全等问题,借鉴原统一软件运维平台的开发运行经验,升级开发上海检察机关统一运维中心,以服务市院为主、同时面向全市检察机关提供检察专线网络、加密设备、统一业务系统等运维服务,实现运维问题的统一受理、分流、处理、反馈和评价,进一步提升信息化服务保障水平,提高运维服务效率和质量。

【推广办公信息化设备网上流转系统】 为进一步提高日常办公办事的无纸化水平、加强部门间的协同性与联动性、提升工作效率,以市院办公信息化设备申领为切入口,于2016年9月上旬完成办公信息化设备网上流转系统需求确认和系统建设,利用网上协作工作平台实现办公信息化设备网上申请、审批、登记、查询等功能。10月21日,网上领用流程正式启用,视频会议技术保障申请同步网上申请。

【推进数据和研发基础平台建设】 比选并引进工作流引擎和数据分析基础平台,构筑上海检察机关基础研发平台,对上海检察机关内部通用化模块的开发统一化、标准化和流程化,提高系统建设的规范化水平。

【做好检察信息技术专家、人才库选拔工作】 在全市检察技术信息条线内开展检察技术专家、人才库的推荐和选拔工作，鼓励全市检察技术信息干警报名参与，做好候选人员的材料初审、公认度测评、网上公示等各环节工作，保证专家库、人才库的建立质量。

【进一步拓展专业培训方式】 一方面以条线培训为契机，设立 4 项主题，组织新技术论坛，引导信息技术干警从日常实践出发，归纳总结、深度思考，并通过展示、汇报和分享，提高信息技术干警的科研思维和表达能力。另一方面鼓励、组织全市检察信息技术干部参加高检院新技术应用、科技强检与大数据运用等培训班，使信息技术干警接触前沿知识、拓宽技术视野、提升专业水平。

【组织参加信息技术业务竞赛】 2016 年，组织信息技术人员参加“全国检察机关信息化网上轻应用开发活动”，在 117 个团队的 124 个作品中，市院报送的作品“信推(Message-Push)”获得二等奖，二分院报送的作品“上海二分院案件信息管理系统”获得三等奖。联合市院政治部，选拔 4 位全市检察信息技术队伍中的网络安全专业人才，参加高检院第一届全国检察机关网络安全业务竞赛，并联合第三方专业安全公司开展专项培训。12 月，在全国 31 个地区 124 名选手中，市院参赛选手进入全国前十，获“第一届全国检察机关网络安全业务竞赛标兵”称号，黄浦区院参赛选手位列全国前三十，获“第一届全国检察机关网络安全业务竞赛能手”称号。

(张　妍)

七、上海市高级人民法院

【概况】 2016 年是“上海法院信息化建设三年规划(2014—2016)”的收官之年，也是全市法院推进“数据法院”和“智慧法院”建设的奠基和开拓之年。全市法院信息技术人员以年初确立的 34 项重点工作为主线，团结协作、攻坚克难，信息化建设取得明显成效。全年共完成 16 项三年规划重点建设项目，其中大数据分析系统、执行案款管理系统(E 号通)、执行“老赖”分析评价系统等应用属全国法院首创；完善了 27 项应用软件，确保了全市近 60 万件案件、近 5 万封信访件的信息化支持；保障了各法院网站、1 万多台信息化设备、楼宇系统的安全运行；已接待 60 批近千人次前来参观学习信息化；保障了各法院近千场重大庭审、重要会议和接待的顺利进行，信息化建设在六个方面取得了显著成绩。

【顺利完成信息化三年规划建设任务】 上海市高级人民法院(以下简称“市高院”)于 2014 年年初制定了《上海法院信息化建设三年规划(2014—2016)》，规划涉及 63 项重点建设内容。三年来，全市对照“三年规划”任务清单和时间节点，积极推动、狠抓落实，确保了“信息化建设三年规划”顺利收官。截至2016年12月31日,63项三年规划建设任务已完成62项,占99%,最后1项信息管理中心建设任务除4家法院因新建审判大楼的原因暂缓外,其他法院已全部建成。目前,上海法院融合大数据、云计算、移动互联网等新技术新应用,建成了由六大信息应用系统、标准化专业化中心数据库为支撑的上海法院大数据综合信息系统,该系统入选2016年度"互联网+法治建设"十大典型案例。上海法院共有26项信息化应用属于全国法院首创,拥有18项自主知识产权,先后开发了法官办案智能辅助系统、裁判文书智能分析系统、移动办案平台、"12368"诉讼服务平台、律师服务平台、法官业绩管理系统、卷宗即时电子化系统、司法决策分析系统等应用,建有现代化数字机房、集约化云平台、千兆级网络带宽、标准化高清法庭、监狱及看守所远程审判法庭、高清视频会议室、信息管理中心等先进基础设施,形成了网络顺畅安全、应用全面覆盖、数据即时生成、信息高度聚合、资源共享互通、管理三级联动的信息化大格局,基本实现了法院工作的"四全"、"六化"。在"信息化建设三年规划"建设过程中,浦东、徐汇、长宁、闵行、松江、虹口、宝山、杨浦等基层法院表现突出,建设成效显著。

【积极推进"数据法院"建设】 为顺应大数据发展趋势,实施大数据战略,2016年上海法院坚持"让数据说话、让数据跑路"的理念,首次提出了"数据法院"建设目标。经过一年努力,形成了具有上海法院特色的系列成果。一是制定了《上海市高级人民法院"数据法院"建设与发展规划(2017—2019)》,明确了"数据法院"的概念、特征、原则、目标及主要任务,回答了"数据法院"、"是什么"、"做什么"、"怎么做"的问题。二是建立了大数据运行环境平台,采购了服务器、存储器、大数据分析工具等软硬件设施,完善了司法大数据标准,建立了大数据审判资源库,夯实了大数据应用基础。三是加强了大数据分析系统建设,市高院以数据集中管理平台为基础,拓展建立大数据分析系统,构建审判业务、司法文书和机器学习算法数据分析模型,利用大数据服务法官办案、服务司法决策、服务社会治理,取得了良好效果。市高院开发的知识产权民事侵权案件赔偿数额专题分析系统,被最高法院评为"首届司法大数据分析"二等奖,一中院研发的金融诈骗类犯罪分析系统,获得最高法院"首届司法大数据分析"一等奖;奉贤法院开发的道交案件大数据分析系统,尝试以大数据服务道交案件审判取得较好效果;金山法院研发的首个基层法院审判管理大数据分析平台,开展案件审判态势专题分析,为审判管理决策提供了有力支持。

【全力加强执行信息化建设】 2016年全市法院大力加强执行信息化建设,借力信息化武器有效破解"执行难"难题。一是建立执行大数据综合管理系统,该系统包括执行流程管理、执行查控、移动执行、执行公开、执行指挥等14个子系统,具有近100项功能,实现了执行案件管理的流程化、标准化、规范化。二是开发执行案款管理系统——"e号通",实行执行案件"一人一案一账号"管理新机制,实现资金流和信息流的高度匹配,从源头上解决执行案款底数不清、发放不及时、管理不规范等问题,最大限度方便办案人员与当事人。三是完善了移动执行APP,拓展了移动执行APP功能,全面记录院外执行财产调查、财产查控、财产处分，以及对被执行人的强制措施等过程，实现案件执行过程信息共享、工作协同、实时记录留痕、实时监督提醒，并与内网“执行流程管理系统”有机对接。四是加强了网络执行查控平台建设。进一步完善了执行“点(总)对点(总)”查控平台，拓展平台查控广度(如社保、税务、理财产品等)和查控深度(冻结、扣划、控人与车辆等)，缩短查控信息反馈时间，在解决“被执行人难找、财产难寻”问题上取得较大突破。

【全面提升信息化应用水平】 全市法院坚持问题与需求导向，全面整合提升应用软件功能，切实提高了信息化应用水平。一是着力推广智能化办公办案应用，加大了 C2J 法官办案智能辅助、裁判文书智能分析、智能搜索等系统的宣传与推广力度，并按照办案需求，不断丰富软件的文书模板、相关案例、法律法规等业务资料，改善了法官应用体验，提升了法官办案效率。二是着力推广上海法院移动工作平台，上海三级法院已全部部署应用了移动工作平台，移动工作平台通过网络使每名干警随身带着数据库、智囊团，做到随时能办案，随地可办公，实现由“跑断腿”到“动动手”的转变，构建了高效、实时、快捷的全新移动办公办案模式。三是着力推广网上办公系统，全面推进网上办案、办文、办会等应用，特别是上海法院协同办公政务平台应用，使网上发布通知、审批文件、流转文件、考勤成为政务工作常态，初步实现了公文管理、会务管理、电子卷宗、纸质卷宗与案件审理同步流转，确保审判执行工作全程留痕。四是着力加强信息化应用培训，市高院已将信息化应用能力纳入法官职业培训科目和干警年终考核内容，并加强了对新入职干警和各级法官的信息化培训。信息管理处加强了对全市技术人员的培训与考核，并采取“走出去，请进来”等方式开拓技术人员视野，提升技术创新能力。五是建立信息化应用成效评价机制，信息管理处制定了《上海法院信息化应用成效评价办法》，做到让“用与不用、用好用差”看得见、可评价，对积极应用、积极建言、使用成效突出的，给予“信息化应用成效奖”鼓励。

【全面加强司法为民信息化建设】 全市法院坚持司法为民的根本宗旨，坚持“把困难留给自己，把方便留给群众”、“让数据多跑路，让群众少跑路”的工作理念，着力打造具有上海特色亮点的诉讼服务与公开平台，其中“诉讼服务中心”、“12368 诉讼服务平台”、“律师服务平台”已成为上海法院诉讼服务的三张亮丽“名片”。一是完善了诉讼服务中心功能，提供登记立案、导诉分流、法律援助等 30 余项服务，做到设备齐全、功能完备、技术先进、服务便捷，为当事人提供全方位、零距离、无障碍的诉讼服务。诉讼服务中心已被最高法院指定为对外交流常设直接联线展示项目。二是完善上海法院 12368 诉讼服务平台，不断完善 12368 诉讼服务 APP 功能和用户体验，为当事人提供更加便捷的服务。该平台获得中国电子政务理事会颁发的“互联网＋诉讼服务”专项成果奖。三是完善推广律师服务平台，增加基于移动互联网的律师服务专项模块，提供网上立案、办理、沟通、辅助、评价等功能，进一步提高律师办案效率。截至 2016 年 12 月，上海从事诉讼业务的 1 581 家律师事务所已全部使用该平台，外省市亦有 309 家律师事务所在实际使用，律师平台访问量 66.6 万次，日均 1 000 余次。2016 年 10 月，上海法院律师服务平台被中国电子政务理事会评为“政府网站网上办事类精品栏目”。四是加大司法公开信息化支撑力度。在完善原有十大公开平台的基础上，开发建成了“上海法院庭审公开网”并与最高人民法院“中国庭审公开网”直接对接，实现了直播案件庭审的全程公开、全程留痕、全程可视和全程监督。同时，市高院开发了司法研究发展中心暨上海法院司法智库网站、提供了公信力评价指数、数据法院建设等相关智库研究课题的信息支持。此外，一中院建立了移动在线诉讼服务平台、微信公众服务平台，并提供微信缴费服务；浦东法院建立了自助立案平台，设置自助立案“ATM”机，并开发自助立案二维码，实现当事人在院内真正意义上的自助立案，提高了立案效率；徐汇法院开发了诉讼引导服务系统等，方便群众诉讼；上铁法院建立了二维码立案、电脑端自助立案、互联网“e调解”等平台，创新了法院立案与调解模式，把服务群众诉讼提到了新的高度。

【大力加强信息化基础设施建设】 为更好地满足审判工作和司法管理需要，2016年加快了基础设施建设力度。一是加快了高清数字法庭建设，全市法院已建成828个标准化科技法庭，564个法庭升级为高清科技法庭，杨浦等6个法院还建成广播级高清法庭，所有案件做到了同步录音录像，全市法院立案窗口及羁押通道实现全程无死角录音录像。二是加快了远程审判法庭建设，全市各法院的远程审判法庭建设任务已全部完成，实现了国内与国外，法院与看守所、法院与监狱等不同系统之间的互联互通，提高了审判效率。如一中院新建了跨省市、跨系统的白茅岭监狱、军天湖监狱远程审判系统；三中院已建成连接上海、杭州、南京、徐州、合肥的远程审判法庭；2016年9月海事法院在一起涉外海上货物运输合同案件的庭审中，首次利用远程视频与巴西连线，当庭对涉案证据进行跨国认证，并确认案件的重要事实。三是加快了庭审智能化建设，上海法院积极利用庭审智能语音识别技术，简化或者替代书记员法庭记录，减轻审判辅助人员工作负担。如高院在信息管理中心、一中院在36法庭部署安装了科大讯飞“庭审语音智能转写系统”，实现庭审笔录的自动生成，提升了审判辅助人员工作效率，真正做到了全程留痕。四是建立三级法院联动的信息管理中心，全市法院信息管理中心建设任务基本落实，信息中心实现对法院各种应用数据的集中管控和动态实时显示，为法院各类大要案的组织指挥与上下协同提供了有力保障。

（杨　敏）

八、上海市司法局

【概况】 2016年，上海市司法局(以下简称“市司法局”)认真贯彻市委、市政府及市司法局党委信息化工作要求，坚持问题导向、需求导向，夯基础、促转型，提能效、谋突破，较好地完成了全年各项信息化工作任务，“互联网＋司法行政”工作渐成体系，“信息化建设统一大平台”形态初步形成，

"纵向贯通、横向集成、共享共用、安全可控"格局基本建成，全系统信息化工作呈现良好发展态势。

【司法行政业务网络建设全面推进】 市司法局机关、社区矫正管理局、戒毒管理局及各强戒所全面完成网络整合，依托电子政务外网实现了市、区、街镇三级司法行政网络及戒毒系统联通。上海市监狱管理局及各监所完成政务外网扩建工程。以司法行政大楼搬迁为契机，进一步理顺公务网部署，按照"有利保密，方便工作"的原则，按需按规联通至监狱管理局、戒毒管理局、社区矫正管理局及各区司法局。围绕"安全可控"目标，深入探索、循序推进司法行政虚拟专网建设，通过正式行函至各区政府协助区司法局争取地方支持。视频会议建设向纵深推进，初步实现部、市、区级司法行政机关及监狱、戒毒系统的视频会议联通。

【网络信息安全防范常抓不懈】 完成党政机关互联网接入安全管理工作，配合完成重点时段门户网站安全整治自查整改工作。完成门户网站、司法考试、行政审批、信用信息、公共法律服务等对外服务类应用的三级备案申报及安全加固。公务网接入网测评、办公一体化系统分级保护测评、关键信息基础设施申报检查等工作有序实施，相关安全配套机制同步建立健全，全系统信息网络安全能级不断提升。

【公共法律服务平台建设深入推进】 率先提出"线下线中线上"的公共法律服务平台建设理念，整合来自审批系统、律师管理系统、公证管理系统、司法鉴定管理系统、法律援助管理系统、人民调解管理系统、人民监督员管理系统以及人民法院审判平台、裁判文书网等的实时信息，对接市政府事中事后监管平台、市政府网上政务大厅、市政府行政效能监察标准化系统等上级平台，采集上海市人口库、法人库、地理信息库、信用信息库等数据库信息，充实完善律师、公证、司法鉴定、人民调解、人民监督员在内的法律服务主体、案例、知识等为民服务数据库。与大型 IT 企业签订战略合作协议，将司法行政门户网、法律服务行业信用信息网、"12348"公共法律服务网、"12348"综合服务热线、上海法治地图等，打造成为群众获取上海司法行政各项服务的综合性免费惠民网店，推动法律咨询板块入驻中国上海微信和 APP，并首次在支付宝城市服务板块提供司法行政公共服务。打造公共法律服务资源调度中心，初步实现对服务类业务的人、财、物及信息资源的统一调配。

【司法行政大数据扎实布局】 有计划地将工作重点向大数据转移，积极在大数据创新方面进行相关探索。加紧调研编制"司法行政大数据发展行动纲要"，研究确定"应用支撑平台、数据资源建设、数据开发应用、核心技术攻关"的总体框架，涵盖了司法行政大数据顶层设计、基础设施、基础平台、与业务深度融合、安全防护保障、前瞻性创新研究六大方面 14 个专栏建设工程，覆盖司法行政全领域、全业务。

【出台《上海市司法局关于全面深入推进"互联网＋司法行政"工作的实施方案》】 在发布《上海市司法行政系统依托"互联网+"加强为民服务工作的指导意见》基础上，市司法局出台《上海市司法局关于全面深入推进"互联网＋司法行政"工作的实施方案》，实施方案从互联网＋基础夯实、互联网＋公共法律服务、互联网＋律师、互联网＋基层司法行政、互联网＋矛盾纠纷化解互联网＋公证、互联网＋司法鉴定、互联网＋法律援助、互联网＋政务公开、互联网＋普法依法治理、互联网＋执行矫治、互联网＋社会矛盾预测预警、互联网＋协同监管、互联网＋过硬队伍建设等 14 个方面，对“互联网＋司法行政”进行了系统部署。

【法律服务行业信用信息系统 2.0 版上线】 经过半年改造，2016 年 8 月 15 日，法律服务行业信用信息系统 2.0 版上线。该系统汇集了法律服务行业机关及个人在行业领域、行政领域、社会领域等各方面的信息，群众可以方便查询客观信息，实现了从“建信”到“用信”的跨越发展。10 月，市司法局启动行政审批系统与审改办标准化系统对接工作。11 月，完成辅助服务类事项上网并接入市政府网上政务大厅等工作。

【召开市司法行政系统信息化工作会议】 2016 年 11 月 10 日，上海市司法行政信息化工作推进会举行。市司法局党委书记、局长郑善和在讲话中指出，要高度重视、深刻领会加强和推进司法行政信息化建设的重大意义；要凸显问题导向，补齐司法行政信息化短板；要聚焦工作目标，加速推动信息化转型提档升级；要多措并举，切实加强对司法行政信息化建设的工作保障。市司法局党委委员、巡视员朱久伟主持会议，对前一阶段信息化工作进行了总结，指出了信息化工作存在的不足，并部署了下一阶段主要任务。市司法局党委委员，副局长，副巡视员，局机关各处室主要负责人；市监狱管理局党委委员，副巡视员，局机关各处室主要负责人；各区司法局党委（党组、党工委）书记、局长；市律师协会、公证协会、司法鉴定协会会长，秘书处负责人；其他局属单位主要负责人；市司法局信息化建设领导小组及其办公室全体成员等出席了会议。会议采取视频会议形式，市戒毒管理局党委委员及各部门主要负责人、社区矫正管理局副局长及各部门主要负责人，信息化部门全体成员；各区司法局、域内外各监狱、强制隔离戒毒所领导班子成员及各部门主要负责人，各司法所所长和各级信息化部门全体成员在视频分会场参加了会议。

【成立全国首个司法行政大数据实验室】 2016 年 11 月 10 日，市司法局正式启动全国首家“政企合作、智库支撑”的司法行政大数据实验室，成立由中科院院士何积丰领衔，复旦大学、交通大学等高等学府、市经济信息化委、市检察院等党政部门多位专家组成的专家组，建立案例数据库、知识数据库，探索机器人学习和最大限度的智能服务，辅助后期人工运用，在加强“社会矛盾风险防控大数据情报分析”等方面进行应用性研究，在如何在各个角落对社会矛盾和风险进行数据采集、如何对群众关心甚至聚焦的法律问题进行数据分析等方面进行探索。

【信息化统筹管理水平有效提升】 强化组织职能，组织召开次信息化领导小组会议，成立需求部门负责人任组长的 6 个信息化重点工程项目组，通过常态化项目组会议督促项目进展。强化宣传，初步构建信息化话语体系。通过会议、调研、编制信息等形式，宣传信息化理念、趋势，策划“与支付宝签订互联网＋司法行政协议”、“与银江股份签订司法行政大数据协议”、“法律服务信息化援军、援藏”等活动,在全社会树立了良好形象。强化动员,信息化建设氛围日益浓厚。召集领导小组会议 2 次,局长办公会议上会 3 次,专题会议 3 次,合作签约会 2 次,全系统大会 1 次,加强信息化工作的应用动员。

【信息化“三个体系”建设稳步推进】 承担《司法部全国司法行政信息网络安全规定》起草任务,圆满完成阶段性要求;起草《市司法局网络安全管理规定》、《市司法局关于运维外包服务管理的实施细则》等具体、配套制度。标准体系稳步推进,向市质量技监局申请“公共法律服务体系网上服务标准化试点”项目并获批。考核体系更加科学,完善信息化建设的考核体系,将统筹管理、项目管理、需求管理的内容融入新的区、机关绩效和执法考核。强化“五个统一”,统筹推动信息化工作科学发展。

【信息化工作满意度有所提升】 圆满完成司法行政大楼信息化搬迁工作。高效完成信息化日常运维保障。规范运维工作人员日常管理,强化服务意识,较好完成信息化软硬件运维,机关人员满意度较高。

【完成视频会议保障工作】 2016 年全年共进行 60 次视频会议技术调试,做好视频会议各项信息化保障工作,圆满完成 20 次视频会议信息化保障任务。

(于湘人)

九、上海市财政局

【概况】 2016 年,上海市财政局(以下简称“市财政局”)通过四个方面来开展信息化工作:一是围绕市财政局重点工作,助力财政改革发展;二是优化核心业务系统,充分发挥支撑作用;三是强化上下内外联动,推进市区统筹建设;四是加强网络安全措施,保障系统安全运行。

【助力财政改革发展】

开发建设全市一体化的政府购买服务管理平台。根据《上海市政府购买服务管理办法》的有关要求,为加快推进政府购买服务改革,进一步促进政府职能转变,更好地发挥市场在资源配置中的决定性作用,市财政局完成了全市一体化的政府购买服务管理平台建设工作,实现平台与预算管理、政府采购、绩效评价等相关系统交互数据,可以在购买服务前及时向社会公开购买主体的购买内容、规模和承接主体资质要求,在购买服务后向社会公开购买服务合同的内容、金额、承接对象,在服务完成后向社会公开绩效评价情况。按照 2016 年试点期间工作要求,已完成了市级范围内重点民生领域的公共服务项目公开和静安、杨浦两个区范围内社会关注度较高的社会治理项目公开试点应用。

落实政府财务报告编制信息系统上线应用。

2016年8月1日，财政部印发《关于开展2016年度政府财务报告编制试点工作的通知》，要求试点编制2016年度政府财务报告。根据市财政局相关工作计划，9月中旬，市财政局完成了财政部开发的政府财务报告管理信息系统试用版本的搭建，协助国库处了解此系统。10月中下旬，为满足市财政局6个部门、2个基层预算单位以及两家区级财政局试点编制2015年度政府财务报告的要求，完成了政府财务报告管理信息系统试点工作应用系统的搭建，并为应用培训及试点工作提供技术支撑和保障。

开发绩效评价机制智能化管理系统。根据《上海市预算绩效管理实施办法》的精神和基本要求，从2012起连续三期开发绩效评价机制智能化管理系统，已贯穿整个绩效评价工作业务流程，实现了绩效目标申报、绩效跟踪、绩效评价、结果应用、项目管理等功能。为深化完善绩效目标申报，2016年从预算绩效管理角度对项目构成及明细逐级进行细化，加强了对绩效目标编制质量的审核，提高了绩效目标与项目预算的匹配性。一是深化预算绩效系统应用。深入贯彻《中华人民共和国预算法》，围绕上海市2016年预算绩效管理工作要求，深入推进全过程预算绩效管理，保障2017年度部门预算绩效目标申报。二是推进绩效信息公开。通过与政府购买服务系统建立信息共享接口，对政府购买服务项目绩效管理信息进行逐步公开试点，稳步推进绩效目标、绩效报告等的信息公开试点。三是开发绩效中介及专家服务平台。同时依托互联网建设全市统一的中介在线评价及专家在线评审平台，与市、区二级财政应用的绩效管理系统中的绩效目标管理、绩效跟踪、绩效评价、结果应用等功能衔接，将专家及中介机构参与到从绩效目标管理到结果应用的预算绩效管理的全过程中，实现预算绩效的财政内部信息和中介、专家信息的贯通。

实现公务卡及现金使用的信息化管理。为落实市委关于进一步加强反腐倡廉制度建设的工作要求，进一步完善上海市公务卡制度建设，减少公务支出现金支付结算的要求，根据《关于进一步完善公务卡制度　切实减少现金使用的实施意见》和《上海市公务卡制度执行和现金使用情况考核问责暂行办法》规定，将全市公务卡及现金使用管理考核纳入信息系统管理。信息技术处根据业务需求，编写了系统开发的技术方案和市区数据传送接口规范，完成软件功能的开发，并保障市本级单位和市财政局上线应用，同时指导各区完成相关财政业务平台的建设，推进公务卡及现金使用管理考核业务实施应用，组织各区开展数据上传的联调工作，确保全市公务卡及现金使用数据准确汇总。在此基础上，不断丰富查询技术手段，做好全市公务卡及现金使用数据的分析利用。通过该系统的开发和应用，支撑了各级财政部门对预算单位的现金提取情况的动态监控和预警，实现对市级预算主管部门和各区从公务卡强制结算目录执行率、现金使用率、检查监督情况等三个方面进行全面考核。

发挥财政网站的意见征集和信息公开作用。为进一步调动社会力量、凝聚各界智慧，高质量地编制好作为市级重点专项规划的上海市财政改革与发展“十三五”规划，市财政局配合规划处和办公室在上海财政门户网站开辟了“上海市财政改革与发展‘十三五’规划”专栏，并开发意见征集模块，提供意见收集、展示、查询、下载等功能，面向社会各界广泛征求对上海市财政“十三五”规划的意见建议。同时根据重大财政政策和规章公开从"重发布"转变为"发布、解读、回应"三联动的要求,调整网站版面结构,增加政策解读栏目,提供文章分享功能,让关心重大财政政策和规章的公众能从多个渠道了解最新政策和政策解读;提供了分类型分年度的财政数据查询,开设信用信息专栏,公开行政相对人的行政许可信息和行政处罚信息。此外,着力推进网上政务大厅建设,实现资产评估机构设立审批、会计从业资格审批等单部门行政审批事项的网上办事和会计从业资格证书查询、会计人员继续教育查询两个服务事项的应用。2016年"上海财政"门户网站先后荣获三个奖项:在2016年中国优秀政务平台推荐及综合影响力评估中,获得"2016年度中国政务网站领先奖";在上海市智慧城市建设成果评选活动颁奖仪式暨2016上海市智慧城市发展水平指数发布会上,"智能咨询服务平台"荣获"优秀实践成果奖";在以"共建清朗互联网空间"为主题的上海市第七届优秀网站表彰会上,荣获"政务类优秀网站奖"。

【优化核心业务系统】

提高政府采购管理平台的应急能力。随着电子招投标业务的推广,政府采购管理平台应用规模不断扩大,系统运行压力逐步显现,系统稳定运行的要求愈显重要。市财政局完成了政府采购平台应急评标系统功能的开发和上线,对招投标工作电子化后可能产生的一些问题进行应急处理,防止因断电、网络或设备故障等问题影响评标业务的正常开展。应急系统作为政府采购业务正常开展的必要补充手段,能够有效地提高系统的适应性和健壮性,更稳妥地应对一些突发情况。同时,市财政局学习电商采购流程人性化的优点,实现采购人选购商品时,系统自动筛选并排序符合预算条件的商品,方便采购人选购,并将原来的一个合同只能采购单一商品变为一个合同可以采购多样商品,提高了采购效率,简化了采购人操作。截至2016年12月底,在政府采购平台上已完成21 318个采购项目电子招投标工作,涉及采购金额537.33亿元。

试点运行升级改造后的非税收入管理信息系统。上海市非税收入管理信息系统经过一年多的设计、开发和测试,已全面完成升级改造开发工作,进入新系统试运行阶段。新系统对原系统平台架构进行彻底升级改造,统一了非税收入收缴业务流程,创新了多种票据代开模式,改进了账务管理功能,保障资金流转的及时性、准确性,实现了业务数据的闭环运行。为保障新老系统平稳过渡,市财政局在2016年下半年采取分批上线的试运行方案,先期将市交通委和市人社局所属的88家单位和徐汇区作为第一批上线单位转入新系统进行试点应用,截至12月31日,上线区通过新系统开票36 067张,入库金额116.3亿元,退付业务663笔,系统整体运行稳定。初步达到了非税收入管理系统升级改造的目标。

助推市级专项资金管理平台的全面应用。市级财政专项资金管理平台由市财政部门统一管理,各业务主管部门共同使用,将市级财政资金安排的专项分年度、分管理部门、分项目单位的执行信息纳入系统管理。该平台于2016年1月全面上线运行,信息处多次组织市财政局内部培训和操作辅导,做好上线技术保障,跟踪运行情况,不断完善软件功能。平台运用"制度+科技"管理方式,各用户按所属权限查询、统计及分析市级专项资金的数据,实现对专项资金进行事前、事中、事后的监管，从技术上丰富了财政专项资金的管理手段。该管理平台的全面上线，为进一步理清财政资金支持重点、解决财政资金重叠支持问题创造了条件，并发挥了三个方面的基础作用：一是深化部门协同，提高财政资金使用效率。二是通过数据分析，优化财政资金政策。三是加强项目监管管理，确保资金使用安全规范。

完善综合查询分析系统功能。在综合查询分析系统上线试运行的基础上，信息处主动收集各部门反馈的意见和建议，组织开发力量不断扩充系统功能。补充完善了部门决算、政府采购、非税、资产等主题模块的功能；对一户式查询进行多方位扩充，增加了绩效评价、专项资金等主题的查询；根据财税库银横向联网的系统建设情况，对税收主题版本进行全新改版，增加了行业、重点户等详细信息的统计分析；对数据源进行了核对和校验，优化查询系统的性能和展现方式，使项目框架逐步丰富、展现更好效果；对资金监控主题进一步补充完善，增加了疑点分布总体分析、按项目分析、疑点处理查询等功能页面，主动为业务部门提供参考依据。综合查询分析系统的进一步开发完善，为管理决策提供了辅助支持。

【推进市区统筹建设】

全面落实全国财政信息化工作会议精神。制定财政信息化建设细化落实方案。为贯彻落实全国财政信息化工作会议精神，按照《财政部关于地方财政信息化建设的指导意见》和《关于做好财政信息化建设细化落实方案编报工作的通知》的要求，信息技术处结合上海市财政信息化的实际，制定上海市财政信息化建设细化落实方案。在方案制定前的准备工作期间，信息技术处召开了各区信息技术部门会议，传达全国财政信息化工作会议精神，组织开展文件学习，并且深入基层对各区信息化建设情况进行了认真的调研分析。在方案研究制定过程中，信息技术处与财政部信息网络中心保持了密切的沟通，在内部多次开会讨论研究方案，征询财政部信息网络中心相关处室对讨论稿的意见，进行了完善补充。细化方案深入分析了上海市财政信息化建设现状和存在问题，提出了上海市财政信息化建设的总体目标，明确了具体建设内容和实现路径，提出了时间进度安排和相应保障措施。

制定统一纵向层级间交换实施方案。为加快实现全国系统化“五统一”核心要素中“统一纵向层级交换机制”，构建形成财政部门间纵向贯通的数据交换通道，逐步实现上下级财政部门间数据交换模式的规范统一、安全高效，财政部研究制定并印发了《统一纵向层级间交换实施方案》，要求各省级财政部门统筹组织做好全省数据交换通道的建设应用工作。信息技术处认真组织学习研究财政部上述方案，经研究讨论，根据财政部的要求，制定了市财政局的统一纵向层级间交换实施方案。

推动区级国库集中支付电子化平台建设。根据《财政部、中国人民银行关于进一步加强和规范国库集中支付电子化管理工作的通知》有关要求，信息技术处进一步推进上海市各区、镇(乡)支付电子化管理工作。组织做好区级国库集中支付电子化平台的硬件基础设施的建设；根据上海市乡镇国库集中支付电子化改革的需要，改造财政与代理国库行、代理银行的数据交换接口；通过引用电子签章和签名技术，实现电子凭证替代纸质凭证；对乡镇财政性资金管理平台涉及支付的关键环节功能进行调整和补充;实现与电子凭证库的衔接。

深化与区财政信息化管理的上下连通。继续推动上海市基层财政部门信息化建设与完善,强化区、镇(乡)财政信息化支撑作用,增强各级财政的整体监管合力。加强联络沟通,及时了解各区局工作推进情况和存在的困难,统筹技术资源协调解决。利用问题上报机制和工作例会,收集汇总新出现的问题和需求,帮助区局共同分析解决。加强内部合作和外部协调,对于采用市财政局版本软件的区局提出的新需求,会同相关业务处室进行分析研究,提出适当的解决方案帮助区局化解难题。加强对区财政局信息化建设和信息系统应用的工作指导,帮助区局加强规范管理和做好信息系统安全。

指导区局做好软件推广使用和数据上报工作。在市财政局全面应用的基础上,逐步在部分区局试点推广应用部门决算网上报送。做好财政转移支付综合管理系统、财政供给人员分析评价系统和地方政府性债务管理系统的软件应用保障,做好系统升级、操作辅导、数据汇总等工作,完成地方预算综合管理系统部署和上线应用,配合市局和区局业务部门完成数据集中上报财政部。

【加强网络安全措施】

重视网络与信息安全测评及演练。2016 年继续开展了信息系统等级保护安全测评工作,在保障各信息系统安全稳定运行的前提下,对服务器、网络设备、安全设备的安全策略进行结构优化及参数调整,边测评边整改边复核,找出了各系统的安全防护短板,及时堵住了应用系统和操作系统漏洞,提高了各系统的测评符合率,有效降低了安全风险。参测的 6 个信息系统和 2 套物理网络均通过测评认证,有效提升了财政信息系统安全防护能级。通过应急演练对财政信息系统的应急响应流程和技术切换进行了成功验证,并对财政应用级灾备系统的功能及灾备系统的灾难恢复能力进行有效验证,锻炼了应急响应技术队伍,提升了财政信息系统应急响应能力,提高了应对信息系统突发事件的整体处置水平。

完善信息化基础设施运维服务。继续开展信息化基础设施的日常巡查、定期巡检和故障应急处理等运维工作,定期巡检信息化设备和机房环境保障设备,更换小型机、存储备份系统、网络交换机、安全防火墙、各类 PC 服务器和精密空调机组等设备部件,发现设备故障或技术隐患,及时处理故障,妥善解决隐患,为财政信息系统的持续可靠运行提供了良好的技术保障服务。做好介质级灾备和数据级灾备工作。

开展网络安全课题研究。市财政局通过多年的安全体系建设工作,结合“金财工程”的统一安全规划及建设,具备了一定的安全防护能力,具有一定的应急、突发安全事件的处理能力。现阶段上海市财政局已具备了基本的网络安全防护体系,三级网络的架构确保了网站、应用、数据的有效隔离防护。各级之间通过区域的防火墙形成逻辑边界;通过技术手段对数据库的各种操作行为进行安全审计,对网络内的攻击行为进行检测,建立统一的安全管理平台;结合等级保护的要求,定期进行漏洞监测、扫描、风险评估及加固服务。然而,财政网站仍然面临较多的安全风险,越来越多的 DNS 攻击、暴力破解、零日漏洞利用、APT(Advanced Persistent Threat,高级持续性威胁)攻击依然让网站弱不禁风。数据泄露、网页篡改、网页挂马、钓鱼攻击、拒绝服务等安全事件依靠传统的技术手段很难第一时间处理。随着虚拟化技术和云计算的不断发展,业务应用逐步向云端迁移,对于新形势下的业务安全还需要更加智能化、可视化、海量数据分析能力来支撑。同时现有环境下产生了大量的网络数据、业务数据、安全事件数据、运维数据,现阶段还没有建立基于大数据环境下的数据监测、分析、预警、展示平台,缺乏对安全事件的关联发现能力。通过本课题研究,探索完善财政系统网络安全保障体系,建立财政系统安全策略体系、安全技术体系和安全管理体系,建立市财政、区财政、乡镇财政一体的安全保障机制,完善财政系统网络安全保障机制,使其能够覆盖财政系统的应用、主机、网络、物理和终端设备,并以此设立目标分阶段逐步实施。

(李　政)

十、上海市人力资源和社会保障局

【概况】　2016 年,上海市人力资源和社会保障局(以下简称“市人社局”)围绕“需求为先,惠民为本、创新驱动,深化应用、强化安全,保障有力”的推进原则,以整体提升人力资源服务智能化水平为目标,整合职业培训、技能鉴定、社保缴费等人才和就业服务内容,确定以“政务管理高效和惠民服务便捷的统一、整合、一体化”为人社信息化总目标。

【自助经办系统】　市人社局坚持“以人为本”的政务目标,建设了基于互联网技术的人力资源和社会保障自助经办系统。自助经办系统开创了一套新的服务模式,系统打破原有的窗口服务模式,优化业务办理流程,增强服务的主动性、精准性、便捷性,提供全方位的网上经办服务,提高工作效率,降低用人单位成本。自助经办系统率先实现人社自助经办部分网上办事项目,通过业务专网和互联网的结合,为将来全面推进人社业务网上办理、用人单位的业务事项全部由单位自主管理,提供了一种可持续发展的思路。自助经办系统搭建了一个复杂的系统平台,在此基础上统一设计安全体系架构,统一制定公共服务相关标准规范。

该系统从 2012 年 10 月正式开通至 2016 年年底,从为企业提供 10 多项社保业务发展成为提供超过 132 项功能的高效系统。系统不仅为一般法人单位提供社会保险征缴、待遇申报、招退工备案登记、职工培训补贴等业务经办服务,还根据市人社局特点,针对专门机构如培训学校、审计事务所、院校等提供多个人社专项业务。

自助经办系统现已成为市人社局面向法人单位的“互联网+”高度统一融合的一门式服务载体,实现覆盖 53 万家单位自助经办服务用户。2016 年,通过该系统办理业务 1 300 万笔,月平均变更量达到 116.6 万笔,占日常业务总量 80%,有效降低了柜面经办压力。

【社保自助服务终端自助查询打印系统】 社保查询机自 2012 年 10 月上线运行起，已能提供参加个人城镇基本养老保险缴费情况、转往外省市凭证、网上操作密码申请或重置、个人享受养老金情况、上年度养老保险个人权益记录单、灵活就业人员缴费查询等服务功能。

截至 2016 年年底，市人社局完成 26 个区人才中心网点 43 台自助服务终端自助查询打印系统部署。上海市常住人口可以通过 40 个区网点、255 个街道网点的 369 台及区人才中心网点 43 台自助服务终端自助查询打印系统，查询打印个人社会保险缴费凭证，完成居住证积分的自助查询打印。2016 年，通过自助查询打印系统打印个人社会保险缴费凭证 492 万份，打印上海市居住证积分通知书 70 余万份。

【"五证合一"项目】 按照国家和上海市对企业实行"五证合一，一照一码"的规定，上海市从 2016 年 10 月 1 日开始启动相关系统。市人社局完成了系统的对接、社保业务功能的开发和升级，并在自助经办系统开发了相关自助登记的功能，单位根据社保业务自身经办需要补充采集其他信息，完成单位的参保结算。截至 2016 年年底，800 多家单位通过该模式完成了参保结算。同时市人社局在单位基本信息初始化层面也进行了改造，以工商信息为准，实现系统自动初始化和工商变更信息的自动更新，使得就业等其他模块也能共享相关信息。

【工伤保险浮动费率和按项目参保建设项目】 按照国家要求，上海市自 2016 年 4 月 1 日开始执行工伤保险浮动费率，市人社局改造了系统，完成了单位的行业确认，并按照浮动费率要求改造了征缴、财务等系统。2016 年度工伤保险费率调整涉及上海市企业单位 66.03 万家，其中 15.8 万家调高缴费比例，50.2 万家调低缴费比例。至 2016 年年底已有 3 406 个项目落实参保，共计 499 人次办理按项目参保的工伤认定。

【"金保工程"二期可行性研究】 2016 年，市人社局在进行了大量技术研究和测试的基础上，按照国家"金保工程"要求，结合上海的实际情况，编写了"金保工程"二期可行性研究方案，人力资源和社会保障部批复同意，正在向市发改委申请审批。二期聚焦实现业务系统大整合、侧重管理和服务流程的优化和再造，实现深层共享和协同，对影像(档案)资料和业务信息进行有机融合设计，对各类业务事前、事中、事后监管和考核进行标准设计，落实"互联网＋人社"的行动计划，建设安全可控的数据分析体系。

【社保卡及持卡库建设】 市人社局积极配合市社保卡管理中心进行项目的立项工作，按照社保卡管理中心计划，于 2017 年 6 月左右启动发卡，计划在"十三五"期末全部完成批量发卡工作。

【上海人社移动服务平台】 市人社局为实现"以人为本"的政务目标，加强多元化公共服务体系建设，立足民生需求，建设基于互联网的人社移动服务平台。依托市人社局庞大的信息资源和"12333"网站共享信息，开发基于 Android 和 iOS 等的移动终端应用服务，开通微信公众号，在极大缓解柜面压力的同时，也方便用户随时随地快速查询人社各项业务。上海人社移动服务平台智慧融合上海人社的数据、业务和服务窗口，实现移动互联网“一站式”手机应用，已经整合实现找工作、应聘、找药品、查社保、查证书、查积分等业务的一体应用，将“群众跑腿”变为“信息跑腿”，有效提升了办事效率。截至2016年年底，微信公众号关注用户数已近10.2万，日均访问量35 000次，APP累计下载量已超10万次(包括iOS和Android)，日均访问量23万次。

(人社局)

十一、上海市文化广播影视管理局

【概况】 2016年，上海市文化广播影视管理局(以下简称“市文广影视局”)紧紧围绕“建立与政府履职相适应的电子政务体系”，有效服务于创新政府、廉洁政府、法治政府建设，不断提升信息化水平，构建安全可靠的政务运行网络，搭建共享开放的政务协同工作平台，建立完善便捷的网上公共服务体系，形成智慧高效的政府管理支撑，促进市文广影视局行政效能不断提升、服务水平不断提高、治理能力不断增强。

【文广影视行业综合信息服务平台提升文博行业信息交互】 2016年，市文广影视局升级改造文广影视行业综合信息服务平台，结合实际业务需求新建上海市博物馆展览资源和文物保护交流子平台。该子平台包括了文物资源信息管理交流系统与博物馆展览资源交流系统，实现了文物保护申报、文物保护计划、文物保护实施情况、文物保护统计、文物保护工程资质、拍卖及文物商店资质、文物拍卖会、考古资质等信息数据申报管理功能，还实现了博物馆展览备案、展览交流、公告信息、藏品管理、藏品交流、任务派送等功能，对上海各大博物馆之间的信息交互与共享起到了重要作用。

(符慧君)

【“文化上海”新媒体不断提升用户体验】 2016年，市文广影视局官方微博“文化上海”在新浪网、腾讯网、东方网三个平台运行平稳。截至2016年12月31日，“文化上海”在三个平台上累计发布微博4 211条，转评量占全部转评的70%左右，粉丝数总计218 366名。2016年，市文广影视局官方微信“文化上海”全年发布演出、展览、公共文化、政府公告等相关资讯1 144条，拥有粉丝数量73 021名。2016年，“文化上海”在全市委办局政务微信、微博中的影响力排行榜中名列前茅，获上海发布颁发的“2016年上海政务新媒体最佳体验奖”。

(严佳文)

【“文化上海云”全面上线】 “文化上海云”通过整合上海公共文化场馆和公共文化服务资源，充分利用全市已建的数字资源和网络资源，通过跨平台、网络技术，实现在各种场合对公共文化数据资源，如区图书馆、博物馆、美术馆以及社区文化活动中心、社会化主体等文化资源的互联互通，形成“一站式”公共文化服务，让群众足不出户，即可随时随地共享公共数字文化资源服务。市民只需在“文化上海云”APP、网站、微信公众号等门户上通过“热点推荐”、“兴趣分类”、“附近搜索”等项目，便能快速找到并预约感兴趣的活动，如戏曲、讲座、亲子活动、电影观摩等大量免费的公共文化活动，可以通过发送到手机上的短信或二维码，预约进入各个公共文化场馆参加活动。方便、快捷、公益，是带给每位“文化上海云”用户最直观的感受。同时，为鼓励更多市民走进文化场馆，“文化上海云”平台整合全市公共文化设施资源，将排练厅、多功能教室、团队活动室等场所信息全部上网，供文化团队预定。全市 300 个各类文化场馆、活动中心的所有活动室全面实现网上公开对外预订，助力市民自建文化团体的迅速发展。

（殷　炯）

【网络视听行业平台生态茁壮成长】　2016 年，上海网络视听产业骨干企业营收入 120.9 亿元，土豆网、PPTV、哔哩哔哩、PPS 等上海市主要视频网站健康有序发展。截至 2016 年 12 月底，中国手机网民用户规模达到 6.95 亿户，较上年增长 7 550 万户，增长率连续三年超过 10%。土豆网、PPS、PPTV、哔哩哔哩 4 家网站开发的移动客户端 APP 内容类别众多，装机量、用户数达到一定的市场规模。百视通、新民网、优度网、东方购物依托自身特色优势，开发的移动客户端 APP 内容特色鲜明。上海市互联网音频服务凭借丰富的体验形式和内容存量，异军突起、全国领先。喜马拉雅 FM 用户数达 3.3 亿户，手机注册用户 7 200 万户，蜻蜓 FM 下载用户数达 2 亿户。此外，上海市还建立了互联网视听网站、手机电视和 IP 电视监管平台，开展广播电视媒体融合及三网融合监管技术研究。

（贾瑞明）

【提升互联网视听节目持证网站内容监测质量】
上海市文化广播影视监测中心(以下简称“监测中心”)建设了上海市互联网视听节目持证网站内容监测系统，主要实现了对上海辖区持证视听网站的节目发现、违规审核与取证的监测功能。随着互联网技术发展，视听网站业务形态随之变化，监测监管要求逐步趋于细化，监测中心原监测系统已不能满足当前使用。为进一步提升网站综合管理及网站舆情监测功能、优化无证视听网站的发现能力瓶颈，根据国家新闻出版广电总局及市文广影视局对于视听网站监管方面的相关文件要求和精神，结合监测中心“十三五”信息化发展规划和实际业务需求，监测中心于 2016 年在原系统功能基础上，主要对包括基础技术平台、数据推送服务、持证备案网站管理、舆情信息收集、违规节目信息收集及网游网站舆情管理收集等在内的功能模块实现无缝升级，实现了上海辖区视音频及游戏两类网站的发现和管理，关注网站的舆情信息收集和事件预警管理，进一步提升了视听网站监测监管效率，为管理部门做好互联网视听节目持证网站监管工作提供了决策依据。

（卢南琼）

【推进古籍和碑帖数据采集工作】 上海博物馆信息中心在实施了古籍数字化一期项目的基础上，2016 年又进行了第二期古籍扫描工作。共扫描完成了 12 万页古籍碑帖，累计扫描 24 万页；此外还对馆藏古代碑帖数据进行了采集工作，整个工作团队在确保碑帖安全无损的情况下完成了对碑帖册页、卷轴的高精度拍摄，共拍摄 2 万页，并建立了相关数据库进行管理。采集工作既为这些藏品的研究和利用开辟了新的途径，也拓展了藏品数据库的应用范围。

（翁昌欣）

【世博会博物馆 BIM 项目提高管理效能】 世博会博物馆新馆建设工程通过采用 BIM(Building Information Modeling，建筑信息模型)全生命周期技术，力求从 BIM 的科学理念出发，充分体现 BIM 应用最新模式，满足日后较长时间内业务发展的需求，项目经过多次需求调研于 2016 年 11 月上线测试运行。为了建设成为国际一流博物馆，建设过程中通过运用 BIM 技术，从机电管线、投资控制及全生命周期方面进行优化，其中全生命周期平台协同管理模块自上线至 2016 年年底，已有文件 5 002 个，包含图纸、文档、模型等各类数据 30GB，用户 132 户；完成设备编码 1 000 多个，涵盖电气、暖通、给排水等各专业。项目在 2016 年 12 月第五届“龙图杯”全国 BIM 大赛综合组中获一等奖、第二届中国建设工程 BIM 大赛卓越工程项目中获一等奖。

（陈晓波）

【新建历史博物馆网站、微信公众平台】 借助上海市历史博物馆新馆建设工程正式立项的良好契机，上海市历史博物馆网站及微信公众平台的建设工作于 2016 年年底基本完成，已涵盖公共服务信息、馆藏信息、文创衍生品信息、展览信息、教育活动信息等栏目 30 余个；上海松泽遗址博物馆、上海元代水闸遗址博物馆两个分馆的展示页面两组；拍摄展示照片 300 余张，文物资料 50 余组，展览信息 20 余条，学术研究出版物 10 本，教育活动 10 余则。

（姜大远）

【升级改造电子票务系统及藏品编目管理系统】 为满足中华艺术宫日益发展的业务需求、响应观众对中华艺术宫的公众服务，针对中华艺术宫信息系统工程中藏品编目管理系统和电子票务系统进行升级改造，并于 2016 年 11 月对各系统完成建设并验收。其中藏品信息管理系统扩展了库房管理，增加资料藏品管理、普查总账子系统、高清图像管理子系统，并为各模块生成相应报表，保证升级后的系统准确、高效、稳定运行。电子票务系统中扩展了艺术剧场(影院)票务管理、语音导览租赁管理、停车库管理子系统，建成一套完整收费项目管理系统。升级改造后的收费项目管理系统涵盖中华艺术宫现有的公共服务综合体系，可更好地为公众服务。

（吴雯雯）

【上海国际电影节在线影片系统上线】 上海国际电影节需要一个统一、高效的影片信息化管理平台，因此上海国际影视节中心 2016 年重点建设了在线影片系统。此系统整合了前台审片系统和后台管理系统的内外部联通的影片信息管理平台，以适应日益发展的信息集成化管理需要。2016 年第 19 届上海国际电影节举办期间，组委会共收到来自 48 个国家/地区的参赛作品 2 121 部，近百名专业人员借助上海国际电影节在线影片系统审片，最终参展、参赛影片 445 部。上海国际电影节通过在线影片系统已逐步实现对影片的收集、整理、审核、归纳与导出，彻底改变了以往 DVD 及 35 毫米胶片审片的状态，从根本上实现影片的信息互补与资源共享，是上海国际电影节不可或缺的重要平台。

（陆文谦）

十二、上海市审计局

【概况】 2016 年，上海市审计局（以下简称“市审计局”）在市委、市政府、审计署的指导下，继续推进上海数字化智能审计工程项目建设，积极探索运用现代审计技术，坚持积极作为、主动作为、有效作为，推进审计各项工作再上新台阶。

【推进“上海数字化智能审计工程”建设】 2016 年，市审计局按照项目建设要求稳步推进上海数字化智能审计工程建设。一是年初召开经验交流和工作布置会明确要求、落实责任，严格项目日常管理，落实项目定期例会和工作沟通机制，把好进度和质量关。二是基本完成应用系统功能设计和开发工作，进入系统测试和完善阶段。三是结合年度审计项目，继续按照项目建设内容的要求完成对被审计单位的数据采集和审计方法编制工作。四是结合审计业务实际需要，完成工程项目概算调整申请，报市发改委获批复。

此外，市审计局配合上海市网上政务大厅建设，对接“上海数字化智能审计工程”建设的内容，依托“上海审计”、“中国上海”门户网站建设了市级建设财力投资项目竣工决算审计的网上申请模块，2017 年起上海市竣工决算审计的申请、受理均将从网上流转。

【进一步加大门户网站信息公开力度】 2016 年，市审计局积极发挥门户网站信息公开的作用。一是更新机构职能类、政策法规类、规划计划类、业务工作类等信息 57 条，公开并更新了领导班子成员名单、个人基本信息、工作分工及局下属 3 个事业单位法定代表人调整等信息。受理政府信息公开申请 21 件，并对事业单位工作人员公开招聘和招聘选调生的相关信息进行网上公示。二是根据上海市政务数据资源共享和开放年度工作计划要求，完成“上海审计”网站政务资源目录梳理，并通过“上海数据服务网”开放涉及审计结果公告、审计工作报告、审计整改报告等内容的 65 条数据资源。三是通过网站局长信箱、在线咨询、在线举报等渠道受理公众留言 129 件，做到件件落实。

【保障网络运行稳定和网络安全】 2016 年，市审计局一是完成审计内网与公务网接入网“双网合并”。对两个涉密网进行合并改造，搭建文件、数据双向传输的基础网络环境，实现互联互通，并减少涉密机的使用数量。二是进一步保障网络和应用系统运行稳定，将市审计局财务管理、区共享平台、党建网和邮件等单机系统迁移到虚拟化环境中，以降低系统运行风险。同时完成移动办公的双链路改造，实现了在一条线路发生故障的情况下系统可自动切换到另一条线路工作，提高了移动办公的稳定性。

【基于大数据开展审计探索实践】 2016年，市审计局一是完成局大数据综合分析团队的组建，制定了大数据审计年度工作计划，明确大数据审计工作的要求。二是完成大数据集中分析室的改造并投入使用。三是对行业审计相关数据进行特征分析，协助业务处在项目审计中利用大数据技术开展审计工作。四是开展大数据新技术的学习攻关，研发大数据实验室、企业专题库等大数据审计工具。五是推进局数据中心数据资源利用。完善数据查询利用的审批流程，确保跨行业跨部门数据综合分析工作的安全、高效。六是围绕大数据审计工作能力提升，举办企业ERP(Enterprise Resource Planning，企业资源计划)应用、大数据关联分析工具应用、Hadoop(分布式系统基础架构)数据库应用共三期面向全市审计机关的技术应用专题培训班。

(张云天)

十三、上海市国有资产监督管理委员会

【概况】 2016年，上海市国有资产监督管理委员会(以下简称“市国资委”)紧紧围绕国资国企改革大局，围绕中央《关于深化国有企业改革的指导意见》以及上海国资国企改革全面推进的目标要求，围绕国资委重点工作，以“国资监管信息化”为主体，践行“推进企业信息化”和“支撑机关信息化”，推动市国资委系统信息化发展工作，推进信息化支撑企业创新转型。2016年年内，市国资委信息化工作按照“一体两翼”的工作思路(“国资信息化监管”为主体，“推进企业信息化”和“支撑机关信息化”为两翼)，突出信息化对企业科技创新的支撑作用，指导推进企业信息化工作，推进国有资本管理信息共享，进一步提高企业信息化建设的服务能级，推进国资业务管理信息化建设。

【推进企业信息化建设】

加强企业信息化工作交流。组织召开2016年度市国资委系统企业信息化工作推进会，总结交流企业信息化与产业化融合发展的典型经验，部署企业信息化工作。举办集团企业ERP、制造业C2B(Consumer to Business，消费者到企业)业务创新信息化沙龙活动，组织企业学习绿地集团融合务实与创新的集团型ERP建设经验，观摩上汽集团在汽车工业首个制造模式创新项目，通过交流和研讨，帮助企业信息化部门负责人拓展思路，从支撑集团发展战略、赋能业务以实现价值提

升和联合各方力量协同推进等方面给信息化领军人才以启发,帮助推进企业信息化。

开展企业信息化示范工程。与市经济信息化委讨论第一轮示范工程总结工作,组织编印示范工程案例集,推进新一轮企业信息化示范工程建设,研究开展企业信息化示范工程的办法,完善企业示范工程项目申报、评审、推广、后评估等工作机制,推进二、三级企业申报示范工程项目,完善并制发《上海市国资委系统实施“信息化示范工程”暂行办法》,推进企业信息化和产业化融合发展。

完善信息化水平评价机制。联合市经济信息化委、外部专家和系统运维单位共同优化评价指标,协同推进市国资委“信息化水平评价”和市经济信息化委“两化融合水平评估”两项工作,继续联合指导国有企业两化融合贯标和绩效评估工作;基于 2015 年水平评价结果与相关企业就后续工作改善进行沟通,完成上汽、电气等 11 家企业信息化调研,总结调研掌握的情况,完成企业信息化水平评价指标设计;根据企业反馈和指标调整情况,组织力量完善“信息化水平评价”信息系统,并根据研究成果完成了信息化水平评价程序的升级工作。

加强与企业交流。组织“物流和供应链 IT 架构技术研讨”主题沙龙等活动;组织企业走进山东浪潮集团信息化沙龙活动,对标学习外地国企信息化;配合市经济信息化委,协调委内企业参与联盟系列活动,做好上海 CIO(Chief Information Officer,首席信息官)联盟相关工作。

指导企业加强信息安全工作。配合上海市信息安全行业协会组织企业参加上海市信息安全竞赛活动,配合参与筹备上海市信息安全活动周系列活动,参与组织优秀 CSO(Chief Security Officer,首席安全官)评选。加强企业信息安全技能培训、认证和人才储备,联合公安部三所和德勤公司开展企业信息安全培训,提高企业相关人员的信息安全知识和技能,培训人数超过 200 人。组织国资系统信息安全培训,请上海市互联网信息办公室(以下简称“市网信办”)、上海市国家保密局(以下简称“市保密局”)、公安部三所、国家互联网应急中心等信息安全机构领导和相关专家进行信息安全政策解读和辅导,培训班人数超过 150 人。

推进企业软件正版化工作。配合上海市版权局完成对申通集团、华建集团及二级公司共 4 家单位的软件正版化抽查工作,指导企业接受国家版权局对华建集团及二级公司的软件正版化督查工作。

【推进国有资本管理信息化】

协同推进“十三五”信息化专项规划。充分征求机关和企业意见,修改完善信息化专项规划,完成《上海市国资委系统信息化建设“十三五”专项规划》的制发。召开市国资委系统“十三五”专项规划专题座谈会,交流沟通企业信息化规划,上汽、电气、华谊、纺织做专题发言,引导企业编制本单位“十三五”信息化专项规划,依据规划,组织实施,推进国资系统信息化建设。配合综合处召开区国资监管工作例会,解读市国资委系统信息化建设“十三五”专项规划,指导区国资监管信息化规划工作。

夯实国资信息化监管综合平台运行基础。指导信息中心继续做好专网、机房、云计算平台及同城异地灾备等工作,完成国资专享云平台建设,基本完成国资监管各在用系统的云化迁移工作,提高系统和数据安全;完成市国资委工作网加固和国资系统身份认证平台技术改造工作;基于专享云平台,联合科技网等单位,探索企业共享灾备中心建设。

探索实现国资监管数据共享。启动数据采集平台到企业集团的部署工作,实现市国资委委内用户和集团用户的应用系统整合,启用产权登记、评估管理、数据采集和财务快报子平台,并逐步用集采平台和工作流平台取代原有业务处室信息系统应用。组织召开国资监管采集平台操作培训会。继续信息资源目录系统的开发建设,根据国资监管业务需求变化,完善和整合国资监管系统。

完善国资监管系统基础环境。在国资系统专线网络建成的基础上,联合科技网完成上海国资灾备云项目的验收。

完成 2016 年度市国资委数据资源梳理及报送工作。完成市国资委政务数据资源共享和开放绩效评估相关报告,汇总数据资源 621 项,系统总数 7 个。

严格按照制度完成相关信息化项目。按照政府招标和国资委相关规定,严格将项目前期的招投标、中间的监理以及收尾阶段的安全测评等第三方服务纳入项目管理范畴,并由公开招标的国资委信息化项目招标代理机构和信息化项目监理机构进行招标代理和监理。2016 年共有 7 个信息化项目,其中 1 个新建项目公开招投标、2 个运维类项目市政府采购中心单一来源公示采购和 4 个运维类项目社会中介机构单一来源公示采购。

完成市经济信息化委关于 2016 年度市国资委信息化项目综合评价工作。根据《关于做好 2017 年度市本级信息化项目支出预算有关工作的通知》相关要求,完成了"国资经营预(决)算软件项目运维项目、内外网网站运维项目和国资委业务应用信息系统运维项目"的综合评价、项目综合评价等相关工作。

各系统正式上线后,配合做好培训工作。市国资委系统统一身份认证平台系统(即 SSO 系统)和数据采集系统 2016 年 6 月 28 日正式上线使用后,组织培训 1 场,覆盖所有委管企业(金融企业除外),账户管理员和财务上报人员培训人数 100 多人。月报、薪酬调查问卷等 5 套任务报表 9 月底上线并进入试运行后,组织培训 3 场,覆盖委管 40 多家集团及下属企业,共计 1 870 家,累计用户数 3 222 个,开设 VPN(Virtual Private Network,虚拟专用网络)账号超过 3 000 个,账户管理员和收入分配上报人员培训人数 200 多人。

【落实机关信息化保障】 继续推进无纸化办公系统应用,组织统一登录平台扫码 APP 设计及开发和测试,积极探索和推进机关人员办公手段的移动化。完善企业交互的协同办公系统。

加强 IT 日常运维,防止安全漏洞,落实技术保障和安全防范,保障系统不中断。组织网络排查、安全加固、调整优化以及数据中心机房网络调整推进工作。完成市国资委国产密码应用推进情况、应急响应、网络安全检查等有关材料报市经济信息化委和相关单位。

做好保密检查的技术保障工作,做好涉密计算机的运维保障工作。

完成了大沽路办公网络的加固。在 2016 年年初,经过详细的调研和专家论证,与科技网一起完成了办公工作内、外网络加固优化调整,楼层交换及防护设备加固,办公网络与宝山数据中心双线路加固。经过加固,办公网络速度得到了明显改善,故障率大幅度下降。

建立市国资委集中运维管理系统。继续做好市国资委数据中心专业化托管后软硬件资源的进一步整合工作。完成硬件更新云化方案。一年来宝山数据中心总体运行稳定,市国资委宝山云数据中心已开通并使用的主机有 86 台(包含物理主机 8 台)。其中包含 30 个业务应用,6 个测试应用和 4 个运维主机。目前已有 46 家企业纳入国资委专线线路并且线路已经归入北塔监控(BTIM)平台的监控范围。通过 BTIM 针对市国资委的专线线路、网络设备、安全设备、服务器及服务器上中间件等设备的运行状况、健康度进行实时监控。集中运维管理系统的使用强有力地保证了国资监管系统正常运行。

强化运维体系建设。运维热线的使用和运维团队的建立,使得解决故障的时间大幅度缩减,服务满意度提升。一年来共受理运维故障 1 704起,其中办公桌面运维 580 起,OA 系统 116 起、SSO(Single Sign On,单点登录)系统 196 起、业务应用 812 起。处理问题主要集中在浏览器、用户操作、权限、系统问题、密码、VPN、DNS 和 URL(Uniform Resoure Locator,统一资源定位器)等。

完善网站功能,配合相关处室做好市国资委门户网站测评工作。加强网站内容维护,严格按照委内信息管理的相关规定,并调整网站信息发布工作模式,2016 年实行采、编、发集中办公,较好地完成内网、外网、党建网信息的日常发布,完成了外网网站专题栏目及信息公开栏目的设置更新。截至 2016 年 12 月底,市国资委门户网站共编发各栏目信息 1 100 多条,内网网站编发信息 500 多条,主动公开信息 44 条。上报“中国上海”门户网站信息 397 条,被录用 356 条,上报国务院国资委网站信息 315 条,被录用 57 条。网站内容、更新速度、质量均明显提高。同时,积极配合市网安办对市国资委网站各类信息进行全面核查,通过了网站安全大检查。

加强信息化制度建设。完善相关的办法、细则、流程和模板。初步制定了信息化管理有关制度。

(赵　泉)

十四、上海市地方税务局

【电子税务管理】 2016 年上海市地方税务局税务系统信息化建设继续紧密围绕税收中心工作,深入贯彻税务信息化建设新思路,认真落实各项信息化工作任务,以强化支持系统应用为主线,以高效、安全的网络运行平台为保障,开拓创新信息化技术支撑形式,完善运维体系建设,服务税收征管和纳税人,进一步提高税收管理质量和效率。

【金税三期工作上线推广】 为配合国家税务总局金税三期系统在上海市上线,网上电子申报系统企业端作为上海市地方特色软件,在 2016 年组织实施了升级改造,在报表样式、业务规则和数据格式上对接金税三期。借助此次升级改造，对系统功能、用户体验、技术平台也同时进行了全面提升。eTax@SH3电子申报系统于7月1日与金税三期同步上线，新系统采用扁平化设计理念，操作界面更加简洁易用，新增在线客服功能，实时解答各类软件操作问题，拓展纳税人与服务商之间的沟通反映渠道。此外还进行了网上办税服务厅改版、市政府政务大厅建设以及税务站改版。

全面推进金税三期优化版系统平台建设。按照金税三期工程的安全域要求，对业务内网、互联网和外联网进行安全域划分；对管理地址、互联地址、业务地址详细设计IP分配方案；根据网络结构和业务应用的需要，进行合理、高效、可靠的路由规划；构建基于三地的双环路光传输网，配合计算存储，为应用系统实现双活模式提供异地一体化基础环境；对整体网络进行可靠性排查，防止节点和链路的单点故障；制定安全访问控制策略，确保生产系统在安全可控环境中运行。

【增值税发票管理新系统应用】 根据国家税务总局试运行工作要求，在环境准备、应用部署、联调测试、系统升级、业务验证各环节做好技术保障，确保上海市各项试点工作顺利推进，按时出色完成了国家税务总局布置给上海的试点任务，各项业务工作顺利上线。

发票查验。通过全国统一入口的增值税发票查验平台，支持增值税专用发票、增值税普通发票、增值税电子发票、机动车销售统一发票和货物运输业增值税专用发票5种票种的实时在线查验发票功能。2016年已有150万份发票通过查验平台查验真伪，平台的知晓度和使用率不断提高。

商品分类编码。2016年2月19日，浦东新区新落户企业运用增值税发票升级版系统成功开具了全国首张具有商品服务税收编码分类的增值税发票。着力做好国家税务总局下发商品分类编码的数据接收、推送和维护，督促服务商有序实施开票客户端升级工作。

发票选择确认。截至2016年11月底，全市已有19万符合取消认证条件的增值税纳税人使用选择确认平台进行进项发票确认，占全部一般纳税人近20%，加上占比60%的网上认证企业，这些企业在网上自行完成的增值税发票认证抵扣发票量占全部业务总量近80%，大大缓解了办税大厅窗口的压力。

发票网上办理。作为涉税事项全市通办的一项重要内容，突破了现有大厅取票的地域限制，纳税人可跨区域选择就近的办税服务厅，在网上办理发票申领事项后至大厅专窗领取发票。为此，调整了防伪税控系统参数设置支持发票发售跨区通办操作，并为各大厅专窗人员分配相应权限，2016年试点工作已在4个分局推行。

【推进“互联网＋税务”行动计划】 积极承担“探索智能咨询应用”的任务，运用语音合成、语音识别、机器人技术、自然语言理解和大数据分析等多种先进技术，依托“12366”知识库，打造税务系统智能咨询服务平台，为纳税人提供全方位、多元化智能咨询服务。

参加国家税务总局“互联网＋税务”可复制可推广项目评比，总结了一批“互联网＋税务”可复制可推广项目，申报应用软件“上海市税务系统智能咨询服务平台”1项，最佳实践“上海市个人纳税信息查询系统”、“增值税专用发票网上代开系统”2项，创意点子“外出经营证明管理网上办理”1

项,共计 4 个项目。

上线上海税务百度专页,并进行定期的栏目信息更新工作。2016 年 8 月,升级税务卡片至 2.0 版本,优化上海税务百度卡片的实用性和美观性,并设置了自动栏目更新等功能。

【完善全国“12366”纳税服务平台】 2016 年 1 月,按照全力建设国家税务总局“12366”上海(国际)纳税服务中心要求,体现国际化水平,根据业务部门提出的需求,完成“12366”双语网站的建设工作,配合做好“12366”APP 建设,一期实现了“12366”手机 APP 公众版功能。

坚持纳税服务综合管理平台(一期)建设。对外实现对各类渠道的统一管理和服务支撑、统一税法宣传管理、与外部公共服务平台的集成,对内实现统一的服务和数据管理以及同后端业务系统的集成。

完善纳税服务平台建设,自助办税终端(ARM 机)设备维护与技术服务。共计配备约 230 台 ARM 机、125 台凭证柜、56 台圈票柜,针对设备分布范围广、维护专业技术性强等特点,专门制定服务需求,招标采购并签订服务合同。2016 年年内共安排完成全市设备巡检保养 4 次,处理各类故障报修近 600 次,组织专业培训 1 次,共 78 人参加培训。

【全力支撑税收改革重点工作】 全面推开营改增。根据国家税务总局、市地税局营改增业务需求和工作部署,及时组织落实增值税发票税控代开软件、增值税发票税控开票软件(金税盘版、税控盘版)、增值税发票网上统一受理平台、防伪税控系统(税务局端)、货运发票税控系统(税务局端)等增值税发票管理新系统补丁升级工作。全面完成网上申报系统客户端、网站端、税务端升级改造,满足营改增申报业务变化需求。积极配合做好营改增税负分析工作,利用数据同步技术搭建数据集成查询平台,建成出口退税系统和电子底账系统实时抽取至税负分析平台。在 2016 年 5 月 1 日“零点行动”、6 月 1 日全面推开营改增试点后首个申报日及有序推进样本企业税负分析等营改增决战的“三大战役”中,发挥了技术部门不可或缺的作用。

积极配合上海市旅客购物离境退税政策实施,支持境外旅客购物离境退税工作。截至 2016 年 9 月,全市已备案 235 户离境退税商店,有10 464人次境外旅客开具 11 987 份《境外旅客购物离境退税申请单》,退税物品销售额达 1.83 亿元,已有 6 599 人次境外旅客成功办理退税 1 575 万元。在业务量、退税额等多项指标上均为全国第一。

【网络与信息安全保障工作】 为全面贯彻落实加快构建关键信息基础设施安全保障体系,全面加强网络安全检查,摸清家底、认清风险、找出漏洞、通报结果、督促整改的重要精神,全力以赴落实安全检查。为及时发现网络安全隐患,2016 年 9 月对全市税务系统各单位开展网络安全抽查,10 月接受国家税务总局金税三期工程第二阶段信息安全项目第四包(安全等级测评和风险评估)的检查。

为持续提升全市税务人员网络安全意识和技能,营造良好网络安全环境,9 月开展了全市税务系统网络安全宣传周活动,制定《2016 年上海市税务网络安全宣传周活动方案》,利用网络安全知识讲座、宣传展板、在线视频的形式,以“提升网络安全意识，保障税务信息安全”为主题举办网络安全宣传周活动，提升税务人员网络安全意识和技能，防范网络安全风险和威胁，强化人员信息安全管理，保障税务互联网应用安全和税务数据安全。

（刘　汀）

十五、上海市工商行政管理局

【概况】 2016 年，上海市工商行政管理局（以下简称“市工商局”）信息化工作围绕市委、市政府和国家工商行政管理总局（以下简称“国家工商总局”）的工作部署，服务上海市当好“改革开放排头兵，创新发展先行者”的工作大局，围绕改革创新任务和各项重点工作，以简政放权放管结合优化服务为主线，全面完成了年度各项工作任务，包括事中事后综合监管平台和国家企业信用信息公示系统（上海）的建设运行，个体工商户“两证整合”和市场主体“五证合一”的系统实现，推进工商数据应用中心建设，做好网络与信息安全相关工作等。

【启动综合监管系统平台建设】 落实国家“证照分离”改革试点，加强上海市事中事后综合监管，以“制度先行、平台保障”为理念，建立以综合监管为基础、以专业监管为支撑、信息化平台为保障的事中事后监管体系框架，依托基础数据库进一步加强部门监管信息互联共享，以集约化方式搭建集协同监管、联合惩戒、社会监督、信息查询、决策分析等功能于一体的综合监管平台，逐步形成横向到边、纵向到底的监管网络和科学有效的监管机制，强化部门联动和联合惩戒，增强监管合力，提升综合监管水平，推动政府部门工作重心由规范市场主体资格为主向规范市场主体行为为主转变，由事前审批为主向事中事后监管为主转变，促进各类市场主体公平竞争。

按照建设方案要求，落实市、区两级平台的设计和建设工作，完成市级平台系统框架搭建，初步完成证照分离“双告知”推送、市场监管“双随机”抽查、检查事项日常监管、联合惩戒数据应用、信息衔接失信自然人名单查询下载、企业公示信息分析等功能；支持浦东新区加快推进先行先试工作，形成区级子平台建设规范，基本完成区级子平台框架，实现部分区级子平台上线运行。

【推进国家企业信用信息公示系统的地方建设】 按照国家工商总局的建设方案和相关规范，进一步完善企业信用信息公示系统相关功能，完成严重违法失信企业名单管理功能；根据相关工作要求，完成“全国一张网”的上海市工商局实施方案的制定；加强组织领导，大力推进市工商局数据中心升级改造工作，成立由主要负责人牵头，硬件、安全、网络、数据等技术骨干参加的数据汇总实施工作组，做好与国家工商总局的工作对接，全面统筹推进各类业务数据汇总上报，实现国家工商总局数据中心全国数据汇总，完成国家企业信用信息公示系统（上海）的项目验收和上线运行。

【完成个体工商户“两证整合”和市场主体“五证合一”工作】 根据个体工商户“两证整合”和企业“五证合一”工作要求，按照国家工商总局的技术方案、数据规范以及实际业务需求改造现有信息系统，与相关部门紧密合作，如期实现个体工商户的“两证整合”，并在此基础上与企业同步推进“五证合一、一照一码”的信息化相关工作，完成统一社会信用代码的预赋码实施工作。

【推进跨部门政务系统建设和整合工作】 按照市政府的统一要求和相关工作部署，进一步推进公众诉求综合处置平台的后续建设工作，在2016年年初系统上线运行后如期完成“12331”热线、“12365”热线和“12358”热线的接入工作，进一步完善相关业务功能。配合市政府深入推进行政审批制度改革和网上政务大厅建设工作，完善名称预登记系统，推进内外资登记系统的后续相关工作，实现内资注册大厅和外资注册大厅正式上线。根据市场监管体系改革的实际情况，牵头做好部门协调和需求调研工作，推进市场监管行政处罚系统建设。

【推进上海工商数据应用中心建设】 探索基于大数据技术的数据资源体系、分析指标体系、技术方法体系和分析应用体系建设，以市场主体登记信息为基础，整合主体准入、监管、处罚、经营、交易行为等全方位信息，形成市场主体的全景式视图；面向宏观决策和市场监管应用主题，针对工商行政管理业务的具体实践和经济运行宏观决策需求，对现有工商数据资源进行深度价值挖掘，服务市场监管，服务宏观决策。

【加强法人库数据质量建设】 做好市法人信息共享与应用系统的运行维护工作，着力提升法人数据质量，完成法人库成员单位信息归集业务培训，加大数据检查和分析工作，每月在系统上发布数据质量报告，每季度发布书面数据质量报告给系统主管部门和各成员单位，做好信息归集，提升数据质量。完成部分区的数据落地工作，推进政府部门信息共享。

【做好网络与信息安全相关工作】 按照信息系统安全等级保护管理要求，加强安全技术防护，做好安全检查、等级测评和风险评估工作，对发现的问题进行整改，保障信息系统的安全防护能力。完成信息系统安全接入平台的部署实施，加强公众服务网和业务专网各区域的信息安全控制；做好业务专网准入控制系统维护和移动存储介质使用管理，加强内部安全。做好市网信办2016年度关键信息基础设施网络安全检查、上海市密码管理局（以下简称“市密码局”）和上海市委督检室重要领域密码应用自查、市公安局网络安全执法检查自查、市经济信息化委重点单位网络和信息安全检查等工作实施和总结报送工作。完善应急预案，组织实施2016年度的应急演练。继续做好信息安全教育培训工作，组织开展网络与信息安全主题学习活动，普及安全知识，提升安全意识。

（付学敬）

十六、上海市质量技术监督局

【概况】 上海市质量技术监督局按照"互联网思维、智慧型监管、大数据决策、协同化办公、云信息服务"的总体要求,坚持改革创新,推动内涵发展,不断加强信息化系统建设,持续深化信息化系统应用,全面保障信息系统安全。

【协同推进市级重点系统】 深化网上政务大厅系统对接建设。在保障网上政务大厅接入事项稳定运行的基础上,按照市政府有关要求,持续推进市质量技监局网上办事系统升级改造,加强政府办事服务事项网上办理的广度、深度。一是改进数据质量,实现了市质量技监局 24 个办理事项数据对账对接,从格式和内容两个方面,仔细检查每个接入事项各个环节的对接情况,保证接入事项数据对账工作质量;二是拓展接入事项,聚焦企业和市民普遍关心、量大面广的事项,完成了"上海市采标标志备案"、"上海名牌推荐"两个服务类事项的接入,认真梳理涉及市、区两级审批事项,实现了特种设备作业人员和使用登记统一接入政务大厅;三是改造页面风格,按照市政府网上政务大厅统一的界面风格,改进外网办事系统页面,不断改善控件展示布局,实现了政务大厅接入事项的视觉一体化设计。

推进事中事后综合监管平台建设。为落实国家"证照分离"改革试点,加强事中事后综合监管,根据各业务监管职责,按照《上海市事中事后综合监管平台建设工作方案》,填报了"上海市事中事后综合监管平台项目调研表",配合完成基础信息初始化设置等工作;梳理出覆盖 6 个业务条线的 17 个事项,逐一明确每个监管事项的职责主体、监管依据、法定监管程序,同步厘清与之相关的事中事后监管各类数据、应用资源;加紧落实技术力量,推进"双告知"后置审批、监督抽查以及移动监管系统的接口开发和数据交换。

推进区"四合一"执法系统改造工作。经与区市场监管局多次讨论沟通,完成了区"四合一"执法系统改造需求调研,启动开发工作。按照市级平台统一建设要求,与牵头部门积极沟通,充分反馈质监执法系统的业务逻辑需求,确认以质监行政处罚系统需求为基础,建设区市场监管局统一执法平台,并做好与市质量技监局执法系统的对接。完成了"质检利剑"执法微信平台建设及培训工作,规范了市场监管基层所办案流程,提高了办案效率。

【全面保障系统信息安全】 顺利通过等级保护测评。为了确保重要信息系统的网络与信息安全,对市质量技监局金质工程和门户网站两个重要信息系统开展了信息系统等保定级升级、备案更新工作,从物理、网络和主机、系统应用、数据安全与备份恢复和制度建设、人员管理、运维管理等方面现场测试和评估。为进一步巩固和加强信息安全防护,将金质工程系统等级保护从二级提升为三级,并将所有在互联网上存在入口的应用全部纳入等保范围，完成了现场测试和评估。金质工程和门户网站两个系统均已顺利通过三级等保，综合得分均超过 85 分，均已超过相应等级的各类信息安全指标要求，为市质量技监局重要信息系统正常运行提供了安全保障。

加强网络及信息安全防护。按照《质检总局办公厅关于开展 2016 年质检系统网络安全检查工作的通知》要求，配合国家质量监督检验检疫总局(以下简称“国家质检总局”)网信办完成信息安全抽查，从技术、管理、培训等方面开展全面梳理和诊断，针对信息安全防护的薄弱环节，强化防范措施，持续提升网络安全防护能力和水平。按照市网信办、市经济信息化委等关于上海市关键信息基础设施网络安全检查和 2016 年上海市重点单位网络与信息安全检查的要求，组织开展了市质量技监局系统的信息安全检查，按月报送《上海市党政机关、事业单位和国有企业互联网网站安全专项整治行动工作进度表》，督促市质量技监局属单位加紧完成网站等保备案和测评。2016 年，市质量技监局重要信息系统安全形势总体良好，未发生重大信息安全事件。

【持续深化业务系统应用】 加快推进重点信息化项目建设。推进金质工程综合改造项目建设，围绕质监数据中心，完成了信息资源管理中心 E-R 图和展示界面设计，为质监数据资源共享以及法人库数据利用奠定基础。完成办公系统功能完善，完成特种设备安全监察、检测认证监管、计量器具档案管理、检测资源公共服务等需求调研及原型设计。成功恢复了长乐路机房，通过有效利旧实现了数据异地灾备；完成了行政办公处室内部收文功能开发，实现了会议室统一管理；推进门户网站“科创版”开发上线，提供技术基础信息资源一站式查询服务；完成行政审批标准化系统心跳数据同步，试点完成两个事项的流程对接。

年度信息化项目顺利推进。按照 2016 年度信息化建设项目推进计划，完成区“四局”合并信息化支撑系统、“质监政务”APP 等年度项目招投标，完成了需求调研和框架设计，启动以特种设备动态管理、公共服务平台等为主要内容的特种设备信息化系统前期需求调研和设计。完成金质工程主机及系统、网络及安全、特种设备计量等系统，及执法办公、综合分析、移动监管等年度运维项目招标工作。在上海标准信息服务系统建设和运行的基础上，组织协调上海市质量和标准化研究院，推动建设上海质量发展与标准信息公共服务平台，完成了项目建议书上报，通过了专家评审，并获市发改委批复立项。

促进数据资源共享开放。依托上海市政府数据资源服务平台，完成年度数据资源编目和注册工作，制定印发了《上海市质量技术监督局政务数据资源共享管理办法》，从制度层面保障局系统数据注册和共享开放工作顺利开展。深入推进法人库数据资源开放和共享，结合市局数据中心建设，重新梳理确定了 15 项资质类、12 项监管类数据项，明确了交换的数据字段；组织开展对法人库历史遗留问题数据的全面梳理和集体会诊，从业务系统、数据关联和交换机制等方面查找原因和进行整改，实现了数据质量的大幅提升。

【持续提升管理保障水平】 加强信息化项目采购管理。按照市财政局下发的《政府采购集中采购目录和采购限额标准》，制定市财政限额以下自行采购信息化项目的操作规范，明确项目承担单位的比选办法，严格按照市政府采购平台系统操作规范，选择具备中介资质的代理机构。进一步对《上海市质量技术监督局信息化工作管理办法》等管理制度进行完善，健全信息化管理制度体系，制定印发了《信息化项目采购管理办法(试行)》、《信息化项目自行采购评审实施细则》等一系列制度，用完善的制度落实责任，主动预防、补齐短板。2016 年，按照《管理办法》要求，完成了 9 个自行采购信息化项目的评审比选，做到了全程留痕，实现了“一项一档”。

促进信息化管理规范化。规范信息化需求立项，印发了《上海市质量技术监督局信息化项目立项申报管理办法》，明确了新建、改造、运维项目的立项程序、时间节点、绩效评估等要求；制定了《质量技术监督信息化系统用户账号管理办法》，开展了市质量技监局电子邮箱账户清理工作，实现了局系统用户账号和权限实时更新，有效清除了“僵尸”账户、消除了岗位变动过程的系统“从中梗阻”。

(靳　昂　夏星洲)

十七、上海市统计局

【第三次农业普查数据处理环境建设】　农业普查是全面了解“三农”发展变化情况的重大国情国力调查，对查清国家农业、农村、农民基本情况，掌握农村土地流转、农业生产、新型农业经营主体、农业规模化和产业化等新情况，反映农村发展新面貌和农民生活新变化，对科学制定“三农”政策、促进国家实现农业现代化、全面建成小康社会，具有十分重要的意义。

按照《第三次全国农业普查数据处理工作方案》，第三次全国农业普查将充分利用现代信息技术，运用遥感影像、无人机遥感技术开展农作物播种面积测量，全面采用移动终端设备实现普查数据实时采集、审核和报送。根据国家统计局“统一标准、分级负责、规范管理、安全高效”的总体要求，上海市统计局完成了移动终端、服务器、存储和安全设备等采购，以“三中心”模式(即数据采集、交换、处理)搭建了数据处理环境，完成了各级业务人员的技术培训工作，为 2017 年农业普查数据处理打下了坚实的基础。

【加强信息系统安全】　一是严格按照国家统计局要求，检查并落实市统计局计算机安装北信源安全客户端以及江民杀毒软件，对市统计局客户端安全管理系统进行了功能测试。二是在市统计局内组织多项信息安全专题培训，主要包括针对市统计局内信息安全员的安全技术培训、工作布置和情况通报；针对市统计局人员的保密安全教育；针对处级及以上干部的保密安全专题讲座。三是完成关键业务系统的信息安全等级保护测评工作，按照等级保护要求对设备进行安全加固，整理防火墙访问策略，完成边界防火墙、防病毒网关、Web 应用安全防护系统安装，准备部署入侵检测系统、数据库安全审计系统、网页防篡改等安全设备。四是做好季度信息安全及保密检查、自查工作，做好涉密机和非涉密机的台账整理工作，通过了市保密局的年度保密检查。

【推进局队内部信息共享工作】 2016年，在市统计局、国家统计局上海调查总队各相关部门的配合下，制定了《市局、总队内部信息共享管理办法(试行)》，梳理了2016年年内部基层数据共享目录、综合数据共享目录清单，完成了内部数据共享软件的开发、部署。未来将根据实际使用情况，改进和完善平台软件和管理办法，补充修订共享目录，提高软件操作便利性，充分发挥数据共享平台作用。

(赵冬晖)

十八、上海市新闻出版局

【概况】 2016年，上海市新闻出版局(以下简称“市新闻出版局”)信息化建设主要是网上政务大厅建设和行政审批标准化接入项目建设，同时根据新闻出版广电总局的要求，对图书出版统计上报软件、上海报刊上报统计管理系统和上海市印刷业统计分析、年度核验系统进行了升级改造。完成了上海市新闻出版电子政务系统项目的竣工结算和数据资源向社会开放管理系统的验收工作。完成信息化“十三五”规划和三年行动计划编制。“书香上海”政务微博、微信2016年累计编发微博3 300条，微信362期、1 100条，微博平台总粉丝数为26万，微信粉丝数增至2.9万。直属单位韬奋纪念馆完成了抗战时期珍贵文献数字化加工项目，上海新闻出版教育培训中心的高技能人才培养基地机考建设项目通过验收，上海新闻出版职业技术学校教学信息化管理系统完成升级改造。2016年上海市新闻出版专项资金在报刊出版产业发展扶持方面，聚焦传统报刊转型，重点支持能较大提升刊物在国内外专业、学术地位或影响力的学术期刊项目。

【网上政务大厅和行政审批标准化接入项目建设】 2016年，市新闻出版局网上政务大厅建设已实施现有行政审批系统和网上办事系统的改造，行政审批33个事项实现与市级层面网上政务大厅的互联互通。

在上海市行政审批标准化管理系统接入建设上，按照已编制的行政审批业务手册和办事指南的具体内容，调整完善现有的行政审批业务系统，全流程梳理行政审批业务数据，做到审批办理和审批后监管等各业务环节数据项完整，通过数据对接方式实时报送至上海市行政审批标准化管理系统。全年完成9个事项的行政审批标准化接入项目。

【图书出版统计上报软件完成升级】 由于图书出版社管理系统升级，取代了原有的编辑编务管理系统，造成图书出版社在每月上报出书时，存在很多问题。为了更好地服务企业，有效地对图书出版社上报数据进行审核，对原有图书出版统计上报软件进行升级。同时，对音像、电子申报出版数据也一并升级。

【上海报刊上报统计管理系统完成升级改造】 上海报刊上报统计管理系统主要功能为上海市的报社、期刊社等单位向市新闻出版局报送报纸、期刊等出版、财务等统计数据和年度核验信息，同时根据国家新闻出版广电总局要求每年报送报纸、期刊出版统计数据。2015 年，国家新闻出版广电总局对新闻出版统计信息管理系统进行了升级改造，改变了上报的文件格式和方式，市新闻出版局根据国家新闻出版广电总局提供的统计信息系统接口文件，做好接口的衔接升级工作，涉及业务包括图书、期刊、报纸、财务和单位信息等，并增加了部分业务内容，如期刊业务增加了学报、动漫期刊等指标，对期刊的内容分类也进行了升级。2016 年完成接口改造升级，数据及时上报国家新闻出版广电总局。

【办公 OA 系统增加批量处理功能】 由于科技与数字出版处游戏审核的数量激增，每款游戏的审核都需要 2 次收文和 1 次发文。目前的收文和发文系统只能单个文件处理，点击的工作量巨大。为提高工作效率，将办公 OA 系统升级改造，增加收文和发文批量处理功能。

【上海市印刷业统计分析、年度核验系统完成升级】 该系统建设于 2008 年，经过 8 年的运行，吸引了大量企业用户网上填报，积累了大量数据。本次升级依据《全国印刷统计报表制度》和《新闻出版单位财务状况与经营成果统计报表制度》的数据导入文件标准，梳理业务数据，通过查询统计导出符合标准模板的 ZIP 压缩文件，导入到全国新闻出版统计网。项目建设内容包括：梳理上海市印刷业统计分析、年度核验系统中的企业信息和年检信息数据，统计符合《全国印刷统计报表制度》、《新闻出版单位财务状况与经营成果统计报表制度》要求的出版物印刷和专项印刷的各项指标数据，并导出指定格式的数据文件。

【完成“数据资源向社会开放管理系统”项目验收】 市新闻出版局数据资源向社会开放管理系统向上海市政府数据资源服务平台注册 19 项数据资源，其中 1 项行政审批事项是接口服务管理，12 项数据应用管理，6 项数据产品管理。实现对 18 项公开数据的审核、共享管理，并实现与政务网站的数据共享，让社会公众查询、下载和再利用。项目从 2014 年 9 月开始建设，分 2 年完成 19 项数据资源的对外开放，所有功能都已在 2015 年 8 月上线试运行，使用过程中进行了不断的修改和完善，2016 年该项目通过验收。

【市新闻出版电子政务系统项目完成竣工结算】 上海市新闻出版电子政务系统项目 2014 年通过验收，2016 年完成审计、概算调整、竣工决算和固定资产登记工作。

【完成信息化“十三五”规划和三年行动计划编制】 市新闻出版局虽在“十二五”期间完成了“上海市新闻出版电子政务系统”项目建设，基础设施建设水平得到了提升，但由于在此之前建设的业务系统各自独立运行，项目没有解决系统间数据共享的问题，为避免信息孤岛、各自为政、重复建设等情况的出现，亟须编制信息化“十三五”规划和三年行动计划。为此专门成立了规划编制领导小组，市新闻出版局局长徐炯担任组长，各位局领导均为小组成员，领导小组下设办公室，办公室主任由市新闻出版局副局长彭卫国担任，成员由各职能处室负责人组成，对外联络与具体协调工作由市新闻出版局办公室负责承担。

从 2015 年 10 月开始，在 4 个月内完成 20 个业务处室、直属单位、行业内单位(四大集团)、部分区文广局、执法总队、国家新闻出版广电总局、部分兄弟省局和市委宣传部的调研。调研报告和规划咨询了有关专家的意见建议，经过反复多次修改后，2016 年 5 月完成调研报告和规划初稿，之后召开了专家咨询会，征求各方意见建议后，2016 年 11 月完成规划和三年行动计划评审稿，12 月通过专家评审。

(梁国奋)

【“书香上海”政务微博、微信】 2016 年 1 月，“书香上海”荣获市政府办公厅、市网信办颁发的“上海政务新媒体优秀奖”；同时荣获上海交通大学、腾讯大申网颁发的“十佳内容类政务微信号”；7 月，获评全国阅读推广新媒体联盟颁发的“大众喜爱的阅读微信公众号”；9 月，在市网信办组织的上海市优秀网站评选中，获评“上海市优秀网站”(微信公众号类)。“书香上海”工作呈现出以下特点：一是继续探索协作共享方式。邀集上海发布、上海黄浦、上海静安、上海虹口、上海人民出版社等公众号负责人，召开座谈会和举办培训班，一起探讨如何利用新媒体做好阅读推广工作。

二是逐步形成了自己的工作传统。“书香上海”微博已经成功建立了以书香晨曲、神州书卷、天天海上书、海上品书录、书界 V 言、编辑手记、读书这么好的事、海上夜话等为代表的近 20 个有广泛影响力的品牌栏目；“书香上海”微信也已经建立了 10 余个常态化的线上活动形式，这些活动也正在形成自己的品牌：每年 1 月“出版机构掌门人荐书”活动，1 至 2 月“一地一书味”春节特别活动，3 月“书香三八节”活动，“4 · 23”世界读书日系列活动，6 月“给为人父母的你”儿童节特别活动，7 至 8 月上海书展系列活动(名人廊、重点活动预告、出版社十种年度好书、现场最受喜爱的图书)，9 至 10 月“带一本书去旅行”国庆节活动，11 月中国上海国际童书展系列活动，12 月至次年 1 月与上海市编辑学会合作进行的沪上青年编辑荐书大赛等。2016 年“书香上海”依靠上海阅读文化推广新媒体联盟成员的支持，发起的阅读活动吸引了累计 500 余万次阅读、点赞和评论量。

三是探索开放办博办微。为更好地适应年轻群体线上阅读的习惯，丰富“书香上海”的推送内容，引导推广阅读潮流，提升服务全民阅读效果水平，“书香上海”工作团队在微博、微信中专设精阅读推广栏目，于“4.23”世界读书日当天推出。新栏目主要立足于出版业内资源，利用文字、声音、图片或视频，编辑生成微信微博，每日推送。至 2016 年 12 月底已连续推出 18 种图书，共连载 83 期，累计 8 万余字。

“书香上海”政务微博、微信的工作必将有利于进一步提升其传播力和影响力，使“书香上海”更好地为市新闻出版局的重点工作服务。

(张　翼)

【抗战时期珍贵文献数字化加工项目】 为更好地保存珍贵历史文献，利用数字信息化技术研究和挖掘史料价值。2016 年韬奋纪念馆对部分抗战时期珍贵文献馆藏进行了数字化加工工作。这批文献时间跨度自1931年“九·一八”事变日军侵华至1946年抗战胜利后清算敌伪罪行，涵盖了社科、文艺、画报、漫画、电影戏剧等各类代表性的书刊杂志和文献资料，全面真实地反映了当时举国上下同仇敌忾的救亡精神及激烈的抗战实况。2016年已完成扫描制作PDF电子书1 462册，47 000余页。后期韬奋纪念馆还将陆续对其他重要馆藏进行数字化加工并建立专题数据库。这些数字资源将成为筹建中的中国新闻出版博物馆的重要电子馆藏并适时对公众开放。

（王　晨）

【高技能人才培养基地机考建设项目通过验收】 新闻出版高技能人才培养基地计算机考试机房项目在2016年上半年通过验收。项目为日后的学员上机培训、理论鉴定提供优质的信息化服务。同时自主开发了在线机考软件（今明在线考试管理软件），并取得了计算机软件著作权登记证书。软件包含了学员管理、学员在线考试、教师组卷、实时评分、试题管理、统计管理、鉴定题库导入等多个子系统，可用于学校、行业鉴定站所及培训机构日常考试和鉴定使用。截至2016年12月，已成功用于印刷平版工（一级）的理论鉴定，并为上海市印刷技能大赛中多个项目的理论鉴定进行组卷服务等。目前软件平台共有试题超过5 000题，对应工种分别有数字印刷专项能力、平版印刷工（一级）、平版印刷工（三级）、印品整饰工（上光、糊盒、模烫压）（五级）等。

（刘　翔）

【上海新闻出版职业技术学校教学信息化管理系统升级改造】 2016年上海新闻出版职业技术学校信息化工作以服务教育教学工作为宗旨，以提高教育教学管理效率和水平为目标，重点实施了教学信息化管理系统升级改造。项目在学校领导指导下，由学校分管校长负责规划、教学管理部门具体实施。该项目为教学管理人员及教师、学生提供简便、高效的信息化应用服务。系统包含数字教务管理、学生综合素质测评校内管理、教学过程监控、OA办公、移动教学平台系统模块，在技术上综合采用Web三层技术，实现核心数据库、核心业务逻辑与用户界面分离，在功能上实现智能排课、自动调课、考务安排、成绩管理等一系列业务管理功能。各功能模块间实现功能独立、松散耦合、接口开放，便于扩充，能实现多种不同情况的排课需求，移动平台与教务系统实现数据对接与共享，学校师生可通过移动平台及时获取教学相关信息，为师生工作学习提供了极大便利，有效提高了日常教学管理及信息化管理水平。

（钟　勇）

【报刊数字化项目建设】 上海材料研究所申报的材料检验检测类科技期刊集群新媒体平台建设项目，依托该所材料及检验检测领域专业优势、行业资源、科技期刊集群优势，以数字化、网络化为手段，加快传统科技期刊转型和媒体融合，逐步建成材料检验检测领域技术资源数据库、数据采集和分析系统、企业信息库，为本领域专业人员提供文献检索推送服务，完善材料检验检测专业数字出版和传播体系，搭建材料检验检测类科技期刊集群新媒体平台。英大传媒（上海）有限公司申报的紧密依托全球能源互联网打造配用电领域有影响力的全媒体平台项目，将依托《供用电》杂志，打造集纸刊、网络投稿管理平台、微信公众服务号、手机终端电子刊阅读、线上线下会议活动为一体的全媒体平台。上海医药行业协会申报的“移动互联网＋知识服务”杂志升级计划项目，将聚合资源形成“学术生态圈”，运用移动办公提升工作效率，通过实时的编读互动扩大期刊影响力，借助高科技手段进行大数据分析，从而提升期刊影响力。上海长海医院结合医学学报编辑部申报的《结合医学学报》国际化网络出版平台的维护与应用项目，将加强期刊国际化网络出版平台的维护与应用，进一步促进期刊国际影响力的提升，使《学报》尽快成为SCI(Science Citation Index，科学引文索引)期刊。上海市建筑科学研究院(集团)有限公司申报的《建设监理》新媒体优化及平台联动项目，利用新媒体，提升杂志影响力，增强互动性，将杂志打造为行业交流和服务的平台，为用户提供资料检索、内容分享、人才交流等多元化服务。上海《大飞机》杂志社有限公司申报的《大飞机》杂志“互联网+”融合发展项目，将建设数字化采编系统，拓展网络新媒体传播途径，实现整体转型与深度融合，使作为国家意志、国家战略的大飞机事业得到广泛理解和支持。上海《生命与灾害》杂志社申报的增强现实技术在传统科普期刊出版领域中的应用研究项目，将以《生命与灾害》为例，开展“增强现实”在科普期刊领域中的应用研究，包括系统需求分析、功能框架设计、多媒体制作、交互技术实现等。上海故事会文化传媒有限公司申报的《漫画会》原创版权跨媒体运营平台项目，将创新“以版权为核心的复合出版”模式，建设“原创动漫版权多媒体运营平台”，贯通动漫产业链，提供多元文化服务，推动传统出版企业转型升级。

【高校学术期刊数字化建设】 2016年文教结合项目上海高水平高校学术期刊支持计划，继续支持市属高校学术期刊专业化、数字化、国际化发展。上海交通大学《纳微快报》申报的期刊数字出版及出版平台四期建设项目，将主要实施开发视频线上出版模组，实现科研成果的视频展示功能；采用OA出版，扩大读者群体，提升期刊影响力；采用Scholarone Manuscript投稿系统，提高稿件处理效率。第二军医大学《亚洲泌尿外科》(英文)杂志申报的创国际一流、亚洲特色泌尿外科期刊项目，实施内容主要包括：出版国际化，由国际知名Elsevier公司生产加工，加强国际合作出版；审稿国际化，使用汤森路透ScholarOne在线投审稿系统，优化审稿机制和流程，加强国际审稿专家数据库建设；期刊文章内容推广，通过网站、微信平台、邮件等进行内容推送，扩大期刊影响力。上海财经大学《财经研究》申报的期刊数字化平台优化建设与质量提升项目，建立《财经研究》期刊资源数据库并对相关内容进整理、分类与微信发布，通过内部管理系统的功能优化，实现刊物影响因子实时动态跟踪，为编辑业绩的提升及评价管理提供科学依据，寻求先进的数字出版平台和国际传播平台，积极推进刊物的翻译及数字出版工作，提高文章与刊物的国际影响力。上海财经大学《外国经济管理》申报的数字化运营机制创新项目，将继续举办“网络学术沙龙”，依托已有交流平台，将传统的投审稿机制与网络投审稿相结合；通过“网络workshop”、“网络seminar”、“网络新书发布会”等多种会议形式，将学术人群交流活动本身变成高质量学术内容的生产过程。华东师范大学《生物学教学》申报的教育资源数据库的建设项目，将建设“《生物学教学》教育资源数据库”，为一线中学生物学教师、科学教师、中等职业学校的生物学教师，及高校和其他生物学工作者提供优质、免费的生物学教学资源。上海交通大学《医用生物力学》申报的网络化办刊探索项目，将探讨科技期刊在媒体融合背景下网络化办刊的模式和具体措施。上海外国语大学《外语界》申报的数字化服务质量提升计划，在已有《外语界》数字化资源的基础上进行内容推广和增值服务，主要实施方式为购买服务提供商的产品并结合编辑互联网推广模式的培训，提升自有数字化服务的品质，借此提升期刊的传播覆盖率和影响力。上海音乐学院《音乐艺术》申报的音乐图谱声像电子期刊建设项目，实施内容主要为声像电子期刊的制作与出版，电子期刊文字及主体合成、电子期刊的图谱/音频/视频制作，电子期刊的宣传。上海大学《应用科学学报》申报的运用数据挖掘和精确匹配技术有效提升学术期刊影响力项目，围绕作者、读者、审稿专家建立多维度学术关联社交网，对他们关注的领域和专长进行智能分析，然后进行数据挖掘和匹配度分析，形成最佳信息推介策略，实现网络自动精准推介。

(周尚科)

十九、上海市体育局

【概况】 近年来，上海体育信息化建设紧紧抓住上海“智慧城市”建设的契机，将服务政府管理、服务市民需求为努力方向，以强化信息化管理、整合信息化资源、深化基础建设为主要任务，初步形成以上海体育政府官方网站为窗口、电子政务网络平台为枢纽、数据中心为基础、业务应用为核心的上海体育信息化体系，并以此作为推动体育工作转型升级、提质增效的重要举措。

【建设上海市第二届市民运动会信息化管理和服务平台】 2016 年是上海市第二届市民运动会的召开之年，上海市体育局(以下简称“市体育局”)抓住机遇，以“上海市市民自己的奥运会”作为体育系统提高管理水平、提升体育公共服务能力的切入点和抓手，以“智慧参赛、智慧办赛、智慧管赛”为工作理念，边设计边建设边运营，建成了上海市第二届市民运动会管理服务平台，形成了“三个一”体系，基本实现了“全网络信息覆盖、全口径数据统计、全过程赛事管理、全方位赛事服务”的建设目标。截至 2016 年 12 月底，平台已发布赛事 9 778 个，活动 8 058 个，累计参与人次突破千万。

“三个一”体系：一套标准，即为各办赛单位及各级体育管理部门提供统一的数据采集、数据库设计、信息导出格式规范、信息传输协议、开放接口等标准。一个门户，即建成一个集信息发布、活动报名、交流互动为一体的“第二届市民运动会”官方网站，同时配套建设了相应的官方微信和移动 APP。一个平台，即打造一个后台管理体系，为办赛主体(区、协会、企业等)和各级体育管理提供了信息化管理系统。

“四全”工作目标：全网络信息覆盖，即注重充分体现使用的便捷性，针对不同的受众开发了不同的应用软件，覆盖了各个网络渠道。全口径数据统计，即平台在设计时对数据采集和分析功能进行了充分考虑和论证，既要保证数据采集的准确、有效和完整，也兼顾了数据采集的便捷和高效需求，同时针对数据开发了多维度的分析应用。全过程赛事管理，即通过平台实现了第二届市民运动会举办的赛事和活动从启动到结束的全过程信息化管理流程。全方位赛事服务包括三项内容，一是市民除了可以在网上了解讯息、参与报名外，还针对市民开发了消息推送、信息提醒、成绩查询、证书打印、在线互动等服务功能。二是除了为办赛单位提供赛事提交、审核、发布、成绩导入等全过程的赛事信息化管理系统外，还开发了网上支付、微信提醒、短信群发等功能。三是通过数据分析系统，让各级体育管理部门实时掌握各自管理区域内有关赛事活动的报名情况、参赛人数、比赛进度、比赛成绩等情况，及时做好相关指导、监督工作；同时对各级管理者及办赛单位的管理能力和赛事效果提供客观的考核评估依据，并通过数据分析为管理决策服务。

【实现跨领域数据共享】 在推进体育系统内部数据共享的基础上，市体育局积极参与全市政府数据的开放和分享。2016 年，市体育局完成了上海市体育地理信息资源库(一期)的项目建设，实现了第六次场地普查数据的入库、检索和展示。利用云平台技术，市体育局与市住建委系统实现了专题图层共享，实现了体育场地设施图层与全市的交通、绿化、市容环卫、土地规划以及航拍全景图层的叠加，可以为体育设施规划布局、管理和维护提供决策参考，为重大赛事活动提供方案规划便利，并可为市民提供更多更深入的公共服务。

在市民运动会赛事服务中，市体育局积极探索“互联网＋体育”模式，市体育局与支付宝、“市民云”、新民晚报的“邻声”APP 等互联网平台实现用户共享，几何级拓宽市民参与赛事活动的渠道。市体育局还在体育消费水平调查工作中，利用微信公众号、朋友圈、红包等功能进行问卷发布、分享和奖励，问卷回收率和有效率相较往年“网站发布＋社区组织”的模式将有大幅度提升。

【申请体育公共服务平台立项】 作为体育管理部门，市体育局承载了为市民提供公共服务的职责，近年来市体育局通过“965365”热线、官网及各赛事网页等各种形式为市民提供信息公开、信息咨询及一些赛事的服务功能，但总体来说提供公共服务的渠道比较单一，内容比较单薄，而且功能单一、信息分散，主要以信息发布为主，缺乏与市民的交流和互动功能。为此，2013 年年底，市体育局牵头组织了《上海体育信息服务平台建设方案》课题研究，2014 年 9 月完成了课题，2016 年 2 月 22 日市体育局向市发展改革委正式上报了公共服务平台立项申请。

(马恺明)

二十、上海市知识产权局

【概况】 2016 年,上海市知识产权局(以下简称"市知识产权局")不断提升信息化水平,构建安全可靠的政务运行网络,进一步优化对外网站、推进网上政务大厅建设、完善政府数据资源向社会开放工作,进一步完善各业务系统的应用和管理。

【推进网上政务大厅接入建设】 按照市政府统一部署,市知识产权局进一步推进网上政务大厅建设,完成所有审批事项网上政务大厅的接入和改造工作,并按要求梳理网上服务事项,逐步将服务事项纳入市政府网上政务大厅。

【网站改版】 2016 年,上海市知识产权局网站(www.sipa.gov.cn)进行改版。本次改版对版面布局进行了调整,着重加强了网上服务和互动功能开发,删减了原有网站中"空窗率"较高的栏目。新版网站于 2016 年年底进行安全测评与软件测评,计划于 2017 年第一季度正式上线运行。

【上海知识产权(专利信息)公共服务平台】 截至 2016 年年底,上海知识产权(专利信息)公共服务平台网站累计访问量为 145 余万人次,平台注册用户 9 049 家,集团用户 89 个,用户分布遍及包括中国香港、中国澳门、中国台湾在内的全国所有地区,企业自主建立的专题数据库约 1 276 个。

2016 年,上海知识产权(专利信息)公共服务平台在新材料行业专利数据库、漕河泾开发区 3D 打印数据库建设完成的基础上,开展深入的信息推广服务。以新材料数据库为基础,根据企业需求,选择了应用前景极广的新材料——聚酰亚胺开展深入的专利分析,并将在有关国际性会议上对其趋势、技术特点和应用领域进行信息发布;在 3D 打印数据库建设基础上,每半年开展对新增 3D 打印专利数据进行专利分析,并及时为用户提交专利分析报告。继续为江苏南通、江苏昆山、江苏江阴、浙江义乌的知识产权子平台和专题数据库提供服务和维护工作。在国家知识产权局研究项目"我国专利密集型产业界定方法及产业目录研究报告"的基础上,结合近 5 年上海发明专利授权情况,以及细分行业的就业人口数量,界定上海的专利密集型产业,并根据国民经济分类、高新技术有关产业、战略性新兴产业等进行对比研究,撰写了上海的专利密集型产业研究报告。

【推进与事中事后综合监管平台对接工作】 根据 2016 年 11 月 25 日市政府办公厅关于事中事后综合监管平台建设推进工作视频会议要求,市知识产权局主动与市工商局市场监管处进行沟通,安排后续推进计划。市知识产权局现有三项事中事后综合监管事项,都已纳入法人库数据采集范围,已完成事中事后综合监管平台的数据对接。

(丁文洁)

二十一、上海市绿化和市容管理局

【概况】 2016 年,上海市绿化和市容管理局(以下简称"市绿化市容管理局")信息化工作紧紧围绕"国内领先、国际一流"目标要求,强化应用服务支撑功能,突出信息共享功能,拓展网络云端集约功能,各项工作有序推进,有力支撑了全行业管理,取得了较好效果。

【"互联网+"党建激发工作新活力】 2016 年,市绿化市容管理局按照"知、议、决、行、督"的要求,启动了综合服务信息平台的开发。"三重一大"和"党建"系统建成后将实现用科技管人、管权、管事,决策事项网上备案、表决结果网上留痕、决策执行网上跟踪,并建立决策过程可追溯、决策错误可倒查的机制,让"三重一大"制度真正落到实处。同时,随着移动智能手机的普及,"党员随手学"APP 也应声上线,充分发挥移动终端的优势,使党员干部能利用碎片化时间随时随地学习,并对自己的学习情况进行测试。

【网上审批全面覆盖】 市绿化市容管理局经上海市行政审批制度改革工作领导小组办公室备案的行政审批事项共 39 项,通过不断推进完善,2016 年将木材运输证的核发、涉及敏感数据的植物检疫、造林监理员审批以及绿化工程总体文件的 4 个审核事项上网后,已经实现了所有审批类事项全部、全程上网,全面营造了公开、透明的"六全"审批环境。

【网上大厅顶层再造】 根据"最大限度精简办事程序、减少办事环节、缩短办理时限"的要求,为积极拓展网上政务大厅服务功能,市绿化市容管理局 2016 年共梳理了 5 项公共服务事项,经市政府电子政务办公室核准,完成对接上线。通过公共服务事项目录清单梳理和办事指南的编制,不断优化公共服务流程,推进公共服务制度化、标准化、规范化。

【办公系统内部重构】 围绕以人为本、架构重建、信息整合的目标,2016 年,市绿化市容管理局对 Bizshare 和 OA 等系统进行全面改版再造,专项工作小组编制完成了核心办公平台需求调研和总体方案。新的"上海市绿化市容核心办公系统"基本研发工作已接近尾声,手签板已开始试用。完成后的系统将实现"互联网+政务"的随身化,为全行业每个职工提供个性化的个人门户信息服务。

【打造行业便民服务微门户】 顺利完成"绿色上海"政务微信更名工作,统一了市绿化市容管理局政务服务标识,颁布并实施了《行业政务微博(微信)工作管理办法》,始终坚持以内容吸引粉丝、以活动提升互动,"双微"办共推送微信 300 篇,发布微博 4 000 条,门户网站开展各类网上互动专题 10 余次,开设新栏目 3 个,报送给"中国上海"的信息录用量 2 500 条,始终在全市委办局中排名第二,并被评为"年度优秀网站"。

【深化移动应用推广】 支撑好“绿色上海”APP的供稿，定期向新华社提供精品稿件，推送到用户手中，不断整合行业各大移动端平台，为上海市民的绿色生活提供位置查询、信息图文等一揽子便捷服务，打造了一个综合性信息平台。同时，配合“生态园林”APP新一轮运营推广，对数据进行了一次集中采集与更新，完成了APP备份及迁移方案的资源配置。

【遥感解译与航片进展顺利】 市绿化市容管理局近年来坚持以信息化、数字化管理作为新的行业管理模式，不断采用各项信息技术为数据采集和管理服务，自2006年起上海市绿化林业遥感调查工作纳入了日常管理工作。2016年市绿化市容管理局细化调整了遥感解译工作细则，并通过2016年的绿化林地遥感解译工作，全面、客观地掌握上海全市绿化林地覆盖面积、覆盖率等总体情况。全市绿化林地遥感解译数据将作为“林木绿化率”计算的基础数据之一，要求各区绿化林业管理部门对各自管辖范围的绿化林地遥感解译数据进行核实，重点核实有变化(新增、减少)的绿地、林地等内容。

(王　平)

二十二、上海市民防办公室

【完成9·17警报试鸣演练和各项技术保障工作】 根据警报试鸣技术保障工作的要求，上海市民防办公室在全民国防教育日(2016年9月17日)组织全市范围内的防空警报试鸣工作。完成警报试鸣的各项技术保障准备工作，及全市警报终端设备的巡检工作；完成市级试鸣指挥部的各项技术保障工作，确保了各项系统稳定运行，完成此次试鸣各项保障任务。在此期间积极依托市应急信息发布平台、上海民防网站、上海民防官方微博、微信公众号等多种途径发布提示预警信息。

【完成上海民防网站升级改造、市政府网上政务大厅接入工作】 2016年，完成民防信息系统升级改造项目建设，对上海民防网站进行整体改造，并将市、区两级民防审批项目数据统一接入市网上政务大厅。

该项目建设在2016年年初启动技术需求上会、专家评审、政府采购招标、网上签订合同等流程，网站整体改版涉及网站的栏目设置、页面风格设计、网站内容搜集、老数据迁移、系统安全测试等，11月28日正式上线试运行，并启动等级保护测评，年底项目整体通过验收。该项目建设的重要部分为市、区两级民防审批数据整体接入市网上政务大厅，2016年5月初向上海市政府公众信息网管中心服务管理平台提交网上政务大厅管理平台用户申请表完成注册。10月完成6个市级项目、5个区级项目的数据接入，报送了基本情况表及办事指南，与市网上政务大厅完成联调确认。

【完成“地下空间专业网格化管理”项目建设技术

保障】 完成地下空间专业网格化管理系统的硬件设备安装调试、软件内部测试等工作,开展网格化管理系统用户的软件试用、软件测评、用户培训、项目验收等准备工作。2016 年 9 月召开专家验收会,完成了项目的预验收工作。

【信息门户建设维护】 上海民防网站运行维护工作。做好网站日常维护工作,将工作动态、信息公开、知识类信息、杂志、区报送等及时上网。2016 年,政务类信息累计上网 956 条。定期梳理民防网站的链接情况。针对业务部门提出的行政审批内容修改和信息公开领导机构内容变更,按要求在公务网站、市政府门户网站和民防网站同步变更,确保三网内容一致。

配合市民防办的重大活动做好网站宣传工作。根据要求,上海民防网站在 2016 年 5 月 9 至 13 日开设"'5·12 防灾减灾'集中宣传"专栏;9 月 7 至 17 日开设"2016 年防空警报试鸣暨民防集中宣传"专栏。期间网站首页加载专栏飘动图标,通过专栏发布民防办活动信息和相关图片。与民防微博、微信共享信息,多渠道宣传防灾减灾工作和民防工作。

落实全国网站普查工作要求,根据门户网站管理发文《关于持续做好本市政府网站普查工作的通知》,充分落实全国网站普查工作的有关要求,根据普查指标有针对性地按季度对网站进行扫描检测,及时对网站上的错误进行整改。2016 年年初参加上海政府网站测评总结会暨 2016 年政府网站工作会议,会议通报了 2015 年网站测评结果,民防网站被列入 2015 年优秀网站名单。

微博工作。做好日常微博信息发送,共发送微博信息 2 082 条,每日固定编辑、发布信息 4 条(包括早安民防、晚安民防、天气预报、地铁信息)。做好微博日常监督管理工作。目前共有粉丝 52 806人,信息被转发 470 次,评论 97 条。做好"512 防灾减灾"、"917 全民国防教育日"新媒体集中宣传工作,发布相关动态、知识信息;开设微信知识问答专栏。开展"微直播"、"微活动"工作,做好微博宣传工作。上半年"微直播"3 次,为"本市中小学生防空防灾疏散演练微直播"、"全民国防教育日"、"上海防空警报试鸣"发微博 16 条。

微信工作。做好日常微信公众号的监督管理工作。共有粉丝 9 139 人,收到用户消息 989 条。

"12345"市民热线工单处理。日常做好工单收取与反馈工作,按时按要求收到 78 张工单,其中退单 45 张,办理 33 张。做好"12345"市民热线知识库的维护工作。

【办公和审批系统完善】 OA 系统维护管理。新增及重新开发 4 个模块:年度重点工作目标、公文督办、用车申请、党建专栏(内设"政策法规"、"廉政建设"、"工作动态"3 个子栏目)。做好现有模块的修改和完善,做好软硬件的日常运行维护管理、后台数据修改等工作,根据人事、节点、字段调整等情况修改完善软件。

行政审批管理系统维护管理。乙级人防工程设计资质模块和新版民防工程拆除模块启动运行,对过程中出现的问题进行调整完善。做好系统软硬件的日常运行维护管理、后台数据修改等。做好与市网上政务大厅、法人库、审改办等外部系统数据对接的日常管理和监控工作。

【数据开放和信息公开】 2016 年度部门政务数据资源开放上报工作。根据《上海市政务数据资源共享和开放2016年度工作计划》相关安排，完成年度部门数据资源的数据报送工作。更新“应急避难场所信息”、“人防工程防护设备定点企业信息”、“人防工程监理企业信息”、“人防施工图审查机构信息”、“行政审批事项办理状态信息”五大数据资源，并通过“上海市政府数据服务网”进行注册和审核，10月底全部完成注册和审核工作。

行政许可和处罚等信用信息公示数据（双公示）和法人库数据上报工作。根据《上海市行政许可和行政处罚等信用信息公示工作总体方案》要求，提供“双公示”事项目录模板，反馈至上海市公共信用信息服务中心（以下简称“市信用中心”）。提供“双公示”信用信息上报模板，通过法人库接口及上海市公共信用信息服务平台上报至市信用中心，共上报行政处罚类信息26条，行政许可类信息3条。同时按要求将行政处罚类信息填报至法人库，行政许可类信息通过前置机导入法人库。

（陈奕平）

二十三、上海市国家保密局

【概况】 2016年，上海市国家保密局（以下简称“市保密局”）继续强化网络保密管理，做好涉密信息系统测评审批和风险评估，推进重要保密技术项目建设，开展保密监督检查和保密技术监管，加强保密技术交流研讨，为全市党政机关和涉密单位的信息安全保密提供了坚实保障。

【推进涉密人员实训平台、数字化保密教育馆建设】 市保密局充分利用现代信息化手段，努力为全市机关、单位保密教育培训创设多样化平台。一是继续推进涉密人员实训平台建设，2016年，实训平台土建、展厅部分及考试中心全面完工，完成演示部分技术方案。二是启动数字化保密教育馆筹建工作，完成相关实施方案的制定。

【组织参与2016年保密技术交流大会暨产品博览会】 为深入贯彻落实中央关于保密科技创新的决策部署，大力推动保密技术研发和产业发展，积极推进保密技术领域供给侧改革，中国保密协会于2016年10月13—15日在山东省青岛市举办保密技术交流大会暨产品博览会，共吸引全国500多家企业参展。上海市21家在安全保密行业具有较大影响力的企业参加了展览，其中两家单位的产品成功入选涉密展区。上海市委及各区保密委员会有关负责人员，市保密管理、信息化管理、科技管理、财政、公安、国家安全、机要等机关单位和重要军工、涉密集成资质等单位的300多人应邀参观了展览。

（汪宇雯）

二十四、上海市人民政府发展研究中心

【概况】 2016 年，上海市人民政府发展研究中心(以下简称“市政府发展研究中心”)信息处按照全年工作部署和工作计划，紧紧围绕市政府发展研究中心研究管理工作大局，遵循“规范化工作、制度化管理、主动化服务”工作思路，深入推进市政府发展研究中心信息化建设，发挥信息化在决策咨询研究工作中的作用。

【因特网门户网站改版】 对市政府发展研究中心原门户网站进行改造，以块状磁贴式网页布局代替以往国字型信息罗列式网站布局，并对网站栏目进行调整，新增研究成果、博士后工作站、课题申报、评奖工作等栏目，主动向社会公众公开共享市政府发展研究中心的研究成果等信息内容。同时，根据市政府关于网站无障碍推进工作的有关要求，完成市政府发展研究中心门户网站无障碍改造工作，并通过等级保护安全测评。2016 年，市政府发展研究中心门户网站共上网各类信息1 180 条，其中公开共享的各类研究成果达到 294 条，信息公开 76 条。

【开通运行微信公众号】 为适应电子政务移动互联网化的发展趋势，扩大市政府发展研究中心的社会影响力，2016 年 12 月 1 日，以“上海中心智库”为名称的市政府发展研究中心微信公众号正式开通。“上海中心智库”微信公众号旨在发布权威、准确的决策咨询研究信息和重大决策咨询研究成果，开通之后即获得决策咨询研究领域的广泛关注。该微信公众号已推送 31 篇信息，向社会公开发布了《中国(上海)自由贸易试验区建设三年总结和评估》、《上海迈向卓越的全球城市》、《2016/2017 上海经济形势分析》、《2016/2017 上海改革形势分析》、《2016/2017 上海开放形势分析》、《2016/2017 上海区域经济社会形势分析》等多篇高质量的决策咨询研究报告，及其他重大会议报道、专家观点、主流媒体报道、重要通知公告等信息。

【课题申报系统上线运行】 为方便社会公众申报市决策咨询研究重点课题，依托市政府发展研究中心门户网站，开通了市决策咨询研究课题网上申报系统，为 2016 年度市政府决策咨询研究重点课题公开招标工作提供更为便捷的服务。该系统可实现在线办理课题网上申报、结果查询等功能，未来将实现课题管理全生命周期的在线管理功能。截至 2016 年年底，共有 59 项市政府决策咨询研究重点课题通过该系统向社会公开招标，386 人次(个人或单位)通过该系统进行网上申报。

【完善内网平台系统】 为满足市政府发展研究中心研究人员开展决策咨询研究工作所需的信息化服务要求，依托内网平台系统的知识管理模块，2016 年重点对研究成果的汇总梳理和搜索功能进行完善和调整，及时录入有关研究成果的数据文档,相比 2015 年文档资料储存量增长 29%。

【加强信息化建设顶层规划】 为指导"十三五"期间市政府发展研究中心信息化工作,委托上海信息化发展研究协会开展市政府发展研究中心"十三五"信息化发展规划研究。2016 年,完成了规划研究的前期调研、问卷调查、处室座谈等工作,并形成初步规划建议。

(潘春来)

二十五、上海市监狱管理局

【概况】 2016 年,上海市监狱管理局(以下简称"市监狱管理局")信息化工作聚焦"提升监狱管理能级,坚定走内涵式发展道路"主题,努力落实"标准化、信息化双轮驱动"的工作要求,全力围绕市监狱管理局中心工作做好信息化支撑和保障,较好地完成全年各项工作任务和目标。

【加强信息化制度标准建设】 一是推进市监狱管理局信息化基本管理制度和标准化体系建设。修订《局科技与信息化工作管理办法》,制定《局信息化建设项目管理工作规定》,初步搭建市监狱管理局科技与信息化工作基本管理制度框架。修订《网络公众平台运行规范》、《网络与信息安全事件专项应急预案》、《信息化设备管理规范》、《计算机信息系统安全和保密管理规范》等标准,配合推进全局标准化建设工作。结合信息化工作实际,草拟《监狱视频监控系统技术标准》、《监狱电子信息系统机房建设技术标准》等,探索构建全局信息化建设标准体系。

二是初步形成市监狱管理局信息化建设项目库管理机制。组织各部门、各单位根据《局信息化建设"十三五"规划》和工作实际需求,编制 2017~2019 年信息化建设项目库,完善编报要求和管理规则,促进规划的整体衔接。坚持以项目库作为预算申报依据,按照区分轻重缓急、统一协调安排的原则,从项目库中择优选择项目,对未列入项目库的,当年一般不安排预算,初步形成项目库管理机制。

三是完善年度预算评审及申报工作。进一步厘清预算评审科目,明确主要项目的计算口径,指导基层自行申报市经济信息化委项目。坚持项目评审原则,避免贪大求全和过度超前。通过严把材料质量、严格项目评审、主动汇报沟通,2017 年全局信息化项目预算申报通过市经济信息化委审批 24 个。

【加强信息技术应用课题研究】 一是开展全局业务网完善课题研究。根据司法部、市司法局有关文件要求,市监狱管理局对全局业务网进行调研。经与上海市公务网管理中心、市政府公众信息网管理中心和市保密局等相关单位沟通协商,结合市监狱管理局实际情况,综合考量合规性、可行性等因素,建议将市监狱管理局非密业务信息系统迁移至电子政务外网运行,并制定《局非密业务信息系统迁移政务外网的实施方案》。

二是开展大数据课题研究。开展上海监狱大数据课题研究，对数据收集、存储、分析、应用等环节的技术进行初步规划，并按计划有序推进罪犯数据综合应用平台和罪犯数据库等与大数据课题相关的项目建设工作，积极开展数据应用门户建设课题研究。

三是开展“司法警务通”升级建设调研。通过面向基层、兄弟单位调研和技术磋商，结合市监狱管理局工作实际，初步完成“司法警务通”优化升级的方案设想，同时开展相关移动执法和手机管控技术研究，为 2017 年项目建设打下坚实基础。

【上海监狱信息化建设(一期)项目通过验收】 2016 年 1 月 29 日，市监狱管理局“上海市监狱信息化建设(一期)”项目通过市经济信息化委专家验收。由市发改委、市财政局、市经济信息化委等市相关部门代表及市经济信息化委抽取的 5 人专家组，共同听取市监狱管理局关于项目建设情况的汇报，审查项目专项验收资料，实地观察提篮桥监狱指挥中心的实际运行情况，并对项目有关问题进行质询。经闭门讨论，专家组认为项目建设达到预定的建设目标，一致同意通过验收。该项目建设内容包括提篮桥监狱和青浦监狱的指挥中心、安防系统、网络及安全设备和其他配套设备等。

【完成局机关信息化设施设备搬迁】 2016 年 4 月，市监狱管理局机关从长阳路搬迁至建国西路司法行政大楼办公，局机关信息化设施设备搬迁是其中的重要组成部分。近年来，市监狱管理局以信息化建设作为上海监狱现代警务机制的突破口，建成一批重大信息化项目。此次局机关信息化搬迁涉及的设施设备种类和数量众多，且需要完成网络和应用的无缝割接，以确保局机关工作不受影响。为确保信息化搬迁工作顺利安全、平稳有序，市监狱管理局在搬迁前组织了搬迁推演，搬迁过程中按计划有序实施，搬迁后积极进行巡视和排查。在市监狱管理局科技处和搬迁实施单位的共同努力下，历时 4 天，安全有序地完成了局机关信息化设施设备搬迁，实现了网络的无缝割接，所有应用系统、终端能够正常使用。

【召开大数据平台建设研讨会】 2016 年 6 月 16 日，大数据平台建设研讨会召开。与会人员观摩广东公安系统《科技引领，信息支撑，提升大数据时代社会治安防控能力》录像片，演示新开发的教育改造管理系统，并就大数据平台建设开展交流研讨。会议指出，大数据平台建设是 2016 年市监狱管理局党委的重要课题之一，是利用先进科技提高管理效能、服务主业、实现内涵式发展的重要抓手。会议强调，下一步工作要理思路、出方案。紧抓数据本源性、关联性、精准性、主动性的特点，做好顶层设计，办公室会同科技处提出指导性意见，打通现有壁垒。要抓重点、求突破。大数据不能面面俱到，要明确需求和问题，坚持目标、需求和问题导向。要打基础、重整合。以全局数据清洗工作为基础，整合现有系统，主动采集利用现有数据。各部门要主动介入，加强沟通，围绕本职业务深入提出需求。

【向市档案馆同步移交进馆档案实体和电子数据】 上海监狱档案资源丰富、珍贵史料多，尤其是新中国成立初期的重要史料，对研究新中国监狱和政法工作的发展具有重要参考作用。将这些珍贵史料通过信息化处理向市档案馆移交,既能对档案实体起到很好的保护作用,又能发挥更大的社会价值,促进档案的开发利用。一年来,上海监狱完成建国至1965年时期的3 338卷22 241件、共28余万页文书档案的鉴定、整理、扫描、消毒,并实现与档案馆数据库的挂接,成为全市第一家实体和电子档案同步移交进馆的市级机关单位。

2016年11月1日,上海市市级机关电子档案接收进馆工作推进会暨交接仪式在市监狱管理局司法警官学校召开。上海市档案局(以下简称“市档案局”)、各市级机关、人民团体和企事业单位办公室负责人、档案干部近90人参加会议。下一步,市监狱管理局将利用3年时间开展1966～1990年的档案进馆前处理项目,并向市档案馆移交,进一步丰富市档案馆馆藏内容。市档案局还进行了电子档案移交接收管理办法宣传贯彻和相关业务工作培训部署。与会人员现场观摩市监狱管理局展示的部分移交进馆档案实体,并进行工作交流。

【“医疗信息一体化”项目建成】 2016年11月8日,上海监狱“医疗信息一体化”项目通过竣工验收。该项目是全国范围内首次投入建设的省级监狱医疗集成信息系统。项目建设以监狱总医院和新收犯监狱为双核心,实现13家单位医务所与监狱总医院和新收犯监狱罪犯体检中心的数据互通和业务协同。项目经市经济信息化委批复同意,于2015年10月开始建设,至2016年6月完成系统部署。建设内容包括监狱医院信息管理、区域医技和心电网络、慢病管理、监狱医院信息集成平台等专业医疗信息系统。项目的建设为上海监狱系统内的医疗机构提供技术支撑和集约化服务,对均等全局医疗资源、提高基层单位医疗所的医疗服务质量和水平、实现区域医疗协同服务信息化、全面推动全局罪犯医疗工作的信息化和标准化发展等工作起到重要作用。

“医疗信息一体化”系统部署完成后,市监狱管理局相关部门和单位进行了5个月的整体试运行,并相继完成包括项目测评、软硬件测试、操作培训、文档整理和设备巡检在内的项目验收准备工作。本次验收会议在监狱总医院举行,由市经济信息化委专家库3位医疗信息系统专家组成的专家组,听取了市监狱管理局关于项目背景、建设、使用情况的介绍及监理报告和用户反馈,审查项目验收材料,观看系统现场演示,并对项目有关问题进行质询。经闭门讨论,专家组认为市监狱管理局“医疗信息一体化”项目建设达到预定的建设目标,对项目的建设意义和实效给予充分肯定和较高评价,并一致同意项目通过验收。

【“刑罚执行网上协同办公平台”通过验收】 2016年12月,上海监狱“刑罚执行网上协同办公平台”项目验收会议在市监狱管理局机关召开。项目于2014、2015年分两期建设,至2016年6月完成全局部署。并于8月12日、11月11日先后完成全局软件操作培训和全局压力测试活动。建设内容包括刑罚执行、监外执行、电子档案、电子签章、办公管理和系统设置等功能。软件建设以刑罚执行业务流程化、信息化为核心,采用成熟工具软件和本地化业务改造相结合的方式,实现全局刑罚执行条线纵向之间以及上海监狱和市检察院、驻监检察室横向之间的业务材料电子化、批注签章无纸化、工作协同网络化、卷宗阅览信息化和数据信息共享化。该软件平台的运行在提高工作效率、节约办公损耗、实现无纸化办公、促进相关政法部门数据联动和电子身份认证互相承认、全面推动全局刑罚执行工作的信息化和标准化发展等方面起到了重要作用。经讨论,验收组认为项目建设达到预定目标,一致同意本项目通过验收。

【打通安全管理"最后一公里"】 市监狱管理局高度重视监狱在安全防控上存在的"最后一公里"现象,按照标准化建设要求,努力实现安全规范"全覆盖、成体系、能参照、易执行、可评估",重点依托信息化平台打通安全管理"最后一公里",并在北新泾监狱试点基础上,向全局推广。一是建立"1+5+1"制度体系,推进安全规范标准化。"1"即一个基本制度《安全管理"最后一公里"管理应用平台运行办法》;"5"即《"重点关注的人"排查工作细则》、《管理应用平台操作权限管理细则》等4个配套制度和1个《管理应用平台干警操作手册》;"1"即一套安全管理"最后一公里"工作流程。二是构建管理闭环,推进排查防控日常化。紧抓人、事、物全程实时受控这个关键,着力构建系统完善的安全管理闭环。三是打造安全管理应用平台升级版,推进安全管理信息化。依托局、监狱指挥中心、监区分控平台、现场管控点四级联动警戒架构,以指挥中心为龙头,打造资源整合、流程简便、运转高效的安全管理"最后一公里"应用平台升级版。四是转变思维与管理方式,推进安全保障常态化。安全管理"最后一公里"工作推进中,管理应用平台操作简捷、易学易懂,干警接受度较高,促进了思维方式、工作理念、管理模式转变,逐步实现警力无增长改善。

(冯立章)

二十六、上海市社会团体管理局

【概况】 2016年,按照《上海推进智慧城市建设行动计划(2014—2016)》和市政府网上政务大厅建设相关要求,上海市社会团体管理局(以下简称"市社团局")积极推进社会组织信息化建设,探索以"互联网+政务"新模式打造"上海社会组织"网上政务服务平台,促进政府职能转变,推进依法行政。已经建成社会组织信息化管理服务的"一库、两网、六大平台","一库",即上海社会组织法人信息库,作为社会组织各类信息汇聚、共享、交换的基础平台。"两网",一个是"内网",即上海社会组织业务信息管理系统,主要用于管理部门的内部审批、网上办公和信息查阅;一个是"外网",即"上海社会组织"网站,主要用于政府信息公开、互动交流,社会组织和社会公众网上办事。"六大平台",即社会组织网上办事跨部门协同办公平台,主要用于管理部门联合开展"网上年检";社会组织信息采集发布平台,主要为社会组织自行上报信息数据提供渠道;群众活动团队备案平台,主要用于备案和统计在街道(乡镇)活动的群众活动团队;基金会信息披露平台,主要用于向社会发布基金会的年检报告和审计报告;社会组织(慈善组织)信息公开平台,主要用于向社会公开社会组织相关信息接受社会监督;综合管理服务信息平台,主要用于社会组织的执法监察、各类信息和平台的整合利用。初步实现了社会组织网上并联审批、辅助决策、社会监督、公众服务、信息共享、综合监管六大功能。

【推进网上政务大厅建设】 按照市政府办公厅的要求,梳理行政审批事项和行政服务事项,制定《单部门审批事项上网方案》,规范内部工作流程,通过改造社会组织业务信息系统,开发了供物理窗口工作人员使用的受理信息系统,实现市社团局3项行政服务事项100%上网联调成功。

【完成政务数据资源编目与开放工作】 按照2016年年初市经济信息化委下发的任务要求,以法人数据库为中心,逐步建立社会组织统一的数据信息资源目录和数据信息交换标准化体系;进一步推进部门数据资源开放工作,通过以接口服务和数据产品等方式共享开放了社会组织基本信息、审批机构、审批状态、社会组织服务中心名录、群众活动团体名录等社会公众密切关注的信息。同时加强了市社团局数据质量的校验和维护工作,严格按照公开更新频率进行发布。

【实施社会组织统一社会信用代码制度改革】 根据国家民政部的统一部署,市社团局加强与市经济信息化委、市税务局、市质量技监局等相关职能部门协作,就统一社会信用代码涉及的信息采集、数据交换、信息回传、互联共享等工作商定了对接机制,确定了共享平台。完成上海社会组织业务信息管理系统的改造,对4.5万个码段进行切分,建立起组织机构代码证、原登记证号、机构代码的映射关系,并在全国率先实现了社会组织登记机关与税务、质监三部门的法人登记证、税务登记证、组织机构代码证的“三证合一”。按照“应换尽换”原则,全市存量社会组织中应换证13 328家,截至2016年年底已领取统一代码登记证书的社会组织11 721家,占88%。

【建成上海社会组织(慈善组织)信息公开平台】 针对上海直接登记改革后社会组织数量增长快、日常监管难等现实问题,制定并发布了《上海市社会组织信息公开办法(试行)》。依据该办法,在“上海社会组织”网建立统一的社会组织(慈善组织)信息公开平台,于2016年7月11日开通试运行,免费为全市社会组织提供信息发布服务。

社会组织信息公开平台:公开了登记管理机关公示信息、社会组织公示信息和社会组织信用信息3个方面信息。登记管理机关公示信息包括社会组织登记信息、备案信息、举办者信息、年检信息、行政许可信息、行政处罚信息、评优评奖信息和规范化评估信息;社会组织公示信息包括社会组织年报、核准章程、人员信息和重大活动信息;社会组织信用信息包括社会组织信用记录信息,共14类41小项的内容。

慈善组织信息公开平台:在信息公开平台上增加公开慈善组织认定情况、慈善活动领域等内容。社会组织根据实际情况主动向社会公开信息。

【“上海社会组织”网站全新改版上线运行】 按照市政府加强政府网站建设和管理工作的要求,2016年5—10月对“上海社会组织”网进行全新改版。10 月 29 日，上海市民政局和国家社会组织管理局、民政部社会工作司、市慈善基金会、东方网领导在第六届“上海公益伙伴日”现场共同开启新版“上海社会组织”网站。新版网站设计采取扁平化设计，方便公众操作，用户完成一次或两次点击就可找到所需内容。页面视觉设计力求简洁、突出重点，采用 HTML5 技术，保证了网站的兼容性和通用性。新版网站强调“服务”，版块结构更为清晰，服务资源更为丰富。网站提升了网上办事、政务公开、便民服务、政民互动等方面服务水平，推进社会组织行政审批和行政处罚信息“双公示”，畅通了社会组织相关信息报送的渠道和展现方式。

【提升社会组织预警网络服务能级】 上海社会组织四级预警网络是为适应新形势下社会组织管理需要，提升社会组织执法监察水平而创建的动态监管工作机制。该网络集预警、服务、管理、协调四大功能为一体，为上海市社会组织管理提供了有效的工作载体。预警网络实行“纵向到底，横向到边”的组织框架，即：纵向延伸到基层社区，涵盖了市、区、街道(乡镇)、居(村)委 4 个层面；横向是以登记管理机关为主，业务主管单位和相关部门协同配合，社会组织积极参与的工作网络。组织架构凸显了管理重心下移，触角延伸到底，以街镇为落脚点，强化了基层社会长效管理。2016 年，市社团局运用信息化手段，将“四位一体”的预警网络功能纳入上海市社会组织综合管理服务信息平台，形成信息平台覆盖市、区两级登记管理机关和街镇的“三网架构”，通过“双网共建”，进一步促进上海市预警网络建设体系转型升级，构建以“平台促网建、网建推基建(基层建设)”的总体格局，取得了较好的工作成效。

【深化社会组织网上年度检查工作】 创新年检方式，实行年检与年报公示并行，进一步改造业务系统，增加了统一社会信用代码和政府购买服务等内容字段，开发提醒辅助和手动录入功能，进一步提高年检结论的精准性；设置了社会组织信息公开必选项，依托年检推进社会组织信息公开。据统计，应参加 2015 年度检查的社会组织 12 596 家，年检合格(含基本合格)的 11 231 家，合格率为 89.2%。

【加强信息和网络安全保障工作】 为确保信息安全，市社团局先后完善了《电子政务建设规范》、《技术管理规范》等 10 余项安全制度，定期开展安全检查；与相关工作人员签订了保密协议，经常开展安全培训；年内更新了防火墙、防病毒防篡改、入侵防御等安全设备。2016 年，市社团局网站被市政府办公厅评为“上海市优秀政府网站”。

(方四青)

二十七、上海市公务员局

【概况】 2016 年，上海市公务员局(以下简称“市公务员局”)紧紧围绕国家公务员局、市委、市政府重点工作，拓展公务员管理方式，稳步推进公务员局“两网一库一平台”建设，整合公务员管理、办公信息系统，推进公务员管理各环节的信息化、便捷化、系统化，初步实现了上海市公务员管理“一站式”服务、“痕迹化”管理。

【继续推进公务员管理信息系统建设】 公务员管理信息系统以机构编制管理为基础、能力素质建设为核心，以公务员“进、管、出”全过程管理为主线，以工资统发监控为抓手，建立集机构编制管理、公务员管理、工资管理于一体的统一管理体系，实现规范统一、实时动态、全程管理的公务员管理新平台。

2016年，市公务员局围绕公务员管理重点工作，以公务员管理信息化为抓手，逐步实现了公务员管理流程的电子化。一是结合公务员分类改革，开发行政执法类、法院检察院序列公务员登记模块，做到行政执法类等公务员的分类管理；二是开发建设公务员调任模块，做到各人事部门申请、市公务员局内部审核审批的调任全流程管理。

【完善门户网站功能建设】 一是完成公众无障碍访问改造；在网站页面添加了无障碍访问浏览按钮，访问者在浏览页面时可以根据自己的需要点击相应按钮，对页面的文字大小、对比度等进行调整，达到最佳浏览效果。二是主动公开政府信息。首次向社会公开了市公务员局行政权力和行政责任清单，同时公开了部门预算及“三公”经费预算等内容。完善、调整网站部门信息公开专栏目录和内容，增设了保障监督机制、财政资金信息栏目，发布了信息公开权利救济途径等相关内容。三是完成门户网站三级等级保护建设工作。上海市信息安全测评认证中心对市公务员局网站软件、硬件配置情况进行现场测评，并对市公务员局网站建设相关制度和管理规范文件进行了查阅。

【完成OA办公系统升级和内网系统整合】 一是按照市公务员局信息化建设统一规划要求，初步完成了局内网OA系统、公务员管理系统、平时考核、个人邮箱等系统整合，市公务员局干部只要登录同一个账号就可以实现上述系统各项公文、业务流程的办理，打破过去各个系统分散管理的状态。二是升级改造OA系统建设；按照OA办公系统建设计划表，以每周例会的形式有序推进，历时半年完成OA系统升级改造的一期建设，实现市公务员局收发文、日常报批及会议安排的全流程信息化管理。

（谢卫军）

Shanghai Informatization

第四编

公共服务信息化

综　述

2016年，上海公共服务信息化稳步推进，在智慧交通、智慧健康、智慧教育、智慧生活、智慧文化、智慧旅游、智慧邮政等领域卓有成效。

智慧交通领域，上海市交通行业数据中心(一期)和非营业性客车额度拍卖(流转)预登记审核管理系统建成，交通指挥工作科技信息化管理水平有所提升。

智慧健康领域，上海市卫生和计划生育委员会着力推进全民健康保障信息化工程和"金人工程"、加快推动信息惠民工程建设、推进人口健康信息化示范工程、推动中医药服务信息化建设、完成"健康网"二期建设、建立分级诊疗信息平台等。

智慧教育领域，推进上海教育城域网、上海教育数据中心、上海教育资源中心、上海教育认证中心、上海大规模智慧学习平台、上海教育综合管理决策平台("一网三中心两平台")建设，统筹优化教育信息化基础环境；推进上海市高中名校慕课平台建设，提升中学生信息化环境下的学习能力。复旦大学、上海交通大学、上海海事大学等高校推进网络信息基础设施建设、加强教育管理信息化顶层设计，建设"智慧校园"。

智慧生活领域，上海市民政局探索民政业务"数据海"建设，推进社区事务受理信息系统优化，建设老年照护统一需求评估管理系统，开展业务应用系统升级改造。社区服务网、社会保障卡、付费通等重要项目持续深入推进，社区新闻信息更新为5万余条，居委志愿者信息超20 667条，公共服务设施信息增加154条，社区服务队伍信息总数106 300条。2016年全年共制发(包括补换)各类社保卡、居住证件218.84万张，其中社保卡(红、蓝、金卡)98.12万张、儿童卡0.48万张、居住证47.49万张、临时居住证72.75万张。

智慧文化领域，上海在数字新媒体、数字出版方面继续发力。上海出版游戏数量位列全国第一，在中国十大品牌游戏企业中，上海占据半壁江山。上海图书馆、上海博物馆、上海科技馆强化信息化建设，成为智慧文化的重要载体。

智慧旅游领域，为了提升消费者满意度，保障消费者权益，着力优化962020上海旅游热线、建立旅游气象服务中心、打造旅游团队电子合同平台、改进在线旅游产品和服务内容、推动建立第三方旅游保险平台。

智慧邮政领域,对接新媒体,打造上海邮政线上服务平台,提升邮政传统业务的技术含量和服务能力。依靠信息技术和现代管理方法、经营方式和组织形式,创新服务领域、服务模式。

第一章　智慧交通

概　述

2016年,上海智慧交通建设有序展开。上海市交通委员会(以下简称"市交通委")不断尝试利用信息化手段提高交通管理能力,稳步推进全国道路运政管理信息系统互联互通、出行信息发布、门户网站改版等工作。

一、支撑体系

【上海市交通行业数据中心(一期)建成】 上海市交通行业数据中心(一期)于2016年5月启动建设,经过需求调研、系统设计开发和实施,于11月完成建设并通过验收。数据中心建设的成果主要有:建成交通行业数据库,建立了完整的数据标准,对行业内各类数据的数据内容进行了完整定义;依据交通部互联互通标准,建立了79个数据质量监控标准,每天对所有数据进行数据质量监控,累计汇集数据2亿条。

完成数据交互功能开发。部门共享方面,实现了市交通委运管处、行政服务中心、执法总队、考试中心之间的数据交互;车辆检测系统、出租单差、轨道清分、公交卡系统、四行业从业人员诚信等系统的对外数据交互也通过数据中心完成,同时接入港口航运、路政管理、交通建设的数据。对外共享方面,接入了公安局的车辆基本信息、行驶证信息、车辆违章信息等数据,同时接入来自上海市信息中心的上海沪牌拍卖申请、审核数据。

建成交通行业数据交换共享平台。完成了权限管理、元数据管理、数据修正、过程监控、数据资源管理等功能开发。建设基本的交通行业主题应用:实现道路运输行业基础信息的关联查询和统计功能。建设数据中心的支撑环境:完成虚拟化平台规划部署、负载均衡部署和信息安全设备部署,同时完成数据中心需要的所有软硬件环境的采购、集成工作。数据中心的建成有力保障了交通行业数据的汇聚、交互和共享,打破了部门之间数据孤岛的局面。

【非营业性客车额度拍卖(流转)预登记审核管理系统建成】 上海市非营业性客车额度拍卖(流转)预登记审核管理系统于2016年7月11日上线试运行,通过智能审核程序,车辆额度拍卖标书受理窗口提升了业务效率。用户在线提交拍牌申请预审资料,包括身份证、驾驶证等基础信息,20天出审核批复通知。后台数据根据前端用户提交的预审资料,通过公安部门和人社局数据接口,进行智能审核操作:以身份证信息为比对源,区分沪籍与非沪籍人口;依照法规进一步比对车辆库、驾驶证库、人口库、交警违章数据库、社保缴费记录库信息等,逐层审核,最终完成拍牌审核资格自动审定结论,并反馈给国拍系统。自2017年7月25日对外正式开放服务以来,系统运行总体正常有序,受理窗口长时间排队现象不复存在。

【推进全国道路运政管理信息系统互联互通】 根据《关于开展全国道路运政管理信息系统互联互通工作的通知》(交办运〔2015〕63号)要求,在交通运输部道路运输服务司督导组的指导和帮助下,在相关部门的协调和配合下,市交通委稳步扎实地推进互联互通工作,于2016年6月底完成部规定的4项年度工作目标:定时数据接口完成34项核心数据的上传,实时数据接口完成33项核心数据的上传,跨省数据互查完成23个接口的开发和应用,完成跨省人员转籍备案功能的开发。同时,根据交通运输部下发的数据质量分析报告,市交通委对数据质量进行纠错和补正,保证数据质量满足互联互通工作的要求。

【"上海公交"APP应用发布线路更新】 截至2016年11月中旬,"上海公交"APP在2015年接入中心城区955条线路动态信息的基础上,接入了嘉定、闵行、松江、奉贤等区共计108条线路的实时数据,至此,"实时公交"模块共发布1 074条线路动态信息,"上海公交"APP日访问量已超200万次。

【推进出行信息发布工作】 为推进上海交通出行信息发布工作,市交通委在前期对信息提供、发布等单位和部门开展充分调研的基础上,在2016年第三季度加紧了出行信息发布工作的推进步伐,分别与上海新兴媒体信息传播有限公司、上海东方明珠移动电视有限公司这两家信息发布单位进行了出行信息发布试点工作协调沟通。经协调推进,已在沪太路沿线电子站杆、两辆49路公交车和世博村路300号1号楼的楼宇视频载体或显示屏上,开展出行信息发布试点工作。

【市交通委门户网站改版】 市交通委门户网站新版于2016年7月正式上线,新版网站从底层技术层面为网站稳定性和安全性做了充分保障,响应式功能满足了使用移动终端浏览的各种人性化需求,也解决了目前浏览器种类繁多、版本多样而引起的网站兼容性问题。网上政务大厅栏目作了全面改版,与上海市网上政务大厅接口,保证了数据源的一致性。互动平台栏目侧重提高工作效率,方便了对投诉或咨询信件的跟踪和统计。下半年网站公布了一系列社会关注的热点事件，如：申请个人非营业性客车额度新政、《上海市网预约出租汽车经营服务管理若干规定（草案）》网上征询、《延安路中运量系统公交线路优化调整计划》网上征询等，最高访问值达到200人次/秒，没有发生网络拥堵情况。还通过了上海市网络与信息安全协调小组办公室的安全检测，平稳度过了杭州二十国集团峰会和第三届世界互联网大会的敏感期。

【公共交通智能化应用示范工程子项目完成预验收】 根据交通运输部《关于启动第二批城市公共交通智能化应用示范工程的通知》（厅运字〔2013〕335号）精神，围绕提升企业运营管理水平、乘客出行信息服务水平和行业监管水平，市交通委组织申报、实施了上海市公共交通智能化应用示范工程，示范项目的主要内容包括“一个探索性研究、两级两类中心平台、三类终端设备、三类试点工程、四类应用系统”，以及相应的支撑系统和配套工程，共分为九个子项目，建设单位涉及上海市城市交通运输管理处、上海巴士实业（集团）股份有限公司、上海浦东新区公共交通有限公司，以及奉贤区、嘉定区、闵行区、青浦区、松江区骨干企业，至2016年11月，相关项目均已通过预验收。

通过项目实施，更新改造了公交车载终端设备，基本覆盖电子标签和从业资格证，提升了信息采集及时性、准确性；建设完善了行业主管部门和两大集团、区县骨干企业两级、数据资源中心和指挥调度中心两类平台，实现调度流程再造、提高运营效率，实时监测指挥、保障服务安全；通过智能场站建设与管理，实现公交运营场内、外无缝衔接，闭环监控管理，提高了场站精细化智能化管理水平。通过试点安装电子站牌设备，及将相关数据接入“上海公交”APP，车辆实时到站信息发布取得突破，出行信息服务水平全面提升；通过探索性研究建设基于车联网的西藏路公交优先系统，为今后的应用推广积累了很好的经验；公交信息平台建设，使企业管理、行业监管决策能力得到提升。

【交通指挥工作科技信息化管理水平提升】 2016年以来，市交通委交通指挥中心在确保信息化设施安全稳定运行的同时，不断尝试利用科技信息化手段提高机电养护管理的能力，在设备运维管理平台上接入了外场设备的动态监测数据，确保机电设施安全受控；对交通监控系统应用平台进行了整合，建立面向全路网统一的路网监测信息基础资源库，建立路网交通运行监测一体化业务管理平台，调整优化两个监控中心主干通信网络，将数据业务网与视频监控业务网分离；整合原有视频监控管理系统，形成支持高清、标清、模拟、数字的混合视频监控管理平台；引入无线射频识别（RFID）技术进行机电设施维护维修全过程动态管理和资产动态管理，提高养护管理水平。

【建设网络预约出租汽车监管信息平台】 2016年7月，为落实交通运输部等七部委发布的《网络预约出租汽车经营服务管理暂行办法》，市交通委相关部门研究并启动建设了上海市网络预约出租汽车监管信息平台。监管平台主要是通过互联网和信息化手段，实现对在上海市域范围内经营的网约车运营服务的事前、事中及事后全过程监管，保障上海出租汽车行业的运营安全和乘客合法权益，进一步规范全市网约车的安全、有序运营，提升上海市出租汽车行业的整体服务水平。

【更新公交第三代 POS】 为贯彻落实市交通委智慧交通三年行动规划，上海公共交通卡股份有限公司组织实施了第三代公交 POS 的研发。新 POS 具备卫星定位和无线采集功能，可实现刷卡位置信息采集和车辆位置跟踪。该工程的建设将有利于通过更及时准确的信息来提高公交线网优化的数据基础，同时也大大提升公交集群调度的实时化、信息化水平。根据计划，2016 年完成第一批约 1 000 台第三代公交 POS 的更新工作，2017 年将完成上海市域范围内全部公交 POS 的更新换代。

【推进交通部互联互通一卡通工作】 根据交通部和市交通委关于开展交通部互联互通工作的要求，上海公共交通卡股份有限公司组织技术力量开展大量接入相关工作。包括完成上海市基于交通部交通卡互联互通的技术规范以及项目实施的目标计划的编制；完成测试密钥的导入认证；开发基于交通部互联互通应用的清结算系统。

【推进交通卡、旅游卡支付应用接入充电桩和停车场库】 为进一步推广交通卡、旅游卡在上海市公共充电桩的支付应用，在市交通委支持下，上海公共交通卡股份有限公司与相关充电桩运营单位开展了交通卡、旅游卡支付应用的技术和平台对接工作。截至 2016 年 10 月，上海公共交通卡股份有限公司已与 16 家充电桩企业签订技术开发合作协议，接入充电桩试点应用 275 台。

【重型货运车辆行业监管系统建成使用】 2016 年，上海重型货运车辆行业监管系统已建成并投入使用。系统实现了对 13 527 家货运企业的监管，接入了上海籍 10 万辆和外省市 1 552 辆重型货运车辆的动静态信息，满足了市、区两级政府部门对货运车辆、货运企业的运营监管和统计分析需求；同时，系统还全面支持了 2016 年货运车辆年审工作，为上海市重型货运车辆安全监测工作提供了信息化手段，为车辆的安全监管信息统计工作提供了技术支撑，从而提高了上海市重型货运行业的安全监管标准。

【开展基于 RFID 技术的海事监管模式研究】 RFID 作为物联网技术的一个组成部分，在智能物流、交通、工业自动化控制等方面被广泛应用。内河航运是综合交通运输体系的重要组成部分，将物联网技术引入内河航运，尤其是内河海事监管，具有重大意义。《基于 RFID 技术的海事监管模式研究》课题着重以金山区为例，开展基于 RFID 技术在海事监管中的应用研究，着重在重点监控船舶入境报警、不停船海事检查等新型监管模式下开展研究工作。为后期 RFID 技术在海事监管方面的应用打下基础，从而达到显著提升海事部门掌控船舶动态信息的能力，防范和应对公共突发事件的能力，以及精确定位和查处问题船舶的能力，改善监管环境，完善海事监管智能化水平。

【“乐行上海”APP3.0 版本正式上线】 “乐行上海”APP3.0 版本在前期框架的基础上，经过功能扩展与完善，于 2016 年 9 月 25 日正式推出上线。其主要功能包括：扩展城市道路实时路况展示范围；新增城市地面 79 条交通干线和公路国道、省道路况实时路况图，并使用 GIS 地图展示；重新绘制城市快速路和高速公路的实时路况图，并使用GIS地图展示；新增包括上海迪士尼国际旅游度假区周边实时路展示；新增突发交通事件接入功能；用户可根据自身的出行习惯，定制一条或多条路段的路况信息，并可设置关注的时间范围。“乐行上海”APP3.0上线为市民驾车出行提供了更好的服务。

【做好杭州二十国集团峰会期间信息系统安全保障工作】 2016年，在杭州二十国集团峰会召开期间，行业信息安全工作形势非常严峻，为了确保杭州二十国集团峰会期间信息系统安全，市交通委要求各单位加强网络安全防护工作，并发布了《关于加强二十国集团峰会期间网络与信息安全防范及应急响应工作的通知》，明确各单位要切实加强安全防护工作，建立责任体系、健全应急响应机制、落实实时监测等措施，有针对性地加强完善网络安全防护；对相关系统应用进行漏洞扫描，发现问题立即整改，不放过任何高危、中危甚至低危漏洞；加强应急值守，确保杭州二十国集团峰会顺利召开。

（俞婷莉）

二、示范应用

北斗卫星导航应用示范工程

【上海北斗示范工程结题】 2016年9月27日，上海市科学技术委员会(以下简称“市科委”)与中国卫星导航系统管理办公室联合在上海组织召开长三角卫星导航应用示范工程验收总结会，标志着长三角卫星导航应用示范工程圆满完成，这也是中国第二代卫星导航系统重大专项实施的北斗应用示范中，首个完成并通过验收的北斗区域示范工程。时任上海市副市长周波，中国卫星导航系统委员会委员、北斗系统总设计师杨长风出席会议。会议一致认为，长三角卫星导航应用示范工程圆满完成了各项示范任务。周波表示，开展北斗应用示范是上海建设具有全球影响力的科技创新中心的重要行动，上海要在示范工程取得成果的基础上，创新机制、大胆尝试，带头大力推进北斗系统在包括上海政府部门、直属单位在内的各领域应用推广。杨长风指出，要认真总结长三角卫星导航应用示范工程的做法和经验，为后续示范工程实施提供有益指导；要高度重视北斗应用创新，走出一条发挥北斗特点、满足社会需求、富有中国特色的北斗应用创新之路；要有效整合上海卫星导航科技力量，充分发挥资源集聚的优势，打造北斗导航科技创新中心；要积极构建北斗应用服务体系，努力在卫星导航应用中实现“三融”，即融网络、融数据、融终端。总结会的另一个成果是北斗导航产业的创新功能型平台——上海北斗导航创新研究院成立，周波、杨长风为研究院揭牌。上海北斗导航创新研究院的功能定位包含5个方面：智库与战略规划、基础共性关键技术协同创新、重大公共实验系统建设与服务、科技成果转移转化与双创服务、高端人才培养和国际合作，形成集资讯、研发、产业化、投资于一体的导航产业技术协同创新平台和创新加速体系，成为高精度导航位置服务产业技术的领军者。

【参与上海军民两用技术成果展】 2016年11月17日，第四届上海军民两用技术促进大会召开，中国北斗产业技术创新西虹桥基地携手多家知名企业参加了同期举办的2016上海军民两用技术成果展，受到了来自军方领导、军工集团、科研院所和企事业单位的关注和好评。该展会是由国家科技部、工信部、军队主管职能部门、上海市人民政府、上海市国防动员委员会主办，军队有关单位和军工集团支持，由市科委、市经济信息化委等部门承办的军民两用高层展会。展会聚焦科技领域军民融合，集中展示军民最新科技成果，是促进科技军民融合交流、架构支持民技参军的渠道桥梁。中国北斗产业技术创新西虹桥基地携手园区多家企业参展，向观众展示了北斗园区企业在北斗导航和位置服务产业领先的科创技术产品，体现基地企业北斗导航及位置服务产业在军民两用方面的快速发展。

【践行“一带一路”发展战略】 中国北斗西虹桥基地积极拓展北斗技术国际化交流与应用，2016年9月4日，来自柬埔寨、泰国、斯里兰卡、格鲁吉亚、印度、马来西亚及印度尼西亚的政府官员一行14人到北斗西虹桥基地参观与考察。2016年10月17日，中国北斗产业技术创新西虹桥基地高级副总裁李坚与肯尼亚交通部部长Francis Meja等进行北斗项目交流，介绍了北斗系统及建设状况、北斗的广泛应用和引领作用，以及北斗成熟的产品及解决方案，并重点介绍了北斗在交通运输领域的应用。中国北斗西虹桥基地紧跟国家战略，响应国家号召，作为先行者宣传北斗高科技，将为中国与亚非国家的双边政府部门、科研机构和企业提供新的重要合作平台，成为推进中亚非国家全面战略伙伴关系的强劲引擎，助力“一带一路”方针早日实现。

【上海国际导航产业与科技发展论坛召开】 2016上海国际导航产业与科技发展论坛于11月2日在上海交通大学召开。此次论坛由上海北斗导航创新研究院、上海卫星导航定位产业技术创新战略联盟、上海位置服务产业技术创新战略联盟、上海高精度位置服务和城市交通信息服务产业技术创新联盟共同主办，主题为“科创战略引领，跨界融合发展”。论坛体现了市场化、专业化、学术化、国际化的特色。在2015年高精度导航定位、位置服务与大数据、导航控制与无人系统等论坛议题的基础上，此次论坛增加了导航跨界融合的投融资路演活动，为导航领域营造了更好的创新创业环境。

【成功申报科技进步特等奖】 2016年10月，由上海交通大学牵头、联合上海8家导航领域核心企业共同申报的北斗导航与位置服务关键技术及其产业化项目，最终通过市科技进步特等奖的初评、现场考察、复评、公示。在“十二五”期间，上海交通大学教授郁文贤带领其团队与多家上海导航领域优势企业广泛合作，围绕国家战略需求和新兴产业转型的需要，在国家重大科技计划和上海市重大重点项目的支持下，聚焦北斗产业发展“卡脖子”技术，集聚技术创新优势单位，从核心定位算法、基础导航产品、特色应用系统三个层面进行关键技术突破和应用模式创新，着力推动北斗应用创新与普及,打造战略性新兴产业发展基础。该项目填补了多项国内空白,大大提升了我国导航产业的国际竞争力,取得了良好的经济效益和社会效益,为“十三五”期间,上海在北斗导航方向上建设具有全球影响力的科创中心奠定了良好开局,形成了产业集聚与快速发展的态势。

(陈天琛)

上海公共交通卡股份有限公司

【概况】 2016 年,上海公共交通卡股份有限公司(以下简称“交通卡公司”)在市交通委、上海久事(集团)有限公司(以下简称“久事集团”)的领导下,立足公共服务,探索和加快企业供给侧结构性改革,不断提高企业核心竞争力和系统服务水平,将创新作为企业发展的重点工作,积极推进上海市公交优先发展战略、智慧城市建设,认真有序开展各项工作。

【经营指标完成情况】 2016 年,交通卡公司共销售交通卡 911.51 万张,同比增长 5.84%;销售沪通卡 33.4 万张,同比增长 26.6%;销售旅游卡 43.4 万张,同比增长 27.13%。截至 2016 年年底,公交刷卡率 76.7%,轨道交通刷卡率 86.3%,出租刷卡率 18.5%。交通卡、沪通卡清算准确率为 99.99%,清算及时率为 99.9%,公司资金回收及时率 98%,公司核心系统运行完好率 100%,未发生各类重大安全事故。ETC(Electronic Toll Collection,电子不停车收费系统)用户通行率为 29.43%,高峰段通行率达 35%。

【强化企业安全管理】 落实责任,确保不发生重大安全事故。一是进一步加强安全运营管理及保障力度,不断完善各项安全保障制度体系,确保公司在系统、资金、信息、人员等方面的安全。二是同各部门、各直属企业签订安全责任书,做到责任层层落实。三是加强对网络尤其是公司官网、APP、网上充系统等公共服务网络安全的监控。四是加强系统安全灾备演练,提升系统防火墙硬件设备,保障系统安全。五是加强对办公场所的安全管理,认真落实久事集团安全整改工作要求;六是完善资金操作程序,坚持集体决策原则,实现资金存款的公开化操作。

加强内部管理,认真落实审计整改和历史遗留问题整改。交通卡公司认真落实久事集团经济责任审计和历史遗留问题整改工作,涉及的相关问题均按照规定进行了整改落实。自 2016 年 3 月起,公司对仓库管理制度及物流管理流程进行梳理和优化,结合公司内部审计,对仓库现存退卡进行全面盘点、分拣、核销或重启用。

推进制度建设和法治建设,完善企业法人治理结构。一是全面贯彻久事集团依法治企要求,在公司本部及直属企业范围内,按照“立、改、废”的原则,开展制度梳理专项工作。二是大力加强法律事务工作,开展宪法宣传活动和依法治企教育活动,增设法务专员。三是先后完成了销售公司和上海久誉软件系统有限公司的法人变更工作,旅游卡公司的股权变更及高管变更工作已获央行批准,基本完成了直属企业的法人治理结构调整,“一企一策”经营管理体制基本形成。

【做优做细“公共服务”核心业务】 做优传统线下服务,扩大交通卡自助充值设备投放应用。一是新增了地铁迪士尼车站服务网点,对部分代理网点进行优化调整，做好标识引导，方便市民办理业务。二是加大了地铁站点自助服务设备投放力度，进一步满足市民自助充值业务办理的需要。

以创新服务方式为抓手，满足市民线上服务需要。一是依托“互联网+”技术，拓展各类线上服务方式，全面优化APP，进一步提升用户体验度。二是进一步深化与第三方支付企业的合作，目前已在交通卡自助充值设备上实现了支付宝、快钱钱包对交通卡售卡、充值、退卡和旅游卡充值业务，目前支付宝在交通卡自助充值设备上日均交易量已占设备充值总量的一半。

利用多种途径提升服务宣传，扩大品牌影响力。一是利用官网、WAP网站、微信平台和APP等途径及时发布便民服务信息，并对公司各类新业务，及APP、自助充值设备等服务做专题宣传。二是在2016年11月底逐步开始在全市各公交线路上张贴便民导乘及产品推广标识，扩大品牌影响力。

注重信访舆情管理，提升市民服务满意度。交通卡公司注重市民信访和信息舆情工作，2016年被纳入“上海交通热线”信息管理系统，回应持卡人诉求，提出建议解决方案，做到事事有回应，件件有结果。2016年上半年参加“3·15”为民服务咨询活动，现场调查结果为满意度94.91%，同比提高了3.3%；上海市质量协会用户评价中心对交通卡使用展开的调查显示，用户满意度达99.9%。

【持续深化业务拓展】 扩大服务产品多样化，形成市场新热点。交通卡公司分别与南京银行、拉卡拉公司合作，推出了整合金融、交通支付功能的手环产品。2016年在非普通卡销售方面取得了较好销售成绩，尤其是迪士尼系列纪念卡受到市场热捧。

全力发展ETC用户，满足市场快速发展需求。一是积极与银行合作，推出各种优惠促销活动，全力发展ETC用户，2016年ETC用户超过100万。二是积极做好用户网点调整工作，基本满足了用户的服务需求。到2016年，累计市政特约安装网点21个，充值网点1 316个，基本覆盖全市各区。

推进交通卡、旅游卡支付应用接入充电桩和停车场库。交通卡公司积极参与了全市充电桩市级平台的投标工作，并开展交通卡、旅游卡同步支付应用，进一步方便市民。

【做好政府服务项目建设】 顺利完成“敬老卡”停用和“保通卡”启用工作。为配合市政府老年综合津贴制度改革，按照市政府、市交通委统一要求，交通卡公司积极制定技术改造方案，投入相关资金，完成了“敬老卡”停用和“保通卡”启用工作。全力做好全市网约车监管平台和停车信息服务平台项目。根据市交通委的总体工作部署和要求，在时间紧、任务重的情况下，交通卡公司承担了网约出租车监管平台的建设任务，2016年10月底基本完成了项目初期建设目标并上线试运行。同时，根据上级单位要求，与各有关单位合作，积极做好全市停车场库信息接入，并重点做好信息优化工作，不断加强信息平台停车场库信息的准确性和实效性。

【支持旅游卡全面发展】 加快资源整合，拓展旅游卡销售服务渠道。一是为尽快发挥既有资源的优势，拓展旅游卡的销售渠道，2016年9月，交通卡公司自营网点新增旅游卡的售卡、充值业务，12月在地铁站点开通旅游卡充资、销售业务。二是加强旅游卡品牌的宣传与推广工作，在地铁网点橱窗、交通卡自动充值设备增加用户引导标识，在公交车辆上张贴应用标识，通过多种有效手段，提高知晓度。三是与拉卡拉、携程、联华快客、东方网、巨米等知名企业开展合作，形成了一定的市场影响力。

加强人员配备保障，支持旅游卡支付牌照续展工作。2016 年，交通卡公司选拔任用了旅游卡公司总经理、副总经理等，委派了财务经理，多方面加强人力资源配备，确保各项工作顺利开展。在久事集团的支持下，交通卡公司从技术和业务上组织开展旅游卡公司申请支付牌照续展工作，已获得央行审批。

【加快技术研发】 推进三代公交 POS 机更新换代工作。2016 年年初，交通卡公司启动了公交三代 POS 机换代更新的研发工作，按照各方需求，形成了新一代 POS 机的技术应用标准，解决了无线数据实时采集和时钟校对等功能。

开展基于交通部标准的城际互联互通工作。按照交通部和市交通委要求，交通卡公司组织专门技术力量完成了上海市基于交通部交通卡互联互通的技术规范以及项目实施的目标计划编制、测试密钥导入认证以及清结算系统开发，2016 年12 月完成了与交通部平台对接，以及交通部互联互通标准“申城通”卡的发卡，在嘉定公交相关线路上实现了交通部的试点应用。

（石晓莉）

上海阑途信息技术有限公司

【推行 O2O 汽车养护新模式】 上海阑途信息技术有限公司创办的途虎养车网（以下简称“途虎养车”），以 O2O 模式对汽车后市场资源进行优化整合，以解决用户根本需求为出发点，探索出一条线上线下整合的正品自营之路。

途虎养车在全国范围内设立超过 13 000 家合作门店，用户可随意选择位置便捷的门店接受线下服务，依托途虎养车在全国的仓储物流中心，线上订购的产品可闪电送达用户指定的门店。通过线上线下整合的 O2O 模式，途虎养车最大限度地满足了用户在养车过程中所需的低价、便捷、快速、可靠。截至 2016 年，途虎养车全渠道注册用户超过 1 500 万，覆盖近 8%的中国私家车主，月轮胎销售额高达 2.3 亿元，稳居同业第一。此外，保养业务同样突飞猛进，销售额月增长率达到20%以上。

【互联网助力汽车后市场供应链整合】 途虎养车一直致力于构建与消费者接触的全新流通体系。将厂家工场直供的商品直接递到消费者手中，大大降低了渠道进货价格，惠泽广大消费者。

途虎养车的大数据不但可以实现为不同车辆准确选择适用产品，更可以根据超过 1 500 万注册用户的购买习惯、喜好及所处位置等大数据推荐品牌和门店。客户可以通过途虎养车的各个互联网平台一目了然地获取汽车养护产品，解决了传统渠道模式下，客户到店选取服务和养护配件时，品牌繁杂、备货不齐和价格不透明等问题。

在建设一站式互联网交易平台之外，作为供应链整合的另一部分，途虎养车以自建仓储为中心,向周围辐射保证产品快速送达。截至2016年,途虎养车已拥有28个仓储物流中心。

【树立品牌化服务标杆】 途虎养车以品牌轮胎购买十专业门店安装服务的方式开启了汽车保养O2O路线,为途虎后市场生态建设奠定基础;然后坚持踏实谨慎的发展战略,重视线下服务质量、线上客户体验、供应链建设及仓储物流能力的提升;随后途虎才整合资源,优化汽车后市场供应链和服务体系,为实现汽车后市场全生态系统夯实基础。

这得益于途虎养车不可替代的品牌优势,更由于其在供应链上坚定不移的投入建设,使途虎养车始终处于行业领跑者地位。

(周婧琳)

第二章　智慧健康

概　述

2016 年，上海在智慧健康方面稳步推进。上海市卫生和计划生育委员会(以下简称“市卫计委”)作为智慧健康建设的主力军，着力建设社区卫生综合管理平台、“上海健康云”、医疗服务信息公示平台等，力争到 2020 年，基本建成统一权威、互联互通的人口健康信息平台，实现与人口、法人、空间地理等基础数据资源跨部门、跨区域共享。

一、信息化建设

【推进“全民健康保障信息化工程”和“金人工程”】 深化社区卫生综合改革和分级诊疗信息平台建设。为全面支撑社区综合改革工作要求，市卫计委推进社区卫生综合管理平台建设，实现全面预算管理、卫生服务监管、绩效考核、财政资金拨付、薪酬总额核定等功能。启动分级诊疗平台建设，围绕签约、转诊、处方延伸、费用管理四大核心业务，完成“1＋1＋1”签约系统的对接工作，实现签约信息在市级平台、区平台、医疗机构、医保系统之间的同步，支撑预约转诊、处方延伸、药品物流配送等改革举措的实施。建立家庭医生管理医保费用的支持平台，使家庭医生及时完整地掌握签约居民在二、三级医院的就诊记录、处方信息和费用信息。已在上海 215 家社区卫生服务中心开始试点。

推进人口计划生育信息系统建设。做好国家流动人口 PADIS(Population Administration Decision Information System，人口宏观管理与决策信息系统)平台上海子系统建设工作，2016 年全年跨省共享交换数据 1 320 余万笔。新增全员人口数据库健康信息网数据查询接口、全员人口数据库出生医学证明查询接口,实现全员人口数据库与健康信息网工程的数据共享。完成全员人口计划生育信息互联互通平台上海子系统、计划生育综合管理信息系统升级改造,及市社区事务受理信息系统卫生计生条线子系统、医院出生监测与计划生育信息核对系统、计划生育重点人员随访服务管理信息系统等项目建设。

【加快推进信息惠民工程建设】 完成卫生计生条线网上政务大厅建设工作。按照《上海市网上政务大厅建设与推进工作方案》,市卫计委完成推进卫生计生单部门网上政务大厅建设,截至2016年年底,已基本完成建设工作,上网事项涵盖市卫计委卫生监督和计划生育全部业务,行政相对人可以通过大厅在互联网上提交办事资料,完成办理预约,并已完成与市网上政务大厅对接工作。

探索推进"上海健康云"建设。为进一步做好"互联网+医疗"惠民工程,市卫计委牵头指导、社会力量投资,共同建设"上海健康云"。通过运用云计算平台,基于健康档案大数据和移动互联网等信息技术,建成面向市民、家庭医生、临床医生和公共卫生业务管理人员等人群的服务平台。向市民提供慢性病风险评估、健康档案调阅、在线问诊、体征测量、亲情账户等功能,引导市民开展慢性病自主管理,构建医防融合、全程管理的慢性病综合防治服务体系,形成全新健康管理模式。截至2016年年底,"上海健康云"服务已覆盖13个区近85个社区,已实现2万余名社区居民在"上海健康云"线上注册,有近200名家庭医生提供线上服务,"上海健康云"线下物联网监测累计测量人数达到72.78万人。

【推进人口健康信息化示范工程】 基本建成医疗机构和医务人员执业CA认证服务平台。按照国家卫计委工作要求,市卫计委基本建成服务于卫生计生行业的市、区两级电子认证服务体系和业务支撑体系,以及与市卫生监督、各区、医联中心、各医疗机构级电子认证系统互联互通、互信互认的市级电子认证平台,可提供证书统一发放、注销管理、电子签名、身份认证等服务,计划在2017年在上海推广。

完成医疗服务信息公示平台建设。根据《国务院办公厅关于城市公立医院综合改革试点的指导意见》(国办发〔2015〕38号)工作要求,市卫计委建成运行于市政务外网的医疗服务信息公示平台,在行业内部公示市、区两级卫计委在监督管理过程中产生的医疗机构医疗资源配置、医疗效率、医疗费用、医疗行为、医疗质量、中医特色服务等信息,每半年公示一次。

推进事中事后监管平台建设。根据国家推进简政放权、放管结合和转变政府职能、深化行政审批制度改革工作要求,市卫计委开展卫生计生行政审批事项事中事后现场监管系统建设,依托系统进一步完善"管理相对人自查、许可后监管、日常监督、专项监督、执法后复查"的监督检查模式,更好地满足和支撑科学规范、统一高效、智慧联动和共同参与的卫生计生监督管理需求,提高行政监管效能。

【加强突发公共事件卫生应急信息化建设】 按照《国家突发事件应急体系建设"十二五"规划》相关精神,结合《上海市加强公共卫生体系建设三年行动计划(2015年～2017年)》工作要求,市卫计委启动信息化配套建设工作,共23个信息化建设项目，总投资 7 018 万元，涵盖医疗机构、委属单位等项目建设单位 15 家。按照建设类型分为四大类，其中体系建设项目 4 个、惠民服务项目 4 个、示范性实施项目 10 个和法制化建设项目 5 个。

【推动中医药服务信息化建设】 根据《上海市进一步加快中医药事业发展三年行动计划(2014年～2016年)》(沪府办发〔2014〕9 号)要求，市卫计委组织实施上海市中医药临床培训网络建设信息化项目，该系统集中医临床培训、远程会诊和咨询、临床学术交流三位一体，覆盖全市中医院、中西医结合医院和社区卫生服务中心，总投资 1 203 万元。

【探索医疗卫生大数据开发利用】 市卫计委通过基于市民健康档案的卫生信息化工程，每日汇集上海 422 家公立医疗机构诊疗数据。截至 2016 年年底，市平台共采集 8 亿份门急诊诊疗病历、约 625 万份住院病历，各类明细数据累计超过 250 亿条。通过大数据分析利用，市平台共发出重复用药或重复检查的智能提醒 1 115 万次，临床决策支持知识库共发出 310 万次警示。此外，还在患者全年就诊行为本底数据特征分析、“医药分开”政策以及医疗服务价格调整政策、DRGS(Diagnosis Related Groups，诊断相关分类)门诊和住院病种综合指数和费用预估模型研究等管理决策方面提供支撑。

【做好网络安全和信息化保障工作】 根据国家卫计委《关于开展卫生计生领域网络与信息安全全面检查工作的通知》精神，结合国家互联网专项整治及关键基础设施检查工作的要求，市卫计委制定检查方案，聘请公安部第三研究所、上海市信息安全测评认证中心、上海计算机软件技术开发中心等专业机构，在全市卫生计生行业开展相关检查工作，并取得了一定成效，得到市委互联网信息办公室的通报表扬。与此同时，市卫计委圆满完成上海市承办的第九届全球健康促进大会的网络安全和信息化保障工作。

二、应用平台

【“健康网”完成二期建设】 2011 年 4 月，上海市启动了基于市民健康档案的卫生信息化工程(以下简称“健康网”)。通过项目一期、二期的建设，目前已经构建“1+17”(市级、医联和 16 个区)市、区两级构架，依托政务外网的数据交换与服务平台；通过统一的接口规范，市级卫生数据中心已汇集全市近 600 家公立医院的临床诊疗、实验室检验、放射检查以及手术管理等信息系统的相关数据。该数据中心由上海市卫生计生信息中心统一管理。

上海市通过“健康网”工程建设，在全国率先实现市、区两级公立医疗卫生机构互联互通和数据共享，在全市联网医疗机构范围内实现两个“任何”，即任何一位在市内联网医疗机构就诊过的患者电子健康档案，可以被任何一家联网医院的医务人员在业务规范制约下通过医生工作站进行调阅，通过掌握既往病史，提高诊治水平，减少医疗差错。

【建立分级诊疗信息平台】 以“制度＋科技”作为试点推进的支撑与抓手，一是围绕社区卫生服务运行机制，完成社区卫生服务综合管理信息化顶层设计，制定下发信息建设标准，市级层面综合管理平台已基本建成，并围绕试点关键指标细化了400多项分析指标；二是围绕“1＋1＋1”签约与分级诊疗，建设全市标准系统，“签约、转诊、延伸处方”三个功能模块均已实现正式运转，“费用管理”功能模块正在加紧完善。

同时，依托“健康网”工程的雄厚基础，建立属地居民就诊信息的回推机制，实现居民健康档案的自动更新机制，有利于家庭医生工作开展和深化。

【社区综改监管与评价APP上线】 通过大数据完善评价手段，打造评价工具，能够建立更加公开、透明的评价机制。比如，在社区卫生服务综合改革试点中，开发应用了社区卫生服务综合改革云管理APP，从社区卫生服务生产环节直接通过信息化抓取客观数据，实时分析“1＋1＋1”签约、就诊流向、费用情况、运行机制等改革核心内容，建立基于数据的试点进展监测、比较分析、综合评分与定期简报机制，通过APP可以对每一个区、每一家社区试点进展进行评分，并且可以看到扣分扣在哪里，问题存在什么地方，从而实时、动态、客观地反映各区、各社区的改革进展。截至2016年年底，上海各区政府、有关部门(包括医保)、试点社区管理者均已普遍安装了云管理APP，形成试点“自我督导、透明倒逼”机制。

三、医疗信息库

【建立家庭医生费用知识库】 在上海市公立医院服务产生评价指数的基础上，建立基于病种和治疗手段组合的各类费用知识库。使得家庭医生可以完整掌握签约居民在所有医疗机构的就诊记录、处方信息、检查化验等详细诊疗信息的基础上，进一步判断其费用的合理程度。

【建立家庭医生转诊指征知识库】 利用大数据知识库系统方法，基于上海市人口健康大数据的分析挖掘，开发家庭医生转诊指征知识库，为支撑家庭医生科学、及时的转诊，提供更科学高效的信息支撑。

【跨部门数据共享】 上海正在按照《“十三五”全国人口健康信息化发展规划》的建设要求，到2020年，基本建成统一权威、互联互通的人口健康信息平台，实现与人口、法人、空间地理等基础数据资源跨部门、跨区域共享，医疗、医保、医药和健康各相关领域数据融合应用取得明显成效。

(周　娟)

【医疗大数据】 上海有全国领先的医疗资源，已有医疗大数据基础，并得到了广泛的应用推广。上海具备10年跨度的基于业务系统产生的、实时交换的、连续的、关联整合的临床、疾控、健康档案数据。至2016年，上海医联工程和上海健康信息网覆盖了全市600家公立医疗机构的数据资源，数据量超过1.1P，涉及7 800万名以上患者。万达信息股份有限公司(以下简称“万达信息”)在临床辅助诊疗、医疗质量监管、卫生经济分析、医保控费、公共卫生政策评价等方面开展了医疗大数据应用实践。万达信息建设的区域卫生信息平台覆盖4亿人口，上海的成果已在全国14个省级、100多个市级及1 000多个区县级医疗卫生信息化项目中推广应用。上海开展了全国首个省级“医防融合”基于大数据的慢性病管理试点，为公共卫生政策评价奠定了数据基础；基于大数据开展了三医联动试点，建立医保费用事前、事中、事后全流程医保控费的上海市医保控费系统，建设了“招采配送”一体化在线药品平台——上海市阳光医药采购网。

(陈天琛)

第三章　智慧教育

概　述

2016年，上海智慧教育建设不断深化。应用平台方面，推进“一网三中心两平台”建设；教育资源开发方面，推出“上海市高中名校慕课平台”；各高校推进基础设施建设，优化公共服务平台应用，提升用户体验，着力打造“智慧校园”。

一、应用平台

【推进“一网三中心两平台”建设】　推进上海教育城域网、上海教育数据中心、上海教育资源中心、上海教育认证中心、上海大规模智慧学习平台、上海教育综合管理决策平台建设，统筹优化教育信息化基础环境。充分发挥上海教育城域网的作用，全面支撑教育信息化应用。通过上海教育数据中心建设，整合共享上海各级各类教育数据。通过上海教育资源中心建设，融合共享上海各级各类教育资源。通过上海教育认证中心建设，实现教育对象的全周期一体化认证管理与服务。通过上海大规模智慧学习平台和上海教育综合管理决策平台建设，为教育教学和教育管理决策提供有力支撑。

组织指导各区、高校、中职校等继续深入开展数字化校园建设，加强网络接入增速、校园网改造、无线网络覆盖、云计算保障能力、云桌面应用、用户认证手段升级、网络安全改造等工作，完善校园信息化基础环境，提升支撑能力，满足快速增长的校园信息化应用的需求。指导各区做好中小学校信息化环境建设工作，优化中小学信息化基础设施，提升中小学普通教室信息化配置，加强中小学网络和信息安全规范管理。

（孙　凤）

二、教育资源开发

上海市高中名校慕课平台

【概况】 上海市高中名校慕课平台(以下简称“慕课平台”)是一个上海市高中学校面向所有初高中学生分享优质、特色拓展型和研究型课程资源的网络学习平台,旨在提升中学生信息化环境下的学习能力;推进高中学校特色多样发展培养;推进信息技术与教育教学融合的师资队伍。慕课平台由上海市实验性示范性高中和市特色高中提供课程,上海市电化教育馆负责平台建设和技术服务。该平台建设项目于2015年3月启动,11月开始建设,2016年2月17日正式上线试运行,并于3月5日首次开课。慕课平台运行以来,课程已从4所学校27门课程扩容至32所学校105门课程,共有17位特级教师参与,一批青年教师积极参加,课程涵盖语言文学、数学、社会科学、自然科学、技术、艺术、综合实践等多个领域。上海市所有初中和高中学生,每逢双休日和寒暑假(每天8:00～20:00),均可凭学籍号或身份证号登录慕课平台注册、浏览课程信息和选择感兴趣的课程学习。

【学生应用层面】 慕课平台后台数据显示:截至2017年1月13日,学生注册人数16 352名,其中有11 885名学生进行了选课,学习参与率达到73%。其中,选课的初中学生10 797名,占选课群体的66%;高中学生5 530名,占选课群体的34%,共计涵盖634所初高中学校。其中华育中学、曹杨中学、华政附中、立达中学、七宝中学、上海中学、上宝中学等学校的学生观看人数居于前列。在慕课平台,学生不仅可以学习慕课视频,同时还可以参加交互研讨。学生共计学习视频达到125 821次,参与发帖讨论8 890次,完成结业获得证书的学生1 343名,总计颁发证书2 657个。学生人均选课约1门,人均发帖约1次,结业学生中人均获得证书数2个。

【教师参与层面】 2016年7月1日至9月22日,由上海市教育委员会(以下简称“市教委”)领导,华东师大慕课中心组织全市实验性示范性高中和特色高中学校的530名教师开展了专题研修工作。截至2017年1月13日,共计有93位教师或团队在慕课平台授课。根据各校提交的慕课计划,将于2017年6月30日前新增37所学校100门课程上线,力争通过1～2年时间,形成一定规模、适用于中学生的优质、特色、多样的拓展型和研究型课程资源。

(金　松)

三、高校信息化

复旦大学

【概况】 2016 年,复旦大学信息化建设的工作要点是进一步加快基础设施建设,深化公共服务平台应用,提升用户体验。重点工作包括拓展网上办事服务大厅服务内容、建立三级数据服务体系、升级校园信息公务系统、升级统一身份认证平台、健全和完善网络信息安全机制、加快网络基础设施建设等。

【拓展网上办事服务大厅服务内容】 2016 年,复旦大学进一步拓展网上办事服务大厅的服务功能和内容,完成预期新增 40 项服务的年度目标。"复旦网上办事大厅"荣获教育部思想政治工作司指导,全国高校校园网站联盟、中国大学生在线颁发的首届全国高校名站名栏评选活动"全国高校优秀网站"称号。截至 2016 年年底,复旦大学网上办事服务大厅累计接入服务 159 项,基于统一的工作流引擎开发流程 55 项,共计处理 21 184 条师生业务申请,累计总访问数 328 858 人次,总访客 170 420 人。

【建立三级数据服务体系】 2016 年,复旦大学完成了全校数据模型的梳理和构建,并在此基础上建立了三级数据服务体系。在重新梳理学校各类数据的基础上,打破原有数据跟随业务系统划分的模式,从全校整体职能角度重构数据,完成了个人数据中心、院系数据服务中心、全校数据分析挖掘利用平台的全新升级。数据服务、消费分析、资产数据分析等几项典型应用已经开放给业务部门投入使用,《高等教育事业基层统计报表》进入试运行阶段。

【升级校园电子公务系统(OA)系统】 新版 OA 系统于 2016 年 1 月 6 日正式启用,替代已运行 12 年的原 OA 系统。新 OA 系统不仅增加了学校办公新业务,还加强了对校、院二级管理、教职员工的服务支持,接入 UIS 统一身份认证平台,面向全体教职工开放。系统主要实现了行文管理、收文管理、合同管理等多项功能,并新增督办、统计年鉴、权限在线申请、微信消息及邮件提醒等功能。2016 年,新 OA 系统已完成行文 2 900 余条,收文 900 余条,通知 1 000 余条,合同 1 500 余条,公告 70 余条。

【升级统一身份认证平台】 2016 年,统一身份认证平台实现了新的技术架构,进行了整体升级。新平台用户最大容量提高到 50 万,实现了多校区分布式部署、加强安全审计等预期目标,能够满足复旦大学未来十年的用户增长需求。新平台于 2016 年 10 月正式上线运行,全校共计 25 余万个账号数据已经迁移成功,新认证系统和各接入业务系统均运行稳定,总认证次数已达 80 余万次。

【健全和完善网络信息安全机制】 2016 年,复旦大学根据学校工作部署，进一步健全和完善网络信息安全机制。完善校内二级网站“扫、查、排、修”管理流程，对全校已有二级域名进行清理和备案，明确网站安全职责人，建立网络信息安全响应和处理机制，联合校外第三方安全机构，对信息与网络安全事件进行跟踪处置。针对校内重点业务，包括复旦大学主页、研究生招生系统、复旦大学收费服务管理平台 3 个站点进行三级等保备案工作。在杭州二十国集团峰会、国庆节等重大活动期间，顺利完成网络信息安全保障。

【加快网络基础设施建设】 2016 年，复旦大学完成生物二楼、本部 4 号楼和东区学生宿舍 1 号楼等 3 幢楼宇的有线网络改建，以及新闻学院等 12 幢楼宇及区域的无线网络重建、覆盖与增补工作；在邯郸、江湾校区三号小平房等 7 幢楼宇新增或更换了分接入交换机；在各校区新增近 1 200 个有线信息点，2 台校园网主干核心交换机，1 400 台无线访问热点(AP)，无线网络核心交换机 4 台；结合学校整体基建进度，启动枫林、江湾校区、张江药学院的网络设备采购流程；完成枫林、江湾和张江校区楼宇网络配套工作。

【有序推进校园网升级改造工作】 在校园网出口服务方面，复旦大学完成了出口链路负载均衡设备的升级，网络处理能力大幅提升；制定《复旦大学下一代校园无线网(iFudanNG)建设方案》，开通 eduroam(education roaming，全球教育无线漫游)和支持纯 5GHz 的下一代校园无线网 iFudanNG.1x，实施成效获上海市高等教育学会校园网络专业委员会“2016 年度优秀创新案例奖”。开通 eduroam 半年来，已有过万名复旦师生在校外使用该服务，登录次数达 39 万人次。

【深化校务管理信息系统建设】 2016 年，完成教务管理系统升级，主要功能包含课程及培养方案、排课、选课、排考、教材、学籍注册等十余项教务服务；复旦大学统一招聘平台进入实施开发阶段，为实现学校人员招聘的全流程管理提供信息化支撑；新开发本科生辅导员考评、研究生辅导员考评、学生工作院系考评服务，实现了覆盖教职工、处级及以上干部、辅导员队伍、学院学生工作考评、机关测评、年终网上考评的全面覆盖；自助打印平台在四个校区全面投入使用，总体实现无人值守下的稳定运行，全年完成自助打印件超过 6 万份。

【服务与运维数据统计】 据不完全统计，复旦大学 2016 年度常规信息化服务数据如下：接听服务电话 9 156 次、处理邮件 11 419 封、接待用户 6 605 人次、外出服务 2 853 次，为 3 420 名教职工和博士后每人增加流量 6 000MB；清理域名备案登记信息，有效域名数量为 485 个，2016 年度开通或变更 101 个；支持网络视频服务 200 余次；一卡通日常维护 2 868 次。

（张　凯）

上海交通大学

【概况】 2016 年，上海交通大学信息化工作主要包括完成与推进“十三五”规划编制、持续推进网络信息基础设施与服务能力提升、加强教育管理信息化顶层设计与校级数据开放共享、建设面向未来的数字化“智慧校园”等。

【拟定信息化建设管理办法】 拟定《上海交通大学信息化管理办法》。该办法共有八章、三十四条，确定了“统一决策、统一标准、分类建设、渐近提升”的建设原则，提出了“计算云集、应用开放、数据流通、安全可控”的建设目标，从组织机构、标准规范、信息系统、信息资源、基础设施、信息安全、工作制度等方面，对信息化建设中涉及的各个方面进行了规范定义。

【管理信息化建设】 深化一门式服务平台建设。持续完善一门式服务网站和APP的界面设计，研发新流程事项，并配合各部门优化原生流程移动化体验。新一代流程平台启动流程实例47 977个，同比增长89%，新建、升级各类线上服务流程61项。

【部署“一门式”自助服务终端】 分别在徐汇校区和闵行校区主要行政办公场所部署“一门式”自助服务终端。“一门式”自助服务终端作为学校网上“一门式”办事平台的重要支撑，包括自助查询、自助打印、自助投递等主要功能。

【校园网建设】 校园网出口带宽持续扩容，基础设施不断完善。2016年新增教育网出口带宽5G(达到10G)，校园网出口带宽总额超过13.6G。更新3台校园网汇聚点核心设备，组建校园网出口网络地址转换冗余设备，部署CDS、CDN缓存系统3G，提高校园网可用性、可靠性。推进校园无线网质量提升工程和无线认证体系扩容。2016年新增1 000个接入点及配套的两台控制器，无线接入点数量达到4 000个，认证系统总容量达10万用户。上海交通大学是上海地区第一所正式加入eduroam全球无线网络漫游联盟的高校，2016年在校外使用该无线漫游服务总人数在国内高校中居首。

【数据中心建设】 至2016年年底，数据中心累计服务器数量314台，其中一半用于虚拟化，各类虚拟机1 300个；交换机47台，其中40G以太网端口24个，万兆端口940个，千兆端口878个；各类存储总量3 114T。托管机房实现双机捆绑冗余和万兆防火墙出口，并发连接数最大可达600万/秒以上，为校内外47个单位、157台服务器提供托管服务。

【云计算平台】 云计算平台正式投入生产环境使用，“交大云”(jCloud)应用服务平台基于开源软件Openstack搭建，并为校内18个部门提供正式服务。截至2016年年底，jCloud平台上已创建云主机190余台，共计为用户分配639个虚拟CPU、1 301G内存、16.6T存储。平台集成了弹性可扩展计算、分布式存储和软件定义网络等技术，并在此基础上提供了虚拟数据中心服务，为用户提供安全、可靠与隔离的基础设施云环境。上海交通大学是中国首批开源云项目的参与者和推动者，jCloud也是全国高校范围内第一个全部使用开源软件构建的校园云平台。“交大云”已经面向全校提供稳定可靠的云计算服务，并已有大量用户开始在该平台上开展日常业务，应用领域包括信息办公系统、科研计算、开发测试环境、学生创新支持、教学辅助支撑等。

【高性能计算】 高性能计算机“π”稳定运行，全年CPU和GPU计算资源利用率保持在80%左右，计算资源接近饱和。π系统服务面进一步扩大，保持了较高利用率，校内正式用户账号达136个，比2015年同期增加40%。在提供稳定计算资源的同时，推进应用优化服务，进一步提升集群利用率。

【大数据分析平台】 建立大数据分析平台，面向校内外提供数据服务。基于开源软件，完全自主建立"高可用、低成本、易维护"的开放式大数据分析平台，保存各类数据集达50T，已为多家校内单位提供科研支持，为上海市政府举办的"2016上海开放数据创新应用大赛(SODA)"提供存储和计算支持。自助分析平台可让用户自助完成数据分析，已发布7个应用。

【网络服务】 通过电话、邮件、现场接待多种服务手段为用户提供服务。2016年共处理电话报修及咨询1.4万人次，处理近4 000封服务咨询邮件，上门服务893人次。网络业务实现线上办理，开通微信公众号和机器人自动问答系统提供服务。在上海教育科研网建设方面，完成上海教育城域网8台100G核心设备冗余建设。截至2016年，上海教育城域网累计完成3 000KM光纤资源建设，覆盖了全部高校、16个区、中高职等教育科研单位及其他3 000余所各级各类学校，在上海初步形成"网络可访问、资源可获取、师生可交流"的教育信息化环境。

【邮件系统扩容】 教工邮箱容量从5G扩展到10G，学生邮箱从2G扩展到5G，邮件备份能力从1个月扩展到6个月。电子邮件用户数量维持稳定，用户数据量年新增7TB，增长了30%(达26TB)。

【校园一卡通建设】 2016年新开通校园卡2.08万张，有效卡片总数9.5万张，其中教职工、学生占比2/3。新增门禁35处，新增或调整商户33个。移动支付实现支付宝线上存款校园卡占比46%，银行卡转账占比40%。引进自助补卡终端，为学生提供自助补卡服务。引进批量发卡系统，提高批量制卡效率。

【升级统一身份认证体系】 实现jAccount和微信绑定，提供微信扫码登录以及微信应用自动登录，简化jAccount自助登录模式。完善认证体系标准化支持，全面支持国际标准协议。完善OAuth2.0授权服务和应用管理系统，实现更细粒度的访问授权，为用户提供更自主的授权控制，全面保障信息安全和用户隐私信息。

【网络信息安全】 建立先进的信息安全技术防御体系，为校内外用户提供安全服务。自主研发和部署基于协议分析的防攻击系统，部署云WAF(Web Application Firewall，应用防护系统)对特定网站提供安全防护。为校内外用户提供精准预警服务，累计跟踪2 295个安全漏洞，并处理多起校内外重大网络信息安全事件。成功组织首届全国高校网络信息安全运维挑战赛，参赛高校129个，推动建立了高校网络信息安全交流、协作、共享的机制。作为高校网络信息安全工作组的组长单位，组织完成《高校网络信息安全工作调查报告》，获邀参与高校体系信息安全管理统筹组织工作，2016年网络信息安全工作得到教育部科技司充分肯定。推进信息安全等级保护工作，加强校内安全管理。建立学校信息安全保障体系,检查、制定、落实相关制度、责任体系及应急预案,对校级站群系统进行升级。截至2016年年底,站群系统管理网站64个,其他虚拟主机上网站47个,校内共267个网站纳入到Web防火墙监管。2016年全年根据信息安全小组情报向用户发出网站漏洞通知118人次。

【超算人才培养】 推进超算人才培养,提升上海交通大学在高性能计算领域的影响力,组织指导学生团队参加世界大学生超级计算机竞赛并获得第二名,因此取得了去德国参加全球大学生超算竞赛的资格,并在决赛中获得第三名。是2016年唯一一支在这两项国际重大赛事中均获得前三名的国内高校团队。年内举办了6次SJTU HPC系列研讨班和针对π用户的专项培训;继续设立2016年度"AMD高性能计算奖学金";完成NVIDIA CUDA卓越中心第5年的工作;完成与普林斯顿大学联合申请的美国国家卫生基金会的SAVI项目,并取得突出成果。

【引入全球顶级智力支持力量诊断】 与Gartner签订合作协议,为学校信息化战略规划及研究提供顾问服务。通过与Gartner的合作,充分利用其信息、技术和人力资源方面优势对学校信息化建设进行研究评估、动态监测和规划建议。

【引入爱思唯尔(Elsevier)PURE平台】 与爱思唯尔签订PURE平台采购协议,以此为基础加强学校数据资源的整合,增强"院为实体"建设。PURE平台核心功能包括:迅速建立丰富的机构和科研人才档案;实时对管理对象进行多维度分析和绩效监督;灵活建立和共享量身定制的报告;良好的展示平台,促进合作与交流。

(张　瑞)

上海理工大学

【概况】 2016年,上海理工大学紧紧围绕本科教学开展信息化工作,完善网络环境,创新服务举措,办公网络出口带宽达到2 800M,无线接入点1 425个,无线网络楼宇开通138栋,网络应用达到49个。

【启动"互联网+本科教学"示范案例建设】 2016年,上海理工大学启动作为实事工程之一的"互联网+本科教学"示范案例建设。该系统由两大部分组成:一是完成基于现有校内信息系统(上网信息、一卡通刷卡信息、考勤信息、体锻信息等)的学生在校情况预警分析,并进一步开展更广泛的学生业态分析,系统功能初见端倪;二是完成面向教学团队、导师与研究生、辅导员与带班学生等群组的师生协作平台框架建设,根据不同场景设计协作功能。

【优化本科毕业论文管理与指导平台】 该平台提供论文开题、论文选题、双向选择、论文在线指导、论文评阅、论文答辩、论文入库全过程的信息化管理,实现论文环节的全过程跟踪,以信息化手段提升教学管理工作水平。该平台已投入示范性应用。

【完善多媒体教室建设】 2016年,上海理工大学为所有公共多媒体教室配置了激光翻页器,提升了课堂教学效果；在第一、三教学楼安装4套新型课堂教学智能扩声系统，供授课老师进行体验试用；更新数十套教室投影机、无线扩音设备、网络中控、电动幕布等，同时做好278间多媒体教室设备维护。

【完善网络环境】 完成先进制造大楼、军工路580号大门、大礼堂改造、复兴路教学大楼和新八楼大修4项重要工程的基础网络设施建设，改善图书馆等的无线网络环境；定期对校内网站进行安全扫描，并督促、协助存在网络漏洞的单位及时完成修复工作，完成学校主页和一卡通系统信息安全等级保护二级测评。

【校园一卡通建设】 一卡通自助中心为2016年实事工程建设项目，其建设目标是进一步方便学生假期、非工作时间或非本部学生补卡，拓展一卡通的服务功能。2016年12月8日，军工路1100号校区与516号第三教学楼的一卡通自助中心开始运行；为方便师生对一卡通充值，暑假期间分别完成支付宝和微信的移动充值，同时完成了所有校区学生宿舍共计85台一卡通终端领取设备的安装调试。截至2016年年底，移动充值的次数和金额分别占总充值量的79.6%和73.7%。

【支持重大活动】 2016年，在上海市教育博览会上，上海理工大学将“互联网+”与教学有效结合，彰显了学校百年底蕴与蓬勃活力。制作《在校园》主题宣传片并设立学校概况、“互联网＋教育教学”、“互联网＋校园学习”、“互联网＋校园生活”、“互联网＋产学研协同创新”五大板块及虚拟教学体验区，凸显了上海理工大学“工程型、创新性、国际化”的人才培养定位，集中展示“互联网+”在人才培养、科学研究、社会服务、文化传承等方面的重要成果，现场展品如增强虚拟现实、虚拟教学等吸引大批参观者驻足观看并体验。110周年校庆期间，上海理工大学举办了“智慧校园建设20年成果展”活动。展览以文字和图片的形式，从智慧校园基础建设、智慧校园信息服务、智慧校园教学环境建设、大事记及奖状四大板块，浓缩记载了上海理工大学智慧校园建设取得的显著进步和诸多成效。为期五天的展览共计接待参观者近1 000人次。

（上理工）

上海海事大学

【概况】 2016年，上海海事大学信息化建设的工作要点是以智慧校园门户建设和移动综合服务平台建设为抓手，保障校园网络、一卡通、数字化校园平台、30多个应用系统及其他弱电系统正常运行，加强网络与信息安全；完成“上海海事大学网络升级改造”项目的准备工作，重点包括完善单点登录系统和升级数字校园平台、综合移动服务平台建设、大数据综合服务平台建设、学生一体化综合服务平台建设，引入一站式服务平台工作流引擎系统，并进一步在全校范围内推广应用。

【信息系统建设与实施】 改造CAS单点登录系统，保障数字平台和校内各应用的有效使用。完成数字校园平台改版工作，新版数字平台重新命名为“智慧校园门户”，该门户不但提高了系统自身的稳定性，还根据教师需求增删了功能，解决了浏览器的兼容问题，极大提升了用户体验。完成上海海事大学综合移动服务平台，该平台基于微信企业号，拥有开放、跨平台、简单、安全等特性，集成了校园网主页、数字平台、教务系统、学生综合服务平台、一卡通、移动考勤、图书系统、校园邮件、财务系统等多个业务系统，为师生提供更为便捷的移动服务体验。完成学生一体化综合服务平台，以面向学生的各类服务为导向，突出一体化信息服务理念，通过与数字校园平台无缝集成，实现从PC到移动端面向学生的统一服务平台。平台已实现学生基础信息管理、活动与讲座、奖学金助学金申请、勤工助学管理、第二课堂、学生生涯管理、学生成绩查询等各类面向学生的服务项目，事务申请办理采用流程可视化，学生能够随时跟踪了解申请审核的进度和办理情况，提升学生服务的满意度。完成移动门户“海大”APP的版本更新工作。更换三网合一的短信网关通道，提高短信送达率，降低短信费率。

【引入一站式服务平台工作流引擎系统】 以深化应用，融合创新，全面提升信息共享、数据资源综合利用水平为目标，引入一站式服务平台工作流引擎系统。以流程服务分解复杂业务，基于梳理和打通各类数据资产的大数据服务平台，提升数据资产使用效率。在一站式服务平台工作流引擎系统建设的同时，建成资产招投标管理和物资采购、学生出国申请和审批流程、一卡通办理申请流程的应用，并逐步在全校范围内扩展。

【建设大数据综合服务平台】 上海海事大学大数据综合服务平台项目通过数据整合，梳理业务数据之间的关系，可以实现全校信息资源统一、信息权威化以及现有数据资产实时可用，为数据分析、数据预测、决策支持服务提供基础服务平台。

【管理校园一卡通】 全面负责校园一卡通的运行管理。完成部分食堂收费系统整改，完成学校校门进出匝道机数据同步刷卡功能，进一步完善一卡通运维管理体系，形成围绕自助现金充值、银行卡充值、支付宝充值、自助拍照、自助补办校园卡、自助购电、洗衣、复印等全方位自助服务模式的理论与实践。

【网络管理及升级改造项目】 网络管理与服务包括链路负载均衡系统、入侵防御系统、防火墙、流量控制系统、链路负载均衡系统、11台校园网主干交换机、超过400台校园网接入层交换机、有线网认证服务器、超过1 100个无线AP、无线网认证服务器、无线网络管理系统、跨校认证服务器、DHCP服务器、DNS服务器等，起到了稳定运行、优化管理的作用。校园网出口带宽扩容。新增一条150M的联通线路，完成部署网络内容缓存服务器，用于提高校园网上网速度。

完成网络升级改造项目的初步方案，并向上海市经济和信息化委员会(以下简称“市经济信息化委”)申报、答辩该项目，同时做好了财务预算工作，为2017年实施有线网络升级改造打下坚实基础。

【服务师生】 完成教师邮箱系统升级和数据迁移工作，为在校学生和部分毕业生开通学生邮箱。为学生事务中心、学院门禁建设技术方案、教职工电脑维护等各类信息化建设服务，为校内外师生进行迎新、毕业典礼等的网络直播。

【对外交流】 接待中国香港浸会大学、上海理工大学、上海应用技术大学、上海电机学院、上海金融立信学院等兄弟高校的信息化参观调研。多次电话解答云南大学的一卡通建设管理难题，并提供大量优秀管理文档给相关学校参考。“高校信息化绩效评价体系研究”、“高校开源软件应用协同工作机制研究与实践——以 Drupal 应用为例”两项课题获中国高等教育学会教育信息化 2014 年度专项课题结题证书。在《中国教育网络》发表《校园一卡通“去卡化”之路》、《高校一卡通：在创新中发展》、《云计算 1 到 N 的大时代：高校能否成功跨越》、《云计算环境下的高校 DevOps 实践之路》、《高校数据隐私保护技术》、《数据开放式 Web 技术探索》6 篇论文，其中有两篇分别获得“2016 年度智慧校园移动应用平台创新奖”和“高校云计算创新推荐方案奖”。承担第二届“全国高校好声音”现场直播与上海大学生电子竞技大赛的网络服务与技术支持工作。协助教委进行视频会议系统联调。

【系统维护与管理】 完成校内所有老系统（近 32 个职能业务子系统）的日常运行维护及技术支持工作；贯彻学校“十三五”规划中信息资源建设的内容，调研用户中心建设、数据中心建设、消息中心建设，从学校信息化建设顶层设计着手，布局通过工作流引擎平台建设梳理学校管理，改造技术落后、不适应新应用环境的旧有业务系统，提高学校信息化投资效益，提高信息化应用系统生命周期；管理校园网主页和各学院（部门）共 50 多个网站，包括服务器管理、维护和安全问题处理。

（吴慧韫）

上海师范大学

【概况】 2016 年，上海师范大学以校园网大数据共享应用为核心，进一步巩固信息化基础设施、夯实云计算服务环境、深化信息化应用服务建设、完善网络信息系统安全管理制度，为学校教学、科研、管理提供优质、高效、安全的信息化技术支持与服务。

【网络基础设施建设】 完成徐汇、奉贤两校区无线网络覆盖拓展工作，室内无线网络覆盖率提升 15%以上，室外无线网络覆盖率提升 3 倍以上；对两校区室内无线网络进行信号干扰排查和点位布局优化，提升校园网用户上网体验；全面排查各楼宇网络设备，更新升级陈旧设备，提升基础网络传输容量，为校园网融合大数据交互以及监控视频传输奠定基础。将超年限运行的实体服务器更新为集约化云计算服务器，降低能耗并提高计算及存储资源，提升现有服务器虚拟化、集中管理部署、统一调配资源的水平，使数据中心的云计算及存储资源适应学校应用服务建设发展所需。

【教学管理与决策评估系统信息化专项建设】 基于学校教育综合改革要求以及人才培养机制、模式的创新要求，对学校教务管理系统进行改造建设。截至 2016 年年底，学校教务管理系统已经完成大部分开发工作，其中教学工作评估管理模块已经在学校 2016 年本科教学审核评估工作中投入使用。

【网络信息系统安全建设】 制定学校《校园网信息系统安全管理办法》，推进学校信息系统安全等级保护工作，强化学校 ICP 备案归口管理，保障学校重要网络设施、信息系统及数据安全；在学校教育网出口增加边界防火墙，增强校园网抵御来自校外的网络攻击和病毒入侵能力，减少出口带宽的非法流量；加强校园网络内病毒、僵尸软件的安全监控系统建设，提升校园网信息安全的主动监测管理能力；在数据中心建立一套运维审计系统（保垒机），统一网络设备和服务器系统的管理入口，实现管理运维日志记录及行为审计功能，确保数据中心运维工作的规范、安全、可追溯。

【制定信息化建设“十三五”规划】 2016 年年初，为谋划好“十三五”期间校园信息化建设，依据国家及上海市教育改革和信息化发展中长期规划的精神，在广泛征求学校各级领导、校内外相关专家意见的基础上，完成学校信息化建设“十三五”规划的制定工作。学校信息化建设“十三五”规划结合任务及关键指标，提出以下几方面工作：完善信息化建设统筹管理机制，巩固和提升数据中心服务能力；构建和夯实全校公共基础数据库和大容量数字资源库；实现 WiFi 校园全覆盖，形成覆盖全面的身份认证平台，分级分权共享的数据交换平台和基于流程的信息化服务集成平台；全面提升校园公共服务水平，建设和优化定位明确的综合业务管理、教学科研支撑、统计分析决策应用集群。

（顾益明　李若宝）

【新版校园信息门户上线运行】 2016 年 3 月，新版上海师范大学校园信息门户网站正式上线运行，给师生提供更优质和便捷的信息服务。新版校园信息门户以数据中心平台和统一身份认证平台为基础，集成更丰富的信息服务内容和整合更多学校各类应用数据，包括校园应用、校内信息、办事大厅、数据中心、资源中心、工作团队（学习团队）等栏目，成为校内资讯、系统应用、网上办事、数字资源等服务的统一入口。新版校园信息门户具有以下特点：扩容统一身份认证的用户容量，并基于不同用户角色提供相应的应用服务，确保学校信息资源有序使用；扩展功能应用，新增应用中心和个性化设置，“办事大厅”成为校内各部门的网上服务窗口，助力各职能部门提升服务效能。

【学校一站式服务平台开通】 2016 年 4 月，上海师范大学一站式服务平台正式开通。此举创新服务理念，提升管理效率，可以更好地服务师生、服务教学科研和管理。平台基于校内统一身份认证和公共数据库，对各类已有服务流程和服务内容进行梳理、优化重构，以更科学、更便捷的方式呈现给师生。平台首期上线的服务包括学校办公室、组织部、人事处、财务处和信息化办公室 5 个职能部门的 20 多项在线服务，师生通过统一身份认证登录平台，即可轻松办理大型活动/会议申报、学校卡证（法人证书、组织机构代码证书、IC 卡）使用申请、学校用印申请、探亲假申请、预开发票申请、访客无线临时账号申请、校园卡充值及补办等相关业务。

【优化新生网上报到流程，推出“掌上迎新”】 2016 年 7 月，学校对新生报到网站和迎新系统进行优化，简化流程、完善数据，为新生提供更好更便捷的精准服务。本科新生登录新生报到网站就可以查询报到须知、办理各项报到事宜；还将被品预定、空调租赁、宿舍查询、绿色通道、照片采集等功能整合在一起，提高新生报到的工作效率；充分开发利用上海师大“智慧校园”微信 APP，推出“掌上迎新”举措，新生通过手机就能及时了解学校网上报到、现场报到的任务单，查看学校学习生活攻略、基础信息化服务等信息。

【宿舍网络实现三大运营商宽带服务全覆盖】 2016 年上半年，学校和中国联通上海分公司签署战略合作框架协议，给学生提供更安全、稳定、丰富的网络宽带接入服务。8 月，完成学生寝室网络核心升级改造工作，学校宿舍网络实现中国电信、中国移动、中国联通宽带接入服务全覆盖。学生在宿舍上网时，可以根据需求自由选择三大运营商的网络服务。

【召开网络信息员工作会议】 2016 年 12 月 29 日，网络信息员工作会议在徐汇校区召开，副校长高建华出席并讲话。高建华指出，2016 年，学校信息化建设迈出了重要一步，尤其是在学校一站式服务平台建设、上海师大“智慧校园”微信 APP 建设、无线校园网建设及学校教务管理系统等重大信息化专项建设方面取得了重大推进，希望以良好开局为契机，谋划好 2017 年上海师范大学信息化建设的新发展。高建华充分肯定网络信息员队伍在推进学校信息化建设和日常工作中发挥的作用，并向网络信息员提出四点要求：一是要有项目需求的能力，合理准确地进行本单位信息化项目需求设计，通过信息化专项申报建设实施；二是要有主动作为的意识，以项目建设单位为主体，积极推进项目建设实施；三是要有共建共享的理念，共同推进学校大数据共享平台建设；四是要有方便师生的实效，以师生需求为导向，切实服务好师生。

（李若宝）

上海政法学院

【概况】 上海政法学院信息化工作办公室（以下简称“信息办”）承担学校基础网络建设与管理维护、信息化建设、信息安全、数据中心管理、校园一卡通运行等工作职能。2016 年，信息办在人员严重不足的情况下，既要保障校园网及一卡通正常使用，又要维护已上线使用的信息化平台和应用系统正常运行，还要进行 2 个业务系统的开发，以及 10 余个信息化建设项目的运维。信息办重点完成了学生事务综合管理平台建设和教师综合服务平台建设，实现了教育网带宽扩容及网络带宽扩容，启动办公自动化系统（OA）升级和上合组织培训基地网站及管理系统建设。实现了校园一卡通与支付宝对接，完成了学校邮件系统的升级和学校部分二级网站建设及改版工作等工作，完善了《上海政法学院信息化建设“十三五”规划》，召开了学校信息化工作会议。

【移动校园 APP“i 上政”上线】 移动校园平台是上海政法学院信息化建设的重要内容之一，其依托于现有的统一身份认证平台及各业务系统，实现向学生、教师、管理者的各种服务汇聚。该平台涵盖办公、教学、社团、生活、图书等各方面，还加入了即时通讯功能。随着业务建设进展和使用深入，移动校园将陆续完善，提供更丰富、更强大的功能，为广大师生提供更好的信息化体验。

【学生事务综合管理平台和教师综合服务平台建设】 学生事务综合管理平台实现了一体化信息服务,即统一的信息服务管理平台功能。基于平台可对学校 APP、易班 APP、上政—易班微信公众号、学工部网站等各类服务终端实现一体化的信息管理和发布服务,师生可按实际需要选择信息向不同的服务终端同步。平台提供统一的信息接口,平台具有开放性,可以扩展对接其他系统服务;教师综合服务平台主要围绕上海政法学院现有人事信息管理系统展开建设,构建满足各个岗位的教师综合服务支撑平台,在提升学校管理水平和效率的同时,为全校教师提供全面、完善、个性化的服务支持。通过教师综合服务平台建设,为教师提供全生命周期的一体化服务。

【完成 2017 年信息化建设项目申报工作】 根据市财政局和市经济信息化委相关通知,结合《上海政法学院信息化建设项目申报及审批流程》的要求,信息办组织了 2017 年信息化建设项目支出预算申报及预算项目评审报送工作。此次共有 13 个部门提出申报 16 个信息化建设项目。经论证,9 个信息化项目报送市教委及市经济信息化委,最终有 4 个项目获批建设。

(倪宇斌)

【二级网站建设及改版工作】 为进一步提高上海政法学院二级网站服务水平,充分发挥其窗口服务作用,使其符合部门业务发展的需要,信息办对二级网站进行了统一调整,同时,为新设部门设计并制作了部门网站。

【完成邮件系统升级】 学校的邮件系统使用已有十年,系统功能和用户感受难以满足师生的需要。为此,信息办与邮件提供商进行谈判,免费为学校升级了邮件系统。

(吴文哲)

【信息化工作会议】 2016 年 5 月 12 日,上海政法学院信息化工作会议在综合研究中心召开。信息办总结了 2016 年上半年的工作情况,重点介绍了学校学生事务综合管理平台和教师综合服务平台建设情况,以及信息系统安全等级保护定级、支付宝一卡通绑定、校园网络带宽扩容等 2016 年下半年工作计划和安排。副校长胡继灵对信息化建设工作成绩予以肯定,并对今后信息化工作提出了具体要求和期望。

【完善“十三五”信息化建设规划】 以大数据、云计算、移动互联网为核心制定学校的“十三五”发展规划。在此基础上,结合当前学校信息化建设发展需求对校信息化建设“十三五”规划进行了完善,从人员配备,规章制度,基础设施等着手,全面落实“十三五”发展规划。

(杨田宏)

【校园一卡通与支付宝对接】 为满足广大师生的需要,信息办联合计财处与支付宝网络技术有限公司、广州东智慧电子公司三方合作,在学校现有一卡通系统上增加了支付宝充值校园卡子系统,从而实现了 24 小时移动充值服务,大大缩减了人工充值时间和学生排队时间,在方便师生的同时,提高了工作效率。

(王程华)

上海体育学院

【概况】 2016年是上海体育学院"十三五"改革和发展规划的开局之年,校园信息化的主要工作是在保障现有校园网络服务和信息应用服务安全稳定运行的前提下,围绕学校年度工作要点,积极开展信息化建设,提高学校信息化水平,加强和完善基础网络设施建设和应用系统建设,为全校师生员工提供更好的网络信息服务。

【完善学校信息化建设顶层设计】 编制《上海体育学院"十三五"信息化建设规划》。该规划是未来五年学校信息化工作的顶层设计,描绘了"智慧校园"的建设蓝图。

编制《上海体育学院信息化工作管理办法》。要实现职能转变,必须先理顺工作机制,《上海体育学院信息化工作管理办法》明确了各机构、各类人员在信息化工作中的职责,以期进一步理顺学校信息化工作的机制。

建立上海体育学院"信息化建设项目库"申报制度,对学校信息化建设项目总体上进行掌控,对项目建设内容、建成效果,项目建设的必要性、可行性、安全性、相关性(和已有项目之间的数据联系)等内容进行评估,要求各单位、各部门对拟建设的信息化项目先向学校的"信息化建设项目库"进行申报,信息中心对申报项目进行评估,并协助申报部门对方案进行完善,以保证信息化项目的建设质量,并根据学校信息化建设整体设计统筹安排建设项目,使学校信息化建设有序、有效地进行。2016年,上海体育学院"信息化建设项目库"共收入9个项目。

【数据中心及个人信息门户平台建设和完善】 建立与完善数据中心技术规范框架。上海体育学院制定了学校的信息系统安全性规范、数据集成规范、身份认证集成规范等,与之前建立的数据标准一起构建起学校信息化建设的技术规范核心框架并试行。

进一步完善个人信息门户的服务内容。信息门户(PC版)是目前上海体育学院统一的信息服务入口,各种主要的信息服务都在此集中提供给师生,以方便师生查询各类信息。信息门户根据角色的不同(如教师、学生),提供的服务也不同。针对教师,完成了科研、财务、迎新、离校、学工、招生6个系统的单点登录集成工作,并完成了"我的经费"、"我的成果"、"我的考核"、"我的项目"四项科研服务集成;对学生,完成了"我的奖励"、"违纪处分"、"助学岗位"、"助学金查询"、"困难生认定"、"学生证补办"、"场地预约查看"、"招聘信息"、"学生服务搜索"9项学工服务集成。开发了"信息门户内容变更申请"服务,规范了服务流程。完成了科研、财务、迎新、离校、学工、招生、房产等系统与统一认证集成、基础数据集成以及门户服务集成工作。

数据管理工作。日常定期监测数据交换工具的工作状态,根据数据使用部门要求,多次调整本科生、研究生、教职工等基础数据接口。根据基础数据在流转使用中遇到的问题,协调源数据部门完成数据完善工作,提高数据质量。通过ODI(Oracle Data Integrator, Oracle数据集成器)工具,完成从科研系统、学工系统、资产系统等相关系统收集存储基础数据。

结合新建信息系统数据集成需要,根据学校上线业务的实际需求,梳理调整数据流转流程。2016年共计新增、调整了15条数据流转流程,包括:本科招生录取学生基础数据流转、离校学生数据流转、研究生数据进学工系统数据流转、房产基础数据流转、科研数据流转等。推出试行“数据使用申请流程”,逐步规范了学校基础数据的流转使用,提高了数据使用效率。

【建设通用评价系统】 建设学校通用评价系统,并已在干部考评中使用。该系统可以对每个评价项目进行权限设置,每个评价项目可以添加批次;每个评价批次可以设置多个评价渠道,各评价渠道的评价结果之间可以进行加权平均;每个评价渠道可以灵活地设置评价者、被评价者、评价指标等。该系统预计可适用于绝大多数的线上打分评价场合,下一步还将把该系统与正在建设的“综合移动信息平台”集成,实现智能手机打分。

【推进综合移动信息平台建设】 上海体育学院已建设了 PC 版的统一信息门户,作为各类信息服务的统一入口。随着移动互联网的快速发展,移动应用因其便利性越来越受到青睐,师生也越来越依赖智能手机。为了顺应这一发展趋势,2016 年开始建设综合移动信息平台(简称“移动校园”),是移动版的信息门户,采用 APP 和微信两种形式。并完成了项目招投标、合同签订、移动基础运行平台和管理平台的部署,进行 APP 和微信开发应用。

【推进数字媒体资料共享管理系统建设】 上海体育学院在管理、教学、科研过程中,除了会产生各类结构化数据,还会产生很多非结构化数据,如 Word 文档、PDF 文档、各种图片和音视频文件等。上海体育学院建设了档案管理系统,逐步将学校管理工作中产生的各类档案数字化并存入系统中,初步实现了对该类非结构化数据的统一管理,但对于教学、科研中产生的非结构化数据(各种数字媒体资源,如备课素材、课件、视频课程、科研资料等)还没有进行统一管理的系统。为此建设数字媒体资源管理中心,以便对教学、科研中产生的各类非结构化数据进行统一管理,并实现有权限控制的资源共享,更好地以信息化技术支撑学校的教学、科研工作。该项目已完成招投标、合同签订,并完成了硬件设备上架、安装和调试以及系统需求确认,进入个性化开发阶段。

【建设完成本科生招生管理系统】 建设完成新本科生招生管理系统,并在 2016 年度学校本科招生过程中顺利运行。

【建设完成体育场馆管理信息系统】 建设完成体育场馆管理信息系统。系统有利于规范体育场馆运营管理,充分发挥体育场馆的体育服务功能,更好地满足上海体育学院师生教育教学和社区群众开展体育活动的需求,提升体育场馆的管理水平和使用效率。系统主要有以下两个功能:一是对内管理调配教学场地及教学设施;二是在场馆空闲期间以不影响教学为大前提对外出租场地。场馆信息化平台一方面给场馆管理带来便利,另一方面还可以对外提供场地服务,满足校内外人员开展体育活动的需求,提升场馆的使用效率。

【建设完成房产和实验室管理系统】 建设完成房产和实验室管理系统,并能够和已有的学校资产系统进行无缝对接。房产管理系统实现房产管理的规范性信息化建设,将房产的使用、维修和管理有机集合起来，加入全景地图建设，直观地查看全校房产信息并与资产对接；实验室管理系统能够建立完善的质量保证体系，实现数据无纸化记录、资源与成本管理、仪器设备绩效考核等功能。

【拓展现有应用系统的功能】 开发了VPN(Virtual Private Networks，虚拟专用网)的移动应用功能，使智能手机终端可以通过VPN实现对校内资源的访问；拓展了办公自动化(OA)系统功能，新增讲座论坛审批备案流程，并根据学校要求变更了干部请假流程；协助院办启用了高基表填报系统，在2016年的填报工作中正式使用。完成了档案管理系统存储扩容工作，扩展容量20T，并大大提高了系统的读写速度，较好地支持了学校的档案数字化工作。

【学校网站建设】 完成了上海体育学院网站资格复核和事业单位网站标识申请工作，完成标识挂网要求；根据校务公开工作的需要，完成了信息(校务)公开网站的改版工作；根据“本科教学工作审核评估”的需要，建设了相应的宣传网站。完成体育训练学院暑期学校网站建设、重点实验室网站建设、运动健康科学网站建设。

【数字迎新和数字离校工作】 根据学校线上离校工作需要，新建了“2016届本科生延长学制离校”、“2016届本科留学生离校流程”、“2016届硕博士留学生离校流程”，根据业务流程的变更梳理了数据流转流程，完成各节点数据集成工作，实现了数据自动同步。对离校学生数据源、各节点数据，以及核减学生数的数据准确性，进行了精确到学生的数据检查，对离校环节涉及业务部门如组织部、武保处、教务处、研究生处等提供的学生数据质量予以评估，提高了数字离校各环节的数据精确性。2016年，数字离校学生范围进一步扩大，增加了留学生、延毕本科生，学生总数达到了1 300人。启用的离校流程节点数达到33个，涉及17个部门、54位线上操作老师。在2016年度数字迎新工作中，重新梳理了从招生到迎新报到各环节学生基础数据的流转流程，完成了相关节点的数据集成工作。根据学工部需求，调整了报道当天学生在线迎新流程。启用了新生自助服务网。

【校园网络工程建设及一卡通系统迁移】 完成图文信息楼四楼办公室有线网络和无线网络改建工程、老教学楼一楼办公室有线网络和无线网络改建工程、体育休闲馆四楼网球场的无线网络建设、四栋新建学生宿舍的校园网络工程建设。配合和协调相关公司完成四栋新建学生宿舍网络综合布线工程、门禁系统工程。配合绿瓦大楼大修工程要求，完成了大楼网络建设方案的初步设计工作。

完成一卡通系统的迁移，增强安全性与稳定性。将一卡通系统由绿瓦机房迁移至图文信息楼数据中心机房，完成IP地址的变更设置，以及刷卡机终端设备的设置调整；协调第三方公司完成了考勤系统、门禁系统、图书管理系统、图书馆闸门系统等与一卡通系统的集成调整及调试；提升了一卡通系统服务器的性能，并采取了一系列安全措施，增强安全性与稳定性。

【校园网络出口带宽提升】 拓宽校园网带宽资源。经与运营商协调，对校园网中国电信出口带宽免费进行升级，从250M扩容至400M。

【加强学校信息安全建设】 进一步推进网络与信息安全工作,确保校园互联网网站安全稳定运行和部署,制定了相应的工作计划,并采取了一系列措施推动学校网络与信息安全工作,确保安全稳定运行。

加强组织领导,层层落实责任。根据上级部门的要求,明确了各部门(各单位)具体负责信息化工作的分管领导与信息管理员,并明确了各部门、各单位的主要负责人为信息化工作的第一责任人。为了进一步提高责任意识,与重要信息系统使用部门的第一责任人按要求签订了责任承诺书。

采取防攻击、防篡改、防挂马多种技术防范措施。本次整改根据信息安全等级保护(二级)要求,增加了运维堡垒主机,更新了硬件防火墙、Web应用防火墙、服务器主机审计和上网行为管理系统硬件,与原有的IPS(Intrusion Prevention System,入侵预防系统)、网络审计、防病毒软件等设备一起形成了基本符合信息安全等级保护(二级)要求的技防措施,使得信息化环境的整体安全得到了提升。

信息系统安全等级保护建设。对上海体育学院各信息系统的安全保护等级进行了自评,并上报市教委通过;对定为一级“等保”的信息系统的安全整改工作已基本就绪;对学校网站群平台、本科教务系统、研究生教务系统三个系统进行了二级“等保”建设,并通过了测评认定和等级备案。

加强了对新建网站的安全管理,制定新建网站信息安全要求,修订了信息安全应急预案。

(罗海林)

上海应用技术大学

【概况】 2016年,上海应用技术大学以建设“智慧校园,绿色网络”为工作目标,围绕教育教学改革发展主线,突出信息技术为学校教学科研服务的工作理念,稳步推进各项信息化建设工作。上海应用技术大学校园网出口总带宽1.7G,无线网AP数864个,有线网络信息点31 707个,邮箱开通账号55 339个,托管物理主机231台,虚拟主机服务器57台,虚拟桌面174台,管理多媒体教室237间(座位数20 238个),计算机机房24间和语音机房15间,机位数2 072台,全自动录播教室3间,移动录播设备2套,多媒体制作系统2套,外语广播电台2套,标准化考场巡查系统1套。

【升级校园卡充值性能】 成功与支付宝系统对接,实现支付宝可直接充值到校园卡,完成22个支付宝充值领取终端安装部署工作。完成课堂答题系统开发,启动移动校园升级、优化工作,新增考试成绩查询、区域人流实时监控功能、应用开发工具平台,优化用户使用界面、校内信转发功能、集成办公系统,提升整体系统性能。

【网站建设】 新建专题网站4个,开发应用系统2个,完成网站升级12个。完成“办公自动化系统二期”项目上线运行及用户界面优化工作。开发、调整“教职工个人年终考评辅助填表系统”和“聘期考核表”以及个人业务数据同步工作。优化奖学金评定数据整理程序,提出学工系统奖学金评定业务模块处理流程,供后继业务系统改进使用。

【扩容改造网络基础设施】 完成校园网出口防火墙的双机部署,提升了主干链路设备的高可用性。

新增部署上网行为管理系统、综合日志审计平台等网关设备，提升了网络信息环境防护能力。

2016 年全年受理办公网络故障报修 1 448 次，校园卡补办 8 500 余张，处理校园卡设备报修 2 107 次，学校更名为大学后换新校园卡 14 600 张。扩建标准化考场高清监控系统 3 个。完成体育馆、体育场、25 号楼、26 号楼、徐汇校区新食堂等的弱电新建项目，及徐汇校区 16 号楼弱电改建项目。

完成 2016 年公共教学设施设备更新实验室建设项目建设，更新公共机房计算机 92 台，语音教室 1 个，计算机机房 3 个。承担 126.2 万人学时数的各类教学上机、上课任务，承担国家普通话水平计算机测试、全国计算机等级考试、注册会计师考试、上海市高校计算机等级考试上机考试、全国卫生资格考试、全国护士职业资格等各类上机考试任务约 18 147 人次。为数模竞赛、计算机辅设计(CAD)竞赛、第八届全石油和化工行业职业技能竞赛—化学检验员赛、第十届“新道杯”全国大学生创新会计人才技能大赛、上海市晨光计划结题答辩等比赛的计算机设备保障服务。

(秦　凤　陈佳庚)

上海第二工业大学

【概况】 2016 年，上海第二工业大学信息办、信息技术中心围绕职业导向的高等教育，提升教学、科研、管理服务的信息化水平，打造数字校园。

【校园数据中心建设】 完成数据中心主机房承重、电力、消防、安全等方面的基础建设，完成新购设备安装及原有机房搬迁。对计算、存储、数据库等资源统一管理，为全校提供统一的基础设施服务和应用平台。购置 20 台刀片服务器，通过虚拟化软件实现 120 台虚拟服务器，满足学校各类信息系统建设的要求；2 台高性能网络存储设备，100TB 的网络存储容量，存储之间实现相互冗余，确保可靠性；购置备份系统和备份软件，保障数据的安全性；实现 100 个高性能虚拟化平台，支持 GPU(Graphics Processing Unit，图形处理器)虚拟化方案，为教学、科研提供高性能图形运算能力。优化访问控制、攻击监控、认证机制与加密通讯等，推进信息系统等级安全保护体系的测评与建设工作。

【完善业务信息系统建设与应用】 结合学校完全学分制教学体系改革，更新教务管理系统，增加了学业导师模块、考勤模块。其中考勤利用校园卡在教室门口考勤机上刷卡，实现了教学活动过程记录。

【完善智慧校园建设】 弱电项目建设方面，在学生事务中心、工程训练大楼、包起帆博物馆的弱电配套建设中整合了有线网络、无线网络、电话、门禁、视频监控等综合布线工程，实现网络的统一接入。对现有校园无线网络继续实施扩充，实现了师生主要教学场地覆盖。新建校园大屏视频信息统一推送平台，整合校内 25 块大屏幕，提升校园信息的发布效率。更新校园广播系统，通过校园广播主控机房内设备更新，在教室和楼道内安装网络音频终端，通过网络和主控机房相连，在室外部署防水音箱，通过光缆和主控机房相连，实现校园广播覆盖，用于各类紧急警报、考场指令、校园电台，满足校园安全、教学管理、宣传用途。

(王　见)

上海工艺美术职业学院

【概况】 2016年，上海工艺美术职业学院信息管理处主要工作包括：制定“十三五”信息化专项规划，完善数字化校园管理信息系统，完善校园一卡通系统，扩容校园网出口网络带宽，实现校园无线WiFi全覆盖、启动教育资源云平台系统建设，建设渲染牧场项目、校园邮箱系统、网络安全项目、数据备份项目、标准化考点以及年度信息服务。

【制定“十三五”信息化专项规划】 由信息管理处牵头的“十三五”信息化建设规划，是上海工艺美术职业学院“十三五”发展规划中的一个专项规划。在“十三五”信息化建设规划中，落实《数字化校园建设规范》、全面完成智慧校园建设成为重中之重：以云平台、大数据为建设方向，进一步梳理学院教学和管理各业务流程和数据的规范，优化完善各业务系统建设，加强校园信息管理系统更新换代。建立统一数据共享中心，实现及时有效的信息共享和平台交互，完成集信息化管理、服务与决策支持于一体的校级综合性管理与服务平台构建。加强学院基础硬件环境保障，推进学院网络基础建设，完成共享宽带升级，提升服务器存储能力，实现硬件网络资源跨平台统一管理，提高数据中心安全备份和容灾能力。

【完善数字化校园管理信息系统】 由于校园网信息系统管理平台建设时间较早，功能老化、架构设计落后、错误数据冗余、访问速率缓慢等各种问题，造成了系统无法从根本上满足教职工日常办公的要求。因此，进行了数字化校园管理信息系统的整体优化升级，对底层数据进行重新构建、优化改造，在原门户和各应用子系统基础上实施了系统升级。升级内容主要包括管理平台、Oracle数据库和各功能模块，内容主要涉及统一身份认证、数据标准中心、个人工作台、流程处理中心、迎新管理、教务教学、学工管理、学生服务、人力资源、资产管理、数据中心、办公管理、财务管理、采购管理、综合查询分析、邮件系统等23个主要系统模块、约1 000个子功能模块，新增建设人事系统、新内网门户、移动APP、信息化运行维护系统、信息门户5个信息系统。升级后优化并提升了系统稳定性、使用率和执行效率，改善了学院办公效率。

【完善校园一卡通系统】 2016年，实施了校园一卡通建设和升级改造，主要包括新建徐汇校区的一卡通和升级嘉定校区的一卡通两个部分。徐汇校区一卡通建设旨在实现对校区内老师和学生基本数据的整理、一卡通开卡、配卡和发卡；优化和调整一卡通的网络；完善优化校区内所有门禁系统的权限配置管理工作。嘉定校区的一卡通升级改造旨在通过详细调研校区内一卡通实际情况，制定门禁控制器、售饭机、水控系统、电子门锁等硬件设备更换的具体实施方案，学校在一卡通硬件设备基础上引进多台一卡通机器，实现师生自助查询、充值、交电费、缴费等功能；完成了所有老师和学生的人员信息数据的整理和校对，导入一卡通数据库，账户预开户，卡片印刷完毕后进行批量配卡。同时，完成了消费POS机、浴室水控系统、门禁系统控制器的更新，完成了A到F楼788把电子门锁的更新升级以及资源、权限重新整理和授权等相关工作，完善整体一卡通联网门禁、水控、电控等功能。至2016年年底，以上改造全部完成，已有设备规模消费终端60多个，联网门禁

560 个,独立宿舍门禁约 860 个,水控 295 个。

【扩容校园网出口网络带宽】 由于上海工艺美术职业学院各信息化项目信息数据访问量日益增长和频繁,同时基于嘉定和徐汇校区的数据交换和网络管理的需求,使得对于校园主干网络出口带宽扩容以及两校区间的专线建设需求愈加迫切。徐汇校区和嘉定校区在原有基础上制定了可行性解决方案,对网络出口带宽进行了全面升级,整个项目实施包括更换网络出口设备,重新制定上网行为策略和带宽分配,测试多种策略的设备和带宽压力情况,不断调整网络最优状态。完成了嘉定校区和徐汇校区 500M 专线建设,同时在嘉定校区通过引入联通 1G 带宽与原有的千兆带宽进行整合,使得校园主干出口带宽升级到 2 000M,将徐汇校区网络纳入嘉定总校区内网进行统一管理,实现两校区统一管理和带宽共享。目前,校园有线网络运行稳定,效果良好,上网速度显著改善。

【校园无线 WiFi 全覆盖】 根据上海工艺美术职业学院信息化建设规划目标,同时为了改善学院网络环境,实现学生上网免费开放,并有效管理网络资源集约化,进行了全院(嘉定校区和徐汇校区)无线覆盖项目整体技术咨询、现场勘查和深化设计。具体实施包括:安装 1 台深信服负载均衡设备 ADE690、1 台深信服防火墙设备 AF3020 和 1 台深信服 ACE720 行为管理设备。布放单模光缆 5 823 米,无线 AP625 个,其中包括 300 个 AP5010SN-GN 的 AP、279 个 AP2010DN 面板式 AP、40 个 AP5030DN 的 3 频 AP、6 个 AP6510DN-AGN 的室外 3 频 AP,并布放 6 类网线 100 箱(共计 30 000 米),安装交换机 40 台、无线认证设备 2 套、无线授权文件 1 套用于 128 个 AP 的授权。所有无线客户端用户分为在职教师、在校学生、临时性嘉宾三类 SSID,通过无线认证设备进行 NAT(Network Address Translation,网络地址转换)转换上网。2016 年,徐汇和嘉定两个校区的无线覆盖建设已基本完成,并正式面向全校师生免费开放运行。

【启动教育资源云平台系统建设】 2016 年 3 月,上海工艺美术职业学院通过以教务科研处为主的各职能部门以及各个二级学院多次讨论研究,建立了关于教学云平台建设相关管理机制以及规范制度,并规划搭建以启发式、探究式、讨论式、参与式为中心的课程和资源服务平台,促进学校优质教育资源共享,提高教学资源的利用效率,建设一批有特色的网络课程和专业资源库,建成高效的混合式课程教学云平台。完成云平台建设主体内容,在教学云平台软件层面初步实现了以专业、课程资源为中心的专业客源库的建设;实现了在线课程中心的建设,通过课程中心学校可以在线创建课程、设置课程展示模板等,以及学生在线听课、在线阅读、在线提问、在线作业、在线考试、在线互动讨论、课后辅导、讨论、答疑、小组、目标激励、榜样激励、知识拓展等,从而达到辅助教学的作用。

【渲染牧场】 渲染牧场艺术设计项目以“云化”来解决学院影视特效、卡通动漫制作相关专业过程中渲染瓶颈问题,改善教学方法和质量。渲染牧场项目是分布式并行集群计算群,以硬件建设为主,此次基础建设主要在 VMware 虚拟化环境上建立了 1 个管理节点和 60 个计算节点、3 个 NAS

(Network Attached Storage,网络附属存储)存储节点。渲染牧场管理软件是一种多CPU集群的"Golden Farm"平台,集中多种软硬件,可以针对三维动画、影视制作项目进行高效率、高品质、多方式的专业渲染服务。管理软件负责系统运行时的作业调度和任务管理,集群管理软件的选择关系到系统的可操作性和可维护性,主要支持3ds Max、Maya、AE等主流渲染软件。为校内的专业学生、教师和工作室及校外用户提供一个在线实训的艺术设计平台,营造一个新型的实训生态环境,推动学院艺术设计专业和在线实训水平提升。

【校园邮箱系统】 校园邮件系统管理平台建设时间较早,旧版邮件系统失效,给学院师生邮件通信带来诸多不便。2016年6月,新的校园邮箱建设项目正式启动,功能包括:系统管理、组织通讯录、动态邮件列表、邮件日志跟踪、用户/邮件延迟删除、数据统计与分析、邮件系统安全保障,为用户提供智能读信、多功能写信、邮件召回、邮件备份、高级API开发包以及网络硬盘与文件中转站等,于同年11月测试验收完成。新版邮件系统基于现有校园信息化建设,建立面向全校教师、学生共计可支持20 000个用户的电子邮件系统平台。

【网络安全】 针对上海工艺美术职业学院官网安全检测性能低、整体网络架构不合理以及安全防护弱的情况,从2016年1月起进行了多方网络安全咨询与调研,正式启动了安全防护项目,主要包括Web安全防护和虚拟化应用层防火墙建设,采购并部署了深信服AF-3120-GY应用防火墙和软件vAF-800虚拟化版防火墙,设置了安全策略,实现了IPS(Intrusion Prevention System,入侵防御系统)漏洞防护和WAF(Web Application Firewall,网站应用级入侵防御系统)服务器防护、实时漏洞检测、网页防篡改、僵尸网络检测和短信认证,2016年7月完成安全防护网站的软硬件安装和调试,增强了学院整体网络安全防护体系。

【数据备份】 由于上海工艺美术职业学院业务系统采用传统的备份方式,有很强的安全隐患,数据容灾备份旨在实现业务的持续运行。业务系统能自动切换到灾备系统上继续运行,并避免数据丢失时间过长,同时也能实现快速恢复的功能。建设内容包括校园灾备系统顶层设计、校园灾备系统基础设施建设:I2BoxB一体机灾备管理系统、I2COOPYENTVG实时数据灾备虚拟机以及I2CLOUD-1T云灾备运营软件1TB;校园灾备系统集成,包括为原有系统设计部署实施云灾备服务,将灾备云系统与原有的系统、安全、报警、日志系统集成;建立完善的灾备应急响应与演练机制,制定了应急响应人员责任与应急操作规范,并计划组织实施周期性的容灾演练。该项目于2016年4月正式启动,学院先后对主流数据备份容灾厂商进行了需求调研、方案设计等前期工作,2016年年底完成设备采购。

【标准化考场建设】 标准化考场建设项目是维护高考等各类教育考试安全和公正的手段,与上海市教育考试远程电子巡查系统采用统一标准,统筹部署,项目建设、管理、使用及总体设计与原有平台保持一致,在全国各级考试中心和考点范围内实现由不同设备构成的系统之间的联网和互操作,并综合应用GPS、GIS、天气信息等各种相关数据资源，统一考试监控系统的技术规范和实现功能，达成各地区考场监控系统间的互通直控，逐步实现全国联网，构建成为全国性的考试网上巡察系统。主要建设内容为：15 个标准教室和 1 间监控室、1 间考务室的相关设备采购；布线和安装调试，包括视频探测、视频监控、视频移动侦测、教育考试网上巡查系统、用户终端、前端模拟设备、监控点、监控中心、报警联动、图像质量、音视频编码设备、音视频解码设备、监控管理平台、安全隔离设备、抗易损防护。

【用户服务年度数据统计】 2016 年，共提供软件系统技术问题类、流程类（包括网上报修、电话咨询、帮助维修电脑等）服务约 311 条，合 500 余次，电话服务 200 余次；机房硬件运维：日常巡检 80 余次，报修更换硬件 2 次，机房空调报修 1 次；支持协助其他部门服务器托管事宜 2 次；新员工和新生一卡通做卡、开卡、配卡和打印工作 2 000 余次；解决教师、学生一卡通门禁解除和授权问题 107 次，新员工权限办理 51 次。

（宋梦媛）

上海健康医学院

【概述】 上海健康医学院是一所新建的市属本科医学院校，由原上海医药高等专科学校、上海医疗器械高等专科学校和上海健康职业技术学院于 2015 年 5 月组建而成，学校定位于医学及医学相关类应用型本科医学院校，培养特色鲜明、实用性强、服务于临床医学和人类健康的专业人才。2016 年，上海健康医学院贯彻落实《国家中长期教育改革和发展规划纲要（2010—2020 年）》精神，以党的十八大，十八届三中、四中、五中、六中全会精神为指导，践行“智慧校园”建设思路，从提升质量、彰显特色着手，逐步建立并完善校园网和网络基础设施与服务，坚持服务创新、深化内涵建设，为学校各项工作的开展、为促进学校整体办学实力的提升提供持续、可靠的信息服务。2016 年，上海健康医学院信息化建设的工作要点是完成网络基础布线工程、校园网有线和无线网络建设，完成校园网主机房、一卡通系统、学校网站群系统、OA 系统等项目的建设。

【校园信息化规划】 组织实施了“十三五”信息化建设规划、智慧校园 2016 年建设项目等，完成对“十三五”信息化建设规划的修订。根据《上海市公安局、市委网信办等关于印发〈上海市党政机关、事业单位和国有企业互联网网站安全专项整治行动方案〉的通知》（沪公通字〔2015〕65 号）的要求，开展学校互联网网站安全专项整治行动。制定完成《校园网运行安全（应急）预案》，明确应急处理流程以及部门安全（应急）人员和联系方式。

【校园网建设】 2016 年，校园网电信和联通总出口带宽增加到 750M，校园网、科教网出口带宽增加到 320M。完成浦东校区南苑无线网络建设项目的设备招标、安装调试、室内覆盖、室外覆盖等建设内容。建设了学校跨校区的校园无线网络。实现南苑、北苑的校园网无线用户漫游需求。完成新南苑机房建设，服务器、网络设备、安全设备上线部署完成。

【网络与信息安全建设】 根据《教育部、国家互联网信息办公室关于进一步加强高等学校网络建设和管理工作的意见》(教思政〔2013〕3号),市委、市政府《关于进一步加强本市突发事件和公众性事件舆情应对工作的意见》文件精神,制定《上海健康医学院网络舆情监控及应对管理办法》。建立在党委领导下的学校网络舆情监控与应对三级组织体系,定期召开网络舆情监控工作会议,研究网络舆情监控重大事项,完善网络舆情监控和预警机制,加强学校网络信息安全管理。信息管理中心作为主要执行部门,与院系、职能部门等网络信息使用部门建立信息管理联络机制。加强对校内Web服务器安全防护,加强对应用系统的安全监测,提高日常防护能力。对中心机房和汇聚机房进行不定期巡检。使用网络安全设备,对校内各应用系统和服务器进行安全跟踪和检测,定期扫描并及时整改漏洞,及时通报各种高危漏洞并给出修复建议,对遭受攻击的网站进行诊断评估。不定期对信息管理人员进行信息安全培训,提高信息安全意识,积极关注安全前沿。

【跨校认证】 基于上海教科城域网(SEMAN)带宽资源,建设了MPLS VPN(Multi-protocol Label Switching Virtual Private Networks,多协议标签虚拟专用网)专网,强化三个校区间互联、改善互访质量、部分链路实现冗余,完成第一阶段测试。同时,上海健康医学院无线网络跨校认证系统已经通过多校测试,进入试运行阶段。

【业务系统建设与实施】 完成教学、财务、人事、资产管理等业务系统的开发、上线及阶段验收工作。实施了OA、移动推送等数字化办公项目,完成学校门户网站、部门(院系)等网站群建设。大数据开放交换平台、学工系统、继续教育管理系统正在推进实施中。新的OA系统按照预先定义的工作流程流转,提供严格的授权管理,实时监控文档传递过程,保证公文网上流转安全、及时、准确。

【一卡通系统建设】 针对新建学校运行中,多校区之间管理人员、教师和学生流动的情况,以及各校区校园卡系统版本不统一的情况,积极推进多校区校园卡系统整合,完成校园一卡通升级改造整合工作,配合后台服务器和存储设备的更新,进行历史数据库的迁移,实现一卡通相关业务数据的抽取、同步,完成师生校园卡老卡转账工作。现有一卡通全部使用CPU卡,校区间使用一卡通专网,部署硬件设施,升级改造配套软件。实现多校区校园卡的统一餐饮消费,做到异地充值、异地消费,后期续建项目将逐步推进到水控、电控、门禁等其他应用领域。为全校师生提供校园一卡通信息录入与管理、学生补贴与教职工饭贴补助系统导入、校园卡挂失与补卡、销户等基础类服务。实现支付宝自助充值。提供网上一卡通自助服务,可以通过一体机实现自助挂失、自助查询。

【电话通讯业务】 完成各校区座机老号码停机,新6588冠字头电话Centrex+IVPN业务组网工作。实现校区间短号互拨,发布全校电话一览表,依据合同资费标准调整账单,按需新增或拆停电话等。创建上海健康医学院移动手机短号群。对各校区,做好2G/3G/4G信号的覆盖工作,改善师生员工手机信号的通信质量。推进各校区无线信号的增强项目。

【网站及信息门户建设】 全新的网站群系统全面上线,网站群系统对宣传和服务双重定位,凸显医学元素，注重用户体验。建设部门、学院以及专题网站等 40 余个站点，网站群通过宣传资源的整合，提升了信息发布效率和资源利用率。利用网站群管理系统，建立了全校统一的对外宣传和服务窗口，全面提高了网站建设、管理的水平和质量，提高了网站的易用性，降低管理复杂度，实现全校宣传资源的统筹规划、协同建设和信息共享。

【智慧校园】 成立智慧校园建设领导小组和工作小组，强化信息化支撑。2016 年 11 月，上海健康医学院与华为技术有限公司签署了战略合作协议，合力打造"智慧校园"，充分发挥信息化建设在学校创新发展过程中的驱动作用，助力学校的"应用型、特色性、国际化"建设，旨在打造具有学校特色，高起点、高标准、高性能的智慧校园。

【信息化服务】 开展第一届网络信息服务月活动，以"聚焦健康，开启 4S"为主题，针对教职工开展信息服务平台推广活动，为师生提供上门技术服务，推行校园一卡通封面设计大赛等。通过搭建与师生沟通联系的新载体，促进长效机制的形成，更好地为师生提供技术服务。

（肖　璐）

上海开放大学

【概况】 2016 年，上海开放大学始终围绕"夯实基础，协同攻坚"的工作主题，扎实推进学校信息化、全市基础教育信息化以及上海学习型社会建设，不断强化学校教育信息化的建设与服务力度，为建设学习型社会和构建终身教育体系做出了新贡献。

坚持以"信息化的教育教学"为建设目标，提升信息化水平与应用能力。积极推进上海开放大学信息化建设的步伐，重点开展学校信息化公共服务、核心应用的建设，加强信息技术与教育教学深度融合的研究，努力推进教学网络化、管理智能化、服务数字化。完成了基于多维大数据的智慧学习评估分析平台的研发，为多个学习系统提供数据分析服务。云数据中心已初具规模，完成核心机房 UPS(Uninterruptible Power System，不间断电源)供电系统改造工作，进一步调整优化校内、校外两个数据中心节点的结构，合理部署教学、管理、科研等内容。

2016 年，上海市电化教育馆在市教委的领导和指导下，完成核心业务构建。上海市义务教育入学报名系统新增上海市公办初中入学报名的全流程网络化，实现义务教育入学报名系统全覆盖，并入上海市政务平台。上海市高中名校慕课平台如期上线，已建设优质拓展型、研究型网络课程 63 门，吸引数万名学生在线学习。上海研究性学习智能支持系统上线，服务中学生研究性学习及创新人才培养，配合综评系统"创新精神与实践能力培养"模块的数据采集，上线 4 个月已开展了6 800 多个课题，800 多个课题结题。

积极履行服务学习型社会职责。2016 年，上海学习网深入推进全民终身学习，创新开展第二届上海市民诗歌节、第六届上海社区网上读书活动等特色学习活动。目前，学习网点击量已突破 1.6 亿次，注册人数达 200 万，在线课程逾 15 000 门，整合各类电子书刊 5 万多册，市民自发成立网上学习团队达 1 733 个。上海教育资源中心建设启动，完成整体规划和设计，落实了平台建设、资源整合等 7 个项目的招投标工作，整合了基础教育和终身教育资源2.7万个,课程697门。

【加强开放远程教育技术研究和应用】 上海开放远程教育工程技术研究中心加强关键技术研发,完成了基于多维大数据的智慧学习评估分析平台的研发,为多个学习系统提供数据分析服务。组织研制的“教育信息技术前沿应用”培训课程向上海14万中小幼教师开放培训,其中移动版课程广受教师的好评。牵头研制的《基础教育教学资源元数据实施指南》通过全国信标委教育技术分会鉴定,为全国各类资源平台互联互通提供基础支持。申报的课题“大数据下在线学习用户画像的构建及其应用研究”获全国教育科学“十三五”规划2016年度国家一般课题(国家社科基金教育学课题)立项。完成上海市曙光计划项目“面向上海终身教育的Moocs研究”任务,完成上海市教育综合改革领导小组办公室的“上海教育信息化发展报告”子课题研究,形成上海教育信息化最新发展总结研究成果。在国际合作方面,在保持与瑞典、英国等相关大学合作研究基础上,拓展了与荷兰开放大学在教科文教席申请支持以及大规模在线学习方面的研究合作。

【在线学习平台建设初见成效】 在线学习平台已能初步支持上海开放大学网上全过程教学业务要求,2016秋学期进入了全面推广阶段,满足3 000名老师、8万学生量大面广的使用需求。新增教研活动、毕业论文管理、学习社区等功能,整站实现电信CDN(Content Delivery Network,内容分发网络)加速,保证了全市学生访问视频等课程资源的流畅。性能不断优化,实时教学、教研活动支持4万人同时在线,在线作业支持6万人同时在线。进一步规划了平台用户服务机制,设计了多级交叉的立体式支持服务体系。

2016年秋学期前十四周,平台开设679门课程;涉及教师1 824名,涉及学生7万余名,平台累计上网人数257 300余人;课程资源12 000份,容量超过2.4T;上网时间超过200万小时;进行1 500次网上辅导答疑,发帖总数12万条;完成82万次形成性作业和在线自测;1万名学生进行网上毕业指导过程,上传论文7 000篇,教师网上指导60 000次;进行983次网上教研活动。

【完善校园网整体框架】 2016年,上海开放大学在有线网络和无线网络方面双管齐下,努力完善校园网整体架构体系。为打造性能可靠、扩展性强的校园主干网络,完成数据中心网络整体架构的升级改造工作,核心主干采用全冗余、双核心的设计,改造后将有多条40G数据中心矩阵核心,校内数据中心节点的数据处理和交换能力得到全面提升,逐步完成部分办公楼层汇聚和接入设备的更新工作,为实现千兆到桌面的目标提供技术支撑。对校园无线网络认证系统和部分接入设备进行升级,与上海高校无线联盟的双向对接也使上海开放大学师生和联盟院校的师生都可使用自己的账号接入双方无线网络,为高校之间的交流提供可靠便捷的网络环境。

【推动应用平台全面整合】 经过前期建设,上海开放大学云数据中心已初具规模,2016年完成核心机房UPS供电系统改造工作,进一步调整优化校内、校外两个数据中心节点的结构,合理部署教学、管理、科研等内容。形成支持近400台虚拟服务器的集群,有效降低了系统运维难度,提升了运行和管理效率。完成移动应用平台、校园支付平台、统一通信平台等项目建设，重点加强校园应用移动端的应用建设。完成校园网平台性能和安全测评，基本形成了较为完整的数字化校园整体架构。学校门户改造完成了网站群平台的技术准备，为今后的信息化系统建设提供统一的基础平台。为推动应用平台的全面整合，完善系统接入的开发和上线管理规范，并积极有效地实现多个第三方应用系统与数字化校园网的对接；完善运维管理制度和技术保障策略，强调预案和应急响应机制的建设，有效提升基础设施和应用平台的保障能力。

【承担研究性学习智能支持系统相关工作】 高中研究性学习智能支持系统又称研究型课程自适应学习系统，又称 MOOR(Massive Open Online Research，大规模在线开放研究性学习)，以"互联网＋教育"的理念，为上海市普通高中生搭建一个自主探索、智能学习的环境。围绕学生的研究兴趣和个性特长，系统采用人工智能和大数据学习分析技术，解决研究性学习的自适应教学、管理问题和评价方式。平台自 2016 年 7 月底上线试运行，有近万个课题组在线上开展研究，学生们自发建立了千余个讨论组，进行共同交流、学习。参与学校有复旦大学附属中学、交通大学附属中学、上海中学、格致中学、七宝中学、进才中学、上海大学附属中学、吴淞中学、育才中学、回民中学、风华中学等一线重点高中，也有帕丁顿双语学校、奉贤区奉城高级中学、行知实验中学等普通高中，目前有 400 多所高、初中学校参与，为不同层次的学校提供了一个良好的研究性学习平台，得到使用学校的高度认可，学校对项目使用情况整体满意度高达 95%以上。

【承担中小学(幼儿园)教师信息技术应用能力提升工程】 为贯彻落实《教育部关于实施全国中小学教师信息技术应用能力提升工程的意见》和上海教育综合改革发展的要求，市教委于 2015 年 5 月启动了上海市中小学(幼儿园)教师信息技术应用能力提升工程，计划在 2017 年年底完成上海市全体中小学(幼儿园)教师信息技术应用能力提升的全员培训(每人不少于 50 学时)。到 2016 年年底，完成上海市中小幼教师教育学习与管理平台，构建开放共享的教师网络学习空间，实现了统一身份认证，实现从教师选课、课程学习、学习评价到学分认定的全网络化管理。同时，逐步建成适合上海教育改革发展的大课程群，包括建设了 15 门反映最新政策及技术发展的一系列通识课程，征集了 100 多门社会机构的优质课程；通过市区共建、委托建设等方式，围绕技术素养、信息技术与学科教学融合、教师专业发展和教育信息化领导力，建设了 20～25 门适应区域特色发展需要的课程。截至 2016 年年底，上海市已完成全市 14 万余名中小学(幼儿园)教师的诊断测评和通识课程全员培训，920 多名骨干教师专项培训、800 多名校长专项培训和 5 000 多名教师的专业课程全员培训。

【推进学分转换相关工作】 学分银行管理中心积极与上海市各高校联系沟通，组织推进高校学生成绩集中存入工作。截至 2016 年 12 月 20 日，共有 60 个普通高校、56 个成人高校(普通高校继续教育学院)累计存入高校学历教育学生成绩信息 45 050 429 条。组织各高校网点开展学历教育不同高校之间、学历教育与职业培训等非学历证书之间的学分转换。截至 2016 年 12 月 20 日，共有 5.38 万人进行了学分转换，转换为学历教育学分 43.8 万。落实教育部《关于推进高等教育学分认定和转换工作的意见》(教改〔2016〕3 号)，与上海市自考办合作设立自考课程学分认定与转换机制项目，共同探索自考学分存入及学分互认机制。

【推进“双证融通”相关工作】 学分银行管理中心在全市范围实施“学分认可行双证融通”试点。形成了“学分认可型双证融通”评审标准和实施办法，召开了全市继续教育高校会议启动“学分认可型双证融通”申报评审。截至 2016 年 12 月 20 日，共有 8 所院校的 9 个试点项目申请通过了专家评审，实施了部分高校学分替换上海市人力资源社会保障局(以下简称“市人社局”)部分考证项目。2016 年，学分银行管理中心继续推进“证书认可型双证融通”试点工作。截至 2016 年 12 月 20 日，学分银行已管理中心完成了 226 个市人社局颁发的资格证书可转换为学历教育课程学分的认定工作。学分银行管理中心与市人社局相关部门共同制定了《关于开展“双证融通”有关数据信息联网对接工作的操作办法(试行)》，建立市人社局职业资格证书发证数据集中存入学分银行、“学分认可型双证融通”课程成绩与市人社局联网在线审核等机制。开展春、秋两季的社区(老年)教育课程申报评审工作，截至 2016 年 12 月 20 日，学分银行已累计评审通过 5 622 门社区(老年)教育课程，累计存入成绩的学员数达 196 449 人，存入课程成绩数达 574 462 条。

【优化学分银行信息化服务平台】 学分银行管理中心将学分银行信息化管理平台推展至街镇社区学校，实现了“学分银行管理中心—区社区学院—街镇社区学校”三级管理；同时，改进社区(老年)教育课程申报方式，采取网上申报评审方式并优化现有流程。按照市教委 2016 年重点工作要求，学分银行管理中心在市、区两级终身学习网在线学习调研的基础上，完成了学分银行在线课程学习平台的设计与系统开发，制定了网上终身学习成果认定的标准、实施办法，并组织了 27 门社区教育课程申请评审上线。

(韩　玲　王会姣)

第四章　智慧生活

概　述

2016年，上海不断优化智慧民政、智慧社区建设。智慧民政方面，上海市民政局（以下简称“市民政局”）围绕上海民政信息化工作目标，提升民政信息化水平，强化信息化技术对民政业务的支撑引领作用；智慧社区方面，社区服务网、社会保障卡、付费通等重要项目持续深入推进。

一、智慧民政

【概况】　2016年，市民政局按照年初全市民政工作会议提出的“努力实现‘十三五’上海民政事业发展良好开局”的总要求，紧紧围绕上海民政信息化工作目标，深入贯彻落实民政信息化工作推进会精神，统筹谋划、创新思路、强化措施、聚力落实，不断提升民政信息化水平，强化信息化技术对民政业务的支撑引领作用。

【组织召开信息化工作推进会】　2016年1月28日，市民政局在上海民政信息科技园组织召开了上海市民政信息化工作推进会，回顾总结了以往全市民政信息化建设情况，研究部署了“十三五”期间全市民政信息化建设工作，明确了民政信息化建设要坚持“统筹引领、科学决策、精细管理、优化服务”的总要求，提出了全市民政信息化建设的总体思路、目标任务以及工作措施。

【抓好民政信息化制度规范建设工作】　2016年，市民政局编制了《上海市民政局业务信息规范——基础数据元》（沪民宣信发〔2016〕8号），在行政区划、单位、人员、家庭、操作审计等基础数据层面制定数据元标准，为上海民政所有业务信息系统的开发建设提供标准支撑。编制了《上海市民政局业务信息规范——养老服务数据元》(沪民宣信发〔2016〕9 号),提出上海养老服务业务数据元标准,为上海机构养老、居家养老、养老需求评估等业务信息系统的开发建设提供了标准支撑,推动和规范了市、区及养老机构养老数据的交换共享。

【探索民政业务数据海建设】 为促进民政业务协同、数据资源开放共享,打破信息壁垒,积极组织启动民政业务数据海项目,全面推进市民政局大数据应用。该项目旨在对民政各业务系统产生的信息数据按照自然人、法人和其他组织进行梳理、清洗、聚集,形成民政数据资源中心,在此基础上搭建数据应用分析模型,对数据信息进行开发利用,以更好地改进服务和管理,辅助科学决策、精准施策。

【推进社区事务受理信息系统优化】 在前期试点的基础上,积极组织 5 个试点区(长宁、原静安、闵行、嘉定、奉贤)开展系统试运行和新老系统切换工作,完成人社会局、公安局、卫计委等委办局事项新进、变更改造,制定社区事务受理信息系统运行管理机制,完成受理信息系统与网上政务大厅对接的工作方案,并组织开展相应数据接口改造,实现所有事项网上受理、办事结果网上查询。

【建设老年照护统一需求评估管理系统】 完成为老服务申请、受理、审核、评估等主体业务功能的调试以及与市卫计委、市公安局等有关部门业务系统的对接工作。目前,该系统在虹口、宝山、浦东、闸北、长宁 5 个区全区使用,并与杨浦、普陀、嘉定等 10 个区实现了系统级的对接功能。

【建设老年综合津贴管理信息系统】 配合上海老年综合津贴制度实施,建设开发了老年综合津贴管理信息系统,实现了老年综合津贴计算、统计、汇总及发放管理功能,有力保障了全市老年综合津贴发放工作依法平稳有序开展。

【推进其他业务系统建设】 组织开展了居村委会(市级)综合信息系统、两项残疾人补贴信息系统、困难群众建档立卡项目、公务员网上答题系统等项目建设。

【开展业务应用系统升级改造】 完成社区事务受理信息系统民政条线对接改造项目中的救济、优抚、双退、婚姻、残疾人两项补贴等相关接口开发建设以及对应业务系统的改造。完成救助信息系统医疗救助、临时救助、特困人员供养、养老服务补贴以及教育救助 5 个系统模块功能开发工作。新增婚姻登记(收养)管理系统与徐汇行政服务中心婚姻数据库对接和婚姻登记信息二维码读取功能和收养主题分析功能,完善收养系统查询统计功能。此外,还对双退系统、优抚系统、收入核对系统、社区工作者系统、民政地理信息系统、电子政务平台、民政数据交换平台进行了升级改造。

【落实网上政务大厅建设任务】 加大市网上政务大厅建设任务落实力度,进一步拓展便民服务的广度和深度。2016 年,市民政局完成全部 14 项行政审批事项上网,实现了与市网上政务大厅对接,任务指标完成率 100%。组织开展了 8 个服务事项接入市网上政务大厅,并配合区级民政部门,对接改造了相关业务系统，实现 4 个区级审批事项上网。同时，还开展了社区事务受理系统与网上政务大厅对接工作，实现了社区事务受理中心办事项目网上受理。

【做好上海民政网站改版和维护管理】 启动上海民政官方网站改版工作，调整网站功能板块，聚焦便民利民服务质量，优化业务分类和服务导航，着力整体提升上海民政对外的良好形象。认真组织开展上海民政系统网站普查工作，针对检查出的问题积极督促落实整改，顺利通过了市门户网站管理中心开展的 4 次季度检查和全国政府网站普查。利用网站监督员等外部力量常态化查找网站存在的问题，督促做好网站维护管理。

【推进“上海民政”微信建设运用】 建成开通“上海民政”政务微信，及时推送民政重点工作、重要政策和政策解读信息，积极回应民生关注热点，具有较强的政策性、权威性、时效性和实效性，为公众了解上海民政工作、媒体发现新闻线索提供了方便。2016 年，共推送信息 108 次、236 条，发布栏目信息 355 条。同时积极上报“上海发布”、“中国上海”、“民政部”微信，及时为“上海老年综合津贴”政策提供素材。“上海发布”微信多次转发“上海民政”微信相关信息，每次阅读量均超过 10 万。

【组织开展数据编目与共享开放工作】 按照《上海市政务数据资源共享管理办法》要求，市民政局持续推进政务数据资源梳理和目录编制工作，完成全部指标任务，共计组织了 12 个业务系统的编目工作，提供了 2 973 个数据项信息，注册数据产品资源 25 个。积极推进跨部门资源应用和业务协同，与市人口、法人、空间地理三大基础库数据平台有效对接，完善更新维护机制，与各区、市人社局、公安局、工商局、公积金管理中心等近百家政府部门、企事业单位实现数据共享。

【加强局系统信息化项目支出预算申报工作】 根据市经济信息化委的统一部署和要求，及时启动市民政局系统 2017 年信息化项目支出预算申报工作。分别组织召开局机关处室和局属单位相关负责人会议，开展了相关培训。对机关处室、局属单位申报的信息化项目进行汇总、专家评审、筛选和排序等，最终编制形成市民政局 2017 年信息化项目支出申报预算。经市经济信息化委审核，市民政局可列入 2017 年预算信息化建设类项目的有 11 个，核准资金 1 545 万元，建议暂缓项目 10 个，资金 1 617 万元；可列入 2017 年信息化运维类项目的 19 个，核准资金 1 375万元。此外，积极与市经济信息化委、市财政局等委办局协调，争取了两项残疾人补贴、综合津贴发放管理、社区工作者管理信息系统升级改造、优抚信息系统升级改造、社会工作和志愿服务信息管理系统 5 个 2016 年待分配项目资金，核准资金 229 万元。

【加强信息化项目验收和绩效评价管理】 加强市民政局系统信息化建设统筹管理，调查清理局系统历年未验收信息化建设项目，组织高校、科研院所及相关委办的信息化专家，对局系统 12 个单位 26 个历年未验收信息化项目进行了集中验收，解决了历史遗留问题，并为下一步加强局系统信息化管理工作打下基础。探索开展信息化项目第三方绩效评估，委托第三方专业机构，对民政官方网站、儿福院儿童健康管理系统2个信息化项目实施绩效评价工作，督促建设单位提升信息化项目应用实效。此外，还组织开展了局机关办公局域网网络安全检测工作。

（费文东）

二、智慧社区

社区服务网

上海市社区服务网(www.962200.net)于1997年筹建，1998年正式开通。至2016年，上海社区服务网包含社区动态信息、生活百事、社区设施、居委管理、服务商家管理、志愿者信息管理、志愿者项目信息管理和组织机构信息等模块，涵盖社区新闻、活动预告、公共服务设施、志愿服务项目等各类信息的展示和发布，以及志愿者、志愿者组织机构网上招募、注册等功能，并陆续开通黄浦区、杨浦区、静安区、闵行区、浦东新区等各街镇门户。街镇通过社区服务管理信息系统上传了各级社区生活服务中心、居委会的基本情况以及社区服务单位、社区服务项目、社区服务志愿者的信息等数据。2016年，社区新闻信息更新5万余条，居委志愿者信息超20 667条，公共服务设施信息增加154条，社区服务队伍信息106 300条。

（方廉忞）

社会保障卡

【做好敬老卡制发相关工作】 为贯彻市政府《关于建立老年综合津贴制度的通知》(沪府发〔2016〕24号)要求，会同市民政局、合作银行明确业务流程，做好卡样设计、系统升级改造、新卡制发、申领技术保障、相关市民咨询等工作。2016年4月11日启动全市敬老卡集中申领，6月1日起转入日常申领阶段；截至2016年12月底，全市累计申领敬老卡302.95万张(其中集中阶段283.08万张)，制卡303.16万张，市民电话咨询16 239话次，业务培训约800人次。

【962222呼叫中心系统租赁迁移】 962222呼叫中心系统已持续运行10年左右，为保证962222热线对外服务持续性，结合相关技术发展情况和趋势，明确对外租赁设备的调整方案，将呼叫中心系统应用迁移至电信运营商的大型平台，利用大平台支撑中心呼叫服务。2016年3月4日，新系统配置完毕，运行后平稳度过居住证及新版敬老卡申领高峰期。相较于原来的自建系统，租赁系统有四大优势：一是承载量增加，呼入量从120路增加到360路，即便在人工接线量饱和的情况下，也可提高自助服务量；二是稳定性提升，租赁系统依托联通平台，实现7×24小时不间断监控；三是服务面扩大，可拨打外地电话；四是精细度提高，实现社保卡、居住证业务统计分离，同时能够从综合、效率和质量三方面全面、准确反映话务员工作状态。

【简化社保卡补换业务办理手续】 从影响范围小、操作便捷度高等方面着手,推行"补换卡业务办理资料取消交验户口簿"便民利民措施,指导网点做好人员宣贯、培训工作,同时强化身份核实,严防冒补,通过配备身份证识别仪、电话回访等手段确保措施落地。

【推广社保卡单据打印功能】 2016 年,实现该业务覆盖全市 197 个网点,同时借鉴调整补换卡业务单据打印方式成功经验,将单据打印功能推广到社保卡申领环节,在黄浦、长宁等区的 8 个受理网点试点基础上,逐步推广至全市,实现社保卡全部业务单据标准化、规范化。

【做好社会保障卡、居住证件制发工作与声讯服务】 2016 年全年共制发(包括补换)各类社保卡、居住证件 218.84 万张,其中社保卡(红、蓝、金卡)98.12 万张、儿童卡 0.48 万张、居住证 47.49 万张、临时居住证 72.75 万张。962222 热线全年提供来电咨询 56.54 万人次,接待来访 2 835 人次,处理来信 4 311 封。

(王晓炜)

付费通

【概况】 上海付费通信息服务有限公司(以下简称"付费通")作为生活缴费服务行业的领跑者,不断助力智慧城市建设。付费通搭建的 EBPP(Electronic Bill Presentment and Payment,电子账单处理及支付系统)平台为市民提供水电煤、宽带固话、有线电视等公共事业费查缴服务,并随着用户与日俱增的需求,进一步围绕家庭用户生活中,衣、食、住、用、行产生的各类费用为拓展多样化增值服务。

除此之外,作为多个上海政府实事项目的承建者,凭借在电子账单呈递与支付这一细分市场所积累的行业经验以及企业自身信息通讯技术的不断发展,付费通在 G2C(Government to Citizen,电子政务)方面也已形成了一个较为完善的服务链。付费通为广大市民提供了房产税、法院诉讼费、车辆罚没款、征收少儿住院基金等政府税费的线上缴费途径,以及为政务电子化提供安全方便的支付通道服务。截至 2016 年年底,付费通 EBPP 平台已为上海 1/3 家庭提供了账单服务,其注册用户数突破 650 万,平台年交易约 100 亿元,并在全国 40 余个城市上线水电煤网上缴费,包括中国香港跨境业务。

2016 年,付费通继续领跑生活缴费服务行业,成为央行通告中首批成功完成《支付业务许可证》续展工作的 27 家企业之一。付费通不断开发上线多样化增值服务,为居民家庭提供便捷支付渠道,并且紧跟上海市智慧城市建设的步伐,在智慧生活(房产税、物业费、诉讼费等功能上线)、智慧支付(智慧账单)、智慧交通(地铁云购票)等方面不断发力。付费通除提供水电煤、宽带固话等基础账单缴费服务外,还围绕房产税、物业费、诉讼费等政府税费开展多元化增值服务,真正实现"互联网+民生"落地,拓展智慧城市建设新生态。

【便民支付服务进社区】 2016 年 1 月,在上海市物业中心的支持下,付费通首次将便民服务点和便民支付带入社区。其中包括:水电煤账单缴费、房产税、车辆罚没款,以及物业管理费缴纳。普陀区真如街道樱花苑作为 001 号标杆试点,除常规的水电煤账单缴费之外，也可进行物业费、停车费等公共费用的在线缴费。付费通已与上海多家大型物业公司签署战略协议，已完成近4 000个小区的物业费查询缴纳，主要覆盖黄浦区、徐汇区、浦东新区、普陀区、长宁区，其中主要以售后公房为主。同时，“付费通”APP也正式上线物业费缴费功能，同步支持全上海近4 000个小区，实现7×24小时在线支付物业费。用户只需登录“付费通”APP，即可进入“物业费”频道，直接输入物业费账单的分户账号及查询码，即可快速完成支付。

【首批成功续展《支付业务许可证》】 2016年8月12日，根据中国人民银行〔2016〕第17号公告，上海付费通信息服务有限公司首批完成《支付业务许可证》续展工作。本次《支付业务许可证》续展有效期为五年，截止日期为2021年5月2日。为整合业务资源，发挥规模效应，中国人民银行批准上海付费通信息服务有限公司合并其子公司上海付费通企业服务有限公司的支付业务。本次续展中，业务范围包括互联网支付、移动电话支付、银行卡收单（全国）、预付卡发行与受理（上海市）。

【支持上海地铁票购买】 2016年10月，付费通与上海申通地铁合作，共同推出便捷的云购票模式。市民出行乘坐地铁时，可使用站内的“云购票机”现场进行扫码支付购买地铁票。只需在机器上选择目的地站点，确定购买数量后，打开“付费通”APP“付款”功能，将生成的二维码对准购票机进行扫码支付，即可取出车票。另外也可利用“付费通”APP提前在线购买地铁票，选择购票类型（一日票/三日票/单程票）和购票张数，支付成功后会生成一个二维码作为乘客取票凭证，乘客凭二维码拿到起始站点的“云购票机”兑换车票即可进闸乘车。截至2016年11月，上海地铁在南京东路、陆家嘴、迪士尼三个人流大站作为试点投放“云购票机”。

【为纳税人提供网上缴纳房产税服务】 2016年11月，作为市税务局唯一指定的房产税网络缴税渠道，付费通网站开通个人住房房产税的查询与支付业务，纳税人只需登录上海付费通网站或“付费通”APP，即可查缴2016年度个人房产税税额，同时支持2015年度以前逾期房产税补缴业务。自2016年10月8日起，上海全面实施不动产统一登记制度。房地产登记由不动产登记替代，房地产权证书和登记证明停止发放，颁发《不动产权证书》和《不动产登记证明》。该制度实施前依法核发的各类不动产权属证书、登记证明继续有效，权利不变动，证书不更换。2016年的房产税的查缴方式新增了不动产证查缴功能。截至2016年12月31日，付费通已经为超五成纳税人提供该项服务。这一缴费方式也是智慧城市建设成果在电子政务和民生交叉领域的体现。

【获智慧城市建设十大创新应用奖】 2016年12月13日，上海市智慧城市建设成果评选活动颁奖仪式暨2016上海市智慧城市发展水平指数发布会举行，共评出17个“优秀实践成果奖”以及“十大优秀应用奖”、“十大创新应用奖”等奖项。“付费通燃气IC卡在线充值”项目荣获“2016上海市智慧城市建设十大创新应用奖”。付费通联合松江燃气等机构，共同推出“付费通口袋充”IC卡读写设备，利用“付费通”APP和口袋充设备，实时在线充值燃气卡。该项目可以解决28万松江家庭居民的燃气充值问题,让居民再也不用在严寒酷暑天去网点奔波。

【发布《上海居民年度账单白皮书》】 2017年1月9日,付费通正式发布《上海居民年度账单缴费白皮书(2016)》(以下简称"缴费白皮书"),本次缴费白皮书对2016年度上海市公共事业费缴费账单进行了年度梳理,除基础的水费、电费、燃气费账单分析外,同时也辅以各类通讯账单(包括手机账单、宽带固话、有线电视)以及全市公开数据。通过分析不同类型公共事业费账单,了解用户缴费行为、电子账单、代扣账单以及居民能耗指数,把付费通平台较为全面的账单数据转化为对社会更具参考价值的信息,为优化能源配给、倡导低碳节能和加快智慧城市建设贡献力量。

【获最具影响力民生头条号】 2017年1月12日,由"今日头条"和中国互联网发展基金会联合主办的"端·政——当政务新媒体遇到AI"大会在北京举行,大会对2016年表现优异的200多家政务头条号进行颁奖。付费通在本次评选中荣获全国"2016年度最具影响力民生头条号"称号。付费通表示,未来将不断努力,切实落地"互联网+民生"的"智慧账单"服务,为用户提供更便捷安全的缴费体验。

(张蓉蓉)

典型案例

【上海陆家嘴智慧社区信息发展中心】

智慧社区建设形成示范模式　智慧社区建设是一项系统工程。陆家嘴街道是上海市和浦东新区首批智慧社区建设试点、示范单位,自2011年启动智慧社区建设以来,在市经济信息化委、浦东新区科经委的指导下,围绕提升公共服务、公共管理效能,培育创新项目及产业,建设有利于每个人创新发展的环境等目标,努力构建社会保障、社会动员和社会创新三大模式。陆家嘴街道智慧社区的优势在于:

一是完善社会保障模式。搭建"天、地、人"立体社区为老服务和健康管理服务模式。"天"是指信息化管理平台,以及各种终端采集设备;"地"是指统筹各个服务网点,不仅限于敬老院、日托所、居民活动室等;"人"是指包括社区社工、社会组织、志愿者等全社会服务人员。建设众保服务平台。与抗癌公社合作,搭建众保互助平台,实现看30种大病几乎不要钱的理想。目前该平台上已有80余万人参加。

二是完善社会动员模式。至2016年,街道已累计培育了649个自治项目,2015年成立浦东新区凝心聚力社区发展公益基金会,专属培育自治项目,拓展培育了近100个自治项目,并辐射到长宁区、徐汇区,以及青海省等地。建设志愿者管理系统,将志愿者的服务时间记录在智慧城市卡的账户内,作为社会认证的凭证之一。截至2016年,陆家嘴街道近3 000位志愿者全部纳入该体系中。

三是完善社会创新模式。成立社区创新创业新载体——陆家嘴部落,2016年,发起了"上海设计大赛",有12个创新创业项目入围预赛,申请专利6项,孵化培育近20个创新创业项目,建设创新创业演播平台——TOPS平台,并于2016年3月起每两个月组织开展陆家嘴科技创新峰会活动。成立了由5位教授专家领衔的5个专家工作站，全部参与到智慧社区建设之中。建设创业实践平台。不同于其他孵化器的是，陆家嘴创新项目孵化是为创业团队提供市场应用机会。各创新创业项目都可以参与智慧社区建设，落地于陆家嘴社区应用。创业工作组进入孵化程序后，创业者在孵化期内不仅免费享有办公场地及支持服务，团队成员还有平台给予的不低于上海最低工资的生活补助。

智慧社区建设引领卓越治理 社区的工作重心就是公共服务、社区管理和公共安全。具体内容包含加强党的建设、统筹社区发展、组织公共服务、实施综合管理、监督专业管理、动员社会参与、指导基层自治、维护社区平安。陆家嘴通过智慧社区建设，社区公共服务的形式从单纯的政府提供福利性的保障类服务，发展为政府主导全社会共同参与的互助、自助、让利、共赢式社会综合保障体系。社会管理的形式从政府一元化管理，发展为在党的领导下的政府、社区单位、社会组织、居民区自治团队、社会志愿者等共同参与的集体性治理，即社区共治与自治相结合的模式。同时，构建以互联网为重要实现工具的社会建设新形态，重点把信息化建设、应用与社会治理创新结合起来，运用大数据信息化手段探索社会治理新机制。

一是建设社区综合信息库。实现区域内人、物、房、事、单位、楼宇等静态和动态信息的有效采集、动态更新、交换共享，逐步形成社区大数据基础库。将社区综合信息库、居民区社工电子台账管理系统、社区信访矛盾调处系统等统筹在OA政务管理平台上，融入日常工作。

二是建设社区综合管理信息平台，制定社区应急管理机制。目前，陆家嘴社区网格中心信息平台共有工作人员30名，全年无休，每天24小时运行。指挥大厅设屏幕39块，连接视频探头1 170个，在3.8平方公里的传统社区里，每平方公里的探头密度达到了300个以上。同时，整合了以“12345”市民服务热线为主的热线信息系统、梅园派出所“110”警情、大联勤大联动等所有的信息来源。整个平台由网格中心统一管理、指挥，实现了问题的多元发现和集中处置。

三是建设区域共建信息服务平台。通过微信公众号和APP平台，面向全社区提供信息咨询服务、互助志愿服务等。如党建爱互助平台上，党员、志愿者、社工实名制登录，当居民有应急需求时，可通过平台发布，获得响应；社区居民通过浦东e家园平台，可将发现的问题上传，直接与网格平台对接等。

探索“全科社工”信息管理服务模式 2016年，陆家嘴街道进行社工以条线为主转变为以块为主的改革，在6个居民区开展“全科社工”试点工作。在“以块为主，条块结合”主导下，实行全科社工的前、后台协同，分级处理机制。前台包括社工所下的块区、居委会服务接待窗口。后台包括条线社工、居民区负责人、街道职能部门。前、后台彼此协同，并实行分级处理。建设全科社工信息化管理平台，区域内块长通过系统知晓区块内的信息数据，同时在走访、接待中进行信息数据的维护。遇到不是其分管条线的内容，可通过系统推送给专职条线社工，实现工作统筹。所有信息与社区综合信息库打通，便于统一管理。2016年，陆家嘴街道选取了老式、中档、高档等类型和规模不同的6个居民区试行“全科”社工工作模式。强化居民区“块长负责制”，梳理出块长下块责任清单，规范居委会日常接待工作，梳理出社工日常接待技能清单，通过信息系统，社工发现问题可以直接上报，走访居民留有痕迹。

（杨　莹　匡　洋）

【移康智能科技（上海）股份有限公司】

居家安防系统 HS AI engine 全球领先　截至2016年，移康智能科技（上海）股份有限公司（以下简称“移康智能”）历时5年研发的居家安防人工智能引擎平台系统 HS AI engine 取得重大技术突破，系统应用得到全球客户支持，在线联网用户突破120万人次，系统应用终端突破20万台。完成新疆、上海、中国香港、美国硅谷4大中心点云平台支撑服务系统布置，形成强大的大数据运算引擎，支撑全球用户得到移康智能简单易用、安全、稳定、高性能的家庭安防服务。移康智能拥有自主知识产权的人工智能算法和技术应用，完全颠覆了传统家庭安防监控技术，家庭主动安防3.0技术时代来临。主动安防3.0技术把关系人们生命财产安全的家庭安防体验变得更好，及时、主动报警，主动阻吓，把危险阻挡在未发生之前。其人工智能结合震动信息、语音信息、声纹信息、光线感应信息、PIR 红外移动探测信息、射频雷达信息、霍尔传感器感应信息、6轴加速度传感器信号、图像运动侦测信息等进行多维度运算，交叉验证，将预测和结果进行准确输出，从而让用户得到简单明了的信息：来者是家人、邻居、快递、陌生人、可疑人物或小偷，并能通过手机 APP 随时监控家门口的行为变化：邻居敲门、家人进出、小孩老人回家、快递送货、小偷撬门等。该系统技术已获得授权专利30多项。

进军 B 端行业市场　2016年，移康智能与恒大、万科等国内知名房地产商携手合作，不断打造主动侦测、主动报警、主动安防的“三主动”智慧家居防盗系统。此外，还与亚萨合莱、王力、步阳、安朗杰等知名锁具、防盗门品牌展开技术与产品的对接式合作。通过 WiFi 信号将双方产品进行联动协作，人工智能引擎平台系统进行数据采集和分析，将信息传递给第三方端口，第三方端口进行识别、判断从而作出相应的系统运作，最终形成了一整套相互联动的智能门控监护系统，精准地筛选、记录用户家门前产生的信息化数据。

（乔　彤）

第五章　智慧文化

概　述

作为“智慧文化”建设的重要组成部分，2016年，上海在数字新媒体、数字出版方面继续发力。上海出版游戏数量位列全国第一，在中国十大品牌游戏企业中，上海占据半壁江山。上海图书馆、上海博物馆、上海科技馆强化信息化建设，成为“智慧文化”的重要载体。

一、数字出版

【入选国家优秀网络文学原创作品】 由国家新闻出版广电总局组织开展的2015年优秀网络文学原创作品推介活动，于2016年3月25日公布了推介作品名单。经初审、复评、终审等程序，最终遴选出21部作品。上海地区4部作品入选，分别是上海阅文信息技术有限公司的《芈月传》、上海玄霆娱乐信息科技有限公司的《回到过去变成猫》、《莽荒纪》、《斗罗大陆Ⅱ绝世唐门》。

【4家入围首批新闻出版业科技与标准重点实验室】 2016年，国家新闻出版广电总局评选公布了首批新闻出版业科技与标准重点实验室名单，由上海牵头、共建的实验室有4家，分别是大数据治理与服务实验室、新闻出版大数据用户行为跟踪与分析实验室、新新绿色印刷新材料实验室、柔软印刷绿色制版与标准化实验室，将分别在数据管理与运营、数据跟踪与分析、生产技术与装备等方向进行研究。

【亮相中国(深圳)国际文化产业博览交易会】 2016年5月12日至16日，第十二届中国(深圳)国际文化产业博览交易会在深圳举行。博览会共设 9 个展馆，设在 1 号馆的上海展馆集中展现了上海文化产业在“互联网+”方面的发展成果。上海张江国家数字出版基地以新阅读、新娱乐、新视觉、新听觉为主轴，携基地内 13 家企业最新产品与技术亮相。

【推动现实主义题材网络文学创作】 2016 年 12 月 6 日，第一届网络原创文学现实题材征文大赛颁奖仪式在沪举行。大赛由上海市新闻出版局指导、阅文集团主办，共征集作品近 6 000 部，签约作品 150 余部，题材涵盖社会热点、职场奋斗、传统文化传承、行业基层动态、改革历程等热点话题。经评选，《复兴之路》获特等奖，《相声大师》获一等奖，《二胎囧爸》、《我的 1979》获二等奖，《草根石布衣》等 10 部作品获优胜奖。颁奖仪式上，上海市新闻出版局局长徐炯与阅文集团 CEO 吴文辉共同启动第二届现实主义题材征文大赛。徐炯表示，现实题材的写作正在帮助网络文学打破套路化、模式化的症结，注入更新鲜、生动的能量，拓展更广阔的发展空间。上海市新闻出版局将继续推动现实主义题材征文活动，争取通过三到五年的不懈努力，推动网络文学网站推出更多传播当代中国价值观念、体现中华文化精神、反映中国人审美追求，集思想性、艺术性、观赏性于一体的优秀作品。阅文集团计划投入资源扶持第一届大赛产生的优秀作者和作品，组织这些作品进行简、繁体出版，对特别优秀的作品将引入到影视动漫等领域进行版权运作，确保每一部优秀作品的价值得以充分体现。

【张江数字出版基地企业亮相互联网大会】 2016 年 11 月 16 日至 18 日，第三届世界互联网大会在浙江乌镇召开，来自全球 110 多个国家和地区、16 个国际组织的 1 600 位嘉宾齐聚乌镇，就互联网经济、互联网文化、互联网创新、互联网治理和互联网国际合作等领域展开探讨。张江国家数字出版基地多家企业积极参与，展示了张江基地的创新风采。阅文集团作为大会互联网文化领域唯一官方合作伙伴，全程参与大会，与来自互联网文化、创新等领域的世界各国、各地区领军人物、行业精英进行深入交流。WiFi 万能钥匙连续第二年成为大会的官方合作伙伴，为大会提供通信、科技等方面的服务支持。沪江网作为世界互联网大会在互联网教育领域唯一的官方合作伙伴，携其教育公益项目——“互加计划”亮相博览会。众人科技第三次参加世界互联网大会，展示了网络安全领域内的最新成果，并与参会嘉宾就构建全球网络空间网络安全命运共同体展开交流。

（王一行）

二、重点文化机构信息化

上海图书馆（上海科学技术情报研究所）

【概况】 2016 年是“十三五”规划实施的开局之年，上海图书馆（上海科学技术情报研究所）（以下简称“馆所”）按照《馆所“十三五”发展规划》的总体要求和部署，牢固树立和贯彻落实创新、协调、绿色、开放、共享的发展理念，紧紧围绕“重创新、抓突破、促转型”的工作主线，加快构建现代公共文化服务体系，积极推进上海图书馆(以下简称“上图”)东馆、文化部公共文化研究基地、典藏中心以及新型科技智库建设，聚焦重点目标任务，加大信息技术对馆所业务工作的支撑力度，保持馆所主要信息系统稳定运行，保障馆所各类信息服务和上海市中心图书馆图书大流通工作顺利开展，继续引领图情行业科学发展。

【数字阅读服务】 “微阅读”作为一种基于HTML5技术开发的数字阅读服务，能够方便地嵌入微信、支付宝等不同渠道向读者提供服务。上图“微阅读”自2015年推出以来，已成为数字阅读服务的新热点，累计点击量达211 396人次，其中持证读者阅读量76 531人次。在数字阅读资源建设方面，根据目前的产业背景与市场需求的变化，上图继续寻找大众喜爱、适合手机阅读的电子书、刊、报资源，配置更多能够直接掌控内容的资源，所采购的Epub格式电子图书已近10 000种，这些资源将全部可用于支持“微阅读”服务。2016年，上图还引进了以儿童图书为主的Over Drive电子图书资源。自4月上线以来，其使用量不断上升，总流通率已经达到147%，成为最受读者欢迎的数字阅读资源之一。“上图爱悦读”作为上图数字阅读的推广品牌，也在不断研发新的产品系列，并进一步探索对欠发达地区的数字阅读推广和服务模式，先后研发了两款盒子，分别是“爱悦读盒子”智能机顶盒和“上图爱悦读WiFi阅读盒”。在平台建设方面，完成了内容管理平台的建设，可管理采购的EPub电子书，并能支持“爱悦读盒子”、微校等资源的接入。

【数字人文服务】 “家谱知识服务平台”正式上线运行，“盛宣怀档案知识库”建设完成并开始试运行。“家谱知识服务平台”与“盛宣怀档案知识库”利用新的技术手段，重新组织和利用已有的馆藏资源和研究成果。“家谱知识服务平台”实现了针对普通用户的智能寻根服务，针对人文研究学者的知识挖掘服务，以及针对图书馆的书目控制和知识增值功能。实现了全球中国家谱的书目控制功能，有利于上海图书馆的家谱服务平台成为服务全球的中国家谱联合目录；实现了基于概念和概念间关系的精确查询，充分利用基于时空关联的可视化技术，使得用户体验更上层楼；实现了迁徙图、世系表的可视化展示，使得作为数字资源库的家谱数据库在进化为面向数字人文研究的家谱知识库方面前进了一大步。家谱知识服务平台上线后即得到社会各界、业内同行、用户和领域专家的高度关注和肯定，在多次介绍与演示中获得极好的效果，成为上海图书馆利用新技术重塑历史文献资源，使资源价值扩大化的典型案例。作为国内图书馆界利用关联数据技术促进数字人文研究和提升用户服务质量的前沿项目，它也能与国际同类项目接轨，在业内具有开创性和引领作用。

上海图书馆原有盛宣怀档案检索数据库，包含有关盛宣怀的近17万件资料，被称为“中国私人档案第一藏”，是研究中国近代史的第一手史料宝库。“盛宣怀档案知识库”实现了基于概念和概念间关系的精确查询，充分利用基于时空关联的可视化技术，优化了用户服务体验；实现了人物关系图、公司大事及演变、人物生平等的可视化展示，使得盛宣怀档案特藏数字资源库，逐渐向面向数字人文研究的盛宣怀档案知识库迈进。

【数据开放服务】 2016 年，上图大力推进自建数字资源向社会开放服务，开始建设新一代数字资源开放平台。该平台全面梳理与整合了馆内原有多个数字资源服务系统，提升了上图的数字图书馆建设水准。其对外开放的全文内容丰富多样，包括家谱 3 000 余种、上海年华精品专题图片库 4 种、古籍 50 种、民国图书 100 种、特色老唱片音频 36 张、网上讲座视频 30 余部、网上展览 20 余种。上图一直关注开放数据运动，很早就开始研究相关技术，并认为这是数字图书馆发展的一个新契机。在 2016 年“世界读书日”期间，上图推出了家谱开放数据竞赛，通过这一竞赛项目正式推出了符合关联数据开放规范的数据开放服务平台，这是国内图书馆界第一个较为正式规范的数据开放平台。这一开放数据竞赛的推广形式也是国内图书馆界的创新之举。家谱开放数据竞赛是以关联开放数据的形式将馆藏书目数据开放给社会公众，进行创新性的数据再利用，得到社会各界的广泛关注。此次竞赛有 60 个团队报名，8 个团队入围。获奖作品的创意和实现的功能进一步拓展了上图家谱资源的利用价值和使用范围。此次竞赛使上图成为国内图书馆界数据开放的先锋，对数据开放技术在图书馆的应用起到了引领作用。

【新媒体服务】 2016 年，上图开展了丰富多彩的新媒体服务。微信方面，“上海图书馆”微信服务号的用户使用量、读者关注量及咨询量均大幅增长。其中，微信功能使用量全年累计达 2 287 889 次，微信粉丝关注数共 148 770 人，微信参考咨询量全年累计 85 888 次，微信服务号共推送 48 次 298 条图文信息。“上海图书馆信使”订阅号进入常态化运营，累计关注人数达 8 199 人，累计推送 81 次 119 条图文信息。“头条号”服务方面，于 2016 年 6 月开通“头条号”，开拓了一个新的服务渠道，累计发文 41 篇，累计阅读量 56 602 次。微博方面，作为上海图书馆对外宣传重要窗口，全年推送原创微博 1 594 条，粉丝关注数 160 896 人，私信 520 人，与读者互动 9 153 次，博文累计阅读数 6 214 185 次。网络直播服务方面，2016 年 10 月开始尝试网络直播读者培训、读书会活动，尝试全新的线上直播服务模式。电子书外借和数字阅读网站方面，新阅读体验进行外借流通的设备终端为 4 个品牌 12 个品种共计 1 147 台设备终端，累计流通 4 726 人次，阅读生态向移动化发展趋势越发明显。2016 年，从市民数字阅读网站平台跳转阅读的读者有 35 510 人，资源点击阅读次数 113 024 次。微站方面，创新推广模式，利用微信公众服务号推出微阅读频道，作为对互联网合作企业微站入口的补充。

【数字资源长期保存】 数字资源长期保存体系不仅需要人员、制度的保障，也需要强有力的系统支撑。2015 年，上图在国内率先引进了业界领先的管理数字资产和长期保存的 Rosetta 系统。经过系统培训、工作流程磨合，该系统在 2016 年进入正常运行，初见成效。截至 2016 年年底，通过梳理上图已建数字资源，进行存储规划、系统配置等工作，进入长期保存系统的自建资源共 20 项，存储总量达 304.45T，应用服务级数据总量 8 916G，数字对象总数达到 118 050 458 个。

【数据应用服务】 近年来，上图在国内图书馆界首创了一系列基于图书馆服务数据的数据应用服务，如读者阅读账单、年度阅读报告、流通数据的详细解读报告、服务数据的实时发布等，其发布方式有信息图、报告、专著、实时多媒体内容等，其终端发布形式包括交互式网站、移动应用、实时展示大屏等。2016 年，上图在数据服务的发布方式与形式上都有创新。例如为上海图书馆年度阅读账单特别设计了微信版，紧贴上海市民移动设备使用生态，用互联网思维让读者驱动图书馆。对图书馆服务数据实时展示的大屏硬件进行调整升级，丰富了展示效果。开发了即时数据展示的立式触摸屏，真正实现读者交互，给读者主动搜寻图书馆数据和参与互动的机会。立式触摸屏不仅增加了人机互动功能的触摸演示系统，同时通过接口配置与数据调整，还可以个性化定制为一个区的服务数据，也可以定制为一个馆的服务数据，成为适用于上海市中心图书馆成员馆推广和服务的平台。

【公共图情服务体系】 上海市中心图书馆一卡通三级服务体系服务效能持续增长，一卡通市、区、街镇以及其他基层服务点总节点数已达 311 个，另有图书分拣中心节点 1 个，服务用微机总量达 1 142台，书目记录总数达 3 693 958 条，总馆藏量达 27 585 537 册。2016 年，在图书借阅方面，总流通数为 6 655.2 万次，同比增加 5.51%；其中，中心图书馆一卡通流通量为 6 547.11 万次，成人流通 4 393.45万次，同比增加 1.37%；少儿流通 2 153.66 万次，同比增加 15.49%。在读者办证方面，有效读者证数量达 3 945 458 张，同比增加 4.43%。完成读者证第三次重大改版和技术升级，开通使用非接触式读者证和基于二维码技术的“手机读者证”，确保多种形式的读者证能够全面兼容，稳定运行。

【信息基础设施优化与升级】 完成馆所互联网带宽扩容至 540M(电信 500M＋科技网 40M)，带宽增加约 20%。此外，基本完成馆所局域网网络设备的升级改造，使得网络核心层传输速率达到万兆交换，汇聚层与核心层实现万兆互联，馆内主要区域的桌面层达到千兆接入，馆所局域网内的数据传输速率有了大幅度提高。无线网络服务得到进一步优化，通过对部分人流密集区域增加 AP 数量或使用高端型号的 AP，优化了网络连接的稳定性；完成历史文献区域的无线网信号覆盖，使得馆所无线网络的覆盖范围进一步扩大。2016 年，馆所无线上网服务的使用量达到 15.4 万余人次。虚拟服务器的应用规模进一步扩大，已形成 49 台虚拟机宿主服务器、251 台各类虚拟机、89T 净存储空间的虚拟化应用环境，支持包括实体机迁移整合、新应用部署运用、系统测试等在内的多种应用场景，进一步提升了物理计算资源的利用率及可靠性。在对 PC 终端的虚拟化应用方面，在原有应用虚拟化系统运行稳定的基础上又扩大了应用范围，对家谱阅览室、VOD 阅览室和地方志阅览室的部分机器进行了应用虚拟化改造，较好地满足了读者需求，并降低了管理成本。

【办公自动化系统】 2016 年，馆所业务绩效统计平台 PC 端和移动端正式上线试运行。该平台以馆所办公自动化系统为基础，将多年积累的数据进行可视化呈现，通过多类型图表切换、年份查询，并加入年度对比、月度环比等展示方式，以满足用户对报表的需求。同时，该平台紧密结合移动应用的载体特征，使用户可随时随地通过移动终端查询所需的业务统计数据，信息实时、操作方便，减少了沟通成本，提升了数据的价值，让管理变得生动、高效。新平台主要包括了藏书建设、读者服务、研究咨询、文献保护、资源建设、编辑出版、人员信息、经费国资、绩效9个大类、34个小类的数据。为了确保数据准确及时，系统利用新技术手段采集数据，提升了数据质量。对于手工填报的数据，通过对多报表整合实现了业务统计表的量身定制，并增加了预警功能。将原先的月统计改为日统计，简化了统计流程，最大限度减少人工干预及中间环节、缩短统计周期，极大地提升了运维效率。实现了办公自动化系统中现有数据的实时更新；对于已有的业务系统，通过定义接口规范、开发数据接口，自动抽取相关部门业务系统中的数据。

【公共数字文化工程】 在文化部全国公共文化发展中心、国家图书馆指导下，上海市积极落实并不断推动全国文化信息资源共享工程、数字图书馆推广工程、公共电子阅览室建设(以下简称“三大工程”)等重大公共数字文化工程建设，以公益性、基本性、均等性、便利性为原则，保障人民群众基本文化权益，满足人民群众日益增长的文化需求。通过持续经年的投入建设、运作推广，“三大工程”自身已成密不可分的“三位一体”，并发展为与现代公共文化服务转型深度融合的常态化建设项目。截至2016年年底，上海地区共建成全国文化信息资源共享工程各级服务点330个，其中省级分中心1个，区支中心16个，基层服务点313个。数字图书馆推广工程硬件平台完成部署，市、区两级公共图书馆共配有服务器356台，总存储容量1 950.57T，各类数据库资源建设总量1 543.24T，其中自建资源总量384.755T，平均网络带宽205M，并在软件平台方面完成统一用户系统、唯一标识符管理系统、运行管理平台的部署。上海市高度重视并根据国家发展中心的要求，在市、区及基层服务点各级单位开展公共电子阅览室布局建设，2016年，上海地区公共电子阅览室平台共接入16个区的22家区级公共图书馆及308家街镇级基层服务点。资源建设始终是“三大工程”建设的核心工作，上海积极探索社会合作建设，丰富资源内容，提高地方特色资源的专业性和学术性，加快资源建设进度。在资源建设中，突出海派特色，推进地方文化专题建设，优化内容结构，建设丰富多样的数字资源，挖掘平台价值，打造数字人文知识服务。2016年共完成地方图书数字化约50万页，完成地方报纸数字化及篇名识别约75万版，制作图书馆公开课资源323节，继续开展互联网信息保存与服务工作，完成政府公开信息整合共62.1万条。

(夏　海)

上海博物馆

【完成可移动文物普查工作】 根据《国务院关于开展第一次全国可移动文物普查的通知》精神，上海博物馆(以下简称“上博”)从2015年开始启动普查工作。在馆领导的重视和领导下，上博信息中心组织力量全力投入这一工作，参与拍摄，并且负责数据的集中管理、统计和上报。2016年，向国家文物局上报了10多万件藏品的普查数据，并成功登录上线，使上博的在线数量得到了极大跃升。

【“互联网＋中华文明的博物馆数字传播”系列活动举办】 2016年4月15日，由信息中心负责组织的“互联网＋中华文明的博物馆数字传播”系列活动在上海博物馆拉开帷幕。国际博物馆协会视听与新技术委员会（AVICOM）、中国博物馆协会数字化专业委员会的中外专家，北京市文物局、首都博物馆、天津博物馆、苏州博物馆、深圳南山博物馆的领导和嘉宾齐聚一堂，就信息化潮流下如何运用新技术推动博物馆传播和中华文化的传承进行了专业的探讨交流。来宾们参观并考察了上海博物馆的数据中心、高清晰影视中心、藏品数据库系统、网站系统、移动导览系统、大堂多媒体展示系统和正在开发中的三维虚拟展示系统，并就博物馆数字化传播这一议题进行了闭门会议。活动还邀请了中外专家举行四场专题讲座，上博对讲座进行了网上直播。

【古籍和碑帖数据采集工作】 信息中心在按计划顺利实施了古籍数字化一期项目的基础上，2016年又进行了第二期古籍扫描项目，共扫描完成了12万页，累计扫描24万页。进行馆藏古代碑帖数据的采集工作，整个工作团队在确保碑帖安全无损的情况下，完成了对碑帖册页、卷轴的高精度拍摄共计2万页，并初步建立了相关数据库。这两项工作持续进行，既为藏品的研究和利用开辟了新的途径，也进一步拓展了藏品数据库的应用范围。

【“数字上博”项目结项通过验收】 “数字上博”项目主要是对信息化基础设施进行重新梳理整合，并对部分业务应用系统实施改建和新建。基础设施的整合主要采用虚拟化技术，实现统一的硬软件体系架构，统一计算和存储资源管理，以达到节省成本、节能降耗、便于部署管理的目的。在业务应用系统建设上，建立了覆盖整个文物修复部门、为其提供日常主要工作处理的文物修复管理系统，同时，还对建立已十多年的藏品管理系统进行升级改造，淘汰更新一批已不符合要求的软硬件设施，建立一个更规范、完整的藏品数据库系统。

【建立移动导览系统】 建立移动端数字导览系统，完成了移动导览一期工程并通过验收，正式推出了青铜器馆、雕塑馆和家具馆导览。该系统采用移动互联网、无线定位、蓝牙定位等先进技术，融合线上和现场服务，在移动终端上实现导览、定位、交流等多种功能，主要提供展馆的定位导览、展品信息、经典展品信息、服务信息等内容，形成优质、新型的导览服务，实现与展项内容的交互，加强观众与博物馆的交流互动，最终达成服务观众、文化共享、高效沟通的总体目标。

【升级改造触摸式多媒体系统】 上博陈列室多媒体系统建设较早，产品陈旧。根据陈列内容变动和目前多媒体技术发展的要求，信息中心对该系统进行升级改造，完成了青铜器、陶瓷和雕塑陈列室的改造任务。改进后的触摸屏多媒体系统运用最新的多媒体技术，为观众提供了更舒适的数字化体验。该项目还将与移动导览系统、网站相结合，通过资源整合运用以及功能的差异性来构成完整的博物馆导览体系。

【建立大堂多媒体信息发布系统】 2016年，信息中心尝试将数字化技术运用于博物馆现场资讯传达，在教育部的配合下，在博物馆大堂成功建立多媒体发布平台。该平台从外观陈列设计到信息内容分布的整体设计均追求美观、大气、稳重、实用的特点，播放内容以提升博物馆公共服务所需要的资讯传达为主，以传播文物知识和扩大博物馆影响力的内容为辅；集文字、图像、视频及其他多媒体手段于一体，呈现多维展示效果；在博物馆知识传播以及为观众提供信息服务方面起到良好作用。

【初步建成博物数据管理中心】 随着博物馆数字资源的日益增长，以及各项应用的不断开发，数字资源已成为博物馆最重要、最不可或缺的资产之一。与此同时，博物馆信息系统内大数据的分析和处理也不可或缺，充分利用数据资源、数据分析、数据展示产生新的效益，是博物馆重视与努力的方向。为此，上博开始建立以应用系统与数据资源的集中管理、科学分析、调度监控及可视化展示为目的的数据管理中心，初步实现博物馆资源的核心汇集与发布。数据管理中心既是一个统一的数字资源管理平台，也是一个统一的数字资源展示平台，涵盖展馆、展览、藏品、观众等核心指标，描述博物馆信息资源及其载体，构建、挖掘、分析、呈现信息资源及核心指标之间的相互联系，为上博开展精准化管理、大数据挖掘以及可视化展示工作打下了良好基础。

【建设文保中心信息化系统】 随着上博文物保护科技中心的建成使用，为保证大楼建成后各项信息化基础设施建设和相关应用工作的开展，信息中心配合文保中心积极做好整体方案的调研和制定工作，并开展“上海博物馆文物保护科技中心信息系统建设(后续)项目”的推进工作。该项目已经在2016年年内顺利完成，对文物保护科技中心后续工作的开展起到了推动作用。

【推进上博网站工作】 作为博物馆主要的对外传播途径，上博网站在及时发布新闻、展览、活动等信息，对藏品信息及陈列大观、推荐路线等相关数据等进行例行更新的基础上，还根据自身定位和受众特点，持续进行品牌栏目的建设。网站组克服了多种困难，坚持推出每月一珍、网上展览等中英文网站专题。至2016年11月10日，已推出“猴年话猴”新春特辑、“王谢堂燕——吴湖帆书画鉴藏特展”网上展览、每月一珍(“晋侯稣钟”、“高逸图”、“清雍正景德镇窑粉彩蝠桃纹橄榄瓶”)等内容，在文博爱好者中赢得了很高的评价，被认为是国内博物馆对于单件器物解读最专业、全面、易读的数字化读物，深化了上博的品牌形象。

【建立官方微信】 由信息中心和教育部合作建设的上博官方微信于2016年正式上线。公众微信号以设计美观、制作精致、资讯多元、内涵丰富等特点，获得了很多博物馆爱好者的关注。上博各类信息也借此更好地走进社会，与大众亲密接触，吸引更多的人关注博物馆、进入博物馆，获取更多的精神动力和文化滋养。

【建设网上远程教育课程】 上博网络远程教育课程通过线上线下的良性互动，使博物馆的学习不限于展厅，而是藉由网络自主、多元化、互动性高的特性，将博物馆社会学习中心的特性扩充到最大。2016年，该项目的第一门课程——“碑帖”已经完成平台设计，并开放部分课程。

【实施多项网络基础设施工程】 作为移动导览系统和其他基于网络的公共服务应用的支撑和基础，信息中心于2016年实施展示区域的无线布建工程，基本完成了展示区域的无线布建工作。其中，青铜器馆、雕塑馆和家具馆已开通试运行。此外，还进行了有线网络拓宽工作，在有线网络拓宽后，全部展示区域内无线网络也将陆续试运行。另外，信息中心还为上海艺术品公司、上博南汇仓库进行布线并开通了网络。

【拍摄博物馆宣传片】 信息中心在保证博物馆各项活动视频记录的同时，还连续拍摄了有关博物馆和博物馆藏品的宣传片。影片根据上博目前的放映条件，采用4K拍摄技术，并运用多种手段和特殊效果，使影片既有知识性，又有观赏性和感染力。另外，为配合2016年在成都举办的博物馆及相关产品和技术博览会(以下简称“博博会”)，信息中心还制作了宣传片《科技与人文——博物馆里的高科技》，在博博会上获得了同行的好评。

(张　毅)

上海科技馆

【概况】 2016年是“十三五”规划的开局之年，也是上海科技馆开馆15周年。是年，上海天文馆(上海科技馆分馆)正式开工，开放1年的上海自然博物馆(上海科技馆分馆)运行更趋平稳。在“三馆合一”的运行管理模式下，以构建智慧场馆为总体目标，做好信息系统运维保障，加快推进各项信息化项目实施，内外并举，提升用户体验。

【编制完成智慧场馆规划】 根据《上海科技馆“十三五”发展行动纲要》，编制完成《上海科技馆智慧场馆建设规划纲要》。在“三馆合一”的管理运行模式下，该规划重点关注大数据、云计算、GIS(Geographic Information System，地理信息系统)、BIM(Building Information Modeling，建筑信息模型)等新兴技术的示范应用，实现智慧运行、创新智慧服务、推行智慧管理，构建以观众为中心，建设空间感知、数据融合、智慧交互、智能泛在的“空间形态、行业业态、网络生态”三位一体的智慧场馆新格局，形成一系列具体任务及实施进度计划。

【数据中心机房完成更新改造】 2016年，数据中心机房改建项目正式启动，绿色、节能、智慧的数据中心机房将为“三馆合一”下的智慧场馆整体建设奠定坚实基础。机柜排列采用冷通道封闭模式，与原先传统机房相比，空间更节省、安放更合理、环境更整洁。智能机柜空调控温加湿，自动调整机房温湿度。精密配电柜准确控制机房能耗，更节能环保。全智能环境控制系统远程网络监控，风险自动报警，无需人员值守机房，提高机房整体环境安全系数。机房具备良好扩展性，为未来增能预留设备安放空间与升级能力。

【掌静脉识别技术在大型场馆率先使用】 2016年6月，上海科技馆新票务系统上线试运行，首次在5A景区大型场馆使用掌静脉技术实现游客二次入馆。掌静脉识别是一种生物活体识别技术，与指纹识别等传统生物识别技术相比，它具备不易仿冒、误识率和误拒率低、更稳定等优点，优化了游客二次入馆的通行方式，取代以往人工检印方式。新系统还实现了网上实名售票、闸机客流计数、刷身份证和二维码入场等新功能，大幅提升用户体验和管理效能。

【跨平台协同办公系统启动建设】 2016 年 10 月，上海科技馆跨平台协同办公系统完成项目招标，启动全馆调研与开发实施工作。系统共包括 15 大功能模块及涵盖全馆数据的大数据分析平台，将取代现有办公系统，打破信息孤岛，充分利用全馆数据，提高办公效率，减少纸质流程，实现无纸化办公。结合馆内业务系统及管理系统综合数据分析，为管理者提供可靠的数据支撑进行决策分析。

【公众互联网信息服务平台启动建设】 2016 年 9 月，公众互联网信息服务平台项目完成招投标，正式启动建设。为提高公众体验、深化科普实效、塑造场馆品牌，将构建“3＋1”为核心的信息服务系统，即公众服务平台、综合管理平台、科普资源池及大数据应用分析平台。计划将科技馆官网改版为面向不同用户的公众网与行政网，行政网定位于三馆的行政党务信息公开和企业文化展示。至 2016 年年底，已完成行政网整体策划与风格设计，并于 12 月上线推出上海科技馆 15 周年馆庆专题网站。

【开通“科普先锋”党建微信公众号】 2016 年 3 月，上海科技馆开通党建微信公众号——“科普先锋”。公众号每个工作日发布信息，内容涵盖党建动态、特色活动、服务资讯等，使科技馆党组织与微友实现“零”距离。精心策划选题，推送了“我身边的共产党员”、“今天如何做一名合格党员”、“暑期聚焦一线”等一系列专题文章，弘扬了“乐业、专业、敬业，致力创造未来”的科技馆精神，营造了为科技馆事业改革发展凝心聚力、激发干劲的舆论氛围。“科普先锋”微信公众号已成为宣传科技馆党建的“微窗口”、服务科技馆党群的“微平台”。

【两馆客流系统优化】 上海科技馆与上海自然博物馆对客流系统进行了优化。为配合科技馆进出口改造，新增两个摄像头用于采集数据。自然博物馆在安检处、检票口新增多台导览屏，用于显示在馆实时人数和参观须知，使工作人员和排队游客更好地掌握客流动态，提升服务质量。同时，优化了后台数据接口，将人数显示的数据通道进行统一，并有效发布到前端各类终端设备上，实现了数据发布的优化。

【“农业起源”APP 开发上线】 上海自然博物馆“农业起源”增强现实应用软件于 2016 年 12 月正式发布上线。该应用基于三维物体识别，结合馆内“人地之缘”展区中农业起源实体展柜，实现增强现实的交互体验。游客可在对应展柜前调用摄像机，从各个角度观察沙盘，一幅幅农业起源的画卷便栩栩如生地展现在眼前，也可触摸知识点图表获取相关知识的详细图文信息。APP 在增强游客互动体验、传播农业科学知识方面起到良好效果，并吸引游客分流至较为空旷的展区，提高了场馆资源的利用率。

（曹　敏）

第六章　智慧旅游

概　述

2016年,上海不断推进智慧旅游,着力发展旅游环境信息化和旅游电子商务,在改善旅游产品和服务内容、业务系统开发和优化等方面取得了一定成效。

一、旅游环境信息化

【962020上海旅游热线】 2016年1～12月,上海旅游热线呼入电话约5.3万通,接通率100%,时长平均121秒。在旅游咨询电话中,景点咨询居首,占咨询量的50.2%,共计14 858通,主要咨询上海的热门景点,如外滩、东方明珠等景点信息;旅游线路查询占32%,共计9 467通;上海公共交通查询占8.3%,共计2 455通;其余旅游查询占9.5%,共计2 802通。

【建立旅游气象服务中心】 本着"问题导向、需求导向"的原则,为了进一步整合内部资源、增强双方合作联动,上海市旅游局(以下简称"市旅游局")、上海市气象局(以下简称"市气象局")共同挂牌成立上海市旅游气象中心(以下简称"市旅游气象中心")。市旅游气象中心将依托市旅游局公共服务中心和市气象局相关直属事业单位、各区气象局开展日常业务,市旅游局和市气象局对其共同进行业务指导和工作考核。双方已在市旅游行业协会景区分会以及部分景区的支持配合下,对全市距中心城市位置较远的17个A级景区进行了精细化气象预报测试,并将有关数据同步至上海市A级景区实时信息发布系统。广大市民游客可通过上海发布、东方网及全市500余台旅游信息多媒体触摸屏,查询到17个

A级景区未来24小时的天气、风力、温度情况，遇有突发性气象征候，上述信息也将及时更新。同时，双方将在此基础上，进一步推动在全市4个A级景区建立负氧离子观测点，为市民游客提供有“空气维生素”之称的负氧离子浓度等数据。

【打造旅游团队电子合同平台】 旅游团队电子合同平台以国家旅游局与国家工商总局联合制定的三个旅游合同示范文本为模板，全面覆盖旅游合同网上填写签署、修改审核、上传备案、统计分析、监督管理的全套流程，最终实现旅游合同综合管理备案、数据统计汇总分析、行业行政监管、游客查询监督、旅行社内部辅助管理、旅游综合信息服务等多种功能。从而在旅行社与游客之间架设了一个基于政府公信力的透明、安全、有效、便捷的第三方备案支撑平台。该平台运行以来，累计签订合同508 291份，累计涉及游客1 584 087名，收集游客反馈信息9 207条。

旅游团队电子合同平台依据电子签名法“当事人也可以选择使用符合其约定的可靠条件的电子签名”的原则，提供多种合理、合法、有效的电子签名技术。旅行社可根据需求选择使用CA身份认证技术或选择使用第三方专业平台自带的电子签名技术。同时，旅游电子合同平台作为第三方平台，提供第三方数据签名加密技术，并实现了游客端在线手写签名及游客身份绑定、对于合同内容篡改行为的记录及查询等。结合移动互联网技术运用，使旅游管理部门、旅游企业和广大游客能够通过移动智能终端随时随地使用该项服务功能。最终，该平台在进一步规范旅游市场秩序，提升旅游服务质量，提高旅游者、旅游企业的合同意识，保护双方的合法权益等方面起到了积极有效的作用。

【上海旅游信息管理与发布平台立项】 该项目围绕全面提升上海旅游公共服务能力、行业监管能力、预警预测能力和应急管理能力，汇集旅游行业信息和城市涉旅信息，整合市旅游局各信息化业务系统，构建以信息发布与公共服务子系统、行业运行信息管理子系统和旅游行业信息管理和展示中心为核心的信息平台。

【持续推进旅游进社区】 完成全市188家社区旅游公共服务点的布点，打造旅游公共服务“便利店”。在全市范围内，推动旅游企业开展公益旅游进社区活动。完成社区服务点多媒体触摸屏系统升级工作，对信息查询网站和终端硬件设备进行了全面更新。

【增强旅游公共服务站点信息化服务功能】 新建开通上海国际旅游度假区、上港邮轮城两地三个旅游公共服务站点。改扩建虹桥机场T2航站楼、新国际博览中心两个服务站点。在这些服务站点，整合旅游信息咨询、智慧旅游VR体验、旅游纪念品销售等功能，探索打造服务站点“升级版”。推动服务站点开发自有的周边区域旅游服务信息化应用，为旅游者提供移动延伸服务。

二、旅游电子商务

【拓展旅游产品供应】 中国东方航空集团公司(以下简称“东航”)和携程旅游网络技术(上海)有限公司(以下简称“携程”)签订战略合作框架协议,二者将在股权层面、资本层面、业务层面开展全方位合作,并在国际机票销售、运价搜索展示、平台供应商管理等方面开展深度合作,具体涉及在线机票的预订、酒店住宿、旅游出行、互联网用车等。基于东航的资源及信誉优势,结合携程的品牌优势,消费者可先通过在线渠道——如通过有携程技术支持的东航预订平台或携程平台中本身就有的东航旗舰店等来预订东航机票,进而选择携程的酒店产品及门票产品,并附上相关的旅游攻略,就可满足消费者出行的住店需求、旅游需求等。东方航空和携程将利用各自资源,通过 IT 技术及旅游产品研发、技术对接、业务整合等方面的合作,向市场提供更具竞争力的综合差旅服务产品。

【改进在线旅游产品和服务内容】 携程设立自由行微信群服务,又称“微领队”。大部分购买携程自由行产品的游客,会按照目的地和出发日期,被邀请加入相应的群组。群组里有携程旅游的旅行专家、客户服务人员、目的地旅游达人,也有相近时间段出行同一目的地的游客。“微领队”提供诸如订单咨询、协助航班改签、酒店协调,交通指南、紧急联络、互动分享、当地咨询随问随答等服务。

携程作为国家旅游局导游自由执业试点工作的试点企业参与试点工作,按照国家旅游局和地方主管部门的要求,搭建导游网络预约平台,提供线上导游自由执业业务,以互联网技术对导游领队行业进行信息化、标准化、智能化改造,破解行业长期面临的透明化程度低、用户评价体系缺乏、优胜劣汰机制不完善等问题。其最终目标是“让导游群体更有尊严荣誉,让旅游者更幸福”。到 2016 年年底,已经有 5 000 余名国内外导游入库,游客在网上报的任何一个团,其导游服务怎么样都会被精确监控,并将其与订单、点评匹配,最终利用大数据实现对导游的质量管控。

【推动建立第三方旅游保险平台】 金棕榈旅保宝旅游保险平台以多投保场景对接、360 度服务及产品可定制为优势,定位于旅游保险行业的支付宝,支持多种投保场景无缝对接:API(Application Programming Interface,应用程序编程接口)智能对接业务系统与网站、电子合同跳转、名单跳转、网站注册使用、保险超市等多种投保场景,是旅游企业的风险管理专家,提供包括保险方案规划、产品定制、接口对接调试、统一结算、协助理赔、风险报告、产品更新等在内的 360 度全方位服务。金棕榈旅保宝旅游保险平台涉及 34 家保险供应商,覆盖行前、行中、行后各保障内容的保险产品,已有 2 000 多家旅游企业用户实现对接使用,真正为旅游企业解决了旅游安全的产品、操作及服务的痛点及需求。

(刘　昊)

第七章　邮政信息化

概　述

2016年，中国邮政集团公司上海市分公司(以下简称“上海邮政”)进一步落实科技兴邮战略，充分发挥信息科技引领作用，增强企业核心竞争力。依托“互联网+”思维，对接新媒体，打造上海邮政线上服务平台，提升邮政传统业务的技术含量和服务能力，实现传统业务效能提升，开拓新的业务领域，满足用户需求。依靠信息技术和现代管理方法、经营方式和组织形式，创新服务领域、服务模式。通过信息化建设，减少冗余流程，提高运行效率和效益，进一步解放生产力。密切关注信息技术发展趋势，了解借鉴国内外企业信息化建设的先进经验。

一、邮政平台

【金融网点授权集中系统】　金融网点授权集中工程是邮政一项重大的金融信息化建设项目，是一套以客户服务为中心、以产品管理平台为框架，整合本、外币储汇业务功能为一体的全国逻辑集中业务系统。从2015年5月起，上海邮政分批对全市金融网点实施系统切换上线工作。2016年3月29日，最后一批171个金融网点完成推广上线工作，上线后系统运行稳定。至此，全市379个代理金融网点历时15个月分4批全部完成系统切换工作。随着网点授权集中系统建设成功，柜面业务实现了集中式的远程实时授权，缓解了网点柜面操作人手紧张的问题，提高了网点服务质量，规范了授权操作流程，加强了资金风险管控。

二、邮政服务信息化

【建立微信企业号】 2016年4月,上海邮政微信企业号正式启用。以企业号为基础平台,信息技术部门首先建设推出双创金点子微平台,员工可以在此平台上发布双创金点子,也可查看其他人发布的双创点子,并进行点赞和评论。此举突出员工在“双创”中的主体地位,形成促进企业发展的新动能。年内,企业号先后推出安全生产、报刊目录查询、教育培训、上海邮政报、问卷调查、新闻资讯等微平台,借助互联网技术,建立起一个全体员工智慧共享的开放平台,也为上情下达、下情上晓顺畅渠道。

【创新报刊收订模式】 2017年报刊大收订期间,上海邮政推出“互联网思维+传统收订模式”新举措。2016年10月9日,上海邮政创新开发推出专用单微信订阅功能,增加专用单线上收订渠道。客户通过手机扫描专用单上的二维码即可进入订阅功能,一键轻松完成订阅,免去到网点排队的麻烦。此外,用户还可以通过收订人员手机端订阅、“中国邮政”微信号全量报刊订阅、“上海邮政掌上营业厅”优惠订阅等渠道,不出家门完成报刊订阅。同时,上海邮政还与“饿了么”订餐平台跨界合作,推出“订了么”服务平台,通过早餐袋定制、线下配送、在线硬广等方面的合作,丰富报刊收订宣传渠道。

(陆怡琼)

第五编
经济领域信息化

Shanghai Informatization

综　述

上海继续推进“两化”深度融合，推动智能制造、智慧园区和智慧商圈建设，增强产业创新动力、推进产业转型发展。

制造业信息化方面，2016 年，国务院发布了《关于深化制造业与互联网融合发展的指导意见》，为今后一段时间深化制造业与互联网融合发展，推进“两化”深度融合指明了方向。上海紧紧把握制造业与互联网融合创新发展的新机遇，以提升制造业数字化、网络化、智能化为目标，将工业互联网作为新时期上海加快制造业与互联网融合创新、推进“两化”深度融合、落实中国制造 2025 战略的重要抓手。

电子商务方面，持续推进电子商务示范基地建设，2016 年上海市电子商务“双推”工程遴选电子商务“双推”服务平台 12 家，涉及精准营销、物流供应链管理、跨境贸易、纺织服饰行业、汽车后市场、医疗器械、建筑工程、家居建材、农业电商等多个行业服务领域，上海跨境电子商务快速发展，不断促进传统外贸转型升级，移动电商向民生领域拓展。

2016 年，上海农业信息化围绕“农业物联网”、“互联网+”、“信息进村入户”、“农业大数据”等方面进行了探索和实践，持续推进农业大数据建设、农业物联网应用、政务资源共享公开、农产品价格监测预警、上海 12316“三农”服务、农民手机应用技能培训等。

2016 年，上海金融行业各类资本市场主体继续加强集聚态势，证券、期货、基金、保险业交易量持续上升，信息化水平进一步增强，积极应对信息安全挑战，拥抱移动互联网、大数据等技术，为互联网金融的发展做出贡献。

2016 年，上海电子口岸办公室根据市委、市政府口岸工作总体安排，继续深入上海国际贸易单一窗口等建设，推进亚太示范电子口岸，取得积极成果。

第一章　智慧商务

概　述

国家电子商务示范城市建设进一步深化,“互联网＋流通”促进线上线下融合进一步深入,“互联网+”创新实践区建设范围进一步扩大,跨境电子商务发展持续推进,电子商务环境持续优化,开放与交流合作持续扩大,电子商务继续保持较快的增长速度。2016 年上海市电子商务交易额达到200 049.3 亿元,比 2015 年增长 21.9%。电子商务对传统商业模式的替代作用不断深入。2016 年B2B 大宗商品交易继续在电子商务交易中保持主体地位,B2C 网络购物发展更加迅速,增速高出B2B18.1 个百分点,B2C 在电子商务交易总额中的占比继续提升。新消费引领态势凸显,新业态、新商业模式不断涌现。

一、电子商务发展

【概况】　2016 年,全市电子商务发展紧紧围绕“四个中心”和科创中心建设,落实国务院《关于大力发展电子商务培育经济新动力的意见》、《关于深入实施“互联网＋流通”行动计划的意见》等文件精神,取得了较好的成效和进展。国家电子商务示范城市建设进一步深化,“互联网＋流通”促进线上线下融合进一步深入,“互联网+”创新实践区建设范围进一步扩大,跨境电子商务发展持续推进,电子商务环境持续优化,开放与交流合作持续扩大,电子商务继续保持较快的增长速度。2016 年 1～12 月,全市实现电子商务交易额20 049.3亿元,同比增长 21.9%。其中,B2B 交易额 14 445.6 亿元,同比增长 17.3%;网络购物(B2C/C2C)交易额 5 603.7 亿元,同比增长 35.4%(其中,商品类网络购物交易额2 991.9亿元，同比增长32.9%；服务类网络购物交易额2 611.8亿元，同比增长38.4%）。

【发挥联席会综合协调作用】 召开全市电子商务发展联席会议，形成2016年工作要点；由市政府办公厅正式印发《关于本市大力发展电子商务加快培育经济新动力的实施方案》（沪府办发〔2016〕10号），形成了102项具体工作，开展全市"十三五"电子商务规划编制工作。坚持以问题为导向，进一步完善问题清单工作机制，2016年年初梳理形成40项问题清单，截至2016年10月，解决基本问题共计30余项，同时根据工作开展情况协调解决新增的8项问题。

【"互联网＋流通"促进线上线下融合】 推动东方网等开展社区电子商务试点。启动第二批智慧商圈试点创建，编制完成第一批智慧商圈试点建设评估标准。上海市商务委员会联合邮政局开展电子商务快递配送综合服务试点工作，推动智能快递柜、综合配送服务点、合作共建末端门店等建设，截至2016年10月，零公里、物联驿站、顺丰速运、菜鸟等企业在社区、高校、商务楼宇、街镇等累计建成400余个电子商务快递配送综合服务点、设置快递柜2 000多组、40余个农村电子商务服务站，研究制定了快递末端配送综合服务站建设标准。商务部部长助理王炳南在全市主持召开了全国"互联网＋流通"工作会议，对全市线上线下深度融合发展给予了高度肯定。

【推动电子商务示范发展】 制定发布《上海市电子商务示范园区创建指导意见》，指导园区提升工商服务、人才培训、技术研发、金融咨询等公共服务功能。电子商务园区服务区域经济快速发展，开展电子商务示范企业创建工作，携程、1药网、洋码头等55家成为2016～2017市级电子商务示范企业，引领全市电子商务高速发展。

【全市电子商务规范有序发展】 加大电子商务地方标准应用水平，联合浦东新区、普陀区开展《电子商务服务平台入驻商户管理规范》、《电子商务服务平台售后服务规范》地方标准宣贯活动；支持鼓励全市电子商务企业开展企业标准体系建设，找钢网获批国家级服务标准示范，东方网、天天果园获批市级服务标准示范；指导百联电子商务、齐家网深化服务标准示范建设。

【扩大开放与交流合作】 积极培育和引进电子商务总部企业，推动领英中国落户徐汇区，积极服务浙江蚂蚁小微金融服务集团股份有限公司（以下简称"蚂蚁金服"）、上海新飞凡电子商务有限公司等电子商务功能总部的建设；支持2016 IEBE国际电子商务博览会暨互联网＋科创应用展、2016中国（上海）国际网络购物交易会及中国（上海）全球电商互联网大会、浦东新区第二届互联网大会及中国电子商务年会顺利举办。举办中美"互联网＋商务"创新发展高峰论坛和中美"互联网+"商务大数据专题研讨会，启动中美"互联网+"高端人才库建设等。

（杨 珞）

【开展"互联网+"创新实践区建设】 2016年上半年，上海市商务委员会党组书记、主任尚玉英主持召开了全市"互联网+"商务创新实践区建设现场会，推广在委、区合作机制下开展的"互联网+"商务创新实践区建设工作成果和经验。坚持以项目为驱动，共梳理"互联网＋商务"各个领域创新实践100多项重点项目。结合区位优势特色产业，推动各创新实践区发展。

金山区以"互联网＋产业服务"发展，聚焦大宗商品交易、检验检测、供应链管理等重点产业，推动产业平台服务规模不断扩大，服务能级不断升级，功能逐步完善。

普陀区聚焦科技创新、商业模式创新和"互联网+"产业发展，商贸业规模不断扩大，结构不断优化。中环商贸区国家电商示范基地参与创始"国家电子商务示范基地创新发展联盟"，中国跨境电商应用联盟在此落户。同时推动大宗商品交易，提升功能集聚。

长宁区成为"互联网＋生活性服务业"企业集聚地和互联网新兴行业的制度创新策源地。截至2016年年底，创新试验区企业已近3 100家，成效显著。

杨浦区加快集聚"互联网+"科技服务主体，建设一批"互联网+"科技服务载体，引进一批"互联网+"科技服务人才，提升杨浦区综合影响力和辐射带动能力。

宝山区以"互联网+"平台服务模式发展。宝山区借力"互联网＋外贸"，积极发展大宗商品电子商务、社区电商、跨境电商等一系列新型电子商务业态，不断推进区域制造、外贸、电子商务等关联产业能级提升。

静安区以"互联网+"思维改变对产业发展的认知，重点发展大数据、移动互联网、互联网金融、互动娱乐、网络视听、生活消费信息交互服务、交通资讯服务、健康信息服务等方向。同时，培育发展新兴示范产业，显著提升跨界融合能力。

嘉定电子商务园区、企业对区域经济贡献明显。电商产业园2016年税收额达到13亿元，同比增长40%；唐镇电商创新港2016年税收额达到5.6亿元，同比增长62%。

【跨境电子商务示范建设】 2016年全年跨境电商试点模式进口订单达到1 150万单，交易金额达到25亿元，同比增长6倍。其中直邮进口9.5亿元，相较于2015年订单和金额都增长了近13倍之多；保税进口15.5亿元，订单和金额增长了近3倍。征收税款2.2亿元，同比增长25.8倍，呈现多元化发展态势。

经上海市商务委员会、上海市发展改革委员会批复同意在中国(上海)自贸试验区设立"上海市跨境电子商务示范园区"，2016年3月启动，范围包括外高桥保税区、外高桥保税物流园区、洋山保税港区和浦东机场综合保税区4个海关特殊监管区域。

上海市商务委员会推动信息服务的上海特易信息科技有限公司、交易服务的上海西域机电系统有限公司、物流服务的上海东方航空物流有限公司等10多家外贸和跨境电商综合服务提供商做大做强。加强跨境电商与传统商贸业态交融创新发展，推进外高桥"前店后库"模式与日、韩"国别商业馆"联动运营，推动百联集团、绿地集团、城市超市、经纬集团等各类型传统商业主体探索跨境电商实体店、社区店和O2O联动模式发展。

2016年6月，上海市政府办公厅颁布了《中国(上海)跨境电子商务综合试验区实施方案》，把跨境电商公共服务平台建设成为"单一窗口"平台，为进出口电商和支付、物流、仓储等企业提供数据交换服务，为海关、检验检疫、税务、外管等部门提供信息共享平台，实现“一次申报、一次查验、一次放行”，提高了口岸监管便利化程度。简化企业申报办理流程，建立公平、开放、透明、高效的对接服务机制。

上海在空间优势相对突出的郊区探索“跨境电商平台＋保税仓储基地”线上线下互动的模式。2016 年在嘉定区正式开通的跨境电商运营平台“嘉境通”对接了京东等 20 多家电商企业，并建立了跨境电商仓储物流基地。

上海跨境电商公共服务平台入驻企业数超 1 000家，日均订单约 3 万单，仅 2016 年“双十一”期间进出口通关申请超过 151 万单，同比增长约 10 倍；上海邮政速递物流跨境快件全年累计 157.7 万件；跨境通、洋码头、京东、天猫、亚马逊五家跨境电商的业务量占上海业务量的 97%。至 2016 年年底，全球 349 家跨境零售企业中，已有 180 家入驻上海。

（张承鹤）

上海电子商务“双推”平台企业

【概况】 2016 年上海市电子商务“双推”工程遴选电子商务“双推”服务平台（以下简称“双推”平台）12 家，涉及精准营销、物流供应链管理、跨境贸易、纺织服饰行业、汽车后市场、医疗器械、建筑工程、家居建材、农业电商等多个行业服务领域，采用“政府补一点、平台企业让一点、中小企业自己出一点”的方式，资助全市中小企业购买“双推”平台企业提供的电子商务、互联网平台服务，推动中小企业充分依托“双推”平台，加快“互联网+”发展，同时激励“双推”平台企业不断完善平台服务产品，加快全市及全国服务市场拓展。根据第三方机构的监测审验结果，2016 年，共扶持推动“双推”平台企业新签约中小企业客户共计 1 817 家，其中包括全市中小企业 1 538 家，为激励“双推”平台“走出去”迈出新步伐。

【上海源慧信息科技有限公司】 “互联网（O2O）整合营销推广和电子化奖品综合服务平台”。上海源慧信息科技有限公司成立于 2013 年 2 月，是一个专注于传统行业“互联网+”领域，依托对传统行业和互联网的深厚理解，为传统品牌提供与虚拟化奖品相关的创新型一站式互联网整合营销策划平台。在为全球 500 强大型企业提供专业 B2B 服务的同时，也为中小型企业提供精准的渠道解决方案和营销服务平台以及电子化奖品兑换综合服务平台。旗下有享平台是国内首创的互联网（O2O）整合营销推广和电子化奖品综合服务平台，主要面向各行业中小企业 B 端客户，针对企业的营销推广活动及电子化奖品需求，通过线上平台支撑，随时随地实现在线兑换、数据跟踪、客户数据分析及大数据精准营销。

【上海万瑢信息科技有限公司】 “O2O 媒体电商平台”。上海万瑢信息科技有限公司成立于 2014 年，基于 O2O 媒体电商平台，利用巨大人流场景，整合各类媒体载体，例如平面媒体、户外媒体、公交媒体、地铁媒体、企业媒体等传播介质，通过二维码等技术运用，与移动互联网深度结合，为广告需求方提供一个全方位、多媒体、立体互动、随时随地随需、数据可测的产品展示机会，将各类传统媒体产业、广告业主及媒体受众紧密联系在一起，形成符合当下“新模式新业态”需求，并具有电商化、社交化、场景化、数据化、分割化的O2O媒体电商生态圈，为有营销推广需求的企业监测、分析和比较各个时段、各种地理位置、各种媒体投放各种广告的实际效用，形成更合理的投放方案设计和产品商业转化。该平台将电商模式与传统平面媒体业务融合在一起，互利互助，企业可全方位展示商品、服务、供求信息，与公司会员之间进行精准快捷、广泛的信息传递与互动，帮助企业多渠道实现更有效的广告投放和精准营销。

【百咕(上海)信息科技有限公司】 “汽车后市场O2O移动服务平台——车主管家”。百咕(上海)信息科技有限公司是中国电信的车联网及汽车后服务项目独立公司化运作、于2015年成立的混合所有制公司，全国独家运营“车主管家”汽车后市场O2O移动服务平台，为汽车用品、洗车美容，维修保养、道路救援、代泊代驾、路况定制、租车等汽车后市场企业，提供基于移动互联网、互联网、车联网技术的汽车后市场O2O电子商务服务，注册用户130万，付费用户超过50万，入驻企业服务3 000多家，并为行业机构提供汽车后市场服务能力输出和车联网等服务。平台已在中国电信20个省电信公司上线运营，凭借中国电信的资源优势，2015年实际运作仅3个月营业额就突破500万元，未来两年预计累积服务全国汽车后市场企业可达6 000家，立足上海，服务全国，为中国车联网与汽车后市场发展贡献创新力与整合力。

【上海新跃物流企业管理有限公司】 “中小物流企业公共服务与管理平台——物流汇”。上海新跃物流企业管理有限公司(以下简称“新跃公司”)成立于2006年，是一家以“中小型物流企业集成化服务”平台为载体，为中小微物流企业全生命周期提供创新集成服务的供应商。新跃公司创新商业模式，借助中国工商银行、中国电信、中国石油、中国人寿财险等大型服务供应商的技术和产品服务资源，研发转化为适合中小微物流企业应用的平台化服务产品，依托“物流汇”平台为中小微物流企业提供工商注册、财税管理、呼叫中心、货物监控、车辆定位、在线保险、信贷融资、资金结算、品牌建设、信息化管理等综合后勤服务保障，助力中小微物流企业快速成长。公司已先后与常熟、江阴、张家港、南通、昆山、喀什、濮阳、永州、合肥等地企业、政府合作，拓展“物流汇”平台，截至2015年年底，平台实体会员数超过6 000家。

【上海国兴农现代农业发展股份有限公司】 “农产品质量安全溯源云平台”。上海国兴农现代农业发展股份有限公司(以下简称“国兴农”)成立于2011年，是一家致力于为现代农业生产主体提供全产业链服务的农业现代化科技公司。运用“互联网+农业”的创新思维，通过“五环联动”业务，将农业生产、技术、服务与互联网信息技术深度融合，为农业生产的产前、产中、产后和销售提供全面服务，从而实现提质增效、全面提升农业综合生产水平。公司研发的农产品质量安全追溯云平台基于二维码、RFID技术，为农产品提供“二代身份证”，对农产品的生产、流通和销售环节提供全程可追溯的查询。上海地区共有967家企业用户使用国兴农农产品质量安全追溯云平台，2016年，与上海市农业技术推广服务中心及各区县农委合作，将溯源二维码的使用覆盖到全市范围内所有西瓜种植基地。国兴农“五环联动”业务模式还成功复制到常熟，在当地成立农业领域的特色科创中心，被列为常熟市2016年政府重点投资项目。

【上海特易信息科技有限公司】 “外贸综合业务管理系统平台——跨采中国资讯服务平台”。上海特易信息科技有限公司（TOPEASE）（以下简称“特易信息”）于2004年成立，现有员工300人，公司总部设于上海，并在山东、浙江、江苏、广东等地设立了14家分公司，在多个西部内陆城市设立代理点。作为国际贸易领域电子商务新型服务模式的先行者，特易信息从企业创建开始，便将“以数据科技指导外贸业务创新”作为核心，将深度信息资讯作为外贸交易健康发展的重要环节，提倡国内进出口企业以“交易创新，信息先行”的先导性业务开发模式，提高企业数据分析和信息挖掘能力，从而促进进出口业务快速增长。公司的核心服务业务内容是整合140多个国家进出口贸易数据资讯，为国内进出口企业提供包括国际市场动态量价、采购商资源、采购商交易情报、采购商信用调查、国际市场政策动态变化等在内的一系列深度市场信息，结合专业数据使用，开发针对外贸企业特定需求的在线客户关系管理系统，帮助企业真正做到主动了解、开发、监测、管理国际市场。

【上海伯俊软件科技有限公司】 “服饰行业全渠道O2O管理服务平台”。上海伯俊软件科技有限公司（以下简称“伯俊软件”）成立于2007年，是国内极少数具有开发服饰行业综合运营管理系统能力的软件服务企业，也是国内服饰行业信息化建设成果优秀的软件供应商。2015年，伯俊软件发布“O2O解决方案三部曲——会员O2O、商品O2O、全渠道零售”管理服务平台，从“全渠道O2O”切入，为服装企业解决线上线下不同经销商之间的会员、货物、利益分配问题，做到线上货品与线下实体门店同步、同款。“全渠道O2O”的经营理念，不再是传统的线下搬线上，而是整合解决线下不同经销商实体经营、仓库物流、订单派送、利益分配等实际业务问题，从而较好地解决了传统第三方服务商只提供互联网营销方案、将线下商品搬到线上，并没有实际切入公司运营管理的问题。

【上海天呈医流科技股份有限公司】 “基于O2O电子商务的医疗器械服务平台”。上海天呈医流科技股份有限公司打造专业医疗器械O2O服务平台，以医流商城和医流比价作为专业化线上销售平台和信息平台，与线下连锁经营体验式门店一起打通医疗行业的流通渠道，为上游供应商和下游客户提供各具特色的O2O电子商务服务。针对上游供应商，“医流比价网”提供综合网络营销服务，包括线上产品推广、品牌推广、在线交易、招商加盟等，线下地推式服务则为发放DM（Direct Mail，直邮或直投广告）、仓储展示、连锁经营、定期供需双方见面会等。针对下游用户，提供多种采购模式，线上电子交易方便快捷，线下实体店提货安全省心，还有在线客服及视频指导安装调试。同时提供针对供应商、分销商、行业求职者和医流商城买家的众创服务。2015年7月，开始新三板做市；2016年，注册资本从705万元增资到1 434万元；拥有上海、南通、南京等4家分支机构，计划在常熟设立第5家分支机构。拥有5个商标、3项发明专利、2项软件著作权；“医流比价网”日均页面浏览量15万人次，“医流商城网”日均页面浏览量6万人次，入驻中小企业超过3万家，为3 255家企业提供增值服务。

【上海筑想信息科技股份有限公司】 “建筑工程产业链对接服务平台”。上海筑想信息科技股份有限公司于2012年成立,以“为天下建筑做好产品”为使命,依托“建筑+IT”复合型人才的技术基因,利用建筑工程采购云咨询平台实现建筑上下游产业链大数据应用对接;利用建筑工程建设全生命周期管理平台为建筑建设全过程提供SaaS(Software as a Service,软件即服务)服务。具体包括产品决策系统、计划与时间管理系统、采购与供应链管理系统等,面向地产、建筑行业企业,提供高层“定决策”、中层“做计划”、基层“工作台”的三位一体整体解决方案。以建筑工程采购前、中、后三个阶段为运营场景,结合PC端和移动端,从前期聚焦买家的采购咨询需求,还原设计、采购人员的工作流程和环境,通过具有SaaS特征的“CPC建筑工程采购云咨询平台”和“聚材宝”APP为买家提供即时采购咨询服务,同时通过具有PaaS特征的“BID建筑工程供应链精准营销对接平台”和“报价器”APP为卖家提供即时采购需求对接服务,推进采购需求的精准对接和交易形成。从而实现面向工程买家(地产开发商、设计院等)的建筑工程全过程管理服务,面向工程卖家(建材供应商等)的建筑工程采购供应链营销对接服务。2015年7月,完成股份制改革,2016年1月,在全国中小企业股份转让系统(新三板)挂牌上市,成为国内建筑工程建设领域SaaS平台服务第一股。

【上海爱企网络科技有限公司】 “企业服务产品搜索与交易平台”。爱企网企业服务平台(www.iq360.com)是生产性服务(企业服务)第三方综合平台,也是企业集成服务整体解决方案提供商。借助互联网平台整合海量优质供应商资源,实现企业服务资源的快速匹配和配置优化,为中小企业客户带来更高的企业服务性价比。平台致力于打破企业服务领域的信息不对称,将模糊的企业服务产品化、标准化,形成可在线购买的标准化服务单品,并通过建立清晰的服务分类,引入市场竞争机制,促成服务价格透明化。由第三方供应商提供企业服务,爱企网满足中小企业发展过程中每天发生的各类服务需求,帮助企业成长。爱企网平台汇集了逾7 000家专业服务供应商和超过10万名专业服务人员,为中小企业提供涵盖工商税务、设计服务、信息技术、营销推广、商务服务、法律服务、金融服务、人力资源八大领域的服务产品。同时,爱企网也发挥交易平台的资源集成、整合能力,开发出针对八大类企业服务的整体解决方案,建立企业服务咨询团队,帮助企业解决发展、经营、决策中遇到的问题。2016年调整服务产品线,为客户提供工商财税、法律服务、品牌搭建、营销推广、信息技术、商务行政六大类非自营产品服务,同时推出爱企工装、爱企采购、爱企创客空间、爱企人力、爱企云园区等具有市场竞争力和服务优势的自营产品,为客户提供更优质的服务。

【上海双击信息科技有限公司】 “国际贸易大数据与商务社交服务平台——外贸公社”。上海双击信息科技有限公司成立于2006年7月,在国内设立30家分支机构,为企业提供包含贸易情报、多语网站建设、搜索引擎优化、EDM(Email Direct Marketing,电子邮件营销)代营销、企业团队管理培训以及国际展会海外代招商等在内的国际贸易一站式解决方案,业务覆盖全国及海外部分市场,拥有注册用户20 000多家,服务用户约3 000家。2015年2月,与中国香港 Tradesparq公司正式合并，在原有国际贸易商业智能平台的服务基础上，面向市场推出“外贸公社”——全球首家基于贸易大数据的第三方商务社交型 B2B 平台，引入“在线社交＋电子商务”理念，基于海关数据，集传统 B2B 平台功能和新兴 SNS（Social Networking Services，社会性网络服务）模式为一体，帮助企业实现贸易主、被动结合的业务开展方式，让企业轻松交朋友、找买家、收询盘。

【上海红美电子商务有限公司】 “红星美凯龙家居电商服务平台”。上海红美电子商务有限公司成立于 2011 年，是立足上海、服务全国的家居网购服务平台。注册用户已超 100 万，4 000 多个入驻商家，5 000 多个品牌，20 多万个 SKU（Stock Keeping Unit，库存量单位），并有 3 000 多家装修公司，10 000多名设计师经过网站平台认证，可以为消费者提供家装咨询、设计和装修服务。依托红星美凯龙的资源优势，定位于中档家具、建材，配以丰富的家居生活用品，重点为中小型家居企业提供包含平台、O2O 团购、资讯平台等在内的电商业务服务。

（张璐璐）

二、示范基地和企业

电子商务示范基地

【嘉定电子商务产业园】 嘉定电子商务产业园围绕“提升服务、塑造品牌、创新示范”，发挥“国家级电子商务产业示范基地”的集聚和辐射作用，被中国国际电子商务中心评为“优秀电子商务示范基地(20 强)”。截至 2016 年 10 月，园区已集聚企业 1 500 余家，其中主营电子商务企业 548 家。2016 年 1～10 月，实现税收 11.5 亿元，同比增长 18.6%。

发挥职能部门作用，有序开展工商指导站工作。2016 年，围绕电商企业投诉量成倍增长的情况，园区工商指导站积极开展各类培训，在各大电商企业中建联络点、设联络人制度，对新入驻的大型电商企业上门服务、指导，对各类投诉举报的调解率达 59.6%。

发挥行业协会优势，电商分会活动多样化。2016 年，电商分会积极组织企业参加各类活动与研讨会，先后举办第四届中国电子商务大会、2016 上海创梦 BIGDAY 跨境云计算与物联网高峰论坛及园区电商企业座谈会等活动，并积极参加 2016 中国(上海)国际网络购物交易大会、2016 第三届中国(义乌)世界电子商务大会、APEC(亚太经合组织)以及 2016 年长春电商峰会等活动。此外，电商分会还联合工会、团委举办了一些文体活动，包括青年员工相亲大会、趣味运动会、羽毛球比赛、乒乓球比赛等，丰富了企业员工的文化生活。

发挥专业平台作用，电商培训实践基地成效初现。2016 年，依托智炎电商、亚马逊 AWS 众创空间、育成中心、全通金融众创空间以及上海金融谷等专业平台，园区电商培训实践基地累计开展各类创新创业活动 56 场、培训人数达到 8 600 人次、孵化创业团队 32 个、创业项目 46 个，成功培育明谦咖啡、永璞花茶等优质电商、微商项目，以培训基地为载体，营造园区创新创业氛围。

项目推进情况。2016年以来，园区对电子商务展示厅进行了升级改版，采取互动式演示方式，以“零展板”形式，宣传展示园区工作以及入驻企业情况。展厅全年吸引了来自全国各地69批次的团队考察参观，接待人数1 418人，增进了电子商务示范基地的经验交流，与兄弟省市园区形成了良好互动，促成了优质企业的签约意向。“互联网金融产业”与“电子商务人才培训”两大板块服务集聚了一批产业链上下游企业。2016年，园区积极推动重点项目建设，主动跟踪协调，各方面工作有序推进，一批龙头项目实体落地，进一步提升了园区电商产业能级。

【唐镇电子商务创新港】 唐镇电子商务创新港坚持以“基地+基金、众筹+众创、孵化+加速、总部+平台”集成创新为模式，以“创建全程电子商务、创新公共服务平台”为发展目标，利用自身优势和产业基础，顺应电子商务产业发展新形势，主动接受上海自贸试验区和周边国家级园区的资源辐射，推动建设国家电子商务示范基地和浦东电子商务集成服务功能区。

专业服务推动企业做大做强。尝试创新模式，以电子商务公共与集成服务平台为核心，加强与产业机构和专业第三方服务平台的紧密合作，提升创新港的整体招商和服务能力，重点引进电商产业链上的核心企业，让产业生态链更丰满，让平台活跃度更高、服务更全面。初步形成一定的产业体系，特别在投融资平台的对接服务和帮助企业协调投诉处理服务上，体现出创新港的服务理念、服务水平在不断进步和提升，服务、培育了一批B2B、B2C垂直行业细分平台，成为几个行业的代表性平台企业。2016年全年引进企业120家，累计企业数为770家，其中电子商务企业占比80%，2016年上缴税收5.6亿元，6年累计上缴税收13.21亿元，间接创造上万个就业岗位，为工业园区转型升级打下较好基础。

创新合作促进发展。创新港对有限的物理空间进行产业功能划分，为功能性和战略性项目落地让步，按照集成创新的新模式，突破唐镇区域性界限，一园多点发展，以市场性为主，与各个孵化器多元化合作，2016年年初尝试引进了电子商务孵化器、科创孵化器、金融孵化器、智库基地、林业局交易所五个孵化器。同时为了整合和集聚更多的产业发展资源，主动与其他园区和孵化器进行深入合作，弥补自身在商业、商务、交通等方面的短板，并率先提出国际化合作思路，和德国莱法州比肯菲尔德县达成产业发展战略合作协议，从而打开中德地区商务合作的窗口，进行产业资源对接和项目合作，为跨境贸易发展提供新机遇，同时为唐镇未来几年的发展也带来机遇。

加大力度推进国家级示范基地建设。以功能性和服务性为核心，根据国家和上海市有关规定，结合本地实际情况，制定出台了一系列有利于电子商务产业快速发展的相关政策，如企业入驻奖励、财力扶持奖、研发补贴、运营补贴、房租补贴、高级人才奖、骨干企业奖等；推进产学研联动合作、协同创新，加强和大专院校、行业研究机构的合作，提升创新港的发展能级；通过论坛、私董会、座谈会、参观调研等方式，详细了解电商企业业务状况、电子商务运行情况和发展需求，深入研究电子商务发展方向与重点；积极参与组织2016中国上海全球电商互联网大会和浦东电商创新互联网大会,并举办第一届上海互联网与产业融合高峰论坛,取得了很好的宣传和推广效果;通过各项活动,使唐镇电子商务创新港成为行业和企业间的重要纽带。

电子商务示范企业

【菜管家——优质农产品和生鲜供应服务商】 上海菜管家电子商务有限公司运营平台"菜管家",定位为优质农副产品供应及服务商,以管家的视角,选择符合有机、绿色、无公害标准的蔬果、自然散养的禽蛋、专业龙头企业的肉类和海鲜产品、粮油副食,并提供管家式服务,层层检验把关,通过全方位食材供应,把新鲜、优质、安全、营养的食材通过全程冷链运送到家。同时,"菜管家"积极完善物流、商流、信息流,打造一流的供应链体系,不仅成为中国大型农产品及生鲜食品电子商务平台之一,也成为中国生鲜类电子商务的成功范例。

"菜管家"官网上线时间为 2009 年 12 月 26 日,随着移动购物的兴起,从 2013 年年底开始,"菜管家"陆续上线移动端购物渠道,共有移动客户端 3 个:安卓版 APP、iOS 版 APP 和微信商城。

"菜管家"在农产品电子商务、信息化和现代物流领域做了诸多探索,于 2015 年获批商务部"国家级电子商务示范企业"、农业部"全国农业农村信息化示范基地"。"菜管家"完善农产品电子商务综合管理平台,并通过先进的供应链管理平台、在线追溯服务平台等创新服务模式,进一步促进农产品电子商务发展。

构建"生产者农户—农村销售合作组织—商务电子批发市场—(网上)零售商—消费者"的新型电子商务流通链,减少农产品流通中介环节,加速商品和信息流动。

"菜管家"的核心竞争力为信息系统,企业资源规划、客户关系管理、仓库管理系统、运输管理系统等系统的建设和维护,是"菜管家"发展好电子商务尤其是农业电子商务的关键。农产品电子商务的建设可以满足物流企业从供应物流、生产物流到销售物流的完整过程组织与管理应用需求,实现数据动态共享。

农产品电子商务平台建设,加强了政府对农产品冷链物流的监控能力,有利于促进形成冷链物流相关技术标准,规范行业发展,提高物流行业管理水平,实现农产品追溯管理,有效保障农产品的质量和安全。

【天天果园——生鲜行业标准化电商平台】 上海天天鲜果电子商务有限公司(以下简称"天天果园")自 2009 年 4 月 1 日成立以来,始终以"让消费者享受到真正健康、美味的全球生鲜和管家式体贴放心的服务"为目标,并通过互联网、手机 APP、电视/电话订购等渠道,为个人以及企业客户提供高品质水果、肉类、海鲜及蔬菜等生鲜商品。通过原有资源积累和销售渠道,天天果园精准筛选优质鲜果,与世界各地生鲜供应商及相关机构建立了合作关系。天天果园凭借新西兰佳沛奇异果、美国新奇士橙等进口产品迅速占领国内市场,并持续获得资本市场的青睐。继 2016 年 2 月获得 1 亿美元 D 轮融资之后,天天果园于 2016 年 8 月宣布再次获得 1 亿元 D+轮融资。

天天果园多次获得行业内的认可:2014 年,在中国香港亚洲果蔬展上荣获"最佳营销策划奖"。同年,美国西北樱桃协会授予天天果园"美国西北樱桃最佳线上零售商"。2015 年,浦东电子商务协会授予天天果园"上海市浦东新区电子商务创新试点企业”。2016 年,在“中国 APP 分类排行榜”评选中,天天果园荣获“生鲜电商领域最具领导力品牌”奖。2016 年 5 月,凭借“天天果园生鲜电商服务标准化试点”项目,获得上海市质监局“上海市标准化推进专项资金”的立项支持。

天天果园与上游供应商合作,从供应链源头入手,改变农业生产方式,实现品质把控,从而提升生鲜附加值。另外,以生鲜电商平台为依托,实现产业链全覆盖,并建立生鲜分级标准,按照标准分级进行梯度定价,从而鼓励上游供应商产出更多优质产品。天天果园通过完善的生鲜商品供应链体系、冷链仓储物流体系以及生鲜标准化体系,使得生鲜商品始终保持极高品质,并且成为通过美国国家卫生基金会认证的生鲜电商企业。

【找钢网——钢铁全产业链电商平台】 上海找钢网信息科技股份有限公司(以下简称“找钢网”)于 2012 年年初成立,是国内成立最早的钢铁全产业链电商平台之一,注册地址位于嘉定工业区。经过四年的快速发展,找钢网已成为国内产业互联网的领军企业,同时也是全国规模较大的钢铁零售企业。公司已完成五轮融资,累计融资金额超过 20 亿元。其中,2016 年 1 月获得第五轮投资高达 11 亿元。

找钢网迅速成长为国内产业互联网标志性企业,凭借出色表现,获得了社会各界认可。先后获得了商务部“2015—2016 年度电子商务示范企业”、工业和信息化部(以下简称“工信部”)“2016 年中国互联网企业 100 强”、国家标准委“国家级服务业标准化”试点、上海市“贸易型总部”首批认证企业、中国电子商务协会“中国互联网诚信示范企业”等诸多荣誉。

大宗商品行业相对特殊,一是面临产能过剩的不利局面,二是面临信息不对称、层层加价的流通弊端。找钢网在大宗商品领域实现“三方撮合平台+自营商城”的业务模式,得到了市场的充分验证,在行业内被称为“找钢模式”,具有一定的可复制、可推广性。“找钢模式”对于去中间化、提升流通效率、降本增效具有明显推动作用,将极大促进大宗行业转型升级。

【百联电商——推动线下网点数字化改造升级】 百联电子商务有限公司(以下简称“百联电商”)坚持市场导向、消费者需求导向,持续推进创新工作,服务客层不断扩大。公司各项业务稳步发展,经营状况持续表现良好,取得了较好的经营业绩。同时,百联电商进一步健全内部组织架构,持续推动组织架构柔性化、扁平化发展,进一步细化各岗位职责,加强优秀人才市场化引入,建立了一支专业化运作的业务和技术团队。

预付卡业务作为百联电商核心业务,2016 年继续保持稳定增长势头,市场地位稳固、位居全国前列。随着电子商务的蓬勃发展和百联集团商务电子化战略全面实施,公司发挥预付卡的业务优势,不断升级产品,互联网支付、移动支付、固定电话支付等创新业务高速发展,业务规模和客户数量快速增长。支付业务的全面良好发展态势也有效推动了传统零售线下网点的数字化改造升级。

面向企业或消费者,百联电商提供电子商务服务企业(含跨境电子商务服务),如网络商铺代理运营、营销推广服务、数据服务、信用服务、咨询服务、培训服务、电商物流服务、电商金融服务等,以及通过第三方电子商务平台或自建网站,向企业或个人消费者推荐餐饮、住宿、休闲娱乐、家政服务等商户类企业。

【宝尊电商——为企业提供端到端电商服务】 上海宝尊电子商务有限公司(以下简称“宝尊电商”)于2007年成立,坐落于静安区市北高新技术园区云立方。宝尊电商专注于为消费品品牌企业提供端到端的全套电商服务,包括IT解决方案、店铺运营服务、数字营销服务、客服服务、仓储物流服务以及全渠道服务,是中国知名电子商务服务商之一。合作品牌已经超过120个,主要覆盖8个垂直行业,包含服饰、3C数码、生活电器、美妆、家居家装、快消、汽车、保险等,合作的知名品牌诸如NIKE、COACH、BURBERRY、ZARA、LEVIS、HIPIPS、PANASONIC、MICROSOFT等,品牌覆盖北美、欧洲、大洋洲、日韩、中国台湾、中国香港以及中国大陆。

宝尊电商总部位于上海,在吴江、杭州、北京、中国香港、中国台湾、日本、韩国分别设有分支机构,现有超过2 500名中国资深电商服务人员,自建仓储超过20万平方米,拥有全球化电子商务服务能力。宝尊电商在电子商务发展过程为品牌企业提供了一站式专业服务和保障,除了在中国大陆设有苏州、北京、广州物流中心外,在中国香港也拥有自建的物流体系。在电子商务仓储管理上不断创新升级,拥有自动化电子商务仓储中心。宝尊电商是天猫基于销售额、服务水平、品牌评价等综合评选出的唯一一家六星服务商。2015年5月宝尊电商在美国纳斯达克上市。

【大众点评——引领本地生活方式】 上海汉海信息咨询有限公司于2003年4月成立大众点评网(以下简称“大众点评”),是中国领先的城市生活消费平台和独立第三方消费点评网站。借助信息技术和线下服务能力,大众点评为消费者提供值得信赖的本地商家和优惠信息,以及团购、外送、电子会员卡等O2O闭环交易服务,覆盖了餐饮、电影、酒店、休闲娱乐、结婚、亲子、家装等本地生活服务。

大众点评深刻理解消费者与商户需求,手机客户端已成为广大城市消费者的必备工具。截至2016年年底,大众点评移月综合浏览量超过200亿,其中动客户端的浏览量超过85%,点评数量超过1.5亿条,收录商户数量超过2 000万家,覆盖全国2 500多个城市及美国、日本、法国、澳大利亚、韩国、新加坡、马尔代夫等全球200多个国家和地区的近1 000座城市。

随着Web技术的发展,第三方消费点评的模式渐渐兴起。不同于其他第三方点评网,大众点评网的全方位、一站式精准营销服务,比较侧重于某个细分领域。未来第三方点评网站的商业模式主要会集中在基于其“分众”特性的精准营销、移动增值、会员积分分成、电子商务分成、线下出版等方面。同时,随着上至商家、下至消费者的相关产业链成熟,尤其是第三代移动通信技术商用,互联网和手机上网进一步结合,第三方点评网站将会在商业模式方面得到更大扩展。

【携程旅行网——互联网与传统旅游无缝结合】 携程旅游网络技术(上海)有限公司(以下简称“携程”)创立于2005年,为携程旅行网(香港)有限公司全资子公司,是一家高新技术企业及软件企业,负责携程旅行网体系预订平台的所有相关技术研发与信息服务。

作为中国领先的综合性旅行服务公司,携程

旅行网成功整合了高科技产业与传统旅行业,依托完备的酒店及航空等资源网络,为客户提供国内国际机票及酒店查询预订、差旅政策执行及建议、商旅数据分析及报告、供应商管理及增值服务。

携程的上游是全国各地的酒店和航空公司,下游是庞大的注册会员,通过为酒店和航空公司做平台销售赚取代理费。携程的价值在于掌握了供应商和客户的双边资源,成为消费者与酒店、航空公司的纽带,而它自身也可以赚取收入,最终实现三赢。2016 年中国在线度假市场交易规模突破 1 000 亿元大关。携程旅游以 21%的份额排名市场第一位,在线交易规模达到 233 亿元。

【1 号店——满足生活所需的一站式网购平台】 纽海电子商务(上海)有限公司为每一位顾客提供"满足家庭所需"的一站式网购体验,其网站 1 号店(www.yhd.com)于 2008 年 7 月 11 日正式上线。顾客足不出户即能享受到来自全国及世界各地的商品和服务。

2015 年 7 月,沃尔玛收购 1 号店余下股权,实现全资控股。2016 年 6 月 20 日,沃尔玛和京东达成战略合作协议,宣布将在 1 号店现有品牌和市场定位下,共同发展 1 号店品牌及电商业务。京东拥有 1 号店商城平台资产,包括其品牌、网站及 APP,沃尔玛继续运营 1 号店自营业务,并将此业务推上 1 号店商城平台,发挥其全球供应链的优势,为消费者购买商品提供更多选择。

2016 年 1 月,1 号店母婴频道在摇篮网妈妈圈的在线调研中被评为"2015 年最受信赖母婴品牌"。2016 年 4 月,"第三届中国(国际)绿色仓储与配送大会"上,1 号店获得中国仓储协会颁发的"绿色仓储与配送优秀案例奖"。2016 年 7 月 11 日,1 号店获得上海市商务委员会颁发的贸易型总部证书。

作为前沿的电商企业,1 号店在质量管理、新技术运用、业务模式、营销推广等方面不断探索与创新,尤其是、托盘共用体系、无纸化、商务诚信体系等项目得到政府、同行及消费者的认可和肯定。从产品质量管理到平台商家的规范,从技术创新、业务创新扩展到营销推广创新,从客服投诉管理到企业社会责任,1 号店不断超越自我,引领电商行业发展。

【洋码头——海外买手制购物平台领军者】 上海洋码头成立于 2009 年,注册地址位于静安区珠江创意园,致力于让中国消费者足不出户,即可轻松、便捷地享受一站式全球购物,引领中国消费全球化。洋码头一直致力于整合优化低效率运作的国际物流资源和全球零售供应链,促进在线零售的全球化进程,改造中间环节多、库存过高、市场门槛高的传统代理制跨国零售模式。

经过 7 年发展,洋码头成为中国名列前茅的独立跨境进口电商平台,拥有 3 万多个海外买手、4 000 多万用户。消费者可买到来自全球 83 个国家的商品,日均可购买商品超过 30 万款,涉及 2 万余个国际品牌,覆盖服饰、鞋子、包包、美妆、母婴、保健等多个品类。

2015 年 8 月,洋码头获得由工信部、商务部、国资委、发改委联合认证颁发的"中国互联网电子商务服务行业诚信龙头单位"荣誉称号。2015 年 9 月,在中国"独角兽企业"排行榜上,洋码头以 10 亿美元的估值排第 46 位。2015 年 11 月,洋码头被福布斯评为中国最快成长科技公司。2015 年

12 月,在清科“中国最具投资价值 50 强企业”中,洋码头入围前十名。2016 年 4 月,洋码头被全球移动互联网大会评为“互联网时代年度十大最有价值创新产品”奖。

平台整合买卖流程的所有环节,打通上下游产业链条,构建了一整套生态环节,降低了卖家门槛,为买家提供一站式服务体验。作为独立跨境电商平台,洋码头在为电子商务带来产业升级的同时,也将带来云计算服务软件行业经济增长方式的重大改变,推动电子商务行业跨越式发展。

【上海跨境电商公共服务平台——为跨境电子商务发展提供支撑】 上海跨境电子商务公共服务有限公司成立于 2016 年 2 月 22 日,注册地为中国(上海)自由贸易区。公司现有员工 30 余人,包括长期从事跨境电商研究的业务专家、从事电子口岸建设工作十余年的技术专家以及一支能力较强的开发运营团队。公司成立以来,已建立与上海海关、上海检验检疫、国税、外管等政府管理部门数据交换和互联互通的信息平台,与上海海关、国检等相关单位的业务、技术对接,服务对象包括大型龙头企业、中小型创新型企业在内的 1 000 余家跨境电商及相关企业。建成并运营跨境直邮进口、保税进口、一般出口等模式的系统。

公共服务平台的建设大大提升了通关速度,降低了跨境电商企业及海关通关成本,使得整个进出口贸易流程更加顺畅。同时,攻克跨境电商企业“进出口售结汇难”和“出口退税难”问题,实现进出口业务网上全程自主申报、自助办理。随着公共平台功能进一步完善,对接的企业数日益增多,上海口岸跨境电商业务量大大增长。后期公共平台将继续推出全产业链基础增值业务,更加全面、高效地帮助跨境电商等相关企业实现贸易通路,完善和提升口岸监管与公共服务水平,为上海跨境电商产业打造公平、高效、健康、低成本的市场环境,促使上海相关企业做大做强,同时吸引外地企业进驻上海,促进行业规范化发展,推动上海“四个中心”建设。

(杨　珞)

第二章　制造业信息化

概　述

2016年，国务院发布了《关于深化制造业与互联网融合发展的指导意见》，为今后一段时间深化制造业与互联网融合发展，推进“两化”深度融合指明了方向。上海紧紧把握制造业与互联网融合创新发展的新机遇，以提升制造业数字化、网络化、智能化为目标，将工业互联网作为新时期上海加快制造业与互联网融合创新、推进“两化”深度融合、落实中国制造2025战略的重要抓手，作为加快新旧发展动能和生产体系转换，促进传统制造业转型升级的重要突破口，重点围绕“规划、合作、项目、生态、政策、宣传、标准”等方面，进行了相应工作布局。

一、信息化与工业化融合

【加强国内外合作交流】 成功举办首届国际工业互联网大会，市经济信息化委与中国信息通信研究院正式签署全面合作框架协议，全面推动在工业互联网和智慧城市等方面的合作。

【做好规划设计和环境营造】 编制《上海市加快制造业与互联网融合创新发展实施意见》和《上海市工业互联网创新发展应用三年行动计划(2017—2019年)》，明确未来3～5年上海推进工业互联网创新发展以及制造业与互联网融合的主要目标和任务。举办首届国际工业互联网大会；推动上海临港综合示范区成为全国14家中德智能制造合作试点示范项目之一，并在临港举办全国中德智能制造试点示范项目经验交流会；在工博会设立工业互联网展示专区，并举办2016工业互联网高峰论坛以及2016制造业与互联网融合发展深度行(上海站)活动。

【构建工业互联网生态体系】 联合上海市工业互联网产业联盟,广泛开展工业互联网重点企业项目调研和典型示范项目评审;对接国家工业互联网产业联盟,推动筹建国家工业互联网产业联盟华东地区分联盟建设;协调推进临港地区、上海化学工业区等一批工业互联网示范基地建设;推动上海华东电信研究院、上海电信、上海超算等一批重点企业和项目落户临港。

【推动落实相关支持政策】 协调市财政部门等,推动设立产业转型升级(工业互联网)专项资金,拟定 2017 年度项目指南,启动上海市工业互联网创新发展应用专项支持实施细则的编制。联合市国资委等,依托上海首席信息官联盟、畅享网、上海信息服务业行业协会等社会组织,推动企业首席信息官制度建设,开展工业互联网领军人才评选和表彰。

【推动重大项目落地和试点示范】 推动上海工业互联网创新中心(2016 年 11 月 18 日正式揭牌)、国家级工业互联网标准试验验证公共服务平台和商发制造智能工厂建设、荣威智能网联汽车等一批工业互联网重大投资项目落地。中国商用飞机有限责任公司、上海仪电显示材料有限公司等一批企业入选 2016 年智能制造试点示范项目名单。组织推荐一批工业互联网重点企业申报 2016 年工业转型升级(中国制造 2025)重点项目。

【搭建宣传展示平台】 在工博会设立工业互联网展示专区,举办 2016 工业互联网高峰论坛以及 2016 制造业与互联网融合发展深度行(上海站)活动,为国内外工业互联网优秀企业搭建集中展示、宣传平台。编印《制造业与互联网融合创新发展实践案例集》等。

【加强标准引领和推广】 以广泛开展“两化融合”管理体系贯标为契机,推动企业组织方式变革和互联网转型发展。2016 年推荐 15 家全市重点企业成为工信部贯标试点企业,中船九院、沪东中华造船(集团)有限公司、华东建筑集团股份有限公司、江南造船(集团)有限责任公司等 10 家试点企业通过贯标评定。

(张　诚)

【两化融合研究与推进】 作为市级两化融合研究中心,上海市经济和信息化发展研究中心主要承担两化融合综合性研究和推进工作,完成 2016 上海市信息化与工业化融合发展水平评估工作,并在“2016 制造业与互联网融合创新峰会暨深度行活动(上海站)”上发布《2016 上海市信息化与工业融合发展水平评估报告》;编制信息化与工业化融合年度报告,该报告纳入市经济信息化委 2016 上海产业和信息化发展报告系列丛书出版;承担并完成了国家工信部区域两化融合发展水平评估(上海)工作,向工信部上报区域两化融合发展水平评估企业调查指标数据;承担了上海市企业两化融合管理体系对标引导服务工作;开展信息化与工业化深度融合实践分析工作,形成了《制造业与互联网创新融合实践》报告。

(刘　岩　曹惠芳)

二、智能制造

【智能制造成为上海科技创新“十三五”规划重点】 2016年8月5日，上海市政府印发《上海市科技创新“十三五”规划》，为加快向具有全球影响力的科技创新中心进军提供支撑。规划围绕构筑智能制造与高端装备高地、支撑智慧服务发展、培育发展绿色产业、提升健康产业能级4个方面，提出智能制造集成、机器人、深远海洋工程装备、民用航空发动机与燃气轮机、导航与遥感、网络安全、大数据及云计算、高端核心芯片、智能电网、新能源汽车和智能汽车、新一代核能、高性能医疗设备、移动医疗等20个重点任务和方向，力争建立以自主技术和产品为支撑的“云、网、端”设施，推进智慧城市建设，掌握重点产业的关键核心技术，推进产业链向高端迈进，促进产业高端化、绿色化发展。

（陈天琛）

【上海13项目入选工信部智能制造试点示范】 2016年6月初，工信部公示了2016年智能制造综合标准化与新模式项目，上海共有9个项目进入公示名单，包括4个标准试验验证项目和5个新模式应用项目。6月中旬，工信部又公示了2016年智能制造试点示范项目，C919飞机网络协同制造、空调压缩机智能制造、物联网模块智能制造、彩色滤光片智能车间4个项目入选，这是上海在推进智能制造发展方面再次获得的国家认可和支持。上海此次入选的项目体现了两方面特点：一是标准试验验证和新模式应用并举，上海在大力推进智能制造新模式应用的同时，支持相关单位积极参与智能制造基础共性、关键技术、重点行业标准与规范制定，提升上海在智能制造领域的话语权；二是入选项目主要集中在新一代信息技术产业、电力装备、航空航天装备等领域，是《中国制造2025》十大重点领域中上海具有优势的行业。

（张　诚）

【智能制造及机器人专项工程】 2016年3月，上海市科学技术委员会（以下简称“市科委”）发布了高新技术领域“科技创新行动计划”，围绕智能制造领域设置了“智能制造及机器人”方向。面向新建智能生产线和现有生产线的智能化改造，培育智能制造系统集成服务能力，为制造业与互联网的融合发展及传统制造业的转型升级提供支撑；促进新一代工业机器人在工业生产中的集成应用和服务机器人在民生领域的应用。该专项2016年总共支持了27个项目，市科委投入1.17亿元，带动企业投入2.34亿元，共完成14个项目的验收。涉及领域包括：面向制造执行系统、产品全生命周期管理系统与物流系统、自动化生产线的融合应用及示范；基于机器视觉、智能传感等技术的新一代工业机器人集成应用方案;面向医疗、康复、助老、助残等领域的服务机器人等。2016 年 11 月,经过专家论证,市科委组织实施的“智能制造与机器人方向科技专题领域技术路线图研究”课题通过验收,并形成了专题报告。

(陈天琛)

【临港成立九大智能制造研究所】 2016 年 1 月,上海智能制造研究院成立了九大智能制造研究所,分别是:智能产品设计与材料制备研究所、智能操作机器人研究所、智能步行作业机器人研究所、智能汽车电子控制技术研究所、智能制造工艺与装备研究所、智能制造质量管控研究所、智能传感与物联研究所、智能维护与健康监控研究所、智能生产系统规划研究所。智能制造研究院将在临港科技城园区打造具有国内影响和国际知名度的智能制造前沿关键基础平台,建设技术研发、成果转移孵化、国际国内多层次人才集聚、研究环境先进的创新研究机构。上海交通大学将以研究设备设施、教授团队人员、技术成果投入;临港则提供研发与办公环境、实验室、政策扶持和经费支持等。项目一期规划总面积约 7 200 平方米。

(陈天琛)

【智能制造类人才培养基地】 2016 年 11 月 30 日,临港集团与上海新南洋股份有限公司及上海智能制造研究院签署战略合作框架协议,将共同在临港地区建立智能制造类人才培养基地。该基地是临港集团与上海交通大学在智能制造领域的重要合作,将以培养临港产业园区及国家所需的智能制造高水平职业技能型人才和复合型管理人才为抓手,研发具有自主知识产权的项目运作体系、培训课程体系、人才培养体系,借助资本运作平台及园区内部发展和对外扩张机遇,合力打造具有全国影响力和示范效应的职业教育、实训、展示和企业服务平台。同时,还将建立智能制造三个层级的培训及实训体系架构,致力成为国内智能制造领域教育实训与园区管理、发展结合的行业样板。

(陈天琛)

三、企业案例

上海三菱电梯有限公司

【首条机器人装配线】 2016 年 1 月,上海三菱电梯有限公司(以下简称“上海三菱电梯”)启动“电梯曳引机智能制造核心技术的研究与应用”项目,到 2016 年 9 月,已初步建成曳引机机器人装配生产线,并开始调试测试。截至 2016 年年底,该项目已经开展了机器人自动装配技术、曳引机在线调试技术、视觉传感技术、数字化仿真系统等核心技术的前期规划与研究工作,并在重载机器人应用、高精度装配、曳引机跑合试验调试、曳引机数字化仿真平台建设等方面取得了突破。

在曳引机智能制造生产线建设方面，完成了曳引机自动化装配线、曳引机闸瓦组件自动装配装置、定子铁芯激光焊接装置、转子磁钢自动粘贴装置的核心技术研发和设备规划，部分装置已经完成安装，并进行系统测试。整个电梯曳引机智能制造系统有序推进，为全面实现产品加工装配的智能化车间提供了条件。该装配线建成后曳引机智能化装配系统数字化率达到85%、综合成本降低20%；人员数量减少60%、人均生产效率提高3.3倍。

【电梯智能制造“十三五”发展规划】 2016年1月，公司完成《上海三菱电梯智能制造“十三五”发展规划》编制，提出在“十三五”期间，面对电梯主要部件制造产能、场地、人员成本的压力以及电梯产品多品种、高精度要求的特点，持续推进和突破机器人自动化加工技术、视觉传感技术、激光加工技术、数字化仿真技术、制造执行系统等智能制造技术，打通设备、控制、计划、管理各环节的信息交互，打造产品主要部件加工装配的智能化车间，提升整梯产品生产能力和智能制造水平。

【建设电梯物联网】 2016年，上海三菱电梯依托电梯技术和产品数据库，基于电梯维保技术、智能监控技术和物联网技术，开发了新一代电梯智能服务系统，进一步提升公司的电梯智能维保服务技术创新水平，建立全国范围大规模应用的电梯物联网。计划到2018年，远程监视10万台以上电梯的运行状态，为此将开发第二代远程监控和监视系统。并建立电梯部件实际使用寿命知识库，依据远程监视数据分析，制订针对性保养作业计划，提高保养效率。

上海振华重工(集团)股份有限公司

【自动化码头项目】 2016年7月29日，上海振华重工(集团)股份有限公司(以下简称“振华重工”)再度中标全球最大全自动化码头——上海洋山港全自动化码头二期项目设备订单，包括28台轨道吊、4台轮胎吊。此次自动化轨道吊将使用振华重工世界首创的双箱自动化轨道吊，一次可同时起吊2个集装箱，效率提高1倍，这也是该类新型轨道吊首次投放市场。2016年5月3日，振华重工给美国长滩市交付自动化码头(LBCT)设备，标志着北美洲首个全自动化集装箱码头顺利投入商业运营。

【“振华重工4.0”战略】 为响应中国制造2025国家战略，提升振华重工的全球竞争力，振华重工提出开创4.0新时代。具体目标是通过持续改进，以制造资源、生产操作和产品为核心，在制造过程精益化、自动化基础上，打通设计(CAD)、工艺(CAPP)、制造(MES)、资源(ERP)等环节的数据流，实现产品全生命周期管理(PLM)；应用仿真技术、虚拟现实技术、传感与射频技术、网络化技术、大数据技术，实现智能生产与决策，打造重型装备制造企业智能制造工厂。初步分为精益制造、两化融合、智能制造三阶段实施。围绕生产制造全流程，包括生产准备(下料)、焊接、加工、装配、涂装、物流、外包等关键环节，开展重型装备行业智能制造关键技术的研究。分为五大工程：打造强基工程、工艺过程数字化、自动化生产线、车间物联网系统、数字车间与智能工厂。

【上海离岸工程研究院及海工智能制造联合研究中心】 振华重工与上海海事大学联合成立上海离岸工程研究院，上海离岸工程研究院与上海智能制造研究院联合成立海工智能制造联合研究中心，2016 年 12 月 20 日举行战略合作签约及揭牌仪式。上海离岸工程研究院和海工智能制造联合研究中心成立之后，将聚焦港口机械、海工装备等领域全产业链上的数字化、智能化、智慧化共性技术研发，在科研引导产业、发展机制体制创新上进行探索，尽早建成上海市创新功能型平台，服务国家和上海的科技创新战略。

【大型起重设备健康监测智能决策系统】 2016 年 5 月 10 日，振华重工、上海产业技术研究院、上海索辰信息科技有限公司联合发布"大型起重设备健康监测智能决策系统"，将三维虚拟模型与传感器数据相结合，在市科委的支持下，用 3 个月时间完成研发，有望在工业设备、船舶、能源、电梯等领域推广应用。整个系统布设了 4 种传感器在一台集装箱岸边起重机上，分别监测应力、加速度、温度、噪声 4 种数据，传输到 DIMX 平台。

上海汽车集团股份有限公司

【荣威三款车亮相世界智能制造大会】 2016 年 12 月 6 日，"全球首款互联网新能源 SUV"荣威 eRX5、"全球首款量产互联网家轿"荣威 i6 及其新能源版本荣威 ei6，同台亮相 2016 世界智能制造大会，集中展示上海汽车集团股份有限公司(以下简称"上汽")在智能制造领域的最新成果。与此同时，2016 年 1～11 月，上汽汽车销量累计近 27.5 万辆，提前完成全年销量目标，同比增长超过 87%，远超车市整体增长速度。

【智能化大规模定制】 不同于大规模生产与柔性化生产，以大数据、移动互联网、虚拟现实、人工智能等技术为支撑的 C2B(Customer to Business，消费者对企业)智能化大规模定制兴起，将引领造车新趋势。上汽在"十三五"期间制定了"新能源＋互联网＋X"的战略规划，其中，X 智能制造部分由上汽大通汽车有限公司承担开发，上汽募资 20 亿元专门支持上汽大通的 C2B 业务。

【开启智能制造战略合作】 2016 年 6 月 28 日，上汽通用汽车有限公司和上海交通大学正式签署《智能制造技术研发应用合作框架协议》，双方将整合汽车制造科研与制造优势资源，在汽车智能制造技术、动力总成制造及工艺、人才培养等多个领域开展战略合作。这不仅意味着双方校企合作又迈上了新台阶，更是双方通过产学研一体化发展，推动科技创新迅速转化为现实生产力，协同创新推进汽车智能制造，树立"上海智造"崭新名片的重要举措。双方在上海科创中心和临港智能制造示范区支持下，合作建设动力总成加工工艺与国产装备集成试验基地，开展新产品项目工艺开发试验验证、样件制造、国产装备供应商培育、智能制造技术试验和培训等，为动力总成制造核心能力提升、装备国产化提供长期支持。

中国商用飞机有限责任公司

【2016 年智能制造试点示范】 2016 年，作为实施国家大型飞机重大专项中大型客机项目的主体，统筹干线飞机和支线飞机发展、实现中国民用飞机产业化的主要载体，中国商用飞机有限责任公司(以下简称"中国商飞")承担了工信部 2016 年智能制造试点示范项目、综合标准化与新模式应

用项目，通过配套建设，进一步夯实并打通平尾智能生产线。在智能制造项目建设过程中，建立了一整套较为完整的基础标准规范、业务操作规范、设计与工艺流程规范。项目实施过程中，针对并行协同设计支撑平台、虚拟仿真、专家系统、三维模型定义等方面开展了试点研究，进一步指引相关技术的研究方向。

2016 年，C919 完成一系列重要试验，全机 2.5g机动平衡工况限制载荷静力试验取得成功，实现全机通电，发动机顺利点火，开展了三鸟联试试验和全机级 OATP（On Aircraft Test Procedure，机上试验程序）试验，完成首次滑行测试。在 2016 年 11 月 1 日珠海航展上，中国商飞与东方航空公司签署合作框架协议，东方航空公司成为 C919 大型客机的全球首家用户。同日，浦银金融租赁股份有限公司订购 20 架，中信金融租赁有限公司订购 36 架。至此，C919 大型客机订单数达 570 架。

中国商飞总部基地（一期）工程获评“2016 年度中国建筑工程最高奖——鲁班奖（国家优质工程）”；设计研发中心动力燃油试验室投入使用，科技创新楼完成初步设计；总装制造中心浦东基地支线批产部装厂房开工建设；客服中心三期工程正式开工；北研中心多电航电实验室启动建设；试飞中心祝桥民机试飞科技园试飞技术楼已经完成主体结构；中国商飞民机示范产业园开工建设；公司试验验证中心、培训中心揭牌。

【智能协同制造新模式】 中国商飞通过实施基于模型的民机协同制造示范项目，打造产品单一数据源体系，持续开展各研制成员单位间的协同产品定义与工艺设计，打通车间现场管控的信息壁垒，建设 C919 飞机设计、制造一体化智能制造体系，实现协同设计、敏捷生产与智能管理。C919 飞机的研发成员企业包括了设计与主制造商、10 家机体结构、24 家机载设备、16 家材料供应商和 54 家标准件等供应商，另有 200 多家企业参与了项目研制过程。

基于一体化协同研制平台，实现了跨企业间的统一构型管理、统一数据管理与统一协同工作流程。研制周期缩短 20%，实现了制造过程自动化、智能化，打通了各信息系统间的数据流，消除了信息孤岛，生产现场信息能够直接反馈至企业级管理与决策系统，提高了管理的精准度与实时性。

上海化学工业区

【概况】 2016 年是“十三五”规划和全面建成小康社会决胜阶段的开局之年，也是推进供给侧结构性改革的攻坚之年。上海化学工业区管理委员会（以下简称“化工区管委会”）按照“最安全、最环保、最绿色、最智能、最高效、最和谐”的发展要求，自觉运用“互联网+”思维，通过三个“聚焦”来开展信息化工作：一是聚焦园区改革发展大局，助力开发建设重点任务；二是聚焦智慧园区建设，加强大数据、云计算和多元传感顶层设计；三是聚焦精细化管理，以信息化技术提升安全环保监管能力。

【推进智慧园区建设】 贯彻《上海市推进智慧城市建设“十三五”规划》精神，开展智慧园区建设，编制完成《上海化学工业区智慧园区建设总体规划研究报告》、《上海化学工业区智慧园区建设总体规划纲要（2016—2030）》和《上海化学工业区推进智慧园区建设十三五行动计划（2016—2020）》。智慧园区建设围绕化工产业提质增效，以创新园区管理和服务企业发展为主线，大力推进信息基础设施、数据感知网络与决策中心建设，打造生产运营、安全应急、绿色环保、公用工程、管理服务及责任关怀的“六位一体”智慧应用体系。计划到“十三五”期末，初步建成适度超前的信息基础设施、快速响应的数据感知网络和决策中心、“六位一体”智慧应用体系，实现区域级智慧园区和智能制造创新示范区，形成多元协作、广泛参与的园区发展综合推进体系。

【完成网上政务大厅一期建设】 进一步加快转变政府职能，通过优化审批服务和提高审批效率加快化工区开发建设。根据上海市政府办公厅工作部署，作为上海市网上政务大厅的组成部分，2016年，上海化工区管委会以“互联网＋政务”为指导思想，紧紧围绕建设项目行政审批这一主要工作任务，充分整合线上线下资源，初步完成了上海化工区网上政务大厅一期建设任务，实现化工区内审批事项“一口办理、一码查询、一站反馈、一门办结、亲民提醒、公众监督”，基本实现了与市规土局、市经济信息化委、市安监局等部门的数据后台对接，构建网上服务与实体大厅服务、线上与线下服务相结合的一体化新型政府服务模式。

【升级应急管理指挥系统】 上海化工区应急响应中心以“智慧应急”为核心，以大数据、物联网、云计算为手段，旨在建成与园区应急管理需求相匹配的综合应急管理信息平台，构建一体化应急管理系统，具体包括场所改造、软件功能优化和研发，以及配套硬件升级三方面。同时集成七大系统：视频监控、危化品车辆管理、预警服务、水文监测、FAS(Fire Alarm System，火灾报警系统)报警、环境监测、重大危险源监控；新建成九大系统：应急值守、应急保障、数字化预案、应急联动、辅助决策、“移动应急”APP、IT 保障维护、综合办公、门户网站；实现五种特色应用：综合接警联动处警、应急要素可视化呈现、综合信息辅助决策、信息共享及应急联动、三维地理模型。本次应急管理指挥系统升级项目，大幅提升了原有系统功能，并本着“项目升级可持续”的宗旨，预留了设备升级端口，明确了未来发展方向。

【推进环境综合监管系统项目】 上海化工区环境综合监管系统从环境保护一体化管理的角度出发，充分利用环保物联网的先进技术理念，以综合监管需求为重点，以园区空气污染自动监控系统建设为基础，全面感知和综合评估环境质量、污染源和环境风险源等要素，提升对空气特征污染的预警监测和应急监测能力，进一步通过建设园区环保综合监管平台，通过感知数据一体化智慧应用，显著提升环境监管和科学决策能力，为园区实现“服务环境管理、改善环境质量、防范环境风险”的目标提供信息化工具；同时促进管理和运行模式创新，建立环保服务机制体系。上海化工区环境综合监管系统已建成园区自建空气特征因子监测固定站 3 个、企业建设空气质量固定站 2 个、传感器试点监控点 7 个，在建园区自建固定站 1 个、移动监测车 1 辆。所有固定站均安装挥发性有机物分析仪、气态有机硫分析仪、气态氨分析仪、硫化氢分析仪，可实时测量化工园区特征物质近百种。此外，在园区中心站以及西北边界站加装了PM2.5 与臭氧空气质量监测仪，为园区空气质量提供实时信息。

【开通微信公众号】 “上海化工区”微信公众号共有“门户网站”、“政务大厅”、“通知公告”三大栏目,重点发布园区安全生产、环境保护、循环经济、责任关怀、党建活动以及化工科普、政策法规、行业动态等内容,切实做到决策公开、管理公开、服务公开。微信公众号的开通,使园区职工可以及时查询园区信息,了解园区工作动态,为实现园区政务信息公开、信息资源共享和政策动态宣传,及提升工作透明度打下良好基础,有效打通了服务群众“最后一公里”。

【化工区公安安全平台】 化工区公安安全平台将区内危化企业基础信息采集,以及治安内保、交通(重点为危化品运输)、消防、边防等条线的安全管理和日常检查监管信息统一纳入平台管理,实现平台基础信息与应急响应中心应急管理系统共享,将封闭式管理区域通行证件的申领、核发归入平台。开发部分行政审批事项功能(购买许可审批、危化品道路运输审批等)和警企互动、警民互通功能,视情将企业内部的视频监控系统和智能监测报警系统等复接入平台,建立网上法律法规库便于民警和企业管理人员查询,进一步加强对危化企业的安全监管。同步实施与平台相配套的应用运行与量化考核工作规定,完善相应的管理制度,规范信息采集、共享应用,逐步建成化工区内保安全的大数据库。

(化工区)

中国宝武钢铁集团有限公司

【概况】 2016 年,中国宝武钢铁集团有限公司(以下简称“宝武”)面对严峻的行业态势,通过管理创新与信息技术创新,有效支撑了公司发展要求和商业模式创新,顺利完成了各项重点工作。

【党群系统建设】 党群系统建设于 2016 年 6 月正式启动,引进中软公司“党建云”基础产品+宝信软件二次开发的模式,于 7 月 1 日率先在沪内党组织上线使用。覆盖原宝钢集团各级党组织,基本实现了“党员全政治生命周期管理”和“党建工作的全过程管理”的双“全”目标,较好支撑了基层党建工作开展。

【结合公司转型策划穿透式风险管控机制】 根据“国有资本投资公司”的定位,开展基于信息化的动态化、穿透式监督机制研究,结合国资委“两金”(应收款占用的资金和存货占用的资金)、债务管理的具体管理要求,初步策划财务类相关风险监管的信息化方案。

【同步规划资讯平台建设】 根据宝武联合重组,从联合走向整合、融合、化合的发展要求,充分运用新媒体手段,策划集团公司统一资讯平台。对外传播宝武声音、提升宝武形象、构筑良好公共关系;对内强化集团文化宣传的权威性、影响力和效度,实现“一种精神、一种文化、一个目标、一个梦想”;及时、准确地传递高层声音;强化核心精神传导和关键制度落实;强化重点战略行动的布局和推进;强化员工对信息、知识和方法的分享与学习。截至 2016 年年底,已正式启动平台建设,并计划于 2017 年 4 月底投入运行。

【构建宝钢云学习平台】 宝钢云学习平台的建设目标是建成国内领先、功能完善、技术先进的企业在线学习平台，在降低培训成本的同时，提高学习体验和效率。建设计划分为两个阶段：第一阶段（2016年年底）完成学习中心、在线考试、微课众创和学习地图等核心功能建设，第二阶段（2017 年 6 月底）完成整体功能建设。截至 2016 年年底，在线考试系统已提前投入运行，并已组织实施 11 场初、中级技能等级工鉴定考试和 2 场委托代理人法律知识考试；学习地图于 12 月中旬在宝钢股份总部 5 家单位进行试点推广使用；微课众创工具于 12 月中旬在宝钢国际员工微课设计与创作大赛中试用；学习中心于 2016 年年底进入测试阶段。

【持续推进标准财务系统向子公司深度覆盖】 保障标准财务系统新覆盖单元——上海宝钢金属贸易有限公司（以下简称“宝钢金属”）、韶关钢铁集团有限公司（以下简称“韶关钢铁”）业务顺利进行和规范作业，基本完成了标准财务系统对宝钢资源有限公司（以下简称“宝钢资源”）、上海宝地置业有限公司（以下简称“宝地置业”）、上海宝钢化工有限公司（以下简称“宝钢化工”）下属三家子公司（宝宁公司、宝化万辰公司、宝化湛江公司）的覆盖实施工作。完善集团财务管理及分析系统，为进一步加强会计监管提供了新手段和便利的监督环境。组织、落实国资委、财政部各项监管要求，强化公司内部基础规范管理，优化集团财务信息化评价指标体系，推动 XBRL（eXtensible Business Reporting Language，可扩展商业报告语言）平台研发，一次性通过国家财政部、认监委的 XBRL 软件产品认证工作，为后续推广覆盖奠定基础。

【推进智慧工作平台优化和完善】 优化和完善移动公文查询、移动通知、移动宝钢名录等功能，进一步提升移动办公的响应能力和使用效率。通过对待办消息分类和优先级处理，解决大并发消息下的信息延迟问题，使得更多的外部信息系统能有效接入智慧工作平台，提升员工的办事效率。根据集团公司出差请假规范要求，调整出差请假标准应用，并择机迁入云中心，同步扩大出差请假模块的子公司覆盖范围。完成了对集团总部管理变革的快速支撑。

【推进 eHR 系统完善和深度覆盖】 完成宝钢资源、宝地置业等单位的人力资源成本与财务统一抛账，完成 eHR 系统对宝钢集团新疆八一钢铁有限公司（以下简称“八一钢铁”）、上海宝钢工程技术有限公司（以下简称“宝钢工程”）、宝钢发展有限公司（以下简称“宝钢发展”）、欧冶云商股份有限公司（以下简称“欧冶云商”）等 28 家下级或新进业务单元的覆盖。完善薪酬管控机制，开展网上共享服务平台建设，增强人力资源移动 APP 服务功能，提升共享服务效率。配套公司共享服务公司化运作，完成支持建设上海宝钢心越人力资源服务有限公司对外服务门户及业务系统。

【推进科技管理系统对科技创新体系的支撑】 2016 年完成了系统对宝钢特钢长材有限公司（以下简称“宝特长材”）、宝钢化工湛江有限公司（以下简称“宝化湛江”）的覆盖。完成了宝钢股份科技管理子系统的升级改版，实现了外协精细化报价和外协单位职能推荐改造；新增科研项目产权服务，针对重点科研项目立项前期的专利查新及专利风险评估工作，实现规范化管理，新增项目结题及牌号转产后评估管理，并升级改造新产品项目转产评价、无明确用户试制、新试赠送、研发加计扣除数据统计政策适应性调整等功能。2016年,新增科研项目立项781项,结题科研项目924项,外协合同签订297项,专利受理1 028项,采纳合理化建议64 603条。

【进一步覆盖和升级办公文具采购平台】 2016年,办公文具采购平台新加入公司13家,累计覆盖公司120家,全年各单位通过系统阳光采购商品60.8万件。11月底,完成向欧冶采购电商平台的迁移和归并,新增收藏夹等功能,优化了平台性能和订单收发货协同功能,在降低成本的同时,减少了平台运营投入。

【集团管控系统与武钢集团对接】 启动了宝武集团五大管控信息系统(党建云、智慧工作平台、人力资源、标准财务、审计管理系统)与武钢集团对接的前期交流工作,并基本明确了党建云、智慧工作平台延伸至武钢集团的实施方案和进度安排。

【支撑八一钢铁、韶关钢铁扭亏增盈工作】 完成八一钢铁、韶钢存货可视化系统及全过程成本管控系统建设。通过存货可视化系统建设,理顺存货基础管理。建立存货价值化管理,优化库存结构,减少存货资金占用。通过全过程成本管控系统建设,满足成本精细化管理要求、发现价值、促进成本相关业务持续改善。建设完成八一钢铁现场成本系统,实现成本管理重心下移,及时发现现场成本异常,支持现场成本管理改善,强化对明细产品标准成本和产品盈利的分析功能,支撑经营决策。

【推进"宝之云"应用】 2016年有30套业务系统入驻"宝之云"。截至2016年年底,共214套信息系统、345套IT基础环境运行在"宝之云"中。搭建欧冶云商专属资源池,共有54套系统、77套IT基础环境在其中运行。进一步加强"宝之云"安全和规范建设,分别通过了工信部的可信云认证和公安部的信息系统安全等级保护三级评测,IDC(Internet Data Center,互联网数据中心)也顺利通过国际Uptime M&O权威认证(国内第3家,全球第97家)。另外,在重庆建立了"宝之云"分数据中心,开启了全国布点的序幕,也为更好地服务宝武集团全国各地分、子公司做好了准备。

【网络与信息安全及软件正版化】 推进安全管理,优化升级商密保护系统及认证服务。完成商业秘密保护系统升级,完善系统授权管理。开展邮箱系统安全审计,完成11 050个账户禁用。调查处置4起安全事件,对宝钢钢构系统、集团门户网站、协力主机系统、统一认证系统进行安全处置。实施人力资源系统、统一认证系统漏洞扫描及安全审计,统一认证系统更换国产密码体系工作完成。推进软件正版化工作,完成新一轮防病毒软件的选型、需求收集、与供应商谈判等工作。完成WPS软件升级到WPS2016版本的供应商谈判及合约签订,将WPS软件全面扩展到原宝钢集团及其下属企业。开展集团公司因特网扩容设备改造工作,完成与运营商因特网带宽扩容谈判,根据谈判结果,平均带宽费用同比可下降60%。

宝武集团下属在沪子公司信息化建设

【宝钢股份有限公司】 推进智慧制造2016~2021专项规划落实,制定并发布了智慧制造推进工作方案,公司成立了智慧制造推进委员会、13 个智慧制造专项推进小组、智慧制造推进办公室,聘请了第一批智慧制造内部专家,专题推进智慧制造专项规划、热轧 1580 智能车间建设方案、行车自动化及出厂物流效率提升、智慧营销、制造管理系统架构重构、质量一贯管理信息系统能力提升等课题。

1580 智能车间改造提升项目全面启动,第一阶段策划 10 个项目全面启动,8 个项目进入实施执行期,1 个项目进入方案优化期,1 个项目进入可研方案编制。其中,板形控制模型完成编程调试进入试运行阶段;1580 板坯库行车无人化改造完成所有行车本体改造和硬件设备安装,进入调试阶段;热轧新增尺寸、温度、断面类质量自动判定系统,其中 1580 和 2050 的尺寸温度自动判定进入调试和试运行阶段。

按照以点带面、先易后难的工作指导方针,从智能装备、智能工厂、智能互联三个纬度选择 15 项试点项目,为公司推进智慧制造积累经验。其中阶段性成果有:

智能装备。完成三号高炉自动加泥装置、自动换钎装置、炮泥自动包装样机的制造和调试工作,完成 1580 热轧质量自动判定功能的投运。

智能工厂。完成制造部降本增效相关功能,开发现货绩效评价、边际现金流分析等功能,完成 HFW/UOE 焊管全流程物料跟踪、成本计算、盈利分析,实现全流程基本功能覆盖焊管。

智能互联。智慧供应链 2016 年扩展覆盖应用于长城汽车、东风日产两大战略客户。其中,长城汽车项目于 10 月下旬完成系统综合测试、业务联调、模拟与培训等工作。东风日产项目因东风日产开发人力资源及项目预算等原因,整体项目上线时间调整为 2017 年 3 月 30 日。

与宝钢湛江钢铁有限公司(以下简称"湛江钢铁")投产配套,组织完成相关信息系统单体测试、联调,按工程节点要求顺利投运,完成年度配套湛江钢铁信息化建设任务。其中,制造管理系统配合冷轧区域工程项目进行现场系统联调,支持 1550 冷轧工程从 2016 年 1 月起各机组陆续顺利投产,配合工程项目进行厚板区域各项系统测试工作,支持厚板工程 2016 年 5 月顺利投产。随着湛江钢铁轧钢等主体工程陆续投运,相应的数据仓库主要子系统(包括生产管制、生产管理、质量成本等 20 多个子系统)也完成了配套上线。

【宝钢不锈钢材料有限公司】 在公司实施转型发展的过程中,确保了信息系统稳定顺行。在信息化项目管理过程中,严控项目预算,本着必须、必要的原则,不断科学合理压缩信息化投入。

【宝山钢铁股份有限公司特殊钢分公司】 宝特长材上海基地信息化建设项目克服了系统影响范围广(涉及 20 个系统)、项目建设周期短、业务划转流程和数据切换复杂、项目管理难度高等困难,于 2016 年 5 月 1 日按期投运。

【宝钢资源有限公司】 配合集团标准财务系统覆盖工作,完成多组织经营管理系统的属地改造和对接工作。升级"车宝网"电商平台,完成"全仕宝"平台的微信端、APP 客户端应用及"全仕宝"钱包软件的开发。截至 2016 年年底,累计注册用户数 6 495 个,累积入驻签约商户 100 家,新增交易金额 101 563 891 元。

建设云拆 ERP 系统,通过云拆 ERP 系统推动整个拆解行业内部管理进步,将标准化、流程化的云管理系统带给国内的拆车企业,并且对行业数据进行挖掘和分析,用精准的数据帮助企业业务咨询和结构升级。目前云拆 ERP 系统成功覆盖了 8 个社会拆解企业,整体运作情况稳定。

完成上海矿石国际交易中心一期平台建设,并通过上海自贸试验区管委会评审,2016 年 6 月 2 日成交首单仓单。截至 2016 年年底,注册用户数已达 119 家,完成订单 61 笔、撮合业务 57 笔。累计销售铁矿石 558 万吨、销售金额 180 986.64 万元;累计销售炼焦煤 70 多万吨、销售金额 59 028.62万元。

【宝钢金属有限公司】 筹备宝钢金属数据仓库建设项目,完成了宝钢金属总部各职能部门的数据需求调研及金属制品板块的生产数据需求调研。在探索实施智能制造方面,完成了南京宝日钢丝 ERP 系统升级完善、宝通线材制品现场物流能源可视化、宝通线材制品现场设备系统升级改造、宝钢气体工厂设备运行维护管理系统建设、宝钢气体 CRM 系统优化完善、宝钢气体钢瓶业务管理系统建设等任务。

【宝钢工程技术集团有限公司】 宝钢工程数字化设计云平台(宝数云)建设迈出最关键的第一步。通过项目建设,成功搭建图形服务器群,采用虚拟化技术运行设计软件,满足 160 名设计人员设计、资源共享、按需配置、即时发布、移动设计、商密保护、知识积累需要。同时围绕设计人员,以设计文档为管理对象,依据制图标准和文件签署规定,开通施工图设计验证、变更、签名签章、出版等流程,满足项目组成员跨专业协同设计需要。

常州宝菱重工机械有限公司持续进行专务系统自主开发。推进子项号成本管理,在项目(工令号)级别实现预算、成本、未完预测、预算和实绩跟踪管理基础上,在采购、委外、领料/投料、加工工时模块上,将管理精度提升到子项号(产品)级别,进行成本核算。自主开发个人质量绩效评价功能,激励员工自主改善质量。通过关务管理模块满足海关 AEO(Authorized Economic Operator,经认证的经营者)认证要求。宝钢技术“制造+服务”管理系统提前三个月上线试运行,宝华电子招标系统改造项目于 2016 年年底上线试运行。

【上海宝钢化工有限公司】 持续开展“经营管理系统”优化工作,于 2016 年 6 月中旬完成经营管理系统的采购、销售、库存、成本、设备以及标准财务系统覆盖宝化湛江。宝钢化工数据仓库财务专项系统项目完成需求评审和开发环境的搭建工作。推进梅山化工资材备件采购与 PSCS(Procurement Supply Chain System,采购供应链系统)的对接整合,完成系统培训和部分代码录入等工作,2016 年 9 月已通过 PSCS 系统采购辅料。

【华宝投资有限公司】 华宝信托有限责任公司(以下简称“华宝信托”)自 2016 年第二季度开始建设信托业务系统三期,年底已完成项目建设任务,总体完成技术平台改版,进一步加强了对公司业务发展和创新的支撑。新增平安银行的代销渠道接口,同时支持人民银行征信接口对接、实施 TA(Transfer Agent,过户登记)模块多项优化、打通与兴业银行的电子支付通道、完善财务自动制证功能、完成证券配资业务模块优化的需求设计。同时,积极拓展网上信托交易和微信业务,为客户提供多方位服务体验。完成安全改善和设备更新升级，互联网综合服务平台安全工作以“优秀级”的成绩通过了国家信息安全等级保护三级测评。

华宝基金打造投研管理系统、围绕产品创新进行系统建设，有效支撑了投资研究及公司产品创新的贯彻执行。

华宝证券在业务层面，打造多元化理财商城，丰富产品种类及数量，全方位满足用户需求；推动和完善“钱钱炒股”特色策略交易功能及其他相关功能迭代；在理财端，重点建设“钱包”产品，力求实现场内场外打通的创新性突破；利用大数据分析，结合传统投资顾问业务，新推出理财组合业务模式。在技术层面，不断升级改造网站基础架构平台及移动互联网应用软件，支持整个“投客网”快速迭代。伴随“投客网”不断成熟，在市场运营推广方面投入更多精力，通过渠道合作、多媒体推广、趣味营销活动等多种方式，转化交易用户，打造独具特色的互联网券商平台，服务更多互联网投资者，真正实现普惠金融。

【宝钢发展有限公司】 湛江资源再生管理系统已于 2016 年上线，实现了所有再生资源的回收、处置等均在线上完成的项目建设目标。新 e 捷平台改造项目完成了功能考核。工贸、宝磁、建材、工业环境、事业部等单位的工业品询价和采购实现由东方钢铁至工业品采购平台平稳过渡。

【欧冶云商股份有限公司】 欧冶云商在 2016 年继续推进“共建、共享、值得信赖”的全新钢铁服务生态体系建设，信息化方面以电商平台重构为龙头，统一架构为基础，寄托系统重点推进，开展融资、运帮、云仓、技术服务、加工帮卖、采购、资源、国际电商、资讯、化工、数据服务等全方位的系统建设支撑。

寄托系统一期建设。打通寄托产品部、欧冶物流、欧冶金融、欧冶电商及欧冶地区区域公司相关系统，实现内部协同线上化，围绕寄托业务，形成仓库物流评审、业务评审、合同评审、验货、监管、放款、回款等线上固化流程及业务协同能力；初步形成围绕寄托业务主流程的在线风控能力。同时基本实现了 APP 端在线审批、日报跟踪及风控提醒等功能。

以欧冶统一架构 OPlat 平台为代表的“五统一”建设：推进了统一架构、统一登录、统一界面、统一认证、统一数据工作。其中，欧冶统一架构(OPlat)的核心目标是为欧冶云商旗下各业务平台提供优质的公共服务，解决共性、关键的技术和架构问题，使系统开发更方便、扩展更轻松。通过统一规划、前瞻设计，建设全新一代云架构平台，支撑传统企业快速实现“互联网+”。统一、共享的基础架构，是欧冶实现整体信息化从分散管理向集约化管理迈进的关键所在。

打造绿融产品。绿融是欧冶云商 2016 年重点打造的产品，通过电商平台发起申请，欧冶物流验货，欧冶金融放款等简便流程，以货物质押方式，解决客户资金需求，全程在线化操作。自 2016 年 10 月推出以来，绿融业务涉及仓库 127 家、客户 372 家、发生额 5.63 亿元、融资余额 2.42 亿元。

OTrade 电商平台重构项目。电商平台重构项目自 2016 年 4 月启动，项目团队针对现有平台，展开了需求调研及源码解构工作，整理了 198 个关键业务流程、3 701 个功能点、2 807 个 Python 函数、2 657 张数据库表、831 个代码值集、38 个对接系统、173 个对接接口，形成 8 册近 4 000 页需求分析规格说明书。并针对架构、平台、前端、数据库与 API(Application Programming Interface,应用程序编程接口)设计开发,形成 5 份开发与设计规范。其中会员中心已于 2016 年 10 月上线。

欧冶其他子公司信息化重点工作:欧冶金融继续建设两大自有平台,在互联网金融服务平台方面持续完善,面向内部业务管控的核心管理系统也初见成效。欧冶物流重点聚焦欧冶运帮、欧冶云仓、物流网技术研发、供应链数据交换协同、CRM 等内容。欧冶材料立足于钢铁加工产业链,以服务钢铁产业链终端用户为目标,结合在钢铁材料领域深厚的技术积淀,针对客户零散、个性化需求,打造钢铁加工服务、加工品、领域技术解决方案的交易平台;建设了技术产品展示与使用平台,包括牌号通、缺陷通、知钢识材等,同步打造 PC 端、微信、移动 APP。东方钢铁持续推进宝钢电商专属平台升级,建设慧创平台,整合内部技术服务和供应链保障体系,引入社区互动功能,统一用户入口界面;交易核的建成上线使得产销体系及钢铁交易中心无缝对接,实现了灵活、高效的营销管理要求,初步形成了一站式、全流程、多终端智能营销服务平台。

【上海宝地置业有限公司】 配合集团标准财务系统覆盖,完成了宝地置业供应商/客户管理系统建设,与集团统一客商管理平台实现对接,实现了宝地置业客商统一管理。完成了宝地置业项目管理系统/商管系统与集团标准财务系统对接,实现了采购和租赁领域的业财一体化,提升了协同工作效率。完成了任务执行系统、项目管理系统、青年公寓管理系统和物业管理系统的建设。

(郑　宁)

中国石化上海石油化工股份有限公司

【概况】 2016 年,中国石化上海石油化工股份有限公司(以下简称“上海石化”)紧紧围绕企业“十三五”总体部署,积极贯彻信息化工作“六统一”原则,以推进“两化融合”、智能制造、“互联网+”为主线,聚焦中心任务,积极推进信息化“421”工程建设(即利用新一代信息通讯技术,建设集成共享的经营管理平台、协同智能的生产运营平台、互联高效的客户服务平台、敏捷安全的技术支撑平台共四大平台,同时构建标准化和信息化两个保障体系,建立一套科学有效的信息化管控机制),加强顶层设计规划,推进“两化”深度融合,构建管理平台、生产运营平台和基础设施平台,促进智能生产、调整结构、优化流程和从严管理,探索信息化引领石油化工业务走上中高端的可行路径,为实现“国内领先、世界一流”炼化企业目标提供了坚实支撑。根据中国石化和上海市关于申报智能工厂试点示范企业的工作部署,2016 年 9 月启动智能工厂项目建设。上海石化通过国家工信部“两化融合”现场监督审核,生产装置 DCS(Distributed Control System,分布式控制系统)报警管理系统项目、1# 乙二醇装置动态仿真系统优化项目、3# 常减压装置先进过程控制项目等通过公司评定。2016 年,被评为中国石化“两化”深度融合优秀实践单位;在中国石化 2016 年“互联网+”移动应用技术竞赛中,获得团体第二名、两块个人金牌和两块个人银牌的成绩。

【通过“两化融合”管理体系现场监督审核】 2016 年 5 月,为监督审核公司“两化融合”管理体系的保持、改进及运行情况,国家工信部第五研究所对上海石化开展现场审核,根据“两化融合”七步法,重点对支撑“三个新型能力”(精益高效的炼化一体化生产组织能力、敏捷优质的产品供应服务能力、精准的经营投资决策能力)的操作管理系统情况进行审核。最终,公司通过 2016 年“两化融合”管理体系的年度监督审核。

【启动智能工厂项目建设】 2016 年 9 月 16 日,上海石化召开智能工厂项目启动会。智能工厂建设内容主要包括生产、计划、物资、设备四大应用域及基础设施平台,涵盖了生产管控、能源管控、供应链管理、三维数字化、智能仓库管理、云平台服务、基础设施、信息安全八个核心业务。10 月,公司成立智能工厂建设项目领导小组和建设项目管理组。

【获准建立院士专家工作站】 2016 年 12 月,上海石化经过上海市科协组织专家评审,获准建立院士专家工作站。按照“企业为主体、智力为基础、需求为核心、实效为根本”的工作原则,进站院士专家团队将开展决策咨询、人才培养、技术研发和科技成果转化等工作,旨在增强企业自主创新能力和核心竞争力。

(卢叶凌)

【3# 常减压装置先进过程控制项目通过评定】 该项目于 2015 年 1 月开始实施,10 月投入试运行,2016 年 6 月 16 日通过验收评定。在完善现场控制条件的基础上,应用 Aspen DMC plus 及 Aspen IQ,开发了 5 个 APC(Automatic Position Control,位置自动控制)控制器和 9 个软仪表,控制器具有较强的适应性和鲁棒性。经考核,装置能耗降低 0.127 千克标油/吨,轻油收率提高 0.47 个百分点,主要约束变量标准方差降低 30%以上,控制器投用率在 98%以上,预计年增效益 311 万元,达到“提高装置稳定运行、优化控制水平及经济效益”等预定目标。

(梅　松)

【上海石化客户服务信息系统投用】 该系统于 2015 年 10 月启动建设,2016 年 7 月 1 日投入运行,旨在提升储运部沥青灌装站、储运部三车间、精细化工部灌装站 3 个发货点的液体危化产品提货秩序。系统实现了移仓业务精细化管理,强化了提货秩序管理,降低了现场安全风险,提高了销售工作效率、信息传递及时性和客户满意度。自投用以来,2016 年年内共注册客户企业 521 家,系统访问近 3 500 人次,排队提货车辆 8 744 车次。

(邹关生)

【完成核心机房改造】 2016 年 7 月 18 日,上海石化开展核心机房升级改造工作。按照信息机房设计标准进行统一规划设计,一期共部署标准化机柜 65 个,设置上海石化区域和中国石化上海区域中心两个功能区,UPS(Uninterruptible Power System,不间断电源)容量较原有容量大幅提高,机房面积扩大至原来的两倍。核心机房的改造投用,为上海石化及中国石化上海区域中心的信息基础设施稳定运行提供了更可靠的运行保障,也为上海石化智能工厂建设和运行提供了有效支撑。

(张纯刚)

【启动环保溯源辅助决策系统建设】 2016 年 8 月,上海石化开展环保溯源辅助决策系统建设,主要内容包括数据中心服务器环境搭建、现有移动式气体监测仪以及气象站数据接入、异味溯源定位、实时应急响应解决方案实现以及为应急演练提供模拟平台等。该系统建设将提升上海石化在环保控制、应急响应、应急救援及应急指挥方面的准确性和时效性。截至 2016 年年底,系统详细设计方案已经完成。

(梁永红)

【工业控制系统信息安全工作接受现场检查】 2016 年 8 月 8 日,上海石化根据《上海市经济信息化委关于开展 2016 年度上海市重要工业控制系统信息安全检查工作的通知》(沪经信安〔2016〕444 号)要求,开展自查工作,自查内容包括工业控制系统应用情况、信息安全管理情况、工业控制系统信息安全技术防护情况等方面。2016 年 8 月 30 日,上海市经济信息化委和信息安全测评中心的专家到上海石化开展现场检查,听取工业控制网络现状介绍和自查工作开展情况。检查组充分肯定了上海石化工业控制系统信息安全的工作实效,并在系统升级和防病毒等方面给予指导。

【智能管线推广项目投入试运行】 根据中国石化要求,公司从 2015 年 10 月启动建设智能管线推广项目,主要内容包括 342 千米管线的路由勘测及数据整理入库、系统搭建及部署、管道数据采集、720 度全景照片采集、二维模型和三维模型建立,以及集成 EM(Enterprise Messaging,企业信息)系统、LIMS(Laboratory Information Management System,实验室信息管理系统)系统、视频监控系统、巡检系统和 HSE(Health Safety Environment,健康、安全、环保信息系统)系统的数据等。2016 年 8 月,该项目实现中交并投入试运行,运行状况良好。

(卢叶凌)

第三章　农业信息化

概　述

2016 年，上海农业信息化围绕农业物联网、“互联网+”、“信息进村入户”、农业大数据等方面进行了积极探索和实践，在推进农业大数据建设、农业物联网应用、政务资源共享公开、农产品价格监测预警、上海 12316“三农”服务、农民手机应用技能培训等方面取得了一定的成绩。

一、农业信息化平台体系建设

【推进上海农业大数据建设】　2016 年，全面梳理上海“十二五”以来农业信息系统与平台，编制农业大数据资源目录，推动农业数据资源整合、公开、共享，完成了上海农产品价格监测系统、上海涉农补贴资金监督平台等 29 个核心业务系统的表结构、元数据等详细内容梳理，共梳理了 970 张原始数据表信息。积极构建基于云计算架构的上海农业综合信息管理平台，设种植业、畜牧业、渔业、农机、农产品质量安全监管、新型农业经营主体、农村土地经营管理、涉农资金监管等子平台，每个子平台包括若干信息系统。通过实施软硬件虚拟化，提升硬件利用效率，实现易于部署和扩展的动态基础设施管理、智能的动态荷载管理等功能，为海量数据的存储、处理、服务提供基础支撑。构建全市统一的农业数据、接口和架构标准。建立农业大数据统一标准体系，推动农业数据资源开发、整合、公开、共享与利用。逐步建立统一的安全监管和运维管理体系。严格落实信息安全等级保护、风险评估等网络信息安全制度，加强病毒防范、漏洞管理、入侵防御、访问控制等安全防护措施，健全应急处置预案。积极推进现代农业大数据工程建设，编制了上海农业农村大数据共享服务平台实施方案和上海绿叶菜大数据建设方案。

【上海农业物联网区域试验工程】 2016 年，依靠科技创新、信息互联，顺应农业物联网发展趋势，围绕都市现代农业发展需求，以企业为主体，以产业发展需求为导向，积极推进农业物联网从“可看、可用”向“可持续、可复制、可推广”方向转变。在蔬菜、水产、畜牧、水肥一体化、农业保险等方面，取得一批较好的节本增效应用案例。蔬菜生产方面，在多利农庄示范园，产量提高 10%，人工成本节约 20%；水产养殖方面，在奉贤区集贤农民专业合作社基地，南美白对虾亩产增加 27%，成虾死亡率下降 2.15%；生猪养殖方面，在上海祥欣种猪场示范场饲养每万头猪需用的工人，从原先 20～30 人降低到 8～12 人；水肥一体化灌溉应用降低了 20%的农药化肥使用，草莓自动化肥水灌溉每亩产值提高 1.5 万元，利润增加 1 万元。2016 年 11 月，《农民日报》以“上海物联网四大金刚同台亮相第十四届中国国际农产品交易会”为题进行了报道，同期央视专题报道了华维和国兴农智能节水灌溉系统。2016 年完善了《上海农业物联网云平台数据接入标准》，规范了各示范基地数据交换、共享、集成。推进了物联网示范基地数据对接，完成了城市蔬菜公司的农业物联网系统、春鸣合作社冷库物联网监测系统、基于物联网技术的无害化收集监控系统等农业物联网示范基地系统与上海农业物联网云平台的对接。

【政务资源共享和信息公开】 2016 年，建立了考核通报机制，促进上海市农业委员会（以下简称“市农委”）网上办事和信息公开、资源共享工作。市农委行政许可网上办事系统合计事项 60 项、流程类事项 28 项、导入类事项 23 项、流程＋导入类事项 3 项、标准模块事项 6 项，各事项责任落实到处室（事业单位），明确了具体办理责任人。开发了与市政务大厅的数据对账功能，实现每日数量对账和每周质量对账，跟踪对账结果、提高数据质量。全年网上流程类办结申请 1 268 件、导入办事结果数据 7 239 件。实现 25 项涉及法人信息与市法人库无缝对接，向市法人库成功推行信息 1 405 条。向市政府数据资源服务平台提供数据接口 23 个，新增发布数据产品 9 个，更新数据产品 9 个。根据市政府办公厅印发《关于开展市政府各委办局信息化系统上云迁移调研的通知》的要求，市农委上报拟搬迁网站、系统（平台）共 49 个，其中 2017 年将完成 17 个网站搬迁（占总数 34.7%），2018 年将完成 19 个系统（平台）（包括 3 个网站）搬迁（占总数 38.8%），2019 年将完成 13 个系统（平台）搬迁（占总数 26.5%）。

二、农业信息化发展应用

【农产品市场分析和价格监测】 2016 年开始组建农产品市场分析预警团队，建立季度农产品价格会商机制。甄选蔬菜、瓜果、畜禽、水产 4 个行业，聘请市级分析师，定期召开农产品价格分析会，提升农产品价格分析报告质量。2016 年全年上海向农业部市场信息司报送农业分析预警信息 84 篇。加快推进上海农产品价格监测平台建设，系统新增数据 550 余万条，丰富了价格监测系统的基础数据资源。完成了国家发改委、农业部、市发改委等 20 多个农产品价格方面数据资源自动导入或网站抓取。完成与农产品批发市场对接，提高市场数据报送效率；利用数据探针方式，自动采集全市 16 个区的零售价、全市菜篮子指数、上海猪粮比及成本收益等数据。开发农产品信息采集 APP，实现农民自动上传采集数据，丰富了上海农业手机客户端农产品价格短信自动订阅、取消、发送功能。配合农业部市场信息司来沪调研鲜活农产品调控目录制度，在合理选择鲜活农产品调控目录试点品种、科学确定价格区间、积极创新调控政策、同步建立触发机制等方面，提供相关依据。

【加强 12316“三农”组织宣传】 根据《农业部办公厅关于组织开展 12316 十周年系列宣传推介活动的通知》要求，2016 年 4 月至 9 月，在全市范围内组织开展系列宣传推介、服务下乡活动，组织开展了“十佳征文”、“十佳专家”、“十佳信息员”评选和“12316 现场体验”活动，分别向农业部推荐 2 名人员参加全国十佳专家和十佳信息员评选。编制出版了《上海三农服务热线历年问答精选》，共整理了 2 551 篇农业科技文章，内容涵盖粮棉油、蔬菜、食用菌、林果、花卉林木、畜牧、水产等 13 个专业。上海 12316“三农”服务热线全年咨询服务总量达 4 855 人次，下乡进社区活动共 263 场次，其中“12316，信息惠农家”36 场，接受“噶讪胡”节目 8 次采访录制。完成了 12316“三农”服务热线手机 APP 开发，实现了广大农民和市民直接与农业技术专家一对一交流，并可随时查阅农业技术知识库。

【开展农民手机应用培训】 按照《农业部关于开展农民手机应用技能培训提升信息化能力的通知》精神，紧紧围绕《上海市 2015—2017 年国家现代农业示范区建设三年行动计划》提出的发展目标，扎实、有序推进农民手机应用技能培训各项工作。2016 年全市结合新型职业农民、青年农场主等培训项目共计开设 79 个培训班、培训 3 390 多人，平均每个培训班授课、辅导 8 个课时。完成农机行业新型职业农民培训与区县认定的衔接工作，推进农机服务人员参加农业部特有工种的培训和鉴定。完成了农业部下达的 50 名青年农场主遴选培育工作，录入农业部相关信息库。分行业组织开展新型职业农民技能大赛。完成三期农业部农村实用人才带头人和 300 名大学生村官的培训任务。通过建立微信群、提供微信公众号等方式，让学员在掌握基本应用的基础上，开展课后交流，提高操作技能。对有电子商务、网上购物、网上销售等需求的学员，通过手把手形式帮助其学习使用支付宝、微信钱包、网上银行等第三方支付平台。

（叶有灿）

第四章　金融信息化

概　述

上海各类资本市场主体进一步发展，集聚态势明显。银行、证券、期货、基金、保险业交易量持续上升。进一步增强信息化技术创新，结合实际业务，不断更新信息化保障和服务能力。积极应对信息安全挑战，有效运用移动互联网、大数据等技术，为互联网金融的可持续发展作出贡献。

一、银行业信息化

【2016年全国科技活动周及网络安全公益宣传活动】 按照"突出重点、关注热点"的思路，重点围绕安全用卡等社会热点问题开展金融科技科普活动，同时结合上海地区实际情况，策划、开展了多种形式的宣传活动。围绕"普及知识、防范诈骗、增强信任"主题，以"强化安全防护手段、提高大众安全防范意识"为重点开展宣传活动。在网络安全宣传周期间举办了金融数据安全分论坛，并在"金融日"举办了网络安全周广场宣传活动。通过这两个活动，不但提高了市民金融安全意识，增强了公众对正规金融机构的安全信心，向公众普及了防范网络金融诈骗的意识与技能，而且为全社会坚决打击网络金融诈骗等违法犯罪行为营造了良好氛围。

【2016年银行卡与电子支付技术管理】 人民银行上海总部认真做好银行卡风险防范技术管理工作，落实《关于进一步加强银行卡风险管理的通知》(银发〔2016〕170号)要求，开展银行卡信息泄露风险专项排查工作，要求相关单位构建立体式银行卡风险防控体系。积极深入推广云闪付与金融IC卡应用。截至2016年年底，

上海地区提供 ApplePay 快捷支付服务和 HCE 云闪付服务的银行数量分别达到 14 家和 20 家，为移动金融应用提供基于安全芯片数字认证的银行已增加到 6 家，实现方式包括音频 Key、蓝牙 Key 等。

联合中国银联上海分公司，组织上海地区 31 家中资发卡商业银行开展营销活动，同时配合市政府发行上海市敬老卡，使金融 IC 卡非接应用在老年人群中得到较好推广，体现了金融 IC 卡及云闪付应用普惠大众的社会属性。进一步加强 POS 终端安全管理及功能提升，督促各商业银行落实机具改造，改善上海地区非接受理环境。认真开展非银行支付机构漏洞风险排查、续展及分类评级技术审核工作。积极推动金融领域国密算法应用项目建设，密切关注上海银行、上海农商银行两家试点银行的项目任务落实。

（忻　友）

二、证券业信息化

【国泰君安证券股份有限公司】 实现移动互联网体系化发展。自主掌控开源技术，构建多层次的公共组件架构，实现以业务需求为导向的任务分解与前中后台高效协作开发，平台荣获“第五届证券期货科学技术奖”二等奖。面向客户推出以移动 APP 君弘为主、专业 PC 端新富易为辅的综合金融服务终端，按两周一个版本的迭代速度演进，完成 20 多个版本、600 多项功能的发布。首次以金融科技为基础推出年度/季度账单、视频直播、资产分析、股票热搜、策略交易等一系列个性化、特色功能。截至 2016 年年底，公司移动注册用户规模超过 1 200 万人，用户活跃度排名券商第二。

应用大数据建立数字化运营指标体系。基于大数据用户画像和系统画像，在行业内率先设计零售业务领域近百个数字化运营指标，如与互联网用户行为相关的 3A3R（感知、获客、活跃、留存、收入、传播）指标。为业务运营团队提供各维度指标监测系统，及时跟踪各渠道、活动、产品的实际运营效果，以数据指导改进运营策略、营销模式、业务流程及平台功能。上述体系在公司开展的寻龙诀、一人三户等精准营销活动中取得显著效果。公司大数据应用获得中国互联网协会“2016 年度中国金融科技创新榜——产品创新奖”。

以技术先行支持业务快速发展。短时间内建立起由主 PB（Prime Brokerage，主经纪商）、公用型 PB、个性化 PB 系统组成的多层次 PB 服务体系，支持公司机构业务跨越式发展。在行业内首个完成新一代资产投资管理极速交易系统多核心架构升级。

积极配合行业技术和业务创新。按照深圳证券交易所（以下简称“深交所”）要求对公司交易、行情、结算、外围系统进行了全面改造，分阶段平稳对接新一代系统，获得深交所颁发的“突出贡献奖”。按时交付“深港通”业务功能，保障公司成为首批开通“深港通”交易权限的会员单位。

实现投行业务全数字化管理。完成了投行立

项、制作工作底稿、材料内核、上会报备、发行、后督全流程的电子化,实现了 IPO(Initial Public Offerings,首次公开募股)、可转债、定向增发、各类债券和短融等全产品的线上发行和管理。

【海通证券股份有限公司】 制定科技发展规划。按照科技发展战略,围绕建设国内一流投行的总体目标,2016 年 8 月正式发布了《2016—2020 科技发展规划》,明确了公司未来 4 大领域的 25 项重点科技工作。

完成南方数据中心基础网络建设。2016 年下半年,在上海和东莞两地通过搭建 2.5G 环形网络,实现两地三中心互联互通。南方数据中心采用模块化网络部署,可以快速、最小化改造网络,为原数据中心的延伸提供了便利。

集中交易系统架构调整。采用分布式、高性能、多功能态架构,通过数据缓存与计算前移、按业务功能集配置执行路径及多交易中心并行扩展,在保留系统性能优势、运维与管理便捷性的同时,复用已有的硬件投入,摆脱了单机硬件的性能制约,极大提升了系统整体性能,并使其可按需并行扩展。

构建新风控指标管理体系。根据《证券公司风险控制指标管理办法》,完成新风控指标报表系统建设,覆盖公司各项核心业务,通过风险覆盖率、资本杠杆率、流动性覆盖率及净稳定资金率 4 个核心指标,建立了合理有效的风控指标体系。

e 海通财系统建设。自主研发建设了三大中台系统、九大终端系统和六大基础服务系统,三大中台系统包括行情中台、资讯中台、交易中台;九大终端系统包括 iPhone 终端、Android 终端、WindowsPhone 终端、iPad 终端、iWatch 终端、PC 终端、MAC 终端、H5 手机终端、H5-PC 终端;六大基础服务系统包括即时在线系统、消息推送系统、用户行为分析系统、业务办理系统、入侵检测系统、APP 性能检测系统。截至 2016 年年底,总注册用户数超过 1 000 万,月活跃用户数超过 300 万。

【申万宏源证券有限公司】 完成信息系统基础设施扩容工作。2016 年对交易系统及外围系统进行了持续优化与扩容,上海中心机房集中交易、双融交易系统的新主机以及温备、灾备新主机上线启用,处理性能与稳定性进一步提高。北京中心机房通过应用扩容数据库及系统服务器,交易系统处理能力提升一倍以上。外高桥、昌化路中心机房以及上海张东、横浜 IDC 托管机房完成扩容,交易核心区启用万兆网,网络处理性能有效提升。

完成数据中心等系统建设。根据业务发展需要,完成数据中心、营销服务综合业务平台、新客服中心项目、大赢家一期(金融商城)、PB 系统、同花顺自营版、资管直销系统、基金综合管理平台一期、托管外包业务多管理人直销系统资金清算模块等的建设及升级改造。并配合交易所及监管要求,完成深交所新一代交易系统、深港通系统、增值税管理系统等建设工作。

加强信息安全建设。2016 年制定发布《系统上线信息安全管理基本要求》,统一信息安全管理要求,进一步加强了对 Linux 服务器的信息安全防护。公司获得证券同业公会 2016 年上海证券从业人员信息安全意识教育和知识竞赛“优秀组织奖”及 2016 年 ISG 信息安全管理运维赛“优胜奖”。

【光大证券股份有限公司】 优化信息技术系统及

信息技术服务体系。2016年在公司战略指引下，启动并完成IT子战略项目，着力于构建高效的信息技术系统和信息技术部服务体系，以客户为中心，进一步完善业务体系，促进业务与技术有效融合，按期推进并完成新股IPO市值配售、深交所新一代、深港通、上交所Fast行情、股转分层及优先股业务、现金宝T+0及港股波动协调机制的场内标准化业务系统建设。

提升自主研发能力。加大资源投入力度，由纯外购向合作开发逐步转变，提升核心应用系统的自主研发比例，培养专业的架构设计和开发团队等，建设了包括大管家、数据服务平台、云桌面、e柜通、协同工作平台等在内的重点项目，满足了内部客户管理、工作便捷性需求，以及外部客户多元化、个性化财富管理需求等。

【东方证券股份有限公司】 基础设施类建设。完成东方证券核心网络架构的优化改造，以及大数据平台和Neteeza设备升级，提升公司数据中心容量和处理能力。使用分布式存储及存储计算一体化超融合架构，搭建企业私有云，在证券行业信息技术应用项目评选中荣获优秀奖。

深交所新一代项目。作为技术先行者参与系统建设，并获评“深交所新一代交易系统建设上线表现突出单位”。

深港通项目。作为首批获得“开通深港通下港股通业务交易权限”并完成深港通技术上线的公司，在2016年12月5日深港通业务开通之际，摘得全市场首单。

完善财富管理体系。打造东方赢家财富APP，构建了集开户、行情交易、资讯、理财及业务办理于一体的一站式移动互联金融平台。创新理财账户功能，用汇添富货币基金作为支付渠道，为客户提供7×24小时的投资理财综合服务。持续优化网上开户系统，支持多渠道引流，通过手机APP新开户量占比达90%。以信息化、智能化为牵引，打造互联网智能服务体系，成功引入智能客服“小东”。实施账户业务一柜通项目，打破了投资者局限于开户营业部办理业务的局面。

自主研发成果显著。自主研发并上线场外衍生品业务系统、证券金融业务管理系统、场外业务管理系统、基于策略容器的监控与投资组合配置分析系统，为各类业务提供快速响应及个性化支持。

【中银国际证券有限责任公司】 加强基础设施建设。按照监管部门要求进行网络规划，做到设计合理、技术先进，完成两个数据中心核心防火墙策略梳理；完成了营业部和总部网络设备更新、营业部广域网带宽扩容相关立项、招投标和项目实施工作；针对QFII(Qualified Foreign Institutional Investors，合格的境外机构投资者)等大客户，设计网络优化方案。

加强集中交易系统建设。完成公募基金系统一期和二期项目、PB系统一期和二期项目、深交所新一代交易系统、沪深市场IPO新规项目、深市港股通项目等系统上线；完成OTC(Over The Counter，场外交易市场)系统电子合同签署功能在核心系统和通达信网上交易系统的测试和上线；完成两融合约展期上线、新增银证业务支持等。

加强网上交易手机证券系统建设。完成了网上交易等周边各系统二次扩容，启动新一代手机APP项目，开展前期需求调研、项目准备等。不断优化双向视频和单向视频移动开户系统，进一步改善客户和柜员的操作体验、满足业务个性化需求。

加强营业部标准化建设。制定轻型营业部信息系统建设规范，进行轻型营业部系统后台扩容、新增营业部项目建设，完成后台新系统的采购、部署、测试等，根据公司业务需求，在计划时间内上线，同时，将老系统升级、优化，与新系统形成主备双活的系统保障机制。

其他业务系统建设。完成北京异地灾备中心系统一期及模拟炒股系统建设、两融合约展期核心系统和网上交易系统上线、微信H5开户系统建设、沪深港通移动开户、投行客户管理系统及投行板块业务需求响应系统的自主开发，推进微信平台活动管理项目及数据仓库备份系统建设，继续进行电商平台迭代开发等。

【上海证券有限责任公司】 成立大数据项目建设小组。通过对发展现状、公司需求和行业动态等进行调研，拟定公司发展规划，完成大数据项目一期建设工作。

完成对公司集中交易、融资融券、风险监控等9套系统的升级测试工作，2016年7月4日深交所新一代交易系统正式上线；通过制定上线计划，组织全方位测试，确保“深港通”项目2016年12月3日正式上线启用；开展了公司新财务系统整体升级、财务营业税改增值税（以下简称“营改增”）、发票管理等系统建设；完成了华夏银行、浦发银行、招商银行、兴业银行、工商银行和交通银行等银行三方存管业务的证联网切换；完成了CRM系统二期项目建设。提升了公司客户管理能力和营销能力，实现移动CRM功能；部署和上线统一接入平台。平台整合了公司核心交易系统提供的FIX、Web Service、ESB等各类接口，确保各类接入系统的数据共享及技术规范；通过“WiFi+营业厅”的新型业务模式，让客户享受到更加智慧、便捷的服务体验；截至2016年5月8日，建设同城商城路备份机房，完成核心交易系统和非现场交易系统等重要系统灾备部署。

【爱建证券有限责任公司】 公有云迁移。顺应新技术发展，与业内领先的阿里云、腾讯云、UCloud进行合作，把公司开户系统、网站系统、网厅系统、网上交易、手机炒股等互联网应用迁移到公有云上，在降低成本的同时，提高了系统稳定性，消除了不同运营商互联互通的瓶颈，免除了硬件维护工作，可以灵活、快速扩容，提升系统安全级别。

等保测评。与上海信息安全测评中心合作，对集中交易系统进行安全评估，本次评估发现了若干安全隐患，及时对高级别漏洞进行了修复，最终通过了等保三级认证。

证联网改造。配合行业平台证联网的建设，共同致力于行业IT建设，截至2016年年底，完成了6家存管银行的证联网切换上线工作。把分散、独立的银行线路集中到证联网线路上，可以明显减少银证互联线路的通讯费用。

机构交易系统建设。建设了快速交易系统、智能订单处理系统和PB系统，打造机构交易服务平台，支持高净值客户的开发引进。

互联网证券系统建设。建设手机开户系统，解决了密集开户时的大流量瓶颈；建设微信营业厅、积分商城，提高了公司服务水平和客户黏性。

【德邦证券股份有限公司】 集中交易及周边系统更换改造。顶点集中交易系统更换为恒生集中交易系统，整体迁移了原系统的相关数据，全面满足公司业务拓展需要。同时，对 22 套周边系统进行配套升级优化，涵盖了账户、交易、监控、适当性、财务、清算等整个业务流程。

建设投融资管理平台。该系统是面向公司大投行业务条线的项目管理平台，贯穿了大投行项目生命周期的整个过程。该系统完成了流程固化、节点控制、审批留痕电子化、文件内容模板化等功能建设，进一步推动业务整合、规范业务运作、提高项目质量、达到有效的风险控制。

迭代更新高端版手机 APP。持续丰富、完善公司高端版手机 APP 的各项功能，优化升级并上线了手机开户、高速行情、最新资讯、新股申购、金融商城、港股通、微短融、投资顾问、特色化掌厅等模块，不断完善用户体验，打造全方位投资理财平台。

优化基础架构及网络安全。完成华信北机房一期、二期强弱电及网络建设；完成中心机房强弱电及网络核心改造；完成核心交易网骨干路由改造；完成深交所新一代交易网络建设；完善漏洞检测及修复机制，加强系统层、Web 层及移动 APP 的安全检测及加固。

【华宝证券有限责任公司】 行业创新业务首批上线。在深圳第五代业务、深港通业务等各类交易所创新业务推行中，信息技术全面发力，积极推动业务发展，实现上述业务首批上线，为业务发展争取良好的发展契机。

基础设施建设精益求精。深证通东莞托管机房对公司未来的发展战略意义重大，为此公司在 2016 年对该机房进行全面性、系统化规划和建设，从筹备到逐步投入生产使用，经纪业务已启用异地灾备系统，且安全等级已经达到《证券期货经营机构信息系统备份能力标准》灾备六级标准。

电子商务平台持续迭代。打造多元化理财商城，丰富产品种类及数量，全方位满足用户需求；推动和完善“钱钱炒股”特色策略交易功能及其他相关功能迭代；在理财端，重点建设“钱包”产品，提升客户体验；在技术层面，不断升级改造网站基础架构平台及移动互联网应用软件，支持整个“投客网”快速迭代。

【华金证券股份有限公司】 核心交易网络安全优化改造。根据上海证券交易所（以下简称“上交所”）、深交所、登记公司及部门业务变动要求，同时确保符合公司信息安全管理要求，对核心安全网络进行优化改造，建立并完善网上交易、手机委托及各类分支机构网络接入安全配置，严控访问权限，开展多次安全演练、检查，保障公司信息体系安全稳定。

完善客户管理体系。在原有客户管理体系基础上，根据业务发展及深入管理的要求，完善统一的客户关系管理体系，对公司所有经纪业务客户，包括普通、信用等客户，按客户相关信息、资产规模、交易量等进行分类管理，并根据其不同需要提供服务内容。

搭建全天候“测试云”。利用私有云技术，对接上交所、深交所、登记公司等核心机构的全天候测试环境，建立公司级“测试云”平台，提升公司整体资源利用效率。

建设各项业务系统。配合公司业务开展，搭建个股期权测试系统，并通过了交易所的资格评审，取得了相关资格；完成了深交所新一代交易系统升级及建设项目，提升客户交易体验；搭建了深港通测试平台,配合进行前期相关业务测试及验证工作;完成了新三板独立做市、PB等相关系统。

建设互联网金融平台。着手互联网金融探索与改革,初步搭建完成综合应用平台——华金证券"优+理财"APP,通过一站式综合平台抢占客户入口,建成一期行情交易、理财商城、网厅、网上开户等技术模块,初步建立用户互联网业务体系,打造公司互联网金融新平台。

【上海华信证券有限责任公司】 集中交易系统切换。为了适应公司向互联网券商转型的战略需要,2016年8月至10月,集中交易系统由恒生集中交易系统切换到金证新一代集中系统Win版,同时改造了核心交易、账户系统,增强自主研发能力、快速响应客户需求。

研发股票交易APP。2016年5月起,自主研发建设了"涨停宝"股票交易APP并持续升级,通过互联网实现股票账户双向视频快捷开户、在线交易、在线业务办理等,提升客户体验。

VPN(Virtual Private Networks,虚拟专用网)技术应用。2016年11月,VPN技术在公司新设营业部全面推广,大幅提高新设营业部建设速度,节约建设成本。

建设投资交易系统和股转做市商系统。推出面向公司投资部门的投资交易系统、面向公司投行的股转做市商系统,增强了公司核心竞争力。

【申港证券股份有限公司】 团队建设。建设精简的9人学习型团队和扁平化组织规划。通过以人为本的管理理念和奖惩分明的激励机制,营造开放、协做、共享、双赢的工作环境。

制度建设。按照健全、合理、制衡、独立的原则,制定信息技术制度。包括技术治理类、技术安全类、IT采购类、部门管理类、技术系统类和应急管理类,共计31项制度。

三大数据中心建设。按照"两地三中心"的原则,规划和建设宁桥路主数据中心,长泰同城灾备数据中心和东莞南方中心异地灾备数据中心。安装和调试网络线路近30条、硬件设备近300台。

应用系统规划建设。在人力极其精简的情况下完成集中交易、投资管理等近40套核心应用系统的部署、规划和上线工作。

生产系统安全运维。自营业务上线,后续经纪业务、固定收益、资产管理、新三板做市业务也将正式开展。公司业务从2016年11月28日正式开展,一直保持安全稳定运行。

【华菁证券有限公司】 公司筹建准备。完成公司筹建所需信息技术方面的准备工作,并通过监管机构检查。

完善IT治理机制。公司层面设置了信息技术委员会,负责信息技术及安全的总体决策;招聘配备了专业信息技术人员,有效支撑公司的业务运作及信息系统安全运行;围绕监管要求,制定了信息技术管理制度。

基础设施建设。租赁上证通宁桥路主机房、万国数据上海机房、深证通南方数据中心,自建上海办公室办公机房,构建了"两地三中心"的容灾体系。

网络建设。选择中国联通和中国电信作为主备线路,完成公司总体网络搭建。公司局域网针对各安全级别和功能区域采用合适的安全防护和隔离措施,可防范、监控和阻断内外部网络攻击,通过安装防火墙、设置访问权限来保证不同网络区域网络安全。

信息技术系统建设。针对经纪业务建设的系统包括集中交易系统、账户管理系统、法人清算系统、PC 金融终端、移动理财终端、交易结算资金报送系统、QFII 交易系统。针对资产管理业务建设的系统包括直销柜台系统、投资交易系统、特定客户理财登记过户系统、估值与会计核算系统等。针对固定收益业务建设了债务融资项目管理系统。同时建设了风险监控系统、合规管理系统、财务管理系统等。

【摩根士丹利华鑫证券有限责任公司】 部署移动办公系统，实现用户通过个人移动终端和个人 PC 设备安全访问邮件和办公系统；对入侵防御系统进行了硬件替换更新，保证企业内部网免于外部入侵和渗透；部署 IT 运维堡垒机，实现 IT 人员及厂商工程师系统维护的访问控制和日志记录，便于事后追溯和记录；部署监管报表系统，采集财务、风控和交易系统的业务数据进行数据加工、生成报表，向监管单位报送。

根据公司项目管理要求，优化和加强投行项目流程控制，进一步规范公司投行业务管理流程，加强前后台配合，全方位提高公司投行业务的执业质量；对 CRM 系统客户维护记录管理、客户类别及行业分类细化、客户联系人管理等进行了优化，提高 CRM 系统数据完整性。

作为公司各类信息的发布平台，部署公司内网，实现新闻发布、员工介绍、活动报名、制度发布、合规培训、招聘信息、员工通讯录、企业文化宣传等功能；完成深交所五代交易系统线路开通、网关部署及业务系统的升级改造；部署了成括新版净资本报表系统，向中国证券监督管理委员会报送净资本和流动性报表。

【上海海通证券资产管理有限公司】 完成深交所新一代交易系统接口改造，支持新交易接口交易和估值处理；完成估值系统 4.5 大版本升级，统一估值系统的基础账套和科目，保障估值业务处理一致性，提高估值系统数据质量，并大幅提供系统的处理性能。

支持沪港通业务，扩大产品的投资范围；澎博 AIM(Asset and Investment Manager，资产投资管理买方解决方案)系统上线，满足了公司 QDII 业务投资交易系统需求，拓宽了公司产品品种；进一步推进自主研发数据中心，实现公司各类业务数据集中处理、构建公司基础指标体系，满足公司各类统计、报表、监控和流动性管理基础数据需求，便于业务人员和公司领导及时对各项业务进行全面、准确的掌控。

自主开发平台与中登 FISP 平台对接，大大减少场外开基交易的人工工作量，节约成本；上线新净资本监控系统，支持按照监管对于净资本新的要求，生成各类监控报表并报送。

【上海光大证券资产管理有限公司】 完成信息系统应急操作自动化，根据常见应急场景，使用 Shell 脚本编写应急操作脚本，实现应急操作标准化，降低应急处理难度，缩短应急操作时间。

建成网上直销系统，通过移动互联网渠道，实现了开户、产品购买、业务查询办理等功能，为公司的业务发展提供新动力。

探索资管行业数据仓库的建设模式。针对实际业务查询可能涉及多个系统，各系统之间数据表达、存储缺乏统一标准，数据勾稽可能存在关系不一致等问题，学习行业内先进的数据仓库建设经验，与开发商详细沟通，对公司数据仓库系统的软硬件选型、系统架构等进行充分讨论并最终确定建设方案。数据仓库建设完成后，将为公司产品管理、客户管理、经营管理提供全景视图，极大地提升了公司内部工作效率、外部客户满意度。

【上海东方证券资产管理有限公司】 交易系统建设。积极配合沪港通业务测试，公司所有产品均已支持沪港通业务；积极配合深交所全网测试，完成深交所第五代交易系统改造工作；投资交易系统、估值系统改造后顺利支持 IPO 新规；积极参加深交所深港通业务测试，获得券商资管和基金行业深港通业务首批资格。

销售系统建设。顺利上线手机 APP 二期，新增五大功能模块，增强用户体验，APP 三期也基本实现细节优化和页面全面改版；各系统进行多轮货币基金测试，为货币基金产品发行做好准备；微信端业绩报酬展示功能上线，网上交易端测试就绪。

管理系统建设。顺利上线 OA 二期，优化现有 OA 功能、补充和完善公司业务流程，满足公司业务运转需要；产品系统提醒功能上线，实现邮件、短信、OA 待办、微信提醒消息推送，为运营业务提醒增加重要保障；投研数据中心一期建设为公司各业务系统提供统一、可靠的数据服务能力。

安全建设。继续由中证信息公司对所有网上系统进行安全扫描（已发现并修复各类安全漏洞 12 处）；对测试环境访问实施严格 IP 地址限制，对测试及生产环境中间件、数据库用户密码进行强制修改，杜绝弱密码情况，增加数据库系统安全性；针对 Struts2 框架高危漏洞进行多次排查，杜绝安全隐患。

【齐鲁证券（上海）资产管理有限公司】 高标准建设公司机房。按照国标 B 级机房建设标准，建设公司机房，新机房配备了两台精密空调、两台 60KVA 并机的 UPS 主机供电、气体消防系统等，同时建设了 7×24 小时的机房环境监控系统。

建立多层次信息安全防护体系。调整优化公司网络结构，根据承载业务与安全防护要求，划分不同的安全域，不同安全域之间采用相应的安全访问控制；建立集中管控的防病毒平台，加强互联网应用的边界防护与渗透测试，聘请专业安全顾问，提升信息系统运行安全性。

建设应用级灾备系统。公司在上海外高桥上证通技术大厦、济南分别建立了同城备份和异地灾备中心，实现了两地三中心的运行架构。数据备份、复制采用异步压缩实时传输，系统切换实现流程化、系统化操作控制，提升了信息系统的抗风险能力。

公司自主研发了官网、网上直销、手机 APP、小程序等互联网金融相关系统，实现了投资者开户、产品查询、产品购买等业务功能，既快速响应了业务发展需求，又实现了核心代码自主可控，满足了互联网金融监管要求。

【东证融汇证券资产管理有限公司】 完成核心交易系统升级换代。将恒生 SQL 版资产管理投资交易系统升级替换成恒生 ORACLE 版 O32 投资交易系统，新系统在投资交易速率、风控、公平交易、策略交易等各方面都有极大提升。

构建自动化运维平台，通过操作自动化、流程一体化、执行可视化的综合控制管理平台，实现日常运维操作自动执行，代替了大量人工重复操作，并监控操作过程、审计结果，提高了工作效率、释放了运维资源、增强了操作可靠性、提升了运维安全性。

逐步在全公司部署桌面云系统，实现现实资源调度按需分配、环境部署自动化，节省硬件设备支出、降低人工运维成本。

【长江证券(上海)资产管理有限公司】 基于全虚拟化平台搭建投资交易系统。公司投资交易系统采用恒生 O32 版本，系统由 30 余台服务器组建而成，此批硬件已使用近三年，即将达到公司规定的服役年限，2016 年年底，批量对投资系统的硬件设备进行了更新。本次更新全部采取服务器虚拟化技术，投资系统的所有组件全部在虚拟服务器中运行。

建成 TA 多批次清算系统。为了平衡 TA 系统的效率与压力，将 TA 系统清算工作分成多批次处理。将时效性要求高、T+0 模式的产品进行第一批次清算，其他产品放在后续批次清算。此模式能满足代销、直销等不同渠道对产品交收时点的多样化要求，为公司服务客户、创新产品提供良好基础。

机房网络优化改造。公司在上海建立了核心业务机房，机房网络设备采用 Cisco Nexus 系列，基于其 N5K/N2K 组建全套局域网，实施基于标准的高性能以太网统一阵列。该套网络可实现核心与终端的统一管理、网络虚拟化配置、LAN 与存储的全融合通讯、设备间低延时交换等前沿功能，满足下一代数据中心的要求。

(李　纲)

三、期货业信息化

【申银万国期货有限公司】 优化核心交易系统数据库，通过升级改造，按照数据分布情况重新规划了数据库分区，全面提升了系统结算速度。通过部署数据库自动同步系统，保障了核心交易系统主备数据同步的效率和准确性。

组织技术团队研究开源云操作系统，并利用旧设备部署公司级私有云，将公司的开发环境、测试环境等非关键业务全部迁移至私有云；同时实施了两期云桌面项目，将公司 50%的办公环境迁移至云桌面；采用云技术减轻了运维负担、降低了建设成本、提升了计算资源利用率和数据可靠性。

不断提升基础设施的国产化率，在公司机房网络设备更新中，大面积使用国产交换机及安全设备，保证稳定运行、降低建设成本；同时在核心数据库优化项目中，也采用了国产存储设备，从实际使用情况看，该存储设备性能不低于同级别国外系统，而成本降低了 40%。

大力建设软件开发团队，加强公司软件开发能力。完成了内嵌式量化平台、智能回测平台、PB 风险管理系统、量化风控系统、特法客户信息推送系统、申万移动应用、场外期权交易系统等一系列自主系统的建设。其中量化风控系统通过了上海市科学委员会的评审。

【海通期货股份有限公司】 完成核心交易系统的优化和整固工作,提升信息系统安全性;全面推广手机开户平台,简化客户开户流程,大幅提高客户的开户效率;构建虚拟化平台,通过搭建超融合体系架构,组建公司的测试和开发平台,有效降低了公司的信息化建设成本。

自主研发快速行情与交易系统,使公司在整个期货市场的交易份额大幅提升,提高了客户满意度;配合业务开展,建成期权业务系统,包括面向投资者的期权经纪业务系统、面向做市商的期权做市系统;自主研发数据中心系统,通过整合和汇总各类数据,为公司经营决策提供依据;参与中国证监会组织的证标委数据安全、信息技术统计标准、信息安全评估报告、数据模型等项目组活动,为整个行业信息技术的发展出谋划策。

【光大期货有限公司】 机房整理及核心化网络优化改造。有效解决了原本机房区域划分不规范、资源使用不平均、无法有效扩充客户服务的机房资源等情况。整理网络优化后的机房设施规范,部署有效监控措施,及时监控告警,有利于信息技术部第一时间排除故障,有效提升公司核心机房的信息安全等级,为后续公司系统建设、客户技术服务奠定基础。

自主研发手续费、返佣及保证金管理系统。公司过去几年的经纪业务持续发展,客户数量、保证金规模等大幅增长,原本中后台的手工操作方式及工作流程已无法满足高速业务发展需要。因此,金融创新部建设了一套完整有效的自开发管理流程及制度,用技术手段大幅提升中后台工作效率,实现管理模式重大创新。将梳理业务流程、系统开发及制度修订结合起来,在杜绝风险的同时,也增加了经济效益。

【中银国际期货有限责任公司】 实施主席交易结算系统更换项目,并于 2017 年 1 月 6 日正式上线。自此,公司正式告别恒生 2006 时代,进入 CTP(Comprehensive Transaction Platform,综合交易平台)时代,为迎接期货行业快速发展做好准备。同时引入联想品牌服务器,提高服务器国产率,提升信息系统安全性。

上线能源交易新系统,为能源交易做好准备;针对期权业务对现有系统进行梳理改造,为期权交易的开展做好准备;上线综合经纪业务管理系统,实时和日终采集交易系统数据,进行重组和分析,提供业务所需要的数据、功能和报表,并实现公司部分人工作业的自动化。提升为业务人员服务能力,提高公司各部门办公效率;完成资产管理系统建设,为公司资管业务的发展提供系统支持。

【天鸿期货经纪有限公司】 核心业务网络优化改造。公司主交易中心和总部部分网络接入证联网、部分银行如中国农业银行(以下简称“农行”)、中国交通银行(以下简称“交行”)和已上线的商业银行银期业务全部接入证联网;所有的仿真系统、FISS 系统、部分交易所会员服务系统接入证联网,接入证联网进行网络整合节省了网络资源、优化了网络拓扑。

对外部接入的交易软件进行了统一认证管理。监控客户账号被暴力破解、客户信息泄露等风险信息;目前对所有接入的外部客户端软件实施强制安全认证,并在风控系统上增加对频繁、异常登录用户的 IP 及 MAC 地址的监控,有效预防风险。

主系统期权模块建设。根据市场业务的需求,多次对核心交易系统进行期权功能的升级测试,完善生产系统对期权业务的技术支持。

建设并上线大连郑州期权仿真系统,配合交易所开展期权业务测试,为大连商品交易所(以下简称“大商所”)、郑州商品交易所(以下简称“郑商所”)期权业务顺利进行做好准备。

优化主交易系统核心数据库。从数据库存储、性能入手,对数据库进行评估,在稳定的前提下进行适当调整,提升了前台报表数据的查询效率。

【同信久恒期货有限责任公司】 CTP 主席系统正式上线。由于核心交易系统胜科金仕达数据系统(中国)有限公司的交易结算管理系统 V6,已经无法满足公司业务发展需要,根据监管要求及公司业务发展需要,在 2016 年 4 月至 11 月实行系统切换,核心交易系统变更为上海期货信息技术有限公司的综合交易平台(CTP 系统)。

完成对公司核心网络架构的优化改造,升级更换核心网络设备,升级核心网络带宽,更换品牌交换机、光纤网络设备及服务器,提升信息系统安全性。

为了做好系统灾备恢复建设,防范潜在的技术风险,提高交易连续性保障水平,信息技术部于 2016 年 12 月准备筹建灾备机房事宜,以加强公司交易系统的安全稳定运行。

完成对《同信久恒期交易系统应急预案》的修订,加强应急保障能力,确保关键设备和系统在出现故障或错误时能够快速恢复,保障业务连续性。

为方便客户熟悉新 CTP 主席交易系统,2016 年 10 月建成 CTP 仿真交易系统,该仿真交易系统和 CTP 主席生产系统环境完全一致,并且支持期权业务。

【建信期货有限责任公司】 公司机房搬迁。完成外高桥机房的建设和原打浦路机房到外高桥机房的迁移,实现张江机房、外高桥机房和建行大厦办公场所三地网络建设和联通。同时实现生产网、测试网、办公网和互联网有效隔离。

自主开发的 CRM 系统完成了客户关系维护、报表查询、影像资料、结算数据、公共资料和手续费利息返还六大功能模块共计 50 多项功能需求,既满足了各类监管报表的报送,也为公司管理和决策提供了数据支撑。

网络管理软件投入。实现了网络设备的资产、性能、故障、配置、报表等管理功能。加强了网络设备的统一管理,设备出现问题时第一时间响应和解决。

帕拉迪统一安全管理与综合审计系统。实现统一的 IT 运维操作管理平台,使技术人员的系统运维做到统一操作接口、集中管理行为、所有操作留痕,便于后续操作审计,满足合规要求。

【中辉期货有限公司】 核心信息系统切换。2016 年 9 月,平稳切换主交易系统,由恒生 06 切换为 CTP(综合交易平台)。提高了公司整体系统性能以及业务承载能力,为公司长远的业务发展奠定基础。

建设“两地三中心”主用机房。建设主用机房、期货大厦机房,并完成太原灾备中心的项目规划。引入思科、惠普等国际品牌交换机、服务器,提升信息系统安全性及稳定性。

综合管理平台上线使用。与主席切换CTP交易系统同步，全面上线德索CRM综合管理平台，提升公司数据处理能力，以及各业务部门与职能部门之间的信息交互效率。

完善制度流程。新制定制度6个，修订原有制度14个，全面覆盖公司技术人员的日常工作，促使工作流程化、规范化。

【华闻期货有限公司】 信息系统建设。根据交易所统一安排、部署，开展交易所高速报盘网络、交易所异地灾备中心接入；完成了建行、交行的证联网银期业务上线工作，FISS、中金仿真系统等业务应用也已切换至证联网运行；建设了一线通系统平台，光大银行银期业务已在该平台稳定运行，中信银行银期系统也在该平台完成上线前准备；完成深证通网络接入，金融数据交换平台（FEDP）、部分客户交易业务在此网络上运行平稳；从系统安全、网络稳定、架构清晰角度考虑，调整原有网络架构，专门建立外部专线客户交易接入网络，进一步保证系统安全稳定运行。

系统升级、调整。按计划完成了部分交易系统的服务器和网络设备更新、升级、调整工作；进行了金仕达、CTP系统的原油、期权版本升级工作，三套交易系统的交易所API及常规性补丁升级工作；对生产系统的系统监控、日志备份进行了持续改进、升级、完善；从系统安全运行角度，调整了金仕达主交易系统结算数据库、通讯平台、应用平台的设备、架构；对公司门户网站进行了持续安全改进工作。

软件正版化。公司根据自身实际情况及行业发展形势，深入研究公司软件正版化的实际方案、具体步骤。逐步购买了所需要使用的操作系统、办公软件，进一步实现了公司日常业务、核心业务所需的配套软件正版化。

【国信期货有限责任公司】 网络结构优化。对主机房互联网区域改造，将原互联网区域划分成行情交易区域及非交易区域，部署独立线路、独立设备，提升行情交易区域安全性。

中心机房规划建设。深证通东莞新机房系统集成布线采用变形TOR（The Onion Router，第二代洋葱路由）模式，比传统星型布线模式减低了30%费用，全网安全域划分设计（严格的安全域划分）、扁平化二层交换、万兆核心层三层转发（消除核心二层环路），能够满足未来五年公司业务发展需要，提升公司在行业的竞争力。

综合管理平台应用开发。对CRM系统做了二次开发：开发自动、批量推送短信，通知网开客户相关服务信息；期权上线对应的影像、合同等资料系统存档；与呼叫中心系统、微平台、网站、投研平台、财务浪潮、营改增等系统后续功能对接，以满足公司业务发展需求。

快速交易系统建设。2016年年底，上线易盛Mini和飞创X-one，两套系统均部署在交易所主机托管机房，提供服务器托管，可最大限度满足高速交易需要。易盛Mini系统拥有Datafeed深度行情，具备行情分析、Linux报盘接口等优势，在搭建时采用高频交易服务器、万兆低延时交换机，对服务器做了相应的性能优化。飞创X-one采用极速内存交易，提供丰富的行情推送方式，交易、行情API接口完全开放。

【东兴期货有限责任公司】 资管系统上线。建设迅投资管系统,已上线了 10 余支期货、股票类产品,产品市值接近 4 亿元。

完善期权业务系统。搭建部署金仕达及 CTP 两套期权仿真业务系统,公司各业务部门在使用过程中,逐步熟悉了期权的各项业务规则及行权流程。公司潜在期权客户亦可在仿真系统内进行仿真交易,完善自己的期权交易策略。同时生产系统也已升级至支持期权业务的相应版本。

上线迅投 PB 系统,为熟悉迅投系统但并非资管产品类的客户提供服务,也为部分对事前风控有需求的高端客户提供服务,丰富了服务内容、提高了用户体验。

完善报表生成系统,实现了业务部门各项业务数据的采集、汇总、分析,便于公司各级领导了解及掌握各项业务及重点客户。提升了后台部门的工作效率及工作稳定性。

优化调整网络专线。调整公司到五大银行的银期专线,逐步将银期线路从直连银行专线切换到证联网线路,实现了银期线路的集中管理、监控;升级了到各交易所的直连专线,线路类型及带宽均有所提升,确保交易所线路稳定、高效。

【上海东方期货经纪有限责任公司】 客户端跨数据中心透明接入。期货行业的现状是,主交易中心及灾备交易中心以及其他次交易系统的所有交易点接入,都是通过对应的 IP 地址及端口号,交易权限不同,当客户在不同交易系统上交易时,必须选择正确的 IP 地址甚至下载不同的交易客户端(需事先打包好 IP 地址信息等),否则连接不通。在出现灾难情况时,无法实现客户从主交易系统转移到灾备系统继续交易,必须一个个通知客户,现实中无法实现。东方期货采用 CTP 柜台交易系统的 FENS 接入机制及其他综合技术,解决了上述难题。

统一身份认证。每家期货公司的信息系统规模都非常大,面临大量的安全挑战及管理挑战,而且主要安全隐患来自内部而不是外部人员。为此,全系统基于 AD 实现统一身份认证,每个人在本公司只有一个账号,不同账号具有进入不同系统的权限,一旦有人离职,只需将此账号禁用。同时,此账号采用强制复杂密码策略。

跨数据中心的银期线路。公司每一家银期转账专线都是分别接入 A、B 两个数据中心,并且实现了跨数据中心自动检测线路的状态可用,并在一条线路故障的情况下,自动切换到另一条线路。成为行业内交易主中心切换后,仍能继续实现银期转账业务的公司。

【东吴期货有限公司】 恒生 UF20 期货综合业务平台系统项目建设。2016 年年初开始恒生 UF20 系统的建设工作,该系统采用内存交易架构,大幅提升客户交易速度;实现了交易和结算分离;采用成熟独立的账户系统,接口对接更加方便。该系统于 2016 年 11 月完成部署。

交易所报盘专线及机房互联专线升级。为配合未来期权业务的开展,公司按照四家期货交易所要求,逐步对现有报盘线路进行了升级。线路升级后,公司核心报盘业务、交易所会服、中金所 PSIS、监控中心数据保送和查询、证监会 FISS 系统等各项业务均顺利过渡至新报盘专线。

银期转账线路切换至证联网专线。按照协会统一部署,公司将建行、农行、交行等银期业务由专线切换至证联网,提高了证联网使用效率,同时也减少了通信成本。

公司网站改造。2016 年公司对官网进行了全面改版,新网站统一基调,网站版面采用更加简洁、明朗的风格,丰富了板块和栏目内容,提升公司企业形象。

互联网金融。互联网金融是公司 2016 年的一项重点工作,为配合互联网金融业务,公司持续建设和完善了微站、手机 APP 等互联网平台,为线上客户提供更加快捷的在线服务,提升了客户满意度。

【通惠期货有限公司】 积极推进商品期权上市测试工作。为迎接即将上市的商品期权品种,公司根据生产系统情况,搭建了多套期权仿真环境。推进期权品种开户、风控、交易、结算等各项业务测试。客户通过期权仿真环境进行的期权品种交易,可满足适当性制度中期权仿真交易经验的相关要求。

更新生产环境硬件设备。对于生产环境中运行年限较长的服务器和网络设备,公司进行设备采购和替换,提高系统整体可靠性和稳定性。

上线飞创 X-One 快速交易平台,成为国内首批上线由大连飞创公司研发的 X-One 快速交易系统的公司,该系统主要服务于高端、专业、量化投资者,具有快速订单响应和超低内部延时等特点。系统部署于离大商所撮合中心最近的飞创 G 机房,主要为极速交易大商所品种的投资者提供具有优势的交易通道。

【瑞银期货有限责任公司】 完善内部 IT 管理体系。通过瑞士银行集团内部的 IT 审计以及安永审计事务所的外部 IT 审计,为建立一个决策科学、运营规范、管理高效、持续稳定与健康发展的期货经营实体奠定坚实基础。

构建了一整套符合 QFII 客户交易习惯的交易平台,为 QFII 客户定制开发了全套后续流水文件,内容包括每日、每周、每月个性化账单,风控信息及 QFII 额度实时监控系统等,提升外部客户满意度。实现报送文件多系统自动核对,确保数据准确性。

建设和完善灾备体系。在北京建设了恒生交易结算系统的灾备体系,多次进行灾备演练,验证了灾备架构、灾难恢复预案的有效性以及实际执行能力。针对演练过程,发现各方面存在的问题并加以改进,使灾备体系更加完善,同时也使各部门相关人员了解相关策略、流程和方法,提高公司应急响应和灾难恢复的综合执行能力。

【渤海期货股份有限公司】 针对渤海期货总部办公场所的变更,对远程通讯线路做出适当调整,新增两条点对点专线至总部新址张江数据中心,并完成了新办公场所的综合布线和办公系统建设。

2016 年 7 月 1 日,上线了大商所飞创公司开发的 X-Speed 交易系统;7 月 6 日,上线了郑商所易盛公司开发的易盛 8.0 交易系统;7 月 15 日,博易大师行情分析系统从自运维方式切换至云行情方式;9 月 16 日,将原长春数据中心所承担的职能分别迁移至大连灾备机房与上海张江机房,并于 9 月 30 日停止原长春数据中心的运营。

2016 年 9 月 22 日起,实施安装由澎博开发的手机 APP,并于 9 月 27 日正式上线;12 月,分别完成了建行与农行银期通讯方式切换至证联网;根据大商所与郑商所的安排,完成期权仿真系统与生产系统的升级与测试,为期权上市做好技术准备工作。

【东航期货有限责任公司】 运维自动化建设。出于对人力资源的合理分配，减少有限时间损耗在重复工作中，信息部选择使用自动化运维系统对接现有部分系统，优化日常操作、有效节约人力消耗，间接提高了工作效率。2016 年，完成对各系统开收盘工作的自动化运维，提高运维工作的稳定性、保证运维质量，减少了在运维工作中人机交互的操作风险。同时仍然保持人工复核模式，避免因自动化运维本身异常或故障而引发事故。

构建日志安全审计系统。对公司核心日志进行自动收集、汇总、分析、报警，便于运维人员及时发现安全隐患、定期总结安全问题，提升了公司信息系统安全发现能力。

【国富期货有限公司】 公司整体技术系统运营架构改造。由单中心模式向多中心模式(两地三中心)改造，保障基础技术系统运行。完成主中心——中金所移动机房建设，同城备中心——数讯机房正在建设中。

核心系统升级扩容。核心主交易系统升级为 CTP，公司核心技术系统承载客户同时在线交易能力由万级扩容至 10 万级；系统处理委托性能由 1 000 笔/秒提升至 8 000 笔/秒。

建设国富云资产管理平台。国富云资产管理平台解决私募机构从创立、发展到成熟各个阶段的主要痛点。统一运营服务解决私募机构创立初期 IT 建设问题，一站式全球交易满足不同发展时期的交易配置策略问题，FOF 母基金穿透式风控体系解决成熟期资产规模不断增大的困扰。提供从低成本云服务到专享白金服务等多种运营服务体系，满足各类私募机构对 IT 建设成本的要求。

【海证期货有限公司】 恒生主系统搬迁。2016 年 10 月 10 日，将恒生主系统从临平北路机房搬迁到了张江凯道移动托管机房。

恒生系统升级。针对中国金融期货交易所(以下简称“中金所”)接口变更、新交易规则、新保证金及费用收取方式、更好地支持期权上市等，对恒生系统进行了 sp7、sp7pack1 及相关补丁的测试升级，支持各个交易所及监管业务要求。

农行银期、一线通银期迁移。在农行和证联网线路凯道线路完成迁移后，完成了农行银期和一线通银期报备，以及程序迁移至凯道托管机房。

交行银期切换至证联网线路。配合证信办银期切换至证联网线路的要求，完成了交行地址报备、测试和切换至证联网上线。

行情系统升级。文华、澎博行情系统由于交易所规则和合约品种增加等因素，对客户端分别进行过多次升级，配合恒生主系统的迁移，更新交易站点，保证了系统切换过程中客户端平稳过渡。

上证通、深圳通交易系统建设。根据不同基金、机构的接入要求，搭建 CTP 仿真测试环境用于接入测试，部署上证通、深圳通 CTP 前置接入程序，升级了生成结算文件程序。

【恒泰期货股份有限公司】 机房及交易系统建设。完成中金所移动机房建设，建设易盛启明星交易系统，提升交易性能，支持期权业务；联合软件商开发 CRM 综合管理系统，提升客户管理与服务能力。

网络改造。完成对上期所、大商所、郑商所、中金所高速交易网络扩容改造；开展证联网银证业务网络改造，已完成工行、交行证联网接入。

完善 IT 部门建设和管理。优化部门工作分配及岗位职责分工，适时调整日常运维内容，跟进解决系统巡检工作中发现的问题，落实等级保护及应急保障能力，保障信息系统稳定运行。

【华鑫期货有限公司】 持续落实《期货公司信息技术管理指引》(三类)要求，以《信息技术管理指引检查》三类标准作为技术工作规范，自查结合外部专项审计，不断完善、打造一个安全、高效的信息技术平台，为公司快速发展提供保障和动力。

核心系统核心设备整体升级更换。整体升级更换主交易结算管理平台核心服务器，提升系统工作效率和整体安全性。

主动适应移动网络技术和移动终端平台技术发展，陆续推出移动端网上开户、网上交易、微信公众服务号、移动终端平台等多项服务，充分利用移动网络提升客户体验，增强客户贴身服务能力。

坚持信息技术持续投入、支持业务创新。配合业务开展需要，建设资产管理系统、期权业务支持系统、扩大银期支持范围、加强 IB(Introducing Broker，介绍经纪商)业务互联业务通道，为持续开拓公司业务提供稳健的技术平台支持。

【上海大陆期货有限公司】 为商品期权上市做准备。2016 年 8 月至 12 月，参加大商所期权仿真大赛，面向投资者，只要有意向者均可参加此次大赛，完成了交易所要求的内容；升级所有业务带宽；仿真系统已全部升级到最新支持期权业务的版本；建立一整套期权开户流程，投资者已陆续开户，为商品期权的适当性做准备；将所有相关客户端升级到最新版本；提高公司相关部门对商品期权的认识与了解，技术部、结算部、风控等部门都参加过交易所、协会、系统开发商的培训，公司内部也开展了很多相关培训课程。

托管机房建设。2016 年增加了郑商所电信机房、中金所移动机房两个托管机房，方便有相应需求的投资者做经纪业务。

【上海东亚期货有限公司】 建设期权测试系统，配合交易所做好期权测试工作，分别建设上期所、大商所、郑商所的期权测试环境，全面开展期权各项准备工作。

银期业务切换至证联网运行。五大行逐步切换至证联网运行，降低企业成本、提高银期系统安全性。

部署 360 安全中心企业版，提高办公系统安全性。部署安全中心，对公司电脑进行监控，增加了网络安全性。

建设办公自动化系统，简化了各种流程，提高了审批便捷性，大大提高了办事效率。

【上海东证期货有限公司】 公司完成期货期权/个股期权交易系统的部署和测试，为开展下一阶段的交易期权业务奠定基础；完成原油交易系统和结算系统的部署和测试，为开展下一阶段的原油期货业务奠定基础。

【上海浙石期货经纪有限公司】 交易核心系统优化改造。完成对恒生 06 系统核心组件的优化改造，升级更换核心交易系统服务器，引入华为等国产品牌服务器、存储设备，提升信息系统安全性。

资管云和账户云管理系统正式启用。启用资管云系统为公司资管业务发展提供优良的技术平台。启用账户云管理系统进一步提升业务发展合规性，完全满足监管要求。

银期系统链路正式接入证联网。经过证联网、银行和公司三方多次测试和验证，2016 年 11 月交行银期正式切换到证联网，12 月工行银期正式切换到证联网。不仅使银期系统更高效、可靠、安全，还节约了运营成本。

【上海中期期货股份有限公司】 信息系统审计。为了实现公司信息系统长久安全稳定，保障公司技术制度及流程切实有效，根据中国证监会发布的《证券期货业信息系统审计指南》要求，公司聘请外部审计机构从信息技术治理、机房管理、网络管理、运维管理、信息系统安全等级保护、软件正版化、网上信息系统、重要信息系统、期货营业部及信息系统托管十个方面对公司的信息系统进行综合检验。

套期保值系统升级。在公司前二代套期保值软件成功应用的基础上，结合企业及风险子公司实际业务需求，打造第三代套期保值软件。第三代套期保值软件为 B/S 架构，并支持 Android 与 iOS 移动客户端，贴合企业移动办公需求。系统采用业内领先的 J2EE 后台框架及 HTML5 前端技术，具有良好的业务负载能力及扩展性。系统功能紧贴企业实际使用需求，包括套期保值方案管理审批、套保行情查看及交易管理、二次结算、期现头寸匹配、风险预警报表等功能，为企业提供全方位的套期保值功能。系统未来还可以与公司自有投研数据库实现对接，为企业提供套保方案咨询、数据报告查阅、方案试算等功能。

期权业务准备。随着期货市场政策逐步回暖，商品期权上市节奏加快，公司在主交易系统、行情客户端及风控系统方面都做了相应的升级选型，并更新了相关制度及流程，为未来期权上市交易做好充分准备。

【天风期货股份有限公司】 中心机房扩容。2016 年 3 月，完成了大连中心机房扩容工作，由 24 组机柜扩容至 40 组机柜，同时更新了部分服务器及网络设备。扩容后的天风期货大连中心机房可承载更多的业务系统，为公司下一步发展提供可靠的技术保障。

2016 年 5 月，完成中金所交易会员升级为交易结算会员的工作，同时部署了 PISI 系统；6 月，将信息系统灾备中心由武汉迁移至上海，进一步提高公司信息系统的稳定性；8 月，完成飞马交易系统的搭建工作，该系统稳定运行，为客户提供了更加高速的交易通道；升级交易所链路，把原有到各交易所的 2M SDH 链路升级为 4M MST 链路，扩大了链路容量，为即将到来的期权业务做好了技术准备；12 月，完成交行证银期转账系统切换至证联网链路的工作。

【铜冠金源期货有限公司】 2016 年 1 月启动 CTP 主席系统设备更换，并于 12 月 30 日完成设备切换，为未来期权、原油等品种的推出打下良好基础。

完成对公司总部源深路机房网络架构的优化改造，升级更换核心网络设备、交换机、防火墙等，提升信息系统安全性。

筹备建设手机 APP 系统。此前公司在移动互联网方面的投入较为薄弱，为了做好移动互联网的接入，提升客户满意度及便利度，技术部会同业务部门经过近一年的咨询测试比对，于 2016 年

11 月完成手机 APP 系统的采购招标，并着手开展项目建设前期准备工作。

【国投安信期货有限公司】 新系统上线。2016 年 1 月起，着手切换 CTP 主席工作，原国投 CTP 二席、原国投恒生 06 主系统及原安信期货 CTP 二席系统下线，搭建 CTP 主席历史库，并分配历史库柜台，4 月底前，联系五大行进行资金号升位并完成了国投和安信的五大行银期合并工作，至此所有 CTP 主席合并工作完成；6 月 30 日易盛 9.0 系统上线，新系统不仅简化了下单界面，更提供了行情多种分析和研判功能，更好地服务客户。

机房迁移。2016 年 7 月 8 日，完成数讯蓝光机房设备搬迁；11 月 12 日，完成期货大厦新机房搬迁。

完善信息化保障体系。2016 年，完成了一系列管理制度和规范更新。

【国泰君安期货有限公司】 2016 年商品期货市场行情持续火爆，为满足市场需求，并严格遵循行业监管规范，公司 IT 工作以合法合规为原则，对现有系统进行硬件更新扩容、版本升级、架构优化、新系统上线，以及增加网络监控、强化数据备份、完善落实各项规章制度等，保障了交易系统和各项业务平稳运行。结合行业发展趋势及客户需求，公司陆续上线中金技术飞马二代系统、上期技术 CTP 迷你二代系统、郑州易盛 V9.0 等系统，多角度满足不同客户需求。在满足内部管理的 IT 需求方面，公司开发上线了仓单管理系统和结算交割管理系统，其中结算交割管理系统是针对结算交割业务量身定制的一套电子化管理系统，用来代替各类纸质文件，通过系统化管理模式，防范工作中的疏漏、提高工作效率、节约运营成本。公司还新建了北塔网络监控平台，全方位对网络设备、通讯线路进行监控和管理，提升了网络监控水平。

【新湖期货有限公司】 2016 年开发风控二次系统。以 CTP 交易系统为核心，实现定制化风控二次系统开发，以满足公司风控需求。该二次系统包括盘中交易所资金监控预警、多账户交易监控预警、历史登录和交易核查。系统初步结合了 CTP 交易平台提供的开放接口，完成了一些期货公司自定制化风控需求的监控，加强了期货公司的运营能力，保障了经纪业务合规有序地开展。随着未来期货公司业务深入开展，基于 CTP 提供的开放接口能够更有效地支持公司业务运营。

【上海中财期货有限公司】 完成交易主席系统切换，将金仕达交易结算系统切换到上海综合交易平台(CTP)。2016 年年初对这一可行性进行了评估；根据公司自身发展需求，7 月开始进行主席系统切换工作，采购设备、部署软件系统等；12 月完成切换工作。

【中融汇信期货有限公司】 2016 年，公司将云计算技术带入 CTP 灾备中心。相关云主机可以与已入驻金桥机房的客户实体机柜实现光纤互联，也可以连接中金所、郑商所、大商所、上期所等快速平台，便利客户，即申请即使用、即撤销即保存。系统采用虚拟与物理结合的混合部署模式，对于可进行虚拟化的服务器完全虚拟化，对于数据库服务器则采用物理协同托管的方式。计算资源及网络资源采用 VDC 云平台托管私有云服务提供的专享资源,且资源完全独享。网络环境上分别开通中国电信、中国联通 50M Internet 线路各一条,并与公司主机房进行专线互联,实现了 CTP 主系统和备份系统之间互联互通。

(李　纲)

四、基金业信息化

【国泰基金管理有限公司】 对国泰基金灾备机房架构进行整体优化改造,升级更新网络设备、服务器设备和存储设备,全面提升了灾备信息系统的安全性。

配合深交所新一代交易系统改造,完成线路申请,网络环境配置,投资、估值系统开发,交易、行情、文件网关部署等工作,保障了深交所新一代交易系统顺利上线。

建设推出营改增系统,实现增值税的纳税申报、开票、流程审批以及发票实物管理电子化。

配合业务发展,建设推出跨市场 ETF(Exchange Traded Funds,交易所交易基金)系统,包含跨市场 ETF 基金的申赎业务、实时补券业务、PCF 制作上传及估值业务,为丰富公司产品线提供有力保障。

主干业务系统功能、性能提升。完成直销系统性能优化,通过调整系统架构、升级软件版本,实现直销开市时间由原来的 1.5 个小时缩短至 0.5 个小时,实现了网上交易 7×24 小时不间断运行。

建设虚拟云项目,完成交易云的存储连接及应用迁移工作。投研、直销、登记注册、估值等部分应用已经在交易云中运行。

自主研发监控系统,实现全公司各项核心业务数据的采集,汇总、分析。通过短信、邮件等方式,对异常状态及时告警、对流程各环节有效监控和提醒,便于业务人员、管理人员全面、及时、准确地掌控和推进各项业务。

【富安达基金管理有限公司】 正式启用深交所五代交易系统,完成业务网关部署、行情揭示系统升级、交易系统测试和升级、通讯线路调试和网络接入等各项准备工作。

完成办公网 WAF(Web Application Firewall,网站应用级入侵防御系统)设备部署、业务流程优化,正式上线试运行公司 OA 系统,提高工作效率、提升核心竞争力。

部署日志审计系统,满足日志集中管理需要,有利于提高公司信息系统安全审计的效率和准确性,有助于及时发现安全隐患、协助故障定位和责任追查,建立完善的安全监控管理体系。

系统优化。改造 TA、直销、估值及网上交易等系统,适应货币基金新规和《私募投资基金募集行为管理办法》要求。

【汇丰晋信基金管理有限公司】 深交所第五代交易系统适应性改造,完成了行情、交易、文件网关升级上线,以及投资交易系统和估值系统相关改造与升级上线。

2016 年 4 月更换反洗钱系统，满足监察稽核部和集团内部审计关于防范金融犯罪、客户评分等需求，并进一步强化了黑名单匹配、反洗钱等监控功能，满足监管和内控要求。

沪港通功能适应性改造，完成了投资交易系统和估值系统相关改造与系统升级。

中港基金互认（北上）系统改造与测试，为实现中国香港互认基金在内地销售的功能，完成了直销、资金清算等系统相关功能改造，并与中国香港基金管理人一起，在中登仿真业务平台上完成了联测。

完成了金丘营改增系统建设，以及数据中心系统相关改造，实现了价税分离、纳税申报、增值税专普票的开票功能。

深信服上网行为升级更新、系统更换。新系统可以实现更细致、丰富的安全控制功能，提升了公司上网行为监控和控制效率。

完成了 Windows2003 到 Windows2008 的升级，项目升级后满足了企业架构 Everygreen 的要求，及时更新补丁、更好地支持应用软件。

完成了 NetAPP 存储部署和 Vmware 虚拟机迁移。避免了更新 Vmware 版本可能对虚拟机物理文件造成的破坏；提高了虚拟机的 I/O 效率；更有利于磁盘容量集中管理、自动扩展与伸缩；可以实现虚拟机跨服务器迁移。

【金元顺安基金管理有限公司】 2016 年 6 月，对上海中心机房承载投资交易系统的小机进行了更换，其内存达到 64G、CPU 达到四核，提高了投资交易系统运行速度，系统性能得到极大提升；投资交易系统功能改造，增强了公司固定收益方面的系统功能，新上大宗交易平台、质押式协议回购系统、同业存单、存款业务等功能模块；建设期货系统，购买了股指期货、商品期货、国债期货系统，扩宽了公司业务发展系统平台；公司正在建设和测试算法交易系统，逐步提升公司投资方面的竞争力。

【财通基金管理有限公司】 升级网络安全类设备。将公司成立之初上线的 2 台网站网上交易负载均衡设备、办公网的 2 台 Cisco ASA5520 防火墙进行替换，增加一款区别于传统网络防火墙的应用防火墙，替换办公网核心交换机，实现万兆交换，满足未来三至五年的网络需求。

迁移虚拟化平台服务器，虚拟化平台 2 期平台性能优势明显，容灾也更为完备。2016 年完成了应用迁移工作，将近 100 台物理服务器系统和应用全部迁移至虚拟化平台，进行统一化管理。

营改增系统专项改造。协助财务部完成针对营改增中付款金额做加税分离计算。涉及改造包括：投资者管理费等价税分离、费用报销流程、付款审批流程、增值税申请表、增值税开票流程。

开发 APP 项目。项目设计之初主要服务于高净值客户，公募功能已上线，部分功能在灰度测试过程中，专户功能测试环境测试完毕，公募功能将在运行平稳后整体上线。

开发生命周期系统。重点梳理了各个应用系统的数据流转过程，建立了发行条线的全数据仓库，并针对各个业务系统的数据进行整合；根据公司各部门业务情况，替换了原开发商的应用系统，重新搭建了适合公司特色的新版系统开发框架，新系统的各种工具一定程度上优化了各个部门的工作效率。

【国海富兰克林基金管理有限公司】 配合沪港通业务开展,2016 年 8 月,完成投资交易系统、财务估值系统升级改造,实现沪市港股通投资、交易、估值核算信息化建设,扩展了公司投资业务发展多样性。

配合公司推行事业部制,改造数据中心系统,实现核心业务数据及外部资讯数据的采集、汇总、分析,解决数据时效性问题。2016 年 7 月上线以来,通过持续优化更新,给公司风险控制与绩效分析人员提供丰富的数据报表支持,减轻了业务部门的业绩考核压力,便于公司各级领导和管理人员全面、及时、准确地掌握公司各项业务,打造公司业务长远发展的核心竞争力。

公司生产机房采购两台 Cisco 4507 核心交换机,用以替换旧 4506 交换机,并且完成了周边网络设备的升级改造。升级后整个办公内外网全部换成千兆网络,极大提升了数据传输效率,整体改造已于 2016 年 10 月完成。

【长安基金管理有限公司】 灾备系统建设。根据公司发展规划,信息技术部提出建设需求,建立了数据级灾备机房,新采购一套 NetAPP 存储用于生产系统,原有的存储设备移至外高桥万国数据中心灾备机房,通过 Snapmirror 技术,每半小时传输一次增量数据,每天夜间做一次全量备份,对交易日所有数据库进行全量备份,备份文件保存在灾备机房存储上。

恒生投资交易系统升级。恒生投资交易系统升级到 20160122E 版本,主要功能增加了沪港通交易模块和上交所质押式协议回购模块,满足沪港通交易规则,更好地支持公司业务发展。

上线微信公众平台业务,包括微信端开户、绑定、查询、基金交易、高端理财、精彩活动等功能,并于 2016 年 12 月底上线使用,可随时随地提供信息和服务,更好地服务于投资者。

【银河基金管理有限公司】 积极配合深交所升级与测试新一代交易系统。由于本次升级工作彻底,包括交易链路、网络结构、行情发布、业务规则、技术性能等均有涉及,因此项目耗时长、投入大,该项目预计于 2017 年 7 月 29 日正式上线。此外,交易系统与估值核算系统还完成了国债期货系统、商品期货、同业存单、协议式回购等业务功能升级与改造工作,并已经上线。港股通项目已经完成测试工作,等待上线。通过一系列改造,扩大了可投资范围、丰富了投资品种。

更换核心存储、投资交易服务器、核心交换机项目。投资交易系统由原来的 Aix 服务器迁移至 Linux 服务器。更换后投资交易系统运行效率提高了 5 倍。交换机由原来两两主备模式改为 4 台同时聚合模式,提高了可靠性、扩展性、数据吞吐能力,满足了并发的数据交换需求。

【德邦基金管理有限公司】 货币 ETF 项目。2016 年 11 月至 12 月升级上线了 ETFTA 系统、投资交易系统、数据中心系统等的相关模块,保证了公司第一个工具类产品正常发行与运作。

投资交易系统国债期货模块及多家期货公司对接:2016 年 11 月上线了投资交易系统国债期货模块,增加了公司基金可投资标的的范围。全年对接了申万期货有限公司、国泰君安期货有限公司等多家期货公司,为公司业务发展提供了有力支持。

上线了客服部使用的电子传真自动化系统、基金会计使用的估值系统外汇交易中心 API 接口、民生银行等 3 家银行的电子对账系统。通过电子化、自动化项目减少了重复性劳动，有效提高了中后台部门的工作效率。

信息技术部 2016 年全年一直配合深交所进行第五代交易接口的改造测试，最终在 2016 年 6 月上线运行，保证了业务连续性并提高了交易效率。

【东海基金管理有限公司】 完成中登分 TA 系统的建设。2016 年公司配合深交所、中登、中登沪深分公司完成 LOF（Listed Open-Ended Fund，上市型开放式基金）系统测试，完成各业务系统及配套系统测试与上线工作，保障公司顺利发行深交所 LOF 产品——东海祥龙定增基金。公司建成深圳中登分 TA 系统，为投资者提供新的产品类型，进一步完善公司产品线。

核心系统完成深交所第五代交易系统适应性升级上线。公司配合深交所第五代交易系统上线，对投资系统和估值系统进行多轮测试和升级，在 2016 年 7 月正式切换上线。

为提高客户对公司网站的使用体验及满意度，完成新版网站系统改版升级。完成客服系统年度升级，优化服务管理、客户服务、统计报表等功能。

加强信息安全加固工作。办公网络新增 WAF 设备并更新生产网的入侵防护设备。接受中证信息的定期安全服务，和安全厂商建立合作关系，定期对网站、网上交易进行安全漏洞扫描，核实及修复发现的漏洞，确保网络及应用安全。

开展安全自查工作，公司根据行业监管自查要求，完成公司短信平台系统的安全管理自查工作，完成公司信息安全专项检查和互联网金融专项整治自查工作。

【东吴基金管理有限公司】 基础设施建设。2016 年更换上海深圳行情及深圳报盘卫星设备。公司邮件系统发送附件大小由于硬盘存储空间限制，设置附件比较小，2016 年对公司邮件附件大小进行了扩容。

投资系统是基金公司的核心系统，2016 年为保证公司各信息系统对接交易所新一代交易系统，保证投资业务正常开展，对投资交易系统及涉及的设备等进行升级改造；注册登记系统的特点是支持巨大客户数量和交易数量，并及时对业务数据进行整理、清算和记录。通过不断的业务创新，注册登记系统已能支持多种新业务的开发需求；2016 年公司加强对直销柜台的更新力度，升级了直销电子传真和直销柜台下单提醒功能。提高了直销柜台下单效率，增加了柜台客户的满意度。

系统安全保障。升级了威盾桌面监控软件版本，新增第三方邮箱使用 Outlook 软件可监控功能，支持微信监控、QQ 图片和附件发送监控等，加强了安全审计措施。2016 年勒索病毒猖獗，全国至少有 497 万台电脑遭遇攻击，下半年达到高峰。公司及时针对该病毒做了防范措施，安排安全厂商对公司网站进行渗透测试和安全巡检。

【兴全基金管理有限公司】 2015 年启动核心系统托管机房建设，2016 年第一季度完成所有核心系统迁移，将核心业务平台由 Aix 切换至 Linux，数据库升级至 Oracle 11g；第二季度完成配套深圳灾备改造，提升了核心基础架构的可用性和能力；配合公司办公地点搬迁，完成嘉里中心本地机房及配套网络等基础设施建设，为后续两地三中心架构打好基础。

新增深交所第五代交易系统、上海和深圳大宗交易电子化接口、历史库归档、上交所个股期权、IPO 新规支持、上海固定收益平台等增值模块，通过系统自动化，支持业务发展；增加通联支付资金方式，新增网上交易专户模块、直销批量开户交易等功能；根据业务需求新增对保险估值、深交所第五代交易系统、分库等功能的支持，上线工行等多家银行的银企直连。

建设管理类系统，完成 OA 和 ITSM（IT Service Management，IT 服务管理）系统的微信平台部署，提高内部流程流转效率；继续加强 IT 服务水平体系建设，修订、运作保障部信息技术管理制度，建立了信息安全领导小组，启动了 TA 注册登记系统等保三级建设工作，以"零不符合项"通过 ISO20000 年度审核。

【富国基金管理有限公司】 改进基础设施，完成相关核心系统服务器升级更新；构建统一日志分析系统，初步对公司官网访问日志、核心业务系统操作员操作日志、数据库审计日志、监控系统告警日志等进行统一采集和存放；不断完善 Nagios 监控系统的监控指标，监控项由 2016 年年初的 700 多项增加至 1 613 项，实现了系统级监控全覆盖。

推进新数据中心建设，完成新机房选址以及机房综合布线等建设工作；完成富国基金系统现状调研、新中心应用部署规划和基础设施各专业架构设计，制定新中心整体建设物料清单、设备选型和技术规格。

优化投资运营流程，推进场外交收一体化建设，推动银行间交易侧及运营侧一体化改造；实现自动化一期项目，重点在日常运维、业务自动化、系统和业务自动巡检、系统应急切换、系统自动部署等方面进行试点，完成直销系统批量、清算系统批量、TA 批量、投资交易系统开盘及日常巡检等功能；构建基金运营管理平台，重点覆盖了科目、估值表、净值、证券买卖、证券价格、协议到期、新股、异常行情、未上市证券、基金偏离度、凭证、股息红利、规模、证券持仓、上报文件等监控点。

自主研发提升互联网电商，移动平台、渠道整合平台实现自主研发和月度版本发布计划，HTML5、微信平台、APP 全面实现与恒生直销平台松耦合。

持续推进数据服务及治理，完成数据仓库二期项目，进一步完善数据服务平台（包括固定报表、多维分析、自助取数、自助查询、自助分析、数据实验室），构建企业指标服务体系，完成了投研类指标近 220 个、营销类指标近 100 个。

【光大保德信基金管理有限公司】 2016 年 3 月底完成公司整体迁址工作，迁址后主机房与主办公场地分离，形成办公场地的同城互备；10 月对灾备中心所有设备进行全面更新，并重新搭建业务系统，12 月组织开展覆盖公司主要业务的灾备应急演练。

完成深交所新一代交易系统接口升级、中登深圳分公司接口升级、新股 IPO 业务新规等系统适应性改造；组织完成深交所固定收益平台业务、QDII 商品期货业务、银行间市场 API 下行接口导入、耀钱包基金分级等功能改造，完成 CRM 系统渠道划分、优化销售报表统计功能，开展投研数据中心、研究报告系统二期、风险管理系统公平交易模块等项目建设。

自主开发银行间市场交易操作平台，提升银行间市场债券交易效率；优化公司内部公文审批、休假申请等流程功能；与赢时胜公司合作，创新开发产品定期报告辅助核对系统，预计2017年上半年完成，可大幅提升产品定期报告制作的效率；引进互普威盾桌面安全管理系统，增强对客户端行为的管控；升级上网行为管理、运行监控等系统，强化公司信息系统安全防护体系。

【国联安基金管理有限公司】 借助深交所新一代系统改造，提升交易环境性能。建设交易环境云平台，采用3台高性能HP580服务器组成虚拟机环境，并将行情、转码、转换机、报盘等机器迁移到云平台上，经过测试，性能和稳定性均大幅提高。

交易系统由小型机迁移到PC服务器，采用2台顶配的PC服务器进行热备，经投资部门使用、验证，系统性能大幅提高。

2016年5月，公司率先在行业内实现了全新OA系统进项管理功能，并定制开发了销项管理的VAT系统，实现了营改增发票的管理、统计、查询、校验等功能，在VAT系统中实现了多维度客户管理费用统计、发票打印等功能。

2016年公司为了加强网络安全，对网络进行了综合改造，从各个层面实现对攻击行为的安全防护。具体包括：办公网增加深信服和PaloAlto下一代防火墙系统，实现七层防护；更换WAF系统（应用防火墙），除了对旧网站和网上交易进行防护外，新纳入了公司OA系统、研报系统、CRM系统、手机APP等，新建了准入系统。

【海富通基金管理有限公司】 海富通运营平台。为提高各业务系统之间的文件交互效率，避免手工复制风险，2016年对原有的数据复制平台进行优化，提高可视性、可管理性和可扩展性，优化后进行任务添加更方便、可扩展，增加了基金比对的扩展功能，提高了基金后台运营效率。

电商部分继续优化系统、拓展销售渠道、给营销提供足够支持。主要完成微信端信用卡还款功能、微信端引入光大银行水电煤缴费功能（瑶瑶生活）；扩大货币基金使用场景、增加客户黏性、提升货币基金规模。

针对专户产品，TA和直销上线了电子合同系统，支持市场上所有接口；电子合同系统上线节省了纸质合同的印刷、运输及客户签订后回收的成本，在提高效率的同时，增强了产品备案过程中审查资料的便捷性。

配合完成深交所新一代系统上线、深圳中登结算系统第一轮改造；为支持业务发展，新上线深港通模块、净值类风控模块、交易频率风控模块、远程客户端期货模块、上海大宗交易模块、深圳综合协议平台模块、金纳算法交易模块、同业存单模块、上海/深圳质押式协议回购模块、开放式基金传真模块等。

在投研系统方面，上线移动APP模块，提高办公有效性；根据公司新制定的派点工作制度，改造投研系统机构打分和券商佣金模块；根据新股新规，以及稽核部、交易部需求，对新股模块做适应性改造；根据稽核部、研究部需求，对股票池模块进行了改造。

2016年新部署了系统运营监控平台，采用开源的Zabbix监控系统，加强并完善了现有监控体系，通过邮件、微信做到及时告警通知。

建设综合管理平台。建立全公司员工、部门的内部工作门户,将公司各部门的主要业务流程规范化、标准化,建立跨部门业务流程协同平台;通过新闻、公告、讨论、调查等方式,建立起宣传企业文化的平台;整合企业制度、岗位业务材料、行业资料等,打造知识管理和分享平台;整合客户关系管理系统等业务系统。

上线增值税管理系统。包含销项管理、价税分离、发票管理、税金台账及金税系统对接等功能模块,其中价税分离为自主开发实现。另外,增值税管理系统的进项管理模块将与网报系统一同上线。

【华安基金管理有限公司】 系统稳定运行方面,梳理各类监控及扩展覆盖范围、优化与更新基础运行环境、提升BCP实现层次和同步方案等,结合系统问题进行平台登记和追踪,确保公司业务稳定运行。

信息安全方面,继续加强与北京神州绿盟信息安全科技股份有限公司的合作,实现华安安全基线的深入。做好外网渗透、内网扫描、EC客户端黑白盒检测等工作。安全项目方面,完成公司安全云备份、硬件加密等工作。

基础运维建设方面,完成网络设备更新(二期)、裸光纤环网建设、电话系统和录音系统升级(与客服交换机分离)、服务器虚拟化3期等项目,提升公司基础系统运行负载能力。

IT管理方面,继续推进IT工作平台的日常使用,该平台已成为IT和业务部门进行项目进度管理、测试和生产问题追踪的交互平台;继续对平台功能进行提升,知识库加强IT传承、提升问题解决效率;新建的服务台有利于问题回馈、分类及处理;继续推进IT专业测试,测试覆盖范围进一步扩大。

IT规范度方面,在IT管理平台进入日常使用和华安测试体系落地后,各类人员分工和操作规范更为明确,年度各项目开发、系统上线、系统权限申请、参数修改、防火墙策略都较好地按照IT治理规范所要求的方式进行,流程执行到位。

【华宝兴业基金管理有限公司】 更换核心网络及防火墙,更换2011年购买的交换机及防火墙,提高虚拟主机切换速度,减少应急切换时间,同时提高系统性能及安全性能,为应对未来的极端行情和业务发展奠定坚实基础。

围绕公司业务发展,在跨市场ETF、深股通等新业务上,对系统进行改造,支持业务发展。对TA、资金清算系统进来升级更换,提高系统性能及可用性。

建设内部管理系统,如量化投资管理系统、费用系统、投研管理系统,支持量化业务发展,提高公司管理效率。

优化电商交易平台,如公司APP、微信、PC端网上交易及网站,支持公司互联网金融的发展。

【华宸未来基金管理有限公司】 自建核心机房基础环境。全面升级更换机房消防系统的控制器及气体,对温感及烟感设备进行全面检查,保障了灭火系统的持续有效性;对达到使用年限的UPS电池进行更换;加强了机房基础环境的巡检力度。

业务系统建设。对注册登记、交易、估值清算、直销中心等核心业务系统进行了多批次升级测试,并根据升级计划有序推进、保障业务系统版本达到行业水平。对子公司信托TA、估值及清算系统进行了系统及服务器的全面升级测试。

安全建设。上线 IT 业务监控系统，实现对基础设备、系统及应用的实时监控及预警，IT 人员能第一时间收到告警短信及邮件；除本地数据备份外，上线重要业务数据异地备份，并且达到 50 公里级别；加强网站和网上交易漏洞扫描及渗透测试，并根据扫描结果及时修补升级；加强了上网行为的管理力度。

上线并完善 OA 系统，使得公司内部业务及办公处理流程电子化；上线虚拟化系统，提高系统环境支持力度、降低成本。

【华富基金管理有限公司】 基础设施建设及运营保障。2016 年保障了基础设施机房、网络、电力等年度零事故；保障业务系统安全运行，无影响关键业务的系统事件发生。

上线 WAF 应用防火墙。采购的应用防火墙主要是保护 Web 应用，Web 应用通常是定制化的，传统上针对已知漏洞的规则不够有效，WAF 提供专用的应用层规则，且具备检测变现攻击的能力，如检测 SSL 加密流量中混杂的攻击。WAF 对于 Web 保护更有效、更有针对性，对网上交易进行保护，提升网络安全可靠性。

威胁仿真设备采购招标。近来勒索病毒猖獗，不少公司因此蒙受损失，为了解决安全防护的短板，采购了新型的威胁仿真设备，以保障办公环境及公司数据安全。该设备已测试上线并运行正常。

为了满足日益迫切的移动办公需求，上线了新版 OA 系统，并已在移动端、微信上实现了流程申请及审批功能；办公网网络实现了运营商双链路。由于业务变化，打新股的产品越来越多，因此急需提高办公网络的可靠性。为此再次申请了一条联通线路，并采购了一个防火墙，实现了办公网络双链路负载均衡，确保办公网络安全通畅，避免了链路单点故障。

【华泰柏瑞基金管理有限公司】 开发客户关系管理系统。2016 年公司进一步细化销售体系管理和绩效评估体系，信息部开发了新版客户关系管理系统(包括 PC 版和移动版及数据中心系统)，通过完善的数据分析功能，将渠道及机构客户的数据有效归集，实现对销售人员的精确考核。

加强与城市商业银行的业务合作。公司和江苏银行合作了天添宝业务，将基金公司的直销系统前置和江苏银行的直销银行系统进行有效整合，江苏银行直销银行的客户可以实现货币基金的 T+0 快速赎回，有效拓展了公司电子商务的营销渠道。

风控与绩效管理系统。公司和恒生电子股份有限公司合作，开发了新版风险控制与绩效管理系统，有效支持了公司投研体系的工作。

【华泰保兴基金管理有限公司】 主要信息系统上线运行。公司在 2016 年搭建了基金公司运行需要的所有基础环境建设，包括通讯网络建设、各类证书申请、各类交易账户开立等工作。在此基础上，上线投资交易系统、估值系统、登记过户系统、直销系统、客服系统、网站和网上交易等基金公司全套信息系统。

【汇添富基金管理有限公司】 升级携宁投研系统，根据业务需求，调整和新增部分功能，迁移历史数据，大幅提升系统性能。

估值 4.5 大版本升级，批量解决了系统的一些新增或变更需求，支持一些多币种分级功能。

自建风控系统，进行上证单市场 ETF 的 PCF 制作，核对、上传模块；采购 Teradata 一体机，搭建投研数据中心基本框架，完成模型设计，整合资讯系统、O32 和估值系统的数据，实现投研相关业务报表的开发和定时推送。

进一步应用虚拟化技术，承载部分生产系统，在万国数据服务有限公司、震旦集团等处共有约 400 台虚拟机，更好地为前端应用提供服务器资源。

采购智能机器人客服，节省人工、降低人工依赖、提供拟人化应答和良好的用户体验、支持热点问题、热点活动配置、支持多渠道访问、分流用户。

优化财务系统，采购营改增功能模块，对接公司 OA 系统、数据中心、用友 NC 系统等，获取相关财务信息，实现价税分离等功能。采购预算管理及分析系统，初步构建集团化预算管理和财务分析体系，形成以公司发展战略为核心的预算管理体系，定期提供公司经营情况、预算管理及其他各类专项分析报告。

【嘉合基金管理有限公司】 完成银行间下行接口系统改造，提高投资运营信息化，完成与银行间外汇交易中心的下行接口对接。降低了银行间交易市场需要手工录凭证的风险及人工录单的工作量。

在自建的 TA 中增加中登电子合同接口，完成与中登的相关系统接口测试。解决部分代销客户合同管理电子化的需求。

部署 WAF。为了增强网站、网上交易的安全运行，通过部署 Imperva X2010 来防护网站与网上交易的漏洞攻击，例如 SQL 注入、XSS 跨站攻击等常见行为，降低网站、网上交易瘫痪或客户信息被盗用的风险。

综合管理平台项目开发。通过建设公司综合管理平台系统，实现公司流程审批、信息、系统、安全统一管理，为公司办公管理提供高效、便捷的技术平台。首期项目完成 OA 系统升级改造及办公门户建设。

【交银基金管理有限公司】 完成了对张江生产机房网络架构的升级改造，梳理公司业务、OA 办公所有信息系统，共计 110 余套系统、500 余台主机，提高了网络基础环境的稳定性和可靠性，满足业务发展需要。对灾备机房进行了搬迁和改造，梳理并完善了核心业务系统的架构及备份方案，提高系统可用性。

互联网金融产品创新。与母行合作，完成了“活期富”项目，实现了货币基金即冲即用、份额支付，为投资者提供了活期资金增值服务，提升客户体验。

实施了手机 APP 项目，扩展移动端业务支持，覆盖所有直销业务类型，形成了网站、微信、APP 立体化电商渠道体系。

自主研发智能运营平台，将基金运营业务纳入平台统一管理，并通过数据核对、工作流等功能，降低业务操作风险，提高管理效率。为公司运营和内部业务协作提供长远的管理平台。

【农银汇理基金管理有限公司】 农行代销为实现客户理财的便利性，推出“快溢宝”项目，对接农银汇理的货币基金，实现货币基金代销 T+0。该项目采用行业独有的农行授信基金公司，以基金公司垫资的方式进行。项目从2015年开始经过一年多的测试，于2016年5月正式上线运行。为改善客户体验，经过农行和农银汇理的系统调整，9月将代销T+0从实时模式切换为非实时模式。

根据深交所工作安排，农银汇理完善了投资交易和估值系统的相关功能改造。为满足公司客服工作需要，选用恒生电子的客服和呼叫中心系统作为农银汇理新版客服系统，新版系统已经上线运行。

公司经过多年的发展，基础系统和硬件存在版本低、故障率高等问题，为此，2016年对备份、语音和录音等硬件系统进行升级工作，同时完成虚拟化环境的部署。完成防入侵监测、趋势防病毒、深信服上网行为、网管软件、邮件安全网关、域控、邮件、邮件监控、打印、文件共享和WSUS(Windows Server Update Services，微软网络化补丁分发方案)等基础系统的升级工作。

【诺德基金管理有限公司】 2016年，公司继续加强每日的巡检和监控工作，仔细梳理信息系统可能存在的安全隐患并及时解决，每季度对机房、虚拟化、存储应用系统、各业务数据库进行巡检，每季度对系统备份数据进行有效性测试、回装性测试等。网络运行稳定，未发生重大安全生产事故。公司使用专用监控系统，对网络、服务器、数据库等重要节点进行系统监控，严重警告时通过即时短信通知相关人员维护，降低了各系统的安全风险，保障了各项业务顺利进行。

2016年在信息化建设方面主要完成了以下工作：在不影响公司业务使用的情况下，平稳实现了公司交易网服务器虚拟化，缩减硬件成本、降低硬件故障风险；实施了深交所新一代交易系统交易通讯网络改造，上线了深交所V5接口；实现了建行、中行的银企直联业务，提高了网银服务的效率和安全性。

在全面做好系统运维保障工作的前提下，根据业务需求，公司2016年完成了投资交易、估值、TA、直销等核心业务系统的多项重大升级改造，支持运营保本基金和货币基金，更换了XBRL系统，重建了异地灾备环境。

【浦银安盛基金管理有限公司】 新股申购市值配售改造，按照证监会最新的IPO规则对网上、网下申购新股的投资流程管理、风控管理、交收管理等进行改造。

资金清算系统升级改造，支持4家银行银企直连，对接新增的自建TA，支持T+0清算。

新建运营签章传真系统，支持银行间成交单、销售服务费汇总报表、尾随佣金汇总表、母子公司划款指令、TA清算轧差报表的签章传真；支持交易所、银行间、场外等交易日报的确认、归档。

升级切换到新CRM系统。渠道解析更精确、报表优化；新增交易和客户报备功能、资金流入流出查询，新增若干图形化数据展示。

携宁研报系统证券池升级，满足公司股票池、债券池相关管理规定。每日分批次对研报系统的证券池和投资交易系统的证券池进行同步，逐步推进投研一体化建设。

部署投研数据中心。满足投资顾问对大M、小m产品报表需求；进行交易员绩效考核；投研一体化监控、提醒；移动驾驶舱报表展示；实现货币基金压力测试；其他跟投研相关的数据抽取、清洗、装载，以实现各项报表需求和监控预警需求。

配合浦发银行在已有“普发宝”基础上，结合行内新生代卡，推出普发“活期宝”，支持活期余额自动扫入“普发宝”。公司新增订单系统，并对相关系统进行改造。

根据 SPDB＋互联网金融发展战略总体部署，逐步统一浦银集团线上会员体系，总行推出“浦银一点通”一期项目规划，整合对接浦发互联互通平台、浦发网银、上海信托和浦银安盛互联网系统。

【上投摩根基金管理有限公司】 为适应深港通业务发展，完成了涉及基金经理指令、交易、清算以及基金估值环节的系统改造，以便现有的投资交易及基金估值系统能支持深港通业务。公司参与深交所深港通业务全程测试，并取得第一批次深港通业务资格。系统升级后拓宽了新的投资领域，公司基金产品可以实现对港股投资。

为适应公募 FOF(Fund of Fund，投资于其他证券投资基金的基金)业务的需要，公司对现有登记注册系统、直销系统、数据中心系统和基金估值系统等进行了系统功能改造，并完成相应的内部及外部测试，改造后系统顺利投产使用，实现对公募 FOF 业务的支持。

为了防范高级持续性攻击(APT)等多样化外部网络攻击，保护公司信息资产安全，公司通过部署威胁检测平台和安全扫描平台，构建了综合化信息安全运营平台。该平台利用安全漏洞扫描器的漏洞库，并关联分析其他安全设备产生的日志，及时发现外部网络攻击，帮助安全人员更好阻断外部攻击行为。同时平台以仪表盘的方式，持续提供当前网络安全状况的评估报告。公司通过建设该平台加强了网络和信息安全的态势感知能力及整体防御能力。

【上银基金管理有限公司】 对投资交易、估值系统及交易所相关线路和网络进行改造，成为第四批次接入深交所新一代交易系统的公司。

根据新发布的 IPO 新股网上网下申购细则，完成投资交易、估值系统相关改造。

投资交易系统增加上交所质押式协议回购模块，满足投资部门的特定业务投资要求。

估值系统银行间下行接口上线，开通 CSTP 数据下行接口，由人工录入变更为自动导入，提高银行间业务盘后清算效率。

风控系统上线，新系统可对各类业务进行全面的事后风险评估，对投资交易系统的事中风控形成有效补充。

采用虚拟化技术，优化业务系统部署，缓解办公场所到核心机房之间的线路传输压力，提高业务系统运行效率。

移动 OA 系统上线，实现了手机查阅及审批 OA 流程的功能，提高了流程审批速度，满足了流程审批的及时性和便捷性要求。

【申万菱信基金管理有限公司】 深港通和沪港通。公司为深港通首批参与者，从系统、制度和业务流程等方面积极准备，全程参与各项测试，于 2016 年 11 月 9 日获得了首批港股通交易权限，随后完成了券商分仓系统测试和上线。公司同时启动了沪港通项目，完成各系统采购、测试和交易权限申请。

TA 系统升级。原系统平台较陈旧，升级后平台较先进，扩展性好，系统性能明显提升、运营工作效率提高。

经过近一年的准备，升级交易和清算系统与交易所进行了超过半年的联网测试，于 2016 年 7

月顺利上线。

为提升系统病毒防护能力和数据安全，新采购了一套虚机安全防护和数据备份系统，提升数据备份效率，实现对所有虚拟服务器每日数据自动备份。

【泰信基金管理有限公司】 核心业务系统升级改造。为配合深交所新一代交易系统上线，公司从2015年开始规划相关系统如投资交易、估值清算系统等的建设与升级，经过14轮与交易所的全网测试，于2016年7月正式上线。

为进一步提高风控及绩效评估管理水平，公司于2016年完成了风控及绩效评估系统建设。

为支持公司新业务开展，提高业务风险管理水平，公司于2016年成功上线了深交所综合业务平台及上交所固收平台。

根据公司互联网金融发展需要，公司在微信平台、微网站项目基础上，进行微信交易系统的开发建设，该系统于2016年4月正式上线。

2016年对负载均衡系统进行升级改造，完善了负载均衡和双机热备机制，全面提升了门户网站及网上销售系统的安全性和可靠性。

为提高公司营改增及增值税管理水平，配合国家营改增的全面实施，公司于2016年开始投资建设了营改增及增值税系统。

【天治基金管理有限公司】 完成公司交易网和办公网2台核心交换机和大部分接入交换机的更新改造，采用华为核心交换机，速度升级到万兆，以连接各核心业务系统的服务器，极大提高核心业务系统间数据传输速度。

核心交换机更换后可支持万兆网卡，因此对TA数据库服务器、虚拟机宿主机服务器等关键设备的网卡进行升级，通过万兆光纤连接到交换机，提高网络速度。

公司生产环境的虚拟机有70多台，需定期备份。通过优化虚拟机备份脚本，并利用Windows2012的去重功能，做到保存虚拟机1个星期至4个月的多重拷贝，提高了虚拟机的安全性。

用于投资交易系统数据库和虚拟机系统的HP 3PAR磁盘阵列，因为使用固态硬盘，删除文件时不会自动收回存储空间，需要手工执行命令收回。编写自动执行命令的脚本定期自动执行，自动回收存储空间，优化磁盘阵列管理。

对老的备份服务器和磁带机进行了更换，安装Windows2012操作系统，并开启数据去重功能，提高了数据备份能力，备份容量提高8倍、备份速度提高6倍。同时将最近5年业务数据全部备份压缩到5盘新磁带中，方便了备份数据的保管。

【万家基金管理有限公司】 完善公司自有电商平台建设，优化万家基金官网、升级直销和网上交易系统、建设微信交易端。

完成中泰保证金对接现金宝基金项目，改造TA、直销等相关业务系统，实现中泰证券客户保证金与万家现金宝货币基金的对接。

完成投资交易系统的升级改造。恒生O32投资交易系统完成IPO新规则适应性改造；恒生O32投资交易系统和金仕达投资交易平台均完成深交所新版第五代接口改造，按要求分批次接入深交所新一代投资交易系统。

销售子公司业务系统正式投入运营，万家财富的第三方基金销售系统和资金清算系统正式上线并完成验收。

在保留原有核心业务系统深证通异地灾备环境的基础上，创建上证通恒生投资交易O32系统的同城灾备环境。

【西部利得基金管理有限公司】 在机房基础设施方面，完成机房基础设施（UPS、空调、配线、服务器、网络设备）梳理，清理设备及跳线，全面排查信息风险隐患。更新了核心系统主机和上线虚拟服务器项目，迁移部分重要的业务系统到虚拟机上运行，完善投资交易系统行情和报盘备份系统。

在业务支持方面，公司在投资交易系统上线大宗交易模块和上海固收债券交易模块。为便于投资者网上交易，公司新上线了微交易项目，投资者可方便地通过手机终端进行账户查询和基金申赎。

在保障系统正常运行方面，始终坚持安全第一的原则。完善IT系统日常检查和操作流程，通过加强系统巡检，尽早发现系统故障，提高信息系统可用性。加强系统变更流程控制，坚持进行尽量广和深的系统测试，确保业务正常运作。

【鑫元基金管理有限公司】 支撑公司投资业务。为了配合公司业务开展、提升投资效率、控制管理风险，进行国债期货交易、质押协议回购、同业存单、深港通等投资业务支持，进行交易系统高性能改造、证券风险预警系统建设，进行指数熔断、新股发行改革、深交所新一代交易等适应市场规则变化的业务系统改进。

支撑客户投资业务。进行货币T+0南京银行新核心改造业务测试、鑫钱宝功能改进、郑州银行系统迁移测试、长春农商银行系统上线前测试，进行微信交易、网站新版、网上交易支付渠道扩容、网上交易接口改造等客户交易功能支持，进行直销系统赎回转认购、招赢通等业务功能支持。

产品及管理进行保本基金功能支持，包括货币新规收取赎回费改造、风险管理系统二期开发、OA系统产品生命周期流程建设、TA分级全资产折算等支持。

进行CRM及营销数据中心调研和规划，进行内部报表开发、自动化工具开发等业务数据分析支持，通过办公、业务相关工具开发，提高工作效率、控制业务风险。

支撑自动化运营，进行电子签章场外业务传真平台建设，并启动二期需求调研，进行估值划款指令汇总旮差改造、业务数据交换平台建设、银行间下行接口支持。

完善基础架构，配合税务工作要求，进行营改增系统建设；配合业务连续性要求，启动同城灾备建设；进行电子商务应用防火墙、IT运维监控系统建设，进行上网行为网关升级优化、办公备份系统优化、网络交换机扩容优化、交易所行情报盘设备替换优化等工作。

【信诚基金管理有限公司】 公司托管机房搬迁。2016年年末，公司的生产机房经过半年多准备后，陆续搬迁到了新签的托管机房中。搬迁之前，完成了系统选型、系统采购、系统搭建、系统测试等各项准备工作，由于前期测试准备工作完善，各核心业务系统搬迁后运行正常。

由于公司业务迅速发展，数据量急剧增加，原来托管机房和办公中心的带宽在日常数据传输中已经出现瓶颈。公司在筹划带宽升级扩容中，将子公司同城不同站点通信一起纳入规划之中，最终母、子公司四个站点使用光纤连成局域网，并构成完整的一环，达到同城线路冗余的效果。环形光纤网的建设和投入使用，最终使得母、子公司之间网络通讯资源相互复用，既避免重复的线路投入，还为未来其他资源复用留有余地。

升级改造投资交易系统。在机房搬迁任务中，信息技术部同时完成了投资交易系统的版本升级和系统改造。投资交易系统的硬件、操作系统、数据库、中间件都升级到了系统环境的主流版本，可以带来更高的运行稳定性，为支持公司产品高速发行和多样化投资需求创造良好条件。

开发项目云管理平台。公司在 2016 年引进了成熟的开源云管理平台——禅道系统。通过这个云平台，可以把所有软件项目、开发项目进行统一登记和管理，公司领导能够随时在一个界面查看到所有登记的产品需求、项目安排、开发任务最新进展情况，而项目经理、开发人员也可以通过该平台很好地管理自己的任务。

根据公司战略规划，信息技术部牵头各部门向上交所申请沪港通业务资产，并最终在 2016 年第四季度获得了上交所认定的沪港通交易业务资格，同时信息技术部门紧密协作各业务部门，在 2016 年年内完成投资管理、估值核算等相关系统，以支持沪港通业务测试及正式上线，这标志着公司产品的投资市场又得到了新一步拓展。

【中海基金管理有限公司】 建设熔断相关系统。为保证股指熔断时，基金交易可以同步熔断，信息系统增加了熔断预警、实时行情监控、自动熔断处置功能，保障了股指熔断时，基金交易同步实现熔断。

配合深交所新一代业务系统上线调试。顺利完成原有相关业务系统的整改工作，保障交易系统顺利切换。

网站及网上交易系统安全加固。为应对行业安全威胁，对相关系统进行全面安全评测、渗透测试。并依据测试结果对系统进行全面升级加固，此次加固过程，提升了信息系统的整体安全防护能力。

建设 OA 系统二期，配合业务制度变更，对现有业务流及新增业务流进行修改和增加。配合风控稽核部，完善公司业务流程，提升公司自动化办公水平。

建设 APP 新一代版本，更好地服务移动端用户群体。提升 APP 的用户体验，方便用户直观便捷地进行基金投资操作；完成菜单及功能设计并进行内部测试。

依照财政部和国家税务总局要求，进行营改增相关系统建设。完成增值税报税、开票、抵扣、记账等功能建设。

【兴业基金管理有限公司】 兴业基金与兴业财富估值系统、资金清算系统切换。完成母、子公司估值、资金清算与 XBRL 报送系统切换改造、上线工作，确保了中证估值、银行间下行接口、估值期货、新三板投资、商品期货等新增业务的顺利开展；新增了托管行电子对账、电子划款，并通过多中间服务平台部署、多账套并行清算等技术手段，大大提升了运营效率、有效控制了运营风险。

配合深交所完成新一代交易系统相关交易网关和数据接口改造工作，完成同业存单、债券质押式回购、保本基金和短期理财基金特殊业务相关系统改造；确保公司投资、估值、注册登记、资金清算等业务顺利开展。

完成特定客户资产管理业务电子签名合同与

中登电子合同系统的对接，规范并促进公司特定客户资产管理业务的发展。

根据国家税务局营改增税制改革要求，完成增值税管理系统建设，完成财务管理系统和网上报销系统的增值税改造，实现对接公司核心业务系统的进销项数据，完成公司纳税申报，同时确保了营改增专票、普票开具和财务凭证管理。

自主研发业务综合考评管理系统，实现公司核心业务数据的采集、汇总、合并与快速拆分处理。便于分公司业务考核，实现管理层对各项产品业务数据的掌控。

【兴银基金管理有限公司】 稳步提高信息化管理水平。引入ITIL(Information Technology Infrastructure Library，信息技术基础架构库)服务框架，实际运用于事故管理、配置管理、变更管理等多个领域，提高需求处理效率；系统操作流程标准化，着重强调巡查机制及应急方案；引入IT项目管理方法，提高项目建设质量。

集中投入IT基础设施建设，落实公司发展规划。2016年3月启动了主机房从福州电信IDC到上海张江的迁移工作。该项目历时半年，新机房运行设备采用高性能服务器及强可靠性的大容量存储，显著提高系统运行效率；同时，保留原福州机房为实时、异地备份中心，落实了两地双中心的机房规划，为业务开展保驾护航。

完善、优化现有系统的健壮性。2016年8月，公司配合深交所完成了新一代交易系统的升级联测及系统改造工作，使得交易环节更为安全高效；12月，外汇交易中心下行接口的CSTP(Cfets Straight Through Processing，交易中心为银行间市场提供的数据直通式处理接口)服务上线，实现了估值系统与投资交易系统之间指令校对，降低手工操作风险。

持续注重网络安全防护工作。引入第三方安全机构进行安全评估服务，对网络架构及设备进行安全渗透测试；并增加对新门户网站的全方位安全扫描，防范信息泄露等安全事故。

【圆信永丰基金管理有限公司】 2016年，公司配合证监会及交易所完成了以下项目：新股IPO系统新规则的改造项目、深交所第五代新接口项目。为扩展公司直销渠道，公司接入通联支付渠道，并完成了基金微信端交易项目。在系统日常维护方面，对整个运维流程进行了梳理和强化，确保所有运维必有文档可依、有审批后的流程可查。

2016年，根据不同应用系统的运行环境、业务特点及可能出现的各种危机，制定了应急预案，并于12月配合上交所和深交所进行灾难恢复演练，测试内容包括线路故障、设备故障等。同时，针对内部系统可能出现的软硬件故障、数据错误恢复等进行了应急演练，验证了应急预案的可行性。

【长信基金管理有限公司】 固定收益专户业务实时风控(一期)项目，完成了涉及60多条合同条款的风控指标开发，将这些以前系统无法控、控不准的条款，变成了可以控、可控准，极大降低了业务风险。

为了更好地服务投资者，提升客户服务品质，完成了新一代呼叫中心系统项目。

采取合作开发的方式，开展了产品全生命周期管理系统的建设工作，该系统主要包括产品管理、提醒管理、报表管理、标书库管理、统计查询、系统管理、用户工作台等功能，方便了业务部门对日益增多的产品进行管理。

在安全运维方面，先后上线了运维安全管理系统（堡垒机）和日志管理综合审计系统，以帮助内控工作做到事前规划预防，事中实时监控、违规行为响应，事后合规报告、事故追踪回放。加强内部业务操作行为监管、避免核心资产（服务器、网络设备、安全设备等）损失、保障业务系统正常运营。

【中欧基金管理有限公司】 机房及基础建设方面，完成中欧基金嘉昱新机房建设，并顺利完成搬迁，保障公司各项业务连续开展。顺利完成北京分公司新址的 IT 建设并搬迁。

在新业务支持方面，完成投资交易系统、估值系统等对于沪港通业务的改造，满足公司相关业务需求。完成了关于深交所新一代交易系统的相关业务改造工作。建设了新的公司财务系统、人力资源管理系统、OA 系统，提高了公司各部门的办公效率。建设了数据中心，对于前台业务部门的数据统计、分析提供了有力保障。

在业务系统保障方面，IT 部配合前台业务部门完成各项业务系统的必要升级，包括投资交易系统、直销系统、TA 系统、估值和资金清算系统等数十次升级，未发生一次事故。

【中银基金管理有限公司】 紧密配合深交所新一代系统上线工作，完成投资交易系统改造和测试工作，成为第二批上线的基金公司。公司投入大量的人力进行系统测试，系统上线后运行平稳。

加强固定收益业务系统建设，将场外业务纳入系统化管理，提升公司资产运作风险管理能力；为投研人员开发完善的组合分析和绩效分析系统功能，提升业务效率。

加强电子商务系统建设，拓展银行渠道合作，完善产品布局，为客户提供更多的产品选择；优化 APP 和微信系统功能，改善客户使用体验。

优化办公系统，完善用户体验。开发投研移动办公平台，实现投研人员移动办公和移动研报；优化 OA 系统，完善项目立项、产品报备、业务审批等流程。

加强灾备系统建设。为保证公司业务系统持续运作，公司投入大量人力、物力建设同城灾备系统，组织业务人员进行系统灾难恢复应急演练。通过演练，不断完善信息系统灾备演练计划和操作步骤，进一步提升系统故障应急能力。

为进一步提升系统监控效果，公司不断完善 IT 自动化监控系统功能，增加监控覆盖面和监控节点，多次借助系统发现设备故障隐患。

（李　纲）

五、保险业信息化

【推进增值税电子发票】 上海保险业根据《国家税务总局关于开展增值税系统升级版电子发票试运行工作有关问题的通知》，积极推进保险业增值税电子发票。自 2016 年 5 月 1 日开出全国金融业增值税电子发票第一单以来，电子发票开票量已超100万张，约占中国保险信息技术管理有限责任公司电子发票平台开票量的95%以上，占全国金融业电子发票开票总量的80%以上。电子发票作为互联网时代下的新型数字化发票形式，极大提升了保险公司的工作效率，在减少成本的同时有效提升了客户满意度。

【"快处易赔"交通事故在线处理平台】 2016年6月，中国保险监督管理委员会上海监管局(以下简称"上海保监局")创新运用"互联网+"思维，以制度先行、科技保障、高效便利为原则，以治理拥堵、便民利民为目标，以"移动互联技术＋交通管理＋保险服务"为手段，与上海市公安局深度合作，建立具有上海特色的交通事故线上快速处理(快处)机制。一是突出高效便捷，研发"快处易赔"系统，并在全国率先完成与车险信息平台实时对接，实现交通事故网上受理、在线定责和后续便捷理赔，使用"快处易赔"仅需8步操作，10分钟内即可完成事故前期处理；二是突出制度先行，搭建全国首个交通事故快速处理制度性框架，印发实施《上海市机动车物损交通事故快速处理实施办法》，确保线上快处机制有章可循、有法可依；三是突出客观真实，采用即拍即传的方式固定事故第一现场影像，并支持保险公司实时查询，大幅压缩保险欺诈空间；四是突出开放发展，逐步开发一键保险报案、线上查勘定损等功能，实现事故处理全流程在线操作，方便驾驶人使用的同时，也为其他省市积累可复制、可推广的经验。

【全国首张个人税优健康险增值税电子发票】 2016年9月1日，上海保险业开出全国首张个人税优健康险增值税电子发票。上海市保监局会同市财政局、市地税局联合印发《上海市个人税收优惠型商业健康保险试点操作办法》，指导保险公司在个人税优健康险业务中积极开展增值税电子发票试点。使用个人税优健康险电子发票，一是有利于简化投保人投保流程、优化承保服务、提升客户投保体验；二是有利于降低企业人力资源部门管理成本，免去了在个人所得税代扣代缴环节大量收取和处理税优健康险纳税单证的繁琐工作；三是有利于大幅降低保险公司运营成本，节约印制和配送纸质单据的人力物力。截至2016年8月31日，上海市个人税优健康险已承保3 200余件、保费收入450余万元。

【上海市职工医疗保险个人账户资金自愿购买商业医疗保险系统】 2016年10月，为落实《上海市人民政府关于职工自愿使用医保个人账户历年结余资金购买商业医疗保险有关事项的通知》(沪府发〔2016〕106号)要求，中国保信上海分公司联合中国人寿上海分公司、新华人寿上海分公司、太保人寿上海分公司、平安养老上海分公司、人保健康上海分公司五家保险公司开发完成了上海市职工医疗保险个人账户资金自愿购买商业医疗保险系统。该系统实现了与保险公司健康保险信息管理系统和市医保信息系统的对接，支持投保、保全、理赔、退保等全流程操作，可以通过"E保无忧"微信公众号为投保人提供自助式保单信息及理赔信息查询服务，可以为市政府相关部门对保单真实性及医保账户使用情况提供数据核对服务，还可以定期向保险监管部门报送相关统计数据。

【地震巨灾保险平台系统】 2016年12月26日，上海保险交易所地震巨灾保险平台系统正式上线运行，为中国城乡居民住宅地震巨灾保险共同体提供承保、理赔、交易结算等一站式综合服务。地震巨灾平台，不仅能够实现住宅地震巨灾保险的承保、理赔全流程操作，以及保费、销售费用、赔款、理赔费用等资金自动清分结算等功能，而且还大幅提高管理效率、降低业务成本，满足了住宅地震巨灾保险业务需要。截至12月底，累计保单数量18万笔、总保额达180亿元。

【互联网医疗健康保险产品】 2016年上海保险业推出一款基于互联网渠道运营、与基本医疗保险相衔接的补充医疗健康险产品——众安“尊享e生”医疗保险。一是无医保范围限制、保障额度高。对于在二级及以上医院中实际发生的住院或特殊门诊费用，无论是否属于医保范围，对超出免赔额1万元以上的部分，最高报销金额为100万元，若因恶性肿瘤住院，最高保险金额为200万元，报销比例均为100%；二是保费门槛低、年龄范围广。从出生30天到60周岁均可投保，并可续保至80周岁，最低保费仅112元/年，31～35岁主力投保人群中有社保的被保险人保费仅349元/年；三是无赔有优待、续保可升级。没有发生保险理赔的客户在续保时可直接升级为迭代后的最新版产品，无等待期，也无需重新健康告知；四是投保更方便、理赔更便捷。投保人可通过微信等客户端在线投保以及申请理赔，3 000元以下的赔款可在三个工作日内直接转账支付给受益人。该产品仅通过互联网渠道发售，推出后投保人数快速增长，累计承保超过2万人、合计保费超过1 000万元。

【建立资产风险五级分类系统】 2016年，太平资产管理有限公司建立起资产风险五级分类信息化系统，成为业内首家通过专业化信息系统开展五级分类工作的保险机构。该系统将原先线下完成的五级分类工作在线上完成，通过数据中心深度整合另类投资、债券项目数据，关联委托人持仓，同时引用企业财务报表和财务指标、引入工作流引擎、智能流转分类流程、明确各个岗位的职责。该系统将海量的持仓数据整合为清晰的五级分类信息，使分类对象以每个项目为主体，通过项目看到委托人持仓情况，减少了冗余数据，使结果更为清晰。同时，优化线下的风险五级分类流程，整体效率提升4倍，有机融合了对资产风险的定量分析和定性评判，满足了日益精细的监管要求。

【引入GPS管理系统】 2016年3月，安信农业保险股份有限公司在微信企业号中引入GPS管理系统，系统包含现场承保、现场查勘、任务获取、影像及地理信息采集等功能模块，公司外勤人员可通过该系统自行创建或领取调度任务，现场采集投保标的的地理位置，以边缘四角进行GPS定位，并拍摄现场影像信息，系统与公司内部核心系统实时对接，核保、核赔人员可在后端系统查看现场采集的信息，直观地对保险内容进行审核。该系统一期于2016年6月30日正式上线，已推广至公司所有种植险类；二期计划引入上海地区农用地分布图，精准定位到单元地块，通过每次投保时的数据更新，完善该农业保险地理图层的信息，最终建立上海地区农业保险的统一数字化管理体系。

【启用实名征信系统】 2016年国华人寿保险股份有限公司启用实名征信系统。该征信系统包含实名和征信两个模块。实名模块支持客户通过上传身份证人工审核和银行卡鉴权两种方式,完成账户实名认证,实名认证等级会影响客户在线申请某些操作的权限和额度。征信模块涵盖用户注册、理赔报案信息核验等交易流程,具有手机身份信息核验、手机号码风险等级测评、IP地址风险等级测评、身份证信息核验、人像照片活体认证、人像照片比对等功能,阻止了恶意用户注册、用户虚假身份信息注册,同时对客户上传的身份证照片和免冠照片实现了初步的活体认证和人像比对。实名征信系统降低了高风险注册信息、提高了客户信息的真实性,客服回访及理赔等流程的效率和安全性有了较大提高。

【建立人脸识别技术支持养老金领取】 2016年,平安养老保险股份有限公司利用先进的人脸识别技术,当被保险人达到养老金或年金领取条件时,可以通过下属APP应用,进行人脸识别验证后,自助进行养老金或年金申领。其人脸验证测试准确度高达99.60%,极大地保障了客户的信息及财产安全,规避了他人冒领的风险。此外,人脸识别智能领取技术也极大方便了客户,客户无需至保险公司的下属网点进行业务办理,也无需提交任何纸质申请材料,全程仅需通过APP即可完成申领,省时省力。

【研发移动应用运维机器人】 2016年,中国太平洋人寿保险股份有限公司自主研发了移动应用运维机器人"洋洋",通过引入人工智能、自然语义理解等技术,实现全渠道智能化运维模式,为用户提供手机、Pad和PC共3种接入渠道,提供7×24小时、多渠道拟人化、标准化智能交互问答和自助查询。一方面满足了用户解决时效和答案准确性的需求,另一方面在业务量快速增长、运维人力零增长的情况下,利用智能机器人技术,将人力资源从基础问题应答中解脱出来,集中精力于高端问题处理和运维效能优化,拓展了移动应用业务运维服务空间,延伸了业务运维服务时间。

【众安互联网保险大数据风险控制平台】 2016年,众安在线财产保险股份有限公司研发的互联网保险大数据风险控制平台,对用户信息数据、保险业务场景数据和互联网大数据进行快速适配、融合,利用数据挖掘和机器学习技术,进行大数据风险控制。该平台围绕大数据算法系统、反欺诈系统、交易风险控制系统及决策系统展开,其中反欺诈系统和决策系统已上线。平台建成后公司可以获得更准确的定价模型、提供个性化解决方案。同时,平台也可为其他保险等金融机构提供基于互联网大数据的风险控制服务。

(孙正华)

六、互联网金融

【行业发展稳健】 上海地区互联网金融行业总体发展较为稳健,市场交投活跃;各业态实现均衡发展,业态门类更为齐全,部分领域引领发展;市场规模稳步攀升,在全国范围内市场占比进一步增加。上海地区整体交易规模增长与全国平均增速基本持平,2016 年上半年交易量达到 1 753.15 亿元,较 2015 年增长 3.95 倍;行业自律较为领先、传统转型创新突出、各类机构加快集聚。

(黄　婧)

【钱牛牛搭载元方智能云大数据风控系统】 2016 年元方智能云大数据风控系统(以下简称"元方风控")上线运行以来效果显著。元方风控是钱牛牛与腾讯"天御"反欺诈系统共同研发的一款智能云大数据风控系统,该系统集合了腾讯公司近 20 年所建立的社交用户数据,并接入电商、消费、通信、同业黑名单等核心数据源,突破传统金融风控的技术限制,实现秒级建立对借款人的风险画像。

元方风控职责有二,一是对金融借款用户进行反欺诈识别,对有欺诈嫌疑的用户加以处理,严重者直接拉黑;二是将金融借款用户数据与数据库数据相结合,对用户建立风险画像,评估其信用等级和资金实力。元方风控日均处理借款申请数千条,所建立的黑名单信息高达数万条,更与中国银联、前海征信、芝麻信用等巨头征信机构达成深度合作,实现彼此数据互通。

系统运用强大的数据挖掘技术与机器学习策略,实现风控体系自动化、机器化、智能化,使得边际成本随着时间推移大幅缩减。作为一项金融领域智能的"黑科技"产品,元方风控先后获得新华社和上海市经济信息化委联合颁发的"2016 上海市智慧城市建设十大创新应用奖",中国科学院、中国社会科学院信息化研究中心、eNet 硅谷动力联合颁布的"2016 年度产品(金融科技)奖"。

(钱牛牛)

第五章　智慧航运

概　述

2016年，上海电子口岸办公室根据市委、市政府口岸工作总体安排，继续深入上海国际贸易单一窗口建设，推进亚太示范电子口岸，取得积极成果。国际航运中心综合信息共享平台各项功能运转良好，上线企业达8 000多家、处理交易超过3 000万笔，为未来上海国际航运中心建设提供支撑。

一、电子口岸

【概述】　2016年，上海电子口岸办公室(以下简称“市口岸办”)根据市委、市政府口岸工作总体安排，继续深入上海国际贸易单一窗口建设，推进亚太示范电子口岸，取得积极成果。其中，基础平台承载的电子化单证约200余种，年单证处理量超过2.47亿个，同比下降8.5%；平台稳定性达到99.99%。

【上海电子口岸平台运行平稳】　基础平台承载的电子化单证约200余种，年单证处理量超过2.47亿个，同比下降8.5%；平台稳定性达到99.99%；2016年电子支付平台处理海关关税支付18 069 287笔，比2015年增加9%；支付金额13 362亿元，比2015年增加7.4%；用户数约83 000家，比2015年增加3.7%；跨境电商公共平台交易笔数1 100万笔、交易金额超过24亿元，同比增长近7倍。

【国际贸易单一窗口3.0版发布】　国际贸易单一窗口3.0版发布。功能不断完善，形成货物进出口、运输工具、支付结算、资质与许可、快件与物品、政务公开、信息共享、自贸专区9个板块43项功能；接口更加丰富，实现与商务部、农业部、环保部相关许可证办理系统的数据对接；业务全面推广，截至2016年年底，货物申报用户4 845个、服务企业超过15万家、货物申报超过1 000万份、业务覆盖率95%；船舶申报超过30万票、业务覆盖率100%；区域应用成功试点，与太仓港联调成功，为下一步拓展区域应用打下基础；运维保障机制建立，形成“1+X”运维模式，配合市口岸办和市财政部门，落实单一窗口运维经费保障；支持国家单一窗口建设，参与国家单一窗口总体框架编制，以及货、船申报数据协调与简化工作，其中货申报数据元被国家单一窗口采纳。

【亚太示范电子口岸网络逐步推进】 完成商务部“亚太示范电子口岸网络战略规划与发展路径”课题研究；与IHS公司签署合作备忘录，开展海运数据可视化研究；与巴塞罗那港开展数据互通试点；协助亚太示范电子口岸网络运营中心(AOC)成功举办成员电子口岸能力培训，与来自亚太地区的12个经济体交流互动。

（王之勤）

【口岸通关无纸化】 截至2016年年底，已完成了检验检疫出口、转单等环节无纸化功能上线和全面推广，411家企业申请无纸化，覆盖达80%；完成上海自贸试验区检验检疫物流监控系统，在外高桥、浦东机场、洋山启动试运行；完成单一窗口检验检疫查验预约系统，实现网上预约查验点，外高桥、洋山对应查验点全面启用网上预约功能，65家企业参与试点。

（应捷文）

二、航运物流

【国际航运中心综合信息共享平台通过项目验收】 国际航运中心综合信息共享平台各项功能运转良好，上线企业达8 000多家、处理交易超过3 000万笔，为未来上海国际航运中心建设提供支撑。同时门户网站栏目不断升级优化。

【航运电子结算业务稳步增长】 电子结算用户数量拓展至2 100多家，2016年在线交易票数52.31万票，交易金额达9.37亿元人民币。航运电子结算对航运物流企业优化结算流程、规避资金风险、提升口岸物流效率发挥了重要作用。

（应捷文）

第六编
城市管理信息化

Shanghai Informatization

综　述

2016 年,城市综合管理再上新台阶。相关委办局、机构收集整理“十二五”期间的经验,制定并执行“十三五”规划,在城市综合管理、食品安全、环境保护、城市运行等方面采取多项举措,确保城市信息化平台、设施的完善和平稳运行,为构建智慧城市奠定坚实基础。

第一章　城市综合管理信息化

概　述

2016年，城市综合管理采用多种信息化手段，建设完成了城管执法综合指挥监管、绿化市容综合监管、无序设摊管控情况社会发布指数、生态定位监测信息共享等多个平台，生态园林移动互联网APP等多种新媒体应用，为上海市城市综合管理信息化建设拓宽思路。

一、基础数据平台

【城市管理综合信息系统（共享交换平台）建设】 上海市住房和城乡建设管理委员会（以下简称“市住建委”）会同上海市城乡建设和交通发展研究院于2015年启动上海市城市管理综合信息系统（共享交换平台）建设，项目于2016年5月通过验收，项目建设涉及城市管理、交通、规土、水务、环保、绿化市容、房管、市政等行业；参加建设的单位包括两委六局以及上海市测绘院（以下简称“市测绘院”）、市政务外网中心等单位。截至2016年12月底，平台共有单位用户14个，发布数据目录与元数据141个图层（类），发布数据服务114个，数据服务申请147个图层（类），在线调用数据服务21余万次。

在空间地理数据共享应用方面：上海市水务局（以下简称“市水务局”）调用共享交换平台实时交通状况数据服务与其本地实时雨量数据、实时积水数据进行综合分析，辅助防汛应急指挥，并已在2015年、2016年6—8月汛期发挥重要作用；市绿化市容管理局调用共享交换平台基本农田数据服务与林业小班数据进行叠加分析，辅助林地管理，并与其他共享的数据一起加入到绿化市容管理一张图中，辅助市、区两级绿化市容管理；此外，上海市规划和国土资源管理局(以下简称“市规土局”)、市测绘院分别把从共享交换平台共享的数据加入到本地的业务系统中,辅助城市规划和基础数据更新。

在空间地理信息 PaaS(Platform as a Service,平台即服务)云平台共享应用方面:上海市体育局(以下简称“市体育局”)利用该 PaaS 云平台处理、发布了体育场馆、体育设施等数据服务,在平台上部署了体育场馆与设施空间管理子系统,并与其业务系统进行关联,在市体育局未采购空间信息管理工具软件的情况下,基于该云平台满足了市体育局对空间地理信息管理的需要。体育场馆与设施空间管理子系统已经上线运行,且运行效果良好。市住建委基于该云平台,快速部署了空间地理数据浏览查询系统,及时满足了业务管理需求。

共享交换平台建设与应用已为城市管理领域空间地理数据资源全面共享和应用服务打下良好基础,数据在线共享、云环境应用成效明显,并已扩展到全市其他行业范围。该平台荣获“2016 上海市智慧城市建设优秀实践成果奖”。

【上海地下空间信息基础平台建设】 上海地下空间信息基础平台项目作为《上海市推进智慧城市建设 2011—2013 年行动计划》的重要项目之一,于 2012 年 8 月完成立项,2013 年 2 月项目可行性研究报告获批,项目正式启动,2016 年 6 月项目完成验收工作。项目的建设任务包括三部分:一是数据建设,二是功能建设,三是示范应用。

数据建设。地下管线数据建设:自 2014 年 4 月起,上海市先后启动浦东新区(内环内)等区域的地下管线普查工作。截至 2016 年年底,黄浦区、长宁区、普陀区、徐汇区、浦东新区(内环内)、静安区、宝山区(外环内)、闵行区(外环内)、虹口区、杨浦区以及虹桥枢纽都已完成普查工作,并已完成竣工验收。全市中心城区共普查探测及整合各类地下管线数据长度约为 2.6万多公里。

地下构筑物数据建设:截至 2016 年年底,完成 4 801 个地下构筑物资料收集同时完成模型制作;完成 181 个地铁车站资料收集工作,并完成 177 个车站模型的制作;完成 13 条越江隧道资料收集工作,同时完成模型制作;完成 16 座苏州河桥梁资料收集工作,完成 8 个模型制作;完成 312 公里高架桩基(含地铁 3、6 号线)模型制作;完成 12 个虹桥枢纽地块资料收集工作及模型制作。

地质数据建设:依托上海市城乡建设和交通发展研究院建设的“数据共享交换平台”,更新了全部的地质钻孔数据和地质成果图等,新增工程地质钻孔点 241 万个,数据已全部入库。

功能建设。平台综合管理系统由数据生产管理子系统、数据维护管理子系统、平台权限与事务管理子系统、平台数据浏览子系统等组成,涵盖了地下空间数据生产、管理、维护和服务的各个方面。

示范应用建设。地下空间信息基础平台根据上海市道路管线监察办公室和上海市重大工程建设办公室的业务,开展了示范应用建设。地下管线建设管理综合应用:建设地下管线建设管理综合应用系统,开发完成了掘路计划管理、掘路工程管理、管线施工保护参考管理、管线数据维护等模块,充分发挥地下空间信息基础平台综合管线数据资源优势,为管线管理单位之间的工作协同、管线单位精细化施工和平台管线数据动态维护,提供了有效的技术支撑。重大工程交叉风险管理应用:建设上海市重大工程交叉风险管理系统,结合业务管理需求,开发完成了风险信息管理、风险图册制作以及风险三维展示等功能模块,该系统将地下空间平台数据与交叉施工风险数据结合应用,为上海市重大工程施工风险管控提供了信息化支撑。

(马康玉)

二、管理平台

【上海市城管执法综合指挥监管平台项目完成建设】 为进一步强化城管三级体系落实分工,提高协同管理和执法能力,上海市绿化和市容管理局(以下简称“市绿化市容管理局”)信息中心于2016年3月底完成整体建设方案,并通过专家评审。4月完成项目招投标及合同签订工作,同期开始指挥中心建设及平台开发等工作,于7月底正式完成开发并上线试运行。

【基本完成绿化市容综合监管平台完善项目】 绿化市容综合监管平台完善项目于2016年7月通过初步验收,并开展了700人次的应用培训,“一个共享协同平台,两个专业应用系统”的架构初步落地,废管和质监专业系统基本构筑完成,为实现绿化市容行业共享协同及精细化、定量化的管理模式打下了坚实基础。

【智慧公园体系架构研究启动】 上海市开展了智慧公园建设导则的编制及《智慧公园配套信息化技术应用框架体系研究》研究工作,结合“游园宝”APP功能完善,进行了电子门票、视频监控系统建设标准的技术研究,设计示范工程概念方案,提出公园视频图像互联与共享应用的信息系统架构,并完成了课题报告和电子票务示范工程建设研究模型。

【无序设摊管控情况社会发布指数平台建设】 为完善卫生责任区长效管理、全面遏制无序设摊蔓延势头,市绿化市容管理局开展了上海市市容环境卫生责任区管理与无序设摊管控数据库建设。依托责任区基础数据库开展责任区管理,了解责任区管理工作情况;明确责任区管理工作机制,建立考评机制;通过对无序设摊的信息化管理,实现对无序设摊变动监测数据收集、无序设摊指数计算、无序设摊参数分析和统计,建立全市无序设摊监管体系;建设上海市无序设摊管控情况社会发布指数平台,实现对全市无序设摊的动态监测,为新形势下上海市无序设摊的监管和治理提供依据。

【生态定位监测信息共享平台建设】 为有效推进生态定位监测数据的共享和应用,消除“信息孤岛”,市绿化市容管理局开展了生态共享数据库和生态定位监测共享信息平台的建设,项目通过整合上海市生态定位监测数据,建立上海市生态共享数据库,对生态定位监测数据进行规范化管理,实现全市生态监测信息统计、展示和信息共享，为各级绿化管理部门科学评估绿地、森林生态价值提供辅助决策支持。

（王　平）

【城市空间基础信息管理和服务平台立项】 市规土局联合上海市经济和信息化委员会(以下简称“市经济信息化委”)、市政府办公厅电子政务办公室，就全市城市空间基础信息集约化统筹管理和相关委办局共享服务应用，向上海市发展和改革委员会(以下简称“市发改委”)申请建设财力项目申报。2016 年 9 月，城市空间基础信息平台建设项目立项获得市发改委批复(沪发改高技〔2016〕118 号)。根据市发改委批复意见，市规土局组织编制项目可行性研究报告。

【城市空间基础信息成果管理】 为保障空间平台后台数据完整、准确、现势，市规土局采取了较为严格的数据成果管理方式。一是全力保证市重大工程等重点项目的调查成果确认工作。较好完成北横通道、G228、G320、轨交 14、15、18 号线等重大基础设施或是民生工程项目权属调查确认工作。二是扎实做好各类空间数据日常成果管理工作。完成土地利用现状项目立案 14 056 件，变更 5 296 件；土地整理复垦项目立项 1 061 件，变更 598 件；执法案件上传 229 件；更新二次调查数据工作 2 070 件；新开工登记楼盘搭建 760 件；储备土地宗地楼盘表灭失 15 件；供地信息补录 23 件；土地整理复垦重复上传 197 件；楼盘表房屋信息标注 30 854 户；规划成果数据审核入库 171 个；完成新增建设用地图斑成果 4 913 个，地籍处提供的历年违法用地现场拆除图斑 2 272 个、实地不现势图斑 795 个。

【城市空间基础信息服务】 根据国土资源部、住房和城乡建设部和市委、市政府有关要求，市规土局在 2016 年加强了信息化对规划国土资源管理业务的支撑服务。根据不同工作口径和要求，较好完成各项数据任务的汇总、统计、分析和上报工作，配合市相关主管部门开展专项督查和审计工作。一是专项数据任务处理，2016 年度市规土局累计完成 311 件专项数据处理任务，其中提供局机关业务部门 220 件，提供相关事业单位 91 件，涉及专项督查、审计数据任务 28 件，涉及区数据任务 29 件。二是报部数据任务处理，2016 年度市规土局共接收 3 117 个上报数据任务，上报成功 2 995件，上报率为 96.09%。2016 年1—12 月报部信息采集和上报工作完成情况良好，在国土部季度通报中排名靠前。

【城市空间基础信息分析利用】 为深入贯彻“创新驱动、转型发展”总体要求，探索超大城市的发展方向和优化模式，2016 年市规土局开展了“基于上海城市体征诊断模型的辅助决策研究”项目研究，联手北京大学、清华大学等相关领域专家学者，开展了一系列城市体征研究，设计了一整套基于空间基础信息和相关信息对城市运行体征监测的体系框架和技术路线，促进本行业数据与外部多源多维数据的综合利用，提高对行业发展的研判和把控能力，提升规土资源智能分析及可视化辅助决策水平。

（董云皓）

三、特色应用

【"上海生态园林"移动互联网 APP】 整个系统采集、汇总了市绿化市容管理局属下的公园、果园、古树名木、环卫公共厕所及交通等信息,向市民和游客提供上海生态园林的一体化信息服务,提升市民和游客在游玩上海生态园林时获得全方位信息服务的体验感受。截至 2016 年年底,"上海生态园林"移动互联网 APP 共收入了 165 家特色公园、63 家品质果园、2 593 棵古树名木、2 564 家环卫公共厕所;APP 自 2015 年上线后下载安装量已超 6 万次,通过本项目的实施,充分发挥信息服务与信息反馈互动机制的作用,有效推动上海市绿化市容行业公众服务基础数据的时效性和准确性,为提升上海"智慧城市"的知名度和客户满意度作出贡献。

(杜　麟)

第二章　食品安全管理信息化

概　述

2016年，上海市食品药品监督管理局(以下简称“市食药监局”)认真贯彻落实国家和市委、市政府的决策部署，按照“四个最严”要求加强食品药品监管，按照《上海市食品药品安全“十三五”规划》要求，坚持以食品药品安全现代化治理体系建设和监管体制机制改革为重心，推进食品药品安全监管和服务工作信息化建设。

运用“互联网+”和大数据的理念和方法，推进信息系统的有机整合，提升分析和发现问题能力，有效防控和及时处置食品药品安全风险。在“十二五”信息化建设的基础上，整合各信息系统信息和数据，建设“数字食品药品安全监管”信息化工程。

一、信息共享

【“上海市政府数据资源服务平台”信息共享】　截至2016年12月底，市食药监局在“上海市政府数据资源服务平台”上传医疗器械召回信息、获GMP(Good Manufacturing Practice，药品生产质量管理规范)/GSP(Good Supply Practice，药品经营质量管理规范)认证证书企业信息、保健食品生产单位信息、食品经营单位信息、药品/医疗器械第三方物流企业信息、集体用餐配送单位信息等资源编目工作20项、数据项1 200个，上报数据产品25个、信息约50余万条。

【“上海市法人库”信息共享】　截至2016年12月底，市食药监局向“上海市法人库”平台上传行政审批资质类数据约22.5万条，行政处罚类数据约1.3万条，共计23.8余万条数据。

【配合市场综合监管体制改革的信息化整合】 根据市政府统一部署,组织开展"上海市公众诉求平台(五线合一)"、"上海市市场监督管理行政处罚信息系统"的对接。开展"自贸区'四品一械'电子化监管项目"建设。配合区级事中事后监管平台的建设,陆续为区市场监督管理局提供数据落地服务,形成全市统一的监管数据网络。针对闸北区与静安区合并,进行信息系统调整。

【与"网络餐饮服务平台"监管信息对接】 为落实《上海市网络餐饮服务监督管理办法》,对网络餐饮服务提供者、第三方平台实施食品安全信用管理,市食药监局通过第三方技术机构对网络餐饮服务提供者和第三方平台食品安全信用档案进行跟踪。并通过与网络餐饮服务提供者和第三方平台开展的政府信息对接共享,为建立网络餐饮服务食品安全管理体系提供支撑。共对接6家第三方网络订餐平台,提供了53 954家餐饮企业许可信息,以供订餐平台作为企业准入筛查标准。

二、应用推进

【实现与市网上政务大厅对接】 根据上海市政府关于推进上海市网上政务大厅建设的要求,市食药监局于2016年6月底之前完成了网上行政审批系统改造,74项食品药品行政审批事项与市网上政务大厅实现对接。截至2016年年底,通过网上政务大厅共受理许可申请60 087件,办结38 391件。

【建成市食品安全监管和信息服务平台】 历时三年建设的全市首个综合性"食品安全监管和信息服务平台"基本建成。形成了以"一网八系统"为梁柱的系统架构,汇聚了10多个业务应用系统的200余万条数据,完成分析图表100余张,实现全市食品监管业务的系统互通、数据共享和实时信息展示、查询,为市场监管体制改革及事中事后监管的全市食品信息互联互通共享奠定基础。

【完善上海市食品安全信息追溯平台建设】 依据《上海市食品安全信息追溯管理办法》建设的上海市食品安全信息追溯平台全面运行,已注册企业22 576家,汇聚追溯数据6 792万条。依托该追溯平台建设了公众查询系统(网站、手机APP、微信公众号)、第三方企业追溯平台、政府监管系统(网站和手机APP)以及标准企业库和产品库,通过各类技术手段保障食品追溯信息的可及性提升。

【开展移动执法系统的选型、配置及培训工作】 根据基层监管的实际需要,市食药监局组织开展了移动执法设备选型工作,选配了执法记录仪、双操作系统平板电脑、便携式打印机等。通过招投标,2016年为市局机关、执法总队及16个区市场监管局配发600余台(套)移动执法设备,2017年将配置1 400余台(套)执法设备,以提高食品药品监管人员执法工作效率及现场执法能力。

【信息化综合管理平台】 2016 年以来，市食药监局围绕上海市食品药品安全监管中心工作，进一步加强信息化顶层设计，优化系统构架，整合系统资源。遵循以规划为基础、以数据为核心、以技术为引导、以需求为抓手、以应用为关键、以增效为目标的信息化建设原则，以"保重点、补短板、强基础、重服务"理念为指导，全年建设了 3 个信息化综合管理平台："食品安全监管和信息化服务平台"、"上海市食品安全追溯平台"、"行政审批综合业务管理平台"，建设"食品抽样系统"、"食品安全追溯公众查询"APP 等业务应用系统 13 个，升级完善应用系统 11 个，为实现"智慧监管、机器助人、开创'互联网＋食药监管'的新局面"打下坚实基础。

【推进数据资源共享和开放工作】 在提高食品药品安全监管信息化能力的同时，市食药监局积极推进数据资源共享和开放工作，市食药监局信息系统数据平台与上海市政府数据资源服务平台、法人库、公共信用平台实现数据对接与共享，通过社会监督提升服务效率和效能，提升办事透明度；与"事中事后监管平台"、"公众诉求平台"进行对接，实现区市场监管体制改革的信息支撑；与网络餐饮服务平台监管信息对接，对网络餐饮服务提供者、第三方平台实施食品安全信用管理，同时为建立网络餐饮服务食品安全管理体系提供支撑。

【信息化系统整合】 上海市食品安全管理信息化工作整合现有信息化系统，打造食品、药品两大监管信息平台，实现与国家食品药品监管总局、区市场监管局和相关部门的数据对接、信息共享。加强一线执法人员现场执法装备的配置和信息系统建设，提高科学监管效能，实现智能监管，全面提升基于食品药品安全大数据的科学研判和决策能力。

（周凤舞）

换届选举工作云平台

上海市区县、乡镇人大代表换届选举工作云平台是一套全市统一的，用于上海市区县、乡镇两级人大代表的换届选举工作的信息化工作平台。全市选民可以通过互联网、POS机、电话连线、手机APP等多种手段安全、便捷地进行选民登记，各级选举工作机构可以利用平台方便地进行选民信息采集、选民资格审查、选民信息统计、选民证打印、代表候选人管理等工作。

云平台开通后，有效解决了人工登记时无法解决的重复登记和错误登记等问题，共纠正重复登记71.64万人次，发现错误登记78.02万人次。云平台便捷的登记方式，提升了选民自主登记的意识，让选民的登记观念从原来的被动登记转变为主动登记，据统计，上海市2016年区县、乡镇两级人大换届选举的登记率和参选率分别为95.87%和96.22%。

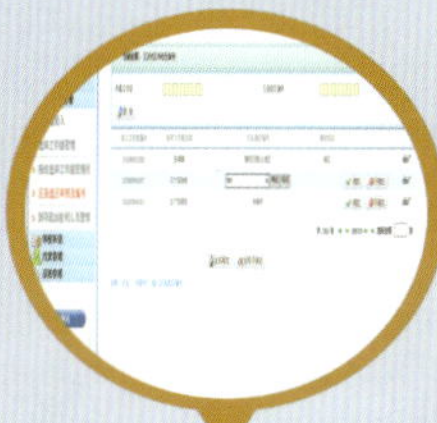

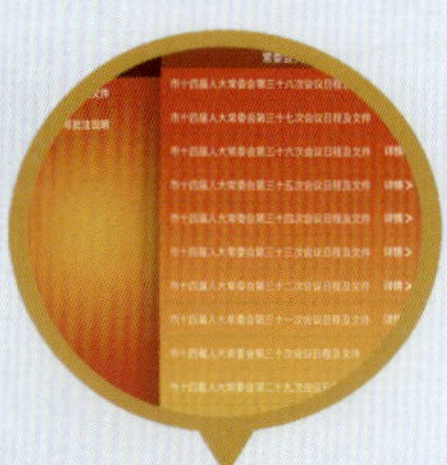

常委会会议厅会务自动化系统

作为上海市人大常委会主要的议事场所,常委会会议厅承担着立法、监督、决定重大事项、人事任免等重要功能。常委会会议厅会务自动化系统的历次建设、改造工作，始终秉承“高起点、高标准、高质量”的建设目标。常委会会议厅区县人大视频会场的开通，多项表决系统的研发，电子阅文系统的使用都是常委会领导运用信息化手段提高会议效率，充分表达常委会组成人员意愿，推进上海民主进程的重要举措。

2006年2月，市人大常委会首次邀请81位高中学生作为市民代表“走进人大”，并在常委会会议厅使用会务自动化系统模拟召开了一次市人大常委会会议。此后，越来越多的市民“走进人大”，走进常委会会议厅，了解人大制度，了解人大常委会的各项工作。

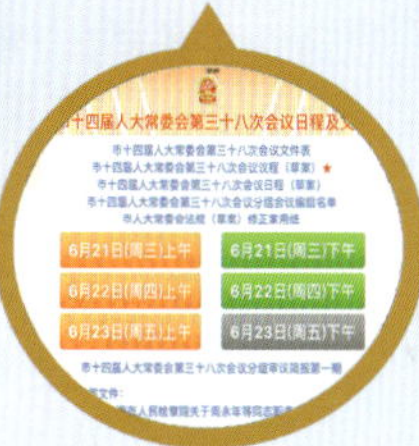

加快上海城市空间基础信息平台（空间库）建设

上海市委、市政府非常重视城市空间基础信息库的建设和推广。经过长期积累，上海市空间数据库积淀了覆盖全市6340平方公里地表、地上和地下的各类空间基础信息，为满足日益增长的空间信息需求奠定了坚实的基础。

2016年9月，经市发改委的批复（沪发改高技〔2016〕118号）同意市规划国土资源局城市空间基础信息平台（简称“空间库”）立项。该平台是在规划国土审批和监管数据库（大机系统）的基础上，融合整合地理信息库（天地图）、城市发展战略数据库（SDD）、地质资源环境数据库、城市建设档案数据库，未来扩充其他空间信息，构建全方位的城市空间基础信息库。在此基础上，运用“大数据、云计算、移动互联网”等新一代技术理念，以数据为核心、以共享为关键、以应用和服务为宗旨，通过对这些空间数据的存储、更新、发布等管理，方便、快捷地提供查询、浏览、调用、下载、再加工等服务，为城市的规划、建设和管理提供决策支持。

该平台对内支撑规划国土行业管理提升，对外支撑各级政府部门需求，兼顾社会公众服务。主要功能：一是支撑规土及与规土相关部门的审批许可应用，提高办事效率，改善审批对象体验；二是实现规土行业监测监管及廉政风险防范，在关键业务和关键环节，设置各种防范措施，实现廉政风险点防控；三是辅助社会经济发展规划、土地利用总体规划、城市总体规划及各类专项规划融合，建立统一衔接、功能互补、相互协调、全市统一的空间规划体系，实现“多规协同”；四是支撑城市管理综合信息共享交换平台及有关政府职能部门在城市空间基础信息方面的业务应用需求和共享协同需求；五是为社会公众提供各类空间信息服务。

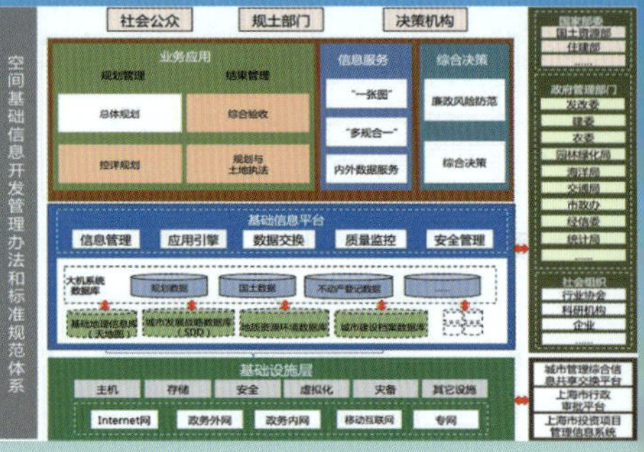

要实现上述目标，必须完成以下几项建设任务：

一是整合规土行业内城市空间信息资源，明确不同单位和部门的信息采集与处理保障机制，采取分工协作的方式，充分利用行业内单位的人才、设备、资源的优势，总体统筹，建成统一的城市空间基础信息平台；

二是建立统一的数据标准，建立完整的信息维护与支持体系，通过统一数据标准实现空间分类属性、空间单元划分、数据精度的多数据源融合和无缝衔接，并按照现代社会治理模式制定相关法规，明确相关单位信息提供、更新和维护职责，形成长期运营的维护与支持体系；

三是按照统一的系统部署，形成完善的城市空间基础信息平台服务体系，不断推进相关技术的引进、消化、吸收，不断丰富数据资源，不断完善服务功能，不断拓展服务对象，提高平台的服务能力。

通过城市空间基础信息平台（空间库）的建设和运行，将产生以下作用：

第一，全面支撑业务。经过本项目基础平台、数据库以及各项应用建设，建立起覆盖规土行业全业务和全流程的应用体系。

第二，有力提升管理。平台将大力推动各业务流程梳理优化和互联互通，通过空间叠加政府各部门审批成果要素，方便平台抽取审核信息以及探索机器比对，有效减少申请材料和审批环节，大大节省办事时间，提高审批办事效率，改善审批对象体验。

第三，有效加强监管。平台将在关键业务和关键环节，设置各种防范措施，加强廉政风险点防控，通过提前布防、机器锁定、办理留痕、责任追溯，形成“透明、协同、联控”的防腐机制。

第四，明显提升服务。平台将进一步体现数据集聚优势，在既有多种服务方式的基础上，为局内各处室（单位）、区县局提供更丰富、精准、增值的数据服务；平台将通过与市发改委、市住建委、市交通委等其他委办局探索建立数据共享系统，实现部门之间互联互通、联建联管；平台将通过对数据的深度融合，洞察民生需求，加强规土行业向社会公众提供“信息发布、指南查询、办事预约提交、办理状态查询”等便民服务应用，提升公共服务水平。

第五，支持高端决策。平台将有力推进大数据应用与决策支持研究，以本平台数据为基础，吸引、采集其他相关数据，建立规划国土资源决策支持库。对标2040，开展社会关切、影响巨大、关乎长远等重大问题的决策分析和重大项目影响分析，助力建设全球卓越城市。

上海城市空间单元速写展示系统

建设背景

在大数据、物联网、云计算等新一代信息技术与知识社会创新的推动下，城市物理空间与人们的生产、生活等各类行为被数字化所衍射的虚拟空间交互作用，愈发成为一个开放与流动的巨型系统。作为城市的规划管理部门，在面对这样一个复杂巨型系统时，必须高度重视数据体系的作用，以科学的方法论指导现代城市规划、管理和运营。

上海市房屋土地资源信息中心按照市规土局业务发展规划和信息化顶层设计要求，从传统的行政IT支持单位向数据综合利用和辅助决策智库转型，积极探索综合利用政务信息数据和多源多维的外部数据，开展大数据辅助城乡规划与国土资源管理决策，这是一次通过大数据运算技术框架和大数据分析挖掘平台的搭建，创新和提升规土管理的思路与手段，从“依靠经验”的定性管理方式迈向“数据驱动”的精准治理的重要尝试。

“上海市城市空间单元速写”就是在这样的城市背景下，随着对“城市体征”业务研究方法论认知不断深入而配套开发的一个成果展示系统。

建设内容

目前这套系统的主要成果包括两个方面，一是“空间单元”画像工具，指通过收集与城市运行相关的传统数据与物联网大数据，在数据的基础上提取业务相关的指标，将这些指标进行聚类分析为特定场景下空间单元评价做标签支撑。

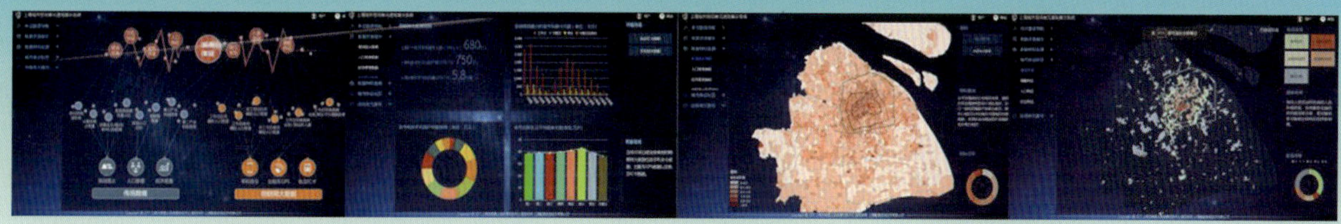

二是在这套“空间单元”画像工具的支撑下，对全市5432个空间单元进行画像，并以徐汇区309个普查小区为例，对其进行指标汇总分析，选择了238个偏居住的普查小区空间单元及30个偏就业的普查小区空间单元，对其从建成环境、区位特征、人群特征、产业岗位、通勤特征等进行不同维度的单元速写。

建设成效

在“上海市城市空间单元速写” 系统支撑下，辅助规划管理者更直观、更动态、更精细、更多元、更持续地观察与认知城市，是城市战略规划的重要步骤，是政府决策有效落地的重要保障，是政府日常管理、监测和决策的有利支撑，从而实现智慧城市更智慧、更科学、更高效、更人性的目标。

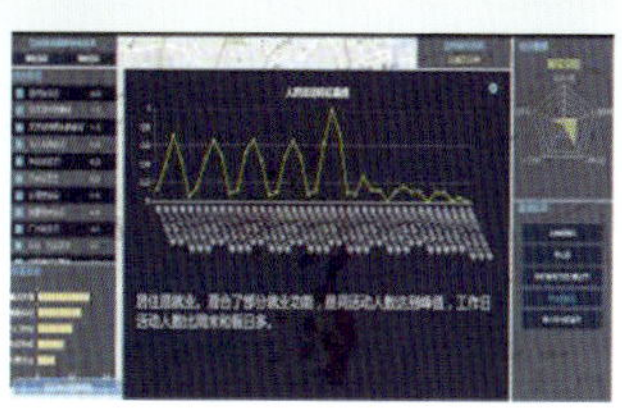

上海市房屋土地资源信息中心

临港地区信息化建设

2016年完成经济指标

2016年，临港地区项目落地投资总额为100.3亿元，完成年度100亿元目标的100.3%；其中，内资项目88个，总投资约95.7亿元；外资项目及企业99个，吸引合同外资约4608万美元，实到外资约10697万美元；亿元以上项目21个，总投资约82.8亿元。

2016年，临港产业项目固定资产投资累计完成84亿元，完成年度68亿元目标的123.6%，同比增长0.7%。其中续建项目完成投资约59.6亿元；新开工项目完成投资约15亿元。

2016年，临港地区工业总产值继续保持增长态势。实现工业总产值716.8亿元，同比增长9.0%。其中，浦东区域实现产值约598.3亿元，同比增长10.0%；奉贤园区实现产值约118.5亿元，同比增长4.4%。

聚焦推进国际智能制造中心建设

加强政策保障，加强统筹推进

发布新双特政策，制定《临港地区智能制造专项资金管理办法》、《2016年临港地区智能制造专项申报指南》，明确各开发主体推进智能制造建设的职责，形成协调联动、统筹推进的工作机制。

整合各方资源，打造功能平台

构建五大功能性平台。科研支撑平台：以上海交大为依托单位的智能制造研究院，打造科研支撑平台；共性技术平台：以同济大学为依托单位的工业4.0实验室、自仪院为依托单位的智能制造创新中心以及以新松机器人为依托单位的工业4.0综研院，打造共性技术平台；协同创新平台：以智能制造产业联盟和示范应用单位为依托，打造协同创新平台；信息数据平台：以信通院为依托单位的工业互联网创新中心，打造信息数据平台；孵化转化平台：为了推进上述平台运行过程中的科技成果转化，促进产业发展，临港还打造了以国家级孵化器临港海洋科创中心以及海洋高新基地、临港软件园、新侨双创园、海创孵化器等为主体的孵化转化平台，助推成果转化。

立足于产业发展，临港还打造了光电子、人工智能、脑智工程等产业平台，集聚行业力量，将逐步形成包括研发、设计、制造、配套、金融、服务等在内的完整产业链，让产业在纵深和横向都得到有序发展，促进产业升级。

聚焦产业集群，推动项目落地

一是培育示范项目。整合原有的业务流程，在不同的制造领域形成标志性应用，形成示范项目或样板工厂，输出智能制造整体解决方案，在项目实施过程中培育本地的系统集成商。目前，临港智能制造中心建设所规划的示范工厂已经开始组织论证，主要围绕核电、航空、航天、新能源、海工装备、IC装备等领域遴选示范点，组织平台、集成商、技术和产品提供商参与方案论证。上海中航商用航空发动机制造有限责任公司的智慧工厂建设方案已组织专家论证，并将逐步实施；电气凯士比、三一重机、新松等也制定了智能化工厂改造方案并积极推进。

二是通过组织、实施智能制造产业专项挖掘培育优质项目新松机器人、中航商发制造获批工信部智能制造产业专项及试点示范专项。推动企业智能化改造和产业转型升级，打造临港自身的智能制造“产品”，使临港成为智能制造集成方案的策源地，更加深层次地体现临港“科技创新中心重要承载区”的战略定位。

临港地区信息化建设

临港智能制造科技园
水芸路300号

VR虚拟现实
先进材料
3D打印
智能控制
智能装备
临港智能制造科技园
Intelligence Manufacturing Incubator

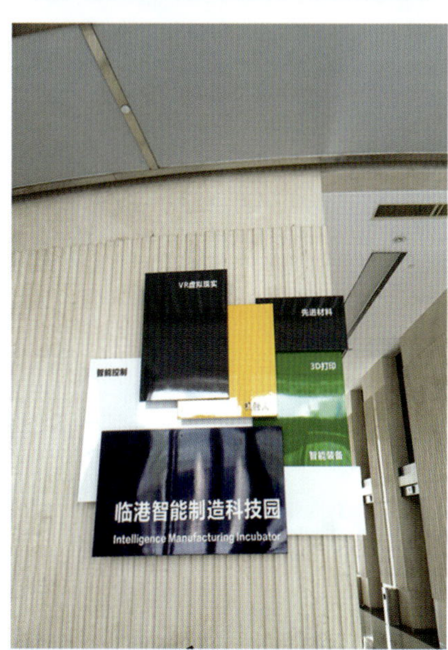

大事记 Milestone

2014.09	天使轮	获得新美大联合创始人李璟、叶澍蕻，前阿里巴巴集团副总裁车品觉天使投资
2014.11	A轮	获得蓝驰创投A轮融资
2015.11	B轮	获得元璟资本、蓝驰创投B轮融资
2016.03	行业认证	成为中国互联网金融协会首批会员单位，加入上海市互联网金融行业协会
2016.05	资金存管	与恒丰银行的资金存管系统正式上线，合规与发展并行
2016.07	50亿元	平台累计成交额突破50亿元
2016.12	80亿元	平台累计成交额突破80亿元
2017.01	B+轮	获得京东金融B+轮战略融资
2017.03	100亿元	平台累计成交额突破100亿元

即刻体验

关注钱牛牛

有力支撑上海移动全业务发展　全面助力上海“四个中心”建设

上海中移通信技术工程有限公司

卓越的全业务集成与用户个性化信息集成的企业
具备超强社会化服务能力的信息服务企业

上海中移通信技术工程有限公司是中国移动通信集团上海有限公司全资子公司，肩负突破上海公司现有业务领域、拓展创新综合信息服务、成为上海公司全面通信业务能力和用户个性化信息需求集成商的重任。公司具备通信信息网络系统集成企业（甲级）、通信工程施工总承包二级、建筑智能化工程专业承包三级、增值电信业务经营许可证、计算机信息系统集成（三级）、房地产开发企业暂定证书、通信建设工程企业安全生产合格证等资质，通过ISO9001质量管理体系和职业健康安全管理系统认证以及CMMI-DEV ML3级国际认证。

2010年，公司承担的世博项目荣获上海市优质工程一、二等奖。2011年，公司成功夺标第十四届国际泳联世界锦标赛新闻中心网络及通信工程、大师杯赛通信及报障工程等国家重点项目，成功打造集WLAN、有线宽带、IMS多功能语音业务、传真等在内的全业务通信网络，荣获由第十四届世游赛组委会颁发的荣誉证书。2013年，公司荣获上海市杨浦区“科技小巨人”和“专精特新企业”称号，并被评为“2013全国基础设施建设先进企业”和“2013全国基础设施建设优秀施工企业（信息网络基础工程）”。2014年，公司荣获金筑奖之“全国基础设施建设先进单位”光荣称号，并从上海700余家通信企业中脱颖而出，成为首批获得《通信建设工程企业安全生产合格证》的8家通信企业之一。2015年,公司蝉联“全国基础设施建设先进企业”和“全国基础设施建设优秀施工企业”称号,并被评为2015年度上海市重点工程实事立功竞赛优秀团队。2016年，公司顺利通过上海市高新技术企业认定，获得“2016年度上海市高新技术企业”称号。同时，公司承建的“上海移动杨浦区房开局配套传输设备新建工程”荣获2016年上海市优质通信工程一等奖。

上海中移通信技术工程有限公司以“成为卓越的全业务集成与用户个性化信息集成的企业”为战略指引，以成为上海首屈一指、具备超强社会化服务能力的信息服务企业为目标，全面培育全国化和国际化运作能力，为有力支撑上海移动全业务发展、全面助力上海“四个中心”建设积极贡献力量。

为商之道
由力而起，由善而达

品牌文化
华夏魂，信用本

企业使命
拓展国际能源经济合作，做民族企业

企业价值观
天合——把握天机，顺势而为
地合——海纳百川，博学包容
人合——平等相待，正直友善
己合——勇敢担当，勇于奉献

企业精神
忠诚 团结 严谨 奉献 组织 纪律 秩序 严肃

中国华信能源有限公司(以下简称“中国华信”)是集体制民营企业，主营能源与金融，2002年由董事会主席叶简明创立，目前拥有2大集团公司、13家一级公司和A股上市公司，参股多家海外上市企业，各类人才近3万人。

公司以拓展国际能源经济合作为战略，通过能源产业经营和能源产业投资带动，建设有组织的能源国际投行，争取国际行业话语权。公司立足欧洲油气终端，获取上游油气股权和权益，组建强大的金融团队和独立贸易商团队，发展金融全牌照，推动公司战略。在捷克设立第二总部，开展国际投行与投资，控股银行，参股重要财团，重点投资航空、飞机制造、特种钢、食品、核电等企业，与大型国有企业发展混合经济“走出去”，引进先进技术和管理经验，推动国际产能合作，助力国内产业升级和供给侧改革。

公司积极探索民营企业发展之路，以“由力而起，由善而达”的为商之道构建企业核心价值体系，创新经营管理模式，实行总部战略与财务管控及子公司合伙制相结合的运营机制，推进业务专注化、人才专业化、资产证券化和管理精细化。2015年，公司营业收入超2631亿元，蝉联《财富》世界500强、世界品牌500强等荣誉称号。

公司全资设立香港中华能源基金会（联合国特别咨商地位非政府组织），开展能源公共外交与国际能源研究，与联合国共同设立能源联合国大奖；设立上海华信公益基金会、助力公益慈善，实现企业和社会的可持续发展，努力打造人的华信、家的华信、国家的华信。公司连续五年荣获“中国十大慈善企业”称号。

能源产业与金融服务
高度融合的国际投行

◀中国华信构建欧洲油气终端，获取上游股权与权益

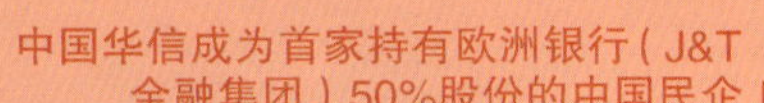

中国华信成为首家持有欧洲银行（J&T金融集团）50%股份的中国民企▶

中国华信在捷克布拉格设立第二总部▶

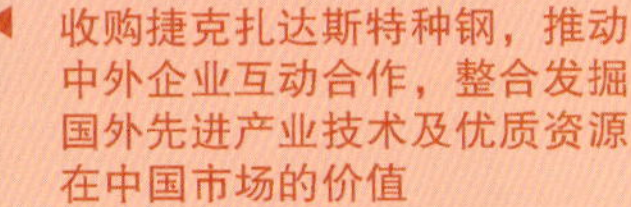

◀收购捷克扎达斯特种钢，推动中外企业互动合作，整合发掘国外先进产业技术及优质资源在中国市场的价值

◀中国华信资助建设捷克中医中心大楼助推中医走出去

◀中国华信连续三年赞助残疾人运动会，助推中国残疾人体育事业发展

上海华信公益基金会创立“萤光支教”项目，五年来为陇、滇两省培训乡村教师18107名，受益师生逾百万▶

跨境银行间支付清算(上海)有限责任公司
China International Payment Service Corp.

CIPS——人民币跨境支付“高速公路

人民币跨境支付系统（Cross-border Interbank Payment System，简称 CIPS 为境内外金融机构人民币跨境和离岸业务提供资金清算结算服务的支付清算系统，被誉为币跨境支付“高速公路”，是我国重要的金融市场基础设施。2015年10月8日，CIPS（一成功上线运行，这是我国金融市场基础设施建设的又一里程碑事件，在中国支付系统发程中具有重要意义。

跨境银行间支付清算（上海）有限责任公司（CIPS运营机构）是经人民银行批立，为境内外参与者提供跨境人民币清算结算服务的公司制企业法人，接受人民银监督和指导。CIPS运营机构于2015年7月31日在上海注册成立，全面负责CIPS的运护、参与者服务、业务拓展等各方面工作。

CIPS（一期）业务范围

CIPS支持跨境货物贸易和服务贸易结算、跨境直接投资、跨境融资和跨境个人汇款等业务。

人民币跨境投融资
人民币跨境贸易
人民币跨境汇款
CIPS

CIPS（一期）主要特点

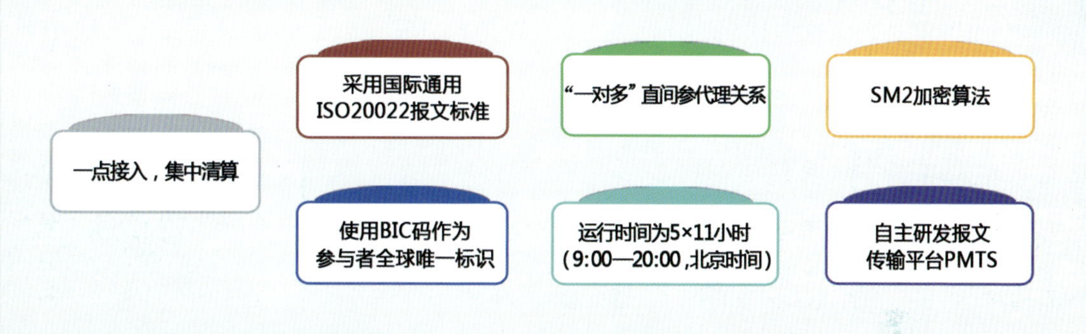

CIPS参与者覆盖全球　为“一带一路”建设服务

CIPS上线运行以来，参与者规模不断扩大，截至2017年6月15日，CIPS直接参与者从上线时的19家增至28家，间接参与者从176家增至584家，（亚洲422家、欧洲82家、非洲26家、北美洲22家、大洋洲16家、南美洲16家），服务延伸至全球6大洲85个国家和地区，其中支持“一带一路”沿线国家41个，助力“一带一路”建设的纽带作用日益显现。

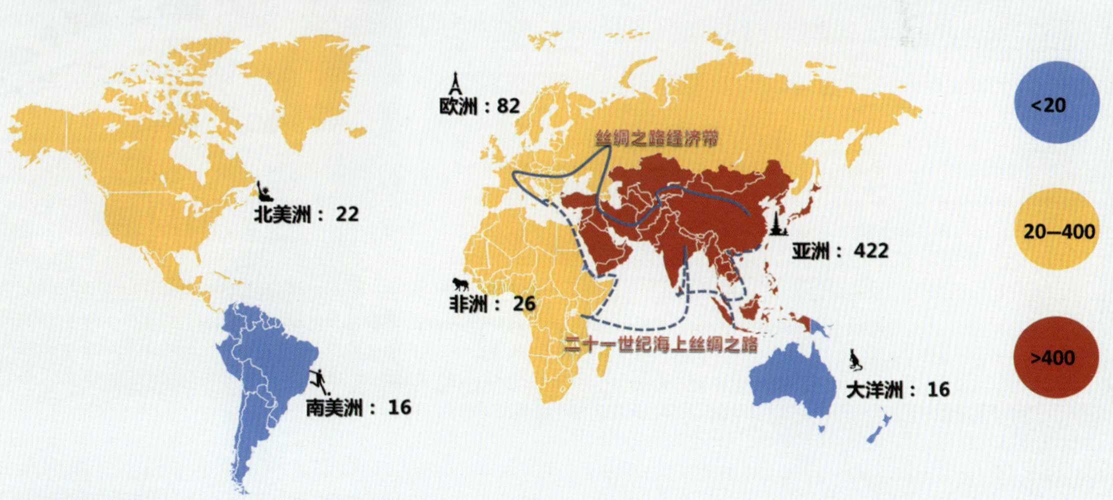

公司：跨境银行间支付清算（上海）有限责任公司
地址：上海市浦东新区来安路288号
网址：www.cips.com.cn　邮编：201201
邮件：cips@cips.com.cn

提速“互联网+” 打造智慧上海税务

2016年7月，金税三期系统在沪成功上线，上海税务信息化系统首次实现与全国系统全面对接，推动征管服务更趋规范化，数据运用实现标准化，也为加快推进“互联网+税务”行动奠定了坚实的基础。

为此，上海对全市网络办税系统进行了彻底的清理整合，实现了优化升级，形成了门类清晰、功能完善、集约高效的企业网上办税服务厅。2016年12月，网上办理率已占全部业务量近七成；以建设长江经济带平台为契机，推进跨区域信息共享、跨区域资质互认、跨区域风险监控、跨区域管理协作。借力12366上海纳税服务中心建设的东风，将传统服务与“互联网+”创新成果深度融合，运用多屏终端，实现全网覆盖，将更多的办税场景移植到移动互联网之中，加强实体办税服务与网上办税服务、掌上办税服务的联动互补与数据共享，探索纳税服务的智能化新实践。

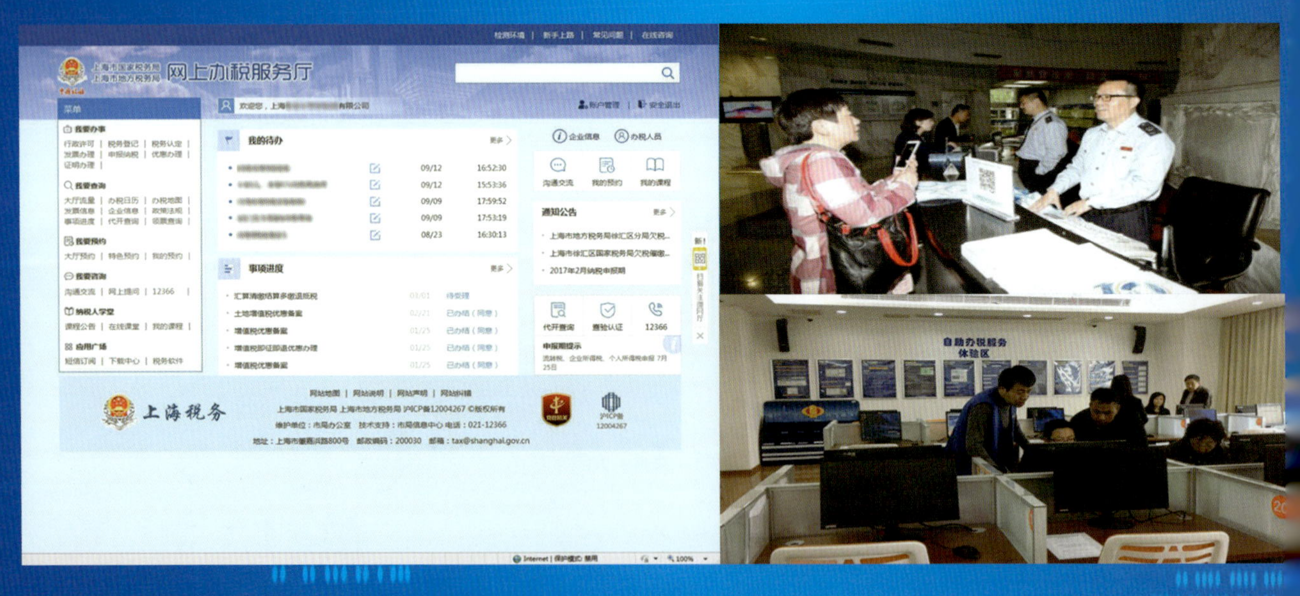

第三章 环境保护信息化

概 述

2016年，上海市环境保护领域从网络、管理方面加强信息化管理和建设，重点开展“一朵云、一张图、三个智慧应用”建设，不断深化和完善“一中心、两平台、三应用”体系，显著提升了环境应急与辐射、扬尘在线数据、污染物排放等方面的信息化管理应用水平。

一、网站建设

【强化网站功能】 2016年“上海环境”网站围绕信息公开、网上办事、政民互动三大基本功能，持续深入地推进网站建设，网站功能得到进一步完善。深入推进互联网＋环保政务服务，在全市率先实现所有28项审批事项和18项服务事项与“中国上海”门户网站的对接，并实现两网“一口办理、一码查询、一站反馈”，完成网上办事预约、窗口叫号系统建设，开展网上办事“零上门”或“一次上门”等便民服务；优化了信息公开栏目设置，增设了中央环保督察、环保重点工作专题等专栏，调整了空气质量预报栏目，从未来24小时预报延伸至48小时预报。

【优化网站服务】 深入推进环境信息公开工作，建设企事业单位环境信息公开平台，推进建设项目环评、排污许可证等信息公开；改进网站站内搜索引擎，优化网站用户体验；进一步落实网站内容保障责任制，实行网站信息发布月报制度，有效督促了各业务处室信息发布工作。整体而言，网站在推进信息公开、为民服务等方面继续在全市保持先进水平。“上海环境”网站在2015年度省级环保厅(局)政府网站绩效评估中继续保持先进,获得2015年度上海市政府网站测评优秀网站称号。

(傅　迪)

二、管理信息化

【概况】 2016年,上海市环保信息化工作推进环保建设以“智慧环保”为引领,积极谋划“十三五”环保信息化发展思路,提出“一朵云、一张图、三个智慧”的建设重点,进一步深化“一中心、两平台、三应用”体系建设,取得明显成效。排污许可证、环评审批等应用系统实现了“三监联动”,扬尘在线系统和APP在杭州二十国集团峰会等国际重大活动环境保障中发挥了重要作用,环境应急与辐射管理信息系统项目填补了环境应急和辐射管理的信息化空白。上海环境网站继续保持“优秀政府网站”称号,网上办事在全市名列前茅并获全国政府网站精品栏目。深化环保公众服务,提升环境管理精细化和决策科学化水平,同时为中央环保督察、市委巡视等重大事件提供了有力的信息技术保障。

【完成“十三五”环保信息化发展思路研究】 在总结“十二五”建设经验的基础上,上海市环境保护局(以下简称“市环保局”)对“十三五”期间环保信息化发展进行了深入研究,提出了主要发展目标和具体建设任务。“十二五”期间,上海环保信息化建设以“业务协同、数据共享”为主线,加大投入力度,基本形成了“一中心(环保数据中心)、两平台(综合业务平台和公众服务平台)、三应用(污染源、环境质量、环保政务)”的环保信息化架构,建立环评审批、许可证管理、移动执法等重点业务系统,促进了环境管理的科学化、精细化和自动化水平。党的十八大以来,生态文明建设成为国家战略,“云、大、物、移、智”新技术为环保信息化发展提供有力的技术支撑,为上海市智慧环保建设奠定坚实基础,“十三五”期间,上海市环保信息化将以实现信息感知准确全面、数据共享方便快捷、决策应用智能科学、信息服务亲民高效的“智慧环保”为发展目标,重点开展“一朵云(环保云)、一张图(环保地图)、三个智慧应用(智慧监测、智慧监管、智慧门户)”建设。

【开展环境应急与辐射管理信息系统项目建设】 为了全面提升环境应急和辐射环境管理的信息化水平,市环保局于2013年开始申报上海市环境应急与辐射管理信息系统项目,并于2014年9月获得批复。经过对环境应急和辐射管理业务需求进行分析,2016年完成项目招投标,并对业务需求进行了深入分析,形成《上海市环境应急与辐射管理信息系统需求报告和建设方案》,开展环境应急指挥大厅建设和环境应急系统、辐射管理系统总体框架开发,提升了环境应急和辐射管理规范化、科学化水平。

(栗小东)

【持续推进扬尘在线数据业务化应用】 为改善城市环境空气质量，上海市环保、住建、交通、绿化市容等部门持续推进工地、道路、混凝土搅拌站和码头堆场的扬尘在线监测设备安装，截至2016年年底已经接入各类设备1 200多套，初步实现全天候、全覆盖的扬尘排放数据采集。为进一步发挥数据价值，加强对扬尘污染排放的监管，规范扬尘在线监测数据的执法应用，市环保局、市绿化市容局等部门先后出台了《上海市扬尘在线监测数据执法应用规定(试行)》、《上海市道路扬尘污染防治实施工作方案》等文件，将扬尘数据用于执法及科学污染防治。上海市环境保护信息中心在此基础上，牵头开展相应软件功能的设计研发工作，依托联通云计算中心的基础硬件资源，实现了监测数据的自动审核、易扬尘单位、区监测站、市监测中心4级审核程序，开发了设备注销、故障申请与管理审核功能，同时结合《上海市道路扬尘污染防治实施工作方案》要求，实现了污染防治工作任务的自动生成及主动推送，为污染防治单位开展科学防治、智慧保洁等工作提供技术支撑。

(王　跃)

【推进上海市主要污染物排放许可证系统升级】 上海市环境保护局重点污染源主要污染物排放许可证监管与信息发布系统于2015年完成验收并投入使用。2016年共完成479家企业的排污许可证核发工作。为适应新的排污许可证管理要求，市环保局信息中心组织实施了核发系统的升级工作。升级后的核发系统采用法人一证通登录方式，代替原来的用户名密码登录方式，提高了企业认证的规范性和安全性；对外网企业资料上报模块进行了升级，以在线填报模式代替Excel模板导入模式，提升了数据填报的便捷性和准确性；对核发流程进行修改，将现场核查环节加入到核发流程中；对排污许可证副本进行重新设计编制，体现了市环保局对发证企业“从严从细”的管理要求。

(李　铭)

第四章　城市运行信息化

概　述

2016 年进一步推进公共基础设施、电网、水网的信息化建设。通过相关机构的努力，城市管理综合信息系统(共享交换平台)、上海地下空间信息基础平台等多款应用平台运营成效良好，电网、水网的信息化业务能力、服务能力、创新能力再上新台阶，为上海市的可持续发展提供了有力支撑。

一、公共基础设施管理智能化

【城市网格化综合管理】　2015 年区和街镇两级城市网格化综合管理机构均已成立，编制全部落实，人员基本到位，职责开始履行；区级系统平台的升级改造全部完成，管理功能得到拓展。截至 2016 年 12 月，市级系统平台按计划完成主体工程模块建设，强化了系统的考核、专项调查、市级督查等功能，提高了数据分析能力；全市 213 个街镇在完成街镇级平台建设的基础上进一步向村居延伸，村居工作站基本实现全覆盖。

拓展管理内容。2016 年 8 月，上海市城市管理联席会议办公司(以下简称“市数字化联办”)与上海市气象局(以下简称“市气象局”)联合发文将管理范围拓展到气象防灾减灾和“施放系留气球”领域；与上海市金融服务办公室(以下简称“市金融办”)在 2015 年黄浦区试点基础上，进一步在虹口区深化，将“非法金融活动”作为网格化巡查发现的内容。此外，上海市建设交通工作党委牵头供水、燃气、邮政等企业，依托城市网格化综合管理平台推进公共服务进社区，在浦东新区塘桥街道、静安区彭浦镇开展了相关试点。各区结合实际，按统一的标准格式分类拓展创新社会治理、加强基层建设的管理内容。2016 年考核全市城市网格化综合管理中心共计立案住宅小区类 16 万件、市场监管类 4.4 万件、农村管理类 0.4 万件、街面治安类 0.2 万件，约占总立案量的 3.6%。

完善工作机制。一是明确职责分工。市级机构负责统筹监督、综合协调，2016 年以来重点开展了网格化监督发现实效和综合监督实效的市级督查，并定期通报各区市级督查情况，进一步明确了“应发现尽发现、应处置尽处置”的考核导向；区级机构负责指导监督街镇机构具体工作，指挥协调区条线部门尽职履责；街镇机构负责在基层及时发现、有效解决问题。二是厘清工作界面，构建“双向通道”。将区网格化主动发现的、非本级政府职责范围的问题，通过系统平台将相关事项转交给相关委办局或企事业单位办理，自 2016 年 3 月底开通以来，徐汇、普陀、宝山等区将归属于市级部门的通信架空线坠落、井盖缺失等问题上报市级平台处置。

落实长效管理。一是调整考核办法。2015 年版《上海市城市网格化综合管理标准》实施以来，根据城市网格化综合管理工作深化拓展的实际情况，于 2016 年年初修订形成了 2016 年版的“考核办法”。主要是在“监督发现”考核项将“按面积因素修正”改为“按人口因素修正”，进一步体现问题发现与区域人口数量、结构的规律性关系；在“综合监督”考核项强化市级督查指标，通过考核导向进一步提高区、街镇网格化综合管理及时发现、处置问题的能力；调整了标准类案件、区自定义类案件的计算比例（标准类案件每 1 件算 1 件、自定义类案件每 5 件算 1 件），进一步提高案件质量。“考核办法”初步形成后，上海市数字化城市管理中心（以下简称“市数字化城市管理中心”）根据历史工作数据进行演示测算并向区书面征求了意见，经市数字化联办发文后开始实施。二是强化市级督查。按照“应发现尽发现、应处置尽处置”的工作要求，“考核办法”在市级督查考核项原“市级先发现数”指标基础上增加了“区级先发现数”，鼓励区网格中心先行发现问题。2016 年市级督查扩大了督查范围，将农村地区纳入了督查，9 月起进一步将生态环境综合治理整治完成的区块纳入市级督查的检查范围，同步要求区、街镇网格化管理部门组织监督巡查，做好对各部门处置工作的督促检查。在督查内容上，强化对重点部事件的发现和处置，重点对违法建筑、架空线坠落、道路立杆倒伏、井盖破损等存在较大安全隐患的部事件问题的处置时限和效能进行督查督办，进一步明确了立案标准和处置要求。

加强队伍建设。一是开展监督员队伍的职业化建设。市数字化城市管理中心牵头上海市住房和城乡建设管理委员会（以下简称“市住建委”）人才中心、市城建学校以及委城管处、科信处等部门，联合市人社局向国家人力资源部申报“城市网格化管理监督”专项职业能力项目，力争设立“城市网格化管理监督”职业工种，已由市住建委人才中心申报立项；同时在城建学校青浦校区建设城市网格化综合管理实训基地，形成城市网格化综合管理培训体系。二是组织专项培训。各区在 2016 年基本完成了对区、街镇中心骨干人员的业务培训任务，进一步明确了工作要求和考核指标；12 月市数字化联办组织面向各区、街镇管理人员的培训，进一步贯彻落实市委、市政府关于城市网格化综合管理的各项工作要求。

【BIM 技术推广应用】 以点带面推动 BIM（Building Information Modeling，建筑信息模型）应用项目落地。自 2015 年 9 月起至 2016 年年底，全市共有 62 个项目经评审成为试点项目，其中政府投资工程 49 个，社会投资工程 13 个。全年新增 BIM 技术应用项目达到 260 个，全面完成上报市政府的目标任务，并且涌现出一批以上海中心、国家会展中心、迪士尼、北横通道为代表的在全市有重大影响力的 BIM 技术应用项目。

继续推进基于 BIM 技术的联审平台建设。根据国家及上海市有关文件精神，按照市领导要求，牵头成立了 BIM 联审平台推进小组，筹划建立全市统一的从立项、规划、土地、设计、施工到竣工验收阶段，相关审批审查部门协同参与，基于 BIM 模型的一站式并联审批平台。简化审批程序和报审资料，提高管理协同和审批效率，实现“一口受理、并行办理、限时办结、统一答复”的目标。

制定 BIM 技术标准规范及扶持政策。制定出台了《关于本市保障性住房项目实施建筑信息模型技术应用的通知》及实施要点，探索制定保障性住房应用 BIM 技术的每平方米成本价，对推进保障性住房应用 BIM 技术奠定了基础。组织相关单位编制完成了《建筑信息模型应用标准》等 6 本 BIM 标准，并于 2016 年正式实施。

加强 BIM 技术应用能力建设和宣传交流。联合上海市国有资产监督管理委员会召开了上海市部分大型国有企业建筑信息模型技术应用培训会，近 350 位来自上海市建设、设计、施工及咨询服务等大型国有企业的分管领导及部门负责人参加培训。同时，动员协会、企业自行组织开展专业技术人员 BIM 技术应用培训，提高业内人士对 BIM 技术的认知度，进一步培育上海市 BIM 技术应用市场。此外，出台了全国首部建筑信息模型年度发展报告，并通过电视、网络、广播、平面媒体进行宣传报道。

【公共基础设施管理智能化】 推进道路照明灯杆综合利用扩大试点：在 2015 年大沽路试点项目的基础上，2016 年根据各项功能需求原则，并结合区道路改造、架空线入地、区域环境整治、智慧城市建设等因素，选定了 6 个区的 8 个试点区域，并编制了实施方案。2016 年 11 月 11 日国家财政部、发改委、住建部联合印发了《市政公共资源有偿使用收入管理办法》，根据该办法要求，编制灯杆综合利用特许经营方案和招标文件，拟通过招标方式明确实施主体和实施内容。

推进道路和公共区域照明管理基础数据库建设：2016 年通过设施量普查基本摸清了全市约 55 万盏路灯的位置和属性数据，并按计量表、控制箱、灯杆、灯盏等建立了一一对应的关系，形成基于 GIS(Geographic Information System，地理信息系统)地图的照明设施基础数据库。

（马康玉）

二、智能电网

【概况】 2016 年，在智能电网建设方面，上海市采取多方面措施：配合编制 2040 上海城市总体规划电力专项规划、"十三五"能源及电力规划、配网建设改造规划,优化"十三五"电网发展规划。全面对接市、区两级城市规划,与区政府签订"十三五"战略合作协议。建立"一口对外"协调机制。奉贤换流站调相机应用、500千伏崇明输变电工程等89项35千伏及以上项目获核准。淮南—南京—上海交流特高压工程上海段建成投运。承办2016年G-SEP上海分会、未来能源亚太峰会,广泛传播全球能源互联网理念。500千伏虹杨站成为全市"文明施工、维稳工作"两个升级版,电气安装完成60%,隧道工程全线贯通。完成新谭、宛平等18项220千伏及以上输变电工程,以及长春、古美等2个220千伏老站改造。平稳开工110千伏恒皋、津航、湖滨等3个受阻工程。完成382项城农网改造项目。建成迪士尼、陆家嘴等5个智能配网示范区。获评国网公司创优示范工程2项。

【实施优质服务三年行动计划】 推进"互联网+营销服务",完成4家供电公司营业业务中心建设,率先推出机器人营业服务,网上营业厅、"掌上电力"用户数分别达693万户和74万户,业扩平均接电时间同比缩短47%。实现与各类园区服务全对接、规划全覆盖。"95598"故障报修全部直派,抢修平均到达时间和修复时间同比分别下降18%和42%。推动成立充电设施企业联盟,实现车联网与上海市充电设施公共平台互联互通,累计建成各类快充站263座、充电桩5 084台、个人充电桩2.86万户,年充电量突破1亿千瓦时,形成中心城区5公里服务网络。世界容量最大的吴淞口国际邮轮港岸电项目建成投运。建议政府建立联席会议机制,完成"多表合一"11.36万户,并在全国率先试点"多单合一、多费合收"。建议政府率先发布民用交流电能表检定规程,率先开展基于抽样检测的电能表状态调换。严格执行《上海市供用电条例》,正式启用居民格式合同。完成"光明工程"96万户(累计245万户)。新装智能电表68.5万只,基本实现采集全覆盖。

【实施企业智慧运营工程】 深化运营监测(控)中心建设,增强决策服务、协同促进、精益改进功能,推动资源配置更优、内部控制更强、协同效率更高。构建反映公司整体运营状况的运营监测体系,建立企业级管理"驾驶舱"、"仪表盘"。加快推进企业级数据中心建设,强化数据资产价值挖掘和综合分析。建立精益管控机制,强化跨业务、跨流程、跨层级的监测预警、管理纠偏、流程优化等职能。

【科技创新工作再上新台阶】 顺利通过了国家科技支撑计划课题"以大规模可再生能源利用为特征的智能电网综合示范工程"的验收;国家863课题"智能配用电大数据应用关键技术"在关键技术研究、示范工程建设、课题组织管理等方面取得重大进展;863计划课题"电网潮流控制技术及装置研发"UPFC(Unified Power Flow Controller,统一功率通量控制器)示范工程建设取得重大进展,为顺利开展后续工作打下基础。

(李　敏)

三、智慧水网

【概述】 2016年，上海市水务局、市海洋局紧紧围绕水务、海洋事业发展大局，从防汛水情、系统运维、项目建设、行业管理4个方面，着力提升信息化的业务能力、服务能力、创新能力，为上海水务海洋事业可持续发展提供了有力支撑。

【完成水务、海洋等一系列信息化规划编制工作】 按照建设“智慧城市”要求，编制完成了《上海市水务信息化“十三五”规划》、《上海市海洋信息化“十三五”规划》，进一步完善水务海洋信息化发展思路和基础设施功能布局；编制了新一轮《上海市防汛信息化项目建设规划（2016—2018）》；按照《上海市水务标准体系》编制需求，开展了水务海洋信息化标准需求研究，完成了《城市综合管理标准体系（水务部分）》中的信息化专题内容。

【提升防汛信息化保障能力】 进一步加强网络、信息系统和数据中心的运维保障，完成《上海市防汛信息中心信息系统运维管理规范汇编》，加强实时监测，确保防汛信息系统和防汛视频系统的稳定运行和及时响应，提高信息化与防汛业务的融合度。全面推进国家防汛指挥系统二期工程和市洪水风险图项目建设，进一步优化完善水务海洋公共信息平台，加强水情信息系统应用研究，及海洋预报和市水利分片内河水位预报方案研究，结合防汛风险图项目成果，推进实际应用，探索实时动态预警研究，水情预报精度和水情服务水平都得到了进一步提升。

【信息安全水平上新台阶】 积极发挥市水务局网络安全和信息化领导小组办公室职责，组织召开2016年水务海洋网络与信息安全专题会议，加快完善网络安全规章制度、推进全局网络安全升级改造、推进局系统互联网网站整合、推进信息资源整合与安全集中管控、进一步落实等级保护工作、加强网络安全与计算机保密技术检查、加强应急管理工作、加强安全宣传教育培训。积极推动信息安全管理从传统的信息化领域向工业控制系统延伸；强化关键信息基础设施安全防护，基本编制完成《上海市水务局、上海市海洋局网络信息基础设施建设指南》，部署开展全行业关键信息基础设施网络安全检查工作，切实保障网络安全，为各业务系统运行提供了安全可靠的保障。

【新增信息化基础设施建设】 加强信息化基础设施运维保障，全面发挥全市三级防汛视频会议系统的指挥作用。推进防汛三级视频会议的横向应用扩展，新增上海市地方海事局、航标处、申通地铁、水文总站、迪士尼度假区5根网络专线。完成了上海国际旅游度假区管委会（迪士尼园区）视频会议分会场的建设工作。

【推进水资源管理系统建设】 充分利用上海市水务一体化管理的优势，通过国家水资源监控能力完成上海市项目建设。建成了基于云计算技术的上海市水资源管理系统,拓展了信息化在水资源管理中的应用深度,国家水资源监控能力建设项目(一期)在技术评估的基础上,启动了水资源管理系统二期项目建设,完成招投标工作。

【深入推进海洋信息化项目建设】 扎实推进“数字海洋”上海示范区建设,进一步加强与涉海单位的信息共享和业务联动,完成了与国家海洋局东海分局部分数据的接入和入库;以推进“水之云”服务平台——云计算基础架构资源管理系统和上海市水务海洋核心机房功能扩展项目建设为抓手,进一步加强了基础设施、数据中心、应用系统等信息化资源整合和统筹管理,建成了市水务局统一、服务全市的水务海洋数据云平台,为全市防汛、水务、海洋信息化建设提供了稳定、高效的云数据支撑;海域动管系统项目建设方案通过了市发改委审批,市级海域动态监视监测管理系统、市海洋生态环境监督管理系统建设有序推进。

【推进电子政务建设和政务协同】 推进市水务局下属各单位网站整合,完成了“上海水务海洋”门户网站升级改造,并于2016年9月底全面上线运行;有序推进政务协同平台、河湖水面率执法监管协同平台、水利基本建设协同管理平台,市水务局政务协同平台于10月初上线运行;对接市网上政务大厅,完成单部门行政审批事项上网工作、启动了政府服务事项的上网工作,完善了水务热线系统功能和数据对接等业务,进一步提高市水务局行政效能和管理水平。2016年,市水务局53项行政审批事项全部接入市网上政务大厅,完成资质类、监管类数据与市法人库对接及“双公示”工作,积极推进政府数据向社会开放工作。

【形成移动应用“组合拳”】 市水务局按照移动互联、随时随地、快速迭代、小步快跑、多目标、跨平台、自适应的总体思路,依托水务海洋公共信息平台搭建了移动应用框架,构建了面向市民网民和面向防汛、水务和海洋工作人员的用户体系;构建了包括综合应用、专题应用、行业应用等的应用体系;构建了围绕各自职责定位、错位发展、共建共赢的分工协作体系。通过微信企业号、企业微信、微信订阅号、APP等应用组合,为水务海洋业务提供了创新服务模式。在防汛防台、政务服务、行政审批、热线工单、支撑河长制的水环境管理保护、局科技大会、政府数据开放和“双公示”等工作中发挥重要作用,用户数和活跃度屡创新高。编制了包括抓住“互联网+”机遇、深入理解用户需求、优先采用跨平台技术、在线调用数据服务、充分发挥微信力量、加强时空分析展示、操作体验做到极致、努力确保信息安全等内容的技术指南。

【加强执法信息化建设】 在执法信息化建设方面,编写完成了上海市水务局执法总队执法指挥调度管理系统、市水务局监管执法协同系统(供排水部分)建设方案;建设完成了排水户数据库平台;加强执法移动通信终端的应用,初步完成了办公系统、举报系统、排水户数据库部分功能模块在手持移动终端的应用。

【加快供水管理信息化建设】 完成用水计划指标的核定和批准行政审批事项上网建设工作,完成对市水务局统一审批接口相关功能的开发,实现与市水务局及市网上政务大厅的审批数据交换;改造计划用水管理信息系统的行政审批流程,实现审批事项的网上全过程运转;完成“上海市取、用水收费和业务管理系统”的建设开发及验收,完成系统安全等级申报并进行安全等级保护测评。

【新建下立交积水自动监测站点】 完成了156处基本型积水自动监测站点主设备的安装调试、数据采集、信息共享发布以及系统软件的升级改进,新建监测点与原有下立交积水监测建设的一期、二期、三期项目站点整合,已基本覆盖全市现有危险和严重积水的下立交,数据同步到水务公共信息平台,与路政、公安、排水等部门资源共享,并通过移动应用向全市各级防汛部门进行信息发布。

【上海市水闸泵站自动监测系统通过验收】 充分利用水务公共信息平台、水务数据中心、统一安全与认证机制和现有水闸监测站点、分中心和通信网络,结合水务行业现有信息资源,建立一个覆盖8个水利片、128座水闸水资源调度和36座通航收费的监测管理平台,提高了水闸运行管理水平。系统还完成了36座通航船闸通航管理系统与闸站管理系统的数据连通。

【堤防防汛应急调度管理系统通过验收】 通过移动终端现场多元化信息采集,将抢险事件进行上报分析,通过位置信息实现对抢险队伍人员数量、物资仓库所需物资数量的分析,实现对物资、人员的自动调度。大幅度提高了抢险工作的业务效率,降低了险情带来的损失,具有堤防防汛应急调度全过程的信息监管和联动作用,实现了抢险业务管理的信息化全面覆盖。

【推进区海域动态监管能力建设】 市水务局完成5个区级节点视频会议室和机房运行环境建设,实现5个区级节点与上海市省级节点专网的互联互通;新建5个远程视频监控点;完成2台海域应急监测业务专用车改造;完成海域基础数据收集和整理,开发了区海域监管业务系统。

(蓝　岚)

第七编 信息安全

Shanghai Informatization

综　述

2016年，上海市网络安全保障工作根据国家战略部署，在上海市委、市政府的正确领导下，紧紧围绕智慧城市信息安全保障工作要求，以深化城市信息安全保障体系为目标，主动适应新技术、新应用带来的信息安全新挑战，夯实信息安全技术设施和平台支撑；积极营造信息安全保障环境，夯实上海智慧城市和科创中心建设基础。有序推进落实年度各项任务，全年未发生重大信息安全事故，信息安全态势总体可控。

随着智慧城市建设的推进，以及云计算、移动互联网、大数据等新技术的兴起和应用，信息化已深刻影响着经济、文化、社会、军事等各个领域，其跨部门、跨领域、跨区域的特点更加显著。伴随着网络空间与现实世界的深度融合，城市关键基础设施运行已高度依赖网络和信息系统，网络安全问题日益凸显，安全形势复杂严峻，成为制约网络强国建设的关键因素。以"互联网+"行动计划为代表的一系列国家战略举措，在进一步推动互联网促进社会进步、经济发展的同时，对网络安全也提出了相关要求，体现了从国家层面强调网络安全与信息化协调一致、齐头并进，以安全保发展，以发展促安全的战略部署。

市经济信息化委、市网信办、市公安局等主管部门，结合各自职责，有效推进了责任制落实、等级保护、分级保护、密码监管、安全测评和风险评估、应急管理、工控系统安全管理等重点工作落实，联合开展网络空间专项治理行动，落实重点领域网络安全检查行动，均取得了显著成效；加强信息安全基本制度落实，大力推进信息安全基础平台设施建设，完善网络信任体系，优化网络环境治理，进一步强化信息安全技术支撑能力。

全市信息安全产业通过充分发挥社会资源和企业主体作用，进一步强化自主创新，涌现出一批优秀的信息安全骨干企业，为信息安全产业做大做强打下坚实基础。此外，成功举办第六届信息安全活动周和2016(第八届)信息安全技能竞赛，信息安全保障环境得到进一步优化，不断提高市民的信息安全意识和技术防范能力。

第一章　信息安全管理

概　述

按照国家和上海市委、市政府对信息安全保障工作的总体部署和要求，市经济信息化委、市网信办、市公安局等主管部门，密切协同、有效配合，共同推进和完善全市信息安全保障体系的建设。2016年，在网安平台协同联动、部门间共享和通报机制、多部门联合执法等方面加大工作合力和协同力度，进一步加强重要信息系统、党政机关重点网站、基础网络、工业控制系统安全管理和保障，开展信息安全综合治理和宣传教育，完善信息安全保障环境，为促进具有全球影响力的科技创新中心和智慧城市建设提供了有力的信息安全保障基础。

一、组织建设

【领导管理体制】　在上海市委网络安全和信息化领导小组的统一部署领导下，市经济信息化委按照国家的部署和要求，围绕城市运行保障和智慧城市建设，完善信息安全协同管理，强化重点领域安全监管，深化信息安全基础支撑，优化安全保障环境建设，提升全民信息安全意识，有序推进各项工作任务的落实。召开上海市智慧城市建设工作会议暨信息安全保障工作会议，进一步落实信息安全重点单位责任制，确保了城市信息安全的总体可控，城市信息安全保障体系建设取得新成效。

【功能性机构建设】　上海市主要建有以下信息安全功能性机构和基础设施，面向政府部门、企事业单位和社会公众提供服务：

市数字证书认证中心有限公司：按照政府指

导、市场化运作方式成立的第三方电子认证服务机构，主要负责构建全市性的数字证书认证服务平台，向政府、企事业单位和市民提供数字证书认证服务，推广数字证书应用，为构建统一的网络信任体系发挥基础性作用。

市信息安全测评认证中心：隶属于市经济信息化委，主要业务包括信息安全产品测评、信息系统（网络）测评、计算机信息系统集成企业资质（三、四级）认证、信息系统安全方案评审和提供相关技术支持、咨询服务、技术开发和测试实验环境等。

市网络与信息安全应急管理事务中心：隶属于市经济信息化委，主要职责包括承担全市信息安全应急管理的日常工作，协助开展重大信息安全事件应急处置协调；负责全市网络与信息安全综合监测体系建设与运行；统筹全市各类网络与信息安全应急资源和设备的信息管理；负责全市网络与信息安全应急技术组织和服务管理；运营管理上海互联网络交换平台等。

市信息安全行业协会：由上海地区从事信息安全产品研发、制造、经营和服务的企业和其他相关企事业单位按自愿、平等的原则组成，提供咨询和中介服务，组织调研、交流、合作、培训，开展会展、编辑出版以及政府委托的其他工作。

上海工业控制系统信息安全技术服务联盟：涵盖科研院校、工业控制系统关键设备和部件生产制造商、系统集成商、信息安全企业、终端工业控制系统用户等 30 余家知名机构。充分发挥市场机制，整合全市乃至全国、全球的优势力量，聚焦工业控制系统信息安全主题，服务“四新”经济发展，围绕工业控制系统信息安全技术研发、测试评估、标准制定、合作交流、宣传培训、政策研究等领域，促进信息安全技术服务发展。

二、制度建设和职能监管

【信息安全综合治理】 各职能部门按照各自职责，根据国家的部署和要求，对重点领域实施严格监管，开展网络空间综合治理，加强专项行动落实，取得显著成效。一是强化重要信息系统安全监督管理。市经济信息化委制定年度公共信息系统安全测评计划，对全市 102 家单位 182 个信息系统实施安全测评工作并督促问题整改。二是加强党政机关等重点网站安全管理。市经济信息化委组织完成对 90 家重点单位的网络与信息安全检查工作，发现 278 个安全问题并督促整改；委托市网络与信息安全应急管理事务中心对全市重点网站开展实时监测预警和应急处置。三是开展专项打击和整治行动。市公安局、市通管局、市无线电管理局、市工商局等部门持续开展打击伪基站、黑电台、僵木蠕、黑客攻击破坏，打击治理移动互联网恶意程序等专项行动，进一步优化信息安全保障环境。

【信息安全应急管理】 城市网络与信息安全应急管理体系得到进一步深化。市经济信息化委牵头完成《上海市网络与信息安全事件专项应急预案》执行评估，并赴市高级人民法院、宝山区政府、中国太平洋保险集团等单位开展专题调研；妥善处置基础网络和重要信息系统风险事件；印发《关于报送2016年度网络与信息安全应急预案演练工作情况的通知》(沪经信安〔2016〕336号)，部署演练工作，开展浦东新区和市经济信息化委信息安全示范演练；发布《2015年度重大信息安全事件回顾报告》。上海市网络与信息安全应急管理事务中心共发布风险预警提示417份，督促整改相关重点网站和在线信息系统安全风险350处，协调处置安全事件12起；对全市城域骨干网进行全天候的信息安全事件抽样监测，全年整体安全态势良好，网络与信息安全威胁基本可控，未发生大规模或高危害的网络安全事件。

【工控系统信息安全管理】 重要工控系统安全管理进一步加强。2016年，市经济信息化委组织对全市31家重要工业控制系统运行使用单位的409套工控系统开展专项检查；按照工业和信息化部要求，组织对全市工业控制系统重点生产企业进行调查摸底；编制并印发《关于加强工业控制系统信息安全风险评估的指导意见》；强化工控系统安全隐患排查，完成工控系统信息安全风险评估机制研究，并组织开展工业互联网安全专题调研。

【网络信任体系建设】 全市网络信任体系建设有序开展。按照国家密码管理局相关要求进行全线国产SM系列算法改造；在区县市场监管“四局合一”试点项目及社区事务一口受理项目实施基础上，推进全市公务人员统一身份认证公共服务平台建设；完成个人网上身份统一认证平台建设，在信用服务等领域提供基于数字证书的智能、移动、远程的个人网上身份认证服务；推进证书在人保、税务、财政等行业应用，进一步强化网络信任体系建设。

【信息安全基础设施建设与前瞻性研究】 继续推进信息安全基础设施及重点项目建设，开展信息安全前瞻性研究，增强城市信息安全基础支撑能力。一是加快推进应急基础设施建设。与国家计算机网络应急技术处理协调中心上海分中心签署合作协议，开展网络安全监测预警及事件处置协作；完成网络与信息安全应急基础平台设备安装调试和系统开发。二是加强电子政务网络安全保障建设。推进党政机关云安全保障。在全市电子政务云建设中落实云计算服务安全指南和能力要求等国家标准；加强区县政府和市级委办云计算服务安全管理指导，在静安、浦东等区启动政务云安全评估工作。三是开展信息安全前瞻性研究和标准建设。加快大数据应用安全研究中心建设，依托复旦大学在基础环境构建、共性技术和理论研究以及政务、医疗等领域应用安全解决方案方面，加紧推进相关研究和应用推广工作；市经济信息化委联合上海数据交易中心共同开展与数据交易相关的平台安全、会员规则、行业监管等相关政策措施研究。

三、加强信息安全宣传教育

【第三届国家网络安全宣传周(上海地区)暨第六届上海市信息安全活动周】 为加强全民网络安全意识，提高各领域、各行业相关从业人员网络安全技能水平，推动自主信息安全产业发展，保障智慧城市信息安全,打造安全稳定健康的网络环境,由市经济信息化委、市网信办共同主办的"第三届国家网络安全宣传周(上海地区)暨第六届上海市信息安全活动周"(以下简称"活动周")于2016年9月19日至9月25日举行。

本届活动周以"网络安全为人民、网络安全靠人民"为主题,在全市陆续开展了数十场专业论坛和技术研讨会,集中表彰了一批网络安全工作先进个人,举办多项网络安全竞赛,走进社区和学校开展网络安全宣传教育等活动。活动覆盖全市各区、各街道,网上、网下直接参与各项活动的总人数超过10万人次。制作以"移动应用安全"为主要内容的信息安全手册并通过各社区、银行、证券等服务窗口面向广大市民进行发放;制作2016年上海市信息安全活动周主要活动的宣传网页和宣传片,并通过网络、移动设备APP下载、微信推广等方式进行传播。

【2016信息安全技能竞赛(ISG)】 作为全国性网络与信息安全方向综合型竞技比赛,信息安全技能竞赛旨在培育和提高重点行业信息安全保障能力和水平。经过4年的积累,竞赛在赛制规则、知识体系与竞赛平台等方面不断完善,信息安全技能竞赛已成为重点行业单位对安全保障人员开展技能鉴定、人员培养、团队建设的重要平台。

本届信息安全技能竞赛于2016年6月至9月举行,吸引了来自银行、证券、保险、交通、能源、运营商、安全企业、高校八大行业的500余名信息安全人才报名参加,形成了8组148支队伍,创历届管理运维赛之最。

浦发银行总行、浙商银行分行、证通股份、太平洋保险、民航网络、上海电信、理想公司、国防科大、国家电网、湖南移动分获各组别第一名,成功晋级线下总决赛。最终,中国电信上海IT队成功问鼎,成为信息安全技能竞赛实行分组赛之后首个总冠军。

(王　鑫)

第二章　信息安全服务

概　述

针对上海信息化发展的新趋势和新一轮智慧城市建设安全需求，在上海市信息安全主管部门、企事业单位积极努力和共同推动下，城市信息安全基础设施得到进一步完善，病毒防范、监测预警、安全测评、数字证书电子认证等信息安全社会化服务水平持续提升，城市信息安全技术支撑能力显著增强。

（王　鑫）

一、计算机病毒防范

【全市城域骨干网安全运行状况】　2016 年，上海市网络与信息安全应急管理事务中心（以下简称"市应急事务中心"）持续对全市城域骨干网进行全天候的网络与信息安全事件监测，主要包括各类安全事件以及流量的实时监测。全年整体网络与信息安全态势良好，未发生大规模或高危害的网络与信息安全事件。通过分析监测数据发现，影响全市网络安全的主要威胁来自于漏洞攻击和网络扫描类事件。2016 年度病毒蠕虫、拒绝服务、漏洞攻击和后门事件量较 2015 年有所上升，网络扫描事件量较 2015 年有所下降（图 7-1、表 7-1）。整体来看，

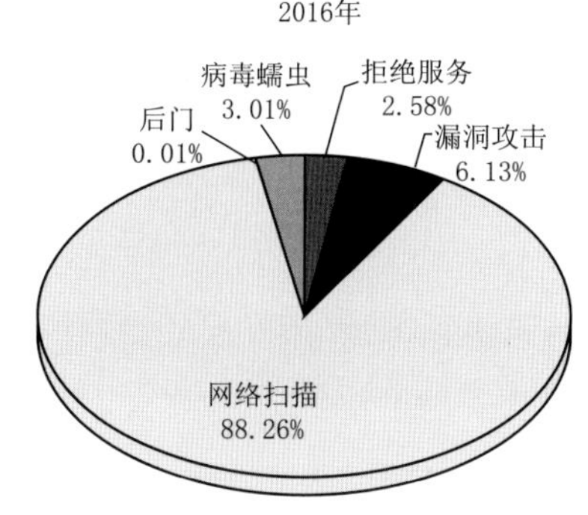

图 7-1　2016 年度各类安全事件总量权重图

表 7-1　2016 年与 2015 年各类安全事件数量对比表

	病毒蠕虫	拒绝服务	漏洞攻击	网络扫描	后　门
2015 年	7 683 317	7 835 507	25 344 355	10 708 614 647	15 483
2016 年	57 571 574	49 316 450	117 160 048	1 686 401 067	181 735

2016 年度上海市网络运行安全状况基本平稳，各类网络与信息安全威胁基本可控(图 7-2)。

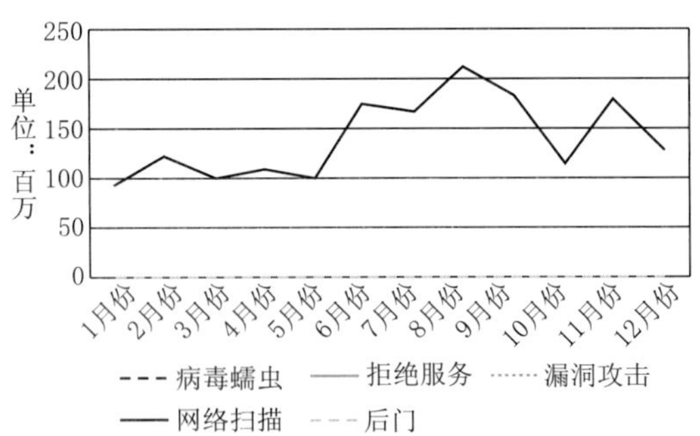

图 7-2　2016 年全市城域骨干网安全运行状况监测情况图

【全市重点网站运行安全监测和应急处置工作】　2016 年，市应急事务中心共对全市 253 家重点网站实施安全监测服务。全年向发生安全事件或存在潜在风险的重点网站主管单位发布网络与信息安全风险预警提示 434 份、《上海市重点网站运行安全分析报告》4 期，为全市重点网站的安全运行提供了坚实的监测、预警技术保障。统计 2016 年四个季度以来市应急事务中心的监测数据，共监测到网站安全风险 548 个，发现网页篡改 3 站次、网站挂马 10 站次。其中，高危风险 27 种 139 个，中危风险 33 种 91 个，低危风险 7 种 318 个，相关潜在风险影响网站 297 站次。未发现信息泄露、域名劫持、断开链接等安全事件。

根据《上海市重点网站运行安全分析评估规则(试行)》要求，对全市重点进行了分季度排名，各季度运行安全状况好的Ⅰ级网站数均达到 186 个以上，超过 80%的重点网站都处于良好的运行安全状态。Ⅳ级网站数所占比例控制在 3%以下。根据对全年报告的统计显示，网站高危风险主要出现在 XSS 跨站脚本、SQL 注入、Apache 应用程序版本过低、应用程序错误等几个方面，占总风险数的 52%以上，受影响的网站占 15%以上，需引起受影响单位的足够重视。各重点网站运营管理单位在接到风险提示后与市应急事务中心保持了密切联系，在对网站系统开展升级改造后也及时以邮件、电话等方式告知市应急事务中心。

【重点单位信息安全防范】　因上海市信息安全重点单位机构合并、系统代管等原因，2016 年参加全市信息安全月报工作的单位数为 206 家。2016 年 12 个月月报表受理情况统计显示，个别单位没能及时报送月报表，按时报送单位数平均为 187 家，按时报送率为 90.78%。

全年共有 39 家单位发生信息安全事件，发生信息安全事件的单位占报送月报表的单位总数比率为 25.66%(2015 年有 41 家发生过信息安全事件，其单位数比率为 26.8%)。黑客攻击 69 792 例(按攻击 IP 统计)，比 2015 年减少 84.6%(表 7-4、图 7-4)。全年发生黑客攻击的单位数比率为 5.92%(2015 年为 9.32%)。计算机病毒 51 204 台次，比 2015 年增加 108.84%(表 7-5、图 7-5)。全年

表 7-2　2016 年信息安全事件发生情况一览表

月份	黑客攻击（次）发生数量	黑客攻击 发生单位数（家）	计算机病毒（台次）发生数量	计算机病毒 发生单位数（家）	由于自身原因造成的信息系统瘫痪（次）发生数量	由于自身原因造成的信息系统瘫痪 发生单位数（家）	收到反动及黄色内容邮件（封）发生数量	收到反动及黄色内容邮件 发生单位数（家）
2016 年 1 月	5 049	4	1 441	23	0	0	488	5
2016 年 2 月	4 718	6	1 445	29	0	0	516	3
2016 年 3 月	4 112	5	1 974	26	2	1	498	4
2016 年 4 月	5 726	4	1 883	24	2	1	634	3
2016 年 5 月	9 089	4	1 559	28	0	0	474	2
2016 年 6 月	7 240	6	15 589	23	1	1	322	2
2016 年 7 月	4 228	5	1 463	28	0	0	548	3
2016 年 8 月	12 942	5	16 360	24	0	0	716	2
2016 年 9 月	4 655	4	2 543	23	3	2	761	4
2016 年 10 月	5 812	5	1 996	16	0	0	591	3
2016 年 11 月	3 571	6	3 143	21	3	1	173	3
2016 年 12 月	2 650	4	1 808	20	0	0	332	3

表 7-3　2016 年信息安全事件发生率走势表

2016 年												
月　份	1 月	2 月	3 月	4 月	5 月	6 月	7 月	8 月	9 月	10 月	11 月	12 月
发生率	17.81%	21.92%	19.18%	17.12%	20.55%	16.44%	19.86%	17.81%	17.12%	12.33%	15.75%	15.07%

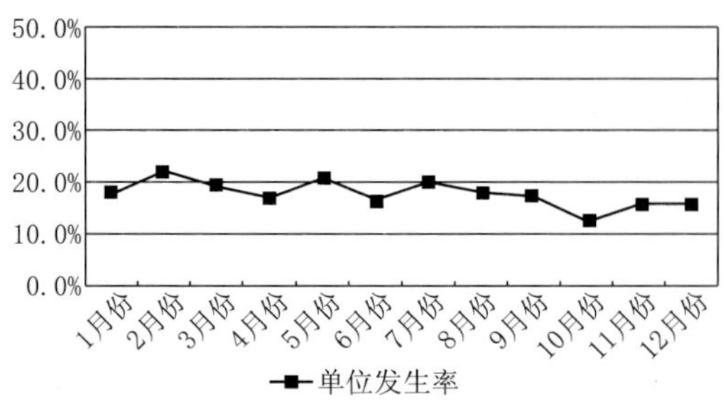

图 7-3　2016 年信息安全事件单位发生率走势图

表 7-4　2016 年"黑客攻击"发生数量各月分布情况表

2016 年													
月　份	1 月	2 月	3 月	4 月	5 月	6 月	7 月	8 月	9 月	10 月	11 月	12 月	共计
百分比	7.23%	6.76%	5.89%	8.2%	13.02%	10.37%	6.06%	18.54%	6.67%	8.33%	5.12%	3.8%	99.99%

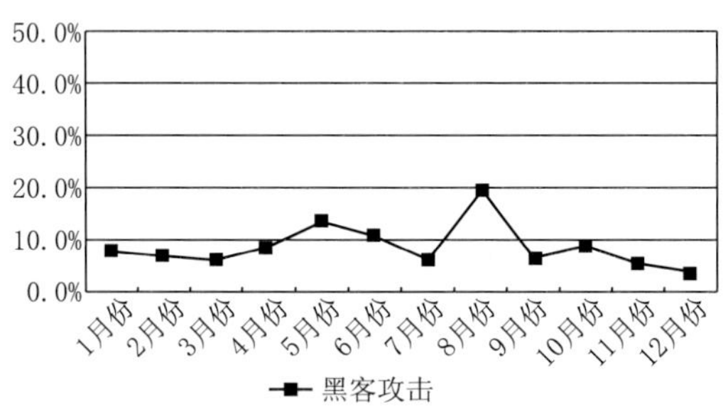

图 7-4　2016 年"黑客攻击"发生数量各月分布情况图

表 7-5　2016 年"计算机病毒"发生数量各月分布情况表

2016 年													
月　份	1 月	2 月	3 月	4 月	5 月	6 月	7 月	8 月	9 月	10 月	11 月	12 月	共计
百分比	2.81%	2.82%	3.869%	3.68%	3.04%	30.44%	2.86%	31.95%	4.97%	3.9%	6.14%	3.53%	100%

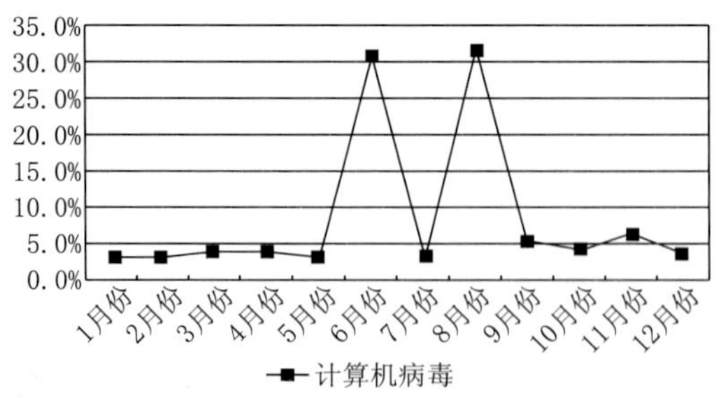

图 7-5　2016 年"计算机病毒"发生数量各月分布情况图

发生计算机病毒的单位数比率为22.37%(2015年为21.57%)。由于自身原因造成的信息系统瘫痪有3起,与2015年持平。全年由于自身原因造成信息系统瘫痪的单位数比率为1.97%(2015年为1.96%)。收到的反动及黄色内容邮件6 053封,比2015年增加4.2%(表7-6、图7-6)。全年收到反动及黄色内容邮件单位数比率为4.61%(2015年为3.27%)。

表7-6　2016年"收到反动及黄色邮件"发生数量各月分布情况表

2016年													
月　份	1月	2月	3月	4月	5月	6月	7月	8月	9月	10月	11月	12月	共计
百分比	8.06%	8.52%	8.23%	10.47%	7.83%	5.32%	9.05%	11.83%	12.57%	9.76%	2.86%	5.48%	99.98%

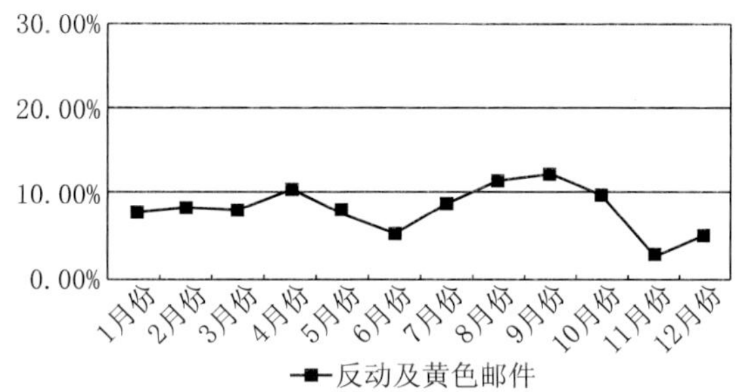

图7-6　2016年"收到反动及黄色邮件"发生数量各月分布情况图

表7-7　2016年各类信息安全事件单位发生率表

信息安全事件	黑客攻击	计算机病毒	由于自身原因造成的信息系统瘫痪	收到的反动及黄色内容邮件
发生单位数所占总单位数比例	3.31%	16.21%	0.63%	1.94%

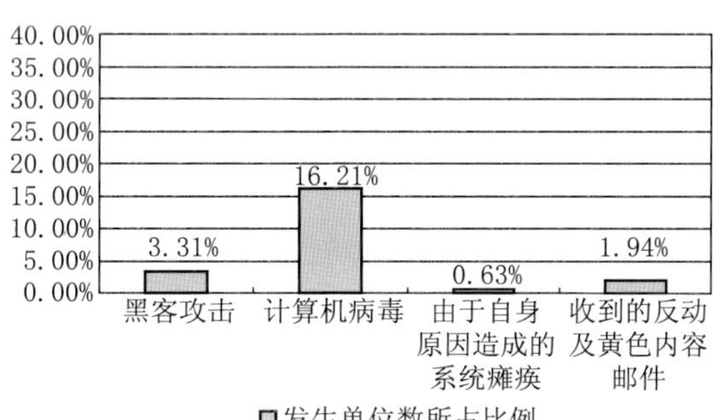

图7-7　2016年各类信息安全事件单位发生率图

表 7-8　2016 年信息安全事件重复发生分布表

事件类型＼发生次数	0(次)	1(次)	2(次)	3(次)
黑客攻击	93.84%	2.05%	0.68%	3.42%
计算机病毒	76.71%	1.37%	2.74%	19.18%
由于自身原因造成的系统瘫痪	97.95%	1.37%	0	0.68%
收到反动及黄色内容邮件	95.21%	1.37%	0.68%	2.74%

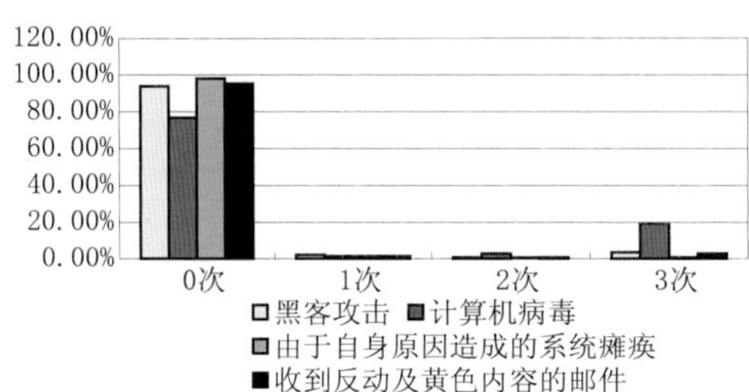

图 7-8　2016 年信息安全事件重复发生分布图

表 7-9　2016 年易发信息安全事件的单位分类表

事件种类	易 发 单 位
黑客攻击	金融类、政府机关、通信网络类、工业企业类、高校
计算机病毒	政府机关、工业企业类、金融类、高校、新闻媒体
由于自身原因造成的系统瘫痪	政府机关、金融类、工业企业类
收到反动及黄色内容邮件	政府机关、新闻媒体、金融类、工业企业类、高校

综合 2016 年度 12 个月的月报表，全市信息安全问题主要有：

就发生信息安全事件的单位数量而言，2016 年度信息安全事件月平均发生率为 17.58%，与 2015 年度的月平均发生率 17.95%相比较略微下降。每月信息安全事件发生率最高的是 2 月的 21.92%，最低的是 10 月的 12.33%，总体变化不大。说明随着全市有关单位对信息安全问题越来越重视，各项安全措施不断落实和完善，规范了信息化工作的操作和管理行为，使得全市的信息安全态势进入一个相对平稳期。

黑客攻击事件与 2015 年比较，数量明显减少，为 69 792 例(按攻击源 IP 统计)，基本上是端口扫描、尝试性远程登入以及通过 SNMP 窃取设备配置信息等试探性动作。

计算机病毒事件比 2015 年情况略有好转。2016 年，16.21%的单位受到不同程度的病毒感染，比 2015 年的 16.82%有所下降。19.18%的单位遭受过三次以上的反复感染，比 2015 年的 18.37%有所上升。全市每月入侵计算机的病毒种类不完全相同，全年肆虐比较严重的计算机病毒有 Worm 蠕虫病毒、ARP 病毒以及各种 Trojan 木马病毒及其变种。病毒的发展趋势由破坏性向窃取用户信息变化。

由于自身原因造成信息系统瘫痪的次数与2015年持平。就单位而言,这类信息安全事件发生概率最小,2016年只有0.63%的单位发生过这类事件,但是它对社会和经济生产活动的影响却不容低估,有的甚至引起了社会关注。

全市发生各类信息安全问题比较多、频度比较高的单位,依次是政府机关、工业企业、金融行业、高校、新闻媒体、通信网络单位等。

【计算机病毒防范】 2016年新增病毒的总体数量依然呈上涨趋势,但新增的挂马网站及钓鱼网站开始下降。其中,Locky勒索软件成为最危险的恶意软件之一,在所有通过垃圾邮件传播的恶意文件中,Locky占97%。路由器、NFC支付、智能可穿戴设备、大数据、物联网、虚拟化及云计算成为信息安全最为薄弱的环节。市应急事务中心每周在全市20余家电视、广播、报纸等媒体和市经济信息化委网站、市民信箱等网站发布计算机病毒预报及信息安全风险预警共计50余期。

2016年十大病毒排名如下:

Conficker:Conficker作为一种“感染”工具,传播主要通过运行Windows系统服务的缓冲区漏洞。不过当Conficker蠕虫病毒接收来自C&C服务器的指令时,还可以下载其他恶意软件、窃取凭证或禁用安全软件。

Sality:Sality是一种多形态的恶意软件,可不断发展变化并难以被检测到,且通过感染可执行文件下载更加复杂的恶意软件实施攻击。

Locky:Locky通过漏洞工具包或包含JS、WSF、HTA、LNK文件的电子邮件传播。

Cutwail:Cutwail是一款僵尸网络,用于DDoS攻击并发送垃圾邮件。

Zeus:Zeus是一款银行木马,利用浏览器中间人键盘日志和形式抓取方式窃取客户数据。

Chanitor:Chanitor又称为Hancitor或H1N1,使用垃圾邮件来传播木马。

Tinba:Tinba使用网络感染来攻陷浏览器并在真实的银行门户网站上显示虚假的网页。

Cryptowall:通过恶意广告和钓鱼来传播Cryptowall勒索软件。

Blackhole:Blackhole是一种恶意程序工具包。

Nivdort:Nivdort又称Bayrob,2007年出现的模块化木马。通过垃圾邮件传播并收集密码、修改系统设置或下载其他恶意软件。

【计算机司法鉴定服务】 2016年,在上海市网络与信息安全应急管理事务中心、市司法局司法鉴定管理处、市司法鉴定协会的领导和支持下,上海上信计算机司法鉴定所(以下简称“上信所”)较为圆满地完成了所有鉴定任务,在业务开展和内部管理上取得了一些成绩。

2016年,上信所共完成17份《司法鉴定意见书》,比2015年减少8起,内容包括软件开发、邮件鉴定、移动终端认证、数据固定、软件功能检测、文件属性检验及数据恢复等方面。其中公检法、仲裁、公证委托4起,律师事务所委托2起,企事业单位委托11起。司法鉴定人因人民法院和仲裁机关要求出庭质证5人次。另外,因各种原因拒绝委托2起,接受鉴定咨询50余次。

2016 年 6 月，上信所参加了司法部司法鉴定科学技术研究所组织的鉴定能力验证，取得了“满意”的结果。2016 年，上信所根据司法部有关要求，建立了一整套严格的质量体系及程序文件，已通过了上海市质量技术监督局的认证认可初审。

（吴恩平）

二、信息安全测评

【概况】 作为全市重要的信息安全基础设施，上海市信息安全测评认证中心(以下简称“安全测评中心”)立足产品测评、系统测评、评估服务三大块核心业务，大力提升测评能力，打造测评高地，不断挖掘用户需求，努力开拓各类行业市场，2016 年累计完成各类测评服务项目近 2 000 个。

【基础网络和重要信息系统安全测评】 2016 年，安全测评中心继续深入贯彻国家信息安全等级保护制度和《上海市公共信息系统安全测评管理办法》(上海市人民政府 58 号令)的政策要求，稳步推进全市重要公共信息系统安全测评工作。2016 年 1 月至 12 月，根据市网安办、市等保办的统一部署，安全测评中心共对全市 977 个信息系统进行了安全测评工作，测评范围涉及电子政务、社会保障、银行、证券、保险、电力、燃气、供水、轨道交通、医疗卫生等关系国计民生的主要信息系统应用领域，为上海市各类重要信息系统的安全稳定运行和“智慧城市”建设提供了重要的安全保障。

其中，电子政务类系统 480 个，占 49.1%；金融服务类系统 180 个，占 18.4%；基础网络、公共事业、轨道交通、民航、广电、第三方支付类系统 116 个，占 11.9%；医疗卫生类系统 128 个，占 13.1%；其他企业类系统 73 个，占 7.5%。

【信息安全测评认证系统建设】 2016 年，安全测评中心不断加强测评能力建设，获得中国信息安全认证中心的授权，以“中国信息安全认证中心上海工作站”的名义独立开展国家信息安全认证中心信息安全服务资质认证工作。一是提升云计算安全评估能力。进一步深化研究，依据等级保护新要求开发了一套针对云计算等级测评的技术方案、作业指导书、风险分析知识库，并将以上成果编入信息安全等级测评工具——“测评能手”，向全国测评机构分享技术成果，得到中关村信息安全测评联盟和测评机构的高度认可。二是着力提升手机安全检测能力。9 月 20 日，在 2016 第三届中国信息安全用户大会上，安全测评中心发布了国内首个移动互联网安全标准《移动互联网应用软件安全通用技术规范(试行)》。三是参与相关安全标准编写。参与中国人民银行组织标准编制工作，其中《中国金融移动支付　远程支付应用》第 6 部分《基于安全单元(SE)的安全服务技术规范》已于 2016 年发布实施；参与公安部等级保护相关标准的修订讨论和验证试用工作；深入证标委信息安全标准编制和课题研究工作，牵头起草了《证券期货行业互联网金融网络与信息安全研究报告》。

（丁月红）

三、数字应用证书推广

概况

2016年是全面推进依法治国、深化改革、上海创建全球科技创新中心的攻坚之年，上海市数字证书认证中心有限公司(以下简称“上海CA中心”)作为上海市唯一由政府授权的第三方电子认证服务机构，在全市信息化发展和网络信任体系建设中发挥了重要作用，并圆满地完成年度发展目标和工作任务。

基础平台建设

【完成电子认证三大基础平台建设】 对电子认证服务基础平台从完善功能、优化性能、提高质量、改善用户体验等方面入手，定期收集平台中各系统持续运营过程中遇到的新需求和新问题，通过需求分析、系统设计、系统构建、系统测试等开发过程，持续开发新功能特性，改进原有功能特性，并修复系统缺陷；建设电子印章公共服务平台，区别于传统购买客户端工具或服务器设备的方式，采取构建云架构，以服务的方式提供给用户；在原有时间戳系统基础上从功能、性能、标准符合性等方面进行完善，升级为时间戳公共服务平台，将时间戳作为公共服务基础设施对外提供。电子印章和时间戳公共服务平台的建设，对公司和电子认证领域有着十分重要的意义。

【优化移动电子认证产品】 移证通APP是上海CA中心推出的一款为移动用户和移动应用提供电子认证服务的软件。通过该产品，可以在移动设备上实现数字证书申请、下载、保存到证书存储区域等数字证书生命周期管理功能。使用“扫一扫”，用户可以扫描二维码来使用移动证书进行Web系统登录和数字签名。使用移证通SDK，第三方移动应用还可以便捷地使用移动证书登录、数字签名、验签签名等安全功能。2016年移证通进行了持续的升级完善。SDK+的正式推出，可以满足用户在自己的APP里集成认证的需求，实现了在手机端使用SM2密码算法双证书，解决了移动证书合规性问题，接入全国公民身份证查询中心，支持全国用户人脸比对、集成身份证OCR扫描，支持蓝牙Key硬件、人脸识别对iOS9、iOS10、Android 7种CPU架构、苹果ATS等的适配，完成在线客服系统对接。

法人网上身份统一认证

截至2016年12月31日，法人一证通的服务对象从企业法人、事业单位、机关法人、社会团体四类法人，逐步扩展到个体工商户、外商、律师事务所等非法人性质的组织机构的147.88万家单位，发放有效一证通数字证书185.52万张，其中含统一社会信用代码的有效证书数量50万张，含统一社会信用代码的有效证书对应的单位数量45万家，新开办单位中只领取一张法人一证通的超过89%，一证通用逐步成为法人网上办事的主流。涉及法人事务较多的委办局均已开通支持法人一证通的在线应用，包括税务、工商、人社等近30个部门近百项业务，为全市各类企业法人节约成本约4亿元/年，节省出行时间约8 280万小时/年，节省纸张约1.6亿张/年。

【以身份认证为基础开拓电子签名应用】 在保障各委办局现有业务应用的基础上，完成市人保局社银直联项目、市公积金中心证书升级、市税务局金税三期、市质监局电子证照应用、市安监局安全生产监督管理局信息系统、市卫监所卫生监督信息网、市发展改革委投资项目网上办事系统、市社团局社会组织信息公示平台、市信息安全应急处网络安全综合管理平台、市科委科技创新管理服务信息系统等的应用改造，实现法人数字证书的业务应用；在市人保局自助经办平台和个人社保查询、市文广局文化广播网上办事、市公积金网上办事、市房地局房地管理平台、市科委科技创新管理服务信息系统、市税务局网上申报系统网上办税服务厅和网上认证系统、市交通委网上服务行政大厅等推广使用了电子签章和时间戳应用；同时针对市体育局、市民防办、市绿化市容局、市旅游局、市交通委等9家未使用法人一证通应用的委办局开展调研工作，分批进行应用推进，制定应用解决方案，推进证书应用；邀请各委办及专家参与会议，共同讨论业务应用需求，集思广益开阔思路，挖掘应用需求，深化并拓展一证通应用。

【不断提高服务水平，提升用户服务质量】 上海CA中心22个数字证书服务网点已全部支持微信、支付宝、银行卡、现金的支付方式，并在部分网点部署自助更新设备、高拍仪设备，提高用户自助服务能力和服务效率；积极参与区县行政中心一口受理服务，新增长宁区、浦东新区设立一口受理点，实现法人一证通数字证书发放与企业注册登记同步进行，方便新办企业申领，简化办事程序，优化安排受理、代办、转办、催办、回复等环节，为申办人提供“一条龙”服务；开展法人一证通公共服务平台二期建设，完成委办信息同步、应用信息同步、用户信息同步、用户访问应用开通、用户权限同步接口、访问数量统计、用户数量统计、初级数据分析、日志数据管理、委办设备管理、应用访问日志同步、统一认证及单点登录、962600导航、设备维护、设备运行监控、运行报告管理等功能；顺利完成2016年度财政单一来源采购和谈判工作；通过上海市财政局组织的第三方绩效评估，经过近5个月的考评，法人一证通项目总体绩效获得90.54分，财政支出绩效评价等级为“优”；完成四川路总部、黄浦区行政服务中心、杨浦区行政服务中心网点、新静安临时服务网点4个服务网点装修及迁址工作。

【加强推广宣传，扩大一证通社会影响力】 2016年，上海CA中心通过市经济信息化委微信公众号、市经济信息化委月报、上海CA中心微信公众号、协卡助手、协卡动态杂志、全市22个证书服务网点等，并结合工商、税务、社保等与企业关系密切的行政审批事项发布之机，配合上海市智慧城市宣传、第三届国家网络安全宣传周暨第六届上海市信息安全活动周、第五届支付技术与安全国际高峰论坛、第一届国家保密展览会等，对法人一证通的服务内容、流程等进行广泛宣传，进一步提高社会公众对法人一证通工作的知晓度，推动委办局开展应用，展示近年来各委办局法人一证通办事项目上线成果，充分展现法人一证通项目对提高政府办事效率、降低企业办事成本的推动作用，并确保各法人单位能够及时了解和获得一证通证书服务，提高法人一证通工作的社会影响力。

（徐　祺）

【深入推进法人库建设和法人一证通应用】 通过法人库的建设，基本实现了登记类、资质类法人信息全覆盖以及重点领域监管类信息基本覆盖，同时实现了对多类应用的支撑。全市共有45家市级委办局单位实现对法人数据的实时查询和部门业务应用，利用法人库提供的共享数据，完善内部业务应用系统，有效提高了管理水平和服务效率。16个区基本实现了市法人库数据落地和共享使用，法人数据在各区的落地和应用，为各区网上政务大厅、公共信用信息平台、市场综合监管等系统建设提供了数据支撑。法人一证通服务体系已形成网点服务、呼叫中心咨询、在线咨询、微信服务、网上服务等全方位的服务体系，证书用户可通过各种便捷的服务渠道获得相应服务。截至2016年11月，全市146万家法人单位发放法人一证通数字证书184万张。法人一证通数字证书已应用在工商、税务、质监、人保、财政、住建、编办、社团、房管、商务、统计、环保、文广、规土、卫监、酒类管理、公积金、食药监、交通、公安等近30个部门的100多项业务系统中，在提高办事效率、减少办事耗时、降低办事成本等方面起到了积极作用。

（张　诚）

数字证书应用推广

【推进国产密码算法升级应用】 根据中办、国办相关发文及国家密码管理、上海市密码管理局等主管部门的要求，上海CA中心积极开展SM2算法数字证书的应用改造工作，从落实工作推进机制、产品技术升级、应用单位需求调研、提供系统解决方案等方面展开，启动RSA2048和SM2算法证书的批量换证工作，完成SM2＋RSA套装证书签发、OCSP服务合并、BOSS服务接口开放、业务补充数据采集查询与展示、停用RSA证书产品、管理网站支持签发ARL、自助服务网站支持多浏览器、自助终端服务升级优化，完成符合国家密码管理局标准的C版本SafeEngine开发、证书应用支持Firefox浏览器等，完成换发SM2算法数字证书的前期准备工作，为国产密码算法证书的大面积推广掀开了新篇章。

【推进金融保险市场】 互联网与电子商务的蓬勃发展带来了电子金融业务的飞速崛起，网络环境下电子金融业务的顺利开展，必须依赖于数据传输的安全性、信息的完整性、交易者身份的确定性、交易的不可否认性。在银行领域，上海CA中心和上海银行、华侨银行深入展开合作，实现企业数字证书的身份认证和电子签名，并积极准备将业务拓展至个人网上银行。在保险领域，上海CA中心积极推进建信人寿统一电子认证平台、建信人寿电子保单算法升级改造项目等，借助渠道合作伙伴推进生命人寿CA系统建设、平安集团电子印章证书发放以及多个保险公司的电子保单系统建设、电子保单在线验证等项目；紧抓期货行业数字证书算法升级机遇，向大连、郑州两个交易所提供算法升级具体解决方案。

【推进医疗卫生市场】 数字证书、电子签名在电子病历、居民电子健康档案、医疗卫生服务和管理等领域的应用，有助于医疗卫生信息化工作的健康发展。作为全国第一批通过国家卫生部鉴定的电子认证服务机构，2016 年上海 CA 中心完成市卫生局大平台具体的实施工作，为进一步推动行业应用，巩固上海市场打下基础，使全市卫生系统电子认证建设有了示范依据；通过参加上海市社区卫生改革，把证书应用覆盖到家庭医生，使电子认证概念深入区县，覆盖到街道卫生中心；完成复旦大学附属华山医院、复旦大学附属肿瘤医院、上海交通大学附属仁济医院、上海交通大学附属瑞金医院北院、杨浦区中心医院、浦东公立医院、浦东人民医院、徐汇大华医院等多家大型医院电子病例数字证书系统的建设并投入运行；积极开拓外地市场，在温州医科大学附属第一医院、苏州市张家港中医院等开展电子认证业务。

（徐　祺）

第三章　信息安全技术研发及产业化

概　述

2016 年，随着智慧城市建设的推进以及云计算、移动互联网、大数据等新技术的兴起和应用，互联网与传统产业加速融合，“互联网+”成为产业发展新常态。国家出台《中华人民共和国网络安全法》等一系列规范和促进信息化和网络安全发展的法律法规，上海根据全市信息安全行业实际，通过多项举措促进行业产业健康发展。市经济信息化委对全市信息安全服务机构能力进行系统研究，发布 2016 年度信息安全服务机构推荐名单，开展“专精特新”企业信息安全服务对接工作，进一步加强对网络安全“四新”企业的跟踪支持服务。

2016 年，信息安全产业经营收入为 46.77 亿元。上海市信息安全企业产品涵盖了识别技术、信任与认证、隐私保护、安全芯片、安全终端、安全监测等众多领域，其中网络身份认证、商用密码方面发展迅速，多个企业实现年产值过亿元，在全国信息安全细分市场业绩名列前茅，在支撑上海信息安全保障的同时，也为全国信息安全保障提供了有力支撑；人才资源方面，上海市信息安全高技能人才培养基地正式投入建设，信息安全专业类、意识普及类培训覆盖全市重点行业及重点保障单位；信息安全服务方面，经过十年的探索和实践，上海市已经拥有众多信息安全特色明显、IT 服务能力卓越的综合性信息化服务提供商，为政府机构、军工企业、公共事业等重要行业客户提供以信息安全为核心的信息化服务。

一、信息安全技术产业化

在密码理论与技术基础研究领域，上海格尔软件股份有限公司、上海市数字证书认证中心有限公司和上海信息安全工程技术研究中心等单位参与国家信息安全相关标准规范的研究和制订工作;中科大上海研究院团队正在建设上海量子通信产业园,将在网络安全防御与信息对抗关键技术领域展开研究;上海在政府相关部门的共同部署和信息安全产业中坚力量的全力配合下,已逐步落实重要信息系统安全监管、重要基础设施建设和网络信任体系完善等一系列工作。

在新技术、新模式信息安全领域,上海聚集了七牛、Ucloud以及卓易云等各种类型的云计算服务公司,在云计算、大数据、移动互联网安全方面走在前列。上海数据交易中心有限公司于2016年4月1日成立,成为上海市大数据发展“交易机构＋创新基地＋产业基金＋发展联盟＋研究中心”五位一体规划布局内的重要功能性机构。

在电子政务应用安全技术领域,在市政府的统一部署下,市发展改革委、市科委大力推动“四新”经济形态下的电子政务信息安全建设,呈现出以现代信息技术广泛嵌入和深化应用为基础,以市场需求为根本导向,以技术创新、应用创新、模式创新为内核并相互融合的形态,具备了“四新”经济形态下信息安全的前沿研究能力。

在工控系统信息安全保障技术领域,上海工业控制系统对企业改进生产工艺和提高生产率的促进作用越来越大,工业控制设备和控制系统的信息安全应用需求不断提升,上海市科委的“科技创新行动计划”高新技术领域项目指南也列出了工控安全技术,《上海市推进智慧城市建设行动计划(2014—2016年)》中,已将“重点行业工业控制系统安全防护”作为重点专项提出。

在金融信息安全保障技术领域,上海在金融信息系统建设和运营机构在金融信息安全保障方面拥有较强的实力,同时也拉动了金融信息安全保障领域的上海信息安全企业的发展。例如,上海华虹集成电路有限责任公司自主研发了双界面金融IC卡芯片;上海众人网络安全技术有限公司推出了面向移动互联网认证和支付安全的创新性密码技术动态可重构密钥算法融合加密鉴权(Super One-Time-Password),为业界提供了金融信息安全方面的应用解决之道。

(朱方园)

【移动通信领域安全管控技术研究与应用】
2016年11月17日,由上海鹏越惊虹信息技术有限公司、上海交通大学、联芯科技有限公司、华为技术有限公司联合承担的上海市科委科研计划课题“移动通信网基站与终端资源安全管控技术研究与应用”(课题编号:14511102400)顺利通过验收。该课题承担单位研制了一套基站嵌入式资源安全管控原型系统、一套安全终端样机,使得基站安全方案通过国际公认的攻击库验证,基站与终端之间的认证准确率比现有协议有质的提升。终端通信能力支持TD-LTE/TD-SCDMA/GSM等多模,终端TEE侧具有安全输入和安全输出功能。终端支持安卓系统和可信执行环境中的安全应用,支持至少4种主流加密算法和至少3种国密算法,支持明确安全状态指示的安全状态和非安全状态的切换。终端可以实现划分IRAM和DDR的安全区域,使REE侧应用无法访问安全区域的内容。基站嵌入式资源安全管控原型系统面向网络攻击实现高于98%的检测率,低于0.5%的误报率;安全终端样机可防止REE侧

95%以上的病毒和木马窃取用户输入和密码。研制期间申请国家发明专利5项,发表论文9篇。课题通过与上海比蒙信息科技有限公司等单位合作,为其制定了移动通信网基站安全管控技术服务。该课题成果可面向移动运营商、设备生产商乃至公安、保密、宣传及广电等网络监管职能部门,实现移动通信基站与终端的资源及其相互认证的安全管控,并提升了上海市在移动安全领域的科研水平,为上海市在5G时代的科技布局打下良好基础。

【无线广播电视信号合法性监管】 2016年9月14日,由上海风格信息技术股份有限公司承担的"无线广播电视信号合法性自动化监管系统(项目编号:14511102500)"项目通过市科委专家验收。项目系统通过使用无线广播电视全频段的段域异常信号快速连续识别技术、可疑频点的信号调制方式快速确认方法与技术、高准确率实时视音频内容合法性连续鉴别技术,实现了覆盖地区的无线广播电视信号合法性监管的系统框架,可对系统覆盖区域内进行FM、ATV、CMMB、DTMB、DVB-T等调制信号方式进行合法性监控管理工作。依据国家新闻出版社广电总局广播科学研究院、上海浦东软件园评测中心等权威机构提供的检测报告与软件测试报告等相关报告表明,项目系统达到了项目任务书规定的技术考核指标。项目研制期间申请国家发明专利1项,计算机软件著作权1项。系统已在上海市文化广播影视监测中心等相关部门进行部署使用。

【可信工业控制器关键安全技术与保障测试平台】 随着工业4.0的推进,工业互联网蓬勃发展,工业控制系统的安全事件在全球范围内层出不穷。安全工业控制器是工业控制系统正常作业的核心保障。2016年,市科委高新技术领域,以安全规范体系建设为主线、自主知识产权技术和产品为基础,布局研制全自主可控技术的可信工业控制器,建立工业控制安全测试手段和深度测试服务保障体系,搭建工业控制安全保障测试技术平台,实现重要安全应用领域的通用解决方案,打破国外厂商在工业控制器上的垄断,从国家安全角度出发,打造高安全工业控制器产业链,为经济转型升级提供技术支撑和新的增长点。

【有轨电车安全控制器及测试技术研发与示范应用】 作为地面公共交通的一种,有轨电车虽处于发展初期,但呈现出强劲的发展势头。在国内,长春、大连、天津、上海等9个城市拥有15条现代有轨电车,并陆续开通了有轨电车线路,而正在规划中的有轨电车线路规模达到4 000公里以上,具有巨大的发展潜力。在有轨电车领域,其工业控制器的核心要求是安全,同时需要兼顾高性能和高可靠性。面向有轨电车开发的拥有自主知识产权的新一代可信嵌入式安全控制器,布局应用于有轨电车的道岔控制、路口控制、车载控制等核心子系统的设计实现,该产品针对不同城市建设要求的多样性和有轨电车车辆的接口特点,采用配置灵活的高度模块化体系架构。核心控制单元、接口控制单元相互独立,采用安全总线技术进行通信,能够支持有轨电车各种车辆和外设配置。同时,为了满足有轨电车互联互通的要求,在系统外部通信上支持RSSP1和RSSP2安全通信协议,并保持两路冗余通信链路。系统核心部件的安全等级要求达到最高安全等级 SIL4。同时，导入前沿的可信软件自动化测试技术，大幅提高软件质量和开发效率，并在第三方安全认证中进行有效性确认。

（陈天琛）

二、重要信息安全企事业单位

【国家信息安全工程技术研究中心】 国家信息安全工程技术研究中心（以下简称“安全中心”）成立于 2001 年 10 月，是受国家科技部领导，由国家密码管理局、国家保密局、公安部、国家安全部、工业和信息化部、上海市科委等部委共同指导的专业从事信息安全工程技术研究与系统集成的研究机构，是国家级信息安全规划设计、实施部署、运行维护、应急响应的专业机构。按照属地化管理原则，经上海市机构编制委员会批准，在上海注册成立了上海市信息安全工程技术研究中心，为独立运行的经济实体，具有一级法人资格。

2016 年，安全中心承担的“社会管理综合平台统一安全保障技术”课题通过科技部验收。该课题完成了社会管理综合平台安全保障体系框架研究，形成了《社会管理综合保障体系研究报告》；完成了社会管理综合平台分布式跨域授权管理系统研制、社会管理综合平台文档安全防护原型系统研制、社会管理综合平台移动终端安全接入系统研制、社会管理综合平台责任认定原型系统研制。配合社会管理业务应用在山东、天津进行了上述安全系统部署，取得良好的示范效果。课题申请专利 1 件，获软件著作权登记 4 件，发表论文 3 篇，形成系统技术规范 2 项。

【上海市网络与信息安全应急管理事务中心】 上海市网络与信息安全应急管理事务中心（以下简称“市应急事务中心”）的前身为上海市计算机病毒防范服务中心，成立于 1999 年 9 月。2011 年 12 月更名为现名，并增挂上海互联网络交换中心牌子，设应急管理部、网络交换部、综合保障部三个部门及上海上信计算机司法鉴定所、上海市信息化服务热线两个机构。作为全市信息安全专业支撑机构，市应急事务中心协助市网安办开展全市网络与信息安全应急管理工作，主要职能有：负责全市网络与信息安全应急管理日常工作，协助开展重大网络与信息安全事件应急处置协调；负责全市网络与信息安全综合监测预警体系建设与运行，汇总、研判、通报网络与信息安全态势，发布预警信息，指导全市信息安全重点单位实施防范措施；负责全市网络与信息安全应急预案备案管理，组织开展应急技术培训、应急演练及事件处置善后与评估工作；负责全市各类网络与信息安全应急资源和设备的信息管理，组织协调储备与调度等。

【上海市信息安全测评认证中心】 作为上海市重要的信息安全基础设施，上海市信息安全测评认证中心（以下简称“安全测评中心”）立足产品测评、系统测评、评估服务三大块核心业务。

基础网络和重要信息系统安全测评方面，根据市网安办、市等保办的统一部署，安全测评中心共对全市977个信息系统进行了安全测评工作，为上海市各类重要信息系统的安全稳定运行和“智慧城市”建设提供了安全保障。

专项工作方面，组织开展全市重点领域信息安全检查和工业控制系统安全检查；成功申报上海市信息安全高技能人才培养基地专项职业能力课程1门；取得“中国信息安全认证中心上海工作站”业务授权，以“中国信息安全认证中心上海工作站”的名义独立开展国家信息安全认证中心信息安全服务资质认证工作。

科研工作方面，安全测评中心对等级保护测评工具——“测评能手”的主体功能和知识库进行全面升级和拓展；以“互联网金融信息安全公共服务平台”项目为抓手，在产品研发、课题研究、市场推广等多方面开展工作，并与金融信息行业协会共同发布全国首个互联网金融行业技术指引——《互联网金融网络与信息安全技术指引》；发布了国内首个移动互联网安全标准《移动互联网应用软件安全通用技术规范(试行)》。此外，安全测评中心还参与了由中国人民银行、公安部等部委组织的相关标准编写工作。

【上海市数字证书认证中心有限公司】 2016年，上海市数字证书认证中心有限公司作为上海市唯一由政府授权的第三方电子认证服务机构，在全市信息化发展和网络信任体系建设中发挥了重要作用。在面对“互联网+”、云计算、大数据、移动互联网、物联网、工控网、下一代网络应用和国产化等新型技术和产业发展新机遇的大环境下，逐步实现市场收入从电子政务向电子商务和公共服务领域转型、服务对象从法人向个人转型、数字证书应用从身份认证向电子签名转型、电子认证产品从传统PC端向移动端转型、认证方式从单一数字证书认证向生物识别图像识别行为识别等多源多因素认证转型、服务领域从身份认证向电子签名转型，逐步形成与上海建设“四个中心”和国际大都市地位相适应的领先型网络信任综合服务机构。

【上海众人网络安全技术有限公司】 2016年，上海众人网络安全技术有限公司利用时间、空间、个体、事物多因素组合确定动态的网络要素关系，重构网络事件的唯一结构，发明创新密码技术——SOTP，即多因素动态可重构的确定真实性认证技术。此技术创新地实现了密钥与算法的融合，在无需增加硬件SE的前提下，采用软件实现的技术路径解决移动设备中轻量化安全存储密钥的关键性问题。

以SOTP技术为核心开发的面向移动互联网认证和支付安全新需求的“WISEC码码密”系列产品，包括sAUTH(多因素动态身份认证)、sBOX(终端数据保护)、sTOKEN(动态支付标记化)、sQR(动态二维码)，能够应用于快捷支付、手机银行、支付二维码、数字钱包、线下POS机支付、移动办公等多种场景之中，以“智能、安全、便捷”为核心理念，保护移动互联网用户的身份认证安全、个人信息安全及应用数据安全，并实现云端统一化认证，这将给移动互联网时代带来认证安全变革。

【上海华虹集成电路有限责任公司】 上海华虹集成电路有限责任公司(以下简称“华虹公司”)是专业的智能卡与信息安全芯片解决方案供应商，为中央直属国有独资特大型集团公司、国有 IT 企业——中国电子信息产业集团有限公司(CEC)下属子公司,是国家"909 工程"中重要的 IC 设计公司。2016 年,华虹公司依托上海集成电路安全防护工程技术研究中心和张江人才培养联合实验室建设,研究了新型网络和集成电路工艺环境下的攻防技术,研制了满足科学研究和芯片检测需求的测评工具,设计开发了应用于高端证照、网络安全等高安全领域的密码芯片。"密码芯片安全分析和防护关键技术研究及应用"项目获上海科技进步一等奖。

【上海理想信息产业(集团)有限公司】 上海理想信息产业(集团)有限公司(以下简称"理想公司")作为一家信息安全服务提供商,近年来一直为客户提供应用系统的安全风险评估、Web 网站安全检测与监测、系统安全配置核查等专业安全服务,并协助客户一起建立基于 SDL 应用软件开发生命周期的软件安全风险控制流程体系。理想公司建立了新系统、新业务上线前的安全测试规范,对一个应用系统,从操作系统、数据库、中间件到应用程序代码等,都定义了安全基线标准,严控软件安全质量,为用户提供可信的检测依据。此外,针对上线后的在运行业务系统,理想公司提供了基于互联网安全的检测与监控服务,提供网站篡改、被挂马、暗链、SQL 注入、XSS 等高危漏洞及安全事件的监测,定期采用人工渗透测试方法,帮助客户发现注入业务逻辑、越权操作、认证策略不完善等工具探测不出的安全漏洞。通过近几年的专业安全测试,理想公司为客户及时发现问题并解决问题,实现安全漏洞可跟踪、风险可控,取得了良好的应用效果。

【上海启明星辰信息技术有限公司】 上海启明星辰信息技术有限公司(以下简称"启明星辰")拥有完善的专业安全产品线,横跨防火墙/UTM、入侵检测管理、网络审计、终端管理、加密认证等技术领域,共有百余个产品型号,并根据客户需求不断增加。启明星辰解决方案为客户的安全需求与信息安全产品、服务之间架起桥梁,帮助客户建立完善的安全保障体系,已在全国各省市自治区设立三十多家分支机构,拥有覆盖全国的渠道和售后服务体系。启明星辰产品覆盖安全产品(安全网关、安全监测、平台工具、数据安全)、安全服务、硬件及其他,为政府、金融、军工、运营商、企业等各行各业保驾护航。

【上海三零卫士信息安全有限公司】 上海三零卫士信息安全有限公司(以下简称"三零卫士")成立于 2001 年 7 月,是专业从事信息系统安全建设和服务的高新技术企业。三零卫士负责设立、管理并运营 IT 保障服务全国连锁网络——"三零服务网",由总部和上海、广州、北京、成都、杭州、南京、武汉七个服务中心(各地子公司)构成,为全国党政机关、医疗、卫生、教育、石油、石化、钢铁、金融、轨交等大型行业、客户提供全面、系统、安全特色显著的综合性信息化服务。

在网络信息安全方面,三零卫士以传统网络信息安全服务为业务支撑,针对云环境下的客户、租户以及 IT 服务管理者的业务需求,推出了"30 优异云"、"30SOC"、"30ITSMS"等一系列产品服务解决方案,为客户提供覆盖信息系统全生命周期的一站式安全服务。

在社会重大活动保障方面,三零卫士提出全生命周期的移动互联网应用系统信息安全保障服务产品设计，优化“30优异云”平台功能和服务交付方法，为贵阳数博会、丝绸之路（敦煌）文博会、第三届世界互联网（乌镇）大会和第十八届高交会会务信息安全保障服务，为2017年重点开拓重大活动信息安全保障业务夯实了基础。

在工控信息安全方面，三零卫士专注于构建“监、评、防、融”工控信息安全防护体系，已在各大行业建成示范试点项目，并率先为客户提供满足各种业务场景的解决方案。

在信用与大数据方面，三零卫士有着30多个全国各级政府信用平台项目的承建经验，基于大数据，面向政府、社会、专业机构等用户提供完整的信用数据全过程一体化服务。“海豚信用”为其旗下独立信用品牌，为用户提供不同形式的信用产品和服务。

在互联网情报方面，三零卫士基于大数据采集分析技术，构建“平台＋服务”的业务模式，提供舆论情报、行业情报、监管情报、执法情报等契合用户需求的价值信息。针对各行业客户对互联网情报服务的不同需求，提供适应各种场景的解决方案。

【上海斗象信息科技有限公司】 2016年，上海斗象信息科技有限公司（以下简称“斗象科技”）承担了平安金科（上海亿帐通）Web应用安全评估服务。上海亿帐通Web应用系统为满足市场需求及企业发展规划，对自身应用进行持续性功能改造、扩展及优化。该系统集成了自研模块、若干第三方模块及中间件等组件。斗象科技对于该系统展开了安全评估服务，主要包含平台架构安全性评估、脆弱性评估、渗透测试、安全加固以及安全培训。具体服务范围涉及亿帐通、前海征信、平安金融卫士、金融旗舰店等平台，包含Web网站、移动APP应用（iOS平台和Android平台）、中间件以及其他客户端软件。

斗象科技在实施过程中，指出了该系统在信息安全管理策略以及安全运营规范上存在的不足，纠正了整体架构和设计层面存在的安全缺陷，识别了近百个脆弱性及数十个能被黑客有效利用的高危漏洞，并提供有针对性的安全培训服务，以便提高相关人员的安全意识及技术水平。

【上海冰峰计算机网络技术有限公司】 2016年，上海冰峰计算机网络技术有限公司（以下简称“冰峰网络”）向云计划迈出重要一步，在已有VPN、流量管理、行为管理、链路负载均衡、下一代防火墙、运维安全管理等多条产品线的基础上，全面向云计划扩张，已在企业云、网域加速等项目上取得重大突破。此外，冰峰网络在昆明交通投资集团、天津汉沽盐场、中国重型机械研究院自动化研究所、清华大学建筑学院等的多个投建项目均已交付，各单位的项目节点扩建覆盖固定节点82个、移动节点1 600个。

凭借创新的产品理念和雄厚的技术实力，冰峰网络的固有产品线也在2016年实现全面技术革新，并在商用密码生产及销售、公安部信息安全产品销售、高新技术企业等领域取得新阶段的认证许可，完成了国家科技型创新基金的现阶段验收工作。

【上海云盾信息技术有限公司】 上海云盾信息技术有限公司（以下简称“上海云盾”）成立于2011年，总部位于上海，在浙江、福建、湖南设有研发中心和分支机构。2016年年销售额超过3 000万元，市场估值 2 亿元。作为全国领先的专业安全型企业，上海云盾一直坚持自主研发的技术路线，多项具备知识产权的专利技术填补了我国信息安全科研领域的空白。2016 年 9 月 9 日，旗下云安全防御产品获得由国家公安部颁发的“网站云安全防御产品”销售许可证，是国内通过国家网站云安全综合防御标准的 SAAS 安全厂商。

上海云盾最新研发产品 V4.0、新一代太极抗 D 与 YUNDUN、红网卫士、红网哨兵、盾眼、云盾 CDNS 等安全产品相互协作，逐渐搭建起具有核心竞争力的云防御体系。凭借产品的网站入侵防御、网站安全深度监控、云协同防御以及网站过滤等能力，上海云盾为世界互联网大会、杭州 G20 峰会、全球健康促进大会等多项世界级大型活动提供全方位信息安全保障。尤其在杭州 G20 峰会期间，V4.0 安全防护平台和太极抗 D 联合作战，保障大会正常进行。其中，V4.0 安全防护平台采用反向代理技术为峰会网站提供 24 小时在线替身防护，太极抗 D 则为峰会提供自主研发的军工级硬件防火墙 ChinaDDoS 服务，根据攻击变化实时下发规则，有效防御针对峰会网站的 DDoS、CC 以及 DNS 攻击。

【上海辰锐信息科技公司】 上海辰锐信息科技公司(以下简称“辰锐信息”)是全国公安领域核心安全方案提供商，是国内首批商用密码产品定点生产与销售单位之一。辰锐信息通过持续创新和不断改进，长期保持核心技术和产品的领先优势，为用户提供全系列信息安全产品、安全服务和解决方案。辰锐信息已建成覆盖 31 个省区市厅(局)和 200 多个地市的市场和技术服务体系，服务遍及公安、国安、军队、法院、检察院、司法、政府、国土、房管、农林等行业客户。其中，在公安系统累计承建部、省、市三级信息系统安全接入平台1 400 多个，接入上千种公安业务应用系统，为数百万台设备访问公安网提供安全保障。

2016 年，辰锐信息调整优化公司技术方案，完成多个创新项目建设，进一步巩固了行业地位。其中，“重庆市社会安全事件应急联动指挥系统建设安全工程”系统集通信、监控、指挥、调度、管理和服务为一体，具有指挥全局化、信息全景化、情报智能化、保障规范化等特点，为治安防控、应急指挥和城市管理提供可视化信息支撑，为跨地区、跨部门、跨警种信息共享提供全景式信息服务，为社会安全事件应急防控提供统一调度和指挥管理能力，实现社会安全事件应急防控从单一方面、单个系统向预防、准备、处置和恢复全过程管理转变，逐步建成多位一体、集约高效、调度迅速、处置有力的现代化应急联动体系；“四川省公安厅新一代移动警务平台”建设项目，遵循公安部相关规范要求，以顶层设计思想为中心，借鉴移动互联网创新思维，在保障公安信息网安全的基础上，强化应用和安全管理，着力提升移动警务用户体验，采用“网络开放、应用开放、终端开放”的开放性架构设计理念，促进移动警务在四川各地的全面发展，为移动警务系统发展提供了活力。

【上海翼火蛇信息技术有限公司】 2016 年 12 月，上海翼火蛇信息技术有限公司历时两年研发的科诺斯科(KernelSec)电子文档安全管理系统正式上市。科诺斯科电子文档安全管理系统采用世界顶级内核开发企业 OSR 最新同源技术，公钥＋对称密钥的双锁模式，并采用内核层(主导)与应用层结合的方式，RSA 公钥算法和 RC4 对称加密算法以及基于 MiniFilter 框架研发的双缓存技术，自建安全 Cache System 及安全 File System，实现安全性、稳定性、兼容性的融合，达到军工级应用要求。

科诺斯科对方案图纸、会议记录、规划方案、录音视频等所有办公常用数据进行加密保护，在不降低工作效率的前提下，防止黑客攻击、商业间谍、员工泄密、设备丢失等行为造成的商业数据泄露，进而防止由于数据泄露对政、企单位造成的损失，适用于政府、军工、工业制造、金融证券等各行业。

【上海华仓通信技术有限公司】 2016 年 7 月，上海华仓通信技术有限公司(以下简称“华仓通信”)拥有 560 个机柜的南翔数据中心一期正式完工，这是其在上海第一个自主建设的大型 IDC 数据中心，预计二期建设于 2017 年完成，届时华仓通信上海南翔数据中心将拥有 800 个机柜，为企业提供更安全、更稳定的数据存储、服务器托管、大数据分析、企业云等多元化的专业服务，同时也为华仓通信的项目研发及其他通信综合解决方案提供坚实的后台基础。华仓通信也在 2016 年完成了由传统的通信服务型企业向高新技术企业的正式转型，加大了对项目研发的投入，完成研发项目 4 个并取得相应的软件著作权。同年 11 月，华仓通信通过上海高新技术企业认证。

【上海豌豆信息技术有限公司】 2016 年，针对网络安全人才教育和培养上存在的不足，上海豌豆信息技术有限公司(以下简称“豌豆科技”)以“培养学生、树立梯队、帮扶师资、提升专业品牌”为建设目标，形成了网络安全专业建设咨询服务、网络安全专业课程共建、课程资源库、EasyLabs 安全实训平台、EasyRange 攻防演练系统等整体解决方案。豌豆科技通过与院校建立深度的学生职业能力培养体系，以人才培养为宗旨，以保障专业教育完整性为前提，借助企业技术力量和项目实践经验，培养专业技术突出、职业素养优秀、具备持续发展能力的网络安全高技能人才，已为多所院校提供网络安全实战型人才培养服务。

【上海上讯信息技术股份有限公司】 2016 年，上海上讯信息技术股份有限公司立足金融行业对数据使用的需求，开发出了上讯敏捷数据管理平台(以下简称“ADM”)。金融用户部署该产品后，利用 ADM 产品的 DBhypervisor(数据库虚拟化)模块快速提供所需的数据环境，节约了存储成本，同时通过 DBmaster 脱敏模块完成敏感信息的脱敏，且从 ADM 产品提供数据运维和数据库审计的功能，进一步完善数据使用时的安全性。ADM 产品可根据不同角色用户特点定制不同的流程，其中针对数据使用者定制的 DBplayer(数据使用客户端)，为用户提供了自助式的数据使用体验。ADM 产品的数据自动化使用流程将繁杂的数据准备环节变得简单，满足了数据使用的安全性及高效性需求。

【上海观安信息技术有限公司】 上海观安信息技术有限公司(以下简称“观安信息”)是围绕数据及大数据＋安全、咨询、服务、研发、产品创新、信息安全解决方案的国内领先的大数据＋安全业务产品提供商，为中国各行业高端用户提供具有国际标准的信息数据安全整体解决方案及各项大数据安全产品、技术与服务。2016 年，观安信息基于多年信息安全经验与前瞻性，自主研发了大数据安全态势分析平台。该平台的推出，迎合了企业对信息安全“一站式”需求，向安全产品逐步整合趋势迈进一大步。

【上海闪耀信息科技有限公司】 2016 年，上海闪耀信息科技有限公司（以下简称“闪耀信息”）为“饿了么”后台量身定制了一整套安全渗透测试方案。据 CNVD 漏洞库显示，应用程序漏洞比重最大，65%的漏洞发生在应用层，主要风险来自 SQL 注入、信息泄露、业务逻辑问题。闪耀信息在评测中发现主要数据泄露来自于越权操作、业务篡改、人员泄露、漏洞利用、黑客盗取。黑客攻击的手法包括窃听、盗取、控制然后进入攻击。闪耀信息安全测试将自有安全团队与外部签约专家结合，针对漏洞入侵、越权操作、数据泄露、业务篡改可做到无条件限制直接接触目标核心数据，测试结果经人工判断，保证有效性、可重现，威胁评估准确无误，识别漏洞直接威胁性，并可获取关键数据和边缘数据，覆盖每一个业务角落。

【上海动联信息技术股份有限公司】 2016 年，上海动联信息技术股份有限公司（以下简称“上海动联”）采用国产安全芯片和国产密码算法，在支付终端产品全系列产品线上进行了产品升级改造，实现了支付终端的“安全可靠、自主可控”。

采用国产安全芯片和国产密码算法不仅从根本上提升了支付终端产品的安全性和可控性，同时降低了产品成本，提高了产品竞争力。2016 年，上海动联的支付终端出货量达数百万台，采用国产安全芯片和支持国产密码算法的比例在 95%以上。采购国产安全芯片的数量达 700 万片以上，推动了安全芯片国产化进程。

上海动联的全系列支付终端产品线包括智能 POS 终端、MPOS 终端、蓝牙个人支付终端。在智能 POS 终端产品上，上海动联率先采用了国产安全芯片，并与国内安全芯片公司配合形成了完备的智能 POS 终端的安全控制方案，实现了产品化。在 MPOS 终端和蓝牙个人支付终端产品上，上海动联在不同的产品线上支持了多种国产安全芯片，包括国民技术股份有限公司、杭州晟元芯片技术有限公司、北京同方微电子有限公司的多款主力安全芯片，并迅速实现了产品量产和大批量出货，广泛应用于数十家第三方支付公司。

【上海高嘉信息科技有限公司】 上海高嘉信息科技有限公司（以下简称“高嘉科技”）立足于教育行业，在信息化建设领域不断钻研，通过各类项目的经验积累，已成长为一家可提供信息安全产品、方案和服务的综合性供应商。高嘉科技通过安全技术和安全服务两方面建立信息安全体系，主要在网络安全、主机安全、漏洞扫描和安全服务四个方向为客户提供安全解决方案及服务。2016 年，高嘉科技先后为上海财经大学、工程技术大学、上海应用技术学院、上海健康医学院、上海体育学院等高等院校提供了信息安全的服务和应急响应，包括对客户现有网络拓扑环境进行加固、对现有网络设备的安全配置进行检查、对客户现有主机操作系统安全配置进行检查、模拟渗透测试检测主机安全、扫描系统漏洞和网站漏洞并及时修补紧急和高危漏洞等服务，从而为用户挽回了数据丢失的损失，同时加固了现有网络，为后续安全服务提供保障。

【上海岂安信息科技有限公司】 2016年,上海岂安信息科技有限公司(以下简称“岂安科技”)在情报平台基础上新开发了一套本地化风险监控平台——Warden2.3,突破了传统埋点方式的风控引擎设计。岂安科技研究了网络流量和业务节点的对应关系,其中囊括账号注册、用户登录、找回密码、下单时间、支付金额、修改地址等关键信息,使之前需要技术研发人员处理的近百行代码命令,如今仅需一名业务、风控甚至运维人员一组规则添加操作就能实现,大大减轻人力的投入。

引擎确定后,流量采集方式便是关键点。岂安科技将传统的终端、PC、H5信息采集方式改变为数据中心内网环境的网络流量镜像采集。这不仅解决了数据上送外部SaaS的问题,而且将过去每个业务节点独立监控的方式转化成为全网全量监控模式,使得原本用户访问的“孤岛”信息关联成为完整的用户画像。Warden产品通过集群、分布式等技术可以承载1 G/s数据计算量,等同1亿用户/日访问量,基本可以适应大部分互联网企业。

(朱方园)

第八编 信息化环境

Shanghai Informatization

综　述

2016年，上海信息化政策法规相关工作有序开展，人才工作平稳推进，各行业社团稳步发展，信息化发展环境得到进一步优化和提升。

行政审批制度改革工作继续推进，持续开展行政审批事项清理相关工作，推进行政权力运行工作部署，实现上海市经济和信息化委员会（以下简称“市经济信息化委”）行政审批网上办事系统与市网上政务大厅系统的对接和数据交换。

依法行政工作不断深化，开展市经济信息化委规范性文件管理工作，编制“七五”普法工作规划。

信息化人才工作有条不紊，不断推进高技能人才建设，促进安全保障人员培养和团队建设。

信息化研究与咨询方面，上海市经济和信息化发展研究中心开展“十三五”规划等一系列研究工作，初步完成中心“十三五”专业智库建设发展规划编制，提供信息化决策支持与咨询服务、信息化项目管理服务及合作交流。

信息化合作交流进一步展开。市经济信息化委积极开展援藏、援疆、对口帮扶等工作，积极与新疆喀什地区、贵州遵义市对接，签订了对口支援合作协议；会展方面，第十八届中国国际工业博览会、第十三届中国（上海）国际工业自动化及机器人展览会等的召开，推动信息化及相关产业进一步发展。

第一章　信息化政策法规

概　述

2016年，市经济信息化委围绕法治政府建设，完善信息化法律制度，着力提升依法行政能力，进一步深化政府职能转变。在信息化立法、法律制度建设、行政执法监督、政府权力运行、法治宣传教育等方面取得一定成效。

一、行政审批制度改革

【行政审批制度改革】 按照国务院2016年度行政审批改革工作要求，积极推进信息化行政审批改革相关工作，重点在产业投资领域，推进技术改造项目行政审批事项的改革优化。截至2016年年底，市经济信息化委保留行政审批事项20项。

【行政权力运行】 协助开展区级经济信息化领域行政权力和责任清单的制定，完成市经济信息化委政府服务事项的清理和优化。梳理、排摸经济和信息化领域行政审批评估评审和技术服务机构，编制脱钩改制方案。推进市经济信息化委行政权力运行标准化建设，按照行政审批办事指南和业务手册进行实时监督。实现市经济信息化委行政审批网上办事系统与市网上政务大厅系统的对接和数据交换。

【政府效能建设】 对市经济信息化委2015年度政府效能建设情况进行全面评估，形成年度评估报告。认真落实政府效能建设实施方案，做好行政权力办理情况和监督检查实施情况统计。

二、信息化法律制度建设

【信息化立法】 配合市人大财经委完成《上海市社会信用条例(草案)》相关立法工作,经市第14届人大常委会第75次会议审议,该项目转为2016年度地方性立法正式项目。按照工业和信息化部相关要求,开展《中华人民共和国无线电管理条例》的宣贯,将《上海市无线电管理办法》列入2017年度政府规章修订计划。

【规范性文件管理】 完成《上海市信息化发展专项资金管理办法》、《上海市信息化建设和应用专项支持实施细则》、《上海市社会信用体系建设专项资金管理办法》等规范性文件的制定和报备。起草《上海市政务数据资源共享管理办法》、《上海市大数据发展实施意见》等政策文件并由市政府公开发布。完成对《关于本市"十二五"期间加快推进光纤到户建设的意见》、《上海市公共信用信息归集和使用管理试行办法》、《关于推进政府信息资源向社会开放利用工作实施意见的通知》等有效期届满规范性文件的清理。

【行政执法监督】 完成《上海市经济和信息化领域行政处罚裁量基准(无线电执法类)》的制定。开展市经济信息化领域行政执法案例和行政执法培训试题的选编。对市经济信息化委行政执法人员进行梳理和调整,组织开展执法人员基础法律知识上岗培训考试。制定《市经济信息化委贯彻落实〈上海市行政处罚听证程序规定〉和〈上海市行政处罚案件信息主动公开办法〉的通知》,建立市经济信息化委行政处罚案件信息主动公开制度。

【政府法律顾问】 按照国家和上海市政府法律顾问制度建设工作要求,开展市经济信息化委兼职法律顾问的选聘,聘任6名专家和律师担任兼职法律顾问。制定《上海市经济信息化委兼职法律顾问工作规则》,定期组织兼职法律顾问召开专题研讨会,围绕立法、执法、行政复议、重大合同、专项资金管理等内容听取了法律顾问意见。

【法律事务处理】 制定《上海市经济和信息化委员会合同管理办法》,修订《上海市经济和信息化委员会合同示范文本(2016版)》。协助开展市政府与相关方面签订的多件合作协议或框架协议的法律审核。办理《消费者权益保护法实施条例》、《电子商务法(草案)》、《上海市检验检测条例(草案)》、《上海市网络预约出租汽车经营服务管理若干规定(草案)》等多件法律法规或者法律文件征求意见的反馈。

【法治宣传教育】 制定《2016年上海市经济和信息化系统法治宣传教育工作要点》,编制发布《关于在市经济和信息化系统中开展法治宣传教育的第七个五年规划(2016—2020年)》。组织市经济信息化系统单位开展了"12.4"国家宪法宣传日及宪法宣传活动周的各项活动。市经济信息化系统2家单位和2位个人分别被评为上海市"六五普法"先进集体和先进个人。

(蔡朋朋)

第二章　信息化人才工作

概　述

2016年，信息化人才工作有条不紊地进行。人才教育培训方面，开展2016年度上海领军人才选拔推荐工作，不断推进高技能人才建设；信息化人才技能竞赛活动方面，继续举办ISG管理运维赛，促进安全保障人员培养和团队建设；信息化优秀人才评选方面，开展“CSO首席安全官”评选，旨在推动信息安全保障工作顺利开展。

一、信息化人才队伍建设

【开展2016年度上海领军人才选拔推荐工作】 根据市人力资源社会保障局工作要求，开展2016年度上海领军人才企业创新平台选拔推荐工作，对产业和信息化平台申报的102位申请参评人员，细分为新能源新材料、先进重大装备等10大领域，通过专业处室初审、召开专家评审会、组织参评人员面试答辩等环节，经过专家两轮评审遴选，推荐了24名优秀人才参评上海领军人才，16人获得入选，入选率为67%，比2015年提高了15%。系统内3名上海市领军人才入选第二批国家“万人计划”领军人才。

【完成上海市第八批领军人才中期考核工作】 按照上海市领军人才考核的要求，结合个人总结、单位综合评价，到领军人才所在单位进行实地回访，以个人述职、召开座谈会、听取单位领导意见、现场考察等形式，对12位领军人才进行了中期考核，经考核领导小组评价，推荐5名领军人才为考核“优秀”等次，其中4名被评为“优秀”。

【推进高技能人才建设】 组织开展高技能人才项目推荐申报工作，推荐1名同志申报第九届上海市杰出技术能手,6 名同志为第九届上海市技术能手,3 个大师工作室为 2016 年上海市技能大师工作室。其中 1 名入选上海市杰出技术能手,5 名入选上海市技术能手,2 个大师工作室入选上海市技能大师工作室,1 个大师工作室入选国家级技能大师工作室;推荐 28 名首席技师申报 2016 年新建首席技师项目资助,其中信息技术类首席技师 15 名,创意类首席技师 13 名,全部获得资助项目;推荐 2 名首席技师申报 2016 年首席技师项目追加资助,1 名获得追加。

(杨沛江)

二、信息化人才技能竞赛活动

【ISG 管理运维赛】 中国信息安全技能竞赛(Information Security Game,以下简称"ISG")作为全国性网络与信息安全方向综合型竞技比赛,其中的管理运维赛制旨在培育和提高重点行业信息安全保障能力和水平。经过 4 年的赛制规则、知识体系与竞赛平台完善,ISG 管理运维赛已经成为服务于重点行业单位,对安全保障人员开展技能鉴定、人员培养、团队建设的重要平台。根据"第三届国家网络安全宣传周"关于组织网络安全竞赛及国家对信息安全重点保障单位的相关要求,在总结前七届竞赛组织经验的基础上,2016 ISG 中国信息安全技能竞赛管理运维赛于 2016 年 6 月至 9 月举办。

比赛吸引了来自银行、证券、保险、交通、能源、运营商、安全企业、高校八大行业的 500 余名信息安全人才报名参加,形成了 8 组 148 支队伍,创历届管理运维赛之最。

浦发总行、浙商分行、证通股份、太平洋保险、民航网络、上海电信、理想公司、国防科大、国家电网、湖南移动分获各组别第一名,成功晋级线下总决赛。最终,中国电信上海 IT 队成功问鼎,成为 ISG 管理运维赛实行分组赛之后首个总冠军。

【信息安全行业知识赛】 信息安全行业知识赛是面向企业内部员工、行业从业人员开展的一项全员性知识普及类赛事,针对不同行业特点定制相应的题目,促使企业员工了解、掌握必要的信息安全知识,避免常见信息安全问题,促进企业整体信息安全水平的提高。2016 年 5 月,信息安全行业知识赛选择了建设银行、浦发银行作为银行业的试点银行开展竞赛。截至 2016 年 9 月,行业知识赛已在证券、期货、经信系统、工商系统、基金、保险、银行、税务、电力、纺织、海关等 10 多个行业先后开展,累计参赛人数超过5 万人。

三、信息化优秀人才评选

【第二届“CSO首席安全官”评选】 首席安全官(Chief Security Officer,以下简称“CSO”)是机构中维护业务支撑及信息系统健康、稳定、安全运行的最高负责人。在“互联网+”的时代背景下,CSO不仅担负本机构的工作职责,同时对公众个人信息、公共服务乃至国家安全也负有重要责任。为宣传首席安全官的工作价值与成绩、传播安全管理工作经验,2015年,上海市信息安全行业协会首度在国内组织开展优秀评选及“CSO进校园”等系列公益活动,得到了行业内外的一致好评。2016年7月,第二届“CSO首席安全官”评选活动在全国范围内开展,得到了各参选人员所在单位及社会的大力支持,通过行业推荐、组织推荐以及个人自荐,共有100多位候选人参加评选。在评选期间,组委会对候选CSO展开为期3月的采访、报道和宣传视频拍摄,从多个角度展现候选CSO的日常工作状态和管理理念,让更多人了解候选CSO在安全方面的管理价值,对于后续开展信息安全保障工作起到很好的推动作用。经专家评审、网上投票及社会公示环节后,最终评选出10名优秀CSO。

(朱方园)

第三章　信息化研究与咨询

概　述

2016年，上海市信息化专家委员会按照市委、市政府要求，成立大数据专业委员会、举办2016上海浦东智慧城市建设专家研讨会、协助举行2016上海智慧城市建设人物评选暨“智慧工匠”技能竞赛等，并开展系列沙龙活动。上海市经济和信息化发展研究中心围绕“互联网+”、“十三五”规划等开展一系列信息化研究和专业咨询服务工作。上海市信息服务外包发展中心紧跟国家“一带一路”建设，完成《上海市软件和信息服务业参与国家“一带一路”建设研究报告》，并组织“一带一路”合作交流活动，搭建合作桥梁，帮助企业加快“走出去”步伐。

一、上海市信息化专家委员会

【成立大数据专业委员会】　2016年4月，上海市信息化专家委员会(以下简称“市信息化专家委”)大数据专业委员会成立，旨在为上海大数据的战略实施、工作落地推进、产业人才汇聚、创新创业等提供决策参谋和智力支持。首届大数据专业委员会聘专家15名、特别顾问2名，国家自然科学基金委员会管理科学部主任吴启迪任大数据专委会主任。

【协助召开《上海市推进智慧城市建设“十三五”规划》专家论证会】　2016年5月4日，《上海市推进智慧城市建设“十三五”规划》专家论证会召开，市经济信息化委副主任邵志清出席。东华大学校长蒋昌俊、上海电信总经理马益民、上海仪电集团总裁蔡小庆、上海信息中心总工程师陆小敏、上海前滩新兴产业研究中心主任何万篷、华东师大计算机和软件学院常务副院长王长波6位专家围绕智慧城市定位、发展理念、建设重点、推进机制等，对规划内容提出了意见和建议。

【举行2016上海浦东智慧城市建设专家研讨会】 2016年8月，以“大数据应用提升浦东政府治理和城市管理能力”为主题，市信息化专家委员会联合浦东新区经济和信息化委召开了上海浦东智慧城市建设专家研讨会。

【举行2016上海信息化专家区县行活动】 2016年8月至12月，相继举行4站2016上海智慧城市进万家暨2016上海信息化专家区县行活动，根据各区县实际情况，分门别类探讨区县智慧城市发展重点，先期在浦东新区、虹桥商务区成立专家站。

【协助举行2016上海智慧城市建设人物评选暨“智慧工匠”技能竞赛】 2016年10月至12月，结合各细分领域特点，推荐相关专家，组织成立竞赛评委会，做好各奖项的初审、决赛评选。本届竞赛最终产生2016上海“智慧工匠之星”1人、2016上海“智慧工匠”10人、2016上海“智慧城市建设领军先锋”10人。

【成立第七届上海市信息化专家委员会】 2016年12月22日，召开第七届上海市信息化专家委员会专家聘书颁发仪式暨第一次全体会议，市经济信息化委主任陈鸣波向第七届市信息化专家委员会主任吴启迪等各位专家颁发聘书。吴启迪代表第六届市信息化专家委员会总结工作，通报2017年市信息化专家委员会工作计划。在前期工作的基础上，第七届上海市信息化专家委员会换届工作于2016年下半年展开，按照精简、高端、跨界的原则，聘45位中外籍专家担任本届专家委委员。

【举办专家委系列沙龙活动】 结合发展趋势、热门技术和实事热点，举行移动互联网应用安全等主题沙龙，就推动移动应用安全的基础建设、规范移动应用的发展、适应各种应用场景的安全需求和加强政府的监管等方面提出建议措施，充分发挥了专家委员会的智库作用。

（李　宁）

二、上海市经济和信息化发展研究中心

【概况】 上海市经济和信息化发展研究中心（上海市企业技术创新服务中心、上海市智慧城市建设促进中心）（以下简称“市经信研究中心”）是直属于市经济信息化委，具有独立法人资格的公益性事业单位，主要承担上海市工业和信息化产业发展研究、产业经济运行分析、全市吸收与创新专项资金的结算管理、智慧城市建设研究以及推进等职责，开展产业和信息化领域战略、政策等的研究咨询、评估评价、项目管理、培训会展、编辑出版等业务，是市经济信息化委重要的政策研究和服务支撑机构。

2016年，市经信研究中心围绕智慧城市建设

和发展需要，开展智慧城市指数评估，进行与“互联网+”、“一带一路”等重大主题以及“十三五”规划相关的一系列研究，组织信息化专项资金评审，开展相关专项资金项目管理等咨询服务工作。

【研究咨询】 2016年市经信研究中心注重规划引领和前瞻研究，初步完成《中心“十三五”专业智库建设发展规划》编制，引入全球一流的IT数据库，加大对信息技术领域的前沿跟踪，积极开展智慧城市、两化融合、政务信息资源开发利用、信息化产业发展研究等研究、咨询工作。

研究完善智慧城市建设推进机制。承担了2016“上海市智慧城市发展水平评估指标体系”研究工作，优化修订了智慧城市发展水平评估体系，完成相关指标数据的采集及数据整理分析工作，在上海市智慧城市建设成果评选活动颁奖仪式暨2016上海市智慧城市发展水平指数发布会上发布了《2016上海市智慧城市发展水平总体评估报告》，对全市16个区的智慧城市发展水平进行评估，并针对各区智慧城市建设现状，分16个单篇对每个区进行总结和分析，初步形成水平评估、指数发布、活动策划和内容出版的可复制可推广工作经验。

承担智慧村庄建设指南研究，跟踪上海市智慧社区和智慧村庄试点单位的建设进展，研究编制了上海市智慧村庄建设指南，指导上海市智慧村庄建设工作；梳理上海市智慧城市三年行动计划重点工作的完成情况，编辑完成《上海市智慧城市建设巡礼》；完成上海市信息化统计制度的数据采集工作；做好智慧城市专家委秘书处工作。

开展信息化产业发展研究咨询服务。完成“本市电子信息制造业研发活动研究”课题。该课题综合借鉴分析国内外电子信息制造业发达国家及地区相关法规和产业扶持政策，研究上海市相关企业研发活动的现状及特征，厘清研发费用归集相关问题，提出改进建议，为上海电子信息制造业实现产业转型升级和持续健康发展提供数据支撑和决策参考。

承担国资企业信息化水平评价课题，建立评价指标体系，全面评价上海市国资集团企业信息化水平；承担市交通委和市水务局信息化项目前期咨询评审工作及市高级人民法院信息化项目审核工作；承担“洞泾机器人与智能制造产业园区发展规划”课题；完成《上海区县产业竞争力分析——以信息服务业为例》研究报告；完成嘉兴市秀洲区机器人智能制造产业园规划。

完成信息化专项资金项目的评估、管理工作。为了规范信息化专项资金项目咨询评估和专项验收服务过程，明确各方职责，结合信息化项目审核日常工作，编制“信息化项目内部管理制度”，根据新修订的信息化项目内部管理制度，重新制定设计“信息化项目评估审核工作规程细则”，包括部门预算项目管理、建设财力项目管理、项目归档管理等规程。

全年完成市级财政预算信息化项目评估审核、年度信息化项目预算审核、专项资金项目申报受理等共计一千余项，完成信息化发展专项资金项目的日常申报、预审、业务培训、计划任务书发放等工作，组织召开项目立项和专项财务管理培训、项目验收培训和项目管理工作会议。组织市建设财力信息化项目验收工作。

完成市软件和集成电路产业发展专项资金、国家电子信息产业发展专项基金等项目管理工作;配合完成对2014年度批复立项的项目进行全面绩效评价、完成市软件和集成电路产业发展专项资金和国家电子发展基金项目验收和评价等近两百项;开展社会诚信体系建设专项管理工作。

服务区县,开展信息化建设相关咨询工作。完成闵行区2017年度财政预算一上、二上信息化项目审核、日常信息化项目咨询评估及2017年度街镇信息化项目立项评审;完成闵行区教育局2016、2017年度财政预算信息化项目、2016年度市拨信息化项目咨询评估及闵行区卫计委信息化项目评估;完成静安区2017年度财政预算信息化项目审核、区财力投资信息化日常项目咨询评估、原静安、闸北两区合并后2016年度追加和预算调整项目审核及全年验收;完成虹口区2017年度财政预算信息化建设项目审核、区财力投资信息化日常项目咨询评估;完成嘉定区公安局2017年度财政预算信息化项目审核;完成"金山区事中事后综合监管平台项目建议书暨可行性研究报告"的评估工作;完成张江静安园、张江闸北园的上海张江国家自主创新示范区专项发展资金的项目管理工作,包括2015年度项目的中期评估工作与2016年度、2017年度项目立项评审工作。

(曹惠芳　吴剑栋　刘　岩)

【合作交流】 **展会工作。**市经信研究中心以主办方、协办方、支持单位等角色参与的重要会议活动有2016年中国国际工业博览会、上海信息消费节主论坛;合作举办2016"上海智慧城市体验周"活动,完成智慧校园建设成果巡展及高校"众创空间"联盟揭牌;开展2016上海智慧城市进万家系列宣传活动,活动以"智行上海、慧享生活"为主题,通过智慧城市成果巡展、智慧生活服务大集市、智慧城市大讲坛、各类论坛沙龙等活动,向居民、企业进行智慧城市建设成果宣传展示和互动体验;开展2016上海智慧城市进校园系列宣传活动和优秀实践成果评比,并在联盟成员高校中进行巡展,最终入选的11个由大学生自主设计的智慧校园热门应用,涵盖校园学、食、住、行、玩;举办智慧城市VI征集活动,首次产生了上海市智慧城市主题标识、口号、字体和吉祥物等,最终评出"优秀实践成果奖"、"十大优秀应用奖"、"十大创新应用奖"等奖项。

推进信息化宣传工作。市经信研究中心视推进上海信息化建设宣传为自身职责,致力于让上海市民融入和体验上海智慧城市建设,完成对全市16个智慧城市市民体验中心的日常运作跟踪评估工作。2016年聚焦"智慧出行"、"智慧教育"、"云计算"等一系列社会热点,邀请社会各界关心智慧城市建设的专家学者,主讲6场"上海市智慧城市大讲坛",使该大讲坛成为智慧城市科普的重要阵地;同时将上海市智慧城市大讲坛成果汇编成册。全年完成12期《上海信息化》杂志出版发行,2016年《上海信息化》杂志通过对全国和上海信息化重点工作进行报道,跟踪信息产业动态,策划了一系列反映云计算、移动互联、软件与信息服务业发展等的重点稿件。完成《上海信息化年鉴》编辑出版,《2016上海信息化年鉴》成稿120万字。在中国出版协会年鉴工作委员会主办的2015～2016年度年鉴编校质量检查评比中,《2015上海信息化年鉴》荣获一等奖。在市方志办、市经济信息化委相关处室和专家的指导下,编撰完成《上海市志·信息化分志》评审稿。完成 8 期《上海工业》内刊编辑出版工作，对市经济信息化委中心工作和工业与信息化领域的重大事件进行关注。完成 12 期《上海智慧城市建设视窗》编辑工作。维护“上海智慧城市”微信公众号，传播市政府、市经济信息化委重要决策和重大活动情况、智慧城市建设相关动态，开展主题活动推广，目前订阅数达 4 万余人。

其他重要合作活动。继续与国际电信联盟、香港工程师协会进行友好合作。成功与上海工程技术大学、嘉兴南湖区经济信息商务局签订了战略合作协议。

（曹惠芳　金　毅）

【软件评测】　软件评测中心形成了集平台、产品和服务于一体的业务框架体系，加强了公共服务、验收测试、咨询评估及质量保障等核心业务板块，在上海软件四名（名企、名品、名人、名园）评选中，获得“上海软件名企（创新型）”称号；参加中国软件测评机构联盟标准化工作委员会，参与软件测试相关国家标准的编写及软件测试成本度量实施指南等行业标准的编写。完善优化现有平台和服务体系，获得张江国家自主创新示范区专项发展资金公共服务平台认定，完成上海市中小企业发展专项资金中服务体系建设并通过评审，完成了漕河泾公共服务平台子平台认定。

公共服务测试业务。包括登记测试、著作权代理、成果鉴定及软件产业发展专项资金测试、资质评审、技术培训五大业务板块。2016 年共受理业务 2 000 余项；完成资质申报、换证评审及审查等 500 余家，信息系统集成（高级）项目经理申报近 3 000 人，项目经理技术培训 10 期。

软件评测中心参加了上海临港产业区企业协会科技服务工作委员会，并与上海张江企业孵化器经营管理有限公司、上海市软件行业协会、上海市信息服务行业协会、漕河泾创业企业中心、上海市电子交通行业协会、上海市物联网行业协会等相关机构展开合作，为企业提供中介服务、政策解读、业务培训等各类服务，帮助企业全面对接国家资质审核政策新要求，规范系统集成及服务资质审核流程标准。

验收测试（第三方测试）业务。主要包括信息化项目验收测试、技术测试（科技项目）、软件项目验收测试和系统测试业务。

评估质量保障业务。完成了 2016 年电子商务双推评估，开展现场监督检查工作；开展了金山智慧新城建设项目及长宁门户网站日常运维及安全咨询项目。完成外汇交易领域、汽车领域、证券领域、养老保险领域等质量保障业务。

（曹惠芳　孟　艳）

【企业信息化咨询服务】　市经信研究中心下属上海信息投资咨询有限公司（以下简称“公司”）注重为企业信息化服务，或拓展或深度进入了智慧社区、学校医院、文化创意、数字园区、智慧城市体验中心等业务领域，并申报了“信息工程监理乙级”资质和“上海市专新特优企业”称号。

2016 年，信咨公司承担了市级重点工程——事中事后监管系统的市、区两级信息化系统项目的咨询工作；在持续为松江、嘉定、长宁、闵行、普陀、金山等区提供大量信息化专业咨询服务的基础上，扩大了崇明、杨浦、虹口等区的信息化专业服务。有 3 个项目参加上海市优秀咨询成果评选活动。公司提供包括咨询、监理、招标等信息化项目在内的全生命周期专业服务,承接项目代建服务业务。参与上海、黑龙江两地农产品安全平台项目;完成了市文创办交办的文创专项资金项目管理任务;与陕西省网信办、西安智贸公司建立了战略合作关系。

(曹惠芳　赵　彤)

三、上海市信息服务外包发展中心

【概况】 上海市信息服务外包发展中心(以下简称“市信息服务外包中心”)自2006年7月成立以来,在市经济信息化委指导下,始终以提供企业服务、营造行业环境、促进产业发展为导向,在软件和信息服务业领域开展行业统计、标准研究、人才服务、市场拓展、平台建设以及会议交流等相关工作。近年来,随着全市软件和信息服务业国际化水平日益提高,越来越多的企业已经或计划实施“走出去”发展战略,同时积极响应国家“一带一路”倡议,企业目标逐渐转向“一带一路”沿线国家业务。在此背景下,市信息服务外包中心充分发挥上海优势、整合专业资源、创新服务模式,开展了一系列软件和信息服务业企业国际业务拓展工作,帮助企业加快“走出去”步伐,紧跟国家“一带一路”建设,并取得了一定成果和行业认可。

【完成软件和信息服务业国际业务交易流程体系建设】 通过与美国知名咨询机构FIC长期的探讨与沟通,完成了软件和信息服务业国际交易流程体系,涵盖交易过程,确立了软件和信息服务业国际业务交易的九大阶段,该流程获得了全球500强企业CIO(首席信息官)的认可,同时适用于“一带一路”沿线国家,有利于全市企业参与国际业务。

【完成软件和信息服务业国际业务交易标准体系建设】 在软件和信息服务业国际业务交易流程体系的基础上,市信息服务外包发展中心与众多海外知名企业CIO、CEO进行沟通,基于其对于国际业务的需求、供应商的要求、交易行为的流程要求,完成了软件和信息服务业国际业务交易标准体系建设,该体系统一了软件和信息服务业国际业务交易的行为准则,提高了企业参与国际业务的效率,规范了企业参与国际业务的行为,增加了企业参与国际业务的竞争优势,为全市企业在“一带一路”业务中取得优势提供了理论支撑和行为参考标准。

【完成《上海市软件和信息服务业参与国家“一带一路”建设研究报告》】 作为上海首个针对软件和信息服务业领域的“一带一路”相关报告,研究工作以前期大量理论研究为基础,明确了上海市软件和信息服务业参与国家“一带一路”建设的基础、作用以及总体定位,对“一带一路”相关领事馆以及行业组织开展实地调研,并针对国内企业的合作情况进行了调查,总结出“一带一路”业务开展过程中的难点和需求，分析影响上海市软件和信息服务业参与国家“一带一路”建设的核心要素，最终给出措施建议，同时对已经开展的相关工作进行了总结。

【完成 IT 项目交易平台建设】 基于已完成的软件和信息服务业国际业务交易流程体系建设和国际业务交易标准体系建设，建立适合国际业务发展的“互联网+”平台。IT 项目交易平台可规范 IT 项目交易管理的业务流程，提高 IT 项目交易管理市场的透明化运作。该平台聚集了众多有效的国内外市场环境、产业动态、法律安全等信息，同时提供国内外业务项目资源，并拥有完善的第三方机构服务体系，支持平台用户顺利完成各类 IT 项目的交易。通过 O2O 业务对接及服务的方式，积极推动上海企业拓展国际业务，打造中国的国际化 IT 项目交易标准流程及标准任务，降低甚至消除国际 IT 项目交易时的各种困难及问题，助力企业大众创新，万众创业，真正实现“走出去”的目标。该平台已有注册企业 100 多家，发布项目信息 100 多条，金额达 9 000 万元。后续将继续推广使用，邀请更多第三方机构加入，完善服务体系。

【完成部分市场渠道拓展】 首先，维护巩固与“一带一路”沿线国家驻沪机构的业务联系，及时分享上海企业的最新动态与意愿，挖掘双方合作的机会，促进全市企业与“一带一路”沿线国家企业的联系。其中，中心曾协助捷克驻沪领事馆邀请上海企业参与其在上海主办的 IT 产业活动；乌克兰驻沪领事馆表示希望能够共同搭建中乌信息合作交流平台；土耳其驻沪领事馆表示希望能带动更多双向投资；巴基斯坦驻沪领事馆希望促进上海企业与巴基斯坦当地软件联盟的合作，推动更多国际项目合作。其次，确立了与“一带一路”沿线国家知名合作机构建立战略合作关系的目标，分别与法国知名咨询机构 JUMO、美国知名咨询机构 FIC 签订战略合作协议，充分发挥双方的资源优势，为双方企业建设长期且稳定的合作平台，搭建上海软件和信息服务业企业与法国及更多欧洲“一带一路”国家企业的合作桥梁。

【组织第十四届上海软件贸易发展论坛——上海“一带一路”ICT 产业合作交流活动专场】 活动邀请“一带一路”沿线国家巴基斯坦、乌克兰、爱尔兰等驻沪领事馆，法国、美国和印度跨国企业代表，以及国内大中小型软件和信息服务业企业共同参加，60 余人参会。活动中，“一带一路”沿线国家驻沪领事馆领事及企业代表分别就其国家 ICT 产业情况及后期合作做出介绍，旨在增加上海软件和信息服务业企业对“一带一路”沿线国家的了解以及增强其参与“一带一路”国际业务的意向。活动初步搭建起上海企业与“一带一路”国家及国际业务的信息交换平台，同时引起各参会企业代表浓厚兴趣，现场就国际业务需求、ICT 产业发展情况开展交流。通过此活动，能快速建立起上海企业与“一带一路”国家的 ICT 产业链，增加上海企业对接“一带一路”业务的机会。同时更好地支持国家“一带一路”战略，为推动上海企业与“一带一路”沿线国家探索与加强在软件和信息服务业领域的交流沟通，为形成长期业务合作平台，为构建完善的合作机制，为“一带一路”ICT 产业合作推进工作建立标杆打下坚实基础。

（朱慧丽）

第四章　行业（专业）协会发展

概　述

2016年，上海信息化系统各协会围绕全市年度信息化重点，研究政策建议，编写产业报告；组织各项活动，搭建合作交流平台；制定行业标准，促进产业发展，做好政府与企业之间的沟通工作。

一、上海市信息家电行业协会

【概况】 2016年，上海市信息家电行业协会（以下简称“信息家电协会”）积极贯彻落实国家、上海市关于电子信息产业发展政策，严格遵守章程各项规定，认真履行协会职责，开展了一系列工作，较好地完成了全年工作任务。年内，作为优秀行业协会代表，信息家电协会秘书长朱静莲受市政府推荐参加了政协上海市第十二届委员会第四次会议。

【做好产业政策建言和落实工作】 信息家电协会妥善处理了市委相关部门批转的给韩正书记的人民来信中关于发展智慧家庭的问题，通过与写信市民直接沟通，让市民了解市政府发展智慧城市建设的政策，同时也向政府有关部门转达了市民的愿望；受市经济信息化委委托，信息家电协会向相关会员单位及专家广泛征求了关于《上海电子信息制造业“十三五”发展规划（征求意见稿）》的意见和建议，将企业和专家详细、中肯的意见建议归纳整理后送达政府有关部门，为政府部门制定“十三五”发展规划提供参考意见；在市经济信息化委组织召开的上海电子信息制造业行业协会秘书长工作会议上，信息家电协会秘书长朱静莲就本行业发展现状和企业普遍关心的问题做了发言，重点汇报了信息家电行业和产业领域的最新发展动向，对智能电视、智慧家庭、VR/AR（虚拟现实/增强现实）等热点领域的技术和产业发展现状做了回顾，预测行业各子产业的发展趋势，特别对于这些新技术的产业化应用成果如何为社会大众所享用，以及如何协助政府部门推进新技术产业化和为企业提供更贴心服务提出了建议；受市经济信息化委委托，信息家电协会承担了上海数字音视频行业经济运行的基本数据采集及统计、分析工作；信息家电协会向市经济信息化委等有关部门提交的关于部分进口配件关税税率调整的建议及关税调整建议目录，连续多年被国家税务总局和上海相关部门采纳，建议目录产品的进口关税因此而大幅降低，从而使相关企业每年在税负上受益；受浦东新区经信委委托，信息家电协会根据政策和产业动态及区域内企业发展需求，对浦东新区相关会员单位进行调研走访，并形成产业梳理报告，报告对 VR/AR 产业、数字音视频产业、智能家居产业的发展现状和存在的问题进行分析，反映了浦东新区龙头企业的发展情况，并给出相关行业发展建议供决策参考。

【深入调研、反映行业诉求】 2016 年，信息家电协会秘书处主要负责人走访调研企业 32 家次，就协会规划中拟定的一系列重点工作，与企业进行了多种形式的沟通交流，及时了解企业发展现状，对企业在发展中遇到的各种问题，力所能及地排忧解难。信息家电协会秘书长朱静莲陪同市经济信息化委电子信息产业处处长林晶一行调研考察了副会长单位上海文化广播影视集团有限公司（SMG）在“十三五”期间的科技发展规划及 VR/AR 技术在媒体娱乐产业中的发展情况；秘书处有关人员前往上海乐蜗信息科技有限公司进行调研，深入了解微鲸 VR 发展状况，包括 VR 技术与设备研发、内容开发以及国际战略布局等方面的情况，并与企业负责人共同探讨了如何推动上海市 VR 产业的健康快速发展；对上海佰贝信息科技发展有限公司新推出的移动展台产品进行调研，信息家电协会专家对其产品设计及相关功能提出了改进建议；信息家电协会秘书处有关人员前往理事单位上海质检院电家所调研，所长俞毅敏陪同调研人员参观了电家所配备用于电器产品能效、安全、节能等检测尖端专业设备的检测实验室；秘书长朱静莲陪同浦东经信委信息化推进中心副主任陈春兰前往爱喆汇（上海）信息科技有限公司进行调研考察，通过体验其智能家居展厅，对其智能家居建设进行综合评估；为帮助会员单位上海安逆杰信息技术有限公司推广普及其智能生态项目在学校的应用，信息家电协会邀请上海市科普事业中心相关领导共同前往项目应用示范点——徐汇区机关建国幼儿园进行调研，并为扩大项目的应用范围提供帮助。通过调研考察来了解企业需求和诉求，并向有关部门进行反映，信息家电协会积极发挥自身的公信力、权威性优势，以及拥有的政府、专家、社会等资源优势，为会员企业提供多元化服务。

【推进技术标准制、修订工作】 信息家电协会是中国电子工业标准化技术协会企业标准化工作委员会的落地单位，成立以来多次主持制订、发布联合企业标准和地方标准二十余项。在前期大量调研基础上，针对信息家电领域新型智能家居终端产品缺少统一安全技术标准的客观现状，在上海市质检院的支持合作下，信息家电协会组织申报了“信息家电领域新型智能终端安全体系标准制定”项目申请，并获得了市经济信息化委支持立项，2016 年年内已正式启动标准制订工作。同年，根据国家有关部门的相关要求，信息家电协会组织制订并发布的《居住区信息系统网络互联技术规程》在标准发布三年复审中，市住建委组织的复审专家通过审核认为该技术规程继续有效。

【搭建交流互动平台】 2016 年年初，信息家电协会召开四届四次会员大会，上海东方明珠新媒体股份有限公司副总裁孙文秋代表会长单位到会致贺词，信息家电协会秘书长朱静莲向大会作《2015 年协会工作总结与 2016 年工作计划》，副秘书长黄寿忠向大会作《2015 年度协会财务收支情况报告》，大会一致通过了以上两个报告。在同期召开的四届四次理事会上，信息家电协会秘书长朱静莲作了《2016 年上半年度协会主要工作总结和下半年度工作打算》报告、副会长夏平建作了《关于 2016 年上半年度度协会财务收支情况报告》、副秘书长黄寿忠作了《上海市信息家电行业协会理事会换届改选工作方案》(草案)起草说明。经过审议、表决，理事会一致通过了以上三个报告。

组织召开座谈会，搭建沟通交流平台。信息家电协会主办了 2016 第九届上海信息家电发展论坛——新媒体时代下的音视频新技术应用论坛。会员单位有关领导、相关高校科研机构的专家学者、相关行业组织领导等共计百余人出席了本次论坛；主办了智慧家庭市场研讨会，特邀智慧家庭产业专家、市场精英分享心得体会与实践经验，共同探讨智慧家庭产品如何快速实现市场化落地，产生商业价值，推进上海智慧城市的建设；召开了智慧社区建设合作交流座谈会，针对会员单位上海和哲信息科技有限公司的智慧医疗产品与副会长单位中国电信上海公司的智慧社区建设项目进行交流介绍，互相探讨深度合作机会；召开移动互联网＋物联网应用座谈会，会上中国电信上海公司代表向与会企业做电信在物联网领域的整体产品及服务能力介绍，与会企业纷纷探讨自身与电信的合作方向和合作模式；召开智能电视产业和市场信息交流会，海尔、海信、长虹、TCL、创维、康佳等国内电视机厂商及三星、东芝等厂商的负责人出席并交流了智能电视产业和市场信息；主办德国智能建筑专家访问交流会，邀请德国智能建筑专家 Helmuth Gesch 做“无源房屋与建筑自动化”的主题分享，来自澜腾智能、仪电数字、果壳电子、樊境智能等企业的代表及专家领导共二十余人参加会议，并与德国专家进行了交流；召开 SIAA 数字家庭应用专委会工作会议，为信息家电协会数字家庭应用专业委员会(以下简称“专委会”)新一届工作启动进行筹备，会上讨论了专委会工作条例(修改)及 2016 年度工作计划草案，各与会企业代表纷纷发言，提出意见和建议，为专委会工作的顺利开展提供了帮助；联合上海蓝天经济城发展有限公司主办上海智能家居与智能硬件研讨会暨 SIAA 数字家庭应用专委会年终工作会议；与张江国创中心、上海万科、一加一残障人公益集团携手举办“智能科技之商益与公益”活动，为智能家居发展寻找新的突破口，从公共利益角度出发，推广打造既满足用户对产品本真需求，同时也实现企业商业利益的智能科技产品；协办第十三届数字电视与无线多媒体通信国际论坛(IFTC 2016)，邀请上海交大教授张文军、上海国茂董事长王国中等国内外著名专家做专题报告，交流了数字电视与无线多媒体通信技术最新发展态势和研究成果；组织相关会员单位参加由上海市人民政府新闻文化处举办的欧美主流财经媒体驻沪分社社长对话上海市民营企业家活动，会议由驻沪分社社长介绍媒体特点、主要受众、报道重点等，参会企业家与外媒进行了互动交流。

组织优秀会员单位参展展会。在2016第三届上海国际科普产品博览会上，信息家电协会再次与组委会携手设立信息家电展区，信息家电协会会长单位上海东方明珠新媒体股份有限公司、副会长单位东方有线网络有限公司，以及优秀会员单位长虹、海信、创维、海尔、康佳、三星、东芝、微鲸VR、广视通、浪虎智能、博耳智能等国内外企业参展了此次科博会，带来最新技术、最新产品的展示和互动体验，吸引了众多市民驻足参观，成为本次科博会的一大亮点。为此，信息家电协会获得组委会颁发的“优秀组织奖”荣誉；在2016上海国际信息消费博览会上，信息家电协会设立智慧家庭展区，作为本次博览会互联网＋智能设备的重点展区，信息家电协会积极组织智能家居优秀会员企业参展，樊境智能和浪虎智能带来最新的智能家居系统解决方案和产品，集智能客厅、智能厨房、智能浴室、智能影音室等为一体的整体智能家居体验区，受到组委会和观众的一致好评；协办2016 NAB Show Shanghai国际跨媒体技术装备创新博览会，信息家电协会多家会员单位均携带最新技术与产品亮相此次展览会，包括SMG、上海数字电视国家工程研究中心、上海国茂数字技术有限公司、上海佰贝科技发展有限公司、上海联彤网络通讯技术有限公司等。

推荐会员企业申报社会荣誉。根据市经济信息化委《市经济和信息化领域2016年上海领军人才选拔工作的通知》的要求，信息家电协会积极推荐信息家电行业领域优秀领军人才上报评委会进行评审；协办第十五届“上海IT青年十大新锐”评选活动，协会积极推荐信息产业领域青年企业家，撰写行业协会推荐意见，帮助企业进一步提升品牌知名度和开展人才资源建设。

加强信息化交流互动平台建设。2016年，信息家电协会制定并发布了《上海市信息家电行业协会微信平台管理办法(试行)》，在规范协会官方微信服务平台使用的基础上，通过合作、协作、共建等方式，联合发挥各会员企业优势资源，积极探索信息平台多元化服务方式，努力打造各项服务集成平台，为会员企业提供更便捷、更优质的服务，提升行业服务能力和水平。

【提升协会专业价值】　上海市信息家电创新创业基地(蓝天)。智能家居是物联网、智慧城市发展的重要领域，发展智能家居是我国政府增强消费拉动经济增长的重要举措，为了集中优势资源，为广大创业者提供更优良的创业环境，推动上海市信息家电产业的发展，信息家电协会与上海蓝天经济城进行战略合作，正式成立上海市信息家电创新创业基地(蓝天)，分支机构——数字家庭应用专业委员会落户蓝天，成为双创基地的核心。2016年7月5日，上海市信息家电创新创业基地(蓝天)揭牌仪式在蓝天创业广场举行，市经济信息化委电子信息产业处副处长董继明和南翔镇镇长共同为基地揭牌。

智能电视应用示范基地(东方有线)。信息家电协会为东方有线授牌建立智能电视应用示范基地(东方有线)，通过基地的建设建立起以TVOS(Television Operating System，电视操作系统)为技术核心，包括相关芯片研发、软件开发、设备制造、技术服务在内的 TVOS 智能应用“生态圈”，同时为培养 TVOS 智能应用开发技术人才营造了良好的应用开发和示范环境。

上海市进出口公平贸易行业协会工作站。经考评，市商务委正式在信息家电协会成立上海市进出口公平贸易行业协会工作站，通过建立多方联动（市商务委、行业协会、企业等）的工作机制，合力开展贸易摩擦应对、贸易救济调查、产业损害预警等各项公平贸易工作，通过探索和调研，帮助企业应对解决在进出口工作中遇到的问题。

（解　放）

二、上海市计算机用户协会

【大数据时代——数字化转型与创新高峰论坛】 2016 年 6 月 17 日，由上海市计算机用户协会和上海市通信学会联合主办，首席数据官联盟、工业4.0俱乐部、中国香港大学 SPACE 中国商学院协办的“大数据时代——数字化转型与创新高峰论坛”亚太 CIO 实践与分享活动在上海召开，会议吸引了近 200 名来自外企、国企、民企的 CIO 代表。深入探讨了在“互联网+”时代，传统企业如何借力新思维实现完美升华，CIO 如何紧握时代新机遇，少走弯路、华丽蜕变，并分享了转型过程中鲜为人知的核心技术与管理方式。

【2016（第三届）网络安全（中国）论坛】 2016 年 9 月 8 日，由中国计算机用户协会和中国通信学会共同主办、上海市计算机用户协会、上海市通信学会、上海市信息协会联合承办的“2016（第三届）网络安全（中国）论坛”在上海召开。本次论坛邀请了相关主管部门领导、企业领袖、行业专家、国内外互联网组织及媒体，吸引了来自金融、政务、电信、能源、医疗、制造等行业的或有关部门 500 余位参会代表齐聚一堂。围绕云计算大数据安全、网络交易支付、互联网金融的网络消费安全、企业信息安全保护等网络安全热点议题，通过主题演讲，专题报告、问答互动等形式，对行业现状、新技术发展趋势等热点深入探讨和交流。

【第二届上海优秀首席信息官颁奖典礼】 2016 年 11 月 22～23 日，由上海首席信息官联盟和上海市计算机用户协会共同主办的第二届上海优秀首席信息官颁奖典礼举行，十位上海十佳优秀首席信息官和三个优秀团队单项奖获奖名单正式公布。同期举行的第二届两化融合创新高峰论坛邀请了业内专家、大型制造企业 CIO、优秀厂商代表开展行业趋势分析、技术议题探讨、两化融合实践分享，上海市信息化企业家协会、上海市信息学会、同济大学和中国电信、上海大众、东方航空、中航商发、中国商飞、正泰电气、卡斯柯、普元信息以及 IBM、海康威视、浙江三花等单位分别围绕智能制造、企业互联网化转型、工业大数据等主题展开对话。11 月 23 日举办的分论坛，则聚焦装备制造和纺织服装两个重点产业，分别邀请上海赛科、江苏徐工、罗弗机器人、仪电显示、上海纺织、波司登、绫致时装、红纺文化、力克等业内代表分享了"'人工智能'的制造生产应用"、"互联网工程机械发展"和"科技驱动服装产业升级"、"时装行业全渠道信息化建设"等热点内容。

【第12届信息化领袖峰会暨畅网CIO年会】 2016年12月15～17日，由上海市经济和信息化委员会为指导单位，畅享网主办，上海计算机用户协会、上海国有资产信息中心协办，松江区经济委员会、松江区投资促进中心、上海CIO联盟等作为支持单位的第12届信息化领袖峰会暨畅网CIO年会在上海松江召开。大会邀请了资深专家、用户CIO代表及服务供应商分享行业应用创新。会上，上海市计算机用户协会理事长、上海电气集团股份有限公司首席信息官李静作了《数字化引领企业未来——上海电气信息化建设情况分享》的主题演讲，绿地控股集团信息总监金勇、华东师范大学信息化办公室主任沈富可、阿里巴巴集团首席技术官张建峰、联想集团上海大区总经理石德楷等嘉宾做了专题报告，与会人员达300人，会议取得了良好效果。

（陈永耀）

三、上海软件行业协会

【概况】 上海市软件行业协会(SSIA)(以下简称"软件协会")成立于1986年6月，是国内最早成立的软件行业协会之一，是由全市从事软件业的软件企业、软件机构及相关单位自愿组成的跨部门、跨所有制的非营利的行业性社团法人。软件协会下设软件质量管理与过程改进、软件服务、软件知识产权、嵌入式系统与软件、开源软件和教育软件6个专业委员会，会员单位超过1 200家，体现了广泛的代表性和行业的专业性。软件协会遵循"行业代表、行业服务、行业自律、行业协调"的工作宗旨，积极开展"服务企业、发展产业、规范行业"的各项活动，根据政府主管部门的授权或委托，按照公开、公平、公正的原则承担行业管理与服务职能，连续十年被中国软件行业协会评为"先进行业协会"。

2016年，软件协会主要围绕产业政策落实、产业研究与分析、关注企业需求、创新服务方式、高技能人才培养、服务产业发展等方面开展工作。

【30华诞回顾总结】 2016年是软件协会成立30周年，软件协会编辑印刷了《上海市软件行业协会重点工作回顾》，总结了30年来的工作经验，以利于本着"有梦、有心、有恒、有成"的理念，不忘初心、继续前进。

顺利换届，第七届理事会成立。 2016年4月27日，软件协会七届一次会员代表大会暨七届一次理事会、监事会会议在浦软大厦举行。市经济信息化委、市科委、市商务委、市社团管理局等相关部门负责人，相关产业园区(基地)、行业协会、软件企业负责人及十余家媒体记者约350人到会。市经济信息化委副主任傅新华出席会议并为大会致辞。会议选举出了协会第七届理事会、监事会。

乔迁新址，扩充团队。软件协会以自有资金购置了江场西路299弄中铁中环时代广场近600平方米自有房产，并于2016年7月正式迁入新址办公，有效提升服务能级，并为可持续发展奠定了良好的基础。软件协会还积极扩充服务团队，使其进一步年轻化和专业化。

会员增长，数量翻番。通过软件协会有价值、贴心的服务，协会会员数量翻番。截至2016年12月31日，会员单位已达1 178家，其中2016年新增会员单位534家。软件协会的凝聚力进一步提升，覆盖面进一步扩大，形成了上海软件抱团发展的良好格局。

【大力开展行业自律性评估】 积极倡导行业自律，以国家各项法规和《软件企业评估规范》(T/310104003-F001-2015)、《软件产品评估规范》(T/310104003-F002-2015)为依据，严格把关，积极开展“双软”评估服务。2016年度，软件协会共完成新评估软件企业超2 000家/次，新评估软件产品超6 000个。

【积极推进行业标准建设】 配套制订并发布了《上海市软件行业协会团体标准管理办法》，注册并获得了全国团体标准信息平台认可的团体标准代码“SSIA”。

【推进信用与诚信创建】 在中国软件行业协会支持下，主动开展全市软件企业信用评价工作。在2016年新申请的19家企业中，18家获得2A以上评级；同时组织相关企业参与上海市诚信创建活动的换证培训，累计发放证书40张。

【支撑软件人员奖励】 在市经济信息化委软件处的领导下，软件协会人员加班加点认真审核，在规定时间节点前，完成网上预审、协助各区县审核软件企业239家、共计9 220人的相关申请材料。最终，219家软件企业、8 283名软件设计人员通过审核。

【支撑所得税优惠核查】 配合市财政局、市税务局、市经济信息化委、市发改委等做好2015年度软件企业和重点软件企业所得税优惠备案材料的核查工作。先后组织召开了十多场专家评审会，对申请2015年度软件企业所得税优惠的392家软件企业和36家重点软件企业的备案材料，进行了条件符合性审查。

【推动产业政策出台】 受市发改委、市经济信息化委委托撰写了《26号文实施效果评估报告》，全面评估了26号文实施成效，并提出了后续政策方向建议。软件协会作为行业代表，全面参与市发改委牵头26号文后续政策的起草，并于2016年7月初组织召开企业座谈会，广泛征求各领域代表性企业意见，最终形成了体系化政策建议。

【参与起草政策文件】 2016年，根据市经济信息化委软件处及相关部门要求，软件协会在反复调研的基础上，相继协助起草了《上海软件首版制鼓励政策》、《上海市人工智能产业创新行动计划》、《上海市软件和信息服务业人才现状调研和政策建议》等政策类建议文件，进一步显现软件协会“政府助手”的作用。

【推动区县产业政策制定】 为优化上海软件产业

布局，软件协会积极推动区县、园区出台各自区域特色的软件产业优惠政策。如，徐汇区的“创新券”优惠政策扶持对象扩大到协会“双软评估”的企业；普陀区对软件协会举办的“四名评选”活动获奖企业及个人，提供最高 5 万元的奖励补贴。

【研究产业运行态势】 软件协会先后完成“2015 上海软件产业发展报告”、“2015 上海信息化年鉴——软件篇”、“2015 上海工业年鉴——软协篇”、“2015 年上海软件产业发展形势跟踪与研究”、“上海现代服务业发展报告 2015”(软件篇)、“2015 浦东新区电子信息产业发展报告”、“2016 张江软件产业发展报告”等课题研究。

【组团参展中国软博会】 2016 年 5 月 26～28 日，在市经济信息化委的指导下，软件协会组织了以国家和重点软件企业为主体的 31 家单位参展第二十届中国国际软件博览会(以下简称“软博会”)，集中展示了上海“中国软件名城”的整体实力、发展成果。工业和信息化部部长苗圩、软件司司长谢少锋等领导亲临上海展区视察参观。东方卫视、《中国计算机报》、中国软件网等主要媒体进行了深入采访报道。市经济信息化委、软件协会荣获软博会组委会颁发的“优秀组织单位”奖。

【主办信息消费节】 软件协会参与主办 2016 上海国际信息消费节和信息消费博览会，展示上海信息消费最新发展。共动员了 36 家软件企业参展，完成出展面积近 2 000 平方米，并在消费节主论坛区主办 2016 中国软件生态大会，来自全国各地知名软件厂商近 200 人参与活动。

【举办 2016 创新论坛】 2016 年 10 月 27 日，2016 上海软件创新论坛(第八届)在上海国际会议中心举行。本届论坛的主题是“创新、服务、融合”，主题报告关注了 2016 年的技术热点——区块链技术与“一带一路”项目经验分享，引发了与会企业代表的共鸣和强烈反响。

【持续开展名优评选】 2016 年，软件协会评选出上海市软件行业标兵 100 名、上海市软件服务明星 100 名(“双百”名人)，覆盖了上海软件行业科研、生产、经营各个领域；评选出名企各类奖项 242 项，其中包括优秀软件产品 114 件、优秀软件企业家 10 位及明星软件园 10 家，凸显了上海软件企业做大做强、关注创新、注重诚信的发展正能量。

软件协会连续第四年自筹 16 万元，将“双百”名人和“四名”获奖名单套红刊登在颁奖当日刊发的《文汇报》上，不收取企业或个人任何费用，为上海软件产业发展、产业形象推广提供了持续的宣传平台。

【组建上海 BIM 技术创新联盟】 2016 年 5 月，软件协会组建的上海 BIM 技术创新联盟正式成立，市经济信息化委副主任邵志清、市住建委副主任裴晓出席成立大会并致辞。这是软件协会积极推进软件行业细分领域发展的新举措。联盟先后多次开展政策辅导、技术研讨、产业交流、业务对接等活动，并编发了联盟通讯，受到成员好评。

【持续办好会刊与微信公众号】 2016 年，软件协会会刊《软件产业与工程》共出版 6 期，每期平均约 7 万字；微信号“上海软件”关注数已达 2 200 余人，全年累计发布 218 条微信。2016 年新推出“政策申报月历”成为最受欢迎的栏目。

【关注人才,建设基地】 培训服务热度不减。2016年搬迁至新址后,软件协会就软件企业关注高新技术企业复审、软件功能规模测量、BIM＋大数据、风险管理、研发费用加计扣除等热点问题,共组织培训活动21次,参加培训人数超1 000人次。

开放联合,培训鉴定。2016年,基地联合成员单位开展各类技能培训与考核鉴定,共培训软件人员4 576人,鉴定合格率91%。此外,基地还立项开发四个课程项目,有序开展、加速推进,为上海软件产业输送优秀人才。

优选企业,推进教师实践。2016年,派送8位高职老师深入5家会员企业接受培训,受到了市教委、教职委的多次好评。

基地设施设备全部到位,为全面开展高技能人才培养奠定了基础。"软件开发质量控制实训设施设备添置"项目的培训场地和设施设备全部到位,为全面开展上海市软件产业高技能人才培养奠定了基础。

【打造中小企业服务平台】 软件协会依托中小企业服务平台,为中小软件企业提供市场开拓、政策宣贯、人才建设三类主要服务,2016年形成服务案例20余件,累计服务企业1 932次。

【开展著作权代理服务】 软件协会的"双软评估"已经成为上海广大软件企业评估认证与知识产权服务的重要入口。为满足广大会员单位对于"一站式平台服务"的强烈要求,正式启动软件著作权代理登记服务,受到会员单位的热烈欢迎。

【组织软件企业对外交流】 2016年,软件协会组织软件企业与其他协会,参加与日本近畿信息产业的合作交流、承担了上海软件贸易论坛的中日企业专场、与以色列领馆合作开展科技企业交流会、组团赴韩开展了软件质量交流洽谈活动。以上一系列对外交流活动,有助于了解国际同行的新思路、好做法,并达成部分具体合作。

【服务企业创新】 为一批会员单位和相关企业撰写申请上海著名商标、上海名牌的推荐意见及专项资金业务变更确认意见;为一批会员单位提供产业链上下端技术或产品对接、政府项目申报咨询服务;帮助南通市商务局进行智慧城市项目招商,协助上海开放大学等开展人才培养方案的设计与招生服务。

(姚宝敬)

四、上海市无线电协会

【概述】 2016年,上海市无线电协会(以下简称"无线电协会")在市社团局、市经济信息化委、上海市无线电管理局(以下简称"市无管局")、上海市无线电监测站等相关政府部门以及电信公司等理事长和副理事长单位的指导下,在各个会员单位的共同支持下,积极发挥企业与政府的桥梁作用,充分发挥无线电协会自身职能,在行业管理、协调、咨询和技术研究等多方面开展一系列工作,取得了一定成果，多次在国家无线电会议上得到国家无线电管理局领导的表扬与肯定，并向全国推广。

【推进行业健康发展】 作为行业协会，一方面要宣传政府相关政策，协助政府部门制定无线电领域研发、制造、应用、经营方面的技术规范标准和管理政策办法，另一方面要扎根市场，为企业办实事。无线电协会一贯以“服务企业、回报社会”为宗旨，为各会员单位提供宣传、协调、培训和标准制定等普及性服务以及认证、咨询、测试等专项服务。无线电协会每年均顺利通过上海市 ISO9001 质量体系认证年检，具有普及推广无线电技术及提供相关研讨、咨询、服务活动的资质，充分体现了规范化的自身管理。

随着国家城市化进程的高速推进，很多原先在室外产生的无线对讲通信需求转移入室内空间，在此背景下，无线通信领域下诞生了一个新的细分行业，即无线通信系统工程行业。此行业发展仍处于初级阶段，需要一个服务于该行业的协会来带领行业走向规范。鉴于此，无线电协会分会的成立将有效解决诸多问题。无线电协会已成立无线通信系统行业分协会筹备工作小组，并在无线电协会的指导下，明确分协会工作思路、保障会员利益、谋求共同发展、勇于开拓创新、做好政府授予的工作，力争为广大会员提供最好的服务。

【打造行业“诚信体系”新格局】 诚信体系建设是无线电协会的重点工作，已经成为日常工作的一部分。近几年，大力增加对无线电销售设备市场规范化的管理力度，促进依法销售、合法使用。同时通过规范化的资质审证工作，对行业内在各自领域中做得较好的企业，进行推优评选，促进良性竞争，努力营造公平、公正、有序的市场竞争环境和行业诚信的和谐社会氛围。几项常态化的诚信体系建设活动已经形成。

“销售无线电发射产品规范企业”诚信体系建设。无线电协会每年定期赴无线电销售设备现场进行考察监督，并在年底汇总全年的市场信息，采取互评自评的方式，对于相关发射设备销售单位进行规范评定。对于符合要求的企业颁发“销售无线电发射产品规范企业”证书，并纳入全市企业联合征信系统。

无线电通信网络设计资质。为规范上海市无线电和通信网络建设市场，促进无线电通信网络建设技术工作的健康发展，结合无线通信行业的实际情况，凡从事无线电通信网络技术设计的企业均需取得“无线电通信网络技术设计资质”后，方可从事无线电通信网络技术设计工作。“无线电通信网络技术设计资质”由无线电协会统一印制，并负责组织上海市行政区内无线电通信网络技术设计资质每年的审证工作。

“公用移动通信室内信号覆盖分布系统集成企业”、“移动通信室内信号覆盖分布系统代维企业”活动。活动以参加单位自愿申请为前提，无线电协会组织检查、评审，要求具有移动通信室内覆盖系统必需的仪器装备、具有移动通信系统施工技术和检测手段、具有良好社会信誉度，在同业中具有较高地位和影响力，在移动通信室内覆盖系统项目上有一定经验的企业，活动参与者会被授予“公用移动通信室内信号覆盖分布系统集成企业推荐证书”以及“移动通信室内信号覆盖分布系统代维企业”。

WLAN 无线电产品生产销售规范企业。为了维护无线电管理的正常秩序，保护合法使用电波用户的利益，无线电协会开展了“WLAN无线电产品生产销售规范企业”活动，对于行业内规范生产、规范使用、规范销售WLAN产品的企业进行评比和推荐，通过此项活动来引导消费者购买合格产品，为物联网产业发展创造良好的电磁环境。

【全面开展频率研究、干扰协调和数据采集】 **无线电环境优化工作研究**。为了维护空中电波正常秩序，保障通信用户正常使用，自2012年开始，无线电协会与运营商合作，成立了干扰联合协查组，排除基站外部干扰，成为维护移动通信电磁环境的一支有效力量，并全面开展对中国电信、中国联通和中国移动的电磁环境优化服务，基本覆盖了运营商的全网络。工作开展至今，取得了良好的效果。截至2016年年底，共为电信公司解决干扰问题460余起，为联通公司解决干扰问题200余起，为移动公司解决干扰问题350余起。

在众多外部干扰中，电信的无绳电话干扰是较为典型的干扰案例。无绳电话干扰多为居民私自安装，政府难以解决，因此无线电协会在2016年度开展了无绳电话干扰的专项研究工作。由上海市无线电协会牵头，联合上海市物业协会、上海市信息系统质量技术协会成立联合项目组，共同拟定了“关于查处非法数字无绳电话销售及使用的公告”，并已将该公告发送到各个物业公司，对于居民小区无绳电话的使用给出指示，向全市推广宣传。

大数据信息采集工作。为满足运营商对全市地理数据的需求，无线电协会受移动公司委托，于2015年1月开展“居民小区基础地理信息及相关属性”项目。由无线电协会牵头，联合相关企业，搜集并提供全市1.7万个小区的属性信息，包括名称、地址、经纬度、楼宇类型、建筑面积等。

【开展培训及咨询工作】 **上海市无线电管理宣传月活动**。2016年是“十三五”的开局之年，无线电协会的宣传工作围绕经济社会发展的新目标、新时期无线电管理规划纲要的新要求，着力于优化顶层设计和总体布局，着力于深入一线基层贴近用户、公众，着力于创新多层次、全方位的宣传载体，注重宣传时效，在无线电管理工作中发挥更明显的作用。

无线电协会协助市无管局开展了2016无线电管理宣传月活动。宣传月活动由高峰论坛、普及教育进万家、首批特色学校揭牌、无线知识直播竞猜联动、关爱体验:小记者日志等活动组成，从国家战略支持到市民科普教育、从线上到线下、从专家学者到市民学生、从学习到体验，多维度、多层次、全方位地进行覆盖与宣传，从而形成无线电宣传新局面。

培训及论坛。通过培训工作使社会用频企业对无线电管理法律法规、用频申报程序以及无线电通信常识有了较全面了解，帮助企业加强无线电管理法规意识，提高设备管理人员的业务和规范办事能力，配合市无管局执法部门做好无线电台(站)专项检查、清理登记的宣传工作。共组织举办“无线电专管员”、“无线电专管员继续教育”、“无线电管理政策宣讲”等各类培训讲座4期，累计培训人数600余人。

无线电行业标准制定及咨询服务。无线电协会近年来致力于行业标准的制定，为企业提供频率、台站方面的技术和政策咨询，帮助企业获得合法的频率使用和台站设置许可等服务。

2016年6月，根据上海市住房和城乡建设委员会《上海市住房和城乡建设委员会关于印发〈2016年上海市工程建设规范编制计划〉的通知》(沪建管〔2015〕871号文),《移动通信室内信号覆盖系统设计与验收规范》需要进行修订。无线电协会联合上海市信息系统质量技术协会共同开展了该标准的修订工作,工作已进入最后定稿阶段。

2016年9月,无线电协会受上海公用事业自动化工程有限公司委托,开展了"上海市公共交通FID组网设计"项目,研究制定组网方案,并对公交FID组网设计的必要性和可行性进行论证。

(陈 晟)

五、上海市信息安全行业协会

【概况】 上海市信息安全行业协会(以下简称"信息安全协会")成立于2003年3月,是由上海地区从事信息安全产品开发、制造、经营和服务的企业和其他相关企事业单位按自愿、平等原则组成的非营利性、行业性社会团体法人,下设商用密码专业委员会,拥有内部期刊《行业动态选编》。信息安全协会宗旨是贯彻执行国家和上海市关于信息安全产业发展的方针、政策,维护会员的合法权益,提高会员技术业务和经营管理水平,增强行业的整体素质,推进上海信息安全产业的快速健康发展,业务范围包括咨询和中介服务,组织调研、交流、合作、培训,举办会展、论坛和编辑出版等事项。

2016年是信息安全"十三五"规划和全面推进社会组织改革的关键一年,又恰逢信息安全协会领导班子换届。信息安全协会根据国家和上海市相关政策及工作部署,以加强自身建设为基础,以"服务政府、服务企业、服务行业"为己任,积极树立转型新观念,坚持市场化方向,创新服务模式,加强自治能力和品牌建设。

【举办"第三届国家网络安全宣传周(上海地区)暨第六届上海市信息安全活动周"】 受市经济信息化委和市网信办委托,组织举办"第三届国家网络安全宣传周(上海地区)暨第六届上海市信息安全活动周",包括Ucon第三届中国信息安全用户大会、2016 ISG管理运维赛、"防范通讯信息诈骗"技术研讨会、第二届"优秀稀锁(CSO)"评选活动、"2016年上海市信息安全优秀服务案例"评选活动、"青少年网络安全教育试点基地"挂牌活动、"网络安全进社区"科普教育活动、信息安全行业知识赛等;编制了以"移动应用安全"为主要内容的信息安全手册,并通过各社区、银行、证券等服务窗口面向广大市民发放;制作了2016年上海市信息安全活动周主要活动的宣传网页和宣传片,并通过网络、移动设备APP下载、微信推广等方式传播。

【组织举办多场信息安全专题研讨会】 从企业实际需求出发,围绕行业热点,组织举办多场信息安全专题研讨会,研讨主题包括网络信息安全服务机构能力评估、银行卡信息安全、互联网新技术新业态研究、网络信息安全基础共性技术研究、电子政务应用安全保障、关键基础设施安全保障、金融信息安全保障、网络安全法的合规与风险防控等。

【组织举办“CSO进校园”系列活动】 借助CSO(首席安全官)俱乐部的群体效应,邀请来自中国电信上海公司、哈尔滨工业大学机器人集团、华宝证券有限责任公司、飞利浦公司、上投摩根基金管理有限公司等不同行业、不同领域的信息安全专家,分期分批走进愚园路第一小学,通过CSO们的言传身教和网络安全意识教育培训,培养青少年爱科学、知安全、懂安全、会安全的意识。

【参与2016上海市智慧城市建设成果展示宣传活动】 为总结“上海市推进智慧城市建设行动计划(2014—2016)”相关工作,展示近三年上海市智慧城市建设成果,市经济信息化委面向全市开展智慧城市建设成果宣传活动。信息安全协会提供了3个版幅的文字和照片材料,全面展示2014～2016年通过举办ISG信息安全技能竞赛、承办上海市信息安全活动周等方式,多角度、多层次、多方位地开展网络信息安全知识宣传和体验活动的情况,及列入“上海市推进智慧城市建设行动计划(2014—2016)”中重点专项“提升全社会网络安全意识”的成果材料。

【组织开展ISG中国信息安全职业技能竞赛专家进校园活动】 2016年12月,信息安全协会组织多名ISG中国信息安全职业技能竞赛专家走进上海松江大学城,通过主题演讲、案例分享、提问答疑等方式,从信息安全形势、信息安全知识、个人应对、企业应对、从业路径选择五个方面剖析企业在信息安全工作岗位上的基本要求及人才需求,宣导校园信息安全文化,进一步加强学生的信息安全意识,引导学生树立正确的安全职业观。

【组织上海商业会计学校“众人科技冠名班”走进协会、企业参观学习】 “众人科技冠名班”是2016年由上海市信息安全行业协会牵头,经上海商业会计学校、上海众人网络安全技术有限公司协商,由上海众人网络安全技术有限公司冠名的2016级网络管理与维护班。2016年9月,信息安全协会与上海商业会计学校签订了战略合作协议,就联合培养具有较强动手能力、符合信息安全企业发展需求的专业人才达成一致。12月,信息安全协会组织并协调“众人科技冠名班”学生走进信息安全企业,使学生进一步了解企业信息安全相关岗位的职责,真实感受企业的工作环境和氛围,加强学生对信息安全工作的认知,帮助学生明确专业发展目标,并对今后的职业道路形成更加明晰的目标和规划。

【组织开展《网络信息安全服务“四新”经济发展思路和政策研究》】 经过为期半年的调研、数据整合与分析、研讨论证、报告撰写等工作后,形成课题研究报告并报市经济信息化委,为上海“四新”经济发展寻找重点突破的方向,为市经济信息化委等有关政府职能部门提供决策参考。

【研究制定《上海市信息安全服务机构能力评估指南》】 组织行业专家及企业代表,召开多场研讨论证会,研究制定了《上海市信息安全服务机构能力评估指南》,并组织开展全市信息安全服务机构能力评估工作。共有37家企业参加评估,经信息安全服务机构能力评估专委会最终评审后，31 家单位进入 2017 年度上海市信息安全服务机构推荐单位名录。

【开展“上海信息安全技术创新与产业发展研究课题”】 组织召开系列研讨会 10 余场，广泛邀请相关企业和高校专家，分别就“四新”经济、电子政务、金融、关键基础设施领域的信息安全保障问题进行研讨，并于 2016 年 11 月形成课题研究报告，为市科委“十三五”信息安全产业发展规划提供参考。

【组织开展上海市信息安全高技能人才培养基地项目申报工作】 2016 年 4 月，信息安全协会申报移动应用安全检测、工业控制系统信息安全防护两个项目，通过了市人社局、市经济信息化委的审核。6 月，申报 2016 年信息安全高技能人才培养基地师资队伍建设项目。信息安全协会承担培养基地的规划建设、运营指导、监督管理、师资队伍建设、职业资格标准制定、职业资格鉴定实施等工作，公安部第三研究所、上海市信息安全测评认证中心作为项目实施单位，负责具体项目的环境建设、课程开发和培训实施。

【组织开展信息安全专题、专项培训】 2016 年，信息安全协会面向不同行业、不同岗位的信息安全从业人员开展信息安全专题培训，包括面向全市本级信息安全产品政府采购供应商开展的“上海市财政资金信息化建设运维信息安全产品和价格库培训”；面向全市信息安全重点保障单位、信息安全企业内的信息安全从业人员、信息安全技术爱好者开展的“Web 防护技术培训”、“移动应用防护(安卓)培训”；面向全市金融、证券、电信等重点行业的信息安全从业者开展的“ISG 管理运维赛训练营及技术冲刺营培训”；面向全市信息安全重点保障单位信息安全工作人员开展的“2016 信息安全重点单位信息安全培训”；面向各单位科技主管、IT 运维、信息安全运维保障人员开展的“应急响应和信息安全异常行为分析培训”。

【入围上海市“新型学徒制”试点单位并开展试点工作】 2016 年 3 月，为加快上海市高技能人才队伍建设，市人社局在全市先进制造业、高新技术产业、公共服务业等领域试点开展以“招工即招生、入企即入校、企业双师联合培养”为主要内容的企业“新型学徒制”，探索青年高技能人才培养新模式。信息安全行业协会入围全市“新型学徒制”十一个试点单位之一，通过职业培训和岗位培养相结合的模式，以“信息安全素养”、“信息安全管理员”(三级)职业技能培训、“信息安全运维”和“师徒带教”四个分目标培养点，培养新进企业的就业人员掌握行业基本的技能操作能力和学习岗位目标确切的信息安全技能及素养，做好全市信息安全行业“新型学徒制”试点工作。12 月，信息安全“新型学徒制”之信息安全管理员培训首期 3 个班开班，来自 15 家企业的近 90 名新进及转岗员工参加。

【项目申报】 2016 年 7 月，为推动信息安全专业技术人才队伍建设，加大高层次、急需紧缺信息安全专业技术人才培养力度，信息安全行业协会结合本行业领域重点，在广泛调研和征集的基础上，申报 2016～2017 年度上海市专业技术人才知识更新工程高级研修班、急需紧缺人才培养项目。组织申报了“大数据安全高级研修班”、“工控系统信息安全防护紧缺人才培养班”和“移动互联网安全急需紧缺人才培养班”项目。

【举办中、以企业对接洽谈会及技术对接会】 2016年，信息安全行业协会联合以色列驻沪总领事馆举办了三场中、以企业对接洽谈会及一场专题技术对接会。以方15家企业携软件、人工智能、互联网、新媒体等技术和项目，与众人科技、斗象科技等上海信息通讯领域的企业和风险投资机构现场洽谈对接，双方企业就各自感兴趣的技术方向、优势产品、主要业务、合作伙伴、销售渠道、客户群等进行深入了解，为今后开展技术转移、投资开发等多种形式的交流合作打下坚实的基础。

【举办“我们正青春——信息安全专场”演讲活动】 2016年3月，信息安全协会和东方财经·浦东频道“我们正青春”节目组合作筹备信息安全专场演讲，甄选来自观安科技、上海CA、翼火蛇等上海市信息安全行业年轻而富有代表性的企业代表或创始人共12人，讲述其在信息安全事业道路上的故事，展现了互联网浪潮下信息安全从业者的风采和力量。节目播出后反响热烈，受到来自行业及企业的一致好评。

【制定信息安全行业诚信创建特色指标】 组织企业开展上海市“企业诚信创建”活动。2016年，信息安全行业协会与上海市企业诚信创建活动组委会共同组织开展信息安全行业“企业诚信创建”活动，并将“信息安全管理与服务制度”和“信息安全技术及服务能力”两个大项共计七个小项纳入行业特征指标，形成信息安全行业特色诚信标准。征信公司以最新形成的行业诚信评价标准为准则，对2016年参评的信息安全企业进行诚信创建评估，共产生诚信创建三星企业1家、二星企业3家，一星企业1家。经信息安全行业协会与活动组委会研究，决定将诚信企业创建成果于2016年9月～2017年6月进行集中宣传展示，以提升创建企业的品牌形象和市场价值。

【组织企业参加“欧美主流财经媒体驻沪分社社长对话本市民营企业家”活动】 2016年6月，上海市人民政府外事办公室组织“欧美主流财经媒体驻沪分社社长对话本市民营企业家”活动，邀请《华尔街日报》、道琼斯金融通讯社、英国路透社、美国《福布斯》杂志等外媒与上海市民营企业家进行对话。外媒驻沪分社社长与上海市民营企业家进行了互动交流、话题讨论。信息安全行业协会广泛征集会员单位意见，组织了众人网络、曙光信息等6家会员单位的企业家代表参加了本次活动。

【做好市经济信息化系统协会内部治理自查自纠工作】 上海市行业协会商会与行政机关脱钩第一批试点暨加强社会组织内部治理工作电视电话会议于2016年6月15日召开。随后，“市经济信息化委行业协会商会与行政机关脱钩第一批试点工作实施方案”相继出台。结合此次试点工作，市经济信息化委对经济信息化系统第一批脱钩试点单位以外的其他社会组织进行梳理。根据要求，信息安全行业协会秘书处根据自查情况，就业务归口联系处室、职能关系、人员关系、财产关系等情况进行了梳理，并报市经济信息化委信息安全处及综合规划处。

【积极参加业务培训】 2016年7月，信息安全协会秘书处派员参加了由上海市计算机行业协会、上海国际贸易知识产权海外维权服务基地举办的

“海外知识产权培训”活动，听取了专家对企业查新咨询与技术情报研究的分析和讲解，了解目前知识产权的发展趋势和海外知识产权风险预警。10 月，信息安全协会秘书长参加了由市经济信息化委组织的行业协会秘书长培训班。此外，秘书处人员还积极参加由市经济信息化委、张江园区管委会、兄弟行业协会等组织的相关培训。

【参加社会组织规范化建设评估】 规范化建设是信息安全行业协会 2016 年重点工作之一，贯穿年内工作始终。11 月，上海市信息安全行业协会规范化评估会议召开，来自市社团局、市经济信息化委、市工经联、征信公司、市级行业协会等的数十位专家听取了信息安全行业协会规范化建设报告，并对规范化评估建设材料进行审查。通过此项评估工作的开展，信息安全协会获得了有关社会组织专业知识上的指导，建立起良好的社会形象和品牌认知度，进一步完善法人治理、内部结构，为今后的规范运作和可持续发展创造更多机遇。

【召开上海市信息安全行业协会商用密码专业委员会第四届第一次会员大会】 2016 年 8 月 5 日，信息安全协会商密专委会第四届第一次会员大会召开，会议由协会秘书长王强主持，市经济信息化委信息安全处副处长刘山泉、市密码管理局廖烨以及商密专委会会员单位 37 名代表出席了本次会议。大会选举产生商密专委会主任、副主任及理事单位，表决通过了修改后的商密专委会条例、会费收取标准和管理办法，并聘请了新一届专委会秘书长及名誉主任。

【加强自身建设】 强化内部管理，不断提升秘书处工作人员学习能力、服务能力和执行能力。2016 年 12 月，信息安全协会被全国信息网络安全协会联盟授予“优秀盟员单位”称号，被上海市工业经济联合会评为“2015—2016 先进行业协会”，秘书处工作人员被评为“2015—2016 协会先进工作者”。

（朱方园）

六、上海市物联网行业协会

【为政府主管部门做好支撑服务工作】 根据技术创新、模式创新、应用成效和可持续推广复制的前景等要素，上海市物联网行业协会（以下简称“物联网行业协会”）建立了物联网领域应用示范工程的评价指标和评估办法，并组织评审及颁奖活动。2016 年度共征集 35 项项目，涉及工业物联网、智慧城市、健康医疗、车联网、云平台、网络安全等不同领域，均具有一定的应用规模和产业化，具有标杆示范效应。

利用会员单位已有技术产品及相关应用基础，利用物联网行业协会与政府部门、企业、用户的广泛联系渠道和综合协调功能，积极承担市级软课题，提出有效的建议措施。先后促成了农产品生产企业与系统集成商在商品溯源技术、编码技术方面的合作；促成了医疗机构、健康服务机构、医保管理部门和技术产品提供商合作联动；促成了部分通信传输与工具软件企业间的产品技术合作;还促成科研院所和物联网软件企业建立了长期合作关系。

积极参与国家、市级物联网产业标准体系的制定,先后制定了基于物联网的室内环境安全监管设备的数据传输标准、工业物联网行业的相关标准、智慧旅游的相关标准、传感器的相关标准,为物联网行业的发展承担应尽责任。面对产业发展的新变化,邀请业内知名专家学者一起撰写上海物联网产业情况报告、产业年鉴及产业发展报告。

举办各类活动,促进产业企业合作共赢、不断发展。围绕"互联网+"时代,健康医疗领域新业态、新技术、新突破,以国际最新 C-Health 健康医疗理念,召开"第三届国际健康物联网峰会",形成医疗健康服务共享。联合相关企业成立中国 NB-IOT 联盟,并在全国连续举办 5 场高峰论坛,有力促进了 NB-IoT 产业链的健康快速和可持续发展,为物联网领域的创新应用带来生机。

【国际合作交流】 先后与多个国家和地区的领事馆商务部、贸易协会等海外机构建立了紧密合作关系,帮助会员企业进一步拓宽区域合作和国际交流的渠道,与境内外物联网企业建立了良好的沟通合作关系。

【中国 NB-IOT 产业联盟】 2016 年,物联网行业协会联合上海联通、华为、移远通信、微软、ARM、百度、宝信软件等公司,吸收了多个物联网垂直应用领域的领先企业,包括表计、停车、路灯、农业、工业、环保、消防、电梯、物流、移动支付、智能家居、门禁安防、智能自行车、独立可穿戴设备、智慧园区、智慧城市、管道管廊等,成立了中国 NB-IOT 产业联盟。

【上海健康物联网联盟】 2016 年,物联网行业协会牵头成立上海健康物联网联盟,下设基层医疗网络、医线生机(精准医疗)、医用物品追溯三个专委会。制定健康物联网各个细分领域行业标准,并组建了 500 人的微信群,展开线上和线下的沙龙活动。

万达全程健康服务有限公司自主研发的"物联网家庭健康信息平台"重构以慢性病患者为中心的医疗服务提供体系,为社区全科医生和居民架起实时监测和沟通的桥梁,改变了"求医问药"的传统医疗服务模式,确立患者在医疗服务中的核心地位。

上海感信信息科技股份有限公司的基于物联网的消毒供应追溯监管平台,截至 2016 年国内市场占有率达 40%以上,覆盖 200 家三级医院、112 家二级医疗机构、158 家诊所(基层医院)和 11 家监管/监督机构用户(卫计委和食药监局),每天平台流转的消毒包约 3 万包,追溯的器械数量在 50 万件以上。

微创医疗器械(上海)有限公司围绕高端介植入医疗器械,依托医线生机(1O2O.com)平台,为患者提供量体裁"医"的个性化医疗服务,与医生共建线上与线下贯通、术前术中与术后融合的智慧医疗生态圈。

上海索高计算机科技发展有限公司的基于科室建设的远程医疗服务平台,实现医疗数据的实时采集与传输和医疗信息的平台化管理,突破了以前远程医疗服务主要针对患者的固有模式,让基层医院的科室与患者都可以在远程医疗服务中得到切实帮助与服务。平台涉及生殖学科、消化科、胃肠道外科、肾内科。

【MEMS传感器专委会】 物联网行业协会分支机构智能传感器(MEMS)专业委员会为"十三五"物联网重大工程与重点项目提供建议,为上海市"四新"推进工作计划献计献策,成效显著。如,上海深迪半导体在单轴陀螺仪和三轴磁力计方面有较大进展,单轴陀螺仪出货量超过2kk/m,磁力计出货量约1kk/m,典型客户如魅族手机、扫地机器人、无人机等。矽睿科技和华虹宏力联合发布了单芯片AMR磁力计,以及三轴加速度计和陀螺仪,其中磁力计单月出货量超过1kk/m,典型客户如魅族手机、青橙手机等。中芯国际和苏州敏芯联合发布了全球最小的商业化三轴加速度计,2016年年初实现批量量产。华虹半导体丽恒光微电子联合推出全球最小的MEMS气压传感器,该产品也是全球第一款采用晶圆级封装的单芯片集成气压计。

【移动支付产业技术创新战略联盟】 上海移动支付产业技术创新战略联盟运营三年,实现新增产值2.5亿元,完成专利授权8件,实现成果转让1 000万元,建立国家标准3项,行业标准1项,并于2016年5月通过市科委的项目验收。

【人才培养】 上海市物联网高技能人才培养基地、上海市职业教育和职业培训教师企业实践基地和上海市"四新"经济人才实训基地,承担了物联网高技能人才培养基地的总体规划、建设协调、运营指导、职业资格标准制定、职业资格鉴定实施等工作。已通过申报开发四类课程:物流师(RFID方向)二级三级、智能传感器网络装调(专项)、设备点检员(自动售卖机)、物联网综合信息系统维护。在上海宝信软件股份有限公司、中科院上海微系统与信息技术研究所、希姆通信息技术(上海)有限公司、上海交通大学和上海华虹计通智能系统股份有限公司的配合下,设立专项职业能力课程,涵盖物联网传感层、通信层和系统应用层,培训人数达2 000人以上。有三位中职教师获得"市级企业实践优秀教案"一、二、三等奖,一位企业技术骨干获得"市级优秀带教师傅"称号。

【培训活动】 物联网行业协会开展各级各类的培训活动,如物联网相关标准化编制培训、汇聚大讲堂高级师资班培训、"营改增"读解与实务专题培训、商账管理及催收技巧培训等,受到企业的欢迎。

获上海市职业鉴定中心批准,物联网行业协会成立了上海市物联网技术职业技能鉴定所,负责对上海市物联网技术高技能培养基地学员及社会各界人士和其他培训机构毕(结)业生进行有关物联网技术的职业技能鉴定工作。通过对物联网网络层、感知层及应用层三个方面的学习,推动物联网应用技术,培训后通过考试发放《国家紧缺人才物联网工程师》证书。

物联网行业协会现有直属会员单位近200家,加上分支机构的会员单位共有会员近500家,均来自物联网产业研发、制造、应用和服务等领域,都是各个领域的优秀企业和机构代表,而其领导者也都是职场精英与商业领袖,引领着行业创新和发展。

(王　鸷)

七、上海信息化发展研究协会

【概况】 2016年既是“十三五”开局之年，也是上海信息化发展研究协会(以下简称“信息化发展研究协会”)发展启动之年。在市经济信息化委等政府部门的指导下，信息化发展研究协会紧跟信息技术最新发展趋势，在围绕推动上海智慧城市建设、深化企业信息化发展等领域，整合各方专业资源，在服务会员、服务政府的同时，将工作重心转向服务社会、服务企业，各项工作取得新突破。

【围绕智慧城市顶层设计开展相关规划编制和课题研究】 **完成《上海市促进智慧城市建设发展“十三五”规划》编制**。依据《2006～2020年国家信息化发展战略》、《上海市国民经济和社会发展第十三个五年规划纲要》，结合上海市2020年基本建成“四个中心”和社会主义现代化国际大都市、形成具有全球影响力科技创新中心基本框架的要求，信息化发展研究协会分别从智慧生活、智慧经济、智慧治理、智慧政务、示范区域五大领域提出构建普惠化智慧城市应用格局的重点任务，从新一代信息基础设施、数据资源共享开放、新一代信息技术产业、网络和信息安全保障四个方面部署智慧城市支撑体系建设重点。

完成“‘互联网+’上海智慧城市的机遇与挑战”课题。国务院发布《关于积极推进“互联网+”行动的指导意见》，提出“互联网+”在11个重点领域的应用部署，《上海市推进“互联网+”行动实施意见》提出21个行动专项，推动经济发展新动能。课题在以上背景下通过明确“互联网+”内涵及发展趋势，并结合上海智慧城市发展现状，分别从下一代信息基础设施、民生公共服务场景化应用、经济新业态与新模式、创新型政府服务模式、新一代信息技术产业等方面，分析“互联网+”对上海智慧城市建设带来的机遇，同时从统筹协调、应用效果、海量数据利用、网络安全等方面，分析“互联网+”对上海智慧城市建设带来的挑战。

完成《2016年上海产业和信息化发展报告——智慧城市》编制。通过总结、分析2015年上海推进智慧城市的建设成果，围绕智慧民生、智慧经济、智慧政务、智慧城管、智慧新地标五大行动及下一代信息基础设施、新一代信息技术产业、网络安全保障、数据资源开发利用四大支撑体系，对所开展的工作进行全面总结，最终形成包括综述、信息基础设施、智慧民生、智慧经济、智慧治理、智慧政务、智慧新地标、新一代信息技术产业、信息安全和智慧城市环境十个方面在内的报告，并于2016年7月正式出版。

开展2016年“我心目中的智慧城市”调查并完成调查报告撰写。在“2016上海智慧城市进万家”系列宣传活动背景下，信息化发展研究协会于2016年7月组织开展“我心目中的智慧城市”调查，涉及信息基础设施、智慧应用及信息安全三个方面共28个问题，活动以手机微信扫描二维码的方式面向市民开展。12月完成调查报告，调查显示:认知层面，市民对智慧城市认知度较高，但整体认知程度仍需深化;感知层面,市民对公共服务感知应用整体反馈良好,但与市民生活密切相关的重点领域应用需深入推进;需求层面,网络服务与公共服务需求同步增加,在对接公众信息化服务方面需要进一步深化智慧应用。

启动《上海市智慧城市 2014—2016 三年行动计划》执行情况评估及案例编写工作。围绕《上海市推进智慧城市建设 2014—2016 年行动计划》发展目标,对 50 个专项(任务)的完成情况开展评估,涵盖了智慧生活、智慧经济、智慧城管、智慧政务、区域示范五大行动与下一代信息基础设施、新一代信息技术产业、网络安全保障三大支撑体系,并对智慧城市建设环境进行了评估。同时,精选了上海健康云、国际贸易单一窗口等涵盖智慧生活、智慧经济、智慧城管、智慧政务及基础支撑的 39 个典型案例,充分展现上海新一轮智慧城市建设对市民日常生活、城市综合治理、社会经济发展所带来的便捷与创新。

【围绕区域智慧城市建设,做好智力支撑】 **完成虹桥商务区智慧新城试点方案编制。**根据《上海推进智慧城市建设"十三五"规划》、《虹桥商务区"智慧虹桥"建设三年行动计划》等规划要求,聚焦交通、会展、商务、生活四大重点功能领域,提出通过实施"4321"战略(四大行动:以智慧交通枢纽、智慧会展之都、智慧商务区、智慧生活服务圈为特色的"智慧新城"应用体系;三大平台:以城市综合运营、基础数据支撑、会商旅文综合服务为主要内容的三大集成平台;两大支撑:以信息基础设施和智慧化标准规范为抓手的支撑体系,统一协调的"智慧新城"管理机制),建成特色鲜明、特点突出、特惠便捷的新型智慧城市标杆城区的虹桥新城发展目标。

完成《上海市杨浦区电子政务"十三五"规划》编制。依据《上海市政府电子政务"十三五"发展规划》、《关于制定杨浦区国民经济和社会发展第十三个五年规划的建议》等要求,围绕建设具有全球影响力的科技创新中心重要承载区的战略定位,在分析杨浦区电子政务"十二五"发展状况及形势的基础上,提出到 2020 年形成电子政务简化创新的政府治理新模式、高效便民的公共服务新体系、共享协同的政务应用新环境以及安全可控的基础支撑新格局的电子政务发展总体目标。

完成《上海市黄浦区"互联网+"行动计划》编制。依据国务院《关于积极推进"互联网+"行动的指导意见》和市委、市政府《上海市推进"互联网+"行动实施意见》、《关于加快建设具有全球影响力的科技创新中心的意见》,结合黄浦区建设世界最具影响力国际大都市中心城区基本框架的战略要求,在发挥全区高端服务产业与创新资源集聚优势的基础上,提出 20 项"互联网+"重点任务,以实现互联网与区域产业转型、创新创业、支撑环境优化等经济社会各领域深度融合,基本形成有利于互联网创新发展的综合生态圈。

完成《上海市黄浦区政务数据资源中心建设模式》课题研究。课题分析了数据资源中心的发展趋势及功能需求,明确数据中心所涵盖的数据类别,在此基础上深入研究了数据资源在政务协同、惠民服务、企业工商管理、城区治理以及社会环境等领域的应用,并对数据中心建设和运维模式进行分析,最后针对黄浦区建设数据中心的基础现状、技术架构、建设方式、费用估算、实施步骤以及所存在的问题等综合情况进行预研,对黄浦区建设数据资源中心,深化政务、城市运行管理、市民服务、行业发展等数据资源整合利用具有重要价值。

完成湖北荆门市物联网特色小镇规划编制。在分析荆门市东宝区牌楼镇现状及物联网技术发展应用的基础上，结合牌楼镇功能定位，提出以“智能互联，智慧应用”为宗旨，深化物联网技术在传化公路港区物流园区、都市农业现代化生产管理、区域经济新兴产业集聚等领域的智慧应用，打造特色鲜明、具有活力的物联网特色小镇的重点任务。同时对物联网小镇重点项目以及供应商进行分析、汇总，完成《国内外物联网企业名录》、《农业物联网发展现状和趋势报告》等编写。

启动《智慧崇明行动方案》编制。依据《上海推进智慧城市建设“十三五”规划》、《崇明世界级生态岛发展“十三五”规划》总体要求，立足崇明区建设世界级生态岛的战略定位，聚焦绿色农业、生态旅游、智能制造等特色资源，开展自然生态、休闲人居、绿色产业、精细治理等重点领域的智慧化建设，已完成相关材料梳理与《智慧崇明行动方案》基本框架。

【围绕企业信息化营造良好发展环境】　完成《上海市政府发展研究中心“十三五”信息化规划》编制。依据《国家信息化发展战略纲要》、《关于加强中国特色新型智库建设的意见》和《上海市推进智慧城市建设“十三五”规划》，在充分分析市政府发展研究中心(以下简称“中心”)现有信息化现状与需求以及“十三五”时期发展趋势的基础上，紧扣中心决策咨询研究与综合管理的实际需要，提出“决策咨询专业化、课题管理系统化、资源共享协同化、基础支撑一体化”的信息化目标，以全面推进中心建设成为上海市委、市政府首席智库的战略部署。

完成《上海仪电集团 2016—2018 信息化三年行动计划》编制。依据《上海市国资委系统信息化发展“十三五”专项规划》和《上海仪电(集团)有限公司“十三五”信息化规划》要求，在分析上海仪电信息化现状及需求的基础上，聚焦综合管理扁平化、业务管理一体化、应用支撑体系信息化以及各行业子公司业务管理信息化建设，部署了建设综合管理平台、业务发展平台，完善应用支撑与推进行业应用的重点任务。同时完成重点项目进度安排、实施计划、供应商分析、预算分析、仪电集团信息化现状与需求调研等报告。

组织开展第二届上海市优秀首席信息官评选。为促进和提升传统首席信息官(CIO)专业技能，促进 CIO 群体对新技术、新应用、新产业的认知，以及为 IT 企业新产品、新技术、新应用提供展示分享平台，从而促成供需双方有效沟通与平等选择，在市经济信息化委等政府部门的指导下，由信息化发展研究协会牵头开展工作的上海首席信息官联盟，于 2016 年 6 月组织开展了第二届上海市优秀首席信息官评选活动，分别评选出 10 名“十佳优秀首席信息官”、3 个优秀团队单项奖。

举办“第二届两化融合创新论坛”。在工信部信息化和软件服务业务司、市经济信息化委、市国资委指导下，上海首席信息官联盟于 2016 年 11 月 22～23 日举办“第二届两化融合创新论坛”，论坛分别由“智能互联・生态融合”展览会、“两化融合创新高峰论坛”主论坛、“装备制造业两化融合”分论坛、“纺织服装行业两化融合”分论坛组成。本届论坛同时发布了《2015 年度上海信息化与工业化融合发展水平评估报告》，并开展了第二届首席信息官评选颁奖典礼。

完成“首席信息官胜任力模型”研究。数字化时代，CIO 作为企业经营管理层重要的一员，是企业变革的代理人之一，为衡量 CIO 在企业可持续发展中的综合能力，上海首席信息官联盟发起并联合相关单位研究制订了“首席信息官胜任力模型”。该模型分别从企业战略、创新、管理、执行、技能五个层面展开评估，对 CIO 的综合能力与胜任力进行判断。

（徐龙章）

八、上海市计算机行业协会

【概况】 上海市计算机行业协会（以下简称“计算机行业协会”）成立于 1988 年 5 月，是上海市计算机行业企事业单位自愿组成的跨部门、跨所有制的非营利行业性社会团体法人，宗旨是服务企业、规范行业、发展产业。计算机行业协会自始至终为会员企业提供服务，维护其合法权益，按照“公正、公平、公开”的原则开展工作，保障行业公平竞争，在政府和企业之间充分发挥了桥梁和协调作用，促进了全市计算机行业的持续发展。计算机行业协会设有市场营销、耗材、技术服务等专业委员会，上海市工程系列计算机专业中高级职称评委会，上海市计算机行业协会司法鉴定所，上海市计算机行业协会质量鉴定检测中心，上海市电子废弃物回收网点管理办公室，上海国际贸易知识产权海外维权服务基地，中科院上海科技查新咨询中心/产业与技术情报研究中心（上海信息技术分中心）。计算机行业协会现有各种所有制会员单位近千家，核心会员 200 家左右。会员单位包括计算机制造、软件、系统集成及计算机周边设备等企业及科研单位、大学的计算机系（或学院）。

计算机行业协会举办各种展示交流会、研讨洽谈会，组织新品推介；为会员提供质量、标准化、技术、知识产权、法律等方面的咨询及项目引进、项目申报；组织申报创新基金和种子基金，为本地 IT 制造企业申请名牌和著名商标提供材料和进行评审；受权对上海再生打印耗材企业进行备案、资质等管理。计算机行业协会的计算机专业中、高级职称评审由市人事局授权，承担全市计算机类中、高级工程师包括教授级高工的评审工作。上海市计算机行业协会司法鉴定所主要是为 IT 类领域内的企业或个人间的纠纷提供仲裁依据或法庭裁决依据。

计算机行业协会受政府委托，承担市政府实事工程，建立电子废弃物回收网络并对所有回收网点进行资质审核与管理；受市商务委授权，设立了上海国际贸易知识产权海外维权服务基地，为企业提供国际贸易摩擦所需的法律咨询和帮助；在市质量技术监督局授权下，建立了上海市计算机行业协会质量鉴定检测中心，承担网络通信设备、信息技术设备和软件产品领域内的质量鉴定与检测；受中国科学院授权，成立了上海科技查新咨询中心、上海产业与技术情报研究中心、上海信息技术分中心；为企业提供科技情报分析、检索、咨询等。计算机行业协会定期出版会刊，拥有自己的网站及数据库管理系统，是向会员单位传达政府精神，提供宣传、交流、发布信息的平台，并为各兄弟协会提供相关信息管理指导和服务。

【创新服务方式,提升服务品质】 **追踪企业需求,开展职业技术教育**。计算机行业协会作为上海市唯一一家有资格承担全部工程系列计算机专业职评工作的市级行业组织,担负着职评工作职能下放的试点职能。开展职称评审的宣传和培训工作,帮助中小企业集聚人才、提高企业科技创新能力、提升企业素质。

开展职称评审的宣传和培训工作,发挥渠道作用,主动上门宣传服务,解读政策,帮助答疑,努力扩大职称评审工作社会化的辐射面,在帮助中小企业集聚人才、提高企业科技创新能力、提升企业素质等方面起到了一定作用。2016年,计算机专业中高级职称评审申报者所涉及的企、事业单位531家,最终通过评审的教授级高工14人,通过率为77.8%;高级工程师102人,通过率为79.69%;工程师157人,通过率为89.2%。

在家电维修服务市场中因维修技术质量引起的纠纷屡见不鲜,特别是计算机及周边设备的维修,没有一个统一规范的技术标准。计算机行业协会会同中国电信联想集团拟订维修的技术标准和维修资质规范,同时开展计算机专业技术培训,共50人次参加了职业技术岗位培训、12人参加了2016年计算机等级考试。

提升计算机司法鉴定质量,服务社会需求。计算机行业协会计算机司法鉴定所(以下简称"鉴定所")2016年承接了多起计算机司法鉴定案例,免费咨询调解次数200多起,在帮助企业解决计算机类纠纷中起到了重要作用,特别是鉴定工作精度和服务质量有了大幅提高。鉴定所接受委托鉴定的案件涉及各个方面,委托鉴定的当事人有来自民事纠纷的原被告,也有来自法院、检察院及公安机关的委托。

建立和完善全市电子废弃物回收网络,编织再制造链。建立废旧电子信息产品回收利用网络,打造废弃电子产品资源再利用的环保产业链,把电子废弃物回收点前置建设为电子信息产品维修服务点,不断拓展回收点的服务功能。2016年致力于发展耗材企业,做好再生资源工作。新增电子信息产品维修网点企业27家,过期129家企业,续证9家企业,实际有效期内共187家企业。帮助电子废弃物回收网点共99家企业续证。审批电子信息产品再制造企业5家。为中小型处置、回收、制造企业提供政策与实际支持。2016年,会员单位上海埃特威迅办公设备有限公司购买再生耗材贴标98 000枚。

推波助澜,助跑企业发展。开展中小企业"专精特新"称号申报及上海名牌产品、上海著名商标的推荐工作,协助企业聚焦政策,用足政策。

建立上海市计算机行业信用信息管理平台(以下简称"平台")。搭载互联网优势,利用计算机及互联网信息技术,形成一套信用信息采集、查询、信息交换、使用机制和企业信用的数据库。同时,建立联动奖惩机制,树立行业诚信企业标杆,奖励宣传在诚信建设上有成就的企业,给予诚信优秀企业更多的扶持和支持,对诚信建设不重视的企业提供改善建议,对破坏行业诚信建设的企业给予公开,形成社会监督。并经过了一段时间对会员企业开放的试运行。在此基础上,2016年平台进行了完善并增加了"互联网+绿色环境"信用模块,从而运用信用平台的端口优势,增强行业整体竞争力;运用信用平台的信息优势,完善行业的行政监管效率;运用信用平台的平台优势,提升公共信用信息的应用;运用信用平台在绿色环境的应用,为相关行业产生连带经济效应。平台的建立主要服务于包括会员企业在内的行业内所有企业、机构,包括提供信用信息、使用查询功能查询企业的信用信息等,将平台的作用发挥到最大。

建立上海知识产权海外维权服务基地,积极开展海外维权服务。上海国际贸易知识产权海外维权服务基地联盟队伍已超过 300 家,包括国际大企业及各个高科技园区中小型发展企业;开展海外知识产权维权方面的培训研讨近二十场;设立上海市国际贸易知识产权海外维权服务受理窗口,通过网络或现场受理的方式受理企业遇到国际贸易知识产权纠纷后的维权要求和咨询申请,组织协调行业、法律、知识产权等各方面专家提供维权咨询建议,帮助企业找到合适的纠纷解决途径,并跟随案件进程提供相关服务,完成案件协调咨询 6 次。上海国际贸易知识产权海外维权服务基地在上海市商务委公平贸易处的指导下,在国内企业海外知识产权维权、美国 337 条款专训等方面开展了一系列工作。

建立上海市计算机行业协会质量鉴定检测中心。为了守护"安全"红线,上海市质量技术监督局颁布 2014 年 6 号通告"关于公布上海市产品质量鉴定组织单位名录(第二批)的通告",上海市计算机行业协会名列其中,质量鉴定的范围包括(4004)网络通信设备、(4007)信息技术设备、(4012)软件产品。计算机行业协会随之成立了质量鉴定测试中心,为企业提供质量检测和鉴定工作。

【着眼公益,服务贴近需求】 **企业产品推荐**。协助中国电信上海理想信息产业(集团)有限公司举办"大师云服务产品推介会",来自行业内的三十余家企业代表参会。

推优评选。在共青团上海市委员会指导,《青年报》和上海市经济团体联合会主办的"第五届上海十大杰出青商评选活动颁奖大会"上,由计算机行业协会推荐的大汉三通股份有限公司董事长高比布,荣获"第五届上海十大杰出青商提名奖"。

专题讲座。和上海市中小企业上市促进中心联合举办了"'2016 经济形势展望'与中小企业发展"专题讲座活动,使全市中小企业及时了解 2016 经济现状及发展走势,有效提高了企业的战略规划和实务操作能力;和上海市中小企业发展服务中心举办了中小企业信息化专题培训班,帮助企业直面网络与信息安全等问题以提升自身的防范能力,市各区、县中心主任和近百家相关企业代表参加了会议。

会展交流。组织企业参观"第 26 届中国国际电子生产设备暨微电子工业展及 2016 年上海国际全触展";组织企业参观"2016 年亚洲消费电子展"。

对内交流与对外合作。组织企业参加由宁波市人民政府主办,宁波市商务委、宁波市海曙区电子商务协会与计算机行业协会共同举办的"2016 年上海・宁波周电子商务对接会"。来自京东到家、美的集团、奇虎 360、支付宝(中国)网络技术有限公司等知名电子商务企业的沪、甬两地 200 余名企业代表参会,促使上海、宁波电商企业和电商投资人搭建两地合作交流的平台,有利于两地开展投资、合作项目。计算机行业协会同日本贸易振兴机构上海代表处、日本冲绳县政府上海事务所以及上海市中小企业发展服务中心共同主办了"冲绳经济特区发展现况与中日合作策略推荐会",邀请日本冲绳县商工劳动部负责人对冲绳特区制度作整体介绍(包括企业所得税减免、各类政府扶持补贴等优惠政策),近 40 家企业代表出席会议并作对接。

【增强信息化服务手段】《上海计算机》是计算机行业协会编撰的一本计算机行业内部刊物，每期免费赠阅。《上海计算机》设有协会新闻、服务窗口、行业综述、课题研究、热点聚焦、会员之家、宣传专栏等版块，为会员单位提供计算机行业的前沿资讯、论文报告，成为会员单位展示公司形象的舞台和互动平台。计算机行业协会除了会刊《上海计算机》、门户网站 www.scta.org.cn 之外，还开通了官方微博“上海市计算机行业协会”和微信公众平台，最新动态及活动信息等会在第一时间发布，形成了“一刊、一网”为企业、企业紧系“一刊、一网”的良好态势。

（周晓婷）

九、上海市信用服务行业协会

【概况】 上海市信用服务行业协会(以下简称“信用服务协会”)成立于 2005 年 6 月，现有会员单位 100 余家，业务范围是行业调研规划、标准制定、学术研究、信息交流、咨询服务、培训及从业人员资质认定，涵盖了信用管理咨询和培训、信用调查、资信评估、商账追收、信用担保、信用保险、保理等领域。协会的信用服务协会通过网站、《工作简报》等形式发布信息、与社会各界沟通联系。

2016 年是全面落实《上海市社会信用体系建设“十三五”规划》的开局之年，信用服务协会认真遵循协会宗旨，积极发挥协会的行业代表、服务和自律作用，加强组织建设，探索会员服务模式，努力推进上海信用服务行业的发展。

【参与《上海市社会信用条例(草案)》制定】 在上海市信用立法领导小组的统一部署下，在市经济信息化委的领导下，信用服务协会 2016 年参与《上海市社会信用条例(草案)》的起草、专家版条文建议稿的制定；承接和完成社会信用条例的调研课题“培育信用服务市场发展研究”，并组织会员单位参与其中的调研工作，为条例的起草提供了依据；组织会员单位参加《上海市社会信用条例(草案)》信用服务企业座谈会，对《上海市社会信用条例(草案)》的具体条款提出了相关意见；组织会员单位参加《上海市社会信用条例(草案)》修改和立法宣贯等活动。

【组织会员单位参加“上海市社会信用立法论坛”】 2016 年 9 月 18 日，由上海市人大财经委为指导单位，上海金融法制研究会、上海市信用研究会为主办单位的“上海市社会信用立法论坛”举行，信用服务协会组织会员单位上海资信有限公司、上海风声企业信用征信有限公司、外滩海纳互联网金融服(上海)有限公司等十余家会员单位代表参加。会议主题为“完善社会诚信体系、建设诚信上海”，为地方信用立法提供理论依据与实践方案。与会人员围绕社会信用立法框架、社会信用信息管理、社会信用主体权利义务、守信激励和失信惩戒联动机制等进行了深入研讨。计算机行业协会做了题为“浅谈上海信用服务市场建设”的演讲。

【参与社会信用国家标准讨论】 社会信用国家标准制订是社会信用体系建设的一个重要方面。2016 年，信用服务协会到北京参与社会信用国家标准讨论，组织会员单位参加工信部信用推进中心 3 月来沪召开的“推动信用建设和社会信用国家标准制订工作座谈会”，并请中国标准化研究院的有关领导来沪宣贯九个已发布的社会信用国家标准，同时征求国家标准《第三方信用服务机构规范》的意见等。

【参与和配合枢纽性社会组织的各项工作和活动】 信用服务协会在上海市经济团体联合会(以下简称“市经团联”)、上海市现代服务业联合会(以下简称“现代服务业联合会”)、上海市金融联合会(以下简称“金融联合会”)的领导下，配合并参加了以上三个联合会所组织的各项工作和活动。如，参加市经团联的“行业信用信息共享平台”建设、“上海市行业协会(企业)产业发展服务平台”建设；参与《上海现代服务业发展报告 2015》的编写，参加现代服务业联合会的各类活动；配合并参加了金融联合会的卢森堡金融洽谈会等。此外，信用服务协会还协助参与开展上海市诚信宣传周活动、参与社会信用立法宣传活动、配合致公党完成社会信用体系条例课题研究、完成上海市信用服务行业的年度统计等，得到了政府有关部门的认可。

【向会员单位提供多种形式的信息服务】 服务是协会的立会之本，也是协会的办会宗旨。2016 年计算机行业协会继续通过协会网站，宣传会员单位品牌，发布国家有关信用服务的政策法规，交流各方面信息及行业动态。网站保证时效性，有任何重要信息都第一时间通知各会员单位，如上海市社会诚信体系建设专项资金申报、2016“上海领军人才”、“上海十大杰出青商”评选等各类信息，都及时告知会员单位，组织符合条件的单位申报，并做好推荐工作。

【组织会员单位学习《上海社会信用体系建设“十三五”规划》】 2016 年 11 月 30 日，信用服务协会组织会员单位开展了“十三五”规划解读交流会，会议邀请上海财经大学信用研究中心副主任、“十三五”规划制定组成员胡乃红对规划进行整体解读，并与各与会单位进行了问答交流。与会单位一致认为通过本次活动对“十三五”规划有了更清晰了解，将对企业未来战略制定起到推动作用。

【加强与各兄弟省市及国家有关行业协会的联系、交流与合作】 2016 年，信用服务协会与各兄弟省市及国家有关行业协会保持联系，在交流协会工作经验的同时，共同探讨行业发展中的热点、难点问题。如与内蒙古自治区公共信用服务中心、广东省信用协会联合主办“第五届全国信用体系建设经验交流会”，会议以“分享信用经验成果　共筑民族伟大复兴”为主题，并发布了“中国十大信用城市(区)”榜单，与会人员分别从加大信用人才培育力度、推动信用产品使用、建立诚信权威评判机制、加强诚信记录数据平台建设等方面提出了宝贵意见；作为战略合作单位参加 2016 广东信用论坛，会议围绕“社会信用体系与社会治理”、“中小企业信用体系与融资服务”、“行业协会在信用体系建设中的枢纽作用”3 个议题进行深入探讨，研讨会不仅为政府、企业搭建了互动交流的平台，还形成了很多建议，为相关政府部门及协会今后工作提供参考。

【组织论坛，加强对外交流】 2016年7月，主办2016朗迪金融科技峰会——国际征信论坛，邀请行业内外专家就中国资信评级发展趋势与面临的机遇和挑战、中国征信业合作发展及展望、中国应收账款管理中的创新应用等方面展开讨论。

8月，举办“全球互联网金融创新峰会2016”，与会人员围绕互联网金融风险控制、金融产品设计和创新、大数据金融科技、场景设计和智能风控、互联网金融渠道和法规的建设、消费金融征信、区块链技术等核心话题深入讨论。

10月，与华院数据技术（上海）有限公司、数尊信息科技（上海）有限公司联合主办以“点数成金 汇智入海”为主题的2016信用生态建设高峰论坛。本次论坛聚焦当前征信及大数据领域的焦点议题，围绕构建信用生态、挖掘数据价值、Fintech在大数据征信领域的应用、发挥金融科技潜力等方面作深入探讨。信用服务协会与数尊信息共同发起《诚信倡议书》，推动大数据领域的信用建设。

12月，主办以“融合全球经验，展拓应用空间”为主题的第二届中国互联网金融征信论坛，探索大数据征信在互联网金融领域的深入融合及应用，并与全球征信机构一起探索行业发展新模式，探讨“互联网+”环境下的金融征信产业创新、合作共赢。

此外，信用服务协会还积极为会员单位牵线搭桥，促成会员单位与区政府征信职能部门、上海市相关行业协会以及有关企业等单位的业务合作，帮助会员单位拓展市场，促进行业发展。如，帮助上海三零卫士信息安全有限公司搭建“线上失物招领互助平台”、帮助上海华予信企业信用征信有限公司和印章行业协会共同搭建“信用卫士（信用信息智能采集应用平台）”项目。为丰富企业文化，组织会员单位参观“大美魔都2016上海航拍展”；为弘扬中山先生精神，巩固和发展爱国统一战线的优良作风，组织了“孙中山的理想与奋斗”大型图片展的参观活动。

【完成信用服务机构质量控制评选】 为全面反映上海各信用服务机构的综合实力、规范上海市信用服务行业质量控制，保证执业质量，根据《上海市个人信用征信管理试行办法》、《上海市企业信用征信管理试行办法》及有关法律、法规、规章制度，信用服务协会制定了《上海市信用服务行业质量控制基本规范》，该文件在上海市信用服务行业协会第二届会员大会第三次全体会议上正式表决通过并在信用服务协会网站上发布。同时建立了信用服务机构质量控制规范化建设评估工作方案与评估指标体系，2016年信用服务协会在2015年召集业内专家对该指标体系进行修订的基础上，继续开展信用服务机构质量控制评选工作，经过企业自评、企业互评、专家评审后，最终评出先进单位和优胜单位并在2016年会员大会上进行表彰。

【完成上海信用服务机构综合排名工作】 为全面反映上海各信用服务机构的综合实力，引导上海信用服务机构规范化建设，提升上海信用服务机构水平，为市场公平选择信用服务机构提供依据，在市征信办的指导和支持下，2016年信用服务协会在总结2013上海信用服务机构的综合排名工作的基础上，完成2015上海信用服务机构的综合排名工作，评出2015年度上海市信用服务机构综合排名30强，并在2016年会员大会上宣读。

【继续开展名录申报工作】 2015 年,市征信办将原在沪的征信机构到市征信办备案登记的职能转到信用服务协会,并改成用发展名录的方式进行登记。按市征信办的要求,根据自愿原则,信用服务协会于 2015 年正式启动上海市信用服务机构推荐扶持发展名录申报的工作。此举旨在加快推进社会信用体系建设、培育信用服务机构、促进全市信用服务行业健康发展。2016 年,信用服务协会对已登记企业进行核查换证。

【发布信用生态共建倡议书】 为进一步提升行业信用服务和风险管控水平,号召会员机构、非会员从业机构,开信用生态共享共建之先河,切实对投资人、公司、行业、社会、国家负起责任,共同为社会信用体系建设添砖加瓦,信用服务协会与华院数据技术(上海)有限公司、数尊信息科技(上海)有限公司在 2016 信用生态建设高峰论坛上,共同发布“信用生态共建倡议书”,包括依法合规经营,以诚信为本大力促进创新发展,采取切实有效措施不断提升自身风险管控能力,不断提高企业风险识别、度量与管理的能力,为企业的可持续发展提供强有力支撑等内容,得到了与会者的响应。

【开展区县企业信用管理培训】 为增强企业信用意识、防范信用风险、提升信用管理水平、营造商务诚信环境,信用服务协会与上海市企业诚信创建委员会、宝山区科委、互联网行业协会等机构合作开展区县企业信用管理培训,内容涉及上海市社会信用体系概况、信用管理实务操作培训等。通过培训,增强了企业信用意识,使企业意识到在经营中更要重视防范信用风险,提升自身信用管理水平,努力营造诚信商务环境。

【搭建信用服务人才智库】 2015 年 3 月,国家发改委、外交部、商务部联合发布了《推动共建丝绸之路经济带和 21 世纪海上丝绸之路的愿景与行动》,标志着“一带一路”进入全面推进建设阶段,而信用服务人才建设是体现“一带一路”建设软实力非常重要的一个方面。建设服务于“一带一路”的信用服务人才智库,可以完成信用服务人才战略布局。通过信用服务人才智库(一期)的建设,将完成对“信用服务”各类人才和专家的排摸,并初步建立“一带一路”信用服务智库平台。

【编写《上海信用服务行业发展报告(2015)》】 2016 年,信用服务协会组织业内专家编写了《上海信用服务行业发展报告(2015)》。报告在近年来传统口径下的信用服务行业快速发展,同时 2014 年以来新兴衍生信用服务行业出现了业务规模爆发式增长以及业务模式颠覆式创新的背景下,对新纳入的四类新兴衍生信用服务业进行研究,对其发展历程进行梳理,推断其发展趋势,而后推断出整个行业的发展趋势。信用服务协会还在《上海信用服务行业发展报告(2015)》的基础上,和上海师范大学合作编写《上海市信用服务行业发展动态及趋势研究》,重点关注“十三五”期间上海信用服务行业面临的机遇和挑战、发展趋势与建议。此外,信用服务协会还积极配合《信用中国》刊登协会介绍,参与社会信用立法宣传活动,推动社会信用体系建设发展。

【与上海师范大学签署产学合作教育基地协议书】 为探索创新人才培养的新机制,更好地培养学生的实践能力,密切校企合作,探索“产学合作教育”新途径,上海师范大学与信用服务协会本着“互相尊重、互利互惠、资源共享和共同发展”的原则,于

2016年3月正式签署了产学合作教育基地协议书。根据协议,上海师范大学将按照教学计划派送商学院信用管理专业的学生,到信用服务协会进行专业实习。

【坚持民主办会、注重自身建设、规范运作】 信用服务协会坚持按章程办事,加强制度建设,于每年年初制订工作计划,年底进行总结。每年不定期召开会长、副会长会议,每次会议都有主题并提前准备会议相关材料,讲究实效。秘书处完善各项管理制度,按照理事会通过的工作计划开展工作,发展新会员,收缴会费,会员数进一步增加,按时向主管机关登记、进行年检,接受政府部门的监督管理。积极配合政府完成"脱钩"试点工作,并荣获"2015年度中国信用共建年度信用创新单位"称号、"2016上海现代服务业联合会突出贡献奖",及上海经济团体联合会、上海工业经济联合会授予的"先进行业协会"称号。

(朱晓玲)

十、上海市信息化培训协会

【概况】 上海市信息化培训协会(以下简称"信息化培训协会")成立于2003年2月,在开展基础调研、承接课题、编制岗位目录等基础工作的同时,先后承担了政府委托的多个大型培训项目,包括2003～2005年的市政府实事项目"百万家庭网上行",市委组织部、市人事局和原市信息委开展的全市干部电子政务培训考核以及上海市信息技术管理职业资格认证,2008～2010年的市政府实事项目"千村万户"农村信息化培训普及工程,上海干部在线学习城课程开发和审核等。除了开发培训课程、设计培训运作模式以外,信息化培训协会还负责培训教材的开发编写、培训实施的指导以及培训质量的监督管理等具体服务,取得了良好效益。此外,信息化培训协会还作为上海市职业能力考试院信息人才认证中心,承担了全国计算机技术与软件专业技术资格(水平)考试报名辅导和上海市信息技术管理人员职业资格认证的开发工作。

【加强协会秘书处内部管理】 根据中央的指示精神,2016年,市政府相关部门大力推进协会与政府的全面"脱钩"。为此,信息化培训协会积极配合市经济信息化委做好各项"脱钩"工作,同时按照《上海市经济信息化委关于开展经济信息化委社会组织内部治理自查自纠工作的通知》要求,开展自查自纠工作。针对财务管理和固定资产管理中发现的一些制度缺陷和执行难度,信息化培训协会通过借鉴其他单位的规章制度和成功经验,根据《民间非营利组织会计制度》,重新制定了财务制度,并向全体工作人员进行了规范财务操作的培训。同时,针对此次工作中发现的问题,制定了一系列整改措施并认真贯彻执行。

【组织开展上海首席信息官联盟培训】 上海首席信息官联盟于2015年成立后,信息化培训协会为联盟成员举办了一系列培训、参观和沙龙活动，内容包括“支付系统的安全管理”、“BIM 系统的本土化”、“CRM 与大数据”、“企业与个人信息安全”、“区块链”、“大数据”、“互联网＋制造”、“云计算与企业转型”和“企业大数据分析”等，受到 CIO 联盟成员的好评。

【组织开展进城务工人员培训】 信息化培训协会针对进城务工人员，围绕“信息技术”、“人际交往”和“心理健康”三个主题，进入其所在的工厂、服务场所开展培训，并编写发放宣传小册子。2016 年年底，信息化培训协会又承接了“上海百万在岗人员学历提升——办公自动化”培训的任务，并于 12 月开始实施。

【制作网络学习课件】 为助力上海实现学习型城市，上海开放大学受市教委的委托，建立了“上海学习网”，免费为广大市民提供学习资源。信息化培训协会充分发挥历年建立的网络教育资源建设优势，承接了“上海学习网”制作学习课件的任务，包含微课 500 单元、标准课件 120 个，已于 2016 年年底陆续上线。

（童陵枫）

十一、上海市互联网金融行业协会

【概况】 上海市互联网金融行业协会(以下简称“互联网金融协会”)成立于 2015 年 8 月 6 日，是上海市辖内互联网金融行业的自律组织，业务主管单位为上海市政府金融服务办公室，业务指导单位为中国人民银行上海总部(分行)。互联网金融协会现有会员单位 200 多家，既有银行、证券、保险、基金等行业的持牌金融机构，也有互联网支付、P2P 个体网络借贷、网络小贷、股权众筹、互联网基金销售、金融资讯与征信服务等新型金融领域的相关企业。

互联网金融协会以促进会员单位实现共同利益为宗旨，履行行业自律、维权、协调和服务职能，引领会员单位遵守国家法律、法规和经济金融方针、政策，遵守社会道德风尚，维护上海互联网金融行业的健康发展，致力于为上海国际金融中心建设作出积极贡献。

2016 年随着经济形势持续下行，行业中各种风险事件逐渐显现，互联网金融专项整治工作启动。在这样的大背景下，互联网金融协会在加强会员管理与服务、促进政企沟通、增进对外交流、完善内部管理等方面采取了一系列应对措施，取得了一定成绩。

【做好会员服务与管理】 在会员服务方面，鉴于 2015 年年末以来行业所发生的巨大变化，互联网金融协会将工作重点放在了防范和化解风险方面。

开展投资者教育。 举办“3.15 互联网金融消费者权益保护论坛”，围绕如何帮助投资人了解行业现状、认清投资风险、树立正确的理财观念、调整正确的投资策略、寻找合规渠道进行维权等问题进行了探讨。

继续推进信息披露工作。继2015年发布《上海个体网络借贷(P2P)平台信息披露指引》后,互联网金融协会一直致力于推进网贷信息中介机构信息披露工作的落实,持续完善和细化工作方案并于2016年6月正式启动。自2016年7月25日起,互联网金融协会每月在官网和官微公示网贷中介信息机构会员单位落实"信息披露指引"情况,多维度覆盖了各相关会员单位对主体信息、产品信息、业务信息、财务信息、其他信息5大项、82小项的披露。这一系列创新实践入选了2016年"上海金融创新奖"。

开展从业者教育。经过与各方长期沟通和策划,互联网金融协会安排了一系列针对会员单位的继续教育活动。2016年7月12日的首次活动,近50名网贷会员高管赴青浦监狱进行参观并接受警示教育;8月1日,互联网金融协会邀请"中国互联网金融之父"谢平教授为会员授课;此后,互联网金融协会还举办了"技术创新与普惠金融"、"数字化时代的到来"、"新《广告法》解读"等主题的继续教育活动。

加强风险排查,重点关注细分领域风险。互联网金融协会通过加强舆情监测、实地走访等手段,梳理排查风险会员,制定应急预案,并向相关部门进行报告。互联网金融协会与上海金融信息行业协会共同召集10家业务涉及校园网贷的会员单位召开座谈会,多角度分析了校园不良网贷产生原因及带来的风险,呼吁各平台自觉遵守规则。

加强会员管理。互联网金融协会调整和完善了《入会指南》,大量接待和走访会员企业和新申请入会企业,深入了解各家单位的业务模式、产品信息。同时完善退出机制,对个别因公司自身原因自愿退出互联网金融协会的单位,以及严重违反章程及会员管理办法的单位,予以退会。建立健全联络员制度和兼职信息员制度,建立工作群,加强与会员单位的沟通交流。

【促进政企沟通】 互联网金融协会一直与主管单位保持密切沟通,发挥上情下达、下情上达的作用。2016年8月24日,《网络借贷信息中介机构业务活动管理暂行办法》(以下简称"《办法》")正式发布,互联网金融协会迅速召开闭门研讨会对《办法》进行学习与解读。互联网金融协会还与各相关部门密切交流,按时保质保量完成了市金融办、市银监局、浦东新区金融局等交办的多项任务,发挥了行业自律组织应有的作用。

互联网金融协会参与主办第十届金融服务洽谈会(以下简称"金洽会"),携多家会员单位参展,成为金洽会的新鲜血液,并于开幕当日主办"金融创新服务产业发展(实体经济)高峰论坛",旨在进一步加强各方对互联网金融服务实体经济的认识,推动行业可持续发展。

互联网金融协会先后接待了天津市金融局、上海市统计局、上海国安局、沈阳市和平区政协、黄浦区人大、泉州市金融办、安徽省互联网金融协会筹备组等政府及行业相关部门的调研活动,为各行业的调研提供协助。

【开展对外交流】 互联网金融协会组织会员单位赴浙江、江苏参观交流,并接待广州互联网金融协会代表团。2016年11月17日,举行首届"长三角互联网金融发展现状内部研讨会暨沪浙苏皖互联网金融自律组织研讨交流会”，来自上海、浙江、江苏、安徽互联网金融自律组织的领导和专家济济一堂，共谋长三角互联网金融的未来，并达成了几项共识，如加强三省一市行业自律组织的协同交流，通过长三角互联网金融论坛、秘书长定期闭门会议及长三角互联网金融研究中心，形成“三个一”的交流机制。互联网金融协会先后同新加坡、英国、澳大利亚相关机构建立联系，组织会员单位赴北美学习交流，接待中国台湾金融研训院代表团来访。

互联网金融协会参与各种与互联网金融有关的活动，如首届 LendIt 朗迪中国峰会、2016 第二届中国（上海）互联网金融峰会、2016 互联网金融合规化发展高峰论坛等。此外，互联网金融协会还组织并参与了一系列行业相关学术活动，先后举办互联网金融人才、互联网票据、众筹与互联网非公开股权融资、互联网金融风控等多个主题的研讨活动，并发布了《上海互联网金融发展报告（2016）》和《上海互联网金融人才发展报告》。

【完善内部管理】 对内调整和完善治理结构。一是充实了多家在新业态中有影响力的企业进入了副会长及理事框架，增加新金融、新业态的话语权。二是增补市经济信息化委、市通管局、市财政局、市工商局、市银监局、市证监局、市保监局为互联网金融协会监事单位，增强了与各监管机构的联系。三是增设常务理事会，有效提高了决策效率。

加速落实专委会工作。互联网金融协会先后成立众筹与互联网非公开股权融资专业委员会、互联网金融风控与法律专业委员会、互联网金融人才专业委员会，为会员提供更为专业的服务，也为进一步做好行业自律提供了抓手。

（黄　婧）

第五章　信息化合作交流及重要会展

概　述

2016年，市经济信息化委根据市政府关于就业援疆与对口支帮扶的要求，围绕“一带一路”、“长江经济带”等国家战略，积极开展对口支援与国内合作工作。会展方面，上海国际工业博览会、第十三届中国(上海)国际工业自动化及机器人展览会等顺利召开，推动了信息化及相关产业的良好发展。

一、对口支援

【就业援疆工作取得阶段性进展】　2016年以来，围绕市政府交予的就业援疆任务，市经济信息化委领导高度重视，市经济信息化委秘书长戎之勤带队赴新疆喀什调研援疆工作情况，出席上海市·喀什地区产业援疆带动就业座谈会并作交流发言。按照市经济信息化委领导要求，积极推进相关工作，先后召开两次就业援疆专题会议，邀请上海市相关劳动密集型行业协会，就如何做好就业援疆工作进行了研究部署。2016年4月下旬，市经济信息化委主任陈鸣波陪同时任上海市市长杨雄赴新疆喀什学习考察期间，上海市纺织原材料公司收购新疆昆仑棉业有限公司轧花厂项目作为市经济信息化委引进项目进行了签约，该项目投资1 500万元，预计能解决就业30人。

【援藏工作力度逐步加大】　2016年6月，市经济信息化委首次派出援藏干部，援藏工作力度逐步加大。2016年以来，按照工信部要求，市经济信息化委保持与西藏工信厅、日喀则市工信局的沟通联系，不断完善对口支援日喀则市工信局工作协议，初步明确了未来三年援藏的重点任务。7月6日，市经济信息化委秘书长戎之勤赴拉萨出席全国工信系统第三次援藏工作座谈会，进一步明确了下一阶段工信系统援藏工作要求。

【对口帮扶遵义工作持续推进】 2016 年 5 月 11～13 日，市经济信息化委副主任马静陪同时任上海市市委副书记应勇赴遵义考察对口帮扶工作，并出席对口帮扶遵义联席会议，进一步明确了对口帮扶遵义工作的任务和要求。10 月 26 日，市经济信息化委秘书长戎之勤会见遵义市副市长李忠兴一行时，就进一步完善沪、遵产业对接工作机制等问题进行了探讨。同时，加强在沪援遵企业的服务保障工作，主动赴上海延华智能集团调研，了解援遵项目进展情况以及需要政府支持的事项。

【其他对口支援工作有序推进】 为进一步落实市经济信息化委与云南工业信息化委签订的战略合作协议、进一步夯实两地园区与产业合作基础，2016 年 1 月初，市经济信息化委会同市开发区协会相关负责人共同赴云南开展相关工作，实地调研了相关园区。初步完成《上海对口支援喀什地区四县产业发展三年行动计划》和《上海对口支援果洛产业发展规划》的编制工作。全面完成 2016 年度由市经济信息化委承担的 7 个为对口支援地区实施人力资源开发项目，涉及新疆喀什、西藏日喀则、贵州遵义、云南等地区。广泛发动社会力量参与对口支援工作。经市经济信息化委动员，上海烟草集团分别捐赠上海援疆前方指挥部和上海第八批援藏干部联络组各 200 万元现金，用于对口支援工作。

二、国内合作交流

【推进长三角区域合作】 推进长三角区域信息化合作专题组，配合浙江省经信委做好轮值工作，报送了申请长三角合作基金项目和 2016 年信息化合作组工作计划，并积极落实推进。此外，自沪苏大丰产业联动集聚区管委会及开发建设公司挂牌以来，大力宣传集聚区相关情况，积极协调集聚区遇到的问题。对前期遇到的大丰上海农场内消防、交通、安全生产等行政监管问题，市经济信息化委与市公安、市消防、市安监等部门多次召开协调会，并将协调结果和工作建议上报市政府办公厅。2016 年 3 月 11 日，市政府办公厅正式发函给江苏省办公厅，商请协调落实。

【国内合作交流日趋频繁】 随着“一带一路”、“长江经济带”国家战略的深入推进，国内合作交流日趋频繁。在“走出去”方面，完成市经济信息化委承担的第十二届“喀交会”上海展区相关任务，市经济信息化委副主任邵志清陪同市委常委、统战部部长沙海林出席喀交会并参加相关活动。完成市经济信息化委承办的第四届中国国际新材料产业博览会上海展区的组展工作。在“请进来”方面，在沪与深圳、遵义、日喀则、淮北等十余个市政府代表团，与浙江、湖南等十余个省区市经济信息化委开展各种合作交流活动；出席陕西等省政府在沪举办的招商推介会。

（黄治国）

三、重要会展

上海国际工业博览会

【概况】 由工信部、发改委、商务部、科技部、中国科学院、中国工程院、中国贸促会、联合国工发组织和上海市政府共同主办的第十八届中国国际工业博览会(以下简称“工博会”),于2016年11月1～5日在上海国家会展中心举办。本届工博会以“创新、智能、绿色”为主题,围绕“中国制造2025”,聚焦智能转型,突出高端引领,推进经贸外交,在展览规模、论坛层次、评奖创新、总体组织协调等方面均已上新台阶。

【服务中俄经贸外交,主宾国工作首次破冰】 第十八届工博会邀请俄罗斯担任主宾国。俄罗斯工业和贸易部长曼图罗夫率200余人的政企代表团来沪,在工博会上呈现了面积超过1 000平方米的俄罗斯形象展示区,展示了数十家俄工业原材料、工业制造领先企业和科研机构的产品和技术;俄罗斯卡巴斯基公司获得了工博会主宾国奖项。工博会期间,中俄双方举行了中俄总理定期会晤委员会工业合作分委会第一次会议,形成了5份合作成果文件;中国工程院和上海市政府举办了创新与新兴产业发展国际论坛,俄罗斯举办了题为“工业合作伙伴关系:新机遇和新项目”的俄中商业论坛。这些活动有力推动了中、俄两国政府和企业在产业领域的合作交流。

【围绕“创新、智能、绿色”,展览工作再创新高】

展览规模和专业观众有较大增长。第十八届工博会展览面积逾27万平方米,环比增长17%;展商数2 308家,环比增长2%;专业观众数15.6万人次,环比增长14.7%,其中海外观众人数达2 166人次。增长10.9%。据统计,参展企业来自俄罗斯、美国、德国、日本、澳大利亚等28个国家和地区,其中芬兰、斯洛伐克是首次参展的国家。境内展商则涵盖除西藏自治区和海南省之外的30个省市自治区和5个计划单列市。

展览内容水准有较大提高。本届工博会上,工信部续展的“中国智能制造试点示范项目”展示专区,参展企业由2015年的46家,增加到63家。各项已经产业化的智能装备争奇斗艳。从中石化镇海炼化从原油到产品进仓的全过程智能控制、美的无人空调生产线到一汽锡柴、法士特齿轮的在线全程检测,都吸引了无数眼球。机床展中国家重点装备04专项展区、科技创新展中船舶与海工装备展,集中展示了我国在实施国家战略中取得的不凡业绩。来自空间产业展的展品共荣获工博会12个奖项,其中特别荣誉奖1项、创新金奖2项、工业设计金奖1项,产品银奖6项、创新银奖2项,占据了工博会奖项的四分之一。本次工业设计创新展展示包括虚拟现实/增强现实(VR/AR)技术、BIM技术、工业设计与服务、智能制造、新型设备、数字化创新体验六大类创新产品和解决方案,展品数量达2 400件,展会参观累计人数约为8.5万人次,其中专业观众占80%以上。由工博会自身培育的新材料展，以 1 万平方米的展示面积、巴斯夫等行业巨头参展的阵容，使工博会在践行“中国制造 2025”国家战略上又拓展了新领域。

展览内容有较多首展、首发。本届工博会上西门子公司专门为展会量身定制了一条印章刻制流水线。德国 SAP 与中科院自动化所合作开发的 4.0 版乐高生产线首次亮相信息展。中国电建集团上海能源装备有限公司的 1 000MW 超超临界火电机组锅炉给水泵首展，引起了业内重点关注。名列世界四大机器人之一的发那科，将最新研发的协作机器人，放在中国工博会全球首发。美国 RETHINK 的协作机器人不仅是首发，该公司亦是首次参展。来自国内导航产业 10 家央企集团、科学院、大学和企业的亮点项目和产品，尤其是航天科技的天宫二号空间实验室、远征三号多星发射上面级，航天科工的智慧管网、移动医院，中船重工 DSJ400 自升式钻井平台、上海司南卫星导航的高精度 GNSS 板卡、上海华测导航的 i70 北斗接收机和大量行业应用优秀解决方案和产品等，都是首次公开展示，本届工博会的最高荣誉奖就出自空间产业展展品。据不完全统计，本届工博会首次参展的行业领先企业、首展首发产品超过 100 项，大大高于历届。

展示产品有较大“绿色”内涵。本届工博会在数控机床展大打“绿色”牌，帮助企业调结构、促发展、渡难关。在环保展新设的绿色园区展区，集中了全国 46 家绿色园区，大力宣传绿色制造理念，积极呼应国家绿色制造战略。激光加工机床作为无切削的绿色装备，这次扩大了展出面积，吸引了一大批企业参展。其中天田公司成交 1.2 亿元、迅镭激光公司成交十几台机床、大族粤铭公司忙到闭馆买家仍不肯离开，而北京精雕机床首次参展就截获订单。其他专业展中如三菱公司展出的 E-工厂，为绿色制造提供了解决方案；在 3D 打印展区，金属 3D 打印激光烧结一体机则展示了无切削加工复杂金属零件的先进工艺。

【助力科创中心建设，成果转化工作有声有色】

市科委系统以“智能互联信息与创新绿色材料”为主题，遴选近年来国家科技计划在云计算、“互联网+”、虚拟现实等信息技术领域，及在 LED 照明、高性能复合材料、新兴电子材料等新材料领域所取得的代表性高新技术成果，重点展示国家科技计划在提高自主创新能力、培育和发展战略性新兴产业、攻克产业关键和前沿技术、促进经济转型升级、推动供给侧结构性改革等方面所取得的重要科技创新成果。展示角度较高、范围更全面。上海展区“智能驱动，高端制造”主题汇聚了上海超导科技股份有限公司的二代高温超导交钥匙产线(工业设计金奖)等一批上海智能制造领域亮点颇为鲜明的特色展品。技术交易展区注重搭建覆盖科技创新和产学研各个环节的创新孵化和技术交易平台，技术转移活动有声有色，角度和形式丰富多样。

高校展区在清华大学、北京大学、复旦大学、交通大学等 69 所高校共同打造下，711 项科技创新成果悉数亮相，积极展示高校科技创新实力，努力拓展与社会经济深度融合的平台。高校展区共有 15 个项目荣获本届工博会大会奖，其中，同济大学的“大跨度桥梁结构和行车抗风安全的气动控制技术”斩获金奖；华东理工大学的“SE 粉煤加压气化技术”和南京大学的“先进日盲紫外探测与应用技术”获创新金奖。

中科院展区则围绕“科技与未来”参展主题，

设立了前沿技术区(空间科学核心区、航空航天配套技术)、创新产品区(智能制造、智能信息等主题产品区)、科技服务平台区等展区,重点展示了21家中国科学院院属单位在航空航天、智能制造、智能信息等领域所取得的90项优秀成果,着力打造科技创新成果展示和转化的平台。最终,中国科学院展区4项项目获奖:中国科学院微小卫星创新研究院与中国科学院紫金山天文台联合研制的暗物质粒子探测卫星项目,获得了工博会创新金奖。

【集中体现亮点、精品,评奖工作"优化、创新、提升"】 本届工博会以"创新、智能、绿色"为主题,坚持"专业化、国际化、市场化、品牌化"发展方向,集中体现制造业智能化升级;围绕"奖项优化"和"系统升级"两个变化,集中体现评奖工作与"互联网+"的深度融合,全面提升了整体水准。

本届工博会评奖工作延续2015年的改革创新,从参评动员、评审组织、后勤保障等方面做到提前部署和全时服务,继续改善和优化评奖服务体制和机制,灵活应对新情况和新问题,充分做好制度、机制和宣传等方面的保障工作。本届工博会评出金奖4项、创新金奖4项、工业设计金奖4项、银奖14项、创新银奖14项,还产生了1项特别荣誉奖。根据本届展会首次引入主宾国机制的特点,设立了主宾国特别奖,加深了中、俄双方工业合作和沟通。一批对接"中国制造2025"重点工程、展现国家工业基础能力和未来发展导向的"四基"展品成为关注焦点;一批聚焦上海科创中心建设的重大专项创新展品精彩亮相;一批突出展示科技成就、我国重点布局的自主创新试点示范项目积极申报奖项。

【坚持高端、前沿、务实理念,论坛工作"跃升、聚焦、拓展"】 本届论坛紧扣"创新、智能、绿色"主题,包含部市合作论坛、发展论坛、科技论坛、行业与企业论坛四大系列板块,专题活动共计52场次。截至2016年11月17日,举办论坛48场次,参会专业观众逾8 500人次。

层次进一步跃升。部市合作论坛是2016年新设的论坛板块,首次举办的"创新与新型产业发展国际会议"和"国际机器人认证检测高峰论坛"提高了工博会在全球、亚洲以及国内的影响力。英特尔公司CEO Brain Krzanich、大众集团管理委员会主席Matthias Muller、DECHEMA总裁、德国生物与化工联合会主席Kurt Wagemann、卡耐基梅隆大学教授Raj Reddy、奥地利科学院院长Anton Zeilinger等嘉宾济济一堂,与包括数十位各国院士在内的听众一起分享"人工智能、物联网、大数据"等产业科技新成果和新趋势。

议题进一步聚焦。本届工博会论坛系列分论坛的主题都围绕相关行业或者产业领域最前沿的热点问题。如,机器人产业发展中亟须关注的机器人检测认证以及在此基础上开展国际合作等议题,两场机器人论坛均列为重点议题。智慧城市产业论坛上,专家从提高产业效率和产品质量的角度出发,总结了智能制造相关探索的四种模式。院士圆桌会议的主题为"长三角区域协同创新发展战略",响应2016年6月国务院发布的《长江三角洲城市群发展规划》,为长三角发展及落实国家"一带一路"建设贡献智慧和力量。

国际性进一步拓展。本届工博会论坛的外籍嘉宾有15位,较2015年增加了5位。演讲嘉宾均是行业领域内具有代表性的专家、学者,如意大利工业设计协会中国区总经理大卫·康迪、世界著名设计师白福瑞(瑞典籍)、达索析统 Delmia 集团总裁 Guillaume Vendroux。参加论坛的企业代表皆是业界领先企业,如 Intel、ABB、GE 等皆为全球 500 强企业集团。

2016 上海国际信息化博览会

2016 上海国际信息化博览会于 3 月 15～17 日在上海新国际博览中心举行,共设有 17 大展馆,展出面积首次突破 20 万平方米,参展商达到3 630家。展会包括由国际半导体设备与材料协会(SEMI)和中国电子商会(CECC)共同举办的"中国国际半导体设备与材料展暨研讨会"和"中国国际平板显示器件"、"设备材料及配套件展";由慕尼黑国际博览集团(MMI)举办的"慕尼黑上海电子展"、"慕尼黑上海电子生产设备展"和"慕尼黑上海光博会";由中国印刷电路行业协会(CPCA)举办的"中国国际电子电路展览"。六大专业展和近百个论坛研讨会同期举行,全面体现了上海信博会对信息化、信息产业发展的促进作用。

2016 上海国际信息消费节

2016 年上海国际信息消费节(以下简称"信息消费节")于 6 月 29 日～7 月 5 日举行。除了"上海国际信息消费博览会"和"GSMA2016 世界移动大会"两大主题展览,信息消费节还包括"72 小时无网络生存测试"、"互联网＋产业升级新动力"论坛等一系列活动,以多种形式展现"互联网+"时代的信息经济成果。"72 小时无网络生存测试"视听节目是向 1999 年举办的"72 小时网络生存测试"致敬的活动,展现互联网发展为生活带来的巨大变革。此外,展会聚焦互联网＋促进产业转型升级、互联网＋推动金融稳健发展、互联网＋提升老年人生活品质三大主题,举办产业高峰论坛:"互联网＋产业升级新动力"论坛上,专家解读推进互联网＋行动实施意见,现场分析传统产业转型升级之路;"互联网＋金融"暨第七届上海金融信息服务业年度峰会重点关注大数据、移动互联网在金融信息领域的发展和商业应用;"互联网＋银发"高峰论坛邀请主管领导、银发经济领域专家学者、助老公益组织带头人进行主题演讲及圆桌讨论。"大众创业、万众创新"大赛、"申 · APP"优秀移动应用评选通过专家评选与市民推荐相结合的方式,在信息消费节期间评选上海本地的优秀移动互联网应用。

2016 数码互动娱乐展览会

2016 年 7 月 27～31 日,第十四届中国国际数码互动娱乐展览会(ChinaJoy)在浦东新国际博览中心举办。展会合计入场人次达到 32.55 万,同比增长 19.2%,创历史新高。其中,7 月 30 日入场人次达 10.8 万,创历届 Chinajoy 单日入场人次之最。2016 ChinaJoy 规模创历年之最。本届 ChinaJoy 展馆总面积达到 14 万平方米,比上年增加 17%;参展企业超过 900 家,比上年增加 100 家;参展的游戏作品超过 4 000 款,现场体验机突破 4 000 台。展会期间,还举办了中国国际数字娱乐产业大会和中国游戏开发者大会和系列峰会,参加论坛嘉宾近 380 人,其中,近 40%的嘉宾来自海外,到会国内外媒体记者数量突破 5 500 人次。展会 B2B 平台效益明显,外商参展踊跃。面向游戏企业的 B2B 展馆面积达 4 万平方米,展商 600 家,其中,来自 30 余个国家和地区的 200 余家展商携最新产品、技术出展。来自韩国、加拿大、马来西亚、中国台湾等多个国家和地区的企业组展参展,B2B 商务洽谈交易金额超4亿美元。本届ChinaJoy深刻演绎了“游戏新时代，拥抱泛娱乐”的主题，在充分展示游戏产业新技术、新发展的同时，更体现了游戏产业与影视、动漫、直播等产业的融合共进。

（黄治国）

中瑞创新与智能制造论坛

2016年4月5日，中瑞创新与智能制造论坛在上海举办，来自中国和瑞典两国的专家学者围绕“智能制造，创新驱动”主题，就创新与智能制造领域的国际发展前沿、国别发展比较、中国发展实践、挑战与对策等话题展开研讨交流。瑞典是世界上最具创新性的国家之一，二战后创建了大量全球性的基于技术的国际公司，其首都斯德哥尔摩更是除了硅谷外，全球人均高科技公司数量最多的地区。

第十三届中国(上海)国际工业自动化及机器人展览会

2016年5月16～18日，2016第十三届中国(上海)国际工业自动化及工业机器人展览会在上海举办。600多家国内外自动化及机器人行业知名企业参加了本次盛会，同时举办满足各类专业人士需求的高端峰会和论坛。作为“上海现代工业智能装备博览会”旗下的一个以工业自动化为主题的专业展会，工业自动化及机器人展览会是关于工业自动化全面解决方案、生产及过程自动化、电气系统、工业智能化与信息化、自动化非标设备、工业机器人技术的行业盛会。

展出涵盖工业机器人和工业自动化两个领域，总共11个主题，具体包括工业自动化(生产及过程自动化)、电子生产设备、电气系统、工业自动化信息技术及软件、各省(区)市及上海市两化融合成果、工业机器人本体、工业机器人应用产品与解决方案(专机及集成应用)、工业机器人开发平台与软件技术、工业机器人功能部件及零部件、自动小车及有轨小车。

2016中国国际智能制造装备产业博览会

2016年9月17～20日，中国国际智能制造装备产业博览会在上海国家会展中心举办。本届展会旨在推广机械行业的先进技术及设备，促进机械行业整体智能制造装备水平和竞争能力提升，形成完善的智能制造装备技术和产业体系，推动亚太地区乃至世界智能制造产业的贸易、交流与合作。

本届展会获得上海市小企业发展服务中心、上海出口商品企业协会、跨国采购大会、江苏省贸促会、日本贸易振兴机构、驻上海日本国总领事馆以及日本各地方银行及自治体共计50多个团体的大力支持，规模逐年发展壮大，是国内聚集制造业日资企业较多的盛会。参展范围包括工厂自动化、机械设备、工业机器人、智能机器人、电子电气、新材料、工具、消耗品、机械零配件加工。来自美国、德国、英国、瑞士、法国、意大利、日本、韩国以及国内知名机器人、数控机床及智能装备领域的1 000多家领先企业和相关专家出席。

第二届智能制造与工业4.0国际峰会

2016年11月5日，第二届智能制造与工业4.0国际峰会在上海举办。来自国际工业创新机构、工信部、嘉定区政府、安亭镇政府及代表性制造企业的高管 500 余人，围绕智能制造和工业 4.0 背景下的转型升级话题进行研讨。本届峰会在嘉定区安亭镇政府和同济大学中德先进制造技术中心支持下，由中国机电一体化技术应用协会、上海工业自动化仪表研究院联合主办，上海智能制造产业技术创新联盟、上海浩野智能科技有限公司承办。本届峰会为各方搭建“智能制造与工业4.0”合作对话平台，加强和推动中国制造业智能化转型升级。

2016 钢铁行业智能制造交流会

2016 年 11 月 23～24 日，由工信部主办的 2016 钢铁行业智能制造交流会在上海举行，展示了钢铁行业智能制造最新进展，推进钢铁行业智能制造发展。交流会上，入选工信部智能制造示范试点的企业——宝钢股份、鞍钢矿山、南钢股份、河钢唐钢分别做了题为《1580 热轧智能车间建设实践》、《冶金数字矿山试点》、《船板智能配送系统》、《钢铁企业智能工厂试点》的经验介绍。此外，宝信软件做了《工业 4.0 时代的工业软件》主题报告。与会人员还参观了宝钢股份 1580 智能车间现场。

（陈天琛）

Shanghai Informatization

第九编 区信息化建设

综　述

2016年是“十三五”规划的开局之年，按照上海市信息化发展的战略要求和总体部署，在各区政府的重视和支持下，信息化工作得到进一步加强。信息化对各区经济和社会发展的支撑得到了充分显现，有效提高了社会管理能力和公共服务水平。各区全面加强信息化建设与管理，努力构建与现代化行政管理要求相适应、与城市创新驱动和转型发展大局相一致、与信息网络技术发展水平同步的信息化发展新格局，充分发挥信息化在国民经济和社会发展中的带动和促进作用。

各区智慧政务先行，利用物联网、云计算、移动互联网、大数据等技术，提高政府办公、监管、服务和决策的智能化水平。不断完善管理机制、创新管理方式、提升服务质量，助力服务型政府转型。信息产业发展方面，各区互联网产业与传统产业双向渗透。新一代信息技术和现代制造业、生产性服务业融合创新。以用户需求为导向，促进经济新增长点的发展，增强经济发展新动力。各区依托信息服务产业基地、科技园区等载体，稳步推进区域软件和信息服务业工作。各区加快基础设施建设，构建一体化、泛在的宽带网络，快速发展城市信息基础设施，不断提升区域信息基础设施能级。扩大城市光网、4G通信网络和下一代广播电视网的覆盖范围。积极营造区域信息化发展环境，加强无线电管理、智慧城市宣传，推进智慧社区、智慧商圈、智慧园区、智慧农村等多种类型智慧城市发展，提升全社会层面的信息化意识和应用水平。各区深入贯彻落实上海市社会信用体系建设重点工作要求，围绕行政许可和行政处罚信用信息“双公示”、公共信用信息归集和使用、“守信联合激励和失信联合惩戒”典型应用案例申报、“诚信宣传活动周”等重点工作全面推进社会信用体系建设。

第一章　浦东新区信息化建设

概　述

2016年，按照国家、上海市的总体规划和统一部署，在浦东新区区委、区政府的领导下，浦东新区科技委员会和浦东新区经济和信息化委员会合并，成立浦东新区科技和经济委员会（以下简称“区科经委”）。通过浦东新区各部门的密切配合、共同努力，围绕中国（上海）自由贸易试验区（以下简称“上海自贸试验区”）建设和科技创新中心建设的要求，以政务云体系建设为核心抓手，提升信息基础设施能级，推进信息资源共享应用，强化体制机制建设，突出抓好重点应用体系建设，特别是率先启动了政府首席信息官（CIO）工作试点，取得了积极成效。

一是通过加强机制创新，进一步提升信息基础设施能级。二是聚焦政务云体系建设，进一步完善智慧城市框架体系。构建浦东新区政务云数据中心，形成统分结合、逻辑一体的政务云基础设施服务体系；推动政务信息资源动态目录体系建设，至2016年年底，实现3 000余万条政务信息资源的归集共享；深化协同办公、综合监管、网上政务大厅、市民服务及城市安全五大枢纽平台建设，加快各领域政务行业平台及应用系统建设，进一步完善政务云“1533”工程体系，为实现“互联网＋政务服务”夯实基础。三是注重产业支撑，不断完善产业政策体系，积极推动产业载体建设，聚焦产业热点，进一步推动信息产业转型升级。四是优化环境保障，推动政企合作，进一步培育智慧城市建设良好氛围。

一、政务领域信息化

【网上督查工作体系】　在上海自贸试验区建设的大背景下，浦东新区按照中央和上海市委、市政府要求，遵循“放管服”理念、运用互联网思维、依托信息化手段，率先建成以业务督查和效能督查为核心的网上督查室。这是深化完善事中事后监管体系、保障推动政府职能转变和效能建设的一项制度创新。建成“信息查询、在线督查、效能监管、督查联盟”四个主要功能模块的督查系统，同时与网上政务大厅、协同办公平台、综合监管平台实现对接，相关数据信息推送正常，系统总体运行平稳顺畅，政务监测状态良好。系统已做到推送信息全覆盖，供归集信息 2 350 多万条。特别是浦东新区区委、区政府重点工作的督查反馈紧扣节点有力推进，网上督查室“在线督办”、“亮灯预警”、“全程留痕”的倒逼作用初步显现。通过浦东新区网上督查室的建设，有效实现了对新区网上政务大厅、市场综合监管平台、资源共享交换平台以及协同工作平台等平台中网上政务行为的全面实时监督，倒逼政府部门及时审视和发现工作不足，进一步拓展了督查内涵、丰富了督查形式、创新了督查手段、提升了督查水平，成为加快推动政府职能转变、加强事中事后监管体系建设的一项新的改革举措。2016 年 11 月 21 日，国务院总理李克强视察上海自贸试验区，听取了网上督查室工作情况汇报，并对其监管理念和方式创新给予了肯定。

【《浦东新区国民经济和社会信息化“十三五”规划——智慧浦东建设规划(iPudong 2020)》】 为贯彻落实国家、上海市和浦东新区“十三五”战略部署，全面促进信息化和浦东新区社会经济发展深度融合，建设具有浦东特色的新型智慧城市，制定《浦东新区国民经济和社会信息化“十三五”规划——智慧浦东建设规划(iPudong 2020)》。规划明确：到 2020 年，通过强化信息化发展能力、创新智慧化应用、强化示范效应等工作，全面推动信息化与政府治理、城市发展、民生福祉、创新创业深度融合，浦东新区要力争建设成为“政府治理高度协同、城市管理高度智能、公共服务高度便捷、产业发展高度融合”的国内乃至全球智慧城市示范区。并实现基础能力向高端引领转变、政务管理向全面协同转变、城市管理向立体高效转变、信息惠民向全民共享转变、产业创新向智能融合转变。

【“1533”新型政务服务体系】 为加快政务信息化创新发展，浦东新区提出了国内首个涵盖基础设施、支撑平台、信用系统等内容的完整“政务云”建设框架——“1533”工程。浦东以此作为新型政务服务体系的核心，进一步提升政府治理能力、促进政府职能转变。其中，“1”指一体化政务云数据中心。“5”指建设 5 个区级政务信息共享交换枢纽平台，包括政务协同、行政审批、综合监管、城市安全、市民服务五大枢纽平台。第一个“3”指 30 个左右区级行业政务平台，涵盖行政审批、城市管理、民生服务、市场监督、教育服务、卫生医疗、街镇服务、园区服务等方面。这 30 个平台将在整体规划的基础上，实现基于政务云的跨部门应用，避免产生新的信息孤岛。第二个“3”指 300 个左右业务应用系统，各部门已经建设完成并使用了 245 个应用系统，分布在各个委办局，其余系统将在“十三五”期间逐步建设。这些系统是实现政府信息“一数一源、共建共享”的重要保障，也是实现浦东政务资源共享开放的基础应用。政务云的建设将对长期存在的跨条块资源集成难、跨部门信息共享难、跨领域业务协同难的“三跨难”问题实现突破，全面提升浦东在“互联网+”和大数据时代的政府治理能力。

【首席信息官制度】 浦东新区首创政府部门首席信息官(CIO)制度,有力支撑政府信息化相关工作的开展。政府CIO制度是"互联网+电子政务"建设的重要组成部分,其目的在于有效实现电子政务的全面规划与统筹管理,有效促进政府职能转变,有效支撑政府治理体系和治理能力的现代化,促进政务与信息化全面融合、优化信息基础设施建设、推进政府信息共享与开放。浦东新区在2008年就开展了政府CIO制度的前瞻性研究,并在2016年推出政府部门CIO制度。以此更有效地推动政府职能转变,提升政府现代化治理能力,努力解决浦东电子政务建设存在的管理机构多头、职能交叉,缺少跨部门综合应用、整体协调作用有限,平台建设、政府职能转变、透明政府建设有效整合不够等问题。政府CIO制度的实施,不仅意味着机构设置的变革,更意味着管理理念和管理制度的创新。

【加强信息资源共享规范建设】 加强数据资源共享规范,印发《浦东新区政务信息资源共享管理办法》和《浦东新区政务信息资源编码规范》,大力推动实现"一数一码",为信息资源共享夯实基础。编制完成《浦东新区政务信息资源共享交换实施细则》,根据国家、地方、行业标准梳理形成人口库、法人库两大基础数据库的数据项标准。浦东新区数据开放网也已经完成基本功能建设,各部门梳理完成可开放信息后,即将上线运行。在实施中,明确数据交换共享标准,制定《浦东新区政务信息资源动态共享交换体系数据交换标准》落地规范性文件,明确数据资源共享交换的申请流程、表单设计、交换方式。截至2016年年底,浦东新区共有77家委办局、开发区管委会及街镇纳入交换体系,有效数据量为3 365.4万条。12家单位通过交换体系提交共享申请336个(322个已被接收方进行审核,14个等待处理)。336个申请涉及283个事项,其中区公安分局人口基本数据被申请次数最多。

【浦东新区居村委电子台账系统】 浦东新区居村委电子台账系统是以街镇、居村委为单位,覆盖多个委办局台账要求的区级电子台账系统,实现了浦东新区各街镇台账数据、各条线业务数据的信息查询、报表统计、决策分析等功能。包括:居村委电子台账系统Web版,主要对浦东新区各街镇、居村委的重点任务、项目和工作进行建账、对账、台账管理、统计汇总、决策分析等。移动版主要用于提供各部门走访居村委时,对所属区域概况信息查询、重点台账的信息展示和区域实有人、房的数据统计查看。通过系统建设,实现了浦东新区下属36个街镇和1 200余个居村委及相关委办局单位的台账管理;整合了包括实有人口、实有房屋、实有单位、农业生产、残疾人信息、社会保障等在内的各类数据信息,台账数量达到了1 400多万条,提升了基层信息化的应用水平,改变了基层工作模式,从而构建了以新区、街镇、居村为主要服务对象的操作平台,实现了"千点三核一平台",为新区、街镇、居村提供充实可靠的数据基础和功能应用;并且,通过对填报数据进行审核,实现了各个居村填报数据的准确性和公用性,为居村委会提供及时准确的基础信息,为新区、街镇领导把握趋势、开展工作,提供了重要的数据依据和参考意见。

【加强民生档案查询便利性】 浦东民生档案智慧

服务系统旨在从需求角度出发，努力为广大人民群众提供更加便捷的档案服务，使民生档案工作真正做到关注民生、服务广大人民群众。系统自2015年下半年开始运行，建设完成民生档案的自助终端系统、统一身份认证与指纹识别系统、摄像监控系统以及用户行为记录与分析等功能。浦东新区档案局“民生档案社区利用服务全覆盖”、“查档不出村”、“民生档案利用预约网上申请平台”等服务，共同构成了覆盖全区的立体型档案远程便民服务体系，加速档案工作融入现代信息社会，进一步推动了浦东新区档案利用服务向广域化和多界面化方向发展。“民生档案进社区”工程已在全区42家社区事务受理服务中心进行推广。

【婚姻档案查询】 婚姻档案的自助查询利用可通过市民中心、房地产交易中心以及档案局自助查询终端进行查询。浦东新区档案馆建立了网上预约查档机制，“民生档案利用预约网上申请平台”也已启动试运行。通过网上预约申请，市民足不出户就能办理查询档案的相关手续，并能享受到优先、快捷的档案利用服务。浦东新区档案馆“民生档案利用预约网上申请平台”可以受理婚姻档案、独生子女证档案、知青档案、知青子女回沪档案、农民造房档案以及军人入退伍档案六大类常用民生档案的预约查询，初期设立了三个取件受理地点，分别是迎春点(迎春路520号)、川沙点(新川路540号)和惠南点(县东街15号)。随着平台的不断成熟，将增设更多受理点，进一步方便群众就近取件。

【工伤认定管理系统上线】 浦东新区工伤认定管理系统完成了劳动能力鉴定、网上办事、综合统计分析、街镇协助调查等相关模块的建设，有效加强了浦东新区工伤认定中心的管理，提升服务质量，保障数据统计与分析的准确与高效。系统自2015年8月上线试运行以来，已在全浦东范围内投入使用，覆盖所有工伤认定中心部门以及浦东新区36个街镇。通过三个月左右的试运行，系统累计处理工伤认定案件103 447起，劳动能力鉴定案件72 338起。项目的建成实现了与定点医疗机构的系统对接，方便了市民的办事流程，减少了人工输入存在的差错率，一定程度上保障了就业者的权益。

【浦东新区就业服务综合信息平台上线】 浦东新区就业服务综合信息平台完成了劳动力资源管理系统、万千百人就业项目管理系统、就业服务“一触通”管理系统等相关系统的建设，有效延伸了新区就业服务面，为市民提供完善的求职培训等服务。就业服务平台自2015年上线试运行以来，劳动力资源管理系统累计管理启航人员约2.4万人，各年度应届毕业生约9.7万人，征地镇保人员约41万人，征地城保人员约1.5万人，无账户人员约8.4万人。系统与公安部门建立数据交换机制，每月交换300多万人的浦东户籍人口数据；万千百人就业项目管理系统审核公益性组织任务589条，新增339家公益性组织；审核人员批量进出任务3 189条，采集人员信息45 194条；累计管理服务项目2 779条。系统中记录的岗位补贴记录累计约1.9亿元；就业服务“一触通”管理系统更新人员信息达到1.2万次，其中完成摸底调查任务3 000余次，通过GPS定位累计采集到约5 500个地理位置信息。项目的建成将信息化管理手段延伸至居村委，充分发挥就业援助员团队力量，强化就业服务管控水平，实现了各横向科室的数据共享和比对，拓展了各条线业务之间的协同及合作。

【浦东新区审计局固定资产投资联网绩效审计系统】 浦东新区审计局固定资产投资联网绩效审计系统将全部政府投资建设项目纳入审计视野，充分整合各类数据资源，实现对政府投资审计项目的过程监督、动态管理、审计评价等。系统自2015年下半年开始运行，完成了两个平台、四个业务应用系统和一个中心建设。搭建起信息展现和权限管理的信息门户平台、建设一个支撑集成应用和功能拓展开发的基础信息平台，以及审计作业系统、审计绩效评价等四个业务系统。项目实现了新区审计局与相关单位(新区发改委、新区财政局、新区建交委等建设单位、代建单位、中介单位)之间的数据交互，建立起审计协同平台，改变了审计工作方式，有助于提高审计效率。通过智慧审计，提高审计效率和能力，自动筛选疑点，降低了审计风险，实现对被审计单位的全过程跟踪监控，一定程度上对被审计单位起到了威慑作用，督促被审计对象自律。同时，即时筛选和发现被审计单位日常管理工作中出现的违法违规行为，有效构建起浦东各被审计对象的“免疫系统”，杜绝了以往人为化审计容易出现的“感情审计”、“审计腐败”、“片面审计”，促进了审计结果的公平和正义。

【浦东新区移动电子政务平台(一期)】 “浦东新区移动电子政务平台(一期)”项目通过“一个平台＋N个应用”的模式，建立了“统一、安全、可扩展的浦东新区移动电子政务平台”。该项目依托现有协同工作平台和数据交换平台，实现了统一移动政务门户、统一接入管理服务等支撑应用，实现了任务管理、公文管理等各项通用办公移动端应用以及价格监测等专题应用。该系统于2015年试运行，完成新区移动通用办公、“两办”办公、每日要情、建交委移动办公、农委移动办公、环保局移动办公等应用，同时完成了新区各委办局领导关注的价格监测、环境监测、经济运行、视频监控、城市网格化监控等专题应用试点建设。作为新区全区统一建设和应用的通用支撑平台，系统支持各部门基于全区统一接口和数据标准规范开发各自的移动应用，有效避免各部门重复建设带来的管理混乱，减轻各部门的系统维护工作量，实现跨部门移动业务信息互通和资源共享。并结合国家和上海市有关标准规范要求，初步拟定浦东新区政府移动互联网应用的一系列技术开发标准、接口规范、安全标准、业务管理办法等文件，通过区委办和区府办发文面向全区推广。

【浦东新区餐厨垃圾监管及作业巡查系统】 为加强餐厨垃圾和废弃油脂的监管，浦东新区环保局下属事业单位废弃物管理中心梳理了餐厨垃圾、废弃油脂的各项业务，建设浦东新区餐厨垃圾监管及作业巡查系统。运用信息化手段为餐厨垃圾废弃油脂的申报、收运、处置提供了有效的技术支撑，也藉由信息化系统的建设提高了巡查管理效率、提升了管理水平。截至2016年9月，该项目已完成对1 000家产生企业的RFID识别卡发放和培训工作，初步形成了餐厨企业垃圾生产名录。同时，读卡设备、巡查系统也已部署到位，可全面掌握27辆餐厨车、78辆废弃油脂车、2辆试点专用收集车的工作情况，了解垃圾清运、油脂产生量等一系列数据，并向全市推广。

【浦东新区刑侦综合信息系统】 浦东新区刑侦综合信息系统是在现有刑侦信息采集的基础上，通过填补平面掌纹、人脸等生物特征识别技术应用的空白，整合所有可作用于刑侦侦查破案工作的信息资源，构建一个可辅助民警开展网上研判、网上排摸、网上串并、网上控嫌、网上控赃、网上追逃的刑侦综合信息系统。系统完成了指掌纹系统、人脸系统、足迹系统、DNA系统等各项子系统，所有数据及应用覆盖全区重案队、刑侦等各业务部门。

【市场综合监督平台上线】 浦东新区市场综合监督管理信息平台完成了食品类行政许可信息系统、食品安全执法办案信息系统、食品安全监管信息系统、食品安全综合分析信息系统、重点企业食品安全追溯系统等子系统的建设。项目的建成实现了市场监管局内监管资源的全面管理利用和对外服务质量提升，从保障浦东新区食品质量安全的实际需求出发，达到支撑政府有效监管、为公众服务的目的。项目于2015年10月上线试运行，办结食品流通许可11 642件，办结餐饮服务许可2 534件；食品类案件累计2 045件；完成对34 009户食品企业监督检查(其中，生产企业455户，流通企业23 312户，餐饮企业10 242户)。项目投入使用显著提高了监管效果，改变了原来企业食品安全管理上信息及时性、全面性、真实性缺位的状况。采用信息系统采集和报送不但提高了信息传递的时效性，同时也使信息处理和应用的效率大大提升。并可以在食药监部门和企业之间实现信息交互，改变了原来食药监执法检查的盲目性，使检查过程更具针对性，更为简便有效。

【浦东新区人口基础信息服务平台】 作为浦东新区街镇人口综合信息服务平台(一期)、(二期)项目的补充，浦东新区人口基础信息服务平台拓展了各个街镇条线业务信息。平台在浦东新区层面上大力整合包括实有人口、实有房屋、实有单位、劳动数据、计生数据和统战数据在内的各类信息，构建以街镇为主要服务对象的操作平台，将相关信息整合为统一的信息体，为街镇提供充实可靠的数据基础和功能应用。平台通过对数据的交互与共享，来实现各个街镇间的数据准确性和公用性，为新区街镇层面应用人口信息提供数据支撑，满足新区在“两个实有”全覆盖管理工作不断推进和深入的情况下对人口管理的更深层次需求，实现“一次采集、多次使用、一方采集、多方使用”的全区人口数据整合和应用机制。截至2016年9月，平台以“三个实有”、在逃人员等数据为基础，提供了数据查询、数据比对、数据统计、数据抽取四大类29项数据服务。累计提供服务5 176万次，主要为人口基本信息查询、房屋信息查询等。同时，新区人口库按照每两周一次的更新频率落地到新区政务信息资源动态交换平台。

二、社会领域信息化

【制定《浦东新区智慧城市建设专项资金管理办法》】 2016年，浦东新区在原有财政领域信息化和社会领域信息化资助政策基础上，制定下发《浦东新区智慧城市建设专项资金管理办法》，对政府机构,重点支持提升政府行政职能、城市管理和社会民生服务等能力的信息化应用系统;对社会机构,重点支持促进新技术、新产品、新业态、新模式创新发展,互联网与各行业融合发展以及符合智慧城市建设导向的信息化应用项目。进一步规范了智慧浦东建设专项资金管理,提高了信息化项目的建设质量和资助资金的使用效率,提升了信息化科学规划和管理水平。

【“智慧公交”——杨高公交综合业务管理信息系统】 浦东新区杨高公共交通有限公司开发的“智慧公交”——杨高公交综合业务管理信息系统于2016年1月29日完成验收。该项目建设内容包含企业统一门户、OA系统、营运业务管理子系统、机务管理子系统、票务管理子系统、安全管理子系统、后勤保障系统、统一的全局中心数据库、移动办公子系统、建设公司数据中心等功能。系统于2014年年初开始试运行,2016年1月完成安全测评。截至2016年1月,实现对4 900名员工、1 080辆营运车辆和76条营运线路的日常营运工作违纪违规的监管;实现5个仓库、4 000多种物资品种的统一编码,以及约10万件库存物资的条码化管理;实现车辆购置、调动、保养、维修、检验及报废的整个生命周期全过程记录和管理。

【道欣公共事业缴费服务平台】 上海道欣信息技术有限公司开发的道欣公共事业缴费服务平台于2016年1月29日完成验收。该项目建设内容包含新型公共事业联合缴费终端,实现涵盖上海市自来水、电力、燃气、通讯、有线电视等公共事业缴费功能。包括纸质账单缴费、电子账单缴费、二维码缴费、查询缴费、银联卡支付等功能。平台于2015年4月开始试运行,2015年9月完成安全测评。

【基于智能回收箱的智慧社区服务平台】 上海金桥再生资源市场经营管理有限公司开发的基于智能回收箱的智慧社区服务平台于2016年5月27日完成验收。该项目建设内容包含智能回收箱硬件、终端软件、中心管理平台、回收业务管理平台和智慧社区公共服务平台等功能模块。项目于2014年10月开始试运行,2016年1月完成信息安全测评。本项目已完成在15个社区59个终端点的试点推广智能二代终端机工作,开展推广回收活动达1 000余场,年均回收量增加30%以上,与百联集团、便利通电子商务航务公司、光大银行等十家商家达成兑换协议。

【富欣智控产品数据及产业化管理系统】 上海富欣智能交通控制有限公司开发的富欣智控产品数据及产业化管理系统于2016年5月27日完成验收。该项目建设内容包含PDMLink、MPM-Link、PartsLink以及ERP系统的集成等功能模块。项目于2014年2月开始试运行,2015年9月完成信息安全测评。本项目已完成减少通用件使用904个,减少率为48.89%;设计件重用142个,重用率为14%;注册用户数362个,设计文档6 336份。

【社区关爱公共服务平台】 上海陆家嘴智慧社区信息发展中心开发的社区关爱公共服务平台于2016年6月7日完成验收。该项目建设内容包含社区为老服务综合信息管理子系统、社区健康管理子系统、文娱康复及精神慰藉子系统、社会保障认证子系统、居家养老生活服务平台、综合服务预约子系统等功能。平台于 2014 年 4 月开始试运行,2016 年 4 月通过第三方信息安全测评,运行稳定。项目上线提高了居家养老综合服务点的服务能力,服务人次从每月百余人次增加到每月千余人次,服务种类共计 36 种,服务覆盖老人数 100 余户,平台注册志愿者达到 4 841 名。

【词海网络词典平台】 上海词海信息技术有限公司开发的词海网络词典平台于 2016 年 12 月 29 日完成验收。该项目建设内容包含数据导入和内容管理系统、词典 APP 软件功能、用户数据存储中心、用户行为分析系统、用户意见反馈及管理后台、数字辞书编辑后台等功能模块。平台于 2015 年 9 月试运行,2016 年 8 月完成信息安全测评。共发布了 250 余款词典相关 APP 软件,实现相关收入 636.97 万元,新增激活用户 800 万,下载用户数达 1 839 万,其中付费用户数达 17 万,已和 11 家出版社达成战略合作关系。

【易考拉家校联动服务平台】 上海启态软件科技有限公司开发的易考拉家校联动服务平台于 2016 年 12 月 29 日完成验收。该项目建设内容包含自动签到、信息通知、学生请假、班级师生通讯、查看排课、课程作业、发布信息、考勤统计、请假审批、家校通讯、课程排课、发布作业、批改作业、发布信息、考勤统计、学生管理、教师管理、报表统计等功能模块。平台于 2016 年 5 月开始试运行,2016 年 11 月完成信息安全测评。系统已在浦东新区民办康桥小学、浦东新区三桥小学应用,完成教师使用培训 101 人次,实际使用人数 932 人。

【天汇北斗卫星通信导航公共信息化服务平台】 北斗天汇(上海)科技有限公司开发的天汇北斗卫星通信导航公共信息化服务平台于 2016 年 8 月 31 日完成验收。该项目建设内容包含手机定位处理系统、短信业务处理系统、移动目标监控系统、数据管理系统、用户二次接口开发等功能模块。平台于 2015 年 10 月开始项目试运行,2016 年 7 月完成第三方信息安全测评。平台为企业提供位置、数据、业务流程一体化解决方案,提升企业竞争力,为企业节省大量通讯成本。

【基于互联网的实时音视频通信服务平台】 上海欣方智能系统有限公司开发的基于互联网的实时音视频通信服务平台于 2016 年 7 月 29 日完成验收。该项目建设内容包含运营管理、配置管理、我的应用、系统管理、媒体服务等功能模块,并于 2015 年 9 月开始项目试运行,2016 年 4 月完成第三方信息安全测评。平台已有注册应用数 122 个,注册用户数 142 317 个。

【居民健康管理系统上线】 基于物联网的浦东新区居民健康管理信息系统于 2015 年 5 月启动,在区域卫生平台完成了相关软件的部署。2015 年 6 月,在周家渡街道、金杨新村街道、周浦镇以及惠南镇四家街镇进行了健康信息采集仪等健康设备的部署与培训工作。本项目累计投放健康信息采集仪 203 套、健康信息查询机 7 台,其中健康信息采集仪主要投放在各街镇的社区卫生服务中心、社区卫生服务站、居委会以及村委会(村卫生室),健康信息查询机投放于各街镇的社区卫生服务中心与分中心。截至 2016 年 6 月 30 日,四家街镇累计参与自我健康管理 230 503 人次,测量次数达到 333 060 人次。项目投入运行提升了居民健康自我管理能力与意识、提升了居民对社区卫生服务中心的信任度和满意度、增强了居民对社区卫生服务中心的依存度、降低了患者赴医院就诊次数，在一定程度上减少了医疗费用支出。并且，提升了社区基本公共卫生服务的可及性、可靠性和前瞻性，提升了全科(家庭)医生对慢性病患者的识别率、管理率和控制率，降低了医生盲目随访的频率和工作强度，有效利用社区卫生服务的分诊制度，增强了医联体的全专联动机制，合理安排区域医疗资源。

三、经济领域信息化

【银联商务电子支付综合云服务平台】 银联商务有限公司开发的银联商务电子支付综合云服务平台于 2016 年 6 月 29 日完成验收。项目建设内容包含云平台管理系统、营销联盟(原精准营销系统)、云 ERP(原智能店铺管家)等。平台于 2015 年 1 月开始试运行，2016 年 5 月完成信息安全测评。云 ERP 上线商户数 418 家，营销联盟系统月均交易 146.3 万笔。

【快钱业务拓展自动化系统研发项目】 快钱支付清算信息有限公司开发的快钱业务拓展自动化系统研发项目于 2016 年 6 月 29 日完成验收。该项目建设内容包含安全认证功能、业务信息协同门户、移动终端集成、流程中心、单点登录、订单管理、产品开通、文档合同中心、数据报表中心等。系统于 2014 年 2 月开始试运行，2015 年 10 月完成信息安全测评。已有用户数 1 526 个，订单效率提升 25%，运营总体人力成本下降 15%，人力效率提升 20%，实现营收增加 750 万元。

【低压电器商务运营管理平台】 上海良信电器股份有限公司开发的低压电器商务运营管理平台于 2016 年 5 月 27 日完成验收。该项目建设内容包含电子商务平台、基础数据管理、财务管理等功能。平台于 2015 年 6 月试运行，2015 年 9 月完成信息安全测评。实际使用平台的客户 267 家，实际搭建 BOM 数 510 个。项目的上线，使订单下达周期由 5 天缩短为 2 天，销售收入同比增长超过 10%，订单交付周期由 15 天降低为 10 天，产品物料清单准确率由 95%提升至 98%。

【面向金融支付业的综合支付处理云服务平台】 上海迅联数据服务有限公司开发的面向金融支付业的综合支付处理云服务平台于 2016 年 4 月 29 日完成验收。项目建设内容包含系统运行管理、业务参数管理、商户与终端管理、业务处理操作、系统日志管理等功能模块。项目于 2015 年 7 月正式上线，2015 年 10 月通过信息安全测评。系统已累计商户 111 250 家，机构 315 家，转接系统交易 40 499 笔，取得项目收益 4 400 万元，合计缴纳税金 450 万元。

【康耐特供应链信息化平台】 上海康耐特光学股份有限公司开发的康耐特供应链信息化平台于

2016 年 1 月 29 日完成验收。项目建设内容包含 ERP 系统、B2B 和 B2C 网站、终端 APP、RES 远程割边系统等功能。平台于 2015 年 9 月试运行，2015 年 11 月完成安全测评。

【香精香料行业一体化业务集成系统】 上海百润投资控股集团股份有限公司开发的香精香料行业一体化业务集成系统于 2016 年 6 月 16 日完成验收。该项目建设内容包含 Flavour-One 业务集成平台实施、金蝶 K3-ERP 行业流程定制及自定义开发、条码物流系统的实施、生产制造执行系统等功能模块。项目于 2014 年 5 月开始试运行，2016 年 5 月完成信息安全测评。系统内有效用户 156 名，系统中处理的食品香精产量 1 725 吨，烟草香精 243 吨，香精业务销售额约 1.66 亿元，完整记录了 4 000 多种产品信息，以及 1 000 多种原料信息、27 种产品标签等大量信息。

【拜特智慧园区公共服务云平台】 上海拜特信息技术有限公司开发的拜特智慧园区公共服务云平台于 2016 年 11 月 30 日完成验收。该项目建设内容包含招商项目管理、企业档案与信用管理、苗圃与孵化业务管理、企业全生命周期服务管理、园企互动服务、自由物业资产经营租赁管理、运营管理驾驶舱、移动应用（微信公共服务平台）等功能模块。平台于 2015 年 9 月开始项目试运行，2016 年 10 月完成信息安全测评。平台登录人次为 7 576 次、注册园区（公司）共计 12 家、在库合同总数为 975 个、在库企业数为 3 064 家。

【青橙定制化移动智能终端综合信息平台（一期）】 上海青橙实业有限公司开发的青橙定制化移动智能终端综合信息平台（一期）于 2016 年 11 月 3 日完成验收。该项目建设内容包含会员管理、商城前台、商城后台、订单处理系统、接口程序等功能模块。平台于 2015 年 12 月开始试运行，2016 年 5 月完成第三方信息安全测评，2016 年 6 月完成第三方软件测试。

【iEMOS 石化行业节能优化应用平台】 上海优华系统集成技术有限公司开发的 iEMOS 石化行业节能优化应用平台于 2016 年 7 月 22 日完成验收。该项目建设内容包含化肥主要工段生产诊断、炼油主要生产过程实时优化、重要大型设备实时优化、重点公用工程系统诊断与优化等功能模块。平台于 2016 年 3 月开始项目试运行，2016 年 7 月完成第三方信息安全测评。上海优华系统集成技术有限公司先后与中石化武汉分公司、中石油哈尔滨分公司、山东昌邑石化等企业签订服务合同，带来直接经济效益 300 万元。同时，本项目已在中石化、中石油、中海油、华谊集团等国内大型石化企业进行推广。

【第四方物流园区管理平台】 上海盛亚信息技术有限公司开发的第四方物流园区管理平台于 2016 年 6 月 16 日完成验收，该项目建设内容包含客户管理、客户项目管理、订单管理、货物管理、拆拼票、订单跟踪、承运商结算、承运商评价等功能模块。平台于 2015 年 6 月开始试运行，2016 年 5 月完成信息安全测评，已在 3 家物流园区和 53 家第三方物流企业试运行，累计处理运单 675 586 单，实现交易额 1 500 余万元。

四、城市建设管理领域信息化

【浦东e家园】 浦东新区市民城管通项目的系统硬件及网络资源依托于浦东新区政务云，业务系统依托于浦东新区网格化管理信息系统。本次项目完成了“浦东e家园”APP建设（包括问题上报、大家看看、城事动态等功能）、微信公众号开发建设，实现了与网格化管理信息系统和新区门户网站数据交换接口对接。2016年5月18日“浦东e家园”上线试运行，市民积极响应参与，以“随手拍、即时传”的方式反映问题。至10月31日，市民上报问题共计41 343件，立案26 353件，体现了“开门管理城市”的社会治理创新。同时获得《解放日报》、《文汇报》、《新民晚报》、上海电视台、上海人民广播电台等主流媒体重点报道，并给予积极评价。

【依托信息化探索创新城市建设模式】 2016年，临港地区、世博地区积极开展基于“BIM＋GIS”（建筑信息模型＋地理信息系统）的城市建管模式创新，探索将城市运行特征数据集中到“BIM＋GIS”一张图上面，为更高效的城市管理和运行提供支撑。同时，为鼓励推动BIM（Building Information Modeling，建筑信息模型）等新型技术在城市建设领域的应用，2016年浦东新区在全国范围内率先制定了BIM技术应用的指导性文件——《浦东新区建筑信息模型技术应用推广行动方案》，同时成立浦东新区BIM行业协会，引导推动行业企业形成合力，加快促进BIM技术在浦东城市建设中的落地应用。如在临港地区综合管廊建设上利用BIM模型，为后期的综合管廊运维管理提供了信息化、可视化的管理手段。

【浦东新区内河海事智能化综合信息平台（一期）】 浦东新区内河海事智能化综合信息平台（一期）完成了水上信息监管中心、内河视频监控系统、智能海事执法动态监管系统、RFID智能监管系统的开发建设。项目在川杨河后续河段（东段）以及浦东运河南段的河道两侧的码头、桥梁、油库以及水厂取水口等处建立了视频监控点19个。项目已在川沙、惠南两个分站进行了试点，相关单位也陆续开始通过“全球眼”进行常态化河道监控。巡查人员对航道日常监管效率有了很大提高，发现隐患、处理问题、执法整改的能力有了很大提升。

【浦东新区土地交易流程管理和信息共享系统（二期）】 “浦东新区土地交易流程管理和信息共享系统（二期）”项目在“土地交易（一期）”的基础上按照土地交易流程的变化进行了升级和完善，流程节点从原先的11个增加到32个。项目新增加了年度计划、地价管理、移动办公、国有土地使用权交易流程化管理、信息查询和统计分析的功能，并完成了各项开发任务。经过试运行，移动端和Web端进行数据共享和交换3万余次，大大提升了工作效率。项目积累了计划库地块（工业175块、保障房38块、经营性229块）共计442块，过程库地块(工业 78 块、办公 61 块、经营性商业 42 块、经营性住宅 40 块、研发 20 块)共计 241 块,成果库地块 108 块等信息。“三库”可独立实现信息快速检索查询、统计分析,为决策提供有价值的信息。

五、信息产业发展

【电子信息产业】 2016 年,浦东新区电子信息产业经营收入迈上新台阶,全年营收总额突破 5 000 亿元,电子信息产品制造业产业集群带基本形成,不仅拥有传感器、芯片、终端设备、通信设备等“硬”实力,同时也拥有设计、软件集成、公共服务平台、云计算、大数据中心等“软”实力。中芯国际、华力二期等一批重大产业项目开工建设。新一代信息技术、生物医药、高端装备制造等高新技术产业发展亮点频出,新一代信息技术、生物医药产值分别占上海市 41.1%和 44.9%的份额。

【2014~2016 年度集成电路设计业亮点企业】 2016 年 9 月 27 日,2014~2016 年度浦东新区集成电路设计业亮点企业在张江集成电路企业领导沙龙会议上颁布并授牌,共有 15 家企业获得此项荣誉。其中,展讯通信(上海)有限公司等 5 家企业获选实力型企业,上海晶丰明源半导体有限公司等 6 家企业获选成长型企业,上海芯导电子科技有限公司等 4 家企业获选潜力型企业。

【浦东两项目入选工信部智能制造试点示范项目公示名单】 工业和信息化部(以下简称“工信部”)公示了 2016 年智能制造试点示范项目,上海市 4 个项目入选,其中浦东新区有 2 个,分别是 C919 飞机网络协同制造试点示范和海立集团空调压缩机智能制造试点示范。这是在前期 3 个项目入选 2016 智能制造综合标准化与新模式应用项目的基础上,浦东新区在智能制造发展方面再次获得国家认可。

【4 家企业入围 2016 年中国电子信息百强企业】 2016 年中国电子信息百强企业正式发布,上海有 6 家企业入围百强,其中 4 家在浦东,分别是上海贝尔股份有限公司(排名第 33 位)、中芯国际集成电路制造有限公司(排名第 44 位)、华勤通讯技术有限公司(排名第 45 位)、上海华虹(集团)有限公司(排名第 77 位)。2016 年恰逢电子信息百强发布 30 周年,为此,中国电子信息行业联合会、中国电子报社又联合发布了电子百强 30 年 30 家创新发展领军企业名单,中芯国际集成电路制造有限公司、上海贝尔股份有限公司、上海华虹(集团)有限公司入选。

【浦东 4 家企业入围 2016 年中国软件业务百强企业】 2016 年(第 15 届)中国软件业务收入前百强企业榜正式发布,上海有 6 家企业入围百强,其中 4 家在浦东,分别是中国银联股份有限公司(排名第 8 位)、上海宝信软件股份有限公司(排名第 31 位)、上海华讯网络系统有限公司(排名第 33 位)、上海贝尔软件有限公司(排名第 46 位)。

【6 584 人获 2015 年度软集人员专项奖励】 根据《关于本市进一步鼓励软件产业和集成电路产业发展的若干政策》和《上海市软件和集成电路企业设计人员专项奖励办法》文件要求，浦东新区针对区域内的软件企业和集成电路设计企业，开展了 2015 年度软集设计人员专项奖励的受理及审核工作，共计 105 家企业、6 584 人获得该专项奖励，奖励总金额为 1.224 5 亿元。2016 年，浦东新区获得专项奖励人数和总奖励金额同比分别增长10.12％和 14.42％。通过不断落实政策，对于激励软集人才开发具有自主知识产权的产品、吸引高层次人才落户浦东，以及激发企业引才用才的积极性、降低企业用人成本等，均具有较好的推动意义。

【展讯通信入选中国制造业单项冠军示范企业名单】 2016 年，工信部正式公布了第一批制造业单项冠军示范企业名单，全国共有 60 家企业入围，展讯通信有限公司及其主营产品基带芯片成为上海市唯一入选的企业和产品。根据《制造业单项冠军企业培育提升专项行动实施方案》要求，示范企业从事相关业务领域的时间要达到 10 年或以上，单项产品市场占有率位居全球前 3 位，生产技术、工艺国际领先，产品质量精良，相关关键性能指标处于国际同类产品的领先水平，拥有核心自主知识产权，主导或参与制定相关业务领域技术标准。

【中芯国际加快国际化发展步伐】 2016 年 7 月，中芯国际集成电路制造有限公司完成对意大利汽车电子工厂的收购，由传统的通信、消费类电子市场向汽车电子市场拓展。同时，中芯长电半导体有限公司开始为美国高通公司提供 14 纳米硅片凸块量产加工，成为中国第一家进入 14 纳米先进工艺技术节点产业链并实现量产的半导体公司，产能已达到每月 2 万片 12 英寸芯片。

六、信息基础设施建设

【浦东科经委与上海移动开展战略合作】 为服务上海自贸试验区，推动科创中心建设，推进“互联网+”时代信息产业发展，共同谋求“十三五”布局开篇，浦东新区科经委与中国移动通信集团上海有限公司(以下简称“上海移动”)就共同推进智慧浦东建设开展战略合作。双方紧扣上海自贸试验区、科技创新中心核心功能区以及政府职能转变的主题，以推动信息化与相关工作的融合发展为主线，全面加强浦东新区信息化建设，打造“无线城市高度覆盖、城市管理高度智能、民生服务高度便捷、产业发展高度融合”的国内领先的信息化建设示范区。

【启动国内首个 5G 高频全网试验】 2016 年，上海市无线电管理局行政批复中兴通讯股份有限公司针对 5G 试验高频段临时用频的申请。获批后，中兴通讯股份有限公司在浦东张江园区进行了 5G 试验全网测试。这是中国 5G 试验第一阶段中,第一次全面进行的高频、低频技术测试,目标是2020年投入商用。

【公交车开通免费 WiFi】 2016年,浦东新区3 000多辆公交车开通免费 WiFi,基本覆盖浦东公交所有线路。公交 WiFi 采用4G设备,可保证50人同时在线,每个接入设备实际下载速度最高可达400 k/s,可以满足看视频的需求。通过 APP 上网方式,可简化联网步骤,并可提供实时公交查询、新闻资讯、移动搜索、视频、小说、游戏、网站导航、生活服务等各种内容,也可自动辨别黑客钓鱼 WiFi,并向系统后台报警。

【举办信息基础设施建设公益宣传活动】 2016年12月9日,上海移动互联网应用促进中心在沪东新村街道举办主题为"智慧浦东、无线城市"的浦东新区信息基础设施建设公益宣传活动。本次活动是上海市智慧城市宣传周系列活动之一,通过现场演示让市民体验使用"i-PudongFree"无线网络实时查询天气、菜价、交通等公共信息,使市民感知信息互联互通带来的公共服务的便捷。同时,通过播放基站科普宣传片、专家现场测量吹风机等电子产品辐射值、与市民现场互动问答等形式,向社区居民宣传无线科普知识。

七、信息化环境建设

【浦东成立全国首个科经委】 为打通科技创新和经济发展的通道,2016年8月24日,浦东新区科技和经济委员会正式挂牌成立,该委员会由浦东科学技术委员会与经济和信息化委员会合并而成。这是全国首个科经委,也是浦东新区在上海率先推出市场监督管理体制"三合一"改革后的又一项大部制重要改革举措。新成立的区科经委将着力体现科技创新和产业融合发展的大趋势、政府职能和管理方式转变的新方向、统一规范和精简高效运行的严要求,既促进科学研究、应用技术与产业的深度融合,又以产业发展推进科技进步和发展。新重组的区科经委内设12个处室,机关行政编制98个。区科经委将优化产业经济部门间的职责分工,加强部门内设机构综合设置,进一步推动政府工作部门行政编制精简;进一步理顺政府与市场、社会的关系;成为推进政府职能转变、推进科技创新转型发展的重要力量。

【荣获"2016中国智慧城市推进工作十佳城市"第一名】 2016年9月10日,由中国计算机用户协会、宁波市人民政府主办,中国城市信息化推进论坛、宁波市经济和信息化委员会承办的"2016中国智慧城市推进大会暨第五届中国城市信息化50强发布会"在浙江宁波召开,上海与北京并列获得"中国信息化50强城市"第一名,浦东新区获得"智慧城市推进工作十佳城市"第一名。自2008年首届中国城市信息化50强发布会举办以来,浦东新区已多次获得"中国城市信息化50强城市"、"中国智慧城市推进示范区"、"中国智慧城市推进工作十佳城市"等荣誉称号。

【浦东新区国家软件名城示范区建设】 2016年，浦东新区通过推进软件园扩区形成“一城两带”软件和信息服务业发展布局，发布推进软件和信息服务业发展的实施意见和财政扶持措施，从而完善产业发展环境。浦东新区软件和信息服务全行业围绕中国软件名城示范区建设的总目标积极进取，全行业实现经营收入2 750亿元，同比增长10.35%。增加值由2011年占全区生产总值5.4%提高至2016年7.9%，在浦东新区的经济支柱地位得到了进一步巩固。

【全区信息化工作会议】 2016年5月6日至7日，浦东新区举办信息共享推进会暨信息化与促进政府治理水平现代化培训班，全区四套班子成员、各部委办局、开发区管委会、人民团体、上海自贸试验区管委会职能局和区域管理局、各街道、镇、直属机构、区委直接管理的企业共计400多位副局级以上领导干部参加了培训。会议和培训旨在引导浦东领导干部学习、应用、管理信息化，提升浦东信息化应用和政府现代化治理水平。

【“信息化时代下的科技创新”专题研讨班】 2016年10月16日～11月5日，由浦东新区区委组织部、区科经委共同举办的2016年浦东新区领导干部“信息化时代下的科技创新”专题研讨班在中欧国际工商学院举行，区首席信息官、相关部门领导共计50余人参加。本次研讨班主要围绕“互联网+”背景下中国宏观经济走向、初创企业和创新网络、“互联网+”和互联网经济、实体业“互联网+”之路等主题，邀请宏观经济、产业创新等领域的专家学者为学员开展课程培训。

【数据与政府治理专题研讨会】 2016年9月，数据与政府治理专题研讨会——2016浦东新区智慧城市建设高端研讨会系列会议在上海市经济和信息化委员会(以下简称“市经济信息化委”)、上海市信息化专家委员会的指导下召开。会议以“以大数据应用提升浦东政府治理和城市管理能力”为主题，深入探讨大数据在政府治理和城市管理中的应用，为政务数据治理出谋划策，为新一轮智慧城市建设注入更多支撑力和驱动力。市经济信息化委、区科经委领导以及高校院士、专家等，分别就大数据在政府治理和城市管理中的应用发展趋势和案例作主题演讲。

【两家基地入选国家第二批小型微型企业创业创新示范基地】 2016年，工信部公布了第二批国家小型微型企业创业创新示范基地公示名单，全国有99家基地入选，上海共有3家，其中浦东有两家，分别是位于康桥的先进制作技术创业园和位于塘桥社区的双创产业园。加上第一批入选的张江移动互联网小微企业创业基地，浦东已有3家基地成为国家小型微型企业创业创新示范基地。

【推动“四新”载体建设】 2016年，浦东新区“小微企业创业创新基地城市示范”专项资金项目(第一批)公示，包括上海市重大疾病个性化诊治产业创新基地、上海市再制造产业创新基地、上海市网络信息安全服务产业创新基地等12家“四新”经济创新基地建设试点获得支持。2015年，浦东新区共23家基地获批上海市“四新”经济创新基地建设试点，占全市的27%。2016年，各个基地积极探索、努力创新，在集聚“四新”企业、推动技术创新、加强产业链整合方面取得了新成绩。

【两家基地获批上海"四新"经济创新基地建设试点】 市经济信息化委公布 2016 年度上海市"四新"经济创新基地建设试点单位,全市共 14 家单位获批,浦东有两家,分别是张江高科技园区开发股份有限公司的人工智能基地和上海宝藤生物医药科技股份有限公司的健康互联网基地。至此,浦东新区已累计有 25 家基地获批,占全市的四分之一。

【开展智慧城市宣传工作】 作为"2016 上海智慧城市进万家"系列宣传活动首站,浦东新区自 2016 年 7 月 8 日起,陆续举办"2016 上海智慧城市进万家"浦东站启动仪式、智慧生活服务大集市、智慧城市建设成果巡展、智慧园区建设与发展论坛、智慧城市市民感知度调研、大数据研讨会等一系列活动,积极配合市经济信息化委开展"2016 上海智慧城市进万家"活动,为市民带来丰富的智慧化体验。

【举办新型智慧城市创新发展峰会】 2016 中国(上海)新型智慧城市创新发展峰会在浦东新区召开。峰会对浦东智慧城市建设的成果经验进行了现场分享和交流,还邀请了多位业内专家和知名企业,共同对新型智慧城市建设的新趋势、新要求、新机遇等进行深入探讨,吸引了大量行业专业人员、市民参会。同时,"2016 上海智慧城市建设领军先锋评选暨'智慧工匠'技能竞赛"颁奖典礼在峰会上同步举行。人民网、新华网、《解放日报》、业内专业新媒体平台等均对会议进行了广泛报道,提升了浦东新区在智慧城市领域的影响力。

【"智能时代大未来"高峰论坛】 2016 年 1 月 18 日,由中国人工智能学会、湛庐文化、中科院院士上海浦东活动中心、上海市浦东新区归国留学人员联合会联合主办的"智能时代大未来"高峰论坛在浦东新区召开。中国科学院院士何积丰、《纽约时报》高级科技记者约翰·马尔可夫、国家信息中心专家委员会主任宁家骏、小 i 机器人创始人兼总裁朱频频,上海大学中欧工程技术学院书记钱晋武、上海交通大学机器人研究所先进电子制造中心副主任盛鑫军等专家、学者共同就人工智能的未来展开了探讨。

八、社会信用体系建设

【获批创建国家信用示范城区】 2016 年 4 月,浦东新区获批创建国家信用示范城区。信用体系重点工作可以概括为以下五个方面,即"升平台"、"推模式"、"抓政务"、"育环境"、"探应用"。从夯实信用平台到监管模式创新,再到政府、行业和基层全面展开,全方位、多领域地开展探索试点和创新,浦东新区公共信用信息体系建设已进入深化阶段。

【浦东新区公共信用信息服务平台】 2016 年,浦东新区公共信用信息服务平台完成了市法人库落地数据的归集,围绕信用信息归集、服务政府监管、服务信用市场、服务社会公众的功能目标，完成了框架搭建工作，包括信息查询、信用预警、证照监管、信用名单、信息归集、政策法规、系统管理等功能模块的建设。同时，制定了《浦东新区公共信用信息管理暂行办法》及相关细则等配套文件，初步形成了“1＋4”的制度框架，为平台建设运行提供了制度保障。平台自 2015 年 7 月上线试运行以来，已归集数据 500 余万条。通过公共信用信息服务应用，将逐步解决信用信息不规范不透明、市场准入和退出机制不健全以及信用缺失等突出问题。可以有效规范和调节市场主体的社会经济行为，增强主体的诚信理念，从而降低政府资源和社会交易成本，维护良好的市场经济秩序和金融稳定，形成良好的商务和投资环境，提高市场整体经济水平。

【深化全过程信用监管模式】 2016 年，浦东新区健全信用联合奖惩机制，制定《浦东新区守信联合激励和失信联合惩戒实施方案》及配套措施清单。其中，针对守信主体，制定了 24 条跨部门联合激励措施。针对严重失信企业，在安全生产等 12 个重点领域，制定了 43 条联合惩戒措施，涉及 23 个部门联动。同时，将联合奖惩措施分为强制性和推荐性，探索开展综合监管试点。通过建设事中事后综合监管平台，推动各领域监管信息的实时传递和无障碍交换，为新区各部门在实施综合监管过程中的协同工作提供支撑。如区规土局、区人保局、区商务委等与市场监管局建立了监管信息联动共享，将近百家企业纳入预警范围，防范监管风险。并且，开展信用分类监管试点。浦东新区已在产品质量、税务征收、货物通关等重点领域开展信用分类监管试点，取得了一定成效。在此基础上，浦东已开展企业信用等级标准研究工作，探索设计浦东企业信用状况指标体系和企业信用等级评估标准，并且结合浦东新区公共信用信息服务平台，将分类结果应用到城市管理、社会治理、经济发展等领域，形成“全方位、多层次、宽领域”的信用应用生态。

【推进政务诚信体系建设】 2016 年，浦东新区制定《浦东新区“推进政务诚信建设”改革事项工作方案》，以“公开透明、执行有力、廉洁勤政”为目标，设计了一套一级地方政府政务诚信指标体系。指标体系以“透明度、执行力、廉洁性”三个维度作为评判政务诚信度的基本维度，涵盖 3 个一级指标、6 个二级指标，进一步完善政府工作的社会评价机制。并且，线上线下结合提升信用信息公开透明度。在原有保税区办事大厅公共信用信息对外查询窗口的基础上，在浦东市民中心新增公共信用信息对外查询窗口，方便企业、个人进行公共信用信息查询。根据国家和上海市“双公示”工作要求，升级“信用浦东”网，通过该网站向社会集中公开各类行政处罚、行政许可信息。同时，浦东司法机关在“信用浦东”网上公示司法判决、失信被执行人名单等信息，引导社会力量参与失信联合惩戒，形成全社会监督的新格局。

【召开浦东新区社会诚信体系建设联络员会议】 为贯彻国务院“关于建立完善守信联合激励和失信联合惩戒制度、加快推进社会诚信体系建设的指导意见要求”，加快构建以信用为核心的新型市场监管体制，区科经委组织召开浦东新区社会诚信体系建设联络员会议，专题讨论《浦东新区守信联合激励和失信联合惩戒实施方案》、《浦东新区守信联合激励措施清单》和《浦东新区失信联合惩戒措施清单》。30 个委办局和街镇的联络员在会上认真讨论了各自领域措施清单涉及的内容、操作路径以及可能存在的问题等。

【开通信用查询窗口】 2016 年 7 月 7 日，浦东新区信用查询服务窗口正式入驻浦东新区行政服务中心。浦东新区内企业、个人可通过该窗口查询公共信用信息报告。浦东新区一直以来重视社会信用体系建设，2016 年 4 月，浦东综合配套改革试点工作会议就明确提出，推进政务信用资源共享体系和社会信用体系建设是 2016 年浦东综合配套改革的八大重点项目之一。此次，浦东新区信用查询服务窗口对接上海市公共信用信息服务平台，开通对企业、个人信用报告的查询服务并对其发放公共信用信息报告。对个人而言，从新能源汽车补贴申请到廉租房申请，都需要申请者提供个人信用报告；对企业而言，从许可资质认定到政府采购招投标再到企业相关扶持政策的申报，越来越多的行政事项将提供企业信用报告作为基本要求之一。平台已能查询上海市 138 万家企业以及 2 480 余万自然人的信用记录。

（蒯晓豪）

第二章　徐汇区信息化建设

概　述

2016年，徐汇区以深化行政审批制度改革、加快政府职能转变、加强事中事后监管为主线，坚持以制度夯实责任，以科技提升效率，以信息共享为突破口，构建以“前台服务、中台业务、后台支撑”为主要特征的“互联网＋政务服务”信息平台，为深化改革提供技术保障。同时，聚焦信息产业集群，利用信息化手段巩固徐汇区以现代服务业为主导的产业结构。

一、政务领域信息化

【探索商事制度改革新模式】　2016年，以徐汇区行政服务中心（以下简称“区行政服务中心”）建设为突破口，徐汇区通过信息化手段整合了24个部门、10个办事大厅、145个窗口。全区机房面积、运维成本、管理人员较原来减少超过三分之二，信息安全整体保障能力、数据资源综合集成能力得到显著增强。一是整合基础信息资源。自2010年起，徐汇区不再批准以区属部门名义提出的数据机房、政务网络、硬件设备、产品软件等基础信息资源建设预算申请，而是由相关部门提出信息化需求，汇总到徐汇区府办统一审批、统一建设，实现了基础设施建设集约化、一体化。在区行政服务中心建设过程中，将进驻事项涉及的24个部门原有的十余个数据机房整合为一个云计算数据中心，实现了对全区涉行政审批服务的部门“系统清、业务清、数据清”，为政府信息共享奠定了软硬件基础。二是明确数据所有权归属。在上位法尚无明文规定的前提下，徐汇区借鉴国际经验，明确凡区级财政投资建设的信息系统，硬件、软件和数据均属于区政府，由区府办负责管理；在与市级部门协商数据共享时，则通过协议明确区里只享有数据使用权而非所有权，力争阻力最小化，为数据共享奠定了软硬件基础。三是统一信息资源应用管理。为消除部门在信息化建设上各自为政的痼疾，徐汇区将政务信息资源共享应用的权责统一集中到区行政服务中心。由部门提出业务需求，区行政服务中心为其量身定做应用方案，协助其与市级部门商议信息共享方式，同时指导监督有关部门对共享数据的使用情况，促进政府数据的跨部门共享应用，并以政务信息共享倒逼部门互联互通和业务协同。2016 年，基于信息共享的行政效能显著提升，全区 483 个审批和服务事项实现 100%上网。结合徐汇区商事登记制度改革，建立“一表填报、一口收件、协同办理、限时办结、统一发照”运行机制，实现“少跑路、减材料、省时间”，企业在设立阶段实际申报信息减少二分之一，申报材料压缩三分之一，因往返次数减少和网上办理增加，区行政服务中心现场受理量下降超过 30%。

【建立事中事后综合监管体系】 徐汇区将市工商、市税务等 12 条专网、71 个市区联动系统、2 个区自建系统接入数据中心。通过收审分离、信息匹配、数据落地等措施，坚持以业务需求为导向，分层分类地实现共享，形成了与企业相关的完整数据链。

【服务审批实现数据留痕】 在现有审批流程不变的前提下，统一前台窗口服务，率先探索具有“统一收件、协同分办、依职审批、信息匹配”特征的标准化受、办理系统，企业、市民办事由区行政服务中心提供统一的提前服务、协助收件。优化部门专业审批，各部门窗口人员借助云计算技术，可以在受理系统和审批系统间进行无缝切换，严格按照专业标准进行规范审批、透明审批。系统还可以将审批过程和结果数据与收件数据进行自动匹配，实现所有数据留痕。

【加大市级信息共享对接力度】 徐汇区与市级部门整合约定数据标准（如数据范围、内容、数据等），实现上海市法人库、人口库、空间地理库、市场主体名录库、信用信息库和实有房屋库六大基础数据库涉及徐汇区的信息统一落地，涵盖 5 大类、1 021 子类、1 235 万条数据记录，数据落地频率加快，数据范围不断拓展。如市法人库数据下发从每月一次变为每日一次，徐汇区属部门已向徐汇区法人库归集审批办件信息 80 万件、电子化证照 1.5 万件。

【建立闭合监管信息链条】 以确保安全为前提，依托徐汇区网上政务大厅构建的横向平台，向审批、监管部门以及街道提供数据支撑，提高一线监管、执法效率。同时，扩大基层数据采集范围、加强过程类信息采集，实现了归集信息的“三个全”，即全生命周期、全过程监管、全要素内容。工作中形成的新动态信息，则按“一致性、真实性”的标准，补齐基础信息，形成全程“监管闭环”。

【一户一档、动态归集】 徐汇区率先探索对在徐汇注册的 3.8 万家企业建立“一户一档”，以企业社会信用代码（或营业号）为唯一索引，将所有政府机关、社会组织所掌握的信息汇集于企业名下。采集数据不仅限于市法人库涵盖的 35 家市级委办局结果类信息，还收入了司法机关失信人信息、公共事业单位缴费情况信息等。

【数据采集严格遵循“一数一源”】 “一户一档”比对后对结果不作判断，对数据不作校正，而是记录所有差异，由应用主体进行判定。同时，使用数据部门在提供服务、实施监管过程中履行采集数据的责任。已完成企业法人、自然人、地理信息等716条政务信息数据集的编目梳理，归类归源的数据项已达6 000余项。通过信息共享和数据落地，徐汇区以企业综合监管系统、网格化综合管理系统、社区综合治理系统为重点，在市场监管领域（园区）、城市管理领域（街区）和小区综合治理领域（居民区）平行开展工作。率先实现企业综合监管系统证照分离（双告知）功能的网上运作，实现市场主体登记注册信息在市场监管部门和其他审批监管部门之间的“一网归集、双向服务”。同时，在市场监管领域率先开展“双随机”抽查检查工作，逐步实现市场主体全覆盖。

【推进网上网下一体化政务服务】 徐汇区复制上海自贸试验区企业注册“单一窗口”模式，于2014年7月开始探索企业设立单一窗口服务模式，实现了工商、质监、税务、商委、统计“五证联办”。2016年，借助更加丰富的落地数据，进一步拓展至其他审批部门，增强部门协同，将“五合一”模式升级为“5＋X”模式，延伸纳入涉及部门更多、程序更加繁琐的企业变更事项，减少企业审批时间、优化企业服务。

【优化网上服务】 区行政服务中心已实现所有审批事项上网，审批事项和相应的办事指南、表格下载、网上预约、网上填报、网上反馈覆盖率均为100％。开通网站、微信、APP等网络服务渠道，提供多渠道政务服务。实体大厅月均接待量突破6万人次，网站、微信月均访问量突破44万人次。

【加强网上与网下联动】 按照依法行政、便民利民的要求，在标准化的基础上，区行政服务中心将网上服务与现场服务的一般过程梳理成12个动作，形成闭环。从细节入手，逐一选择合适的信息化手段，打通网上与网下、前台与后台、部门与部门之间的业务环节，支撑审改工作和“单一窗口”建设，努力让市民少跑路、办事快、服务优、体验好。

【推行全程网上办理】 聚焦企业和市民普遍关心、量大面广的服务事项，以“网上做实、扩大增量，网下做优、持续减量”为目标，进一步优化流程、精简环节及材料，并不断提高网上全程办理的覆盖面和办理量。推出新版营业执照换证、优秀历史建筑装修改造申请、企业开业名称核准、企业经营范围变更、科技创新服务券等40项全流程网上办理服务。

【改进服务体验】 以办事指南为基础，结合运行数据，改进咨询服务质量，提升服务满意度。区行政服务中心启动“一口咨询”引导服务以来，已受理咨询1 755条，归纳整理为836个事项。依托“一口咨询”平台，全面归集窗口、电话、网站、微信、APP、智能语音等多渠道信息，建立以行政相对人为核心的客户管理体系与个性化的网上办事档案，并对办事指南、服务流程进行图形化、界面化，探索开展精准推送服务，让群众“看得懂、办得顺、查得清”。

【整合社会资源】 积极推进政务服务数据的汇聚、共享和利用，构建政府、企业和社会的紧密型合作机制。以政社合作为手段，探索精准服务，实现政企信息对接、流程衔接，联合解决认证、物流问题。加强政务信息与互联网媒体互联互通，与腾讯客户端合作的“徐汇智慧服务”已正式上线，可在线办理民生服务和生活服务。发挥政府优势，统筹整合各方资源，与区产业促进中心共建“企业服务随心选”平台，引入多家业内标杆服务机构，为企业提供专业、便捷、有效的代理服务。如为注册地在徐汇的企业提供法律咨询、人事代理、移动 OA、市场推广等专业高效的网上服务。自徐汇区“单一窗口”开通以来，徐汇区企业设立平均办理时间为 4 个工作日，时间缩短 80%；企业变更登记具体事项，办理时间在 5 至 10 个工作日，平均时间缩短了 50%。当事人提交材料份数、往返现场次数也大幅减少。2016 年，徐汇区新注册企业增长 10.2%，注册资金增长 30.1%。

（胡　喆）

二、社会领域信息化

【养老信息化】 一是完善老年照护统一需求评估管理信息系统建设，开发居家养老结算系统、养老机构管理系统，完善机构养老轮候系统。二是重视老年人健康期望寿命，建立“医养云”中心平台，试点区属医疗卫生资源向养老机构、日间服务中心和高龄老人医疗护理服务延伸，新增 5 家养老机构内设医疗机构。

【医疗信息化】 通过加快硬件建设，在全区 13 家社区卫生服务中心建成“1＋1＋1”签约系统，与市级系统实时互联，实现签约、延伸处方、分级转诊、处方审核等功能。加大“云医院”的推广和运用，解决就医“最后一公里”难题。

【法律服务信息化】 徐汇区法院全力提升信息化建设水平。制定完善的相关制度，加强对信息系统的安全保密管理，提升信息化运维工作规范化、精细化、高效化。自主研发智能庭审助手系统、院长助理系统、审委会电子助手系统、诉讼导引查询留言系统、智能办公系统五项信息化系统，促进信息化与审判工作深度融合。开发集录音、录像、远程通话功能于一体的执行单兵系统，规范执行行为，强化统一指挥。启用二维码自助立案系统，实现让立案当事人通过手机预先输入案件信息，切实提高立案工作效率。同时，以新审判大楼信息化建设为契机，在法院安防工作中植入智能理念，坚持“实用至上”的原则，打造安全保卫和警务保障的信息化建设平台。另外，徐汇区法院还深入推进诉讼服务中心建设，依托“上海法院律师服务平台”推广网上立案、网上查询等功能，提升司法服务的效能，做到律师足不出户即可立案。

【司法信息化】 徐汇区司法局加强司法行政建设，提升法律服务能级，不断提升履职能力。通过树立“互联网＋司法行政”的工作理念，推进网上公共法律服务平台的开发和运用，为群众提供在线法律咨询、法治宣传、法律援助申请等公共法律服务。

【基层社区管理】 徐汇区积极打造“三朵云”，提升基层社区管理服务水平。一是建立管理服务云。积极推进区行政服务中心建设，对接网格管理中心社区治理信息系统和区事中事后综合监管系统，开发“民生服务、居委管理、电子台账”三大模块。依托人口库、法人库、房屋库等六大基础数据库1 226万条数据落地，推进部门间数据交互、信息整合和动态监管。二是优化政务服务云。加快政务服务标准化建设，为居民办事提供便利。在居委会推广设置社区事务延伸服务点，并完善手机APP和微信公众号的排队预约、政策咨询和进度查询等功能。三是完善生活服务云。开发“徐汇生活云”手机APP应用，采用“线上定制、线下服务”模式，形成集医疗健康服务、民政公共服务、生活便民服务为一体的综合性社区服务信息化平台。

【数字档案馆】 2016年，徐汇区数字档案馆高分通过测试，成为上海首家“全国示范数字档案馆”。徐汇区数字档案馆在民生档案“全市通办”已覆盖区内13个街道(镇)的基础上，将区行政服务中心作为服务点之一纳入全市通办体系，提升“就近查档、就地出证”的服务能级。徐汇区数字档案馆已深入到档案工作“收、管、存、用”各个方面，成为徐汇档案工作发展的重要平台。

【智慧城区警务民生服务平台】 天平街道搭建智慧城区警务民生服务平台，实现警务民生线上线下的虚实互动、高效运转。平台主要包含三大功能：一是实时发布国家有关政策法规、宣传社会主义核心价值观、滚动报道社区事务和居民区动态。二是警务政务互动。平台与公安部第三研究所合作，实现警务政务功能信息化。居民可通过平台进行交通违章查询、个人公积金查询和实时报警等功能操作。三是方便快捷的民生服务互动。平台整合了旅游、气象、文化、健康、广播等应用，并可在线查询周边吃穿住行等信息，服务居民群众。

【智慧菜场】 2016年，“智慧菜场”作为徐汇区政府建设实事项目，通过菜场互联网化改善民生。“智慧菜场”在标准化菜市场中设置追溯系统，对区内各标准化菜市场进行管理，区商务委及区农产品协会定期进行监督检查，确保各菜市场食品安全保障措施切实得到落实，以提高追溯系统的运行质量和效果。同时，通过提高食品流通组织化、信息化水平和安全保障能力，规范标准化菜市场追溯系统运行管理工作。古美菜市场作为徐汇区首家“智慧菜场”，实现了硬件设施、销售模式、支付手段三个方面的能级提升。通过“菜市场＋互联网”，古美菜市场经营点作为客户体验中心，实现线上线下联动销售，消费者足不出户，便可在京东网上选购下单，经营点配货送货，以电商技术实现线上下单及送菜到家服务，使更多市民享受到自行选购送菜上门的便利。通过引进新型支付方式，以优惠措施鼓励采用“一卡通”结算，实现了菜品电子秤具与金融支付机具合二为一，全面支持IC借记卡、异形卡以及ApplePay等多种支付方式，减少触摸食品和现金的几率，大大提高了食品安全程度。

三、经济领域信息化

【金融创新】 2016 年，徐汇区现代服务业实现营业收入 1 780 亿元，增长 14%，对全区税收贡献率达到 46%。其中，专业服务业和信息服务业营业收入占现代服务业营收近 70%，发展优势进一步显现。徐汇区与中国人民银行上海总部、上海市金融办等单位签订战略合作协议，鼓励资本融合与融资服务创新；构建“创投＋孵化”科技金融平台，形成贷款风险补偿与天使投资基金“双轮驱动”的融资服务新模式，以政府引导资金带动社会创新资本投入。

【智慧商圈】 2016 年，徐家汇商圈能级提升取得实质性进展，商圈实现无线网络室内全覆盖，引进微信、支付宝等团队开发移动支付项目，大力发展线上线下融合模式，促进实体百货转型升级。徐家汇商圈与支付宝签订了战略合作协议，着眼商圈大数据应用和商圈服务升级的多维度合作，以科技创新驱动商圈新发展，共创新零售生态链。

四、城市建设管理领域信息化

【城管信息化】 2016 年，徐汇城管不断提升信息化建设步伐，完成 15 个中队暂扣物品集中处理和大队机关光纤联网，建成较为安全、可操作和低成本的数字政务信息网络。完成集执法数据、日常办公、信息报送、装备管理、信访受理等为一体的城管执法综合信息系统，逐步实现网上无纸化办公。在重点区域和路段布置街面视频监控，执法车辆全部安装 GPS 定位系统，建成中队、大队两级内部视频监控系统，建立大队指挥中心和应急处置平台，与市城管总局、区应急办、街面视频监控系统等实现联网和资源共享。

【住宅小区综合治理】 2016 年，徐汇区住房保障和房屋管理局积极搭建小区综合管理数据信息平台，即“徐汇物业服务 E 站通”，以提高房屋管理工作效率，解决面广、项目多、信息量大等管理难题。并且，通过物业管理综合服务中心突出大数据应用理念。面向全区的物业管理综合服务中心依托小区综合管理数据信息平台，提供了物业数据信息查询分析、行业培训、事务代办代理与维修资金管理四大职能。同时，借助大数据平台提升小区综合治理宣传效果。注重发挥微博、微信等新媒体在管理服务中的运用，制订“互联网＋小区综合治理”宣传行动计划，引导业主树立正确的物业服务理念。

五、信息产业发展

【聚焦产业集群】 2016年,徐汇区信息产业总规模达到723亿元,同比增长12.97%,保持快速增长。一是推进产业创新联盟发展。支持联盟整合产业链创新资源、支持上海国际信息消费节,扩大行业影响力。二是加强企业走访。建立服务企业的联系走访机制,每周定期走访信息产业相关企业,了解企业发展情况、行业发展现状及趋势,及时响应企业在发展过程中遇到的问题,把服务措施落到实处。三是加强保障机制。与上海市软件行业协会、上海市信息服务业行业协会、上海市集成电路行业协会和上海市交通电子行业协会加强合作,推进市级相关产业活动在徐汇的开展。深化合作机制,推进腾讯上海创业基地、微软创投加速器、游族创新创业等众创空间建设,为产业进一步发展储备增量。

六、信息基础设施建设

【智慧城区建设】 2016年,徐汇区完善智能基础设施布局。公众固定有线宽带上网体验速率达到50兆比特/秒。建设区级数据中心和区域云计算系统。在社区事务受理、医疗健康、养老、教育、交通等公共民生服务领域,基本建成便捷高效、覆盖全区居民的信息基础设施服务体系。

七、信息化环境建设

【虹梅街道推动科技创新集聚区建设】 重点突出科技与金融创新、提升园区服务特色、完善园区基础配套、创新园区管理服务模式。围绕园区数字化、智能化、便利化和人性化,推进以物联网、云计算为主要技术支撑的智慧园区建设,提升园区企业的办公效率和信息化水平,构建开放共享、高效便捷、融合创新的智慧环境。

(吴卿云)

第三章　长宁区信息化建设

概　述

2016 年，长宁区围绕上海科创中心建设，着力发挥“互联网＋生活性服务业”创新试验区示范效应，扎实推进区域信息化建设。综合性交通服务 APP“长宁交通”建成推广，有效解决市民出行交通烦恼；微信版“上海长宁”便民服务大厅正式上线，全天候、零距离地为社会公众提供各类信息服务；“上海智慧城市进万家”长宁站活动特色鲜明、内涵丰富、组织有序，有效提升了长宁区市民对智慧城市发展的参与度、感知度和获得感；公共 WiFi 热点覆盖所有重点商圈，光纤到户率达 90％以上；社会信用体系建设逐步深化，应用进一步拓展，形成具有区域特色的公共安全和城区管理领域信用数据清单，并探索互联网金融领域社会信用应用。

一、政务领域信息化

【开通区级科技服务信息化平台】 长宁区开发科技创新服务平台，自 2016 年 4 月平台建成并上线运行以来，1 家众创空间、3 家功能性机构平台以及 80 家中小型创新创业企业在平台上成功注册。通过该平台为企业线上受理科技创新券（A 券）1 332张，给予 25 家企业 25 个项目，有效提升了区域政策服务的覆盖面和管理效能，增强企业科技政策获得感。

二、社会领域信息化

【青少年网络安全公益项目结题】 2016年9月22日，第三届国家网络安全宣传周(上海地区)暨第六届上海市信息安全活动周青少年日举行，长宁区少科站、愚园路第一小学承办的“青少年信息安全教育之CSO进校园”系列活动在愚园路第一小学进行了成果展示。该项活动是全国首个面向青少年的网络安全公益项目，旨在从培育造就新一代“中国好网民”入手，通过实验班级网络安全意识教育系列课程、科普老师集中培训、校园公开课等方式，从点、线、面各个维度对青少年网络安全意识教育进行全面探索和教学研究，使广大青少年学生了解信息安全知识、掌握信息安全方法、提高信息安全意识。展示会上，全国首个“青少年网络安全教育试点基地”在愚园路第一小学正式挂牌。

三、城市建设管理领域信息化

【“长宁交通”APP上线】 2016年4月，“长宁交通”APP正式上线，平台整合资源，开通实时路况、停车服务、公交出行、错时停车、公共自行车、意见反馈六大板块，有效方便市民出行，在一定程度上缓解交通压力，受到广泛欢迎。

【“智慧长宁”手机端开设“962347”板块】 2016年5月，长宁区在“智慧长宁”手机应用中增设长宁“962347”板块，受理市民关心的城市建设和管理问题。手机客户端建立事件上报、平台反馈、事件跟踪为一体的工作流程，可受理和办理市民提出的涉及政府公共管理服务方面的投诉要求；受理和办理市民生活中遇到的非紧急类求助；受理市民对长宁区经济发展、社会管理和城市建设等各方面的意见和建议等。市民发现日常生活中政府管理与服务中出现的任何问题，都可以随时拍照并附上简单说明，将问题上传至网格中心。APP后台对市民提交的事件有严密的督查督办机制，严格办理时限，灵活运用条块结合及社会力量参与等多种管理方式，及时解决市民生活中遇到的各类问题。

四、信息产业发展

【长宁企业获国家机器人检测评估首批认证】 2016年10月20～25日，上海木爷机器人技术有限公司携自主研发的22台Cooky（酷奇）服务机器人参加世界机器人大会，全球共150余家机器人科技企业参展。酷奇通过国家机器人检测与评估中心的各项评估检测，成为全国首批通过认证的3家企业之一。

五、信息基础设施建设

【加强区域无线局域网络覆盖和使用】 2016年，长宁区启动信息基础设施专项规划编制工作，进一步合理规划布局区域内的信息基础设施，规范各通信运营商信息基础设施建设流程。区内建成的117处i-Shanghai热点运行良好，确保了主要商圈、公共场所及部分创新创业基地无线局域网络覆盖和使用。

【开展关键信息基础设施网络安全检查工作】 2016年8月，长宁区开展全区关键信息基础设施网络安全检查工作，全区21家单位完成了39个设施的自查工作（含电子商务平台3个），37个部门反馈无关键信息基础设施，网络安全运行情况良好。

六、信息化环境建设

【两人入选“2015年上海市浦江人才计划”】 由长宁区推荐的紫盛网络科技有限公司创始人蒋逸雯和上海海濯农业科技有限公司总经理宁博入选2015年上海市浦江人才计划资助名单，各获上海市财政20万元项目资助。长宁区进一步支持和鼓励海外高层次留学人员来沪工作和创业，优化长宁区创新创业发展环境。

【“2016上海智慧城市进万家”长宁站活动】 2016年9月9日，“2016上海智慧城市进万家”系列宣传长宁站活动在长宁区多媒体广场举行。长宁区科学技术委员会（以下简称“区科委”）作为主要承办方组织开展相关活动。此次活动包括智慧生活大集市、智慧城市大讲坛、智慧城市论坛等丰富内容。

【“网卷风”系列活动之创交会举办】 2016年10月11日，长宁区“互联网＋生活性服务业”——“网卷风”系列活动之创交会举办。本次“网卷风”系列活动是“2016上海智慧城市进万家”长宁站系列宣传活动的重要组成部分。结合长宁区建设上海市首个“互联网＋生活性服务业”创新实验区，活动现场组织了30家区内优秀“互联网＋生活性服务业”企业设摊展示各自为民服务项目，邀请各街道镇和委办局相关人员与企业面对面交流，洽谈政府采购意向，旨在为“互联网＋生活性服务业”企业进驻社区、园区、楼宇建立畅通渠道，实现需求精准对接。

【上海智慧城市体验周长宁站活动】 2016年12月1日，长宁区“互联网＋生活性服务业”企业“网卷风”系列活动启动仪式举办，正式拉开上海智慧城市体验周长宁站活动序幕。长宁区智慧城市体验周活动持续半个多月，自12月1日起至12月中下旬，覆盖区内十个街镇。本次活动以“惠享生活，创想未来”为主题，内容涵盖智慧文体、智慧家政、智慧旅游、智慧医疗、智慧电商等多个方面，旨在进一步加大智慧城市建设的宣传力度，突出体现智慧化民生服务的感受度，提升市民对智慧城市建设成果的体验度和获得感。

七、社会信用体系建设

【聚焦公共安全和城区管理领域信用体系建设】 2016年，长宁区公共安全与城区管理领域信用体系建设工作专题推进会召开，会议通报了公共安全和城区管理领域信用体系建设工作总体推进情况。长宁区已形成具有区域特色的公共安全和城区管理领域信用数据清单，涉及信息事项51个，其中，法人类40个、自然人类10个、地址类1个；按照信息类别划分，登记类9个、监管类21个、执行类6个、资质类14个、共享类1个。地址类事项为居住房屋群租整治信息，主要是为解决无法确定房屋产权人或者群租房出租人而拓展的事项类别。在出具行政处罚前，以共享信息的形式，推动各部门联合惩戒，提高整治效果。各部门完成归集、更新数据的数据项共34项，归集数据80 205条，涵盖企业经营异常信息、食品安全经营信息、特种设备安全管理信息、商品质量抽检信息、市场行政处罚信息、消防安全处罚信息、治安交通出入境处罚信息、城管行政处罚信息、安监行政处罚信息、居住房屋群租整治信息等，基本覆盖了城区管理各重点方面。

（李　辰）

第四章　普陀区信息化建设

概　述

2016年，普陀区信息化工作在市经济信息化委的指导下，对照区委、区政府“科创驱动转型实践区、宜居宜创宜业生态区”发展目标，重点围绕智慧政务先行先试、信息产业集群发展、信息基础设施能级提升、环境氛围营造、社会信用体系建设等方面工作，强化体制机制建设，注重资源共享整合，以点带线，以线促面，有序推进区域信息化建设，取得了显著成效。普陀区荣获“2016年度区无线电管理工作集体和个人表扬”、2016上海信用典型案例评选“案例报送十佳单位”等奖项。

一、政务领域信息化

【基础数据库项目建设】　普陀区基础数据库项目于2016年3月正式启动建设，由三库(自然人库、法人库、地理信息库)、一平台(数据交互平台)、一系统(数据资源管理系统)组成，数据来源为市级数据和区级数据。从市人口库、法人库累积入库总数据量达到6 000万条。全区各部门围绕人口、法人和产业经济数据进行“一数一源”归集，共归集历史数据36万条，其中人口数据35万余条，法人数据5 800余条，产业经济2 000余条。系统上线后，按月完成区级政务数据归集14.8万余条。普陀区基础数据库已完成区楼宇信息管理系统、“科创十”系统、网上政务大厅、医疗救助系统、社区事务受理中心、环保二期系统的数据对接工作。

【普陀区数据资源管理系统上线试运行】　普陀区数据资源管理系统于2016年7月1日上线试运行，该系统共建有9大板块、40个二级栏目、82个三级栏目，落地归集自然人和法人数据380项、

1 440 148条,确认29家区级部门"一数一源"资源共1 633项,可查询全区法人登记类、资质类、处罚类基本信息,区实有人口统计数据,并在GIS地图中进行展现和分析。其中,普陀区政务资源目录管理系统于2016年10月正式上线运行,系统包括政务资源编目、目录注册、使用申请、审核应用等功能。首批纳入系统的共有17家单位、113个目录、1 200个数据项,覆盖人口、法人、产业经济等内容。

【区行政服务中心信息化项目立项】 普陀区开展行政服务中心信息化项目需求和方案设计,做好可行性研究、项目立项和招投标。以构建政务O2O为目标,形成行政服务中心"互联网+政务服务"架构,规划信息化建设内容为4大类、32个子系统,其中行政服务中心综合服务平台落实"让数据多跑路,群众少跑腿"的建设理念,拟建设办事窗口管理系统等12个子系统,围绕"三个一"(一号、一窗、一网)开展大楼整体网络、系统、通讯、应用等功能设计,为公众提供精准化、便捷化的政府服务。

【网上政务大厅审批事项全部接入】 普陀区网上政务大厅主要服务于个人、法人和其他组织,以服务对象为核心,以对象生命周期为主线,以对象需求为导向,提供便捷、规范和高效的"一站式"网上办事服务。系统包括标准化服务平台、单一窗口综合管理平台、预约综合管理平台等。2016年,完成344项审批事项100%接入网上政务大厅,市级下放涉及20个部门,共接入223项。其中市级下放的事项中,71项实现网上预约或预审的三级网上办理深度。区级模块接入121项,全部实现网上预约或预审的三级网上办理深度。

【"普陀微办公"上线】 "普陀微办公"于2016年11月1日正式上线运行,包含日程安排、会议通知、邮件、信息简报、通讯录、通知公告、微信矩阵等功能。普陀区电子政务平台用户可通过该微信号,实时查看通知公告、信息简报及日程安排,及时接受最新邮件,随时发送、签收会议通知。除上述功能外,系统还提供了二维码扫描会议签到、微信矩阵一键关注所有区内公众号等功能,真正实现移动办公需求。

【事中事后综合监管平台上线】 普陀区事中事后综合监管平台是在区网上政务大厅的建设框架下,以普陀区法人库为支撑,以企业统一社会信用代码为标识,构建集信息归集、监管措施、共享应用为一体的综合信息化系统,实现企业信息统一归集共享、政府部门监管履职与业务协同、社会力量参与与信用监督,为构建与现代商事制度相适应的市场监管体制机制,形成完善的事中事后综合监管体系提供有力支撑。普陀区于2016年6月启动区事中事后综合监管系统建设工作,并于2016年年底正式上线。

【保障"两网一站"安全有序运行】 加强普陀区网络与信息系统安全建设,保障"两网一站"安全有序运行。2016年,普陀区电子政务平台新增用户1 365个,累计用户达8 306个。政务外网接入应用21个,公务网接入调整应用30个。门户网站受理90余次子网站和门户网站维护工作,配合各单位完成子网站部署、维护、更新等工作,配合门户网站管理中心做好门户网站后台的技术支撑工作。定期对门户网站及子网站进行漏洞扫描，对网站存在的高危安全漏洞联系各单位进行整改。

【区级公务网高清视频会议系统投入使用】 2016年11月22日，普陀区委、区政府利用高清视频会议系统收听、收看了上海市城乡中小河道综合整治工作电视电话会议。这是普陀区高清视频会议系统建成后首次召开全区性高清视频会议，实现了市级、区级和区街道镇三级视频会议系统的联动。区级高清视频会议系统的核心设备部署在区公务网网络上，扩容简便。各街道镇、委办局及社会团体通过视频会议终端和音视频设备即可参会、组会。系统可同时支持召开10组在线高清视频会议，可实现双流双显功能。

【推进软件正版化工作】 根据国家和上海市软件正版化工作要求，强化组织领导，健全工作制度，落实以普陀区主要领导为软件正版化工作主要负责人、各单位主要负责人为政府机关软件正版化工作第一责任人的责任机制。开展软件使用情况检查，重点检查操作系统软件、办公软件和杀毒软件使用情况，将软件纳入资产管理体系，建立健全软件资产管理办法，形成区软件资产台账和正版软件责任人数据库。组织开展两场面向政府机关工作人员的金山WPS办公软件培训会议，提升政府工作人员使用正版软件的意识。

二、社会领域信息化

【推广医疗救助“一站式”服务】 普陀区民政局与区卫计委、医保等部门合作，建立起“一站式”医疗救助服务系统。普陀区低保、低收入等困难对象在医疗机构就诊付费时，医疗费用中民政救助的部分当场给予免除，事后由医疗机构和民政部门结算，将原有的事后救助转变为实时救助。通过医疗救助“一站式”信息系统，有效地将基本医疗保险、基本医疗服务、政府医疗救助相结合，实现民政、卫生、医保等部门的充分联动和无缝衔接。2016年1月，系统在长寿街道上线试运行，包括普陀区人民医院和长寿社区医院两家医院。2016年6月，实现了全区各街镇和17家定点医院医疗救助“一站式”服务全覆盖。

【开发老年照护统一需求评估移动端APP】 普陀区综合运用信息化手段和大数据理念，打破相关部门间的壁垒，将分散在普陀区民政、区卫计委、医保等各个部门间的养老服务信息、健康信息及评估标准等进行整合完善，搭建专门的系统平台，并与社区受理窗口进行信息互通，扎实开展统一需求评估。通过对老年人的身体健康状况和经济生活状况进行评估，并依据评估报告分派相应的服务模式，帮助老年人在社区居家养老、高龄居家医疗护理、机构养老、老年护理院之间享受梯度衔接服务，并进行有序转介。

【“医养结合”试点】 普陀区“医养结合”通过云平台将医护资源、健康物联网设备结合起来，整合区域医疗中心和基层医疗机构服务资源，为养老机构、社区、个人家庭提供各种医养服务系统的全生命周期健康关爱服务平台，打通卫生、民政、医院及养老院之间的信息通道，实现跨机构间的信息整合与业务协同。2016 年 6 月，普陀区入选并成为国家卫计委、民政部第一批国家级医养结合试点单位。2016 年 11 月起，陆续在多个社区卫生服务中心开展“医养结合”服务，2017 年将实现全区推广。

【甘泉幸福社区智慧养老平台上线】 构建甘泉老年人信息化管理数据库，包含各类老年人口和为老服务信息，联通安全终端，完善平台监控系统，以科技手段助力独居老人关爱工作。探索“互助养老”新模式，依托社区基金会项目化运作，在新长小区试点社区互助养老服务项目，组建志愿者队伍向高龄独居老年人开展家庭互助式个性化关爱服务，累计开展各类服务 3 400 余次，并向社区基金会捐款 2 次。建立甘泉社区独居老人动态数据库，做到独居老人基本信息、享受为老服务情况、紧急联络对象等情况及时动态掌握。

【“文化普陀云”上线】 “文化普陀云”汇聚普陀区各公共文化场馆的场地资源和文化活动情况，展示普陀区各级各类文化品牌和文化团体，为用户提供便捷的文化品质生活服务。“文化普陀云”自 2016 年 10 月 18 日正式上线以来，已开展“苏州河文化艺术节 10 周年回顾”、“我最喜爱的苏州河文化艺术节”项目评选、“童心家园”普陀区少儿创意绘画大赛网络评选等线上活动。

【市场价格预警监测】 2016 年，普陀区认真做好 57 种主副食品市场价格预警监测，依托“上海发布”平台每周三次公布主副食品价格信息。编制价格信息 12 期，并通过政府网站对外公布。根据在标准化菜市场开展“同心家园”主题活动的相关安排，在原有的小区屏幕、菜场屏幕基础上拓展“菜价通”应用系统的服务范围，让居民通过“上海普陀”微信公众号及时、准确、方便地掌握菜价变动情况。在原有系统基础上，新开发的“菜价通”微信新应用包含菜价显示、标准化菜市场地理位置及经营信息公示、诚信市场公示、营养膳谱等多项内容。

【推进社区事务受理服务中心标准化建设】 对照普陀区社会事务受理平台新系统要求的外设清单，制定各街镇需添置的外设清单，合理选择部分窗口先行试点安装新系统。按照社区事务受理服务中心标准化建设评估标准(3.0 版)的相关要求，从落实“三一两全”(统一领导、一门办理、一口受理、全年无休、全市通办)达标、落实联席会议制度、设施设备规范、制度管理有序、服务功能齐全、服务管理创新六个方面完善各项建设，顺利通过中国质量认证中心(第三方)的评估检查。

三、经济领域信息化

【打造楼宇经济系统】 普陀区楼宇经济系统以楼宇为单位收集企业经营信息，为投资促进政策的制定提供参考。通过后台与区基础数据库对接，定期利用前期收集到的企业信息在区基础数据库内查找相关信息，作为对楼宇经济系统项目数据完整性的有效补充。自数据对接完成以后，楼宇经济系统已调用了接口 57 000 多次，获得 53 000 余条有效数据，减少了基础信息的重复采集，加快了楼宇经济系统项目数据初始化的进程。

【搭建中小企业服务平台】 立足普陀区中小企业服务中心，普陀区搭建政府、企业沟通的平台，打造政企联动的企业服务平台——“随身商务万事通”微信公众号，实现了以下功能：在线推送政府服务信息；由区相关部门志愿者组成一级专业咨询团队和以领导小组成员为主的二级响应服务机制作为人工客服后台，提供专业在线问答；通过平台自动收集问题，定期整理字段信息，完善后台数据库，变线下的被动服务为线上的主动服务；实现企业概况、征信查询、办事指南、申报公示等线上功能的应用；服务部门可以与区相关部门或其他机构开展大数据收集联动，通过数据分析提供实时决策依据。

【上海环球港申报市第二批智慧商圈创建活动试点单位】 为提升普陀区商圈信息化基础设施建设力度，优化调整商业结构，促进商业转型升级，树立信息化应用体验商业典型，区科委、区商务委共同推荐上海环球港申报市第二批智慧商圈创建试点单位。近年来，上海环球港将商业实体与移动互联技术相结合，加快信息基础设施建设，实现了导购导航、移动支付等智能服务在商圈中的应用，推动了传统商业模式向大数据精准化营销的升级转型，对开展商业能级提升具有较高的示范引领作用。

四、城市建设管理领域信息化

【“城管通”APP】 普陀区网格中心利用通信市场的优惠政策，为手机安装“城管通”APP 软件，由各街镇将“城管通”手机发放到居、村委志愿者手中。结合居、村委日常工作，将小区中发生的各类事件通过“城管通”手机上报，进入网格化信息管理平台，转入网格化处置流程，从而将村和居委住宅小区的有关事项纳入网格化综合管理，化解了网格监督员力量不足的难题，极大调动了街镇志愿者的积极性。并且实现了网格化综合管理由共治领域（市政道路）向自治领域（居民小区）的突破，实现了网格化综合管理全覆盖。2016 年 6 月至 12 月，通过“城管通”APP 软件新增上报违法搭建 83 起、群租 71 起、小区垃圾未及时清运 156 起、老人日常巡护 3 577 次，均得以有效处置。

【区城市网格化综合管理中心建立多维大数据】 普陀区城市网格化综合管理中心围绕城市网格化综合管理中产生的大量数据，设计开发了 212 个面向多专题的多维数据分析模型和综合分析模型，锁定区域城市管理的重点、难点问题，将数据提供给街镇和相关委办局，为因地制宜实施治理提供了科学依据，取得了事半功倍的效果。

【城市网格化综合管理中心获“2016上海市智慧城市建设十大优秀应用奖”】 2016年，上海市智慧城市建设成果评选活动颁奖仪式暨2016上海市智慧城市发展水平指数发布会评出了17个“上海市智慧城市建设优秀实践成果奖”以及“十大优秀应用奖”、“十大创新应用奖”。普陀区城市网格化综合管理中心摘得“2016上海市智慧城市建设十大优秀应用奖”。普陀区城市网格化综合管理中心此次推出两个项目参加评选，一是“城管通”手机进居(村)委，实现“网格化+”、“互联网+”项目；二是建立多维大数据模型，促进城市网格化管理精准化项目。这两个项目分别获“智慧治理”类网上投票第一名和第二名。

【建立环境监管分析平台】 通过对普陀区环保局综合业务管理系统和区监察支队移动执法系统进行对接，优化行政处罚业务流程。业务数据交互实现监察和监管业务协同，提高办公效率。基于GIS平台，整合来源于在线监测等多渠道的环境数据，以环境数据描述性分析为重点，对数据进行深度钻取、定量分析，将重要数据资源筛选出来。并在此基础上，根据普陀区环境质量实际情况，选取重点监控指标，建立以大气、水、扬尘、污染源为主题分析的监管分析平台，为环境管理提供更全面、准确的决策支持和知识服务。

五、信息产业发展

【软件和信息服务业产业规模持续增长】 截至2016年年底，普陀区参加软件和信息服务业统计的企业共计206家，全年实现营业收入151.79亿元，较2015年同期增长25.9%；企业共拥有软件著作权1 175件，较2015年同期增长27.3%。其中，33家软件和信息服务业企业营业收入过亿元。在这33家企业中，有6家企业营收突破10亿元。除中国电子科技集团公司第五十研究所、上海延华智能科技(集团)股份有限公司等传统系统集成领域服务商外，波克城市网络科技(上海)有限公司、世熠网络科技(上海)有限公司等涉及娱乐、媒体、餐饮、金融的互联网服务业企业，也对区域软件和信息服务业产业的发展做出重要贡献。

【软件和信息服务业企业实力增强】 2016年，普陀区共有高新技术企业215家，其中软件和信息服务业企业约110家；上海市“四新”经济产业创新基地9个，其中信息服务产业类“四新”基地6个；备案众创空间32家，其中信息服务产业类众创空间18家。普陀区6家软件企业获得市软件和集成电路产业发展专项资金资助；在上海“软件四名(名企、名品、名人、名园)”评选中，普陀区11家企业荣获名企称号、5家企业的5项产品荣获优秀软件产品奖、上海天地软件园连续三年荣获明星软件园称号。

【信息产业基地建设】 普陀区天地软件园、华东师大科技园、谈家28——文化·信息商务港、上海武宁科技园4家科技园区通过2016年市信息服务产业基地评估，占上海市通过评估的41家园区的9.8%。普陀区70%的软件和信息服务业企业集聚在这四个基地。其中，天地软件园形成了以网游产业、软件和信息服务业为特色的产业集群；国家可信嵌入式软件工程技术研究中心落户华大科技园，在教育信息产业方面形成集聚；谈家28形成了“新媒体、电子商务、软件开发、手机游戏”四个板块产业领域的集聚；武宁科技园则依托园区优势企业，以智能电工及相关技术领域科技研发与创新为特色。

【完善产业政策】 在普陀区委、区政府制定落实支持科创的“14条”实施意见和“28条”政策意见后，普陀区科学技术委员会(以下简称“区科委”)制定并出台了《普陀区科委关于支持科技创新若干政策实施细则总则(试行)》等“1＋5”科技政策实施细则和《普陀区关于加快推进机器人产业技术创新的扶持办法(试行)》，从载体、平台、企业、项目、专利等各个方面对区域内包括软件和信息服务业企业在内的科技企业给予政策支持。尤其是机器人专项政策“10条”，支持智能制造及机器人产业快速发展形成集聚、支持企业快速做大做强、支持重点领域核心关键技术取得重大突破、支持引进和培育产业链关键环节的重点企业和重大项目等。

【智能制造及机器人产业园入选市“四新”经济创新基地建设试点】 由区科委推荐，经区政府审核同意、第三方机构初评、专家评审、部门会商，以及市经济信息化委和张江国家自主创新示范区门户网公示等程序，普陀区金寰置业有限公司申报的市机器人产业创新基地成功入选2016年上海市“四新”经济创新基地建设试点。金寰置业有限公司营运管理的上海智能制造及机器人产业园于2015年12月28日挂牌成立，由长征镇人民政府、国家机器人检测与评定中心(总部)合作共建。该产业园立足机器人产业化、市场推广、人力培训三大环节，聚集工业机器人和服务机器人两大领域，壮大发展机器人本体研发、设计，拓展机器人系统集成应用，是普陀区特色产业园区之一。

【智慧照明成普陀新增长点】 作为上海市转型发展示范区，普陀区依托中心城区的区位优势，拥有承载智慧照明产业的发展空间，有助于智慧照明产业发展。已入驻产业园区的行业组织、创新引领型企业包括上海智慧照明产业联盟、上海虹元科技股份有限公司等。普陀区智慧照明项目已在上海全面铺开。

六、信息基础设施建设

【普陀区无线电管理办公工作职能】 普陀区无线电管理办公室积极配合上海市无线电管理局(以下简称“市无管局”)，协助做好基站设置计划初审、站址认定审查，推进室内、室外基站共建共享，做好区域内重要业务台站的保护工作。协助市无管局做好基站年计划预审 2 批次 274 个，审批通过 274 个，未通过 0 个；基站站址认定预审 7 批次 45 个，审批通过 31 个，未通过 14 个。做好沟通、协调工作，确保基站按布局规划有序落地。全面落实普陀区内移动通信基站“一站一档”建设，做好基站审批的事中事后监督检查工作。

【扩大公共场所无线网络覆盖率】 2016 年，普陀区扩大公众办事及服务区域、主要公共场所无线宽带网络覆盖率。完成了长风国际大厦、阳光商务大厦、重点众创空间的无线网络建设，对 53 个已建区域的无线网络进行优化升级，全面完成“50 个普陀区公共场所无线网络场点建设”实事项目建设。

【保障无线电通信安全】 积极协调运营商保障 2016 年普陀区两会、第十三届上海苏州河城市龙舟国际邀请赛、上海国际 10 公里精英赛等重大会议、活动和赛事的无线电通信，在场所主要区域进行重点网络部署和优化，同时督促各运营商派出通信保障车辆和专业人员为活动现场通讯信号提供支撑。

七、信息化环境建设

【“青声说@普陀”活动】 2016 年 9 月 20 日，区科委联合区机关党工委、团区委开展“青声说@普陀”——共建同心家园 e 时代专场活动，相关委办局主要领导和一些青年人共 50 余位参加了活动。活动分为街头采访、分享交流和现场互动三个篇章。来自委办局和街镇的 9 位青年人分享了在社区服务、养老助老和企业服务等方面建设和应用信息化的情况和想法。区科委也对区基础数据库的建设情况作了介绍。

【推送打击治理“黑广播”公益宣传】 2016 年 6 月，为严密防范和打击非法设置无线电广播电台，遏制“黑广播”蔓延趋势，维护空中电波秩序、广播电视网络和人民群众财产安全，区科委配合市无管局在全区范围内推送打击治理“黑广播”公益宣传片，在社区宣传栏、街镇网站、商业中心电子屏滚动播放，让社会了解“黑广播”的危害，从而识别真假广播。

【开展“无线电宣传日”活动】 2016 年 9 月 22 日，普陀区无线电管理办公室在长征镇社区文化活动中心开展“2016 年普陀区无线电宣传日”活动，现场吸引了近百名群众参与活动。活动通过实物模拟展示和现场互动的方式，生动形象地普及无线电频谱资源和无线电管理工作。在实物模拟展中，“科普新干线——无处不在的无线电波”科普知识展箱首次在普陀区无线电宣传活动中亮相。在现场互动中，工作人员用手持辐射检测仪现场检测各个终端的显示屏，在待机、通话等不同状态下的辐射大小并进行比较，居民通过真实环境的测试数据对无线电及辐射等知识有了清晰认识。本次活动作为全国无线电管理宣传月普陀站的宣传日活动，旨在以通俗易懂的方式增强公众对无线电知识的正确了解,提高民众对无线电资源的保护意识。

【首家无线电特色教育学校挂牌】 2016年9月24日,首批"无线电特色教育学校"、"无线电特色教育活动中心"授牌仪式举行。区科委代表普陀区无线电管理办公室向上海市晋元高级中学附属学校授牌。上海市晋元高级中学附属学校作为全市首批10家无线电特色学校之一,也是普陀区首家无线特色教育学校。

八、社会信用体系建设

【落实公共信用信息"三个清单"编制】 2016年,普陀区共有18家单位编制了公共信用信息"数据清单",信息事项153项(法人125项、自然人28项)。截至11月23日,共有18家单位通过区公共信用信息服务子平台向市信用平台上传了220批次数据,涉及"数据清单"153个信息事项中的144项(实际产生数据82项、零申报62项)。全区信息事项到位率为94.12%,共计上传数据量达25 524条。普陀区共有17家单位编制了公共信用信息"应用清单",应用事项149项(法人120项、自然人29项)。截至11月23日,全区17家单位149项应用事项均通过区公共信用信息服务子平台进行了应用查询,全区应用事项应用率为100%,查询使用覆盖率为100%,应用查询量为743次。

【行政许可和行政处罚"双公示"】 2016年,普陀区有行政许可和行政处罚工作职能的33个部门全部依法编制了行政许可和行政处罚"双公示"目录清单,其中行政许可事项302项、行政处罚事项4 717项。截至11月23日,涉及区级数据归集的22家单位共向市信用平台上报"双公示"数据65次、数据7 903条,其中行政许可6 087条、行政处罚1 816条,并同步在"上海普陀"门户网站"双公示专栏"及"上海诚信网"上进行了公示。

【开展守信联合激励和失信联合惩戒工作】 普陀区于2016年7月20日初步完成守信联合激励和失信联合惩戒措施清单及行为清单(第一批)编制工作,其中措施清单共编制措施103条(守信联合激励措施43条、失信联合惩戒措施60条),行为清单共编制信用行为7条(重点守信行为6项、严重失信行为1项)。与此同时,积极开展守信联合激励和失信联合惩戒典型应用案例上报工作。每月根据上海市征信管理办公室(以下简称"市征信办")要求按时上报案例,总计6家单位向市征信办上报典型应用案例22个。

【2016年推进社会信用体系建设工作扩大会议召开】 2016年7月28日,普陀区召开2016年推进社会信用体系建设工作扩大会议,区社会信用体系建设联席会议成员单位及涉及"双公示"工作单位的分管领导、联络员参加了会议。会议总结了2016年上半年度区社会信用体系建设各项工作情

况，对下半年度各项重点工作进行了安排部署，对各项工作的时间节点提出了具体要求。

【公共信用信息服务窗口正式开通】 2016 年 9 月，普陀区在张江普陀园行政服务中心（永登路 277 号四号楼一楼）开通了区公共信用信息服务窗口。普陀区公共信用信息服务窗口依托上海市公共信用信息服务平台，主要提供两项公共信用信息服务：一是面向上海市法人、自然人提供公共信用信息查询服务，出具法人或自然人自身的公共信用信息查询报告；二是接受上海市法人、自然人对自身公共信用信息内容提出的异议申请。

【获 2016 上海十大信用典型案例评选“案例报送十佳单位”】 2016 年，普陀区积极开展守信联合激励和失信联合惩戒典型应用案例上报，依托区信用体系建设联席会议成员单位形成了按月报送的工作机制，2016 年共计 6 家单位报送了 22 个案例。其中，区安监局《对建设项目职业病危害“三同时”行政许可开展守信激励》、区卫计委《牢筑信用的围墙》、区法院《刘某变造律师执业证案》入选了上海市十大信用典型案例评选，在全区范围内营造了“让守信者一路绿灯，失信者寸步难行”的良好环境。

【“上海诚信活动周”活动】 普陀区积极对接市征信办，成功承办 2016 年“上海诚信活动周”首日活动。2016 年 11 月 14 日，作为 2016 上海“诚信活动周”的首日活动，“诚信上海”APP 上线暨“寻找沪上知信达人”颁奖活动在普陀区中环百联广场举行。普陀区 9 家单位在 2016 上海“诚信活动周”期间举办了诚信活动创建、诚信知识宣传等 14 项活动，旨在倡导诚信文化、营造诚信氛围、践行诚信文明，为建设“诚信普陀”添砖加瓦。

（秦　晔）

第五章　虹口区信息化建设

概　述

2016年，虹口区信息化建设以《上海市推进智慧城市建设行动计划(2014—2016)》和《上海市推进智慧城市建设"十三五"规划》为指引，认真落实《虹口区智慧城区建设三年行动计划》，制定完善《虹口区智慧城区"十三五"规划(2016—2020)》，深入开展信息化基础设施建设，以统筹、共享、集约为原则，以智慧生活、智慧经济、智慧城市管理、智慧政务、智慧产业为重点，扎实推进网上政务大厅、事中事后监管平台、交通非现场执法取证系统等重大项目建设，各领域信息化水平进一步提升。

一、政务领域信息化

【网上政务大厅基本框架建设】　2016年5月，虹口区科学技术委员会(以下简称"区科委")组织完成虹口区网上政务大厅市级基本框架建设，并上线运行。虹口区网上政务大厅系统按照市级文件要求、结合虹口区实际情况，在虹口区政府门户网站群的基础上，整合建设集服务门户、审批服务、数据共享等功能于一体的网上政务服务平台，其在版面风格、栏目设置上与市级网上政务大厅保持一致，同时打造相应的区域特色栏目，并实现资源整合、流程再造，为社会提供透明、规范、高效的政务服务。

【企业事中事后综合监管平台(一期)上线运行】
为落实国家"先照后证"改革和"证照分离"改革试点，加强虹口区事中事后综合监管，虹口区结合实际情况，推进企业事中事后综合监管平台(一期)项目建设。平台由虹口区府办统筹、区市场监管局组织实施、区科委协助技术指导、相关部门分工合作,一期项目于 2016 年 12 月完成部署并上线试运行。

【完成公共机房数据建设项目验收】 2016 年 12 月,区科委完成虹口区公共数据机房建设项目验收工作。该项目是根据虹口区电子政务发展的实际需要,优化各级政务部门的网络系统、安全系统、业务应用系统和信息资源系统,在原有虹口区电子政务中心机房的基础上新(扩)建而成。主要建设内容包括:机房装饰工程、供配电工程、不间断电源(UPS)系统、空调及新风系统、机房环境监测系统、机房布线系统、气体消防系统、机柜系统。该项目的建成为推进虹口区各级政务部门的业务应用打下基础,将带动区电子政务信息化应用跃上一个新台阶。

【法人基础数据库落地】 2016 年 3 月,在与市经济信息化委相关处室沟通与协调后,区科委制定《上海市法人数据共享应用方案(虹口区)》,并实现了市法人基础数据库在虹口区的落地。2016 年下半年,区科委通过对市法人基础数据库及税务业务数据的梳理,开展了基于区法人数据库的园区楼宇信息管理系统整合与应用、产业经济分析系统应用。市级法人基础数据落地的范围包括:法人登记类、资质类、监管类信息,具体落地数据以市经济信息化委与相关业务部门签订共享协议的数据为准。并制定了《虹口区法人库系统部门信息安全管理细则》,为法人基础数据库的进一步应用与扩展奠定了基础。

二、社会领域信息化

【无线网络全覆盖项目试点学校】 完成 10 所学校的无线网络全覆盖建设,覆盖范围包含学校各公共区域,并实现跨校统一身份认证等功能。配备了 1 670 台移动终端设备,实现数字教材实验师生人手一机。同时,配备了 57 台交互式智能显示设备,丰富了班级的多媒体教学功能。完成了 10 所学校的数字阅览室建设,配套开发了区域数字图书管理系统,实现区、校两级图书应用系统及资源共享。此外,完成 3 所学校的数字创新实验室建设,培养了学生的创新素养,促进了信息技术与课堂教学深度融合。

【数字教材试点项目】 依托开展数字化课程环境建设和学习方式变革试验("电子书包")项目积累的信息化发展整体优势,虹口区与市教委教研室合作落实数字教材的应用与推进工作,成为上海市首个数字教材整体实验区。项目伊始,虹口区共有 12 所中小学、1 278 名师生作为首批试点对象参与初期项目。随着研究深入,虹口区逐步扩大试验范围,新增 4 所试点学校,虹口区试验学校达 16 所,师生人数增至 2 008 人,形成了庞大的研究团队。各试验学校在市教委教研室专家指导下,共举办 16 场学科研讨和交流展示活动。其中,市级 11 场,区级 5 场,促进了各学科教学与应用水平的提高。实验工作也为参与教师提供了积极探索"互联网+"时代的教学流程再造、促进教育变革的现实契机。各校试验教师积极提交课堂教学案例成果，提交的44份数字教材应用案例中，一等奖3个，二等奖10个，三等奖15个，参与奖16个，取得了良好的教学成果。作为牵头单位，虹口区教育学院在2016年11月举办了年度项目总结会，完成2016年学校、区域数字教材试验项目总结报告和虹口区数字教材应用与推进项目实施工作方案(2016～2019年)。

【推进以电子学生证应用为基础的区域共享资源项目建设】 虹口区承担区域电子学生证应用推进项目，以电子学生证应用为载体，提升学生社会实践活动规范化、科学化、信息化水平。以拓展社会实践场馆、开发社会实践课程、完善电子学生证使用管理制度为抓手提升学生综合素质。运用电子学生证认证，实现了虹口区学生体质健康测试与成绩查询"一卡通"；扩大了"指南针计划"的影响力，扩大基地资源的惠及面，推动教育资源均衡发展，推进教育公平；分享有效课程资源，记录学生参与智慧型课程选修学习的过程性数据，分析研究学生兴趣点，引导学生扩大课程选修种类，从而实现全面均衡发展。

【健康网2.0数据质量显著提高】 随着虹口区区属各医疗机构卫生信息化投入增多，各单位生产性系统功能不断完善，上海市健康网要求上报的数据质量也逐步提高。2016年，虹口区14家单位在市级排名中取得了81.14的平均分，其中8家平均分达到了90分以上，生产性系统的升级取得了显著成果。

【区域三中心业务协同服务稳步推进】 虹口区建立区域临床医学影像中心，以上海第一人民医院北院为诊断中心，为区域内所有社区卫生服务中心进行集中诊断。通过实现三级医院放射科与所有社区卫生服务中心影像科的整合，使区内社区卫生服务中心能够为病患提供三级医院同等的影像诊断服务，提高患者的满意度。区域心电图诊断中心项目已列入2017年信息化建设任务。区域检验中心项目建设的可行性方案正在研究中，将结合虹口区的面积、业务需求等进行综合考量。

【区平台分级诊疗服务全面应用】 2016年，虹口区全面贯彻落实《关于进一步深化本市社区卫生服务综合改革与发展的指导意见》及8个配套文件的信息化考核要求，落实区社区卫生服务中心业务综合管理平台建设任务。各社区卫生服务中心完成生产性系统升级，升级后的家庭医生工作站能提供包括签约服务、预约转诊、延伸处方在内的相应功能。区内的签约居民已能享受到分级诊疗服务带来的便利，计划2017年继续推进区域预约转诊平台项目建设，使辖区内的签约居民能享受到在社区内预约到三级医院专家资源的便利，提高辖区内居民的就医体验。

【社会保障卡工作顺利开展】 2016年，虹口区社保卡中心认真落实新政策、新模式，顺利完成了全年各项任务。截至2016年年底，全区共申领各类社保卡13 181张(其中儿童卡14张，蓝卡12 092张，红卡1 075张)、老版敬老卡(乘车)2 277张；补换各类社保卡36 977张(其中儿童卡17张，蓝卡26 822张，红卡10 086张，金卡52张)、老版敬老卡(乘车)1 302张；申领新版上海市敬老卡11 250张。老年综合津贴是2016年市政府实施的一项重大惠民政策，自政策出台以来，虹口区社保卡中心按照要求积极布置相关事项，通过宣传告知、人员调配、业务培训、巡查走访、组织答疑等多种方式落实敬老卡事宜，顺利完成新、老敬老卡过渡工作，全区共发放新版敬老卡 11 250 张。

【智慧社区】 广中社区是上海市第一批智慧社区试点单位。在广中社区，通过“走进广中”社区门户网站、产业信息服务平台、呼叫中心、社区民生卡等应用，创新建立联合共治、互惠互利的社区新格局，带动社区商业环境的优化和提升，探索社区商业发展新模式，为居民提供便捷的社区服务，让其享受到丰富多彩的特色服务，逐步形成政府、企业、市民和谐共赢格局。在川北社区，结合旧区改造，创建“川北旧改征收”微信公众号，定期推送政策信息，发布签约情况，解答旧改政策，及时发布信息，成为虹口旧区改造工作的好帮手。同时，四川北路街道创建的“第一时间”微信公众号，也已成为街道移动办公平台。欧阳、江湾、凉城社区则探索建立了街道视频监控平台，逐步整合公安、小区物业、社会机构的监控视频信息，实现资源共享，提高社区技防能力，保障社区安全。

【养老服务综合信息系统】 2016 年，虹口区启动建设养老服务综合信息系统，整合辖区内老人信息、服务资源，提供多维度的分析和养老资源配置，实现服务需求与服务供给的有效对接；完成居委会一点通区级系统与市民政局电子台账系统的对接工作；完成上海市社区事务受理服务系统在虹口区的部署建设，并充分发挥其在社区公共服务中的作用，在粮油补贴发放、医疗救助、困难残疾人生活补贴申请办理、经适房户籍(住房)核查等方面发挥了积极作用，提升了公共服务的信息化水平。

【虹口文化云平台】 2016 年，虹口区建设虹口文化云平台，对接国家文化信息资源共享工程网络和文化上海云资源平台，加强区域内各类博物馆、图书馆、文化馆及“没有围墙的博物馆”等项目的数字化建设，借助“三网融合”工程，形成覆盖全区的数字服务网络和数字文化服务体系。

【“e 厘米——掌上图书馆”项目】 虹口区图书馆“e 厘米——掌上图书馆”项目通过安装一种特制的无线服务器，将区图书馆的电子资源(电子图书、视频讲座、电影、展览等)输送到各菜场，充分利用互联网和手机媒体传输便捷、覆盖面广的优势，推广数字资源形式的优秀文化产品，并为菜场外来务工人员及其子女主动推送各类服务信息，使他们可以直接通过手机等移动终端，充分利用闲暇时间进行阅读。2015 年 8 月，“e 厘米——掌上图书馆”实现了对区内所有“菜场书屋”的覆盖。2016 年 3 月，在上海市公共文化建设工作会议上，“e 厘米——掌上图书馆”项目荣膺“上海市公共文化建设创新项目”。

三、经济领域信息化

【金融产业快速发展】 为构建优良的金融生态体系，加速金融产业集聚，进一步提升虹口区财富管理高地的建设能级，2016 年，虹口区建设上海对冲基金园区网站，使之成为园区政策宣传、业内资讯传播、园区指数发布、中介机构对接和对冲基金研究所成果展示平台，进一步扩大园区影响力，推动园区快速发展；建设上海并购网，打造上海并购行业资讯平台，提供更多的交易机会，助力股权投资企业发展，推动资源优化配置和产业结构调整；加强与各商业银行合作，将商业银行已经形成规模的航运金融产品融入航运电子商务平台中，提升平台的增值服务。

【智慧商圈】 在虹口龙之梦，无线APP覆盖了整个商圈。龙之梦商圈在管理方面已部署办公自动化系统、招商管理系统、应急安防系统、信息发布系统、停车诱导系统、智能卡管理系统、客户管理系统等，并申报2016年上海市智慧商圈试点。

四、城市建设管理领域信息化

【二十国集团峰会安保工作】 为落实《关于印发〈二十国集团峰会安全保卫上海公安信息通信保障工作方案〉和〈二十国集团峰会安全保卫上海公安信息通信保障工作计划〉的通知》要求，二十国集团峰会安保任务期间，虹口公安分局紧密围绕峰会安保工作需要，以切实满足参战部门业务需求为核心，充分运用各类信息通信系统，及时补充、完善信息通信装备，建立健全与峰会安保工作相适应的信息通信保障体系，努力确保峰会安保任务期间“通信覆盖良好、监控联网全面、应用服务到位”，为峰会安保工作提供强有力的信息化支撑。

【城市管理综合信息化】 虹口区开展城市网格化综合管理平台建设，将市政管理、社区服务、城市安全统一纳入网格化综合管理平台，提高城市综合管理水平。分步实施城市数字高清图像监控及治安卡口信息系统建设，提高社会稳定管控能力，提高交通安全执法和案件侦破的时效性。区建筑工地视频监控系统和人脸识别系统的应用，有效保障了建筑工地的安全。虹口环卫车辆管理及ERP管理系统的上线应用，提升了环卫工作的管理水平。建设市政地下管线系统，合理管理分配管线资源，实现对地下管线的动态管理。

【推进虹口区环保大数据监控平台建设】 2016年，虹口区环保大数据监控平台投入试运行。此平台利用虹口区统一GIS共享平台，对建设项目、扬尘与噪声在线监测、移动执法、环境信访等18个环保业务平台的环保大数据与地理信息进行有效整合。通过将分散的环境管理数据与GIS相结合，实现“一点一档”，动态监管，做到“全区域覆盖、全过程跟踪、全方位监管”，提升环境监管的效能和水平。同时，该大数据平台与区协同办公系统对接，对全区相关部门开放。

【虹口区环境监察管理系统】 2016年，虹口区环境监察管理系统投入应用，可提升综合环境监察执法能力，推进建筑工地扬尘在线监控系统应用，实现对全区在建建筑工地扬尘监控的全覆盖。

【推进高清图像监控系统建设】 推进虹口区高清图像监控及治安卡口系统二期项目建设。二期建设涉及高清固定摄像机1 028套,高清全景摄像机53套,高标混合可控摄像机481套,车道卡口高清摄像机138套。根据关于上海市模拟标清监控转数字高清工作的具体要求,虹口公安分局还实施了模拟监控一期(115套)转高清建设项目。所有项目已全部完成建设。

【推进"电子警察"项目建设】 为配合上海市交通大整治工作需要,加快推进虹口区交通非现场执法取证系统建设,虹口区投入6 500万元新建了670套"电子警察"系统。同时,对原有交通高清监控系统进行了改造,基本实现在2016年年底前建成1 257套电子警察的工作目标。

【停车诱导系统一期工程建成】 建成虹口区停车诱导系统一期工程,主要覆盖四川北路商业街及北外滩航运服务集聚区。建设公共停车信息平台,采集实时停车泊位信息,发布停车诱导动态信息,引导社会车辆合理、便捷、高效停车,缓解城区道路交通压力。

【推进新一代移动警务系统建设】 根据《关于全面深化社区警务改革的实施意见》总体部署,以及《关于全市治安系统进一步做好全面深化社区警务改革推进工作的通知》、《关于推广使用移动警务终端巡逻盘查模块的通知》具体要求,2016年,虹口公安分局先后5批次开展终端设备的采购和培训配发工作,并会同治安支队按实际需求,优先将新一代终端设备配发至派出所巡逻和社区岗位民警。

五、信息产业发展

【信息化产业结构不断优化】 2016年1月至12月,虹口区信息服务业共实现三级税收78 828万元,较2015年同比增长30.4%;销售收入1 576 696万元,同比增长27.8%。从企业结构和数量上来看,信息服务业企业2 155家,比2015年增加351家,增长了19.5%;销售收入规模在300万元以上的企业有270家,占比12.5%。其中,29家销售收入在1亿元以上。随着软件产业服务化趋势加深,互联网信息服务、软件开发服务等子行业增长迅猛,销售收入分别较2015年同比增长189.7%、62.3%,上海前隆金融信息服务有限公司、上海纵游网络技术有限公司等重点企业发展势头良好。移动互联网领域的上海科匠信息科技有限公司、上海童石网络科技有限公司等企业取得突破性进展,营业收入均首度破亿元。

【信息服务业企业融资意识增强】 近年来,信息服务业企业利用资本市场融资的意识有所增强。截至2016年年底,虹口区共有42家上市企业,其中主板企业5家,新三板上市企业33家,股交中心挂牌企业4家。这些上市企业中,信息服务业企业或相关企业占相当比例,另有多家企业被上市企业并购。同时,全区信息服务业已有约20家上市后备企业,部分企业也在加速股改,上海童石网络科技有限公司等已在上市排队中。

六、信息基础设施建设

【虹口区公用移动通信网络弱覆盖区域优化建设三年行动计划】 区科委编制完成《虹口区公用移动通信网络弱覆盖区域优化建设三年行动计划(2017—2019)》,经市经济信息化委审核确定虹口区13个弱覆盖区域,计划于2017年6月完成优化。

【无线电管理机制调整优化】 2016年,虹口区无线电管理办公室成员队伍调整为区科委、区商务委、区建管委、区规土局、区环保局、区教育局、区绿化市容局、区房管局、区园区(楼宇)办、区旧改指挥部10家;调整设计《虹口区基站站址预审工作流程》。完成虹口区公用移动通信基站站址认定预审4批次36个。

【公共场所无线局域网实施整转升级】 由区科委牵头组织建设的虹口区公共场所无线局域网(HongKouFree)实施整转改造和优化升级成i-Shanghai。截至2016年年底,完成整转升级62个场点,关闭21个场点,剩余场点列入2017年工作计划。

【完成2016年土地出让和工程建设项目扩初设计审查工作】 2016年,区科委完成提篮桥HK314-05、HK324-01、89街坊、曲阳社区hk68B科创、四川北路11街坊等七块土地出让,以及彩虹湾学校、彩虹湾四期安置房、通州路355号幼儿园、三门路693号教学用房扩建四项工程建设项目扩初设计信息基础设施专业审查。

【获区无线电管理工作表扬单位】 2016年,区科委收到《上海市无线电管理局关于对2016年度区无线电管理工作集体和个人通报表扬的通知》,虹口区无线电管理办公室获"社区无线电科普宣传表现突出集体"。

【城域网基础网络环境建设】 完成"校校通"网络带宽的升级改建工作,各中小学带宽升至1 000兆、幼儿园升至100兆、骨干节点升至10 000兆,同时对公网出口进行优化提速,满足日益增加的网络带宽流量需求。

七、信息化环境建设

【举行网络信息安全高级讲座】 2016年10月31日,区科委对全区各部门街道信息化工作联络员开展了网络信息安全(大数据)培训,培训人数95人。12月22日,区科委举办网络信息安全讲座,上海市网络安全和信息化领导小组办公室(以下简称"市网信办")副总工程师杨海军就"网络空间安全态势与挑战"主题进行授课,全区48家党政机关街道和直属单位信息化分管领导参加了培训。

【组织开展社区居民无线电科普活动】 为做好和扩展无线电科普宣传，2016 年 12 月 8 日，虹口区无线电管理办公室在曲阳社区曲一居委和林云小区组织开展了无线电科普宣传活动，邀请市无线电监测站工程师以“揭开电磁辐射的神秘面纱”为主题，开展无线电电磁辐射专项宣传，树立科学电磁辐射观，逾 200 人次市民参与。

【鼓励智慧城市示范项目建设】 2016 年，虹口区制定扶持政策，鼓励智慧城市示范项目建设。新修订的《虹口区加快推进科技创新中心建设的意见》中明确：对由企业自主研发，推动虹口区智慧城市建设的示范性应用项目，包括政务管理、智慧生活应用、智慧城市管理、智慧经济转型等领域，经认定，按照不超过项目投入的 50%给予资助，最高金额不超过 50 万元。2016 年，虹口区对获得市经济信息化委立项支持的上海明珠创意产业园有限公司的明珠园智慧园区绿色生态综合服务平台、上海长园维安电子线路保护有限公司的电子元器件管理工厂的示范工程建设、上海建炜信息技术有限公司的“极课”云学习平台等四个信息化应用项目给予支持。

八、社会信用体系建设

【加强协调明确分工】 为贯彻社会信用体系建设规划纲要，落实市委、市政府关于社会信用体系建设的各项要求，加强对社会信用体系建设工作的领导与协调，虹口区设立了由相关职能部门组成的社会信用体系建设联席会议制度，下设联席会议办公室，分管区长为召集人，成员单位主要领导为组成人员。根据市征信办工作要求，开展公共信用信息“三清单”的编制、“双公示”信息的报送和信用信息的查询应用工作，协同推进虹口区社会信用体系建设。

【开展诚信宣传教育】 加强诚信教育和诚信文化建设是实现社会诚信的重要途径。虹口区通过消费者权益保护日、世界知识产权日、安全生产宣传日、科普宣传周、计量诚信和打击假冒伪劣等系列主题活动开展诚信宣传，制作了诚信知识小册子。并发放印有诚信用语的环保袋、笔袋、围裙等物品，展示宣传海报、宣传展板，努力营造社会诚信氛围。同时，充分利用公共信用信息服务平台为社会大众开展信用信息查询服务；在区行政办事大厅设置信用报告查询服务窗口，放置查询电脑，安排专人开展查询服务，为办事人员查询了解自身信用状况提供方便。

【推进公共信用信息平台建设】 为便于公共信用信息的归集上报和查询使用，上海市征信管理办公室建成了市公共信用信息管理服务平台，市、区机关政府以及依据法律、法规负有公共事务职能的组织可将相关信息向此平台进行归集，同时也可以通过此平台查询相关单位和个人的信用信息，并根据其信用状况在政府采购、招标投标、资金支持、表彰评优、人员录用晋升、行政审批等过程中,采取激励或惩戒措施。以市级信用信息服务平台为基础,虹口区于 2016 年建成区级公共信用信息服务平台,为虹口区相关职能部门开展公共信用信息的归集和查询应用提供了保障。

【加强信用信息归集与使用】 2016 年,虹口区联席办根据部门申请,开通了相应使用账号 68 人(涉及 29 个部门),汇总各部门报送“双公示”事项目录 1 466 项,其中通过市条线报送事项 1 026 项,通过区信用平台报送事项 440 项,区平台收到 12 个部门 32 次报送数据 6 828 条,并向市信用平台进行了推送。虹口区 24 个部门共上报信用信息查询应用事项 104 项,已查询应用事项 104 项,查询数量 935 条。查询应用事项主要集中在行政审批、资金扶持、招标投标、日常监管、表彰评优、录用晋升、政府采购等环节。从应用效果看,区科委在市科研计划项目的申报初审环节,发现 1 家申报对象存在诚信处罚记录,取消了其申报资格,并作为应用典型案例进行了上报。

【鼓励发展社会化征信服务】 《虹口区加快推进科技创新中心建设的意见》中明确要大力推进社会诚信体系建设,对获得市社会诚信体系建设专项资金立项支持的项目,给予 1∶0.5 匹配资助,单个项目资助金额最高不超过 25 万元。对推动虹口区社会信用体系建设的应用项目,包括信用平台建设、信用宣传、信用报告等项目,经认定,按照不超过项目投入的 50%给予资助,最高不超过 20 万元。区联席办明确,要在政府扶持项目的申请、招标、投标等过程中引入信用评价机制,将使用信用信息和信用报告嵌入行政管理和公共服务的各领域、各环节,对不诚信的市场主体采取禁入或限制措施。

(朱长根)

第六章　杨浦区信息化建设

概　述

2016年，杨浦区扎实推进信息化建设。上海云基地发起募集上海市首支大数据产业投资基金，力求在初步搭建的云计算、大数据领域创业生态基础上，以“资本＋服务”的模式，推动“基金＋基地”发展，培育大数据应用领域全国性乃至世界级领军企业。做好市、区两级信息服务业政策兑现工作。积极推进智慧城市建设，协助市无管局开展7批次公用移动通信基站站址认定预审工作，涉及站点共计39个，预审通过36个。《上海市杨浦区信息基础设施专项规划(2015—2020)》经杨浦区政府批准，转发全区各委办局、街道、镇。开展社会信用体系建设工作，继续推进公共信用信息数据清单、行为清单和应用清单编制工作，完成440个法人单位、2 378个自然人的信用报告查询，加快推进公共信用平台共享和应用，初步建成杨浦区信用子平台，在政府采购、公务员招录和年度考核、商业企业等领域增加信用报告的使用。

一、政务领域信息化

【加强电子政务管理建设工作】　根据《上海市电子政务云建设工作方案》，上海以“集约高效、共享开放、安全可靠、按需服务”为原则，建成市、区两级电子政务云平台。杨浦区积极完善举措，建立电子政务联席会议制度，负责指导、推进和管理杨浦区电子政务项目建设和应用。实行各行政机关主要领导负责制，保障电子政务日常工作有序开展。加强资源共享，积极做好政务数据资料采集、管理、利用工作，建立区域公共数据目录交换平台，实现跨区域、跨部门的信息共享和数据交换。除国家、上海市另有规定外，区域内各行政机关在履职过程中掌握的基础性、公共性数据库信息，均纳入信息共享和数据交换范围。建立完善电子政务信息安全保障体系，定期开展相关信息安全监督检查。加强电子认证服务、信息安全监测预警和数据灾难备份等基础设施建设，为电子政务应用、网络与数据安全等提供技术保障，确保政务信息安全。同时，建立杨浦区电子政务培训制度，将其纳入公务员初任培训、任职培训、业务培训和在职培训等范畴，全面提升电子政务意识和能力水平。

二、社会领域信息化

【与上海电信签署战略合作框架协议】 2016 年 4 月 12 日，杨浦区政府与中国电信股份有限公司上海分公司(以下简称“上海电信”)签署战略合作框架协议。根据协议，双方将深入合作，利用互联网手段，推进“互联网＋公共服务”、“互联网＋政务建设”，提升民生服务水平和政务管理效能。上海电信将充分发挥在网络资源、云平台资源、区域运营能力和信息安全能力上的优势，在智慧滨江、智慧教育、智慧健康、智慧交通、智慧社区、智慧商圈等方面，参与相关项目建设；在政务云、平安杨浦、工地监管、社区党建、企业诚信体系等方面提供支持。双方还将持续优化基础设施建设，提升网络通信能级。

【智慧旅游】 2016 年，利用政府信息资源优势，杨浦区对旅游资源进行实时更新，推进旅游资源信息前瞻性与预知性。加快政府与第三方运营商的合作，采用第三方购买、政府与社会资本合作等运营模式激活旅游市场发展活力。提升杨浦区智慧旅游服务能级，利用全息式投影技术，播放旅游宣传图片、影片；在控江咨询中心和五角场咨询中心设计触控旅游地图、杨浦旅游电子书，详细介绍杨浦旅游企业的情况；放置旅游 e 点通触摸屏，强化旅游宣传功能；提供旅游资料在线阅览；通过网站可查询旅游目的地及旅游要素信息；受理在线旅游投诉；设立二维码墙页面宣传杨浦商旅文企业信息。

【数字图书】 2016 年，杨浦区图书馆完成基层图书馆数字资源、申报数据库、大成老旧、新华 E 店等数据库内容更新，新增 4.488T 有效数据内容，丰富数字资源的种类和内容。依托现有馆藏资源，多渠道、全方位地加强近代市政主题馆的特色文献采集，加强对数字多媒体资源的采集、挖掘和整合，以图文并茂的形式，宣传图书馆特色馆藏资源。

三、经济领域信息化

【智慧商圈】 2016年，上海市智慧商圈首批试点之一的五角场智慧商圈在基础设施方面基本完成光纤改造，光纤入户全覆盖；基本完成公用移动通信4G信号优化，实现公共区域和主力店铺全覆盖；WiFi全覆盖并具备高速数据业务的承载能力；视频监控覆盖率达90%以上，并满足客流统计的需求；全商圈基本实现基于无线及蓝牙的定位系统部署。在信息应用方面，实现五角场核心区域内主干道的停、行车资源整合，提供停、行车诱导信息联网发布；完成9家停车场改造；无卡停车和车位智能管理；率先建立交通“微枢纽”与“乐行杨浦”微信公众号结合，提供“指尖上的交通便利”；推出“时尚五角场”微信公众号，实现商圈一站式导购；提供便民支付互动屏作为广场智慧支付点；完成客流分析预警系统硬件铺设，软件调试完毕开通后可有效避免安全事故；主要商场均建有导购及信息发布系统，如“上海五角场万达广场”微信公众号、“飞凡电商”APP、“i百联”全渠道电商平台、“合生通”APP等。同时，杨浦区以五角场市级“智慧商圈”、区域“诚信商圈”为龙头，与区新型业态商业、商旅特色专业企业、社区商业中心等板块，共同形成商旅规模集聚的整体联动营销。继续开展微信营销，通过叠加奖形式组合联动。通过上海旅游局官方微信“乐游上海”及上海杨浦区旅游协会微信公众号加以宣传。

四、城市建设管理领域信息化

【“太阳能充电桩”现身杨浦】 2016年，太阳光伏能源站现身杨浦区江湾五角场交通示范区，该能源站为上海市首个为电动汽车充电的太阳能光伏能源站。新能源站位于殷行路淞沪路公交枢纽南侧，紧靠轨交10号线2号出口，占地面积约400平方米。通过现场搭建一座防雨车棚，在顶棚设置光伏电板吸收太阳光照转化电能，用蓄电池存储并对电动汽车进行充电，一次充满耗时3.5小时，与普通充电桩功率相仿。该能源站与新能源车分时租赁项目相结合，将太阳光伏发电、储能技术、充电桩等多项创新技术进行整合，为分时租赁新能源汽车提供光伏发电、储能、充电一体化服务。杨浦区将根据运营试点及市场需求情况，在新建的公共停车场、错峰停车项目中扩大太阳光伏能源站试点应用。通过以点带面，进一步发挥太阳能光伏储能、放能优势，为城市新能源汽车绿色零碳提供多样的发展路径。

【与国网上海市电力公司签订战略合作协议】

2016 年 8 月 30 日，杨浦区政府与国网上海市电力公司签订战略合作协议。根据协议，双方将在智能电网方面开展合作，结合杨浦区自身特点和可持续发展要求，协商选取特定区域，试点建设区域智能电网。针对城市节能减排和交通拥堵问题，杨浦区将支持国网上海市电力公司在区域内建设电动汽车充电网络及分时租赁网点，协助在各类公共服务机构、停车场(库)落实充电站址和分时租赁网点；对需独立用地的示范性大型集中充电站，按照相关政策对充换电设施土地供应、项目核准给予支持。

【加快 BIM 技术应用推广建设】 为贯彻落实《杨浦区率先推进 BIM 技术应用示范区建设工作方案》，加快推进杨浦区 BIM 技术应用示范区建设 2016 年 3 月 26 日，杨浦区 BIM 技术应用示范区建设联席会议举行。会议审议通过《杨浦区 BIM 技术推荐专家名单》、《杨浦区 BIM 技术应用第一批试点项目清单》和《杨浦区 BIM 技术应用数据平台主要功能》等事项，并围绕“3＋X”管理框架建设相关工作进行研讨。杨浦区 BIM 技术应用推进工作走在上海前列，在打通相关制约瓶颈、加快试点项目落地后，将有效提升区域建设能级，助力杨浦以更高品质、更高起点打造上海科技创新中心重要承载区建设。

五、信息产业发展

【“四新”经济快速发展】 2016 年，杨浦区高新技术产业和战略性新兴产业增加值同比增长19.8%，环同济知识经济圈保持两位数快速增长，2016 年实现总产出 337 亿元。“四新”经济集群效应逐步显现，编制《杨浦区互联网教育产业发展三年行动计划》；完成互联网教育宣传片拍摄工作，启动互联网教育展示厅建设工作；开展上海市“四新”示范基地——互联网教育领域申报工作；云计算创新基地累计引进大数据、云服务企业 400 余家；召开上海开放数据创新应用大赛、中国数据资产管理峰会(2016)等产业宣传、交流活动；加快推进现代设计、导航、物联网等产业发展。

【上海大数据创新基地】 2016 年 7 月 12 日，由市经济信息化委、杨浦区政府携手中国工业设计研究院、中国一瑞士低碳城市项目中国办公室、上海大数据联盟等重要机构举办的第二届上海开放数据创新应用大赛(SODA)启动仪式暨上海市大数据创新基地揭牌仪式，在同济大学召开。市经济信息化委主任陈鸣波和杨浦区区长谢坚钢为上海市大数据创新基地揭牌，这标志着杨浦区大步迈向了“大数据时代的创新生态”，拉开上海大数据蓝海战略新序幕。上海市大数据创新基地成立后，杨浦区将进一步以培养领军企业带动产业创新，以强化人才培养扶持企业成长，以挖掘市场需求推进应用落地，构建全方位的大数据产业创新服务体系，促进产业链上下游企业的集群化发展，形成关键技术创新、应用方案创新和商业模式创新的合力，推动大数据产业跨越式发展。本届大赛以“城市安全”为主题，面向参赛者提供近 30 个高价值的安全主题数据。

【2016人工智能与大数据高峰论坛举行】 2016年10月14日，作为2016年全国大众创业万众创新活动周上海分会场的系列活动之一，2016人工智能与大数据高峰论坛、D-Star人工智能与大数据创业加速计划启动仪式在杨浦区创智天地举行，来自业内的多位专家学者、企业代表、创业人才出席了活动。同日，清华大数据产业联合会上海分会成立。作为上海市云计算和大数据基地，杨浦区吸引了众多大数据企业入驻，大数据领域的发展成为杨浦区“双创”工作的重要着力点。D-Star人工智能与大数据加速基地在杨浦落户，标志着一个面向更广、更多参与人群的产学研立体式大数据事业发展规划正式启动。

【与天翼创投签订战略合作协议】 2016年1月8日，杨浦区政府与中国电信天翼科技创业投资有限公司(以下简称“天翼创投”)举行了战略合作协议签约仪式。中国电信创业基地杨浦基地坐落于杨浦区长阳谷创意产业园，总建筑面积2 240平方米，该基地主要聚焦企业移动信息化领域的应用和解决方案。双方合作不但顺应“大众创业、万众创新”的时代潮流，更符合中国电信战略发展、杨浦转型发展的需要。天翼创投将借助杨浦区得天独厚的优势，结合在政企客户方面的资源、渠道优势，为创业者打造优秀的创业环境。

【“2015全国大学生网络创新创业大赛”正式收官】 2016年3月2日，首届全国大学生网络文化节“2015全国大学生网络创新创业大赛”总决赛在复旦大学落幕。大赛收到来自31个省市202所高校的722部作品，其中产品硬件类95部、互联网创新项目444部、移动应用软件类183部。参赛高校包含北京大学、复旦大学、上海交通大学、同济大学、天津大学、武汉大学、电子科技大学、华中科技大学、四川大学、中南大学等部属重点高校。最终，中国矿业大学“木牛流马”团队的“Maker Box机器人学习套件”获得网络文化节创新创业大赛特等奖，电子科技大学“尿布狮”团队的“憨豆豆智能嘘嘘器”、重庆大学“品质社交”团队的“高品质社交APP-Feeling”、西华大学“快乐居家”团队的“壹个师傅”、东华大学“送送侠”团队的“校园秒送”、浙江大学“COMING宠物管家”团队的“COMING宠物管家”获得一等奖。

【宝武集团与杨浦区共同推进城市存量更新改造与产业转型升级战略合作】 2016年3月24日，中国宝武钢铁集团有限公司(原宝钢集团)与杨浦区“互联宝地・上海互联网＋产业园”项目启动仪式举行。仪式上，双方签订了合资协议。根据规划，园区将按照“规划引领、环境优先、配套支撑、分步招商”的指导思想，以“互联网+”为主导产业，集聚发展互联网金融、智慧城市、数字新媒体、工业4.0等核心产业，完善交通设施、生活休闲、商业娱乐、商务服务等配套功能。在保留历史风貌工业建筑的同时，形成有特色的公共开放空间。力争成为杨浦区创新经济示范区，成为具有国际影响力的上海创新经济新高地，成为城市功能完善的新一代产业园区样板。园区对推动中国宝武钢铁集团有限公司战略转型有着积极意义。

六、信息基础设施建设

【信息基础设施建设】 2016 年，杨浦区完成《杨浦新型无线城市建设方案》、《杨浦区重点区域移动通信服务质量评估》、《杨浦区 i-Yangpu 应用现状问题调研和对策分析》等课题报告。与上海电信、上海移动、中国铁塔股份有限公司(以下简称“铁塔公司”)等签订“十三五”战略合作协议，共同推进杨浦区信息化建设。推进五角场智慧商圈建设，开展智慧商圈顶层设计工作；开展 NCB-W 网络覆盖和应用推广工作，协调推进 3 个科技园区、8 所高校网络覆盖工程；完成 NGB-W 一期项目，共规划 39 个站点网络建设、55 个室内分布系统建设工作，覆盖政府、医院、学校、商圈等多种场景；开展 NGB 基于商圈、城市管理、市政建设等领域的应用对接；完成 i-Yangpu 无线网络四期项目建设；完成电子政务内网三期建设。

【积极开展“无线城市”建设】 2016 年，杨浦区 NGB-W 网络完成一期建设目标，建成宏基站 39 座，58 个公共场所开通了 BesTV-W 室内 WiFi 覆盖，可以用手机免流量观看 18 套电视直播节目；试点开展频谱资源综合利用，率先形成基于广电白频谱的骨干物联专网应用框架，项目完成后，NGB-W 网络将作为“广播电视＋物联网”的基础支撑网络，引导传统媒体业务模式转型，使传统媒体行业以互联网思维重新构建面向终端用户的渠道；新建 i-Yangpu 公共场所 WLAN(Wireless Local Area Networks，无线局域网)覆盖场点 30 个，并将与 i-Shanghai 进行对接；为有效突破中心城区公用移动通信基站选址日益困难的瓶颈，建立健全相关工作机制，着手制定公用移动通信基础设施建设实施方案，经征询相关部门及各街道(镇)意见后，形成《推进公用移动通信基础设施建设实施方案》，以“规划先行、集约共享、加强宣传”为基本原则，加快推进无线城市建设。

【编制推进公用移动通信基础设施建设实施方案】 为推动上海市 4G 网络深度覆盖，改善集中连片居民住宅区的信号覆盖状况，杨浦区自 2015 年起就开始在市中心区域进行道路高杆站建设试点。由于部分居民对电磁辐射存在严重误解，对道路高杆站的信访投诉层出不穷，在个别站点矛盾冲突比较强烈，延缓了杨浦区 4G 信号覆盖的完善，同时也对 NGB-W 网络在杨浦区的全面覆盖造成困扰，更为 5G 建设更高密度站址需求埋下隐患。为有效突破中心城区公用移动通信基站选址日益困难的瓶颈，建立健全相关工作机制，2016 年杨浦区着手制定公用移动通信基础设施建设实施方案。以“规划先行、集约共享、加强宣传”为基本原则，加快推进公用移动通信基础设施建设能级。

【推进“城市光网”建设】 2016 年，杨浦区城市光纤宽带网建设推进顺利，基本实现地区全覆盖的计划目标，光纤到户覆盖所有居民小区(包括二级以下旧里区域)。家庭宽带用户数再度呈现增势，

2016年突破42万户,其中百兆带宽用户数达1.7万户,家庭平均宽带接入速率达到14 Mbps。

【与东方明珠达成战略合作】 2016年1月15日,杨浦区与上海东方明珠新媒体股份有限公司签署战略合作协议,双方将基于NGB-W(Next Generation Broadcasting Wireless,下一代广播电视无线网)项目进行资源和优势互补,为科创中心重要承载区建设、新媒体融合发展和建设“互联网+”智慧城市提供坚实基础。此次合作将改善杨浦信息基础设施建设,全面提升信息化应用水平,帮助杨浦区形成全方位的新型信息化公共服务应用体系。加快推进以信息共享、系统集成为重点的电子政务建设,提高政府服务效率。并且为科创中心建设引进代表新科技的龙头企业、研发中心和科技服务机构,提高创新能力。

七、信息化环境建设

【第五次上海市推进杨浦国家创新型试点城区建设联席会议举行】 2016年1月19日,第五次上海市推进杨浦国家创新型试点城区建设联席会议暨杨浦国家创新型试点城区建设第一轮总结大会举行。2010年,杨浦区被命名为全国首批创新型试点城区。五年来,杨浦区围绕“一条主线、四个着力”要求,认真落实部市合作、市区联动工作机制,项目化滚动推进杨浦国家创新型试点城区建设,全面完成第一轮创建各项目标任务。杨浦区已建成创新人才集聚、市场要素汇集、创新主体活跃、创新服务完善、创新生态良好的智慧城区,创新基础、创新能力和创新环境等居上海和全国前列,成为面向和服务全国的科技孵化种子基地,培育了一批有自主知识产权和核心技术、有国际竞争力和影响力的科技创新企业。杨浦区已形成“创业前—创业苗圃—孵化器—加速器”全过程孵化服务链,创立大学生创业的“杨浦模式”,创业带动就业比率达1∶11.6。与此同时,杨浦引进了中国第一家拥有独立法人地位的科技银行——浦发硅谷银行;集聚了诺亚财富等一批金融服务机构,基金总规模200多亿元;一期、二期政府引导基金帮助区域内26家企业获得股权融资9.7亿元。IBM、京东O2O中国区总部、阿里体育、沪江网等一批创新型企业也纷纷落户杨浦。

【上海唯一区域入选首批28家国家“双创”示范基地】 2016年5月8日,国务院办公厅印发《关于建设大众创业万众创新示范基地的实施意见》,公布全国首批28个大众创业万众创新示范基地,包括17个区域示范基地、4个高校和科研院所示范基地、7个企业示范基地,杨浦作为上海唯一的区域示范基地入选。杨浦区将按照国家、上海市对杨浦区的战略功能定位,围绕“创新、协调、绿色、开放、共享”五大发展理念,实施“万众创新示范区战略、知识技术策源高地战略、技术转移集聚高地战略”三大发展战略,全力推进国家创新型试点城区、上海科技创新中心重要承载区、国家“双创”示范基地建设。

【中国电信创新创业基地(杨浦)揭牌】 2016 年 7 月 29 日,中国电信创新创业基地(杨浦)揭牌仪式举行。本次活动同时发布启动了互联网企业创业一站式服务平台、中国电信创新创业基地创业服务联盟。此次揭牌成立的中国电信创新创业基地(杨浦)坐落于长阳谷创意产业园,主要聚焦于企业移动信息化领域的应用和解决方案。互联网企业创业一站式服务平台在市经济信息化委支持下,面向互联网产业,整合各类资源,为互联网创新创业企业提供一站式服务,杨浦基地成为该平台第一个线下指定服务网点。

【大数据产业投资基金】 2016 年,杨浦区聚焦云计算、大数据创新创业细分领域。在形成资源共享、互帮互助、协同创新效应的基础上,深化"投资＋孵化"的产业服务,以"基金＋基地"联动为互补,加大产业投资力度。2016 年,上海云基地发起募集上海市首支大数据产业投资基金,与上海杨浦创业投资有限公司联合广东奥马电器股份有限公司共同发起、设立基金。第一期规模 1.22 亿元,存续期 5 年。同时由上海云基地出资设立大数据基金管理公司,实现园区能级提升。2016 年第四季度,启动基金有限合伙与基金管理有限公司注册登记。通过设立基金,杨浦区力求在初步搭建的云计算、大数据领域创业生态基础上,以"资本＋服务"的模式,推动"基金＋基地"发展,为上海"双创"发挥大数据资源丰富的优势,培育出大数据应用领域的全国性乃至世界级领军企业。

【首期"金牌创服顾问"特训营结业典礼暨"TCS 创业顾问"授证仪式举行】 2016 年 7 月 19 日,由杨浦区众创空间促进会主办的首期"金牌创服顾问"特训营结业典礼暨"TCS 创业顾问"授证仪式举办。在为期一个半月的培训期间,来自 49 家众创空间的创业服务人员齐聚一堂,围绕如何"提升创服能力,助力创业成长"开展交流和探讨。除主题分享、优秀众创空间参观等互动交流外,课程还包含园区营销推广等实战演练。培训内容覆盖创业基金申请、众创空间政策解读、创业融资、创业辅导等多个领域。此次举办"金牌创服顾问"特训营,旨在通过线上与线下相结合的形式,进一步提高创服人员服务创业的能力,打造一支优秀的创业服务队伍,提升各创业园区、孵化器和众创空间的服务水准,从而优化杨浦区创业服务的综合能力。本次活动还为新增的 7 家会员单位授牌。

【启迪之星长三角旗舰基地开业】 2016 年 4 月 9 日,启迪之星长三角旗舰基地在长阳谷创意产业园举行开业典礼。启迪之星(上海)2015 年落户上海,总部基地位于杨浦区长阳谷,面积 2 400 平方米,为打造品牌精品孵化基地。

【2016 上海智慧城市定向赛在杨浦开赛】 2016 年 12 月 3 日,上海智慧城市定向赛在杨浦区创智天地正式开赛。本次定向赛作为 2016 上海智慧城市体验周活动之一,吸引了来自全市 29 支队伍近 200 人参加,共设置了 9 条线路、30 个智慧城市体验点,分布在全市 10 个区。本次定向赛最大的亮点是这 30 个点涵盖了上海智慧城市建设各个方面的成果,让选手在体验过程中充分感受到智慧城市建设给生活带来的变化。其中 1 号线路至 7 号线路为智慧城市精品线路,包含长征智慧社区体验中心、洛克公园智慧运动场、红星美凯龙智慧生活体验馆等特色点位。其中 8 号线路和 9 号线路为新能源专线,包含了解飞机装备制造、参观嘉定汽车博物馆等项目。

八、社会信用体系建设

【推进社会诚信体系建设】 2016 年，杨浦区开展"三个清单"编制，按照市征信办要求，组织区内相关部门培训，开展公共信用信息数据清单、行为清单和应用清单编制工作；推进公共信用平台共享和应用，建设杨浦区信用子平台；继续在政府采购、公务员招录和年度考核、商业企业等领域使用信用报告。

【一融征信平台正式发布上线】 2016 年 10 月 13 日，由上海市杨浦区科学技术委员会(以下简称"区科委")、杨浦区金融服务办公室、上海信隆行信息科技股份有限公司共同举办的"诚信杨浦，智慧园区"——杨浦"双创"周活动上，一融征信平台正式发布上线。银行、投资人等符合资质的机构登录"杨浦金融港"网站，可查询到入驻企业信用信息。企业登录征信平台，最高可获 50 万元授信。"杨浦金融港"旨在帮助中小微企业解决"融资难"、"融资贵"等现实问题。平台已有 11 303 家入驻企业、2 030 家认证投资人、170 项企业服务产品和 91 项贷款产品。

【推动信用产品使用】 2016 年，杨浦区积极推动信用产品使用。在政府采购领域，区政府采购办通过引入第三方评价机构，在全国率先实行采购供应商的信用报告制度，参与投标的企业必须先进行诚信等级评定，优化供应商筛选机制。编制印发了《杨浦区政府采购供应商信用报告指南》，明确在政府采购招投标中，企业信用报告等级在 2B 以下的取消投标资格。2016 年政府采购领域共获得企业信用报告 440 份。在商业领域，区商务委牵头深入开展"诚信兴商"活动，推进商业领域信用制度建设。区商联会组织实施了一系列诚信体系建设工作，包括经由企业自评申报、向第二方联合征信、委托第三方中介机构评估，初步形成 2014～2015 年度区商旅企业信用等级综合评估共 84 户(其中 3A 级 1 户、2A 级 12 户、1A 级 59 户、3B 级 12 户)。在个人信用领域，编制了《杨浦区公务员年度考核使用个人信用报告办法》，率先在公务员年度考核、公务员招录、事业单位和青年人才招聘中使用信用报告。加强了对公务员考录、调任、竞争上岗、公开选拔等工作中承诺的核查核对以及失信的责任追究制度，2016 年获得公务员个人信用报告 2 378 份。

【推进公共信用平台共享和应用】 2016 年，杨浦区推进公共信用平台共享和应用。一是建设区公共信用信息子平台，推动信用信息共享和应用。已有区安监局、区科委等部门编制数据清单目录 29 条，应用清单目录 28 条，行为清单目录 12 条；推送"双公示"信息近万条，报送"联合守信激励和失信惩戒案例"20 件。推进建设杨浦区公共信用信息子平台一期建设，与区文化局信用监管平台进行连接，实现数据共享应用。二是以信息平台为依托，完善市场监管领域信用管理机制。区市场监管局严格执行规章制度,做好经营异常名录管理,营造一处违法处处受限的信用约束格局。将未按照规定期限公示年度报告的 8 235 户企业、隐瞒企业信息的 19 家企业、登记的住所或经营场所无法联系的 477 户企业列入了经营异常名录。另外还依申请完成年报补报、更正公示信息,将通过登记的住所重新取得联系的 796 户企业移出了经营异常名录企业。三是加强协助法院执行股权冻结工作,根据《最高人民法院国家工商总局关于加强信息合作规范执行和协助执行的通知》要求,2016 年在企业信用信息公示系统上,协助法院获取股权冻结信息 63 户次。四是根据《上海市食品药品严重违法生产经营者与相关责任人员重点监管名单管理办法》,强化联合惩戒和责任落实机制。定期将纳入行政重点监管“黑名单”制度管理的严重违法食品药品研发生产经营企业和有关责任人员名单发送至市公共信用信息平台,进行联合惩戒,并通过市食药监政府网站“曝光台”栏目公布名单,接受社会监督。五是协助区环保局开展专项活动打击环境违法,加大对环保违法行为的查处力度,有序开展废气排放企业、直排污染源、洗染行业、餐饮行业、液氨企业、燃煤锅炉等重点地区、重点行业专项整治与执法检查。累计出动执法人员 69 人次,检查各类污染源单位 45 家,检查废水处理设施 20 套,废气处理设施 34 套,处理群众环境信访投诉 113 件。加强环评公司管理,规范环保中介行为,加强污染物达标排放监测、推动企业诚信。

(邓恢祯)

第七章　黄浦区信息化建设

概　述

2016年，黄浦区围绕上海科技创新中心建设的战略部署，推动科技和信息化工作，打造服务科技创新中心建设主阵地。加快推进智慧城区建设，编制促进智慧城区建设“十三五”规划；与运营商进行战略合作，完善信息基础设施建设，推动《黄浦区信息基础设施建设专项规划》纳入城乡规划体系，全区基本实现光纤到户、4G无线网络全覆盖。黄浦区内网络就绪度水平指数、用户感知指数、生活服务指数在全市各区排名第一；推进各领域智慧应用，建成一批智慧民生、智慧治理、智慧政务等领域信息化项目；制定信息化项目管理办法及实施细则，开展信息化宣传及应用、安全培训；推进信息产业发展，大力集聚以移动互联为代表的软件和信息服务业企业发展，开展“互联网+”行动计划研究，一批信息产业创新项目获得相关专项资金支持。

（张鹏生）

一、政务领域信息化

【推进网上政务大厅建设】　2016年，黄浦区推进网上政务大厅“单一窗口”建设，网上行政审批事项100％开通状态查询、网上预审服务，39项启动全程网上办理试点。入驻黄浦区行政服务中心的228项事项100％实现网上预约，342项行政审批事项和167项政府服务事项的办事指南网上发布，上网率提升至100％。统筹推进区行政权力库管理系统、行政审批系统、事中事后综合监管系统、信用信息子平台、事项信息上网系统等平台建设，建成网上政务大厅协同工作平台。

【黄浦移动政务开通】 2016年11月28日，黄浦区科学技术委员会(以下简称“区科委”)组织黄浦移动政务开通应用培训，介绍区移动政务建设情况、主要功能、操作方法、使用申请要求和注意事项，区机关各部门及各街道近60名网管员参加培训。黄浦移动政务是区统一的移动办公平台，与区电子政务综合应用平台实现应用对接与数据同步，已建成电子邮件收发、公文查阅、日程查看、会议通知提醒等10个应用，实现向区机关工作人员提供日常办公功能的移动应用服务。依托黄浦移动政务平台，进一步推进区电子政务办公方式向移动终端设备延伸，拓展办公空间，提高办公效率。

【区政务资源共享服务平台建成】 2016年12月，黄浦区政务资源共享服务平台建成运行。平台具有资源目录编制、数据交换、资源共享等服务功能，已完成区实有人口、法人、空间地理、企业诚信等资源的编目，并逐步将区内已建信息化系统资源逐步纳入。平台的建成能有效规范和促进区政务资源共享和业务协同，推动政务资源优化配置和有效利用，进一步提升公共管理和服务水平，为区级数据资源中心建设打好基础。

(傅　纲)

【区无纸化办公平台试运行】 2016年12月，黄浦区无纸化办公平台在区机关内部试运行。平台以移动终端设备为载体，将手机、专用网络、业务系统三者有机结合，实现随时随地移动办公的需求，包括公文审批、公文阅示、在线修改，以及常用文档库、决策参考资料(地图、图表、数据)的移动查阅功能，可在任何办公地点和办公时间无缝接入，从而提高办公效率。

【区无纸化会议系统试运行】 2016年12月，黄浦区无纸化会议系统在区机关内部试运行。该系统具有会前采集议题、信息化资料准备，会中进行信息化签到等功能，实现对大型非涉密会议的有效管理，以及对会议相关信息永久保留并加以利用的功能。

(李　莉)

【区实有人口信息资源共享平台建成】 2016年2月23日，区科委、区人口办组织区10个部门和10个街道开展区实有人口信息资源共享服务工作应用培训，介绍已建成的黄浦区实有人口信息资源共享平台主要操作功能和人口信息共享服务机制。区实有人口信息资源共享平台由区实有人口信息库和区实有人口信息共享系统组成，实现数据每周更新一次。实有人口信息共享系统具备综合查询、统计报表、辅助决策、人口GIS、数据管理、部门应用等功能，并提供信息查询、应用开发、统计报表三类数据共享服务接口。截至2016年12月，平台共为13个部门提供实有人口信息查询、统计报表等服务；为区民政局“居委工作台账系统”、瑞金二路街道“社区大综治系统”提供技术支撑服务。

(傅　纲)

【举办使用正版软件情况自查培训】 2016年7月12日，为贯彻落实《国务院办公厅关于印发政府机关使用正版软件管理办法的通知》、《上海市政府机关软件正版化工作考核办法》及《黄浦区机关使用正版软件管理规定》，进一步规范区政府机关使用正版软件行为，区科委组织召开2016年度部门使用正版软件情况自查培训会议。培训主要内容包括机关使用正版软件管理规定、正版软件安装要求、自查及整改操作指南、软件台账的建立等。

（钱志红）

【企业发展服务平台2.0升级版上线运行】 2016年6月1日，黄浦区企业发展服务平台2.0升级版上线运行。该平台是在一期项目建设的基础之上，对政策咨询、政策受理等功能进行优化完善，以政策平台和财政扶持资金项目管理库为基点，将金融、人才等各子平台横向打通并有机整合，实现企业发展服务"一站通"，构建一个全过程监管的企业服务管理体系和主动服务推送体，简化政府、企业双方工作量，达到提高工作效率、提升企业服务水平的目的。

【企业服务移动APP建成及微信平台完成升级改造】 2016年11月，区企业服务移动APP建成，微信平台完成升级改造。区企业服务移动APP及微信平台是基于区企业发展服务平台拓展的新服务渠道，主要建设内容包括政策服务、资源服务、金融服务、人才服务、企业服务检索、信息推送等。区企业服务移动APP及微信平台的应用，实现了企业可随时随地联系政府，政府则可更精准传递政务信息。

二、社会领域信息化

【社区卫生服务综合改革信息化建设】 2016年，黄浦区推进打浦桥、五里、老西门、淮海和半淞园5家社区卫生服务中心卫生服务综合改革，加大软硬件配套和技术服务支撑。推进家庭医生签约、处方延伸及转诊等业务顺利开展，促进社区与市级、区级医院信息平台对接，实现瑞金医院卢湾分院和香山中医院号源接入。

【支持医疗机构开展特色应用】 2016年，瑞金医院卢湾分院建设特需病房病人点餐系统、医院病案数字化管理系统；区疾控中心开展市民健康档案疾控信息化项目二期试点应用，完善区公共卫生实验室信息管理系统功能（应急及现场检测等），建设区域网络实验室；黄浦区第二精神卫生中心建设临床路径系统、应收账款管理系统、合理用药系统；黄浦区第二牙病防治所建设门诊电子病历系统；推进医联体深化建设，在南京东路社区卫生服务中心推进实验室（检验科）信息系统以及影像归档和通信系统图像联网；推进区医疗卫生中心信息化建设，制定建设方案，完成方案评估。

【"校校通"网络】 2016年，黄浦区完成"校校通"无线网络覆盖一期项目建设，为19个教学点提供规范统一、安全便捷的无线网络覆盖服务。制订无线接入、用户认证、账号管理等技术标准和管理规范，完成二期项目建设前期设计。开展区“校校通”网络中心虚拟化基础设施二期建设，对区教育数据中心计算资源和存贮资源进行扩容和优化。推动区教育数据中心虚拟化设施自助门户建设，通过服务申请方式，实现数据中心虚拟化资源快速交付，提高资源利用效率。

【“文化上海云”黄浦区子平台建成】 2016 年 12 月，根据“文化上海云”总平台的顶层设计，建成“文化上海云”黄浦区子平台。该平台与“文化上海云”总平台、“上海黄浦”信息发布平台对接，集聚整合区内所有文化单位、场馆等的公共文化信息、资源及服务，为上海市民提供手机、电视、电脑等多渠道、一站式数字公共文化服务，形成黄浦区公共文化数据资源中心和服务门户。

【推进黄浦区食品全程追溯管理】 截至 2016 年 12 月，黄浦区已有 13 家食品生产企业、429 家流通企业、1 127 家餐饮单位注册了食品安全信息追溯系统，注册率和录入率均居全市前列。黄浦区全面公开监督检查和抽检检验信息，反映企业现状和监管状态的监督公示栏已全覆盖食品生产、流通、餐饮三大环节。在“上海黄浦”网站上已发布上千条监督抽检信息，食品抽检情况全部予以公开。开发“黄浦食品安全”微信公共账号，面向社会做好食品安全信息发布、风险预警、消费提示。加强区内中小学、幼儿园食品安全溯源系统建设，启动学校食堂视频监控项目，降低学校集体餐饮风险。

【建设黄浦区旅游综合服务云平台】 作为黄浦区旅游综合服务中心的配套项目，2016 年建设完成黄浦区旅游综合服务平台。通过平台将黄浦区内“食、住、行、游、购、娱”进行不同组合呈现给游客，以“互联网＋旅游＋异业”的模式，实现区域内旅游与异业的融合，为旅游企业提供信息互通的营销平台。同时，对黄浦区内的旅游车辆进行统一管理，保障旅游车辆行驶安全，解决部分旅游车辆乱停靠上下客的问题。并通过车辆监控、定位等功能，保障旅游车辆行驶安全。

【开发建设社区治理数据库大平台】 2016 年，瑞金街道开发建设社区治理数据库大平台，增设应急管理模块和社区综合事项会诊模块，提高突发性、综合性事件的处置能力；完善“黄浦瑞金”APP 平台，方便居民运用“互联网+”手段完成公共服务事项办理；推出智慧养老服务项目，在社区综合为老服务中心试点使用智能床垫，为社区老人提供防跌倒手环，加强老人看护；建立劳动就业职介数据库，推出“瑞金微职介”微信公众服务号，拓展职介工作渠道，实现双向互动；在茂名和瑞雪两个居民区试点安装社区多媒体综合展示屏，以图文和视频形式，将政策、新闻、娱乐等居民关注的信息第一时间传递到社区。

三、经济领域信息化

【豫园商城申报第二批智慧商圈创建活动试点】 2016年11月，根据《开展本市第二批智慧商圈创建活动试点单位申报工作》要求，豫园商城参加2016年第二批智慧商圈创建活动试点申报。评审会上，豫园商城重点介绍了智慧商圈现有基础条件、建设方案、创新亮点，以及黄浦区政府、商圈的相关保障条件，并进行了现场答辩。

四、城市建设管理领域信息化

【城市网格化综合应用云平台建成】 2016年11月，按照“网格化+”的理念，结合黄浦区网格化工作实际，利用信息化技术和大数据分析方法，建成“事前预警、事中联动、事后分析”的网格化综合应用云平台，为黄浦区城市网格化工作提供全方位的信息化技术支撑，并根据市、区网格化管理的相关精神，将网格化综合管理向住宅小区进行延伸，推动住宅小区问题多渠道发现，并在街镇层面扁平化处理，实现城市管理协调规范、应急处置有序高效、数据服务全面完整。

【车载指挥调度与监控全覆盖系统】 2016年，黄浦区加强环卫市容监控，建设车载指挥调度与监控全覆盖系统，进一步加强对车辆、人员的监控和管理。推进7家下属作业单位190余辆环卫车辆的系统部署，监管作业面积逐步覆盖全区，作业效率和质量进一步提高。启动企业运行管理与监督考核系统建设，加快推进国有环卫企业运行管理机制电子化、流程化，有效落实区域作业考核监督与监管。

【智慧交通建设】 2016年，建成黄浦区停车诱导系统一期工程。通过停车诱导屏、手机APP、门户网站发布停车信息，为公众提供多种渠道的智能化停车信息服务。该系统实现与上海市公共停车信息平台数据对接，外滩、人民广场、豫园、南京东路、淮海中路、大世界、医院等区域的57个公共停车场(库)、5 000余个停车位纳入停车诱导系统。

(李　莉)

五、信息产业发展

【推进软件和信息服务业发展】 黄浦区支持软件企业在物联网、互联网领域探索应用场景，申报上海市信息化(智慧城市、大数据)发展专项资金。2016 年，上海黄浦数字商圈运营有限公司、上海上汽安悦充电科技有限公司、众安在线财产保险股份有限公司等 5 家企业获上海市信息化发展专项资金。上海华东电信研究院、上海汇付金融服务有限公司、上海信业智能科技股份有限公司等 6 家单位获上海市软件和集成电路产业发展专项资金支持。

【推进孵化基地特色产业发展】 科技京城孵化基地以移动互联网为主导产业，连续八年被市科委评为优秀孵化器，基地近年孵化培育出英方软件(上海)有限公司、上海富瀚微电子股份有限公司等亮点企业。英方软件(上海)有限公司专注提供容灾及业务解决方案，于 2016 年 7 月在新三板挂牌上市。上海富瀚微电子股份有限公司从事安防视频监控多媒体处理芯片设计，重点开拓家居安防、车载监控、运动摄像机、无人机等消费类市场，2016 年获第十一届中国芯“最具投资价值企业”及“最佳市场表现产品”奖，2017 年 2 月在深交所创业板上市。黄浦区科创中心孵化基地以互联网信息服务、大健康产业为主导产业，连续两年被市科委评为优良级孵化器。其中思南路基地建成“医创客”众创空间，加强与上海交通大学医学院及瑞金医院合作，着重打造大健康产业基地。

(周康平)

六、信息基础设施建设

【优化信息基础设施】 2016 年，黄浦区分别与三大运营商签署战略合作协议，加强网络、应用、信息安全等方面的战略合作。黄浦区内信息基础设施进一步完善，光纤覆盖 43 万余户，新建小区覆盖率 100%，基本达到百兆进户、千兆进楼；4G 室外、室内宏基站分别达 890 个、1 485个，WLAN 覆盖场点1 749个，87 处公共场所开通 i-Shanghai 免费上网。

(李　莉)

【举办关键信息基础设施网络安全检查专项业务培训】 2016 年 8 月 31 日，为贯彻落实中央、上海市网络安全和信息化领导小组《关于开展关键信息基础设施网络安全检查的通知》，黄浦区网信办、区科委组织召开区关键信息基础设施网络安全检查专项业务培训会议，相关部门及区属企业 40 余人参加。培训会上，黄浦区网信办介绍网络安全形势及市、区开展关键信息基础设施网络安全检查工作部署情况；区科委对关键信息基础设施认定指南、关键信息基础设施网络安全检查工作要求、离线填报系统使用说明等进行解读和指导。

（钱志红）

七、信息化环境建设

【《黄浦区促进智慧城市建设“十三五”规划》】 为深入贯彻“创新驱动、转型发展”，强化黄浦区在推动上海建设“四个中心”和科技创新中心格局中的核心引领地位，依据《上海市推进智慧城市建设发展“十三五”规划》和《上海市黄浦区国民经济和社会发展第十三个五年规划纲要》，黄浦区开展了“促进智慧城市建设‘十三五’规划”编制工作。本规划由“十二五”建设情况、“十三五”趋势研判、指导思想、发展原则、发展目标、主要任务和重点工程、保障措施七部分组成，于 2016 年 9 月正式发布。

（李　莉）

【推进“互联网+”行动计划研究】 2016 年 11 月 29 日，《黄浦区推进“互联网+”行动计划研究》通过专家验收。该研究报告围绕深化互联网与经济社会各领域融合创新、构筑经济社会发展新优势和新动能，分析信息技术尤其是“互联网+”发展的总体趋势、区域经济转型升级总体现状及信息技术在核心商务区、文化先行区与和谐生活区中的融合水平，提出推动互联网要素向经济创新、惠民服务、城区治理、政务服务等领域拓展，建设“互联网+”行动示范区域的总体思路。

（张鹏生）

【开展区级云中心课题研究】 2016 年 12 月，区科委完成区级信息资源云中心可行性分析课题研究。该课题对上海市其他各区已经开展的数据资源中心建设解决方案提供商、电信运营商等进行调研。根据黄浦区特点，提出数据资源分类、应用及建设模式，规划区级信息资源云中心建设。该课题研究为启动黄浦区信息资源云中心建设做好了准备。

【智慧城区建设“十二五”成果巡展】 2016 年 1 月，区科委举办智慧城区建设“十二五”成果巡展。此次巡展分智慧政务、智慧治理、智慧社区、智慧民生等主题，采用图文并茂的展板形式，反映黄浦区在“十二五”期间智慧城区建设成果。“十二五”期间，黄浦区推进信息技术在核心商务区、文化先行区与和谐生活区建设中的全面渗透和深度融合，网络宽带化和应用智能化水平全面提升，基本形成以数字化、网络化、智能化为主要特征的智慧城区基本框架，信息化整体水平保持全市领先。

【"2016 上海智慧城市进万家"黄浦站活动】 2016 年 12 月 9 日，"2016 上海智慧城市进万家"黄浦站活动启动。本次活动以智慧城市建设成果巡展、智慧生活服务大集市为主线，同步举办专题研讨会、大讲坛、智慧城市感知度调研等活动，旨在宣传黄浦区智慧城市建设成果，提升市民对智慧城市的感知度和参与度，进一步促进智慧城区建设。

（李　莉）

八、社会信用体系建设

【开展黄浦区信用子平台试点】 2016 年 11 月 21 日，黄浦区完成信用子平台一期建设。建成区级信用信息归集、区级信用信息目录管理、信用信息综合应用、信用信息查询分析、系统管理和信用专题应用六个模块，实现区级信用信息归集、实现信用信息综合分析。子平台已交互共享上海市公共信用信息服务平台信用数据，为 59 个用户开通信用信息综合查询服务。在招商引资、科技企业服务等工作中，查询企业信用记录 2 757 次(金融企业1 658 家、科技企业 1 042 家、知识产权企业 57 家)，加强企业信用预警。在政协委员人选推荐、企业技术人员评优、人员招录等领域，提供个人信用记录 35 次，区属部门开展查询应用 184 次。

【加强公共信用信息共享管理】 2016 年，《黄浦区公共信用信息、企业信息归集管理办法(试行)》制定发布。编制信用数据清单目录 102 项，行为清单目录 6 项，应用清单目录 30 项，上报公共信用信息数据 2 021 条；编制区行政许可目录 308 项，行政处罚目录 1 289 项，整理上报"双公示"数据 2 454条。推动区信用子平台与区网上政务大厅、事中事后监管平台构建数据联动，形成奖惩联动机制，推动区各部门在监管执法、评奖评优、资金管理、人员招录、招商引资、政府采购等方面将信用状况作为必要条件或重要参考。

（谭　军）

第八章　静安区信息化建设

概　述

2016年是“撤二建一”后静安区发展的开局之年，也是实施“十三五”规划的起步之年，更是深入落实上海市委对静安区“中心城区新标杆、上海发展新亮点”的定位要求，努力建设“国际静安、圆梦福地”的关键之年。

静安区信息化建设以打造“智慧政务先行区、智慧社务示范区、智慧商务实践区”为总体目标，聚焦政务、民生、经济三大领域，以提高政府运行效能为目标，加大政务信息资源整合力度，优化业务流程，简政放权；以提供市民优质公共服务为目标，大力推广信息技术应用，整合各类社会资源，便民利民；以优化经济产业运行环境为目标，加强政策引导和试点示范，助推产业结构优化转型，壮大经济发展新热点。经过努力，静安区基本形成以数字化、网络化、智能化为主要特征的智慧城区框架，确保了静安区信息化“十三五”规划建设开好局。

一、政务领域信息化

【原两区政务网络连通】　铺设连接原两区核心机房的专用光缆，从西康路原静安区中心机房，铺设48芯光缆至大统路原闸北区中心机房，按时完成了两区政务网连通。同时，完成集中办公点的政务网络建设和连通，完成静安区委宣传部、区统战部、区政法委、区老干部局、区外事办、区信访办、区民政局、区绿化市容局等搬迁部门的政务网络连通，各搬迁部门按照新的办公地址划分，以专用光缆方式分别接入大统路中心机房或西康路中心机房。

【电子政务信息平台升级和邮件扩容】　2016年，

加快实施政务信息平台系统软件及架构升级项目，新增部署三台虚拟机，从底层架构对平台进行优化完善。已完成Windows系统代码重构、Weblogic中间件升级等相关工作，基本完成系统底层优化。完成Weblogic服务集群的配置和调试，实现应用宕机后无缝切换。并根据两区合并后的用户数对邮件系统进行了扩容。2016年，电子政务信息平台共计发送简报437篇、公文854份、通知17 946份；发送邮件68.6万封，接收邮件32.7万封。

【无纸化会议系统】 2016年，静安区无纸化会议系统广泛使用。全年运用无纸化会议系统召开各类会议125次，其中区委办45次、区人大办25次、区府办33次、区政协办22次，未出现纰漏。

【完成市法人库数据落地】 2016年，完成市法人库数据在静安区的落地工作，包含原两区的登记类数据121 931条、资质类数据42 500条、行政处罚类数据6 675条、日常监管类数据106 026条，并不断加以更新。

【网上政务大厅(一期)】 2016年，静安区完成网上政务大厅框架搭建，围绕办事服务、透明政府、静安特色三大核心，建设预约先办、查询反馈、互动问答、评价分享四大功能，凸显数据对接、一码贯通、身份认证、并联协同、信息共享五大特色，实现市、区网上政务大厅间统一申请、身份认证、数据对接。以“应上尽上、应进全进”为原则，将29个部门363项审批事项100%接入区网上政府大厅。以“一门式受理”为原则，将162项服务事项接入区网上政府大厅。首批入驻新静安行政服务中心的区人社局、区财政局、区民政局、区绿化市容局4个部门的46项审批事项，已于2016年12月中旬实现网上预约，并与中心的叫号系统及服务终端实现对接。静安区网上与实体大厅服务、线上与线下服务紧密结合的一体化新型政府服务模式已初步形成。

【静安区党代表履职管理系统】 2016年，加强静安区党代表履职管理系统建设，主要实现党代表换届选举管理、党代表信息化管理、党代表提案管理、党代表提议管理、党代表参会管理、人员管理等功能。利用信息化手段，实现党代表提案、提议的信息化管理；党代表参会、党代表换届选举的信息化支撑；提升党代表工作的组织和管理效率；发挥党代表服务群众、服务基层的作用。

【静安区决策支持平台项目(二期)】 2016年，在一期平台基础上，面向领导、部门、公众需求，拓展静安区决策支持平台框架建设，以人口和社会数据为主、微观人口为重点，深化统计与其他部门及社会数据共享，丰富数据信息来源，进一步完善综合数据采集、决策数据分析等功能应用，实现平台与法人库、人口库、地理库及中国银联等相关社会数据的信息整合，提供城市管理的信息支持，更好服务部门及一线工作应用，服务静安社会经济发展。

【电子政务信息平台安全】 2016年，根据有关要求，组织人员对静安区电子政务信息平台(等级保护三级系统)的管理制度、硬件设备安全配置、配置变更记录、应用系统建设方案和检测报告、应用软件系统安全控制、漏洞补丁加固、应用数据安全保障、机房环境、进出登记、服务外包公司保密协议等进行了梳理自查。完成“网络安全检查表”、“网络安全管理工作自评估表”和“商用密码自查情况表”的填报工作，形成安全专项检查报告。认真落实完成每季度一次的防毒软件、防毒墙、特种木马防御系统、汉邦审计软件等网络安全设备和软件的巡检、维护。制定电子政务信息平台年度演练计划，确定演练形式和内容，拟定演练方案，分别针对政务网服务器区主交换机瘫痪、公共信息平台应用服务器宕机两种突发状况进行了应急演练。

【数字档案馆二期建设】 2016 年，在静安区数字档案馆一期工程的基础上，增加“档案综合信息门户”、“电子文件中心”功能。其中“档案综合信息门户”采用单点登录方式，提供通知、公告、图片新闻、规章制度、档案管理等级、全区档案总量、利用效果实例、公开信息报送、档案业务文件等功能，满足不同用户所需的不同数据信息；“电子文件中心”用于接收政务网中已流转完成的电子文件数据，并与档案室应用服务系统相互集成，实现电子文件到电子档案的无缝流转。

【推进软件正版化工作】 2016 年，静安区政府机关和企事业单位开展正版软件管理工作，规范使用正版软件行为，提高软件资源使用效率，在全区范围内开展软件使用情况自查，重点检查操作系统软件、办公软件和杀毒软件使用情况。保障信息系统安全高效运行，推进使用正版软件工作规范化标准化，做好全区各部门正版软件台账梳理报送工作，并配合做好市里相关检查。向各部门发送推进使用正版软件工作部际联席会议办公室编制的《正版软件管理工作指南》，督促各部门加强正版软件管理和使用。开展政府机关和企业软件正版化宣传、培训。

【产业扶持政策公共信息平台】 静安区产业扶持政策公共信息平台具有政策发布、项目网上申请、企业信息备案、产业项目备案等功能，有利于加强政策实施部门和行业主管部门的沟通协调，及时了解静安区产业扶持政策和重点企业项目信息，便于区内企业根据自身需要，更为便捷地获取相关政策服务。

【财政扶持政策资金管理平台】 2016 年，静安区建立面向企业的财政扶持专项资金管理平台。平台对接现有财政扶持政策数据审核、国库集中支付等系统，完善相应的核算、分析系统，实现财政扶持资金申请、审核、拨付、分析以及预算资金管理等一体化统筹，发挥财政资金的最大使用效益。

二、社会领域信息化

【静安智慧社区综合平台】 2016 年，依托“市民云”建设，打造面向新静安社区居民智能化、一体化的信息服务平台，提升政府整体公共服务能力。通过升级扩容，进一步整合街道、各委办局和社会公共服务资源，实现市、区、街道三级信息的统一发布，公共信息和个人信息的集中展示。平台为13个街道、1个镇均开设了办事、文化、生活、综治、党员等六大类627个公共服务项目，其中36家服务机构开通了预约服务，可预约办理134项事项。电脑屏、手机屏、电视屏多屏合一，成为覆盖全区14个街镇的社区服务宝典。石门二路、彭浦新村等6个街道被列为上海市智慧社区试点示范。

【居委会台账综合管理系统(二期)】 2016年，静安区居委会台账综合管理系统在一期的基础上实现了改版升级。秉承“后台支撑复杂化，前台操作简单化”理念，最大程度简化系统界面，提升系统功能，将居委会工作经费纳入系统统一管理，实现经费使用申请、审核电子化。进一步优化完善居委会经费申请、报销流程。同时，系统使用范围实现13街道、1镇的全区域覆盖，通过信息化手段，整合社区治理信息资源，促使居委会工作逐步向信息化、规范化、制度化转变。

【社保卡工作平稳过渡】 2016年，完成静安区社保卡工作网点、人员及业务的整合提升，实现社保卡补换卡业务的全区覆盖。全年共完成社保卡个人信息采集33 185人，发放社保卡33 185张，完成补换卡43 700张。

【社区服务综合改革试点信息化配套】 2016年，以家庭医生制度落实与推广为核心，静安区充分调动区域内的“医疗、医药、医保”资源，建设区域范围内“1+1+1”签约居民分级诊疗服务系统，包括家庭医生签约、分级诊疗、医疗费用审核、处方延伸等。

【静安教育公共服务平台】 2016年，建成静安区教育门户网站。以用户体验为中心，实现静安教育信息资源和应用资源的整合。通过公众频道、教师频道、学生频道、学校频道及学生门户建设完成信息聚合；通过信息公共服务资源库建设和数据交换平台建设、数据中心建设、个人门户建设，逐步完成静安区教育资源的深度汇聚。

【“运动静安”手机APP】 2016年，静安区大力推进15分钟体育生活圈建设，运用“运动静安”手机APP项目将现有健身运动设备及场馆进行信息整合。APP具备场馆位置查找、场馆信息预览、你点我送、在线健身指导视频、新闻信息公告发布、场馆优惠券申领、现场扫码验码、用户智能统计、投诉建议反馈等功能，增加信息知晓度，为用户解决“卡时代”多卡片、多终端带来的困扰，改善用户体验，最大范围地为市民健身锻炼提供便捷。

【企业事中事后综合监管系统】 2016年，静安区企业事中事后综合监管系统上线并试运行。作为全区统一的监管信息共享和业务联动平台，系统由各部门按照监管职责在区平台制定监管任务、明确监管内容、实施综合监管、形成监管结果，实现各领域监管信息的实时传递和无障碍交换，达到系统互联互通、信息上通下达的效果，为静安区有关部门在实施综合监管过程中的协同工作提供支撑，形成覆盖全区、横向到边、纵向到底的综合监管应用体系，是静安区落实“证照分离”改革和建立事中事后监管体系的重要抓手。系统结合静安区实际监管工作需要，在完成“双告知”、“双随机”、“监管预警”、

"联合惩戒"和"日常监管"五个全市统一功能模块上线试运行的同时,加强探索创新,创设性地开发了"联合检查"、"监管热点"和"楼宇监管"三个功能延伸项,并在全市率先探索"双随机"在市场监管局以外部门的应用,形成了既符合市级精神、又具有静安特色的"1+X"综合监管模式。

三、经济领域信息化

【智慧商圈建设】 2016 年,通过大量收集、观察、分析客流、商品流、交易流及场景流数据,静安区构建起一整套商业数据体系,并制定统一的数据收集标准;完成一套初步的智慧商圈评价标准;完成现有主要数据供应源数据对接接口标准和技术规范制定、确认,解决了不同数据源打通的问题;完成商圈业态监控以及业态变化自动发现子平台建设。

四、城市建设管理领域信息化

【数字城管综合执法监管平台】 为解决原两区城管执法在人员管理、执法重点、审批模式等方面存在的诸多不同,静安区数字城管综合执法监管平台对原有系统进行优化升级,以业务为导向、数据为核心,建立统一面向执法局、各中队、街镇的综合监管平台。平台功能涵盖行政执法、拆违、勤务指挥、执法督察、投诉监管、综合评价、地理信息、培训管理、协同办公、财务装备、组织人事等各方面,在充分兼顾各级业务需求的基础上,规范业务流程,统一业务模式,提升城市管理能力。

【美丽家园视频监控建设】 2016 年,为充分发挥图像监控系统对社区管理和"美丽家园"建设的作用,静安区通过视频监控进小区的方式延伸城市治理半径,最大限度覆盖、发现并解决社区相关问题。2016 年,视频监控进小区二期建设继续进行,累计完成 203 个小区监控视频的复接,复接探头累计 1 700 余个。其中,累计完成 59 个托底小区监控探头的新建和复接,累计新建和复接探头约 790 个。

【环保信息数据交换服务系统(数据中心二期)】 2016 年,静安区在建成环保数据中心的基础上,建立统一的数据交换平台,有效对接静安区法人库信息。同时,结合地理信息系统进行数据二次开发,深挖数据分析和再利用价值,构建系统内部数据传输、交换及汇交的主渠道,满足现有系统之间数据交换的需要。

【智慧市政管理系统二期】 2016 年,智慧市政管理系统二期项目与一期功能进行整合，结合市政业务信息系统，建立全数字化的市政监控与管理系统，实现市政施工工程实时远程监控。同时，满足市政设施巡查需要，建立市政“移动巡查、集中管理”的网格化管理平台。建立智能分析和管理支持，依据日常工作中大量业务数据，探究市政业务中道路维修、养护规律，为年度计划制定、日常工作安排提供依据。

【违法停车自动抓拍系统】 2016年，为改善静安区部分道路车辆违停造成道路拥堵现状，在全区新建54处违法停车自动抓拍前端设备及配套后端管理应用平台，进一步提高执法效能。在不增加警力的情况下，24小时全天候不间断监控违停车辆，提高通行效率，确保道路畅通。

五、信息产业发展

【产业分布特色鲜明】 2016年，随着“两区合并，强强联合”，静安区信息产业分布更具特色，南部CBD中央商务区、跨国企业总部等行业龙头、外资企业相对集聚。中部多媒体谷、大宁中心广场、珠江创意园、国际影视文化产业集聚区正在形成，集聚了大量以网络视听、数字多媒体、动漫影视为主的“互联网＋文创”信息消费服务类企业。北部以市北高新园区为龙头的科技创新核心功能区品牌辐射效应显著增强，大数据、云计算、轨交信号、国产基础软件产业等优势产业继续做实做强。

【创新能级进一步提升】 2016年，静安区共有16家企业获上海市科技小巨人(培育)企业认定，立项数为中心城区第一。其中软件和信息服务业12家，占比75%。68家企业获高新技术企业认定，其中软件和信息服务业36家，占比52.9%。在“2016上海创新创业大赛”中，52个项目获上海市创新资金项目立项支持，位列中心城区第四，其中软件和信息服务业占据半壁江山。4家企业荣获第五届中国创新创业大赛“优秀企业”称号，其中软件和信息服务业3家。开展技术合同认定登记318份，技术交易额134 824.12万元，其中电子信息产业占比近70%。卡斯柯信号有限公司、中铁上海设计院集团有限公司荣获“2015年度上海市科技进步奖”二等奖；上海格尔软件股份有限公司、上海中信信息发展股份有限公司荣获“2015年度上海市科技进步奖”三等奖。5个项目在上海市软件和集成电路产业发展专项中获得立项。

【打造产业发展新亮点】 2016年，上海首个大数据产业基地在市北高新园区挂牌，上海数据交易中心有限公司等一批领军企业落户于此。基地内企业如上海浪潮云计算服务有限公司、上海晶赞科技发展有限公司入选2016年中国大数据企业50强。入驻市北高新园区的云计算和大数据企业超过150家，形成良好的集聚发展态势。

六、信息基础设施建设

【通信基础设施建设】 截至 2016 年年底，静安区室外公共通信基站累计 686 个，其中 2016 年新增 33 个，新建基站的塔均户（平均每个基站三大运营商使用户数）为 2.2，存量基站的塔均户由 2015 年的 1.17 提升至 2016 年的 1.29。区域内室分数累计 893 个，其中 2016 年新增 21 个（仅限铁塔公司所建的室分数）。先后完成大宁中心、中环协信以及市北工业园绿地中央广场等多个新建重要场所 4G 信号的室分建设工程，改善了网络覆盖环境。

【与上海电信签署合作备忘录】 2016 年 8 月 22 日，静安区政府与上海电信举行"推动静安区信息化建设合作备忘录"签约仪式。中共静安区委书记安路生、区委副书记陆晓栋、静安区副区长周海鹰、上海电信总经理马益民、上海电信副总经理何剑鸣、雷宇出席签约仪式。合作备忘录的签署标志着静安区信息化建设将持续推进并进一步提升。

【与浪潮集团签署合作协议】 2016 年 10 月 27 日，静安区政府与浪潮集团有限公司战略合作协议签约仪式在市北高新园区举行。静安区将全力推动协议各项内容落地，全方位服务好浪潮集团在上海的发展，为浪潮集团与市级层面的合作积极搭桥，发挥纽带作用。

七、信息化环境建设

【智慧城市宣传活动】 2016 年 12 月，2016 年静安区智慧城市宣传周活动拉开序幕，百余名社区居民参加了活动。活动邀请上海市信息安全行业协会专家用生动语言和翔实案例，向现场居民宣讲"提高信息安全意识，谨防信息诈骗"知识，告诫市民要留心身边的信息安全，不要随意打开链接、下载软件、透露个人信息。上海市民云平台的专家为市民介绍了静安智慧社区综合平台的建设情况，并通过互动问答环节，使市民更深入了解静安区智慧社区的概念。

【静安区居民信息化水平调查】 2016 年，静安区完成覆盖全区 13 街道、1 镇的 1 000 余户居民的信息化状况调研，了解居民家庭信息化水平现状及特点，居民使用信息化产品或服务的习惯、态度及偏好。通过对不同年龄层次、学历层次、生活或工作背景的居民对信息化最直观的感受进行分析，编写了《2015 年静安区居民信息化水平调查报告》，明确优势和不足，计划下一步工作重点，从而推动静安区信息化整体水平持续提升。

八、社会信用体系建设

【**建立健全组织保障**】 2016 年，随着新静安区正式挂牌成立，需重新向市信用办报送分管区领导、部门责任人和联络员名单。区信用办充分承接和延续原两区的制度成果，比对、调整、完善区联席会议成员单位，明确各单位的分管领导、责任科室和联络员，明确工作职责、工作目标和工作内容，建立健全工作保障机制。

【**整合、丰富原信用平台**】 2016 年，静安区信用办全面梳理原两区信用子平台的栏目设置和栏目内容，与开发单位沟通，确定整合方案和调整内容，明确在原静安信用子平台的基础上，将原闸北区相应内容进行叠加，充实丰富新的静安信用子平台数据和内容。

【**编制三清单目录**】 2016 年，静安区公共信用信息三清单(数据清单、行为清单、应用清单)编制正值两区合署办公期间，各部门办公场地尚在调整，人员配置、组织分工尚不明确。区信用办通过大量细致工作，调动成员单位积极性，梳理、汇编了静安区 2016 版信用三清单。截至 2016 年年底，在静安信用子平台上，数据清单归集了 24 个部门 259 项数据事项，行为清单归集了 18 个部门 108 个行为事项，应用清单归集了 22 个部门 96 项应用事项。

【**力推信用信息(产品)使用**】 2016 年，静安区以信用信息使用为抓手，拓宽使用范围，有效推动政府用信。同时通过链接至市信用平台，为区内法人和自然人信用批量查询、信用评估、数据清洗提供支持，部门用信查询数量明显上升。截至 2016 年年底，通过区信用子平台查询单个信用的部门已有 12 个，累计查询 1 227 次数据，上报市信用平台批量查询超过 20 000 次。

【**严格遵守信用奖惩规则**】 2016 年，通过信用查询，静安区对法人和自然人进行“诚信大体检”，一处失信，处处受制，成效显著。静安区在行政审批、政府采购、项目招投标、表彰评优、资金支持等一系列工作中，对申报企业或自然人都进行了信用查询，并作为重要考量依据之一。如某企业申报技术带头人，经查询发现该企业连续两年因虚假宣传被区市场监管局处罚，根据规则取消其申报资格。

【**梳理“双公示”目录和数据申报**】 2016 年，根据市信用办统一部署，汇总编制了静安区行政许可和行政处罚事项目录共计 1 100 余条，并按照《数据标准(暂行)》梳理了 2016 年产生的“双公示”信息 4 000 余条，其中许可类 3 800 余条，处罚类 260 余条。

【诚信宣传教育】 2016 年,静安区加大诚信宣传力度,充分利用“上海静安”门户网站、“上海静安”APP、“静安科技”APP 等各种渠道和途径,进一步扩大信用信息宣传的覆盖范围。广泛挖掘静安区信用典型应用案例,积极开展“上海诚信活动周”活动,在市北聚能湾组织活动,通过海报宣传、现场扫码、诚信讲座、问题抢答等环节,对近百家企业进行讲信、守信、用信的信用宣讲,大力营造“守信联合激励、失信联合惩戒”的诚信氛围。

(王述之)

第九章　宝山区信息化建设

概　述

2016年是宝山区信息化工作“十三五”规划的开局之年。在智慧城市建设方面，宝山区主动对接国家网络强国和大数据发展战略，以贯彻落实宝山区智慧城市建设“十三五”规划为主线，成立宝山区智慧城市建设领导小组，积极开展智慧城市重大信息化项目建设；有序推进电子政务工作，探索信息化共建、共享、共用新模式；推进各领域信息化从试点探索向“标准配置”迈进；全面开展智慧城市进万家宣传服务活动。“智慧宝山”建设取得新成效：一是在政府服务一体化方面，建成区级网上政务大厅、事中事后综合监管系统及电子政务数据中心；二是在市民生活便捷化方面取得积极进展，建成区级影像诊断云平台及儿童疫苗接种网上预约平台；三是营造“互联网+”生活良好环境。“文化云”、青年服务平台等项目加快建设，“上海文化云”宝山子平台建设（一期）已建成数字图书馆。“市民百事通”信息服务平台和市民智能问答系统已汇聚1万多项为民信息、服务人群超过400万人次；四是在城市管理精细化方面，加快推进公共安全视频监控共享平台建设；五是在政府办公网络化方面，积极推行无纸化办公，充分利用互联网思维和信息化手段，探索办公流程优化再造，增强办公业务网，提高行政办公效率。

在社会信用体系建设方面，紧紧围绕打造“两区一体化”的现代化滨江新城总目标，以信用制度为核心、以区公共信用信息服务平台为抓手、以信用数据为基础、以重点领域应用为关键，加快推进区域社会信用体系建设，编制《2016年宝山区社会信用体系建设工作要点》，全面推进“双公示”信用信息归集工作，推进公共信用信息应用。宝山区被评为上海市信用典型案例报送十佳单位；“诚信平台细核查　产业扶持严把关”案例获2016上海十大失信联合惩戒案例。

一、政务领域信息化

【国有企业财务风险预警信息系统通过验收】 2016年2月2日，宝山区国有企业财务风险预警信息系统通过专家验收，项目实现了国有企业财务数据的网上申报和预警管理功能。通过宝山区国资财务风险预警指标体系的建立，在系统中对宝山区国资财务风险预警指标区间进行合理设置和预警，各企业能实时了解自身财务风险指标项，及时分析预警原因找到应对措施。区国资委能实时了解各企业的财务情况，尽早规避财务风险，加强对企业财务运营的监管，最大化发挥国资数据的应用，保障国有企业的平衡有序发展。

【宝山区网上政务大厅建设】 2016年5月12日，《宝山区网上政务大厅建设可行性研究报告》专家评审会举行。来自上海市政府公众信息网管理中心、复旦大学、上海大学等各领域的信息化专家共同为宝山区网上政务大厅建言献策，提出意见和建议。专家表示，区级网上政务大厅是“互联网+政务服务”的综合性平台，是优化办事流程、促进业务协同、整合信息资源服务民生的示范性项目。宝山区网上政务大厅着力梳理建设中的难点问题，突破重点，细化平台要达成的具体量化指标，加强组织保障和制度创新，构建形成网上服务与实体大厅服务、线上服务与线下服务相结合的一体化新型政务服务模式。宝山区网上政务大厅是上海市网上政务大厅的组成部分。

宝山区已建成区级网上政务大厅框架，实现与市级平台对接。2016年，宝山区深化网上政务大厅建设，实现了六个目标：一是实现区级审批事项100%上网，审批事项关键节点网上可查询、可追溯；二是加大网上办事服务推广力度，实行网上预约、窗口优先办理服务模式；三是打造一批网上核心服务，提供以服务对象生命周期为主线的网上办事服务，做好政务服务信息个性化和精准推送工作；四是注重简化政务服务，优化企业设立与变更单一窗口模式和建设工程的重点协同应用流程；五是推进重点领域的信息资源整合、共享共用和开放利用。同时，着眼于强化事中事后监管，实现网上政务大厅与企业综合监管平台的无缝对接，健全完善企业信用信息公示系统，形成综合监管和专业监管合力；六是明确区级政府权力清单、责任清单制度，建立与信息化相适应的平台运行和管理体系。

【开展网上政务大厅操作培训】 2016年6月，宝山区召开网上政务大厅操作培训会议，全区34家相关职能部门人员参加操作培训，为今后各部门开展网上行政审批工作做准备。会上，宝山区府办有关负责人部署了宝山区2016年网上政务大厅建设目标任务及下一步工作，区审改办汇报了前期工作开展情况，对后续工作提出了建议。会议组织了网上政务大厅平台操作培训，详细演示了具体操作要求，并进行了现场答疑。

【宝山区城管执法涉案物资监管系统通过验收】 2016年6月23日,宝山区城管执法涉案物资监管系统通过专家验收。该系统的建设为宝山区城管执法局提供了完善统一的执法涉案物资管理平台,对宝山区所有城管执法涉案物资的数量和状态进行实时监管,对执法涉案物资的罚没、仓库管理、归还、处置公示各节点进行跟踪管理,实现城管执法涉案物资的规范化、精细化管理。系统将大量涉案物资信息进行了细致的量化,使执法涉案物资的统计、归还、处置以数字及报表形式体现,大大提高了城管工作效率。

【宝山区公共数据共享平台——区公务员门户升级项目通过验收】 2016年7月6日,宝山区公共数据共享平台——区公务员门户系统通过专家验收。升级后的宝山区公务员门户系统对后台发布管理平台架构进行了优化,使管理后台完全基于浏览器操作界面,使用方便快捷。在功能上,后台管理系统实现多站点、多栏目管理。各站点可以独立运作并共享资源。且系统支持分级授权,不同管理人员可对每个站点的栏目和内容进行独立维护;内容发布模块支持对信息的增加、修改、删除及预览;对信息门户的栏目进行了调整优化,在个人工作台增加个性化设置,方便用户使用;增加了监控管理平台,使管理人员便捷查看各部门系统使用情况,实时了解系统运行情况。宝山区公务员门户系统自2015年3月上线,日均发布信息20条左右,日均登录2 000次左右。平台模块浏览情况:最新报道日浏览量20 000次左右,部门刊物日浏览量2 000次左右,领导讲话日浏览量2 000次左右。系统稳定,整体运行良好。

【"电子政务云"——电子政务数据中心全面升级改造】 2016年8月,宝山区完成"电子政务云"——电子政务数据中心全面升级改造,构建了双活机房及网络系统。同时宝山区政府网站、基础应用平台和业务信息系统已完成迁移,为区政府大院外委办局和街镇的业务信息系统迁移上云打下了基础。另外,在全面利用现有可用设备的基础上,增配部分核心关键设备,将区政务外网核心骨干网络由原来的千兆提升为万兆;并增加Web应用防火墙、入侵防御系统、日志审计系统等网络和信息系统安全保障设备,以加强网络安全保障能力。改造升级为进一步推进全区资源共享与业务协同,降低电子政务建设和运维成本打下基础,也为随时与市级电子政务云实现对接做好准备。

【宝山区统计数据分析系统正式启用】 2016年11月18日,宝山区统计数据分析系统项目通过专家验收。该项目完成了日常统计报表整理、日常报表建立,梳理加载了历史数据。通过定期对日常定报数据的整理并加载到系统,能满足统计局日常业务工作中报表查询、分析、汇总的要求。该系统提供常规、电子地图等多种方式跨专业进行历史数据查询、分析,并通过图表等多种方式进行结果展示,既满足日常业务工作需求,也做到了实时掌握统计数据。通过对该系统的建设,统计部门可以在运用统计数据处理、分析应用与信息发布等功能的基础上,进一步实现区和乡镇两级统一规范数据管理。在基于元数据的数字化建模理念基础上,达到共享、协作、高效的目标。

【开展重点单位网络与信息安全检查】 2016年

12 月,宝山区依据《2016 年上海市重点单位网络与信息安全检查实施方案》要求,结合实际,制定并下发了《关于印发〈2016 年宝山区重点单位网络与信息安全检查实施方案〉的通知》,重点抽查 64 家单位的信息系统和网站,组织开展远程检测和现场检查工作,做到以查促建、以查促管、以查促改、以查促防。确保通过本次网络安全检查增强各单位安全意识、落实安全责任、深入分析安全风险、系统评估安全状况、全面排查安全隐患,并且进一步健全安全管理制度,完善安全防护措施,提升安全防护能力,预防和减少网络安全事件的发生,切实保障宝山区各重要网络和信息系统安全稳定运行。

【宝山区事中事后综合监管系统上线运行】 2016 年 6 月 28 日,宝山区作为区级事中事后综合监管系统的试点单位之一,建成并正式启用宝山区事中事后综合监管系统,成为全市第二家推动事中事后综合监管平台正式上线的区。该系统可有效实现企业信息统一归集共享、政府部门监管业务协同、社会力量参与信用监督,为进一步深化简政放权、放管结合、优化服务改革、加强事中事后监管提供有效支撑。系统建设力求把分散在各部门的监管信息全面归集,实现政府部门间的互联共享,形成以信用监管为核心的新型市场监管机制。通过多部门协同运用,将“信息孤岛”变为“信息群岛”。

二、社会领域信息化

【“健康宝山”微信平台开通】 2016 年 5 月 19 日,宝山区健康促进委员会办公室、庙行镇政府联合举办“健康宝山”微信平台开通仪式暨“真情心连心,健康送企业”主题宣传活动。宝山区副区长陶夏芳、区卫计委主任李晓惠、真旅网首席执行官施纪军共同开启“健康宝山”微信平台。

【“宝山公信仲裁”微信公众号上线】 2016 年 6 月,宝山区劳动人事争议仲裁院创新打造的“宝山公信仲裁”微信公众号上线。劳动人事争议调解和仲裁网络预约申请平台也进行了全新升级,使案件申请人或当事人能更便捷地递交申请,查询和了解信息。“宝山公信仲裁”微信公众号分为“走进仲裁”、“公信社区”和“微仲裁庭”三大板块,分别设有“网上预约”、“微案例”、“我要调解”等十二项功能,并且实时推送最新劳动法律法规和政策,定期发布各类活动信息,积极为广大服务对象打造化解争议的“微平台”、宣传法律的“微窗口”、服务群众的“微渠道”。

【宝山区工会信息管理系统通过验收】 2016 年 9 月,宝山区工会信息管理系统通过专家验收。该系统集工作平台、沟通联系、预警提示等功能于一体,是全面发挥工会职能的平台。系统主要实现四大功能:一是预警提示功能。系统中,对工会重点工作进行提醒,方便工会干部做出应对。主要包含劳动关系预警、工资集体协商到期预警、帮困送温暖脱困预警、学生毕业帮困结束预警等功能。

二是统计功能。系统对组建、职代会、帮困、互助保障、劳动竞赛等进行统计汇总，为工会开展好相关工作提供重要参考和依据。三是服务功能。系统对各单位技能人才等级、集体和个人获奖情况进行登记。四是联络功能。系统实现了区总工会至直属工会、基层企业工会的“直通车”功能，对有关工会政策进行直接宣传，便于基层了解上级政策。该系统的应用能够为全面推进工会各项工作提供帮助和参考，方便区总工会与直属工会、基层工会的联系，让工作更加迅速有效落实。

【宝山区社区事务受理服务中心网上办事系统通过验收】 2016 年 11 月 18 日，宝山区社区事务受理服务中心网上办事系统通过专家验收。该系统将各条线的 175 条事项服务延伸至网络，向需要办事的宝山市民提供了网上服务。市民可通过网上办事大厅进行在线咨询、了解办事流程、所需证件、在线下载办事表格，缩短了群众办事距离，节省了办事时间，提升了受理中心服务效率。同时，社区居民也可以扫描二维码添加“宝山社区服务”微信公众号。通过“宝山社区服务”可实时在线咨询、了解社区事务的最新动态，同时“宝山社区服务”还提供查询出入境、公积金、社保等资讯。只要打开手机，就能随时随地掌握最新社区动态，大大提升了社区服务的政民互动能力，提高了社区居民生活质量，加强了社区服务能力。

【宝山区旅游智能化管理平台通过验收】 2016 年 12 月 5 日，宝山区旅游智能化管理平台通过专家验收。项目由旅游智能化管理平台、旅游门户网和数据接口三大部分组成，实现了区旅游主管部门对旅游企业的数据采集、统计、分析、网上办公等信息化管理功能，117 家旅行社、饭店、景点及吴淞口国际邮轮港接入并使用系统。同时，项目具备区旅游资源宣传、信息实时发布、政务信息公开等一站式旅游信息服务功能。另外，项目实现与上海市旅游局旅游统计报表采集系统、全国旅游团队服务管理系统、上海市出境游信息动态监管系统、上海市入境游及国内组接团动态信息系统四大数据接口的 API 数据对接，避免了旅游企业对经营数据的重复上报。该项目的建设应用，进一步提高了旅游行业管理和服务水平，扩大了宣传渠道，提升了宝山旅游知名度。

【社区管理信息系统（三期）通过验收】 2016 年 12 月 22 日，宝山区基层事务管理信息系统——社区管理信息系统（三期）通过专家验收。此项目是在前两期基础上的全面升级，以“一个核心、两套标准、三分领域、四类面向、五大应用”为基础构建统一数据框架，打通了与各个业务条线的实时接口，进一步加强对实有人口、企事业单位、社会组织、社区资源等条块信息的整合，加大对基础数据的应用，规范条线业务在基层的准入机制。系统的建设应用实现了对基层社区工作的减负、增能、提效。一是通过系统将工作台账从 108 本减少到 4 本，表单从 736 张减少到 117 张，切实减轻了居委干部的负担；二是电子台账表单化、信息化、数字化、规范化、统一化，为居委干部快速准确地查阅和共享资料提供了便利，从而增加了居民区社区治理能力，让社区治理更有针对性、更加智能化；三是对人口、法人、诚信等基础信息资源进行整合应用和大数据分析，让条线部门通过权限及时掌握相关数据，从而提升政府决策效能。

三、城市建设管理领域信息化

【中央综治委莅临宝山调研指导工作】 2016年4月29日，中央社会治安综合治理委员会副主任、中央政法委副秘书长、中央综治办主任陈训秋带队实地考察宝山区智联网综治信息中心。中央社会治安综合治理委员会办公室相关领导，上海市委常委、政法委书记姜平，市委政法委副书记、市综治办主任李余涛，宝山区领导汪泓、杜松全、王丽燕、袁罡等陪同考察。在听取"平安宝山智联网"建设情况汇报后，陈训秋指出，创新完善立体化社会治安防控体系，既是有效应对严峻复杂安全形势的迫切需要，也是深入推进平安建设的必然要求。他强调，在信息化高度发达时代，推进立体化社会治安防控体系建设，要坚持创新驱动，注重信息引领，充分运用互联网和大数据，着力推进技防设施体系升级。要严格按照《社会治安综合治理基本数据规范》国家标准，推进从国家到村居委的六级综治信息平台建设，推动基层治安防控联网管理，促进社会治安防控数据化、动态化、精细化管理。希望宝山继续创新实践，加快推进"平安宝山智联网"建设，整合各类信息资源和社会力量，提升社会治安防控体系的整体水平。

【宝山区城市网格化综合管理信息系统通过验收】 2016年8月19日，宝山区城市网格化综合管理信息系统通过专家验收。网格化综合管理信息系统以区级平台为信息汇聚中心，打造区、街镇、村居委三级业务管理平台。在市级系统层面，实现宝山区城市网格化综合管理信息系统与相关市级业务平台的业务交互对接。在区级系统层面，以宝山区现有各条线专业系统为基础，扩大业务涵盖范围，完善联动工作机制，逐步实现公安、民防、防汛、法规、安监、食药、房管、人口等区级业务系统的对接工作。在已建成的网格化系统、应急可视化调度指挥系统等各类城市管理系统基础上，整合各类信息资源，对接各类信息系统，建设宝山区城市网格化综合管理中心指挥平台，为进一步提升宝山区城市网格化管理工作效率，打造更好的基础平台。2016年，网格平台共受理案件445 649件，及时率为98.02%，结案率为100%；热线平台共受理市热线办转派工单38 618件，先行联系率99.5%，实际解决率31.6%，市民满意率37.3%。从考核情况看，宝山区网格化管理工作综合评价在全市16个区中排名第三，热线办理综合考评全市排名第五。

【宝山区水闸自动监控系统改造工程（三期）通过验收】 2016年9月21日，宝山区水闸自动监控系统改造工程（三期）通过专家验收。本次项目完成了新川沙水闸和新川沙涵闸现场自动化监控系统的改造；实现了区水闸监控调度控制中心对上述两座水闸的远程监测和调度指挥。经过三期项目建设，接入区水闸监控调度控制中心的水闸共8座。通过水闸自动监控系统，工作人员可以对闸门的运行进行远程控制，并对内外河水位、雨量、闸门运行情况、现场视频、音频等进行实时监测监控，随时观察各水闸的关键部位是否正常运行，一旦发生水位异常、设备故障，系统都会自动报警。系统的建设应用提高了宝山区水闸的运行管理水平，进一步提高了宝山区防汛排涝快速反应能力和水资源科学调度水平。闸站对防汛指挥调度决策和综合调水调度指令的响应速度显著提高，水闸防洪除涝、水资源调度的整体水平也得以提升。

【宝山区环卫综合管理信息系统通过验收】 2016年12月5日，宝山区环卫综合管理信息系统通过专家验收。项目通过对宝山区50辆环卫作业车辆安装北斗卫星车载监控设备，建立服务于区绿化市容局、各环卫作业公司、基层作业区三级用户的统一监管平台。系统借助4G无线通讯网络与后台的指挥调度中心进行数据对接和业务指令对接，实现区绿化市容局、作业公司、基层作业区三级用户可对环卫作业车辆的动态位置进行实时监控、作业状态实时视频监控、作业油量消耗监控、业务调度控制，并具备双向通信、数据回放、行车记录、统计分析等功能，实时掌握环卫作业车辆运营状况，提高环卫作业调度管理力度与应变能力，完善监管手段。此外，系统平台还支持移动客户端访问，便于管理人员使用和操作。

四、信息产业发展

【“互联网+”企业交流研讨会举行】 2016年1月，为提升宝山区行业龙头企业在信息化条件下的市场竞争能力，加强企业间的交流和对接，宝山区举行“互联网+”企业交流研讨会，市经济信息化委信息化推进处、上海交通大学、上海市经济和信息化发展研究中心等单位的专家及10余位企业代表参加了研讨。研讨会上，上海交通大学网络化制造与企业信息化重点实验室副主任范菲雅从思维方式、业务模式、技术工具等不同角度对“互联网+”进行了解读，并向企业介绍了“面向工业4.0和中国制造2025的智能制造实施路径”、数字工厂全生命周期解决方案。欧冶云商股份有限公司现场演示了“互联网+”企业的发展新模式，即打造集电商、物流、数据服务、金融服务、技术服务等功能为一体的钢铁服务平台，引领钢铁流通新秩序。宝寰供应链管理(上海)股份有限公司对“箱拉拉”集装箱互联网平台的功能、业务模式和实施效果进行了展示和分析。太湖邮轮管理(上海)有限公司介绍了自身综合应用国际领先信息技术，实现邮轮餐饮预订等便捷服务的技术进展。随后，各企业结合自身发展，探讨了信息化在企业发展中的运用、成效和瓶颈问题，并与专家进行了互动交流。通过交流研讨，使企业对“互联网+”的客观规律有了新认识，对利用信息化、应用信息化有了新思路，对采取开放姿态实现优势互补有了新理解。

【第三届中国产业互联网高峰论坛】 2016年12月7日，第三届中国产业互联网高峰论坛在上海开幕。中国互联网协会副理事长高新民，宝山区领导汪泓、夏雨、王丽燕、吕鸣，市商务委副主任刘敏等领导与各企业代表及专家出席论坛。作为引领我国产业互联网发展的高端论坛，本届论坛以“中国制造——智能 · 互联 · 虚拟现实”为主题。开幕仪式上，参会领导共同为中国电信制造行业信息化应用基地宝山园、中国产业互联网联盟、中国 VR 产业联盟揭牌，启动中国产业互联网创新实践区网站，见证宝山区政府与上海电信战略签约，并为国家新型工业化产业示范基地(新材料)、中国产业互联网创新实践区重点园区授牌。论坛上，多位专家围绕智能制造、制造业和互联网深度融合、虚拟现实技术未来发展趋势与应用等主题进行探讨交流与经验分享。

【4 家电子商务企业获评 2016～2017 年度电子商务示范企业】 2016 年 12 月，宝山区上海钢联电子商务股份有限公司、上海钢铁交易中心有限公司、上海钢银电子商务股份有限公司和上海随易网络有限公司(食行生鲜)获评 2016～2017 年度上海市电子商务示范企业，并获得上海市商务委授牌。获评企业均运营独立网站，可持续发展能力较强，电子商务业务在行业内处于领先水平。近年来，宝山区大力实施“互联网+”战略、不断完善产业发展环境、加大政策引导力度，推进区域内电子商务产业发展、提升产业集聚度。

【智慧湾科创园开园】 2016 年 9 月 9 日，智慧湾科创园开园，标志着宝山区“一号创新带”建设全面启动。宝山区领导汪泓、范少军、夏雨、王丽燕、秦文波，以及相关职能部门领导参加仪式。“一号创新带”是以轨道交通 1 号线宝山段为载体，以“市场主导、企业主体、政府支持、融合发展”为原则，通过“低成本、小集聚、分布式、嵌入型、专业化”的发展模式，推动创新要素集聚、促进创新企业发展，并将其建设成为宝山区落实国家双创战略及上海科技创新中心建设的重要功能区。至 2016 年年底，“一号创新带”沿线形成约 100 万平方米产业载体，核心区中的智慧湾科创园正式运营，百联地块、市政地块转型项目启动。为引入和培育更多创新创业企业，宝山区通过对接上海双创母基金及其他产业基金，及时获取优质项目和企业信息，并优化政策配套服务体系；建立“一号创新带”产业联盟，通过定期开展产业扶持政策解读会、投融资对接、园区参观交流等活动，搭建联盟成员的协作平台，集聚产业链上下游资源，推动创新要素资源整合，改善宝山创新创业发展环境。

【应用区块链孵化基地落户宝山】 2016 年 11 月 18 日，“中关村区块链产业联盟上海协同创新中心、天空区块链孵化基地、上海股权托管交易中心上海智力产业园孵化基地落成典礼及区块链全球论坛”在宝山区上海智力产业园举办。中国首个以应用为基础的区块链孵化基地落地上海，获得原工信部部长吴基传的高度认可。上海智力产业园作为提供创业扶持、发展指导、资源互享等服务的科技园区，积极响应大众创业、万众创新的号召，通过与中关村区块链产业联盟合作，以协同创新中心为平台，集合优秀人才、技术和各方资源，以区块链技术发展与研究为依托，促进产业化进程，为宝山区经济转型与持续发展做出贡献。

五、信息基础设施建设

【信息基础设施建设稳步推进】 2016 年,宝山区信息基础设施体系不断完善。全年新建通信管线 118 沟公里,新建和共建共享移动通信基站 598 个。至 2016 年年底,累计建成通信管线 2 761 沟公里,移动通信基站 2 521 个。公共通信产业发展成效显著,累计接入宽带用户 42.8 万户,平均带宽达到 45M;无线覆盖热点 1 265 个,无线 AP 6 303 个,在 90 个公共场所开通 i-Shanghai 免费上网服务。移动通信应用更加普及,移动电话用户 235.25 万户;固定电话用户 45.2 万户(同比下降约 9.8%)。IPTV 用户数达 14 万户,增加 7 万户;数字电视用户数达 62 万户,增加 3 万户。

六、信息化环境建设

【“智慧生活大集市”活动】 作为“2016 上海智慧城市进万家”的重要组成部分,2016 年 11 月 4 日至 5 日,在为期两天的宝山区“智慧生活大集市”活动中,30 家“互联网+”企业的创新创意生活产品悉数登场。广大市民在现场亲身体验了智慧城市建设成果和“互联网+”企业的创新创意产品,感受到“互联网+”给生活带来的便捷和美好。

【宝山区政府与中国通信信息中心签订战略合作协议】 2016 年 11 月 30 日,宝山区政府与中国通信信息中心签订战略合作协议,建立全方位、多层次、紧密型的战略合作关系。双方将充分发挥交通信息大数据等信息生产力,围绕宝山区“十三五”战略规划,共建共享优势资源,共同推动宝山区智慧港口建设和智慧航运产业集群发展。宝山区领导汪泓、范少军、吕鸣,中国交通通信信息中心主任曹德胜,上海金工建设(集团)有限公司董事长郁永清、总经理郁春生等出席签约仪式。签约仪式上,中国交通通信信息中心所属的中交航信(上海)科技有限公司与宝山区金工建设(集团)有限公司旗下的上海永玺环境科技有限公司签约,合资成立中交通信大数据(上海)科技有限公司,落户顾村镇,主要进行大数据研发和应用业务开发。双方将发挥各自优势,共同努力打造交通运输行业数据中心基地,并进一步深化建设智慧交通应用服务,促进宝山区航运产业的智慧化发展,打造宝山区智慧邮轮产业经济,为宝山区社会经济发展带来新动能和新增长点。

【开展信息安全教育】 2016 年,宝山区开展了各类信息安全教育。一是举办 2016 年宝山区网络与信息安全专题培训班。各街镇(园区)、委办局共72个相关部门的网络管理员参加了信息安全知识专业培训。课程重点培训信息安全的相关法律法规、信息安全保障的新技术和新方法，交流信息安全管理工作经验，提高各单位网络管理员的安全保障和风险防范能力。二是加强营造全社会信息安全氛围。参与配合第三届国家网络安全宣传周(上海地区)暨第六届上海市信息安全活动周工作，期间组织举办宝山区信息安全培训、重要应用系统应急演练等活动，提升全民网络安全风险意识和自我保护能力。

【开展防范电信网络诈骗与社区平安创建集中宣传活动】 2016年9月22日，宝山区综治办、区公安分局、张庙街道社区平安办公室、通河新村派出所、泗塘新村派出所联合开展防范电信网络诈骗与社区平安创建集中宣传活动。宣传活动内容丰富、气氛热烈，除开展常规的宣传资料发放、咨询答疑外，还开展了防范电信网络诈骗和社区平安知识现场竞猜、谜语抢答、微信公众号推广、流动宣传车展示和黑板报评比等活动，集中宣传了张庙街道近年来在平安创建、社会治安综合治理方面所做的各项工作。活动现场发放各类宣传资料3 000余份，近500名群众参与，提高了群众对电信网络诈骗的防范意识，及对地区综治平安工作的知晓率。

七、社会信用体系建设

【行政许可、行政处罚信用信息归集推送工作会议召开】 2016年5月30日，宝山区社会信用体系建设联席会议办公室联合区政府办公室召开宝山区行政许可、行政处罚等信用信息归集推送工作会议，各街镇、园区、区政府各委办局相关负责人参加了此次会议。会上，市征信办介绍了市行政许可、行政处罚公示工作有关背景和要求，强调了这项工作的重要性和迫切性。区社会信用体系建设联席会议办公室及区政府办公室分别解读了《上海市行政许可和行政处罚等信用公示工作总体方案》和《关于落实〈上海市行政许可和行政处罚等信用信息公示工作总体方案〉做好信息归集推送工作的通知》，部署了宝山区“双公示”信息归集推送和公示的工作要求，明确了目标任务和时间节点。市信用中心介绍了《行政许可和行政处罚等信用信息公示数据标准(暂行)》，并解答了对于“双公示”数据标准存在的疑问。通过此次会议，为形成“双公示”事项目录、规范“双公示”内容、畅通“双公示”信息归集渠道打下了有力基础。

【宝山区企业主体数据综合应用系统项目完成验收】 2016年7月30日，宝山区企业主体数据综合应用系统——法人基础数据库改造及公共信用信息服务子平台通过专家验收。宝山区法人基础数据库改造内容包括：扩充和完善原区法人库，完成与区市场监管局和市法人库的对接，实现数据更新的长效机制；完善区法人库数据库系统的各项功能，主要包括信息查询、统计分析、发布展现等，以图表、GIS 等形式，将法人信息、各类信用信息数据归集情况和应用情况进行统一汇总展示。区公共信用信息服务子平台建设依托市公共信用信息服务平台，发挥区域平台特色，开发了信用信息上报、查询、统计分析等功能。上报功能主要结合《宝山区公共信用信息“三清单”》相关具体事项，为区内相关部门提供信用信息上报渠道；查询功能主要为区各相关部门提供法人、自然人的信用信息查询和比对；统计分析功能主要以饼状图、柱状图等形式，包括法人信息分类统计、数据归集情况统计、应用情况统计等。区法人数据库及区公共信用信息服务子平台的建设，以跨部门信息共享和服务平台为支撑，以整合信用信息资源为基础，为实现宝山区守信激励、失信惩戒的信用环境，形成政府监管、行业自律、企业内控和社会监督“四位一体”的宝山区社会信用体系起到重要作用。

【召开 2016 年社会信用体系建设联席会议】 2016 年 6 月 30 日，宝山区召开 2016 年社会信用体系建设联席会议，区社会信用体系建设联席会议 49 家成员单位的分管领导参加了本次会议。会上宣读了《关于宝山区落实 2015 年度上海市信用实事项目先进集体和先进个人的表彰通知》，对 2015 年落实市信用实事项目的先进集体和先进个人进行了表扬。并且，总结了 2015 年宝山区信用体系建设工作情况，通报了 2016 年宝山区社会信用体系建设工作要点。宝山区副区长秦文波在会上强调，做好社会信用体系建设工作，一是要提高对社会信用体系建设重要性的认识，加快推进本单位职责范围内的社会信用体系建设。二是要突出关键重点工作，做好区公共信用信息的归集、行政许可和行政处罚等信用信息的公示工作。三是要加强信用信息在政府行政管理过程中的应用力度，进一步做到守信受益、失信惩戒。2016 年，宝山区社会信用体系建设工作围绕《2016 年社会信用体系建设工作要点》稳步推进，以守信受益、诚信自律为导向，以信用制度为核心，以区公共信用信息服务平台为抓手，以信用数据为基础，以重点领域应用为关键，加快推进区域社会信用体系建设。

【宝山区酒类专卖局开展质量宣传进社区活动】 2016 年 9 月 9 日，宝山区酒类专卖局联合区质量协会、区酒业协会等开展以“强化溯源监管　保障酒类质量”为主题的质量安全宣传活动。通过向社区居民分发宣传资料和有奖知识问答等形式，宣传普及酒类商品消费安全知识及酒类流通领域相关的法律、法规等。在活动现场，信息技术企业向市民提供追溯宝便民服务一体机查询体验，让市民更直观地感受酒类安全溯源的新方式。

【宝山区在 2016 上海十大信用典型案例评选中荣获两项大奖】 2016 年 11 月 16 日，2016 上海十大信用典型案例评选颁奖活动举行。2016 上海十大信用典型案例评选活动以“守信联合激励、失信联合惩戒”为主题，重点宣扬“让守信者一路畅通、让失信者寸步难行”理念。通过专家评审委员会推选与网络投票相结合的方式，最终评选出“十大守信联合激励案例”、“十大失信联合惩戒案例”及“案例报送十佳单位”三大奖项。宝山区发展改革委——“诚信平台细核查　产业扶持严把关”被评为“2016 上海十大失信联合惩戒案例”；宝山区人民政府被评为“案例报送十佳单位”。

【举办 2016 年社会信用体系建设广场宣传活动】 2016 年 11 月 15 日，宝山区社会信用体系建设联席会议办公室举办以“守信联合激励、失信联合惩戒”为主题的 2016 年上海市“诚信活动周”——宝山区社会信用体系建设广场宣传活动。在活动现场，区民政局、区酒类专卖局、区住房保障房屋管理局等 10 家单位，紧紧围绕民生问题，接受市民对信用服务、统计诚信、劳动保障、真假酒类鉴别、消费诚信、劳动保障、企业信息公示等方面的咨询，摆放宣传展板，发放各类宣传知识手册 2 000 余份。通过广场宣传活动，进一步提升诚信意识，促进社会各界了解信用制度，引导市民重视个人信用，推动社会营造良好的诚信氛围。

【举办 2016 年企业信用管理培训】 2016 年 11 月 18 日，宝山区社会信用体系建设联席会议办公室组织区内服务业园区 150 余家重点企业开展 2016 年企业信用管理培训。根据宝山区社会信用体系建设工作部署和要求，培训旨在贯彻落实国家《社会信用体系建设规划纲要(2014—2020 年)》和《宝山区社会信用体系建设“十三五”规划》要求，加快推进区域社会信用体系建设，更好发挥社会信用体系在服务经济社会全面发展和推进治理体系、治理能力现代化中的基础性、战略性作用。此次培训由区社会信用体系建设联席会议办公室联合上海市信用服务行业协会协同开展。会上讲解了上海市社会信用体系建设发展和新一轮建设总体框架、工作任务；企业信用管理的含义、目标、流程、意义；中小企业普遍面临的外部和内部信用风险；企业防范信用风险的过程管理；企业提升信用能力和信用等级的途径等。组织开展此次培训有利于增强企业信用意识，防范信用风险，提升信用管理水平，营造诚信商务环境。

(陆艳萍)

第十章　闵行区信息化建设

概　述

2016年，在闵行区区委、区政府的领导下，在市经济信息化委的指导帮助下，闵行区信息化工作围绕全面实施“互联网+”及大数据战略，按照“创新驱动、转型发展”的总体要求，将“智慧闵行”建设作为落实信息化领先发展和带动战略的抓手，以贴近民众需求和服务改革发展为导向，以深化智慧应用、信息整合服务为主线，有序开展智慧生活、创新社会治理、助力产业升级等智能化应用，稳步推动“智慧闵行”建设进程。

一、政务领域信息化

【推进“闵行特色”网上政务大厅建设】　根据市政府统一部署，闵行区于2015年5月启动网上政务大厅建设，至2016年年底基本完成区级网上政务大厅平台建设。通过与市级网上政务大厅对接，共实现180项市级行政审批事项数据的落地对接，并成功匹配127项，占全区478项审批事项的26.57%；完成区内自行接入上网事项34项，占全区事项总数的7.11%，占区内全部自接事项的83%；建成公共服务事项后台管理系统，已在网上政务大厅发布服务事项218项；启动事中事后监管平台建设；丰富网上政务大厅服务内容，结合“智慧闵行”建设特色，将“智慧闵行”APP向网上政务大厅移植，为市民提供便民服务内容。

【推进区政务一体化办公平台建设】　2016年，闵行区在全区各级党政机关全面推行电子公文在线流转，并拓展无纸化办公应用；优化公文流转系统，并对80家单位开展公文流转以及政务办公平台上门培训,培训人次达800人。使用公文流转系统的单位达71家,累计流转公文31 593件。完成全版政务平台开发及新老平台切换,新平台日均访问量达3 100人次;短信平台日均发送量17 070条,共发送8 659 251条;日程安排模块使用单位69家;会议室管理模块使用单位32家,累计申请达24 841次。完成移动政务办公平台的开发上线,提供公文流转、电子邮件、日程安排、会议管理、政务短信等功能,已有318人开通移动办公。

【完成区法人库数据落地试点工作】 闵行区基本建成区法人资源管理与服务平台,实现10类、110个字段的数据落地。截至2016年年底共有741 807条记录。完成区地理信息平台深化建设,整合闵行区现有26个基础地理数据图层、78个专题数据图层,151 238条门牌地址信息、共计105万条地理信息资源数据。为区安监局、区交通委等单位的18个业务应用系统提供地图共享服务和地理数据支撑。

【推广行业数据积累及共享利用】 2016年,整合利用"智慧闵行"各重点领域建设积累的数据,截至2016年年底已实现卫生数据与教育数据实时交换18万条。集合已采集的350万条学生信息,可为家长提供学生成长档案查询服务。基于已有的210万电子居民健康卡以及电子诊疗数据,可为居民提供预约挂号、就诊记录查询等医疗服务。

【规范政务外网使用和管理】 为更好地维护闵行区网络和信息安全良好环境,进一步规范政务外网的使用和管理。根据新修订的《闵行区政务外网使用和信息安全管理规定》,继续做好政务网接入资格审核、政务网网络搬迁审核和协调等工作。2016年共处理审核全区各委办局及街镇约114份政务网接入资格申请,以及120份政务网用户访问互联网审核表。

【深化"智慧闵行"手机APP和微信公众号建设】 逐步整合区内各政府部门的公共服务信息至"智慧闵行"手机APP和微信号,通过统一的移动应用平台为居民提供政策资讯、医疗、教育、体育、交通、文化、就业、物价等15大类89项智慧民生服务,并持续增加满足居民需求的服务内容。

【搭建市场综合监管平台】 通过整合各条线数据资源,建立闵行区市场监管综合数据库,为区内市场监管及相关单位提供综合数据支撑。建设办案辅助系统,实现部分内部审批流程及用印申请等在线审核。

二、社会领域信息化

【推进"数字化课程环境建设和学习方式变革"(电子书包)项目】 闵行区"电子书包"项目率先在上海市实现规模化应用,完成所有实验班级及20所学校的无线网络全覆盖。截至2016年年底,项目已覆盖 85 所中小学,占区域学校总量的四分之三,参与项目实验的教师约 2 000 人、学生 20 000 余人。

【推进学生电子成长档案项目建设】 2016 年,闵行区教育局积极推进学生电子成长档案项目建设。截至 2016 年年底,学生电子成长档案已覆盖全区 16.8 万中小学生,汇聚学生成长数据 6 亿条;开展对 20 所学校 21 000 名学生基于个人成长空间的新型数字化综合素质评价,实现学生成长历程的全面、即时、真实记录,对指导学生个性发展发挥了重要作用。基于学生成长数据开发的中小学生个人成长空间投入运行,融合学生成长的客观记录和学生成长的主观体验,全面呈现学生成长轨迹,为学生综合素质评价提供数据支撑和个性化指导与服务。

【加固和完善教育数据中心建设】 2016 年,闵行区教育局数据中心汇聚更加丰富的数据资源,并为区内多家单位和业务部门提供数据服务。汇聚的数据源主要有学校新增的 ATM 图书借阅数据,以及卫生局学生健康管理系统内幼儿园学生体检数据。

【优化数字校园环境】 2016 年,闵行区教育局在 20 个学校(校区)开展校园网有线无线改造;推进校园数字化学习中心建设,新建 3 所校园学生电视台。

【升级区域卫生平台软硬件系统和网络设施】 2016 年,闵行区完成现有卫生城域网核心骨干网的改造升级,扩大接入范围,实现区域内所有公立医疗机构全覆盖;接入市级医疗机构,实现区域医疗卫生资源共享和协同服务。更新升级现有信息中心软硬件平台,确保系统高效稳定运行。建设区域卫生数据仓库,形成数据多维度应用,开发界面友好、高效简洁的数据仓库展示平台。建立区域医联体协同服务平台,启动构建市级医院—区域医疗中心—社区卫生服务中心集团化医联体建设。

【推进医院电子病历建设】 2016 年,闵行区完成上海市第五人民医院、闵行区中心医院信息集成平台建设;完成社区卫生综合管理信息平台建设,建设社区“1+1+1”分级转诊平台,启动闵行区邻里中心卫生信息化平台建设。

【推进社区卫生服务综合改革分级诊疗信息系统】 闵行区在上海市率先推进社区卫生服务综合改革分级诊疗信息系统。截至 2016 年 12 月 10 日,闵行区社区卫生服务综合改革中社区居民签约人次数、处方延伸业务量和处方延伸金额均列全市第一。

【全面推广文化体育信息服务】 2016 年,闵行区开展公共文化资源信息发布、资源配送工作,开展公共文化服务线上线下体验活动,已发布各类文化信息 2 600 条,线上活动参与量达 70 万人次。启动文化信息服务平台项目申报工作,探索建立统一的云服务信息化平台,满足公众对于公共服务多元化需求。推进“体卫结合”试点应用,推进吴泾镇运动干预慢病防治试点项目;推动“1+6”区镇两级体质监测网络与卫生电子健康档案平台的互联互通,完成社区公共体育设施信息化管理

“梅陇模式”在吴泾、江川、浦锦、古美的推广。

【开展智慧社区信息化项目绩效评估】 为全面了解闵行区智慧社区专项资金项目的应用情况，推进专项资金的规范管理及项目归口管理，闵行区科学技术委员会(以下简称“区科委”)针对2014年和2015年的街镇专项项目，每个街镇选取一个已完成建设验收的智慧社区项目，委托第三方机构开展绩效评估。2016年9月评估开始，11月中下旬对参评的8个项目形成综合评议，12月形成《闵行区智慧社区信息化项目绩效评估报告》。

【扩展完善社会治理联动创新应用】 2016年，闵行区扩展居村、街镇和区级三级平台，实现区、街镇、居村三级大联动管理平台的信息共享和平台联动，推出全新的区大联动门户网站、14个街镇和11个职能部门个性化门户，初步实现平台数据自动抓取、分析和决策。建设“五违”整治信息平台，“五违”在库数据224 209条，其中违法建筑点位数187 810、总违建面积24 263 956.42平方米。建立闵行区“962000”一号通平台，实现对全区68个职能部门210部对外服务电话的整合，实现了针对性的一对一解答服务。

三、城市建设管理领域信息化

【推进水网远程监测、监控、泵管河闸联动应用】 2016年，建成闵行区智慧防汛信息系统(一期)。系统应用智能遥感、物联网、无线通信等技术，改造接入强排雨水泵站运行工况(9座)、雨水管网水位状态(166个)、河道水位数据采集(20个)、防汛墙水位数据采集(15个)；启动闵行区排水和水闸信息化建设项目建设，开展154处污水管网液位和14处污水泵站的数据采集；完成闵行区河道巡检系统申报，探索建立水务网格化试点应用。

【开展视频资源共享建设】 闵行区开展视频监控整合、扩容与共享工作，将全区9 790个监控摄像机及462套卡口设备整合到一个平台开展调阅和分析，并在与联动中心联网共享的基础上，向水务、铁路等部门共享图像资源200余条。

【建设情报分析平台】 启动了情报平台二期项目，完成了项目需求调研、方案编制和项目招投标工作，2016年年底进入项目实施阶段。

【初步搭建城管执法与服务平台】 2016年，闵行区完成网上办案系统改造，新建执法办案系统街镇版。建设勤务应急系统，加强大队指挥调度能力。建设投诉管理系统，实现各类信访投诉事件的全流程管理，并通过报警提醒、事件督办提高处理效率。建设分析研判系统，对执法实效、依法行政、队伍建设、投诉受理四个维度进行综合分析，实现业务预判分析和城管工作的量化评价。建设业务工作台，为街镇领导及街镇执法中队提供执法案件、勤务等各项业务数据。

四、信息基础设施建设

【稳步推进宽带接入优化升级工程】 2016 年,闵行区继续推进光纤宽带网络深度覆盖,截至 12 月,光纤宽带接入户达 105 万户,IPTV 用户 25 万户,有线电视 NGB(Next Generation Broadcasting Network,中国下一代广播电视网)网络优化整改完成 76 万户,高清用户达 30 万户。

【加快无线网络覆盖接入】 截至 2016 年 12 月,闵行区 4G 通信基站总量已达 1 864 座,无线局域网覆盖场所达 1 455 处,完成新增 37 处公共服务场所免费无线局域网施工,投入运营后,全区免费场所将增至 101 处。

【优化和完善区政务基础设施】 2016 年,区科委建设和完善区政务基础设施私有云平台,按需为各委办局信息化应用提供计算、存储、备份等基础服务。升级更新政务网网络设备,实现机房核心交换十万兆、汇聚区域万兆、接入区域千兆能级,提升各单位网络访问速度;重新规划和部署各单位的政务网访问 IP 地址,增强各单位的网络信息安全和应用访问安全。增强政务网络的安全防护能力,加强政务网的互联网出口管理,扩容互联网出口带宽达 1 400 兆;升级更新网络出口流量管理、网络边界防护、网络 VPN 管理等设备,增加互联网出口网管、网络攻击行为预警等设备。

五、信息化环境建设

【编制完成智慧闵行建设“十三五”规划】 经过两年的规划和编制,区科委牵头编制完成《智慧闵行建设建设“十三五”规划》。2016 年 4 月 12 日,区科委组织召开《智慧闵行建设“十三五”规划》专家论证会并通过评审验收。6 月 15 日,区政府印发《智慧闵行建设“十三五”规划的通知》。8 月,区政府正式发文,印刷成稿。

【编制智慧闵行建设“十三五”规划三年行动计划】 为加快“智慧闵行”建设,有效落实《闵行区智慧闵行建设“十三五”规划》,按照《关于编制区级专项规划滚动计划　切实抓好区“十三五”规划体系落实的通知》相关精神,《智慧闵行建设“十三五”规划三年行动计划》(初稿)于 2016 年 11 月上旬编制完成,并报区政府审议。

【开展街镇智慧城市发展水平评估】 在 2015 年首次进行街镇信息化发展水平评估的基础上,2016 年闵行区继续委托第三方机构开展街镇智慧城市发展水平评估工作。9 月,完成 14 个街镇的自我评估和第三方现场评估。12 月形成《闵行区街镇信息化发展水平总评估报告》及各街镇的分报告，为进一步指导街镇开展信息化工作提供依据。

【组织开展 2016 年智慧城市体验周活动】 为进一步加大智慧城市建设的宣传力度，深化应用体验，2016 年上海智慧城市体验周活动于 2016 年 11 月 21 日至 12 月 4 日举行。区科委积极组织发动全区各镇、街道、莘庄工业区，以智慧城市体验周为契机，开展各项宣传体验活动。活动形式多样、内容丰富，包括"智慧生活、筑梦新虹"、智慧社区广场活动、浦锦信息化建设研讨会、行政执法培训、智慧社区体验、"智活 · 慧生"、"智慧社区"APP 推广、"智慧交通，走进城市地铁"、"创新放飞梦想 · 科技引领未来"、参观新东苑快乐家园智慧养老体验中心等。通过举办体验周活动，让市民全方位互动与参与，真切体会到智慧城市带来的便利与好处。

【开展街镇信息化专项资金项目申报评审工作】 为激励各街镇立足实际、积极创新，2016 年闵行区继续以统筹资金、重点扶持的方式，开展街镇信息化发展专项资金项目申报及评审工作，共有 8 个街镇申报 15 个项目。经专家评审，有 12 个项目通过评审，核定专项资金 541.64 万元。正式文件发送至各街镇，督促各街镇做好项目经费落实，以及项目后续建设和验收等工作。

【开展网络与信息安全专项检查工作】 2016 年 8 月，根据市经济信息化委关于《2016 年上海市重点单位网络与信息安全检查实施方案》的通知精神，在闵行区范围内开展网络与信息安全专项检查和自查工作。要求所有建有网站的单位开展自查，并提交自查报告及检查表，汇总分析闵行区安全形势，形成《2016 年闵行区网络与信息安全检查总结报告》，并上报市网信办。

【开展关键信息基础设施网络安全检查】 为贯彻落实"加快构建关键信息基础设施安全保障体系"，"全面加强网络安全检查，摸清家底，认清风险，找出漏洞，通报结果，督促整改"的指示精神，根据中央网络安全和信息化领导小组办公室《关于开展关键信息基础设施网络安全检查的通知》及市网信办《关于开展 2016 年上海市关键信息基础设施网络安全检查的通知》的工作要求，区科委于 2016 年 8 月 17 日通过公务网把检查的通知、方案、指南及相关附表发送到各单位。8 月 24 日，闵行区组织召开了关键信息基础设施网络安全工作部署培训会，闵行区副区长吴斌出席会议，各相关委办局，镇、街道、莘庄工业区分管领导及科室负责人 130 余人参加了会议。按照会议要求，各单位高度重视、细致梳理、认真摸排，上报《排摸表》和《责任人员名单》等，并进行系统填报。

【开展党政机关、事业单位及国有企业网站安全专项整治活动】 2016 年 2 月，为进一步推进闵行区网络与信息安全保护工作，加强党政机关及下属事业单位的互联网网站及应用平台的安全管理和防护，根据《上海市党政机关、事业单位和国有企业互联网网站安全专项整治行动方案》通知要求，闵行区门户网站管理中心与闵行区科委信息服务中心联合开展党政机关及下属事业单位互联网网站及应用平台的统计工作，对各单位上报的网站进行梳理，针对附表中所列单位的网站系统需要进行应用安全测评，对测评过程中发现的问题进行相应整改。

【开展非涉密重要信息系统安全等级保护工作】 为进一步加强闵行区非涉密重要信息系统安全防范工作，切实提高信息安全防范能力，2016 年 2 月，闵行区网安办在与各成员单位充分沟通的基础上，转发关于《组织开展 2016 年本市非涉密重要信息系统安全等级保护工作的通知》，要求全区所有建有信息系统的单位做好等级保护定级备案等工作。7 月，开展安全等级测评并顺利通过，同时对测评过程中发现的问题进行了相应整改。

【智慧城市建设成果】 2016 年，闵行区社区综改分级诊疗信息系统荣获"2016 上海市智慧城市建设十大优秀应用奖"。闵行区智慧防汛指挥信息系统获"2016 上海市智慧城市建设项目入围奖"。

【继续开展"智慧闵行"宣传工作】 2016 年，区科委继续开展"智慧闵行"宣传，制作宣传单页 30 万张，发送给各社区居民；重新设计并制作"智慧闵行"宣传展板 10 块，内容涵盖智慧政务、智慧社区、智慧教育、智慧中心、智慧交通、智慧医疗、信息基础设施等重点领域建设，主要用于上海市科技周、科普日、智慧城市体验周、"智慧闵行"进社区、科技下乡、科普进社区等大型活动的展示。

六、社会信用体系建设

【深化信用体系建设及应用】 深化闵行区信用信息平台建设，对接市信用平台，进一步收录、整合区市场监管、税务、人保等 12 个部门 45 项数据项。2016 年，区信用信息平台上传更新的信用信息数据达 44 453 条。推进信用信息发布，在区门户网站设立公共信用信息专栏，纳入税务、环保、劳动保障等 4 家单位的信用荣誉和警示信息 7 000 余条。开设上海市信用信息服务平台闵行区服务窗口，为企业、居民提供信用查询服务。

（曹 蚌）

第十一章　嘉定区信息化建设

概　述

嘉定区是上海市建设全球科技创新中心的重要承载区。跨入“十三五”时期，嘉定区在“互联网+”大潮中，借助信息化手段，打造智慧城市，助力服务民生，强化城市管理，提升政府服务能力，促进产业转型升级，为嘉定区建成经济更有实力、城市更有魅力、文化更有活力、社会更有凝聚力的现代化新型城市提供强大动力。2016 年，嘉定区积极贯彻国家和上海智慧城市总体发展战略，探索智慧城市前行方向，在区委、区政府领导下，在各相关部门合力推进下，嘉定区智慧城市总体布局逐渐清晰、区域特色日趋明显、市民感受明显增强，在各领域都取得了较为优秀的成绩。

一、政务领域信息化

【智慧政务建设情况】 2016 年，嘉定区智慧政务建设持续深化。进一步完善区、镇、村三级光纤网络全覆盖。截至 2016 年年底，智慧政务网络接入单元达 1 409 个，其中包括行政村 154 家、居委会 54 家、社区 185 家、镇企业 127 家，各条线机关、事业单位、职能部门 889 家；政务网接入用户达17 460名，日均在线人数 7 212 名，移动政务用户数达 5 512 名，日均访问量达 2 537 人次。智慧政务应用不断深入推进，各政务应用系统进一步调整优化，用户体验得到了明显提升。自建立以来，嘉定区智慧政务办公平台累计发布工作纪实418.18万条、政务短信 5 273.72 万条、专送件182.49万件、通知 3.94 万条、政务信息 1.94 万条。智慧政务基础设施方面，建成智慧政务云计算中心机房，承载网络设备1 377 台、服务器 312 台、安全设备 71 台、存储系统 5 套、虚拟机 220 个，运行全区业务系统共计 148 个。政务光纤网络引入运营商竞争机制，互联网出口实现全区统一安全管理。运维方面，在上海率先探索购买服务的运维方式，有效降低政府部门运维压力，有效控制相关财政压力。

二、社会领域信息化

【南翔镇智慧养老开启“互联网+”模式】 2016 年 1 月，南翔镇“居翔乐”智慧养老、助残服务项目启动仪式举行。“居翔乐”智慧养老、助残服务项目通过政府购买服务的形式，以“互联网+”模式运行，为社区老人提供生活便民和主动关爱服务。其中，生活便民服务已惠及全镇 15 526 名 60 周岁以上老人，涉及家电维修、上门理发、居家保洁等服务；主动关爱服务首批惠及全镇 140 名高龄独居老人和重残居民。服务对象只需在家中安装一部关爱话机，即可享受来自于呼叫中心每三天一次的电话关爱服务，服务内容包括健康小贴士、气候变化提醒、生活资讯服务等。有紧急情况发生时，老人只需一键就可与呼叫中心取得联系，方便独居老人和重残居民的日常生活。

【联影参与建设“基因＋医疗影像”精准医疗大数据中心】 2016 年 2 月，上海联影医疗科技有限公司(以下简称“联影”)、深圳华大基因科技有限公司、中金数据系统有限公司与贵州省人民政府共同签署战略合作框架协议，启动共建全球首个以医学影像数据与基因数据为基础的精准医疗大数据中心，以及国家基因库(贵州)、贵州“基因＋医疗影像”县域精准医学中心等重大项目，这标志着全球精准医学诊断时代的正式开启。在“基因＋医疗影像”精准医疗模式下，患者可借助基因检测技术获取高危病症预警，并通过由联影提供的全线高端医学影像诊断设备与医疗信息化解决方案，获取早期病灶的精准诊断报告，从而大幅提升重大疾病早期筛查率，真正做到大病“早诊断，早治疗”，进一步降低高危病症患者就医成本。作为中国高端医疗设备生产领域的领军企业，联影在过去 5 年实现飞速发展，与国际医疗设备巨头同台竞技，将 20 多款产品推向市场，进入国内近百家三甲医院，攻克一批关键核心技术，获得近千件专利授权。2016 年，联影实现营业收入 6.15 亿元，缴税 2 257.2 万元，同比增长 15.2%。

【“文化嘉定云”获评 2016 中国网络理政十大创新案例】 2016 年 12 月，第四届传播与国家治理论坛、第三届互联网与国家治理智库论坛暨首届互联网治理智库联盟高峰论坛在复旦大学举行。复旦发展研究院传播与国家治理研究中心发布“2016 中国网络理政十大创新案例”，“文化嘉定云”等十个中国网络理政创新成果获评。自 2014 年正式上线试运行以来，“文化嘉定云”已汇集嘉定区域内所有公共文化资源，整合嘉定区公共文化活动信息，面向上海普通市民，提供活动预告、网上预约等在线一站式服务，以“云”的方式整合集聚资源，打通线上线下订票，鼓励市民自主参与文化活动与互动；已形成“文化嘉定云”网页版、手机APP、微信公众号、新浪微博服务号组成的数字化服务集群。

【EVCARD推广至全国23个城市】 2016年,环球车享汽车租赁有限公司及旗下品牌EVCARD新能源汽车分时租赁项目正式落户南京。标志着以嘉定安亭为起点的EVCARD新能源汽车分时租赁模式已推广至全国23个城市,全国累计投放新能源汽车超过7 500辆,实现会员认证33万名左右,日均订单超过13 000单,成为全国最大的新能源汽车分时租赁平台之一。2016年,上海国际汽车城旗下的电动车租赁公司EVCARD与上海汽车集团股份有限公司旗下租赁公司宣布正式合作,成立环球车享汽车租赁有限公司,充分发挥两大新能源汽车租赁平台协同优势,加速业务布局,网点和运营车辆规模增长迅猛。截至2016年年底,EVCARD在上海投放车辆超过5 000辆,有近25万名会员,建有2 500多个网点,基本覆盖上海所有区,使上海成为全球最大新能源汽车分时租赁城市之一。9月,环球车享汽车租赁有限公司与上海机场集团联手,在虹桥机场开设了84个分时租赁停车位,解决了机场地区“停车难、叫车难”的难点。同时,在静安寺、上海迪士尼度假区等热门商圈和旅游景点,建设了EVCARD新能源汽车服务网点,为各方游客提供便捷的新能源汽车租赁服务。

三、经济领域信息化

【上海马珂博逻跨境电商综合运营平台开通】 2016年2月,上海跨境电商公共服务平台开通成立,嘉定出口加工区跨境电商平台入驻企业上海马珂博逻电子商务有限公司与上海跨境电商公共服务平台签署战略合作备忘录,正式对接上海跨境电商公共服务平台,成为为跨境电商企业提供商品备案、跨境直邮、保税仓储、海外集货、便利通关、关税缴付、外汇兑付、跨境出口、商品运营、电商推广等一站式综合服务的运营平台(以下简称“Marco PoloEC”)。Marco PoloEC与上海跨境电商公共服务平台系统对接后,可以快速完成境外商品备案全流程,每批次境外商品备案通过海关和国检审核仅需五分钟,报送通关率已达全国领先水平。此外,Marco PoloEC积极开发物流全程跟踪系统,从订单开始到确认收货的各个节点信息将能及时反映,大幅提升用户的跨境购物体验。

【上海汽车电子商务发展论坛举行】 2016年3月30日,由国家汽车及零部件出口基地(上海)主办,艾瑞咨询承办的2016上海汽车电子商务发展论坛在嘉定安亭举行,嘉定区副区长周文杰出席论坛并致辞。本次论坛以“互联互通,构筑智慧新生态”为主题,重点探讨汽车电子商务发展的趋势及机遇,促进汽车电商行业的健康有序发展。论坛围绕中国汽车电商及其相关产业链的市场前景与技术更迭,通过多维度、多层次、全方位的主题讨论,共同探讨汽车电商行业的发展方向与前景。会上,数十位来自汽车行业、电商领域和投资圈的资深人士进行了现场演讲；优信集团、上海通用汽车金融公司、第 1 车贷等行业品牌参与论坛。

四、城市建设管理领域信息化

【建成公共停车场智能停车诱导平台】 2016 年，嘉定区建成公共停车场智能停车诱导平台。系统采用三级诱导模式进行前端信息发布，一级发布屏主要设置在诱导区域周边主干道、主要次干路，为从主干道上进入区域的车辆提供停车诱导服务，指引停车的大致方向，以道路交通图和主要停车场(库)车位数为信息发布内容；二级发布屏主要设置在距离停车场周边 1 至 4 个路口处，由若干子发布屏分别提示停车场的空车位及方位信息，为区域内次干道上车辆提供停车诱导服务，以若干具体停车场(库)的方向、空车位数为信息发布内容，指引可供选择的停车场(库)；三级发布屏主要设置在停车场入口处，用于指引到达某一特定的停车场(库)，发布内容包括车位数、方向和停车标识等。

【大联勤网格化平台应用持续深入】 通过与联勤网格工作流程的不断磨合衔接，嘉定区联勤网格化平台覆盖范围进一步扩大，综合管理信息平台应用持续推进。大联勤、城市管理网格化与“12345”市民服务热线实现三网合一。2016 年，区联勤网格化管理信息系统共受理各类案件 501 947 件，结案 501 934 件，结案率 99.99%，共收到“12345”市民服务热线转派工单 21 709 件，办结 21 709 件，办结率 100%，充分发挥“三级平台、两级指挥”体系重要作用，实现了各类问题的及时发现报告、实时指挥协调、快速处置响应。

【嘉定新城启用“智能井盖”】 2016 年 9 月，嘉定新城以伊宁路裕民南路、合作路封周路的室外基站为物联网中继点，在高台路、伊宁路、合作路试点安装运行雨污水“智能井盖”。“智能井盖”采用超声波液位计及压力水位计双探头，运用冗余的水位监测模式，实时在线监测井盖开启状态、井内水位数据。如井盖被非法开启倾斜至一定角度或水位数据超出预设范围，监测模块立即触发微功耗通讯模块，并将数据上传至监控管理平台，传感器将开关信号通过 ZETA 物联网络发送给系统，系统再将告警信号推送至维护人员的手机 APP 等。通过“智能井盖”的试点应用，有望改变过去井盖管理、易淹易涝点管理的工作方式，由被动应对变为主动管理，使维护工作更具针对性，减少巡查人员工作量，提升道路井盖管理精准化程度。

【菊园科技园引入“云班车”】 2016 年，嘉定菊园科技园联手北京接我科技有限公司开设“云班车”，首批开通一条由地铁站到园区内四大产业基地的摆渡车测试线路。设有轨交 11 号线嘉定北站、嘉定西站以及北水湾大厦、菊园科创大厦、魔方社区五个乘车点。企业管理员或 6 名人员组成的团队均可通过阿里钉钉和“接我云班车”应用，注册及享受“云班车”的便捷服务。通过 APP 后台，管理方还可以清晰地掌握云班车的使用情况，根据员工填报的相关信息，将报名信息进行整合，匹配出最为合理的线路，及时调整“云班车”的运行线路以及车辆配置，使得班车资源与服务对象之间达到更好的匹配效果。

五、信息产业发展

【软件和信息服务产业快速增长】 2016 年，嘉定区软件和信息服务业实现快速增长，全年实现营收 1 037 亿元，较上年增幅达 28.5%。同时，嘉定区在集聚京东、齐家、国美、百度、聚美优品等一大批大型电商的基础上，文化、软件和信息服务业新增注册企业数达到 2 988 家，较 2015 年的 1 744 家实现 71%增长，新增注册资本 168.9 亿元，同比增长 116.8%，进一步加大了嘉定软件和信息服务业的集聚度和影响力。产业园区方面，嘉定区已初步形成各具特色并具较强市场竞争力的产业集群，包括南翔智地园区、东方慧谷、中广国际园区等；其中，嘉定区真新街道 3131 电子商务创新园、嘉定工业区互联网金融产业基地成功通过了 2016 年上海市信息服务产业基地评估。

【智能网联汽车创新中心在嘉定成立】 2016 年 1 月 15 日，中国汽车工业协会、中国汽车工程学会联合在上海国际汽车城科技创新港举办了智能网联汽车联盟 2015 年工作汇报会议。智能网联汽车产业技术联合创新中心同时揭牌成立。智能网联汽车创新中心旨在实现六大功能：一是测试试验的保障功能，参与示范区实地项目和标准研究；二是研发、检测公共实验平台功能，建设信息安全、仿真、测评等实验室；三是大数据采集、分析和应用；四是新技术的产业孵化功能，以全球化的视野吸引技术型团队入驻，充分配置资源；五是高层次人才服务功能，提供户籍政策、创业辅导及专项资金支持等；六是对接各类资本的联动功能，引入天使投资、风险投资、创业投资和政府引导基金等。智能网联汽车产业技术联合创新中心将引导“智能网联汽车示范区”更好更快地发展，推动中国汽车智能网联产业升级，打造世界级的智能网联汽车产业高地。同日，“中国制造 2025”智能网联汽车技术领域路线图第三次讨论会举办。交通运输部公路科学研究所、国家计算机网络与信息安全管理中心等权威机构，以及多家相关企业、院所汇聚一堂，从智能网联汽车、高精度定位系统、车载互联终端人机交互与共驾、数据安全等方面就技术路线图进展情况进行了讨论。

【国家智能网联汽车（上海）试点示范区正式投入运营】 2016 年 6 月 7 日，由工信部批准的国内首个“国家智能网联汽车（上海）试点示范区”封闭测试区在安亭上海国际汽车城开园。该封闭园区是全球测试功能场景最多，覆盖安全、效率、信息服务和新能源汽车应用四类领域的国际领先封闭测试区之一，可为无人驾驶、自动驾驶和 V2X 网联汽车提供近 30 种场景的测试验证。由此，上海成为中国首个智能网联和无人驾驶试点城市。园区测试场地中，建有 1 个 GPS 差分基站、2 座 LTE-V 通讯基站、16 套 DSRC 和 4 套 LTE-V 路侧单元、6 个智能红绿灯和 40 个各类摄像头。园区道路全部实现北斗系统厘米级定位及 WiFi 全覆盖，建有隧道、林荫道、丁字路口、圆形环岛等模拟交通场景。开园当日，由整车企业、高校以及国家技术转移东部中心、中国科学院等开发的 25 辆无人驾驶、自动驾驶、网联汽车率先入园，测试复杂环境下的感知、智能决策、协同控制和执行等功能，上海汽车集团股份有限公司无人驾驶汽车演示了车道保持、自动换道、自动调头和自主泊车等功能。

【上海菊园物联网孵化器升格为国家级孵化器】 2016 年 4 月，在国家科技部火炬中心公布的 2015 年度国家级科技企业孵化器名单中，上海菊园物联网孵化器正式获批成为国家级孵化器。上海菊园物联网孵化器成立于 2011 年 1 月 24 日，由上海菊园物联网科技服务公司主体运营，配有 2.64 万平方米创业孵化空间，形成了“苗圃—孵化器—加速器—产业园—产业集群”五位一体的企业成长载体，构建了 31 家机构组成的集“政府、专业团队、合作资源、技术平台”四位一体的“创业+”服务体系，提供财税、法律、知识产权、资本、人力资源等服务项目。孵化器内共有在孵企业 75 家、毕业企业 26 家、科技小巨人企业 1 家、高新技术企业 7 家、获批各级科技项目企业 18 家、股交 E 板挂牌企业 3 家、即将上市企业 12 家；知识产权拥有数 504 件；千人计划专家 5 名、海归人才 34 人。成立五年来，该孵化器先后获批成为上海市科技企业孵化器及创业苗圃、上海市物联网/微技术产业集群、上海市物联网领域人才实训基地、上海市物联网“四新”经济创新基地、上海市院士专家服务中心，同时先后荣获中国产学研合作促进奖等荣誉。

【嘉定智慧国际服务外包产业园开园】 2016 年 6 月 22 日，上海嘉定智慧国际服务外包产业园开园暨项目集中签约仪式在嘉定工业区举行。智慧国际服务外包产业园总面积达 22 万平方米，核心区块达 15 万平方米。首期将打造成为中外项目对接驱动基地，全球服务外包产业创新基地和服务外包培训中心，形成技术、研发、人才及人才公寓等配套服务。帅联医疗器材(上海)有限公司等共 18 个项目与园方签订入驻协议，首期投资达 50 亿元。上海嘉定智慧国际服务外包产业园致力于发展服务外包产业的升级业态，以大数据、云计算、物联网、“互联网+”等新兴技术为载体，和国内外企业联合搭建智能化和信息化的运营及管理平台。通过平台聚集信息、人才、技术、资本、智库等各类服务，为入驻园区的企业、机构和人员提供落地服务及成熟的产业环境。

【小 i 机器人亮相数博会】 2016 年 5 月 25 日至 29 日，由国家发改委、贵州省政府主办的中国大数据产业峰会暨中国电子商务创新发展峰会在贵阳举办，嘉定企业智臻网络科技有限公司携小 i 机器人最新人工智能成果亮相大会。会上，小 i 机器人发布了中国“最强大脑”云智能平台 2.0，与语音厂商 Nuance 联合发布智能 IVR 新产品。“最强大脑”平台 2.0 是基于大数据的机器学习体系，融合了先进的深度学习算法，知识构建和学习能力得到进一步增强，平台能力进一步云化和开放化。结合新一代智能 IVR 解决方案，可全面优化呼叫中心产业旧有模式，提升电话呼叫中心的自动化程度和工作效率，使用户体验得到明显改善。

【嘉定五家企业参展中国（上海）国际传感器技术与应用展览会】 2016年10月，由中国传感器与物联网产业联盟组织的中国（上海）国际传感器技术与应用展览会举行。上海普览智能科技有限公司、上海左岸芯慧电子科技有限公司等五家嘉定物联网企业共同参展，与来自各国的先进传感器企业交流分享相关经验和技术。展会上，嘉定区参展企业展示了物联网各个不同领域的最新产品。如上海左岸芯慧电子科技有限公司研发生产的田间及温室育苗灌溉施肥一体化云系统；上海普览智能科技有限公司研发的税控机、双屏收银机等产品，通过不同类型智能终端，为服务对象提供一整套完整的智能终端解决方案。上海威惠智能科技有限公司、上海烨映电子技术有限公司、上海晖哲电子技术有限公司也就各自传感器作品与业内其他企业进行了交流。

【GAIC全球人工智能大会】 2016年11月7日，GAIC全球人工智能大会在嘉定工业区举行。本次活动吸引了大批人工智能爱好者和研究者前来参加，让与会者领略到了直观、可知和易感的人工智能世界。嘉定区委常委、副区长沈华棣出席活动并致辞。众多人工智能领域的专家学者参加了本次大会，并作了精彩的主题发言，为与会嘉宾介绍世界前沿的机器学习、信息检索、进化计算、人工进化等人工智能技术，将极具启发性和创造性的设计思路分享给每一位创新者。

六、信息基础设施建设

【扎实推进无线电管理工作】 2016年，嘉定区围绕科技创新三年行动计划，聚焦"智慧城市"建设总体目标，以完善信息基础设施、推进4G网络建设，提升移动通信网络深度覆盖为抓手，建设"宽带、泛在、融合、安全"的移动通信网络，创新发展无线电管理工作新模式，积极开展无线电管理工作。2016年，嘉定区完成基站年计划预审1批、站址115处以及基站站址认定预审4批、站址165处的预审任务。同时，根据运营商全年基站建设计划，以智慧城市建设推进领导小组办公室名义发布《关于做好2016年移动通信基站选址工作的通知》，加强各部门、各街镇的协同配合力度，配合做好基站选址落地工作，营造基站建设良好环境，推动城市建设、规划部门加强配合，在符合相关法律法规、满足城市发展规划的基础上，为移动通信基站选址提供必要的支持及协助，保障基站及时落地。

【开展移动通信信号路测（二期）工作】 针对基础设施建设速度慢、手机信号盲区多、移动通信服务质量差等突出问题，自2016年8月起，嘉定区在2015年路测（一期）基础上，委托第三方专业机构，在徐行镇、外冈镇、华亭镇以及重点居民小区和高速路段开展移动通信信号现状测试（二期）工作，对部分情况反映较为集中的信号覆盖盲区及薄弱区域进行深度普查。在此基础上，嘉定区积极联合铁塔公司及各家运营商，制定信号弱覆盖区域整改技术方案，逐一明确各区域内新建站点整合、存量基站共享等具体实施路径，逐步改善区域内移动通信网络服务质量。

【开展移动通信基础设施总体规划编制工作】 2016 年，嘉定区全面启动《嘉定区移动通信基础设施总体规划》编制工作。在市经济信息化委、市无管局以及区规土局等部门的指导支持下，完成规划编制，明确嘉定区移动通信网络规划目标，在《上海市公用移动通信基站站址布局专项规划(2010—2020)》所规划的 902 个室外宏基站站址基础上，新增 411 个站址，以满足移动通信设施建设的迫切需求，服务移动通信业务持续健康发展；10 月，《嘉定区移动通信基础设施总体规划》通过专家验收，并报市无管局，纳入“上海市公用移动通信基站站址布局专项规划”。此外，嘉定区还通过建立工作联动机制，进一步加强无线电管理部门、城市规划部门、运营商之间的协调配合，推动基站布局规划有效落实。

【“光纤到户”及信息管线建设情况】 截至 2016 年年底，嘉定区累计完成 1 659 个小区光网改造，实际在网家庭“光纤到户”用户总数达 41.51 万户，家庭宽带最高速率达 1 000 Mbps；累计完成 399 栋商业办公楼宇光纤覆盖；信息管线方面，嘉定区信息管线路段总数达 1 917 条，总长度达 5 140.7孔公里，其中共建共享的信息管线路段达 279 条。

【移动通信网络及 WLAN 建设情况】 截至 2016 年年底，嘉定区共完成建设并开通 2G/3G 基站逻辑站址 1 510 处，4G 基站逻辑站址 2 331 处，共建共享基站物理站址累计达 860 座，在网 4G 用户数达 144.03 万人；各类商用 WLAN 覆盖热点总数达 2 285 个，城镇化地区有效面积覆盖率超过 98.5%。

【NGB 网络改造及 IPTV 覆盖情况】 截至 2016 年年底，嘉定区累计完成 54.6 万用户 NGB 网络改造，NGB 网络改造覆盖率达 96.1%，NGB 电视实际在网用户数达 28.96 万户。全区 IPTV 实际在网用户总数达 18.55 万户，占嘉定电信家庭宽带用户总数的 57%。

【嘉定电视台高清频道正式开播】 2016 年 9 月 20 日，嘉定电视台有线高清频道(频道号 219)正式开播，标志着嘉定广播电视台的电视节目从拍摄、制作、播出到传输全流程进入了高清时代。居住在嘉定地区的市民可通过东方有线的高清电视机顶盒，直接收看嘉定电视台的高清节目。高清频道的正式开播，标志着嘉定电视台高清设备改造项目全面完成，嘉定电视台新闻、电视剧和专题节目已陆续实现高清化，嘉定区广播电视台成为上海市首批高清频道上线的区电视台之一。

【4G 助力 F1 大奖赛上海站赛事】 2016 年 4 月 15～17 日，2016 年 F1 中国大奖赛上海站的比赛在上海奥迪国际赛车场举行。F1 赛事期间，上海国际赛车场实现了两个“首次”：一是在赛场首次开通了 VoLTE 业务，在赛场观赛的 4G 手机用户

可以享受语音通信和高速上网的同步连接。二是利用 MEC 技术首次实现无线网络环境下的体育赛场多视角直播，为现场的 4G 手机用户带来了前所未有的观赛体验。

七、信息化环境建设

【获"2016 中国智慧城市创新奖"】 2016 年 11 月 17 日，由国家信息中心和国际数据集团（IDG）主办的 2016 亚太智慧城市发展高峰论坛在深圳举行，并进行了亚太领军智慧城市评选颁奖典礼。其中，嘉定区凭借"智慧城市顶层设计"项目，荣获大会主办方颁发的"2016 中国智慧城市创新奖"，嘉定区委常委、副区长董依雯代表嘉定区接受了奖项。本次论坛汇聚了来自北京、上海、广州等 30 多座城市的政府代表，以及 50 余位国内外顶级专家学者及行业精英作为演讲嘉宾。论坛聚焦亚太智慧城市发展的焦点、热点、发展现状及趋势等话题进行了探讨；会上同时颁发了"2016 亚太区领军智慧城市"、"2016 年亚太区领军智慧城市厂商"、"2016 中国领军智慧城市"、"2016 中国领军智慧城市厂商"等多项奖项。

【开展无线电宣传月主题活动】 2016 年 9 月 17 日，由嘉定区科委、区无线电管理办公室、新成路街道及嘉定区迎园中学共同主办的"2016 嘉定区无线电管理宣传月"主题活动举行。活动以"共筑绿色和谐电磁环境"为主题，通过展板宣传、资料发放、科普巡展互动、无线电小制作等多种形式，宣传普及无线电知识，吸引了数百名市民参与。活动中，嘉定区迎园中学的老师们现场摆起了无线电小制作的摊位，在老师的指导下，迎园中学的学生们亲手制作了简易无线电收音机，学习了解收音机接收信号、发出声音的科学原理，近距离感受无线电的独特魅力。在现场，区无线电管理办公室向市民发放了《无线电科普知识 40 问》、《电磁辐射科普知识手册》等科普书籍。针对部分市民的疑问，工作人员为其普及了移动通信、手机辐射、通信基站等方面的知识。此外，嘉定区无线电管理办公室也延续往年无线电科普工作主题，进一步以"服务民生、服务社会、服务发展"为理念，开展多次科普讲座、展览、主题课堂等特色活动，加强市民对无线电的正确认识，为无线电事业健康发展营造良好环境。

【举办"2016 年智慧城市体验周"活动】 2016 年 12 月 8 日，为期 6 天的"2016 年嘉定智慧城市体验周"活动拉开帷幕，一批看得见、摸得着的崭新应用揭开面纱，让市民零距离体验智慧生活。活动展示了智慧民生、智慧园区、智慧社区、智能家居和无线电五大主题，每一个体验项目都与居民生活密切相关。智慧社区平台通过电脑、手机等智能终端，整合政府、社区、个人及周边资源，提供购物、缴费、办证、家政预约、健康咨询等线上线下社区服务；基于智能平台的分级诊疗，使"家庭医生＋区级医院＋三甲医院"的"1＋1＋1"模式成为可能，进一步优化医疗资源配置，社区卫生服务实力得以提升;而在智能机器人领域深耕多年的小 i 机器人,依托"中国最强大脑"云智能平台,建立一套包括学习体系、知识表示、语义理解和推理的完整智能机器人技术架构,并将智能语音机器人服务投入社区事务受理工作中,将来自云端的、强大的类人智能交互服务融入市民生活;园区建设方面,以"基础设施优化、功能服务专业化、园区管理精细化、产业发展智慧化"为特征的智慧园区,将互联网、云计算等新一代信息技术与园区发展创新融合,促进新兴产业集聚,使园区成为提升产业能级、推动企业创新发展的新动力。

【召开 2016 年嘉定区智慧城市建设重点工作推进会】 2016 年 4 月 6 日,嘉定区召开 2016 年智慧城市建设工作推进会,总结 2015 年智慧城市建设情况,并对 2016 年重点工作进行部署。会上还举行了"上海嘉定"智慧门户站群上线仪式及"智慧政务云计算中心"揭牌仪式,下发《嘉定区智慧社区建设指南》、《嘉定区智慧园区建设指南》、《嘉定区"无线城市"建设指南》等多份指导性文件,为下一阶段智慧城市在民生服务、园区建设、产业发展等方面工作指明方向。根据会议部署,2016 年,嘉定区聚焦经济转型升级、社会治理创新、生活品质提升,以智慧城市助推嘉定"一核三区"现代化新型城市建设,在信息基础设施、政务资源、智慧新城、智慧交通、"互联网+医疗"、城市管理、诚信体系等方面进一步深化发展。同时,将着重以嘉定新城核心区为中心,推进 5 大类、16 个重点专项、33 个具体项目建设,力争将嘉定新城打造成为"智慧城市国家级示范区"。

【完成智慧城市顶层设计与无线城市标准研究】 为有力推进智慧城市建设,理清整体工作思路,自 2015 年起,嘉定区科学技术委员会(以下简称"区科委")委托华为技术有限公司,全面开展嘉定区智慧城市顶层设计及无线城市建设标准研究工作,对无线城市建设标准、智慧城市总体框架、基础设施规划、大数据规划、信息安全规划等方面进行科学设计,提出合理可行的实现路径。通过近一年的深入调研,项目组走访了嘉定区委办局、企业、园区、社区 60 余家,深入研究大量文字、视频材料,逐步制定云数据中心、技术支撑体系、信息安全保障体系、数据交换体系、无线城市建设等领域的设计规划。2016 年,《上海嘉定智慧城市规划设计》项目共完成《"智慧嘉定"信息化建设总体框架》、《数据交换共享专项规划》、《云数据中心专项规划》、《资源目录交换体系》、《信息安全专项规划》、《应用支撑平台规划》、《电子政务网络专项规划》7 份专业规划,并对区级信息化项目申报、评审、设计、验收等全生命流程提出建议。《嘉定无线城市标准》共完成《无线城市建设和运营模式指南》、《无线覆盖规划指南》、《无线技术和接口规范》、《系统运行维护指南》、《信息安全建设规范》、《无线城市总体技术架构和规范》、《无线城市建设和运营模式指南》7 份专业规划。两项规划分别对嘉定智慧城市、无线城市建设情况进行了深入研究,并根据嘉定现有基础优势和发展战略要求,结合 WiFi 技术演进、网络协同融合以及云计算、大数据发展趋势,分别提出了嘉定区智慧城市总体技术架构、无线城市建设标准,对嘉定区下阶段智慧城市建设具有积极意义。

【"智慧出行"论坛在汽车城举行】 2016年5月，同济经济城和上海创谷在上海国际汽车城共同主办"智慧出行"论坛，邀请行业精英"安亭论剑"，助力智慧交通。论坛上，上海国际汽车城（集团）有限公司副总经理曹光宇就"新能源汽车分时租赁商业模式探索与实践"做了主旨演讲。上海汽车集团股份有限公司车享市场营销中心副总经理浦明辉、"凹凸租车"高级营销VP周林、易到用车华东区总经理郭延宇、直维租车联合创始人彭飞分别就"汽车电商的定与制"、"共享经济下的租车新模式"、"站在时代的风口"、"新能源分时租赁的春天"等话题，分享了自己的观点。

【首届ESCC电子竞技大赛】 2016年1月，由ES-CC中国电竞娱乐大赛组委会主办，上海游戏风云文化传媒有限公司、上海柯梓动漫有限公司、嘉定新城经济发展有限公司承办的首届ESCC中国数字娱乐竞技大赛在上海嘉定新城举行了总决赛。总决赛历时两天，来自20个赛区的8支战队分别争夺CSOL、炉石传说、风暴英雄以及坦克世界4个项目的冠军。此次ESCC电子竞技大赛参赛人数超过1万人，参赛战队2 000余支，创造了商业运营、跨界合作的新模式，是国内最具专业性、全面性、享有高度影响力的电子竞技赛事之一。

八、社会信用体系建设

【创建国家信用体系建设示范城市】 2016年4月，国家发改委、中国人民银行正式批复同意嘉定区创建"国家信用体系建设示范城市"。根据国家信用建设总体部署及示范创建具体工作任务，嘉定区委办、区府办于5月联合印发《嘉定区创建社会信用体系建设示范城区实施方案》，明确创建信用示范城区的发展目标和重点任务。区联席会议办公室印发《2016年嘉定区社会信用体系建设工作要点》，从建立健全信用体系建设工作机制、推动信用信息的归集共享等方面明确2016年工作重点，落实各项任务牵头部门，为全区各条线、各单位合力创建国家信用体系建设示范城市奠定了坚实基础。

【召开社会信用体系建设联席会议】 2016年7月，嘉定区组织召开社会信用体系建设联席会议，36家成员单位出席了会议。会上，区联席会议办公室提出了工作推进过程中主要存在的问题，并部署了下阶段重点工作内容，在加强信用信息归集共享、提升信用联合奖惩力度、推进信用示范城区创建工作、行政许可和行政处罚"双公示"、"三清单"编制等方面提出了具体工作要求。

【推进信用平台建设】 2016年，嘉定区积极推进信用平台建设，优化整合信用信息。一是开展"三清单"编制，归集区域内职能部门在行使行政职权时所掌握的法人和自然人信用信息，为构建守信激励和失信惩戒机制提供数据基础。共编制2017年度数据清单716项，行为清单98项，应用清单 46 项。二是开通上海市公共信用信息服务平台嘉定区查询窗口，方便企业及市民了解自身信用状况。三是积极推进“双公示”工作，向“信用中国”网站、市信用平台推送“双公示”信息 964 项，报送“双公示”行政许可目录 8 项，行政处罚目录 9 580 项。四是完成上海市公共信用信息服务平台嘉定区子平台建设，促进信用信息归集正常化、信用信息使用常态化，为构建守信激励和失信惩戒机制提供技术支持。五是积极推进信用网站建设，在“上海嘉定”门户网站开辟行政处罚信息公开专栏，及时公布多部门处罚信息。

（金　戈）

第十二章　松江区信息化建设

概　述

2016年，松江区信息化工作以上海科创中心建设、G60上海松江科创走廊建设为引领，围绕《上海市松江区智慧城市建设“十三五”规划》，对接“创新驱动、转型发展”，全力实施“智慧高地”战略。扎实推进基础设施、电子政务、信息产业、社会诚信等方面建设工作。

一、政务领域信息化

【政务数据中心建设】　制定和发布《松江区政务数据资源共享管理办法》，基本完成“松江区政务数据中心”项目建设，建成云计算中心机房、资源共享交换平台、信息综合利用平台、实时安全监控平台和人地房实有信息平台，做好基础数据的交换和共享，累计入库人口基本信息190万条，房屋信息86万条，法人登记数据13万条，法人资质数据4.7万条，日常监管数据6 000余条。

【信息化项目申报工作】　做好信息化项目管理。完成2017年度松江区部门、街道信息化项目申报审核工作，经评审，同意立项项目171个，总金额为13 098.78万元。启动区环保局、区交通委等部门重要项目的绩效评估工作。

二、社会领域信息化

【新版敬老卡换发工作】 2016 年 4 月,由区民政局牵头,新版敬老卡在村、居委一级开始受理,及时做好市民的解释和引导工作,妥善处理工作中遇到的各项具体问题。自 6 月 1 日起,根据有关要求加强新版敬老卡申领业务的操作培训,明确操作步骤和申领时间。共完成社保卡补换 28 857 张、申领 11 320 张;敬老卡集中申领 117 537 张,发放各类卡证 18 684 张。

【启动松江市民服务云平台(试点)】 2016 年,松江区打造以健康云、社区云、教育云、文化云等为代表的信息服务平台,启动松江市民服务云平台(试点)搭建,对接政务数据中心、i-Songjiang 两大平台,整合 APP、微信公众号、有线电视三大渠道,构建政府服务、公众服务、互助服务、第三方服务四维一体的服务框架体系,结合松江区独有的区域特色(花园新城、美丽乡村、G60 科创走廊等),为市民提供及时的信息服务、便捷的公众服务、高黏度的用户体验,增强市民对于智慧应用的感知度。

三、经济领域信息化

【专项资金支持两化融合】 2016 年,松江区推荐上海保隆汽车科技股份有限公司等 5 家企业申报两化融合贯标,并开展企业两化融合贯标工作。4 家企业被列入国家两化融合管理体系贯标试点企业。2016 年,松江区两化融合专项资金项目的申报、立项分“大数据”和“智能制造”两批专项申报,5 月大数据专项正式启动,共 10 家企业申报;7 月智能制造专项正式启动,共 19 家企业申报。经审查、专家评审、委领导班子讨论,决定“大数据”专项立项 7 个项目,“智能制造”专项立项 12 个项目。两化融合专项共计需扶持资金 1 170万元。

四、城市建设管理领域信息化

【视频图像监控系统建设】 2011 年,松江区视频图像监控系统建设工作启动。按照“统一规划、高标准;试点示范,分批次;模式创新,齐推进”的方式,以视频图像监控系统建设规划为引领,以承载大规模高清数字监控系统为要求,创新建设模式。通过试点探索,明确部门职责,合力、全面、有序推进全区视频图像监控系统建设。经过5年的持续努力,松江区已完成约10 000个监控点位布设,覆盖九亭、新桥、泗泾等17个区域,基本建成与松江发展需要相适应的“X+1”模式的城市图像监控系统。

五、信息基础设施建设

【信息基础设施能级持续提升】 2016年,松江区推进新建4G基站115个,共享532个,完成275条路段管线的集约化共建;基本完成“城市光网”和NGB改造工程,上海电信覆盖用户约62万户,上海移动覆盖用户约14万户,上海联通覆盖用户约16.8万户,东方有线覆盖用户约54万户;完成视频图像监控系统约3 140个点位的建设。

【打造松江公用WLAN服务品牌】 为提高松江市民的上网便捷度,增强其对无线城市的体验感,以17个街镇的5个中心(社区事务受理中心、社区文化活动中心、社区卫生服务中心、社区党建服务中心、社区平安服务中心)为范围,松江区以超“i-Shanghai2.0”的技术标准,推进“云间无线”建设,打造松江公用WLAN服务品牌,已覆盖15个场点。

六、信息化环境建设

【智慧城市体验日】 为提高市民对智慧城市的体验度,展示松江智慧城市建设成果,2016年12月3日,由松江区科学技术委员会(以下简称“区科委”)主办的“智慧服务,惠民云间”宣传体验活动在松江大学城举行。区卫计委、区社治办、东方有线等单位共同搭台参展。活动现场,不仅汇集了“云间服务”APP、自助健康检测设备、社区一站式服务平台、“智慧家居”整体解决方案、4K高清电视等丰富多样的惠民应用产品,还设置了扫码送礼、集章抽奖、模拟体验、魔术表演等互动环节,吸引了广大市民零距离体验智慧应用。此次宣传体验活动坚持“建设成果与民共享”的初衷,以“惠民服务”为切入点,以区内自建的应用服务为重点展示内容,同时结合了各运营商的成熟惠民产品,通过现场路演体验的方式,进一步加大了松江区智慧城市建设的宣传力度,让市民体验到了“惠享生活,创想未来”的智慧生活新模式。

【“城市e管家”获2016上海市智慧城市建设十大优秀应用奖】 泗泾镇“城市e管家”应用在上海市智慧城市建设优秀实践成果评选中,经过网络展示、网络投票、媒体评审、专家评分等多个环节的角逐，最终获得“十大优秀应用奖”。“城市e管家”作为松江区智慧社区特色项目之一，是在现有松江区城市综合管理大联动信息平台和“茸城微治理”公众号的应用基础上，结合该镇区域特点和城市管理难点，为提高城市问题发现率和解决率、加强政府行政效能和服务效率、增强市民参与度和满意度、推动城市综合管理水平进一步提升而搭建的公众交互式平台。平台注册人数达到7 052人，接受群众各类投诉举报并处置结案4 681件，满意率高达96.65%。

【松江区部门、街道信息主管培训班举办】 为进一步开阔视野，拓宽工作思路，提升工作水平，建设一支综合素质高的信息化主管队伍，2016年11月28～29日，区科委举办了2016年松江区部门、街道信息主管培训班。区科委党组副书记、副主任张金涛出席开班仪式并作动员讲话，46名信息主管参加培训。此次培训中，上海市信息安全测评认证中心主任蒋力群、微软IT部门技术总监毛峰分别就信息安全的宏观趋势和微观防范、IT管理方法论与实践、大数据技术与城市管理的研究与实践作专题讲座。并且，针对信息化项目申报进行总结和疑难解析，另外组织学员现场观摩了上海电信信息生活体验馆，亲身体验信息技术在智慧生活方面的应用。

【开展无线电管理宣传月活动】 为推进无线电管理宣传工作持续深入开展，增强公众遵守无线电管理法律法规的自觉性，争取社会各界对无线电管理工作的理解、支持和配合，营造良好的舆论氛围，2016年9月27日全国科普日松江区活动期间，松江区在松江科技馆组织无线电管理宣传和专题讲座《揭开电磁辐射的神秘面纱》，让市民能够更加真实、便捷地了解无线电相关知识和法律法规，激发市民对无线电的关注和兴趣，正确引导市民对无线电的认知。

七、社会信用体系建设

【建设上海市公共信用信息区级子平台】 2016年，松江区为建设公共信用信息子平台，调研了上海市信用信息中心、浦东市场监管局信用信息子平台的做法和经验，拟定了建设方案，根据建设需求进行政府招投标。5月于政府采购网公示招标信息，7月初完成项目招投标工作，11月完成信用信息子平台的建设并试运行。信用信息子平台与市信用信息平台已完成对接。

【开展区级行政许可和行政处罚信用信息公示】 2016年5月，《松江区行政许可和行政处罚工作实施方案》发布，11月联合区政府办公室、区审改办召开“双公示”上传信息员培训会议，推进松江区行政许可和行政处罚等信用信息在7个工作日内网上公开、集中公示、统一归集，做好与市信用信息平台的对接和共享，提升数据质量。10月，上报“双公示”处罚目录25家单位3 502个事项，许可目录28家单位287个事项。截至11月，共上传处罚信息 363 条,许可信息 5 439 条。

【组织开展松江区建筑行业诚信企业评审】 由企业自愿报名,经社会第三方评估,通过相关建设行政管理职能部门专家会审和公示,共有 52 家企业获得松江区建筑行业诚信企业称号。其中 20 家获信用 AAA 级,22 家获信用 AA 级,10 家获信用 A 级。

(包文博)

第十三章　金山区信息化建设

概　述

2016 年，金山区信息化工作紧紧围绕贯彻落实国务院《关于积极推进“互联网+”行动的指导意见》的目标要求，结合国家新型城镇化试点和上海市新型工业化专项改革试点，深化实施“1158”城镇体系，以创新、开放和包容的“互联网+”思维改革创新，大力推进智慧城市建设，努力打造符合区域实际、体现金山特色的信息化建设新路。

一、政务领域信息化

【“1＋4＋3 政务云服务体系”建设设想】 根据金山区电子政务建设现状，结合信息化发展趋势，金山区科学技术委员会(以下简称“区科委”)在区电子政务顶层设计上提出了实施“1＋4＋3 政务云服务体系”建设设想，即建设 1 个一体化的政务云数据中心，搭建 4 个区级系统性、综合性大数据平台，进一步建立、健全“项目建设运维”、“资源整合共享”、“网络信息安全”3 个方面的配套保障措施与体系。

【完善和优化网络系统建设】 2016 年，区科委对现有政务网环网进行改造，增加灾备机房在内的 3 个分中心，组成环网结构，减轻中心网络的压力，提高网络的安全承载能力。在骨干网提升至万兆的基础上，根据新的网络拓扑更新部分委办局接入设备，满足政务网各项应用需求。

【推动异地灾备二期建设】 2016 年，区科委在深化一期容灾项目成果基础上，推动二期项目建立双活运行的两个数据中心。主数据中心承载区政府业务应用和部分委办局单位业务应用，同时作为辅数据中心的容灾中心。辅数据中心承载部分委办局单位业务应用,同时作为主数据中心的容灾中心。共同运行的两个中心既能完全发挥投入资产的利用率,同时又互为容灾,充分保障所有业务的可用性。

【实施网站群安全加固】 2016 年,区科委加强网站群安全漏洞扫描和整改工作,提高安全保障监测。同时,随着金山区电子政务平台的灾备系统日趋完善,门户子网站群也将在此系统的基础上依托网络、机房以及链路环境,对全系统进行异地级别灾备的安全性提升,旨在让对外服务窗口能够不间断地进行交付,提高服务能力。

【推进软件正版化】 2016 年,区科委通过部署准入控制系统加强对用户使用软件正版化管控,用户必须安装办公软件金山 WPS 和杀毒软件 360 天擎,才能进入金山区政务网。已完成金山区 8 500多台终端的正版软件部署。同时,对金山卫镇、区科委、党工委的正版化部署情况进行抽查,其中金山卫镇 380 台电脑、区科委 68 台电脑、党工委 9 台电脑均安装正版软件金山 WPS 和 360 天擎杀毒软件。

【优化电子政务平台】 2016 年,区科委对政务信息平台首页进行改版,提升用户体验。包括优化电子办公系统数据,解决日常使用过程中发现的问题,提高使用性能。对电子办公系统后台数据进行优化,对老旧数据按年限进行分离,提高电子办公系统数据安全性。

【推进市、区重点信息化项目】 2016 年,区科委有序推进网上政务大厅建设、区社区事务受理标准化建设、区环保局环境监控中心项目等 7 个重点工作配套信息化项目建设,积极配合相关单位做好需求分析、可研编制、项目论证等工作,并在项目实施过程中,协助解决遇到的技术困难与瓶颈,有序推进系统开发,对提高服务人民群众水平、推动重点工作督查落实、促进重大改革措施贯彻实施等起到了积极作用。

【深化完善基础数据库建设】 2016 年,区科委着力推动区政务数据资源管理与共享应用,先后解决区法人库前置机蓝屏死机问题、完成区人口库信息安全测评工作、与区人口办共同编制发布《区人口基础信息资源库管理使用规定(暂行)》,并多次召开数据核准会议,研究讨论人口数据字段、统计口径、计算方式等,为区法人、人口数据在区内相关职能部门业务系统中的共享应用打下基础。

【推动区三大基础库共享与应用】 金山区三大基础库已实现向区各部门提供数据共享与应用服务,并在区网上政务大厅(法人)、区公共信用信息平台(法人)、区经济信息管理平台(法人)、区村居电子台账系统(人口)、区“电子走访”与“○频道”建设项目(人口、空间地理)、区社会消防安全检查监管信息系统(空间地理)、区危化品船舶动态监控平台(空间地理)中得到了广泛应用。

【实现网上政务大厅审批事项网上办理与应用】 2016 年,金山区网上政务大厅建设与推进工作领导小组办公室(以下简称“区推进办”)贯彻落实市网上政务大厅建设与推进工作领导小组指示精神，完成全区33个部门469项行政审批事项入网工作，并充分应用前期摸底调研成果，试点先行、以点带面，实施应用系统的功能开发，于5月10日正式开通网上办理，并推动数据向网上汇集。运行半年来，网上办件数累计达86 400件。同时，为进一步方便群众办事，区推进办按照"一事项一梳理"原则，实现入网审批事项网上预约全覆盖，且积极拓展事项网上办理深度，于12月实现全区13个部门88个事项全程网上办理功能。

【政务大厅与事中事后监管平台对接】 2016年，为统筹各审批部门间的业务协同，加大平台间信息资源的整合共享，区行政服务中心不断促进区网上政务大厅与区事中事后监管平台进行数据连接，完成了28个事项双告知许可信息的互联互通。

【完成市统计局视频会议系统金山分会场建设】 2016年，区统计局按照市统计局相关工作要求，完成了上海市统计局统计视频会议系统(金山分会场)项目的建设，并于9月30日完成项目专家评审验收。该系统的建立，将有效降低会议成本和时间，提升区局与市局的沟通效率，预计每年可节省大量差旅费用和时间。

【推进金山区国民经济与社会发展综合数据管理平台建设】 2016年，区统计局立足金山区经济社会发展战略全局，坚持"互联网＋统计"的工作思路，打造"综合数据提供者、数据能力整合者、权威数据发布者"形象，积极推进金山区国民经济与社会发展综合数据系统的建设。一期数据仓库项目稳步建设，初步完成标准化数据仓库和局队基础业务工作全流程系统化管理平台搭建。

【实现项目推进与监督信息化】 为进一步创新重大工程实事项目管理方式、加强重大项目监督力度、提高管理信息化水平，区重大工程建设办公室依托政务信息平台网络，首次对区重大工程实事项目实行数据化报送、自动化预警和过程化监管。在前期对项目推进流程及监管方式反复调研的前提下，于2016年7月启动了重大工程信息系统基本框架搭建。并组织各项目责任单位进行操作培训。8月完成重大工程信息系统47个重大项目和12个实事项目的试运行。9月正式运行信息系统。通过该系统实现了对区内重大工程实事项目计划申报、过程跟踪、进度报送、动迁统计、数据分析、短信督促等管理功能。

【推进"制度＋科技"监管手段】 2016年，区市场监管局加强信息化监管。一是完成对食药监数据库的清理工作，梳理了全区数万条医药、食品、餐饮企业数据，将重复或者异常数据加以标记，确认正确数据。二是完成特种设备、监管设备的采购，包括防爆数码照相机、激光测距仪、红外测温仪、超声测厚仪、防爆手电等专业设备，加强了对特种设备进行监管的硬件基础。三是采购了一批移动执法设备，包括平板电脑、移动打印机和执法记录仪，主要用于监管、办案现场确认，方便采集各类证据，提升工作效率。

二、社会领域信息化

【“金山体育”微信公众号启用】 2016年9月，金山区体育局官方微信公众号“金山体育”，正式启用。“金山体育”设立运动金山、便民服务、赛事活动三个栏目，包括场馆设施、科学健身、青少年赛事、市民运动会、区运会等信息开放和咨询服务。市民可借助该平台及时了解金山体育事业发展动态，查看周围的健身场所，了解近期赛事安排，注册报名参与各类全民健身活动。通过对公众号平台数据的动态监测，区体育局可以借鉴热门场馆选址及健身设施利用等信息，针对市民的健身需求，提高市民健身工程的使用效率；及时掌握赛事活动举办情况，加强体育赛事管理；广泛采纳意见和建议，提升体育工作质量，更好地服务金山市民。

【建设金山区社区矫正管控系统】 2015年，区司法局立项建设金山区社区矫正管控系统，项目建设资金42万元，于2016年6月建设完成并投入试运行。该系统主要结合司法矫正过程，以矫正纳管、矫正管理、执法管理、计分考评、解除矫正5个方面为主要着力点，实现数据集中化、环节流程化、执法便捷化。通过该系统，对社区服刑人员进行人物、时间、地点、事件等信息化动态管控，同时配备移动执法仪，有效保障了外调取证数据采集的及时性和执法人员工作的高效率。该系统实现了对每名社区服刑人员的精细化管理和全盘化掌控。通过计分管理、处遇管理及指纹考勤，对每名社区服刑人员每月应尽的义务做了系统约定，有效防止社区服刑人员脱管、漏管事件发生，规避了执法人员的工作漏洞，实现了社区矫正监管工作从“人防”向“技防”的重大转变。

【教育公共服务平台建设】 2016年，金山区根据教育部“三通二平台”建设要求，结合金山区实际，着力建成互联互通、易于使用和扩展的集管理、教学、资源和工具为一体的公共服务平台。教育公共服务平台建设遵循教育信息化顶层设计理念，秉承统筹规划、需求导向、上下联通和开放拓展的建设思路，重点解决系统无缝集成、平台服务性、建设有序性及可持续发展。总体架构可概括为“一个中心、两个库、三个环境、四类用户、五种技术”，“一个中心”即教育云中心；“两个库”为管理库和资源库；“三个环境”包括管理信息化、教学信息化和公众服务信息化环境；“四类用户”包括管理者、教师、学生和社会公众；“五种技术”包括云计算、大数据、物联网、泛在网络和数据分析。平台将有效解决教育资源的应用效率、应用广度和深度等核心问题，有力支撑和服务金山区教育综合改革和发展。

【区医疗救助“一站式”服务信息平台建成使用】 2016年，金山区建立“一站式”医疗救助平台，对低保等困难家庭成员实行“一站式”医疗救助，即金山区困难群众在金山区定点医疗机构就医时无需支付属于医疗救助范畴的资金，这部分资金由医疗机构先行垫付，随后与民政部门定期结算。民政医疗救助“一站式”服务信息平台以“人和事为主线梳理业务，以信息资源整合和联动为支撑”作为项目整体规划设计的指导思想，主要包括平台业务应用和医疗救助数据中心。平台业务应用主要包括建设金山区“一站式”实时结算系统、救助资金管理系统、医疗救助管理系统、医疗救助统计系统、接口管理等；平台数据中心主要包括实时结算库、医疗救助库和医疗信息库等医疗救助相关的信息数据，并对这些信息数据进行管理。建立民政医疗救助“一站式”服务信息平台，实现救助对象信息和就诊信息共享，转变民政医疗救助事后结算流程，可切实缓解金山区患病困难人群的医疗负担，进一步完善城乡医疗救助制度，创新救助模式、加强管理、改进服务，建立完善的民政医疗救助服务体系。2016 年，“一站式”医疗救助 24 334人次，支付 527 万元。

【开通卫生公众服务平台】 2016 年 7 月，金山区卫生计生委网站上推出“健康信息查询”服务。居民通过该服务可随时查询自己的健康档案和历次用药记录、检验报告、检查结果以及费用支出情况等内容。9 月，开通“预约挂号”服务。居民可在网上预约区内二、三级医疗机构所有号源。该服务实现分时段预约，居民在预约的时间段内到医院可优先就诊。同时，金山区积极联系和争取市级医院转诊预约号源。10 月实现区内家庭医生站调用上海市社区家庭医生预约系统。11 月，区预约平台对接上海市第六人民医院预约平台。预约服务极大方便了居民就医，也为区内居民带来了更好的医疗资源。

【开展门诊流程优化试点】 2016 年，区卫计委在亭林医院开展门诊流程优化试点。该试点的目的在于通过技术手段改变原来门诊“三长一短”（挂号排长队、就诊排长队、缴费排长队、看病时间短）现象，提升居民就医体验，使居民就诊更便捷高效。在试点单位已推出自助机、诊间结算、移动支付等多项应用。在自助机上实现自助开户、自助充值、自助挂号、自助预约、自助交费、自助建卡（自费病人初次就诊自助建卡）、自助查询、银行卡充值、支付宝支付、微信支付十大功能。诊间结算使医生在为病人看好病后就可直接结算费用，免除病人再次排队付费的麻烦，并且在诊间可直接打印结算凭条。移动支付使病人能通过支付宝和微信等移动支付手段支付医疗费用，病人无需预先充值，支付也更方便快捷。同时，在自助充值、自助交费、移动支付等环节都实现了短信提醒。

【推进健康一体机应用】 2012 年，金山区在建设基于居民健康档案的区域卫生信息化项目时，就积极探索利用物联网技术采集居民健康信息，促进居民健康管理工作的开展。期间试点并推广使用了健康信息采集仪。该仪器可采集居民的血压、血糖、血氧等数据，通过无线将数据传送到区健康信息管理平台。家庭医生可通过该平台，对居民开展健康管理工作，从而降低居民慢性病发病几率，减轻医疗支出，提升社区居民的健康质量，提高居民对社区卫生服务中心的信任度、满意度。同时，健康信息平台的数据集成进入居民健康档案，也提升了家庭医生对社区慢性病患者的识别率、建档率、规范管理率和控制率，降低医生盲目随访的频率和工作强度。截至 2016 年 9 月 30 日，共计投放 481 台健康信息采集仪，已覆盖区内全部社区卫生服务中心以及下属社区卫生服务站(村卫生室)。2016 年共有 126 657 位居民使用健康信息采集仪测量,测量次数达到 793 439 次。

【扩展区域影像中心】 为提高医疗影像阅片的质量,2012 年区卫计委成立了区域影像中心,在社区卫生服务中心拍摄的医疗影像可通过系统传送至设在金山医院的区影像中心,由上级医院出具或者审核报告。这使居民在社区就可得到三级医院的医疗服务。2016 年,为更好地做好这项工作,及时为居民服务,区卫计委在上海第六人民医院金山分院成立了区影像中心北片分中心,接入了枫泾、朱泾、亭林、吕巷、廊下 5 家社区。

【搭建就业服务平台】 金山区就业促进中心职业介绍部门紧紧依托"上海公共招聘网",为用工单位和求职人员搭建就业服务平台,全方位提供代理招聘。根据企业需求及招聘要求,通过网络发布各类招聘信息;同时,方便求职者网上应聘,及时回复。2016 年,金山区共发布各类岗位 7 145 条,招聘总人数 36 112 人,应聘 21 394 人次,安排面试 10 430 人次,录用 4 545 人次。此外,有自主招聘需求的企业激活密码后,可在"上海公共招聘网"上自主发布信息。

三、经济领域信息化

【信息技术促传统产业转型升级】 金山区不断推进信息化在传统产业领域中的渗透和应用,引领传统产业提质增效、转型发展。在生产管理方面,物联网、云计算等信息技术的深度融合,实现了传统企业生产过程的自动化、生产管理的智能化、产品质量的可追溯,提升了生产效率,降低了人工成本。在经营销售方面,电子商务、移动互联网等信息技术的广泛应用,降低了传统企业的交易成本,加快了供应链运作周期。如上海西文服饰有限公司建立服装信息 RFID 管理平台,针对客户服装门店的管理需求,进行数据采集和日常业务管理,实现入库、出库、寻货、盘点等门店核心业务流程的自动识别及信息的共享和追踪,推动了下游门店管理和服务的综合水平,促进了与客户的合作共赢关系,实现了企业从"产品制造"向"产品制造+服务"转型。

【全面推进区属企业财务风险预警工作】 金山区国资委于 2012 年 12 月启动区属企业财务风险预警试点工作。根据市国资委预警指标设置要求,针对企业特点和企业历年绩效指标、经营实际,科学合理并有个性化地选择风险预警指标,设置指标值和预警区间,设立了包括债务、现金流、营运和盈利四大风险领域类别的十一项预警指标,并对每一个指标的确定写明理由和依据,多角度对预警指标进行深入分析、判断,全面揭示企业层面财务风险情况。继试点工作成功后,区国资委进一步完善区属企业风险预警体系建设方案,预警系统趋于完备。根据系统从数据采集、风险识别、风险应对到成果评估的全工作流程,企业按月度、季度、年度上报财务风险预警分析报告,揭示企业风险预警工作及预警指标的分析情况,提出相应的反馈机制和应对措施,并及时报告企业领导人员直至区国资委。

【启动“互联网+金山现代农业大数据平台”建设】 2016年,区农委建立金山区现代农业大数据平台,推进“互联网+农业”,让传统农业向现代农业转变。为全力推进此项工作,区农委从2016年年初,就深入开展调研,了解需求导向,组织召开多层次的研讨会。金山现代农业大数据平台用“互联网+”理念,对全区农业资源、生产过程、农产品安全溯源等进行梳理和整体规划设计,总体建设目标为“123+X”,即以一体化的现代农业大数据平台为主体,实现双向互动模式和三大重点建设内容,以及X个“互联网+”行业融合应用。平台获得2016年上海市农委科技兴农项目资金支持300万元,已拨付120万元,项目正按照时间节点切实推进。

【搭建金山区蔬菜补贴农药供应管理平台】 金山区蔬菜补贴农药供应管理平台主要包括:农药补贴计算子系统、农药销售管理子系统、农药出入库管理子系统、数据分析挖掘子系统。平台与上海“农业云”服务中心、上海蔬菜生产管理信息系统进行对接,实现金山区蔬菜补贴农药供应管理从农药补贴、农药销售、农药出入库到农药生产档案管理的全流程管理,实现金山区农药使用正向追踪、反向追溯以及农药补贴规模预测等功能。2016年上半年平台已在金山区12家销售门店应用和推广。

【信息技术促现代农业更智能】 金山区立足都市现代农业发展目标,以“互联网+”为手段,全力推进“智能农业”建设。“互联网+农业生产”:金山区蔬菜研发中心和金山区水产研发中心两个物联网智能化生产应用示范基地通过物联网综合管理平台,远程实时监控和数据采集,控制蔬菜生产、水产养殖全过程。并通过手机APP随时远程监控、操控基地蔬菜和水产的生产。“互联网+农产品销售”:推进优质农产品金山馆建设,促进农产品网上销售。电商平台共销售8 600多单,销售额近15万元,带动合作社基地销售500多万元,消费者浏览量达20万人次。如高佬庄果蔬种植合作社的手机端农产品供销平台APP,已整合全区23家农民专业合作社加盟;强丰集团在上海市区标准化菜场内开设“无人售菜”直销点,已在全市设立67台无人售菜智能终端机,并开设网上超市,提供线上订购付款服务。“互联网+农产品安全监管”:通过无公害农产品管理系统,对金山区获得“无公害、绿色、有机”和良好农业规范认证的产地及产品,进行申报审查和证后监管电子档案信息管理。金山区生猪、羊、奶牛实现二维码耳标防疫环节全程可追溯。此外,鑫品美草莓、小皇冠西瓜、多利升西瓜、珠丰甜瓜、施泉葡萄等地产优势农产品实现二维码标识全覆盖,实现对农产品“从农田到餐桌”的全程跟踪与溯源管理,保障了农产品质量安全。

四、城市建设管理领域信息化

【区城市网格化综合管理信息平台完成验收】 为进一步推进综合性城市管理工作,拓展网格化管理范围,提升管理效能和公共服务能力,金山区城市网格化综合管理中心于 2014 年 5 月开始筹备金山区城市网格化综合管理信息平台升级改造工作,于 2015 年 6 月建设完成并开通试运行。经过一年多的试运行,于 2016 年 11 月完成验收工作并全面投入使用,建成了以城市网格化管理信息系统为核心,集成城市网格化管理、"12345"市民服务热线和应急管理等功能,并与其他相关行业管理信息系统互联互通的网格化综合管理系统。通过城市网格化综合管理平台,构建起覆盖区、街镇(金山工业区)纵向到底、横向到边的"两级平台、三级管理"网格化管理体系。截至 2016 年年底,城市网格化管理平台立案数 254 326 件,其中街镇发现立案数为 217 967 件,区级督察发现立案数为 18 731 件,结案 252 816 件,结案率 99.4%;"12345"市民服务热线区级平台共受理工单 4 624 件,重复工单 688 件,办结率为 100%,按时办结率为 99.96%。

【实现"电子走访"和"〇频道"全覆盖】 为推进基层社区自治,金山区在朱泾镇社区治理联动指挥平台的经验和基础上,全区其他街镇、金山工业区均完成了以"电子走访"为主的社区治理平台建设,覆盖全区各村和居委会。各街镇、金山工业区根据各自的实际需求,在平台建设中体现了特色和创新。截至 2016 年 12 月,共产生电子走访信息 92 473 条,电子巡查信息 12 624 条。在美丽朱泾镇"〇频道"建设的基础上,推动各街镇、金山工业区将此功能运用到移动端设备上,推广手机 APP 服务端,实现在移动设备上参与社区治理。截至 2016 年 6 月,全区 9 个镇、1 个街道、1 个工业区的掌上社区 APP 在安卓、苹果系统均已上线,共有 5 832 户居民实名认证。

【推进农用地信息化管理平台建设】 2016 年,金山区利用 GIS 技术建立覆盖整个金山区的农用地信息化管理数据库,为农用地的使用和管理提供基础信息,实现农用地管理信息化、农业生产统计精准化、农用地规划和利用管理的数字化,为农业政策制定和实施、农业生产和管理提供农用地资源精准信息。2016 年,制定完成农用地信息化实施方案,明确项目建设的意义、建设目标、建设规模、进度安排、实施原则、责任分工等,并根据工作计划安排全力推进。4 月 20 日,在朱泾镇举办试点镇农用地现状调查培训。5 月 18 日,召开金山区农用地信息化管理平台项目建设推进会。组织召开多级多层次研讨会,开展镇、村农用地调查培训 20 多次,调查涉及全区 9 个镇(金山工业区)、124 个村、2 238 个村民小组、50 多万块农用田数据,3 000 余人参与调查工作。该项目获 2016 年区财政专项资金 225 万元,项目已完成基础信息的采集和平台的开发工作,进入试运行阶段,并在逐步完善。

【区危险化学品流动流向平台监控成效显著】 近年来,金山区结合区内化工产业相对集聚的特点,建立了金山区危险化学品流动流向平台。从源头开始,对全区危化品交易、存储、运输各个环节实行实时监控。截至 2016 年,平台共纳入试点单位 61 家,累计监控运输 5 442 笔、177 632 吨,共发出告警 10 368 条,涉及环氧乙烷、正丁烷、石油气、硝基木器清漆等危险化学品 165 个品种。

【企业安全生产标准化管理云平台投入使用】

2016 年,金山区安监局建立了企业安全生产标准化管理云平台,完成安全生产检查 47 类 6 150 项事故隐患数据库建设,提高了对区内企业隐患排查、自查自纠的管理能力。从 6 月平台投入运行以来,完成安全生产排查1 406条,已整改1 283条。平台的建立既提升了政府安全监管能力,又倒逼危化企业增强安全生产主体责任意识。

【建立重点污染源企业区域(厂界)空气污染在线监测预警系统】 金山区围绕环境综合整治工作,进一步加强环境保护信息化工作,在上海金山第二工业区等重点区域建立重点污染源企业区域(厂界)空气污染在线监测预警系统,实现 24 小时在线监测园区内企业废气排放情况,推算污染物扩散趋势,并对环保安全事故做出预警。两家试点企业已安装检测设备,对 29 家重点 VOCs 排放企业实现全覆盖。

【实现区镇村三级安全生产信息化监管全覆盖】 2016 年 2 月,区安全生产监督管理局为贯彻落实国家安监总局关于安全生产责任“五级五覆盖”的要求以及关于加强安监业务信息化标准体系建设(《上海市区县安全生产监督管理信息系统建设指南》)的规定,对“金山区安全生产综合管理信息系统”进行延伸和拓展,将安全生产信息化监管模式延伸至街镇(工业区)、村(居)委,推动街镇(工业区)实施安全生产现场移动执法,实现检查执法信息实时记录、行政处罚案件网上办理、企业基础信息统一归集等功能,进一步规范安全生产执法行为与流程。2016 年 9 月,完成项目建设并进行上门培训与系统推广;10 月完成系统试运行,并结合试运行情况对系统进行优化完善;11 月系统正式运行,实现了与区安全生产监督管理局系统的对接。截至 2016 年年底,系统已归集企业信息档案 1 712 家,安全生产检查执法信息 1 092 次,行政处罚案件 113 起,总体运行情况良好。

【区社会治安视频监控系统建设】 近年来,在金山区委、区政府、区政法委的重视和支持下,根据“先形成围网、后增加密度”的建设方针,金山区社会治安视频监控系统建设有序快速推进,取得了新突破。经统计,金山区已建成监控点位 8 361 个。其中,公安负责区级监控点位 3 320 个,各街镇(工业区)自建监控点位 1 866 个,社会企事业单位自建监控点位 3 175 个。按金山区地域面积计算,图像监控覆盖率已达到 13.68 个/平方千米。按城(镇)区和农村区域进一步细分,城(镇)区现有各类图像监控点位共计 5 959 个,城(镇)区图像监控覆盖率已达到 73.11 个/平方千米;农村地区现有各类图像监控点位共计 2 402 个,主要位于农村地区主要路段和重要出入口等关键位置。

【整合社会视频监控网】 2013 年以来,金山区公安分局在开展图像监控自建的同时,为进一步扩展图像监控覆盖面和社会图像监控资源利用率,与区教育局、危险品存放单位等加强协作,积极探索并启动实施社会图像监控资源复接工程建设。区公安分局共复接各类社会监控点位 1 341 个,其中 266 个点位已复接进区公安分局矩阵,可由指挥中心调阅,进一步扩大视频监控范围,提升视频监控整体防控效能。同时,随着金山区社会治安综合治理工作的不断深入,各街镇(工业区)加大了对辖区图像监控系统建设的投入,结合城市网格化管理工作自建监控点位。各街镇(工业区)城市网格化管理中心共建设监控点位1 866个,其中131个点位已复接进公安分局矩阵,可由指挥中心调阅,进一步提升乡镇农村区域视频监控覆盖率。

【船舶动态监管平台(一期)上线】 金山区船舶动态监管平台是上海市内河海事系统首套智能化监管平台。该平台于2014年12月筹建动工,2015年年底项目一期建成并交付使用,总投资额450万元。平台以内河危化品运输主干航道、省际航道、危化品港区等为监控重点,在18处航道视频监控点位布设了37台监控设备,融合AIS(Automatic Identification System,船舶自动识别系统)技术,实现自动识别船舶信息、船舶动态定位、流量激光扫测等功能,为日常海事监管提供坚实的科技支撑。2016年,区航务部门借用政务网络在廊下南塘村、亭林后岗村等村居架设7座AIS基站,实现全区AIS信号全覆盖,并对原有监控设备进行数字化升级改造,并补充张泾河、紫石泾2个点位监控设备数量。同时在6月成立应急职守中心,负责监管平台24小时全天候职守。通过金山区船舶动态监管平台的建设,为及时发现并处置渣土泥浆违规装卸等行为以及船舶碰撞事故责任认定等提供了有力依据,科技监管的优势正在逐步显现。

【建设金山区市政路网监控中心】 为顺应“十三五”规划中信息化建设的要求,区市政所从2016年起,用三年时间分三期建设市政路网监控中心。该中心整合市铁路道口、区网格化中心、区公安分局、上海电信等信息资源,集市政交通设施管理、路政管理、市政项目管理、日常养护管理、应急事件处置管理、投诉管理和GIS地图七大功能于一体,以达到设施监控全覆盖、发现问题及时、解决问题快速、工作绩效量化、道路安全保障的最终目的。2016年已完成一期建设,主要包括系统基本框架搭建、管理系统的初步开发、硬件设备安装(包括75个视频摄像机、6个下立交告示屏及下立交积水水位传感器、1套桥梁超载称重传感器)。12月28日,监控中心进入试运行阶段,初步实现市政设施巡检、上报、处理、反馈的科学化管理,实现业务处理同步化、监管监控信息化、资源配置优化、设施管理高效化。

【建立信息管理系统】 为加速推动金山区燃气行业实现高效监管、安全可控,全面降低全区燃气事故发生率,保障城市安全运行,金山区燃气管理所依托金山政务内网,建立区燃气管理所信息管理系统,该系统全面涵盖燃气管理和监督工作。系统共设置主菜单10项、分菜单29项,内容涵盖全区燃气规划建设管理、燃气管网、燃气用户管理、执法管理、应急管理、公益服务、燃气行业报表统计及数据对比、专项行动等政务管理项目。燃气信息化管理系统自2015年10月开始调研设计,于2016年4月投入试运行,6月通过验收。基本实现各设计功能,进一步提升了区内燃气行业信息化建设水平。

【开发移动端水资源管理信息系统】 2016年,区水务局积极推进“智慧水务”工作,根据信息化项目安排,主要对金山区水资源管理信息系统二期进行改造。此次系统升级主要是在完善现有系统功能基础上,进一步优化流程,并开发手机APP,为管理方进行计划用水核查时提供实时数据依据,便于管理方与用水户之间的沟通,提升用水监察的管理手段和管理效率,更好地满足金山区水资源管理的需要。该系统已于 11 月完成升级改造,并投入运行。

五、信息产业发展

【软件和信息服务业】 2016 年,在国内经济下行压力加大的复杂形势下,金山区信息服务业平稳发展,总体形势良好。据不完全统计,金山区软件和信息服务业共有 32 家企业,实现营收 23.49 亿元,占全区属地生产总值的 3.57%。软件收入超亿元的企业有 9 家,分别是上海和辉光电有限公司 4.5 亿元、上海龙田数码科技有限公司 3.4 亿元、上海与德通讯技术有限公司 2.6 亿元、上海龙创汽车设计有限公司 1.9 亿元、上海经意实业有限公司 1.7 亿元、上海众达信息有限公司 1.6 亿元、上海汇纳信息科技股份有限公司 1.6 亿元、上海虎巴网络科技股份有限公司 1.5 亿元、上海网域网络科技有限公司 1.1 亿元,合计营收 19.9 亿元,占比高达 84.7%。众多中小微企业通过模式创新,不断开拓新的发展领域,也呈现快速发展态势。

【重点信息产业企业逐步做大做强】 2016 年,上海汇纳信息科技股份有限公司、上海网域网络科技有限公司等金山区老牌重点软件企业深耕优势领域,每年营收基本保持 15%以上的增幅,已成为各自领域的倡导者和领导者。而更多企业抓住“互联网+”、“中国制造 2025”的发展机遇和政策红利,逐步做大做强。如上海龙创汽车设计有限公司,致力于汽车整车设计研发。得益于近年来国内汽车产业的高速发展,不仅其核心业务量猛增,又抓住机遇,涉足汽车电子产品软件开发业务,企业规模不断扩大,2016 年营收达 1.9 亿元,同比增长近 30%。上海与德通讯技术有限公司抓住手机产业发展红利,专注移动通讯和智能终端的开发、设计和制造,为全球 80%(核实信息)的手机品牌客户提供产品解决方案,2016 年营收达 2.6 亿元,且与上海和辉光电有限公司谋求战略合作,对金山区打造新型显示产业链有积极促进作用。

【信息产业企业发展模式不断创新】 随着国家对“互联网+”行动的不断深入推进,不少企业将移动互联网、云计算、大数据等新一代信息技术融合到传统业务中去,创新发展模式,实现转型发展。如上海英枫汽车销售服务有限公司以分时租赁系统为基本业务工具,以市场服务网点响应管理系统为亮点,建立了包括客户管理、车辆管理、财务管理、租赁网点管理、车辆调度、数据分析、远程诊断与控制管理等在内的分时租赁后台管理系统,有效提高用户体验和黏度。公司呼叫中心已有席位 20 个,近 20 个租赁网点、400 余辆车投入运营。

【推进重点产业两化深度融合】 金山区利用金山区信息化发展专项资金,重点支持区内传统企业利用两化融合实现提质增效,帮助一批正在推进两化融合的企业完成试点项目,培训一批基础稍差的企业提升信息化水平。通过对 60 多个企业的走访调研，结合区内重点产业空间布局规划的要求和产业发展实际，对区内精细化工、汽车及零部件、信息产业等领域 25 个信息化项目给予 800 万元资金支持，撬动了 3 500 万元的企业信息化投入。受支持企业项目预计产生经济效益 4 479 万元，获得专利、著作权等知识产权 12 个。

【建立上海市信息服务业金山产业基地】 在上海市信息服务业行业协会和金山区各界的大力支持下，区科委积极组织协调，成立上海市信息服务业金山产业基地。产业基地将从平台、专业、渠道、模式和资本五方面，助力金山信息服务业发展，助推金山产业结构转型升级；同时搭建沟通交流平台，组织专家开展各类培训咨询活动。

六、信息基础设施建设

【信息基础设施服务能级持续提升】 截至 2016 年年底，金山区在宽带网络建设方面，城镇和农村地区已实现光网全覆盖，金山新城地区家庭光纤用户平均接入带宽已达到 50M；全区累计建设通信光缆 24 066 皮长公里，其中 2016 年新增 2 904 皮长公里。在无线网络建设方面，已累计建设完成物理基站 1 054 个，城镇地区已实现 4G 信号高质量全覆盖；累计建成 i-Shanghai 热点 57 个，2016 年新增 24 个。在 NGB 建设方面，金山区已累计完成 21 万户用户数字化整体转换，基本实现全覆盖。

【金山千兆小区建设启动】 为积极推行国家战略、实现中国电信宽带接入发展的总体目标，大力推进上海“城市光网”建设，2016 年 10 月，上海电信启动千兆宽带规模化发展计划，为积极推动此项工作，上海金山电信局在金山名都、红树林等 7 个小区率先启动了千兆小区的建设，并且完成了覆盖接入，具备为 5 000 户用户提供高速上网、智慧家庭组网的能力。

【打造云网融合服务】 为夯实金山区云资源基础能力，创新推动运营商云端模式，打造全区范围内云网融合服务，上海金山电信局积极推进云计算技术在产业与社会生活领域应用。2016 年，金山电信局在金山区投资建设了朱泾 LSN、枫泾 IDC 机房，搭建新兴 ICT 业务基础能力平台，可提供一体化计算、存储、网络等信息化基础设施综合能力，实现各种平台服务。

【全面提升无线覆盖能力】 上海移动金山分公司以“覆盖广、覆盖深、高质量、高速率”为目标，扩大 4G 网络覆盖深度及厚度，积极完善无线网络覆盖。截至 2016 年年底，金山区 4G 室外宏站、室内覆盖及小区覆盖总数达 1 100 多个，LTE 综合覆盖率达 98%，在上海市排名领先。同时在区域内开展室分 MR 现网整治，LTE 室分 MR 覆盖率由 2016 年年初的 83.3%提升到 95.12%。

【加速覆盖传输基础资源】 2016 年，上海移动金山分公司不断完善基础资源建设，形成稳定的网络架构新布局。截至2016年年底，在金山区已建管道的市政道路长度达700公里，政企业务接入点350个，光纤宽带覆盖小区近150个，覆盖个人用户超10万户。

【推进信息基础设施建设】 2016年，中国联通有限公司上海分公司(以下简称“上海联通”)在金山区积极推进信息基础设施建设，不断提升业务承载能力。上海联通金山区分公司全年共新建通信管线95沟公里，累计520沟公里，通信光缆550皮长公里，累计2 135皮长公里。室分系统22套，累计102套。宽带用户8 584户，累计用户93 845户。

【推进4G基站建设】 2016年，上海铁塔金山公司4G建设项目列入金山区2016年重大工程实事项目，金山铁塔公司按照项目建设计划，大力推进4G建设，注重紧密结合金山区的各项政府规划、坚持节能环保理念、遵循共建共享原则，不仅提高了基站的共享率，而且节约了土地资源和投资规模。2016年，公司共新建基站81座，存量改造基站205座，满足电信、移动、联通三家运营商4G基站需求数324个，总投资约3 500万元。

【推进重点楼宇室分建设工作】 2016年，上海铁塔金山分公司牵头建设室分项目8个，包括金山红星国际广场、农房万盛金邸商业街等项目。特别是在金山红星国际广场施工周期紧、难度大的不利因素下，铁塔公司与上海电信、上海移动、上海联通三家运营商协同一致、克服困难，抢在金星红星国际广场开业前开通了室分、宽带和固话，做好通信服务报障工作，赢得了业主的满意和好评。

【有线电视智能数字终端升级安装工作】 作为金山区政府重大工程实事项目，上海金山东方有线网络有限公司大力开展有线电视智能数字终端的升级安装工作，实现有线电视、手机、电脑三屏互动。至2016年11月，完成金山区1.05万户有线电视智能数字终端升级安装工作，提前一个月超额完成区重大项目实事工程的建设任务。

七、信息化环境建设

【深化智慧新城试点建设】 2016年，区科委有序推进智慧新城各试点项目实施。27个智慧新城试点项目中，25个项目已完成或基本完成；智能停车信息平台项目处于设备采购、后台软件开发阶段；地下综合管道网络工程项目因需上级部门统一部署，暂缓推进。通过两年的试点，金山智慧城市各领域应用成效初显，主要体现在城市管理更加高效、社会治理更加惠民、政务办公更加公开等方面。

【探索智慧城市载体建设】 2016年，区科委积极探索智慧园区、智慧村庄、智慧商圈等智慧城市载体建设。在智慧园区建设方面，金山工业区、金山第二工业区围绕园区信息基础设施、公共管理、公共服务等领域开展建设，先后获批市级智慧园区试点。在智慧村庄建设方面，金山卫八字村、廊下中华村获批市级智慧村庄试点。八字村基于有线电视数字机顶盒的综合视讯平台提升了该村在村务公开、群防群治、应急协同等方面的综合水平。中华村景区智慧 WiFi 信息平台提升了农业旅游体验感知度，拓展了农产品销售渠道。在智慧商圈建设方面，积极推动金山嘴渔村创建市级智慧商圈试点，围绕渔村特有的集购物、餐饮、旅游、文化为一体的特色，创新商务模式，提升商圈的商业服务水平，创建独具特色的智慧商圈。

八、社会信用体系建设

【加强信用平台数据归集和交换】 2016 年，区科委组织 24 家单位编制“三清单”目录，编制数据清单 107 项、行为清单 229 项、应用清单 749 项，各单位累计上传数据 3 571 条。重点是围绕环境综合整治重点工作，在安全生产、环境保护、市场监管、交通运输等重点领域归集信用信息数据，提高平台数据量、扩大覆盖面。并且，推动信用平台与区法人库、区人口库以及市级信用平台对接，实现相互信息交换和共享。

【推进“双公示”工作】 2016 年，区科委召开“双公示”培训会，明确分管领导及联络员，组织“双公示”目录编制，并汇总数据信息统一报送上海诚信网，面向社会提供查询服务。

【细化信用考核指标】 2016 年，区科委制定《2016 年金山区社会信用体系建设考核细则》，细化信用考核指标及内容。依托金山区信用管理和考核平台，加强对信用信息共享和应用。

【加大信用产品应用】 2016 年，区科委推动信用信息在社会组织年度检查、企业环境行为评价、区级企业技术中心认定、区长质量奖、公务员招录等领域查询应用 1 631 次条。

【建立诚信制度】 2016 年，区科委制定危险化学品行业企业信用评级和梯度管理制度，为企业分类监管提供依据和标准。编制《金山区社会信用体系建设“十三五”规划》，明确“十三五”期间的目标以及任务。编制完成“金山区守信联合激励和失信联合惩戒措施清单”及“金山区重点守信和严重失信行为清单”，对严重失信相对人采取一票否决制，提高失信成本。

【开展诚信创建活动】 2016 年，区科委以创建国家文明城区为契机，加快推进社会体系建设专项行动，积极推进诚信宣传教育进政府、进企业、进学校、进社区，普及信用知识，提高全社会的信用意识。借助“百姓课堂”、科普讲座，开展主题讲座 10 次，共有 300 余人次参与。利用“消费者权益日”、“食品安全宣传周”、“安全生产月”、“质量月”等契机，开展集中教育宣传活动。

（李　俊）

第十四章　奉贤区信息化建设

概　述

2016年,奉贤区以政民应用需求为导向,进一步完善基础性数据资源库建设;积极推进宽带网络升级改造;加快推进地面数字电视覆盖网建设和高清交互式电视网络设施建设,互联网出口带宽达430G;圆满完成了区网上政务大厅功能扩展项目、区镇社区治理信息化平台、区市场监管体制改造信息化系统及监理服务等一批重点信息化项目;启动奉贤区"双公示"服务系统模块建设;完成奉贤区无纸化移动会议系统建设、电子政务接入单位网络升级改造项目等。通过建立健全管理制度规范,建立协同共享机制,加大信息资源的整合开发利用,有力推进电子政务办公平台的使用。电子政务协同化、公共服务数字化、城市管理智能化、信息安全可控化的"智慧奉贤"建设,为奉贤经济社会的全面协调发展提供了有力支撑。2016年,奉贤区无线电管理办公室获2016年度上海市无线电管理工作突出集体;奉贤区社会保障卡服务中心被评为上海市社保卡工作先进集体。

一、政务领域信息化

【电子政务一体化】 2016年,奉贤区以行政审批制度改革为突破口,完成网上政务大厅功能扩展项目、奉贤区行政审批标准化平台、区电子政务DMZ区托管平台安全加固项目二期、区电子政务网院外二级网络升级改造项目,从而提升电子政务服务能级、增强安全防护能力、充分发挥行政服务中心作用。完成政务内网视频会议系统高清改造工作,对第五会议厅(主会场)进行高清改造,并完成了第一会议厅、204会议室两个备用会场建设。2016年，完成28次市级各类视频会议现场技术保障工作。建设区企业经济信息管理系统，完善中小企业信息网络平台二期工程，推进管理联动、信息互通和资源共享。

【电子政务多系统建设提升】 2016年，奉贤区完成上海市法人信息共享与应用系统奉贤区接入项目。配合机关事务改革的有序推进，利用云计算等新兴技术，完成多部门电子政务系统建设。通过跨部门的信息共享和信息化手段提高了各部门的工作效率及管理水平，促进信息记录归集，实现信用信息查询比对、信用预警等功能，满足企业信用信息的使用需求。全面掌握企业信息，便于各行业部门进行查询与监管。重大项目包括网上政务大厅功能扩展项目、区镇社区治理信息化平台和区市场监管体制改造信息化系统整合项目及监理服务。其他项目包括区财政局网络改造及安全等级保护建设、区城管综合执法监管平台等。

（金　麟　魏善禹）

【有效提升电子政务网络升级】 2016年，奉贤区科学技术委员会(以下简称“区科委”)完成全区80家电子政务接入单位网络标准化、建设15家较大规模单位远程视频督导系统，实现了全区区级网络标准化。对市级政务外网应用、卫生及财政等专网、政务外网互联网出口等进行了优化。

【电子政务办公平台及无纸化办公工作】 2016年，奉贤区推进电子政务办公平台使用。平台中共有各级机关125个，并下延到各镇属事业单位、村、居委，用户数10 767人，日平均在线人数2 000人以上。2016年，政务网办公平台中办公邮件记录数4 309 392封，各单位发送简报数量911份，公文收发数20 081份。同时，拓展电子政务办公平台应用，建设短信平台，2016年短信发送数为329 760条。建设信息报送管理平台，上报稿件5 587件。建设区委、区政府两办督查管理平台，其中区委督查管理事项695件、区政府督查管理事项248件。并且推进奉贤区无纸化移动会议系统建设，实现区政府区长办公会议的会前、会中、会后全流程电子文件管理，同时在项目建设中留有扩展空间，可进行无缝扩展，实现全区大型综合会议的全流程无纸化管理。

【加快推进信息资源数据共享工作】 一是完善信息资源平台数据。将2016年基础地理库、遥感影像库等数据纳入平台；实现奉贤区信息资源云服务平台法人库数据和上海市法人库数据实时对接；实现与市实有人口库数据实时对接；实现实有房屋库数据实时对接等。二是推进平台应用。实现云资源管理平台在区镇综合治理系统、上海市诚信平台奉贤子平台、奉贤区企业经济信息管理平台、奉贤区事中事后综合监管平台开发中的应用管理，并实现数据实时对接。三是完善管理制度。制定区信息资源相关标准规范、出台信息资源数据共建共享机制。

（魏善禹）

二、社会领域信息化

【社保卡申领及补换】 2016 年，奉贤区在社会保障卡工作方面，完成采集人数 9 686 人，发放社会保障卡 9 796 张，补(换)社会保障卡 16 260 张。9 月，市民新申领的社保卡通过快递发放到各社保卡服务网点，缩短了发卡周期。同时，为 65 岁以上人员申领新版敬老卡 110 352 张。

（董亚楠）

【智慧健康】 2016 年，为进一步深化基于市民电子健康档案的卫生信息化，完善公共卫生信息平台安全保障水平和信息系统支撑水平。奉贤区把移动分级诊疗项目一期、区卫生应急指挥信息系统两个项目作为区公共卫生信息系统的基础工程，并列为开展"智慧健康"建设的重点。

【智慧就业】 2016 年，奉贤区通过完成就业 E 本通、区事业单位人事管理系统和劳动监察信息管理系统功能扩展项目，完善事业单位人力资源和社会保障相关信息资源建设和开发，实现三级事业单位管理信息共享和综合利用，从而实现政府就业监管机制创新。

【智慧社区】 2016 年，奉贤区图书馆无线网络升级改造和区镇社会治理综合信息系统的建设，促进了社区服务集成化、社区管理智能化、居民生活现代化。

【智慧村庄】 2016 年，按照美丽乡村建设的总体要求，奉贤区以信息基础设施高速泛在、农村公共服务便利化、村庄治理信息化为重点，加快推进村委会电子台账建设，完成区农民一点通服务终端平台的更新，提升为农综合信息服务平台信息化建设。

（金　麟）

三、城市建设管理领域信息化

【增强公共安全防控信息化建设】 2016 年，奉贤区全部建设完成并投入使用的重大项目包括区卡口信息识别系统四期、区房屋动态监测平台一期、舆情监测平台升级优化、重点部位公共无线上网管控系统、区公共场所无线上网安全管控系统一期、互联网节点侦控数据中心、司法办案区视频图像集中存储系统。

（魏善禹　金　麟）

【智慧交通】 2016年，奉贤区把公交终端设备全覆盖项目作为“智慧交通”建设的试点方向，推进公交客流实时信息采集、智能集群调度和公交电子站牌建设。建设公共停车信息平台，采集实时停车泊位信息，发布停车诱导动态信息，推进停车收费电子化和监管智能化。

（金　麟）

四、信息产业发展

【软件和信息服务业增长势头良好】 2016年，奉贤区软件和信息服务业整体情况好于2015年，企业营收和利润都有较大幅度增长。40家主要企业2016年营业收入为21.9亿元，比2015年同期增长59%；利润总额3亿元，比2015年增长19.4%；研发经费支出1.2亿元，比2015年同期增加19.8%；营收过亿元的企业有7家，比2015年增加了3家，其他中小型企业营收均稳中有升。

【电子信息制造业利润和税收增长明显】 2016年，奉贤区共有工业规模以上电子信息制造业企业14家，完成工业产值50.49亿元，同比下降5.8%；完成出口交货值29.28亿元，同比下降17.4%；完成主营业务收入53.70亿元，同比下降5.2%；完成利润3.26亿元，同比增长27.3%；完成税收1.64亿元，同比增长75.5%。行业五个指标三减二增，主要原因是原龙头企业先锋电子（中国）投资有限公司产能转移，大部分订单回撤东南亚，同比2015年减产4.69亿元；税收大幅增长主要因先锋电子（中国）投资有限公司调整产能后，先锋高科技（上海）有限公司税收大幅增长，较2015年增长3 618万元。另外，上海汇珏网络通信设备有限公司增幅明显，税收比2015年增加2 622万元。

（卫　明　董亚楠）

五、信息基础设施建设

【信息基础设施建设水平进一步提升】 2016年，奉贤区科委推进宽带网络升级改造，新建WLAN热点5个、无线访问接入点311个；统筹做好全区4G网络实施布局，共建有基站1 246个，宏基站对区内三家运营商开放；推进810个室分、微站、新型小区站建设，有效改善移动通信布局，有力支撑智慧城市应用推进；新建光缆资源255 082.66芯公里。

【深入推进三网融合】 2016年，奉贤区科委深入推进三网融合，加快推进地面数字电视覆盖网建设和高清交互式电视网络设施建设。农村光纤到户用户数 2.5 万户;全区有线电视完成网改覆盖 35 万户,高清 IPTV 用户 84 516 户,移动有线电视用户 13 039 户,积极促进高清交互式网络电视发展,有效改善数字电视与网络电视的战略格局。

【DMZ 区网络安全加固】 2016 年,奉贤区保障区内 7 个单位的部门应用系统的计算存储支撑。完成了电子政务 DMZ(Demilitarized Zone,隔离区)区托管平台安全加固项目,有效改善各部门托管系统面临的安全威胁,确保各部门应用系统安全稳定运行。

(魏善禹)

六、信息化环境建设

【打造区域科技创新高地】 2016 年,在奉贤科创服务中心的推动协调下,启动了华东理工大学科技园奉贤园区落户奉贤的工作,推动上海综合工业开发区、柘林镇、海湾旅游区与华东理工大学进行洽谈,着力推动自主创新科技成果产业化,促进并帮助区域内企业转型升级。

【发展众创空间】 2016 年,奉贤科创服务中心调研区内高校众创空间运行情况,组织上海应用技术大学与海湾科技园区进行对接,共同研究众创空间合作的可能性,在前期充分走访调研的基础上,会同区人社局、区招商办相关科室制定完成了《上海市奉贤区众创空间发展实施细则》,并经过材料初审、专家走访、专家评审等程序,对奉贤区 11 家众创空间进行了备案。

(马晓晶)

【有效提升信息安全工作水平】 一是深化制度管理。通过建立信息系统安全责任制,制定各类信息安全管理表单、制定网络和信息安全专项预案等,完善技术防护手段、完成重要信息系统等级保护。二是重视系统设施管理。对奉贤区关键信息基础设施进行摸底排查,明确 46 个关键信息基础设施和各单位责任人;推进全区 70 多个等级保护二级信息系统的安全检查工作。三是加强技术管理。根据政务 DMZ 区存在的问题,对其进行安全加固;对政务网进行了 2 次集中安全评估,并针对隐患问题进行整改;协调区内三个部门对部门网站中存在的安全漏洞进行了修复,有效弥补不足。

(魏善禹)

七、社会信用体系建设

【建设完成奉贤区公共信用信息服务平台】 2016年,奉贤公共信用信息服务平台实现了与市公共信用信息服务平台的对接,实现数据信息在线实时互动。在此平台上开设奉贤区查询服务窗口,在表彰评优、资金安排、扶持奖励、政府采购等事项中,推动信用信息查询使用。

(金　麟)

【建设启动奉贤区“双公示”服务系统模块】 2016年,奉贤区“双公示”服务系统模块建设启动,发挥政府主导作用和服务职能。组织开展行政许可、行政处罚信息“双公示”工作,梳理“双公示”目录,合计34家单位、4 656项事项。2016年公示行政许可信息8 600条,行政处罚信息1 707条。

【开展守信联合激励和失信联合惩戒工作】 2016年,奉贤区联合区内相关职能部门,制订《奉贤区守信联合激励措施和失信联合惩戒措施清单》,列出联合激励措施17条,联合惩戒措施28条。

(卫　明　董亚楠)

第十五章　青浦区信息化建设

概　述

2016 年，是“十三五”规划的开局之年，青浦区信息化工作在区委、区政府的领导下，在市经济信息化委的指导下，大力实施《青浦国民经济和社会信息化“十三五”规划(2016—2020)》，聚焦政务领域、社会领域、经济领域、城市建设管理领域，推动信息产业、信息基础设施发展，优化信息化氛围和社会诚信环境，在各方面取得了新成效、新突破。

依托“一网(政府网站)、二馆(区档案馆、区图书馆集中查询)”，完善青浦区政府信息公开系统，全面拓展信息公开渠道，让政务更阳光、更透明。广泛推动信息化与工业化深度融合，深化信息技术在各领域的集成应用，加快推动电子商务应用，引领智慧城市建设。推进信息化应用惠民工程，在智慧健康、智慧养老、智能交通、智慧教育等领域开展信息化惠民项目。做好重点区域信息基础设施规划编制，增强无线城市服务，推进 4G 网络建设。深化多媒体信息发布应用，把握网上舆论引导方向，提升网站信息发布实时化、政务信息新闻化、重大信息专题化、信息服务互动化、传播形式多样化的能力和水平。强化重要信息系统安全管理，完善信息化应急管理机制，推进信息安全战略规划布局，保障信息安全。强化无线电安全保障，做好重要节点、重大活动的无线电安全保障任务。完善工作推进机制，推进信用信息记录与公开，加强信用产品使用，推进“诚信青浦”建设。

2016 年，青浦区信息化建设以提高社会管理能力和公共服务水平为重点，以整合资源、深化应用、创新服务、绩效管理为主线，全面加强信息化建设与管理，努力构建与现代化行政管理要求相适应、与城市创新驱动和转型发展大局相一致、与信息网络技术发展水平相同步的信息化发展新格局，充分发挥信息化在国民经济和社会发展中的带动和促进作用。

一、政务领域信息化

【健全电子政务安全体系】 2016年,青浦区进一步增强电子政务云计算平台的安全防范能力,从技术和管理层面入手,有序落实整改措施,逐步构建并完善多层次、立体式、一体化的电子政务云安全防护体系。立足现有“五个统一”(网络架构、技术防范、终端管理、监测预警、舆情收集)的一体化互联网安全接入与保障体系,完成区党政机关互联网安全接入专项检查工作。扎实推进两个三级信息系统(青浦区政务公共信息平台、“上海青浦”政府网站系统)的安全等级保护整改工作,确保稳定高效运行。

【优化电子政务应急预案】 充分考虑各种可能的突发事件,补充并优化相应处理措施,持续改进《青浦区政务外网系统应急预案》及《青浦区政府网站系统应急预案》,进一步明确青浦区各部门突发事件应对职责,规范应对流程,建立健全应急机制,积极构建多重防护结构,逐步完善青浦区电子政务网络与信息安全防御体系,保障基础信息网络和重要信息系统的运行安全。

【提升政府网站服务能级】 2016年,“上海青浦”政府网站群(门户网站和各子网站)首页访问量(访问总人次)1 339.8万人次(其中门户网站464.2万人次)、页面总访问量1.6亿页次(其中门户网站为7 094万页次)、总点击数6.1亿次(其中门户网站为2.7亿次),门户网站发布政务新闻、政府信息公开、便民服务信息等各类动态信息11 748篇(条)。保持青浦区门户网站“书记信箱”、“区长信箱”、“网上信访”、“网上投诉”等政民互动渠道持续畅通。针对移动终端,青浦区持续开展基于政务APP的“微门户”建设,整合资源,围绕政务服务、互动交流等内容不断优化APP门户网站。聚焦2016年青浦区“两会”等发展热点,开展专题宣传报道。完成网上视频系统数字高清升级改造,有效提升用户访问体验。创新网站新技术应用与开发,完善《青浦区政府门户网站优化建设规范方案》,提升政务APP应用服务,优化便民服务能效。完善政府网站群智能服务平台建设及门户网站无障碍改造,增加综合型智能查询服务,完善纯文本转换、语音朗读等多项功能,提升政府网站的易用性、人性化和友好度。

【推动行政审批领域信息化】 青浦区推进行政审批平台建设,发挥基于云基础架构的青浦区网上行政审批与电子监察平台作用,构建区级平台和条线业务系统之间的数据交换和信息共享机制,实现市、区两级审批业务的联动。依托“上海青浦”门户网站及各单位自有网站公开各部门《行政审批事项目录》(2016年版)及行政审批信息。开展行政权力清单制度试点工作,并明确要求各试点单位公布行政权力清单。

二、社会领域信息化

【推动民政领域信息化】 2016 年，青浦区协助推进“智慧社区”、“智慧村庄”建设。通过建立银行卡、交通卡的实名制社区一卡通方式，集聚社区公共服务资源、商业资源，向社区居民提供便利智慧服务。在金泽镇蔡浜村、赵巷镇中步村继续开展智慧村庄试点建设应用，从村庄自治管理、公共服务、公共安全、旅游服务等各方面实行智慧试点应用。2016 年，青浦区制发各类社保卡 15 097 张，补换社保卡 27 738 张。完善“青浦区社会保障卡服务中心”微信公众号服务功能，通过微信公众号发布信息 96 条。

【深化农村信息化工作】 2016 年，青浦区完善村民信息化活动室监管平台，加强对活动室硬件设施、使用情况的监管。推进农村信息化信息服务平台建设。建设青浦区村民信息化服务平台，为村民提供信息知识、信息安全、农业信息等服务。组织申报村民信息化服务点，发挥区内已有村民信息化活动室的阵地作用，推动农村信息化普及。开展移动互联网应用宣传培训，培训采用“统一组织、统一教材、统一培训点认定、统一考核、统一发证”的方式，面向全区居民开展移动互联网应用培训和宣传普及，共培训 950 人，宣传普及 7 000 人。

三、城市建设管理领域信息化

【完善城市综合管理大联勤系统】 2016 年，青浦区通过在街镇建立大联勤工作平台，构建集管理、执法、服务为一体的城市综合管理工作构架，去除了职能部门和街镇在城市管理中责权不对称的弊端，形成“多种力量整合、多种状态切换、多种平台合一、指挥权威高效”的联勤工作格局。

四、信息产业发展

【软件和信息服务业集聚提升】 2016 年，青浦区软件和信息服务业实现销售额 214.9 亿元，比 2015 年增长 14%；实现税收 11.5 亿元，比 2015 年增长 16.2%。加强重点区域、重点产业、重点项目建设，进一步完善轨交站点周边区域规划，不断完善信息服务产业生态环境。明确将轨道交通17号线沿线打造成为青浦乃至上海市软件信息产业走廊和创新走廊的工作目标。计划编制青浦区软件和信息服务业发展专项规划，纳入上海市软件和信息产业发展布局。积极落实市、区两级对软件和信息服务业的扶持政策（创建市级基地、孵化器及众创空间、智慧园区等），不断优化政策效果。

【培育创新型集群发展】 2016年，青浦区推进腾讯云计算中心和电子商务基地建设，形成以北斗导航与位置服务产业创新集群、E通世界大型电子商务与文化创意特色产业创新集群、移动智地——移动互联网产业创新集群、淀山湖信息谷软件和信息服务业创新集群等一系列产业创新集群，逐步实现创新集群优势向产业整体竞争优势转变。

【软件和信息服务业发展】 2016年，青浦区完善软件信息服务业扶持政策，支持企业以应用信息技术提升核心竞争力。完成2015年度软件信息服务业七大类27个项目的验收及绩效评估工作，推荐18家企业申报2016年度上海市软件和集成电路产业发展专项资金项目。开展软件和信息服务业运行监测分析，依托相关单位坚持每月对软件和信息服务业产值形成统计报表，及时掌握全区产业发展情况，做好运行分析工作。

五、信息基础设施建设

【夯实智慧城市建设基础】 2016年，青浦区大力推进4G网络建设，基本实现城区公共场所及人流密集中心区域的网络连续覆盖。对接国家“宽带中国”和无线城市战略，完成《青浦区智慧城市“十三五”规划》编制工作，推进青浦区免费无线网络覆盖建设的准备工作。优化WLAN在青浦城区及镇街道的覆盖布局，在现有网络基础上，推进独立网络系统i-Qingpu WLAN的建设，实现各种基础数据统一管理和共享。i-Qingpu网络将重点涵盖西虹桥区域、赵巷商业商务区、青浦城区、青西三镇、轨道交通17号线沿线等区域。2016年，青浦区固定电话总数24.9万户，4G网络用户达74.2万户，宽带接入用户达24.4万户，城市光网覆盖用户为59.9万户，数字化整体转换用户为19.9万户。

【协调推进重大工程和市政道路通信设施集约化建设】 2016年，青浦区配合轨道交通17号线、西虹桥国家会展中心项目等重大工程和市政建设，推进通信设施集约化建设，积极协调通信运营商做好通信基础设施搬迁和新建工作，对盲点区域进行无线信号提升。配合西虹桥地区各项目的推进，积极协调通信运营商做好周边拓宽改造道路的信息基础设施搬迁工作。配合青浦区大社区建设，积极推进基础设施的集约化建设，切实保证居住社区内信息基础设施建设的进度和质量。

【加强无线电项目管理工作】 2016 年，青浦区探索无线电管理工作模式，利用门户网站、电视台、电梯广告及发放宣传册等形式，开展无线电知识进社区、进学校宣传活动。宣传有关无线电管理法律法规知识，为社区居民普及无线电管理和频谱资源基本常识，增强社区居民对无线电频谱资源和无线电管理工作的认知度、认可度。积极联系市无线电监测站对青浦区高考考场进行电磁环境监测，在高考前夕对各考场听力考试的收听频率进行了考前测试和收听指导。

六、信息化环境建设

【加强信息安全宣传】 2016 年，青浦区开展以“网络安全为人民，网络安全靠人民”为主题的 2016 年青浦区信息安全活动周活动。举办信息安全专题培训、信息安全知识竞赛、市民信息安全宣传、信息安全应急演练等系列活动，增强了全民信息安全防范意识。同时，以信息化专管员队伍为抓手，开展专题集中培训，提高全区信息化安全技术水平。

七、社会信用体系建设

【完善工作推进机制】 2016 年，青浦区健全社会诚信体系建设联席会议工作制度，明确各成员单位职责分工，充分发挥联席会议协调推进作用及各成员单位在社会信用体系建设中的积极性和创造性。加强信用体系规划与制度建设，制定《青浦区社会信用体系建设“十三五”规划》、《2016 年青浦区社会信用体系建设工作要点》和《青浦区社会信用体系建设资金管理办法》，完善信用信息记录和披露、信用产品使用、信用分类管理和信用联动奖惩等的制度安排。

【推进信用信息记录与公开】 2016 年，青浦区开展公共信用信息归集和平台试点工作，组织编制 2017 版信用“三清单”，落实 2016 版“三清单”工作。开通市信用平台青浦区服务窗口，面向市民和企业提供信用信息查询服务。推进信用信息应用，复制推广上海自贸试验区社会信用体系建设创新成果，推进“三清单”、“三阶段”全过程信用管理模式。以各部门应用清单的落实为抓手，着力推动信用信息和信用产品在市场监管、社会管理、公共服务等领域的示范应用。按照“谁主管、谁收集、谁公开、谁负责”的原则，重点推动工程建设、环境保护、公共卫生、安全生产、食品药品等涉及重大公共利益行业领域的信用信息公开工作。依托青浦区中小企业信用信息共享服务平台，推进信用信息跨部门、跨领域共享，实现青浦区的信用信息归集，实现与市信用平台数据对接。

【加强信用产品使用】 2016 年，青浦区完善市信用平台青浦区服务窗口功能，面向市民和企业提供信用信息查询服务。深化公共信用信息归集和信用平台建设。进一步完善数据清单、应用清单、行为清单，加强信用信息记录和归集，提高数据归集有效性、规范性和及时性。积极落实《上海市公共信用信息归集和使用管理办法》，首次开展 2016 年度青浦区信用管理试点培育企业评审工作，10 家企业被列为 2016 年青浦区信用管理试点培育企业。

【开展诚信宣传创建活动】 2016 年，青浦区举办"诚信为荣，失信可耻"——2016 年青浦区诚信活动周，突出信用信息应用对经济社会发展的促进作用，推动社区、园区、商圈等加强信用建设。开展各类诚信创建活动，在食品药品、农副产品、旅游、房产、建筑、商业、交通运输等行业开展各类符合行业特点的诚信创建活动。加强信用教育与培训，组织开展"三清单"工作专题培训。联动开展"国际消费者权益保护日"、"质量月"、"安全生产月"、食品药品安全宣传周、宪法宣传周等活动，突出诚信主题，营造诚信和谐的社会氛围。印刷"信用知识问答"、"一张图读懂信用查询报告"（市民版、法人版）及宣传品等，发放至各镇（街道）、村（居），让诚信知识进入千家万户。活动期间，共发放宣传册 20 500 册、宣传品 6 900 份。

（张　峰）

第十六章 崇明区信息化建设

概 述

2016年,上海市委、市政府做出崇明撤县设区的重大战略决策,是加快崇明发展步伐,推进崇明世界级生态岛建设,提升崇明可持续发展能力的重要举措。崇明区信息化工作围绕崇明世界级生态岛建设总目标,推进《崇明区"十三五"信息化发展规划》开局年各项目标任务,扎实抓推进、抓落实,充分发挥信息化要素在加快推进崇明世界级生态岛建设中的助推器作用。

在电子政务建设领域,推进电子政务云平台、移动办公平台、事中事后综合监管平台、网上政务大厅等项目建设,优化完善电子政务基础框架,大力推动公共管理和社会服务的信息资源共享,切实提高崇明区各级政府机关和事业单位的行政管理能力和服务水平。在社会智能应用领域,立足崇明生态发展的功能定位,积极探索"互联网+"与农业、旅游、生态环境、医疗卫生、社会治理等领域的融合发展,逐步构建具备生态特色、惠民服务的社会智能应用模式。在信息化产业发展领域,鼓励和扶持信息产业所属企业加强技术创新,促进产业转型,积极开拓国内外市场。通过一系列政策支持,崇明区信息化产业业务发展良好,各项经济指标保持较好发展态势。在信息化基础设施建设领域,按照统一规划、集约建设、资源共享、规范管理的原则,编制《崇明区公用通讯基站的规划(2016—2020)》;加快推进崇明三岛千兆网络覆盖,协调推动无线网络弱覆盖地区改造,有序开展下一代广播电视网数字化整体转换,为"智慧崇明"建设搭建高速、安全、便捷的信息网络主脉络。在社会诚信体系建设领域,加快推进崇明区信用信息平台建设,以信用信息应用为基石,加强事前告知承诺、事中评估分类、事后联动奖惩,构建奖励诚信、约束失信的奖惩机制,在促进政府职能转变、营造宽严有序的市场监管环境、拓展信用服务渠道与内涵、维护社会诚信环境等方面进行了有益探索。

一、政务领域信息化

【组织召开新增信息化项目综合评审】 2016年1月27日至28日，为进一步加强对区财政性投资信息化项目的建设和管理，合理安排信息化项目专项资金，崇明区科学技术委员会(以下简称“区科委”)会同区财政局在同济大学组织召开2016年度崇明区新增信息化项目综合初审工作评审会议。评审会邀请了上海市信息化领域的专家和其他区的相关负责人，对2016年度19家单位申报的39个新增信息化项目进行了初审。专家组听取了项目申报单位关于新增信息化项目建设背景、建设目标、建设内容、应用前景、经费预算等的情况介绍，审阅了相关项目资料，并针对项目进行了质询，依照崇明新增信息化项目评审指标对每个项目进行了全面细致的量化考评。此次专家评审结果将作为2016年崇明区新增信息化项目立项和资金安排的重要参考依据。

【崇明区网上政务大厅建设工作】 2016年，崇明区网上政务大厅自建业务事项实现100%上网。根据4月上报的市网上政务大厅审批事项梳理表，并与市级相关部门一一核对，区网上政务大厅排除法律法规取消事项、不宜上网事项后，共梳理出468个审批事项，其中自建事项245个。第二季度会同区行政服务中心、区民政局，着手梳理服务事项，共筛选出167个与群众生活密切相关的服务事项上报市网上政务大厅。133个市级事项落地区网上政务大厅，涉及崇明区事项40余个，所有审批事项于6月完成上网。第三季度，进一步提高事项上网办理深度，梳理出全区79个事项可网上预约预审，69个事项可统一网上受理，17个事项可实现全流程网上办理。市级部门与崇明网上政务大厅实现数据共享，解决了市与区之间、各部门之间的信息孤岛问题。同时，崇明区在“三证合一”换证领域探索了五星级办理深度，已有2 000多个事项进行了网上全流程办理。

【开通“三证合一”换照申请网上全流程办理业务】 随着崇明行政审批制度进一步改革，以及网上政务大厅的推广，行政审批流程进一步简化。崇明区率先在上海市开通“三证合一”全流程服务，全区503个行政审批事项已完成年度指标(36.6%)上网审批。而作为崇明网上政务大厅推广的试点项目，“三证合一”换照申请网上全流程服务走在上海市前列。崇明区市场监管局将网上全流程服务逐步推广至各项注册许可受理业务，在2016年年底前分步实现多个行政审批事项全部上网，逐步搭建起一个“线上＋线下”的综合服务平台。

【多部门联合开展正版软件检查活动】 根据国务院办公厅《政府机关使用正版软件管理办法》的规定和上海市使用正版软件工作领导小组办公室印发的《上海市政府机关软件正版化工作要求》，崇明区知识产权局联合区文化执法大队、软件正版化小组等相关单位，对崇明区重点单位使用正版软件的情况进行检查。检查人员深入相关单位，逐一对工作人员使用电脑中的操作系统和办公软件进行重点检查，对使用软件的版本号、系列号等情况进行核查，确定是否使用正版软件。同时，检查人员认真听取相关单位在使用正版软件过程中存在的问题和相关意见建议，将比较集中的问题进行排查和分析，商讨今后解决问题的方法。在检查过程中，相关人员还开展了拒绝盗版、使用正版、保护知识产权的宣传，积极促使人们将尊重知识产权、使用正版软件转化为自觉行动。

【崇明区电子政务云平台上线运行】 2016 年，崇明区积极推进电子政务云建设工作，用"云"的优势逐步改变传统电子政务建设、运维和管理模式，努力解决"重复投资、标准不一、信息孤岛"等电子政务建设和维护中的顽症，进一步发挥信息强政效能。在认真研究崇明电子政务建设总体规划基础上，经多次评审和优化，确定崇明区电子政务云整体租赁解决方案。8 月，完成云平台搭建、调试工作，本期租赁资源为 804 核处理器、6 016GB 内存、315T 存储。11 月，"公共信用信息平台"、"政府网站群"(包含 60 个乡镇、委局和其他部门子网站)和"法人库"正式入"云"运行。12 月，"事中事后综合监管平台"和"社区事务受理信息系统升级改造项目"入"云"运行。

二、社会领域信息化

【推广信息化渔船监管方式】 2016 年 3 月 24 日，为切实加强崇明渔船安全层级管理机制，提高渔业村对渔业船舶安全生产的现代化管理水平，崇明区渔船救助信息服务系统使用签约会召开。上海渔港监督局、区农委、堡渔村、奚渔村等单位的代表参加签约会。救助信息服务系统具有渔船定位、信息通信、海图显示、报警救援、查询统计等功能，可以有效提高各渔业村渔业安全生产监管和防灾减灾能力。会上，区农委对渔业村使用该系统的要求做了详细说明，要求各渔业村合理合法使用服务系统，加强船载终端的日常管理，渔业村代表签署了《关于使用上海市渔港渔船安全救助信息服务系统的承诺书》。会后，上海市渔港监督局工作人员为签约渔业村安装了该信息服务系统，并讲解了系统使用方法。通过救助信息服务系统使用权限的逐级下放，有助于各级渔业安全管理部门利用信息化手段做好渔船监管工作，也大大提高了各级渔业安全管理部门的自主性和主动性。

【"崇明旅游"荣获 2015 年度上海政务微信"智慧旅游奖"】 2016 年 1 月 27 日，腾讯大申网"互联网＋原力觉醒"暨 2015 上海微信公众号评选颁奖盛典在上海金融信息中心举行。"崇明旅游"政务微信荣获 2015 年度上海政务微信"智慧旅游奖"。这次评选活动由腾讯大申网、上海交通大学媒体与设计学院大数据与传播创新实验室主办。2015 年，"崇明旅游"公众号粉丝数突破 35 000 人，通过不断摸索和创新，"崇明旅游"在上海区旅游微信排行榜中每周皆名列前茅,两次在全国区级旅游微信榜单中排名第一。多条微信受到粉丝热捧,《崇明十八怪,你说怪不怪》阅读量突破十万,《人在囧途之崇囧》等多条微信阅读量超过五万,微信传播度、覆盖度、账号成熟度和影响力得到了大幅提升。2016 年,“崇明旅游”继续深化“互联网+旅游”新型概念,通过新媒体策划和运营,加强崇明旅游网、“崇明旅游”官方微信、“崇明旅游”官方微博、“崇明旅游”APP 平台之间的互通,扩大内容共享,为市民游客提供更为便捷的“智慧旅游”服务,优化旅游消费体验,满足游客“吃、住、行、游、购、娱”全方位旅游需求。

【举办“互联网+全域旅游”专题讲座】 2016 年,为全面推进崇明区创建国家全域旅游示范区工作,积极引导和帮助旅游企业运用互联网思维提升产品质量和服务水平,区旅游局举办“互联网+全域旅游”专题讲座。来自崇明区各旅游企业的负责人和营销经理,以及区旅游局全体机关干部聆听了讲座。本次讲座邀请了上海景域国际旅游运营集团助理总裁、大市场部总经理任国才授课,他从“互联网+”、“互联网+旅游”以及“互联网+全域旅游”三个方面,运用翔实的数据和案例,阐述了互联网时代旅游业发展所面临的新情况、新形势,以及如何运用互联网思维推进旅游业的供给侧改革,真正实现旅游的全域化发展。

【深化医药卫生体制改革】 2016 年 8 月 18 日,崇明区十五届人大常委会第三十六次会议听取和审议了关于崇明区深化医药卫生体制改革推进情况的报告。8 月 29 日,印发审议意见。崇明区政府高度重视社区卫生服务工作,将进一步加强卫生信息化建设和应用,落地“健康云”。并将运用云计算、大数据、物联网和移动互联网等信息技术,建成面向市民、家庭医生、临床医生和公共卫生业务管理人员的服务平台。

【“生态+智慧”助力崇明发展】 2016 年 5 月 9 日,上海东明瀛洲投资开发有限公司开业揭牌暨项目合作签约仪式举行。公司是崇明区和浦东新区着眼未来,进行战略合作与品牌联动的一项重要举措。公司的成立将进一步推动崇明智慧岛产业园区的开发建设,推动“生态+智慧”产业发展。崇明区委副书记、区长唐海龙,浦东新区副区长王靖共同为公司开业揭牌。2016 年,智慧岛产业园区开发已列入上海城乡一体化与产业转型升级重点项目。根据开发计划,公司将通过项目引进和项目自建“双管齐下”的方式,着力推进生态与产业、生态与科技的协调融合,借助“互联网+”延伸与拓展,重点引进数据信息、研发设计、文化创意、生态旅游、健康医疗和高端养老等项目,使园区的产业能级和综合效益跨上一个新台阶。

三、经济领域信息化

【上海农业信息化工作会议召开】 2016 年 3 月 23 日,市农委信息中心在崇明区召开农业信息化工作推进会。各区农业信息管理部门、市农委市场信息处、市农业信息公司、上海电信政企客服部等负责人共 40 余人参加会议。会议传达了国务院和相关部委下发的有关促进农业信息化的政策和文件精神;听取上海电信"智慧为农"业务的介绍;市农业信息公司介绍了前阶段"农民一点通"运维情况和 2016 年设备更新计划安排;各区围绕各自工作特色进行了交流发言。在此基础上,会议通报了第一季度全市农业信息化协同推进情况,并结合农业信息化发展现状,明确了下阶段工作方向:一是加快推进网络平台技术、云计算、4G 等现代信息技术在农业生产各环节中的应用,为提高农业生产水平奠定基础;二是着力打造农业农村大数据,积极推广农业物联网应用,扎实开展信息进村入户。

【东平镇全面实行电子检疫证开证工作】 2016 年,根据农业部关于全国动物检疫合格证明电子出证工作部署以及市农委《上海市动物检疫合格证明电子出证工作实施方案》要求,东平镇组织骨干力量及时参加市动物卫生监督所和区农业综合执法大队的业务培训,学习和掌握电子检疫开证系统的申报、受理、检疫开证等相关程序,同时要求辖区四个奶牛场、八个规模养猪场、一个规模养鸡场、一个畜禽屠宰场必须全部配备电脑、票据打印机,申请独立网络系统,指定专人负责操作电子检疫系统、进行电子检疫证工作申报。各规模养殖场有关人员、设备全部配备齐全后,农技中心组织兽医站有关管理人员,于 6 月 13 日上门对辖区规模养殖场、屠宰场进行电子检疫证系统的安装、调试和现场指导。6 月 18 日起各畜牧场陆续开始电子申报、受理和电子检疫证开证试运行。经过镇兽医站管理人员和农信公司业务员的指导,在各规模养殖场场长的配合和场内管理员的共同努力下,全镇所有规模养殖场、屠宰场于 6 月 28 日全面正式开始电子检疫出证工作。此项工作为进一步提升动物卫生监管信息化管理能力,促进动物、动物产品电子化出证和信息可追溯管理体系建设打下了基础。

【崇明农副产品直通市民餐桌】 上海崇上农业发展有限公司是一家以网上直销崇明农副产品为主业的农业企业。该公司将"互联网+"与崇明现代农业相结合,通过互联网技术,打造电子商务实体服务平台。其在线下横向汇集农户、合作社的优质农副产品,抓好质量、把好关;线上建立市民消费群体,让优质农产品直通市民家中的餐桌。该公司线上线下互动,打通了市民和农副产品之间的直销瓶颈,每月有近 5 000 个订单。"互联网+"电商农业模式开辟了一条崇明农业发展的新途径。

四、城市建设管理领域信息化

【上海区域能源互联网建设】 2016 年 5 月 12 日,国家科技支撑计划课题"以大规模可再生能源利用为特征的智能电网综合示范工程"顺利通过国家科技部的课题验收,标志着国网上海市电力公司的智能电网技术研究达到了国际先进水平,项目成果有效支撑上海地区绿色、互联、共享、灵活的区域能源互联网建设。崇明智能电网综合示范工程构建了可再生能源利用的三层架构。在输电层面，通过“风燃打捆”技术，实现了海上、陆上风电和大型燃机电厂等绿色清洁能源的协调控制；在配电层面，通过智能配电网建设，实现了风、光、生物质能和大型储能等分布式电源的友好接入和就地消纳；在用电层面，通过构建灵活可靠的智能用电系统，实现了工业、商业、生态农业与电网的友好互动，及可再生能源的高效利用。项目在国内率先完成了首套兆瓦级钠硫储能电站的工程化应用，实现配网层独立运行风电场与兆瓦级集装箱式储能系统的联合优化运行示范工程。

【生态智能车库建设】 2016 年 9 月，崇明区正式发布了以“生态＋智能”为主题的新华医院崇明分院智能停车服务建设项目。该项目将通过医院内部停车设施设备的升级改造，积极疏通院区人流、车流、物流，缓解内部交通紧张局面。该项目将利用社会资金，自建或联合医院共建停车库(楼)，减少财政一次性投入，解决医院修建智能立体车库的资金问题。项目建成后预计停车位将增加至 1 200个左右，极大解决市民就医停车问题。同时，智能化停车库还会建设一定数量的充电桩设备，鼓励岛上市民利用新能源车辆出行，改善医院外部道路交通拥堵状况。

【签署综合智慧能源发展建设战略框架协议】 2016 年，为积极推进“生态长兴”建设，推动长兴岛海洋装备产业园区能源利用集约化、清洁化、高效化，长兴产业园区与长兴岛第二发电厂共同签署综合智慧能源发展建设战略框架协议，以共同建立长期有效的合作机制，积极引导园区入驻企业参与综合智慧能源开发建设，推进产业园区综合智慧能源统一、协调、有序发展。崇明区委常委、副区长吴召忠参加签约仪式。会上，签约双方表示，将加快推进产业园区内供热产业集约化；加快光伏发电产业发展；同时就按需推进分布式能源项目等三方面的内容进行了深入探讨，并达成了共识。

五、信息产业发展

【软件和信息服务业发展概况】 2016 年，崇明区参加网上直报的软件和信息服务类企业共有 32 家。其中，经认定的软件企业 22 家，非认定企业 10 家。这 32 家企业共计实现营业收入 337 652.4 万元，与 2015 年同期相比增长 6.91%；利润总额 20 170.2 万元，增长 167.53%，增幅明显；营业税金及附加 1 223.9 万元，减少 27.55%。

营业收入稳定增长。2016 年，崇明区 32 家统计企业的营业收入合计 337 652.4 万元，增长 6.91%。其中，软件业务收入 227 045.8 万元，增加 242.01%，增长较快。此外，软件产品收入 36 710 万元，增加 10.43%；信息系统集成收入 191 994.8 万元，减少 19.42%。主要原因是一家原来营业额较大的从事系统集成的企业因内部合并而关闭，不再进入统计系统，因此系统集成的相应数据减少。

企业资产规模不断壮大。2016 年，崇明区软件和信息服务业资产总额达 362 205.2 万元，增长 50.90%。资产超亿元的企业有 5 家，其中上海中彦信息科技有限公司是国内购物积分行业市场规模最大、用户活跃度最高的第三方返利导购平台之一，拥有千万级注册会员，保持千万元级月度返利，累积返利超过 2 亿元。包括天猫、苹果、1 号店、苏宁易购等在内的 400 余家主流电商入驻其间，2016 年全年资产总计 21.2 亿元。上海欣能信息科技发展有限公司是上海地区电力系统的信息集成商，主要开展电力系统应用数据库、电力调度、分布式微电力信息开发等高端信息开发工作，总资产规模达 2.28 亿元，增长明显。

利润总额上升明显。2016 年，崇明区软件和信息服务业的利润总额为 20 170.2 万元，增长 167.53%，利润总额上升明显。

人才有所增加。2016 年，崇明区软件和信息服务业的从业人员为 2 719 人，增加 25.53%，说明这些软件企业通过不断吸引人才，促进企业的发展。

科技研发投入明显增长。2016 年，崇明区软件和信息服务业企业的科技研发投入，即研究与发展经费支出为 26 844.4 万元，增长 195.25%。说明崇明区软件企业不断加强研发投入，加强新产品开发，由此促进了崇明区软件和信息服务业各项指标的增长。

六、信息基础设施建设

【启动有线电视数字化整体转换】 2016 年 6 月 2 日，经过前期线路整理和信号调试，崇明有线电视中心与东方有线网络有限公司达成一致，正式启动三星镇有线电视数字化整体转换工作。三星镇第一批整体转换用户涉及邻江村、沈镇村、南桥村、东安村 4 个村，整体转换户数 2 009 户。崇明有线电视中心将组织整体转换团队现场开展受理工作，方便市民办理有线电视数字化转换业务。

七、信息化环境建设

【2016 年创新创业大赛复赛收官】 2016 年 11 月，“生态与科创，未来与梦想”崇明区 2016 年创新创业大赛复赛落下帷幕，90 个从初赛中脱颖而出的优秀项目参加了复赛评审。经过专家严格评审，最终 30 个项目入围决赛。复赛项目涵盖移动互联网、“互联网+农业”、互联网设备、电子商务、搜索引擎等多个领域。

【开展“防范电信网络诈骗”集中宣传活动】 2016 年，市综治委将“防范电信网络诈骗”工作列为年度上海市9项综治重点工作之一，崇明区为此专门制定了《崇明组织开展“防范电信网络诈骗”专项宣传活动的实施方案》。8月5日，区综合办、区公安局在城内八一路人民路口开展崇明防范电信网络诈骗街道宣传活动暨千人签名活动，该活动的举办标志着为期半年的集中宣传活动正式拉开帷幕。同时，为了帮助学生和家长提升识骗、防骗的能力，预防和减少电信诈骗案件的发生，区教育局、区综治办、区公安局、城桥镇政府联合举办防范电信诈骗专项宣传进校园活动，该项活动切实提高了“防范电信诈骗”的知晓率和普及率，让学生从思想上提高警惕，有效预防电信诈骗发生。

八、社会信用体系建设

【开展2016版信用“三清单”落实工作培训】 2016年3月29日，为切实落实2016版信用“三清单”工作，有效开展信用信息数据归集和应用，进一步深化上海市、区公共信用信息服务平台建设，崇明区信用联席办召开2016版信用“三清单”落实工作培训会，部分区社会信用体系联席会议成员单位、编制2016版信用“三清单”工作人员参加了此次培训。培训会首先对《上海市公共信用信息归集和使用管理试行办法》做了解读，对公共信用信息服务平台建设情况、各区2015版信用“三清单”落实情况做了介绍；接着，就如何开设公共信用信息平台账号、上报信用信息数据和应用查询做了详细解释，加强了法人和自然人的失信成本，提升了政府管理效益。参会人员对信用“三清单”和公共信用信息平台之间的关系有了直观认识和理解，并对落实2016版信用“三清单”工作的重要意义达成了共识。

【开展“信用记录关爱日”宣传活动】 2016年6月14日，为增强广大市民的诚信意识，推广个人信用报告互联网查询方式，普及信用法律法规，区社会信用体系联席会议办公室组织区市场监管局、区税务局、区环保局、区司法局、区城管执法局、区农业银行、区建设银行等部分区信用体系联席会议成员单位举办“信用记录关爱日”宣传活动。此次宣传活动围绕“走诚信之路、创文明城市”主题，以向广大市民发放资料、现场咨询、展板展出、现场演示、关注微信公众号等方式进行。在宣传活动中，诚信宣传员详细解答了市民关于《上海市公共信用信息归集与使用管理办法》、诚信纳税、企业年报公示、食品安全、违章搭建、个人征信等热点问题，并对“上海诚信”、“崇明税务”、“企业信用信息公示”等微信公众号给予了广泛宣传，共计接受咨询200多人次，发放4 000多份宣传资料、1 000多份宣传纪念品。通过此次诚信宣传活动，有效增强了市民的信用意识，进一步提升了企业法人的信用责任意识，营造了讲信用、守信用的良好氛围。

【加强政府采购诚信建设】 2016年10月，崇明区财政局根据市级政府采购相关文件，出台《崇明区财政局政府采购诚信管理办法》,进一步发挥政府采购在崇明区社会信用体系建设中的作用,对供应商、评审专家和代理机构进行分类管理,并纳入社会信用体系管理,加强政府采购诚信建设。文件注重在政府采购活动中的供应商、评审专家和代理机构的行为结果信息,明确将供应商、评审专家和代理机构不同类型的19类不良行为纳入社会信用体系管理。如对供应商6类不良行为,区财政局会根据政府采购法及相关法律法规,做出处罚决定,并记录在诚信档案中。对评审专家的5类不良行为,将予以通报批评或记录。对代理机构的8类不良行为将予以记录,并通过崇明政府采购网在“采购动态栏”中进行公示,纳入崇明区社会信用体系管理。该项工作的开展有利于进一步规范政府采购工作,建立健全政府采购诚信建设机制,营造诚实信用的政府采购活动氛围,对于促进公正、公平、公开的政府采购活动有着积极作用。

(施　华)

第十编 社会信用体系

Shanghai Informatization

综　述

2016年是“十三五”规划开局之年，按照国家规划纲要和市委、市政府要求，上海市社会信用体系建设围绕全市社会信用体系建设工作实际，按照市社会信用体系建设联席会议统一领导、向市信用平台统一归集、统一建立市信用平台查询服务窗口的“三统一”工作导向，以制度为核心、以数据为基础、以平台为抓手、以应用为关键、以行业为支撑的“五位一体”推进思路，推广基于“三清单”、覆盖“三阶段”的全过程信用管理模式，加快构建“重点领域联合、重点区域联动”的总体格局，大力推进上海市社会信用体系建设工作，在制度建设、奖惩应用、数据归集、平台建设及行业发展等方面取得明显成效。

第一章　信用制度建设

概　述

2016年，上海市社会信用体系制度建设成效显著，按照“以制度为核心”的运行框架要求，加快推动全市和区域两级的信用法治建设。

一、市级信用制度建设

【社会信用立法】 自2016年2月起，配合市人大常委会启动《上海市社会信用条例(草案)》起草工作，3月完成政府版和专家版立法大纲，6月完成政府版和专家版条文建议稿，7月形成二合一草案，8月～9月进行了两轮意见征求、座谈调研，10月11日转为市人大年度常委会正式立法项目，并于12月27日通过市人大常委会一审。

【“十三五”规划】 《上海市社会信用体系建设“十三五”规划》经过前期研究、编制起草及完善论证，广泛调研和听取多方意见，并学习借鉴其他省市相关经验，于2016年5月17日报请市政府专题会审议，9月以市政府名义正式印发。“十三五”期间，上海社会信用体系建设将进一步深化制度、应用、数据、平台、行业建设，围绕科技创新、上海自贸试验区改革、政府职能转变、经济转型升级、城市公共管理、社会治理创新六大领域，重点推进27项建设任务，推动社会信用体系共建共享。

【规章施行】 发布《上海市公共信用信息归集和使用管理办法》(沪府令38号)，并于2016年3月1日正式施行。配套出台《上海市经济和信息化委关于进一步落实〈上海市公共信用信息归集和使用管理办法〉做好有关工作的通知》，细化完善规章。

【信用管理标准化工作】 推进全过程信用管理标准化工作,2016 年 2 月 26 日正式发布《全过程信用管理要求第 1 部分:数据清单编制指南》(DB31/T 968.1—2016)、《全过程信用管理要求第 2 部分:行为清单编制指南》(DB31/T 968.2—2016)及《全过程信用管理要求第 3 部分:应用清单编制指南》(DB31/T 968.3—2016)三个上海市地方标准,并于同年 5 月 1 日正式实施。

二、区域信用制度建设

【上海自贸试验区信用建设经验复制推广】 围绕服务中国(上海)自由贸易试验区(以下简称“上海自贸试验区”)制度创新和政府职能转变需求,创新形成基于数据、行为、应用清单,覆盖事前告知承诺、事中评估分类、事后联动奖惩的“三清单”、“三阶段”全过程信用管理模式,为建立和完善综合监管机制打下良好基础。会同浦东新区制定《浦东新区(自贸试验区)信用体系建设总体方案》,聚焦综合监管、金融管理、通关服务、跨境电子商务、科创中心建设、社会治理等领域,加强事中、事后监管,加快政府职能转变,进一步解决市场主体“宽进、严管”的问题。在上海自贸试验区设立信用信息综合查询窗口,提供公共信用信息、金融信用信息查询服务,截至 2016 年 12 月底,累计对外提供查询 5 826 次。指导各区信用体系建设,重点抓好各区“三清单”落实、信用实事项目推进以及子平台和服务窗口试点工作。

第二章　信用信息基础建设与信用服务行业发展

概　述

2016年，上海市公共信用信息服务平台(以下简称“市信用平台”)数据归集不断深化、服务功能不断完善、信息应用逐步拓展。

一、信用信息基础建设

【完善平台架构】 完善市信用平台“1＋16＋N”总体架构。加强市区联动，在不断完善市信用平台各项功能的同时，将子平台和服务窗口建设作为支撑各区和重点部门数据归集与应用的重要载体。截至2016年年底，已建21个子平台。坚持查询服务窗口统一建立导向，除市信用平台服务大厅外，已设立13家服务窗口。

【深化数据归集】 根据《上海市公共信用信息目录》(2016版)，97家单位确认向市信用平台提供5 198项信息事项。其中，涉及法人信息事项4 072项，涉及自然人信息事项1 126项；平台可查询数据约3.14亿条，法人数据约1 064万条，自然人数据约3.04亿条。“双公示”工作取得积极进展。召开上海市“双公示”工作培训会，国家发改委财金司负责人到会指导。上海市依托法人库、人口库和区信用子平台实现“双公示”信用信息的归集汇总，并在“上海诚信网”集中展示“双公示”信息，实现与“信用中国”的对接。截至2016年年底，上海市共向“信用中国”网推送行政许可信息472 066条，行政处罚信息82 577条，累计提供554 643条。

【加大平台开放力度】 发布公共信用信息查询、异议处理及信用服务机构专窗查询服务指南，构建“线上+线下”综合查询渠道，实现手机 APP、微信、法人一证通在线查询。市信用平台累计提供查询 2 224 万次，其中，法人、自然人信用信息查询各 713 万次、1 511 万次。推动市信用平台为国企、行业协会等 12 家社会机构开设专窗查询。加强对事中事后监管平台、商务诚信公众服务平台、新金融业态监管平台等的支撑作用，加大对市场应用的服务力度，支持信用服务机构创新信用服务和产品，支持普惠金融、分享经济等市场主体做好信用风险监管。

二、信用信息应用

【深化政府应用】 上海市、区两级政府聚焦六个重点领域，实施信用应用事项 693 项。服务科技创新发展，张江国家自主创新示范区将信用报告使用嵌入园区政策享受申报、事中事后监管等环节。支撑自贸试验区改革，驻区监管部门形成基于信用分类的贸易便利化措施。推进政府职能转变，新能源汽车购买申请人的信用状况与发放购车补贴、免费上沪牌挂钩。助力经济转型升级，开通市商务诚信公众服务平台，在线提供企业商务诚信查询报告。优化城市公共管理，将违法经营、储存、运输、燃放烟花爆竹的有关信息，纳入市信用平台。促进社会治理创新，在道路交通大整治、“五违四必”综合治理、住宅小区综合治理、婚姻登记管理等领域，加强信用动态监管和风险预警。

【拓展市场应用】 服务“大众创业、万众创新”战略，如张江企业信用促进中心，以信用手段帮助 600 多家企业融资约 50 亿元，“新三板”挂牌企业 38 家；信用服务机构与摩拜单车合作，将不良出行行为信息纳入个人征信系统。正式推出具有上海特色的信用综合应用一站式移动终端平台“诚信上海”APP，增强市民对信用的感知度和获得感，围绕市民衣食住行创新公共信用服务模式。“享信用”首批入驻上海图书馆、市民云、付费通、春秋航空、东方购物、平安一账通、车轮互联、途虎养车、凹凸租车、OK 车险 10 家应用单位。“信用地图”首批入驻上海市地方税务局、上海市食品药品监督管理局、上海海关、上海出入境检验检疫局、上海市酒类专卖管理局、上海市烟草专卖局 6 家政府部门。

三、信用服务行业发展

【加强信息支撑】 支持 12 家符合条件的信用服务机构以安装查询终端或专线方式接入市信用平

台，不断完善有利于信用服务市场发展的信用信息采集机制，推动公共信用信息向符合条件的机构提供便利化服务。

【用好专项资金】 加大社会信用体系建设专项资金对信用服务机构产品研发、服务推广和“互联网＋征信”等创新模式的支撑，推动信用产品的使用，扩大信用服务市场，培育综合服务能力强、专业化的信用服务机构。

第三章　社会诚信氛围营造

概　述

2016年，上海市积极深入推进诚信文化、信用建设宣传活动，营造诚信社会环境，普及推广信用知识，积极构建政府主导、社会参与的社会共治信用生态圈。同时，深入推进长三角区域信用合作。

一、诚信文化建设

【**2016上海诚信活动周**】　成功举办2016上海“诚信活动周”。主要包括寻找沪上“知信达人”、长三角地区创建国家社会信用体系建设区域合作示范区启动会暨区域旅游领域信用联动奖惩工作研讨会、“社会信用立法”高峰论坛、2016上海十大信用典型案例评选颁奖活动及社会信用体系建设“十三五”规划专家解读会等。本次活动周成果明显，全方位、多维度、立体式地集中展示2016年以来上海市信用工作重大成果，并得到媒体广泛关注，新华社、中央电视台等主流媒体采访报道约100篇，美国全国公共广播电台等国外媒体专门进行了报道。各单位积极参与，共征集100项诚信活动（市政府委办局15项、各区政府80项、中央在沪单位5项），充分体现了市区联动、协同共建的良好格局。

二、长三角区域合作

【促进区域合作】 率先突破在区域旅游领域开展联动奖惩试点，推进“三个一”工程建设（形成一套基础规范、搭建一个服务平台、共建一个联盟组织），深化信用联动奖惩应用。以旅行社、导游、领队、游客为重点，引入第三方信用服务机构，推进长三角旅游领域信用联动奖惩。举办长三角创建国家社会信用体系建设区域合作示范区启动会暨区域旅游领域信用联动奖惩研讨会。

（王　磊）

附录

Shanghai Informatization

2016年上海信息化建设大事记

1月

1月5日，“工业4.0与国际化”研讨会在同济大学举办，同济大学副校长吴志强致辞，德国国家科学工程院 Bastian Fraenken 院士等专家介绍了“工业4.0”理念和案例。上海交通大学、上海华东电信研究院、上海市通信制造业行业协会、宝钢股份有限公司、外高桥造船有限公司等代表参加会议。

1月6日，中国首个国家级卫星导航与定位服务产品质检中心——上海计量测试技术研究院筹建的“国家卫星导航与定位服务产品质量监督检验中心（上海）”，以优异成绩在沪通过现场验收。

1月14日，上海市政府与京东集团签署战略合作框架协议，将围绕电子商务、互联网金融、云计算与大数据、互联网创新孵化、现代物流等领域开展多种形式的合作。时任市委副书记、市长杨雄，市政府秘书长李逸平，京东集团首席执行官刘强东，副总裁马健荣、邓天卓等出席签约仪式。时任上海市副市长周波与京东集团副总裁黄东升代表双方签署协议。

1月19～20日，上海市无线电管理局、市无线电监测站召开2015年度无线电管理工作总结暨全体员工大会。

1月21日，2016年度上海两化融合支撑机构工作研讨会召开，上海市经济和信息化委员会（以下简称“市经济信息化委”）副主任邵志清出席并讲话。

1月28日，市经济信息化委与建设银行上海分行签署中小企业金融服务战略合作协议。“星罗科创园”签约仪式在建设银行上海分行举行。建设银行上海分行行长段超良等出席仪式。市经济信息化委副主任邵志清与建设银行上海分行副行长徐众华代表双方签约。张江高科火炬园、漕河泾松江分园与建设银行相关经营单位签订《业务合作协议》。

1月28日，上海市民政信息化工作推进会召开。市民政局局长朱勤皓、市经济信息化委副主任邵志清出席并讲话，提出要在深化已有项目、形成民政信息化领域“名片”的同时，围绕政府职能转变、城市高效管理和信息便民利民等方面，推动全市民政信息化工作迈上一个新台阶。

2月

2月3日,中国电网上海市电力公司与上海国际汽车城(集团)有限公司签署战略合作协议。双方将充分发挥各自优势,在EVCARD项目上进一步拓展合作深度,共同推进电动汽车分时租赁这一新兴产业在沪发展。

2月17日,智慧城市推进和社会诚信体系建设工作区县交流会召开。市经济信息化委副主任邵志清出席会议并发表讲话,要求各区县从区域发展和战略定位出发,明确智慧城市各建设阶段和领域的重点,以及应用推进的着力点,做出特色、形成亮点;要以信用子平台建设为抓手,实现市、区平台对接,完成数据归集、应用支撑,加强特色数据强制归集和亮点应用推进。

2月23日,市经济信息化委组织召开全市重大产业项目推进工作专题会议暨银企对接交流会,14家项目单位以及国家开发银行上海分行、中国银行上海分行、交通银行上海分行、浦发银行上海分行、上海银行等单位参加会议。

2月24日,市政府新闻办公室会同市经济信息化委、市政府法制办召开《上海市公共信用信息归集和使用管理办法》新闻发布会。《上海市公共信用信息归集和使用管理办法》的出台,既是落实国家关于加强信用法制建设工作的要求,也是全市加快信用体系建设、促进社会共治、营造诚信社会环境的现实需求。

2月26日,市经济和信息化系统2016年工作会议召开。时任上海市副市长周波出席会议并做重要讲话。市经济信息化工作党委书记陆晓春做党的工作报告,市经济信息化工作党委副书记、市经济信息化委主任陈鸣波做工作报告。

2月29日,工业和信息化部(以下简称“工信部”)召开全国工业和信息化系统促进工业稳增长电视电话会议。工信部部长苗圩出席会议并做重要讲话,会议由工信部副部长冯飞主持。四川、河南、浙江、广东等省的工信主管部门做了交流发言,汇报稳增长工作情况。

3月

3月1日,“2015上海十大互联网创业家颁奖暨2016上海‘互联网+’创业论坛”举行。会上,2015年上海十大互联网创业家和创业新锐获奖名单揭晓,“全球创业超级跑道”上海紫竹创业孵化器ET空间正式启动。

3月7日,市经济信息化委主任陈鸣波赴市公共信用信息服务中心和上海资信有限公司调研,肯定了市信用平台建设所取得的成果和上海资信有限公司在地方信用体系建设中发挥的作用。

3月9日,2016年上海市产业结构调整协调推进联席会议召开。时任上海市副市长周波出席会议并做重要讲话,会议由市政府副秘书长金兴明主持。市产业结构调整协调推进联席会议办公室常务副主任、市经济信息化委主任陈鸣波以及总工程师原清海,汇报了全市产业结构调整“十二五”工作情况和2016年工作计划。

3 月 9 日，2016 年上海市国防科技工业暨军民融合产业工作会议召开。时任上海市副市长周波出席会议并做重要讲话，会议由市政府副秘书长、市国资委主任金兴明主持。上海市国防科技工业办公室（以下简称“市国防科工办”）主任吴磊做工作报告，市国防科工办副主任张华芳传达了国家 2016 年国防科技工业工作会议精神。

3 月 10 日，市经济和信息化系统召开 2016 年党风廉政建设和反腐败工作会议，总结 2015 年全系统党风廉政建设和反腐败工作，部署 2016 年任务。市经济信息化工作党委书记陆晓春做重要讲话。会议由市经济信息化委主任陈鸣波主持。市经济信息化工作党委副书记张锡平传达了十八届中央纪委六次全会和十届市纪委五次全会精神，市纪委驻市经济信息化工作党委纪检组组长吴正扬做工作报告。

3 月 15 日，闵行区政府与临港集团签署战略合作框架协议，就深化临港浦江高科技园开发、打造浦江科创中心凝聚共识、规划未来。闵行区区委书记赵奇、临港集团董事长刘家平出席签约仪式，闵行区区长朱芝松、临港集团总裁袁国华代表双方签字，闵行区副区长吴斌主持仪式，临港浦江公司总经理张黎明介绍合作设想及下阶段开发重点。

3 月 15 日，上海创新金融自律暨金融信息安全技术指引宣贯会举行。会上，上海金融信息行业协会、上海市信息安全测评认证中心联合发布了《互联网金融网络与信息安全技术指引》，宣布互联网金融信息安全公共服务平台正式上线。

3 月 15～17 日，上海国际信息化博览会（以下简称“信博会”）在上海新国际博览中心举行。信博会共设 17 个展馆，展出面积首次突破 20 万平方米，参展商 3 630 家。

3 月 17 日，西藏自治区工业和信息化厅来沪调研，就深化沪藏两地合作、编制“十三五”无线电管理规划等进行了交流座谈。双方签署了《“十三五”期间上海市无线电管理局支援西藏自治区无线电管理局相关工作的框架协议》。

3 月 17 日，上海市政协副主席姜樑、市政协经济委员会主任张新生、副主任万大宁等前往光明乳业华东中心工厂、上海仪电显示材料有限公司调研。

3 月 24 日，上海市软件和信息服务业专题座谈会召开，市经济信息化委副主任傅新华出席会议并发表讲话。来自携程旅游、上海众人网络安全技术有限公司等的 14 位企业家代表参加了会议。

3 月 25 日，工信部中小企业局在沪召开促进中小企业发展“十三五”规划调研座谈会。工信部中小企业局副局长秦志辉听取了专家学者及中小企业代表对国家促进中小企业发展“十三五”规划（征求意见稿）的意见建议。

3 月 28 日，中国（上海）自由贸易试验区（以下简称“上海自贸试验区”）首批 8 家大宗商品现货市场之一的上海国际棉花交易中心开业，并举行新疆生产建设兵团对上海国际棉花交易中心股权投资签约仪式。

3 月 30 日，第三届国际健康物联网峰会暨上海健康物联网联盟成立大会举行。市经济信息化委副主任傅新华、上海健康医学院副校长于莹致开幕辞。

3 月 30 日，浦江论道系列活动——“海事航运话导航”专场举行。市国防科工办副主任张华芳出席会议，并提出 2016 年进一步助推上海卫星导航产业向空间信息产业拓展的工作目标。

3 月 31 日，上海市现代生物与医药产业办公室、市经济信息化委和市科委共同举办了以“上海生物医药产业的创新与转型”为主题的“四新”经济主题沙龙活动。沙龙邀请中国科学院院士裴钢及部分知名企业家参加圆桌讨论。时任上海市副市长周波出席沙龙并做重要讲话。

4 月

4 月 1 日，上海数据交易中心成立仪式暨 2016 上海静安国际大数据论坛在静安区举行。市政府副秘书长金兴明敲响铜锣，市经济信息化委主任陈鸣波、静安区区长陆晓栋共同为以市北高新技术服务业园区为载体的首家“上海市大数据产业基地”揭牌，静安区区委书记安路生致辞。市经济信息化委副主任邵志清在启动仪式上宣布了上海市信息化专家委员会大数据专业委员会名单及上海大数据联盟成立。

4 月 6 日，市经济信息化委副主任、市国防科工办主任吴磊带队赴工信部向装备工业司汇报、交流上海智能制造发展情况。上海振华重工、联影医疗等全市重点领域企业代表汇报了企业推进智能制造发展的计划及进展。

4 月 7 日，时任上海市市委副书记、市长杨雄到市经济信息化委调研并指出，面对经济下行压力加大和供给侧结构性改革的新要求，要增强使命担当，保持战略定力。市经济信息化工作党委书记陆晓春在会上汇报了党委工作情况，市经济信息化委主任陈鸣波汇报了上海产业经济和信息化工作的有关情况。

4 月 7 日，“2015 中国职业技能大赛——首届上海市信息服务业职业技能竞赛颁奖仪式”在上海市职业培训指导中心举行。市经济信息化委秘书长戎之勤出席并讲话，要求产业和信息化高技能人才培养基地建设工作应坚持“服务发展，突出重点、需求引领、注重实效”的原则，及时开发并实施适合行业需求的高技能人才培养项目。

4 月 8 日，市经济信息化委副主任傅新华出席互联网＋交通、互联网＋健康领域的企业座谈会，了解和发现制约产业发展的关键瓶颈。万达信息股份有限公司、卫宁健康科技集团股份有限公司、上海阑途信息技术有限公司等 14 家企业代表参加会议。

4 月 20 日，2016 年上海市品牌建设工作联席会议召开。联席会议第一召集人、时任上海市副市长周波出席会议并讲话。联席会议办公室主任、市经济信息化委巡视员陈跃华通报了全市品牌建设工作 2015 年推进情况和 2016 年工作要点。

4 月 21 日，上海集成电路产业基金合作备忘录签约仪式在沪举行。该基金由上海科技创业投资(集团)有限公司、上海汽车集团股份有限公司等单位共同出资，重点投资集成电路制造业。工信部副部长怀进鹏、时任上海市副市长周波出席签约仪式。

4 月 22 日，市经济信息化委召开 2016 年度直属(归口)单位安全生产工作和系统各单位防汛防台工作会议。市经济信息化委副主任马静、市国防科工办副主任伍继宏出席会议。上海市电力公司、上海石化公司、市检测中心3家单位交流发言。

4月25日，市经济信息化委副主任马静会同上海市财政局赴浙江杭州调研，与杭州市经信委、财政局有关负责同志，就杭州市在推进工业互联网及工业稳增长、调结构、促转型工作方面的先进做法和政策创新进行座谈，并赴浙江春风动力股份有限公司、杭州老板电器股份有限公司等企业考察。

5月

5月4日，上海市政府与中国联通集团公司在沪签署《推进"互联网+"战略合作框架协议》，双方聚焦信息基础设施建设和"互联网+"创新应用两大领域进行深度合作。时任上海市市委副书记、市长杨雄和中国联通集团公司董事长王晓初出席签约仪式。

5月4日，2016年上海市文化创意产业推进工作电视电话会议举行。市委常委、宣传部长、市文化创意产业推进领导小组组长董云虎，时任上海市副市长、市文化创意产业推进领导小组副组长周波出席会议并讲话。

5月4日，上海市经济和信息化工作系统召开庆祝"五一"国际劳动节座谈会。市经济信息化工作党委书记陆晓春出席并讲话，市经济信息化工作党委副书记、市经济信息化委主任陈鸣波宣读系统新命名的劳模创新工作室。市经济信息化工作党委副书记张锡平主持会议。

5月4日，"共商移动互联网应用安全生态治理之道"主题沙龙活动在上海市信息安全测评认证中心举行。复旦大学、上海交通大学、国家互联网应急中心(CNCERT)及上海分中心、上海信息安全测评认证中心、公安部第三研究所、上海银行、民生银行、市民云、华为公司等高校、知名企业、机构的学者和业界代表出席活动。

5月9日，市经济信息化委举行《上海市制造业转型升级"十三五"规划》专家论证会，市经济信息化委主任陈鸣波、副主任徐子瑛以及各领域专家出席论证会。

5月10日，市政府新闻办公室举行新闻发布会，介绍《关于推进供给侧结构性改革促进工业稳增长调结构促转型的实施意见》主要内容及相关情况。市经济信息化委、市发展改革委、市国土资源局等部门进一步完善统筹协调机制，加大对重点项目的协调服务和督促检查力度、加强企业服务。

5月10日，全球半导体联盟(GSA)全球领袖高峰会在沪召开，市经济信息化委主任陈鸣波出席会议并做主题演讲。本次峰会的主题为"中国崛起"，探讨中国对推动半导体行业发展所做的努力及其为全球市场带来的机遇。

5月10日，上海BIM技术创新联盟成立大会举行，就BIM技术演进、BIM产业发展以及BIM应用成果等开展研讨。

5月10日，国家无线电管理局无线电安全处赴上海市无线电管理局就打击治理"黑广播"违法犯罪活动进行专题调研。

5 月 17 日，市政府召开上海市 2016 年节能减排和应对气候变化暨产业结构调整工作会议。时任上海市市委常委、常务副市长屠光绍，时任上海市副市长周波、蒋卓庆出席会议并做工作部署。

5 月 18 日，2016 年上海市智慧城市建设工作会议暨信息安全保障工作会议召开。时任上海市副市长周波出席会议并讲话，会议由市政府副秘书长金兴明主持。市经济信息化委副主任邵志清通报了全市智慧城市建设和信息安全工作情况。

5 月 20 日，由中国轻工业联合会、中国非物质文化遗产保护协会、中国工艺艺术品交易所联合主办的 2016 世界手工艺产业博览会暨非物质文化遗产保护成果展在沪开幕。

5 月 24 日，市经济信息化委、松江区政府、市科委、市人保局、上海临港经济发展(集团)有限公司、启迪控股股份有限公司、松江大学城七所高校以及各企业等 32 家单位，共同签订了共建 G60 上海松江科创走廊合作协议。

5 月 25 日，市政府召开专题会议研究第十八届中国国际工业博览会(以下简称“工博会”)筹备工作。时任上海市副市长周波出席会议。市政府新闻办公室、市经济信息化委、东浩兰生集团和市政府发展研究中心分别汇报了新闻工作筹备、工博会前期筹备和下一步工作打算、展会评奖工作、招展招商、论坛工作筹备等情况。

5 月 25 日，由市人大财经委员会、市文明办公室、市经济信息化委等主办的上海社会信用立法系列宣传活动在徐汇区越界创意园启动。来自市人大、市文明办公室、市经济信息化委、行业协会的有关负责同志及系列宣传活动巡展基地的代表、诚信创建企业代表参加了活动。

5 月 26 日，2016 年上海市社会信用体系建设联席工作会议召开。时任上海市副市长周波出席会议。市经济信息化委副主任、市征信办常务副主任邵志清通报了全市社会信用体系建设工作情况。国家发展和改革委员会(以下简称“发改委”)财金司信用管理处处长李慧到会指导。

5 月 30 日，国务院办公厅督查室督查专员傅卿德一行赴中国商用飞机有限责任公司调研，实地考察了总装制造中心浦东基地、设计研发中心和 C919 大型客机项目研制，以及公司发展建设情况。

5 月 31 日，中国—瑞士(上海)低碳城市项目揭牌仪式在金山区举行。市政府副秘书长金兴明、瑞士驻华大使戴尚贤出席揭牌仪式。会上，中国—瑞士(上海)科技创新转化中心、中国—瑞士(上海)绿色发展合作中心、中国—瑞士(上海)科技创新产业园同时揭牌。

6 月

6 月 1 日，市政府副秘书长、工博会组委会常务副秘书长金兴明在京主持召开了第 18 届工博会第一次秘书长会议。会议原则上同意本届工博会总体方案，还就俄罗斯主宾国、创新会议和机器人高峰论坛、工信部专题展、新三年行动计划等提出了指导意见。

6 月 1 日，《上海市供用电条例》(以下简称“《条例》”)正式生效实施。该《条例》是上海市供用电领域首部地方性法规，为规范供用电管理法律关系和保障电力设施规划建设提供了法律保障。

6 月 2 日，上海石墨烯产业技术功能型平台在宝山城市工业园区正式启动。启动会上，上海石墨烯平台正式启动石墨烯防腐涂料、石墨烯导电剂、石墨烯导热硅脂共三个石墨烯应用中试项目。签约成立上海大学生石墨烯见习基地，与常州西太湖石墨烯产业园签约战略合作。

6 月 14 日，2016 年全国社会信用体系建设工作会议在京召开。社会信用体系建设部级联席会议双牵头单位负责人，发展改革委副主任连维良、人民银行行长助理杨子强出席会议并讲话。市经济信息化委副主任邵志清在会上做交流发言。

6 月 15 日，上海市行业协会商会与行政机关脱钩第一批试点暨加强社会组织内部治理工作电视电话会议召开。时任上海市市委副书记、市长杨雄指出，推进行业协会商会与行政机关脱钩是党中央和国务院作出的重大决策部署，对加快转变政府职能、激发行业协会商会活力、实现行业协会商会规范发展意义重大。

6 月 16 日，市经济信息化委与上海银行等 10 家银行签订《上海市"节能减排收益权"质押 500 亿绿色融资合作备忘录》，10 家银行承诺在"十三五"期间以"节能减排收益权"模式提供 500 亿元融资额度。时任上海市副市长周波出席并见证签约活动。

6 月 20 日，市经济信息化委副主任傅新华主持召开"专精特新"企业家座谈会，听取企业家对近期民间投资增速下滑、实体经济发展矛盾等问题的意见和建议。上海市工商业联合会副主席徐惠明出席座谈会并介绍了上海市民营经济发展情况。

6 月 22 日，上海市第十四届人大常委会第三十次会议听取和审议了关于促进制造业转型升级情况的报告。市人大常委会主任殷一璀，副主任钟燕群、姜斯宪、吴汉民、洪浩、薛潮，秘书长姚海同出席会议。市经济信息化委主任陈鸣波出席会议并就上海市促进制造业转型升级的情况向市人大常委会做报告。

6 月 22 日，2016 众联杯 · 双创大赛(以下简称"双创大赛")在市北高新科技园正式启动，同期启动了一站式创业服务平台——"园区众联"。"双创大赛"和"园区众联"将共同打造"一体化创投孵"新型创业服务。

6 月 23 日，相约张江 · 2016 信用促金融高峰论坛暨全国高新技术园区信用联盟成立大会举行。现场还举行了"张江科技信用融资创新服务"、"张江科创中心信用大平台"战略合作协议签订仪式以及全国新技术园区信用联盟成立仪式。

6 月 23～24 日，工信部在珠海召开 2016 年全国消费品工业工作会议，副部长冯飞出席会议并讲话。市经济信息化委巡视员陈跃华代表上海出席会议并作交流发言。

6 月 25 日，第十二届新疆喀什 · 中亚南亚商品交易会(以下简称"喀交会")在新疆喀什开幕。上海市委常委、统战部长沙海林率上海代表团出席开幕式并视察上海展区。本届喀交会以"相聚喀什，开启丝绸之路经济带新篇章"为主题，展区主要分室内形象展示厅和室内实物展示区，总面积 38 000 平方米。

6 月 29 日，2016 上海国际信息消费节和世界移动大会 · 上海开幕。时任上海市副市长周波、工信部总工程师张峰致欢迎辞。工信部、上海市委办局和浦东新区领导、GSMA负责人、三大运营商负责人共同启动了2016上海国际信息消费节和世界移动大会·上海的开幕式。

6月29日，“浦江论道”空间产业发展系列沙龙——“产业助推平台互动”专场举行。市国防科工办副主任张华芳为第17届工博会空间产业暨北斗导航技术应用展览会参展产品获奖项目颁奖，并对进一步做好工博会空间产业展提出要求。

6月29日，由中航商用航空发动机有限责任公司承担的“CJ-1000A商用航空发动机研发技术改造项目”及“航空发动机结构强度技术改造项目”通过竣工验收。

7月

7月5日，2016上海国际信息消费节闭幕式举行。2016上海国际信息消费博览会在3天时间共接待了4.6万名观众，近200家展商为观众展示了百余项活动。

7月6日，工信部在西藏拉萨组织召开了第三次全国工业和信息化系统援藏工作座谈会，深入贯彻中央第六次西藏工作座谈会精神，落实中央对进一步推进西藏经济社会发展和长治久安的战略部署。西藏自治区人民政府主席洛桑江村出席并致辞，工信部部长苗圩发表讲话。

7月6～7日，上海市中小企业发展服务中心举办了第一期“企业法律风险防范实务”培训班。培训班分别从律师、内控专家、法官的角度分享了“专精特新”企业法律风险防范能力提升的路径与经验。

7月12日，“第二届上海开放数据创新应用大赛（SODA）启动仪式暨上海市大数据创新基地揭牌仪式”在同济大学举行。SODA大赛积极贯彻开放合作的精神，将企业、高校和民间机构共同带入上海市大数据生态建设，推动产业成果转化、加速项目孵化落地。

7月14日，上海市政府与苏宁控股集团在沪签署战略合作框架协议，双方围绕上海建设具有全球影响力的科技创新中心战略，聚焦内贸流通体制改革，共同打造全国领先的“互联网+”产业高地。时任上海市市委副书记、市长杨雄，苏宁控股集团董事长张近东出席签约仪式。时任上海市副市长周波与苏宁控股集团副总裁孙为民代表双方签约。

7月18日，由上海市中小企业办公室组织的“专精特新”企业与中国电信上海分公司业务对接会举办。对接会分为行业信息化解决方案、物联网技术、微信及APP开发三场分别进行，双方互动充分、交流深入，合作前景明朗。

7月25日，新形势下智慧城市信息安全保障支撑能力建设专家座谈会召开，市经济信息化委副主任邵志清出席座谈会并讲话。

7月26日，煤炭迎峰度夏供应协调工作会议召开。上海市海事局、市气象局、上海铁路局、中国远洋海运集团有限公司、上海申能燃料有限公司、上海电力燃料股份有限公司、华能上海石洞口第一电厂、宝钢集团有限公司、中国石化上海石油化工股份有限公司等相关单位参加了会议。

8月

8月9～10日，全国无线电管理工作座谈会暨无线电管理援疆工作会在乌鲁木齐召开。工信部副部长刘利华出席会议并讲话。

8月11日，时任上海市副市长周波赴国家电网华东分部视察指导迎峰度夏工作，并慰问一线员工。国家电网华东分部汇报了华东电网建设发展和国家电网公司保障上海安全可靠供电、探索发电清洁替代服务、雾霾治理等方面的工作情况。

8月12日，市经济信息化委举办重要工业控制系统信息安全检查动员部署暨工作培训会，对全市30余家重要工业控制系统运行使用单位开展检查工作培训。

8月18日，湖南(上海)投资贸易洽谈周系列活动——湖南制造强省建设合作对接会在沪举办。湖南省副省长张剑飞致辞，湖南省经济和信息化委员会主任谢超英介绍了湖南省投资环境和产业发展情况。市经济信息化委秘书长戎之勤出席会议并致辞。

8月23日，时任上海市副市长周波出席上海市军民融合产业基地挂牌仪式并讲话，调研了中船重工704所和莘庄工业园区，实地察看了重点军工项目进展情况，并听取了驻闵行相关军工单位和闵行区政府关于军民融合建设情况的汇报。

8月24日，上海市浦东新区科技和经济委员会成立，这是浦东新区贯彻落实"加快科技创新中心建设，推动上海自贸试验区背景下的政府职能转变"总体要求，实施浦东新区经济管理体制大部制改革、构建开放型经济新体制综合试点试验的一项重要举措。

8月25日，2016上海百强企业榜正式出炉，该榜单以2015年企业营业收入为入围标准。数据显示，2015年上海百强企业的营业收入、净利润、资产总额、所有者权益、纳税总额、研发费用等指标都呈现增长态势。

8月26日，2016上海设计之都活动周在上海展览中心拉开序幕。本届设计周以"设计新应用，创造新需求"为主题，以促进设计原创发展、推动设计应用转化、探索设计业态创新为主要目标，聚焦时尚、科技、绿色三大领域。

8月31日，市政府新闻办公室举行市政府新闻发布会，介绍《上海市制造业转型升级"十三五"规划》主要内容。

9月

9月1日，中德智能制造合作试点示范项目经验交流会在上海临港举行。工信部信息化和软件服务业司副司长安筱鹏出席会议并介绍了中德智能制造对话与合作工作进展情况，首批14个中德智能制造合作试点示范项目正式揭晓并举办了授牌仪式。

9月8日，上海金融信息行业协会一届二次会员大会暨一届三次理事会在浦东新区召开，会上正式成立了区块链技术应用联盟。

9 月 19 日，第三届国家网络安全宣传周(上海地区)暨第六届上海市信息安全活动周开幕式在上海展览中心举行。本届网络安全宣传周的主题是“网络安全为人民，网络安全靠人民”。市委常委、宣传部部长董云虎出席开幕式并致辞。

9 月 20 日，2016 年中非合作论坛・减贫与发展会议在沪举行。上海市副市长时光辉、国务院扶贫办公室副主任洪天云，毛里求斯、南非、非盟以及联合国开发计划署代表等出席论坛。市经济信息化委秘书长戎之勤出席会议并做主旨演讲。

9 月 20 日，上海金山工业区与上海和辉光电有限公司举行和辉光电二期项目签约仪式。和辉光电二期项目总投资为 272.78 亿元，主要建设第 6 代低温多晶硅(LTPS)AMOLED 显示项目，力争进入全球 AMOLED 面板供应商三甲行列。

9 月 21 日，上海市政府与中国移动通信集团公司(以下简称“中国移动”)在沪签署共同推进“互联网+”战略合作框架协议。时任上海市市委副书记、市长杨雄，中国移动党组书记、董事长尚冰出席签约仪式。时任上海市副市长周波与中国移动总裁李跃代表双方签约。

9 月 21 日，2016 全球云计算大会中国站开幕式暨主题演讲在上海国际会议中心举行。本届云计算大会吸引了超过 3 600 名专业人士和行业应用者参加。为期 3 天的大会分 8 个专题，举办了 70 余场报告。

9 月 22 日，中央国家机关青年干部调研团在沪调研并召开“军民融合及简政放权”情况座谈会。调研团主要了解上海在“军转民”、“民参军”、军民资源共享等方面的经验做法、当前军民融合发展面临的问题和原因分析，听取了上海在国防科技工业领域的军民融合和简政放权对中央国家机关的建议，并交流了调研体会。

9 月 22 日，国家工信部中小企业局在沪组织召开部分省市中小企业生产经营运行情况调研座谈会。国家工信部中小企业局副局长田川等听取了部分省市 2016 年前三季度中小企业生产经营情况的汇报。

10 月

10 月 10 日，市经济信息化委副主任、市国防科工办主任吴磊主持召开上海智能网联汽车产业企业座谈会，深入了解上海市智能网联汽车产业发展情况。

10 月 20 日，由上海市政府主办，上海市商务委员会、市经济信息化委共同承办的第十四届上海软件贸易发展论坛举行。上海软件贸易发展论坛是由上海软件外包国际峰会更名而来，围绕软件贸易的创新发展，开展政策解读、专家演讲、专题研讨、供需对接、分享经验等活动。

10 月 20 日，上海市人民政府与中国电信集团公司(以下简称“中国电信”)在沪签署“互联网+”战略合作协议。“十三五”期间，双方将围绕提升基础网络能级、推动重点产业创新、服务社会民生及建设高效服务政府等方面展开合作，努力将上海打造成亚太领先的“互联网+”标杆城市。时任上海市市长杨雄、中国电信董事长杨杰出席签约仪式，并共同为“中国电信制造行业信息化应用(上海)基地”揭牌。时任上海市副市长周波与中国电信总经理杨小伟代表双方签约。

10 月 27 日，由工信部产业政策司指导，市经济信息化委、市发改委、宝山区政府共同主办的“中国制造 2025 创新论坛暨上海智能制造生产性服务业功能区——保集 e 智谷启动仪式”举行。市经济信息化委向保集 e 智谷授予“上海智能制造生产性服务业功能区(创建)”牌匾，举行了智能制造产学研合作、100 亿智能制造基金、入驻保集 e 智谷企业、智能制造项目投资等签约仪式。

10 月 27 日，由中共上海市经济和信息化工作委员会、市经济信息化委、共青团上海市委员会共同指导，共青团上海市经济和信息化工作委员会主办的“2016 年上海市产业和信息化职业青年创新大赛”决赛在上海举行。

10 月 28 日，由市经济信息化委、市科委指导，上海电信主办的“理想杯”第二届大学生大数据创新应用与建模大赛开幕式在华东理工大学举办。

10 月 28 日，由上海市总工会、中共上海市经济和信息化工作委员会、市经济信息化委指导，市经济信息化工作系统工会工作委员会和解放日报・上观共同主办的“2016 上海智慧城市建设领军先锋评选暨‘智慧工匠’技能竞赛”活动正式启动。活动由智慧城市领军先锋评选和“智慧工匠”技能竞赛两部分组成。

11 月

11 月 9 日，华力二期 12 英寸项目在沪启动。华虹集团名誉董事长、原全国政协副主席胡启立，国家发展改革委副主任林念修，时任上海市市委副书记、常务副市长应勇，国家工信部电子信息司司长刁石京和上海市相关部门出席新生产线项目启动仪式。

11 月 11 日，(首届)中国军民两用技术创新应用大赛半决赛(上海赛区)在光大会展中心举办，全国晋级半决赛的海工装备及船舶、新能源动力与节能环保两大领域 89 个项目参赛。

11 月 14～18 日，2016 上海诚信活动周开幕。本次活动周主题为“守信联合激励、失信联合惩戒”，重点宣扬“让守信者一路畅通”的理念，树立诚信模范标杆，传播信用正能量。

11 月 15 日，由上海市人大财经委员会、市经济信息化委共同举办的 2016 社会信用立法高峰论坛召开。全国人大财经委员会副主任委员彭森、国家发改委副主任连维良，市人大常委会主任殷一璀、时任上海市副市长周波出席会议并致辞。

11 月 15 日，长三角地区创建国家社会信用体系建设区域合作示范区启动会暨区域旅游领域信用联动奖惩工作研讨会在沪召开。会议旨在加强区域信用协同监管，建立跨区域守信激励和失信惩戒联动机制，推进长三角旅游领域信用联动奖惩。

11 月 16 日，时任上海市副市长周波主持召开上海市工业稳增长专题会议并讲话，市经济信息化委做工作汇报，市统计局、浦东新区政府、松江区政府、上海汽车集团股份有限公司和上海烟草集团有限责任公司做补充汇报。

11 月 16 日，上海市工业区发展联席会议第四次全体会议召开。时任上海市副市长周波出席会议并讲话，市经济信息化委主任陈鸣波代表市工业区发展联席会议办公室就《上海市工业区转型升级“十三五”规划(送审稿)》做了情况汇报，副主任徐子瑛汇报了工业区转型升级近期安排及全市产业项目推进情况。

11 月 22 日，第二届两化融合创新高峰论坛暨第二届上海优秀首席信息官颁奖典礼举行，工信部原副部长杨学山出席论坛并做主旨演讲。

11 月 24 日，由市经济信息化委主办的“‘四新’主题沙龙系列——新模式新机制助力智能制造应用”专场活动举行。

12 月

12 月 1 日，2016 上海智慧城市体验周开幕式暨 2016 国际分享经济高峰论坛举行。开幕仪式后，举行了新版“市民云”APP 上线以及智慧城市建设形象标识发布仪式。

12 月 1 日，第三届中国移动互联网视听产业“金桥汇”——“移动互联网下的直播新趋势”高峰论坛在沪召开。

12 月 9 日，和辉光电二期 6 代 AMOLED 生产线项目启动会在上海金山工业区举行，时任上海市副市长周波出席仪式并致辞。

12 月 9 日，上海市智慧城市大讲坛系列主题讲座——“惠享生活，创想未来，依托市民云的信息惠民服务展望”举行。

12 月 10 日，中国开发区协会通用航空产业园区专业委员会成立大会暨京津冀·长三角·珠三角通用航空产业高峰论坛在沪举行。会上举行了中国开发区协会通用航空产业园区专业委员会、中国开发区协会培训中心揭牌启动仪式。

12 月 13 日，市经济信息化委牵头召开上海市新能源汽车安全、机动车排放标准升级专项自查工作会议。

12 月 14 日，上海市法人信息共享与应用系统数据质量推进会召开，市经济信息化委副主任邵志清出席会议并讲话。

12 月 15 日，时任上海市副市长周波、市政府副秘书长金兴明赴上海仪电显示材料有限公司、上海剑桥科技股份有限公司调研智能制造应用工作。

12 月 15 日，市人大常委会副主任洪浩、副主任薛潮带队赴浦东新区、上海自贸试验区和洋泾街道就《上海市社会信用条例(草案)》开展实地调研。

12 月 15 日，2016 年首次全球室内位置服务产业峰会在沪召开。

12 月 22 日，2016 年上海开放数据创新应用大赛(SODA)决赛路演和颁奖仪式在静安区市北高新园区举行。

12 月 22 日，国家能源局电力安全监管司副司长李泽带专家组一行对上海市新能源汽车安全、机动车排放标准升级执行情况开展实地督查工作。

12 月 22 日，上海仪电(集团)有限公司与上海移动签署战略合作框架协议。

12 月 28 日，上海市大数据技术与应用创新中心在上海交通大学举行成立仪式。

12 月 29 日，上海股权托管交易中心“科技创新板”开盘一周年，第四批 23 家企业集体挂牌，挂牌企业总数达 102 家。

12 月 30 日，华力 12 英寸先进工艺生产线建设项目在浦东新区康桥工业区开工。

2016年上海市国民经济和社会信息化统计公报

上海市经济和信息化委员会

2016年是《上海市推进智慧城市建设行动计划(2014—2016)》的收官之年,也是承接《上海市推进智慧城市建设"十三五"规划》的布局启动之年。本市以相关规划重点目标为主要方向,继续聚焦城市信息基础设施能级完善升级,经济与生活服务数字化与智能化,电子政务服务一体化,服务渠道多元化,信息产业稳定发展与产业结构持续优化等重点内容,创新发展、严抓落实,有序、保质、加快推进本市智慧城市建设各领域任务。

一、信息基础设施

截至2016年年底,全市光纤到户覆盖总量达941万户,基本实现全市域覆盖;家庭宽带用户平均接入带宽达到59.6M;已完成744万户下一代广播电视网(NGB)网络改造,用户超过167万户;3G与4G用户普及率进一步高速提升,用户渗透率超过75%;互联网数据中心(IDC)建设保持高速发展势头,机架数超过5万。

(一) 公共信息基础设施

基础通信网络

截至2016年年底,全市新增基础通信管线484沟公里,累计敷设10 459沟公里;新增通信管线接入楼宇158栋,累计接入楼宇5 718栋。

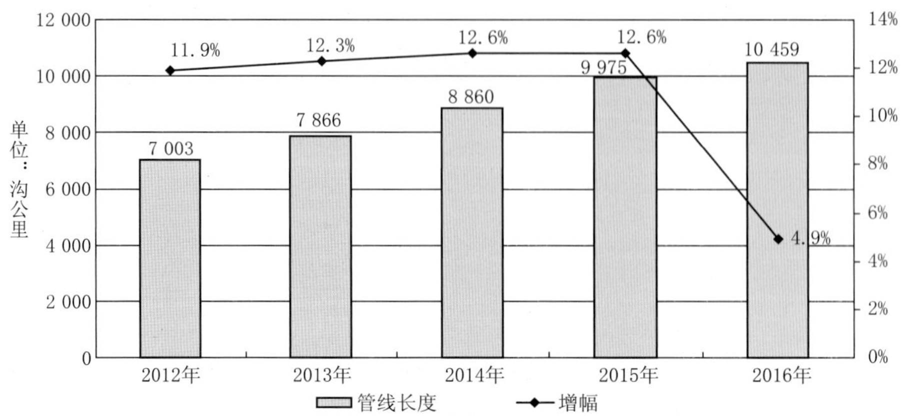

图 1　基础通信管线建设发展情况(2012—2016 年)

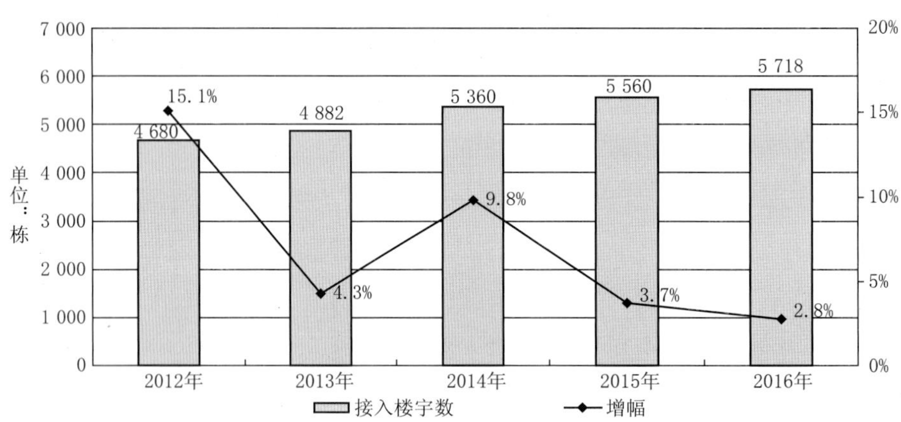

图 2　通信管线接入楼宇发展情况(2012—2016 年)

表 1　基础通信网络建设发展情况(2012—2016 年)

指　　标	单位	2012 年	2013 年	2014 年	2015 年	2016 年
基础通信管线(累计)	沟公里	7 003	7 866	8 860	9 975	10 459
通信管线接入楼宇(累计)	栋	4 680	4 882	5 360	5 560	5 718

通信基站

截至 2016 年年底,移动电话基站达到 9.8 万个,移动电话基站物理站址 2.3 万个,移动电话基站室内分布系统 4.2 万个,WLAN 公共运营接入点(AP)数 14 万个。

全面启动本市 4G 网络优化,组织各区精准补盲、深入排摸,梳理出全市 643 处 4G 网络弱覆盖区域清单。依据全市基站布局规划,推进各区编制区域公用移动通信基站建设三年滚动计划。开展小微基站试点建设,优先利用路灯杆等市政设施,在新天地、陆家嘴等区域开展公用移动通信网络优化试点建设。

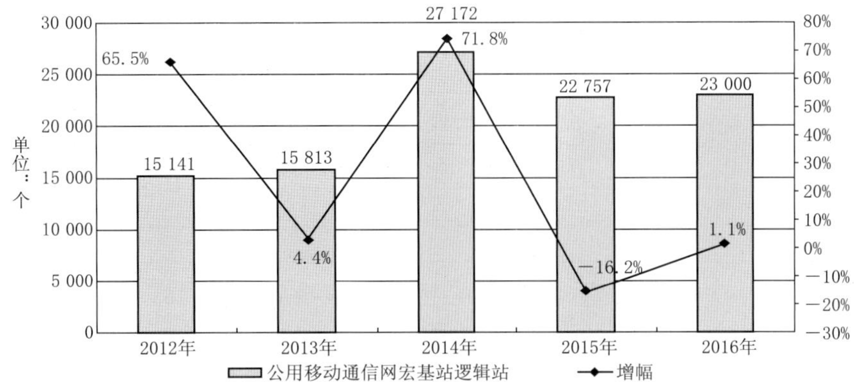

图 3 移动电话基站物理站址建设情况（2012—2016 年）

表 2 移动电话基站物理站址建设情况（2012—2016 年）

指 标	单位	2012 年	2013 年	2014 年	2015 年	2016 年
移动电话基站物理站址	个	15 141	15 813	27 172	22 757	23 000

（二）宽带城市建设

光纤到户建设

截至 2016 年年底，全市光纤到户能力覆盖达到 941 万户，同比 2015 年增加 31 万户，按常住人口测算①，基本实现全覆盖；宽带接入用户数达到 808 万户，同比增长 15.4%；家庭宽带用户达到 722 万户，同比增长 16.5%，其中，家庭光纤用户达到 515 万户，占比达到 71.3%；家庭宽带平均接入带宽达到 59.6 Mbps。②开展千兆接入规模试点，促进大带宽应用，在去年小区千兆接入试点的基础上，进一步扩大覆盖范围，覆盖用户规模突破万级。

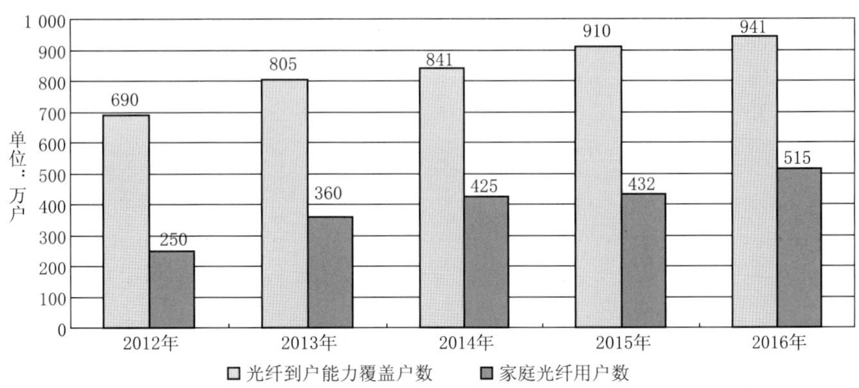

图 4 光纤到户能力发展情况（2012—2016 年）

① 参考 2010 年第六次人口普查以及 2010 年以来的人口增长情况测算。

② 不含电信在宽带业务以外单独提供 IPTV 带宽。

表 3　光纤到户能力发展情况(2012—2016 年)

指　　标	单位	2012 年	2013 年	2014 年	2015 年	2016 年
光纤到户能力覆盖户数	万户	690	805	841	910	941
其中:家庭光纤用户数	万户	250	360	425	432	515

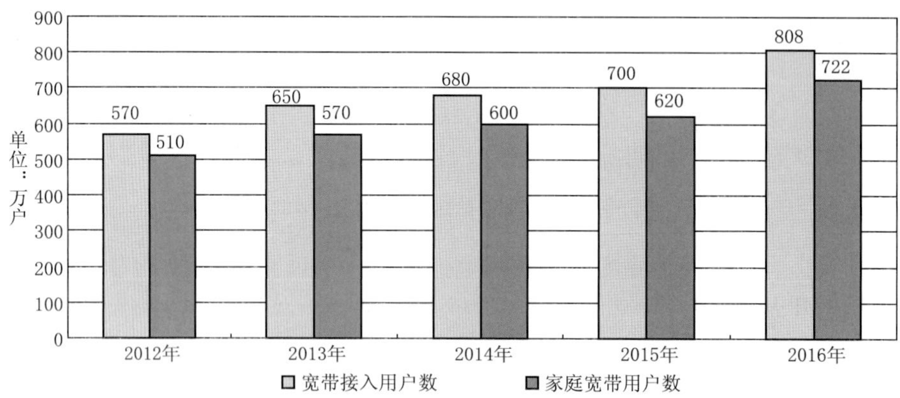

图 5　家庭宽带用户发展情况(2012—2016 年)

表 4　家庭宽带光纤化改造/用户发展情况(2012—2016 年)

指　　标	单位	2012 年	2013 年	2014 年	2015 年	2016 年
宽带接入用户数	万户	570	650	680	700	808
其中:家庭宽带用户数	万户	510	570	600	620	722

下一代广播电视网

截至 2016 年年底,下一代广播电视网(Next Generation Broadcasting Network,简称 NGB)改造已完成 744 万户,同比增长 3.3%,基本实现有线电视用户全覆盖;其中,NGB 网络用户达到 167 万户,同比增长 5.7%。

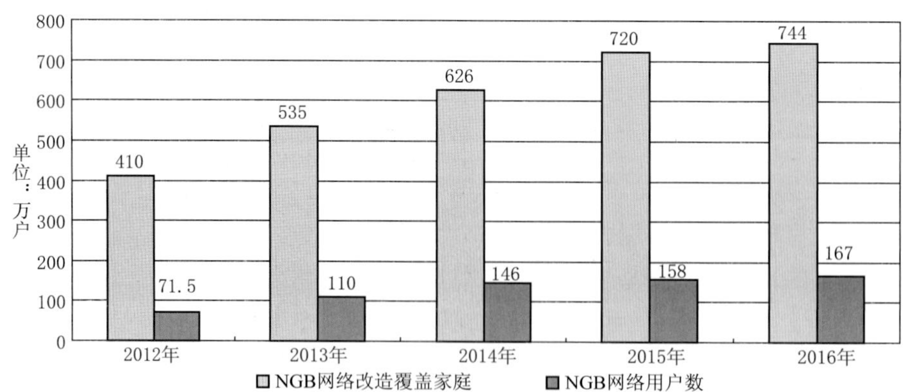

图 6　下一代广播电视网(NGB)建设情况(2012—2016 年)

表 5 下一代广播电视网(NGB)建设情况(2012—2016 年)

指 标	单位	2012 年	2013 年	2014 年	2015 年	2016 年
NGB 网络改造覆盖家庭	万户	410	535	626	720	744
NGB 网络用户数	万户	71.5	110	146	158	167

2016 年,杨浦区与上海东方明珠新媒体股份有限公司合作,完成下一代广播网无线系统(NextGeneration Broadcasting Wireless,简称 NGB-W)综合示范区一期网络建设,建设并开通 37 个室外基站和 22 处室内分布系统,测试覆盖率达到 91%以上。利用低频 700M 频段作为优质无线双向传输通道资源优势,基于新媒体与传统媒体的融合,为社会公众提供互联网、通信网、广播电视网三网融合的服务。以打造文化宣传阵地为目的,建设公共服务平台。

互联网出口带宽

截至 2016 年年底,上海互联网国际出口带宽为 1 195Gbps,同比增加 21.4%;互联网城(省)际出口带宽达到 8 632Gbps,同比增加 39.0%。

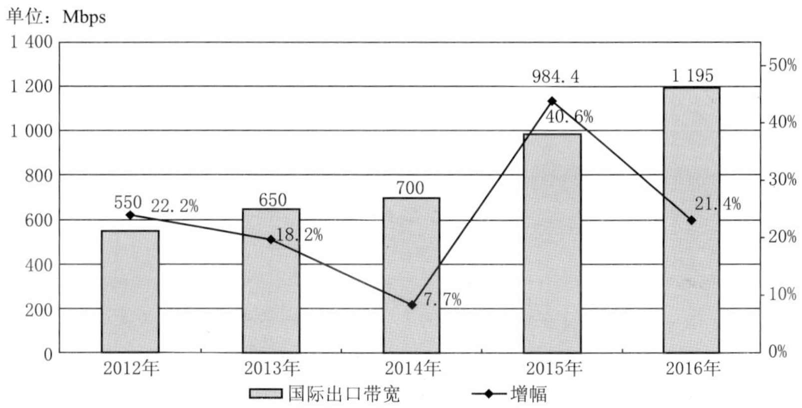

图 7 互联网国际出口带宽(2012—2016 年)

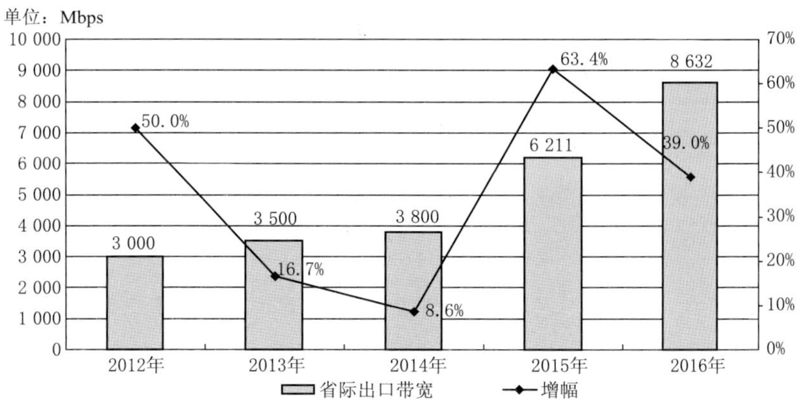

图 8 互联网城(省)际出口带宽(2012—2016 年)

表6　互联网出口带宽发展情况(2012—2016年)

指　　标	单位	2012年	2013年	2014年	2015年	2016年
互联网国际出口带宽	Gbps	550	650	700	984.4	1 195
互联网城际出口带宽	Gbps	3 000	3 500	3 800	6 211	8 632

(三)无线城市建设

i-Shanghai建设

推动i-Shanghai服务优化升级,公共场所服务场点累计开通1 200余处,商业场所累计开通3 000余处。通过与东方购物、百事通、百度音乐等内容商合作,丰富服务资源,并结合大数据分析与智能推荐引擎,充分匹配用户需求。新增用户208万,总量达1 046万。手机客户端使用人次突破3 019万,网页版使用人次突破5 219万,用户使用总流量突破42万G。

(四)有线电视

数字电视

截至2016年年底,上海有线电视用户总数为730万户,同步完成数字化整体转换用户694万户,基本完成全市有线电视数字化整体转换任务。截至2016年12月,东方有线高清用户规模超过306万户。

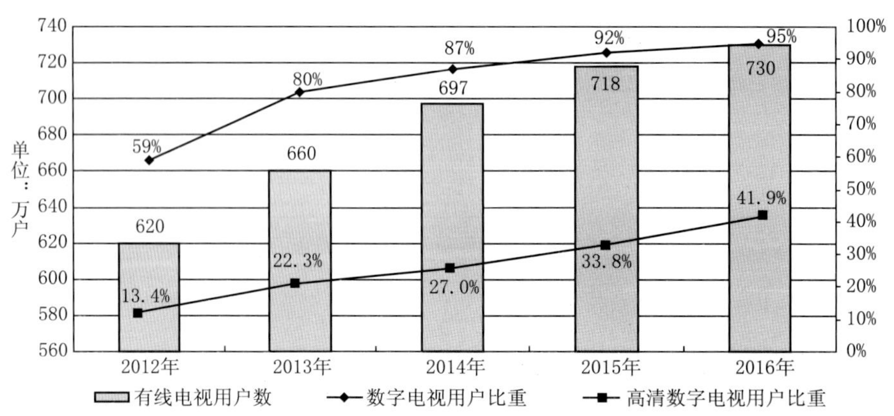

图9　有线电视/数字电视用户发展情况(2012—2016年)

表7　有线电视/数字电视用户发展情况(2012—2016年)

指　　标	单位	2012年	2013年	2014年	2015年	2016年
有线电视用户数	万户	620	660	697	718	730
其中:有线数字电视用户数	万户	365.5	525	604	662	694
高清数字电视用户数	万户	82.9	147	188	243	306

IPTV

截至2016年年底，全市IPTV用户数为230万，同比增加30%；高清IPTV用户数达到150万户，同比增加78.6%。

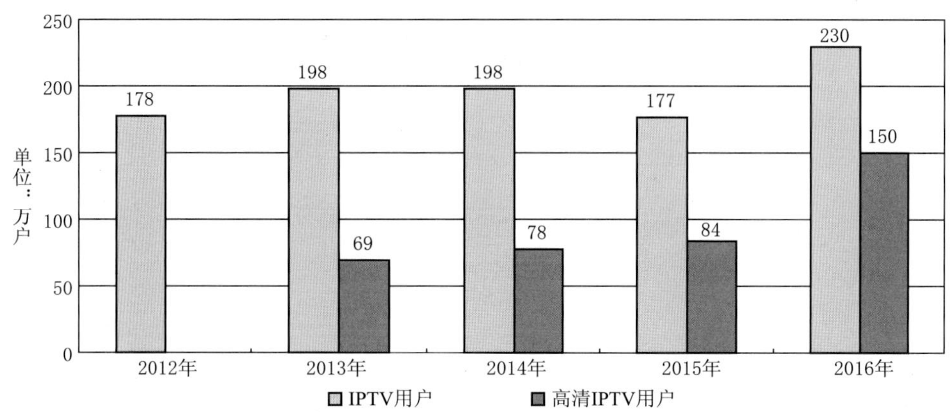

图10 IPTV/高清IPTV用户发展情况（2012—2016年）

表8 IPTV用户发展情况（2012—2016年）

指　　标	单位	2012年	2013年	2014年	2015年	2016年
IPTV用户	万户	178	198	198	177	230
其中：高清IPTV用户	万户	—	69	78	84	150

注：高清IPTV用户数据2013年之前未做单独统计。

（五）功能性服务设施

上海超级计算中心

上海超级计算中心（简称“超算中心”）对外计算能力保持在10 000核（400TFlops）；“魔方2”系统运行稳定，用户数达到224个，可用率达到99.9%以上。全年（2015年12月至2016年12月）224名用户提交作业约65万个，使用机时约6 733万核小时。

“蜂鸟”超级计算机通过超算中心自主研发的高性能计算平台软件——Xfinity为工程用户提供服务，全年有188名用户提交了约9.5万个作业，使用机时约435万核小时，新增用户71个，用户数累计613个。

探索超算中心Paas云服务平台建设。目前，已经成功部署了中国浦东干部学院网络学院和中组部网络学院两个应用。该平台正式上线以来，共实现在线培训人数近3万人。

互联网数据中心

截至2016年年底，全市主要电信运营商互联网数据中心(IDC)总机架超过5万，达到51 733个，同比增长31.3%。

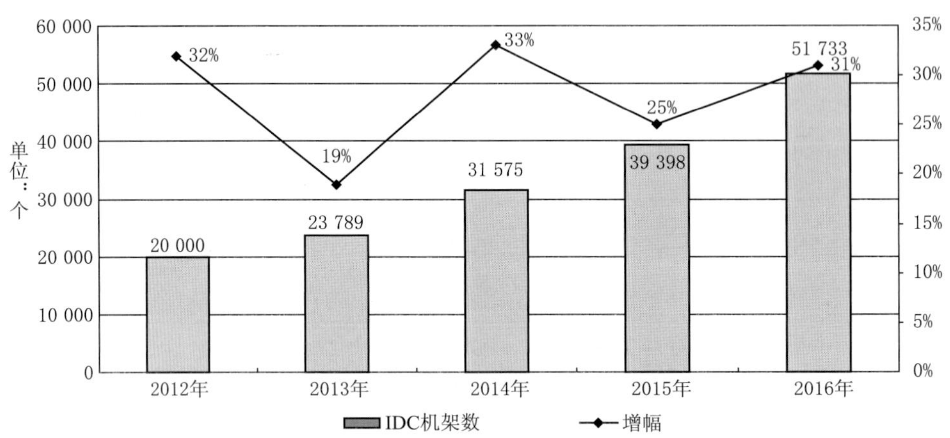

图 11　IDC 总机架数(2012—2016 年)

表 9　IDC 总机架数(2012—2016 年)

指　　标	单位	2012 年	2013 年	2014 年	2015 年	2016 年
IDC 总机架数	个	20 000	23 789	31 575	39 398	51 733

二、信息化应用

2016年，初步建成上海教育资源联盟，实现与上海大规模智慧学习平台、上海学习网等应用平台的对接，整合共建资源27 000个，课程697门。在卫生医疗方面，已试点在全市65家社区卫生服务中心统一开展与市级平台的对接。进一步推进智慧商圈、智慧园区等智慧新地标建设。全力打造制造业与互联网融合发展体系，编制《上海市加快制造业与互联网融合创新发展实施意见》和《上海市工业互联网创新发展应用三年行动计划(2017—2019年)》。

(一) 社会领域信息化

智慧教育

2016年，上海大规模智慧学习平台(上海微校)上线试运行，建立个人终身学习账户，支持打通线上线下和各个学段，开展学习过程记录和分析，提供个性化学习服务，并与学分银行实现对接；开设专题教育和企业培训，初步实现培训机构的大众点评功能。初步建成上海教育资源联盟，实现与上海大规模智慧学习平台、上海学习网等应用平台的对接，实现整合共建资源 27 000 个，课程 697 门，避免了资源重复建设，提高了资源的利用率，推进了优质教育资源的共建共享与互联互通。

卫生医疗

已试点在全市 65 家社区卫生服务中心统一开展与市级平台的对接，搭建“社区综合改革云管理服务平台”，分别在“就诊流量”、“延伸处方”等五个方面进行综合管理和数据展示；通过“上海电子健康卡”平台建设，建立电子社保卡、电子身份证、交通卡、银行卡的实名关联，整合相关卡的服务和应用，并将应用逐步扩展到其他电子卡领域。

在全市公立医院服务产生评价指数的基础上，建立基于病种和治疗手段组合的各类费用知识库。使得家庭医生在目前完整掌握签约居民在所有医疗机构的就诊记录、处方信息、检查化验等详细诊疗信息的基础上，进一步判断其费用的合理程度。基于目前上海市人口健康大数据的分析挖掘，开发家庭医生转诊指症知识库，为支撑家庭医生科学、及时的转诊，提供更科学高效的信息支撑。

智慧新地标

智慧社区方面，编制智慧社区建设指南和评估体系，启动部署社区事务受理服务中心的事务受理信息系统优化升级，全力推进“一证通用”和信息共享，在 50 个社区开展试点。智慧村庄方面，发布智慧村庄建设指南，落实智慧村庄“一村一屋”模式试点，该模式目前已选择奉贤区青村镇解放村、金山区廊下镇中华村开展试点。智慧商圈方面，发布第二批智慧商圈试点单位申报通知，与市商务委沟通智慧商圈发展水平评估及建设指南编制工作。智慧园区方面，形成《智慧园区建设与管理通用规范》2.0 初稿，指导智慧园区发展促进会举办智慧园区创新体验研讨会等交流活动。截至 2016 年年底，全市共认定了 30 个智慧园区试点。智慧新城方面，指导虹桥商务区制定智慧新城建设方案。

（二）经济领域信息化

“两化”深度融合

2016 年，上海市信息化与工业化融合（以下简称“两化融合”）初步进入深化融合阶段。全力打造制造业与互联网融合发展体系，发布《上海市加快制造业与互联网融合创新发展实施意见》和《上海市工业互联网创新发展应用三年行动计划（2017—2019 年）》，明确未来 3—5 年上海推进工业互联网创新发展，以及制造业与互联网融合的主要目标和任务。推动上海工业互联网创新中心、国家级工业互联网标准试验验证公共服务平台、中航工业商发制造智能工厂建设、荣威智能网联汽车等一批工业互联网重大投资项目落地。举办首届国际工业互联网大会，在 2016 中国国际工业博览会上设立工业互联网展示专区，并举办 2016 工业互联网高峰论坛以及 2016 制造业与互联网融合发展深度行（上海站）活动。以两化融合管理体系贯标为契机，推动企业组织方式变革和互联网转型发展，2016 年，中船九院、沪东中华造船（集团）有限公司等 10 家试点企业通过工信部贯标评定。

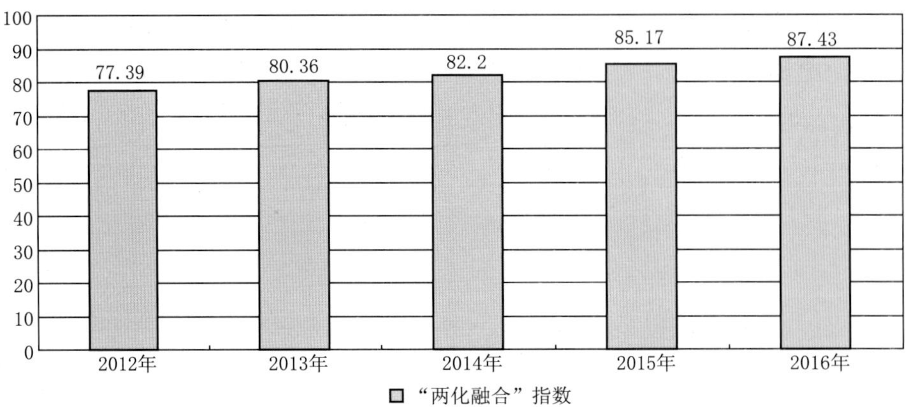

图 12 "两化融合"发展水平(2012—2016 年)

表 10 "两化融合"发展水平(2012—2016 年)

指　　标	单位	2012 年	2013 年	2014 年	2015 年	2016 年
"两化融合"发展水平指数	无量纲	77.39	80.36	82.2	85.17	87.43

金融业信息化

2016 年,全市银行卡交易金额达到 2.34 万亿元,同比减少 18.7%;全年银行卡新增发卡量为 2 111.06 万张。

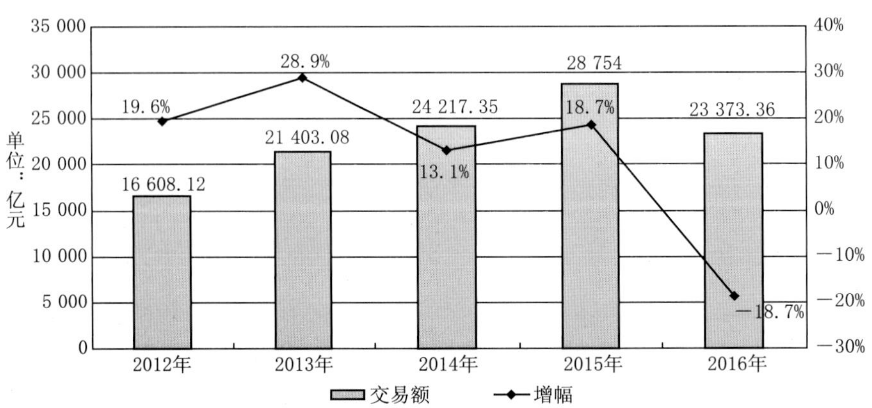

图 13 银行卡交易金额(2012—2016 年)

表 11 银行卡交易金额(2012—2016 年)

指　　标	单位	2012 年	2013 年	2014 年	2015 年	2016 年
银行卡交易金额	亿元	16 608.12	21 403.08	24 217.35	28 754	23 373.36

注:银行卡交易额来源:中国人民银行上海分行。

截至2016年年底,上海地区提供ApplePay快捷支付服务和HCE云闪付服务的银行数量分别达到14家和20家,为移动金融应用提供基于安全芯片数字认证的银行已增加到6家,实现方式包括音频Key、蓝牙Key、卡机伴侣等。因2016年中国人民银行未对非银行机构新发《支付业务许可证》,上海市已获得第三方支付牌照企业,即获得《支付业务许可证》非银行机构维持在54家。2016年,这54家机构被合并支付业务5家,被注销《支付业务许可证》1家,不予续展《支付业务许可证》1家,因此截至年底,上海持有效《支付业务许可证》非银行支付机构共47家。

表12 获得第三方支付牌照企业(2012—2016年)

指 标	单位	2012年	2013年	2014年	2015年	2016年
上海市累计获得牌照企业数	家	51	54	54	54	54
上海持有效牌照企业数	家	51	54	54	54	47
全国累计获得牌照企业数	家	216	269	269	270	270
全国持有效牌照企业数	家	216	269	269	268	256

商贸流通信息化

2016年,全市共完成电子商务交易额20 049.30亿元,比上年增长21.9%。其中,B2B交易额14 445.60亿元,增长17.3%,占电子商务交易额的72.1%;网络购物交易额5 603.70亿元,增长35.4%,占27.9%。

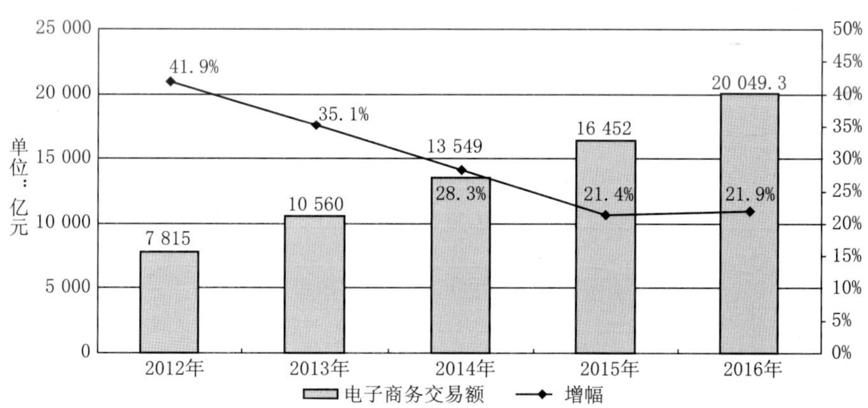

图14 电子商务交易额(2012—2016年)

表13 电子商务交易额(2012—2016年)

指 标	单位	2012年	2013年	2014年	2015年	2016年
全市电子商务交易额	亿元	7 815	10 560	13 549	16 452	20 049.3

全市 2016 年口岸税费电子支付系统年电子单证处理量超过 2.47 亿张，受进出口贸易形势影响，同比下降 8.5%；平台稳定性 99.99%。截至 2016 年，电子支付平台处理海关关税支付 18 069 287 笔，比 2015 年增加 9%；支付金额 13 362 亿元，比去年增加 7.4%。

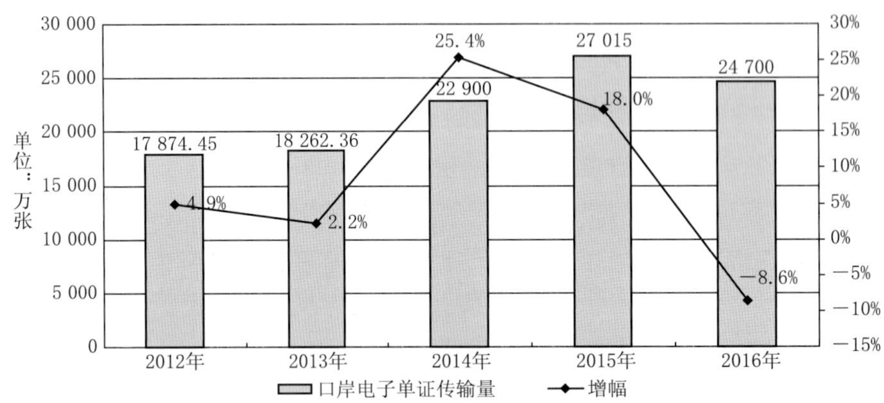

图 15　口岸电子单证传输量(2012—2016 年)

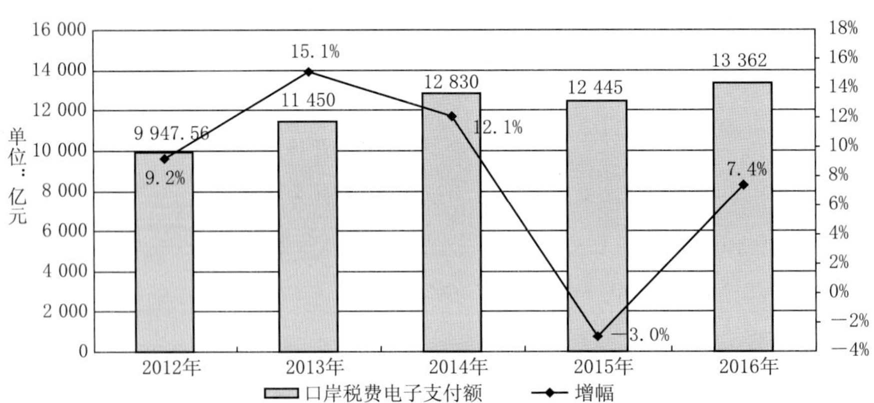

图 16　口岸税费电子支付额(2012—2016 年)

表 14　口岸信息化指标发展情况(2012—2016 年)

指　　标	单位	2012 年	2013 年	2014 年	2015 年	2016 年
口岸电子单证传输量	万张	17 874.45	18 262.36	22 900	27 015	24 700
口岸税费电子支付额	亿元	9 947.56	11 450	12 830	12 445	13 362

(三) 城市建设与管理信息化

网格化管理

2016 年，全市城市综合管理信息平台进一步向基层拓展，全市 213 个街镇基本完成了平台建设，城市网格化综合管理村居工作站覆盖率超过 50%，依托平台推进供水、燃气、邮政等公共服务进社区，通过建立城市网格化综合管理数据库等方式实现对市级平台的优化升级。

智能交通

推进公交行业车载信息系统大规模应用，中心城区基本实现一体化车载信息系统全覆盖；创新公众出行信息发布渠道，全市公交站亭建成1 600余块LCD55寸显示屏、1 700余根太阳能电子站牌，实现了车辆实时到达信息的发布；基本建成以道路交通综合信息服务（智行者）、公交信息服务（上海公交）、公共停车信息服务（上海停车）等为主干的交通信息化应用框架，950多条公交线路、200多个中心城区停车场状态信息可在线实时查询。

2016年，全市交通卡发卡911.51万张，退卡393.45万张，实现销售额6.27亿元。

表15 交通卡销售金额（2012—2016年）

指　　标	单位	2012年	2013年	2014年	2015年	2016年
交通卡销售金额	亿元	14.39	13.09	11.33	8.49	6.27

（四）政务领域信息化

电子政务基础设施能级建设

截至2016年底，电子政务外网已覆盖1 400多家市级单位，接入终端超过17 000台；汇接16个区政务外网，涵盖区内各委办局、乡镇及街道办事处，并延伸到居委会、村委会和社区中心等基层组织，区级政务外网总接入单位7 400多家，终端超过11 3000台，在覆盖范围不断扩大的同时，政务外网网络承载和应用支撑能力也显著增强。灾备中心全面开展数据容灾二期建设和应用级容灾建设，为28家新增单位提供数据容灾服务，办理介质容灾业务的单位增至32家。

2016年政务外网新增13个业务应用，截至年底累计开展160多项业务应用，分别为72个市级业务、62个条线业务和34个上联国家部委办业务，其中有37家业务部门采用市政务外网DNS域名系统开展应用。

网上政务服务优化

市政府各部门和16个区政府单部门审批事项全部以数据对接方式接入网上政务大厅。截至2016年年底，794项市级部门审批事项已100%接入市政府网上政务大厅。自2015年11月市政府网上政务大厅开通运行以来，访问量已突破786万人次，累计网上办理事项近445万件。各区政府在完成市政府统一建设要求外，积极打造富有区域特色的网上政务大厅，并实现16个区共6 500项区级审批事项100%接入网上政务大厅。

进一步推动服务事项上网：已有16个区、31个市级委办局和1个管委会按照标准完成服务事项梳理工作，共有约240余个市级服务事项，3 000余个区级服务事项接入网上政务大厅。进一步优化网上办事服务体验：在数据对接的基础上，研究确定了“网上预约预审、统一网上受理、全程网上办理”的三级办理标准。目前,市住房城乡建设管理委、市交通委、市环保局、市水务局等部门 102 个市级审批事项和占全市大多数区的 400 余个区级审批事项实现"全程网上办理","零上门"办事事项数量显著增加。

服务渠道与内涵拓展

"中国上海"门户网站扎实开展栏目内容建设,不断加大信息公开、回应关切、政策解读等方面力度,围绕政府重点工作,开展网上民意征集。2016 年,"中国上海"首页访问量达到 3 427 万页次,页面访问量达到 4.7 亿页次,在全国性第三方的 2016 年度省级政务网站绩效评估中位居第一名。

微博、微信等新媒体平台在连接政府和社会公众,畅通信息发布,树立政府公信力方面发挥重要作用。2016 年,"上海发布"的影响力继续提升,政务微博发布各类信息近 9 000 余条,粉丝增至 1 172 万,继续保持全国省区市政务微博首位。微信用户突破 260 万,日均阅读量超过 80 万次,微信"市政大厅"功能页面总访问量已达 3.9 亿次,15 项便民查询服务日均访问量达 35 万次,影响力位列省级政务微信第一名。

"12345"市民热线工作水平和办理成效稳步提高。2016 年,"12345"市民服务热线共接听市民电话 270 万个,同比增长 37%。其中,当场解答咨询 122 万个,解决市民求助、投诉事项 109 万件,网站和手机 APP 受理 11.5 万件,共转送工单 120 万件,工单按时办结率为 99.5%,电话回访市民综合满意率达 93%。2016 年,在第三方机构对全国"12345"热线服务质量监测中,上海位列第一。

(五) 居民生活信息化

固定电话/移动电话用户

截至 2016 年年底,上海固定电话用户 731.62 万户,同比 2015 年减少 8.2%,创五年以来最大降幅。移动电话用户 3 156.14 万户,比上年末减少 103.79 万户,继 2015 年出现拐点以来,五年来首次出现负增长,移动电话用户普及率 130.7 部/百人。

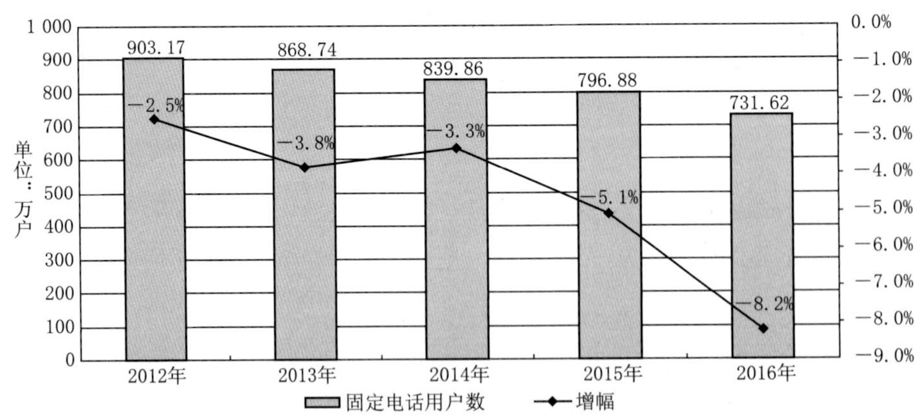

图 17　固定电话用户数(2012—2016 年)

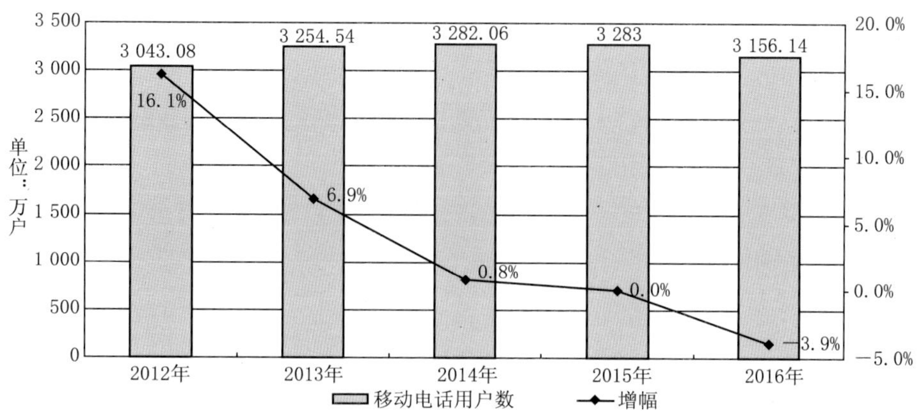

图 18 移动电话用户数(2012—2016 年)

表 16 固定/移动电话用户数(2012—2016 年)

指 标	单位	2012 年	2013 年	2014 年	2015 年	2016 年
固定电话用户数	万户	903.17	868.74	839.86	796.88	731.62
移动电话用户数	万户	3 043.08	3 254.54	3 282.06	3 283	3 156.14

网络用户

截至 2016 年年底，本市互联网网民数为 1 791 万人，互联网普及率为 74.1%，同比增长一个百分点。其中，互联网宽带接入用户 804.12 万户。全市第三代移动通信技术(3G)和第四代移动通信技术(4G)用户总数达到 2 390.09 万户，同比 2015 年增加 178.82 万户，在移动用户中的渗透率达到 75.7%。

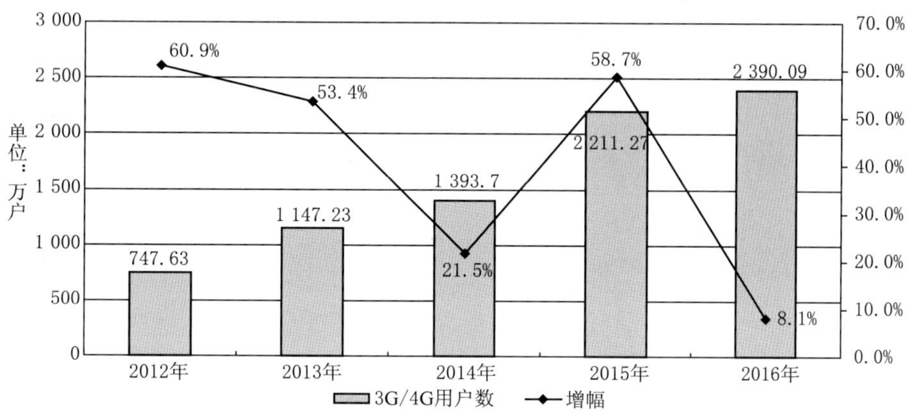

图 19 3G/4G 用户数(2012—2016 年)

表 17　移动互联网/3G/4G 用户发展情况(2012—2016 年)

指　　标	单位	2012 年	2013 年	2014 年	2015 年	2016 年
3G/4G 用户数	万户	747.63	1 147.23	1 393.7	2 211.27	2 390.09
渗透率	%	24.6	35.3	42.5	67.4	75.7

三、信息资源开发利用

2016 年，本市印发了《上海市政务数据资源共享管理办法》，基本建成政务数据资源目录体系。上海市政府数据资源目录管理系统共汇聚和发布了市级预算部门数据资源目录数 1.5 万条、数据项 21 万个，政府数据服务网累计开放数据集近 1 000 项，涵盖了经济建设、资源环境、教育科技、道路交通等 12 个重点领域，形成多维度的政务数据资源开放格局。采用政府购买服务模式引入第三方机构的市场化力量，加强政府数据服务网的整体运营和数据管理。举办第二届 SODA 大赛，不断提升公共数据开放的社会知晓度和认同度。

四、信息产业

2016 年，本市全年共实现信息产业增加值 2 994.33 亿元，比上年增长 8.5%。其中，信息服务业增加值 1 963.79 亿元，增长 11.9%，占第三产业比重达到 10.1%，占全市国内生产总值的比重达到 7.1%。

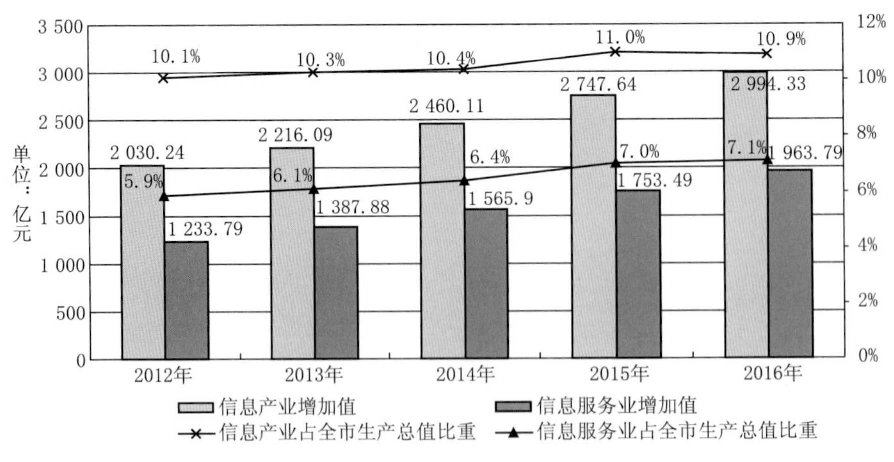

图 20　信息产业增加值(2012—2016 年)

表 18 信息产业增加值(2012—2016 年)

指　　标	单位	2012 年	2013 年	2014 年	2015 年	2016 年
信息产业增加值	亿元	2 030.24	2 216.09	2 460.11	2 747.64	2 994.33
其中:信息服务业增加值	亿元	1 233.79	1 387.88	1 565.9	1 753.49	1 963.79

(一) 电子信息制造业

2016 年本市电子信息制造业实现工业总产值 6 045 亿元,同比下降 2.2%,降幅比预期收窄。产业盈利状况良好。全年,电子信息制造业销售收入 6 430 亿元,实现利润 212 亿元,同比增长 11.1%,其中集成电路利润 46 亿元,翻番增长。

与此同时,产业结构调整成效显现。主要体现在:新一代信息技术制造业实现增长。全年新一代信息技术制造业实现工业总产值超 2 141 亿元,同比增长 3.7%,增速高出电子信息制造业近 6 个百分点。

集成电路领域保持增长。全年集成电路产业规模首次超千亿,达到 1 053 亿元。集成电路制造业完成工业总产值 420 亿元,同比增长 16.4%,晶圆片产量同比增长 15.8%。产业链呈现均衡发展的良好态势,产业链各环节的比例日趋优化,设计、制造双引擎的带动效应愈发明显。

电子组装加工业规模保持稳定。鼓励支持电子组装加工业企业提质增效,在沪生产以高端产品为主。重点电子组装加工企业产值占全部制造业工业总产值比重稳定在 45%,为全市工业稳增长发挥了坚强支撑作用。

(二) 软件和信息服务业

2016 年,上海软件和信息服务业实现营业收入 6 904.35 亿元,比上年同期增长 14.9%。实现增加值 1 963.79 亿元,同比增长 11.9%,占第三产业比重达到 10.1%,占全市国内生产总值的比重达到 7.1%。其中,软件产业 4 074.16 亿元,比上年同期增长 15.5%;互联网信息服务业 1 720.33 亿元,比上年同期增长 20.7%;电信传输服务业 710.85 亿元,与上年基本持平。截至 2016 年底,规模以上信息服务业企业近 5 500 家,从业人员达到 68.2 万人,其中 2016 年经营收入超亿元企业达到 556 家,超 100 亿元企业 6 家。

软件产业

2016 年上海市软件产业规模稳步扩大,实现经营收入 4 074.16 亿元,比上年同期增长 14.2%,发展步入稳定期。实现利润总额 623.35 亿元,比上年同期增长 17.1%,行业利润率为 15.3%。2016 年上海软件出口由负增长转为正增长,产值达到 36.86 亿美元,比上年同期增长 3.76%。主要出口方式仍是信息技术外包(ITO)。截至 2016 年年底,软件从业人员达到 50.2 万人。经营收入超亿元软件企业 445 家,其中经营收入超 10 亿元企业 58 家。中国银联等 7 家企业入围 2016 年(第 15 届)中国软件业务收入百强企业。

互联网信息服务业

2016 年,上海互联网信息服务业实现营业收入 1 720.33 亿元,比上年同期增长 20.7%。网络游戏中 VR 游戏成为游戏创业创新的重点领域,不少 VR 游戏团队诞生,而大的游戏企业也开始布局 VR 游戏研发。2016 年经营收入近 510 亿元,比上年同期增长 15%左右,占全国 1/4 份额。目前,上海有 16 家上市游戏企业,占全国上市游戏企业数 10.1%,仅次于北京和广东。新三版挂牌游戏企业 25 家,占全国 21.7%,仅次于北京。互联网金融区块链技术助推金融业数字化转型,消费金融为互联网金融带来新的增长点。2016 年互联网金融经营收入达到 496 亿元,比上年同期增长 28.8%。其中第三方支付收入达到 350 亿元;重点跟踪的 17 家网络信贷企业交易额达到 200.35 亿元,经营收入达到 17.68 亿元。网络视听加速向移动端转移,催生了短视频、视频直播等业务。各大视频网站通过不断创新内容,改善表现方式,差异化的网剧抢占用户市场。2016 年上海网络视听经营收入超 210 亿元,较上年同期增长 23.6%。

(三) 信息产品进出口

2016 年,上海信息产品进口额为 568.26 亿美元,同比减少 8.6%;信息产品出口额 731.1 亿美元,同比减少 7.6%,其中一般贸易出口额为 96.76 亿美元,同比增长 2.9%。

表 19 信息产品进出口额(2012—2016 年)

指 标	单位	2012 年	2013 年	2014 年	2015 年	2016 年
信息产品进口额	亿元	677.93	619.11	611.86	621.56	568.26
信息产品出口额	亿元	869.57	841.9	840.04	791.59	731.1
一般(信息)产品出口额	亿元	67.22	77.84	96.48	94.07	96.76

五、信息化环境

2016 年,上海市网络安全保障工作根据国家战略部署,紧紧围绕智慧城市信息安全保障工作要求,主动适应新技术、新应用带来的信息安全新挑战,夯实信息安全技术设施和平台支撑;积极营造信息安全保障环境,全年本市未发生重大信息安全事故,信息安全态势总体可控。

围绕法治政府建设,完善信息化法律制度,着力提升依法行政能力,进一步深化政府职能转变。在信息化立法、法律制度建设、行政执法监督、政府权力运行、法治宣传教育等方面取得一定成效。通过 2016 "智慧城市体验周"、"信息安全活动周"、"诚信活动周"等一系列活动的成功举办,有效推进信息化环境营造。

(一) 信息安全

法人一证通

截至 2016 年年底,法人一证通的服务对象从企业法人、事业单位、机关法人、社会团体四类法人,逐步扩展到个体工商户、外商、律师事务所等非法人性质的组织机构的 147.88 万家单位,发放有效一证通数字证书185.52万张，新开办单位中只领取一张法人一证通的更是超过89％，一证通逐步成为法人网上办事的主流。税务、工商、人社等近30个部门的近百项业务均已开通支持法人一证通的在线应用，为全市各类企业法人节约成本约4亿元/年，节省出行时间约8 280万小时/年，节省纸张约1.6亿张/年。

信息安全测评服务

2016年共对本市977个重要信息系统进行了安全测评，测评范围涉及电子政务、社会保障、银行、证券、保险、电力、燃气、供水、轨道交通、医疗卫生等关系国计民生的主要信息系统应用领域。具体包括：电子政务类系统480个，占49.1％；金融服务类系统180个，占18.4％；基础网络、公共事业、轨道交通、民航、广电、第三方支付类系统116个，占11.9％；医疗卫生类系统128个，占13.1％；其他企业类系统73个，占7.5％。

信息安全活动周

2016年市经济和信息化委、市网信办共同主办“第三届国家网络安全宣传周(上海地区)暨第六届上海市信息安全活动周”(以下简称“活动周”)。活动周以“网络安全为人民、网络安全靠人民”为主题，在全市陆续开展了数十场专业论坛和技术研讨会，集中表彰了一批网络安全工作先进个人，举办多项网络安全竞赛，走进社区和学校开展网络安全宣传教育等活动。宣传周活动覆盖本市各区、各街道，网上、网下直接参与各项活动的总人数超过10万人次。

(二) 信息化政策法规

信息化立法

配合市人大财经委完成了《上海市社会信用条例(草案)》相关立法工作，经市第十四届人大常委会第75次会议审议，该项目转为2016年度地方性立法正式项目。按照工信部相关要求，开展了《中华人民共和国无线电管理条例》的宣贯，将《上海市无线电管理办法》列入2017年度政府规章修订计划。

法治宣传教育

制定《2016年上海市经济和信息化系统法治宣传教育工作要点》，编制发布《关于在市经济和信息化系统中开展法治宣传教育的第七个五年规划(2016—2020年)》。组织市经济信息化系统单位开展了“12·4”国家宪法宣传日及宪法宣传活动周的各项活动。市经济信息化系统2家单位和2位个人分别被评为本市六五普法先进集体和先进个人。

(三) 智慧城市体验周

“2016上海智慧城市体验周”活动于12月1日至30日举办，体验周以“惠享生活，创想未来”为主题，在全市开展综合活动、评选活动、体验智慧应用活动、高峰论坛、培训宣讲、现场观摩、路演、互动交流等各类高质量活动50个，其中包括大型综合活动14个，如2016智慧城市体验周开幕式暨全球分享经济高峰论坛、上海智慧城市定向赛、上海智慧城市建设“领军先锋”评选和“智慧工匠”技能竞赛、智慧城市创新发展峰会等，参与市民近50万。

本次体验周不仅得到了沪上传统媒体和新媒体的大力支持，还首次邀请自媒体加入，直播活动最新动态，合计超过 50 家媒体参与报道，全市信息覆盖量达到千万以上。形成多渠道多维度的立体式报道，引起广泛的社会共鸣，全面开启智慧城市常态化体验模式。

（四）营造诚信社会氛围

公共信用服务平台建设与应用

完善市信用平台“1＋16＋N”总体架构。加强市区联动，将子平台和服务窗口建设作为支撑区县和重点部门数据归集与应用的重要载体，截至 2016 年年底已建设 21 个子平台、设立 13 家服务窗口。发布公共信用信息查询、异议处理及信用服务机构专窗查询服务指南，构建“线上＋线下”综合查询渠道，实现手机 APP、微信、法人一证通在线查询。市信用平台累计提供查询 2 224 万次，其中法人、自然人信用信息查询各 713 万次、1 511 万次。加强对事中事后监管平台、商务诚信公众服务平台、新金融业态监管平台等的支撑作用，加大对市场应用的服务力度，支持普惠金融、分享经济等市场主体做好信用风险监管。

公共信用信息归集

根据《上海市公共信用信息目录(2016 版)》，97 家单位向市信用平台提供 5 198 项信息事项。其中，涉及法人信息事项 4 072 项，涉及自然人信息事项 1 126 项；平台可查询数据约 3.14 亿条，法人数据约 1 064万条，自然人数据约 3.04 亿条。“双公示”工作取得积极进展，全市依托法人库、人口库和区县信用子平台实现“双公示”信用信息的归集汇总，并已在“上海诚信网”集中展示“双公示”信息，实现与“信用中国”的对接。截至 2016 年年底，本市共向“信用中国”网推送行政许可信息 472 066 条，行政处罚信息 82 577 条，累计提供 554 643 条。

联动试点与合作交流

率先突破在区域旅游领域开展联动奖惩试点，推进“三个一”工程建设(形成一套基础规范、搭建一个服务平台、共建一个联盟组织)，深化信用联动奖惩应用。以旅行社、导游、领队、游客为重点，引入第三方信用服务机构，推进长三角旅游领域信用联动奖惩。举办长三角创建国家社会信用体系建设区域合作示范区启动会暨区域旅游领域信用联动奖惩研讨会。

诚信活动周

成功举办 2016 上海“诚信活动周”。相关活动主要包括寻找沪上“知信达人”、长三角地区创建国家社会信用体系建设区域合作示范区启动会暨区域旅游领域信用联动奖惩工作研讨会、“社会信用立法”高峰论坛、2016 上海十大信用典型案例评选颁奖活动及社会信用体系建设“十三五”规划专家解读会等。

2016 上海市智慧城市发展水平评估报告

上海市经济和信息化发展研究中心
上海市智慧城市建设促进中心

一、智慧城市发展水平评估指标体系

(一) 评估体系概述

1. 评估体系框架

上海市智慧城市发展水平评估指标体系,包括构成总指数的 3 个一级指标,即网络就绪度指数、智慧应用指数与发展环境指数,以及作为总指数值修正系数的信息安全状况系数。其中,网络就绪度指数、智慧应用指数与发展环境指数 3 个一级指标的权重按 30%∶55%∶15%的比例分布。在此 3 个一级指标以下,共有 10 个二级指标,具体包括基础能力指数、生活服务指数、绿色发展指数、机制保障指数等;三级指标共有 37 个,即为形成各级指数值的评估指标,具体包括光纤网络覆盖率、智慧社区普及率、环境质量监测点全市占比、领导小组等(详见附录)。信息安全状况系数本身没有权重,在对各区县的总指数值进行修正后,形成其智慧城市发展水平指数。各区县修正后的智慧城市发展水平指数的平均值即为上海市智慧城市发展水平指数。

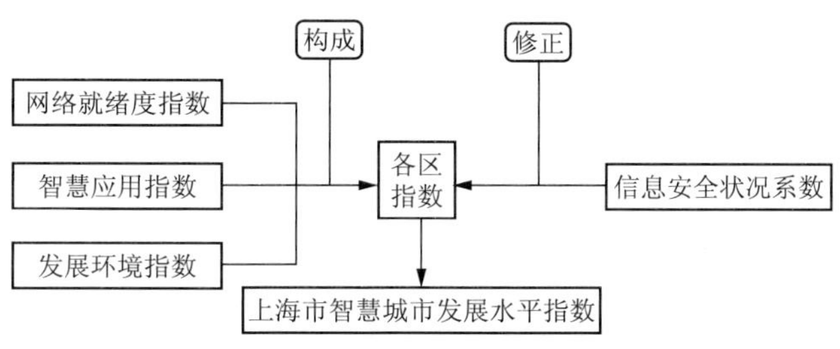

图 1　上海市智慧城市发展水平评估体系框架

2. 评估指标构成

网络就绪度指数、智慧应用指数以及信息安全状况系数的评估信息来自市级各相关政府部门、企事业单位;发展环境指数的评估信息由各区县信息化工作主管部门提供。

表 1　上海市智慧城市发展水平评估指标体系

一级指标	二级指标	序号	三　级　指　标
网络就绪度指数	基础能力指数	1	基站覆盖率
		2	室内分布系统覆盖率
		3	i-Shanghai 覆盖率
		4	光纤宽带网络覆盖率
		5	NGB 覆盖率
	应用水平指数	6	家庭宽带普及率
		7	家庭光纤入户率
		8	数字电视普及率
	用户感知指数	9	固定宽带用户感知速率
智慧应用指数	生活服务指数	10	智慧社区(村庄)覆盖率
		11	公交电子站牌覆盖水平
		12	公共停车场(库)系统联网率
		13	上海健康信息网联网率
		14	中心图书馆电子读者证普及率
		15	电子学生证应用场点普及率
		16	12345 市民服务热线综合服务水平
	产业融合指数	17	智慧园区(商圈)全市占比
		18	两化融合管理体系贯标试点企业全市占比
		19	单位地区生产总值发明专利申请量
		20	单位地区生产总值发明专利授权量
		21	单位地区生产总值软件及相关信息服务业收入
	城市治理指数	22	电子警察监控点覆盖率
		23	电子政务门户服务水平
		24	城市网格化综合管理水平
		25	信用信息归集共享及查询应用水平
	绿色发展指数	26	公共事业电子账单普及率

续表

一级指标	二级指标	序号	三 级 指 标
智慧应用指数	绿色发展指数	27	家庭能源自动化采集覆盖率
		28	环境质量监测点覆盖率
		29	道路扬尘监测点覆盖率
		30	建筑用能分项计量应用覆盖率
		31	气象自动监测站覆盖率
发展环境指数	机制保障指数	32	工作机制
		33	专项资金
	规划引导指数	34	顶层设计
		35	专项规划
	工作创新指数	36	工作试点
		37	成果获奖

(二) 评估测算方法

1. 指标测算标准

对于具体指标,即三级指标测算方法,为了消除各指标单位不同的问题,首先对数据进行无量纲化处理,计算出无量纲化后的相对值。处理方法为,对于每个具体量化指标的数值,记 16 个区县的中位值为 $\overline{X}_i$(i = 指标),各评估指标原始值记为 X_i,无量纲化后值记为 Z_i。公式如下:

$$Z_i = \left[\mathrm{Log}_2\left(1+\frac{X_i}{\overline{X}_i}\right)\right]\times 100$$

2. 分级测算方法

三级指标以上各级指标指数值测算采用线性加权方法,公式如下:

$$\Pi = \sum_{i=1}^{n} w_i p_i$$

其中,Π 为智慧城市发展水平总指数值,n 为构成总指数的指标个数,p_i 为第 i 个指标的指数值,w_i 为 p_i 的权重。

考虑到实际存在的多级指标,因此具体的计算分为多步,以两步计算为例,第一步公式为:

$$Q_i = \sum_{j=1}^{m} w_{ij} p_{ij}$$

其中,Q_i 为第 i 个一级指标(分指数)的指数值,m 为构成该一级指标的二级指标个数,p_{ij} 为第 i 个一级指标中的第 j 个二级指标的指数值,w_{ij} 为第 i 个一级指标中的第 j 个二级指标的权重。

第二步公式为：

$$\Pi = \sum_{i=1}^{n} w_i Q_i$$

其中，Π 为发展水平总指数的指数值，n 为一级指标(分指数)个数，Q_i 为第 i 个一级指标值，w_i 为 Q_i 的权重。

3. 指数的修正形成

对于每个区县，使用信息安全状况系数乘以该区县的总指数值即为该区县的智慧城市发展水平指数。各区县修正后的智慧城市发展水平指数的平均值即为上海市智慧城市发展水平指数，而市级有关各级分指数与指标构成，则分别对应各区县相关分指数与指标的平均值。

4. 关于区域划分

参考上海市有关行政区域划分标准，在评估分析中将 16 个区县分为中心城区与郊区等两类区域。其中，浦东、黄浦、静安、徐汇、长宁、普陀、虹口、杨浦为中心城区；宝山、闵行、嘉定、金山、松江、青浦、奉贤、崇明为郊区。

表 2　中心城区—郊区域划分表

区　县	区域划分	区　县	区域划分
浦东	中心城区	宝山	郊区
黄浦	中心城区	闵行	郊区
静安	中心城区	嘉定	郊区
徐汇	中心城区	金山	郊区
长宁	中心城区	松江	郊区
普陀	中心城区	青浦	郊区
虹口	中心城区	奉贤	郊区
杨浦	中心城区	崇明	郊区

二、智慧城市发展水平评估总体情况

(一) 智慧城市发展水平指数

评估结果显示，2016 年上海智慧城市发展水平指数为 97.65，经测算，比 2014 年提高 10.1%。按各区县所属区域划分，中心城区智慧城市发展水平指数为 117.99，郊区智慧城市发展水平指数为 80.85。

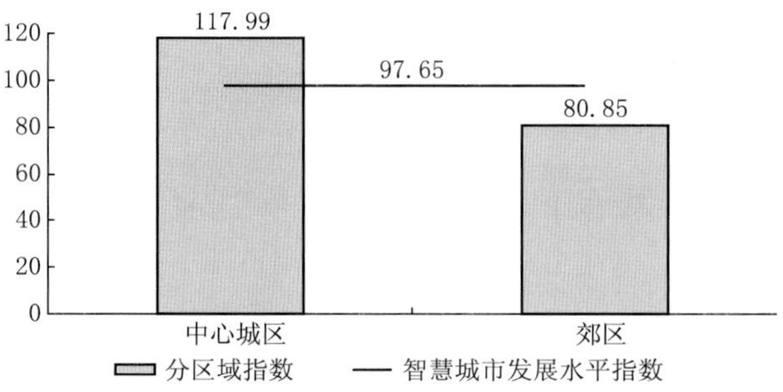

图 2 上海市智慧城市发展水平指数

按一级指标划分,网络就绪度指数指数值为 92.9,智慧应用指数指数值为 105.7,发展环境指数指数值为 88.43。经测算,网络就绪度指数同比 2014 年提高 17.2%;智慧应用指数同比 2014 年提高 5.2%;发展环境指数比 2014 年提高 13.9%。其中,网络就绪度指数的增长主要来自于本市宽带下载速率的进一步快速提升;智慧应用指数的增长,主要得益于电子学生证、电子警察等应用的进一步普及,以及发明专利等指标的增长;发展环境指数的提升,主要来自于有关工作机制、规划设计的优化完善,以及相关试点工作的有效推进。

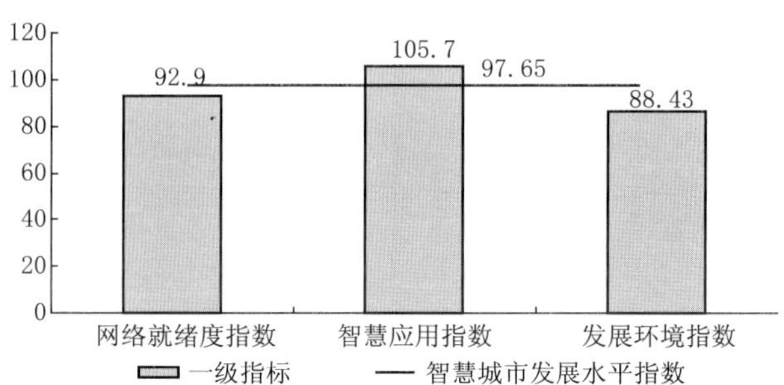

图 3 上海市智慧城市发展水平指数一级指标

其中,有关二级指标的指数值如下所示:

表 3 上海市智慧城市发展水平指数二级指标

二级指标	指数值	二级指标	指数值
基础能力指数	116.68	城市治理指数	97.39
普及水平指数	99.51	绿色发展指数	110.72
用户感知指数	62.50	机制保障指数	92.69
生活服务指数	101.03	规划引导指数	84.14
产业融合指数	112.88	工作创新指数	88.44

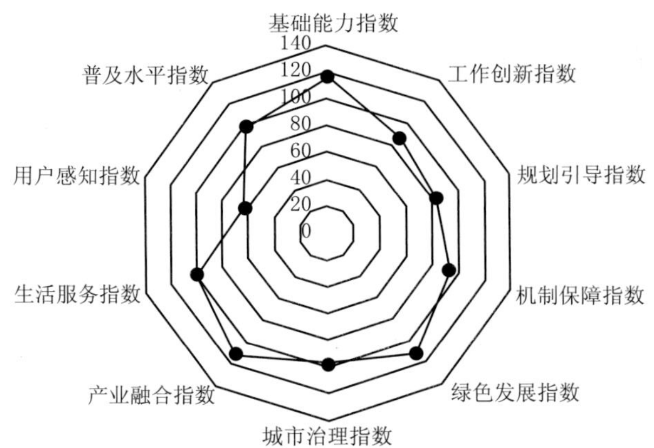

图 4　上海市智慧城市发展水平指数二级指标

（二）网络就绪度指数

（1）总体情况

上海市网络就绪度指数指数值为 92.9，按各区县所属区域划分，中心城区网络就绪度指数为 114.07，郊区网络就绪度指数为 71.73。

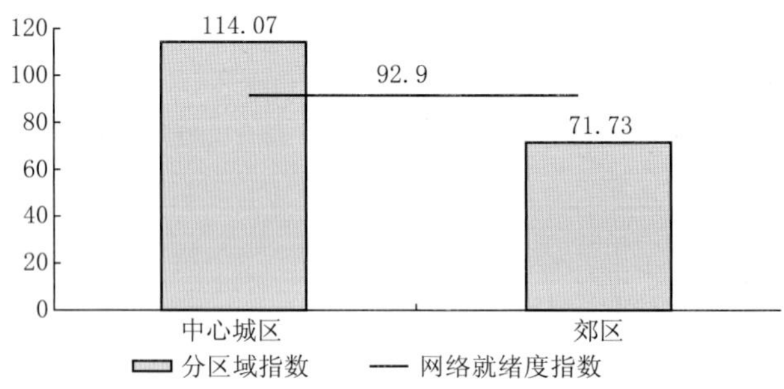

图 5　上海市网络就绪度指数

（2）指数分析

其中，上海市网络就绪度指数相关三级指标的指数值如下所示：

表 4　上海市网络就绪度指数三级指标

三级指标	指数值	三级指标	指数值
基站覆盖率	114.29	家庭宽带普及率	98.77
室内分布系统覆盖率	103.36	家庭光纤入户率	98.96
i-Shanghai 覆盖率	137.26	数字电视普及率	102.02
光纤宽带网络覆盖率	103.87	固定宽带用户感知速度	62.50
NGB 覆盖率	101.52		

(三) 智慧应用指数

(1) 总体情况

上海市智慧应用指数指数值为105.7,按各区县所属区域划分,中心城区智慧应用指数为126.39,郊区智慧应用指数为85.01。

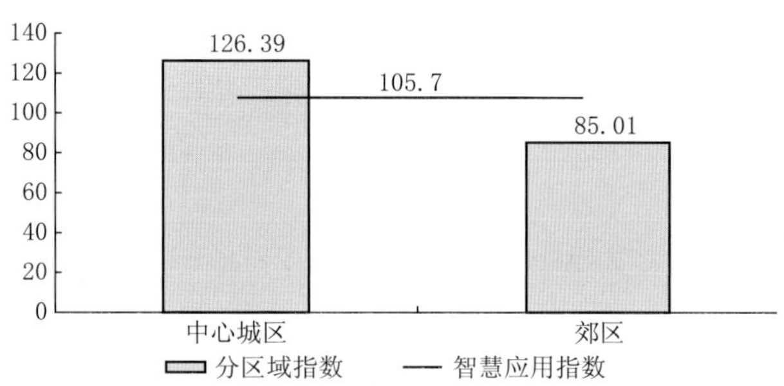

图6 上海市智慧应用指数

(2) 指数分析

其中,上海市智慧应用指数相关三级指标的指数值如下所示:

表5 上海市智慧应用指数三级指标

三 级 指 标	指数值
智慧社区(村庄)覆盖率	97.00
公交电子站牌覆盖水平	83.29
公共停车场(库)系统联网率	108.71
上海健康信息网联网单位	103.20
中心图书馆电子读者证普及率	97.72
电子学生证应用场点普及率	117.09
12345市民服务热线综合服务水平	100.18
智慧园区(商圈)全市占比	116.39
两化融合管理体系贯标试点企业	114.89
单位地区生产总值发明专利申请量	110.66
单位地区生产总值发明专利授权量	108.20
单位地区生产总值软件及相关信息服务业收入	114.24
电子警察监控点覆盖率	97.97
电子政务门户服务水平	91.21

续表

三　级　指　标	指数值
城市网格化综合管理水平	100.24
信用信息归集共享及查询应用水平	100.13
公共事业电子账单普及率	96.39
家庭能源自动化采集覆盖率	101.72
环境质量监测点覆盖率	117.89
道路扬尘监测点覆盖率	129.15
建筑用能分项计量应用覆盖率	101.17
气象自动监测站覆盖率	117.97

(四)发展环境指数

(1) 总体情况

上海市发展环境指数指数值为88.43,按各区县所属区域划分,中心城区发展环境指数为95,郊区发展环境指数为81.86。

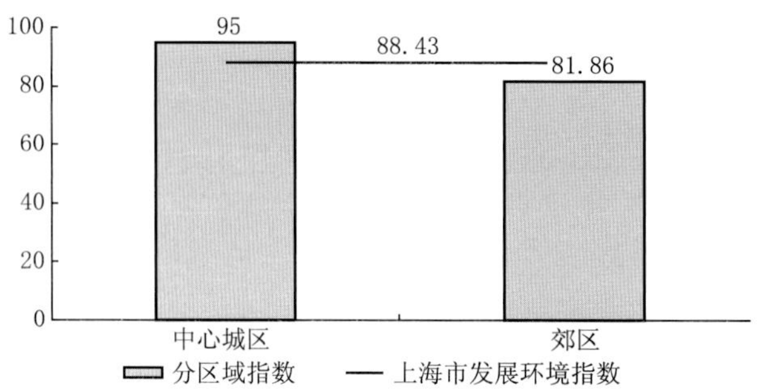

图7　上海市发展环境指数

(2) 指数分析

其中,上海市发展环境指数相关三级指标的指数值如下所示:

表6　上海市发展环境指数三级指标

三级指标	指数值	三级指标	指数值
工作机制	93.16	专项规划	70.88
专项资金	92.22	工作试点	86.32
顶层设计	97.41	成果获奖	93.75

三、区县评估情况

(一) 智慧城市发展水平指数

按智慧城市发展水平指数从高到低依次排名，指数高于上海市智慧城市发展水平指数(按修正后指数值计算)的区县有徐汇、长宁、黄浦、杨浦、静安、普陀、虹口、浦东。其中，网络就绪度指数排名前三位的区县分别是黄浦、长宁与杨浦(长宁与杨浦指数值相同)；智慧应用指数排名前三的区县分别是静安、徐汇与长宁；发展环境指数排名前三的区县分别是徐汇、宝山、浦东(徐汇与宝山指数值相同)。

表 7　智慧城市发展水平指数

序号	区　县	智慧城市发展水平指数	网络就绪度指数	智慧应用指数	发展环境指数	信息安全状况系数
1	徐汇	129.63	117.38	139.77	116.93	100%
2	长宁	124.44	127.39	134.74	97.70	98%
3	黄浦	119.87	130.79	122.49	88.43	100%
4	杨浦	115.62	127.39	124.29	76.02	98%
5	静安	114.78	112.93	144.99	110.12	88%
6	普陀	107.42	98.66	119.10	82.14	100%
7	虹口	105.45	110.11	111.76	73.00	100%
8	浦东	104.30	87.91	114.01	115.65	98%
9	宝山	97.37	89.92	96.09	116.93	100%
10	闵行	96.73	93.16	103.60	91.83	98%
11	嘉定	87.24	79.12	97.66	65.28	100%
12	松江	85.10	65.59	90.94	102.73	100%
13	金山	78.64	70.31	84.54	84.37	98%
14	奉贤	76.15	70.12	81.71	67.80	100%
15	青浦	67.42	58.10	70.66	74.15	100%
16	崇明	52.20	47.49	54.87	51.81	100%

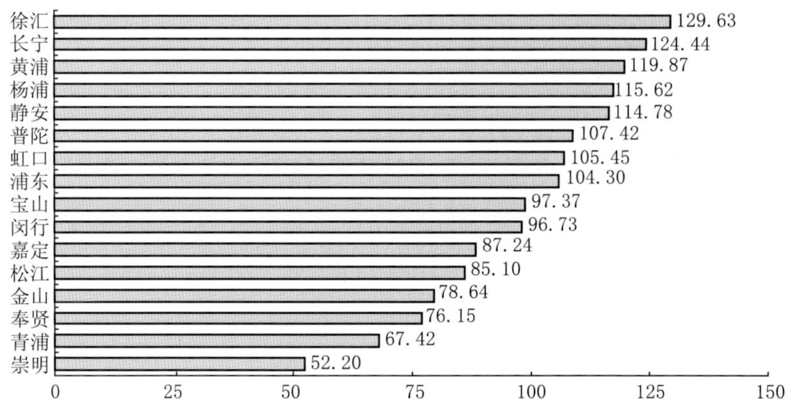

图 8　智慧城市发展水平指数

按各区县所属区域划分，智慧城市发展水平指数从高到低依次排名分别如下：

表 8　中心城区智慧城市发展水平指数

序号	区　县	智慧城市发展水平指数	网络就绪度指数	智慧应用指数	发展环境指数	信息安全状况系数
1	徐汇	129.63	117.38	139.77	116.93	100%
2	长宁	124.44	127.39	134.74	97.70	98%
3	黄浦	119.87	130.79	122.49	88.43	100%
4	杨浦	115.62	127.39	124.29	76.02	98%
5	静安	114.78	112.93	144.99	110.12	88%
6	普陀	107.42	98.66	119.10	82.14	100%
7	虹口	105.45	110.11	111.76	73.00	100%
8	浦东	104.30	87.91	114.01	115.65	98%

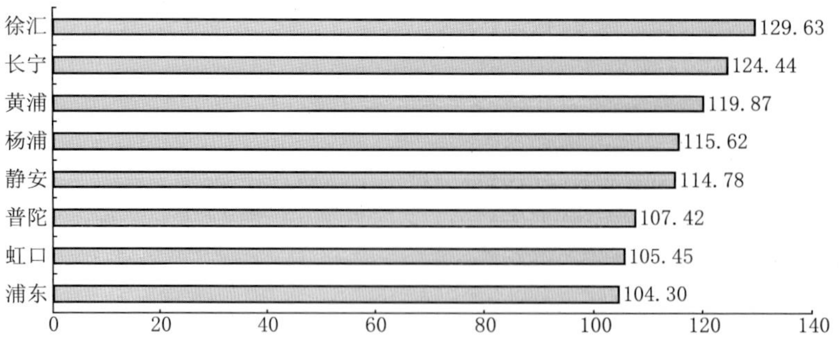

图 9　中心城区智慧城市发展水平指数

表 9　郊区智慧城市发展水平指数

序号	区 县	智慧城市发展水平指数	网络就绪度指数	智慧应用指数	发展环境指数	信息安全状况系数
1	宝山	97.37	89.92	96.09	116.93	100%
2	闵行	96.73	93.16	103.60	91.83	98%
3	嘉定	87.24	79.12	97.66	65.28	100%
4	松江	85.10	65.59	90.94	102.73	100%
5	金山	78.64	70.31	84.54	84.37	98%
6	奉贤	76.15	70.12	81.71	67.80	100%
7	青浦	67.42	58.10	70.66	74.15	100%
8	崇明	52.20	47.49	54.87	51.81	100%

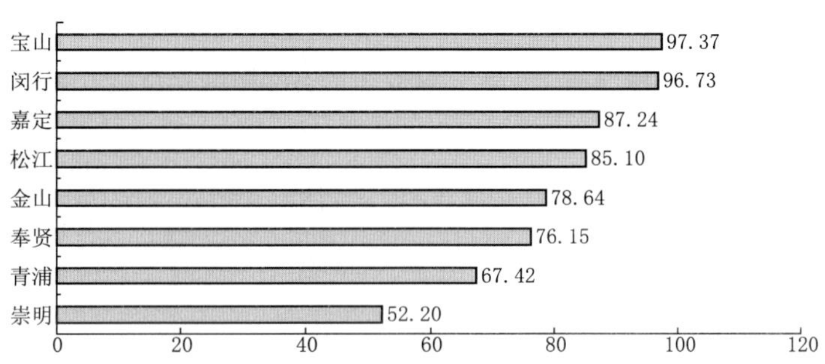

图 10　郊区智慧城市发展水平指数

(二) 网络就绪度指数

网络就绪度指数高于上海市网络就绪度指数的区县有黄浦、长宁、杨浦、徐汇、静安、虹口、普陀、闵行。其中,基础能力指数排名前三的区县分别为黄浦、长宁、静安;应用水平指数排名前三的区县分别为杨浦、长宁、徐汇;用户感知指数排名前三的区县分别为黄浦、杨浦、虹口。

表 10　网络就绪度指数

序号	区 县	指数值	序号	区 县	指数值
1	黄浦	130.79	9	宝山	89.92
2	长宁	127.39	10	浦东	87.91
2	杨浦	127.39	11	嘉定	79.12
4	徐汇	117.38	12	金山	70.31
5	静安	112.93	13	奉贤	70.12
6	虹口	110.11	14	松江	65.59
7	普陀	98.66	15	青浦	58.10
8	闵行	93.16	16	崇明	47.49

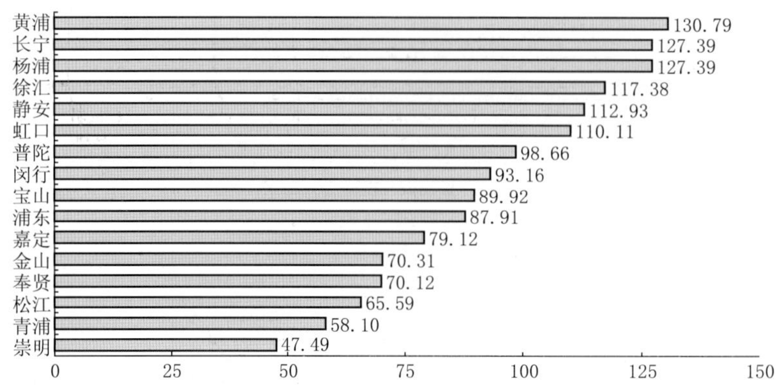

图 11　网络就绪度指数

按各区县所属区域划分，网络就绪度指数从高到低依次排名分别如下：

表 11　中心城区网络就绪度指数

序号	区　县	指数值	序号	区　县	指数值
1	黄浦	130.79	5	静安	112.93
2	长宁	127.39	6	虹口	110.11
2	杨浦	127.39	7	普陀	98.66
4	徐汇	117.38	8	浦东	87.91

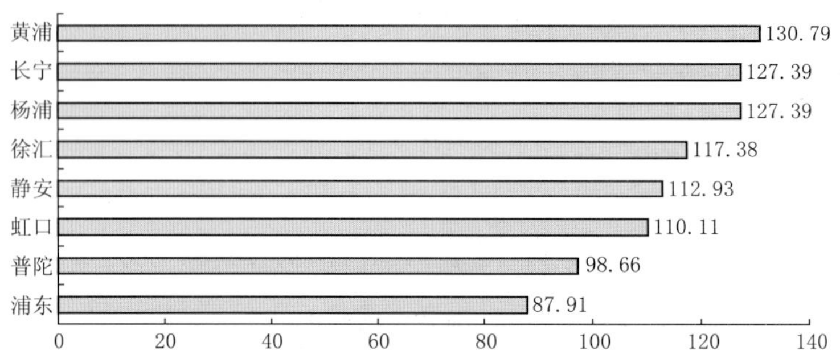

图 12　中心城区网络就绪度指数

表 12　郊区网络就绪度指数

序号	区　县	指数值	序号	区　县	指数值
1	闵行	93.16	5	奉贤	70.12
2	宝山	89.92	6	松江	65.59
3	嘉定	79.12	7	青浦	58.10
4	金山	70.31	8	崇明	47.49

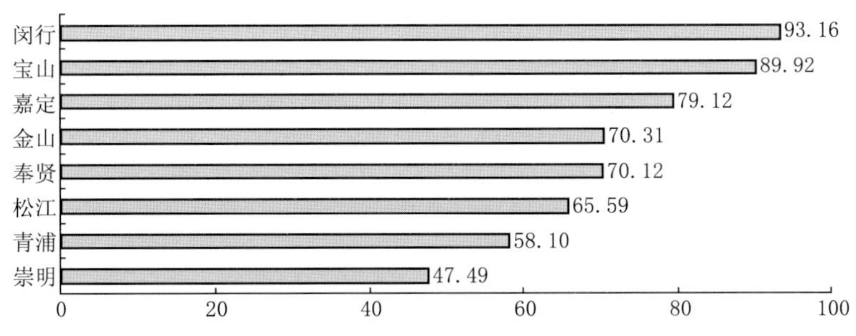

图 13 郊区网络就绪度指数

1. 基础能力指数

基础能力指数高于上海市基础能力指数的区县有黄浦、长宁、静安、徐汇、杨浦、虹口、普陀。其中，基站覆盖率排名前三的区县分别为黄浦、虹口、徐汇；室内分布系统覆盖率排名前三的区县分别为黄浦、长宁、静安；i-Shanghai 覆盖率排名前三的区县分别为黄浦、长宁和静安；光纤宽带网络覆盖率排名前三的区县分别为杨浦、徐汇、长宁；NGB 覆盖率排名前三的区县分别为长宁、徐汇、杨浦。

表 13 基础能力指数

序号	区 县	指数值	序号	区 县	指数值
1	黄浦	209.95	9	宝山	97.98
2	长宁	195.46	10	浦东	95.33
3	静安	177.28	10	闵行	95.33
4	徐汇	174.05	12	金山	66.89
5	杨浦	150.28	13	青浦	64.90
6	虹口	142.88	14	松江	62.74
7	普陀	118.61	15	奉贤	59.82
8	嘉定	102.23	16	崇明	53.11

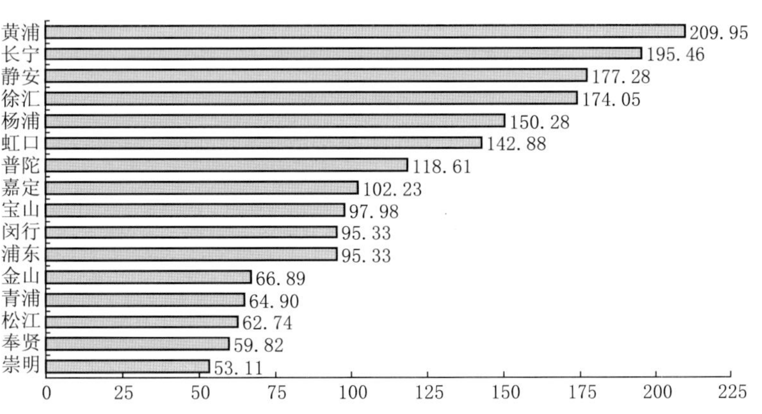

图 14 基础能力指数

按各区所属区域划分，基础能力指数从高到低依次排名分别如下：

表 14　中心城区基础能力指数

序号	区　县	指数值	序号	区　县	指数值
1	黄浦	209.95	5	杨浦	150.28
2	长宁	195.46	6	虹口	142.88
3	静安	177.28	7	普陀	118.61
4	徐汇	174.05	8	浦东	95.33

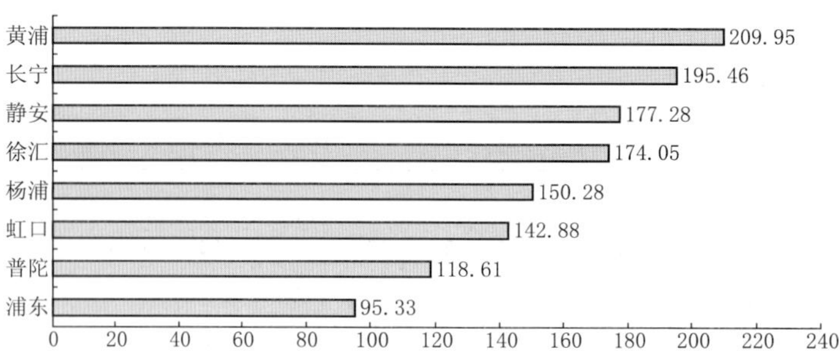

图 15　中心城区基础能力指数

表 15　郊区基础能力指数

序号	区　县	指数值	序号	区　县	指数值
1	嘉定	102.23	5	青浦	64.90
2	宝山	97.98	6	松江	62.74
3	闵行	95.33	7	奉贤	59.82
4	金山	66.89	8	崇明	53.11

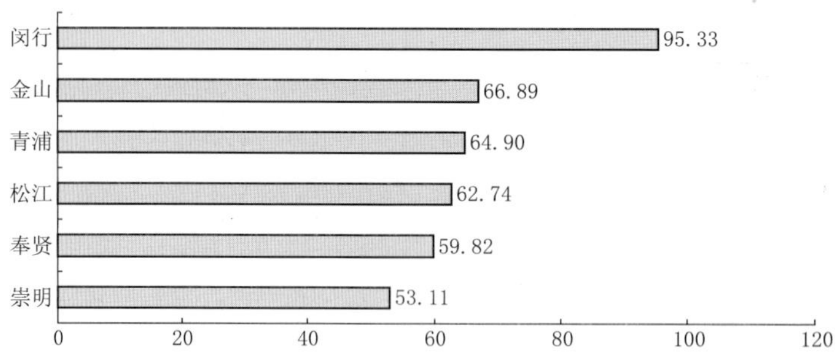

图 16　郊区基础能力指数

(1) 基站覆盖率

截至 2015 年年底，本市公用移动通信网宏基站逻辑站达到 22 757 个。其中，公用移动通信网室外通信系统(小微基站)数达到 490 个。

表 16 基站覆盖率

序号	区 县	指数值	序号	区 县	指数值
1	黄浦	183.83	9	嘉定	103.02
2	虹口	159.69	10	奉贤	88.71
3	徐汇	157.67	11	浦东	88.13
4	静安	155.50	12	闵行	86.94
5	长宁	142.51	13	松江	84.90
6	杨浦	133.46	14	青浦	76.49
7	普陀	120.58	15	金山	73.57
8	宝山	103.99	16	崇明	69.69

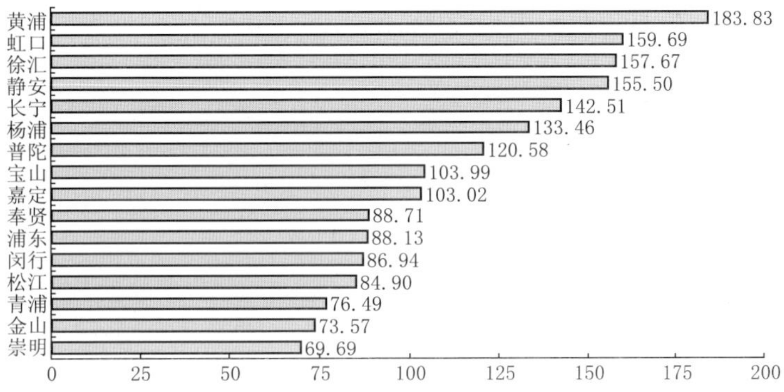

图 17 基站覆盖率

(2) 室内分布系统覆盖率

截至 2015 年年底,全市公用移动通信网无线室内覆盖系统数达到 7 311 套,同比增长 10%。

表 17 室内分布系统覆盖率

序号	区 县	指数值	序号	区 县	指数值
1	黄浦	183.57	9	闵行	99.74
2	长宁	174.16	10	嘉定	96.57
3	静安	172.06	11	青浦	70.20
4	虹口	139.66	12	松江	63.38
5	徐汇	135.94	13	崇明	55.13
6	浦东	116.13	14	金山	49.30
7	杨浦	104.16	15	宝山	49.21
8	普陀	100.26	16	奉贤	44.31

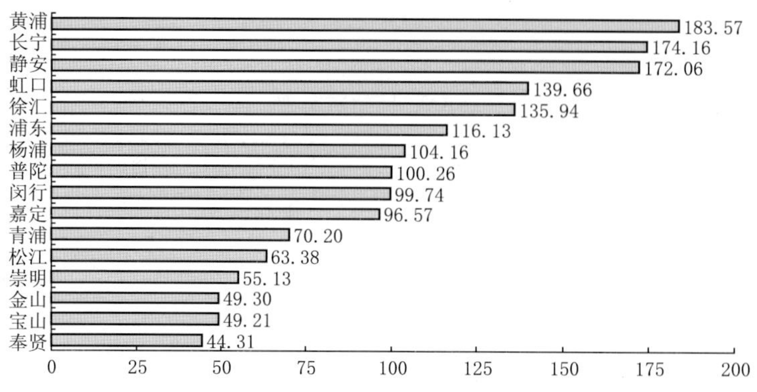

图 18 室内分布系统覆盖率

(3) i-Shanghai 覆盖率

2015 年,本市积极开展 i-Shanghai 服务优化升级试运营,取得了预期效果。截至 2015 年年底,原来已经部署 i-Shanghai 网络的 450 余处场所全部更新了服务,并又新增了 450 处服务场所,全市 i-Shanghai 公益 WLAN 场点达 906 处。

表 18 i-Shanghai 覆盖率

序号	区 县	指数值	序号	区 县	指数值
1	黄浦	332.03	9	嘉定	109.17
2	长宁	307.79	10	闵行	88.85
3	静安	247.05	11	浦东	84.48
4	徐汇	244.62	12	金山	58.62
5	杨浦	204.34	13	青浦	32.95
6	虹口	156.47	14	崇明	26.20
7	普陀	136.16	15	松江	24.54
8	宝山	119.15	16	奉贤	23.69

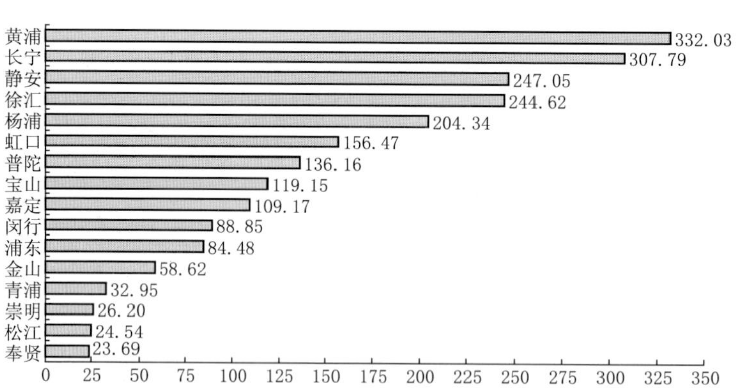

图 19 i-Shanghai 覆盖率

(4) 光纤宽带网络覆盖率

截至2015年年底,上海市光纤到户能力覆盖用户达到910万户,同比增长8.2%,按常住人口测算,覆盖率已超过95%,进一步接近全面覆盖。

表19 光纤宽带网络覆盖率

序号	区 县	指数值	序号	区 县	指数值
1	杨浦	157.57	9	黄浦	96.44
2	徐汇	135.93	10	宝山	94.88
3	长宁	126.49	11	嘉定	93.85
4	静安	122.10	12	奉贤	93.67
5	虹口	114.26	13	青浦	80.01
6	闵行	112.17	14	崇明	77.56
7	普陀	106.61	15	金山	75.13
8	浦东	103.47	16	松江	71.82

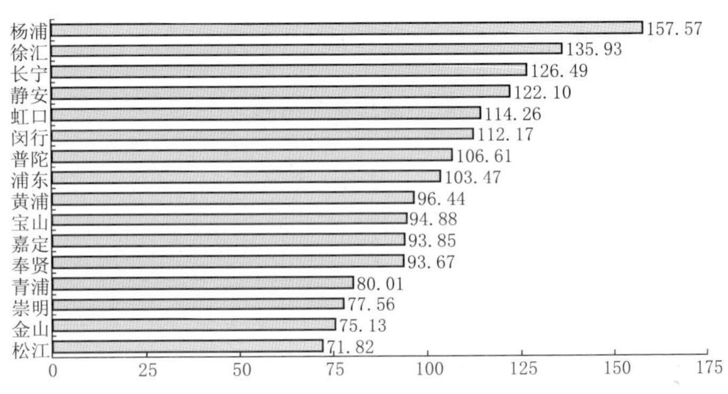

图20 光纤宽带网络覆盖率

(5) NGB覆盖率

截至2015年年底,本市下一代广播电视网(NGB)改造已完成720万户,同比增长15%,基本实现有线电视用户全覆盖;其中,NGB网络用户达到158万户,同比增长8.2%。

表20 NGB覆盖率

序号	区 县	指数值	序号	区 县	指数值
1	长宁	128.93	9	浦东	99.75
2	徐汇	125.77	10	静安	98.97
3	杨浦	123.46	11	嘉定	98.75
4	宝山	117.04	12	金山	98.56
5	闵行	114.29	13	黄浦	88.37
6	普陀	108.71	14	虹口	86.72
7	松江	100.48	15	奉贤	78.73
8	青浦	100.25	16	崇明	55.60

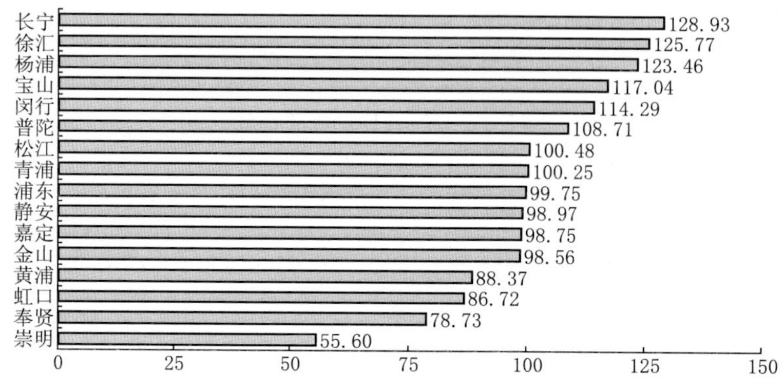

图 21　NGB 覆盖率

2. 应用水平指数

应用水平指数高于上海市应用水平指数的区县有杨浦、长宁、徐汇、静安、闵行、松江、普陀、奉贤。其中，家庭宽带普及率排名前三的区县分别为杨浦、长宁、徐汇；家庭光纤入户率排名前三的区县分别为杨浦、长宁、徐汇；数字电视普及率排名前三的区县分别为长宁、徐汇、杨浦。

表 21　应用水平指数

序号	区　县	指数值	序号	区　县	指数值
1	杨浦	136.89	9	金山	99.04
2	长宁	121.71	10	浦东	98.39
3	徐汇	118.09	11	虹口	97.46
4	静安	106.52	12	嘉定	95.12
5	闵行	104.15	13	宝山	86.79
6	松江	104.03	14	黄浦	82.41
7	普陀	102.36	15	青浦	74.39
8	奉贤	100.55	16	崇明	64.37

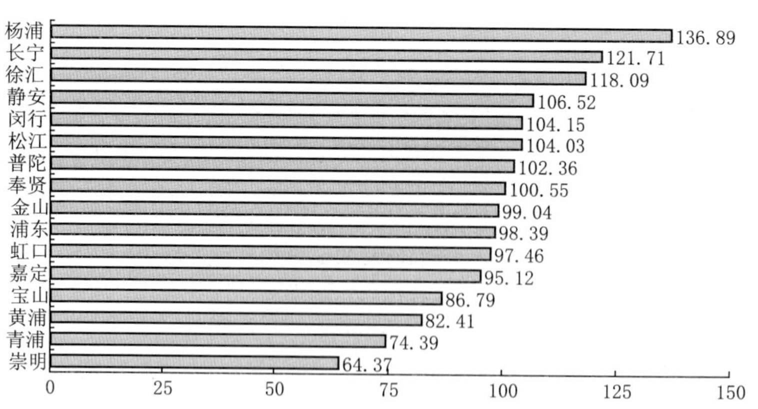

图 22　应用水平指数

按各区县所属区域划分，应用水平指数从高到低依次排名分别如下：

表 22 中心城区应用水平指数

序号	区 县	指数值	序号	区 县	指数值
1	杨浦	136.89	5	普陀	102.36
2	长宁	121.71	6	浦东	98.39
3	徐汇	118.09	7	虹口	97.46
4	静安	106.52	8	黄浦	82.41

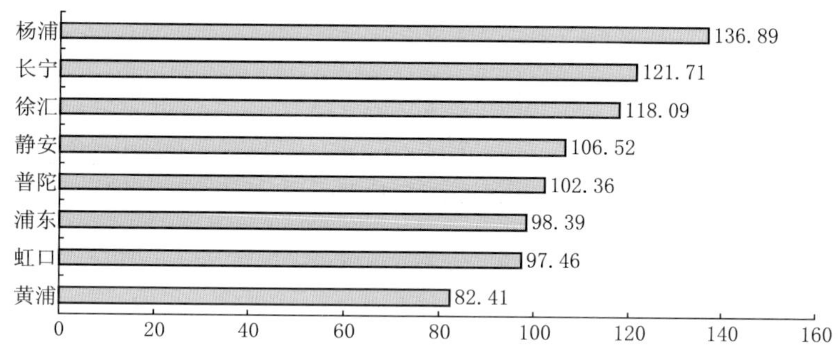

图 23 中心城区应用水平指数

表 23 郊区应用水平指数

序号	区 县	指数值	序号	区 县	指数值
1	闵行	104.15	5	嘉定	95.12
2	松江	104.03	6	宝山	86.79
3	奉贤	100.55	7	青浦	74.39
4	金山	99.04	8	崇明	64.37

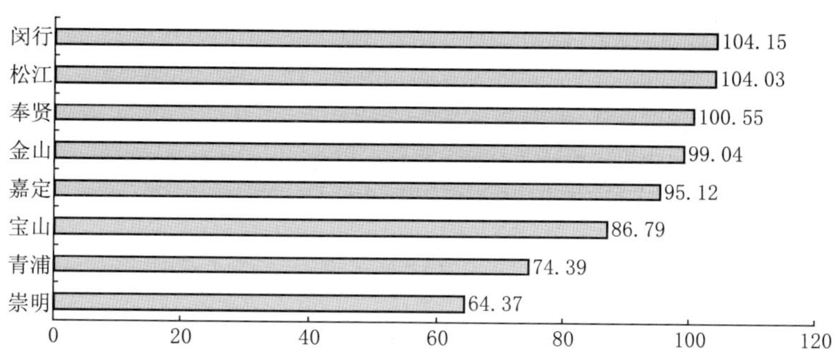

图 24 郊区应用水平指数

(6) 家庭宽带普及率

截至2015年年底，上海市宽带接入用户数达到700万户，同比增长2.9%；其中，家庭宽带用户达到620万户，同比增长3.3%。

表 24　家庭宽带普及率

序号	区　县	指数值	序号	区　县	指数值
1	杨浦	135.51	9	浦东	97.64
2	长宁	114.50	10	嘉定	97.14
3	徐汇	112.10	11	虹口	96.36
4	松江	108.53	12	普陀	95.93
5	奉贤	105.02	13	宝山	80.47
6	静安	104.33	14	黄浦	77.74
7	金山	102.59	15	崇明	75.34
8	闵行	102.32	16	青浦	74.80

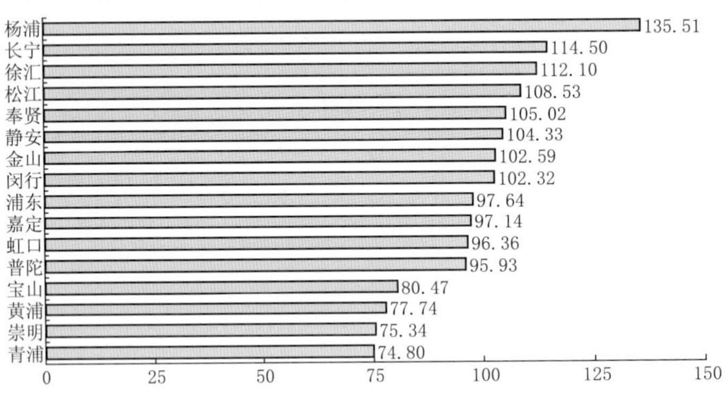

图 25　家庭宽带普及率

(7) 家庭光纤入户率

截至2015年年底，上海市实际家庭使用光纤用户达到432万户，占家庭宽带用户比重达到69.7%。

表 25　家庭光纤入户率

序号	区　县	指数值	序号	区　县	指数值
1	杨浦	139.94	9	虹口	99.91
2	长宁	119.19	10	浦东	99.87
3	徐汇	115.57	11	嘉定	97.04
4	静安	108.17	12	金山	94.90
5	松江	107.69	13	宝山	82.10
6	奉贤	106.42	14	黄浦	80.42
7	闵行	105.02	15	青浦	72.28
8	普陀	100.09	16	崇明	54.79

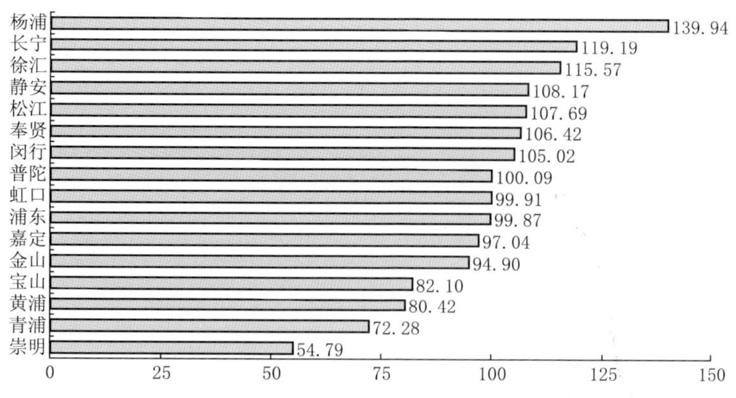

图 26　家庭光纤入户率

(8) 数字电视普及率

截至2015年年底,全市有线电视用户为718万户,同比增长3%;其中有线数字电视用户为662万户,同比增长9.2%,占有线电视用户比重为92.2%,相比2014年进一步提高4.5个百分点;高清数字电视用户达到243万户,同比增加29.3%,占有线电视用户比重达到33.8%。

表 26　数字电视普及率

序号	区　县	指数值	序号	区　县	指数值
1	长宁	138.82	9	浦东	95.82
2	徐汇	133.36	10	黄浦	94.39
3	杨浦	131.34	11	虹口	93.00
4	普陀	117.68	12	松江	88.14
5	宝山	108.01	13	嘉定	87.28
6	静安	105.67	14	奉贤	79.17
7	闵行	104.70	15	青浦	79.04
8	金山	104.07	16	崇明	71.85

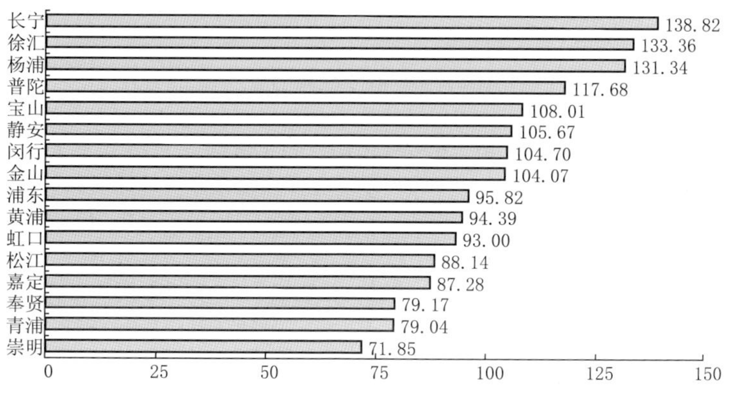

图 27　数字电视普及率

3. 用户感知指数

黄浦、杨浦、虹口排名全市固定宽带用户感知速率前三位。

表27　用户感知指数

序号	区　县	指数值	序号	区　县	指数值
1	黄浦	100.00	9	徐汇	60.00
2	杨浦	95.00	10	静安	55.00
3	虹口	90.00	11	奉贤	50.00
4	宝山	85.00	12	金山	45.00
5	闵行	80.00	13	嘉定	40.00
6	普陀	75.00	14	青浦	35.00
7	浦东	70.00	15	松江	30.00
8	长宁	65.00	16	崇明	25.00

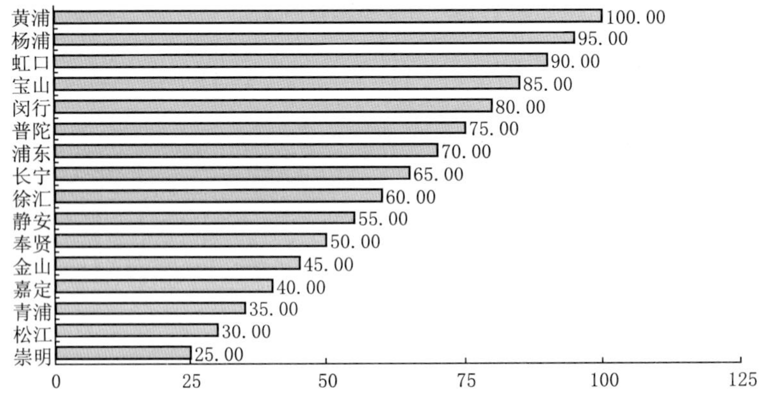

图28　用户感知指数

按各区县所属区域划分，用户感知指数从高到低依次排名分别如下：

表28　中心城区用户感知指数

序号	区　县	指数值	序号	区　县	指数值
1	黄浦	100.00	5	浦东	70.00
2	杨浦	95.00	6	长宁	65.00
3	虹口	90.00	7	徐汇	60.00
4	普陀	75.00	8	静安	55.00

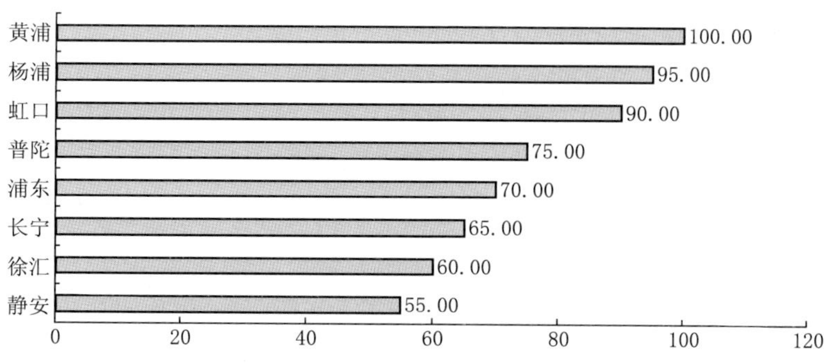

图 29　中心城区用户感知指数

表 29　郊区用户感知指数

序号	区　县	指数值	序号	区　县	指数值
1	宝山	85.00	5	嘉定	40.00
2	闵行	80.00	6	青浦	35.00
3	奉贤	50.00	7	松江	30.00
4	金山	45.00	8	崇明	25.00

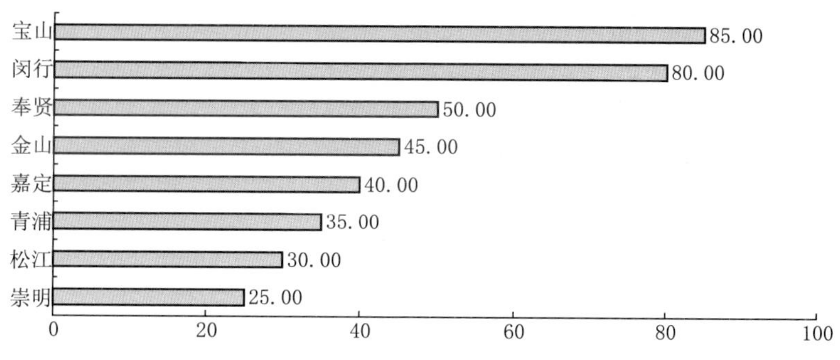

图 30　郊区用户感知指数

(9) 固定宽带用户感知速率

截至 2015 年年底，上海家庭宽带平均接入带宽达到 35.7 Mbps，根据国家“宽带发展联盟”所发布的《中国宽带速率状况报告》，截至 2015 年第四季度，上海市“忙闲时加权平均可用下载速率”达到 11.31 Mbps，在全国各省(自治区)、直辖市以及省会城市中继续领跑。在此前宽带发展联盟发布的相关宽带速率状况报告中，上海的网络平均可用下载速率也均排名首位。其中，上海速率最高的黄浦区达 12.2 Mb/s；中心城区各区的平均值为 11.74 Mb/s，郊区各区的平均值为 11.22 Mb/s。

表 30　固定宽带用户感知速率

序号	区　县	指数值	序号	区　县	指数值
1	黄浦	100.00	9	徐汇	60.00
2	杨浦	95.00	10	静安	55.00
3	虹口	90.00	11	奉贤	50.00
4	宝山	85.00	12	金山	45.00
5	闵行	80.00	13	嘉定	40.00
6	普陀	75.00	14	青浦	35.00
7	浦东	70.00	15	松江	30.00
8	长宁	65.00	16	崇明	25.00

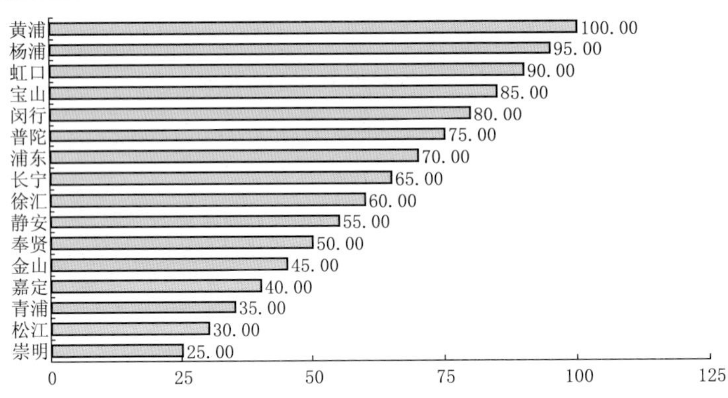

图 31　固定宽带用户感知速率

(三) 智慧应用指数

智慧应用指数高于上海市智慧应用指数的区县有静安、徐汇、长宁、杨浦、黄浦、普陀、浦东、虹口。其中,生活服务指数排名前三的区县分别是黄浦、徐汇、静安;产业融合指数排名前三的区县分别是浦东、徐汇、闵行;城市治理指数排名前三的区县分别是长宁、静安、徐汇;绿色发展指数排名前三的区县分别是静安、黄浦、徐汇。

表 31　智慧应用指数

序号	区　县	指数值	序号	区　县	指数值
1	静安	144.99	9	闵行	103.60
2	徐汇	139.77	10	嘉定	97.66
3	长宁	134.74	11	宝山	96.09
4	杨浦	124.29	12	松江	90.94
5	黄浦	122.49	13	金山	84.54
6	普陀	119.10	14	奉贤	81.71
7	浦东	114.01	15	青浦	70.66
8	虹口	111.76	16	崇明	54.87

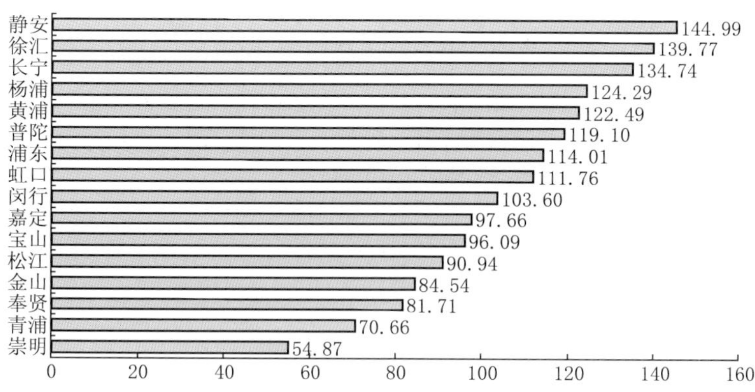

图 32 智慧应用指数

按各区县所属区域划分，智慧应用指数从高到低依次排名分别如下：

表 32 中心城区智慧应用指数

序号	区 县	指数值	序号	区 县	指数值
1	静安	144.99	5	黄浦	122.49
2	徐汇	139.77	6	普陀	119.10
3	长宁	134.74	7	浦东	114.01
4	杨浦	124.29	8	虹口	111.76

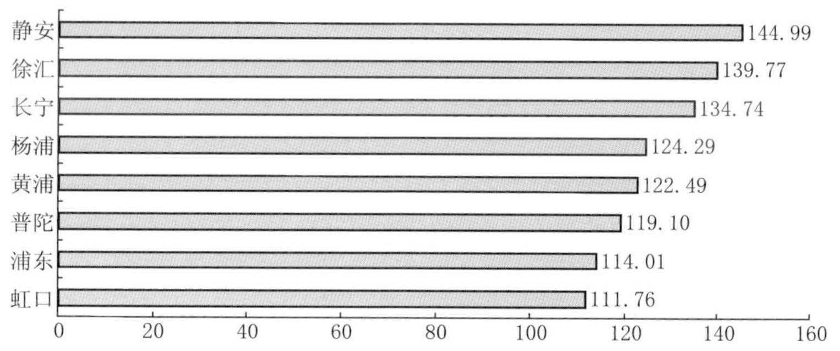

图 33 中心城区智慧应用指数

表 33 郊区智慧应用指数

序号	区 县	指数值	序号	区 县	指数值
1	闵行	103.60	5	金山	84.54
2	嘉定	97.66	6	奉贤	81.71
3	宝山	96.09	7	青浦	70.66
4	松江	90.94	8	崇明	54.87

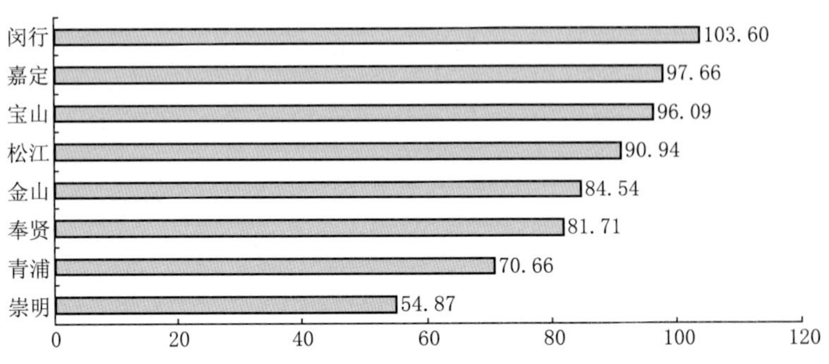

图 34 郊区智慧应用指数

1. 生活服务指数

生活服务指数高于上海市生活服务指数的区县有黄浦、徐汇、静安、长宁、杨浦、普陀、虹口、嘉定。其中,智慧社区(村庄)覆盖率上排名前三的区县分别是闵行、金山、奉贤(指数值相同);公交电子站牌覆盖水平排名前三的区县分别是静安、黄浦、长宁;公共停车场(库)系统联网率排名前三的区县分别为杨浦、普陀、长宁;上海健康信息网联网率排名前三的区县分为杨浦、崇明、青浦;中心图书馆电子读者证普及率排名前三的区县分别是黄浦、徐汇、金山;12345 市民服务热线综合服务水平排名前三的区县分别是宝山、金山、杨浦。

表 34 生活服务指数

序号	区 县	指数值	序号	区 县	指数值
1	黄浦	126.31	9	金山	100.65
2	徐汇	125.75	10	浦东	95.27
3	静安	124.02	11	奉贤	93.26
4	长宁	121.09	12	宝山	84.72
5	杨浦	119.99	13	闵行	82.56
6	普陀	115.33	14	青浦	79.18
7	虹口	105.68	15	松江	75.96
8	嘉定	102.16	16	崇明	64.48

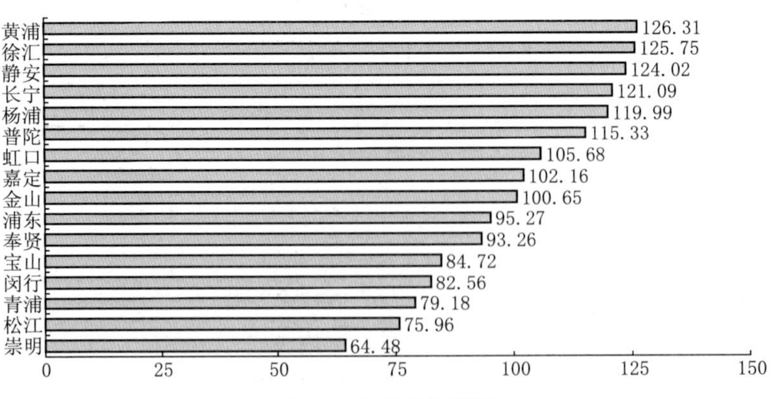

图 35 生活服务指数

按各区县所属区域划分，生活服务指数从高到低依次排名分别如下：

表 35　中心城区生活服务指数

序号	区　县	指数值	序号	区　县	指数值
1	黄浦	126.31	5	杨浦	119.99
2	徐汇	125.75	6	普陀	115.33
3	静安	124.02	7	虹口	105.68
4	长宁	121.09	8	浦东	95.27

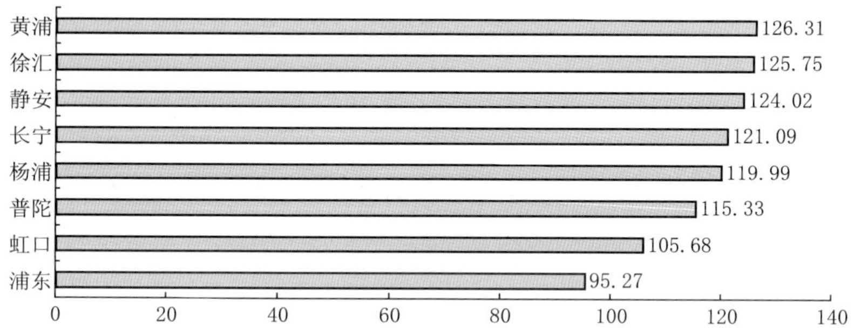

图 36　中心城区生活服务指数

表 36　郊区生活服务指数

序号	区　县	指数值	序号	区　县	指数值
1	嘉定	102.16	5	闵行	82.56
2	金山	100.65	6	青浦	79.18
3	奉贤	93.26	7	松江	75.96
4	宝山	84.72	8	崇明	64.48

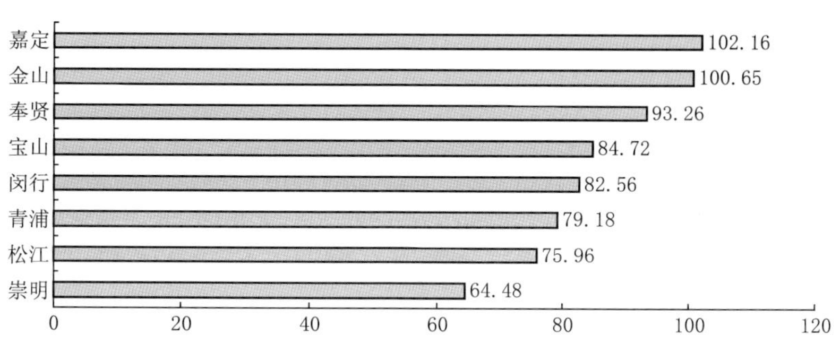

图 37　郊区生活服务指数

(10) 智慧社区(村庄)覆盖率

截至2015年年底,全市共确定了50个智慧社区试点单位,5个示范性智慧社区。智慧村庄方面。推动涵盖公用事业缴费、三甲医院预约挂号等功能的新版"农民一点通"部署,截至2015年年底,完成郊区7个区、32个行政村的设备安装和试点应用,通过制定智慧村镇建设指南,指导推进闵行九星村、宝山星星村、崇明绿港村、崇明仙桥村、金山八字村等首批试点。

表37 智慧社区(村庄)覆盖率

序号	区 县	指数值	序号	区 县	指数值
1	闵行	139.54	9	浦东	99.75
1	金山	139.54	10	杨浦	86.02
1	奉贤	139.54	10	崇明	86.02
4	静安	126.17	12	松江	72.44
5	宝山	123.81	13	青浦	67.17
6	长宁	120.45	14	虹口	49.33
6	嘉定	120.45	15	黄浦	40.72
8	徐汇	100.25	15	普陀	40.72

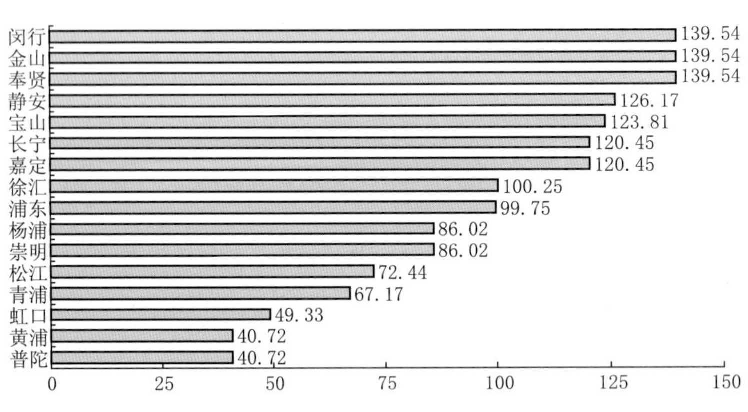

图38 智慧社区(村庄)覆盖率

(11) 公交电子站牌覆盖水平

截至2015年年底,以公交到站信息预报等为主要应用目标,上海市以各种电子化手段覆盖公交站点数超过7 000个。其中,市中心区域实现形式主要以安装电子屏为主,另有太阳能LED电子站杆作为补充,郊区主要以在站台(杆)上设置二维码的形式实现。

表 38 公交电子站牌覆盖水平

序号	区 县	指数值	序号	区 县	指数值
1	静安	159.63	9	浦东	72.87
2	黄浦	159.14	10	奉贤	23.58
3	长宁	155.92	11	松江	23.52
4	徐汇	146.32	12	嘉定	20.45
5	杨浦	143.80	13	青浦	18.31
6	虹口	140.35	14	闵行	11.38
7	普陀	134.58	15	金山	0.00
8	宝山	122.83	15	崇明	0.00

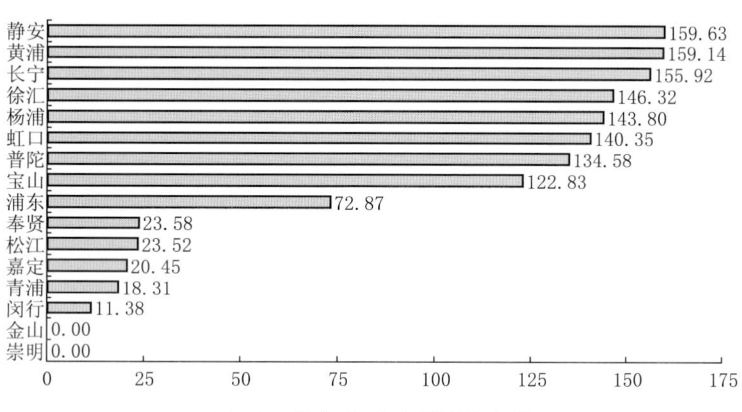

图 39 公交电子站牌覆盖水平

(12) 公共停车场(库)系统联网率

截至 2015 年年底,上海市共实现近 500 个公共停车场(库)的系统联网。其中,杨浦、普陀和长宁的联网率已达到 30%以上。

表 39 公共停车场(库)系统联网率

序号	区 县	指数值	序号	区 县	指数值
1	杨浦	205.52	9	闵行	98.83
2	普陀	182.78	10	金山	96.11
3	长宁	162.43	11	虹口	91.56
4	徐汇	142.66	12	青浦	90.14
5	黄浦	130.62	13	嘉定	74.62
6	浦东	128.57	14	松江	68.94
7	静安	110.92	15	宝山	54.45
8	奉贤	101.16	16	崇明	0

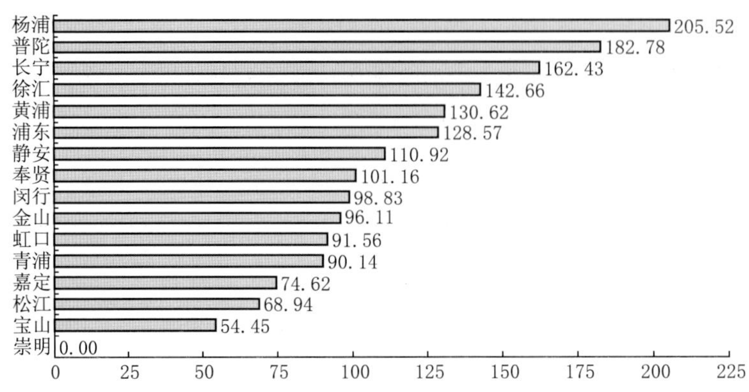

图 40　公共停车场(库)系统联网率

(13) 上海健康信息网联网率

截至 2015 年年底,上海市在各区县共实现超过 400 家医疗机构的"上海健康信息网"联网。其中,杨浦、崇明、青浦、普陀、浦东和奉贤等区县的联网率超过 90%。

表 40　上海健康信息网联网率

序号	区　县	指数值	序号	区　县	指数值
1	杨浦	118.14	9	松江	99.73
2	崇明	116.20	10	宝山	99.32
3	青浦	114.74	11	嘉定	98.21
4	普陀	113.59	12	静安	97.79
5	浦东	111.05	13	虹口	95.18
6	奉贤	110.61	14	黄浦	93.03
7	徐汇	107.21	15	长宁	89.88
8	金山	100.27	16	闵行	86.24

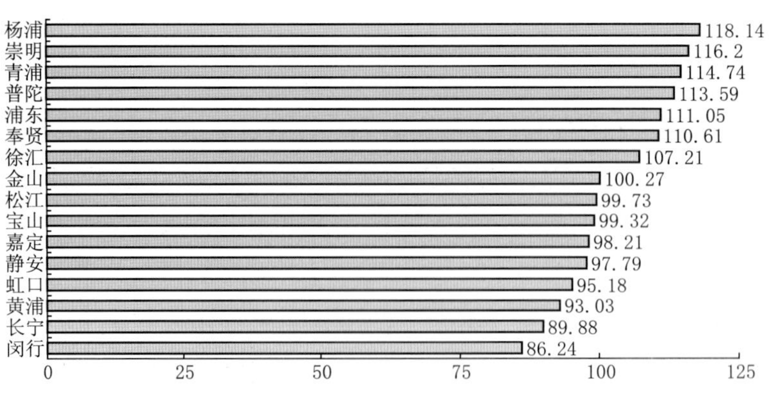

图 41　上海健康信息网联网率

(14) 中心图书馆电子读者证普及率

截至2015年年底,上海市中心图书馆"一卡通"有效读者证数量超过300万张。其中,由各区县办理并在有效期内的"一卡通"电子读者证超过123万张。

表41 中心图书馆电子读者证普及率

序号	区 县	指数值	序号	区 县	指数值
1	嘉定	154.34	9	奉贤	99.50
2	虹口	130.72	10	浦东	93.65
3	长宁	112.34	11	杨浦	91.52
4	黄浦	111.89	12	松江	90.36
5	普陀	110.30	13	金山	86.17
6	静安	103.37	14	徐汇	80.76
7	闵行	103.12	15	崇明	67.82
8	青浦	100.49	16	宝山	27.10

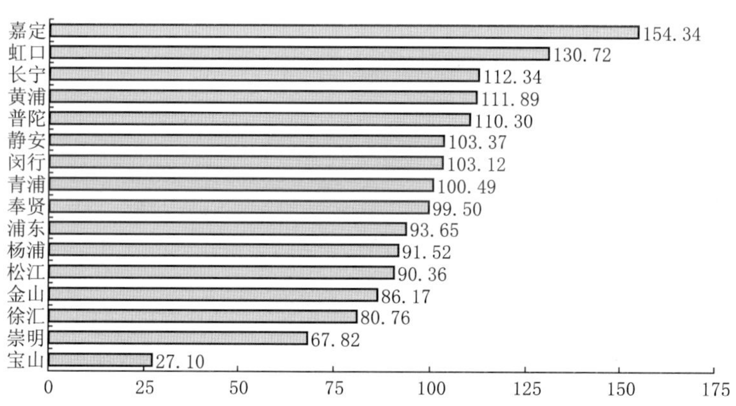

图42 中心图书馆电子读者证普及率

(15) 电子学生证应用场点普及率

截至2015年年底,上海市电子学生证应用场点数超过500家,覆盖少年宫、博物馆、纪念馆、剧院、体育馆等多种场馆类型。其中,黄浦、徐汇、金山、静安、嘉定每万人应用场点超过0.3所。

(16) 12345市民服务热线综合服务水平

市监察局、市热线办、市政府督查室对2015年度"12345"市民服务热线所进行的考核评价,纳入考核范围的包括上海市16个区县、35个部门和15个企事业单位。考核内容包括5项指标:受理数量、先行联系情况、按时办结情况、诉求解决情况、市民满意情况。

表 42 电子学生证应用场点普及率

序号	区 县	指数值	序号	区 县	指数值
1	黄浦	250.60	9	杨浦	92.19
2	徐汇	200.56	10	崇明	85.37
3	金山	178.84	11	奉贤	80.70
4	静安	170.16	12	松江	76.87
5	嘉定	145.53	13	青浦	67.49
6	虹口	130.69	14	宝山	61.75
7	普陀	125.72	15	浦东	61.25
8	长宁	107.41	16	闵行	38.31

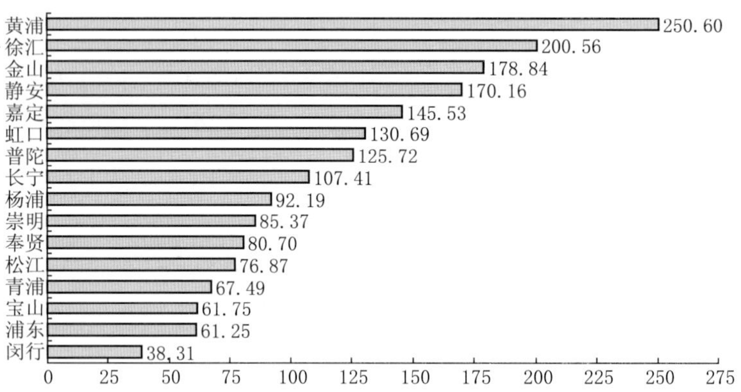

图 43 电子学生证应用场点普及率

表 43 12345 市民服务热线综合服务水平

序号	区 县	指数值	序号	区 县	指数值
1	宝山	103.81	9	松江	99.87
2	金山	103.62	10	浦东	99.78
3	杨浦	102.73	11	普陀	99.60
4	徐汇	102.46	12	长宁	99.19
5	虹口	101.94	13	黄浦	98.18
6	嘉定	101.49	14	奉贤	97.71
7	闵行	100.47	15	崇明	95.97
8	静安	100.13	16	青浦	95.94

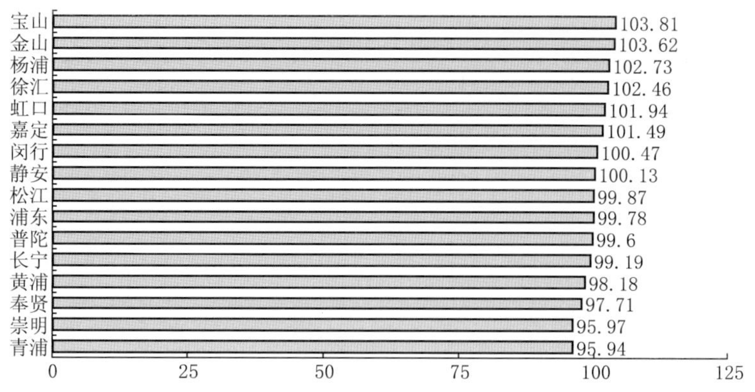

图 44　12345 市民服务热线综合服务水平

2. 产业融合指数

产业融合指数高于上海市产业融合指数的区县有浦东、徐汇、闵行、长宁、静安、松江、杨浦、嘉定。其中，智慧园区(商圈)全市占比排名前三的区县分别是浦东、静安、徐汇；两化融合管理体系贯标试点企业全市占比排名前三的区县分别为浦东、闵行、松江；单位地区生产总值发明专利申请量排名前三的区县分别是闵行、松江、徐汇；单位地区生产总值发明专利授予量排名前三的区县分别是闵行、杨浦、徐汇；单位地区生产总值软件及相关服务业经营收入排名前三的区县分别是长宁、徐汇、静安。

表 44　产业融合指数

序号	区　县	指数值	序号	区　县	指数值
1	浦东	188.82	9	宝山	119.21
2	徐汇	156.06	10	普陀	102.64
3	闵行	154.81	11	青浦	82.17
4	长宁	145.10	12	黄浦	79.97
5	静安	144.19	13	奉贤	73.51
6	松江	133.67	14	虹口	71.13
7	杨浦	125.82	15	金山	69.55
8	嘉定	119.74	16	崇明	39.62

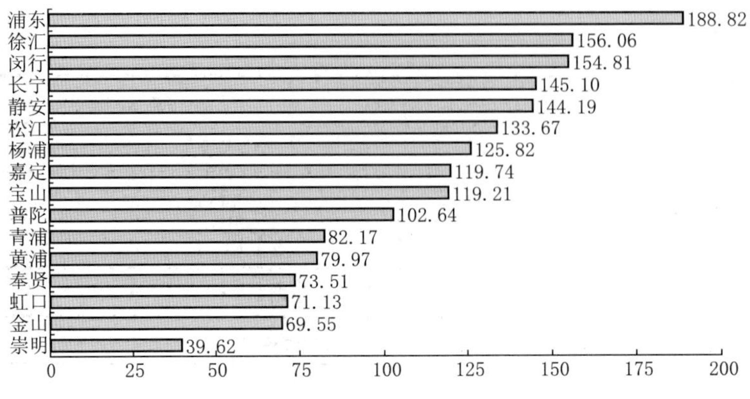

图 45　产业融合指数

按各区县所属区域划分，产业融合指数从高到低依次排名分别如下：

表 45　中心城区产业融合指数

序号	区　县	指数值	序号	区　县	指数值
1	浦东	188.82	5	杨浦	125.82
2	徐汇	156.06	6	普陀	102.64
3	长宁	145.10	7	黄浦	79.97
4	静安	144.19	8	虹口	71.13

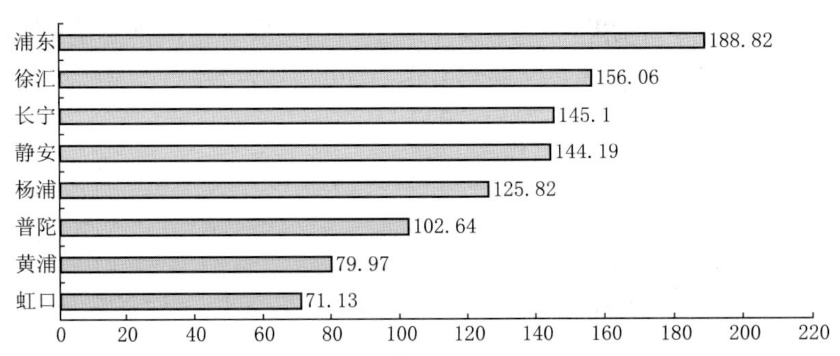

图 46　中心城区产业融合指数

表 46　郊区产业融合指数

序号	区　县	指数值	序号	区　县	指数值
1	闵行	154.81	5	青浦	82.17
2	松江	133.67	6	奉贤	73.51
3	嘉定	119.74	7	金山	69.55
4	宝山	119.21	8	崇明	39.62

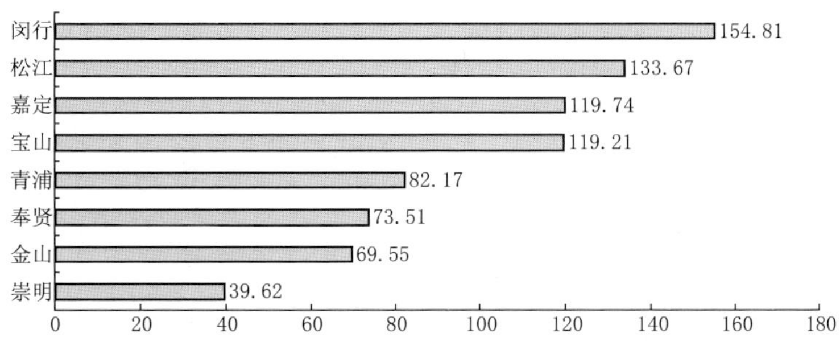

图 47　郊区产业融合指数

(17) 智慧园区(商圈)全市占比

为加快产业园区高端化、智慧化、生态化转型发展,加快推动"互联网+"大背景下新经济形态与新经济模式发展,截至 2015 年年底,全市共确认智慧园区试点 30 家,智慧商圈试点 7 家。

表 47　智慧园区(商圈)全市占比

序号	区　县	指数值	序号	区　县	指数值
1	浦东	253.61	7	青浦	100.00
2	静安	207.04	10	普陀	84.80
3	徐汇	192.60	10	虹口	84.80
4	长宁	148.54	10	宝山	84.80
5	杨浦	137.85	10	金山	84.80
6	黄浦	113.75	10	松江	84.80
7	闵行	100.00	10	奉贤	84.80
7	嘉定	100.00	16	崇明	0.00

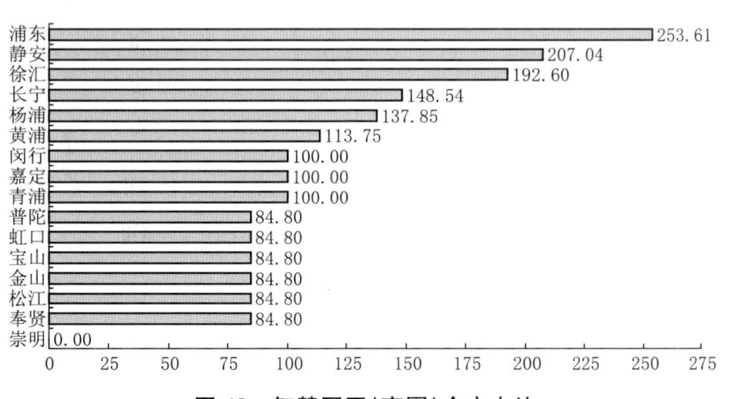

图 48　智慧园区(商圈)全市占比

(18) 两化融合管理体系贯标试点企业全市占比

积极对接国家工业和信息化部在全国范围内常态化开展企业两化融合评估诊断和对标引导重点工作,继本市首批 8 家贯标试点完成达标评定,2015 年新增试点企业 29 家。

表 48　两化融合管理体系贯标试点企业全市占比

序号	区　县	指数值	序号	区　县	指数值
1	浦东	288.75	9	长宁	84.80
2	闵行	220.16	9	杨浦	84.80
3	松江	192.60	9	嘉定	84.80
4	静安	176.55	9	奉贤	84.80
5	黄浦	158.50	13	徐汇	48.54
6	宝山	137.85	13	金山	48.54
7	普陀	113.75	15	虹口	0.00
7	青浦	113.75	15	崇明	0.00

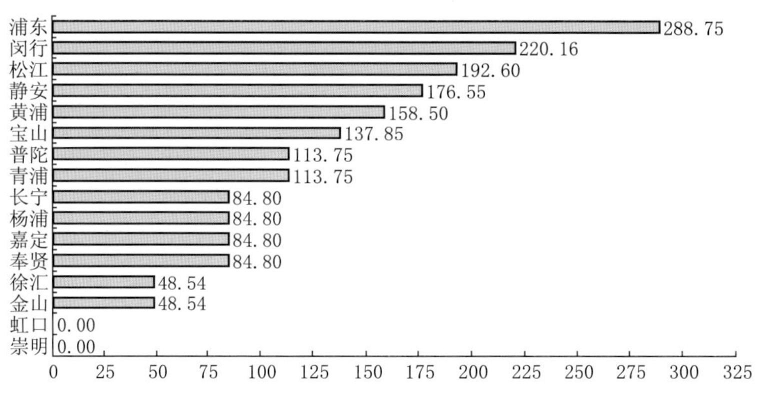

图 49　两化融合管理体系贯标试点企业全市占比

(19) 单位地区生产总值发明专利申请量

2015 年,本市当年发明专利申请量超过 46 000 个,闵行、松江、徐汇和杨浦等区县每亿元 GDP 发明专利申请量超过 3 个。

表 49　单位地区生产总值发明专利申请量

序号	区　县	指数值	序号	区　县	指数值
1	闵行	199.60	9	普陀	98.40
2	松江	186.32	10	奉贤	94.46
3	徐汇	171.50	11	长宁	84.36
4	杨浦	150.05	12	青浦	83.91
5	宝山	137.22	13	虹口	73.08
6	嘉定	132.97	14	静安	58.33
7	金山	103.07	15	崇明	48.58
8	浦东	101.59	16	黄浦	47.06

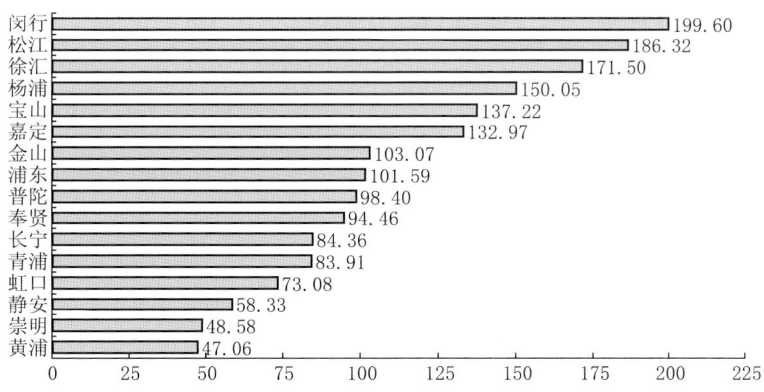

图 50 单位地区生产总值发明专利申请量

(20) 单位地区生产总值发明专利授予量

截至 2015 年年底,全市当年发明专利授予量超过 16 000 个,闵行、杨浦、徐汇、松江和宝山等区县每亿元 GDP 发明专利授予量超过 1 个。

表 50 单位地区生产总值发明专利授予量

序号	区 县	指数值	序号	区 县	指数值
1	闵行	195.70	9	普陀	92.18
2	杨浦	171.28	10	金山	83.12
3	徐汇	170.68	11	奉贤	78.49
4	松江	162.80	12	青浦	76.76
5	宝山	145.27	13	静安	68.45
6	嘉定	123.42	14	虹口	67.11
7	浦东	116.90	15	崇明	40.98
8	长宁	107.42	16	黄浦	30.62

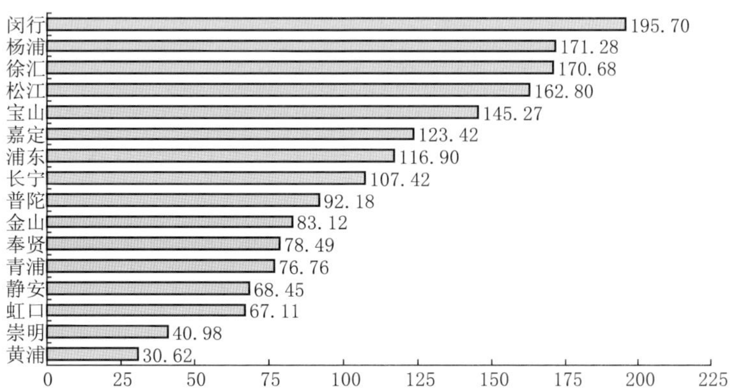

图 51 单位地区生产总值发明专利授予量

(21) 单位地区生产总值软件及相关信息服务业收入

2015 年，上海软件和信息服务业全行业实现经营收入 6 010.86 亿元，比上年同期增长 17.7%；其中软件产业实现经营收入 3 526.16 亿元，比上年同期增长 17.5%；互联网信息服务业实现经营收入 1 425.56 亿元，比上年同期增长 30.0%。

表 51　单位地区生产总值软件及相关信息服务业收入

序号	区　县	指数值	序号	区　县	指数值
1	长宁	300.36	9	宝山	90.91
2	静安	210.56	10	杨浦	85.10
3	徐汇	196.97	11	闵行	58.58
4	浦东	183.25	12	黄浦	49.93
5	嘉定	157.51	13	松江	41.82
6	虹口	130.64	14	青浦	36.42
7	普陀	124.09	15	金山	28.20
8	崇明	108.55	16	奉贤	25.01

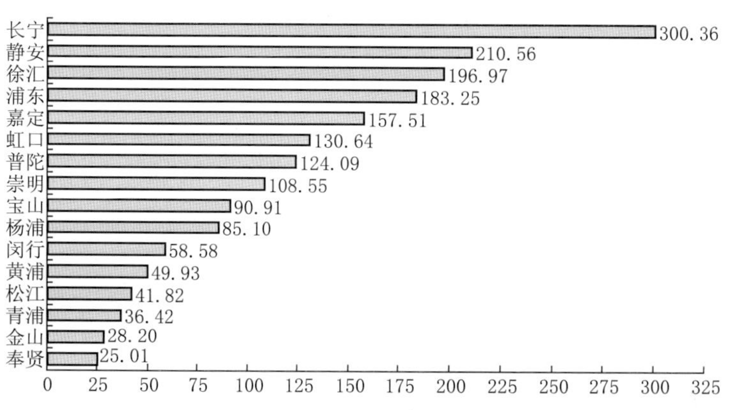

图 52　单位地区生产总值软件及相关信息服务业收入

3. 城市治理指数

城市治理指数高于上海市城市治理指数的区县有长宁、静安、徐汇、杨浦、虹口、普陀、黄浦、浦东。其中，电子警察监控点覆盖率排名前三的区县分别是长宁、静安、徐汇；浦东、静安、徐汇等多个区县在电子政务门户服务水平测评得到优秀；城市网格化综合管理水平排名前三的区县分别是崇明、静安、宝山；信用信息归集共享及查询应用水平排名前三的区县分别是长宁、浦东、闵行。

表 52 城市治理指数

序号	区 县	指数值	序号	区 县	指数值
1	长宁	117.28	9	宝山	97.01
2	静安	112.44	10	闵行	92.06
3	徐汇	111.67	11	奉贤	88.89
4	杨浦	108.16	12	松江	87.93
5	虹口	107.25	13	嘉定	84.20
6	普陀	106.73	14	金山	83.87
7	黄浦	100.46	15	青浦	81.28
8	浦东	99.45	16	崇明	79.53

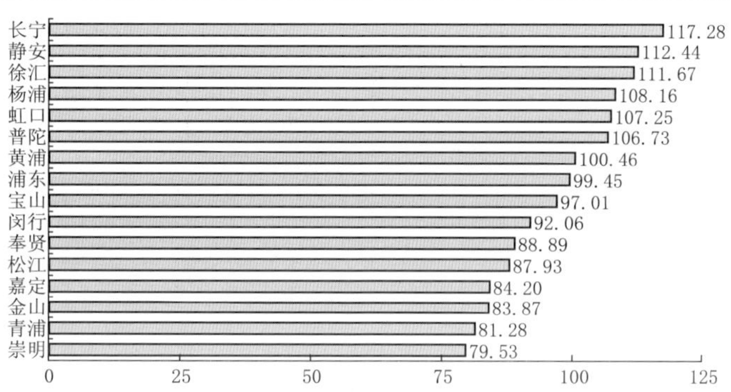

图 53 城市治理指数

按各区所属区域划分,城市治理指数从高到低依次排名分别如下:

表 53 中心城区城市治理指数

序号	区 县	指数值	序号	区 县	指数值
1	长宁	117.28	5	虹口	107.25
2	静安	112.44	6	普陀	106.73
3	徐汇	111.67	7	黄浦	100.46
4	杨浦	108.16	8	浦东	99.45

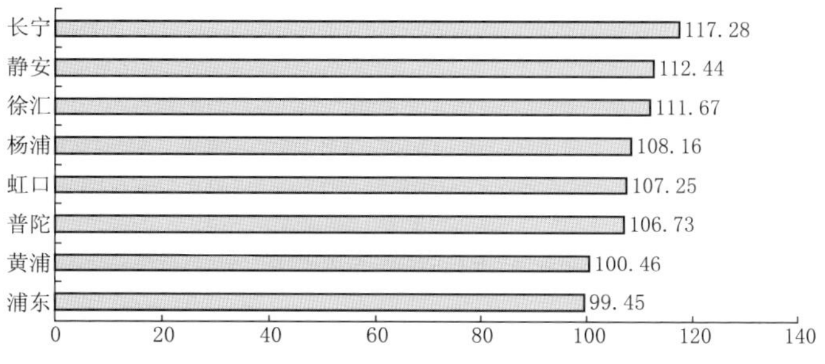

图 54 中心城区城市治理指数

表 54　郊区城市治理指数

序号	区　县	指数值	序号	区　县	指数值
1	宝山	97.01	5	嘉定	84.20
2	闵行	92.06	6	金山	83.87
3	奉贤	88.89	7	青浦	81.28
4	松江	87.93	8	崇明	79.53

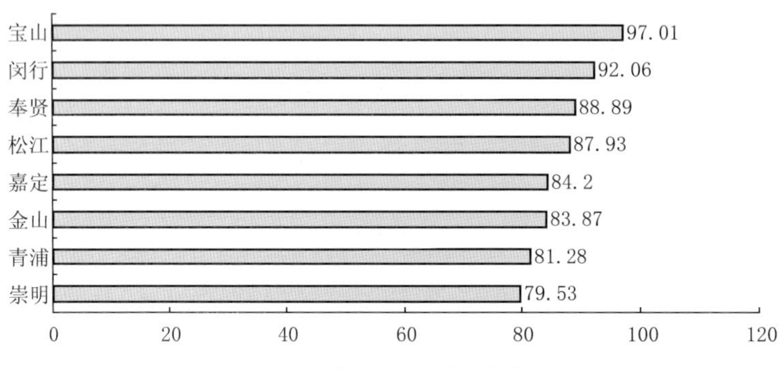

图 55　郊区城市治理指数

(22) 电子警察监控点覆盖率

根据上海市交通安全综合服务管理平台公示的相关信息，截至 2015 年年底，本市分布在各区的电子警察监控点(交通技术监控设备)超过 2 900 套。

表 55　电子警察监控点覆盖率

序号	区　县	指数值	序号	区　县	指数值
1	长宁	163.28	9	浦东	94.99
2	静安	151.00	10	闵行	87.92
3	徐汇	150.60	11	奉贤	57.51
4	虹口	150.19	12	嘉定	57.25
5	杨浦	137.60	13	松江	56.36
6	普陀	130.88	14	青浦	52.15
7	宝山	107.82	15	金山	34.86
8	黄浦	104.84	16	崇明	30.21

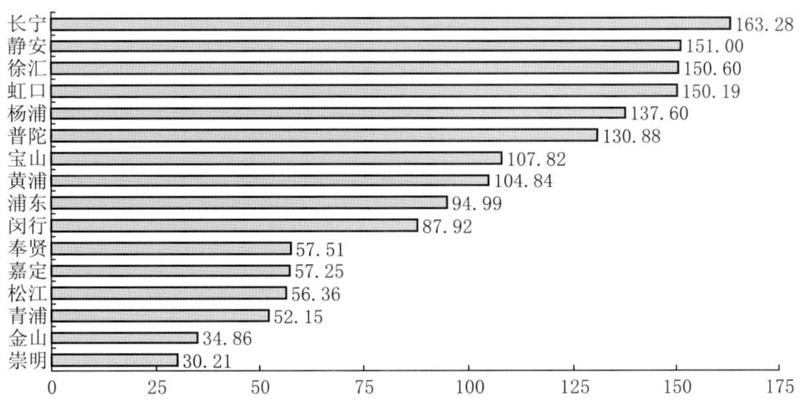

图 56　电子警察监控点覆盖率

(23) 电子政务门户服务水平

根据上海市政府有关工作要求，市政府门户网站管理中心对 16 个区县、50 个市政府部门、8 个管委会网站开展 2015 年度测评。测评内容涵盖网站信息更新、互动回应、服务实用性、网站可用性、政府信息公开、安全管理、对“中国上海”的内容保障情况等。经测评，黄浦区政府、杨浦区政府、徐汇区政府、静安区政府、长宁区政府、奉贤区政府、普陀区政府、金山区政府、浦东新区政府、松江区政府被评为 2015 年度上海市政府网站优秀单位；其他区(县)政府被评为良好单位。

表 56　电子政务门户服务水平

序号	区　县	指数值	序号	区　县	指数值
1	浦东	100.00	1	松江	100.00
1	黄浦	100.00	1	奉贤	100.00
1	静安	100.00	11	虹口	76.55
1	徐汇	100.00	11	宝山	76.55
1	长宁	100.00	11	闵行	76.55
1	普陀	100.00	11	嘉定	76.55
1	杨浦	100.00	11	青浦	76.55
1	金山	100.00	11	崇明	76.55

(24) 城市网格化综合管理水平

根据上海市委相关工作要求，所开展的推进城市网格化综合管理工作情况专题检查评估，从监督发现实效、指挥协调实效、实效综合监督、管理机制创新等方面评估本市各区城市网格化综合管理水平。

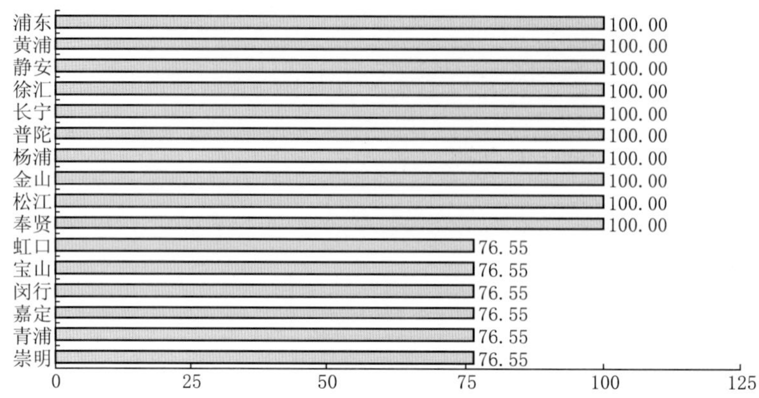

图 57　电子政务门户服务水平

表 57　城市网格化综合管理水平

序号	区　县	指数值	序号	区　县	指数值
1	崇明	108.70	9	黄浦	99.29
2	静安	104.41	10	长宁	99.21
3	宝山	103.46	11	闵行	98.70
4	嘉定	103.20	12	松江	98.05
5	虹口	101.62	13	浦东	97.75
6	徐汇	100.87	14	金山	97.15
7	奉贤	100.74	15	普陀	96.64
8	杨浦	100.71	16	青浦	93.36

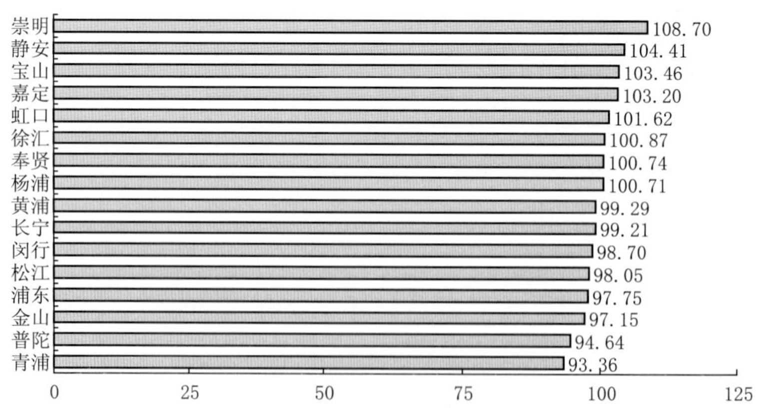

图 58　城市网格化综合管理水平

(25) 信用信息归集共享及查询应用水平

2015 年,上海市公共信用信息服务平台在各区县已建和在建子平台达 16 个,覆盖率 100%。截至年底,市民累计查询信用信息 531 万人,法人累计查询超过 106 万家。累计接受法人信息查询 377 万次,自然人信息查询 1 194 万次,查询参与度在全国首屈一指。

表 58 信用信息归集共享及查询应用水平

序号	区 县	指数值	序号	区 县	指数值
1	长宁	106.63	9	嘉定	99.79
2	浦东	105.05	10	普陀	99.38
2	闵行	105.05	11	黄浦	97.72
4	金山	103.45	12	松江	97.30
5	青浦	103.05	12	奉贤	97.30
6	崇明	102.65	14	徐汇	95.19
7	虹口	100.62	15	静安	94.34
8	宝山	100.21	15	杨浦	94.34

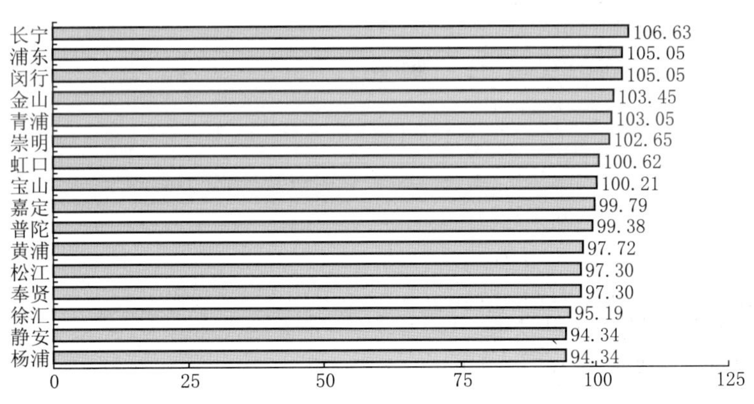

图 59 信用信息归集共享及查询应用水平

4. 绿色发展指数

绿色发展指数高于上海市绿色发展指数的区县有静安、黄浦、徐汇、虹口、长宁、普陀、杨浦。其中,公共事业电子账单普及率排名前三的区县分别是长宁、普陀、静安;家庭能源自动化采集覆盖率排名前三的区县分别是嘉定、松江、金山;环境质量监测点覆盖率排名前三的区县分别为黄浦、静安、长宁;道路扬尘监测点覆盖率排名前三的区县分别为徐汇、黄浦、普陀;浦东、黄浦、徐汇等 7 个区县在建筑用能分项计量应用覆盖率上并列第一;气象自动监测站覆盖率排名前三的区县分别为静安、黄浦、虹口。

表 59 绿色发展指数

序号	区 县	指数值	序号	区 县	指数值
1	静安	191.81	9	宝山	89.46
2	黄浦	168.15	10	浦东	83.24
3	徐汇	161.28	11	嘉定	82.97
4	虹口	155.71	12	金山	78.67
5	长宁	153.69	13	松江	74.81
6	普陀	145.45	14	奉贤	70.29
7	杨浦	138.78	15	青浦	44.04
8	闵行	93.18	16	崇明	39.94

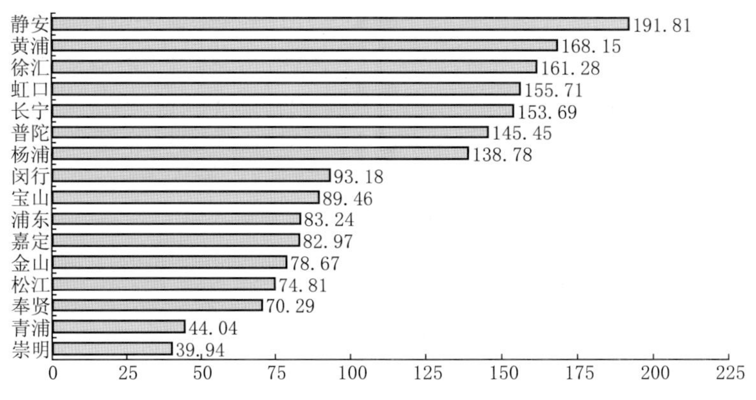

图 60 绿色发展指数

按各区县所属区域划分,绿色发展指数从高到低依次排名分别如下:

表 60 中心城区绿色发展指数

序号	区 县	指数值	序号	区 县	指数值
1	静安	191.81	5	长宁	153.69
2	黄浦	168.15	6	普陀	145.45
3	徐汇	161.28	7	杨浦	138.78
4	虹口	155.71	8	浦东	83.24

(26) 公共事业电子账单普及率

电子账单申办率高于上海市电子账单申办率的区县有长宁、普陀、静安、徐汇、虹口、闵行、松江、浦东。

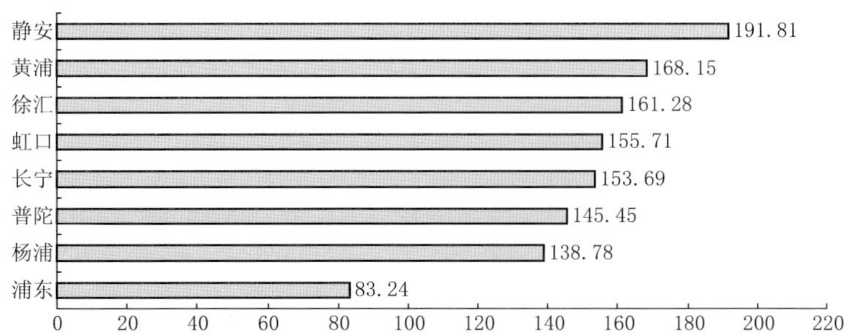

图 61　中心城区绿色发展指数

表 61　郊区绿色发展指数

序号	区　县	指数值	序号	区　县	指数值
1	闵行	93.18	5	松江	74.81
2	宝山	89.46	6	奉贤	70.29
3	嘉定	82.97	7	青浦	44.04
4	金山	78.67	8	崇明	39.94

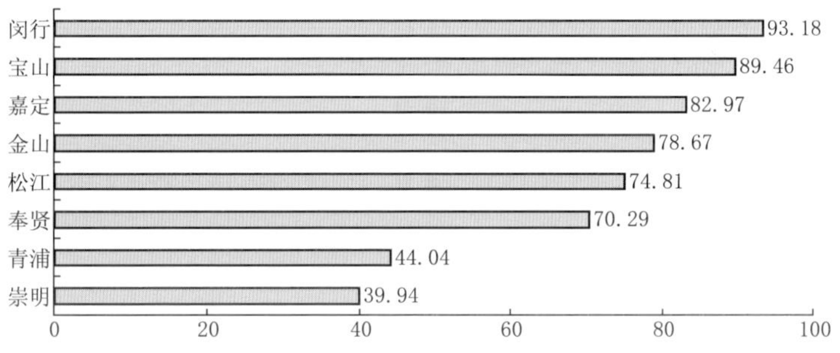

图 62　郊区绿色发展指数

表 62　公共事业电子账单普及率

序号	区　县	指数值	序号	区　县	指数值
1	长宁	152.48	9	金山	93.28
2	普陀	126.06	10	黄浦	88.45
3	静安	117.21	11	宝山	83.03
4	徐汇	116.98	12	杨浦	81.96
5	虹口	116.50	13	奉贤	81.50
6	闵行	116.28	14	嘉定	76.23
7	松江	113.35	15	青浦	53.31
8	浦东	106.42	16	崇明	19.22

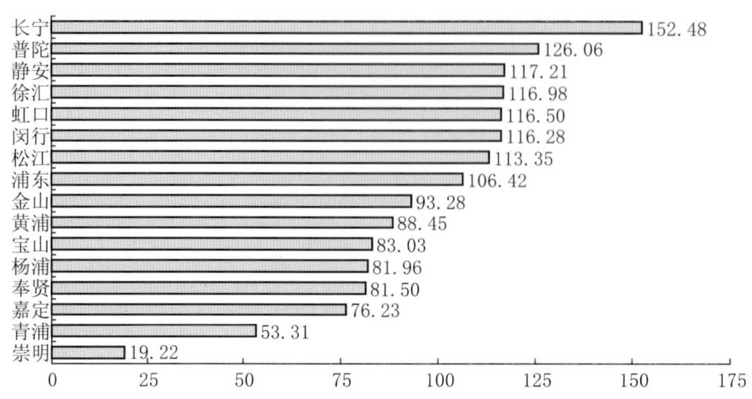

图 63　公共事业电子账单普及率

(27) 家庭能源自动化采集覆盖率

截至 2015 年年底,全市已安装智能燃气表近 200 万个,对相关家庭用户的燃气使用情况进行远程、智能化监控;其中,郊区各区县覆盖率相对较高,部分区县覆盖率已超过 30%。

表 63　家庭能源自动化采集覆盖率

序号	区　县	指数值	序号	区　县	指数值
1	嘉定	207.73	9	杨浦	94.68
2	松江	154.21	10	普陀	94.43
3	金山	152.22	11	长宁	90.96
4	奉贤	138.47	12	崇明	73.71
5	静安	137.70	13	闵行	65.47
6	徐汇	118.35	14	浦东	52.81
7	宝山	115.30	15	黄浦	15.73
8	虹口	105.14	16	青浦	10.64

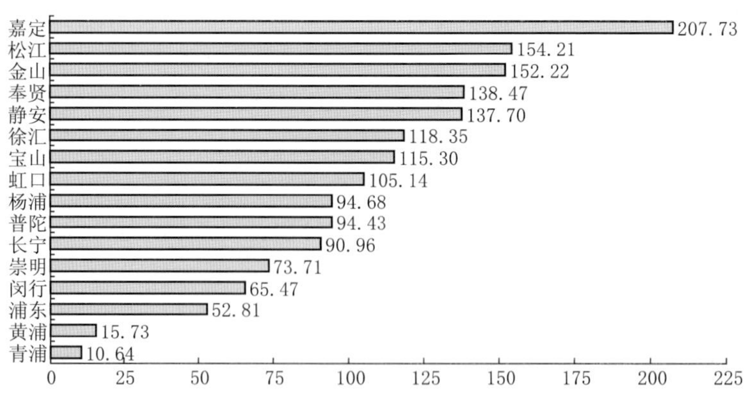

图 64　家庭能源自动化采集覆盖率

(28) 环境质量监测点覆盖率

截至 2015 年年底,上海全市共建有空气环境质量监测点超过 100 个。其中,国控质量监测点 10 个、市控监测点逾 40 个。

表 64 环境质量监测点覆盖率

序号	区 县	指数值	序号	区 县	指数值
1	黄浦	283.41	9	金山	89.23
2	静安	260.92	10	闵行	67.09
3	长宁	209.60	11	奉贤	62.99
4	虹口	187.62	12	浦东	50.03
5	徐汇	171.84	13	嘉定	26.62
6	杨浦	161.61	14	青浦	24.75
7	宝山	145.20	15	松江	20.83
8	普陀	110.02	16	崇明	14.51

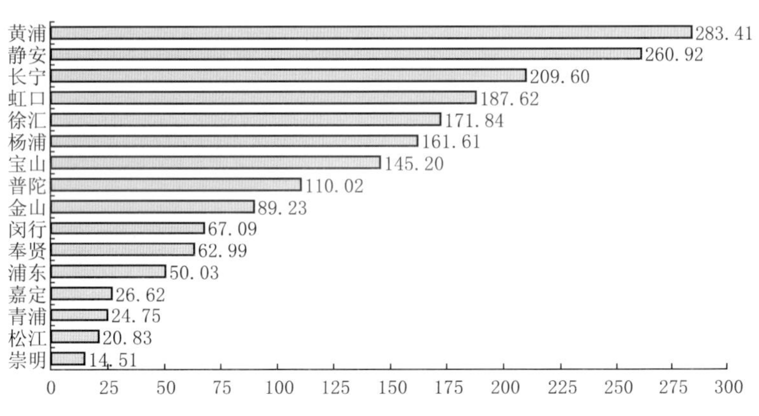

图 65 环境质量监测点覆盖率

(29) 道路扬尘监测点覆盖率

截至 2015 年年底,上海全市共建有道路扬尘监测点超过 100 个。其中,徐汇、浦东、普陀、杨浦、虹口的监测点覆盖率均超过每百公里 3 个。

(30) 建筑用能分项计量应用覆盖率(无量纲)

建筑用能分项计量应用覆盖率高于上海市建筑用能分项计量应用覆盖率的区县有浦东、黄浦、徐汇、普陀、闵行、嘉定、青浦。

表 65　道路扬尘监测点覆盖率

序号	区　县	指数值	序号	区　县	指数值
1	徐汇	329.07	9	闵行	91.58
2	黄浦	294.11	10	宝山	0.00
3	普陀	291.88	10	嘉定	0.00
4	杨浦	265.25	10	金山	0.00
5	虹口	255.04	10	松江	0.00
6	长宁	218.67	10	青浦	0.00
7	静安	212.82	10	奉贤	0.00
8	浦东	107.96	10	崇明	0.00

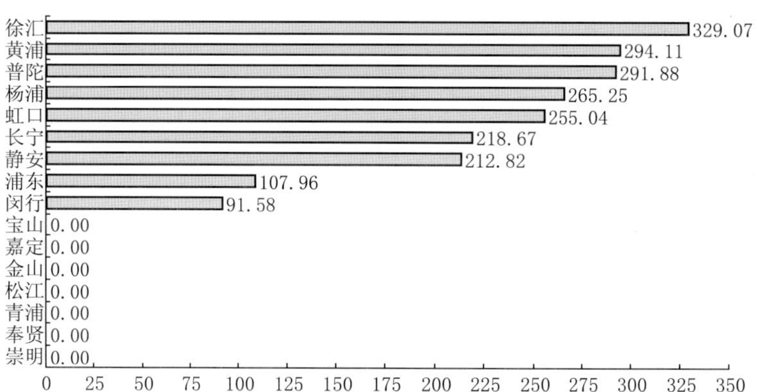

图 66　道路扬尘监测点覆盖率

表 66　建筑用能分项计量应用覆盖率

序号	区　县	指数值	序号	区　县	指数值
1	浦东	112.20	8	虹口	100.00
1	黄浦	112.20	8	杨浦	100.00
1	徐汇	112.20	8	宝山	100.00
1	普陀	112.20	12	静安	86.67
1	闵行	112.20	12	金山	86.67
1	嘉定	112.20	12	松江	86.67
1	青浦	112.20	12	奉贤	86.67
8	长宁	100.00	12	崇明	86.67

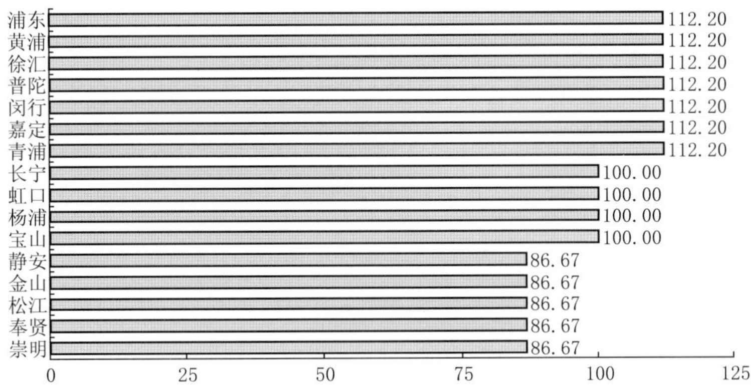

图 67 建筑用能分项计量应用覆盖率

(31) 气象自动监测站覆盖率(%)

截至 2015 年年底,上海全市共建有气象自动监测站超过 200 个。其中,静安、黄浦、虹口和长宁等区县的自动监测站覆盖率都超过每平方公里 0.1 个。

表 67 气象自动监测站覆盖率

序号	区 县	指数值	序号	区 县	指数值
1	静安	335.53	9	宝山	93.26
2	黄浦	215.02	10	嘉定	75.03
3	虹口	169.93	11	松江	73.81
4	长宁	150.44	12	浦东	70.04
5	普陀	138.08	13	青浦	63.34
6	杨浦	129.17	14	奉贤	52.11
7	徐汇	119.21	15	金山	50.61
8	闵行	106.44	16	崇明	45.52

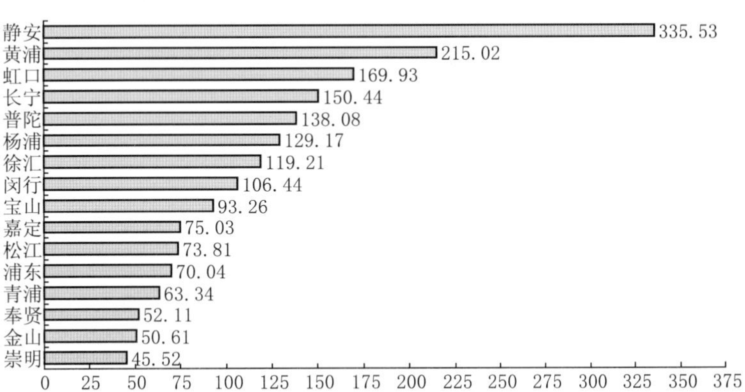

图 68 气象自动监测站覆盖率

(四)发展环境指数

发展环境指数高于上海市发展环境指数的区县有徐汇、宝山、浦东、静安、松江、长宁、闵行。其中,徐汇、长宁、宝山等区县在机制保障指数上并列第一;浦东、徐汇、普陀等区县在规划引导指数上并列第一;浦东、静安、徐汇等区县在工作创新指数上排名第一。

表68　发展环境指数

序号	区　县	指数值	序号	区　县	指数值
1	徐汇	116.93	9	金山	84.37
1	宝山	116.93	10	普陀	82.14
3	浦东	115.65	11	杨浦	76.02
4	静安	110.12	12	青浦	74.15
5	松江	102.73	13	虹口	73.00
6	长宁	97.70	14	奉贤	67.80
7	闵行	91.83	15	嘉定	65.28
8	黄浦	88.43	16	崇明	51.81

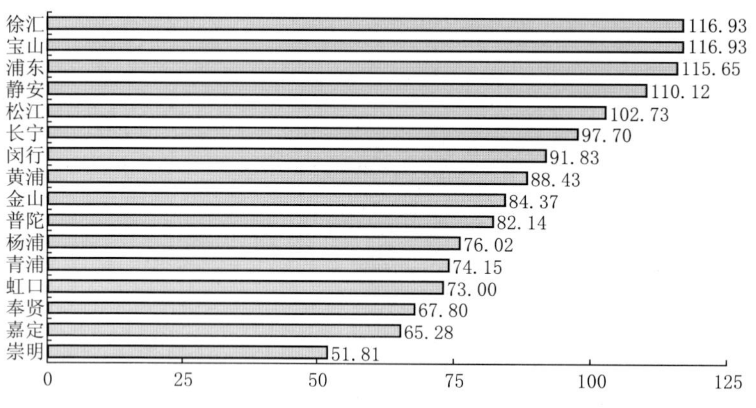

图69　发展环境指数

按各区所属区域划分,发展环境指数从高到低依次排名分别如下:

表69　中心城区发展环境指数

序号	区　县	指数值	序号	区　县	指数值
1	徐汇	116.93	5	黄浦	88.43
2	浦东	115.65	6	普陀	82.14
3	静安	110.12	7	杨浦	76.02
4	长宁	97.70	8	虹口	73.00

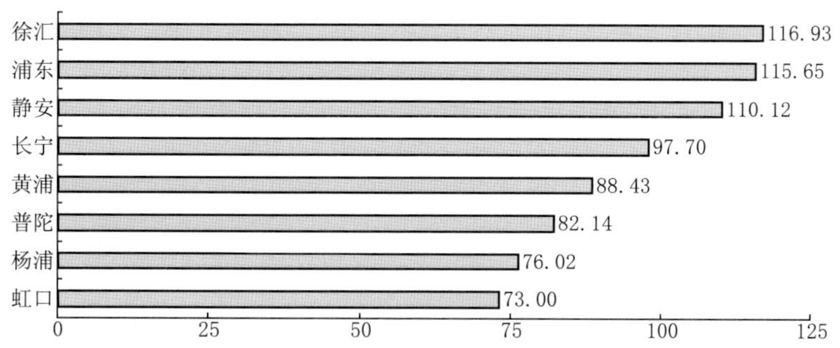

图 70 中心城区发展环境指数

表 70 郊区发展环境指数

序号	区 县	指数值	序号	区 县	指数值
1	宝山	116.93	5	青浦	74.15
2	松江	102.73	6	奉贤	67.80
3	闵行	91.83	7	嘉定	65.28
4	金山	84.37	8	崇明	51.81

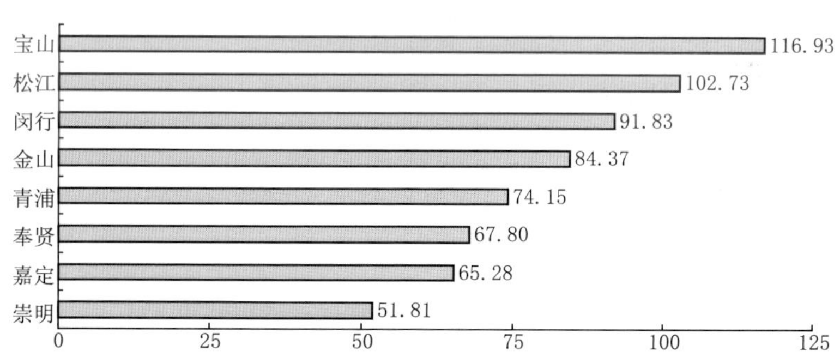

图 71 郊区发展环境指数

1. 机制保障指数

机制保障指数高于上海市机制保障指数的区县有徐汇、长宁、宝山、金山、松江、奉贤、浦东、静安。其中,黄浦、徐汇、长宁等 8 个区县在工作机制上并列第一;浦东、静安、徐汇等 13 个区县在专项资金上并列第一。

表 71　机制保障指数

序号	区　县	指数值	序号	区　县	指数值
1	徐汇	102.37	9	闵行	92.40
1	长宁	102.37	9	嘉定	92.40
1	宝山	102.37	9	崇明	92.40
1	金山	102.37	12	黄浦	81.62
1	松江	102.37	12	虹口	81.62
1	奉贤	102.37	14	普陀	80.84
7	浦东	97.56	14	杨浦	80.84
7	静安	97.56	16	青浦	71.65

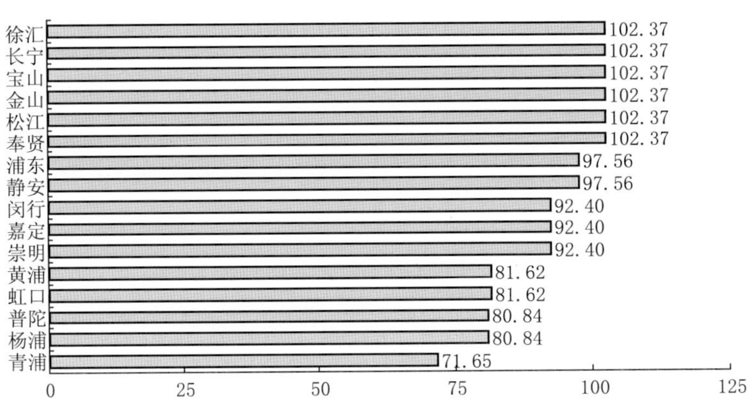

图 72　机制保障指数

按各区所属区域划分，机制保障指数从高到低依次排名分别如下：

表 72　中心城区机制保障指数

序号	区　县	指数值	序号	区　县	指数值
1	徐汇	102.37	5	黄浦	81.62
1	长宁	102.37	5	虹口	81.62
3	浦东	97.56	7	普陀	80.84
3	静安	97.56	7	杨浦	80.84

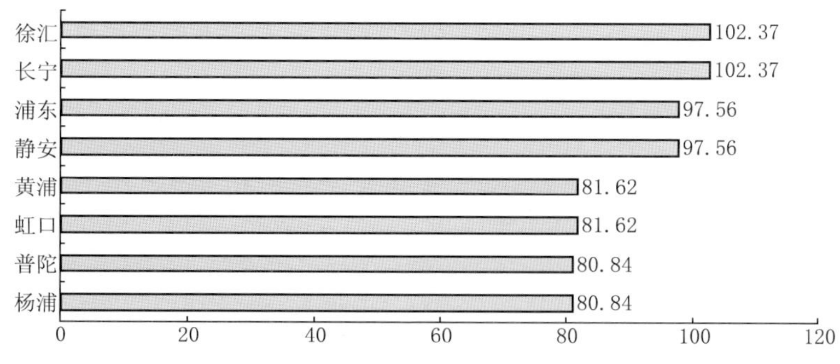

图 73　中心城区机制保障指数

表 73　郊区机制保障指数

序号	区　县	指数值	序号	区　县	指数值
1	宝山	102.37	5	闵行	92.40
1	金山	102.37	5	嘉定	92.40
1	松江	102.37	5	崇明	92.40
1	奉贤	102.37	8	青浦	71.65

宝山 102.37
金山 102.37
松江 102.37
奉贤 102.37
闵行 92.40
嘉定 92.40
崇明 92.40
青浦 71.65
0 20 40 60 80 100 120

图 74　郊区机制保障指数

(1) 工作机制

截至 2015 年年底,全市已有过半数区县成立了区域智慧城市(城区)建设领导小区,半数的区县由区(县)委书记或区(县)长担任领导小组组长,其他区大多数由区(县)委主要领导担任组长。半数以上区已形成多部门协同推进智慧城市(城区)建设,并以联席会议、专项工作小组等形式固定下来。

(2) 专项资金

大部分区县已设立区域智慧城市专项资金,或明确通过信息化专项资金等途径支持区域相关智慧城市项目建设。

表 74　工作机制

序号	区　县	指数值	序号	区　县	指数值
1	黄浦	104.73	9	浦东	95.11
1	徐汇	104.73	9	静安	95.11
1	长宁	104.73	11	闵行	84.80
1	虹口	104.73	11	嘉定	84.80
1	宝山	104.73	11	青浦	84.80
1	金山	104.73	11	崇明	84.80
1	松江	104.73	15	普陀	61.67
1	奉贤	104.73	15	杨浦	61.67

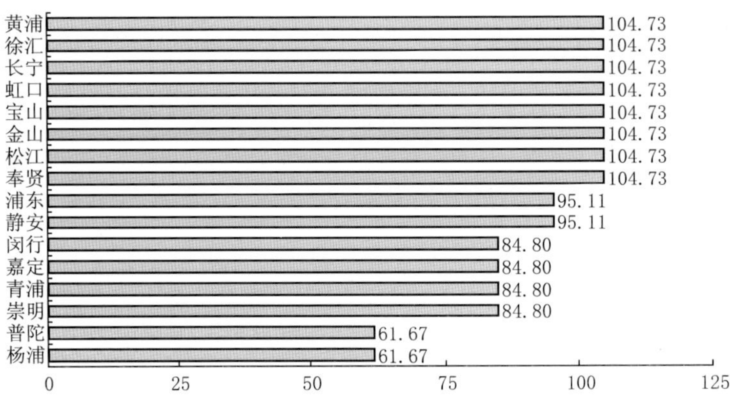

图 75　工作机制

表 75　专项资金

序号	区　县	指数值	序号	区　县	指数值
1	浦东	100.00	1	嘉定	100.00
1	静安	100.00	1	金山	100.00
1	徐汇	100.00	1	松江	100.00
1	长宁	100.00	1	奉贤	100.00
1	普陀	100.00	1	崇明	100.00
1	杨浦	100.00	14	黄浦	58.50
1	宝山	100.00	14	虹口	58.50
1	闵行	100.00	14	青浦	58.50

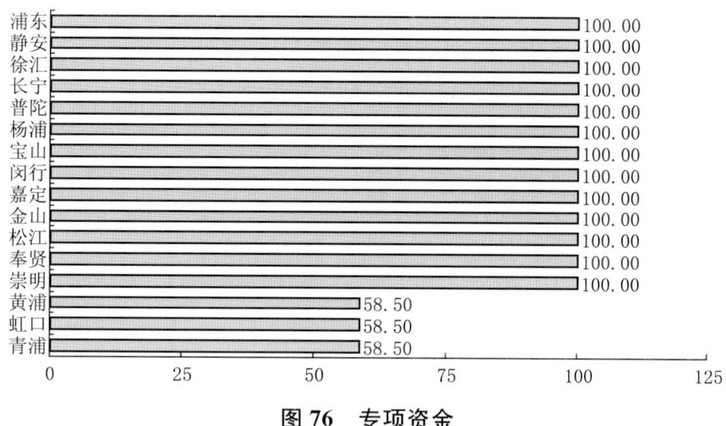

图 76 专项资金

2. 规划引导指数

浦东、徐汇、普陀等 7 个区县在规划引导指数上并列第一。其中,所有区县已就区域智慧城市建设制定了相关整体规划;并且,大部分区县另对信息基础设施、信息产业以及区域中细分地区相关领域"信息化、智慧化"建设进行了专项规划。

表 76 规划引导指数

序号	区 县	指数值	序号	区 县	指数值
1	浦东	100.00	9	静安	79.25
1	黄浦	100.00	9	杨浦	79.25
1	徐汇	100.00	9	嘉定	79.25
1	普陀	100.00	9	金山	79.25
1	虹口	100.00	9	青浦	79.25
1	宝山	100.00	14	长宁	50.00
1	松江	100.00	14	闵行	50.00
1	奉贤	100.00	14	崇明	50.00

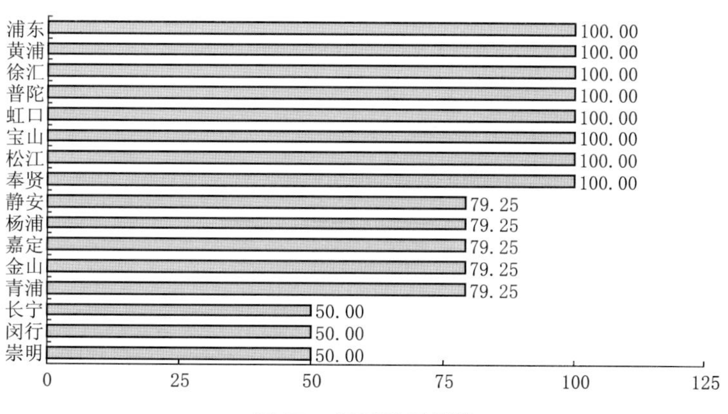

图 77 规划引导指数

按各区县所属区域划分，规划引导指数从高到低依次排名分别如下：

表 77　中心城区规划引导指数

序号	区　县	指数值	序号	区　县	指数值
1	浦东	100.00	1	虹口	100.00
1	黄浦	100.00	6	静安	79.25
1	徐汇	100.00	6	杨浦	79.25
1	普陀	100.00	8	长宁	50.00

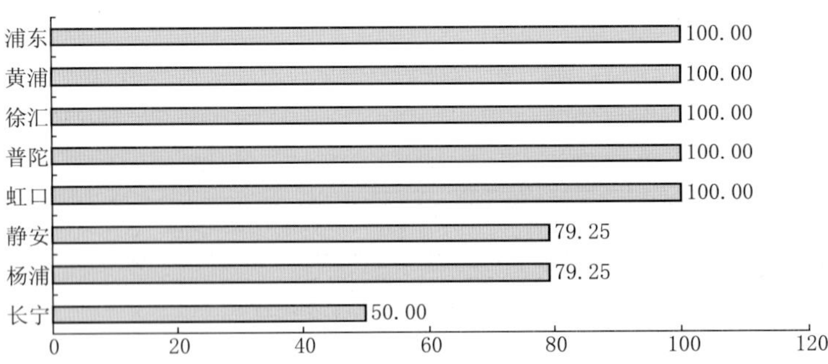

图 78　中心城区规划引导指数

表 78　郊区规划引导指数

序号	区　县	指数值	序号	区　县	指数值
1	宝山	100.00	4	金山	79.25
1	松江	100.00	4	青浦	79.25
1	奉贤	100.00	7	闵行	50.00
4	嘉定	79.25	7	崇明	50.00

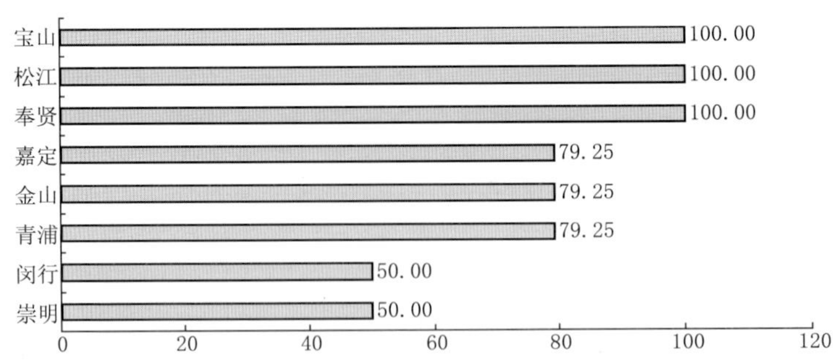

图 79　郊区规划引导指数

（1）顶层设计

截至 2015 年年底，所有区县已经研究制定了本区域的智慧城市（城区）发展顶层设计规划，大部分区县已经发布。

表 79 顶层设计

序号	区 县	指数值	序号	区 县	指数值
1	浦东	100.00	1	宝山	100.00
1	黄浦	100.00	1	闵行	100.00
1	静安	100.00	1	嘉定	100.00
1	徐汇	100.00	1	金山	100.00
1	长宁	100.00	1	松江	100.00
1	普陀	100.00	1	奉贤	100.00
1	虹口	100.00	1	崇明	100.00
1	杨浦	100.00	16	青浦	58.50

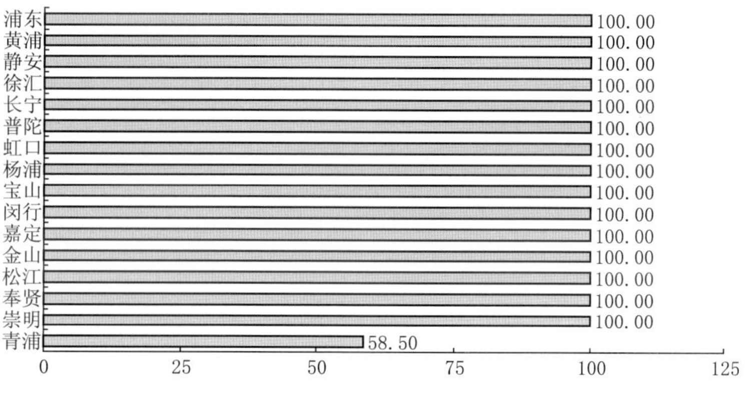

图 80 顶层设计

(2) 专项规划

在区域智慧城市顶层设计以外，多数区县已就区域内智慧城市建设与应用的专项内容，制定两项(及两项以上)专项规划，另有部分区县制定了至少一项规划。

表 80 专项规划

序号	区 县	指数值	序号	区 县	指数值
1	浦东	100.00	1	奉贤	100.00
1	黄浦	100.00	10	静安	58.50
1	徐汇	100.00	10	杨浦	58.50
1	普陀	100.00	10	嘉定	58.50
1	虹口	100.00	10	金山	58.50
1	宝山	100.00	14	长宁	0.00
1	松江	100.00	14	闵行	0.00
1	青浦	100.00	14	崇明	0.00

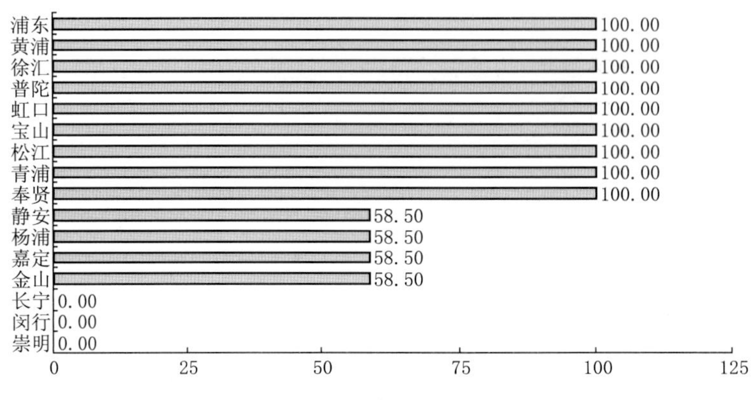

图 81　专项规划

3. 工作创新指数

工作创新指数高于上海市工作创新指数的区县有浦东、静安、徐汇、宝山、长宁、闵行、松江。其中，浦东、静安、徐汇等 7 个区县在工作试点方面并列第一；浦东、静安、徐汇、宝山等区县在成果获奖方面并列第一。

表 81　工作创新指数

序号	区　县	指数值	序号	区　县	指数值
1	浦东	134.93	9	金山	77.00
1	静安	134.93	10	普陀	72.67
1	徐汇	134.93	10	青浦	72.67
1	宝山	134.93	12	杨浦	71.43
5	长宁	122.29	13	虹口	52.64
6	闵行	115.40	14	嘉定	41.79
7	松江	104.50	15	奉贤	29.64
8	黄浦	85.71	15	崇明	29.64

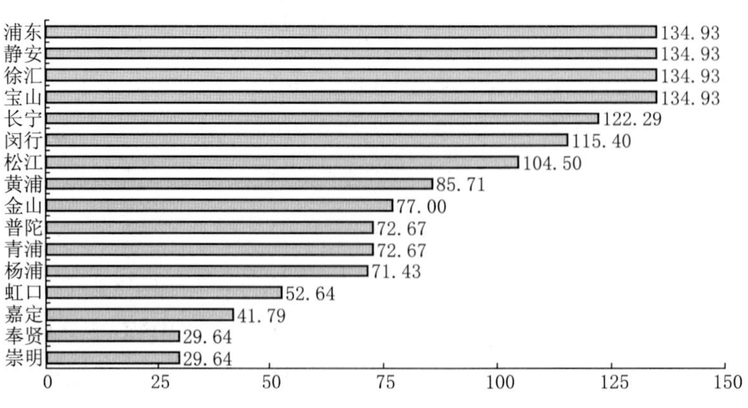

图 82　工作创新指数

按各区县所属区域划分,工作创新指数从高到低依次排名分别如下:

表82 中心城区工作创新指数

序号	区 县	指数值	序号	区 县	指数值
1	浦东	134.93	5	黄浦	85.71
1	静安	134.93	6	普陀	72.67
1	徐汇	134.93	7	杨浦	71.43
4	长宁	122.29	8	虹口	52.64

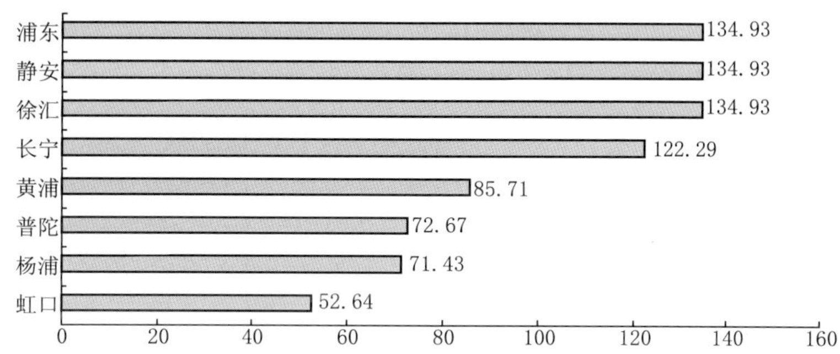

图83 中心城区工作创新指数

表83 郊区工作创新指数

序号	区 县	指数值	序号	区 县	指数值
1	宝山	134.93	5	青浦	72.67
2	闵行	115.40	6	嘉定	41.79
3	松江	104.50	7	奉贤	29.64
4	金山	77.00	7	崇明	29.64

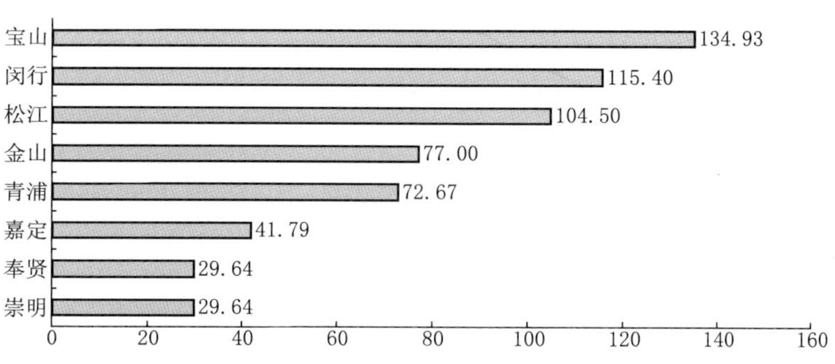

图84 郊区工作创新指数

(1) 工作试点

大部分区县都承担了多项国家(部委)以及上海市的智慧城市及信息化方面的试点工作。其中,国家(部委)层面试点包括"工信部中欧绿色智慧城市试点"、"国家电子商务综合创新实践区"、"国家工业电子商务试点"、"国家信息消费试点城区"等;本市的相关试点主要有智慧社区、智慧村庄、智慧园区、智慧商圈与智慧新城等构成。

表 84 工作试点

序号	区 县	指数值	序号	区 县	指数值
1	浦东	107.80	8	松江	100.00
1	静安	107.80	10	黄浦	73.70
1	徐汇	107.80	10	虹口	73.70
1	长宁	107.80	12	普陀	68.81
1	宝山	107.80	12	青浦	68.81
1	闵行	107.80	14	嘉定	58.50
1	金山	107.80	15	奉贤	41.50
8	杨浦	100.00	15	崇明	41.50

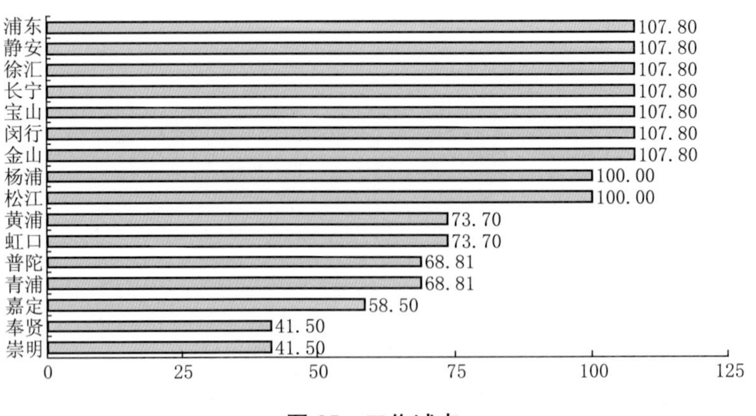

图 85 工作试点

(2) 成果获奖

过半数区县近三年以来,都获得过至少一项关于智慧城市或信息化建设的奖项,这些奖项都由省部级政府(部门)或全国性权威机构评比及颁发。

表 85 成果获奖

序号	区 县	指数值	序号	区 县	指数值
1	浦东	202.75	9	普陀	82.31
1	静安	202.75	9	青浦	82.31
1	徐汇	202.75	11	虹口	0.00
1	宝山	202.75	11	杨浦	0.00
5	长宁	158.50	11	嘉定	0.00
6	闵行	134.40	11	金山	0.00
7	黄浦	115.75	11	奉贤	0.00
7	松江	115.75	11	崇明	0.00

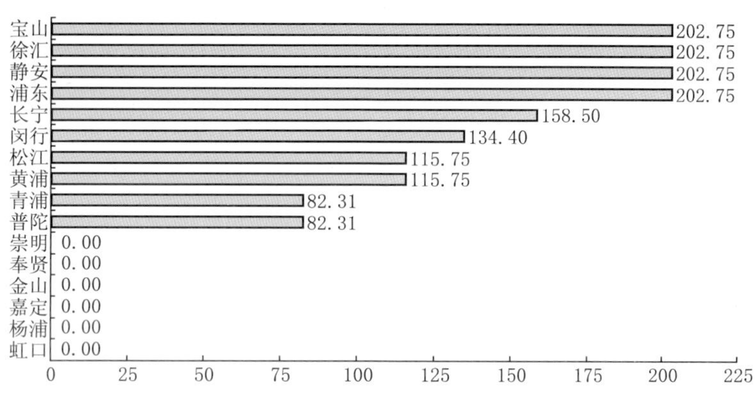

图 86 成果获奖

(五) 信息安全状况系数

各区信息安全状况系数值如下所示:

表 86 信息安全状况系数值

序号	区 县	指数值	序号	区 县	指数值
1	黄浦	100.00%	9	奉贤	100.00%
2	徐汇	100.00%	10	崇明	100.00%
3	普陀	100.00%	11	浦东	98.00%
4	虹口	100.00%	12	长宁	98.00%
5	宝山	100.00%	13	杨浦	98.00%
6	嘉定	100.00%	14	闵行	98.00%
7	松江	100.00%	15	金山	98.00%
8	青浦	100.00%	16	静安	88.20%

附录　评估指标介绍

(一) 网络就绪度指数

表 87　网络就绪度指数指标组成

一级指标	二级指标	序号	三级指标
网络就绪度指数	基础能力指数	1	基站覆盖率
		2	室内分布系统覆盖率
		3	i-Shanghai 覆盖率
		4	光纤宽带网络覆盖率
		5	NGB 覆盖率
	应用水平指数	6	家庭宽带普及率
		7	家庭光纤入户率
		8	数字电视普及率
	用户感知指数	9	固定宽带用户感知速率

1. 基础能力指数

(1) 基站覆盖率(单位:无量纲)

指标说明:该指标反映移动通信宏基站及室外分布系统的分布覆盖情况。

评估口径:计算(1)(移动通信宏基站数量+室外分布系统数量)/区域面积;(2)(移动通信宏基站数量+室外分布系统数量)/区域常住人口。对上述两数据按照中位值法计算后,按照 1∶1 权重相加计算。

数据来源:上海市无线电管理局。

(2) 室内分布系统覆盖率(单位:幢/万人)

指标说明:该指标反映区域室内分布系统楼宇覆盖情况。

评估口径:区域室内分布系统覆盖楼宇数/区域常住人口。其中,区域内的商务楼宇指区内单层建筑面积超过 3 000 m^2 且建筑高度大于 24 m 的建筑或者单体建筑面积超过 20 000 m^2 的建筑物。

数据来源:上海市无线电管理局。

(3) i-Shanghai 覆盖率(单位:无量纲)

指标说明:该指标反映区域 i-Shanghai 接入点(AP)建设覆盖情况。

评估口径:计算(1)i-Shanghai AP 数/区域面积,(2)i-Shanghai AP 数/区域常住人口。对上述两数据按照中位值法计算后,按照 1∶1 权重相加计算。

数据来源:上海市经济和信息化委员会,各区经济和信息化工作主管部门。

(4) 光纤宽带网络覆盖率(单位:%)

指标说明:该指标反映区域居民家庭完成光纤入户改造的覆盖情况。

评估口径:区域完成光纤入户改造的家庭总数/区域常住人口户数。

数据来源:上海市通信管理局、东方有线网络公司。

(5) NGB覆盖率(单位:%)

指标说明:该指标反映区域居民家庭完成下一代广播电视网(NGB)改造覆盖情况。

评估口径:区域完成下一代广播电视网(NGB)改造的家庭总数/区域常住人口户数。

数据来源:东方有线网络公司。

2. 应用水平指数

(6) 家庭宽带普及率(单位:%)

指标说明:该指标反映区域家庭宽带普及水平。

评估口径:区域家庭宽带用户数/区域常住人口户数。

评估信息来源:上海市通信管理局、东方有线网络公司。

(7) 家庭光纤入户率(单位:%)

指标说明:该指标反映区域家庭光纤宽带普及水平。

评估口径:区域使用光纤宽带的家庭总户数/区域常住人口户数。

数据来源:上海市通信管理局、东方有线网络公司。

(8) 数字电视普及率(单位:%)

指标说明:该指标反映区域数字电视普及水平。

评估口径:区域数字电视用户数/区域有线电视用户总数。

数据来源:东方有线网络公司。

3. 用户感知指数

(9) 固定宽带用户感知速率(单位:Mbps)

指标说明:该指标反映区域固定网络用户下载及视频下载的速率水平。

评估口径:对区域固定网络下载速率统计值、固定网络视频下载速率统计值进行加权平均,其中前者占80%权重,后者占20%权重。

数据来源:宽带发展联盟。

（二）智慧应用指数

表 88　智慧应用指数指标组成

一级指标	二级指标	序号	三 级 指 标
智慧应用指数	生活服务指数	10	智慧社区（村庄）覆盖率
		11	公交电子站牌覆盖水平
		12	公共停车场（库）系统联网率
		13	上海健康信息网联网率
		14	中心图书馆电子读者证普及率
		15	电子学生证应用场点普及率
		16	12345 市民服务热线综合服务水平
	产业融合指数	17	智慧园区（商圈）全市占比
		18	两化融合管理体系贯标试点企业全市占比
		19	单位地区生产总值发明专利申请量
		20	单位地区生产总值发明专利授予量
		21	单位地区生产总值软件及相关信息服务业收入
	城市治理指数	22	电子警察监控点覆盖率
		23	电子政务门户服务水平
		24	城市网格化综合管理水平
		25	信用信息归集共享及查询应用水平
	绿色发展指数	26	公共事业电子账单普及率
		27	家庭能源自动化采集覆盖率
		28	环境质量监测点覆盖率
		29	道路扬尘监测点覆盖率
		30	建筑用能分项计量应用覆盖率
		31	气象自动监测站覆盖率

1. 生活服务指数

（10）智慧社区（村庄）覆盖率（单位：%）

指标说明：该指标反映区域试点智慧社区（村庄）建设水平。

评估口径:区域拥有市级试点智慧社区(村庄)的街道(镇)数量/区域街道(镇)总数。

数据来源:上海市经济和信息化委员会。

(11) 公交电子站牌覆盖水平(单位:无量纲)

指标说明:该指标反映区域公交站牌电子化建设覆盖情况。

评估口径:区域拥有通过信息屏、LED站牌以及二维码形式实现公交车到站信息实时发送的“电子站牌”综合计数/区域公交站点数。

数据来源:上海市交通委员会信息中心、上海市数字化城市管理中心。

(12) 公共停车场(库)系统联网率(单位:%)

指标说明:该指标反映区域公共停车场(库)信息化水平。

评估口径:区域电子收费系统联网的公共停车场(库)/区域公共停车场(库)数。

数据来源:上海市路政局官方网站。

(13) 上海健康信息网联网率(单位:%)

指标说明:该指标反映区域医疗机构信息共享联网情况。

评估口径:区域联网医疗机构数/区域医疗机构总数。

数据来源:上海市卫生和计划生育委员会信息中心。

(14) 中心图书馆电子读者证普及率(单位:张/万人)

指标说明:该指标反映区域居民中心图书馆电子读者证办理普及情况。

评估口径:区域居民办理上海市中心图书馆“一卡通”电子读者证数/(区域常住人口数/10 000)。

数据来源:上海市图书馆。

(15) 电子学生证应用场点普及率(单位:所/万人)

指标说明:该指标反映区域实体文体服务场所开放服务与信息技术的融合与应用普及的水平。

评估口径:区域可使用电子学生证社会场馆数/(区域常住人口/10 000)。

数据来源:上海市电子学生证应用系统平台。

(16) 12345 市民服务热线综合服务水平(单位:无量纲)

指标说明:该指标反映区域 12345 市民服务热线综合服务水平。

评估口径:参考相关部门对于区域 12345 市民服务热线综合服务水平的绩效考核结果。

数据来源:上海市监察局、上海市政府督查室、上海市“12345”市民服务热线管理办公室。

2. 产业融合指数

(17) 智慧园区(商圈)全市占比(单位:%)

指标说明:该指标反映区域智慧园区/智慧商圈建设情况。

评估口径:区域拥有(由市级层面统一确定试点)智慧园区(商圈)数/全市智慧园区(商圈)数。

数据来源:上海市经济和信息化委员会。

(18) 两化融合管理体系贯标试点企业全市占比(单位:%)

指标说明:该指标反映区域"两化融合"贯标实施推进水平。

评估口径:区域拥有的两化融合管理体系贯标试点企业数/全市试点企业数。

数据来源:上海市经济和信息化委员会。

(19) 单位地区生产总值发明专利申请量(单位:个/亿元)

指标说明:该指标反映区域发明专利申请水平。

评估口径:区域当年国内发明专利申请量/区域 GDP。

数据来源:上海市知识产权局。

(20) 单位地区生产总值发明专利授予量(单位:个/亿元)

指标说明:该指标反映区域发明专利授予水平。

评估口径:区域当年国内发明专利授予量/区域 GDP。

数据来源:上海市知识产权局。

(21) 单位地区生产总值软件及相关信息服务业收入(单位:无量纲)

指标说明:该指标从收入角度反映区域信息服务业产业发展水平。

评估口径:区域当年软件及相关信息服务业经营收入/区域 GDP。

数据来源:上海市经济和信息化委员会。

3. 城市治理指数

(22) 电子警察监控点覆盖率(单位:个/公里)

指标说明:该指标反映区域交通电子监控能力建设水平。

评估口径:区域电子警察固定监控点数/区域道路长度,其中,道路包含国道、市道、主要道路、次要道路、一般道路。本次数据主要包括市交警总队网上公开公布的监控点。

数据来源:上海市交通安全综合服务管理平台、上海市城乡建设和交通发展研究院。

(23) 电子政务门户服务水平(单位:无量纲)

指标说明:该指标反映区域政府门户网站建设与应用水平。

评估口径:根据《市政府办公厅关于 2015 年度本市政府网站测评情况的通报》的有关测评结果。

数据来源:"中国上海"门户网站。

(24) 城市网格化综合管理水平(单位:无量纲)

指标说明:该指标反映区域城市网格化综合管理情况

评估口径:以上海市城市网格化综合管理评价结果为评分依据。

数据来源:上海市数字化城市管理中心。

(25) 信用信息归集共享及查询应用水平(单位:无量纲)

指标说明:该指标反映区域信用信息归集共享及查询应用水平。

评估口径:对区域公共信用信息数据清单编制情况、信用信息应用清单编制情况、查询市公共信用信息服务平台信息情况、申请开展市信用平台子平台建设试点情况的综合评估。

数据来源:市征信办公室。

4. 绿色发展指数

(26) 公共事业电子账单普及率(单位:%)

指标说明:该指标反映区域居民公共事业支付电子化的申请普及水平。

评估口径:区域居民申请公共事业费电子账单户数/区域用户总数。本次评估主要采集通过付费通平台申请电费账单方面的数据。

数据来源:上海付费通信息服务有限公司。

(27) 家庭能源自动化采集覆盖率(单位:%)

指标说明:该指标反映家庭电力、燃气、水等能源监控智能化建设水平。

评估口径:区域远传能源智能监控表数量/区域用户总数。本次评估暂用远传煤气表口径。

数据来源:上海市燃气管理处。

(28) 环境质量监测点覆盖率(单位:个/平方公里)

指标说明:该指标反映空气、水体、噪音、固体废物等环境质量信息化监测情况。

评估口径:区域环境质量监测点数/区域面积。本次评估暂用空气质量监测点数据。

数据来源:上海市环境监测中心。

(29) 道路扬尘监测点覆盖率(单位:个/公里)

指标说明:该指标反映区域道路扬尘监测情况。

评估口径:区域道路扬尘监测点数/区域道路长度。

数据来源:上海市环境监测中心。

(30) 建筑用能分项计量应用覆盖率(单位:无量纲)

指标说明:该指标反映重点用能建筑(单体建筑面积在1万平方米以上的国家机关办公建筑和2万平方米以上的公共建筑)的节能管理数字化覆盖情况。

评估口径:区域应安装及联网分项计量装置的建筑安装覆盖情况绩效考核结果。

数据来源:上海市国家机关办公建筑和大型公共建筑能耗监测中心。

(31) 气象自动监测站覆盖率(单位:个/平方公里)

指标说明:该指标反映区域气象自动监测能力建设情况。

评估口径:区域气象监测点数/区域面积。

数据来源:上海市气象局。

(三) 发展环境指数

表 89　发展环境指数指标构成

一级指标	二级指标	序号	三级指标(具体评估指标)
发展环境指数	机制保障指数	32	工作机制
		33	专项资金
	规划引导指数	34	顶层设计
		35	专项规划
	工作创新指数	36	工作试点
		37	成果获奖

1. 机制保障指数

(32) 工作机制(单位:无量纲)

指标说明:该指标反映区域对于智慧城市建设的相关组织领导机构的设置情况,以及有关工作机制建设与运行情况。

评估口径:区域智慧城市建设领导小组的设立情况,主要领导的分工情况;智慧城市工作会议制度,是否能保障实行。

数据来源:各区信息化工作主管部门。

(33) 专项资金(单位:无量纲)

指标说明:该指标反映区域在资金保障方面对于智慧城市以及信息化建设的重视程度。

评估口径:区域信息化建设方面的财政投入,以及智慧城市建设专项资金设立情况。

数据来源:各区信息化工作主管部门。

2. 规划引导指数

(34) 顶层设计(单位:无量纲)

指标说明:该指标反映区域智慧城市顶层设计工作的开展情况。

评估口径:区域是否编制发布智慧城市建设规划或行动计划,特指智慧城市建设整体规划。

数据来源:各区信息化工作主管部门。

(35) 专项规划(单位:无量纲)

指标说明:该指标反映区域智慧城市相关专项规划工作的开展情况。

评估口径:区域在信息基础设施、信息化应用、信息产业、信息安全以及其他与智慧城市建设有关的领域是否制定了专项规划与指导性文件等。

数据来源:各区信息化工作主管部门。

3. 工作创新指数

(36) 工作试点(单位:无量纲)

指标说明:该指标反映区域所承担的国家或市级信息化项目试点工作情况。

评估口径:根据区域所承担国家或市级信息化项目试点工作酌情给分。

数据来源:各区信息化工作主管部门。

(37) 成果获奖(单位:无量纲)

指标说明:该指标反映区域相关信息化工作获得国家或市级奖项与表彰的情况。

评估口径:根据区域所开展的相关信息化工作的成果是否在相关的国家或市级评比中获奖,或得到表彰,或排名靠前(至少排名前10%)酌情给分。

数据来源:各区信息化工作主管部门。

(四) 信息安全状况系数

指标说明:该系数反映各区域被各级职能部门通报的高危漏洞和安全事件数量。

评估口径:通报存在高危漏洞数量≥1个,则系数为98%(总分 * 0.98);通报存在安全事件数量≥1个,则系数为90%(总分 * 0.90);既存在高危漏洞数量≥1个,也存在安全事件数量≥1个,则系数为98% * 90%(总分 * 0.98 * 0.90)。

数据来源:上海市网络与信息安全应急管理事务中心。

2016 年度国家技术创新示范企业(上海)

1	上海微电子装备有限公司	3	上海中信信息发展股份有限公司
2	卡斯柯信号有限公司	4	上海微创医疗器械(集团)有限公司

2016 年度国家级企业技术中心(上海)

1	中国二十冶集团有限公司	4	卡斯柯信号有限公司
2	上海良信电器股份有限公司	5	中铁二十四局集团有限公司
3	上海保隆汽车科技股份有限公司		

2016 年度上海市企业技术中心

1	上海仪电显示材料有限公司	12	上海飞奥燃气设备有限公司
2	华峰日轻铝业股份有限公司	13	中铁上海工程局集团有限公司
3	上海永乾机电有限公司	14	上海航天电源技术有限责任公司
4	上海新力机器厂	15	联发科软件(上海)有限公司
5	上海大汉三通通信股份有限公司	16	上海风语筑展示股份有限公司
6	上海德梅柯汽车装备制造有限公司	17	中煤科工集团上海有限公司
7	天海融合防务装备技术股份有限公司	18	德尔福(上海)动力推进系统有限公司
8	博康智能网络科技股份有限公司	19	上海巴安水务股份有限公司
9	上海伟星新型建材有限公司	20	上海海鹰机械厂
10	上海宏信设备工程有限公司	21	上海至正道化高分子材料股份有限公司
11	锐珂(上海)医疗器材有限公司	22	上海和鹰机电科技股份有限公司

续表

23	思源清能电气电子有限公司	43	上海幸福摩托车有限公司
24	上海蓝怡科技股份有限公司	44	书香门地(上海)新材料科技有限公司
25	威迩徕德电力设备(上海)有限公司	45	亚士创能科技(上海)股份有限公司
26	上海华虹计通智能系统股份有限公司	46	上海元祖梦果子股份有限公司
27	惠柏新材料科技(上海)股份有限公司	47	台达电子企业管理(上海)有限公司
28	聚辰半导体(上海)有限公司	48	协鑫集成科技股份有限公司
29	上海华测导航技术股份有限公司	49	上海新朋联众汽车零部件有限公司
30	上海思源高压开关有限公司	50	日泰(上海)汽车标准件有限公司
31	上海森松制药设备工程有限公司	51	上海毓恬冠佳汽车零部件有限公司
32	上海和达汽车配件有限公司	52	上海爱数信息技术股份有限公司
33	蓝星有机硅(上海)有限公司	53	上海光维通信技术股份有限公司
34	上海日港置信非晶体金属有限公司	54	帕克环保技术(上海)有限公司
35	上海回天新材料有限公司	55	恩梯恩(中国)投资有限公司
36	上海熊猫机械(集团)有限公司	56	上海奥林汽车配件有限公司
37	上海邮电设计咨询研究院有限公司	57	上海南洋-藤仓电缆有限公司
38	上海上汽马瑞利动力总成有限公司	58	上海永冠众诚新材料科技(集团)股份有限公司
39	上海正帆科技股份有限公司	59	上海上实龙创智慧能源科技股份有限公司
40	上海东大聚氨酯有限公司	60	上海中远川崎重工钢结构有限公司
41	上海港湾基础建设(集团)有限公司	61	上海格尔汽车附件有限公司
42	上海恺英网络科技有限公司	62	上海东冠纸业有限公司

2016年度上海市明星软件企业

2016年度名企(经营型)

1	上海龙旗科技股份有限公司	5	卡斯柯信号有限公司
2	上海宝信软件股份有限公司	6	上海中彦信息科技有限公司
3	网宿科技股份有限公司	7	万达信息股份有限公司
4	东方财富信息股份有限公司	8	上海悦腾网络科技有限公司

续表

9	银联数据服务有限公司	34	上海金融期货信息技术有限公司
10	上海华腾软件系统有限公司	35	上海珍岛信息技术有限公司
11	上海理想信息产业(集团)有限公司	36	上海泛微网络科技股份有限公司
12	万得信息技术股份有限公司	37	上海迪爱斯通信设备有限公司
13	上海电科智能系统股份有限公司	38	上海格蒂电力科技有限公司
14	上海恺英网络科技有限公司	39	上海亚太计算机信息系统有限公司
15	上海征途信息技术有限公司	40	华平信息技术股份有限公司
16	上海益盟软件技术股份有限公司	41	易保网络技术(上海)有限公司
17	中海网络科技股份有限公司	42	安科瑞电气股份有限公司
18	上海帝联信息科技股份有限公司	43	上海海隆软件有限公司
19	上海金桥信息股份有限公司	44	上海南天电脑系统有限公司
20	上海微创软件股份有限公司	45	上海剑圣网络科技有限公司
21	上海波克城市网络科技股份有限公司	46	上海百事通信息技术股份有限公司
22	上海新致软件股份有限公司	47	上海爱数信息技术股份有限公司
23	上海网达软件股份有限公司	48	上海富友支付服务有限公司
24	东软集团(上海)有限公司	49	上海大汉三通通信股份有限公司
25	上海银联电子支付服务有限公司	50	普元信息技术股份有限公司
26	卫宁健康科技集团股份有限公司	51	上海澳润信息科技有限公司
27	华勤通讯技术有限公司	52	上海中和软件有限公司
28	上海博达数据通信有限公司	53	上海众恒信息产业股份有限公司
29	上海完美世界网络技术有限公司	54	上海幻维数码创意科技有限公司
30	上海中信信息发展股份有限公司	55	上海林果实业股份有限公司
31	上海数讯信息技术有限公司	56	乐线软件开发(上海)有限公司
32	上海玄霆娱乐信息技术有限公司	57	上海互联网软件有限公司
33	上海天玑科技股份有限公司		

2016 年度名企(出口型)

1	上海微创软件股份有限公司	5	易保网络技术(上海)有限公司
2	上海海隆软件有限公司	6	上海冈三华大计算机系统有限公司
3	网宿科技股份有限公司	7	PFU 上海计算机有限公司
4	上海中和软件有限公司		

2016 年度名企(创新型)

1	万达信息股份有限公司	31	上海恺英网络科技有限公司
2	上海宝信软件股份有限公司	32	上海玖道信息科技股份有限公司
3	华勤通讯技术有限公司	33	上海日出科技有限公司
4	网宿科技股份有限公司	34	上海互联网软件有限公司
5	上海摩软通讯技术有限公司	35	华平信息技术股份有限公司
6	安科瑞电气股份有限公司	36	上海睿泰信息科技有限公司
7	卡斯柯信号有限公司	37	上海维宏电子科技股份有限公司
8	中标软件有限公司	38	上海城市地理信息系统发展有限公司
9	卫宁健康科技集团股份有限公司	39	中电科华云信息技术有限公司
10	希姆通信息技术(上海)有限公司	40	上海埃帕信息科技有限公司
11	上海京颐科技股份有限公司	41	上海悦腾网络科技有限公司
12	上海华腾软件系统有限公司	42	上海新致软件股份有限公司
13	上海中信信息发展股份有限公司	43	上海完美世界网络技术有限公司
14	上海波克城市网络科技股份有限公司	44	酷景传媒(上海)有限公司
15	上海复高计算机科技有限公司	45	上海屹通信息科技发展有限公司
16	上海电科智能系统股份有限公司	46	上海普华科技发展股份有限公司
17	上海先德医疗系统有限公司	47	上海优华系统集成技术股份有限公司
18	汇付天下有限公司	48	上海众恒信息产业股份有限公司
19	普元信息技术股份有限公司	49	上海益盟软件技术股份有限公司
20	中海网络科技股份有限公司	50	上海林果实业股份有限公司
21	上海理想信息产业(集团)有限公司	51	上海格蒂电力科技有限公司
22	上海上讯信息技术股份有限公司	52	上海酷睿网络科技股份有限公司
23	上海龙旗科技股份有限公司	53	上海百事通信息技术股份有限公司
24	上海鹏达计算机系统开发有限公司	54	上海富欣智能交通控制有限公司
25	上海阿法迪智能标签系统技术有限公司	55	易保网络技术(上海)有限公司
26	上海网波软件股份有限公司	56	上海爱数信息技术股份有限公司
27	上海天好电子商务股份有限公司	57	上海博达数据通信有限公司
28	上海博科资讯股份有限公司	58	上海亚太计算机信息系统有限公司
29	上海牙木通讯技术有限公司	59	上海百胜软件股份有限公司
30	上海迪爱斯通信设备有限公司	60	上海中彦信息科技有限公司

续表

61	上海同是科技股份有限公司	81	上海铭创软件技术有限公司
62	上海金融期货信息技术有限公司	82	上海佳克计算机软件股份有限公司
63	上海创程车联网络科技有限公司	83	上海长城电子信息网络有限公司
64	星环信息科技(上海)有限公司	84	上海爱信诺航芯电子科技有限公司
65	东软集团(上海)有限公司	85	上海建朗信息科技有限公司
66	上海金桥信息股份有限公司	86	上海新炬网络信息技术有限公司
67	上海兴安得力软件有限公司	87	上海市软件评测中心有限公司
68	上海金档信息技术有限公司	88	上海东欣软件工程有限公司
69	维音数码(上海)有限公司	89	上海络安信息技术有限公司
70	上海哈诚电子科技有限公司	90	上海腾达科技有限公司
71	上海复旦光华信息科技股份有限公司	91	上海趣医网络科技有限公司
72	上海熙菱信息技术有限公司	92	上海汉邦京泰数码技术有限公司
73	上海现代商友软件有限公司	93	上海软中信息技术有限公司
74	上海金曲信息技术有限公司	94	上海东方延华节能技术服务股份有限公司
75	上海圣熙信息技术有限公司	95	上海龙进天下信息技术有限公司
76	商派软件有限公司	96	上海博协软件有限公司
77	上海教享科技有限公司	97	上海新浩艺软件有限公司
78	上海思伟软件有限公司	98	上海齐屹信息科技有限公司
79	上海格尔软件股份有限公司	99	上海景格科技股份有限公司
80	上海蛙扑网络技术有限公司		

2016年度名企(快速增长型)

1	网宿科技股份有限公司	12	上海海高通信股份有限公司
2	上海中彦信息科技有限公司	13	上海数腾软件科技股份有限公司
3	东方财富信息股份有限公司	14	世熠网络科技(上海)有限公司
4	上海波克城市网络科技股份有限公司	15	上海剑圣网络科技有限公司
5	上海珍岛信息技术有限公司	16	上海点掌文化传媒股份有限公司
6	上海悦腾网络科技有限公司	17	上海勋立信息科技有限公司
7	上海铭创软件技术有限公司	18	星环信息科技(上海)有限公司
8	宝付网络科技(上海)有限公司	19	上海建朗信息科技有限公司
9	上海金档信息技术有限公司	20	上海米哈游网络科技股份有限公司
10	上海蓝灯数据科技股份有限公司	21	上海英方软件股份有限公司
11	上海鑫东信息科技有限公司		

2016年度名企(领先型)

1	上海宝信软件股份有限公司	15	上海爱数信息技术股份有限公司
2	网宿科技股份有限公司	16	上海幻维数码创意科技有限公司
3	东方财富信息股份有限公司	17	上海林果实业股份有限公司
4	上海中彦信息科技有限公司	18	上海格尔软件股份有限公司
5	万达信息股份有限公司	19	上海屹通信息科技发展有限公司
6	上海益盟软件技术股份有限公司	20	上海大汉三通无线通信有限公司
7	卫宁健康科技集团股份有限公司	21	上海市数字证书认证中心有限公司
8	上海中信信息发展股份有限公司	22	上海兴安得力软件有限公司
9	上海数讯信息技术有限公司	23	光典信息发展有限公司
10	上海亚太计算机信息系统有限公司	24	上海大智慧财汇数据科技有限公司
11	上海泛微网络科技股份有限公司	25	上海玖道信息科技股份有限公司
12	华平信息技术股份有限公司	26	上海文华财经资讯股份有限公司
13	安科瑞电气股份有限公司	27	上海金档信息技术有限公司
14	上海百事通信息技术股份有限公司		

2016年度名企(四新企业)

1	光典信息发展有限公司	10	上海软中信息技术有限公司
2	上海齐屹信息科技有限公司	11	上海牙木通讯技术有限公司
3	上海东方延华节能技术服务股份有限公司	12	上海先德医疗系统有限公司
4	上海创程车联网络科技有限公司	13	上海汉邦京泰数码技术有限公司
5	上海金档信息技术有限公司	14	上海海高通信股份有限公司
6	上海点掌文化传媒股份有限公司	15	上海睿泰信息科技有限公司
7	上海菱通软件技术有限公司	16	家乐宝电子商务有限公司
8	上海数腾软件科技股份有限公司	17	上海优华系统集成技术股份有限公司
9	上海网波软件股份有限公司		

2016年度名企(互联网+)

1	万达信息股份有限公司	8	上海大汉三通通信股份有限公司
2	卫宁健康科技集团股份有限公司	9	上海建朗信息科技有限公司
3	上海玄霆娱乐信息技术有限公司	10	上海牛掌网络技术有限公司
4	易保网络技术(上海)有限公司	11	上海勋立信息科技有限公司
5	光典信息发展有限公司	12	上海鑫东信息科技有限公司
6	上海中彦信息科技有限公司	13	上海趣医网络科技有限公司
7	上海银联电子支付服务有限公司	14	汇付天下有限公司

2016 年度优秀软件产品

1	中海网络科技股份有限公司	中海流程驱动型高速公路联网收费车道平台软件 V1.0
2	中海网络科技股份有限公司	中海高速公路双天线不停车收费车道软件 V1.0
3	星环信息科技(上海)有限公司	星环极速大数据平台软件 V2.0
4	卫宁健康科技集团股份有限公司	金仕达卫宁医学影像存档与通讯软件(简称:PACS)V5.0
5	卫宁健康科技集团股份有限公司	金仕达卫宁实验室信息管理软件 V5.0
6	维音数码(上海)有限公司	维音数码大屏监控软件(简称:VisionView)V4.0.0
7	维音数码(上海)有限公司	维音数码软电话软件(简称:VisionSoftPhone)V4.0.0
8	维音数码(上海)有限公司	维音数码知识库管理软件(简称:VisionKBM)V3.0.0
9	万达信息股份有限公司	万达城乡居民医保管理软件 V2.0
10	万达信息股份有限公司	万达工商网上注册大厅服务应用软件 V1.0
11	万达信息股份有限公司	万达云数据管理中间件软件 V1.0
12	世存信息技术(上海)有限公司	世存海度数据蜘蛛中间件软件 V1
13	上海众恒信息产业股份有限公司	众恒网上办案平台软件 V1.0
14	上海众恒信息产业股份有限公司	众恒人像比对软件 V1.0
15	上海中彦信息科技有限公司	中彦返利通软件 V1.0.0
16	上海中信信息发展股份有限公司	中信易捷狱政管理软件 V2.0
17	上海中信信息发展股份有限公司	光典电子文件中心管理软件 V2.0
18	上海中信信息发展股份有限公司	中信追索标准化菜场信息追溯管理软件 V1.0
19	上海长城电子信息网络有限公司	长城 ideal 教育招生软件 V1.0
20	上海长城电子信息网络有限公司	长城 ideal 政务协同办公管理软件 V2.0
21	上海英方软件股份有限公司	英方不间断数据保护与恢复软件 V1.0
22	上海益悸动软件技术有限公司	益盟操盘手线里乾坤投顾服务平台软件 V1.0
23	上海益悸动软件技术有限公司	益盟操盘手财思策略投顾服务平台软件 V1.0
24	上海屹通信息科技发展有限公司	屹通 eMobile Marketing 移动营销平台软件 V1.0
25	上海亚太计算机信息系统有限公司	亚太市民健康档案管理软件 V1.0
26	上海亚太计算机信息系统有限公司	亚太充值卡管理软件 V1.0
27	上海亚太计算机信息系统有限公司	亚太汽车制造过程车辆自动识别 AVI 软件 V1.1
28	上海牙木通讯技术有限公司	牙木安全防护模块软件 V3.0
29	上海牙木通讯技术有限公司	牙木 CachePro 域名缓存软件 V3.0

续表

30	上海勋立信息科技有限公司	勋立 XL-6002 移动终端取证分析软件 V1.0
31	上海新致软件股份有限公司	新致面向中小金融机构综合业务云服务平台软件 V1.0
32	上海新致软件股份有限公司	新致 NewtouchOne 开发框架平台软件 V4.0
33	上海新致软件股份有限公司	新致寿险核心业务软件 V1.0
34	上海先德医疗系统有限公司	先德家庭医生移动出诊与随访工作站系统管理软件 V5.2
35	上海熙菱信息技术有限公司	熙菱 Merlineye 图侦工作平台软件 V1.0
36	上海五零盛同信息科技有限公司	五零智慧照明综合管理系统软件 V1.0
37	上海文沥信息技术有限公司	文沥需求链管理软件＋V2.0
38	上海网波软件股份有限公司	网波水利工程应急预案管理软件 V1.0
39	上海天泰网络技术有限公司	天泰下一代防火墙 V1.0
40	上海天玑科技股份有限公司	天玑云资源平台管理软件 V1.0
41	上海天好电子商务股份有限公司	天好网上会员管理软件 V5.0
42	上海天好电子商务股份有限公司	天好舆论监督监管软件 V5.0
43	上海天好电子商务股份有限公司	天好科技防腐平台软件 V6.0
44	上海思伟软件有限公司	思伟护士工作站软件 V2.0
45	上海数腾软件科技股份有限公司	数腾(CDAP)持续数据应用保障软件 V3.0
46	上海上讯信息技术股份有限公司	上讯 I 盾数据保护及防泄漏软件 V3.1
47	上海赛林科技有限公司	赛林房屋征收决策管理软件＋V1.0
48	上海软中信息技术有限公司	软中园区一口受理平台软件 V1.0
49	上海钱智金融信息服务有限公司	钱智融资管理软件 V1.0
50	上海普华科技发展股份有限公司	普华工程项目管理集成软件(简称:PowerOn)V5.5
51	上海普华科技发展股份有限公司	普华项目管理信息平台软件(简称:PowerPIP)V5.1
52	上海鹏达计算机系统开发有限公司	鹏达“微课堂”职业教育在线学习平台软件(简称:微课堂)V2.0
53	上海铭创软件技术有限公司	铭创交易网关软件 V6.0
54	上海米哈游网络科技股份有限公司	米哈游崩坏学园 2 游戏软件(简称:崩坏学园 2)V1.0
55	上海林果实业股份有限公司	林果时间挑战复合型动态密码器软件 V3.0
56	上海理想信息产业(集团)有限公司	理想大数据处理软件 V3.0
57	上海理想信息产业(集团)有限公司	理想互联网智能联络中心应用软件 V2.0
58	上海理想信息产业(集团)有限公司	理想能力开放门户管理软件 V1.0
59	上海蓝鸟科技股份有限公司	蓝鸟锐泰生产管理软件 V2.0

续表

60	上海金曲信息技术有限公司	金曲设计管理软件 V8.0
61	上海金档信息技术有限公司	光典数字化加工软件 V2.0
62	上海佳克计算机软件股份有限公司	佳克实物资产全生命周期的数据分析管理软件 V9.0
63	上海互联网软件有限公司	必优必达重点工作督查软件 V1.0
64	上海互联网软件有限公司	必优必达统一搜索软件 V1.0
65	上海恒为云驰信息技术有限公司	恒为云驰 OceanPark 基础软件 V1.0
66	上海恒为云驰信息技术有限公司	恒为云驰 MII-core 移动互联网业务分析软件 V1.0
67	上海合合信息科技发展有限公司	合合证照全能王 Android 版证件识别软件 V2.0
68	上海合合信息科技发展有限公司	合合名片全能王 ios 版西欧名片识别软件 V2.6.0.4
69	上海海高通信股份有限公司	海高数据分析平台软件 V1.0
70	上海海勃物流软件有限公司	海勃可视化散杂货码头营运管理软件 V1.0
71	上海海勃物流软件有限公司	海勃国航中心集装箱统一预约公共服务平台软件 V1.0
72	上海格尔软件股份有限公司	格尔安全电子邮件软件 V3.0
73	上海复高计算机科技有限公司	复高门诊诊疗平台软件 V5.0
74	上海复高计算机科技有限公司	复高智慧临床信息平台软件(简称:CIS)V5.0
75	上海复高计算机科技有限公司	复高移动护理管理信息软件(简称:移动护理)V2.0
76	上海东方延华节能技术服务股份有限公司	东方延华区域多建筑能耗分析软件 V1.0
77	上海顶竹通讯技术有限公司	DZC 宽带无线网络接入终端软件 V1.0
78	上海点掌文化传媒股份有限公司	点掌财经视频信息服务软件 V2.0
79	上海迪爱斯通信设备有限公司	DS 城市综合管理大联动信息平台软件 V1.0
80	上海迪爱斯通信设备有限公司	DS 智能运维管理软件 V1.0
81	上海大智慧财汇数据科技有限公司	大智慧大数据终端软件 V1.0
82	上海大智慧财汇数据科技有限公司	大智慧财汇金融数据库应用软件 V4.0
83	上海大汉三通通信股份有限公司	大汉三通基于 SAAS 模式的短信云服务管理平台软件 V1.0
84	上海创程车联网络科技有限公司	创程智慧校车远程监控管理软件 V1.0
85	上海博协软件有限公司	博协智能公交车载终端通讯标准协议应用软件 V1.13
86	上海博科资讯股份有限公司	博科 Yigo-ERP 集团版软件 V1.0
87	上海宝信软件股份有限公司	宝信企业高性能实时数据库软件 V2.0
88	上海宝信软件股份有限公司	宝信企业信息化平台软件(iPlatware on Net)(简称:iPlat4net)V5.0

续表

89	上海百胜软件股份有限公司	百胜 E3 EC 电子商务 ERP 管理软件 V3.0
90	上海百胜软件股份有限公司	百胜 BSERP2 服装 ERP 管理软件 V4.0
91	上海澳润信息科技有限公司	澳润星 EOC 管理软件 V1.0
92	上海爱数信息技术股份有限公司	爱数 AnyShare 文档共享管理软件 V5.0
93	上海埃帕信息科技有限公司	埃帕 Cooling 航空运价分析软件 V1.0
94	上海埃帕信息科技有限公司	埃帕 Cooling 搜索引擎软件 V5.0
95	商派软件有限公司	商派 ECStore 在线零售应用软件 V2.3
96	商派软件有限公司	商派 Commerce B2B2C 销售运营平台应用软件 V1.0
97	普元信息技术股份有限公司	普元智慧数据应用平台软件(简称 Primeton iData)V5.0
98	普元信息技术股份有限公司	普元企业移动应用平台软件(简称:Primeton Mobile)V6.0
99	普元信息技术股份有限公司	普元统一测试平台软件(简称:UTP)V3.0
100	乐线软件开发(上海)有限公司	乐线手机账号管家软件 V1.0
101	乐线软件开发(上海)有限公司	乐线基于 web 的网络虚拟物品管理软件 V1.0
102	乐线软件开发(上海)有限公司	乐线数据分析中心软件 V2.5
103	卡斯柯信号有限公司	卡斯柯安全软件平台 GM 通用模块软件 V1.0(简称:GM)
104	卡斯柯信号有限公司	卡斯柯 iCMTC 人机交互设备 DMI 软件 V1.0
105	卡斯柯信号有限公司	卡斯柯列控中心 ADV 软件 V1.0(简称:LKD-ADV)
106	华平信息技术股份有限公司	AVCON 在线课堂互动教学软件 V7.2
107	华平信息技术股份有限公司	AVCON 在线课堂监管平台软件 V1.0
108	华平信息技术股份有限公司	AVCON 交互式网络视频银行客户端软件 V7.0
109	恒为科技(上海)股份有限公司	恒为 ExProbe 网络探针控制软件 V1.0
110	光典信息发展有限公司	光典追索肉类蔬菜食品追溯城市管理平台软件 V1.0
111	安科瑞电气股份有限公司	安科瑞 Acrel-6000 电气火灾监控软件 V1.0
112	安科瑞电气股份有限公司	安科瑞 ANAPF 有源电力滤波器软件 V1.0
113	上海网达软件股份有限公司	网达手机综合媒体运营管理软件 V1.0
114	上海网达软件股份有限公司	网达中间件平台软件 V1.0

2016 年度优秀软件企业家

序号	企 业 名 称	姓 名	职 务
1	卡斯柯信号有限公司	杨海东	总经理
2	上海中彦信息科技有限公司	James Min Zhu	总经理
3	上海理想信息产业(集团)有限公司	陆晋军	总经理
4	上海银联电子支付服务有限公司	孙战平	总经理
5	上海花千树信息科技有限公司	吴琳光	总经理
6	上海玄霆娱乐信息技术有限公司	吴文辉	董事长
7	上海天玑科技股份有限公司	陆文雄	总经理
8	安科瑞电气股份有限公司	周中	总经理
9	上海大汉三通通信股份有限公司	高比布	总经理
10	上海互联网软件有限公司	吴卫平	董事长

2016 年度明星软件园

2016 年度上海明星软件园(领先型)

上海浦东软件园	上海杨浦科技创业中心
上海市漕河泾新兴技术开发区	龙软信息服务外包园
上海多媒体产业园	

2016 年度上海明星软件园(特色型)

上海创智天地园区	上海慧谷白猫科技园
上海天地软件园	上海长江软件园
上海临港软件园	

特别鸣谢

《2017 上海信息化年鉴》组稿与撰稿单位

中共上海市委组织部
中共上海市委宣传部
上海市人民政府办公厅
上海市人民代表大会常务委员会办公室
上海市经济和信息化委员会
上海市水务局(上海市海洋局)
上海市绿化和市容管理局
上海市交通委员会
上海市国有资产监督管理委员会
上海市规划和国土资源管理局
上海市发展和改革委员会
上海市公安局
上海市监狱管理局
上海市国家保密局
上海市人民检察院
上海市高级人民法院
上海市司法局
上海市财政局
上海市统计局
上海市审计局
上海市工商行政管理局
上海市科学技术委员会
上海市通信管理局
上海市农业委员会
上海市环境保护局
上海市文化广播影视管理局
上海市知识产权局
上海市民政局
上海市体育局
上海市旅游局
上海市国家税务局
上海市地方税务局
上海市质量技术监督局
上海市无线电管理局
上海市新闻出版局
上海市人口和计划生育委员会

上海市民防办公室
上海市公务员局
上海市社会团体管理局
上海市食品药品监督管理局
上海市商务委员会
上海市住房和城乡建设管理委员会
中国保险监督管理委员会上海监管局
中国证券监督管理委员会上海监管局
上海市人民政府发展研究中心
上海邮政公司
“中国上海”门户网站
中国人民银行上海分行
上海市社会保障卡服务中心
上海超级计算中心
上海市社区服务中心
上海市计算机病毒防范服务中心
上海市网络与信息安全应急管理事务中心
上海市数字证书认证中心有限公司(上海 CA 中心)
上海市信息服务外包发展中心
上海市社会保障卡服务中心
上海市文广影视集团
上海博物馆
上海科技馆
上海市图书馆上海科学技术情报研究所
复旦大学
上海交通大学
上海华东师范大学
上海师范大学
上海海事大学
上海第二工业大学
上海体育学院
上海应用技术大学
上海工艺美术职业学院
上海健康医学院
上海开放大学
浦东新区科技和经济委员会
徐汇区科学技术委员会(信息化委员会)
长宁区科学技术委员会(信息化委员会)
普陀区科学技术委员会(信息化委员会)
虹口区科学技术委员会(信息化委员会)
杨浦区科学技术委员会(信息化委员会)
黄浦区科学技术委员会(信息化委员会)
静安区科学技术委员会(信息化委员会)
宝山区经济和信息化委员会
闵行区科学技术委员会(信息化委员会)
嘉定区科学技术委员会(信息化委员会)
松江区科学技术委员会(信息化委员会)
金山区科学技术委员会(信息化委员会)
奉贤区科学技术委员会(信息化委员会)
青浦区科学技术委员会(信息化委员会)
崇明区科学技术委员会(信息化委员会)
上海市集成电路行业协会
上海市软件行业协会
上海市通信制造业行业协会
上海市信息家电行业协会
上海市光电子行业协会
上海市信息安全行业协会
上海市交通电子行业协会
上海信息化发展研究协会
上海市信用服务行业协会
上海市信息化培训协会
上海市物联网行业协会
上海市计算机行业协会

上海市计算机用户协会
上海市电子商务行业协会
上海市无线电协会
上海市业余无线电协会
上海市信息投资股份有限公司
上海市信息管线有限公司
中国电信股份有限公司上海分公司
中国移动通信集团上海有限公司
中国联通(集团)有限公司上海市分公司
中国宝武钢铁集团有限公司
中国石化上海石油化工股份有限公司
上海公共交通卡股份有限公司

索引

Shanghai Informatization

A

B

E

F

G

J

K

L

X

Y

Z

智慧城市

2, 8—11, 16, 20, 22, 24, 25, 28, 34, 64, 70, 72, 73, 76, 86, 88, 89, 91, 122, 123, 136, 161,

宝山平安智联网

近年来，宝山区坚持科技引领、信息支撑理念，在区、街镇（园区）、村居全面推进“平安宝山智联网”建设，已有11个街镇（园区）、266个村居综治信息平台与区平台联网运行，接入视频监控容量达到1.6万个，已联网社区监控探头近3000个。通过将小区（村宅）的视频监控系统、人员门禁管理系统、居民楼门栋电控防盗门等技防物防设施进行联网统一管理，初步构建起“动态分析、实时指挥、智能部署、数据考评”的综治工作智慧管理新体系，基层综治工作向信息化全面转型。

2016年4月29日，中央政法委副秘书长、中央综治办主任陈训秋，上海市委常委、政法委书记姜平等领导实地考察“平安宝山智联网”建设并给予充分肯定。8月和12月，新华社《内参选编》和中央综治办《长安》杂志分别介绍了“平安宝山智联网”建设的生动实例。

根据全国全面开展公共安全视频监控建设联网应用工程建设（雪亮工程）的部署，2016年9月《宝山区区、街镇、村居社区三级视频监控联网应用及综治智能化信息系统项目建设方案》正式通过中央综治办、国家发改委、公安部专家组联合评审，宝山区被列为全国48个“2016年公共安全视频监控建设联网应用示范城区”名单。目标为实现三级联网全覆盖，技防设施智能化升级，人脸识别系统社区全覆盖，“四化”建设，全面提升居委小区治安防控的整体水平。

截至2017年5月，试运行地区张庙、吴淞、罗泾、淞南、庙行地区的偷盗类110接报数分别下降26.8%、18.1%、10.7%、31.3%、16.5%，全区盗窃类110案件同比下降13.5%。

上海微创医疗器械（集团）有限公司（以下简称“微创®医疗”）成立于1998年，是一个拥有数十家实体子公司的跨国医疗器械集团，总部位于中国上海张江科学城，致力于通过不断创新向市场提供能挽救并重塑患者生命或改善其生活质量的高性价比医疗方案。

微创®医疗已上市产品200余个，业务覆盖骨科植入与修复、心血管介入、电生理医疗、大动脉及外周血管介入、神经介入、心律管理、糖尿病及内分泌管理、外科手术等十大领域。微创®医疗的产品已进入全球逾5000家医院，涵盖亚太、欧洲和美洲等主要市场。在世界范围内，平均每15秒，就有一个微创®医疗的产品用于救治患者生命或改善其生活品质或用于帮助其催生新的生命。其中，冠脉药物支架产品为第一个国产药物支架系统，自2004年上市以来持续保持较高国内市场占有率，2014年推出的药物靶向洗脱支架系统更是使微创®医疗在冠脉支架领域完成了从追随者到引领者的跨越。在骨科关节领域，微创®医疗的市场占有率目前位居世界第五。

微创®医疗专注于自主创新，已授权专利总数1700余项，多项产品和企业创新模式获得国家科学技术进步二等奖等国家和省部级荣誉，在中国上海、江苏、浙江、北京、深圳和美国的孟菲斯等地均建有生产研发基地。通过海外并购和合资等方式，微创®医疗正逐步推进全球化的产业布局。公司现有员工3000余名，其中约三分之一为海外员工。

秉承“尽精尽微 致广致大”的管理理念，微创®医疗在强调以人为本的同时，将对细节的追求和创新的坚持深深融入企业基因之中。微创®医疗希望通过不懈的努力，在以微创伤为代表的高科技医学领域建设一个属于患者的全球化领先医疗集团。

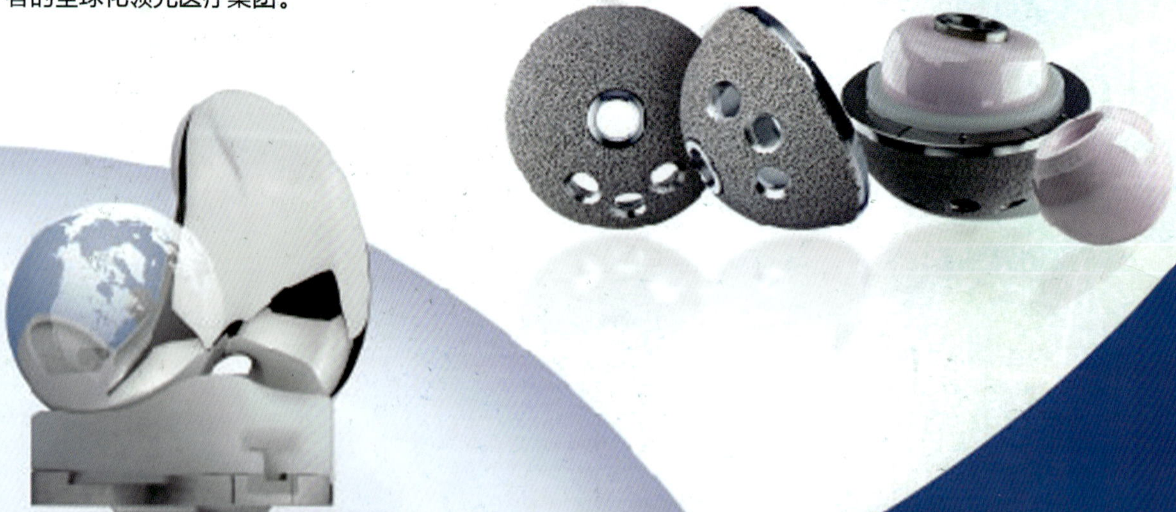

长宁区数字科普建设

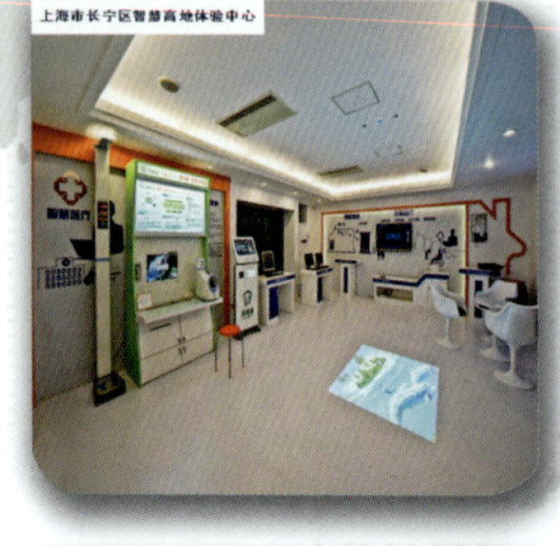

近年来，长宁区科学技术委员会紧紧依托信息化基础设施的先发优势，加大科普信息化建设力度，着力打造“数字科普”品牌，较好地发挥了社会效益。

作为“数字科普”内涵的延伸，目前长宁已形成以3TNET为载体的数字科普活动中心，以城市光网为承载的社区综合信息服务屏，以有线电视为媒介的“智慧长宁”频道，以“一切尽在指尖”凸显未来智慧生活的智慧高地体验应用中心，360度全景在线展示的3D科普馆以及长宁科普网、微博、微信等六管齐下的数字科普宣传载体网络新格局。

上海市行政管理学校

上海市行政管理学校是直属上海市教育委员会的国家级重点中专、上海市中等职业教育改革发展特色示范学校。学校坚持“以服务发展为宗旨、以促进就业为导向、以核心素养为本位、以改革创新为动力、以提高教育质量为目标”的办学指导思想，实施“四教”（教学、教研、教辅、教管）联动、“五育”（德育、智育、体育、技育、美育）并重的育人方略，彰显“藏汉同校、普职渗透、人文见长、艺教凸显”的办学特色。学校是上海智力援藏的窗口，先后获得“全国民族团结进步模范集体”、“全国学校对口支援先进单位”、“上海市文明单位”、“上海市职业教育先进单位”、“上海市民族教育先进单位”、“上海市艺术教育特色学校”、“上海市中小学行为规范示范校”、“上海市安全文明校园”等荣誉称号。

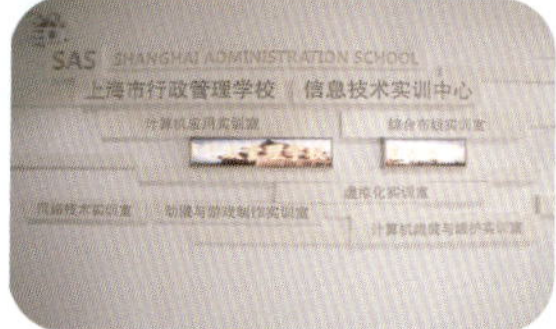

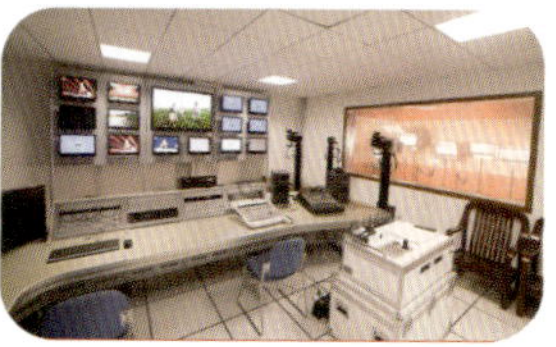

依据教育信息化发展趋势，按照“找准定位、凸显特色、加强管理、提高质量”的要求，学校提出校园信息化的“765”目标和“123”工程。

“765”目标即实现“7网（互联网、广播网、电视网、电话网、一卡通网、技防监控网、教室集控网）”合一；“6化（数字化、多媒体化、网络化、移动化、智能化、个性化）”推进；“5A（Anyone、Anytime、Anywhere、Anyway、Anything，即任何人、在任何时间、任何地点、用任何方式做授权他的任何事）”功能。

“123”工程即架构“1”个基础网络；实现教职员工信息化应用能力和学生信息化素养“2”个提升；建设校园管理、教育资源、学校服务“3”个中心。

打造环境智能化、管理智能化、教学智能化、产学研智能化、学习智能化、生活智能化的智慧校园，实现教职工和学生的管理、教学、科研、学习、生活等主要活动的一站式服务，提高对师生的服务水平，提高对社会的服务能力，推动学校的可持续发展。

学校地址：上海市嘉定区江桥镇鹤友路500号

学校网站：www.shxzgl.net

上海学前教育网

“一网三通”信息化应用

上海学前教育网——“园园通”管理平台自开通运行以来，不断对功能进行提升优化，已逐步形成了由“一网三通”组成的应用集群。

“一网”上海学前教育网是传递上海学前教育政策、教学与活动的窗口。“家门口的好幼儿园”、“06国际资讯”、“科学育儿”等精品内容和活动逐步成为特色名片，百度搜索、ALEXA排名在国内同类网站中排位第一。

“直报通”包含数据采集、信息传送等多项管理功能，数据“伴随”教师和托幼机构的日常业务工作而产生，为本市小学入学报名登记提供了基础数据。

“课程通”通过资源、备课、教研三大模块，实现本市学前教育课程资源的共建共享，支持教师的教育教学与专业成长，目前平台内已经有覆盖本市幼儿园学习、生活、游戏、运动四大板块课程的3000余件优质资源，并荣获2014年上海市基础教育教学成果一等奖。

“家园通”为园所和家庭提供了主页、论坛等家园共育的平台，并逐步向移动互动平台发展。

“一网三通”是上海学前教育信息化的建设成果。在上海市教委领导下，上海学前教育信息部将继续携手各区县园所、教师共同努力，让园所更优质、让育儿者更专业、让儿童更快乐，创新突破，建设信息化应用良好环境，促进学前教育转型。

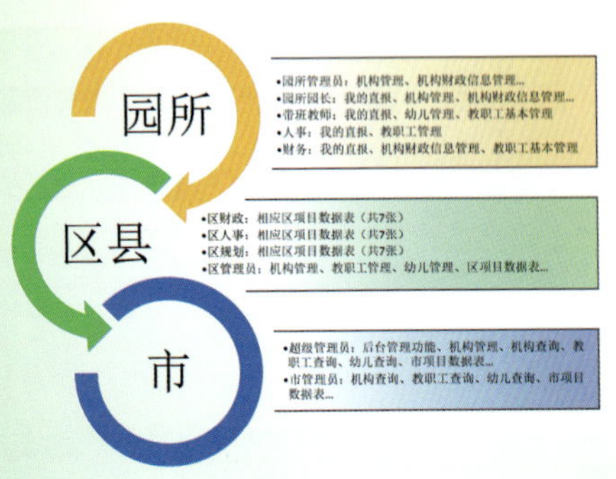

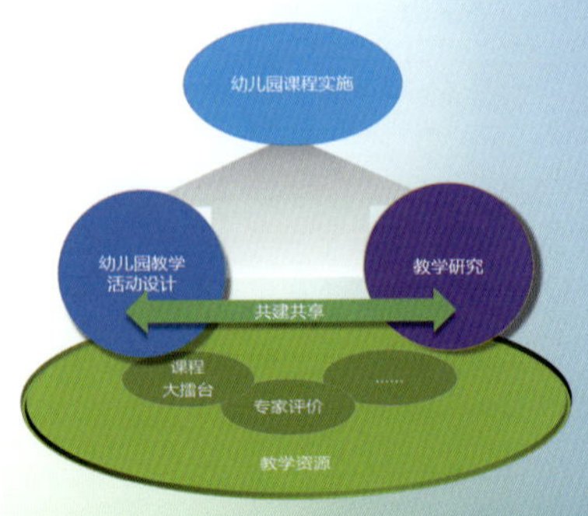

上海市教委信息中心学前教育信息部　黄浦区皋兰路24号（200020）　021-33080099-211

"徐房宅维修"手机APP是由上海徐房房屋维急修中心创新研发的又一成果，该软件打破了传统物业报修模式，以时下最流行的APP STYLE，为物业报修披上一层"时尚"的外衣。

"面对面"报修，通过简单的图文描述，迅速将故障信息传达至维修人员，整个过程不超过3分钟。

独创竞争抢单，打破被动受理旧"生态"，营造报修抢单的新环境。

内置材料电商，只为打造一个专业化的房屋维修材料电商，种类更加全面，价格更为合理，自购代购"兼容"。

徐房宅维修，您身边的房屋维修管家。

先进设备操作培训

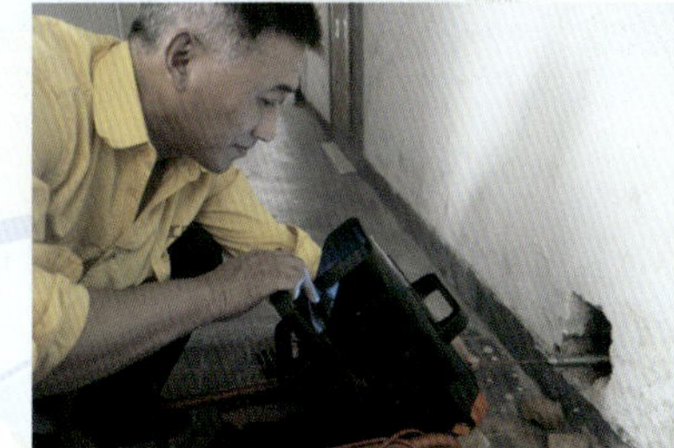
利用"内窥镜"查找管道漏水点

员工使用热像仪寻找故障

工作中追求零差错　服务上要求零缺陷　质量上达到零投诉

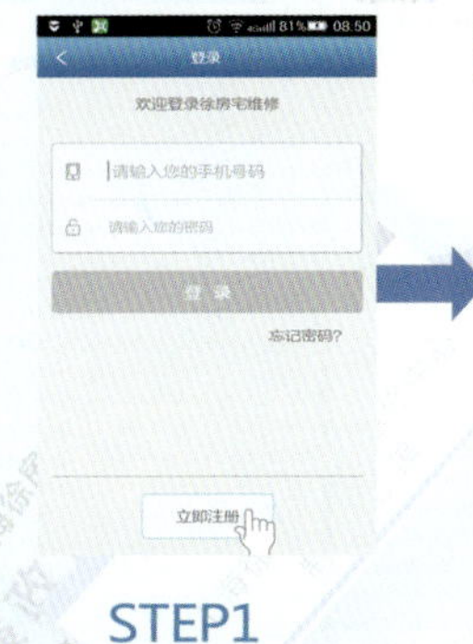
STEP1
点击注册

STEP2
填写手机号

STEP3
获取验证码

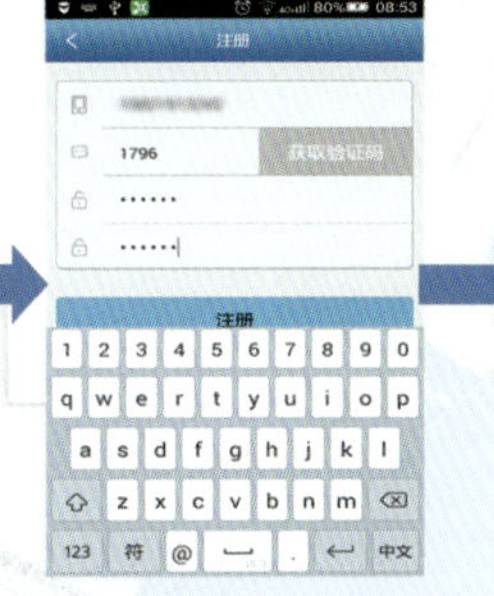
STEP4
设置登录密码

注册完成

公司名称：上海徐房房屋维急修中心
公司地址：零陵路241号
服务热线：400-820-8126
公司网址：www.fangwuweixiu.com

上海化学工业区

精益求精　服务社会

承诺

上海化学工业区地处杭州湾北岸，横跨金山、奉贤两区，规划面积 29.4 平方公里，管理范围 36.1 平方公里。2016 年共批准项目 63 个，涉及投资总额 7.43 亿美元，实现销售收入 1021 亿元，完成工业总产值 969.68 亿元，完成固定资产投资 62 亿元。历年累计批准项目总投资 263.24 亿美元，历年累计完成固定资产投资 1343.04 亿元。

自 1996 年 8 月批准设立以来，上海化学工业区学习借鉴国际先进园区，创造性地践行“产品项目、公用辅助、物流传输、生态保护、管理服务”五个一体化的开发理念，经过 20 年的发展，已成为基础设施完备、公用配套齐全、管理服务便捷的现代化石化基地，成为集聚国际知名跨国化工企业最多、开放度最大、融入经济全球化程度最高的国家级经济技术开发区之一，是国家首批新型工业化示范基地、国家生态工业示范园区、全国循环经济先进单位。

目前，英国石油化工、德国巴斯夫、德国拜耳、德国德固赛、美国亨斯迈等世界著名跨国化工公司，荷兰孚宝、法国液化空气集团、苏伊士集团、美国普莱克斯等世界著名公用工程公司和中石化、上海石化、高桥石化、华谊集团等国内大型骨干企业成为上海化工区的投资主体。

“十三五”期间，上海化学工业区将坚持“立足上海、放眼全球”的战略定位，按照最安全、最环保、最绿色、最智能、最高效、最和谐的发展要求，将园区初步建成产品技术高端、安全环保先进、智能高效显著，具有国际竞争力的世界级石化产业基地和循环经济示范基地，努力成为环境友好的排头兵、绿色发展的先行者。

上海市農業科學院

上海数字农业工程技术研究中心
上海市农业技术信息专业技术服务平台

ABOUT US

上海数字农业工程技术研究中心和上海农业技术信息专业技术服务平台依托上海市农业科学院集聚人才和技术的优势，对三农信息化和数字化发展中的重大关键性、基础性、公益性技术问题，开展系统化、配套化和工程化研究开发，不断推出符合上海农业需求的技术和产品。

近年来围绕物联网、大数据、遥感、地理信息系统技术在农业中的应用开展技术创新和服务。研发基于物联网的农业环境信息采集技术、农业生产管理智能决策技术和农业自动控制技术，在光明集团上海农场水稻生产管理、上海市农业科学院庄行试验站设施栽培管理、江苏镇江、常熟和浙江衢州等区域现代农业园区的环境监测和控制中应用；开展基于无人机遥感的农业生产管理和决策服务，在大田作物面积提取、灾害评估、长势监测等领域取得进展；与国家农业展望的技术团队紧密合作，开展了基于大数据技术的蔬菜价格分析预测预警工作，通过农产品市场展望为上海市农业生产布局决策提供支持。

上海市农业科学院依托两个平台力争成为区域农业数字化技术、产品创新和信息服务的重要力量，国际国内先进技术及成果展示和转化的重要基地。

地址：上海市金齐路1000号 邮编：201403 网址：www.sh-ita.cn 电话：021-62200281

上海信息技术学校

学校全景

高清演播室

工业机器人

上海信息技术学校创建于1959年，1980年以来连续被国家教育部评估认定为国家级重点中等专业学校。自1986年以来连续十四届蝉联“上海市文明单位”。2013年，学校成为首批“国家中等职业教育改革发展示范学校”。

学校以“服务信息化发展，应用信息化办学”为特色，形成了以信息技术为核心，覆盖现代资讯、现代维护、现代检测和现代化工四大领域的专业群，竭力为社会信息化发展提供专业技能人才和专业技术培训。

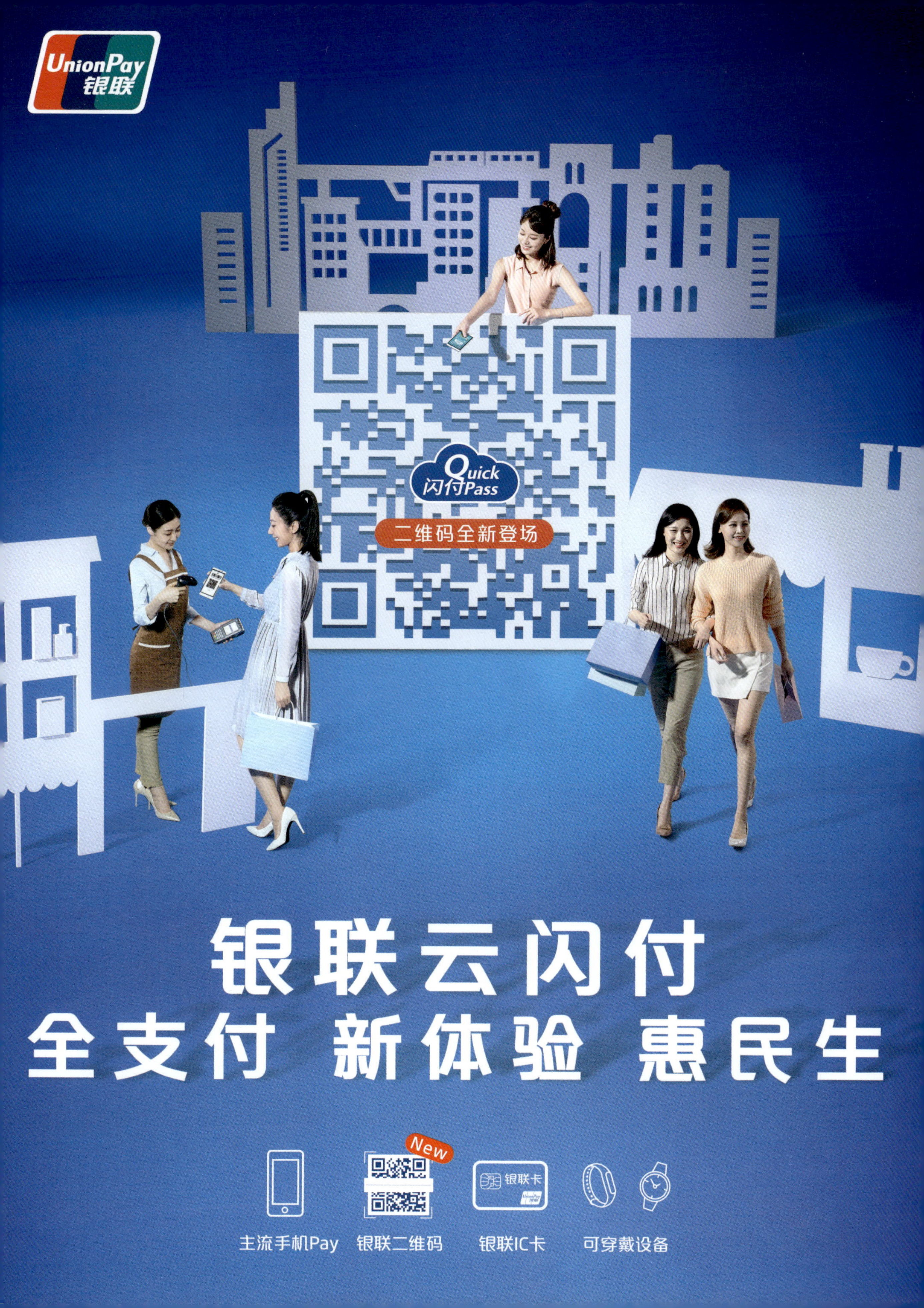
UnionPay
银联
Quick
闪付Pass
二维码全新登场
银联云闪付
全支付 新体验 惠民生
New
银联卡
主流手机Pay
银联二维码
银联IC卡
可穿戴设备

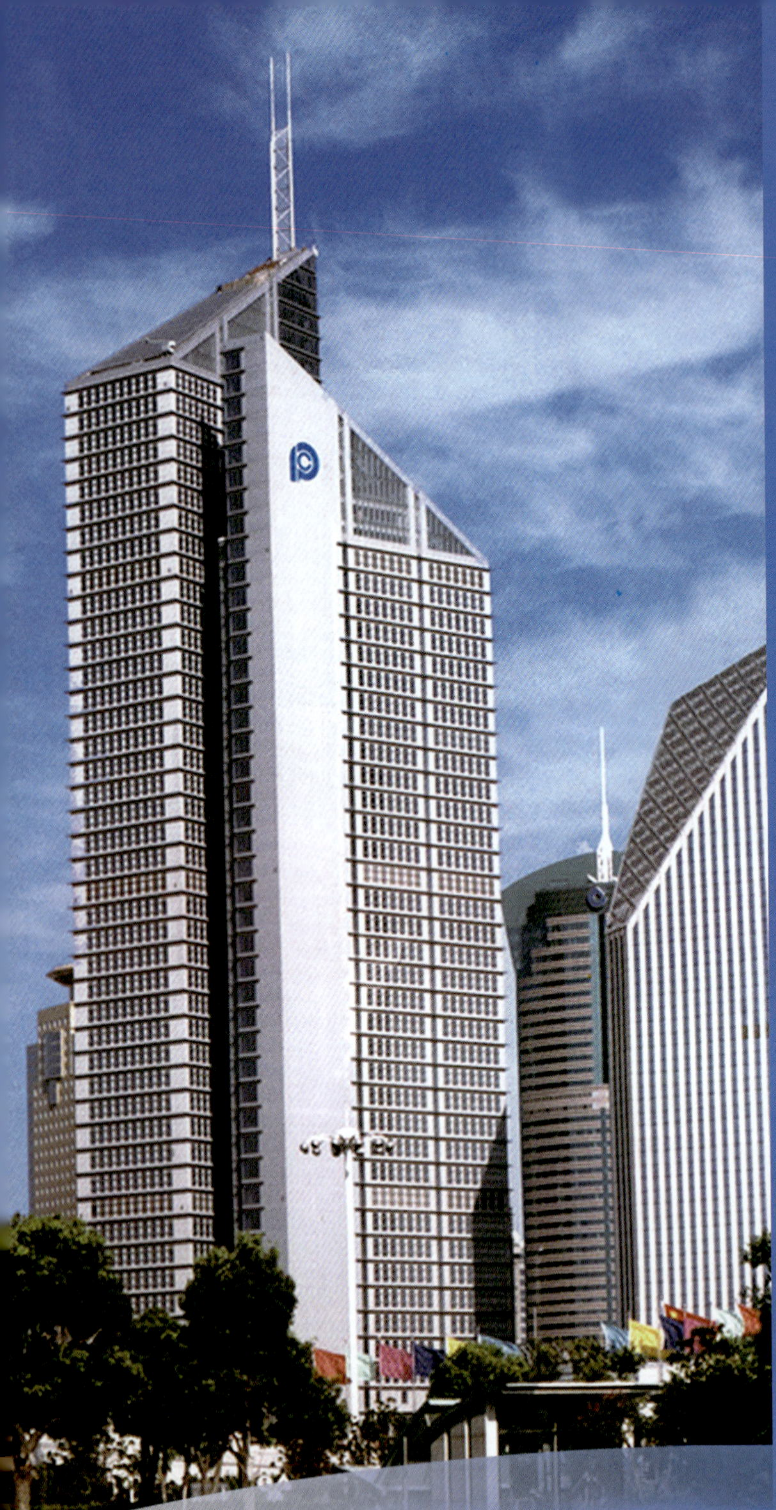

中国太平洋保险（集团）股份有限公司是一家以一流的服务质量、一流的工作效率、一流的公司信誉，积极开拓保险服务领域，在审慎决策、稳健经营的前提下，促进支持国民经济发展和社会全面进步为经营宗旨的现代综合性保险集团公司。

2016年，集团信息技术中心按照“重价值、推转型、优服务、防风险”的总体工作要求，在ITMP三年规划项目实施与推广、年度重点工作支持与保障、日常业务需求满足与实现、新技术应用产品研发与落地、“数字太保”IT规划编制与先导、信息系统安全与稳定、IT体制机制优化与变革、行业标准制订与应用等方面取得了预期成效。在继续做好客户经营模式升级的支撑者和卓越运营体系的建设者的同时，进一步发挥技术引领作用，为公司转型发展升级技术供给。

中国太平洋保险（集团）股份有限公司
China Pacific Insurance (Group) Co.,Ltd.

启动《"数字太保"信息技术规划(ITDP2017-2019)》

ITDP三年规划是在"互联网+"和"新国十条"的背景和机遇下，以"数据化、平台化、集约化、共享化"为发展理念，升级"亿级用户、实时响应；全量数据、实时计算"的技术供给能力为目标，全面贯彻集团公司"转型发展，打造数字太保"发展战略的新一轮IT数字化建设规划。ITDP三年规划将以客户自服务为主要特征，以直达终端客户的数字化建设为目标，充分应用云计算、大数据、移动互联、社交网络、人工智能等新技术发展红利，完成多触点客户端应用、高能核心平台、客户数据库及中国太保云的全面数字化支撑体系建设工作。

2017年，太平洋保险将开始全面实施"ITDP"规划项目，使公司信息系统的用户支持能级从百万级提升到亿级，服务对象从内部用户扩展到终端客户，从而为公司业务发展注入强劲的数字化内生动力。

交大合作项目"太平洋保险客户数据挖掘系统"

由太平洋保险与上海交通大学合作研发、历时2年的研究成果"太平洋保险集团基于互联网的客户数据挖掘系统"项目经过现场答辩，顺利通过上海市科委专家组课题项目评审验收，成为上海市科委"科技创新行动计划"关于高新技术领域在企业应用的典型范例，并通过中国版权保护中心审核，取得计算机软件著作权登记证书。专家组一致认为，该课题项目是"产学研"，联合实验室成果研究的成功典范，是基于互联网大数据技术在企业创新应用的成功案例，为上海市地方企业发展提供技术储备，极具方法论和技术的推广价值。

"太平洋保险集团客户数据挖掘系统"，将数据定向采集、非结构化数据处理、语义分析、数据可视化等技术，与企业内部的经营分析、运营决策需求相结合，广泛精确采集互联网新闻、论坛、微博、评论等多种渠道中与行业、市场、公司、产品等相关企业外部数据信息，采用数据挖掘技术与企业内部数据信息有效结合，完成诸如客户行为分析、客户潜在需求分析、产品营销分析、互联网舆情分析、政策解读热点等各类经营分析，为公司的经营管理和运营决策提供参考支持。

该项目已成功地应用在MIS高管视图平台、"知道"平台；与产险中小企业部和寿险客户服务部合作，完成了《食品制造和住宿餐饮中小企业行业发展趋势报告》《中小企业客户行业研究平台报告（全行业）》《太平洋保险客户投诉分析报告》和《寿险内部客服和互联网评论综合分析报告》等行业信息和市场舆情类洞见分析报告。

上海地区首张保险增值税电子发票在太平洋保险诞生

2016年5月1日零点，上海地区首张保险增值税电子发票在太平洋保险诞生，打响了上海保险业"营改增"落地的"第一枪"。

2016年，我国全面推开营改增试点，试点范围扩大到建筑业、房地产业、金融保险业和生活服务业。其中，金融保险业被认为是最难啃的"硬骨头"。一方面，金融保险业相对封闭；另一方面，国际上没有可供参考的经验，一旦完成营改增试点，中国将成为对金融保险业施行增值税管理的主要国家。而保险业因为其营业收入的特殊性，面临的挑战更加艰巨。

自2016年3月23日接到国家下发的《关于全面推开营业税改征增值税试点的通知》到4月30日，IT中心各部门与集团和各子公司财务人员通力协作，奋战了38个日夜，全面完成了基础设施和硬件设备部署，67个关联系统的开发、测试和上线运行，260个流程改造，以及23000台发票打印终端设备适配调试，涉及近1200家纳税主体，成功实现了与中保信和税务系统的对接联调，为公司营改增工作按照国家税务总局的统一要求，顺利于5月1日全面落地提供有效的信息技术支持和生产保障。

浦发银行
小微金融业务

小微企业是国民经济的生力军，在支持经济增长、缓解就业压力、改善经济结构上发挥着重要的作用。早在建行之初，浦发银行就高度重视小微金融服务，将支持小微企业发展定位成一项长期的战略性事业。

2005年6月，浦发银行设立中小客户部专司中小微金融业务；2009年9月，经过中国银监会批准，浦发银行“中小企业业务经营中心”挂牌成立，该机构是上海市场上最早设立的中小企业专营机构之一，实现了浦发银行中小企业业务管理的专业化和独立化；2012年12月，浦发银行再次明确将中小微业务作为全行五大重点战略突破领域之一；2014年2月，浦发银行在战略上更加专注于小微金融服务，建立小企业金融服务中心，明确以小微企业和个人经营者为浦发银行小微金融的重点服务对象，体现了支持小微、真正服务实体经济的决心和力度。

金融服务创新方面，秉承“笃守诚信、创造卓越”的经营理念，浦发银行积极探索金融创新，以专营机构为载体，以解决中小企业融资难问题为宗旨，积极打造“科技金融”品牌，奠定了浦发银行在科技型中小企业领域的领先地位；2012年年初，浦发银行再推创举，针对小微企业推出“五宝一厂”体系，包括投贷宝、银元宝、银通宝、银链宝、微小宝五大专属系列产品及信贷工厂专门业务系统；2014年，机构整合后，浦发银行在原有开发模式的基础上，进一步创新升级，结合电商金融、互联网融资的发展趋势，全新推出了“银商宝”、“银链宝”、“银元宝”三类实体批量开发方案，以及“电商通”和“网贷通”两类线上批量平台，形成了具有浦发小微特色的“三宝两通”批量开发模式。在搭建批量模式的基础上，浦发银行小微特色产品持续丰富：对于高成长型小微客户，建立“千人千户”培育计划，提供定制化金融服务；对于一般小微客户，则通过“4＋1”小微金融特色产品体系提供标准化金融服务，更贴合小微企业以及企业主的经营特点和实际需求。

2013年10月，为应对小企业持有小额票据难以贴现的困境，在上海市促进中小企业发展协调办公室的牵头指导下，浦发银行与中小办合作设立“上海市小额票据贴现中心”，并形成了“贴现金额全受理、承兑银行全覆盖、服务网点全配套、金融服务全流程”的“四全”模式。其中尤为突出的两点：一是“承兑银行全覆盖”，指小票贴现可受理的承兑银行覆盖了全国所有银行，这一点目前也只有浦发银行能够承诺做到；二是“金融服务全流程”，指浦发银行对于申请贴现的小微企业，配套浦发银行特有的“千人千户”小微成长客户培育计划，为企业及企业主个人提供包括贷款融资、往来结算、资金理财、增值服务等全面全程的一揽子金融服务。

浦发银行小微金融一贯秉持“积小善而臻大成”的经营理念，积极探索小微金融创新。未来浦发银行将结合移动金融的领先优势和互联网融资的发展趋势，继续保持对小微金融的全心投入，时刻活跃在服务小微实体经济的第一线。

上海中心大厦

——绿色智慧型城市新地标

上海中心大厦基本信息

位置：上海浦东陆家嘴金融中心Z3地块　　高度：632 米　　面积：578000 平方米

功能：(1)商业，(2)办公，(3)会议中心，(4)超五星级酒店，(5)旅游观光绿色建筑认证：中国绿色三星认证、美国LEED_CS铂金认证

上海中心大厦坐落在陆家嘴核心地区，是上海国际金融中心建设的重要载体。这座高达632米的综合性大厦已成为上海超高层建筑史上新的里程碑。“上海中心大厦”荣获了各类国际和国内奖项，得到业界的高度认可，所获奖项包括：

2016.03　法国戛纳荣获世界最大房地产展会MIPIM最具人气奖

2016.09　瑞典荣获国际桥梁与结构工程协会（IABSE）颁发的2016年度杰出结构奖

2016.10　荣获美国建筑奖（AAP）年度设计大奖

2016.11　美国芝加哥荣获世界高层建筑与都市人居学会（CTBUH）2016世界最佳高层建筑奖和最佳创新奖

2016.11　荣获全球知名房地产数据分析公司安波利斯（Emporis）2015年最美摩天楼

2014年度上海市优质工程（结构工程）奖

2015年度中国钢结构金奖（国家优质工程）

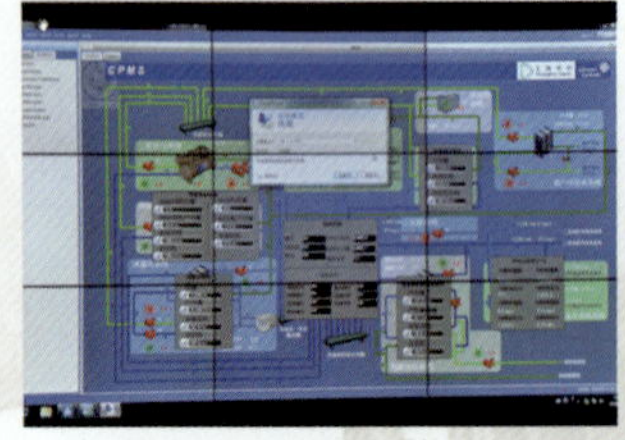

上海中心大厦数字化、信息化成果应用综述

★BIM技术在超高层建筑全生命周期的应用　上海中心从建筑全生命周期角度出发，创造性地大胆应用BIM技术，将数字信息模型完整地引入项目的设计、施工及运营管理全过程，有效控制了建筑信息的采集、加工、存储和交流，从而帮助项目的最高决策者对项目进行合理的协调、规划和控制。BIM在“上海中心”的应用，创造性地突破该模型原来Building Information Model（建筑信息模型）的定义，逐步实现了Building Information Manufacturer（建筑信息制造）、到Building Information Monitor（建筑信息监理）直至Building Information Management（建筑信息管理）的全生命周期的“数字建筑”。

★上海中心大厦智慧低碳运维管理　通过有机集成先进的产能、供能、用能、蓄能、节能技术，应用物联网将微电网、微热网和基于物联网的信息网联系在一起，具有“五能合一、三网互联”的特点，实现超高层建筑安全、经济、低碳、宜居的能源保障目标。

★上海中心IBMS系统　上海中心IBMS系统是在应用层上对上海中心各个智能子系统及应用子系统进行信息集成与数据集成的平台，以“分散控制、集中管理”为指导思想，实现信息资源的共享与管理、提高工作效率，及时对全局事件做出反应和处理，提供一个高效、便利、可靠的管理手段。系统覆盖15个IT系统，包括142个细分系统、31336数据对象，近250000数据点。

★上海中心消防无线对讲功能全覆盖　上海中心的消防无线系统在建设物业400MHz专网对讲通信系统同时兼顾消防通信的指标，共用天馈系统设计结合消防应急抢险通信等级以及物业管理使用要求进行系统基础平台建设设计，同时考虑外部消防信号引入合路方式。灵活的布局设计，让多个管理需求一气呵成，实现消防通信系统全覆盖。

★上海中心三大营运商全网全覆盖　上海中心大厦由中国电信、中国移动和中国联通提供全业务通信接入服务，实现全网全覆盖，可以为各类个人用户和企业用户提供高效的通信服务。

上海中心作为上海乃至世界的地标性超高层建筑，藉以安全、绿色、智慧与文化的集成创新与融合，积极推进大数据、云计算和BIM技术等信息化最新成果的转化应用，不断提升上海中心大厦的管理水平、服务能级与核心竞争力，增强低碳和智慧型城市的感受度，打造绿色智慧型城市新地标，为上海加快建成科创中心、国际金融中心和全球城市的目标做出不懈的努力。

打造综合性智能网联汽车测试示范公共服务平台
——国家智能网联汽车（上海）试点示范区

2015年6月，国家科技部正式批准上海国际汽车城（集团）有限公司承担国家级的“智能网联汽车试点示范区”建设任务。示范区计划通过5年时间，建设成为中国智能网联汽车先进技术研发、标准规范研究制订和产品技术检测认证的主要基地，智能网联汽车新技术、新产品、新业态、新模式展示发布和交流合作的主要窗口，以及相关产业创新孵化基地、人才高地、产业资本的主要集聚地。

示范区将根据产业技术进步需求，分4个阶段从封闭测试区逐步拓展到开放道路、典型城市和城际走廊，形成系统性评价体系和综合性示范平台。

第一阶段：封闭测试与体验区。在上赛场南侧的发展备用地建设2平方公里的封闭测试区（F-Zone），结合现有市政道路搭建超过100种满足各类无人驾驶和V2X等测试场景，涵盖安全、效率、通信、新能源汽车等应用类别；在同济大学嘉定校区建设170亩的研发科研区（T-Zone），探索基础性前瞻技术研究；在汽车博览公园建设科普体验区（E-Zone），进行无人驾驶和V2X演示体验。

第二阶段：开放道路测试区。到2017年年底，在汽车城核心区博园路、墨玉南路、安驰路等道路建设智能网联汽车上路实测的基本环境条件，覆盖面积达到27平方公里，涉及城市快速路、园区等道路特征，测试与示范车辆规模争取达到千辆级。

第三阶段：典型城市综合示范区。到2019年年底，拓展至安亭镇全区、外冈镇新能源汽车及关键零部件产业基地，覆盖面积达到100平方公里，增加高速公路测试场景，测试与示范车辆规模达到5000辆左右。

第四阶段：城际共享交通走廊。到2020年年底，通过嘉闵高架和G15沈海高速的智能化改造，形成汽车城和虹桥商务区两个“独立城市”的共享交通闭环，覆盖面积达到150平方公里，测试与示范车辆达到万辆级。

2016年1月，智能网联汽车产业技术联合创新中心成立，作为智能网联汽车产业联盟的承载机构和示范区的执行机构，承担示范区开放测试认证、高层次人才、产业孵化加速器、资本对接服务、公共实验检测、联合办公会议展示以及大数据采集应用分析七大功能。同时，汽车城还先后与国家技术转移东部中心、清华大学、同济大学、百度、腾讯等签署战略合作协议，在智能网联汽车产业领域进行深入合作。

2016年6月7日，示范区封闭测试区正式开园，共有10多个品牌的智能网联汽车进行了集中展示和体验，海内外100余家媒体进行了报道和转载。上汽、沃尔沃、通用、清华大学、同济大学、吉林大学、博世、德尔福、东软、上海机动车检测中心、国家技术转移东部中心、中科院上海微系统所等10多个单位的25辆汽车展示了无人驾驶、自动驾驶、V2I、V2P、V2V和AEBs等技术，测试复杂环境下的感知、智能决策、协同控制和执行等功能。

目前，封闭测试区已经建成50个场景，并为上汽、通用、沃尔沃、福特、宝马、蔚来、博世等10多家整车和零部件企业提供200多次测试服务。开园以来，累计接待了350多家单位、超过10000人次的来访。未来，示范区将聚焦前瞻共性技术研发、产品技术测试认证、标准规范研究制订、数据与信息安全评测、产业孵化创新集聚和智慧交通与国际合作六大公共服务平台，对标国际先进水平，围绕产业技术需求，不断深化功能内涵，明确建设目标、发展计划和支撑项目，为智能网联汽车发展提供强有力支撑。

上海市信息管线有限公司是根据上海市委、市政府为加强全市基础通信管道建设与管理的决策，由上海市信息投资股份有限公司投资成立的专业经营集约化通信管线的企业。自成立以来，公司积极开展全市各类信息通信基础设施（包括市政道路管道和商业楼宇、居住小区、基站机房和企事业单位管线接入等）的集约化建设，为各电信、有线电视和通信服务运营商公平开展业务提供了必要的信息通信管网平台，有效地提高了有限的地下管位资源的利用率，减少了道路的重复开挖，加快了上海信息化的进程。公司已为全市各通信、有线电视和信息服务运营商以及有关政府部门和企事业单位提供了超过10500余沟公里的信息管道，接入楼宇小区5500余处，完成了全市道路上约10000皮长公里信息架空线缆入地，有效地改善了市容环境。

上海新长宁（集团）有限公司

上海新长宁（集团）有限公司由上海长宁投资公司、上海长宁建设资产经营有限公司、上海鑫达实业总公司共同出资组建，是一家以房地产开发为主业的企业集团，公司注册资本9.24亿元，是上海房地产业中国有企业的排头兵。公司具有全国房地产开发经营一级资质，获“上海房地产开发18年”大型系列评选活动企业类最高奖项——功勋企业，在上海市房地产开发企业50强中排名第23位，公司还是首批上海市房地产开发诚信承诺企业，被评为长三角地区房地产开发企业80强，连续23次获上海市重点工程实事立功竞赛“优秀公司”称号。2016年，虹桥商务区核心区北片区08地块商办及住宅项目获二星级绿色建筑设计标识证书，商办部分获三星级绿色建筑设计标识证书。代建工程复旦中学西部校区实验办公综合楼获市建设工程“白玉兰”奖。

1月22日，江森自控亚太总部大楼结构封顶仪式。王璐拍摄

4月20日，慧邻365成立仪式。上海长宁慧生活科技有限公司供图

9月29日夜间，遵义路隧道施工，450吨吊车吊装顶管机头至工作井。吴伟华拍摄

上海振华重工（集团）股份有限公司

“智”造自动化码头，争当“中国智造”领跑者

随着《中国制造2025》智能制造规划的颁布实施，振华重工提出对产品质量更高要求的“振华重工4.0”战略，具体而言就是实现“五个转变”：从中国制造转向中国创造；从卖产品转向卖精品（技术）；从卖设备转向卖系统；从卖硬件转向卖软件（服务）；从2.0时代的生产模式、管理模式、商业模式转变为4.0时代的新模式，实现研发、制造、管理和服务的一体化、精密化、绿色化、智能化。

从装备制造到系统集成和总承包延伸是企业发展的重要方向。“十二五”后半期,作为公司业务转型升级的重要内容之一,在做强硬件的同时,公司加大了对软件操作系统的研发,目前全球推出的第四代全自动化码头,硬件和软件全部由振华重工提供,项目已在厦门港、青岛港、上海洋山港落地,厦门港已经试运行,上海本地的、定位全球最大的集装箱全自动化码头——上海洋山港四期全自动化码头也将于2017年年底前运营。

从厦门港的1个泊位、青岛港的4个泊位，到上海港的7个泊位，振华重工一步一个脚印，填补了中国集装箱自动化码头的空白，并稳固了其码头项目集成商的地位。在国际市场，振华重工也逐渐崭露头角，荷兰RWG自动化码头、意大利VADO自动化码头等都采购了公司大量自动化码头设备，意大利VADO自动化码头签订的4台岸桥和14台自动化轨道吊项目，全部设备将使用公司自主开发的电控系统（EZ），这也是EZ系统首次进入国际自动化码头市场。在中东地区具影响力、权威的面对港口终端操作行业以及港机设备和技术的《港口运营者》杂志（*Terminal Operator*）一年一度的评奖中，公司凭借全球领先的自动化码头技术，荣获2016年度港口“最佳自动化码头供应商”大奖，这也是公司自动化码头与设备在2015年荣获“中国好设计”大奖之后，再次收获殊荣。

欧冶电商|上海钢铁交易中心

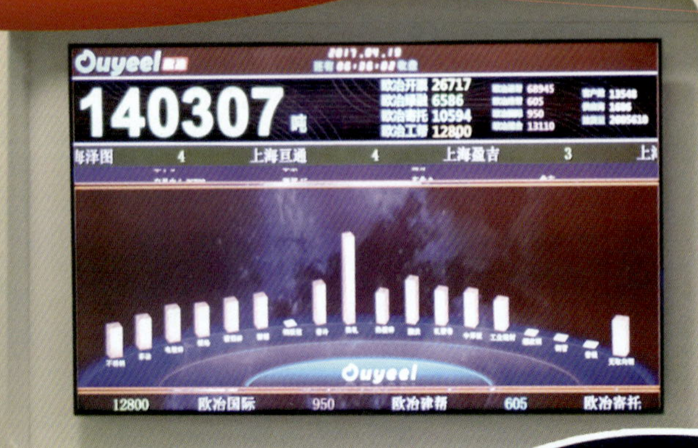

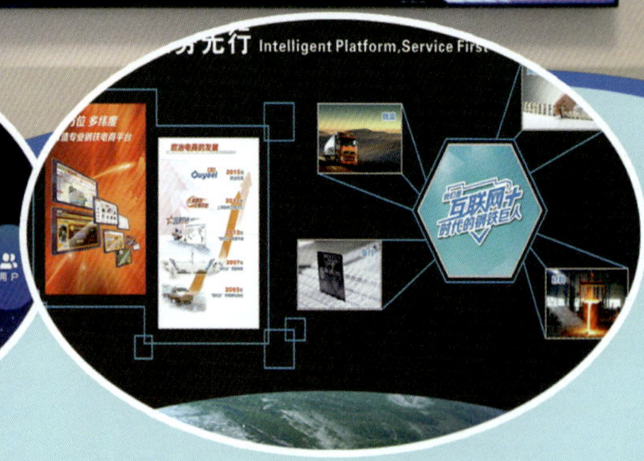

欧冶电商前身是由国内钢铁巨头宝钢集团和上海市宝山区政府在2013年5月共同筹建的上海钢铁交易中心，它凝聚了宝钢数十年来在钢铁制造、贸易和电子商务方面的智慧，按照“政府推动、社会参与、企业运营、多元合作”的原则，以“服务型生产体系”为商业模式，依托互联网、物联网、大数据、移动互联等全新技术手段打造生态型钢铁服务平台，集交易结算、物流仓储、加工配送、在线金融和信息技术等功能于一体，钢铁行业的多方主体共生共赢，助力中国钢铁流通行业通过电子商务实现产业升级。

欧冶电商依据参与方的不同需求特点，设计出多种交易服务产品。平台目前拥有钢铁行业各类用户5.7万家，国内主流钢厂几乎都在平台实现了交易，累计交易额过1000亿元。随着平台和用户的日趋成熟，欧冶电商逐步形成了供应链上下游企业频繁往来的交易圈、社交圈，让传统的钢铁贸易变得安全、简单而有趣，为中国钢铁产业的创新转型探索出了一条全新的道路。

欧冶电商构建了现代化钢铁供应链服务体系，引领钢铁流通变革，提高钢铁流通效率，提升钢铁服务业水平，更好地集聚产业优势、资源优势和区位优势，充分发挥示范带动作用，以创新的商业模式拉动制造与服务的结合，实现“二三产业联动”，引领中国钢铁工业转型升级。

海螺 上海海螺服饰有限公司

上海海螺服饰有限公司（以下简称海螺或公司）是专业生产经营各类衬衫、西服、职业装等系列产品的服装企业，创建于1950年9月，前身为荣新内衣厂，1966年更名为上海第二衬衫厂，1998年定名为上海海螺服饰有限公司。

海螺服饰是一家具有60多年历史的自主民族服饰品牌企业，海螺衬衫在国内市场具有较广泛的知名度和良好的美誉度。从80年代的衬衫化学领到现如今的六嵌条工艺，都为海螺品牌的精湛技艺奠定了良好的基础。海螺品牌的市场占有率始终名列前茅，先后获得国家金质奖、上海市著名商标、上海名牌、中国最具市场竞争力品牌、中华老字号等殊荣。2010年公司被认定为“上海市企业技术中心”。2014年获“上海名牌辉煌之星”称号。2016年荣获“上海市品牌培育示范企业”。在世界品牌实验室公布的2016年中国500最具价值品牌排行榜中，“海螺”品牌价值为39.55亿元。

作为上海海螺服饰有限公司的核心产品，海螺牌衬衫以“为国人做更好的衬衫”为目标，狠抓产品质量，坚持自主创新，缔造优秀的民族品牌。

70年代，上海衬衫行业缺乏领军品牌，继而象征着上海的“海螺”品牌应运而生，目标就是要打造中国一流的衬衫品牌。从此，海螺衬衫以其严格的标准、新颖的款式、精细的缝制赢得了国内外消费者的青睐。

公司结合自身经营状况再次组织对质量工作进行信息化提升，结合ERP系统持续关注质量工作的各个环节。公司在近5年的发展中，高度重视信息化与产业结合，以自身实际出发，始终保持国内领先的现代信息化管理优势，逐步实现全面的系统集成和业务整合，把市场需求、技术创新、生产销售、财务管理、人力资源等通过信息化进行企业内外跨部门、跨业务、跨区域的综合集成，为企业决策提供有效数据，让企业更规范化、信息化、透明化，带动了公司的整体氛围。

如今，作为上海市企业技术中心，海螺设计力量雄厚，通过引进服装电脑设计系统和CAD排样系统，企业的技术装备和设计能力达到了国际先进水平，截至2016年底，公司已申请技术专利180多项。

海螺衬衫在品质上始终坚持质量第一；风格上力求突出男性阳刚的特质；制作上依托高端的专业水准与强有力的质量保证体系，精心设计、精心制作，通过精选面料，优化裁剪，使高端产品保持领先的设计优势、时尚风格和做工精致等特点。“正式场合穿海螺”、“海螺不吹亦是歌”，就是对海螺产品品质和风格的最好写照。

近年来，海螺新品开发源源不断，并向中高端方向发展，先后推出丝棉系列、棉毛系列、形态记忆系列以及符合时尚潮流的个性化系列等衬衫。在各专卖店及商场开设了“量身定制”业务，为有特殊需求的顾客提供“贴身”服务，深受消费者好评。在上海、北京、广州、南京等城市开设了销售网点，构建了遍布全国的营销网络，顾客满意度不断上升，市场占有率长期处于领先地位。

海螺服饰目前正在实施一个多品牌发展战略，实现GC品牌走向中高端品牌的发展规划。通过品牌集合店的形式体现绅士、休闲、经典等主题，形成无龄化、一站式购物体验，逐步打造中国中高端男士休闲服饰时尚体验店。以GC品牌集合店为载体，致力于打造以品牌为引领，以企业技术中心为基础，提升男性时尚设计研发能力，全方位打造男士中高端休闲服饰时尚设计中心。GC品牌集合店的形式将“Bagutta”、“GERMES”、“GOLD CONCH”3个品牌以“No age+One stop”的理念融合在一起，形成多品牌全品类的互补优势，打造一站式中高端男装的消费模式，进一步推动海螺服饰从中端到中高端的品牌转型升级。

海螺凝聚的是几代海螺人“追求卓越、永不自满”的企业精神。在传承和创新中，赋予海螺新的内涵和活力。不管岁月如何变迁，海螺永远坚守勤勤恳恳“为国人做更好的衬衫”的使命。

上海衬衫工厂产品质量信得过班组——七大组　　上海海螺服饰工厂车间

上海沪太路专卖店

上海中山西路专卖店

大众物流

用心传递 / 专心服务 / 精心管理

公司概况

上海大众运行物流股份有限公司，成立于1999年，具有国家一级货运经营资质，是上海城市配送行业骨干企业、上海市搬场行业“五星级”企业、上海市交通港口行业AAA级诚信企业、国家经贸委确定的全国34家重点推荐企业和交通部确定的全国18家快运试点企业。

2016年上海大众运行物流股份有限公司成为上海市首批无车承运人试点单位，并荣获“上海市名牌产品” 称号，通过了ISO9001的质量体系认证。

公司拥有实力雄厚的车辆资源，各吨位的厢式货运车辆900余辆。“要货的找大众”、“要搬运找大众”，货运出租汽车服务和市内搬场服务这两大品牌在上海已家喻户晓。同时，公司还拥有一支城市配送的专业管理团队和专业操作人员。

公司旗下拥有的“96811”调度中心每年为社会各界提供的“即时要车+门到门+搬场到位”服务量已达百万次级别水平，已实现接收客户多渠道的信息咨询、业务下单、业务调派、投诉服务和意见处理等高效处理功能。

公司以“96811”统一调度平台为改造重点，斥资打造的统一智能化平台目前一期已投入使用并顺利运行。实现了调度智能化、服务标准化、信息数据集中交互处理等功能，能够对运营车辆进行全程监控并对数据进行有效的处理。

平台已全面实现远程操作、多渠道信息接收处理等实际功能。针对搬场系统推出的移动端设备，采用了扁平化的管理模式，能有效及时地监督并规范驾驶员的操作。客户可使用的叫车方式也更加多元化，不仅可从传统96811平台呼入叫车，大众运行物流的微信、APP、网站也可满足用户用车需求。

“一切为大众”，大众物流将始终以客户至上、服务第一的原则严格要求自己，保证高质量、高效率的服务水平以满足各类客户的需求。

公司一角

司机端接单　货运出租　96811电调平台

智慧商圈建设新里程

上海徐家汇商城集团电子商务有限公司（以下简称“徐家汇商城电商”），是由上海徐汇区国资委按照徐汇区政府为提升徐家汇整体形象和消费能级的要求出资设立，汇集徐家汇商圈第六百货、汇金百货、汇联商厦、美罗城、太平洋百货、港汇恒隆广场和东方商厦等多家购物中心强大的供应链资源，是一个基于徐家汇商圈生活服务和数据集成的时尚综合类高端 O2O 平台。

徐家汇商城电商作为徐家汇智慧商圈的主体执行运营方，通过商圈“@ 徐家汇”WIFI、徐家汇 VGO、线上线下交叉运营的 O2O 平台、预付卡“ 徐家汇 e 卡通 ”、智能设备和大数据的交互应用等六大工具，并且以文化营销、事件营销和场景营销三大营销模式联合运营，积极打造徐家汇智慧商圈的生态系统，助力传统商业转型，实现徐家汇商圈的能级提升。自成立以来，荣获了“ 首批智慧商圈试点区域 ”、“ 十大创新应用奖 ”、“ 全国品牌故事微电影比赛上海分赛区优胜奖 ”、“2016 ～ 2017 年上海市电子商务示范企业 ”、“ 单用途预付卡商务诚信五星级企业 ”等多项荣誉。

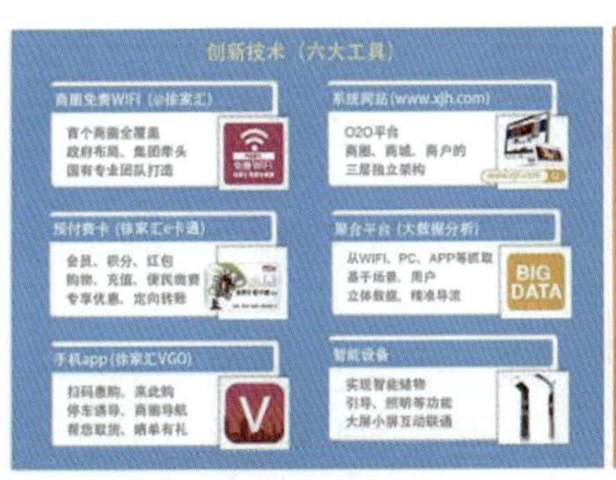

携手双赢 · 同创和谐

中国石油西气东输管道（销售）公司

PetroChina West East Gas Pipeline Company

图1：公司总经理、党委书记李文东慰问基层员工

图2：企地联合消防演练

图3：集中巡检

图4：清管作业

图5：西气东输三线东段工程（福建段）投产

图6：纪念建党95周年暨“七一”表彰大会

图7：创新项目攻关

图8：“小菜地”活动——收获的喜悦

中国石油西气东输管道公司成立于2000年3月，是中国石油天然气股份有限公司直属的地区公司，负责所辖范围内管道运行管理和项目建设。公司机关位于上海浦东，设有14个职能部门和1个附属机构，下设14个地区管理处、1个科技信息中心、2个工程项目部、4个股权管理单位、2个国家石油天然气大流量计量站天然气流量分站（南京、广州），共有员工3000余人，公司资产总额超过1000亿元。

公司运营管理管道总长11883公里，途经16个省（市、自治区）和中国香港特别行政区。供气范围覆盖西北东部、中原、华东、华中、华南地区，并向华北、西南地区转供天然气，形成了塔里木、柴达木、长庆、川渝四大气区以及中亚、中缅、进口LNG联网供气格局，管网一次管输能力达1036亿方/年。

西气东输自正式投入运行以来，在上海市经济信息化工作党委、中国石油天然气集团公司党组、中国石油天然气股份有限公司管理层的领导和关怀下，在生产运行、工程建设同步进行的较大压力和繁重任务面前，紧紧围绕确保管道安全平稳高效运行这一核心任务，着力夯实安全环保基础，务实推进管理创新和科技进步，持续深化经营管理，大力实施人才强企战略，全面加强党的建设，圆满完成了各项业绩指标。

十余年来，公司累计实现天然气管输商品量超过3100亿方，使天然气在我国一次能源消费结构中的比例提高近2个百分点，占我国新增天然气消费量的50%，160多个城市、3000余家大中型企业、近4亿人口从中受益，较好地履行了政治责任、社会责任和经济责任，为促进天然气工业和地方经济发展，调整能源结构、改善生态环境、提高人民生活质量做出了贡献。

公司先后荣获全国“五一劳动奖状”，首届“国家环境友好工程”、“国家开发建设项目水土保持示范工程”和“新中国成立六十周年百项经典暨精品工程”称号。“西气东输工程技术及应用”项目荣获2010年度国家科技进步一等奖，公司参与项目“我国油气战略通道建设与运行关键技术”荣获2014年度国家科技进步一等奖。公司项目“超大型天然气长输管道复杂工程建设与运营管理”获第十九届国家级企业管理现代化创新成果一等奖。

地　址：上海浦东世纪大道1200号中国石油上海大厦

邮　编：200122　　电　话：021-50958811

传　真：021-50958800　　管道安全报警电话：800-820-0375

2015年年初，中国宝武集团和宝钢股份共同出资20亿元注册资本成立欧冶云商股份有限公司，上海欧冶物流股份有限公司(以下简称“欧冶物流”)是欧冶云商的子公司。欧冶物流网(www.ouyeel56.com)是欧冶物流倾力打造的面向大宗物资流通领域的专业化在线物流服务平台；平台业务范围包含大宗物资物流过程中的仓储服务、运输服务、加工服务、物流交易、融资监管等。

2015年3月，公司启动第四方钢铁物流平台建设，通过平台为用户提供钢铁物流整体解决方案。公司目前拥有欧冶运帮、欧冶云仓、欧冶监管3大智慧物流平台产品，通过GPS、RFID 、PDA、智能终端、视频监控等互联网、物流网技术，提高物流作业的智能化和自动化，为用户提供完美的物流服务体验。公司也将在促进物流行业标准、推进钢铁供应链协同、带动物流产业升级、促进钢铁产业的发展等方面发挥一定的引领作用。

欧冶物流拥有遍布全国1200余家的仓储物流能力，打造虚实结合的“云仓加盟体系”与“第四方物流平台”，安全、快捷的物流服务为您带来全新体验。

公司立足钢铁流通领域，以互联网及物联网技术为手段，构建集仓储、运输、加工、配送等服务于一体的钢铁物流生态圈，为钢材供应链各相关方提供高效、便捷、可靠的物流服务产品和交易平台。

特色产品

欧冶监管：整合了互联网、移动互联网、RFID射频、基站定位、视频识别、云存储等技术，并将一系列新技术的应用，与传统的线下监管相结合，建立一个基于互联网与移动互联网的服务平台。该服务平台既面向内部人员管理、业务管理、风险管理，也提供对外的监管信息服务。

公司简介 Company introduction

关于瑞章 —— 瑞章科技有限公司作为一家跨国企业，旗下拥有世界物联网行业的龙头企业美国意联科技（Alien Technology）有限公司、上海瑞章物联网技术有限公司两家全资子公司，深圳锐迪智慧科技有限公司、美国 Active ID（Active Identity）两家控股子公司，同时参股了新华瑞章物联网科技有限公司。

全产业链战略布局 —— 瑞章科技专注于物联网信息技术与行业应用解决方案，建立了全球领先的 RFID 产品性能研发中心和测试中心，自主开发产品涵盖芯片、标签、天线、读写器、手持设备、集成设备、中间件、云平台、大数据等全系列物联网核心产品，国际专利和专有技术达百余项，同时主导或参与了多项国家物联网行业标准的编写和制定。

行业颠覆性应用 —— 瑞章聚焦出版物流、公共服务、智能制造、零售物流、智能安防、森林防火等几大战略性行业，积极参与行业标准建设、树立行业标杆性案例、推广颠覆性物联网创新应用，成功推出智慧出版、云图书馆、医疗直通车、无人工厂、零售门店、电子车牌、资产管理等物联网行业解决方案。

国际品牌全球营销 —— 瑞章科技凭借雄厚的产业链整合能力，与各类合作伙伴强强合作，设立全球营销网点，不断提升公司运营和服务能力，提供满足各种不同行业、不同地域的端对端物联网解决方案，塑造全球一流的物联网国际品牌。

行业应用 Industry application

智慧园区
Smart industrial park

园区管理
智能招商
移动互联网应用
个性化服务

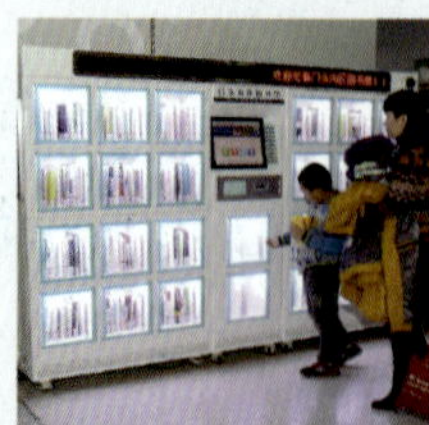

公共服务
public service

文化
医疗
票据文档
金融资产

智能安防
Smart public security and protection

立体化社会治安方案体系
森林防火监控及指挥调度
智慧林业物联网应用
精准扶贫大数据管理平台

物流零售
Smart Logistics & retailing

图书 RFID 管理
出版大数据
智能零售
供应链产化

智能制造
Smart manufacturing

数据感知与传输
产线物流
机器人应用
大数据预测分析

智能交通
Smart transportation

电子车辆
智能停车
冷链物流
一带一路运输

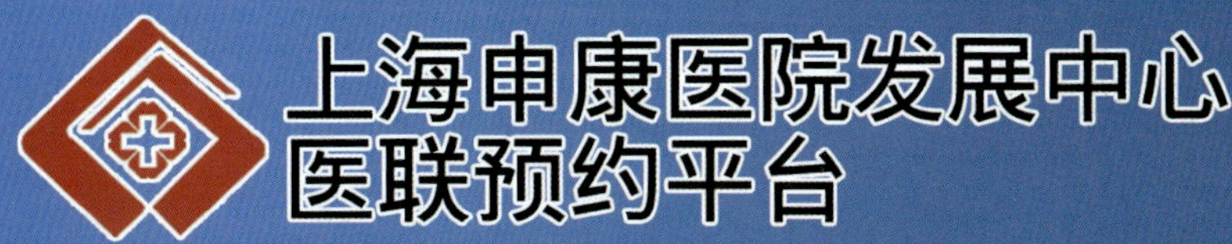

医联预约电话（免费）：400-8203137

为落实上海医改各项便民举措，切实缓解患者“看病难”，改善患者就医感受，充分体现公立医院的公益性，上海申康医院发展中心自2011年全面启动医联预约服务平台的建设，积极推进开展预约服务诊疗工作，切实实现便民利民，提高患者满意度。

医联预约服务是面向全国的患者（初诊和复诊）、覆盖上海市37家医联联网医院的公益、免费预约挂号服务；患者可通过网站、手机APP、微信公众号、电话等多种方式进行实名制注册登记、预约和就诊。通过医联预约服务平台，可方便患者快捷预约医联联网医院专家、查询候诊排队信息、检验检查报告以及医联跨院一站式服务账户余额等，减少患者排队等候时间，优化并提升患者就医体验。

患者可通过以下几种途径访问医联预约服务平台进行预约服务。

预约网址：公众可以通过登录医联网http://yuyue.shdc.org.cn/，进行预约挂号和就诊等服务。

预约手机APP：公众可通过登陆医联网(http://yuyue.shdc.org.cn/)扫描二维码、或App Store、或360手机助手搜索“医联云健康V2”等方式下载安装APP。

预约微信公众号：公众可通过医联网(http://yuyue.shdc.org.cn/)扫描微信公众号二维码并关注，或直接在微信中搜索“申康医联”微信公众号关注。

医联联网医院：（排名不分先后，按拼音顺序）

综合医院：长海医院、长征医院、华东医院、华山医院、华山医院北院、瑞金医院、瑞金医院北院、仁济医院、仁济医院南院、市一医院、市六医院、市六医院东院、市九医院、市十医院、同济医院、新华医院、中山医院

中医医院：龙华医院、曙光医院、市中医院、岳阳医院

专科医院：东方肝胆医院、第一妇婴保健院、儿科医院、儿童医院、儿童医学中心、妇产科医院、肺科医院、公卫临床中心、国际和平妇保院、精神卫生中心、口腔病防治院、皮肤病医院、胸科医院、眼耳鼻喉科医院、眼病防治中心、肿瘤医院

图书在版编目(CIP)数据

2017上海信息化年鉴/《上海信息化年鉴》编纂委员会编.—上海:上海人民出版社,2017
ISBN 978-7-208-14754-6

Ⅰ.①2… Ⅱ.①上… Ⅲ.①信息工作-上海-2017-年鉴 Ⅳ.①G202-54

中国版本图书馆CIP数据核字(2017)第213139号

责任编辑 鲍 静
封面设计 零创意文化

2017上海信息化年鉴
《上海信息化年鉴》编纂委员会 编
世 纪 出 版 集 团
上海人民出版社出版
(200001 上海福建中路193号 www.ewen.co)
世纪出版集团发行中心发行 浙江新华数码印务有限公司印刷
开本787×1092 1/16 印张46 插页38 字数1,002,000
2017年10月第1版 2017年10月第1次印刷
ISBN 978-7-208-14754-6/G·1867
定价 360.00元